〔宋〕蘇轍 著
曾棗莊 馬德富 校點

欒城集

上

上海古籍出版社

圖書在版編目(CIP)數據

欒城集/(宋)蘇轍著; 曾棗莊, 馬德富校點.—2版.
上海: 上海古籍出版社, 2009.10(2024.6重印)
(中國古典文學叢書)
ISBN 978-7-5325-5425-6

Ⅰ. 欒… Ⅱ. ①蘇… ②曾… ③馬… Ⅲ. 古典文學—作品綜合集—中國—北宋 Ⅳ. I214.412

中國版本圖書館CIP數據核字(2009)第145099號

中國古典文學叢書

欒 城 集

(全三册)

[宋]蘇 轍 著

曾棗莊 馬德富 校點

上 海 古 籍 出 版 社 出版、發行
(上海市閔行區號景路159弄1-5號A座5F 郵政編碼 201101)
(1)網址:www.guji.com.cn
(2)E-mail:gujil@guji.com.cn
(3)易文網網址:www.ewen.co
常州市金壇古籍印刷廠有限公司印刷
開本 850×1156 1/32 印張 61.375 插頁 15 字數 1,116,000
2009年10月第2版 2024年6月第4次印刷
印數:2,601-3,200
ISBN 978-7-5325-5425-6
I·2143 平裝定價:218.00元
如有質量問題,請與承印公司聯繫

前言

蘇轍（一〇三九——一一一二）字子由，一字同叔，晚號潁濱遺老，眉州眉山（今四川眉山）人，唐宋八大家之一。其父蘇洵、兄蘇軾都是宋代有名的文學家。在父兄的影響和熏陶之下，蘇轍自幼便沉靜好學，博覽羣書，且抱負宏遠，以治國安邦爲己任。

嘉祐二年（一〇五七）蘇轍與兄蘇軾同榜進士及第，一時「名動京師」。嘉祐六年（一〇六一）兄弟二人又同舉制科。蘇轍在御試制科策中極言朝政得失，當時有人「以爲不遜，力請黜之」，但司馬光力言「其指正朝廷得失，無所顧忌，於（應試）四人中最爲切直」，仁宗也考慮到「以直言召人，而以直言棄之，天下將謂我何」，故仍第以四等。當時蘇轍才二十三歲，可謂少年得志。可是這並未能保證他仕途的順利，此後二十餘年中他都仕途坎坷，沉淪下僚。制科及第後蘇轍除商州軍事推官，知制誥王安石認爲他「右宰相，專攻人主」，不肯撰詞。加之蘇軾出任鳳翔簽判，他於是奏乞在京侍父。英宗治平二年（一〇六五）出任大名府推官。第二年蘇洵病逝於京師，蘇轍兄弟扶喪返蜀。熙寧二年（一〇六九）二月還朝，王安石變法已開始，蘇轍上書神宗，卽日召對，以他爲制置三司條例司檢詳文字。蘇轍議事每與王安石不合，八月上制置三司條例司論事狀，對新法提出批評，且請去職，安石大怒。熙寧三年（一〇七〇）春張方平知陳州（今河南淮陽），辟轍爲陳州教授。六年（一〇七三）改齊州（今山東濟南）

掌書記。九年(一○七六)罷齊州任還京，上書要求廢除新法。神宗未採納他的意見，於是他又出任南京(今河南商邱)留守張方平的簽書判官。元豐二年(一○七九)蘇軾以謗訕新政的罪名被捕被貶，蘇轍坐貶監筠州(今江西高安)鹽酒稅，直至元豐七年(一○八四)纔移官績溪(今屬安徽)令。這是他進士及第二十七年來第一次任地方長官，而且僅僅是一個山區小邑的地方長官，他不勝感慨地說：「行年五十治丘民，初學催科愧廟神。」(初到績溪……呈諸同官)比起已經三典名郡的蘇軾，他在仕途上更爲坎坷。但在元祐年間，他的官職却比蘇軾升得快。元豐八年(一○八五)三月神宗病逝，年僅十歲的哲宗繼位，高太后聽政，起用司馬光爲相。同年八月蘇轍被召還朝任校書郎，未至都門即擢爲右司諫。元祐元年(一○八六)二月到任，九月擢起居郎，十一月擢爲中書舍人。其後曾擔任戶部侍郎、翰林學士、吏部尚書、御史中丞、尚書右丞、大中大夫守門下侍郎。短短六七年間，他竟由小小縣令而躍居副相，眞是扶搖直上。這除了與當時的政治形勢有關外，也與他這時纔得到充分發揮的政治才能分不開。在此期間，他所上奏議今存一百五十餘篇，提出了很多切實可行的主張。他反對司馬光盡廢新法，主張愼重從事，區別對待；反對文彥博等的「回河」之議，主張「因其舊而修其未完」；在同西夏的關係上，他主張歸還神宗朝所佔的西夏的土地，斥責邊臣「生事要功」。在許多奏狀中他還表現了對民生疾苦的關心。對此，呂公著曾贊嘆道：「只謂蘇子由儒學，不知吏事精詳如此！」(欒城遺言)南宋何萬也說：「九年之間，朝廷尊，公路闢，忠賢相望，貴倖斂迹，邊陲綏靖，百姓休息，君子謂公之力居多焉。」(蘇文忠公謚議)這雖於元祐之政過分美化，但對蘇轍在元祐年間所起作用的估計，應該說是大體符合實際的。

元祐八年（一〇九三）九月高太后去世，哲宗親政，起用新黨，政局再次發生重大變化。蘇轍「歲經三黜」，即紹聖元年（一〇九四）三月落職知汝州（今河南臨汝），六月降三官知袁州（今江西宜春），九月又降授朝議大夫、分司南京，筠州居住。紹聖四年（一〇九七）又遠謫化州（今廣東化縣）別駕，雷州（今廣東海康境）安置，第二年被移居循州（今廣東龍川）。直至哲宗崩、徽宗立，他纔遇赦北歸，寓居許昌潁水之濱，杜門謝客，過了整整十二年閑適而又孤獨的生活：「府縣嫌吾舊黨人，鄉鄰畏我昔黄門。終年閉户已三歲，九日無人共一樽。」（九日獨酌三首）政和二年病逝，享年七十四歲。

蘇轍一生著述甚富，特别是在兩次貶官和晚年閑居期間，更加致力於著述。除欒城四集共九十六卷外，還有詩集傳二十卷、春秋集解十二卷、古史六十卷、龍川略志十卷、龍川别志八卷、老子解兩卷等。蘇轍比較注意文學作品思想内容和藝術形式的統一，重視實踐和閲歷對創作的作用，要求作品須有自己的風格，自成一家。他的文學成就主要在散文方面。他説：「子瞻之文奇，余文但穩耳。」（欒城遺言）他的文章立意允當，結構嚴謹，行文簡潔暢達，語言樸實淡雅。他一生寫的大量政論文就具有這種特點。而且在短短的篇幅中，往往波瀾起伏，委曲變化，説理透辟精警，具有嚴密的邏輯性和説服力。比如他的民政策第二，其主旨乃欲論述宋代科舉之弊，但他却首從周秦民風之異説起，後半部份纔自然入題，指責朝廷一面想「求天下忠信孝悌之人」，一面却僅僅以科舉取士，于是「士大夫爲聲病剽略之文而治苟且記問之學」，文章主旨至此纔完全顯豁。清人劉海峯云：「子由之文，其正意不肯一口道破，紆徐百折而後出之，於此篇可見。」蘇轍大量史論也往往具有這種特點。例如唐論，用了一半以上篇幅論述一般歷史現象，無隻字及唐，但却處處都爲後面論唐作鋪墊，而論唐又實際上是在論宋，是爲宋王朝開救弊的藥方。落筆甚遠而緊扣中心，言在彼而意在此，具弦外之音、言外之意。蘇轍的許多雜記、傳狀也富於文學色彩，語言沖雅淡泊，不事豔麗，然而形象生動，往往給人以如臨其境，如見其人的感覺。他的廬山棲賢堂記寫「水石陰森，草木膠葛」之狀，「讀之便如在堂中」。（蘇軾跋子由棲賢堂記後）他貶官筠州時作的東軒記，也只數筆就把酒務繁忙、鬱鬱寡歡的情形寫得形神兼備。他的巢谷傳首寫巢谷棄文學武，已使人覺谷與衆不同。次寫谷與熙河名將韓存寶的金石之交，韓因罪「自料必死」，託巢谷以後事，谷「即變姓名，懷銀步行往授其子，人無知者」。後寫巢谷與蘇轍兄弟的交誼，當他們青雲直上時，「谷浮沉里中，未嘗一見」，而在他們遠謫嶺南時，谷却自眉州「萬里步行」相訪，結果死於途中。全文語言質樸，選材典型，詳略得宜，只以三件事就將義士巢谷的風節和形象寫得很逼真。蘇轍也有刻意雕飾之作，如黃樓賦就有意模仿漢代大賦的鋪陳排比，不過這類作品不多，即如黃樓賦當時就有人懷疑非轍所作，因爲與他的文風不同。

蘇轍的詩自然樸實，清新淡雅，正類其文。他早年的作品反映現實較多，如夜泊牛口：「水寒雙脛長，壞袴不蔽股。日莫江上歸，潛魚遠難捕。稻飯不滿盂，饑臥冷徹曙。」以質樸的語言描寫了蜀中人民的悲慘境況，表現了他對民間疾苦的關心。他有些詩還對開河勞民、朝廷派勸農使督耕擾民、以及新法的一些弊端進行了譏諷。不過這類現實性較強的詩在他的集子中並不多，他寫得較多也較有味的是一些抒發個人情懷之作，比如仕途失意的抑鬱和牢愁就經常得到表現：「怪我辭官免入商，才疏深畏忝周行。學從社稷原非本，近讀詩書識短長。東舍久居如舊宅，春蔬新種似吾鄉。閉門已學龜頭縮，避謗仍兼雉尾藏。」（次韻子瞻聞不赴商幕）這是他在仕途上遇到第一次挫折，因在制科考試時抨擊時政「忤世」，只好辭去商州軍事推官職務時作的詩，詩以婉而不迫的筆調抒發內心的怨抑和不平。他在貶官監筠州鹽酒稅時寫道：「微官終日守糟缸，風雨凄凄夜渡江。早歲謬知儒術貴，安眠近喜壯心降。夜深唧唧醅鳴甕，睡起蕭蕭葉打窗。阮籍作官都爲酒，不須分別恨南邦。」（雨中宿酒務）首寫酒務之繁忙，次寫壯心消盡，再以眼前景烘托凄涼心情，最後以自我安慰作結。全詩表現得委婉蘊藉，哀而不傷。蘇轍一生還寫了不少詠景詩、詠物詩、題畫詩，也同樣以清新淡雅爲特色，詩中大都寄託了他的人生感慨。這裏就不一一細說了。

蘇轍在當時文壇上頗有聲名，甚至有人認爲他的文章勝過蘇軾，蘇軾自己說「子由之文實勝僕」（答張文潛書），此外如劉攽、秦觀等也有類似的說法。南宋陸游曾勸周必大「哦蘇黄門詩」，作爲學詩門徑（周必大跋蘇子由和劉貢父省上示座客詩）。明清兩代更把蘇轍文列爲學習典範，明朱右編八先生文集、唐順之著文編、茅坤編唐宋八大家文鈔，清人儲欣的唐宋十大家全集錄，蘇轍均在選。但最近三十餘年來對蘇轍的研究却很不够，各種文學史很少專門論及蘇轍，研究蘇轍的專論幾乎還無一篇。鑒於蘇轍詩文所取得的成就，以及他在文學史上的影響，很有必要整理出版他的欒城集，以加強對他的研究。

欒城集在宋代即有多種版本，蘇轍三世孫蘇詡在欒城集跋中就曾提及四種本子：建安本、麻沙本、蜀本、家藏本。此後元、明、清各代都繼續鏤板印行。從這些板本的總的情況來看，明顯地存在着兩個系統。區分兩個系統的標誌在於有無應詔集和章疏有無刪削兩點。有應詔集、並多出章疏三十七篇的本子，我們現在見到的最早的是宋刻蘇文定公文集，前集五十卷，後集二十四卷，三集十卷，應詔集十二卷，凡九十六卷。現存四十六卷。其次是明清夢軒刻本蘇文定公欒城集，四集卷數同上。此本爲王執禮、顧天敍同校。再次是清道光壬辰眉州三蘇祠刻本，標王、顧合校，但卷數、文字與清夢軒本皆有出入，前集纔四十八卷。另有清宛陵貢彧刻本，係清夢軒本的翻刻本。另一系統缺應詔集，且少三十七篇章疏。屬於此系統的現存最早的本子爲宋刻遞修本蘇文定公集，現存十卷。另一宋刻遞修本欒城集現存二十一卷。其次是明嘉靖二十年蜀藩朱讓栩刻本欒城集，前集五十卷，後集二十四卷，三集十卷。雖自稱「善本」，却錯訛頗多。又有明活字本，按明嘉靖蜀刻本排印，款式相同。再次是四部叢刊本，這個本子實際上也是明嘉靖本之翻版。

經過對現存各種蘇轍集子的比較，我們決定以明清夢軒本爲底本，而以下列各本參校：

一、宋刻蘇文定公文集（簡稱宋甲本）。

二、宋刻遞修本蘇文定公集（簡稱宋乙本）。

三、宋刻遞修本欒城集（簡稱宋丙本）。

四、宋婺州王宅桂堂刻本三蘇先生文粹（簡稱宋丁本）。

五、宋刻標題本三蘇文（簡稱宋戊本）。四、五兩種皆三蘇選本，所選蘇轍之文頗多。

六、清道光壬辰眉州三蘇祠本欒城集（簡稱三蘇祠本）。此本雖據明清夢軒本翻印，但因卷次、文字皆有出入，故仍作爲校本之一。

七、四部叢刊本（簡稱叢刊本）。

除以上各本外，並參校了有關的總集、別集、筆記、類書等；集中之引文均核校了原書。

現在這個校點本除較通行的四部叢刊本多出三十七篇文章外，我們還從東坡集、東坡樂府、播芳大全、永樂大典等書中輯得蘇轍佚詩、佚詞、佚文共三十七篇，附於集後。這樣就較通行的叢刊本多七十四篇詩文。此外，我們收集了北宋有關蘇轍的制詞和南宋的論議，作爲附錄之一；以蘇轍的年表和宋史本傳爲附錄之二。以歷代諸家評詠蘇轍的詩文爲附錄之三；以歷代有關欒城集的序跋、提要爲附錄之四。

本書的校點或有不當之處，有關蘇轍佚文和蘇轍資料也收集得不够完備，尙希讀者批評指正。

曾棗莊
馬德富　一九八三年十月

目錄

卷之二

詩六十九首

卷之三

詩七十五首

卷之四

卷之五

詩六十五首

卷之六

詩一百首

卷之七

詩五十六首

卷之八

詩六十八首

卷之九

詩七十首

卷之十

詩九十六首

卷之十一

詩八十六首

卷之十二

卷之十三

詩八十六首

卷之十四

詩八十五首

卷之十五

詩八十五首

卷之十六

詩一百二十首

卷之十七

賦八首

卷之十八

辭五首

詩六首

卷之二十三

記九首

卷之二十四

記九首

卷之二十五

墓表銘四首

傳二首

敍三首

卷之二十六

祭文一十七首

祝文一十六首

青辭三首

卷之二十七

西掖告詞六十一首

卷之二十八

西掖告詞六十一首

卷之二十九

西掖告詞六十一首

卷之三十

西掖告詞五十九首

卷之三十一

卷之三十二

西掖告詞四十九首

卷之三十三

卷之三十四

北門書詔祈祝九十首

書九首

祝文十二首

卷之三十八

右司諫論時事十四首

卷之三十九

右司諫論時事十五首

卷之四十
右司諫論時事十七首

卷之四十一

中書舍人論時事三首

戶部侍郎論時事八首

卷之四十二

戶部侍郎論時事六首

翰林學士論時事八首

卷之四十三

御史中丞論時事箚子十二首

卷之四十四

御史中丞論時事劄子十首

卷之四十九

代人上表二十三首

卷之五十

啓事二十二首

欒城後集

卷之二

詩七十首

卷之三

詩七十首

卷之四

詩七十首

卷之五

雜文一十二首

卷之十

歷代論四

卷之十一

歷代論五

卷之十六

卷之十七

卷之十八

卷之十九

青詞十一首

祝文二首

卷之二十

祭文一十八首

卷之二十一

雜文一十三首

卷之二十二

墓誌銘一首

欒城第三集

卷之二

詩七十一首

卷之三

詩七十首

卷之四

詩十二首

卷之五

詩賦銘贊共十首

卷之一

進論五首

卷之二

進論五首

卷之三

進論五首

卷之四

進論五首

省試論一首

欒城集拾遺

卷之十二

策一道

附錄
一、制詞謚議

二、年表本傳

三、諸家評詠

四、序跋提要

欒城集卷之一

詩五十二首

郭綸

綸本河西弓箭手，屢戰有功，不賞。自黎州都監官滿，貧不能歸，權嘉州監稅。

郭綸本蕃種，騎鬬雄西戎。流落初無罪，因循遂龍鍾。嘉州已經歲，見我涕無窮。自言將家子，少小學彎弓。長遇西鄙亂，走馬救邊烽。手挑丈八矛，所往如投空。平生事苦戰，數與大寇逢。昔在定川寨，賊來如群蜂。萬騎擁酋帥，自謂白相公。揮兵取其元，模糊腥血紅。戰勝士氣振，赴敵如旋風。蚩蚩鬷衮將，不信勇且忠。遙語相勸誘，一矢摧厥胸。短兵接死地，日落沙塵蒙。馳歸不敢息，馬口銜折鋒。誰知八尺軀，脫命萬死中。忽聞南蠻叛，羽檄行怱怱〔一〕。將兵赴危難，瘴霧不辭衝。行經賀州城，寂寞無人蹤。攀堞莽不見，入據爲桀墉。一旦賊兵下，百計燒且攻。三日不能陷〔二〕，救至遂得通。崎嶇有成績，元帥多異同。有功不見賞，憔悴落巴賨。已矣誰復信，言之氣恂恂。予不識郭綸，聞此爲斂容。一夫何足言，竊恐悲羣雄。此非介子推，安肯不計功？郭綸未嘗敗，用之可前鋒。

【校】

〔一〕「怱怱」，原作「忽忽」，據宋乙本、三蘇祠本改。

〔二〕「三日」，叢刊本作「三月」。

初發嘉州

放舟沫江濆，往意念荆楚。擊鼓樹兩旗，勢如遠征戍。紛紛上船人，櫓急不容語。余生雖江陽，未省至嘉樹。巉巉九頂峯，可愛不可住。飛舟過山足，佛脚見江滸。舟人盡斂容，競欲揖其拇。俄頃已不見，烏牛在中渚。移舟近山陰，壁峭上無路。云有古郭生，此地苦箋注。區區辨蟲魚，爾雅細分縷。洗硯去殘墨，遍水如黑霧。至今江上魚，頂有遺墨處。覽物悲古人，嗟此空自苦。余今方南行，朝夕事鳴櫓。至楚不復留，上馬千里去。誰能居深山，永與禽獸伍？此事誰是非，行行重回顧。

過宜賓見夷中亂山

江流日益深，民語漸已變。岸闊山盡平，連峯遠非漢。慘慘瘴氣青，薄薄寒日暖。峯巒苦崖石，草木條幹短。遙想彼居人，狀類麏鹿竄。何時遂平定，戍卒從此返？

夜泊牛口

行過石壁盡，夜泊牛口渚。野老三四家，寒燈照疎樹。見我各無言，倚石但箕踞。水寒雙脛長，壞袴不蔽股。日莫江上歸，潛魚遠難捕。稻飯不滿盂，飢臥冷徹曙。安知城市懽，守此田野趣。秪應長凍飢，寒暑不能苦。

戎州

江水通三峽，州城控百蠻。沙昏行旅倦，邊靜禁軍閑。漢虜更成市，羅紈靳不還。投氊揀精密，換馬瘦孱顏。兀兀頭垂髻，團團耳帶鐶。夷聲不可會，爭利苦間關。

舟中聽琴

江流浩浩羣動息，琴聲琅琅中夜鳴。水深天闊音響遠，仰視斗牛皆從横。昔有至人爰奇曲，學之三歲終無成。一朝隨師過滄海，留置絕島不復迎。終年見怪心自感，海水震掉魚龍驚。翻回蕩潏有遺韻，琴意忽忽從此生。師來迎笑問所得，撫手無言心已明。世人囂囂好絲竹，撞鍾擊鼓浪謂榮。安知江琴韻超絕，擺耳大笑不肯聽。

泊南井口期任遵聖

期君荒江濆，未至望已極。朔風吹烏裘，隱隱沙上立。愧余後期至，先到犯寒色。既泊問所如，歸去已無及。繫舟重相邀，雨冷塗路濕。

江上早起

晨興孤舟上，盥濯夜氣清。整巾未皇坐，雙櫓軋已鳴。日出江霧散，江上山從橫。區區茅舍翁，曉出露氣腥。收筒得大鯉，愛惜不忍烹。持之易斗粟，朝飯厭魚羹。蕭蕭遠風起，泛泛野鴈驚。忽過百餘里，山水互變更。逢舟問所如，彼此不知名。超超江湖間，殊勝地上行。旦游市井喧，莫宿無人聲。江上誠足樂，無怪陶朱生。

江上看山

朝看江上枯崖山，憔悴荒榛赤如赭。莫行百里一回頭，落日孤雲靄新畫。前山更遠色更深，誰知可愛信如今。唯有巫山最穠秀，依然不負遠來心。

山胡

山胡擁蒼毳，兩耳白茸茸。野樹啼終日，黔山深幾重。啄溪探細石，噪虎上孤峯。被執應多恨，籍籠僅不容。

白鷴

白鷴形似鴿，搖曳尾能長。寂寞懷溪水，低回愛稻粱。田家比雞鶩，野食薦杯觴。肯信朱門裏，徘徊占玉塘。

屈原塔 在忠州。

屈原遺宅秭歸山，南賓古者巴子國。山中遺塔知幾年，過者遲疑不能識。浮圖高絕誰所爲，原死豈復待汝力？臨江慷慨心自明，南訪重華訟孤直。世人不知徒悲傷，強爲築土高岌岌。

嚴顔碑 亦在忠州。

古碑残缺不可讀，遠人愛惜未忍磨。相傳昔者嚴太守，刻石千歲字已訛。嚴顔平生吾不記，獨憶城破節最高。被擒不辱古亦有，吾愛善折張飛豪。軍中生死何足怪，乘勝使氣可若何！斫頭徐死子無怒，我豈畏死如兒曹！匹夫受戮或不避，所重壯氣吞黃河。臨危閑暇有如此，覽碑慷慨思横戈。

竹枝歌 忠州作。

舟行千里不至楚，忽聞竹枝皆楚語。楚言啁哳安可分，江中明月多風露。扁舟日落駐平沙，茅屋竹籬三四家。連春並汲各無語，齊唱竹枝如有嗟。可憐楚人足悲訴，歲樂年豐爾何苦？釣魚長江江水深，耕田種麥畏狼虎。俚人風俗非中原，處子不嫁如等閑。雙鬟垂頂髮已白，負水採薪長苦艱。上山採薪多荆棘，負水入溪波浪黑。天寒斫木手如龜，水重還家足無力。山深瘴暖霜露乾，夜長無衣猶苦寒。平生有似麋與鹿，一旦白髮已百年。江上乘舟何處客？列肆喧譁占平磧。遠來忽去不記州，罷市歸船不相識。去家千里未能歸，忽聽長歌皆慘悽。空船獨宿無與語，月滿長江歸路迷。路迷鄉思渺何極，長怨歌聲苦凄急。不知歌者樂與悲，遠客乍聞皆掩泣。

望夫臺 在忠州南數十里。

江上孤峯石爲骨，望夫不來空獨立。去時江水拍山流，去後江移水成磧。江移岸改安可知，獨與高山化爲石。山高身在心不移，慰爾行人遠行役。

八陣磧 在夔州。

瀼江吹八陣，江落陣如故。我來苦寒後，平沙如匹素。乘高望遺迹，磊磊六十四。遥指如布棋，就視不知處。世稱諸葛公，用衆有法度。區區落褒斜，軍旅無闊步。中原竟不到，置陣狹無所。茫茫平沙中，積石排隊伍。獨使後世人，知我非莽鹵。奈何長蛇形，千古竟不悟？惟餘桓元子，久視不能去。

灧澦堆 或云上有古碑。

江中石屏灧澦堆，黿鼉夏禹不能摧。深根百丈無敢近，落日紛紛鳧鴈來。何人磊落不畏死，爲我赤脚登崔嵬。上有古碑刻奇篆，當使盡讀磨蒼苔。此碑若見必有怪，恐至絶頂遭風雷。

入峽

舟行瞿唐口，兩耳風鳴號。渺然長江水，千里投一瓢。峽門石爲戶，鬱怒水力驕。扁舟落中流，浩如一葉飄。呼吸信奔浪，不復由長篙。椗柁破濆旋，畏與亂石遭。兩山蹙相值，望之不容舠。漸近乃可入，白鹽最雄高。草木皆倒生，哀叫悲玄猱。白雲繚長袖，零露如飛毛。緬懷洚水年，慘慼病有堯〔一〕。禹益決岷水，屢與山鬼鏖。摧岡轉大石，破地疏洪濤。巉巉當道山，斬截肩尾銷。峭壁下無趾，連峯斷修腰。破處不生草，上不掛鳥巢。水怪不盡戮，下有龍與鼇。遼哉千萬年，禹死遺迹牢。豈必見河洛，開峽斯已勞。

【校】

〔一〕「慼」，原作「蹙」，據宋乙本改。

巫山廟

山中廟堂古神女，楚巫婆娑奏歌舞。空山日落悲風吹，舉手睢盱道神語。神仙潔淸非世人，瓦盎傾醪薦麋脯。子知神君竟何自，西方眞人古王母。飄然乘風遊九州，揭渡西海薄中土。白雲爲車駕蒼虬，驂乘湘君宓妃御。天孫織綃素非素，衣裳飃飈薄煙霧。泊然沖虚眇無營，朝餐屑玉嗽瓊乳。下視人世安可據，超江乘山去無所。巫山之下江流淸，偶然愛之不能去。湍崖激作相喧豗，白花翻翻龍正怒。堯使大禹導九川〔一〕，石隕山墜幾折股。山前恐懼久無措，稽首山下苦求助。丹書玉笈世莫窺，指示文字相爾汝。擘山洩江幸無苦，庚辰虞余實相禹。功成事定世莫知，空山俄頃千萬古。廟中擊鼓吹長簫，採蘭爲殽蕙爲肴。玉缶薦芰香飄蕭，龍勺取酒注白茅，神來享之風飄飄。荒山長江何所有，豈有瓊玉薦泬寥？神君聰明無我責，爲我驅獸攘龍蛟。乘船入楚泝巴蜀，濆旋深惡秋水高。歸來無恙無以報，山上麥熟可作醪。神君尊貴豈待我，再拜長跪神所勞〔二〕。

【校】

〔一〕「九川」，原作「九州」，據宋乙本改。書益稷：禹曰：「予決九川。」而九州乃古代行政區劃，當以「川」爲是。

〔二〕「勞」，宋乙本作「多」。

巫山廟烏

巫廟眞人古列仙，高心獨愛玉爐煙。飢烏巧會行人意，來去紛紛噪客船。

昭君村

峽女王嬙繼屈須，入宮曾不愧秦姝。一朝遠逐呼韓去，遥憶江頭捕鯉魚。江上大魚安敢釣，轉柂横江筋力小〔一〕。深邊積雪厚埋牛，兩處辛勤何處好。去家離俗慕榮華，富貴終身獨可嗟。不及故鄉山上女〔二〕，夜從東舍嫁西家。

【校】

〔一〕「柂」，原作「拖」，據宋乙本、三蘇祠本改。

〔二〕「山」，宋乙本作「江」。

三遊洞

洞前危逕不容足，洞中明曠坐百人。蒼崖硉兀起成柱，亂石散列如驚麇。清溪百丈下無路，水滿沙土如魚鱗。夜深明月出山頂，下照洞口纔及唇。沉沉深黑若大屋，野老構火青如燐。平明欲出迷上下，洞氣飄亂爲横雲。深山大澤亦有是，野鳥鳴噪孤熊蹲。三人一去無復見，至今冠蓋長滿門。

寄題清溪寺 在峽州，鬼谷子故居。

清溪鬼谷子，雄辯傾六國。視世無足言，自閉長默默。蘇張何爲者，欲竊長短術。學成果無賴，遂爲世所惑。顛倒賣諸侯，傾轉莫可執。後世何不明，疑我不汝及？誰知居深山，玩世可終日。君觀二弟子，死處竟莫得。客齊目披裂，投魏求寄食。悠悠清溪中，石亂流水急。溪魚爲朝餐，老死得安穴。居亂獨無言，其辯吾不測。

息壤 在荆南南門外。

江上寒沙薄如席，一夕墳起成高丘。江流傾轉力不勝，左齧右吐非自由。南郡城南獨何者，平地生長殊不休？當中屋背不盈尺，深入百丈皆石樓。古人不知下有怪，發破不掩水漲浮。傳言夏鯀塞洚水，上帝愛此無敢偷。竊持大畚負長鍤，刺取不已帝使流。禹知水怒非塞止，網捕百怪雜蜃鰍。掘壕入土不計丈，投擲填壓聲嗚啾。一時既定憂後世，恐此竊出壞九州。神人已死無復制，故以此土封其頭。發之輒滿不可旣，意使靈物長幽囚。前年大旱千里赤，取土盈掬雨不收。誰言咫尺舊黄壤，中有千歲龍與虬？高山萬仞猶可削，嗟此何獨生如疣。天長地遠莽無極，雖有缺壞誰能賙？我疑天意固有在，患世多事窮鑱鍐。埏陶鼓鑄地力困，久不自補無爲憂。世無女媧空白石，磊磊滿地如浮漚。耕田鑿井自無已，息壤無幾安能酬？

荆門惠泉

泉源何從來，山下長溪發。油然本無營，誰使自激冽？茫茫九地底，大水浮一葉。使水皆爲泉，地已不勝洩。應是衆水中，獨不容至潔。涓涓自傾瀉，奕奕見清澈。石泓淨無塵，中有三尺雪。下爲百丈溪，冷不受魚鼈。脱衣浣中流，解我雙足熱。樂哉泉上翁，大旱不知渴〔一〕。

【校】

〔一〕「渴」，宋乙本作「竭」。

答荆門張都官維見和惠泉

荒涼荆門西，泉水誰爲洩？發源雖甚微，來勢不可折〔一〕。平鋪清池滿，皎皎自明澈。甘涼最宜茶，羊炙可用雪。炎風五月交，中夜吐明月。太守燕已還，青幛空嵲嵲。泉上白髮翁，來飲杯饌闕。酌水自獻酬，箕踞無禮節。區區游泉人，常值午日烈。回首憂重城，賞玩安能徹？

【校】

〔一〕「勢」，原作「意」，據宋乙本改。

溆陽早發

春氣入楚澤，原上草猶枯。北風吹栗林，梅蕊颯已無。我行亦何事，驅馬無疾徐。楚人信稀少，田畝任蓁蕪。空有道路人，擾擾不留車。悲傷彼何懶〔一〕，歎息此亦愚。今我何爲爾，豈亦愚者徒？行行楚山曉，霜露滿陂湖。

【校】

〔一〕「懶」，三蘇祠本作「賴」。

襄陽古樂府二首

野鷹來

野鷹來，雄雉走。蒼茫荒榛下，毰毸大如斗。鷹來蕭蕭風雨寒，壯士臺中一揮肘。臺高百尺臨平川，山中放火秋草乾。雉肥兔飽走不去，野鷹飛下風蕭然。嵯峨呼鷹臺，人去臺已圮。高臺不可見，況復呼鷹子？長歌野鷹來，當年落誰耳？父生已不武，子立又不强。北兵果南下，擾擾如驅羊。鷹來野雉何暇走，束縛籠中安得翔？可憐野雉亦有爪，兩手捽鷹猶可傷。

襄陽樂

誰言襄陽苦，歌者樂襄陽。太守劉公子，千年未可忘。劉公一去歲時改，惟有州南漢水長。漢水南流峴山碧，種稻耕田泥沒尺。里人種麥滿高原，長使越人耕大澤。澤中多水原上乾，越人爲種楚人食。火耕水耨古常然，漢水魚多去滿船。長有行人知此樂，來買槎頭縮項鯿。

雙鳧觀 在葉縣。

王喬西飛朝洛陽，飄飄千里雙鳧翔。鳧飛遭網不能去，惟有空履鳧已亡。誰知野鳥不能化，豈必雙履能飛揚？鳧神履怪當有在，搔首野廟春風長。

懷黽池寄子瞻兄

相攜話別鄭原上，共道長途怕雪泥。歸騎還尋大梁陌，行人已渡古崤西。曾爲縣吏民知否，轍嘗爲此縣簿，未赴而中第。舊宿僧房壁共題。轍昔與子瞻應舉，過宿縣中寺舍，題其老僧奉閑之壁。遥想獨遊佳味少，無言騅馬但鳴嘶。

辛丑除日寄子瞻

一歲不復居，一日安足惜。人心畏增年，對酒語終夕。夜長書室幽，燈燭明照席。盤飧雜梁楚，羊炙錯魚腊。庖人饌雞兔，家味宛如昔。有懷岐山下，展轉不能寐。念同去閭里，此節三已失。初來寄荆渚，魚鴈賤宜客。楚人重歲時，爆竹鳴磔磔。新春始涉五，田凍未生麥。相攜歷唐許，花柳漸牙拆。居梁不耐貧，投杞避糠覈。城南庠齋静，終歲守墳籍。酒酸未嘗飲，牛美每共炙。謂言從明年，此會可懸射。同爲洛中吏，相去不盈尺。濁醪幸分季，新筍可餉伯。巑巑嵩山美，漾漾洛水碧。官閑得相從，春野玩朝日。安知書閣下，羣子並遭馘。偶成一朝榮，遂使千里隔。何年相會歡，逢節勿輕擲？

次韻子瞻減降諸縣囚徒事畢登覽

山川足清曠，闤闠巧拘囚。安得孅阿御，同爲穆滿遊。遙知因澣汗，遠出散幽憂。原隰繁分繡，村墟盡小侯。春深秦樹綠，野闊渭河流。四顧神蕭瑟，前探意漲浮。勝觀殊未已，往足詎能收？下坂如浮舸，登崖劇上樓。强行腰傴僂，困坐氣噓咻。鳥語林巒靜，花明澗谷幽。濯溪驚野老，伐路駭它州。中散探深去，文淵到處留。聽琴峯下寺，弄石水中洲。溪冷泉冰脚，山高霧繞頭。石潭清照骨，瀑水濺成鈎。仙廟鳴鍾磬，神官秉鉞劉。養生聞帝女，服氣絶彭鏗。故宅猶傳尹，先師不喜丘。居人那識道，過客謾停騶。巖谷誠深絶，神仙信有不？雲居無几杖，霞珮棄鑐鎪。豹隱連山霧，龍潛百尺湫。門開誰與叩？桃熟浪傳偷。紺髮清無比，方瞳凜不眸。會須林下見，乞取壽年修。拔去和雞犬，相隨若旆旒。乘風遺騕褭，長嘯賤笙篌。從騎衣皆羽，前驅鬣盡虬。安能牽兩足，暫得快雙眸？自昔辭鄉樹，南行上楚舟。萬江窮地脈，三峽束天溝。雲暗酆都晚，波吹木櫪秋。尋溪緣窈窕，入洞聽颼飀。空寺收黃栗，荒祠畫伏彪。登臨雖永日，行邁肯停輈？蓄縮今何事？攀躋昔已悠。魏京饒士女，春服聚蜉蝣。雷動車爭陌，花搖樹繫鞦。遊人紛蕩漾，野鳥自嚶呦。平日曾經洛，閑居頗卜緱。空言眞比夢，久渴漸成愁。早退嘗相約，辭囂痛自摟。愛山心劫劫，從宦興油油。海宇都無礙，山林盡可投。願爲雲上鵠，莫作盎中鯈。適性行隨足，謀生富給喉。今遊雖不與，後會豈無由？晝出同穿履，宵眠共覆衾。弟兄眞欲爾，朋好定誰儔？試寫長篇調，何人肯見酬？

次韻子瞻太白山下早行題崇壽院

山下晨光晚，林梢露滴昇。峯頭斜見月，野市早明燈。樹暗猶藏鵲，堂開已餧僧。據鞍應夢我，聯騎昔嘗曾。

次韻子瞻延生觀後山上小堂

謝公遊意未能厭，踏盡登山屐齒尖。古殿神仙深杳杳，香爐煙翠起纖纖。巖花寂歷飄瓊片，庭檜蕭疎漏玉蟾。帝子莫歸人不見，微風細雨自開簾。唐玉眞公主修道於此山。

次韻子瞻題仙遊潭中興寺

潭邊沙水不成泥，潭上孤禽掛嶮啼。繚繞飛橋能試客，蒙茸翠蔓巧藏溪。雲爲絳帳馬融室，石作屛風玉女閨。仙果知君今未足，臨潭脚戰怕長梯。

石鼻城

千山欲盡垂爲鼻，百戰皆空但有城。虎闞穴中秦地恐，龍飛渭上漢江傾。雍人未有章邯怨，魏將猶存仲達精。睥睨陵遲春草滿，白羊無數向風鳴。

磻溪石

呂公年已莫，擇主渭河邊。跪餌留雙膝，臨溪不計年。神專能陷石，心大豈營鱣？不到磻溪上，安知自守堅？

郿塢

董公平昔甚縱橫，晚歲藏金欲避兵。當日英雄智相似，燕南趙北亦爲京。

樓觀

老聃厭世入流沙，飄蕩如雲不可遮。弟子憐師將去國，關門望氣載還家。高臺尙有傳經處，畫壁空留駕犢車。一授遺書無復老，不知何苦服胡麻？此觀尹喜舊宅。神仙傳言尹喜於流沙之西服亘勝實。

次韻子瞻秋雪見寄二首

秋氣蕭騷仍見雪，客愁繞繚動縈心。幽吟北户窗聲細，歸夢函關馬迹深。疎樹飛花輕蔌蔌，衰荷留柄亂簪簪。遙聞詩酒皆推勝，社客何人近納睬。

平時出處常聯袂，文翰叨陪舊服膺。自信老兄憐弱弟，豈關天下少良朋？何時杯酒看浮白，清夜肴蔬粗滿登？離思隔年詩不盡，秦梁雖遠速須應。

次韻子瞻聞不赴商幕三首

怪我辭官免入商，才疎深畏忝周行。學從社稷非源本，近讀詩書識短長。東舍久居如舊宅，春蔬新種似吾鄉。閉門已學龜頭縮，避謗仍兼雉尾藏。雉藏不能盡尾，鄉人以爲諺。

南商西洛曾虛署，長吏居民怪不來。妄語自知當見棄，遠人未信本非才。厭從貧李嘲東閣，懶學謏張緩兩腮。知有四翁遺跡在，山中豈信少人哉？

塤動篪鳴只自知，憂輕責少幸官卑。聲名謾作耳中瑱，科第空收頷底髭。西鄙猖狂猶將將，中朝閑暇自師師。近成新論無人語，仰羨飛鴻兩翅差。

次韻子瞻病中大雪

吾兄筆鋒雄，詩俊不可和。雪中思清絕，韻惡愈難奈。殷勤賦黃竹，自勸飲白墮。言隨飛花落，意與長風簸。餘力遠見撩，千里寄璀瑳。嗟予學久廢，有類轉空磨。研磨久無得，安可待充貨。空記乘峽船，行意被摧剉。溟濛覆洲渚，泠冽光照坐。我唱君實酬，馳騁不遑臥。譬如逐獸盧，豈覺山徑坷。酒肴助喧熱，筆硯盡霑涴。詩詞禁推類，令肅安敢破？亦有同行人，牽挽赴程課。爾來隔秦魏，渴望等飢餓。徒然遇佳雪，有酒誰與賀？

次韻子瞻記歲莫鄉俗三首

餽歲

周公制鄉禮，無有相通佐。鼎肉送子思，烝豚出陽貨。交親隨高低，豈問小與大？自從此禮衰，伏臘有飢臥。鄉人慕古俗，酬酢等四坐。東鄰遺西舍，迭出如蟻磨。寧我不飲食，無爾相咎過。相從慶新春，顏色買愉和。

別歲

富貴日月速，貧賤覺歲遲。遲速不須問，俱作不可追。親舊且酣飲，送爾天北涯。歲歲雖無情，從我歷四時。酌爾一杯酒，留我壯且肥。長作今歲歡，勿起異日悲。掉頭不肯顧，曾莫與我辭。酒闌氣方横，豈信從爾衰？

守歲

於菟絕繩去，顧兔追龍蛇。是歲壬寅。奔走十二蟲，羅網不及遮。嗟我地上人，豈復奈爾何？未去不自閑，將去乃諠譁。天上驅獸官，爲君肯停撾？魯陽揮長戈，日車果再斜。釃酒勸爾醉，期爾暫蹉跎。借醉遣爾去，壽考自足誇。

記歲首鄉俗寄子瞻二首

踏青

江上冰消岸草青，三三五五踏青行。浮橋沒水不勝重，野店壓糟無復清。松下寒花初破萼，谷中幽鳥漸嚶鳴。洞門泉脈龍睛動，觀裏丹池鴨舌生。山下瓶罌霑稚孺，峯頭鼓樂聚簪纓。縞裙紅袂臨江影，青蓋驊騮踏石聲。曉去爭先心蕩漾，莫歸誇後醉從横。最憐人散西軒静，曖曖斜陽著樹明。

蠶市

枯桑舒牙葉漸青，新蠶可浴日晴明。前年器用隨手敗，今冬衣着及春營。傾囷計口賣餘粟，買箔還家待種生。不唯箱篚供婦女，亦有鉏鎛資男耕。空巷無人鬭容冶，六親相見爭邀迎。酒肴勸屬坊市滿，鼓笛繁亂倡優獰。蠶叢在時已如此，古人雖没誰敢更？異方不見古風俗，但向陌上聞吹笙。

子瞻寄示岐陽十五碑

堂上岐陽碑，吾兄所與我。吾兄自善書，所取無不可。歐陽弱而立，商隱瘦且楕。小篆妙詰曲，波字美婀娜。譚藩居顔前，何類學顔頗。魏華自磨淬，峻秀不包裹。九成刻賢俊，磊落雜么麽。英公與褒鄂，戈戟聞自荷。何年學操筆，終歲惟箭笴。書成亦可愛，藝業嗟獨夥。余雖繆學文，書字每慵墮。車前駕騏驥，車後繫羸跛。逾年學舉足，漸亦行駊騀。古人有遺迹，筭短不及鏁。願從兄發之，洗硯處兄左。

欒城集卷之二

詩六十九首

畫文殊普賢

誰人畫此二菩薩，趺坐花心乘象狻。弟子先後執盂缶，老僧槎牙森比肩。山林修道幾世刼，顏貌偉麗如開蓮。重崖宛轉帶林樹，野水荒蕩浮雲天。峨眉高處不可上，下有絕澗錮九泉。朝陽未出白霧起，有光升天如月圓。靈仙居中粗可識，有類白兔依清躔。遊人禮拜千萬萬，迤邐漸遠如飛煙。五臺不到想亦爾，今之畫圖誰所傳？吾兄子瞻苦好異，敗縜破紙收明鮮。自從西行止得此，試與記錄代一觀。

聞子瞻重遊南山

終南重到已春回，山木緣崖綠似苔。谷鳥嗚呼嘲獨往，野人笑語記曾來。定邀道士彈鳴鹿，誰與溪堂共酒杯？應有新詩還寄我，與君和取當遊陪。彈鳴鹿，飲溪堂，皆前游終南時事。

子瞻見許驪山澄泥硯

長安新硯石同堅，不待書求遂許頒〔一〕。豈必魏人勝近世〔二〕，強推銅雀没驪山。寒煤舒卷開雲葉，淸露湍流發涕潸。早與封題寄書案，報君湘竹筆身斑〔三〕。

【校】

〔一〕「求」，叢刊本作「來」。

〔二〕「魏人」，三蘇祠本作「魄人」。

〔三〕「斑」，原作「班」，據三蘇祠本、叢刊本改。

寒食前一日寄子瞻

寒食明朝一百五，誰家冉冉尚廚煙？桃花開盡葉初綠，燕子飛來體自便。愛客漸能陪痛飲，讀書無思懶開編。秦川雪盡南山出，思共肩輿看麥田。

大人久廢彈琴比借人雷琴以記舊曲十得三四率爾拜呈

久厭凡桐不復彈，偶然尋繹尚能存。倉庚鳴樹思前歲，春水生波滿舊痕。泉落空巖虛谷應，珮敲清殿百官寒〔一〕。終宵竊聽不能學，庭樹無風月滿軒。

【校】

〔一〕「寒」，宋乙本作「蹇」。

聞子瞻習射

舊讀兵書氣已振，近傳能射喜征蝨。手隨樂節寧論中，箭作鴟聲不害文。力薄僅能勝五斗，才高應自敵三軍。良家六郡傳眞法，馬上今誰最出羣？

種　菜

久種春蔬旱不生，園中汲水亂瓶甖。菘葵經火未出土，僮僕何朝飽食羹？強有人功趨節令，悵無甘雨困耘耕〔一〕。家居閑暇厭長日，欲看年華上菜莖。

【校】

〔一〕「悵」，宋乙本作「恨」。

次韻子瞻題薛周逸老亭

飛鳥不知穴，山鹿不知流。薛子善飲酒，口如吸水虬。吾觀腸胃間，何異族黨州？人滿地已盡，一介不可留。謂子試飲水，一酌不再求。謂子飲醇酒，百醻豈待酬？酒可水不可，其說亦已悠。以我視夫子，胸腹百丈幽。譬如田中人，視彼公與侯。未省破顔飲，何況裸露頭？鴟夷謂大瓠，皆飽安用浮？多少苟自適，豈害爲朋遊？

次韻子瞻題長安王氏中隱堂五首

秦中勝岷蜀〔一〕，故國不須歸。甲第春風滿，巴山晝夢非。竹深啼鳥亂，花落晚蜂飛。我欲西還去，敲門愼勿違。

其　二

唐朝卿相宅，此外更應無。請看庭前樹，曾攀屋裏姝。流傳漸失實，遺老不禁徂。試問歸登物，林間翠石孤。或云此即歸登宅。

其三

愛君高堂上，有似蜀江壖。牆外終南近，簷西太白偏。晚梅晴自媚，老竹暗相遷。未到遙聞說，吾廬安得然？

其四

官去空留鶴，山浮不見鼇。竹林迎日淨〔二〕，槐木擁亭高。烏噪知人至〔三〕，蟬鳴覺口勞。誰能飲堂上，解帶不穿袍？

其五

君看原上墓，墳盡但餘碑。誰見生前貴，塵生帶下龜。高堂幸有酒，一飲豈論貲。勉強行樂耳，古人良可悲。

【校】

〔一〕「岷」，宋乙本、叢刊本作「三」。

〔二〕「浄」，宋乙本作「静」。
〔三〕「烏」，叢刊本作「烏」。

和子瞻鳳翔八觀八首

石鼓

岐山之陽石爲鼓，叩之不鳴懸無虡。以爲無用百無直，以爲有用萬物祖。置身無用有用間，自託周宣誰敢侮？宣王沒後墳壠平，秦野蒼茫不知處。周人舊物惟存山，文武遺民盡四虜。鼎鐘無在鑄戈戟，宮殿已倒生禾黍〔一〕。厲宣子孫竄四方，昭穆錯亂不存譜。時有過客悲先王，綢繆牖戶徹桑土〔三〕。思宣不見幸鼓存，由鼓求宣近爲愈。彼皆有用世所好，天地能生不能主。君看項籍猛如狠，身死未冷割爲脯。馬童楊喜豈不仁，待汝封侯非怨汝。何況外物固已輕，毛擒翡翠尾執麈。惟有蒼石於此時，獨以無用不見數。形骸偃蹇任苔蘚，文字皴剝困風雨。遭亂既以無用全，有用還爲太平取。古人不見見遺物，如見方召與申甫。文非科斗可窮詰，簡編不載無訓詁。字形漫汗隨石缺，蒼蛇生角龍折股。亦如老人遭暴横，頤下髭秃口齒齬。形雖不具意可知，有云楊柳貫魴鱮。魴鱮豈厭居溪谷，自投網罟入君俎。柳條柔弱長百尺，挽之不斷細如縷。以柳貫魚魚不傷，貫不傷魚魚樂死。登之廟中鬼神格，錫女豐年多黍稌。宣王用兵征四國，北摧犬戎南服楚。將帥用命士卒驩，死生不顧鬬虓虎。問之何術能使然？撫之如子敬如父。弱柳貫魚魚弗違，仁人在上民不怒。請看石鼓非徒然，長笑太山刻秦語。

【校】

〔一〕「已倒」，宋乙本作「之側」。

〔二〕「牖戶」，宋乙本作「戶牖」。

詛楚文〔一〕

詛楚楚如桀，詛秦秦則紂。桀罪使信然，紂語安足受？牲肥酒醪潔，夸誕鬼不祐。鬼非東諸侯，豈信辯士口？碑埋祈年下，意繞章華走。得楚不付孫，但爲劉季取。吾聞秦穆公，與晉實甥舅。盟鄭絕晉歡，結楚將自救。事見呂相絕秦。使秦詛楚人，晉亦議其後〔二〕。諸侯迭相詛，禍福果誰有？世人不知道，好古無可否。何當投涇流，渾濁蓋鄙醜。

【校】

〔一〕「詛」，原作「咀」，題下原有小字註：「咀當作詛。」現據此詩正文及蘇軾鳳翔八觀改，並删去小字註文。

〔三〕「其」，叢刊本作「秦」。

王維吴道子畫 在普門及開元寺。

吾觀天地間，萬事同一理。扁也工斲輪，乃知讀文字。我非畫中師，偶亦識畫旨。勇怯不必同，要以各善耳。壯馬脱銜放平陸，步驟風雨百夫靡。美人婉娩守閑獨，不出庭户修容止。女能嫣然笑傾國，馬能一蹴致千里。優柔自好勇自强，各自勝絶無彼此。誰言王摩詰，乃過吴道子？試謂道子來，置女所挾從軟美。道子掉頭不肯應，剛傑我已足自恃。雄奔不失馳，精妙實無比。老僧寂滅生慮徵，侍女閑絜非復婢。丁寧勿相違，幸使二子齒。二子遺迹今豈多，岐陽可貴能獨備。但使古壁常堅完，塵土雖積光豔長不毁。

楊惠之塑維摩像 在天柱寺。

金粟如來瘦如腊，坐上文殊秋月圓。法門論極兩相可，言語不復相通傳。至人養心遺四體，瘦不爲病肥非妍。誰人好道塑遺像，鮐皮束骨筋扶咽。兀然隱几心已滅，形如病鶴竦兩肩。骨節支離體疎緩，兩目視物猶烱然。長嗟靈運不知道，强剪美鬚插兩顴。彼人視身若枯木，割去右臂非所恚。何況塑畫已身外，豈必奪爾庸自全？眞人遺意世莫識，時有遊僧施鉢錢。

東湖

不到東湖上，但聞東湖吟。詩詞已清絕，佳境亦可尋。蜿蜒蒼石螭，蟠拏據湖心。倒腹吐流水，奔注爲重深。淸風蕩微波，渺渺平無音。有鼈行在沙，有魚躍在潯。鼈圓如新荷，魚細如蠹蟫。梧桐生兩涯，蕭蕭自成林。孫枝復生孫，已中瑟與琴。秋蟲噪蜩蛩，春鳥鳴鴃鵟。有客來無時，濯足蔭淸陰。自忘府中官，取酒石上斟。醉倒臥石上，野蟲上其襟。醒來不知莫，湖月翻黃金。油然上馬去，縱牽不自箴。作詩招路人，行樂宜及今。人生不滿百，一瞬何所任？路人掉頭笑，去馬何駸駸。子有不肖弟，有冠未嘗簪。願身化爲綫，使子爲之鍼。予欲烹鯉魚，爲子溉釜鬵。予欲枕山石，爲子求布衾。異鄉雖云樂，不如反故岑。瘦田可鑿耕，桑柘可織紝。東有軒轅泉，隱隱如牛涔。西有管輅宅，尙存靑石碪。彭女留膝跺，禮拜意已欽。慈母抱衆子，亂石寒蕭森。朝往莫可還，此豈不足臨？愼勿語他人，此意子獨諶。

眞興寺閣

秦川不爲廣，南山不爲高。嵯峨眞興閣，傑立陵風飈。危檻俯翔鳥，跳簷落飛猱。上有傲世人，身衣白鶴毛。下視市井喧，奔走何嗷嗷！蕭然倚楹嘯，遺響入雲霄。清風吹其裾，冉冉不可操。不知何所爲，豈卽非盧敖？遊目萬里間，遠山如伏羔。遺語謝世俗，釣魚當釣鼇？

李氏園 李茂正園也，俗謂皇后園，蓋茂正謂其妻也。

有客騎白駒，揚鞭入青草。悠悠無遠近，但擇林亭好。蕭條北城下，園號李家媪。繫馬古車門，隨意無灑掃。鳴禽驚上屋，飛蝶紛入抱。竹林淨如濯，流水清可澡。閑花不著行，香梨獨依島。松枝貫今昔，林影變昏早。草木皆蒼顏，亭宇已新造。臨風置酒樽，庭下取栗棗。今人強歡笑，古人已枯槁。欲求百年事，不見白髮老。秦中古云樂，文武在豐鎬。置囿通樵蘇，養獸護麀麌〔一〕。池魚躍金碧，白鳥飛紵縞。牛羊感仁恕，行葦亦自保。當年歌靈臺，後世詠魚藻。古詩宛猶在，遺處不可考。悲哉李氏末，王覇出奴皂。城中開芳園，城外羅戰堡。擊鼓鳴巨鐘，百姓皆懊惱。及夫聖人出，戰國卷秋潦。園田賦貧民，耕破園前道。高原種菽粟，陂澤滿粳稻。春耕雜壺漿，秋賦輸秸藁。當年王家孫，自庇無尺橑。空餘百歲木，妄爲禾巫禱。遊人足譏罵，百世遭舌討。老翁不願見，垂涕祝襁褓。持用戒滿盈，飲酒無醉倒〔二〕。

【校】

〔一〕「讙」，原作「讓」，據宋乙本改。

〔二〕「無」，宋乙本作「毋」。

秦穆公墓 在橐泉上。

泉上秦伯墳，下埋三良士。三良百夫特，豈爲無益死？當年不幸見迫脅，詩人尙記臨穴惴。豈如田横海中客，中原皆漢無報所。秦國吞西周，康公穆公子。盡力事康公，穆公不爲負。豈必殺身從之遊？夫子乃以侯嬴所爲疑三子。王澤旣未竭，君子不爲詭。三良徇秦穆，要自不得已。

聞子瞻將如終南太平宮谿堂讀書

爲吏豈厭事，厭事日墮媮。著書雖不急，實與百世謀。問吏所事何？過客及繫囚。客實虛攪人，囚有不自由。辦之何益增，不辦亦足憂。嗟此誰不能，脱去使自收。幽幽南山麓，下有溪水流。溪上亦有堂，其水可濯漱。終日不見人，惟有山鹿呦。是時夏之初，溪冷如孟秋。山樵黄笠屐，林筍紫角抽。朝取筍爲羹，莫以樵爲羞。溪魚鯉與魴，山鳥鸎與鳩。食之飽且平，偃仰自佚休。試探篋中書，把卷揖前修。怳如反故鄉，親朋自相求。蔚如甕中糟，久熟待一蒭。爲文若江河，豈復有刻鎪。尙何憶我爲？欲與我同遊。我雖不能往，寄詩以解愁。

次韻子瞻廝田青峯寺下院翠麓亭

走馬紅塵合，開懷野寺存。南山抱村轉，渭水帶沙渾。亭峻朱欄繞，堂虚白佛尊。煩襟喜修竹，倦馬樂芳蓀。白氎柔隨手，清泉滿照盆。塵顔洗濯淨，髀肉再三捫。饋食青蔬軟，流匙細粟翻。老僧勿施敬，對客説山門。

次韻子瞻宿南山蟠龍寺

谷中夜行不見月，上下不辨山與谷。前呼後應行相從，山頭誰家有遺燭？逕逕深徑馬蹄響，落落稀星著疎木。行投野寺僧已眠，叩門無人狗出縮。號呼從者久嗔駡，老僧下牀揉兩目。問知官吏冒夜來，掃牀延客臥華屋。釜中無羹甑實盡，愧客滿盎惟脫粟。客來已遠睡忘覺，僧起開堂勸晨粥。自嗟奔走閔僧閑，偶然來過何年復？留詩滿壁待重遊，但恐塵埃難再讀。

賦園中所有十首　時在京師。

萱　草〔一〕

萱草朝始開，呀然黄鵠觜。仰吸日出光，口中爛如綺。纖纖吐須鬣，冉冉隨風哆。朝陽未上軒，粲粲幽閑女。美女生山谷，不解歌與舞。君看野草花，可以解憂悴。

【校】

〔一〕汪本、三蘇祠本第一首無題，以下作其二至其十；宋乙本無題，並無「其二」等字；爲醒目計，今據叢刊本補入小題。

竹

寒地竹不生，雖生常若病。斸根種幽砌，開葉何已猛。嬋娟冰雪姿，散亂風日影。繁華見孤淡，一箇敵千頃。令人憶江上，森聳緣崖勁。無風擇自飄，策策鳴荒逕。

蘆

蘆生井欄上，蕭騷大如竹。移來種堂下，何爾短局促。莖青甲未解，枯葉已可束。蘆根愛溪水，餘潤長鮮綠。強移性不遂，灌水惱僮僕。晡日下西山，汲者汗盈掬。

石榴

堂後病石榴，及時亦開花。身病花不齊，火候漸已差。芳心竟未已，新蕚綴枯槎。誰言石榴病，乃久占年華。鄰家花最盛，早發豈容遮？殘紅已零落，婀娜子如瓜。

蒲桃

蒲桃不禁冬，屈盤似無氣。春來乘盛陽，覆架青綾被。龍髯亂無數，馬乳垂至地。初如早梅酸，晚作醲酪味。誰能釀爲酒，爲爾架前醉？滿斗不與人，涼州幾時致？

萱草

室幽來客稀，塵土積不掃。鄰翁笑我拙，敎我種叢草。經霜斫爲箒，不讓秋竹好。始生如一毛，張王忽侵道。鉏𣝗禁芟斸，愛惜待枯槁。有用皆勿輕，吾師灌園老。

果　贏

吾兄客關中，果贏施吾宇。兄雖未得還，我豈如婦女，呦呦感微物，涕泗若零雨？但愛果贏莖，屈曲上牆堵。朝見緣牆頭，莫已過牆去。物生隨年華，還日何足數。

牽　牛

牽牛非佳花，走蔓入荒榛。開花荒榛上，不見細蔓身。誰剪薄素紗，浸之青藍盆。水淺浸不盡，下餘一寸銀。嗟爾脆弱草，豈能凌霜晨？物性有稟受，安問秋與春？

雙　柏

南園地性惡，雙柏不得長。蓬麻春始生，今已滿一丈。柏生嗟幾年，失意自悽愴。有子壓枝低，已老非少壯。尤柏柏已寃〔一〕，尤地亦恐妄。兩旣無所尤，高枝幾時放？

【校】

〔一〕「已」，叢刊本作「也」。

葵花

葵花開已闌，結子壓枝重。長條困風雨，倒臥枕丘壠。憶初始放花，岌岌旌節聳。得時能幾時？狼籍成荒冗。浮根不任雪，採剝收遺種。未忍焚枯莖，積疊牆角擁。

和子瞻記夢二首

兄從南山來，夢我南山下。探懷出詩卷，卷卷盈君把。詩詞古人似，弟則吾弟也。相與千里隔，安得千里馬？攜手上南山，不知今乃夜。晨雞隔牆唱，敲枕窗月亞。百語記一詞，秋菊悲蛩吒。此語鮑謝流，平日我不暇。我本無此詩，嗟此誰所借？

蟋蟀感秋氣，夜吟抱菊根。霜降菊叢折，守根安可存？耿耿荒苗下，唧唧空自論。不敢學蝴蝶，菊盡兩翅翻。蟲凍不絕口，菊死不絕芬。志士豈棄友，烈女無兩婚。

次韻子瞻題岐山周公廟

周人尚記有周公，禾黍離離下有宮。破豆烝豚非以報，野巫長跪若爲通。山圍棟宇泉流近，廟后有德潤泉，世亂則竭。鳳去梧桐落葉濛。有客賦詩題屋壁，二南猶自有遺風。

次韻子瞻題扶風道中天花寺小亭

客車來不息，轍迹自成溝。莫怪慵登寺，猶宜賞舉頭〔一〕。獨遊知憶弟，望遠勝登樓。處處題詩遍，篇篇誰爲收？

【校】

〔一〕「賞」，叢刊本作「常」。

次韻子瞻南溪避世堂

柱杖行窮徑，園堂尚有林。飛禽不驚處，萬竹正當心。虎嘯風吹籟，霜多蟬病瘖。獸驕從不避，人到記由今。未暇終身住，聊爲半日吟。青松可絕食，黃葉不須衾。偶到初迷路，將還始覺深。堂中有幽士，插髻尚餘簪。

和子瞻三遊南山九首

樓　觀　次韻

神仙避世守關門，一世沉埋百世尊。舊宅居人無姓尹，深山道士即爲孫。天寒遊客常逢雪，日暮歸鴉自識村。君欲留身託幽寂，直將山外比羌渾。

五郡 次韻

蜀人不信秦川好，食蔗從梢未及甘。當道沙塵類河北，依山水竹似江南。觀形隨阜飲溪鹿，雲氣侵山食葉蠶。猶有道人迎客笑，白鬚黄袖豈非聃？

傳經臺

輪扁不能令子巧，老聃雖智若爲傳？遺經尚在臺如故，弟子今無似喜賢。

大秦寺

大秦遥可說，高處見秦川。草木埋深谷，牛羊散晚田。山平堪種麥，僧魯不求禪。北望長安市，高城遠似煙。

仙遊潭五首

潭〔一〕

潭深不可涉，潭小不通船。路斷遊人止，龍藏白沫旋。剪藤量水短，插石置橋堅。橋外居民少，躬耕不用錢。

【校】

〔一〕底本、三蘇祠本小題在後，題上有「右」字；宋乙本題在後，無「右」字。爲醒目計，今據叢刊本改。

南　寺

澄潭下無底，將渡又安能？慣上橫空木，輕生此寺僧。曉魚開考考，石塔見層層。不到殊非惡，它年記未曾？

北　寺

君看潭北寺，何用減潭南？不到還能止，重來獨未厭。荒涼增客思，貧病覺僧慚。飲水寒難忍，誰言柏子甘。

馬融石室

扶風貴公子，早歲伴山家。吹笛墮秋葉，讀書隨曉鴉。業成心自叛，學苦我長嗟〔一〕。石室非人住，窮山雪似沙。

【校】

〔一〕「長」，宋乙本作「常」。

玉女洞

洞門蒼蘚合，傴仄不容身。傳有虚明處，中藏窈窕人。吹笙橋上月，拾翠洞南春。往往來山下，蕭然雨灑塵。

和子瞻調水符 子瞻令人取玉女洞水，恐其見欺，破竹爲契，使寺僧藏其一，以爲往來之信，故云。

多防出多欲，欲少防自簡。君看山中人，老死竟誰謾？渴飲吾井泉，飢食甑中飯。何用費卒徒，取水負瓢罐？置符未免欺，反覆慮多變。授君無憂符，階下泉可嚥。

次韻子瞻招隱亭

隱居吾未暇，何暇勸夫人？試飲此亭酒，自慚纓上塵。林深開翠斎，岸斷峻巖闉。送雪村酤釀，迎陽鳥哢新。竹風吹斷籟，湖月轉車輪。霜葉飛投坐，山梅重壓巾。欲居常有待，巳失歎無因。古語君看取，聲名本實賓。

次韻子瞻凌虚臺

棄我謂我遠，求我謂我還。我一爾則二，視此臺上山。山高上干天，獨不照我顔。無乃我自蔽，誰謂山則慳？遠望不見趾，近視不得鬟。山實未始變，任子自擇删。北風吹南崖，山上秋葉斑。道遠又寒苦，皴裂辭難攀。晴空卷朝雲，照夜霜月彎。强爾登此臺，免爾超閬闠。扶風太守宅，舊不見南山，唯此臺上見之，故云。

次韻子瞻竹鼴

野食不穿困，谿飲不盜盎。嗟鼴獨何罪，膏血自爲罔？陰陽造百物，偏此愚不爽。肥癡與瘦黠，稟受不相髣。王孫處深谷，小若兒在襁。超騰避彈射，將中還復枉〔一〕。一朝受羈紲，冠帶相賓饗。愚死智亦擒，臨食抵吾掌。

【校】

〔一〕「枉」，叢刊本作「往」。

次韻子瞻渼陂魚

渼陂霜落魚可掩，枯茨破盤蒲折劍。巨斧敲冰已暗知，長叉刺浪那容閃？鯨孫蛟子誰復惜？朱鬣金鱗漫如染。邂逅相遭已失津，偶然一掉猶思塹。嗟君遊宦久羊炙，有似遠行安野店。得魚未熟口流涎，豈有哀矜自欺僭？人生飽足百事已，美味那令一朝欠？少年勿笑貪匕筯，老病行看費鍼砭。羊生懸骨空自飢，伯夷食菜有不贍。淸名驚世不益身，何異飲醯徒酷釅〔一〕。

【校】

〔一〕「酷」，叢刊本作「醅」。

和子瞻讀道藏

道書世多有，吾讀老與莊。老莊已云多，何況其駢傍？所讀嗟甚少，所得半已強。有言至無言，既得旋自忘。譬如飲醇酒，已醉安用漿？昔者惠子死，莊子哭自傷。微言不復知，言之使誰聽？哭已輒復笑，不如斂此藏。脂牛雜肥羜，烹熟有不嘗。安得西飛鴻，送弟以與兄？

次韻子瞻南溪微雪

南溪夜雪曉來霽，有客晨遊酒未消。風泛餘花來逐馬，光浮斷澗不知橋。山寒凍合行人息，醉熟賓歡舞意囂。歸騎相將踏瑤玉，嗅林閑認早梅條。

和子瞻司竹監燒葦園因獵園下

駿馬七尺行馮馮，曉出射獸霜爲冰。荻園斫盡有枯栟，束茅吹火初如燈。乍分乍合勢開展，蒼煙被野風騰騰。黃狐驚顧嘯儔侶，飛鳥先起如蒼鷹。須臾立旆布行伍，有似修蟒橫岡陵。蒼鷹猛獸出前後〔一〕，缺處已掛黃麻罾。回風忽作火力怒，平地一卷無疆塍。商辛不出抱寶死，曹瞞逸去燋其肱。投身誤喜脫灰燼，闖首旋已遭侵凌。何人上馬氣吞虎，狐帽壓耳皮蒙膺。開弓徐射疊雙兔，擁馬驩叫驚未曾。舉鞭一麾百夫進，擊鼓再發箭舉掤〔二〕。去如飛虻中如電，獲若雨獸膏流澠。肉分麾下飽壯士，皮與公子留縑繒。縱橫分裂惠村塢，尚有磊落載後乘。吾兄善射久無敵，是日斂手稱不能。憑鞍縱馬聊自適，酒後醉語誰能應？健兒擊搏信可樂，主將雄猛今誰勝？胸中森列萬貔虎，嗟世但以文儒稱。安得強弓傳長箭，使射蔽日垂天鵬？

【校】

〔一〕「獸」，叢刊本作「犬」。

〔二〕「掤」，原作「棚」，據宋乙本改。

木山引水二首

引水穿牆接竹梢，谷藏峯底大容瓢。將流旋滴廬山瀑，已盡還來海上潮。亂點落池驚睡覺，半山含潤沃心焦。瓦盆一斛何勝滿，溢去猶能浸菊苗。

簷下枯槎拂荻梢，山川迤邐費公瓢。幽泉細細流巖鼻，盆水瀰瀰漲海潮。但愛堅如湖上石，誰憐收自竈中焦。蒼崖寒溜須佳蔭，尚少冬青石罅苗〔一〕。

【校】

〔一〕「冬青」，叢刊本作「青冬」。按：冬青爲常綠喬木，當以冬青爲是。

興州新開古東池

山邊興州萬疊青，池開近郭百泉并。昔年種柳人安在？累歲開花藕自生。波暖跳魚聞樂喜，人來野鴨望船鳴。西還過此須終日，爲問使君行未行？

子瞻喜雨亭北隋仁壽宮中怪石

仁壽宮中穭穀生，太湖蒼石草間橫。興衰换世身猶在，南北從人事已輕。累石作臺秋蘚上，鑿浙通水細渠清。三年此亦非公有，空使他年記姓名。

用林姝韻賦雪

密雪來何晚？窮冬候欲差。投空落細米，布地淨平沙。繚繞飛相著，重仍積暗加。雨微花破碎，風細脚傾斜。次第來如糝，冥濛墮不譁。熚鵝吹勁𦩤，秀葦拂輕舠。晝字飄還沒，罽毬暖旋岔。出鹽東海若，鍊石古皇媧。翻皴騰歸騎，紛飄集晚鴉。庭梅辨紅蕚，壠麥覆黄芽。撥砌求新藥，尋蹤射伏麏。埋樓平盡脊，集樹短留槎。亂下曾何擇，平鋪欲盡遮。欺貧寒入褐，惱客重添車。積素聊成燭，烹甘强試茶。病僧添曉鉢，老令放晨衙。融液曾何有？鮮明竟不奢。積多還避井，化早發從畬。溜滴簷垂箸，行觀逕轉蛇。誰能相就醉，都市酒容賒？

送張唐英監閬州稅

閬中雖近蜀，監稅本閑官。豈足淹賢俊？聊應長羽翰。讀書心健否，答策意何闌？未可厭畋獵，田中有走貆。

送張師道楊壽祺二同年

故國多賢俊，登科並弟兄。重來舊游處，兩見近題名。冉冉須堪把，騣騣歲可驚。孤轅已南向，疋馬復西征。入峽猿應苦，還荆鴈已鳴。喜從元帥幕，官職漸峥嶸。

送家定國同年赴永康掾

清慎岷山掾，登科已七年。迎親就魚稻，爲吏擇林泉。去騎關中熱，歸心沫水鮮。官閑幸可樂，記買鷓鴣煎。永康多鷓鴣。

送覇州司理翟曼

大梁能賦客，邊郡繫囚曹。官職不相稱，聲名終自高。試觀爲吏苦，應過讀書勞。努力事初宦，尺絲無厭纏。

送道士楊見素南遊

黄河春漲入隋溝，往意隨波日夜流。萬里尋山如野鶴，一身浮水似輕鷗。湖風送客那論驛，岳寺留人暗度秋。遲子北歸來見我，攜琴委曲記深幽。

利路提刑亡伯郎中挽詞二首

好學先鄉黨，登科復妙年。誰爲耆舊傳，最處搢紳先。淪謝今亡矣，風流孰繼焉？魂歸食里社，世世仰仁賢。

晚歲官仍困，終身恥自言。廉明漢循吏，仁愛鄭公孫。赤縣朝稱理，衡山德共尊。遠人應罷市，處處有遺恩。

亡伯母同安縣君楊氏挽詞

德盛諸楊族，賢宜伯父家。周姜職蘋藻，歐母事桑麻〔一〕。大邑移封近，陰堂去日賒。空餘鏡奩在，時出舊笄珈。

【校】

〔一〕「桑」，叢刊本作「蠶」。

欒城集卷之三

詩七十五首

北京送孫曼叔屯田權三司開坼司

人生不願才，才士困奔走。君爲大農屬，求暇更能否？自我遊魏博，相識恨未久。誰言但傾蓋，信有勝白首？淸晨坐風觀，落日語涼牖〔一〕。棋精動如律，弓健不論斗。旁觀我不能，晤語君見受。秋風起沙漠，凄雨濕征袖。送行欲汲汲，富貴恐君後。將去聊遲遲，已遠悲朋友。

【校】

〔一〕「語」，叢刊本作「說」。

和強至太博小飲

誰能飲酒如傾水，醉倒坐中扶不起？形骸外物已如遺，升斗任君無復避。霜梨冰脆寒侵齒，未盡一杯先已醉。強將文字笑紅裙，冷淡爲歡何足貴！

和強君瓦亭

君爲魏博三年客，日有江湖萬里心。暫得野亭留馬足，強循疎柳步堤陰。無人攜手共吳語，得意搖頭時越吟。何日東郊過微雨，並騎鞍馬去同尋？

中秋夜八絕 得「月明星稀，烏鵲南飛」韻〔一〕。

長空開積雨，淸夜流明月。看盡上樓人，油然就西沒。

誰遣常時月，偏從此夜明？暗添珠百倍，潛感兔多生。

欲見初容燭，將升尙有星。漸高圍漸小，雲外轉亭亭。

明入庭陰白，寒侵酒氣微。夜深看更好，樓上漸人稀。

浮光看不定，重露試還無。影翻狂舞客，明誤已棲烏。

巧轉上人衣，徐行度樓角。河漢冷無雲，冥冥獨飛鵲。猿狖號枯木，魚龍泣夜潭。行人已天北，思婦隔江南。看久須扶立，行貪遂失歸。誰能終不睡，爛醉羽觴飛？

【校】

〔一〕「韻」，原無，據叢刊本補。

次韻王君貺尚書會六同年

有美佳賓賢主人，布衣曾共脫京塵。飲來未覺歲華晚，醉後能令秋氣春。發譽早同初宦日〔一〕，收功終籍老成身。它年此會應圖畫，傳入誰家屏幛新？

【校】

〔一〕「宦」，宋乙本作「官」。

王公生日〔一〕

純陰十月晚，勁氣肅羣驕。惟有喬松在，長看積雪消。生賢稟眞性，特立冠當朝。早歲初成賦，羣雄已失標。治才精破竹，廷論壯生飈。博士皆推賈，宣皇重試蕭。周旋窮政體，出入解心焦。九列高稱冠，三台豈足超。論功歸潁覇，舉相待虞姚。驥騁經新臥，弓強發矢弨。百年時節在，四海衆心翹。當見飛中使，齎金賜此朝。二府生日例賜金帛。

【校】

〔一〕叢刊本題作「王君晛生日」。

次韻姚孝孫判官見還岐梁唱和詩集

伯氏文章豈敢知，岐梁偶有往還詩。自憐兄力能兼弟，誰肯塤終不聽篪？西虢春游池百頃，南溪秋入竹千枝。恨君曾是關中吏，屬和追陪失此時。

次韻王臨太博馬上

冬晚霜露重，城遙鞍馬勞。徒知事奔走，曾未補毫毛。水旱嗟頻蹙，瘡痍費抑搔。莫歸何暇食？堆案簿書高。

次韻王君北都偶成三首〔一〕

河轉金隄近，天高魏闕新。千夫奉儒將，百獸伏麒麟。校獵沙場莫，談兵玉帳春。關南知不遠，誰試問蕃隣？

其二

天寶亂已定，河壖兵更多。故城埋白骨，遺俗喜長戈。臥獸常思肉，奔鯨不受羅。縱横竟安在，誰見冢嵯峨？

其三

禁籞封金殿，清河貫石門。時平餘古木，兵散有空屯。形勝山圍闊，蕃宣海内尊。川原不論頃，雲夢可勝吞？

【校】

〔一〕「王君」下，宋乙本多「眖」字。

次韻沈立少卿白鹿

白鹿何年養？驚猜未肯馴。軒除非本性，飲食強依人。照影冰浮水，飛毛雪灑塵。獨游應已倦，忽見乍疑神〔一〕。野色明幽步，煙蕪薦臥身。異姿人共愛，清意爾誰親？日暖山苗熟，風微澗草春。何緣解韁縶，弃放任天眞。

【校】

〔一〕「疑」，叢刊本作「凝」。

送陳安期都官出城馬上

城中二月不知春，唯有東風滿面塵。歸意已隨行客去，流年驚見柳條新。簿書塡委休何日？學問榛蕪愧古人。一頃稻田三畝竹，故園何負不收身？

登上水關〔一〕

淇水汯汯入禁城，城樓中斷過深淸。空郊南數牛羊下，落日迴瞻觀闕明。歲月逼人行老大，江湖發興感平生。畫船早晚籠新屋，慰意來看水面平。

【校】

〔一〕「關」，叢刊本作「閣」。

寒食贈遊壓沙諸君

城南壓沙古河淤，沙上種梨千萬株。隆冬十月我獨往，風吹葉盡枝條疎。老僧屈指數春候，却後百日花當蘇。微風細雨膏潤足，枝頭萬萬排明珠。齊開競發不知數，照曜冰雪明村墟。此時官閑得遊賞，長堤平穩宜驂駒。寺門古木芽葉動，倉庚布穀相和呼。及時行樂不可緩，歲長春短花須臾。僧言我意兩相值，欲往屢已脂吾車。今朝寒食燈火斷，薄雲蔽日風沙除。此花久已待我至，況有朋友相攙扶。來邀反覆不能往，豈獨負君花已辜。諸君高邁足才思，佐酒況得萬玉奴。坐中未醉愼無起，倒載當使山公如〔一〕。

【校】

〔一〕「載」，原作「戴」，據叢刊本改。

明日安厚卿強幾聖復召飲醉次前韻

芳樽酌水清無淤，梨園著雪迷根株。鄴宮士女喜行樂〔一〕，坐上醉客誰親疎〔二〕？倦遊不知歲月過，痛飲漸覺筋骸蘇。風吹落片亂鵝毳，雨結細實駢明珠。雲屯冰積動論頃，誰信城郭涵村墟。坐觀明媚低照席，行看繁鬧橫遮駒。我貧不辦供酒炙，側耳日聽交朋呼。無端人事巧拘束，曾不見置閑須臾。長鯨渴水求入海，老驥伏櫪思就車。淸明未過春未老，寒食豈必節與除？二君爲我重置酒，席上醉倒交相扶。歡娛安用苦酬酢？叫嘯不畏相罪辜。

昏然已覺萬物小，下視吏役眞婢奴。請君數具牛酒費，此外百事何能如？

【校】

〔一〕「宮」，原作「官」，據宋乙本改。

〔二〕「醉」，叢刊本作「酌」。

次韻柳子玉郎中見寄

新年始是識君初，顧我塵埃正滿裾。談辯未容朝夕聽，情親空愧往還書。久聞筆陣無前敵，更擬詩壇託後車。待得入城應少暇，相從有約定何如？

秀州僧本瑩淨照堂

有僧訪我攜詩卷，自說初成淨照堂。求得篇章書壁素，不論塵土漬衣黃。故山別後成新歲，歸夢春來遶舊房。看取盈編定何益？客來無語但循牆。

京師送王頤殿丞

憶遊長安城，皆飲毋卿宅。身雖坐上賓，心是道路客。笑言安能久，車馬就奔迫。城南南山近，勝絶聞自昔。徘徊竟莫往，指點煩鞭策。道傍古龍池，深透河渭澤。山行吾不能，愧此纔咫尺。壯哉誰開鑿？千頃如一席。參差山麓近，滉蕩波光射。君時在池上，俗事厭紛劇。望門不敢叩，恐笑塵土迹。自從旅京城，所向愈無適。君來曾未幾，已復向南國。扁舟出淮汴，唯見江海碧。野人處城市，長願有羽翮。脱身相從遊，未果聊自責。

石蒼舒醉墨堂

石君得書法，弄筆歲月久。經營妙在心，舒卷功隨手。惟兹逸羣氣，扶駕須斗酒。作堂名醉墨，揮灑動牆牖。安得濁酒池，淋漓着濡首。但取繼張君，莫顧顛名醜。

遊淨因院寄璉禪師

歲月潛消日裏冰，依然來見佛堂燈。此身已自非前我，問法何妨似舊僧？灑面飛泉時點點，歷池蒼石尚層層。遥知近愛金山好，江水煎茶日幾升？

送柳子玉

柳侯白首郎，風格終近古。舊遊日零落，新輩誰與伍？人情逐時好，變化無定主。試看近時人，相教蹈規矩。行身劇孔孟，稱道皆舜禹。但求免譏訐，豈顧愁肺腑。坐令不羈士，舉足遭網罟。緬懷我生初，遺俗尙目睹。中庸雖已亡，比近則猶愈。老成愼趨好，後生守淳魯。豈效相謾欺，銜牛沽馬脯。過惡酒色間，可罪非可惡。譬如嵇與阮，心迹豈深蠹？京師逢柳侯，往事能歷數。歎息子美賢，相與實舊故。至今存篇章，醉墨龍蛇舞。斯人今苟在，亦恐終囚虜。惜哉時論隘，安置失處所。一麾寄河壖，垂老幸有土。世俗安足論，且盡杯中醑。

送蘇公佐修撰知梓州

乘軺舊西蜀，出鎭復東川。父老知遺愛，壺漿定滿前。江山昔年路，旄節異邦權。望重朝中舊，疆分劍外天。歲登無猛政，蠻服罷防邊。去國身雖樂，憂時論獨堅。孤誠抱松直，糞進比茅連。我亦相從逝，疎狂且自全。

送任師中通判黄州

一別都門今五年，劇談精壯故依然。厭居巴蜀千山底，決住荆河十頃田。老去功名無意取，身閑詩筆更能專。黄州無事聊須飲，世俗方今自足賢。

南窗

京師三日雪，雪盡泥方深。閉門謝還往，不聞車馬音。西齋書帙亂，南窗初日升。展轉守牀榻，欲起復不能。開戶失瓊玉，滿堦松竹陰。客從遠方來，疑我何苦心。疎拙自當爾，有酒聊共斟。

次韻楊褒直講攬鏡

鬢髮年來日向衰，相寬不用強裁詩。壯心付與東流去，霜蟹何妨左手持。花發黃鸝巧言語，池開楊柳鬬腰肢。勸君行樂還聽否，卽是南風苦熱時。

送錢嫯州純老

桃花汴水半河流，已作南行第一舟〔一〕。倦報朝中言嘖亂，喜聞淮上耩咿呦。平時答策詞無枉，此去爲邦學更優。自古東陽足賢守，請君重賦沈公樓。

【校】

〔一〕「舟」，宋乙本作「州」。

次韻柳子玉見贈

壯心衰盡愧當年，刻意爲文日幾千。老去讀書聊度歲，春來多睡苦便氈。夢歸似鴈長飛去，才短如蠶只自纏。唯有閒詩尚思和，可能時寄最高篇？

次韻任遵聖見寄

故國老成誰復先，壯心空記話當年。灌夫失意貧無友，梅福辭官晚作仙。詩句清新非世俗，退居安穩卜江天。它年我亦從君隱，多買黄魚煑復煎。

次韻劉貢甫學士畫松石圖歌

長松大石生長見，竭遊塵土嗟空羨。寒翠關心失舊交，榮華過眼驚流電。破緡買得古畫圖，遺墨參差隨斷線。蟉枝倒掛風自舞，直幹孤生看面面。故山舊物遠莫致，愛此隨人共流轉。物生眞僞竟何有，適意一時寧復辨？少年所好老成癖，傍人指笑嗟矜衒。京城宅舍松石希，買費百金猶恐賤。

送頓起及第還蔡州

詔書京輔起沉淪，歲貢仍居第一人。不愧得官名暫屈，自誇對策語深淳。讀書飽足終無厭，從宦奔馳自此新。我去淮陽今不久，鄰邦時得問音塵。

初到陳州二首

謀拙身無向，歸田久未成。來陳爲懶計，傳道愧虛名。俎豆終難合，詩書強欲明。斯文吾已試，深恐誤諸生。

其二

久愛閑居樂，茲行恐遂不？上官容碌碌，飽食更悠悠。枕畔書成癖，湖邊柳散愁。疎慵愧韓子，文字化潮州。

柳湖感物

柳湖萬柳作雲屯，種時亂插不須根。根如臥蛇身合抱，仰視不見蜩蟬喧。開花三月亂飛雪，過牆度水無復還。窮高極遠風力盡，棄墜泥土顏色昏。偶然直墮湖中水，化爲浮萍輕且繁。隨波上下去無定，物性不改天使然。南山老松長百尺，根入石底蛟龍蟠。秋深葉上露如雨，傾流入土明珠圓。乘春發生葉短短，根大如指長而堅。神農嘗藥最上品，氣力直壓鍾乳溫。物生稟受久已異，世俗何始分愚賢？嘗見野人言柳花入水爲浮萍，松上露墮地爲仙茅，陰乾服之益人。古方云，十斤鍾乳不如一斤仙茅。

柳湖久無水悵然成詠

平湖水盡起黃埃，惟有長堤萬萬栽。病鶴摧頹沙上舞，遊人寂寞岸邊回。秋風草木初搖落，日莫樵蘇自往來。更試明年春絮起〔一〕，共看飛雪亂成堆。

【校】

〔一〕「試」，叢刊本作「識」。

次韻孫戶曹朴柳湖

疎慵非敢獨違時，野性顛狂不受羈。猶有曲湖容笑傲，誰言與物苦參差？水乾生草曾非惡，鶴舞因風忽自怡。最愛柳陰遲日暖，幅巾輕屨肯相隨。

贈李簡夫司封

平生談笑接諸公，歸老身心著苦空。往事少能陪晤語，新詩時喜挹清風。形骸摩詰羸偏健，筆札西臺晚更工。笑我壯年常苦病，異時何以作衰翁？

次韻李簡夫秋園

秋色豈相負？小園仍有花。繞欄吟落日，拾徑得殘葩。菊細初藏蝶〔一〕，桐踈不庇鴉。遊觀須作意，霜雪僅留槎。

【校】

〔一〕「蝶」，宋乙本作「珠」。

題李簡夫葆光亭

逕草侵芒屩，庭花墮石臺。小庭幽事足，野色向人來。坐上烏皮几，牆間大瓠罍。老成無不可，談笑得徘徊。

次韻李簡夫因病不出

十五年來一味閑，近來推病更安眠。鶴形自瘦非關老，僧定端居不計年。坐上要須長滿客，杖頭何用出攜錢？未嫌語笑妨清靜，閑暇陪公几杖前。

張安道尙書生日

出入三朝望愈尊，淮陽退臥避喧煩。崇高歷遍知皆妄，風俗頻遷氣獨存。世事直須勞舊德，歸心那復厭名藩。赤松作伴功雖切，白髮憂時義所敦。仁比高山年自倍，秋逢生日喜盈門。知公知命身無禱，聊爲生靈舉壽樽。

送劉道原學士歸南康

大川傾流萬物俱，根旋脚脫爭奔徂。流萍斷梗誰復數？長林巨石曾須臾。軒昂顚倒唯恐後，嗟予何獨強根株。三年一語未嘗屈，擬學文舉驚當塗。心知勢力非汝敵，獨恐清議無遺餘。扁舟歲晚告歸覲，家膳欲及羞蓴鱸。隱居高節世所尙，掛冠早歲還州閭。紛紜世事不著耳，得失豈復分錙銖？投身固已陷泥滓，獨立未免遭霑濡。君歸左右誰高趣，牛毛細數分賢愚。

題滑州畫舫齋贈李公擇學士

窗戶重重向日明，船居氣味此中生。汀洲出沒叢花短，波浪澄虛兩岸平。竄逐南來身未穩，安閑感物意猶驚。前賢事迹君今似，不愧當年畫舫名。歐陽公南還佐是邦而爲此齋，公擇之謫，亦從南來，故云。

送王恪郎中知襄州

魏公德業冠當年，汝守威名疎漢邊。將相傳家俱未遠，子孫到處各推賢。風流最喜君眞似，符竹連分政得專。峴首重尋碑墮淚，習池還指客橫鞭。逃亡已覺依劉表，寒俊應須禮浩然。當有郡人知古意，欄街齊唱接䍦篇〔一〕。

【校】

〔一〕「䍦」，原作「籬」，據叢刊本改。晉書山簡傳：「簡每出游嬉，多之池上，置酒輒醉。……有兒童歌曰：『山公出何許？往至高陽池。日夕倒載歸，酩酊無所知。時時能騎馬，倒著白接䍦。』」故當以接䍦爲是。

和張安道讀杜集　用其韻。

我公才不世，晚歲道尤高。與物都無著，看書未覺勞。微言精老易，奇韻喜莊騷。杜叟詩篇在，唐人氣力豪。近時無沈宋，前輩蔑劉曹。天驥精神穩，層臺結搆牢。龍騰非有迹，鯨轉自生濤。浩蕩來何極，雍容去若遨。壇高眞命將，毳亂始知髦。白也空無敵，微之豈少褒？論文開錦繡，賦命委蓬蒿。初試中書日，旋聞鄜畤逃。妻孥隔豺虎，關輔暗旌旄。入蜀營三徑，浮江寄一艘。投人慚下舍，愛酒類東皐。漂泊終浮梗，迂疎獨釣鼇。誤身空有賦，掩脛惜無袍。卷軸今何益，零丁昔未遭。相如元並世，惠子謾臨濠。得失將誰怨，憑公付濁醪。

送張公安道南都留臺

識公歲已深，從公非一日。仰公如重雲，庇我貧賤迹。公歸無留意，我處念平昔。少年喜文字，東行始觀國。成都多遊士，投謁密如櫛。紛然衆人中，顧我好顏色。猖狂感一遇，邂逅登仕籍。爾來十六年，鬢髮就衰白。謀身日已謬，處世復何益？從來學俎豆，漸老信典册。自知百不堪，偶未三見黜。譬如溝中斷，誰復強收拾？高懷絕塵土，舊好等金石。庠齋幸無事，樽俎奉清適。居然遠憂患，況復取矜式。汪洋際海深，淡泊朱弦直。徇時非所安，歸去亦何失？道存尚可卷，功成古難必。還尋赤松子，獨就丹砂術。恨無二頃田，伴公老蓬蓽。

傅欽之學士濟源草堂

聞有高居直百金，西山南麓北山陰。園通濟水池塘好，花近洛川顏色深。人去節旄分重鎮，客來猿鶴感幽吟。淇溪雨過西湖漲，歸興蕭然定不任。欽之時在許州。

文與可學士墨君堂

虛堂竹叢間，那復厭竹遠。風庭響交戛，月牖散凌亂。尚恐晝掩關，嬋娟不長見。中堂開素壁，蕭颯起霜榦。隨宜賦生意，落筆皆蔥蒨。根莖雜土石，枝葉互長短。依依露下綠，冉冉風中展。開門視叢薄，與此終何辨？

故成都尹陸介夫挽詞

擁節西來未一年，淒涼道路泣東轅。蜀都富樂眞當惜，民事艱難誰復論？白馬何人趣遠日，青芻盈束更無言。異時歸去逢遺老，空聽咨嗟述舊恩。

次韻柳子玉謫官壽春舟過宛丘見寄二首

局冷曾非薄領迷，幽居渾似未官時。忽聞客至驚還喜，出見泥深笑不知。謀拙未能憂歲計，身閑聊可飽晨炊。行舟借問何怨草？淮口無潮月正虧。

獻酬不用辭升斗，曲直何勞問尺尋。要路風波無限惡，謫居情味最能深。交從錦水初無間，鄰卜共山已有心。草聖詩豪並神速，數因南雁惠佳音。

次韻子瞻潁州留別二首

託身遊宦鄉，終老羨箕潁。隱居亦何樂，親愛形隨影。念兄適吳越，霜降水初冷。翩然事舟楫，棄此室廬靜。平明知當發，中夜抱虛警。永懷江上宅，歸計失不猛。人生徇所役，有若魚墮井。遠行豈易還？劇飲終難醒。不如早自乞，閑日庶猶永。世事非所憂，多憂亦誰省？

其二

放舟清淮上，蕩滌洗心胸。所遇日轉勝，恨我不得同。江淮忽中斷，陂埭何重重。紫蟹三寸筐，白皛五尺童。赤鯉寒在汕，紅粳滿霜風。西成百物賤，加餐慰貧窮。胡爲復相念？未肯安南東。人生免飢寒，不受外物攻。不見田野人，四壁編茅蓬。有食輒自樂，誰知富家翁？

陪歐陽少師永叔燕潁州西湖

西湖草木公所種，仁人實使甘棠重。歸來築室傍湖東，勝遊還與邦人共。公年未老髮先衰，對酒清歡似昔時。功成業就了無事，令名付與他人知。平生著書今絶筆，閉門燕居未嘗出。忽來湖上尋舊遊，坐令湖水生顏色。酒行樂作遊人多，爭觀竊語誰能呵。十年思潁今在潁，不飲耐此遊人何！

歐陽公所蓄石屏

石中枯木雙扶疎，粲然脈理通肌膚。剖開左右兩相屬，細看不見毫髮殊。老槻剝落但存骨，病松憔悴空留鬚。丘陵迤邐山麓近，雲煙澹靄風雨餘。我驚造物巧如此，刻畫瑣細供人須。公家此類尚非一，客至不識空嗟吁。案頭紫雲抱明月，牀上寒木翻飢烏。賦形簡易神自足，鄙棄筆墨嗟勤劬。天工此意與人競，雜出變怪驚羣愚。世間淺拙無與敵，比擬賴有公新書。月石硯屏及石上寒林棲烏，皆公詩所賦。

次韻子瞻初出潁口見淮山

清淮此日見滄浪，始覺南來道路長。窗轉山光時隱見，船知水力故軒昂。白魚受釣收寒玉，紅稻堆場列遠岡。波浪連天東近海，乘桴直恐漸茫茫。

次韻子瞻壽州城東龍潭

東行取次閲三州，擊鼓淸晨復解舟。車騎紛紜追過客，歌鍾淒咽動潛虬。宦遊底處非巢燕？歸計何嫌誚沐猴。賴有故人憐遠適，慇懃屢勸酒行周。

和子瞻渦口遇風

長淮暮生風，來自渦河口。新舟雖云固，波浪亦難受。詩來話艱厄，驚恐及兒婦。憶同泝荆峽，終夜愁石首。餘飈入幃幄，跳沫濺窗牖。平生未省見，驚顧欲狂走。爾來涉憂患，漸覺成老醜。遙喜波浪中，時能飲醇酒。

和子瞻濠州七絶

塗山

娶婦山中不肯留，會朝山下萬諸侯。古人辛苦今誰信？只見清淮入海流。

彭祖廟

長說先師似老彭，共疑好學古書生。不知亦解餐雲母，白日登天萬事輕。山有雲母，云彭祖所採服〔一〕。

【校】

〔一〕宋乙本註作「有雲母山，彭祖所採服也」。

逍遥臺 莊周墓上祠堂也〔一〕。

猖狂戰國古神仙，曳尾泥塗老更安。厭世乘雲人不見，空墳聊復葬衣冠。

【校】

〔一〕「周」，叢刊本作「子」。

觀魚臺

莊子談空惠子聽，郢人斤斧竢忘形。莫嗟質喪無知者，對石何妨自說經。

虞姬墓

布叛增亡國已空，摧殘羽翮自令窮。艱難獨與虞姬共，誰使西來敵沛公？

四望亭 太和中，郡守劉嗣之立，李紳爲之記，今亭廢矣。

唐史不聞劉嗣之，空傳短李舊歌詩。高亭毀盡唯存記，猶有區區父老知。

浮山洞 洞在淮上，夏潦不能及，而冬不加高，故人疑其浮也。

洞府元依水面開，秋潮每到洞門回。幽人燕坐門前石，長看長淮船去來。

和子瞻泗州僧伽塔

清淮濁汴爭强雄，龜山下閟支祁宮。高秋水來無遠近，蕩滅洲渚乘城墉。千艘銜尾誰復惜，萬人雨泣哀將窮。城中古塔高百尺，下有蜕骨黄金容。蛟龍百怪不敢近，迴風倒浪歸無蹤。越商胡賈豈知道，脱身獻寶酬元功。至人已立萬物表，劫火僅置毛孔中。區區淮汴亦何有？一挹可注滄溟東。胡爲尙與水族較，時出變怪驚愚聾？於乎此意不可詰，仰觀飛栱凌晴空〔一〕。

【校】

〔一〕「觀」，宋乙本作「視」。

次韻子瞻發洪澤遇大風却還宿

昨夜宿洪澤〔一〕，再來遂如歸。却行雖云拙，乘險諒亦非。誰言淮陰近，阻此駭浪飛？長風徑千里，蛟蜃相因依。眇然恃一葉，此勢安可違？冒涉彼何人，勇決生慮微。欲速有不達，魚腹豈足肥？風帆尙可轉，野廟誰能祈？但當擁衾睡，愼閉窗與扉。夜聞聲尙惡，起視聊披衣。

【校】

〔一〕「洪」，原作「鴻」，據詩題及宋乙本改。

次韻子瞻記十月十六日所見

君不見天高后土黃，變化出入唯陰陽。旋凝細霧作飛雹，復遣震雷追日光。可憐萬物甚微細，坐聽百變隨顚僵。深根固蔕無計遯，倏來忽返安能防？平生未見實驚耳，稍遠不知如隔牆。君看歌舞醉華屋，下有纍縶排兩廊。眼前苦樂尙懸絕，空中造化知有亡？我居宛丘厭凝沍，雪翻海水塡陂塘。但知膏澤利牟麥，恣食麰餌眞嘉祥。山陽所記亦何事，有酒胡不盡一觴？

欒城集卷之四

詩七十四首

次韻子瞻廣陵會三同舍各以其字爲韻

劉貢甫

貢甫少多才，交遊一何衆！談詞坐傾倒，玉麈日揮弄〔一〕。逡巡不爲虐，巧捷有微中。羣情忌超邁，微過出嘲諷。南遷時已久，未見肯力貢。舌在終自奇，髀滿安足痛？人生百年内，僅比一朝夢。鬖鬖就消涸，斗水傾漏甕。江淮未可嫌，遲晚聊自送。試觀終日閑，何似兩耳閧？

【校】

〔一〕「麈」，原作「塵」，據三蘇祠本改。

孫巨源

巨源學從橫，世事夙討論。著書十萬字，辯如白波翻。諫垣適多事，憂心生病根。立談信無補，閉口出國門。棄置臥江海，閔嘿寧復言？朝行共長歎，逐客繼二孫。謂莘老、巨源。南方固鄉黨，謫官侶鶴猿〔一〕。風俗未寧靜，朋黨爭排根〔二〕。引去良自得，獨淸在澄源。往者未可招，冠蓋方駿奔。

【校】

〔一〕「官」，宋甲本、叢刊本作「宦」。

〔二〕「根」，原作「跟」，據宋甲本、叢刊本改。

劉莘老

莘老奮徒步，首與覲國賓。儼然自約束，被服韍與紳。黽勉丞相府，接迹輿臺臣。顧嫌任安躁，未忍裂坐茵。推置冠獬豸，謂言我比鄰。三晉固多士，骯髒存斯人。竄責不敢辭，狂言見天眞。南方異風俗，強食魚尾莘。應同賈太傅，抱屈恥自陳。猶有痛哭書，受釐定何辰？

和子瞻金山

長江欲盡闊無邊，金山當中唯一石。潮平風靜日浮海，縹緲樓臺轉金碧。瓜洲初見石頭城，城下波濤與海平。中流轉柂疑無岸，泊舟未定僧先迎。山中岑寂恐未足，復將江水遶山麓。四無鄰家晕動息，鍾聲鏗鍠答山谷。烏鳶力薄墮中路，惟有胡鷹石上宿。誰知江海多行舟，遊人上下奪巖幽。老僧心定身不定，送往迎來何時竟？朝遊未厭夜未歸，愛山如此如公稀。不待遊人盡歸去，恐公未識山中趣。

和子瞻焦山

金山遊遍入焦山，舟輕帆急須臾間。涉江已遠風浪闊，遊人到此皆爭還。山頭冉冉萬竿竹，樓閣不見門長關。金山共此一江水，只有勝絕無此閑。野僧終日飽一飯，與世相視如髦蠻。門無舟楫斷還往，說法敎化黿鼉頑。偶然客至話鄉國，西望落日低銅鐶。岷峨正在日入處，想象積雪堆青鬟。稻田一頃良自給，仕宦不返知誰扳？久安祿廩農事廢，強弓一弛無由彎。行逢佳處輒歎息，想見茅屋藏榛菅。我知此地便堪隱，稻苗旆旆魚斑斑。焦山長老，蜀僧也。

次韻子瞻遊甘露寺

去國日已遠，涉江歲將闌。東南富山水，跬步留清歡。遷延廢行邁，忽忘身在官。清晨陟甘露，乘高棄征鞍。超然脫闤闠，穿雲撫朱欄。下視萬物微，惟覺滄海寬。潮來聲洶洶，望極空漫漫。一一渡海舶，冉冉移檣竿。水怪時出沒，羣嬉類猵獺。幽陰自生火，青熒復誰鑽？石頭古天險，憑恃分權瞞。疑城曜遠目，來騎驚新觀。聚散定王業，成毀猶月團。金山百圍石，岌岌隨濤瀾。猶疑漢宮廷，屹立承露盤。狂波恣吞噬，萬古嗟獨完。凝眸厭滉瀁，遠屋行盤跚。此寺歷今古，遺迹皆龍鸞。孔明所坐石，牂攊非人刊。經霜衆草短，積雨青苔寒。蕭翁嗜佛法，大福將力干。坡陁故鑊在，甲錯蒼龍蟠。衛公秉節制，佛骨埋金棺。長松看百尺，畫像留三歎。新詩語何麗，傳讀紙遂刓。嗟我本漁釣，江湖心所安。方爲籠中閉，仰羨天際摶。遊觀惜不與，賦詠嗟獨難。俸祿藉升斗，虀鹽嗜鹹酸。何時扁舟去，不竢官長彈。

李簡夫挽詞二首

老成渾欲盡，吊客一潸然。遺事人人記，清詩句句傳〔一〕。掛冠疎傳早，樂世白公賢。歎息風流在，埋文得細鐫。

又

歸隱淮陽市，遨遊十六年。養生能淡泊，愛客故留連。傾蓋知心晚，論詩臥病前。葆光塵滿榻，無復聽談禪。

【校】

〔一〕「清」，宋甲本作「新」。

次韻子瞻初到杭州見寄二絶

吏治區區豈不任？吳中已自富才能。還應占位書名姓，學取藍田崔縣丞。

試盡風波萬里身，到官山水却宜人。君知晏子恩仍厚，還與從來舊卜鄰。

和柳子玉地爐

鑿地泥牀不費功，山深炭賤火長紅。擁衾熟睡朝衙後，抱膝微吟莫雪中。寵辱兩忘輕世味，冰霜不到傲天工。遥知厤步無人客，寒夜清樽誰與同？

和柳子玉紙帳

夫子清貧不耐冬，書齋還費紙重重。窗明曉日從教入，帳厚霜飈定不容。京兆牛衣聊可藉，公孫布被旋須縫。吳綾蜀錦非嫌汝，簡淡爲生要易供。

次韻子瞻遊孤山訪惠懃惠思

鳥依山，魚依湖，但有所有無所無。輕舟沿泝窮遠近，肩輿上下更傳呼。翩然獨往不攜孥，兼擅魚鳥兩所娛。困依巖石坐巉絶，行牽翠蔓隨纏紆。道逢懃思訪其廬，誦詩清切秋蟬孤。隱居羞踏陌上土，何人起愛輪下蒲？水南巷中羅百夫，鷄鳴朝謁至日晡。人生變化安可料？憐汝久遁終無圖。鳧鷖不足鶴有餘，一俯一仰戚與蘧。嗟我久欲從逃遁，方圓不敢左右摹。

宛丘二詠 并叙

宛丘城西柳湖，累歲無水；開元寺殿下山茶一株，枝葉甚茂，亦數年不開。轍頃從子瞻遊此，每以二物爲恨。去秋雨雪相仍，湖中春水忽生數尺。至二月中，山茶復開千餘朶。因作二詩奉寄。

旱湖堤上柳空多〔一〕，倚岸輕舟奈汝何。秋雨連渠添積潤，春風吹凍忽生波。蟲魚便爾來無數，鳧雁猶疑未肯過。持詫錢塘應笑我，坳中浮芥兩么麽。

古殿山花叢百圍，故園曾見色依依。凌寒強比松筠秀，吐豔空驚歲月非。冰雪紛紜眞性在，根株大老衆園希。山中草木雖攜種，潦倒塵埃不復歸。

【校】

〔一〕「旱」，原作「早」，據宋甲本、叢刊本改。

贈提刑賈司門靑

前年乘舟護南河，宛丘官舍酣且歌。去年持節憂犴獄，驅車道路日不足。今年春風塵土黄，遠赴三州議繇役。天子憂民法令新，整齊百事無閑人。苗耘髮櫛何時已？回首昔遊如夢寐。區區學舍曾未知，春晚日長唯有睡。才智有餘安得閑？疎慵顧我自當然。喜君未忘太平事，獨稱赦書旌孝子。項城有孝子負土成墳，賈移文陳州，請用赦書存䘏之。

同陳述古舍人觀芍藥

藹藹堂西十畝園，晚涼迎步緑陰繁。共驚春去已多日，爭看花開最後番。未許狂風催爛熯，故將青幄強安存。請公作意勤歡賞，趁取殘紅照酒樽。

次韻子瞻見寄

我將西歸老故丘，長江欲濟無行舟。宦游已如馬受軛，衰病擬學龜藏頭。三年學舍百不與，糜費廩粟常慚羞。矯時自信力不足，從政敢謂學已優？閉門却掃誰與語？晝夢時作鈞天遊。自從四方多法律，深山更深逃無術。衆人奔走我獨閑，何異端居割蜂蜜？懷安已久心自知，彈劾未至理先屈。餘杭軍府百事勞，經年未見持干旄。賈生作傅無封事〔一〕，屈平憂世多離騷。煩刑弊法非公恥，怒馬奔車忌鞭箠。藐藐何自聽諄諄，諤諤未必賢唯唯。求田問舍古所非，荒畦弊宅今餘幾？出從王事當有程，去須膰肉嫌無名。掃除百憂唯有酒，未退聊取身心輕。

【校】

〔一〕「傅」，原作「傳」，據宋甲本改。

趙少師自南都訪歐陽少師於潁州留西湖久之作詩獻歐陽公

公居潁水上，德與潁水清。身閑道轉勝，內足無復營。平昔富交遊，閉門坐常盈。退居萬事樂，獨恨無友生。汝潁亦多士，後來非老成。趙公平生舊，情好均弟兄。少年結意氣，晚歲齊功名。攜手踐廊廟，躡足辭鈞衡。徜徉里閭間，脱略世俗縈。興來忽命駕，一往千里輕。白髮儼相映，元勳各崢嶸。人生會面難，此會有餘情。遨遊西湖中，仲夏草木榮。壺觴列四坐，歌舞羅前楹。畫舫極沿泝，肩輿並逢迎。棹進鳧鴨亂，樂作蟲魚驚。近寺駢履迹，高臺吹笑聲。往事語京洛，餘歡發吟賡。拳拳主人厚，款款來客誠。此樂有時盡，此好何由傾？

次韻子瞻望湖樓上五絶

欲看西湖兩岸山，臥乘湖上木蘭船。湖山已自隨船改，更值陰晴欲雨天。

眼看西湖不暫來，簿書無算撥還開。三年屈指渾將盡，記取從今得幾回？

湖山欲買恨無錢，且盡芳樽對玉盤。菱角鷄頭應已厭，蟹螯馬頰更勤飡。

終日清漪弄短橈，久忘車乘走翹翹。秋風且食鱸魚美，洛下諸生未可招。

滯留朝市常嫌鬧，放棄江湖也未閑。孤舫粗窮千頃浪，肩輿未盡百重山。

和柳子玉共城新開御河過所居牆下

卜築共山功欲成，新河入縣巧相縈。誰將畚鍤千夫力，添上園林一倍清？生長魚鰕供晚饌，浮沉鵝鴨放春聲。爲鄰有意非今日，丐我餘波伴濯纓。

歐陽太師挽詞三首

雄文元命世，直氣早成風。受任衰遲後，安邦反側中。迴天深有力，扈聖恥言功。事已身隨去，驚嗟柱石空。

其　二

唐弊文初喪，書成法至今。雍容趨聖處，深切可人心。氣力知難繼，風流喜不淫。懸知公欲謝，異說勇交侵。

其　三

推轂誠多士，登龍盛一時。西門行有慟，東閣見無期。念昔先君子，嘗蒙國士知。舊恩終未報，感歎不勝悲。

賦黄鶴樓贈李公擇　公擇時知鄂州

前年見君河之浦，東風吹河沙如霧。北潭楊柳强知春，樽酒相攜終日語。君家東南風氣清，謫官河壖不稱情。一麾夏口亦何有，高樓黄鶴慰平生。荆江洞庭春浪起，漢沔初來入江水。岸頭南北不相知，惟見風濤湧天地。巫峽瀟湘萬里船，中流鼓檝四茫然。高城枕山望如帶，華榱照日光流淵。樓上騷人多古意，坐忘朝市無窮事。誰道武昌岸下魚，不如建業城邊水？

次韻子瞻餘杭法喜寺緑野亭懷吴興太守孫莘老

信美非吾土，三吴一水中。亭高望已極，舟入去無窮。朝市知安在？湖山信有功。遨遊逐鳧鴨，飲食數魚蟲。波浪喧朝夕，梅烝變緑紅。逢人問京洛，去國長兒童。同舍情相接，鄰邦信屢通。相邀欲相過，道里訊溪翁。

和子瞻宿臨安淨土寺

四方清淨居，多被僧所占。既無世俗營，百事得豐贍。家居每紛薄，奉養出寒欠。昔年旅東都，局促吁已厭。城西近精廬，長老時一覘。每來獲所求，食飽山茶釅。塵埃就湯沐，垢膩脫巾幨。不知禪味深，但取飢腸饜。京城苦煩溷，物景費治染。吳都況清華，觀刹吐光豔。石矼度空闊，泉溜瀉深塹。經過未足多，終老應長歉。

和子瞻自淨土步至功臣寺

山平村塢連，野寺鐘相答。晚陰生林莽，落日猶在堵。行招兩社僧，共步青山月。送客渡石橋，迎客出林樾。幽尋本眞性，往事聽馀說。錢王方壯年，此邦事輕俠。鄉人鄙貧賤，異類識英傑。立石象興王，遺迹今岌嶪。功勳三吳定，富貴四海甲。歸來父老藏，崇高畏摧壓。詩人巧譏病，牛領悉挑抉。流傳後世人，談笑資口舌。是非亦已矣，興廢何倉卒？持歸問禪翁，笑指浮漚沒。

次韻子瞻遊徑山

去年渡江愛吳山，忽忘蜀道輕秦川。錢塘後到山最勝，下枕湖水相縈旋。坐疑吳會無復有，扁舟屢出凌濤淵。今秋復入徑山寺，勢壓衆嶺皆摧顛。連峯沓嶂不知數，重重相抱如青蓮。散爲雲霧翳星斗，聚作潭井藏蜿蜒。欽翁未到人迹絶，千里受記來安禪。荒榛野草置茅屋，坐令海賈輸金錢。至今傳法破煩惱，飽食過客容安眠。解裝投錫不復去，紛紛四合來烏鳶。或言此處猶未好，海上人少無煩煎。天台鴈蕩最深秀，水驚石瘦尤清便。青山獨往無不可，論説好醜徒紛然。終當直去無遠近，藤鞋竹杖聊窮年。

次韻子瞻自徑山回宿湖上

朝從徑山來，泱莽徑山色。莫從湖上歸，滉漾湖光碧。借問泛湖舟，何似登山屐？高懷厭朝市，遠去忘憂慄。目向幽人青，顔從濁醪赤。塵埃解羅網，宇宙爲安宅。油然了無營，此意誰能詰？嗟予別離久，欲往徒反側。留滯亦可爲，空驚突深黑。

次韻子瞻題孫莘老墨妙亭

高岸爲谷谷爲陵，一時豪傑空飛騰。身隨造化不復返，忽若野雀逢蒼鷹。當年碑刻最深固，風吹土蝕消無稜。遺文漫滅雨中迹，翠石斷裂春後冰。古墳欲毁野廟廢，行人不去征鞍憑。書生躭翫立風雪，飢驢厭苦疲奴憎。愛之欲取恨無力，旋揉翠墨濡黃繒。不如好事孫太守，牛車徙置華堂登。遶牆羅列耀珪璧，罷燕起讀留賓朋。却思遺迹本安在？原隰處處荒榛藤。田夫野老誰復顧？鬼火夜照來寒燈。廢興聚散一如此，反使涕泗沾人膺。

熙寧壬子八月於洛陽妙覺寺考試舉人及還道出嵩少之間至許昌共得大小詩二十六首

洛陽試院樓上新晴五絶

縹緲危譙面面山，朝來雲作雨潺潺。忽然風卷歸何處？百里陰晴反掌間。

嵩少猶藏薄霧中，前山迤邐夕陽紅。高樓一閉三十日，遥憶巖頭種藥翁。

伊闕遥臨鳳闕前，龍門女几氣蒼然。唐朝御路依稀在，猶想東巡塵暗天。

天壇王屋北侵河，高比嵩丘一倍多。小有清靈今尚在，俗緣深重奈成魔。

前朝宮闕倚芒山，殿閣層層半嶺間。猶恐北來岡阜淺，太行東抱故孱顔。

和頓主簿起見贈二首

聲病消磨只古文，諸儒經術鬪紛紜。不知舊學都無用，猶把新書強欲分。老病心情愁見敵，少年詞氣動干雲。搜賢報國吾何敢？欲補空疎但有勤。

一鎖樓中暗度秋，微官黽勉未能休。笑談容我聊紓放，文字憑君便去留。杯酒淋漓已非敵，清詩窈眇更難酬。東歸猶得聯征騎，同上嵩高望九州。

將出洛城過廣愛寺見三學演師引觀楊惠之塑寶山朱瑤畫文殊普賢爲賦三首

寺古依喬木，僧閑正莫年。爲生何寂寞，愛客尙留連。虛牖羅修竹，空廚響細泉。坐聽談舊事，遍識洛中賢。

其二

虛室無尋丈，靑山有百層。迴峯看不足，危石恐將崩。聽法來天女，依巖老梵僧。須彌傳納芥，觀此信還曾？

其　三

壁毁丹青在，移來殿廡深。賦形驚變態，觀佛覺無心。旌旆翻空色，笙竽含妙音。風流出吳樣，遺法到如今。

登封道中三絶

緱山祠

飛仙不返周王子，重阜相連少室孫。夜靜笙聲兼鶴下，迴看惟有故山存。

轘轅道

青山欲上疑無路，澗道相縈九十盤。東望嵩高分草木，回瞻原隰湧波瀾。

少林寺贈頓起

一徑喬林下黄葉，三山翠壁遶禪居。共君將住還歸去，欲問安心知已疎。少林東接少室，北倚石城，南臨鳳凰山，鳳凰山上有初祖庵，二祖問法於此。

登嵩山十首

石徑

蒼壁上參天，微徑隨流水。聱牙石齒亂，紛薄黄葉委。牽攀不得上，顛仆幾將止。勉强終此行，更老知難至。

玉女窗

巖竇有虚明，曨曨發晴曉。眞人無儔匹，窗下晨粧早。門開秋雨入，室靜長風掃。絕跡杳難尋，朱顔未嘗老。

擣衣石

玉女雲爲衣，飄搖不須擣。空傳巖下石，夜杵知誰抱？淸泉供澣濯，素月鋪縞縞。人世迫秋寒，處處砧聲早。

醒心泉

上山苦飢渴，中道得寒泉。舉瓢石竇響，入口煩痾痊。洑流去不見，落澗聲鏗然。莫歸復相値，相從下平川。

峯頂寺

重重山前峯，上上終非頂。行登衆嶺徹，始得山門逈。高風慘多寒，落日側先暝。却視向所經，眇如在深井。

登封壇

登封事已遥，大碑摧風雨。靈壇久銷秃，古木中梁柱。峯巒至此盡，蒼石無寸土。俯視萬仭高，悲辛但狂顧。

法華巖

飛橋走巖居，茅屋今已破。何年避世僧，此地常獨卧？秋風高鳥入，夜月寒猿過。自非心已灰，靜極生悲惰。

將軍柏 在天封觀，觀即唐避暑宫。

肅肅避暑宮，石殿秋日冷。凛然中庭柏，氣壓千夫整。風聲答萬壑，雲色通諸嶺。材大難爲工，甘與蓬蒿屏。

吳道子畫四眞君 在精思觀。

浮埃古壁上，蕭然四眞人。矯如雲中鶴，猶若畏四鄰。坐令世俗士，自慚汗濁身。勿謂今所無，嵩少多隱淪。

啓母石

神父化黃熊〔一〕，神母化白石。嬰兒剖還父，涕泣何暇卹？爾來三千歲，往事誰復識？惟有少姨存，相望居二室。

【校】

〔一〕「父」，原作「夫」，據叢刊本改。

過韓許州石淙莊 水中有石曰淙。唐天后朝常燕羣臣於此，石刻尚在。

飛泉來無窮，發自嵩嶺背。奔馳兩山間，偶與亂石會。傾流勢摧毀，泥土久崩潰。堅姿未消釋，巀嶭儼相對。居然受噴潑，雷轉諸壑內。初喧墮深谷，稍放脱重隘。跳沫濺霏微，餘瀾洶澎湃〔一〕。宸游昔事遠，絶壁遺刻在。人迹久寂寥，物理繫興廢。相君厭紛華，築室俯湍瀨。濯纓離塵垢〔二〕，洗耳聽天籟。將追赤松遊，自置青雲外。道人亦何者？預此事歸計。猶恐山未深，更種萬株檜。

【校】

〔一〕「瀾」，叢刊本作「潤」。

〔二〕「濯」，叢刊本作「灌」。

過登封閻氏園

秋暑尚煩襟，林泉浄客心。菊殘知節過，荷盡覺池深。疎柳摇山色，青苔遍竹陰。猶嫌近官道，轣轆聽車音。

許州留别頓主簿

洛寺相從不出門，遶城空復記名園。程文堆案晨興早，竹簟連牀夜語喧。歸路逢僧暫容與，登山無力强扳援。遥知别後都如夢，賴有君詩一一存。

次韻子瞻登望海樓五絕

山色潮聲四面來，城中金碧爛成堆。不愁門外嚴扃鎖，終日憑欄未擬迴。

湖色蒼蒼日向斜，煙波萬狀不容誇。畫船人去浮紅葉，石徑僧歸躡白蛇。

樓觀爭高不計層，嵬嵬過鴈自相應。錢王舊業依稀在，歲久無人話廢興。

荷葉初乾稻穗香，驚雷急雨送微涼。晚晴稍放秋山色，洗却濃粧作淡粧。

白酒傾漿膾斫紅，晝遊未厭月明中。樓高只辨聽歌鼓〔一〕，不見遊人轉似蓬。

【校】

〔一〕「辨」，原作「辦」，據叢刊本改。

和子瞻監試舉人

登科歲云徂，舊學日將落。外遭飢寒侵，內苦憂患鑠。傳家足墳史，遺說本精約。羣言久紛蕩，開卷每驚矍。居官忝庠序，授業止千籥。朝廷發新令，長短棄前矱。緣飾小學家，睥睨前王作。聲形一分解，道義因附託。安行厭衢路，強挽就縻縛。縱横施口鼻，爛漫塗丹堊。強辯忽横流，漂蕩終安泊？憶惟法初傳，欲講面先怍。新科勸多士，從者盡高爵。徘徊始未信，銜誘終難却。嗟哉守愚鈍，幾不被譏謔？獨醒慚餔糟，未信恥輕諾。敢言折鋒鋩，但自保城郭。有司顧未知，選試謬西洛。羣儒誰號令？新語競投削。雖云心所安，恐異時量度。詭遇便巧射，晚嫁由拙妁。誰能力春耕，忍飢待秋穫？聞兄職在監，考較筆仍閣。縮手看傍人，此意殊未惡。

和子瞻煎茶

年來病懶百不堪，未廢飲食求芳甘。煎茶舊法出西蜀，水聲火候猶能諳。相傳煎茶只煎水，茶性仍存偏有味。君不見閩中茶品天下高，傾身事茶不知勞。又不見北方俚人茗飲無不有，鹽酪椒薑誇滿口。我今倦遊思故鄉，不學南方與北方。銅鐺得火蚯蚓叫，匙脚旋轉秋螢光。何時茅簷歸去炙背讀文字，遣兒折取枯竹女煎湯？

次韻子瞻對月見憶并簡崔度

先師客陳未嘗飽，弟子于今敢言巧？敗牆破屋秋雨多，夜視陰精過畢昴。虀鹽冷落空盃盤，且依道士修還丹。丹田發火五臟暖，未補漫漫長夜寒。我生疲駑戀莝豆〔一〕，崔翁遊邊指北斗。唯有王江亦未歸，閉門無客邀沽酒。宛丘道人王江好飲酒，去冬游沈丘，遂不歸。

【校】

〔一〕「埿」，原作「笙」，據宋甲本、叢刊本改。

和子瞻開湯村運鹽河雨中督役

興事常苦易，成事常苦難。不督雨中役，安知民力殫？年來上功勳，智者爭雕鑽。山河不自保，疏鑿非一端。譏訶西門豹，仁智未得完。方以勇自許，未卹衆口歎。天心閔劬勞，雨涕爲汍瀾。不知泥滓中，更益手足寒。誰謂邑中黔，鞭箠亦不寬？王事未可回，后土何由乾？

次韻子瞻雨中督役夜宿水陸寺二首

雲氣連山雨瀉盆，莫投僧舍欲關門。暫時灑掃寬行役，終夕崎嶇入夢魂。煩熱暗消秋簟冷，烝濡未解夜燈昏。二年游宦多勞苦，何日相從得細論？

野寺蕭條厭客喧，雨披修竹亂紛然。已因無食聊從仕，深悟勞生不問禪。未至莫憂明日事，偷閑且就此宵眠。天明歸去芒鞋滑，雖有藤輿懶上肩。

次韻子瞻將之吳興贈孫莘老

宦遊莫向長城窟，冬冰折膠弦亦絕。吳中臘月百事便，蟹黄黄金鱸鱠雪。京城舊友一分散，近憶吳興須滿頰。世事反覆如翻飛，今日共蘇前益垂。畏人但恐去不遠，適意未覺歸來遲。借問校讎天祿閣，何如江海同遊嬉？

和子瞻畫魚歌 吳人以長釘加杖頭，以杖畫水取魚，謂之畫魚。

潛魚在淵安可及？垂餌投竿易如拾。橫江設網雖不仁，一瞬未移收百十。畫魚何者漫區區，終日辛勤手拮据。已嫌長網不能遍，肯信一竿良有餘。鯤鯢駭散蛟龍泣，獲少驚多亦何益？願從網罟登君庖，碎首屠鱗非所惜。

欒城集卷之五

詩六十五首

次韻子瞻吳中田婦歎

久雨得晴唯恐遲，既晴求雨來何時？今年舟楫委平地，去年蓑笠爲裳衣。不知天公誰怨怒，棄置下土塵與泥。丈夫強健四方走，婦女齟齬將安歸？榻然四壁倚機杼，收拾遺粒吹糠粃。東鄰十日營一炊，西鄰誰使救汝飢？海邊唯有鹽不旱，賣鹽連坐收嬰兒。傳聞四方同此苦，不關東海誅孝婦。

次韻子瞻遊道場山何山

兩山相負爲峯巒，流水重重注溪谷。遊人上尋流水源，未覺崎嶇病雙足。山深下視雲漫漫，徑垂石底千屈盤。松林陰森白日靜，忽驚人世如奔湍。客行不避苦寒出，僧定端居不下席。人生嗟與草木同，置身所在由初植。堂中白佛青髻鬟，氣象沖淡非人間。坐令遠客厭奔走，徑欲築室依空山。木魚根根夜將旦，星斗欹斜掛山半。行役有程未可留，將出山門復長歎。

癸丑二月重到汝陰寄子瞻二首

憶赴錢塘九月秋，同來潁尾一扁舟。退居尙有三師在，好事須爲十日留。傾寫向人懷抱盡，忠誠爲國始終憂。重來東閣皆塵土，淚滴春風自不收。

百頃西湖十里源，近依城郭帶川原。古臺駊騀先臨水，野寺參差半掩門。遠泛便成終日醉，幽尋不盡數家園。錢塘未到能先說，更看青山兩岸屯。

次韻子瞻二月十日雪

春雪漫天密又稀，勾芒失據走靈威。故欺貧窶冬裘盡，巧助遨遊酒盞飛。林下細花添百草，堦前輕素剪新機。老農先解憂桑柘，九月家人當授衣。

和子瞻題風水洞

風送江湖滿洞天，洞門可聽入無緣。土囊鬱怒聲初散，石齒䴡牙勢未前。樂奏洞庭眞跌宕，歌傳帝所亦淸便。何人隱几觀遺韻，重使顏成問嗒然。

次韻子瞻新城道中

春深溪路少人行，時聽田間耒耜聲。飢就野農分餉黍，迎嫌尉卒鬧金鉦。閑花開盡香仍在，白酒沽來壓未淸。此味暫時猶覺勝，問兄何日便歸耕？

次韻子瞻山村五絕

山行喜遇酒旗斜，無限桃花續杏花。與世浮沉眞避世，將家漂蕩似無家。

塍間白水細無聲，日暖泥融草不生。似恐田家忘帝力，多差使者出催耕。

旋舂紅稻始經鐮，新賣黃雞取次甜。無慕無營人自樂，莫將西子愧無鹽。

升平事業苦怱怱，未信浮名到底空。何用槖駞朝塞外，試聽碌軸語場中。

貧賤終身未要羞，山林難處便堪愁。近來南海波尤惡，未許乘桴自在遊。

次韻子瞻遊富陽普照寺

塵埃日已遠，斗藪更無餘。寺到逢門入，詩成信手書。山深僧自樂，路遠客終疎。訪盡前朝景〔一〕，它年一告予。

【校】

〔一〕「朝」，宋甲本作「期」。

次韻子瞻自普照入山獨遊二庵

披榛入山山路細，鐘聲出寺門將閉。石苔冉冉上芒鞋，草露溥溥著衣袂。野人茅茨苫竹屋，終身局促無生計。天公未省長困人，春田米盡秋田繼。老妻稚子亦自樂，野草山花還插髻。長笑人間醉未醒，終老辛勤漫欺世。

次韻子瞻與蘇世美同年夜飲

晚歲事遊宦，相從未嘗足。羨君四海皆兄弟，棧中直木不容曲。臨安老令況同科，相逢豈厭樽中醁？潦倒誰憐澗底松？歲寒尚有霜前竹。聞道渠家八丈夫，它日歸耕免幽獨。

次韻子瞻病中遊虎跑泉僧舍二首

掃地開門松檜香，僧家長夏亦淸涼。公庭多事久來厭，靜處安眠計甚長。修竹塡窗藤覃綠，白蓮當戶石盆方。香廚晚飯紅粳熟，忽憶烹雞田舍嘗。

澗谷新晴草木香，野情消散自生涼。雨添山色翠將溜，日轉松陰晚更長。病客獨來唯有睡，遊僧相見亦它方。還家煩熱都消盡，不信醫王與藥嘗。

和子瞻東陽水樂亭歌

君不見武安前堂立曲旃，官高利厚多憂患。又不見夏侯好妓貧無力，簾箔爲衣人莫識。兩人操行雖不同，辛苦經營實如一。不如君家激水石中流，聽之有聲百無憂。笙竽窈眇度溪谷，琴筑淒咽穿林丘。高人處世心淡泊，衆聲過耳皆爲樂。退食委虵石上眠，幽音斷續牀前作。正如古人樂易多懽娛，積土爲鼓塊爲桴。但能復作太古意，君家水樂眞有餘。

次韻子瞻有美堂夜歸

飮闌鐘虡欲移軒，香霧猶殘金博山。明月飛來松嶺外，遊人散落馬蹄間。城嚴晝鼓初傳角，路暗山花自落餐。淸境暫時都不見，夜深人靜始來還。

次韻子瞻祈雨

世故紛紛誰復閑？蛟龍不雨獨安眠。人間已厭三秋旱，澗底猶慳一掬泉。廟令酒殽時醉飽，田家糠粃久安便。憂心未已誰知卹，更把爐香試一燃。

次韻子瞻再遊徑山

我兄東南遊，我亦夢中去。徑山聞已熟，往意穿雲霧。夢經山前溪，足冷忽先渡。舉頭雲峯合，到寺霜日莫。香廚饌巖蔌，野徑踏藤屨。平生共遊處，蹇足躡高步。崎嶇每生胝，眩晃屢回顧。何年棄微官，攜手來山路？得此詩後夢與兄同游山中，故爲此篇。

王仲儀尙書挽詞

謝公德業久彌新，幼度英奇也絕倫。父子俱賢眞不朽，功名自致豈相因？邊兵屢動思良將，廷論蕭條憶諍臣。靑史世家他日事，新阡宿草倍沾巾。

次韻范景仁侍郎移竹

雙檜生南戶，叢篔種北牆。交陰奉君子，爲伴老中堂。露洗秋堦綠，風含夏簟涼。栽花知巳誤，新上一番霜。

寄題蒲傳正學士閬中藏書閣

朱欄碧瓦照山隈，竹簡牙籤次第開。讀破文章隨意得，學成富貴逼身來。詩書教子眞田宅，金玉傳家定糞灰。更把遺編觀得失，君家舊物豈須猜？

自陳適齊戲題

庠齋三歲最無功，羞愧宣王祿萬鍾。猶欲談經誰復信？相招執籥便須從。陳風淸淨眠眞足，齊俗彊梁懶不容。久爾安閑長自怪，此行磨折信天工。

送董揚休比部知眞州

奏課西南最，分符江海衝。往來觀惠術，蟠錯試餘鋒。文字從堆案，尊罍彊解容。金山只隔水，時復聽晨鐘。

送排保甲陳祐甫

我生本西南，爲學慕齊魯。從事東諸侯，結綬濟南府。誰言到官舍，旱氣裂后土。饑饉費囷倉，剽奪驚桴鼓。緬焉禮義邦，憂作流亡聚。君來正此時，王事最勤苦。驅馳黄塵中，勸說野田父〔一〕。穰穰百萬家，一一連什伍。政令當及期，田閭貴安堵。歸乘忽言西，劬勞共誰語？

【校】

〔一〕「野田」，宋甲本作「田野」。

送韓祗嚴戸曹得替省親成都

宦遊東土暫相依，政役頻煩會合稀。每恃詳明容老病，不堪覊旅送將歸。思親道路寧論遠？入蜀山河漸覺非。我有舊廬江水上，因君聊復夢魂飛。

和孔教授武仲濟南四韻

環波亭

南山迤邐入南塘，北渚岧嶢枕北牆。過盡綠荷橋斷處，忽逢朱檻水中央。鳧鷖聚散湖光淨，魚鼈浮沉瓦影涼。清境不知三伏熱，病身唯要一藤牀。

北渚亭

西湖已過百花汀，未厭相攜上古城。雲放連山瞻嶽麓，雪消平野看春耕。臨風舉酒千鍾盡，步月吹笳十里聲。猶恨雨中人不到，風雲飄蕩恐神驚。

鵲山亭

築臺臨水巧安排，萬象軒昂發瘞埋。南嶺崩騰來不盡，北山斷續意尤佳。平時戰伐皆荒草，永日登臨慰病懷。更欲留詩題素壁，坐中誰與少陵偕？

檻泉亭

連山帶郭走平川，伏澗潛流發湧泉。洶洶秋聲明月夜，蓬蓬曉氣欲晴天。誰家鵝鴨橫波去？日暮牛羊飲道邊。滓穢未能妨潔淨，孤高每到一依然。

踏藕

春湖柳色黃，宿藕凍猶僵。翻沼龍蛇動，撑船牙角長。清泉浴泥滓，粲齒碎冰霜。莫使新梢盡，炎風翠蓋涼。

和李誠之待制燕別西湖　并敍

熙寧六年九月，天章閣待制李公自登州來守此邦，愛其山川泉石之勝，怡然有久留之意。此邦之人安公之惠，亦欲公之久於此也。然自其始至，而民知其方將復用，懼其不能久矣。明年二月詔書移牧河間，邦之父兄皆惜其去，雖公亦將留焉而不可得也。於是數與其僚燕於湖上，曰：「北方幸安，余將復老於此。」酒酣賦詩以別，從而作者三人。公平生喜爲詩，所至成編。及來此邦而未嘗有所爲，故尤貴之。遂相與刻於石，以慰邦人之思焉。

東來亦何恃？夫子此分符。談笑萬事畢，樽罍衆客俱。高情生遠岫，清興發平湖。坐使羈遊士，能忘歲月徂。縱歡眞樂易，恨別不須臾。廟幄新謀帥，河間最近胡〔一〕。安邊本餘事，清賞信良圖。應念茲園好，流泉海內無。

【校】

〔一〕「胡」，原作「湖」，據宋甲本改。

送李誠之知瀛州

少年學詩書，晚歲探至道。豈伊封疆臣，乃是廊廟寶。苦恨富貴遲，聲名得空早。憶惟西羌桀，始建元戎纛。恩威炳朝日，號令靡秋草。功勳不容究，孤高易摧倒。歸來易三邦，但養胸中顥。寧知北邊將，還須用耆老。春風吹旌旆，先聲遍城堡。往事安足懲？遺黎待公保。

西湖二詠

觀捕魚

西湖不放長竿入，羣魚空作淘河食。漁人攘臂下前汀，蕩漾清波浮兩腋。藕梢菱蔓不容網，綹作長圍徒手得。逡巡小舟十斛重，踴躍長魚一夫力。柳條穿頰洗黃金，鱠縷堆盤雪花積。燒薤香橙巧相與，白飯青蔬甘莫逆。食罷相攜堤上步，將散重煎葉家白。人生此事最便身，金印垂腰定何益？

食雞頭

芡葉初生縐如縠，南風吹開輪脫轂。紫苞青刺攢蝟毛，水面放花波底熟。森然赤手初莫近，誰料明珠藏滿腹。剖開膏液尚糢糊，大盎磨聲風雨速。清泉活火曾未久，滿堂坐客分升掬。紛然咀噍惟恐遲，勢若羣雛方脫粟。東都每憶會靈沼，南國陂塘種尤足。東遊塵土未應嫌，此物秋來日嘗食。

次韻孫推官朴見寄二首

家愠未能憂悄悄，得閑時復醉昏昏。知君亦學無言語，豈悟維摩不二門？

病懶近來全廢學，宦遊唯是苦思鄉。粗知會計猶堪仕〔一〕，貪就功名有底忙？懷舊暗聽秋雁過，夢歸偏愛曉更長。故人知我今何念？擬向東山賦首章。

【校】

〔一〕「仕」，宋甲本作「任」。

送張正彦法曹

憶見君兄弟，相攜謁侍郎。通經誇早歲，落筆盡成章。試劇何輕銳〔一〕，當官便激昂。三年知力竭，大府覺才長。知己未如格，歸貲纔滿囊。舊書還讀否？師説近凄凉。君以三傳及第，今廢此科。

【校】

〔一〕「輕銳」，叢刊本作「風發」。

送青州簽判俞退翁致仕還湖州

不作淸時言事官，海邦那復久盤桓。早依蓮社塵緣少，新就草堂歸計安。富貴暫時朝露過，江山故國水精寒。宦遊從此知多事，收取楞伽靜處看。

和青州教授頓起九日見寄

歲月飄然風際煙，紫萸黃菊又霜天。莫思太室杉松外，且醉青州歌舞前。昔年與頓君同登嵩頂，時正重九。杯酒追歡眞一夢，天涯回望正三年。近來又欲東觀海，聽說毛詩雅頌篇。君善講詩。

題徐正權秀才城西溪亭

竹林分徑水通渠，眞與幽人作隱居。溪上路窮惟畫舫，城中客至有罾魚。東來只爲林泉好，野外從教簿領疎。不識徂徠石夫子，兼因女壻覓遺書。徐生，石介女壻也。

和子瞻喜虎兒生

生男如狼猶恐尫，寅年生虎慰爺孃。汝家家世事文史，門戶豈有空剛強？試看猛虎在山谷，斧牙鉤爪旗尾揚。徐行當道擇牛羊，狐貍驚走熊豬忙。我今老病思退藏，生子安得尙激昂？不見伯父擅文章，逡巡議論前無當。

次韻子瞻病中贈提刑段繹

京東分東西，中劃齊魯半。兄來本相從，路絕人長嘆。前朝使者還，手把新詩玩。憐我久別離，卷帙爲舒散。誰言窮陋邦，得此唱酬伴？相逢傾蓋閒，晤語何旦旦！宦遊少娛樂，纏縛苦文案。能於王事餘，時作楚詞亂。譬如近膏油，未肯忘濯盥。賢豪眞勉強，功業畏遼綏。伊余獨何爲？舊籍西南貫。竊祿未遑歸，自笑嗟已懦。方當四海寒，戀此一寸炭。主倦客欲留，逡巡要奪館。奈何獨見收，軟語強温暖。此意定難酬，還予授子粲。

次韻子瞻賦雪二首

麥苗出土正纖纖，春早寒官令尚嚴。雲覆南山初半嶺，風乾東海盡成鹽。來時瞬息平呑野，積久敧危欲敗簷。強付酒樽判醉熟，更尋詩句鬪新尖。

點綴偏工亂鵠鴉，淹留亦解惱船車。乘春已覺矜餘力，騁巧時能作細花。僵鴈墮鴟誰得罪〔一〕？敗牆破壁若爲家〔二〕。天公愛物遙憐汝，應是門前守夜叉。是歲京師雪尤甚，鴟鳶凍死如積〔三〕。

【校】

〔一〕「鴟」，宋甲本作「鳶」。

〔二〕「壁」，叢刊本作「屋」。

〔三〕「鴟」，叢刊本作「烏」。

次韻韓宗弼太祝送遊太山

羨君官局最優游，笑我區區學問囚。今日登臨成獨往，終年勤苦粗相酬。春深綠野初開繡，雲解青山半脱裘。回首紅塵讀書處，煮茶留客小亭幽。

次韻劉敏殿丞送春

春去堂堂不復追，空餘草木弄晴暉。交遊歸鴈行將盡，蹤跡鳴鳩懶不飛。老大未須驚節物，醉狂兼得避危機。東風雖有經旬在，芳意從今日日非。四月十一日立夏。

次韻趙至節推首夏

首夏尋芳也未遲，遶園紅紫尚非非。無心與物眞皆可，有酒逢人勸莫違。夢逐楊花無限思，身慚啼鳥不如歸。官居寂寞如僧舍，海燕憐貧故入扉。

次韻李昭敍供備燕别湖亭

池亭雨過一番涼，雲髻羅裙客兩旁。不覺行人離恨遠，貪看積水照筵光。滿堂樽俎歡方劇，極目江湖意自長。歸去伊川瀟灑地，不須遺念屬湘。

送李昭敍移黎陽都監歸洛省親

與君非舊識，傾蓋便相親。共事林泉郡，忘歸南北人。煮茶流水曲，載酒後湖濱。未覺遊從厭，空驚別恨新。瀕河今重地，知己舊元臣。洛下聞雞犬，家書不浹旬。西還倚門罷，北渡羽書頻。忠孝傳家事，風流待一振。

遊太山四首

初入南山

自我來濟南，經年未嘗出。不知西城外，有路通石壁。初行澗谷淺，漸遠峯巒積。翠屏互舒卷，耕耨隨攲側。雲木散山阿，逆旅時百室。茲人謂川路，此意屬行客。久遊自多念，忽誤向所歷。嘉陵萬壑底，棧道百迴屈。崖巘遞崢嶸，征夫時出沒。行李雖云艱，幽邃亦已劇。坐緣斗升米，被此塵土厄。何年道褒斜，長嘯理輕策？

四禪寺

山蹊容車箱，深入遂有得。古寺依巖根，連峯轉相揖。樵蘇草木盡，佛事亦蕭瑟。居僧麋鹿人，對客但羞澀。雙碑立風雨，八分存法則。云昔義靖師，萬里窮西域。華嚴貝多紙，歸來手親譯。蛻骨儼未移，至今存石室。遺文盡法界，廣大包萬億。變化浩難名，丹青畫京邑。粲然共一理，眩晃莫能識。末法漸衰微，徒使眞人泣。

靈巖寺

青山何重重，行盡土囊底。巖高日氣薄，秀色如新洗。入門塵慮息，盥漱得清泚。高堂見眞人，不覺首自稽。祖師古禪伯，荆棘昔親啓。人跡尙蕭條，豺狼夜相觝。白鶴導青泉，甘芳勝醇醴。聲鳴青龍口，光照白石陛〔一〕。尙可滿畦塍，豈惟濯蔬米。居僧三百人，飲食安四體。一念但清涼，四方盡兄弟。何言庇華屋，食苦當如薺？

【校】

〔一〕「石」，叢刊本作「室」。

嶽下

東來亦何求？聊欲觀海岱。海西尚千里，將行勇還退。岱陰即齊疆，南往曾歷塊。春深草木長，山暖冰雪潰。中巷無居人，南畝釋耕耒。車徒八方至，塵坌百里內。牛馬汗淋漓，綺紈聲綷縩。喧闐六師合，洶湧衆流匯。無復問誰何，但自舍耽愛。龍鸞畫車服，貝玉飾冠佩。驊騮蹴騰騫，幡旆飛晻曖。腥羶及魚鼈，瑣細或蒲菜。遊墮愧無賚，技巧窮殊態。縱觀愕未已，精意殫一酹。出門青山屯，遶廊遺迹昧。登封尚壇壝，古觀寫旗隊。戈矛認毫末，舒卷分向背。雍容太平業，磊落豐碑在。往事半蓬蒿，遺氓但悲慨。回瞻最高峯，遠謝徂徠對。欲將有限力，一放目所迨。天門四十里，預恐雙足廢。三宿遂徘徊，歸來欲誰懟？前年道轘轅，直上嵩嶺背。中休強飲食，莫宿時盥頮。稍知天宇寬，不覺人寰穢。歲時未云久，筋骸老難再。山林無不容，疲薾坐自礙。自知俗緣深，畢老守闤闠。何當御清風，不用車馬載。

送王璋長官赴眞定孫和甫辟書

昔年旅南服，始識王荊州。威動千里肅，恩寬行客留。從容見少子，風采傾凡儔。温然吐詞氣，已覺淸且修。不見十五年，相逢話百憂。青衫走塵土，白髮各滿頭。新棄東海邑，願從北諸侯。北鄙事方夥，饑饉連戈矛。盟好未可輕，念當事懷柔。主將今老成，勉盡良計籌。

寄孫朴

憶昔補官太皥墟，泮宮蕭條人事疎。日高鼾睡聲嘘嘘，往還廢絕門無車。君爲戶曹畏簡書，放懷疎懶亦似余。相逢語笑夜躊躇，烹煮梨栗羞蔌蔬。官居一去眞蘧廬，東來失計悔厥初。夜聞桴鼓驚閭閻，事如牛毛費耘鉏。違失眞性從吏胥，目視紾臂邀徐徐。羨君不出心自如，北潭秋水多芙蕖。青荷包飯蒲爲菹，翛然獨往深淵魚。人生如此樂有餘，胡爲自投檻中徂？

和韓宗弼暴雨

執熱臥北窗，淋漓汗流注。蛟龍遁水府，誰起叩天戶？偶然終日風，振擾北山霧。崩騰轉相軋，變化不容睹。雷聲運車轂，雨點傾豆黍。逡巡溜河漢，指顧纔笑語。破屋少乾牀，茅苫固難禦。出門泥沒足，此厄比鄰溥。苟令終歲熟，敢有今日怒？晚照上東軒，淸風襲虛廡。微生免荷鉏，但喜脱煩暑。農父更事多，缺塘已增土。

舜泉復發

弈弈清波舊繞城，旱來泉眼亦塵生。連霄暑雨源初接〔一〕，發地春雷夜有聲。復理溝渠通屈曲，重開池沼放澄清。通衢細灑浮埃淨，車馬歸來似晚晴。

【校】

〔一〕「源」，叢刊本作「涼」。

次韻徐正權謝示閔子廟記及惠紙

西溪秋思日盈牋，幕府拘愁學久騫。記廟終慚無好句，酹墳猶喜有前篇。先生作祭閔子文。屏除筆硯真良計，寫寄交遊畏妄傳。吳紙贈君君莫怪，耕耘廢罷有閑田。

張文裕侍郎挽詞

持節西南二十年，華堂遺像已蒼然。歸來侍從三朝舊，老去雍容平地仙。落筆縱横題壁處，誦詩清壯舉杯前。東遊邂逅迎歸旐，淚落城南下馬阡。

東方書生行

東方書生多愚魯，閉門誦書口生土。窗中白首抱遺編，自信此書傳父祖。辟雍新説從上公，冊除僕射酬元功。太常子弟不知數，日夜吟諷如寒蟲。四方窺覘不能得，一卷百金猶復惜。康成穎達棄塵灰，老聃瞿曇更出入。舊書句句傳先師，中途欲棄還自疑。東鄰小兒識機會，半年外舍無不知。乘輕策肥正年少，齒疎脣腐眞堪笑。是非得失付它年，眼前且買先騰踔。

送韓宗弼

大野將凍河水微，慨然臨流送將歸。登舟上帆手一揮，脱棄朋友如弊衣。我來三見芳草腓，來時同寮今已非。念昔相從未嘗違，西湖幽遠人事稀。青蓮紫芡傾珠璣，白魚掉尾黄鼈肥。客醉將起命闔扉，方橋月出風露霏。星河下照搖清輝，喧呼笑語相嘲譏。歲月一逝空長欷，交遊去盡將誰依？君家漢代平與韋，藹然令德傳餘徽。鳴鳩著地鴻高飛，安得久此同縶鞿？

送劉長清敏

汝州太守臥病年，亹亹猶復能清言。平生雄辯嗟不見，風流尚有曹州存。歷下東遊少相識，歡喜聞君在西邑。舊知兄弟無凡儔，相逢一笑開顏色。三年政令如牛毛，思歸南畝皆蓬蒿。羡君飲酒動論斗，引觥向口收狂潮。醉後胸中百無有，偃然嘯傲傾朋曹。中朝卿士足官府，君歸何處狂歌謠？劉原甫自長安病歸，余始識之。

附録〔一〕

汝尚將歸吳興齊州記室蘇子由辱詩爲送因逐韻謝之云

釋屩從軍蚤濫官，已衰能復尚盤桓？爾來齒髮羞相問，乞有衡茅覓自安。使我襟懷遺內熱，誦君詩句襲人寒。知誰便是知音者，且作巖溪雪景看。

高祖郎中頊蒙以御史召，力辭不允，解組而歸。先生作詩以送之，高祖溪堂集中亦嘗賡和。淳熙丁未溦假守筠陽，謹刊篇末。

【校】

〔一〕宋甲本目錄及集中均無此詩；王本、三蘇祠本目錄無此題，但集中有此詩；叢刊本目錄及集中均與蘇轍詩無別。此詩爲本卷送青州簽判俞退翁致仕還鄉之附錄。錄以存之。

欒城集卷之六

詩一百首

題張安道樂全堂

天命無不全，人事每自傷。譬如摩泥珠，宛轉有餘光。藻飾不能加，塵垢豈有亡？世人未嘗識，姑射手自將。我公體自然，率性非勉強。驅馳四十年，不入憂患場。晚歲事蒙養，斂退就此堂。小儒豈知道？宿昔窺門牆。申屠師無人，無足亦自忘。如逢鄭執政，一笑先生傍。

和鮮于子駿益昌官舍八詠

桐軒

桐身青琅玕，桐葉蒲葵扇。落落出軒墀，亭亭奉閑燕。夜聲疎雨滴，午影微風轉。秋飇一凌亂，淅瀝驚葱蒨。朝日失繁陰，青苔覆遺片。空使坐中人，慨然嗟物變。

竹　軒

幽軒離紛華，惟有一叢竹。纖梢起餘寒，紫筍散輕馥。擢幹春雨餘，挺節秋霜足。不知歲時改，守此娟娟綠。上有吟風蟬，空腹未嘗食。翦伐非所辭，不受塵土辱。

柏　軒

室築城市間，移柏南澗底。山林夙所尚，封植聊自寄。崎嶇脫巖石，擁塞出棼翳。上承清露滋，下受寒泉惠。秋來采霜葉，咀嚼有餘味。苦澀未須嫌，愈久甘如薺。

巽　堂

山前三秦道，車馬不遑息。日出紅塵生，不見青山色。峯巒未嘗改，往意自奔迫。誰言幽堂居，近在使者宅？俯聽辨江聲，却立睨石壁。藤蘿自太古，松竹列新植。暑簟臥清風，寒樽對佳客。試問東行人，誰能同此適？

山齋

平地厭喧囂，虚齋上山足。蕭條遠城市，坡陁富林麓。簡書日塡委，杖屨每幽獨。豈無山中士，高臥白茅屋？逢人默無語，長嘯響巖谷。此室庶可招，夜月相從宿。

閑燕亭

登山稍已高，曠望良亦遠。危亭在山腹，物景行自變。諸峯宿霧收，草木朝陽絢。盎盎雲出山，溜溜泉垂坂。徐行得佳處，永日遂忘返。此樂只自知，傍人任嫌懶。

會景亭

亭高衆山下，勝勢不自收。岡巒向眼盡，風籟與耳謀。鳥飛半嶺息，雲起當空遊。視身如乘風，超然忘百憂。暮歸室中居，唯見窗戶幽。視聽隨物變，恍誰識其由？

寶峯亭

昔過益昌城，莫登君子堂。篤言念長道，未假升崇岡。今聞寶峯上，縹緲陵朝陽。三休引蘿蔓，一覽窮蒼茫。微雲靄雙劍，落日明故鄉。奔馳迹未安，山藪意自長。漂搖萬里外，手把新詩章。宦遊不忘歸，何異鳥欲翔？塵土汙顏面，年華侵鬢霜。何時首歸路？所至聊徬徨。樽俎逢故人，亭樹凝清光。爲我具斗酒，宿恨猶可償。

次韻分司南京李誠之待制求酒二首

世上升沉都夢裏，春來彊健鬬樽前。公田種秫全拋却，坐客無氈誰與錢？

春深風雨半相和，節物令人意緒多。中酒何須問賢聖，和詩今尚許羊何。

送施歷城辯歸常州

高人不受塵土侵，三年浙江藏何深。久閑物理有相復，歷城官事森成林。乘時欲散逐十二，鞭撻逋負徒哀矜。一杯相屬未嘗得，百畝歸去將安能？潛逃雖出知者後，黽勉尚見仁人心。歸期忽告三月尾，強留不顧千黃金。河豚雖過鱸鱖在，粳稻正插風雨淫。酒肴勞苦罄隣里，期會迫隘思僚朋。山川吳越我所愛，扁舟他日要追尋。滯留未用便相詫，半年歲月行駸駸。

施君既去復以事還戲贈

令尹西行去又迴，西湖重把舊樽罍。吏民再見雞棲乘，猶道吾公挽不來。

和文與可洋州園亭三十詠

湖　橋

湖南堂宇深，湖北林亭遠。不作過湖橋，兩處那相見？

横　湖

湖裏種荷花，湖邊種楊柳。何處渡橋人，問是人間否？

書　軒

綠竹覆淸渠，塵心日日疎。使君遺癖在，苦要讀文書。

水池

水深冰亦厚，滉蕩鋪寒玉。好在水中魚，何愁池上鶩。

竹塢

空陂放修竹，肅肅復冥冥。莫除塢外筍，從使入園生。

荻浦

離披寒露下，蕭索微風觸。摧折有餘青，從横未須束。

蓼嶼

風高蓮欲衰，霜重蓼初發。會使此池中，秋芳未嘗歇。

望雲樓

雲生如涌泉，雲散如翻水。百變一憑欄，悠悠定誰使？

天漢臺

臺高天漢近，匹練掛林端。秋深霜露重，誰見落西山。

待月臺

夜色何蒼蒼，月明久未上。不上倚城臺，無奈東南嶂。

二樂榭

動靜惟所遇，仁智亦偶然。誰見二物外，猶有天地全。

瀟泉亭

泉來草木滋，泉去池塘滿。委曲到庭除，清泠備晨盥。

吏隱亭

隱居亦非難，欲少求易遂。有意未成歸，聊就茅簷試。

霜筠亭

林高日氣薄，竹色淨如水。寂歷斷人聲，時有鳴禽起。

無言亭

處世欲無言，事至或未可。如有此亭空，燕坐聊從我。

露香亭

重露覆千花，繁香凝畦圃。不忍日將晞，散逐微風去。

涵虛亭

虛亭面疎篁，窈窕衆景聚。更與坐中人，行尋望來處。

溪光亭

溪亭新雨餘，秋色明滉瀁。鳥渡夕陽中，魚行白石上。

過溪亭

溪淺復通橋，過者猶恨懶。賴有沙上鷗，常爲獨遊伴。

披錦亭

春晚百花齊，緜緜巧如織。細雨洗還明，輕風卷無迹。

禊　亭

觴流無定處，客醉醒還酌。毋令仲御歌，空使人驚愕。

菡萏軒

開花濁水中，抱性一何絜！朱檻月明時，淸香爲誰發？

荼蘼洞

猗猗翠蔓長，藹藹繁香足。綺席墮殘英，芳樽漬餘馥。

篔簹谷

誰言使君貧，已用谷量竹。盈谷萬萬竿，何曾一竿曲？

寒蘆港

蘆深可藏人，下有扁舟泊。正似洞庭風，日莫孤帆落。

野人廬

野人三四家，桑麻足生意。試與叩柴荆，言辭應有味。

此君庵

風梢遶簷匝〔一〕，霜幹當窗淨。遥知素壁上，醉墨森相映。與可墨竹，冠絶今世。

【校】

〔一〕「簷」，宋甲本作「林」。

金橙逕

葉如石楠堅，實比霜柑大。穿逕得新苞，令公憶鱸鱠。

南園

官是勸農官，種桑亦其所。安得陌上人，隔葉攀條語？

北園

使君美且仁，遍地種桃李。豈獨放春花，行看食秋子。

次韻吳興李行中秀才見寄幷求醉眠亭詩二首

和見寄

才堪簿領更無餘，贏得十年閑讀書。寵辱何須身自試，窮愁不待酒驅除。故人歸去無消息，佳句新來屢卷舒。前日使君今在此，不妨時復置雙魚。李公擇自吳興移濟南〔一〕。

【校】

〔一〕「濟」，原作「齊」，據宋甲本等改。

醉眠亭

是非一醉了無餘，唯有胸中萬卷書。已把人生比蘧傳，更將江浦作階除。欲眠賓客從教去，倒臥氍毹豈暇舒？京洛舊遊眞夢裏，秋風無復憶鱸魚。

和子瞻玉盤盂二首 東武蘇莒公家園中千葉白芍藥，子瞻新爲此名。

千葉團團一尺餘，揚州絕品舊應無。賞傳莒國遷鍾虡，移憶胡僧置鉢盂。叢底留連傾醬落，瓶中捧擁照浮屠。强將絳蠟封紅萼，憔悴無言損玉膚。

故相林亭父老知，出羣草木尙何疑？無多產業殘花藥，幾許功名舊鼎彝。豐豔不知人世別，佳名新換使君詩。明年會看花尤好〔一〕，剝盡浮苞養一枝。

【校】

〔一〕「尤」，宋甲本作「猶」。

寄題密州新作快哉亭二首

車騎崩騰送客來，奔河斷岸首頻回。鑿成戶牖功無幾，放出江湖眼一開。景物爲公爭自致，登臨約我共追陪。自矜新作超然賦，更擬蘭臺誦快哉。

檻前濰水去沄沄，洲渚蒼茫煙柳勻。萬里忽驚非故國，一樽聊復對行人。謝安未厭頻攜妓，汲黯猶須臥理民。試問沙囊無處所，于今信怯定非眞。

贈馬正卿秀才

男兒生可憐，赤手空腹無一錢。死喪三世委平地，骨肉不得歸黃泉。徒行乞丐買墳墓，冠幘破敗衣履穿。矯然未肯妄求取，恥以不義藏其先。辛勤直使行路泣，六親不信相尤愆。問人何罪窮至此？人不敢尤其怨天。孝慈未省鬼神惡，兄弟寧有木石頑？善人自古有不遇，力行不廢良謂賢。

答文與可以六言詩相示因道濟南事作十首〔一〕

遠遊既爲東魯，遷居又愛南山。齒髮自知將老，心懷且欲偷安。

舜井溢流陌上，歷山近在城頭。羈旅三年忘去，故園何日歸休？
野步西湖綠縟，晴登北渚煙縣。蒲蓮自可供腹，魚蟹何嘗要錢。
飲酒方橋夜月，鈎魚畫舫秋風。冉冉荷香不斷，悠悠水面無窮。
雨過山光欲溜，寒來水氣如烝。勝處何須吳越，隨方亦有遊朋。
揚雄執戟雖久，陶令歸田未能。眼看雲山無奈，神傷簿領相仍。
終歲常親鞭朴，此生知負詩書。欲尋舊學無處，時有故人起予。
故人遠在江漢，萬里時寄聲音。聞道禪心寂寞，未廢詩人苦吟。
佳句近參風雅，微詞間發離騷。竊欲比君庾信，莫年詩賦尤高。
相思欲見無路，滿秩西歸有時。及君鈴閣少事，飲我松醪滿巵。

【校】

〔一〕叢刊本題作「答文與可十首」。

次韻李公擇寄子瞻

青蒲一下復東來，擁扇西風滿面埃。擊柝自營何擇地，餔糟同醉未須回。孤高振鷺瞻初下，淡泊嬰兒及未孩。我亦漂流家萬里，年來羞上望鄉臺。

次韻李公擇以惠泉答章子厚新茶二首

無錫銅瓶手自持，新芽顧渚近相思。故人贈答無千里，好事安排巧一時。蟹眼煎成聲未老，兔毛傾看色尤宜。槍旗攜到齊西境，更試城南金線奇。金線泉在齊州城南。

新詩態度靄春雲，肯把篇章妄與人？性似好茶常自養，交如泉水久彌親。睡濃正想羅聲發，食飽尤便粥面勻。底處翰林長外補，明年誰送雪溪春？

和李公擇赴歷下道中雜詠十二首

泛清河

南北無多水，崎嶇未捨船。何時好霖雨？是處有通川。墳壠看書卷，興亡指道邊。蒼茫半秋草，猶復較愚賢。

將至桃園阻淺且風不得進

卷帆倚棹淺河津，憶泛長江步步新。未免生涯寄風浪，不堪舟楫委埃塵。往來欲就沙囊堰，深淺時看擧策頻。一望雲霓百憂集，應思平地隱居人。

桃園阻淺將易小舟一夜水大至復乘便風頃刻百里

此生與物妄相仇，欲往長嫌苦見留。淺瀨何知向人惡，漲溪豈復爲公流？雨痕忽到工催客〔一〕，風信初來轉打頭。擧目汀洲都未改，忽添淸興滿行舟。

【校】

〔一〕「忽」，叢刊本作「忽」。

下邳黃石公廟

圯下相逢南北人，三邀不倦識天眞。十年却見穀城下，寂寞同收一夢身。

宿遷項羽廟

尺箠西來壠畝中，驅馳力盡衆兵衝。舊封獨守君臣義，故國長修俎豆容。平日軍聲同破竹，少年心事喜摧鋒。錦衣眷戀多鄉思，肯顧田家社酒濃？

呂梁

出沒懸流雖有道，憑陵險地本無心。未能與物都無礙，咫尺清泉亦自深。

梁山泊 次韻〔一〕

近通沂泗麻鹽熟，遠控江淮粳稻秋。粗免塵泥汙車脚，莫嫌菱蔓繞船頭。謀夫欲就桑田變，客意終便畫舫遊。秋思錦江千萬里，漁蓑空向夢中求。時議者將乾此泊以種菽麥。

【校】

〔一〕宋甲本題作「次韻梁山泊」。

梁山泊見荷花憶吳興五絕 次韻〔一〕

南國家家瀁綵纜，芙蕖遠近日微明。梁山泊裏逢花發，忽憶吳興十里行。

終日舟行花尚多，清香無奈着人何！更須月出波光淨，臥聽漁家蕩槳歌。

行到平湖意自寬，繁花仍得就船看。回頭却向吳儂說，從此遠遊心未闌。

花開南北一般紅，路過江淮萬里通。飛蓋靚粧迎客笑，鮮魚白酒醉船中。

菰蒲出沒風波際，鴈鴨飛鳴霧雨中。應爲高人愛吳越，故於齊魯作南風。

【校】

〔一〕宋甲本題作「次韻梁山泊見荷花憶吳興五絶」；叢刊本無「次韻」二字；三蘇祠本題作「梁山泊見荷」。

次韻李公擇九日見約以疾不赴

它年逢九日，杯酒逐英豪。漸老經秋病，獨醒何處高？牀頭添藥裹，坐上減牛毛。寂寞知誰問，煩公置濁醪。

喜雪呈李公擇

秋來旱已久，雪至亦不薄。沉沉夜未眠，簌簌聲初落。霏微入疎戶，昡晃先朱閣。披衣視羣動，照屋始驚愕。晨起犯淸寒，繁陰看溟漠。喬林凍相倚，隙瓦乾猶爍。孤村掩圭竇，深巡沒芒屩。平野恣汗漫，四山增犖确。晚色漏斜陽，林光粲相錯。氛埃一淸蕩，疫癘解纏縛。寒蔬養春芽，宿麥布冬脚。官居亦何賴，歲事信所託。逋逃幸一飽，剽盜止羣惡。無事樂自多，有酒庶可酌。我行今不久，公到時方昨。豐穰識天意，暇豫可前約。齋廚雖無餘，賓客甚易諾。行須酒壺倒，莫待陰雲剗。

次韻范郎中仰之詠雪

倉廩未應空，長天霰雪濛。瓊瑤布地滑，組練出師雄。雲闊諸峯遍，花繁百草同。農謠麥壠外，客興酒杯中。聚散占風力，消融驗藥功。歷城西北陽起石山，其上不留雪。遠遊聊自喜，三見歲時豐。

次韻李公朝著作見贈二首

遠客徒爲爾，江邊有故丘。汀洲信廣大，鳧雁任漂浮。好事時攜酒，歸心久倦遊。還鄉定衰老，朋友肯相收？

其二

稽古終何力，扶衰謾有方。故人憐困躓，佳句贈輝光。未暇抽身去，安能插翅翔？空存疏懶性，高臥笑羲皇。

惠穆呂公挽詞二首〔一〕

全齊開故國，清廟饗元功。德業眞無忝，勳名但未充。邊防推信惠，社稷倚勤忠。不作司徒貴，何慚鄭武公？

其二

風俗非平昔，賢豪棄此時。新阡長宿草，行路拜豐碑。惠術遐方記，嘉猷信史知。悲涼哭墳客，不爲受恩私。

【校】

〔一〕宋甲本題下有「公弼」二小字。

次韻蔣夔寒夜見過

都城廣大漫如天，旅人騷屑誰與歡？北風號怒屋無瓦，夜氣凝冽冰生槃。雪聲旋下白玉片，燈花暗結丹砂丸。叩門剝啄驚客至，吹火倉卒憐君寒。明時未省有遺棄，高論自笑終汗漫。識君太學嗟歲久，至今客舍猶泥蟠。正如憔悴入籠鶴，坐見摧落淩風翰。明朝倘肯過吾飲，有酒不盡行將酸。

次韻王鞏廷評招飲

病憶故鄉同越鳥，性安田野似椑諶。都城歲晚不歸去，客舍夜寒猶獨吟。樽酒憐君偏好客，詩篇寄我謬知音。會須雪裏相從飲，履迹旋平無處尋。

雪中會孫洙舍人飲王氏西堂戲成三絶

新歲逼人無一日，殘冬飛雪已三迴。百分琥珀從君勸，十里瓊瑤走馬來。

南國高人眞巨源，華堂邂逅接淸樽。十年一見都如夢，莫怪終宵語笑喧。

傾盡香醪雪亦晴，東齋醉臥已三更。佳人不慣生疎客，未盡淸歌宛轉聲。

雪中呈范景仁侍郎

羈遊亦何樂，幸此賢主人。東齋暖且深，高眠不知晨。開門驚照曜，舞雪方繽紛。繁雲覆庭廡，落勢一何勻。霏霺本無着，積疊巧相因。萬類忽同色，九衢淨無塵。園林開組練，觀闕堆瓊珉。蟲書散鳥足，縞帶翻車輪。遠遊浩千里，欲出迷四隣。誰言助春農，亦善欺客貧。賴我古君子，高談吐陽春。方當庇華屋，豈憂無束薪？

次韻景仁丙辰除夜

數舉除夜酒，稍消少年豪。浮光寄流水，妙理付濁醪。微陽未出土，大雪飛鵝毛。試問冰霜勁，春來能久牢？

次韻景仁招宋温之職方小飲

高人兩無事，相見輒傾懷。時以酒相命，何妨心自齋。燈期飛雪亂，春候苦寒乖。不就頹然醉，難堪風且霾。

次韻景仁飲宋温之南軒二首

白髮迎新歲，皤然國老更。感時能細說，對酒任徐行。畫軸高分品，詩詞妙入評。疎狂先醉倒，應許恃鄉情。

其二

飲闌瓶已罄，話久僕須更。高會良難得，危言豈易行？歸休便老計，得失任臺評。猶有青編在，它年不世情。

次韻景仁正月十二日訪吴縝寺丞二絕

夜雪滿庭雞失晨，瓊田早出不驚塵。急須卷凍鋪黄道，欲看燈山萬萬人。

濁醪時飲十分杯，萬象溟濛曉氣皚。醉倒籃輿夜歸去，金吾寧復識誰哉？

柳子玉郎中挽詞二首

晚歲抽身塵土中，灊山仍乞古仙宫。羞時白髮隨馮叟，欲就丹砂繼葛洪。龍虎未能留物化，芭蕉久已悟身空。騷人欲作招魂賦，蟬蜕疑非世俗同。

新詩錦繡爛成編，醉墨龍蛇灑未乾。共首卜居空舊約，宛丘攜手憶餘歡。風流可見身如在，鄉國全歸意所安。行到都門送君處，長河清淚兩汍瀾。

贈淨因臻長老

十方老僧十年舊，燕坐繩牀看奔走。遠遊新自濟南來，滿身自覺多塵垢。暖湯百斛勸我浴，驪山袞袞泉傾竇。明窗困臥百緣絕，此身瑩淨初何有？清泉自清身自潔，塵垢無生亦無滅。振衣却起就華堂，老僧相對無言說。南山采菌軟未乾，西園擷菜寒方茁。與君飽食更何求？一杯茗粥傾銅葉。

次前韻答景仁

儒林談道亦云舊，遠自太史牛馬走。區區分別意何爲，擾擾秖添心上垢。道大如天不可測，異出同歸各穿竇。浩然一水散千漚，却觀彼我曾無有。我丈中心冰玉絜，世上浮雲盡灰滅。終年行道自不知，笑指空門名異說。此心未信道不生，石上下種何由茁？道在起居飲食中，安問胡僧分五葉？

遊城西集慶園

送客城西客已遠，歸路北池接南苑。冰澌片斷水光浮，柳線和柔風力輭。繚牆朱戶誰家園？流水平畦春日淺。禁河分溜一池足，洛圃移花百金賤。飛甍斤斧聲未絕，翠柏栽培影初遍。傍人笑指高臺處，前年適見荒榛滿。金錢力奪天地功，歲月未多風物換。人生富貴無不成，都門坐置山林觀。暖風遲日時一到，早出莫歸應未晚。主人最貴稀出城，長使憧憧路人看。

遊景仁東園

新春甫驚蟄，草木猶未知。高人靜無事，頗怪春來遲。肩輿出東郊，輕裘試朝曦。百草抱生意，喬松解寒姿。尺書招友生，冠蓋溢通逵。人生瞬息間，幸此休暇時。濁酒瀹浮蟻，嘉蔬薦柔荑。春來莫嫌早，春去恐莫追。公卿多王事，田野遂我私。松筠自擁蔽，里巷得遊嬉。隣家並侯伯，朱門掩芳菲。畦花被錦繡，庭檜森旌旗。華堂絢金碧，疊觀凝煙霏。髣髴象宮禁，蕭條遠喧卑。徐行日一至，何異已有之？都城閉門早，衆客紛將歸。垂楊返照下，歸騎紅塵飛。但卜永日歡，未與淸夜期。人散衆囂絕，庭空星斗垂。安眠萬物外，高世良在茲。

欒城集卷之七

詩五十六首

次韻子瞻送范景仁遊嵩洛

尋山非事役，行路不應難。洛浦花初滿，嵩高雪尚寒。平林抽凍筍，奇豔變山丹。節物朝朝好，肩輿步步安。酴醾釀臘酒，苜蓿薦朝盤。得意忘春晚，逢人語夜闌。歸休三黜柳，賦詠五噫鸞。鶴老身仍健，鴻飛世共看。雲移忽千里，世路脫重灘。西望應思蜀，東還定過韓。平川涉清潁，絕頂上封壇。出處看公意，令人欲棄官。

送蔣夔赴代州教授

憶遊太學十年初，猶見胡公豈弟餘。遍閱諸生非有道，最憐能賦似相如。靑衫共笑方持板，白髮相看各滿梳。暫免百憂趨長吏，勉調三寸事新書。

次韻宿州教授劉涇見贈

此身雖復類潛夫，衰老無心強著書。道路不知奔走賤，交遊空怪往還疎。弦歌更就三年學，簿領唯添一味愚。它日相逢定何處？莫將文采笑空疎。

徐州送江少卿

夜雨泗河深，曉日輕舟發。帆開送客遠，城轉高臺沒。居人永瞻望，歸意何倉卒？公來初無事，豐歲多牟麥。鈴閣度清風，芳罇對佳客。登臨未云厭，談笑方自適。朝廷念黨老，府寺虛清劇。何以寄風流？江山繞官宅。

次韻子瞻寄眉守黎希聲

眼看狂瀾倒百川，孤根漂蕩水無邊。思家松菊荒三逕，回首謳歌沸二天。簿領沉迷催我老，春秋廢格累公賢。隣居屈指今誰在？一念傷心十五年。轍昔侍先人於京師，與希聲隣居太學前。是時公之亡兄與二亡姪皆在。今十五年而在者唯公與僕二人，言之流涕。

和李邦直學士沂山祈雨有應

宿雪雖盈尺，不救春夏旱。吁嗟遍野天不聞，歌舞通宵龍一戰。旋開雲霧布旌旗，復遣雷霆助舒卷。雨聲一夜洗塵埃，流入溝河朝不見。但見青青黍與禾，老農起舞行人歌。汙邪滿車尚可許，供輸到骨期無它。水行天地有常數，歲歲出入均無頗。半年分已厭枯槁，及秋更恐憂滂沱。誰能且共蛟龍語，時布甘澤無庸多？

陪子瞻遊百步洪

城東泗水平如席，城頭遠山涵落日〔一〕。輕舟鳴櫓自生風，渺渺江湖動顏色。中洲過盡石縱橫，南去清波頭盡白。岸邊怪石如牛馬，銜尾舳艫誰敢下？沒人出沒須臾間，却立沙頭手足乾。客舟一葉久未上，吳牛回首良間關。風波蕩潏未可觸，歸來何事嘗艱難？樓中吹角莫煙起，出城騎火催君還。

【校】

〔一〕「涵」，叢刊本作「銜」。

李邦直見邀終日對臥南城亭上二首

一徑坡陁草木間，孤亭勝絕俯川原。青天圖畫四山合，白晝雷霆百步喧。煙柳蕭條漁市遠，汀洲蒼莽白鷗翻。客舟何事來忽草？逆上波濤吐復吞。

東來無事得遨遊，奉使淸閑亦自由。撥棄簿書成一飽，留連語笑失千憂。舊書半卷都如夢，淸簟横眠似欲秋。聞說歸朝今不久，塵埃還有此亭不？

次韻邦直見答二首

眞能一醉逃煩暑，定勝三杯禦臘寒。自有詩書供永日，莫將絲竹亂風灘。舞雩何處歸春莫，叩角誰人怨夜漫？聞道丹砂近有術，錙銖稱火共君看。

五斗塵勞尙足留，閉門聊欲治幽憂。羞爲毛遂囊中穎，未許朱雲地下遊。無事會須成好飲，思歸時亦賦登樓。羨君幕府如僧舍，日向城隅看浴鷗。

再次前韻四首

城頭棟宇恰三間，楚望淒涼弔屈原。雨洗山川百里淨，風吹語笑一城喧。鄉書莫問經時絕，歲事初驚片葉翻。南近清淮鱸鱖好，釣筒時問有潛呑〔一〕？

謬將疎野託交遊，平日論心亦有由。科第聯翩叨舊契，利名疎闊少新憂。清談已覺忘朱夏，濁酒先防虐素秋。多病無聊唯有睡，頻頻詩句未嫌不？

野鶴應疑鳧鴈苦，夏蟲未慣雪霜寒。隱居顔氏終安巷，垂釣嚴生自有灘。破宅不歸塵可掃，下田初種水應漫。退耕尚作悠悠語，拙宦猶須步步看。

欲作彭城數月留，溪山勸我暫忘憂。城頭準擬中秋望，臺上遷延九日遊。嵐氣雨餘侵近郭，江聲風送隱危樓。汀洲聚散知誰怪，且學漂浮水上鷗。

【校】

〔一〕「釣」，原作「鈞」，據叢刊本改。

雨中陪子瞻同顔復長官送梁燾學士舟行歸汶上

客從南方來，信宿北方去。手棹木蘭舟，不顧長江雨。江昏氣陰黑，雨落無朝暮。肅肅赴波濤，濛濛暗洲渚。微涼入窗闥，斜吹濕蕉苧。漂灑正紛紜，談笑方容與。不知江路長，但覺青山鶩。客去浩難追，落日平西浦。東遊本無事，愛此山河古。周旋樽俎歡，邂逅英豪聚。茲遊有遺趣，此樂恐宜屢。賤仕迫程期，遷延防譴怒。秋風日已至，輕舸行當具。陰森古城曲，蒼莽交流處。懸知別時念，將行重回顧。非緣一寸祿，應作三年住。

同子瞻泛汴泗得漁酒二詠

江湖性終在，平地難久居。渌水雨新漲，扁舟意自如。河身縈疋素，洪口轉千車。頗言棄城市，長竿夜獨漁。

其二

懶思久廢詩，病腸不堪酒。强顔水石間，濫蹟賓主後。不知白浪翻，但怪青山走。莫隨使車塵，豈畏嚴城斗？

明日復賦

放舟城西南，却向東南泊。朝來雨新霽，白水浸城脚。古汴多流茸，清泗亦浮沫。平吞百澗暴，減盡三洪惡。遊人不勝喜，水族知當樂。舟行野鳧亂，網盡修鱗躍。香醪溜白蟻，鱠縷墳花蕚。人生適意少，一醉皆應諾。同遊非偶然，後會未前約。簡書尙見寬，行日爲公却。

贈吳子野道人

食無酒肉腹亦飽，室無妻妾身自好。世間深重未肯回，達士清虛輒先了。眼看鴻鵠薄雲漢，長笑駑駘安棧阜。腹中夜氣何郁郁？海底朝陽常杲杲。一廛不顧舊山深，萬里來看故人老。空車獨載王陽橐，遠遊屢食安期棗。東州相逢眞邂逅，南國思歸又驚矯。道成若見王方平，背癢莫念麻姑爪。

李邦直出巡青州余不久將赴南都比歸不及見矣作詩贈別

東道初來託故人，南樓頻上泗河濱。江山尙有留人意，樽俎寧當厭客貧？顧我及秋行不久，問君觸熱去何因？西歸涼冷霜風後，濁酒清詩誰與親？

司馬君實端明獨樂園

子嗟丘中親蓺麻，邵平東陵親種瓜。公今歸去事農圃，亦種洛陽千本花。修篁遶屋韻寒玉，平泉入畦紆臥虵。錦屏奇種斸巖竇，嵩高靈藥移萌芽。城中三月花事起，肩輿遍入公侯家。淺紅深紫相媚好，重樓多葉爭矜誇。一枝盈尺不論價，十千斗酒那容賒？歸來曳履苔逕滑，醉倒閉門春日斜。車輪班班走金轂，印綬若若趨朝衙。世人不顧病楊綰，弟子獨有窮侯芭。終年著書未曾厭，一身獨樂誰復加？宦遊嗟我久塵土，流轉海角如浮槎。歸心每欲自投劾，孺子漸長能扶車。過門有意奉談笑，幅巾懷刺無袍鞾。

送顔復赴闕

簞瓢未改安貧性，皃繹猶傳直道餘。不見失官愁慼慼，但聞高臥起徐徐。居中舊獻軍容講，補外仍遭城旦書。此去將身置何許？秋風未免憶鱸魚。

王詵都尉寶繪堂詞

侯家玉食繡羅裳，彈絲吹竹喧洞房。哀歌妙舞奉清觴，白日一醉萬事忘。百年將種存慨慷，西取庸蜀踐戎羌。戰袍賜錦盤鵰章，寶刀玉玦餘風霜。天孫渡河夜未央，功臣子孫白且長。朱門甲第臨康莊，生長介冑羞膏粱。四方賓客坐華堂，何用爲樂非笙簧。錦囊犀軸堆象牀，竿叉連幅翻雲光。手披橫素風飛揚，長林巨石插雕梁。清江白浪吹粉牆，異花沒骨朝露香。徐熙畫花，落筆縱橫。其子崇嗣變格以五色染就，不見筆迹，謂之沒骨。蜀趙昌蓋用此法耳。摯禽猛獸舌齶張，騰踏騣褭聯驌驦。噴振風雨馳平岡，前數顧陸後吳王。老成雖喪存典常，坐客不識視茫洋。騏驎飛煙郁芬芳，卷舒終日未用忙。遊意淡泊心清涼，屬目俊麗神激昂。君不見伯孫孟孫俱猖狂，千時與事神弗臧。

逍遥堂會宿二首　并引

轍幼從子瞻讀書，未嘗一日相舍。既壯，將遊宦四方，讀韋蘇州詩，至「安知風雨夜，復此對牀眠」，惻然感之，乃相約早退，爲閑居之樂。故子瞻始爲鳳翔幕府，留詩爲别曰：「夜雨何時聽蕭瑟」。其後子瞻通守餘杭，復移守膠西，而轍滯留於淮陽、濟南，不見者七年。熙寧十年二月，始復會於澶濮之間，相從來徐，留百餘日。時宿於逍遥堂，追感前約，爲二小詩記之。

逍遥堂後千尋木，長送中宵風雨聲。誤喜對牀尋舊約，不知漂泊在彭城。

秋來東閣涼如水，客去山公醉似泥。困卧北窗呼不起，風吹松竹雨凄凄。

過張天驥山人郊居

南山莫將歸，下訪張夫子。黍稷滿秋風，蓬麻翳隣里。君年三十八，三十有歸意。躬耕奉慈親，未覺鉏耰鄙。讀書北窗竹，釀酒南園水。松菊半成陰，日有幽居喜。客來時借問，問子何年起？新求西溪石，更築茆堂址。但令三歲熟，此計行亦遂。堂成不出門，淸名滿朝市。

魏佛貍歌

魏佛貍，飲泗水，黄金甲身鐵馬箠。睥睨山川俯畫地，畫作西方佛名字。卷舒三軍如使指，奔馳萬夫鑿山觜。雲中孤月妙無比，青蓮湛然俛下視。擊鉦卷旆抽行營，北徐府中軍吏喜。度僧築室依雲煙，俯窺城郭衆山底。興亡一瞬五百年，細草荒榛沒孤壘。

雜興二首

陋巷丈夫病且貧，懸鶉百結聊庇身。蠕蠕大蝨長孫子，敗縕弊絮開陽春。故襦寬博褰肩胜，出沒逡巡初莫畏。一朝換酒入隣家，顧視腰間猶犢鼻。入縫循腰還自足，肌膚轉近尤爲福。咋皮吮血無已時，應待渠家具湯沐。

朱輪華蓋事遠遊，廐無良馬乘疲牛。青絲玉勒金絡頭，任重道遠旁人憂。奔馳往來歷山丘，騰坑投淖摧轅輈。已歷復起行未休，青芻黄粱爲君羞。長路漫漫經九州，場有白駒胡不收？飢食玉山飲河流，朝秣幽冀莫炎陬。奔雲掣電不少留，僕夫顧之心懷愁。王良不生誰與謀？哀哉駿骨千金酬。

贈致仕王景純寺丞

瀟山隱君七十四，紺瞳綠髮初謝事。腹中靈液變丹砂，江上幽居連福地。彭城爲我住三日，明月滿船同一醉。丹書細字口傳訣，顧我沉迷真棄耳。年來四十髮蒼蒼，始欲求方救憔悴。它年若訪瀟山居，愼勿逃人改名字。

初發彭城有感寄子瞻

秋晴卷流潦，古汴日向乾。扁舟久不解，畏此行路難。此行亦不遠，世故方如山。我持一寸刃，皦絕何由刊？念昔各年少，松筠閟南軒。閉門書史叢，開口治亂根。文章風雲起，胸膽渤澥寬。不知身安危，俛仰道所存。横渡一傾潰，萬類爭崩奔。孔融漢儒者，本自輕曹瞞。誓將貧賤身，一悟世俗昏。豈意十年內，日夜增濤瀾。生民竟顚頷，遊宦豈復安？水深火益熱，人知蹈憂患。甄豐且自叛，劉歆苟盤桓。而況我與兄，飽食顧依然。上願天地仁，止此禍亂源。歲月一徂逝，尚能反丘園。

次韻子瞻見寄

袞袞河渭濁，皎皎江漢清。源流既自異，美惡終未明。嗟我頑鈍質，乃與公並生。出處每自託，謳吟輒嘗賡。譬如病足馬，共此千里程。勝負坐已決，豈待終一枰？憶公年少時，濯濯吐新萌。堅姿映松柏，直節凌榛荆。學成志益厲，秋霜落春榮。濬然養浩氣，脱屣遺齊卿。百鍊竟不變，三年終未鳴。區區兩郡守，籍籍四海聲。年來效瘖默，世事慵譏評。不見室家好，恍如揖重城。别離長塵垢，歲月何峥嶸！彭門偶會合，白髮互相驚。受教恐不足，吐論那復爭。疾雷發聾聵，清月照昏盲〔一〕。篤愛未忍棄，浪云舊齊名。更請問郭許，題品要當精。子瞻杭州見寄詩云：「先生别駕舊齊名。」

【校】

〔一〕「盲」，原作「肓」，據叢刊本改。

將至南京雨中寄王鞏〔一〕

河牽一線流不斷，雨散千絲卷却來。煙際橫橋村十里，船中倦客酒三盃。老年轉覺脾嫌濕，世路早令心似灰。賴有故人憐寂寞，繫舟待我久徘徊。

【校】

〔一〕「雨中」，叢刊本無。

次韻王鞏見贈

南都逢故人，共此一樽淥。初來柳吹絮，再見風脫木。我老歡意微，頭垂腰背曲。羨子方少年，健馬走平陸。狂歌手自拊，醉倒頭相觸。人生比一瞬，世網張萬目。但取食場雞，豈掛雲飛鵠？彭城久相遲，官舍虛東屋。重陽試新釀，謂子當不速。胡爲聽婦言，婉孌自相逐？我舟得愁霖，牽挽脫坑谷。風霜作初寒，病體欲生粟。解子腰下龜，換酒不須贖。照碧凝清光，相將飲黄菊。

送交代劉莘老

建元一二間，多士四方至。翩翩下鴻鵠，一一抱經緯。功名更唯諾，爵祿相饋遺。縱橫聖賢業，磊落君臣意。慷慨魯諸生，雍容古君子。扶搖雲漢上，睥睨千萬里。入臺凜凜然，不肯下詞氣。失足青冥中，投命江湖裏。區區留都客，矯矯當世士。空使往來人，歎息更相指。我生本羈孤，無食強爲吏。褰裳避塗泥，十載守顑頷。逝將老茅屋，何幸繼前軌。念君今尙然，顧我眞當爾。百年同一夢，窮達浪憂喜。有酒慰離愁，貧賤非君恥。

次韻王鞏九日同送劉莘老

頭上黄花記別時，樽中淥酒慰淸悲。畫船牽挽故不發，紅粉留連未遽離。小雨無端添別淚，遙山有意助顰眉。十分酒盞從教勸，堆案文書自此辭。

次韻王鞏欲往徐州見子瞻以事不成行

河水南來遶郡城，銀刀空復銜𠑽兵。交情舊許雞爲具，客信那知鵲妄鳴？爲婦遲留應未怪，還家倉卒定何營？不關秦女箏聲怨，自趁招賢渡上旌。

宣徽使張安道生日

從公淮陽今幾年？憶持壽斝當公前。祝公齒髮老復少，歲歲不改冰霜顏。掃除四海一淸淨，整頓萬物俱安全。今年見公商丘側，奉祠太一眞仙官。身安氣定色如玉，脫遺世俗心浩然。幽居屢過赤松子，長夜親種丹砂田。此中自有不變地，歲閱生日如等閑。門前賀客任塡委，世上多故須陶甄。秋風坐見蒲柳盡，歲晏惟有松柏堅。斯人未安公未用，使公難老應由天。

章氏郡君挽詞　子厚母。

馮唐垂老郎潛後，李白風流罷直餘。解組同歸榮故國，剖符仍得奉安輿。家聲未替三公舊，葬客應傾數郡車。德映閨門人莫見，埋文子細列幽墟。

聞王鞏還京會客劇飲戲贈

聞君歸去便招呼，笑語不知清夜徂。結束佳人試銀甲，留連狂客惱金吾。燭花零落玉山倒，詩筆欹斜翠袖扶。暫醉何年依錦瑟？東齋還復卧氍毹。

次韻王鞏遊北禪

蕭蕭黄葉下城頭，頓作野田風日秋。粗有樽罍隨處好，暫無蔵扑便能幽〔一〕。人稀野鳥應同樂，水涸遊魚似欲愁。客去知君歡未已，邊城攜手更遲留。

【校】

〔一〕「扑」，原作「朴」，據叢刊本改。

次韻王翬懷劉莘老

兩都來往太頻頻，眞是人間自在人。十載讀書同白屋，千金爲客買朱脣。結交京邑傾心肺，寓思禪宗離垢塵。爲問西歸天祿客，何時同看洛川神？

飲餞王翬

送君不辦沽斗酒，撥醅浮蟻知君有。問君取酒持勸君，未知客主定何人？府中杯棬强我富，案上苜蓿知君眞〔一〕。空廚赤脚不敢出，大堤花豔聊相親。愛君年少心樂易，到處逢人便成醉。醉書大軸作歌詩，頃刻揮毫千萬字。老夫識君年最深，年來多病苦侵凌。賦詩飲酒皆非敵，危坐看君浮大白〔二〕。

【校】

〔一〕「君」，原作「吾」，據叢刊本改。

〔二〕「大」，原作「太」，據叢刊本改。

送王巽兼簡都尉王詵

可憐杜老貧無食，杖藜曉入春泥濕。諸家厭客頻惱人，往往閉門不得入。我今貧與此老同，交遊冷落誰相容？幸君在此足遊衍，終日騎馬西復東。送君仍令君置酒，如此貧交世安有？君歸速語王武子，因君回船置十斗。

呂希道少卿松局圖

溪回山石間，蒼松立四五。水深不可涉，上有橫橋渡。溪外無居人，磐石平可住。縱橫遠山出，隱見雲日莫。下有四老人，對局不回顧。石泉雜風松，入耳如暴雨。不聞人世喧，自得山中趣。何人昔相遇，圖畫入紈素？塵埃依古壁，永日奉樽俎。隱居畏人知，好事竟相誤。我來再三嘆，空有飛鴻慕。逝將從之遊，不惜爛樵斧。

寄孔武仲

濟南舊遊中，好學惟君耳。君居面南麓，洶湧岡巒起。我來輒解帶，簷下炙背睡。煎茶食梨栗，看君誦書史。君歸苦倉卒，窗戶日摧毀。遷居就清曠，改築當前址。開畦得遺植，遶壁見題字。雲山顧依然，簿領輒隨至。思君猶未忘，滿秩行自棄。爾來鉅野溢，流潦壓城壘。池塘漫不知，亭榭日傾弛。官吏困堤障，麻鞋汙泥滓。別來能幾何，陵谷既遷徙。它日重相逢，衰顔應不記。

孔君亮郎中新葺闕里西園棄官而歸

宦情牢落苦思歸，君側無人留子思。手種松筠須灌溉，親修寢廟憶烝祠。定應此去添桃李，還使舊塋無棘茨。他日東遊訪遺烈，因公導我謁先師。

寄濟南守李公擇

岱陰皆平田，濟南附山麓。山窮水泉見，發越遍溪谷。分流遶塗巷，暖氣烝草木。下田滿粳稻，秋成比禾菽。池塘浸餘潤，菱芡亦云足。辭家四千里，恃此慰窮獨。公從吳興來，苕霅猶在目。應恐齊魯間，長被塵土辱。不知西垣下，滉瀁千畝淥。仰見鷗鷺翻，俯視龜魚浴。初來厭桴鼓，稍久捐鞭扑〔一〕。凊詩調嘉賓，夜話繼華燭。飛花暮雪深，浮蟻糟牀熟。相對各忘歸，西來自嫌速。人生每多故，樂事難再卜。鉅野一汗漫，河濟相騰蹙。流沙翳桑土，蛟蜃處人屋。農畝分沉埋，城門遭板築。傷心念漂蕩，引手救顛覆。勞苦空自知，吁嗟欲誰告？遙知舊遊處，落落空遺躅。平生讀書史，物理粗能矚。歸耕久不遂，終作羝羊觸。賦詩心自驚，請公再三讀。

【校】

〔一〕「扑」，原作「朴」，據叢刊本改。

雪中會飲李倅鈞東軒三絶〔一〕

衆客喧譁發酒狂，逡巡密雪自飛揚。莫嫌作賦無枚叟，且喜延賓有孝王。

雪花如掌墮堦除，劇飲時看臥酒壺。半夜瓊瑤深没膝，欲歸迷路肯留無？

竹裏茅庵雪覆簷，爐香藹藹著蒲簾。欲求初祖安心法，笑我醺然已半酣。

【校】

〔一〕「鈞」，原作「鈞」，據叢刊本改。

張恕寺丞益齋

人生不讀書，空洞一無有。羨君常齋居，散帙滿前後。開編試尋繹，閲歲行自富。從横畫圖中〔一〕，次第宫商奏。汪洋畜江河，眇莽包林藪。興亡數千歲，絡繹皆在口。顧念今所知，頗覺前日陋。我家亦多書，早歲嘗竊叩。晨耕掛牛角，夜燭借鄰牖。經年謝賓客，飢坐失昏晝。堆胸稍蟠屈，落筆逢左右。樂如聽鈞天，醉劇飲醇酎。自從厭蓬蓽，誤逐功名誘。初心一漂蕩，舊學皆榛莠。失足難遽回，撫卷長自詬。幸君無事年，謂可終身守。春耕不厭深，秋獲當自受〔二〕。金玉或爲災，詩書豈相負？

【校】

〔一〕「中」，原作「出」，據叢刊本改。

〔二〕「獲」，叢刊本作「穫」。

除夜會飲南湖懷王鞏

歲晚城東故相家，夜聽簾外落瓊花。醉眠東閣銀釭暗，起視中庭風竹斜。魯酒近來無奈薄，秦筝别後苦聞誇。思君倦對空陂飲，歸去紛如日莫鵶。

次韻張恕戲王鞏 去歲此日大雪，僕醉定國東齋〔一〕。

二君豪俊並侯家，歌舞爭妍不受誇。聞道肌膚如素練，更堪鬒髮似飛鵶。

【校】

〔一〕叢刊本題下無小字註。

送轉運判官李公恕還朝

我行未厭山東遠，昔遊歷下今梁苑。官如雞肋浪奔馳，政似牛毛常黽勉。幸公四年持使節，按行千里長相見。鷹摯秋田伏兔驚，驥馳平野疲牛倦。似憐多病與時違，未怪兩州從事懶。除書奪去一何速，歸袖翩然不容挽。黄河東注竭崑崙，鉅野横流入州縣。民事蕭條委濁流，扁舟出入隨奔電。回首應懷微禹憂，歸朝且喜寧親便。公知齊楚郎爲魚，勸築宣防不宜緩。

欒城集卷之八

詩六十八首

寄范丈景仁

京城冠蓋如雲屯，日中奔走爭市門。弊裘瘦馬不知路，獨向城西尋隱君。隱君白髮養浩氣，高論驚世門無賓。欣然爲我解東閣，明窗淨几舒華茵。春天雪花大如手，九衢斷絕愁四鄰。平明熟睡呼不覺，清詩淥酒時相親。我兄東來自東武，走馬出見黄河濱。及門却遣不得入，回顧欲去行無人。東園桃李正欲發，開門借與停車輪。青天露坐列觴豆，落花飛絮飄衣巾。留連四月聽鶗鴂，扁舟一去浮奔渾。人生聚散未可料，世路險惡終勞神。交遊畏避恐坐累，言詞欲吐聊復吞。安得如公百無忌，百間廣廈安貧身？

次韻王鞏上元見寄三首

棄擲良宵君謂何？淸天流月鑑初磨。莫辭病眼羞紅燭，且試春衫翦薄羅。蓮豔參差明繡戶，舞腰輕瘦颭驚鼉。少年微服天街闊，何處相逢解佩珂？

繁燈厭倦作閑遊，行到僧居院院留。月影隨人深有意，車音爭陌去如流。酒消鑿落寧論斗，魚照琉璃定幾頭？過眼繁華眞一夢，終宵寂寞未應愁。

燈火熏天處處同，唔遊應避柏臺驄。高情自放喧闐外，勝事偏多淡泊中。平日交遊徒夢想，留都歌吹憶年豐。知君未有南來意，歸去相從光與鴻。

謝張安道惠馬

從事年來鬢似蓬，破車倦僕衆人中。作詩僅比窮張籍，得馬還從老晉公。夜起趨朝非所事，曉騎行樂定誰同？慣乘款段遊田里，怯聽騣騣兩耳風。張水部集有謝裴晉公惠馬詩。

次韻子瞻贈梁交左藏

彭城欲往臺無檄，初喜東西合爲一。將軍走馬隨春風，精銳千人森尺籍。口占佳句驚衆坐，手練強兵試鳴鏑。酒酣起舞花滿地，醉倒不聽人扶出。歸來相對如夢寐，虎踞熊經苦岑寂。黃樓方就可同遊，飲盡官廚三百石。

寒食遊南湖三首

春睡午方覺，隔牆聞樂聲。肩輿試扶病，畫舫聽徐行。適性逢樽酒，開懷挹友生。遊人定相笑，白髮近從橫。

其二

遶郭春水滿，被堤新柳黃。官池無禁約，野艇得飛揚。浪泛歌聲遠，花浮酒氣香。晚風歸棹急，細雨濕紅粧。

其三

攜手臨池路，時逢賣酒壚。柳斜低繫纜，草綠薦傾壺。波蕩春心起，風吹酒力無。冠裳強包裹，半醉遣誰扶？

觀大閲

承平郡國減兵屯，唯有留都一萬人。票姚將軍思出塞，從橫幕府諱和親。旌旗不動風將轉，部曲無聲馬亦馴。八陣且留遺法在，未須親試革車塵。

送林子中安厚卿二學士奉使高麗二首

東夷從古慕中華，萬里梯航今一家。夜静雙星先渡海，風高八月自還槎。魚龍定亦知忠信，象譯何勞較齒牙。屈指歸來應自笑，手持玉帛賜天涯。

官是蓬萊海上仙，此行聊復看桑田。鯤移鵬徙秋帆健，潮闊天低曉日鮮。平地誰言無嶮岨，仁人何處不安全？但將美酒盈船去，多作新詩異域傳。

送趙屼祕書還錢塘

世人何局促，奔走鬢蒼蒼。聞道餘杭守，獨遊何有鄉。禪心朝吐月，元氣夜生光。清静安罷瘵，寬仁服暴強。聲名高一世，風采見諸郎。謁帝朱爲紱，還家綵作裳。經過留畫舫，談笑接清觴。問訊顔依舊，峥嶸歲自長。人生眞幾許，世味不堪嘗。歸去聞詩罷，求余却老方。

馬上見賣芍藥戲贈張厚之二絕

春風欲盡無尋處，盡向南園芍藥中。過盡此花眞盡也，此生應與此花同。

春來便有南園約，過盡春風約尚賒。緑葉成陰花結子，便須擕客到君家。

答見和〔一〕

花柳蕭條行已老，聖賢希闊未嘗中。眼看芍藥紛紛盡，賴有櫻桃顆顆同。

塵編何用朝朝看，新釀還須處處賒。好事若能頻載酒，不妨時復到楊家。

【校】

〔一〕叢刊本題作「答見和二絕」。

送呂希道少卿知滁州

長怪名卿亦坐曹，忽乘五馬列旌旄。才多莫厭官無事，郡小不妨名自高。庶子定應牽賦詠，醉翁聊復繼遊遨。試尋苦戰淸流下，要識經綸帝業勞。

次韻張恕春莫

秖言城市無佳處，亦有南湖幾度遊。好雨晴時三月盡，啼鶯到後百花休。老猿好飲常連臂，野馬依人自絡頭。不肯低回池上醉，試看生滅水中漚。

次韻傅宏推官義方亭

居近古城心自幽，簞瓢足用更何求？鶯飛旋趁春風出，龍臥終聞莫雨搜。科第聯翩收甲乙，鄉閭驚怪問因由。隱君淡泊無人識，長夏一衫冬一裘。

送梁交之徐州

湖水清且深，新荷半猶卷。未見紅粧窈窕娘，先排翠羽參差扇。水面風生人未知，攲傾俯仰長先見。岸上遊人莫不歸，淸香入袖涼吹面。投壺擊鞠綠楊陰，共盡淸樽飡白飯。坐中飛將忽先起，輕衫出試彭門遠。百步洪西白浪翻，戲馬臺南雲岫滿。江山雄麗信宜人，風流孰似梁王苑？

次韻王鞏見寄〔一〕

日永官閑自在慵，門前客到未曾通。憐君避世都門裏，勸我忘憂酒盞中。城下柳陰新過雨，湖邊荷葉自翻風。早須命駕追清賞，大字新詩事事工。

【校】

〔一〕叢刊本題作「次韻王鞏見寄三首」，此爲第一首，其他二首以同題分别見後。

次韻李逵見贈

太學羣遊經最明，青衫顦顇竟何成？虀鹽仍作當年味，名譽飛蠅過耳聲。

次韻秦觀秀才攜李公擇書相訪

濟南三歲吾何求，史君後到消人憂。君言有客輕公侯，扁舟相從古揚州。致之匹馬恨無力，千里相望同異域。誦詩空使四坐驚，隱居未易凡人測。史君南歸無限情，鴻飛攜書墮我庭。此書兼置昔年客，袖中秀句淮山青。老夫强顏依府縣，堆案文書本非願。清談亹亹解人頤，安得坐右長相見？狂客吾非賀季眞，醉吟君似謫仙人。末契長遭少年笑，白髮應慚傾蓋新。都城酒貴誰當换，塵埃汙面非良算。歸來泗上苦思君，莫待黄花秋爛漫。秦君與家兄子瞻約，秋後再遊彭城。

送龔鼎臣諫議移守青州二首

稷下諸公今幾人？三爲祭酒鬢如銀。梁王宫殿歸留鑰，尚父山河屬老臣。沂水弦歌重曾點，菑川故舊識平津。過家定有金錢費，千里爭看衣錦身。

面山負海古諸侯，信美東方第一州。勝勢未容秦地險，奇花僅比雒城優。新絲出盎冬裘具，貢棗登場歲事休。鈴閣虚閑官釀熟，應容將佐得遨遊。

送余京同年兄通判嵐州

燆燆吴越士，遠爲并代行。寒暄雖云異，慷慨慰平生。我昔在濟南，君時事淄青。連年食羊炙，便欲忘蓴羹。問君棄鄉國，何似弊屣輕？丈夫事所志，歸去無田耕。閑官少愧恥，教子終餘齡。定心養浩氣，閉目收元精。此志我亦然，偶與長者并。會合不可期，未易夸者評。

次韻王鞏見寄〔一〕

觸事如棋一一低，昏然一睡更何知？賈生流落南遷後，陶令褰遲歸去時。去住由人眞水母，箪瓢粗足亦山雌。年來未省談堯舜，一吷黿疎豈足吹？

【校】

〔一〕此卽叢刊本前次韻王鞏見寄三首之二。

河上莫歸過南湖二絕

西來白水滿南池，走馬池邊日落時。橋底荷花無限思，淸香乞與路人知。

淤田水淺客來遲，解舫都門問幾時？誰道兩京雞犬接，差除屈指未曾知。

送提刑孫頎少卿移湖北轉運

持節憂邦刑，職業已自簡。下車攝留都，談笑事亦辦。開軒揖佳客，退食事書卷。爲政曾幾何？淸風自無限。官居歲月迫，歸念湖湘遠。依依東軒竹，凜凜故人面。詔書遂公私，使節許新換。舊治行當經，家山企可見。宦遊得鄉國，勞苦顧猶願。歸旆正滂洋，行輈豈容緩？

次韻劉涇見寄

天之蒼蒼亦何有？亦有雲漢爲之章。人生混沌一氣耳，嘿嘿何用知肺腸。孔公孟子巧言語，剖瓠插竹吹笙簧。含宫吐角千萬變，坐令隱伏皆形相。我生稟賦本微薄，氤氳方寸不自藏。譬如蘭根在黄土，春風驅迫生繁香。口占手寫豈得已？此亦未免物所將。方將寂寞自收斂，不受世俗斗尺量。既知仍作未能止，紛紜竟亦類彼莊。煎烹心脾擢胃腎，自令鬢髮驚秋霜。嗟子獨未知此病，從横自恃觜爪剛。少年一見非俗物，鏘然修竹鳴孤凰。近來直欲扛九鼎，令我畏見筆力强。提攜童子從冠者，揣摩五帝論三皇。詩書近日貴新説，掃除舊學漫無光。竊攘瞿曇剽李耳，牽挽性命推陰陽。狂流衮衮去不返，長夜漫漫未遽央。詞鋒俊發魯連子，慚愧田巴稱老蒼。是非得失子自了，一醉早醒余所望。

城南訪張恕

事似棼絲撥不開，秋隨脱葉暗相催。城南緑野宜幽步，水北紅塵漫作堆。赤棗青瓜報豐熟，黄雞白酒勸徘徊。此中眞有醇風在，一畝何年劚草萊？

同李倅鈞訪趙嗣恭留飲南園晚衙先歸

城南高樓出喬木，下有方塘秋水足。新霜未變草木鮮，晚日旋催梨棗熟。雨荒松菊半榛莽，風老菰蒲初瑟縮。門前大路多塵土，日中過客無留轂。開門却掃如有待，下馬升堂眞不速。勸我一振衣上黃，臨風共倒樽中淥。肴蔬草草意不盡，絲竹泠泠暗相屬。琳宮仙伯自閑暇，幕府麤官苦煩促。晚衙簿領當及期，後堂車轄要須漉。令人更愧東宮師，眷戀溪山棄華屋。

次韻轉運使鮮于侁新堂月夜

長愛陶先生，閑居棄官後。牀上臥看書，門前自栽柳。低徊顧微祿，畢竟誰挽袖？索莫秋後蜂，青熒曉天宿。惟將不繫舟，託此春江溜。尺書慰窮獨，秀句驚枯朽。遙知新堂夜，明月入杯酒。千里共清光，照我茅簷漏。

送梁交供備知莫州〔一〕

猛士當令守四方，中原諸將近相望。一樽度日空閑暇，千騎臨邊自激昂。談笑定先降虜使，詩書仍得靖戎行。君看宿將何承矩，安用摧鋒百戰場？

【校】

〔一〕「備」，原無，據叢刊本補。

秋祀高禖二絶

蕩蕩巍巍堯舜前，一丘惟見柏森然。後來秦漢何堪數，跋扈飛揚得幾年？

乾德年中初一新，頽垣破瓦委荊榛。興亡畢墜干戈際，閑暇方知國有人。

過興教贈釗上人

四十年間此院留，臨河看盡往還舟。同來並是三年客，聽說行藏各自羞。

次韻王鞏代書

去年河上送君時，我醉看君倒接䍦。一笑便成經歲隔，扁舟重到滿城知。舊傳北海偏憐客，新怪東方苦恕飢。應笑長安居不易，空吟原上草離離。

次韻南湖清飲二首〔一〕

翠箔紅窗映大堤，遠來清飲歎參差。盈盈積水東西隔，脈脈幽懷彼此知。滌酒謾傳工破悶，主人何敢怪顰眉。明朝看月雲開未？試與詹家一問龜。

坐客經年半已非，喜君重到暫相依。不嫌愛酒樽頻倒，只怕題詩紙屢飛。耿耿幽懷誰與愬？徐徐細酌未應違。從今更肯相過否？幾誤風吹白版扉。

【校】

〔一〕「次韻」，叢刊本無。

次韻偶成

交情淡泊久彌新，吏役縈纏日益紛。香火社中真避世，簿書叢裏強論文。樽罍正及明蟾夜，舟楫來隨早雁羣。世俗如君今有幾，眞將富貴等浮雲？

中秋見月寄子瞻

西風吹暑天益高，明月耿耿分秋毫。彭城閉門青嶂合，臥聽百步鳴飛濤。使君攜客登燕子，月色着人冷如水。筵前不設鼓與鐘，處處笛聲相應起。浮雲卷盡流金丸，戲馬臺西山鬱蟠。杯中淥酒一時盡，衣上白露三更寒。扁舟明日浮古汴，回首逡巡陵谷變。河吞巨野入長淮，城沒黃流只三版。明年築城城似山，伐木爲堤堤更堅。黃樓未成河已退，空有遺蹟令人看。城頭見月應更好，河流深處今生草。子孫幸免魚鼈食，歌舞聊寬使君老。南都從事老更貧，羞見青天月照人。飛鶴投籠不能出，曾是彭城坐中客。

次韻王鞏自詠

平生未省爲人忙，貧賤安閑氣味長。粗免趨時頭似葆，稍能忍事腹如囊。簡書見迫身今老，樽酒聞呼首一昂。欲挽天河聊自洗，塵埃滿面鬢眉黃。

次韻王鞏同飲王廷老度支家戲詠

白魚紫蟹早霜前，有酒何須問聖賢？上客遠來工緩頰，雙鬟爲出小垂肩。新傳大曲皆精絕，忽發狂言亦可憐。莫怪貧家少還往，自須先辦買花錢。

送王鞏之徐州

遨遊公卿間，結交非不足。高秋遠行邁，黄泥沒馬腹。問君胡爲爾？笑指籬間菊。故人彭城守，久作中朝逐。詩書自娛戲，樽俎當誰屬？相望鶴頸引，欲往龜頭縮。前期失不遂，浪語頻遭督。黄樓適已就，白酒行亦熟。登高暢遠情，戲馬有前躅。篇章雜笑語，行草爛盈幅。歸來貯篋笥，把玩比金玉。吾兄别我久，憂患欲誰告？孤高多風霆，彈射畏顛覆。白頭日益新，歲寒喜君獨。紛紛衆草中，冉冉凌霜竹。恨我閉籠樊，無由託君轂。

次韻張恕九日寄子瞻

無限黄花簇短籬，濁醪霜蟹正堪持。坐曹漫爾誇勤瘁，割肉何妨誚詆欺。世外鐏罍終自放，俗間簿領莫相縻。茱萸插遍知人少，談笑須公一解頤。王摩詰詩云：「遥知兄弟登高處，遍插茱萸少一人。」

戲次前韻寄王鞏二首

白馬貂裘錦罽羈，離觴瀲灎手親持。頭風欲待歌詞愈，肺病甘從酒力欺。不分歸心太忽草〔一〕，更憐人事苦縈縻。相逢借問空長歎，便捨靈龜看朵頤。

細竹寒花出短籬，故山耕耒手曾持。宦遊暫比鳧鷖集，歸計長遭句僂欺。歌舞夢回空歷記，交朋飛去自難槃。悠悠後會須經歲，冉冉霜髭漸滿頭。

【校】

〔一〕「忽」，原作「怱」，據三蘇祠本、叢刊本改。

贈杭僧道潛

月中依松鶴，露下抱葉蟬。賦形已孤潔，發響仍淸圓。潛師本江海，浪迹遊市廛。髭長不能翦，衲壞聊復穿。瘦骨見圖畫，禪心離攀緣。出言可人意，一一皆自然。問師藏何深，不與世俗傳？舊識髯學士，復從璉耆年。塵埃旣脫落，文彩自精鮮。落落社中人，如我亦有旃。奈何一相見，撫卷坐長歎。歸去勿復言，山林信多賢。

張安道生日二首

椿年七十二迴新，蓬矢桑弧記此晨。養就丹砂無上藥，已超諸數自由身。中年道路趨眞境，外物功名委世人。今夜空庭香火罷，定應星斗識天眞。

十載從公鬢似蓬，羨公英氣老猶充。生時別得星辰力，晚歲仍加鼎竈功。世事不堪開眼看，勞生漸恐轉頭空。問公試覓刀圭藥，歲歲稱觴此日中。

李鈞壽花堂 并敍

尙書郎晉陵李公秉性直而和，少從道士得養生法，未五十去嗜欲，老而不衰。爲南都通守，其西堂北牖下，池生菖蒲，開花三四，芬馥可愛。以書占之，曰：「此壽考之祥也。」因名其堂曰壽花，而余爲作詩記之。

石上菖蒲十二節，仙人服之好顏色。根如蟠龍不可得，葉中開花誰復識？夫子自少讀道書，年未五十嗜欲除。河流通天非轆轤，下入金鼎融爲珠。一醉斗酒心自如，鬼物窺覘驚睢盱。菖蒲花開壽之符，白髮變黑顏如朱。它年三茆訪君廬，拍手笑我言不虛。

次韻子瞻題張公詩卷後

世俗甘枉尺，所願求直尋。不知一律訛，大樂無完音。見利心自搖，慮害安得深？至人不妄言，淡如朱絲琴。悲傷感舊俗，不類騷人淫。又非避世翁，閔嘿遽陽瘖。嘐嘐晨雞鳴，豈問晴與陰？世人積寸木，坐使高樓岑。晚歲臥草廬，誰聽梁甫吟？它年楚倚相，儻能記愔愔。

次韻廣州陳繹諫議和陳薦宋敏求二龍圖二首

和彦升寓定力

曾送飛龍白日翔，未應中路許還鄉。鶴歸仍有當年伴，松老知經幾度霜。城下寶坊聊寄榻，朝中振鷺舊成行。相逢出處何須問，五嶺清平十月涼。

和彦升赴上醴泉

琳宫清淨思悠哉，頗似山林未肯迴。五日趨朝眞自適，一樽無事得頻開。董狐執筆何時易，馬援征蠻未遽來。奔走安閑誰是定，都門攜手一徘徊。

次韻王廷老寄子瞻

歌吹新成百尺臺，青山臨水巧崔嵬。佳人解作回文語，狂客能鳴摻鼓雷。擷菊傳杯醒復醉，採菱盪槳去仍回。新年聞欲相從飲，春酒還須剩作醅。

次韻頓起考試徐沂舉人見寄二首

齊楚諸生饜韝紳，人人願得出君門。銜枚勇鋭驚初合，棄甲須臾訝許奔。細讀未辭燈損目，久留終厭棘爲藩。定應親刈翹中楚，把卷喧呼半夜言。

老年從事忝南京，海内交遊尚記名。怯見廣場心力破，厭看細字眼花生。新科未暇通三尺，舊曲惟知有六莖。空憶倚樓秋雨霽，與君看遍洛陽城。前舉與頓同試西京舉人。

送李鈞郎中

君家毗陵本江南，雖爲浙西終未甘。風流秀發自不減，氣質渾樸猶中含。敲榜滿前但長嘯，簿書堆案常清談。湖中往往載畫舫，竹下小小開茅庵。歌吟髣髴類騷雅，導引委曲師彭聃。新茶潑乳睡方覺，淥酒傾水醒復酣。一朝揮手去不顧，使我把袂心難堪。扁舟水涸費牽挽，瘦馬雪凍憂朝參。一官來往似秋燕，薄俸包裹如春蠶。東南乞麾尚可得，白首誰念家無甔？

送文與可知湖州

連持梁洋印，久作溪山主。深知爲郡樂，但畏買茶苦。來歸天祿閣，坐守登聞鼓。九重未明入，百辟盈庭舞。城南獨歸臥，心事誰當語？舊聞吳興勝，試問天公取。家貧橐裝盡，歲莫輕帆舉。苕溪淨多石，弁嶺瘦無土。湖藕雪冰絲，山茶潑牛乳。香粳飯玉粒，鮮鯽鱠紅縷。宮閒水精潔，人寄畫屏住。俗吏自難堪，詩翁正當與。從來思淸絕，况乃病新愈。團團肘後丹，𡾊𡾊胸中素。高臥鎭夸俗，淸談靜煩訴。應笑杜紫微，湖亭但狂顧。

次韻王鞏見寄〔一〕

池上輕冰暖却開，迎春送臘仰銜杯。君家有酒能無事，客醉連宵遣不迴。詩就滴消盤上蠟，信來飄盡嶺頭梅。商丘冷坐君知否，瓶罄應須有恥罍。

【校】

〔一〕此即叢刊本前次韻王鞏見寄三首之三。

喜雪呈鮮于子駿三首

發函寬大一封書，臥閣雍容三日餘。旋見雪花投夜落，未應天意與人疎。瓦乾淅淅初鳴霰，畦潤漸漸想沒鉏。高會梁園遺勝在，早知詞賦似相如。

春秋無麥自當書，況復秋田水潦餘。一雪端來救焦槁，千箱乞與等親疎。消殘溫癘曾非藥，蝕遍陳根不用鉏。猶恐遠村霑未足，試呼農圃問何如？

藺紙鋪庭幾誤書，楊花糝逕末春餘。積隨平野分高下，舞信微風作密疎。解使遊人似姑射，仍令飛鳥變春鉏〔一〕。共驚天巧無能學，造物無心本亦如。

【校】

〔一〕「春」，叢刊本作「舂」。

次韻文務光秀才遊南湖

料峭東風助臘寒，汀瀅白酒借衰顏。滿牀書卷何曾讀？數步湖光自不閑。夢想綠楊垂後浦，眼看紅杏照前山。新春漸好君歸速，不見遊人暮不還。湖前小山曰杏山。

子瞻惠雙刀

彭城一雙刀，黃金錯刀鐶。脊如雙引繩，色如青琅玕。開匣飛電落，入手清霜寒。引之鬣膝上，凛然愁肺肝。我衰氣力微，覽鏡毛髮斑。誓將斬鯨鯢，靜此滄海瀾。又欲戮犀兕，永息行路難。有志竟不從，撫刀但長歎。投刀淚如霰，北斗空闌干。歸來刈蓬蒿，鉏田植芳蘭。惜刀不忍用，用亦非所便。棄置塵土中，坐使鋒刃刓。牀頭夜生光，知有蛟龍蟠。嘶君賵我意，時取一磨看。

留守與賓客會開元龍興寺觀燈余有故不預中夜登南城〔一〕

燈引雙旌萬點紅，傾城車馬在城東。使君行樂人人共，倦客安眠夜夜同。夢想笑談傾滿坐，臥聞歌管逐春風。三更試上南樓看，無限繁星十里中。

【校】

〔一〕「城」下，叢刊本有「而望」二字。

欒城集卷之九

詩七十首

春日耕者

陽氣先從土脈知，老農夜起飼牛飢。雨深一尺春耕利，日出三竿曉餉遲。婦子同來相嫵媚，烏鳶飛下巧追隨。紛紜政令曾何補？要取終年風雨時。

自柘城還府馬上

春色無人見，茲行偶衆先。柳黄新過雨，麥綠稍鋪田。河潤兼冰散，禽聲向日圓。城池高受霧，雕渙暖生煙。送客情初惡，還家意稍便。旋聞夫事起，已過佛燈然。簿領何時畢？塵埃空自憐。南湖漸可到，早治木蘭船。

次韻子瞻人日獵城西

將賢士氣振，令肅軍聲悄。晨登戲馬臺，一試胡騣裹。城空巷無人，里社轉相曉。吾公庶無疾，但恐園囿小。荆榛一焚蕩，雉兔皆驚矯。翩翩白馬將，手把青絲挑。少小事邊徼，斬刈輕荼蓼〔一〕。殿前賜鞍勒，珂月明皎皎。自言得所事，強暴無不了。廟算本詩書，下策禁焚燎。當令百鍊剛，甘就一指繞。低回未嘗試，坐被世人少。秋霜一朝下，凌厲見鷙鳥。爲君整驕惰，重立穰苴表。

【校】

〔一〕「荼」，原作「茶」，據叢刊本改。

送鮮于子駿還朝兼簡范景仁

蜀中耆舊今無幾，相逢握手堪流涕。倦遊潦倒不還家，舊俗陵遲眞委地。錢荒粟帛賤如土，榷峻茶鹽不成市。詩書鄉校變古法，節行故人安近利？欲歸長恐歸不得，歸去相歡定誰是？低徊有似羊觸藩，眷戀僅同雞擇米。中山先生昔所愛，南都攝尹私相喜。窮冬夜長一事無，燈火相從夜深睡。讀書萬卷老不廢，感寓百篇深有意。俗吏惟知畏簡書，窮途豈意逢君子？春風歸騎忽西顧，平日高談應且止。朝騎疋馬事朝謁，莫就一牀尋夢寐。猶有城西范蜀公，買地城東種桃李。花絮飛揚酒滿壺，談笑從容詩百紙。紅塵晤天獨不知，白首相看兩無愧。古人避世金馬門，何必柴車返田里？

次韻秦觀見寄

東家有賢人，西家苦相忽。幽蘭委冰霜，掩靄特未發。春風吹芳蕤，爛漫安可沒？東南信多士，人物世不闕。考槃溪山間，自獻恥干謁。誰憐幽閑女，豔色比南越？垂耳困鹽車，捐金空買骨。讀書謝世事，閉門動踰月。予生亦羈旅，處世常卒卒。誰令釣竿手，強復此持笏？惟餘七尺軀，空洞中無物。時蒙好事過，解榻聊一拂。野情樂江海，夢想扁舟兀。隱居便醉睡，世路多顛蹶。榮華一朝事，毀譽百年歇。相勸沐咸池，陽阿晞汝髮。

次韻道潛見寄

蕭蕭華髮映衰容，慚愧高僧歎不逢。遊宦終身空處處，塵埃何日退重重？已甘憔悴雞羣鶴，猶勝劬勞旱歲龍。回首不堪膏火爇，試求甘露灑青松。

次韻王鞏元日

庭鵲營巢初一枝，餘寒未便夾羅衣〔一〕。春風婀娜還吹霰，歲事駸駸已發機。上國遨遊誰信老？中年情味祗思歸。和詩應覺添新懶，過盡長空鴈北飛。

【校】

〔一〕「夾」，叢刊本作「裌」。

送將官歐育之徐州

輕衫駿馬走春風，未識彭城氣象雄。青山只在白門外，明月盡屬黄樓中。五斗濁醪消永日，一雙鳴鏑戲晴空。歸來笑殺幕府客，閉戶看書滴滴窮。

次韻答王鞏

君家當盛時，畫戟擁朱戶。中書十八年，淸明日方午。形容畫雲閣，功業載盟府。中庭三槐在，遺迹百世睹。子孫盡豪俊，豈類世寒窶。胡爲久邅厄，黽俛受侵侮？往來兩都間，奔走未安土。願言解纓紱，歸去事農圃。嘉禾根未拔，且忍俟甘雨。拂衣走東皐，此説吾不取。聊復放襟懷，淸談對僧壁。躬耕未可言，知田顧乃父。

次韻子瞻過淮見寄兼簡孫奕職方三首

出處平生共，江淮恨不來。宦遊良誤我，老病賦懷哉。徇物終今世，量書盡幾堆。歸耕少憂患，惟有仰春雷。蜀中謂田無水利者爲雷鳴田。

其二

龜山昔同到，松竹故依然。紅印封鹹豉，黃罌分井泉。青天攜杖處，晚日落帆偏。無限相思意，新詩句句傳。

其三

行役饒新喜，臨川逢故人。相看對泉石，憐我在埃塵。會合終多故，分張類有神。南遊得如願，夢想霅溪春。

次韻王鞏留別

決策歸田豈世情？網羅從此脱餘生。請君速治雞黍具，待我同爲沮溺耕。秋社相從釀錢飲，日高時作叩門聲。茅廬但恐非君處，籍籍朝中望已傾。

次韻答孔武仲

白髮青衫不記年，相逢一笑暫欣然。誦詩亹亹鋸木屑，展卷滾滾下水船。未肯尺尋分枉直，日知鑿枘有方圓〔一〕。閑官更似揚州學，猶得昏昏晝日眠。

【校】

〔一〕「日知」，叢刊本作「自然」。

送傅宏著作歸覲待覲城闕

膠西前輩鄭康成，千載遺風及後生。舊學詩書儒術富，兼通法律吏能精。還家綵服頻爲壽，得邑河壖喜有兵。民事近來多迫促，弦歌聊試武城聲。律有鄭氏章句。

連雨不出寄張恕

麥熟蠶繅熱似烝，雨傾三尺未爲淫。洗淸溝澮蚊虻靜，沒盡蒲蓮沼沚深。遺秉滿田驚朽腐，移牀避漏畏侵尋。高閑秪有張公子，臥聽蕭蕭打葉音。

和子瞻自徐移湖將過宋都途中見寄五首

東武厭塵土，彭門富溪山。從兄百日留，退食同躋攀。輕帆過百步，船底驚雷翻。肩輿上南麓，眼界涵川原。愛此忽忘歸，願見且三年〔一〕。我去已悤悤，兄來亦崩奔。永懷置酒地，遶郭多雲煙〔二〕。

我昔去彭城，明日河流至。不見五斗泥，但見三竿水〔三〕。驚風鬱颼怒，跳沫高睥睨。瀲灩三月餘，浮沉一朝事。分將食魚鼈，何暇顧隣里？悲傷念遺黎，指顧出完壘。繚堞對連山，黄樓麗淸泗。功成始逾歲，脫去如一屣。空使西楚氓，欲語先垂涕。

千金築黄樓，落成費百金。誰言史君侈，聊慰楚人心。高秋吐明月，白壁懸青岑。晃蕩河漢高，恍恨窗戶深。邀我三日飲，不去如籠禽。史君今吳越，雖往將誰尋？

欲買爾家田，歸種三頃稻。因營山前宅，遂作泗濱老。奇窮少成事，飽暖未應早。願輸槖中裝，田家近無報。平生百不遂，今夕一笑倒〔四〕。它年數畝宮，懸知迫枯槁。梁園久蕪沒，何以奉君遊？故城已耕稼，臺觀皆荒丘。池塘塵漠漠，雁鶩空遲留。俗衰賓客盡，不見枚與鄒。輕舟舍我南，吳越多清流。

【校】

〔一〕「見」，原作「兄」，據叢刊本改。

〔二〕「郭」，叢刊本作「國」。

〔三〕「三」，叢刊本作「二」。

〔四〕「夕」，叢刊本作「又」。

次韻劉貢父登黄樓懷子瞻二首

青山開四面，白水遶三禺。野闊時聞籟，人閑舊據梧。畫船留上客，遺迹問田夫。事少日常飲，才疎世未須。決河初薦至，勝事偶相俱。燕子卑無取，滕王遠可橅。飛濤隱睥睨，落日麗浮圖。同舍新持節，專城敢遽呼？未迎行部駕，已放下淮艫。試問登消暑，如何楚與吳。吳興有消暑樓。

再和

藹藹才名世，鬖鬖日轉禺。一時同接淅〔一〕，平昔共棲梧。攬轡具壯士，擁旄良丈夫。塵埃脫緇綬，水石慰霜須。勝地來相失，清樽未暇俱。射餘空見帖，鑄罷秖觀橆。歸計何當決，徂年貴早圖。檻中終爲食，韝上恥聞呼。顧我千羊毳，平生一釣艫。微官不須滿，也復試遊吳。

【校】

〔一〕「淅」，叢刊本作「浙」。

陪杜充張恕鴻慶宮避暑

至後雨如瀉，晴來熱更多。簿書霑汗垢，巖石思藤蘿。賴有祠宮靜，時容俗客過。老郎無不可，公子亦能和。道勝還相接，禪迷屢見訶。清涼生絕念，煩暑散沉痾。古木便張幄，鳴禽巧當歌。桃香呈絳頰，瓜熟裹青羅。飯細經脣滑，茶新到腹酣。劇談時自笑，飽食更無它。適意未應厭，後遊眞若何？官居鄰曲沼，田畎助清波。晚照明疎柳，微風響衆荷。輕舟尙可載，小雨試漁蓑。

宋城宰韓秉文惠日鑄茶

君家日鑄山前住，多後茶芽麥粒粗。磨轉春雷飛白雪，甌傾錫水散凝酥。谿山去眼塵生面，簿領埋頭汗匝膚。一啜更能分幕府，定應知我俗人無。

次前韻

龍鸞僅比閩團釅，鹽酪應嫌北俗粗。採愧吳僧身似腊，點須越女手如酥。舌根遺味輕浮齒，腋下清風稍襲膚。七盌未容留客試，瓶中數問有餘無？

答孔武仲

飛霜委中林，不廢長松綠。驚風振川野，未省勁草伏。我貧客去盡，君來常不速。愧君贈桃李，永願報瓊玉。我性本山林，苦學筆空禿。驊騮塞康莊，病足顧難逐。錦文銜華藻，弊褐非所續。家有五車書，恨不十年讀。濟南昔相遇，我齒三十六。談諧傾蓋間，還往白首熟。從君飲濁酒，過我飯脫粟。西湖多茭葑，白晝下鴻鵠。城西野人居，柴門擁修竹。後車載鴟夷，下馬瀉醽醁。醉眠臥荒草，空洞笑便腹。疎狂一如此，豈望世收錄？别來今幾何？歸期已屢卜。西南有薄田，茅舍清溪曲。耕耘三男子，伏臘當自足。君能遠相尋，布衣巾一幅。

送吳思道道人歸吳興二絶

一去吳興十五年，東歸父老幾人存？惠山唯有錢夫子，一寸閑田曉日暾。

遨遊海上冀逢人，宴坐山中長閉門。去住只今誰定是，相逢一笑各無言。

次韻答陳之方秘丞

南山李將軍，疋馬獨行獵。田中射虎豹，後騎不容躡。丈夫貴自遂，老大饒驚懾。飄揺天地間，自視如一葉。故人多東南，願作扁舟涉。忽蒙長篇贈，幸此傾蓋接。時世尚新奇，詩書存舊業。南風吹清汴，西去無停檝。恨不留君談，一使衆坐厭。新詩苦清壯，欲和再三怯。東都多名卿，投刺日盈篋。一言苟合意，富貴出旬浹。行看文石階，高談曳長衱。辱贈但茫然，知君念疲薾。

登南城有感示文務光王遹秀才

幽憂隨秋至，秋去憂未已。城南試登望〔一〕，百草枯且死。落葉投人懷，驚鴻四面起。所思不可見，欲往將安至？斯人定誰識？顧有二三子。清風皎冰玉，滄浪自湔洗。竊脂未嘗轂，南箕儻微似。網羅一張設，投足遂無寄。田深狡兔肥，霜降鱸魚美。造形悼前失，式微慚往士。憧憧畝丘道，歲晚嗟未止。西山有茅屋，鉏耰本吾事。

【校】

〔一〕「城南」，叢刊本作「南城。」

張公生日 是歲己未初致仕。

少年談王霸，英氣干斗牛。中年事軒冕，徇世仍多憂。晚歲探至道，眷眷懷林丘。今年乞身歸，始與夙昔酬。高秋過生日，眞氣茲一周。觀心比孤月，視世皆浮漚。表裏一融明，萬物不能留。顧謂憧憧人，斯樂頗會不？嗟我本俗士，從公十年遊。謬聞出世語，俯作籠中囚。俯仰迫憂患，欲去安自由？問公昔年樂，孰與今日優？山中許道士，非復長史儔。腹中生梨棗，結實從今秋。

次韻答張耒

客舟逝將西，日夜西北風。維舟罷行役，坐令鬢如蓬。偶從二三子，步上百尺臺。雲煙遍原隰，敞怳令人哀。山中難久居，浮沉在城郭。欲學楊子雲，避世天祿閣。浮木寄流水，行止非所期。何須自爲計，水當爲我移。外物不可必，惟此方寸心。心中有樂事，手付瑟與琴。夜吟感秋詩，惜此芳物零。幽人亦多思，起坐再三聽。白駒在空林，瓶罄有恥罍。盡我一杯酒，愁思如雲頽。

次韻王適送張耒赴壽安尉二首

綠髮驚秋半欲黄，官居無處覓林塘。浮生已是塵勞侶，病眼猶便錦繡章。羞見故人梁苑廢，夢尋歸路蜀山長。憐君顧我情依舊，竹性蕭疏未受霜。

魏紅深淺配姚黄，洛水家家自作塘。遊客賈生多感慨，閑官白傅足篇章。山分少室雲煙老，宫廢連昌草木長。路出嵩高應少駐，孱顔新過一番霜。

次韻張耒見寄

相逢十年驚我老，雙鬢蕭蕭似秋草。壺漿未洗兩脚泥〔一〕，南轅已向淮陽道。我家初無負郭田，茅廬半破蜀江邊。生計長隨五斗米，飄搖不定風中煙。茹蔬飯糗不願餘，茫茫海内無安居。此身長似伏轅馬，何日還爲縱壑魚？憐君與我同一手，微官龍觥羞牛後。請看插版趨府門，何似曲肱眠甕牖？中流千金買一壺，櫝中美玉不須沽。洛陽榷酒味如水，百錢一角空滿盂。縣前女几翠欲滴，吏稀人少無晨集。到官惟有懶相宜，臥看南山春雨濕。

【校】

〔一〕「漿」，原作「將」，據叢刊本改。

次韻王適兄弟送文務光還陳

三君皆親非復客，執手河梁我心惻。倚門耿耿夜不眠，挽袖匆匆有難色。君歸使我勞魂夢，落葉鳴階自相擁。君家西歸在新歲，此行未遠心先恐。故山萬里知何許？我欲因君亦歸去。清江髣髴釣魚船，修竹平生讀書處。青衫白髮我當歸，咀嚼式微慚古詩。少年匆作老人調，被服榮名慰所思。

次韻張舄諫議燕集

淮陽臥閤生淸風，梁園坐嘯囹圄空。不知何術解髖髀，但覺羈客忘樊籠。樽罍灑落談笑地，塵埃脫去文書叢。淸心漸欲無一事，少年空記揮千鍾。近傳移鎭股肱郡，復恐入覲明光宮。人生聚散不可料，一杯相屬時方冬。浮陽似欲作飛霰，想見觀闕瓊花中。孝王會集猶可繼，莫嫌作賦無枚翁。聖民昔知陳州，余嘗從之遊矣。

臘雪五首

長恐冬無雪，今朝忽晤空。細聲聞籔籔，遠勢望濛濛。濕潤猶兼雨，傾斜半雜風。豐登解多事，歡喜助三農。

其二

驕陽不能久，密霻自相催。急霰初鳴瓦，飛花旋集臺。着人消瘴疫，覆麥長根荄。欲試樽中物，門前問客來。

其　三

久有歸耕意，西山百畝田。雪來殊不惡，酒熟自相便。一被簪裳裹，長遭羅網牽。飛霙迫殘臘，愁思渡今年。

其　四

憂愁不可緩，風雪故相撩。試問五斗米，能勝一束樵？耕耘終亦飽，哺啜定誰邀？寒暑不須避，傾危且自遙。

其　五

雪霜何與我？憂思自傷神。忠信亦何罪？才名空誤身。歸來聊且止，老去莫逢嗔。樽酒他年事，相看醉此晨。

次韻王適雪晴復雪二首

驕陽得一雪，踰尺應更好。晨興視窗隙，驚見晴霞杲。九衢無停迹，狼藉須一掃。空餘浩然氣，凜凜接淸昊。餘寒薄虛室，一靜解羣燥。晨炊晚未供，客饋慚草草。試脫身上衣，行問酒家保。孤吟擊槁木，大笑稱有道。人生但如此，富貴何用禱？所思獨未見，耿耿屬懷抱。

其　二

同雲自成幄，飛雪來無根。一爲淸風卷，坐見東方暾。重陰偶復合，飛霰滿南軒。油然靑春意，已見出土萱。老病一不堪，惟恃濁酒溫。開戶理松菊，掃蕩無遺痕。卷舒朝夕間，誰識造化元？乾坤本何施？中有神怪奔。萬物極毫末，顚倒何足掀？老農但知種，荷鉏理南園。

送呂由庚推官得替還洛中二首

君家相國舊元勳，凜凜中丞繼後塵。談笑二年同幕府，風流一倍愈它人。南都去後少佳客，西洛歸來多老臣。我亦宦遊無久意，他年松竹許相鄰。

洛水留人一向乾，雪泥溢路十分寒。送行我豈無樽酒？多難君知久鮮歡。回首秪應憐老病，凌風爭看試輕翰。到家定見嵩陽老，問我衰遲未解官。司馬君實提舉嵩山崇福宮。

四十一歲歲莫日歌

小兒不知老人意，賀我明年四十二。人生三十百事衰，四十已過良可知。少年讀書不曉事，坐談王霸了不疑。脂車秣馬試長道，一日百里先自期。不知中途有陷穽，山高日莫多棘茨。長裾大袖足鉤挽，却行欲返筋力疲。蝮蛇當前猛虎後，脱身且免充朝飢。歸來掩卷淚如雨，平生讀書空自誤。山中故人一長笑，布衣脱粟何所苦？古人知非不嫌晚，朝來聞道行當返。四十一歲不可言，四十二歲聊自還。

次韻子瞻繫御史獄賦獄中榆槐竹柏四首

榆

秋風一何厲，吹盡山中綠。可憐凌雲條，化爲樵夫束。凛然造物意，豈復私一木？置身有得地，不問直與曲。青松未必貴，枯榆還自足。紛然落葉下，蕭條愧華屋。

槐

盛衰日相尋，循環何曾歇？攀條擘柔荑，回首驚脫葉。綠槐陰最厚，零落今存莢。千林一枯槁，平地三尺雪。草木何足道，盈虛覗新月。微陽起泉下，生意未應絕。

竹

故園今何有？猶有百竿竹。春雷起新萌，不放牛羊觸。雖無朱欄擁，不見紅塵辱。清風時一過，交戛響鳴玉。淵明避紛亂，歸嗅東籬菊。嗟我獨何爲，棄此北窗綠？

柏

曲如山下藤，脆若溪上葦。春風一張王，秋霜死則已。胡爲南澗中，辛勤種柏子？上枝撓雲霓，下根絞石齒。伐之爲梁棟，歲月良晚矣。白首閱時人，君看柱下史。

次韻子瞻贈張憨子

得罪南來正坐言，道人閉口意深全。天遊本自有眞樂，羿彀誰知定不賢？構火曒曒初吐日，飛流袞袞旋成川。此心此去如灰冷，肯更逢人問復然？

過龜山

再涉長淮水，驚呼十四年。龜山老僧在，相見一茫然。僧老不自知，我老私自憐。驅馳定何獲？少壯空已捐。掉頭不見答，笑指岸下船。人生何足云？陵谷自變遷。當年此山下，莫測千仞淵。淵中械神物，自昔堯禹傳。帆檣避石壁，風雨隨香煙。爾來放冬汴，冷沙漲成田。褰裳六月渡，中流一帶牽。俯首見砂礫，羣漁捕魴鱣。父老但驚歎，此理未易原。何況七尺軀，不爲物所旋？衆形要同盡，獨有無生全。百年爭奪中，擾擾誰相賢？

放閘二首

畫舫連檣住，淸流汎閘平。忽看銀漢落，仍聽夏雷驚。正柂遲迴久，開頭取次輕。滯留初一快，奔駛忽如傾。不識風濤恐，聊同枕席行。行逢賤魚稻，飽食慰平生。

其二

閘空非有礙，水靜爲誰興？開閉偶然異，喧豗自不勝。淵停初鏡淨，勢轉忽雲崩。脫隘尙容與，投深益沸騰。玉山紛破碎，陣馬急侵陵。挾版千鈞重，浮舟萬斛升。岸搖將落木，魚困或投罾。洶湧曾誰止，蕭條遠欲凝。力爭知必折，少待亦何能？一發臨流笑，微言早服膺。

次韻王適細魚

羣魚一何微，僅比毛髮大。嬉遊極草草，鬒鬣自箇箇〔一〕。造物賦羣形，偶然如一唾。吞舟雖云巨，其樂不相過。若言無性靈，還知避船柂。

【校】

〔一〕「鬒」，原作「鬢」，據叢刊本改。

高郵别秦觀三首

濛濛春雨濕邗溝，蓬底安眠晝擁裘。知有故人家在此，速將詩卷洗閑愁。

筆端大字鵶棲壁，袖裏淸詩句琢冰。送我扁舟六十里，不嫌罪垢汙交朋。

高安此去風濤惡，猶有廬山得縱遊。便欲攜君解船去，念君無罪去何求？

召伯埭上斗野亭

細雨添春色，微風淨牐流。徂年半今世，生計一扁舟。飲食隨魚蟹，封疆入斗牛。江波方在眼，轉覺此生浮。

次韻鮮于子駿遊九曲池

天高山近海，春盡草生池。禾黍多新恨，川原自昔時。花存故苑麗，樵出舊城隳。莫望瓜州渡，曾經駐佛貍。

揚州五詠

九曲池

嵇老清彈怨廣陵，隋家水調繼哀音。可憐九曲遺聲盡，惟有一池春水深。鳳闕蕭條荒草外，龍舟想像綠楊陰。都人似有興亡恨，每到殘春一度尋。

平山堂 歐陽永叔所建。

堂上平看江上山，晴光千里對憑欄。海門僅可一二數，雲夢猶吞八九寬。簷外小棠陰蔽芾，壁間遺墨涕汍瀾。人亡坐使風流盡，遺構仍須子細觀。

蜀井 在大明寺。

信脚東遊十二年，甘泉香稻憶歸田。行逢蜀井恍如夢，試煑山茶意自便。短綆不收容盥濯，紅泥仍許置清鮮〔一〕。早知鄉味勝爲客，遊宦何須更着鞭？

【校】

〔一〕此句叢刊本作「紅泥遠置亦清鮮」。

摘星亭 迷樓舊址。

闕角孤高特地迷，迷藏渾忘日東西。江流入海情無限，莫雨連山醉似泥。夢裏興亡應未覺，後來愁思獨難齊。只堪留作遊觀地，看遍峯巒處處低。

僧伽塔

山頭孤塔閟眞人，云是僧伽第二身。處處金錢追晚供，家家蠶麥保新春。欲求世外無心地，一掃胸中累劫塵。方丈近聞延老宿，清朝留客語逡巡。

題杜介供奉熙熙堂

門前籍籍草生徑，堂上熙熙氣吐春。遮眼圖書聊度日，放情絲竹最關身。年來頻脫烏皮几〔一〕，客去時乾漉酒巾。卜築城中移榜就，休心便作廣陵人。

【校】

〔一〕「頻」，原作「馮」，據叢刊本改。

遊金山寄揚州鮮于子駿從事邵光

揚州望金山，隱隱大如幞。朅來長江上，孤高二千尺。僧居厭山小，面面貼蒼石。虛樓三百間，正壓江潮白。清風斂霽霧，曉日曜金碧。直侵魚龍居，似得鬼神役。我行有程度，欲去空自惜。風吹渡江水，山僧午方食。波瀾洗我心，筍蕨飽我腹。平生足遊衍，壯觀此云極。鐵甕本誰安，海門復誰植？東南遞隱見，遙與此山匹。茲遊幾不遂，深愧幕府客。歸時日已莫，正值江月黑。顧視天水幷，坐恐星斗濕。使君何時罷？登覽不可失。

初至金陵

山川過雨曉光浮，初看江南第一州。路繞匡盧更南去，懸知是處可忘憂。

欒城集卷之十

詩九十六首

和孔武仲金陵九詠

白鷺亭

白鷺洲前水〔一〕，奔騰亂馬牛。亭高疑欲動，船去似無憂。洶湧山方壞，澄清練不收。中秋誰在此？明月滿城頭。

【校】

〔一〕「鷺」，原作「露」，宋甲本、叢刊本作「鷥」，此據三蘇祠本改。

覽輝亭

城裏最高處，坡陁見一城。山多來有緒，江遠靜無聲。歌吹風前度，樓臺雨後明。風光同楚蜀，聊此慰生平。

鳳凰臺

鳳鳥久不至，斯臺空復高。何年種梧竹，特地翦蓬蒿。白水來無際，青山轉幾遭。南遊且未返，江海共滔滔。

天慶觀

興廢不可必，冶城今靜祠。松聲聞道路，竹色淨軒墀。江近風雲改，亭深草木滋。孤墳弔遺直，狂闊閟元規。卞壺墓在觀側。

高齋

金陵佳處自無窮，使宅幽深即故宮。樓殿六朝遺燼後，江山百里舊城中。雨餘尚有金鈿落，月出長窺粉堞空。看盡一城懷古地，茲遊恨不與君同。

此君亭 在華藏寺。

綠竹不可數，孤亭一倍幽。色分巖石潤，梢出澗松修〔一〕。雪節寒方見，春萌旱不抽。故山多此物，長恨未歸休。

【校】

〔一〕「梢」，原作「稍」，據叢刊本改。

見江亭 在蔣山。

江水信浩渺，連山巧蔽虧。端能上巘絕，故自識津涯。滅沒檣竿度，飄搖鷺羽遲。何人倚舟望，亦愛此峯危？

定林院

定林兩山間，崖木生欲合。茅屋倚巖隈，重重陰清樾〔一〕。晨齋取旁寺，生事信幽絕。吾人定何爲，常欲依暖熱？

【校】

〔二〕「陰」，叢刊本作「蔭」。

八功德泉〔一〕

君言山上泉，定有何功德？熱盡自清涼，苦除即甘滑。頗遭遊人病，時取破匏挹。煩惱雖云消〔二〕，凛然終在臆。

【校】

〔一〕「泉」，原作「水」，據宋甲本、叢刊本改。

〔二〕「消」，叢刊本作「清」。

遊鍾山

江南四月如三伏，北望鍾山萬松碧。杖藜試上寶公龕，衆壑秋聲起相襲。青峯回抱石城小，白練前横大江直。石梯南下俯城闉，松徑東蟠轉山谷。喬林無風聲如雨，時見遊僧石上息。行窮碧澗一庵巖，坐弄清泉八功德。歸尋晚飯衆山底，困臥定林依石壁。朝遊不知澗谷遠，莫歸但覺穿雙屐。老僧一身泉上住，十年掃盡人間迹。客到唯燒柏子香，晨飢坐待山前粥。丈夫濟時誠妄語，白首居山本良策。茹蔬飯糗何足道？純灰洗心聊自滌。失身處世足愆尤，愧爾山僧少憂責。

郭祥正國博醉吟庵

姑熟溪頭醉吟客，歸作茅庵劣容席。團團鵠卵中自明，窗前月出夜更清。醉吟自作溪上語，不學擁鼻洛陽生。詩成付與坐中讀，知有清溪可終日。作詩飲酒聊復同，誰來共枕溪中石？圓天方地千萬里，中與此間大相似。嚣然一息不自停，水火雷風相滅起。直須只作此庵看，歌罷曲肱還醉眠。不用騎鯨學太白，東入滄海觀桑田。

湖陰曲

老虎穴中臥，獵夫不敢窺。驊騮服箱驂盜驪，巡城三匝漫不知。帳中晝夢日遶壁〔一〕，驚起知是黃鬚兒。馬鞭七寶留道左，猛士徘徊不能過。遺矢如冰去已遙，明日神兵下赤霄。荒城至今人不住，狐兔驚走風蕭蕭。

【校】

〔一〕「壁」，原作「璧」，據宋甲本、叢刊本改。

舟次大雲倉回寄孔武仲

一風失前期，十日不相見。君帆一何駛，去若乘風箭。我舟一何遲，出沒蔽葭亂。甕中有白糟，牀上有黃卷。妻孥不足共，思子但長嘆。池陽重相遇，撫手成一粲。先行復草草，回首空眷眷。人生類如此，遲速亦何算。一見誠偶然，四海良獨遠。相期廬山陰，把臂上雲巘。

池州蕭丞相樓二首

遶郭青峯睥睨屯，入城流水縠文翻。樓成始覺江山勝，人去方知德業尊。坐久浮雲霾後嶺，酒醒飛雪變前村。我來邂逅公歸國，猶喜登臨共一樽。池守滕元發時將解去。

丞相風流直至今，朱欄仍對舊山林。奔馳軒冕身何有〔一〕？跌宕圖書意最深。松遶城頭風瑟縮，江浮山外氣陰森。三年不起南遷想，應有前人識此心。

【校】

〔一〕「身」，原作「終」，據叢刊本、三蘇祠本改。

過九華山

南遷私自喜，看盡江南山。孤舟少僮僕，此志還復難。局促守破窗，聯翩過重巒。忽驚九華峯，高拱立我前。蕭然九仙人，縹緲凌雲煙。碧霞爲裳衣，首冠青琅玕。揮手謝世人，可望不可攀。我行竟草草，安能拍其肩？但聞有高士，臥聽松風眠。松根得茯苓，狀若千歲黿。餈食一朝盡，終身棄腥羶。腹背生綠毛，輕舉如翔鸞。相逢欲借問，已在長松端。何年脫罪罟，出處良自便。芒鞋挂藤杖，逢山即盤桓。斯人未可求，巖室儻復存。

佛池口遇風雨

長江五月多風暴，欲行先看風日好。此風忽作東南來，陰雲如湧撥不開。驚雷往還轉車轂，狂波低昂起坑谷。中流一葉那復持，卷舒已副天公知〔一〕。解帆轉柂不容語，佛池口中幸可住。須臾急雨變昏霾，柂師喜賀風已回。澄谿不動縈白練，老木蒼崖蔚葱蒨。繫舟茅屋得青蔬，試問釣船還有魚。開樽引滿向妻子，明日復行未須怖。陰陽開闔良等閑，扁舟誰令乘嶮艱？

【校】

〔二〕「副」，叢刊本作「付」。

舟次磁湖以風浪留二日不得進子瞻以詩見寄作二篇答之前篇自賦後篇次韻

慚愧江淮南北風，扁舟千里得相從。黄州不到六十里，白浪俄生百萬重。自笑一生渾類此，可憐萬事不由儂。夜深魂夢先飛去，風雨對牀聞曉鍾。

西歸猶未有菟裘，擬就南遷買一丘。舟楫自能通蜀道，林泉眞欲老黄州。魚多鈞户應容貰，酒熟鄰翁便可留。從此莫言身外事，功名畢竟不如休。

黄州陪子瞻遊武昌西山

千里到齊安，三夜語不足。勸我勿重陳，起遊西山麓。西山隔江水，輕舟亂鳧鶩。連峯多回溪，盛夏富草木。杖策看萬松，流汗升九曲。蒼茫大江湧，浩蕩衆山蹙。上方寄雲端，中寺倚巖腹。清泉類牛乳，煩熱須一掬。縣令知客來，行庖映修竹。黄鵝特新煑，白酒亦近熟。山行得一飽，看盡千山緑。幽懷苦不遂，滯念每煩促。歸舟浪花暝，落日金盤浴。妻孥寄九江，此會難再卜。君看孫討虜，百戰不摇目。猶憐江上臺，高會飲千斛。巾冠墮臺下，坐使張公哭。異時君再來，攜被山中宿。

將還江州子瞻相送至劉郎洑王生家飲別〔一〕

相從恨不多，送我三十里。車湖風雨交，晉車武子故居，其水曰車湖。松竹相披靡。繫舟枯木根，會面兩王子。嘉眉雖異郡，雞犬固猶爾〔二〕。相逢勿空過，一醉不須起。風濤未可涉，隔竹見奔駛。渡江買羔豚，收網得魴鯉。朝畦甘瓠熟，冬盎香醪美。烏菱不論價，白藕如泥耳。誰言百口活，仰給一湖水。奪官正無賴，生事應且爾。卜居請連屋，扣戶容屣履。人生定何爲？食足眞已矣。悠尤未見雪，世俗多相鄙。買田信良計，蔬食期沒齒。手持一竿竹，分子長湖尾。

【校】

〔一〕「郎」下，底本及宋甲本、三蘇祠本多「家」字，據叢刊本删。

〔二〕「爾」，叢刊本作「邇」。

赤壁懷古

新破荆州得水軍，鼓行夏口氣如雲。千艘已共長江險，百勝安知赤壁焚。觜距方強要一闞，君臣已定勢三分。古來伐國須觀釁，意突成功所未聞。

自黄州還江州

身浮一葉返湓城，凌犯風濤日夜行。把酒獨斟從睡重，還家漸近覺身輕。岸回樊口依稀見，日出廬山紫翠横。家在庾公樓下泊，舟人遥指岸如頳。江州城下土赤如赭。

江州五詠

射蛟浦

萬騎巡遊遍，千帆破浪輕。射蛟江水赤，教戰越人驚。山轉樓船影，岸摧連弩聲〔一〕。祈招無爲賦，酣寢盡平生。浦上積水，相傳漢武教樓船於此。

【校】

〔一〕「摧」，叢刊本作「催」。

浪井

江波浮陣雲，岸壁立青鐵。胡爲井中泉，湧浪時驚發？水性本無定，得止自澄澈。誰爲女媧手，補此天地裂？

庾樓

元規情不薄，上客有殷生。夜半酒將罷，公來坐不驚。舞翻江月迥，談落麈毛輕。塵世風流盡，高樓空此名。

東湖

讀書廬山中，作郡廬山下。平湖浸山脚，雲峯對虛榭。紅葉紛欲落，白鳥時來下。猶思隱居勝，亂石驚湍瀉。李勃隱居廬山，泉石奇勝，今棲賢寺其故居也。及爲九江太守，始營東湖，風物可愛。

琵琶亭

湓江莫雨晴，孤舟暝將發。夜聞胡琴語，展轉不成別。草堂寄東林，雅意存北闕。潸然涕泗下，安用無生說？

不到東西二林

山北東西寺，高人永遠師。來遊亦前定，回首獨移時。社散白蓮盡，山空玄鶴悲。何年陶靖節，溪上送行遲？

遊廬山山陽七詠

開先瀑布

山上流泉自作溪〔一〕，行逢石缺瀉虹霓。定知雲外波瀾闊，飛到峯前本末齊。入海明河驚照曜，倚天長劍失提攜。誰來臥枕莓苔石，一洗塵心萬斛泥？

【校】

〔一〕「流泉」，宋甲本作「泉流」。

漱玉亭

山回不見落銀潢，餘溜喧豗響石塘。目亂珠璣濺空谷，足寒雷電繞飛梁。入瓶銅鼎春茶白，接竹齋廚午飯香。從此出山都不棄，滿田秔稻插新秧。

簡寂觀

山行但覺鳥聲殊，漸近神仙簡寂居。門外長溪淨客足，山腰苦筍助盤蔬。喬松定有藏丹處，大石仍存拜斗餘。弟子蒼髯年八十，養生世世授遺書。

歸宗寺

來聽歸宗早晚鐘，疲勞懶上紫霄峯。墨池漫疊溪中石，白塔微分嶺上松。佛宇爭推一山甲，僧廚坐待十方供。欲遊山北東西寺，巖谷相連更幾重？此寺王逸少所置，云有墨池在焉。

萬杉寺

萬本青杉一手栽，滿堂白佛九天來。仁宗初年有僧手種萬杉，特爲建此寺，仍以禁中佛賜之。涓涓石溜供廚足，矗矗山屏遶寺開。半榻松陰秋簟冷，一杯香飯午鐘催。安眠飽食平生事，不待山僧喚始迴。

三峽石橋

三峽波濤飽泝沿，過橋雷電記當年。江聲髣髴瞿唐口，石角參差灩澦前。應有夜猿啼古木，已將秋葉作歸船。老僧未省遊巴蜀，松下相逢問信然。

白鶴觀

五老相攜欲上天，玄猿白鶴盡疑仙。浮雲有意藏山頂，流水無聲入稻田。古木微風時起籟，諸峯落日盡生煙。歸鞍草草還城市，慚愧幽人正醉眠。

南康阻風遊東寺

欲涉彭蠡湖，南風未相許。扁舟厭搖蕩，古寺慰行旅。重湖面南軒，驚浪卷前浦。霏微雪陣散，顛倒玉山舞。一風輒九日，未悉土囊怒。百里斷行舟，仰看飛鴻度。故人念征役，一飯語平素。竹色淨飛濤，松聲亂秋雨。我生足憂患，十載不安處。南北已兼忘，遲速何須數。

寄題陳憲郎中竹軒

家有修篁綠滿軒，趨庭詩禮舊忘言。凌霜自得良朋友，過雨時添好子孫。試翦輕筠扶野步，旋收涼葉煑淸樽。風流共道勝桑梓，鄰里何妨種百根。

次韻孔武仲到官後見寄

舉楫同千里，繫舟時一言。共嗟蓬作屋，願就席爲門。行役身先困，征商思益昏。僅同登壟斷，何止服車轅。

次韻筠守毛維瞻司封觀修城三首

北垣荆棘舊成堆，留待公來次第開。車馬已通城下路，榛蕪盡付冶家灰。異時碧瓦千門合，應記紅旌百度來。自笑裨諶便曠野，肩輿飛蓋許追陪。

撥棄案頭文字堆，曉晴山色四門開。究懷民事老雖壯，俯首山城心已灰。荆棘燒殘桑柘出，狐貍去盡犬雞來。規模先遣通蹊隧，後乘應容衆客陪。

山脚侵城起阜堆，遶城徼道斬新開。闉闍半壞驚潮信，隍壍初深見刧灰。蟻聚千夫曾幾日，鱗差萬瓦看將來。史君才力輕山郡，朝論行聞急召陪。

次子瞻夜字韻作中秋對月二篇一以贈王郎二以寄子瞻

平明坐曹黄昏歸，終歲得閑惟有夜。已邀明月出牆東，更遣清風掃庭下。城上青鬟四山合，門前白練長江瀉。誰家高會吹參差，鄰婦悲歌春罷亞。二年憂患今已過，一夜清光天所借。西京詩句出蘇李，南國風流數王謝。已隨孤棹去中原，肯顧新科求上舍？讀書本自比嵇鍛，學劍要須問曹蔗。淸觴灩灩君莫違，佳句駸駸予已怕。狂夫猖狂終累人，不返行遭親黨駡。

十年秋月照相思，相從秖有彭門夜。露侵笳鼓思城闕，寒迫魚龍舞潭下。厭厭夜飲歡自足，落落襟懷向人瀉。秋深河來巨野溢，水乾樓起滕王亞。北海孔公雖好客，河內寇尹那得借〔一〕？是非朝野忽紛紜，得喪芳非一開謝。明月多情還入門，流水何知空遶舍。晨餐江市富鱣魴，夜宿山村足梨蔗。坐隅鵩鳥不須問，牆外蝮蛇猶足怕。婁公見唾行自乾，馮老尚多誰定駡？

【校】

〔一〕「尹」，宋甲本、叢刊本作「君」。

次韻王適食茅栗

相從萬里試南餐，對案長思苜蓿盤。山栗滿籃兼白黑，村醪入口半甜酸。久聞牛尾何曾試〔一〕，竊比雞頭意未安。故國霜蓬如盌大，夜來彈劍似馮驩。

【校】

〔一〕「試」，叢刊本作「識」。

過毛國鎮夜飲

風格照人華省郎，江山邊郭古仙鄉。漫傳鉛鼎八百歲，未比金釵十二行。不動歌聲人已醉，旋聞詩句夜初長。簿書撥盡知餘力，道院清虚頃未嘗。

次韻毛國鎮趙景仁唱和三首一贈毛一贈趙一自詠

治劇從容緩策銜，鈴軒無事日清談。隼旟晝戟明千里，紙帳繩牀自一庵。金奏屢陳容客和，玉山不動看賓酣。我來邂逅逢寬政，忘却漂流身在南。

一紙新詩過雁銜，醒然何異接君談。奉親魚蟹兼臨海〔二〕，退食琴書定有庵。一別經年眞似夢，多憂不飲亦如酣。共君交契非今日〔二〕，蔽芾棠陰自劍南。

遠謫江湖舳尾銜，到來辛苦向誰談？畏人野鶴長依嶺，厭事山僧秪住庵。黄雀頓來成一飽，白醪新熟喜初酣。疎頑近日尤堪笑，坐任飄風去自南。

【校】

〔一〕「蟹」，宋甲本作「稻」。

〔二〕「交」，原作「友」，據宋甲本、叢刊本改。

再和三首

穴鼠何須窶藪銜，粗官不用苦高談。夜傾潊蟻風吹竹，晝擁黄紬雪覆庵。每作微詞還自笑，偶慚餘潤亦成酣。公詩精絶非倫擬，自古騷人盡在南。

燕巢泥土一春銜，慚愧封侯止立談。舊隱尚聞存竹徑，歸休但要葺茅庵。釣船夢想沿溪泛，酒盞遥思向日酣。强欲遲留依幕府，吳公行恐召河南。

天教窮困欲誰銜，生事那須一一談。自笑豐年塵滿甑，不堪雨後菌生庵。士師憔悴經三黜，陶令幽憂付一酣。它日歸耕若相憶，尺書頻寄北山南。

次韻王適州學新修水閣

黃鐘巨挺兩春容，何幸幽居近學宮？坐對江山增浩氣，力追齊魯欲同風。頌詩聞道求何武，家法行看試左雄。欲伴少年遊矍相，奔軍慚愧恐詞窮。

次韻毛君九日

山脚侵城盡是臺，登高處處喜崔嵬。手拈霜菊香無奈，面拂江風酒自開。幕府樽罍雲裏集，民家歌吹靜中來。定知勝却陶彭澤，悵望籬邊白日頹。

次韻毛君感事書懷

種棠經歲便成科，秋雨調匀氣漸和。才力有餘嫌事少，風情無限覺詩多。長松更老仍添節，古井雖深自不波。宴坐山房人豈識？一樽聊且慰蹉跎。

次韻毛君見督和詩

新詩落紙一城傳，顧我疎蕪豈足編？它日杜陵詩集裏，韋迢略見兩三篇。

次韻毛君山房遺興

欲就陽崖暖，新開石磴斜。誰言太守宅，自是野人家。燕坐收心鑑，冥觀閱界沙。退公長寂寞，外物自喧譁。鈌逕移松補，斜陽種竹遮。白雲生後礎，孤鶩伴殘霞。破悶時尋鶴，呼眠亦任鴉。喜聞糟出甕，屢問菊開花。古井元依斗，丹砂舊養芽〔一〕。蚍蜉頻上案，猿狖巧分樝。客到扁舟遠，年侵兩鬢華。心搖掛風旆，眼暗隔輕紗。強撥横肱睡，來從插版衙。隱居慚棄擲，勝地每咨嗟。頑鈍終何取，彫磨豈復加？焦先夙所尚，圜舍恰如蝸。

【校】

〔一〕「芽」，宋甲本作「牙」。

和胡教授蒙太守策試諸生

蓍籍初同闕里多，采芹先致魯風和。欲將大策觀胸膽，盡召中堂列雁鵝。終日正言何忌諱，幾人餘力尚委蛇。豈惟太守知爲政，仍見先生善設科。

和毛君州宅八詠

鳳凰山

山川蟠踞偶成形，威鳳低回久未行。更種梧桐眞可致，高飛性似伯夷清。

披仙亭

仙翁舊住蜀江邊，千歲歸來一鶴翩〔一〕。城郭已非人事改，凄涼遺迹但披仙。

【校】

〔一〕「鶴」，宋甲本作「鸛」。

方沼亭

池上茅簷覆水低，早來秋雨尙虹霓。敗荷折葦飛鴻下，正憶漁舟泊故溪。

翠樾亭

一夜飛霜點綠苔，曉庭黄葉掃成堆。簷間翠樾彫疎盡，却放牆東好月來。

李八百洞

洞府山川百里賒，洞門藤蔓鎖煙霞。神仙不與人間異，弟妹還應共一家。

煉丹井〔一〕

鑿井燒丹八百年，塵緣消盡果初圓。石牀蘚甃人安在，淥水團團一片天。

【校】

〔一〕「井」，宋甲本作「亭」。

磨劍池

神仙鑄劍本無硎，岸石斑斑尚鐵鉎。天上少年仍狡獪，不須還爾對方平。

山房

岸幘攜笻夜夜來，蒲團紙帳竹香臺。直須覓取僧爲伴，更爲開庵剗草萊。

次韻毛君病中菊未開

病肺秋深霧雨傷，舊縉故絮喜清涼。菊花金粟未曾吐，桂酒鵝兒空自黄。草木亦知年有閏，風霜漸近月方陽。十月爲陽月。得詩聞道維摩病，欲到毘耶言已忘。

雨中宿酒務

微官終日守糟缸，風雨淒涼夜渡江。早歲謬知儒術貴，安眠近喜壯心降。夜深唧唧醅鳴瓮〔一〕，睡起蕭蕭葉打窗。阮籍作官都爲酒，不須分別恨南邦？

【校】

〔一〕「深」，宋甲本作「清」。

次韻毛君經旬不用鞭扑〔一〕

共喜秋深酒味醇，官曹休假不須旬〔二〕。政寬境内棠陰合，訟去庭中草色新。不惜牛刀時一割，已因鼷鼠發千鈞。歲終誰爲公書考，豈止江西第一人？

【校】

〔一〕「扑」，原作「朴」，據叢刊本改。

〔三〕「假」，宋甲本、叢刊本作「暇」。

次韻李撫辰屯田修州門

六月江濤壓壘頹，蒼崖翠甓就新臺。咄嗟雙闕還依舊，咫尺羣山信有材。晝戟風生兩衙退，飛橋日出萬人來。不因毀圮催興築，誰見雍容治劇才？

飲酒過量肺疾復作

朝蒙麴塵居，夜傍糟牀臥。鼻香黍麥熟，眼亂瓶罌過。囊中衣已空，口角涎虚墮。啜嘗未云足，盜醑恐深坐。史君信寬仁，高會慰寒餓。西樓適新成，明月猶半破。擁簷青山横，拂檻流水播〔二〕。雕盤貯霜實，銀盎薦秋糯。共言文字歡，豈待紅裙佐？惟知醍醐滑，不悟頗羅大。夜歸肺增漲，晨起脾失磨。情懷忽牢落，藥餌費調和。衰年足奇窮，一醉仍坎坷。清罇自不惡，多病欲何奈？聞公話少年，舉白不論箇。歌吟雜嘲諧，笑語爭掀簸。平明起相視，銳氣曾未挫。達人遺形骸，駑馬懷豆莝。不知逃世網，但解憂歲課。不見獨醒人，終費招魂些〔三〕。

【校】

〔一〕「播」，宋甲本作「過」。

衢州趙閱道少師濯纓亭

掛冠纓上已無塵，猶愛溪光碧照人。點檢舊遊黄石在，掃除諸念白鷗親。一樽父老囊金盡，三逕松筠生事貧。它日南公數人物，丹青添入縣圖新。

茶花二首

黄蘖春茅大麥麄，傾山倒谷採無餘。只疑残枿陽和盡，尚有幽花霰雪初。耿耿清香崖菊淡，依依秀色嶺梅如。經冬結子猶堪種，一畝荒園試爲鉏。

細嚼花鬚味亦長，新芽一粟葉間藏。稍經臘雪侵肌瘦，旋得春雷發地狂。開落空山誰比數，烝烹來歲最先嘗。枝枯葉硬天真在，踏遍牛羊未改香。

次韻毛君山房即事十首

案牘希疎意自開，夜闌幽夢曉方回。青苔紅葉騷人事，時見詩筒去又來。

東晉仙人借舊山，定應天意許公閑。郡人欲問史君處，笑指峯巒紫翠間。
蛩知秋候時鳴壁，香礙蒲簾不出門。隱几無言心有得，南窗晴日暖侵軒。
溪山付與醉中仙，美酒何曾斗十千？就得江邊賤魚稻，閑官未用苦相憐。
忘身先要解忘名，分別須臾起不平。請看早朝霜入屨，何如臥聽打衙聲？
禽哢秋來不復圓，桐陰霜後亦成穿。黄花強欲招酣飲，白髮偏工報老年。
邂逅清歡屢不期，病來無奈羽觴飛。醉乘籃轝江邊去，長伴漁舟月下歸。
醉裏題詩偏韻惡，秋來勸酒益盃深。不才多病俱非敵，綠綺緣何得報金？
庵中獨宿雨垂垂，永夜無人款竹扉。灰冷銅爐香欲滅，牀頭一點臘燈微〔一〕。
觸事隨緣不用多，華堂玉食奈憂何！美人未厭山阿陋，薜荔爲裳帶女蘿。

【校】

〔一〕「臘」，原作「蠟」，據宋甲本改。

再和十首

澗草巖花日日開，江南秋盡似春回。旋開還落無人顧，惟有山蜂暖尚來。
江上孤城面面山，居人也自不曾閑。蜂遊蟻聚知何事，日夜長橋南北間。

城郭村墟共水雲，槿籬竹屋映柴門。隱居亦有高人在，岸幘無言倚釣軒。

一官疎散自疑仙，三考應成醉日千。早病固須閑地著，多憂長被達人憐。

養生尤復要功圓，溜滴南溪石自穿。近見牢山陳道士，微言約我更三年。牢山陳道士瑛近過此〔一〕，叩之，竟無所云，約三年當再見。

張公詩社見公名，公昔與張伯達爲唱和之友。白首山城嘆不平。坐客要聞新樂府，應須溢口琵琶聲。

高情日與故山期，鴻鵠誰言也倦飛？且聽漁人強哺啜，坐中羈客畏公歸。

天爲多才故欲禁，府門摧落漲江深。鼎新翠壁排精鐵，湧出飛樓直百金。

樓上青山遶四垂，畫橋百步引朱扉。落成當與公同上，一看長江白練微。

歌舞留賓意自多，華燈數問夜如何。白頭病客無才思，慣臥茅簷長薜蘿〔二〕。

【校】

〔一〕「瑛」，叢刊本作「璞」。

〔二〕「簷」，宋甲本、叢刊本作「庵」。

筠州二詠

牛尾貍

首如貍，尾如牛，攀條捷嶮如猱猴。橘柚爲漿栗爲餱，筋肉不足惟膏油。深居簡出善自謀，譸蹤發窟并執囚。蓄租分散身爲羞，松薪瓦甑烝浮浮。壓入糟盎肥欲流，熊肪羊酪眞比儔。引筋將舉訊何尤〔一〕，無功竊食人所仇。

【校】

〔一〕「筋」，原作「筯」，據叢刊本改。

黄雀

秋風下，黄雀飛，禾田熟，黄雀肥。羣飛蔽空日色薄，逡巡百頃禾爲稀。翾翻巧捷多且微，精丸妙繳舉輒違，乘時席勢不可揮。一朝風雨寒霏霏，肉多翅重天時非。農夫舉網驚合圍，懸頸繫足膚無衣。百箇同缶仍相依，頭顱萬里行不歸。北方居人厭羔豨，咀噍聊發一笑欷。

欒城集卷之十一

詩八十六首

和毛君新葺困庵船齋

厭居華屋住東庵，眞味全勝食薺甘。多病維摩長隱几，無心彌勒便同龕。誤遊田舍空成笑，謬入僧房卽欲參。風霽不知吹有萬，月明聊共影成三。齋如小舫才容住，室類空囷定不貪。擁褐放衙人寂寂，脫巾漉酒鬢髿髿。畫囊書帙堆窗案，蘂裹瓢樽掛壁龕〔一〕。簷竹風霜曾不到，盆花蜂蝶未全諳。公餘野鶻驚初睡，賓醉佳人笑劇談。勸客巨觥那得避，和詩難韻不容探。曉來霏霧連江氣，多後温風帶嶺嵐。去國屢成還蜀夢，忘憂惟有對公酣。終身徇祿知何益，投檄歸耕貧未堪。借我此庵泥蘂竈，古書鴻寶試淮南。

【校】

〔二〕「籃」，原作「藍」，據宋甲本、叢刊本改。

寒　雨

江南殊氣候，多雨作春寒。冰雪期方遠，蕉絺意始闌。未妨溪草綠，先恐嶺梅殘。忽發中原念，貂裘據錦鞍。

積雨二首

山雨無時歇，江波上岸流。泥深未免出，橋斷更堪憂。房淺鄰糟甕，宵寒攬絮裘。朝來勢未已，歸路恐操舟。

其　二

微陽力尚淺，未解破重陰。雲氣山川滿，江流日夜深。凍牙生滯穗，餘潤及重衾。泥濘沉車轂，農輪絕苦心。

戲贈李朝散

江霧霏霏作雪天，樽前醉倒不知寒。後堂桃李春猶晚，試覓酥花子細看。

戲答

銀瓶瀉酒正霜天，玉麈生風夜更寒。下客不辭投轄飲，好花猶恐隔簾看。

臨江蕭氏家寶堂

高人不解作生涯，唯有中堂書五車。竹簡多於孔氏壁，牙籤新似鄴侯家。田園豈是子孫計？青紫今爲里巷誇。富貴早知皆有命，君應未厭十年賒。

和蕭刓察推賀族叔司理登科還鄉四首

家聲籍籍大江西，臨老揮毫捧御題。得意何殊少年樂，還家不惜醉如泥。

讀盡家藏萬卷書，蕭然華髮宦遊初。區區獄掾何須愧，聊把春秋試緒餘。漢儒以春秋決獄。

作官未滅讀書勤，薄領從今日日新。汗簡韋編誰付予？傳家應有下帷人。

巷南諸子足才賢，邂逅相逢秀句傳。强作短章同寄與，異時見我一依然。

次韻吳厚秀才見贈三首

騷人思苦骨巖巖，百里攜詩相就談。故作微詞挑遷客，不嫌春雨濕歸衫。少年舊喜登高賦，老病今成見敵慚。問我近來誰復可？對君聊擬誦周南。

久欲歸田計未成，羨君負郭足爲生。躬耕不用千鍾祿，高臥誰知萬里征？已覺安閑眞樂事，可憐辛苦盡浮名。隱居便作江南計，爲覓佳山早寄聲。

一卷新詩錦一端，掉頭吟諷識芳酸。哀歌永夜悲牛角，朗詠扁舟笑杏壇。間發笙簧猶可擬，棄捐斤斧定知難。繼君高韻君應笑，咀嚼歸途久據鞍。

次韻毛君燒松花六絕

茅庵紙帳學僧眠，爐爇松花取易然。惟有未能忘酒在，手傾金盞鬬垂蓮。

餅雜松黃二月天，盤敲松子早霜寒。山家一物都無棄，狼藉乾花最後般。蜀人以松黃爲餅，甚美。

松老香多氣自嚴，餘煙勃鬱透疎簾。須臾過盡惟灰在，借問誰收一番去聲炎。

美人寒甚懶開扉，金作松花插鬌鬣。幾度低頭疑墮落，青煙已斷未消時。

枯蔓鱗皴不復堅，重重正似半開蓮。曾經樵舍塼爐見，未許邦君畫閣然。

黄蠟供炊自一家，錙銖貧富遞矜誇。都城爭買方薪貴，却顧松花已自奢。

陪毛君遊黄仙觀

李叟仙居仍近市，黄公道院亦依城。定應昔日山林地，未有今時雞犬聲。白鶴翻飛終不返，黄冠憔悴只躬耕。試從車騎尋遺跡，恐有居人解養生。

次韻王適梅花

江梅似欲競新年，照水窺林態愈妍。霜重淸香渾欲滴，月明素質自生煙。未成細實酸猶薄，半落南枝意可憐。誰寫江西風物樣，徐家舊有數枝傳。

次韻王適春雪二首

江南春候寒猶劇，細雨風吹作雪花。中夜窗扉初晃瀁，平明草木半低斜。潤催江柳排金線〔一〕，光雜山茶點絳葩。老病不堪乘曉出，紛紛能使鬓增華。

春雪飄搖旋不成，依稀履跡散空庭。山藏複閣猶殘白，日照南峯已半青。

【校】

〔一〕「綫」，原作「緑」，據宋甲本、叢刊本改。

毛君惠温柑荔支二絶

楚山黄橘彈丸小，未識洞庭三寸柑。不有風流吳越客，誰令千里送江南？

荔子生紅無奈遠，陳家曬白到猶難。雖無驛騎紅塵起，倘得佳人一笑歡。

次韻王適遊眞如寺

江上春雨過，城中春草深。擾擾市井塵，悠悠溪谷心。東郊大愚山，自古簷蔔林。微言久不聞，墜緒誰當尋？道俗數百人，請聞海潮音。齋罷車馬散，萬籟俱消沉。新亭面南山，積霧開重陰。蕭然偶有得，懷抱方愔愔。我坐米鹽間，日被塵垢侵。不知山中趣，強作山中吟。

次韻王適新燕

好雨纖纖潤客衣，新來雙燕力猶微。似嫌春早無人見，故待簾開掠地飛。南國花期知不遠，中原寒劇未應歸。養雞不怕巢成早，記取朝朝爲啓扉。

官居即事

官局紛紜簿領迷，生緣瑣細老農齊。偷安旋種十年木，肉食還須五母雞。對酒不嘗憐酤榷，釣魚無術漫臨溪。此身已分長貧賤，執爨縫裳愧老妻。

陪毛君夜遊北園

池塘草生春尚淺，桃李飛花初片片。一樽花下夜忘歸，燈火尋春畏春晚。春風暗度人不知，滿園紅白已離披。江南春雨少晴日，露坐青天能幾時？折花只恐傷花意，攜客就花花定喜。落蕊飄香翠袖中，交柯接葉燈光裏。雨練風柔雪不如，精神炫轉影扶疎。夜看飛燕勝朝日〔一〕，月暗還須明月珠。美人勸我殊非惡，明日雨來無此樂。醉歸不用怕山公，馬上接䍦先倒著。

【校】

〔一〕「看」，叢刊本作「香」。

山橙花口號

故鄉寒食酴醿發，百和香濃村巷深。漂泊江南春欲盡，山橙髣髴慰人心。

次韻馮弋同年

細雨濛濛江霧昏，坐曹聊且免泥奔。賣鹽酤酒知同病，一笑何勞賦北門。

送王適徐州赴舉

送別江南春雨淫，北方誰是子知音？性如白玉燒猶冷，文似朱弦叩愈深。萬里同舟寬老病，一杯分袂發悲吟。明年牓上看名姓，楊柳春風正似今。

遊吳氏園

細雨作寒晴便暖，好風吹袂意初佳。清池解洗春心熱，紅豔能添醉眼花。紫竹暗生岷岫笋，山丹強比洛人家。憐渠巧與閑官便，申退來遊未覺賒。

江州周寺丞泳夷亭〔一〕

行過廬山不得上，湓江城邊一惆悵。羨君山下有夷亭，千巖萬壑長相向。山中李生好讀書，出山作郡山前居。手開平湖浸山脚，未肯卽與廬山疎。道州一去應嫌遠，千里思山夢中見。青山長見恐君嫌，要須罷郡歸來看。

【校】

〔一〕「泳夷」，叢刊本作「夷詠」。

次韻毛君遊陳氏園

增築園亭草木新，損花風雨怨頻頻。篔簹似欲迎初暑，芍藥猶堪送晚春。薄莫出城仍有伴，攜壺籍草更無巡。歸軒有喜知誰見，道上從横滿醉人。

江漲

山中三日雨，江水一丈高。崩騰沒洲渚，淫溢侵蓬蒿。凌晨我有適，出門舟自操。中壥已易肆，下道先容舠。雞犬萃墳冢，牛羊逾圈牢。廚薪散流柹，囷米爲浮糟。臥席不遑卷，剝藕仍未纅。老弱但坐視，閭里將安逃？徙居共擾擾，來勢方滔滔。嗟余偶同病，哀爾爲生勞。晴日慰人願，寒風送驚濤。藩籬出舊趾，贏蚌遺平臯〔一〕。流竄非擇地，艱難理宜遭。胡爲苦戚戚，一夕生二毛？

【校】

〔一〕「贏」，原作「嬴」，據宋甲本、叢刊本改。

和子瞻鐵拄杖

截竹爲杖瘦且輕，石堅竹破誤汝行。削木爲杖輕且好，道遠木折恐不到。閩君鐵杖七尺長，色如黑蛇氣如霜。提攜但恐汝無力，撞堅過險安能傷？柳公雖老尚強健，閉門却掃不復將。知公足力無嶮阻，憐公未有登山侶。回生四海惟一身，袖中長劍爲兩人。洞庭漫天不覺過，半酣起舞驚鬼神。願公此杖亦如此，適意遨遊日千里。歸來倚壁示時人，海外蒼茫空自記。

競　渡

史君欲聽榜人謳，一夜江波拍岸流。父老不知招屈恨，少年爭作弄潮游。長鯨破浪聊堪比，小旆迎風殊未收。角勝爭先非老事，憑闌寓目思悠悠。

登郡譙偶見姜應明司馬醉歸

蒼然莫色映樓臺，江市遊人夜未迴。何處酒仙無一事，肩輿鼾睡過橋來？

送姜司馬

七歲立談明主前，江湖晚節弄漁船。鬭雞誰識城東老？喪馬方知塞上賢。生計未成歸去詠，草書時發醉中顛。當年不解看齊物，氣踴如山誰見憐？

寄題趙岍承事戲綵堂

春晚安輿遍浙東，永嘉別乘喜無窮。橐裝已笑分諸子，吏道何勞問薛公？堂上壽樽諸椽集，室中禪論衲僧通。興闌却返林泉去，幕府長留孝弟風。

次韻温守李鈞見寄兼簡毛大夫

梁苑相從簿領中，淸風相逐畫船東。婆娑江海凌雲鶴，飲啄籠樊失渚鴻。別後丹砂迷舊訣，愁來白髮變衰翁。此間詩老仍勁敵，正憶高吟酒盞空。

次韻洞山克文長老

無地容錐卓，年來轉覺貧。偶知珠在手，一任甑生塵。竄逐非關性，顛狂却甚眞。此心誰復識？試語洞山人。

試院唱酬十一首

戲呈試官呂防

新秋風月正涼天，空館相看學坐禪。滿榻詩書愁病眼，隔墻砧杵思高眠。霜飛一葉凋瓊玉，風遶雙松奏管絃。聞道熊羆歸夢數，侵天闕棘漫森然。

次韻呂君豐城寶氣亭

紫氣飛空不自謀，誰憐黽勉匣中留。西山猛獸横行甚，北海長鯨何日收？星斗不堪供醉舞，蛟龍會看反重湫。功成變化無蹤迹，望斷中原百尺樓。

次韻呂君見贈

偶然傾蓋接清言，不覺門前晝漏傳。老病低摧方伏櫪，壯心堅銳正當年。莫嫌客舍一杯酒，試論濡山三祖禪。明日程文堆几案，只應衰懶得安眠。呂前官舒州，問禪濡山。

次韻呂君興善寺靜軒

自恨尋山計苦遲，年過四十始知非。小軒迎客如招隱，野鳥窺人自識機。窗外竹深孤鶴下，階前菊秀晚蜂飛。老僧戰勝長幽寂，瘦骨緣何未肯肥？

觀試進士呈試官

松庭散朝日，棘戶啓秋風。鵠鷺紛來下，旌旗儼未攻。馳詞看倚馬，餘力送征鴻。逸足誰先到，孤標想暗空。晶熒雙鏡並，高下片言公。老病方躭睡，飛沉一夢中。

次前韻

南國號多士，幾人洙泗風？英材自入彀，壞陣不勞攻。文縟山藏豹，飛高弋慕鴻。豈妍歸品藻，得失付虚空。考行先推本，登賢旋奏公。期君緩歸轡，一醉鹿鳴中。

戲呈試官

只隔牆東便是家，悁悁還似在天涯。客心不耐聽松雨，歸信猶堪飲菊花。蓊燭看書良寂寞，披沙見玉忽喧譁。自慚空館難留客，試問姮娥稍駐車。

次前韻三首

老去在家同出家，楞伽四卷即生涯。麄詩怪我心猶壯，細字憐君眼未花。霜落初驚衾簟冷，酒酣猶喜笑言譁。歸心知有三秋恨，莫學忽忽下坂車。

門前溪水似漁家，流浪江湖歸未涯。邂逅高人來説法，支離枯木旋開花。諸生試罷書如積，劇縣歸時訟正譁。安得騎鯨從李白，試看牛女轉雲車。

濁醪能使客忘家，屈指歸期已有涯。魚化昨宵驚細雨，鹿鳴它日飲寒花。已諳江上肴蔬薄，莫笑衙前鼓笛譁。太守況兼鄉曲舊，會須投轄止行車。

試罷後偶作

重門閉不開，烏鳥相呼樂。晨暉轉簾影，微風響松末。喧譁適已定，寂歷方有覺。人生竟何事，外物巧相縛？當時不自悟，已過空成怍。耕耘亦何苦？遊宦殊自惡。棄彼既已誤，就此良應錯。誰能卽兩忘，隨緣更無作？

放榜後次韻毛守見招

飽食安眠愧不材，疎簾翠帟幸相陪。深居正厭銀袍亂，失喜初聞鐵鎖開。佳句徑蒙探古錦，小槽仍報滴新醅。諸人欲見風流伯，不用招呼亦自來。

送毛滂齋郎

先志承顏善養親，束裝騎馬試爲臣。酒腸天與渾無敵，詩律家傳便出人。擁鼻高吟方自得，折腰奔走漸勞神。歸來一笑須勤取，花發陳吳二月春。

燕貢士

泮水生芹藻，干旄在浚城。桑鴞同變響，苹鹿共和鳴。秋晚槐先墮，霜多桂向榮。淸樽助勸駕，急管發驪聲。勇鋭靑衿士，淹通白髮生。芬芳雜蘭菊，變化等鵾鯨。去日衣冠盛，歸時里巷驚。坐中詞賦客，愧爾一經明。

次韻毛君清居採菊

眼前黄葉畏秋霜，耳畔啼蛩怨夜長。佳節欣聞近萸菊，清商試爲奏伊涼。疎狂久笑謀生拙，貧病應憐爲口忙。今日共君拼一醉〔一〕，從教人道亦高陽。

【校】

〔一〕「君拼」，宋甲本、叢刊本作「公判」。

次韻毛君見贈

江國騷人不耐秋，夜吟清句曉相投。鋒藏豈願囊中脱，尾斷終非俎上羞。擇地何年眞得意，餔糟是處可同遊。南遷尙有公知我，人事何須更預謀？

次韻毛君偶成

年來衰病正相兼，薄宦奔馳尙未厭。詩句空多渾漫與〔一〕，俗緣已重不須添。聱牙向物知難合，疎懶憐公獨未嫌。時聽淵明詠歸去，猶應爲我故遲淹。

【校】

〔一〕「輿」，原作「興」，據宋甲本、叢刊本改。

孔平仲著作江州官舍小庵

近山不作看山計，引水新成照水庵。閉口忘言中自飽，安心度日更誰參？簡編圍遶穿書蠹，窗戶低回作繭蠶。我亦一軒容膝住，弊裘麤飯有餘甘。

送饒州周沃秀才免解

少年工作賦，中歲復窮經。驥老終知道，劍埋新發硎。束裝鄰里助，答策友朋聽。還似臨淄貢，隨風起北溟。

雪中洞山黃蘗二禪師相訪

江南氣暖冬未回，北風吹雪眞快哉。雪中訪我二大士，試問此雪從何來？君不見六月赤日起冰雹，又不見臘月幽谷寒花開。紛然變化一彈指，不妨明鏡無纖埃。

毛國鎮生日二絶

生日元同小趙公，里閭相接往還通。怪公日夜歸心切，欲寄此生丹竈中。世謂叔平大趙參政，聞道小趙參政。趙公善養生，故有丹竈之句。

聞公歸橐尙空虚，近送楞嚴十卷書。心地本無生滅處，定逢生日亦如如。

次韻毛君將歸

疎傳思歸不待時，孟軻出晝苦行遲。新詩尙許留章句，故事誰從問典彝？金馬尙應堪避世，石泉未信可忘飢。不才似我眞當去，零落衡茅隔雍岐。

送楊騰山人

胸中萬卷書，不如一囊錢。不見楊夫子，歲晚走道邊。夜歸空牀臥，兩手摩涌泉。窗前雪花落，眞火中自然。渙然發微潤，飛上崑崙顚。霏霏雨甘露，稍稍流丹田。閉目内自視，色如黄金姸。至陽不獨凝，當與純陰堅。一窮百不遂，此事終無緣。君看抱朴子，共推古神仙。無錢買丹砂，遺恨盈塵編。歸去守茅屋，道成要有年。

次韻子瞻與安節夜坐三首

前山積雪暮崢嶸，燕坐微聞落瓦聲。共對一樽通夜語，相看萬里故鄉情。信歸嶺上寒梅遠，恨極江南春草生。明日青銅添白髮，且須醉睡倒燈檠。

少年高論苦崢嶸，老學寒蟬不復聲。目斷家山空記路，手披禪冊漸忘情。功名久已知前錯，婚嫁猶須畢此生。家世讀書難便廢，漫留案上鐵燈檠。

謫官似我無歸計，落第憐渠有屈聲。握手天涯同一笑，倚門歲晚不勝情。黄岡俯仰成陳迹，白首蹉跎畏後生。歸去且安南巷樂，莫看歌舞醉長檠。

次韻毛君上書求歸未報

白髮憂民帶減圍，頻聞慷慨賦將歸。近傳道士連三嘛，久悟禪門第一機。夜永庵中詩自得，日高門外客來稀。此心素定誰能勸，秖有丁寧詔莫違。

次韻毛君絶句

中池有士閉重關，夜發天光走玉環。白日對人人不識，幅巾破褐任塵漫。

次韻毛君留别

問天乞得不訾身，屈指人間今幾人？魚縱江潭眞窟宅，鶴飛松嶺倍精神。清風吹雨停歸騎，舊圃留花送晚春。自號白雲知有意，便從丹竈拂埃塵。

送毛君致仕還鄉

古人避世事，豈問家有無？但言鴻鵠性，不受樊籠拘。公家昔盛時，阡陌連三衢。倉廩濟寒餓，婚嫁營孱孤。千金赴高義，脱手曾須臾。晚爲二千石，得不償所逋。撫掌不復言，但以文字娛。我恨見公遲，冉冉垂霜鬚。高吟看落筆，劇飲驚倒壺。負罪不自知，適意忘憂虞。忽聞叩天閽，言旋故山廬。朋友不及謀，親戚亦驚呼。人生各有意，何暇問俗徒。嗟我好奇節，嘆公眞丈夫。天高片帆遠，目斷清風徂。惟應東宫保，迎笑相攜扶。

贈景福順長老二首 并引〔一〕

轍幼侍先君，聞嘗遊廬山過圓通，見訥禪師，留連久之。元豐五年以譴居高安，景福順公不遠百里惠然來訪，自言昔從訥於圓通，逮與先君遊。歲月遷謝，今三十六年矣。二公皆吾里人，訥之化去已十一年，而順公年七十四，神完氣定，聰明了達，對之悵然。懷想疇昔，作二篇贈之。

屈指江西老，多言劍外人。身心已無著，鄉黨漫相親。竄逐知何取，周旋意甚眞。仍將大雷雨，一洗百生塵。

其二

念昔先君子，南遊四十年。相看順老在，想見訥師賢。歲歷風輪轉，禪心海月圓。常情計延促，無語對潸然。

【校】

〔一〕「引」，原作「序」，據宋甲本改。三蘇父子因避蘇序（蘇洵之父）諱，序皆作敍或作引。

次韻孔平仲著作見寄四首

昔在京城南，成均對茅屋。清晨屣履過，不顧車擊轂。時有江南生，能使多士服。同儕畏鋒鋭，兄弟更馳逐。文成劇翻水，賦罷有餘燭。連收頷底髭，未耗髀中肉。飛騰困中路，跙勉啄場粟。歸來九江上，家有十畝竹。一官粗包裹，萬卷中自足。還如白司馬，日聽杜鵑哭。我來萬里外，命與江波觸。罪重慚故人，囊空仰微祿。已爲達士笑，尙謂愚者福。米鹽日草草，奔走常碌碌〔一〕。尺書慰貧病，佳句爛珪玉。多難畏人知，胡爲強題目？徂年慕桑梓，歸念寄鴻鵠。但願洗餘愆，躬耕江一曲。

其二

共居天地間〔二〕，大類一間屋。推排出高下，何異車轉轂？死生本晝夜，禍福固倚伏。誰令塵垢昏，浪與紛華逐。譬如薪中火，外照不自燭。感君探至道，勸我減粱肉。虛心有遺味，實腹不須粟。芬敷謝桃杏，清勁比松竹。息微知氣定，睡少驗神足。胡爲嗜一飽，坐使百神哭？要知丹砂異，不受腥腐觸。可憐山林姿，自縛斗升祿。君看出世士，肯屑世間福？寧從市井游，與衆同碌碌。不願束冠裳，腰金佩鳴玉。斯人今何在？未易識凡目。恐在廬山中，飛翔逐黃鵠。試用物色尋，應敲紫芝曲。

其三

百病侵形骸，漸老同破屋。中有一寸空，能用輻與轂。忽如丹砂走，不受凡火伏。前瞻已不遠〔三〕，後躡愈難逐。將炊甑中飯，未悟窗下燭。聰明役聲形，口腹嗜魚肉。塵泥翳泉井，荆棘敗禾粟。未知按妙指，漫欲理絲竹。廬山多名緇，過客禮白足。達觀等存亡，世俗強歌哭。確然金石心，不畏蚊蚋觸。順忍爲裳衣，供施謝榮祿。眞人我自有，渡海笑徐福。衆皆指庸庸，自顧非碌碌。愧君詩意厚，桃李報瓊玉。舉網羅衆禽，有獲非一目。喧啾定無用，要自取黃鵠。君看大方家，愼勿留一曲。

其四

治生非所長，兒女驚滿屋。作官又迂疎，不望載朱轂。因緣罣罪罟，未許卽潛伏。空餘讀書病，日與古人逐。老妻憐眼昏，入夜屏燈燭。上官念貧窶，時節饋醪肉。衰年類蒲柳，世事劇麻粟。數日望歸田，寄語先栽竹。文章亦細事，勤苦定何足？君詩四相攻，欲看守陴哭。愧無卽墨巧，不解火牛觸。自非太學生，彫琢事干祿。安心已近道，閉口豈非福？胡爲調狂詞，玉石相落碌？腹中抱丹砂，舌下潄白玉。作詩雖云好，未免亂心目。弈秋教二人，不取志鴻鵠。摩詰非不言，遺韻寄終曲。

【校】

〔一〕「常」，叢刊本作「長」。

〔二〕「間」，叢刊本作「中」。

〔三〕「已」，叢刊本作「意」。

陰晴不定簡唐覲秘校并敖吴二君五首

積雨春連夏，新晴忽復陰。江痕漲猶在，梅氣潤相侵。蕉紵還須脱，圖書漸不禁。江南舊風俗，愁絶北來心。

其二

竄眠初上簇，麥熟正磨鐮。雲氣重重合，江流夜夜添。薦飢人甚困，多病我仍兼。欲就橋南宿，單衣莫雨霑。

其三

漲江方斷渡，小棹信輕生。貧賤誰憐汝？漂浮空自驚。一官終竊食，何計早歸耕？忽發騷人恨，淒凉久未平。

其四

西隣豫章客，病骨瘦欒欒。淸夜眠孤枕，終朝飽一簞。雨多愁不出，講罷未應餐。約我晴相過，門前泥欲乾。

其五

二子薪中楚，相攜泮上游。虀鹽聊度日，爻象久忘憂。寂寞君何病，驅馳我自羞。何時釆芹處，永日看鳧鷗。

欒城集卷之十二

詩八十九首

雨後遊大愚

風光四月尚春餘，淫雨初乾積潦除。古寺蕭條仍負郭，閑官疎散亦肩輿。摘茶戶外烝黄葉，掘笋林中間緑蔬。一飽人生眞易足，試營茅屋傍僧居。

送高安羅令審禮〔一〕

一邑憂勞水旱中，牛刀閑暇似無功。政成仍喜新竃熟，歸去還將舊橐空。淸白久聞誇父老，沉埋誰爲愬諸公？謫居長恨交游少，悵望肩輿又欲東。

【校】

〔一〕宋甲本題作「送高安令羅審禮」。

送唐觀

溪上幽居少四隣，西家幸有著書人。經年食菜誰憐瘦？終日題詩自不貧。身在江湖釣竿地，心馳蘭會戰車塵。此行便有飛騰處，笑殺年來老病身。唐君常欲爲陝西官，慨然有功名之志。

次韻唐觀送姜應明謁新昌杜簿

夫子雖窮氣浩然，輕蓑短笠傲江天。薄遊到處唯耽酒，歸去無心苦問田。泮上講官殊不俗，山中老簿亦疑仙。相從未足還辭去，欲向曹溪更問禪。姜如晦方作嶺外之行。

新種芭蕉

芭蕉移種未多時，濯濯芳莖已數圍。畢竟空心何所有，攲傾大葉不勝肥。蕭騷莫雨鳴山樂，狼籍秋霜脱弊衣。堂上幽人觀幻久，逢人指示此身非。

次韻姜應明黄蘗山中見寄

垂老閑居味更深，此身隨世任浮沉。北窗未厭曲肱臥，西洛能傳擁鼻吟。疋馬彷徨猶寄食，弊裘安樂信無心。我今漂泊還相似，同愧高僧支道林。

次韻黄大臨秀才見寄

故人聚散霜前葉，往事眇茫風際煙。遊宦一生非有己，隱居萬事不由天。崎嶇檻穽方謀食，嘯傲山林肯計年？賴已將心問盧老，相逢它日笑風顛。

次韻李朝散遊洞山二首

古寺依山占幾峯，精廬髣髴類天宫。三年欲到官爲礙，百里相望意自通。無事佛僧何處著，入羣鳥獸不妨同。眼前簿領何時脱？一笑相看丈室中。

僧老經時不出山，法堂延客未曾關。心開寶月嬋娟處，身寄浮雲出沒間。休夏巾瓶誰與共？迎秋水石不勝閑。近來寄我金剛頌，欲指胸中無所還〔一〕。

【校】

〔一〕「還」，叢刊本作「遝」。

簡學中諸生

泮水秋生藻荇涼，莫窗燈火亂螢光。圖書粗足惟須讀，菽粟才供且自強。羽籥暗催新節物，弦歌不廢近詩章。腐儒最喜南遷後，仍見西雍白鷺行。

以蜜酒送柳眞公

牀頭釀酒一年餘，氣味全非卓氏壚。送與幽人試嘗看，不應知是百花鬚。

次韻柳見答

桂酒無人寄豫章，江西官釀惟豫章最佳。羈愁牢落遣誰當？烹煎崖蜜眞牽強，慚愧山蜂久蓄藏。江上鱠鱸橙正熟，山頭吹帽菊初香。漂流異日俱陳迹，笑說過從想未忘。

披仙亭晚飲

落日欲沒多雲煙，南山暝鴉歸北山。樓臺城上半明滅，燈火橋頭初往還。江西八月熱猶在，坐中遷客頭欲斑。何時解網聽歸去，黃花白酒疎籬間。

余居高安三年每晨入莫出輒過聖壽訪聽長老謁方子明浴頭笑語移刻而歸歲月既久作一詩記之

朝來賣酒江南市，日莫歸爲江北人。禪老未嫌參請數，漁舟空怪往來頻。每慚菜飯分齋鉢，時乞香泉洗病身。世味漸消婚嫁了，幅巾緇褐許相親〔一〕。

【校】

〔一〕「緇」，原作「緇」，據叢刊本改。

次韻子瞻感舊見寄

少年耽世味，徘徊不能去。老來悟前非，尚愧昔遊處。君才最高峙，鶴行雞羣中。我雖非君對，顧以兄弟同。結髮皆讀書，明月入我牖。縱橫萬餘卷，臨紙但揮手。學成竟無用，掩卷空自疑。却尋故山友，重赴幽居期。秋風送餘熱，冉冉如人老。衣裘當及時，田廬亦須早。種竹竹生筍，種稻稻亦成。浩歌歸來曲，曲終有遺聲。

次韻和人豐歲

風雨迎寒欲勞農，今年眞不負元豐。蓋藏共荷官無擾，眠食安知帝有功？草笠黃冠將蜡祀，羔羊朋酒亦豳風。請君早具躋堂飲，退食委蛇正自公。

同孔常父作張夫人詩

女子勿言弱，男兒何必強？君看張夫人，身舉十五喪。頭上脫笄珥，篋中斥襦裳。築墳連丘山，松柏鬱蒼蒼。親戚不爲助，涕泣感道傍。昔有王氏老，身爲尙書郎。親死棄不葬，簪裾日翺翔。白骨委廬陵，宦遊在岐陽。一旦有丈夫，軒軒類佯狂。相面識心腹，開口言災祥。嗟汝平生事，不了令誰當？汝身暖絲綿，汝口甘稻粱。衣食未嘗廢，此事乃可忘。一言中肝心，投身拜其牀。傍人漫不知，相視空茫茫。終言汝不悛，物理久必償。兒女病手足，相隨就淪亡。鄙夫本愚悍，過耳風吹牆。明年及前期，長子憂盱殤。一麾守巴峽，雙柩還故鄉。弱息雖僅存，蹣跚亦非良。誰言天地寬，網目固自張。古事遠不信，近事世所詳。企張非求福，禍敗當懲王。嘉祐末年，李士寧言王君事於右扶風，其報甚速。張夫人南都人，孔推官常甫作詩言其賢，邀余同作并言李生事，或足以警世云。

次煙字韻答黄庭堅

病臥江干鬢帶雪，老捻書卷眼生煙。貧如陶令仍耽酒，窮似湘纍不問天。令弟近應憐廢學，大兄昔許叩延年。比聞蔬茹隨僧供，相見能容醉後顛。魯直兄舊於齊州以養生見教。

東軒長老二絶 并敍〔一〕

始余於官舍營東軒，彭城曹君煥子文自浮光訪余於高安，道過黄岡。家兄子瞻以詩送之曰：「君到高安幾日迴？一時抖擻舊塵埃。贈君一籠牢收取，盛取東軒長老來。」君過廬山見圓通知愼禪師，出詩示之。師嘗與余通書，見之欣然。明日謂君：以一偈繼之。曰：『東軒長老未相逢，却見黄州一信通。何用揚眉資目擊，須知千里事同風。』吾野人不能數爲書，君爲我誦之而已。」君既至，未暇及此。客有自廬山至者曰：「愼師送客出門，還入丈室，燕坐而寂。」君乃具道其事，余感之，作二絶，其一以答子瞻，其二以答愼也。

東軒正似虚空樣，何處人家籠解盛？縱使盛來無處著〔二〕，雪堂自有老師兄。子瞻新築東坡雪堂。

檐頭挑得黄州籠，行過圓通一笑開。却到山前人已寂，亦無一物可擔迴。

【校】

〔一〕「敍」，原作「序」，據叢刊本改。

〔二〕「處著」，叢刊本作「著處」。

題方子明道人東窗

紙窗雲葉淨，香篆細煙青。客到催茶磨，泉聲響石瓶。禪關敲每應，丹訣問無經。贈我刀圭藥，年來髮變星。

次前韻

閉門何所事？毛髮日青青。齒折登山屐。塵生貫酒瓶。調心開貝葉，救病讀難經。定起無人見，寒燈一點星。

迎寄王適

投竄千山恨不深，扁舟夏涉氣如烝。重來疋馬君何事？歸去飛鴻我未能。養氣經年惟脱粟，讀書終夜有寒燈。安心且作衰慵伴，海底鯤魚會化鵬。

王度支陶挽詞二首

風蹟殊不昧，聲名豈偶然？長途催騄驥，爽氣激鷹鸇。薏苡成遺恨，松楸卜遠年。淒涼故吏盡，誰泣鬣封前？

又

京塵昔傾蓋，江國見佳城。零落舊冠劍，艱難孝弟兄。存亡看世俗，意氣憶平生。曉鐸知人恨，幽音亦未平。

次韻陳師仲主簿見寄

朽株難刻畫，枯葉任凋零。舊友頻相問，村酤獨未醒。山牙收細茗，江實得流萍。頗似申屠子，都忘足被刑。

寄題江渙長官南園茅齋

白髮辛勤困小邦，塵勞坐使將心降。河陽罷後成南圃，彭澤歸來臥北窗。畦畔草生親荷鍤，牀頭酒熟自傾缸。因君遺我添歸興，舊有茅茨濯錦江。

詠霜二首

江南雪不到，霜露滿山村。紙被欺氈厚，茅簷笑瓦温。何曾凝去沼淥？有意隔朝暾。底日身無事，高眠不出門？

其二

清霜欺客病，乘夜逼窗扉。坐睡依爐暖，細聲聞葉飛。蕉絺空滿篋，砧杵旋催衣。起看庭前草，松筠未覺非。

次韻吴厚秀才見寄

壯心摧折漸無餘，早歲爲文老不如。登木求魚知我拙，循窠覓兔笑君疎。清尊獨酌夜方半，白髮潛生歲欲除。久恐交親還往絶，牀頭猶喜數行書。

乾荔支

含露迎風惜不嘗，故將赤日損容光。紅消白瘦香猶在，想見當年十八娘。

次韻王適元日并示曹煥二首

井底屠酥浸舊方，牀頭冬釀壓瓊漿。舊來喜與門前客，終日同爲酒後狂。老大心情今已盡，塵埃鬢髮亦無光。江南留滯歸何日？萬里逢春思故鄉。

放逐三年未遣回，復驚爆竹起春雷。所年粗有樽中桂，寄遠仍持嶺上梅。莫笑牛貍抵羊酪，漫將崖蜜代官醅。二君未肯嫌貧病，猶得衰顔一笑開。

寄梅仙觀楊智遠道士

道師近在眞人峯，欲往見之路無從。去年許我入城市，塵埃暗天待不至。莫往莫來勞我心，道書寄我千黄金。藾衣肉食思慮短，文字滿前看不見。口傳指授要有時，脱去羅網當見之。梅翁漢朝南昌尉，手摩龍鱗言世事。一朝拂衣去不還，身騎白麟翳紅鸞。我今雖復墮塵土，道師何不與我語？他年策足投名山，相逢拍手一破顔。

春雪

温風吹破臘，留雪惱新春。信逐殘梅到，花從半夜匀。旋消徵覆瓦，狂下亦欺人。壓竹時聞落，埋萱久未伸。山川濛不解，樓觀洗成新。擁褐僧方睡，開門客屢嚬。爨煙知歲稔，履迹笑吾貧。畦凍初生韭，泥融正賣薪。寒魚爭就汕，濁酒頗無巡。預喜田宜麥，槃飡餅餌頻。

贈石臺問長老二絶 并敍

石臺長老問公，本成都吳氏子，棄俗出家，手書法華經，字細如黑蟻，前後若一，將誦之萬遍。雖老而精進不倦，脅不至席者二十有三年。余來高安，以鄉人相好。蓋余懶而好睡，見之惕然自警，因贈之二小詩云。

法達曾經見老盧，半生勤苦一朝虛。心通口誦方無礙，笑把吳鸞細字書。蜀中藏經，往往有古仙人吳采鸞細書經卷，精妙可愛。

蒲團布衲一繩牀，心地虛明睡自亡。長伴空中月天子，東方行道到西方。

和毛國鎮白雲莊五詠

掬泉軒

卜築高深已有山，起居清潤可無泉？穿牆白練秋聲細，照屋清銅曉色鮮。已放魚鰕嫌跳擲，更除蘋藻任漪漣。只應明月中宵下，長共禪心相向圓。

平溪堂

清溪似與隱君謀，故入堂前漫不收。盥手從今休汲井，浮觴取意便臨流。花漂澗谷來應遠，石激琴箏久未休。莫把朱欄強圍遶，山家事事要清幽。

眺遠臺

山似高人長遠人，不登高處見無因。築臺土石無多子，照眼峯巒得許新。陣馬奔騰時絕遠，風濤舒卷忽無垠。白雲自是逃名處，猶恐此中藏隱淪。

濯纓庵

臨池濯足惜泉清，纓上無塵且強名。橫木爲橋便獨往，結茅依島類天成。往還漸少人誰識，寢食無爲身轉輕。有似三吳朱處士，釣魚誰與話西征？

白雲莊偶題

歸去攜家住白雲，雲中猿鶴許同羣。陶公酒後詩偏好，疎傅金餘客屢醺。芒屩潛行逐漁釣，壺漿時出勞耕耘。却看人世應微笑，未熟黃粱晝夢紛。

次韻王適落日江上二首

寒煙冪清江，漁唱扁舟上。江轉少人家，自此知安往？維舟倚叢薄，明月獨相向。欲曉醉應醒，還逐輕鷗颺。

其　二

稍息南市喧，初上東山月。潛魚忽驚躑，飢雁時斷絕。落葉誤投籤，繁霜疑積雪。苦寒良難久，愛此元氣潔。

張秀才見寫陋容

潦倒形骸山上樗，每經風雨輒凋疎。勞君爲寫支離狀，異日長看老病初。落筆縱橫中自喜，賦形深穩妙無餘。偶然掛壁低頭笑，俱幻何妨彼亦如。

同王適曹煥遊清居院步還所居

身爲江城吏，心似野田叟。尋僧忽忘歸，飽食莫攜手。畏人久成性，路遶古城後。茅茨遠相望，鷄犬亦時有。人還市井罷，日落狐兔走。迴風吹橫煙，燒火卷林藪。草深徑漸惡，荆棘時掛肘。褰裳涉沮洳，斜絕汙池口。投荒分岑寂，攲側吾自取。二君獨何爲，經歲坐相守？遊從乏車騎，飲食厭菘韭。周旋未忍棄，辛苦亦何負？歸來倚南窗，試挹樽中酒。笑問黃泥行，此味還同否？子瞻謫居齊安，自臨皋亭遊東坡，路過黃泥坂，作黃泥坂詞。二君皆新自齊安來，故云。

次韻王適春雨

久遭客禁往還稀，風雨蕭條只自知。春色有情猶入眼，客愁無賴巧侵眉。山僧寄語收茶日，野老留人供社時。久住不須嫌寂寞，此間偏與拙相宜。

和子瞻蜜酒歌

蜂王舉家千萬口，黄蠟爲糧蜜爲酒。口銜潤水拾花鬚，沮洳滿房何不有？山中醉飽誰得知？割脾分蜜曾無遺。調和知與酒同法，試投麴蘖眞相宜。城中禁酒如禁盜，三百青銅愁杜老。先生年來無俸錢，一斗徑須囊一倒。餔糟不聽漁父言，煉蜜深愧仙人傳。掉頭不問辟穀藥，忍飢不如長醉眠。

次韻講律李司理憲見贈

强將羔雁聘黄晞，破褐疎巾倚夕暉。禮律縱横開卷盡，虀鹽冷落待賢非。日高几案弦歌罷，夜永窗扉燈火微。猶喜江邊莫春近，舞雩風雨得同歸。

次韻王適遊陳氏園

宿雨晴來春已晚，衆花飄盡野猶香。舞雩便可同沂上，飲禊何妨似洛陽。新圃近聞穿沼闊，漲江初喜放舟長。年來簿領縈人甚，何計相隨入醉鄉？

答孔平仲二偈

熟睡將經作枕頭，君家事業太悠悠。要須睡著元非睡，未可昏昏便爾休。

龜毛兔角號空虛，既被無收豈是無？自有眞無遍諸有，燈光何礙也嫌渠？

次韻柳眞公閑居春日

春寒漸欲減衣綿，雨勢冥冥水拍天。一局無言消日永，新詩得意許人傳。惜花田地應慵掃，護筍藩籬可細編。好事報君知我喜，同官欲到得閑眠。

次韻王適東軒即事三首

新竹依牆未出尋，牆東桃李却成林。池塘草長初饒夢，村落鶯啼恰稱心。江滿船頭朝欲轉，泥融屐齒莫尤深。閉門懒子成書癖，試買村醪相伴斟。

眼看東隣五畝花，茅簷竹戶野人家。過牆每欲隨飛蝶，歸舍誰憐已莫鴉。幽客偶來成晚飯，野僧何日寄新茶？三年氣味長如此，歸計遲遲也自嘉。

北園春草徑微微，未用頻敎翦棘茨。蜂陣紛紛初養蜜，鶯巢淺淺欲生兒。客情流水兼山遠，歸夢遊絲向日遲。懶病相將渾欲慣，賴君索我強裁詩。

送李憲司理還新喻

采芹芹已老，浴沂沂尚寒。蒯緱長嘆息，苜蓿正闌干。黄卷忘憂易，青衫行路難。歸耕未有計，且復調閑官。

問黄蘗長老疾

四大俱非五蘊空，身心河嶽盡消鎔。病根何處容他住，日夜還將藥石攻。

復次煙字韻答黄大臨庭堅見寄二首

水竹遮藏自一川，日高茅屋始炊煙。犬牙舂米新秋後，麥粒烝茶欲社天。冠蓋只今成棄物，杉松它日記栽年。定應笑我勞生在，卯睡聞呼衣爲顛。

十載勞思寤寐間〔一〕，新詩態度比雲煙。清風吹我無千里，明月隨人共一天。歸去林泉應避暑，北征道路恐經年。與君共愧知時鶴，養子先依黑柏顛。

【校】

〔二〕「勞」，叢刊本作「懷」。

次韻子瞻臨皐新葺南堂五絕

江聲六月撼長堤，雪嶺千重過屋西。一葉軒昂方斷渡，南堂蕭散夢寒溪。

旅食三年已是家，堂成非陋亦非華。何方道士知人意，授與爐中一粒砂。

北牖清風正滿牀，東坡野菜漫充腸。華池自有醍醐味，丈室仍聞薝蔔香。

隣人漸熟容賒酒，故客親留爲種蔬。住穩不論歸有日，船通何患出無車？

客去知公醉欲眠，酒醒寒月墮江煙。牀頭復有三升蜜，貧困相資恐是天。

次韻王適大水

高安昔到歲方閏，大水初去城如墟。危譙墮地瓦破裂，長橋斷纜船逃逋。漂浮隙穴亂羣蟻，奔走沙礫摧嘉蔬。里閭破散兵火後，飲食弊陋魚鰕餘。投荒豈復有便地，遇災秪復傷羸軀。人言西有蛟蜃穴，閏年每與風雷俱。漫溝溢壑恣游蕩，傾崖拔木曾須臾。雞豚浪走不復保，老稚裸泣空長吁〔二〕。滯留再與茲水會，淪胥未哂斯民愚。人生所遇偶然耳，得失何用分錙銖。

【校】

〔一〕「穉」，原作「稚」，據叢刊本改。

贈三局能師二絶

得失從來似偶然，因師聊復問行年。此生竟墮陰陽數，方信修行力未全。

旅食江干秋復春，歸耕未遂不勝貧。憑師細考何年月，可買山田養病身？

臨川陳憲大夫挽詞二首

一時冠蓋盛臨川，直亮推公益友先。淡泊朱絲初少味，蕭疎翠竹久彌鮮。崎嶇處世曾何病，奔走成功亦偶然。天理更疎終不失，雍雍今見子孫賢。

五月扁舟憶過門，哀憐逐客為招魂。開樽不惜清泉絜，揮汗相看白雨翻。病起清言驚苦瘦，歸休尺牘尚相存。秋風灑涕松楸外，談笑猶疑對竹軒。公家有竹軒，轍嘗賦詩。

次韻知郡賈蕃大夫思歸

江城漂泊最多時，邂逅誰令長者期。得坎浮槎應有命，投林驚鵲且安枝。何年笑語還留客，終日勤勞數問兒。鈴閣清虚非此比，秋風歸興恐非宜。

久不作詩呈王適

憐君多病仍經暑，笑我微官長坐曹。落日東軒談不足，秋風北棹意空勞。懶將詞賦占鴞臆，頻夢江湖把蟹螯。筆硯生塵空度日，他年何用繼離騷。

喜王鞏承事北歸

同罪南遷鸞最遠，乘流北下喜先歸。謂言一笑秋風後，却顧千山驛路非。嶺外雲煙隨夢遠，江邊魚蟹爲人肥。還家嫁女都無事，臥讀詩書晝掩扉。

予初到筠即於酒務庭中種竹四叢杉二本及今三年二物皆茂秋八月洗竹培杉偶賦短篇呈同官

種竹成叢杉出簷〔一〕，三年慰我病厭厭。剪除亂葉風初好，封植孤根筍自添。高節不知塵土辱，堅姿試待雪霜霑。屬君留取障斜日，仍記當年此滯淹。

【校】

〔一〕「杉」，原作「移」，據叢刊本改。

和王鞏見寄三首

南遷春及秋，江湖未云半。逮此歸路長，始悟行日遠。幽憂脫沉痼，淸夢驚婉娩。行行逢故人，笑語雜悲泫。

其二

江秋北風多，歸帆未應駛。天寒雁南向，家書空滿紙。契闊幸安平，婚嫁須纓珥。交遊何爲者？空復念君至。

其三

折葉每安心，連環非所計。感君扁舟返，念我一廛廢。懷思樂全老，疇昔忘言契。丹砂儻已成，白首願終惠。

復次韻

滕王閣在誰攜手，徐孺湖寬可放情。楚客解書南國恨，秦箏助發上林鶯。繫匏獨負杯中物，擁鼻知逢洛下生。問得長鬚添夢想，蓬窗燈火達天明。近遣僕至鍾陵，還，言定國與黄君魯直會於舟中，燈火終夜而去。

孔毅父封君挽詞二首

交契良人厚，家風季婦賢。詩書中有助，蘋藻歲無愆。象服期它日，恩封屬此年。神傷自不覺，弔客問潸然。

其二

別日笑言重，歸來藥餌憂。鐃歌掩不試，貝葉亂誰收？恨極囊封在，情多醮木稠。埋文應自作，一一記徽猷。

上高息軒起亭二絶

山下清谿谿上市，谿光山色映人煙。幽亭正在人聲裏，長與谿山共寂然。
溪父起收罾下鯉，山翁起賣焙中茶。長官亦與人俱起，笑擁黄紬放早衙。

九月十一日書事

東牆瘦菊早開花，九日金鈿已自嘉。黍麥條遲初響甕，米鹽法細未還家。潑醅昨夜驚泉涌，洗盞今晨聽婦誇。歸採茱萸重一醉，不須怪問日時差。

和王適寒夜讀書

久從市井役，百事廢不理。感君讀書篇，惜此寒夜晷。殷勤附燈燭，黽勉就圖史。逡巡揖虞夏。汗漫馳劉李。斯文家舊物，早歲夙從事。一從慕羶腥，中棄如弊屣。今夕亦何夕？忽如舊遊至。終篇再三歎，推枕不成寐。人生無百年，所欲知有幾？懸知未必得，奔走若趨市。微言寄翰墨，開卷入心耳。胡爲棄不收？所逐在難覬。

和王適新葺小室

向日堂東一室存，竹爲窗壁席爲門。心如白月光長照，氣結丹砂體自温。飯軟莫嫌紅米賤，酒香故取潑醅渾。他年一笑同誰説，伴我三年江上村。

病中賈大夫相訪因遊中宫僧舍二首

江城寒氣入肌膚，得告歸來强自扶。五馬獨能尋杜老，一牀深愧致文殊。體虚正覺身如幻，談劇能令病自無。明日出門還擾擾，年來眞畏酒家壚。

東隣修竹野僧家，亂柳枯桑一徑斜。逐客慣曾迂短策，使君何事駐高牙？蕭條已似連村塢，邂逅應容設晚茶。慚愧病夫無氣力，隔牆空聽吏兵譁。

和王適炙背讀書

少年讀書處，寒夜令無火。老來百事慵，炙背但空坐。眼昏愁細書，把卷惟恐卧。寒衣補故褐，家釀熟新糯。微微窗影斜，曖曖雲陰過〔一〕。昏然偶成寐，鼻息已無奈。兒童更笑呼，書册正前墮。衰懶今自由，不復問冬課。

【校】

〔一〕「曖曖」，原作「暖暖」，據宋殘本、叢刊本改。

同王適賦雪

北風吹雨雨不斷，遍滿虛空作飛霰。紙窗獨卧不成眠，茅屋無聲時一泫。烏烏錯莫寒未起，庭戶空明夜驚旦。重樓複閣爛生光，絶澗連山漫不見。夾砌雙杉洗更碧，滿田百草埋應爛。城中閉戶無履迹，市上孤煙數晨爨。細排玉箸短垂簷，暗結輕冰時入研。撥灰有客顧樽俎，迹兔何人試鷹犬？未容行役掃車轂，應有老農歌麥飯。一來江城若俄頃，四見白花飛面旋。坐看酒甕誰敢嘗，歸踏冰泥屢成濺〔一〕。年來橋板斷不屬，莫出肩輿足憂患。到家昏黑空自笑，勠婦勤勞每長歎。牀頭有酒未用沽，囊裏無錢不勞算。更令雪片大如手，終勝溪瘴長熏眼。謁告猶能不出門，典衣共子成高讌。

【校】

〔一〕「踏」，叢刊本作「蹈」。

欒城集卷之十三

詩八十六首

除夜

老去不自覺，歲除空一驚。深知無得喪，久已罷經營。黃卷譏前失，淸樽借後生。何年遂疎懶，伏臘任躬耕。

種蘭

蘭生幽谷無人識，客種東軒遺我香。知有淸芬能解穢，更憐細葉巧凌霜。根便密石秋芳早，叢倚修筠午蔭涼。欲遣蘼蕪共堂下，眼前長見楚詞章。

上元夜

新春收積雨，明月澹微雲。照水疎燈出，因風遠樂聞。天涯仍有節，人事竟何分？賣酒眞拘束，何時一醉醺？

次韻王適元夜二首

燈光欲凝不驚風，月色初晴若發蒙。羇客不眠詩未就，遊人半醉夜方中。荒城熠燿相明滅，野水芙蓉亂白紅〔一〕。知欲訪僧同寂寂，應憐病懶畏烘烘。

宿雨初乾試火城，端居無計伴遊行。厭看門外繁星動，想見僧窗一點明。老罷逢春無樂事，夢回孤枕有鄉情。重因佳句思樊口，一紙家書百鎰輕。

【校】

〔一〕「蓉」，叢刊本作「蕖」。

王子立與遲等遊陳家園橋敗幾不成行晚自酒務往見之明日雨作偶爾成詠

桃李城東近不遙，偶聞花發喜相邀。斷橋似欲妨佳思，好雨猶能借此朝。隨分開樽依綠草，偶然信馬及餘瓢。重來莫道無閑暇，紫燕黃鸝日漸嬌。

幽蘭花二絕〔一〕

李徑桃蹊次第開，穠香百和襲人來。春風欲擅秋風巧，催出幽蘭繼落梅。

珍重幽蘭開一枝，清香耿耿聽猶疑。定應欲較香高下，故取羣芳競發時。

【校】

〔一〕「二絕」，原無。據叢刊本補。

胡長史祠堂

白首青衫仍隱居，晚拋環堵就安輿。生芻忽改蒸嘗地，函丈空悲講解餘。弟子璵璠相照耀，兒孫松桂共扶疏。我來恨不瞻遺老，空怪鄉鄰盡讀書。

孫賓叟道人

萬里飄然不繫舟，酒壚一笑便相投。千金不換金丹訣，何事惟須一布裘？

新橋

六月長橋斷不收，朱欄初喜映春流。虹腰宛轉三百尺，鯨背參差十五舟。入市樵蘇看絡繹，歸家鹽酪免遲留。病夫最與民同喜，卯酉怱怱無復憂。

曾子宣郡太挽詞二首

族大徽音遠，年高福祚多。生兒盡龍虎，封國裂山河。象服驚初掩，埋文信不磨。送車江郭滿，咽絶聽哀歌。

其二

安輿遍西北，丹旐歷江湖。存沒終無憾，哀榮兩得俱。新封崇馬鬣，餘福薦浮圖。家法蘋蘩在，空堂始一虞。

曾子固舍人挽詞

少年漂泊馬光祿，末路騫騰朱會稽。儒術遠追齊魯下，文詞近比漢京西。平生碑版無容纖，此日銘詩誰爲題？試數廬陵門下士，十年零落曉星低。

次韻王適一百五日太平寺看花二絶

遍入僧房花照眼，細尋芳徑蝶隨行。歸時不怕江波晚，新有橋虹水上横。

小檻明窗曾不住，閑花芳草遣誰栽？但須匹馬尋幽勝，攜取清樽到處開。

又次韻遊小雲居

溪上浮花片片輕，泝流登岸得山行。僧房幽絶雲居小，春日陰晴野色明。永遠林棲眞有道，溺沮耕養亦忘情。此身此意何年遂？空使常談笑老生。

次韻秦觀梅花

病夫毛骨日凋槁，愁見米鹽惟醉倒。忽傳騷客賦寒梅，感物傷春同懊惱。江邊不識朔風勁，牆頭亦有南枝早。未開素質夜先明，半落淸香春更好。鄰家小婦學閑媚，靚粧惟有長眉掃。孤芳已與飛霰競，結子仍先百花老。苦遭横笛亂飛英，不見遊人醉芳草。可憐物性空自知，羞作繁華助芒昦。

復次前韻答潛師

憐君古木依巖槁，江西飲盡須彌倒。野花幽草亦何爲，險韻高篇空自惱。萬點浮溪輒長歎，一枝過嶺仍誇早。拾香不忍遊塵汙，嚼蕊更憐眞味好。道人遇物心有得，瓦竹相敲緣自掃。誰知眞妄了不妨，令我至今思璉老。妙明精覺昔未識，但向閑窗看詩草。浮雲時起鳥四飛，畢竟安能亂清昊？

景福順老夜坐道古人搐鼻語

中年聞道覺前非，邂逅仍逢老順師。搐鼻徑參眞面目，掉頭不受別鉗鎚。枯藤破衲公何事，白酒青鹽我是誰？慚愧東軒殘月上，一盃甘露滑如飴。

畫枕屏

繩牀竹簟曲屏風，野水遙山霧雨濛。長有灘頭釣魚叟，伴人閑臥寂寥中。

次韻王適留別

遠謫勞君兩度行，復將文字試平衡。干時豈爲斗升祿？聞道應忘寵辱驚。未了新書誰與讀，重留佳句不勝情。決科事畢知君喜，俗學消磨意自清。

次韻子瞻特來高安相別先寄遲适遠却寄邁迨過遯

老兄騎騾日百里，據鞍作詩若翻水。忽吟春草思惠連，因之亦夢添丁子。羣兒競長堪一笑〔一〕，老馬臥餐何日起？聞兄盡室皆舊人，見面未曾惟遯耳。遲年最長二十六〔二〕，已能幹父窮愁裏。豫兒揚眉稍剛勁，黨子温純無愠喜。我兄憔悴我亦窮，門戶父長眞待爾。但令戢戢見頭角，甑倒囊空定何恥？家藏萬卷須盡讀，此外一簪無所恃。船中未用廢詩書，閉窗莫看江山美。

【校】

〔一〕「競」，宋甲本、叢刊本作「盡」。

〔二〕王文誥蘇詩總案卷一：「『遲年最長』乃『邁年最長』之譌。子由却寄四侄，必無獨略去邁而以己子遲夾入之理，集刻顯誤。」可參。

次韻子瞻端午日與遲适遠三子出遊

人生逾四十，朝日已過午。一違少壯樂，日迫老病苦。丹心變爲灰，白髮粲可數。惟當理鉏耰，教子藝稷黍。誰令觸網羅，展轉在荆楚。平生手足親，但作十日語。朝游隔提攜，夜臥困烝煑。未歌棠棣詩，已治芻靈祖。士生際風雲，富貴若騎虎。奈何貧賤中，所欲空齟齬？

次韻子瞻留別三首

公來十日坐東軒，手自披雲出朝日。山川滿目竟何有？波浪翻天同一濕。諸門迭出驚異狀，間道懷歸終舊壁。此行千里隔江河，何人更問維摩疾？

野人性似修行僧，長願幽居近林麓。南遷無計脫簪組，西歸誰爲栽松竹？頭上白雲卽飛蓋，耳畔清泉當鳴玉。洛川猶是冠蓋林，更願高飛逐黃鵠。

東西南北無住身，羯末封胡四男子。彫鎪不遺治章句，爛漫先令飽文字。疎慵嗟我厲之人，生子夜中唯恐似。傳家粗足不願餘，同駕柴車還我里。

次韻子瞻行至奉新見寄

四年俟公書，長覘飛鴻背。十日留公談，欲作白蓮會。筠州無可語者，往還惟一二僧耳。匏瓜一遭繫，賣酒長不在。夜歸步江滸，明月照淸瀨。心開忽自得，語異竟非背。倍音〔一〕一樽談笑間〔二〕，萬事寂寥外。欲同千里行，奈此一官礙。何年眞耦耕，舉世無此大？

【校】

〔一〕「倍音」，叢刊本作「音倍」。

〔二〕「笑」，原作「入」，據宋甲本、叢刊本改。

贈醫僧鑒清二絶

肘後醫方老更精，鬚眉白盡氣彌清。只應救病能無病，豈是平生學養生？

門人久作開堂老，庭檜看成合抱圍。它日浴堂歸洗背，回頭還解放光輝。

贈醫僧善正

老怯江邊瘴癘鄉，城東時喜到公房。歷言五藏如經眼，欲去三彭自有方。身厭遠遊安靜默，術因多病更深長。時時爲我談尊宿，曾入南公古道場。

食菱

野沼漲清泉，烏菱不直錢。蟹肥螯正滿，石破髓初堅。節物秋風早，樽罍夜月偏。令人思淮上，小舫藕如椽。

留滯高安四年有餘忽得信聞當除官眞揚間偶成小詩書于屋壁

數間茅屋久蹉跎，四見秋風入薜蘿。北棹偶然追雁羽，南公誰復伴漁蓑？三年賈傅驚吾老，九歲劉郎愧爾多。此去仍家江海上，不妨一葉弄滄波。

洪休上人少年讀書以多病出家居泐潭爲馬祖修塔以三絕句來謁答一首

早除郎將少年狂，祖塔結緣歸故鄉。習氣未消餘業在，逢人依舊琢詩章。

勉子瞻失幹子二首

人生本無有，衆幻妄聚耳〔一〕。手足非吾親，何況妻與子？偶來似可樂，強作室家喜。忽去未免悲，欣戚要矜毁。君家兩歲兒，畢竟何自始？變化違初心，涕泗劇翻水。吾儕近始悟，造物聊復試。道力竟未完，聰明信難恃。

破甑不復顧，彼無愛甑心。棄璧負赤子，始驗愛子深。誠知均非我，胡爲有不能？一從三界遊，久被百物侵。朝與喜怒交，莫與寵辱臨。四物皆不勝，生死獨未會。不經大火燒，孰爲眞黃金？棄置父子恩，長住栴檀林。

【校】

〔一〕此句宋甲本作「幻妄聚散耳」。

偶遊大愚見餘杭明雅照師舊識子瞻能言西湖舊遊將行賦詩送之

五年賣鹽酒，勝事不復知。城東古道場，蕭瑟寒松姿。出遊誠偶爾，相逢亦不期。西軒吳越僧，弛擔未多時。言住西湖中，巖谷涵淸漪。却背閭井喧，曲盡水石奇。昔年蘇夫子，杖屨無不之。三百六十寺，處處題淸詩。麋鹿盡相識，況乃比丘師？辯淨二老人，精明吐琉璃。笑言每忘去，蒲褐相依隨。門人几杖立，往往聞談詞。風雲一解散，變化何不爲？辯入三昧火，卯塔長松欹。淨老不復出，麈尾淸風施。蘇公得罪去，布衣拂霜髭。空存壁間字，鬱屈蟠蛟螭。知我卽兄弟，徽官此棲遲。問何久自苦，五斗寧免飢？俯首笑不答，且爾聊敖嬉。我兄次公狂，我復長康癡。反復自爲計，定知山中宜。但欲畢婚娶，每爲故人疑。君歸漫灑掃，野鶴非長羈。

將移績溪令

坐看酒壚今五年，恩移巖邑稍西還。它年貧富隨天與，何日身心聽我閑？山栗似粲應自飽，蜂糖如土不須慳。仲卿意向桐鄉好，身後烝嘗亦此間。

約洞山文老夜話

山中十月定多寒，纔過開爐便出山。堂衆久參緣自熟，郡人迎請怪忙還。問公勝法須時見，要我清談有夜闌〔一〕。今夕客房應不睡，欲隨明月到林間。

【校】

〔一〕「闌」，宋甲本、叢刊本作「閑」。

將之績溪夢中賦泊舟野步

扁舟逢野岸，試出步崇岡。山轉得幽谷，人家餘夕陽。被畦多綠茹，堆屋剩黃粱。深羨安居樂，誰令志四方？

謝洞山石臺遠來訪別

竄逐深山無友朋，往還但有兩三僧。共遊渤澥無邊處，扶出須彌最上層。未盡俗緣終引去，稍諳眞際自虚澄。坐令顚老時奔走，竊比韓公愧未能。

贈方子明道人

水銀成銀利十倍，丹砂爲金世無對。此人靳術不肯傳，闔戶泥牆畏天戒。今子何爲與我言，人生貧富寧非天？鉗鎚橐籥枉心力，虀鹽布被隨因緣〔一〕。我來江西晚聞道，一言契我心所好。廓然正若大虚空，平生伎倆都除掃。子言舊事淨慈師，未斷有爲非淨慈。此術要將救飢耳，人人有命何憂飢？

【校】

〔一〕「被」，宋甲本、叢刊本作「褐」。

回寄聖壽聰老

五年依止白蓮社，百度追尋丈室遊。睡待磨茶長展轉，病蒙煎藥久遲留。贊公夜宿詩仍作，巽老堂成記許求。回首萬緣俱一夢，故應此物未沉浮。

乘小舟出筠江二首

短舫漂浮眞似葉，小蓬低淺僅如巢。幽吟但覺山川走，因睡不知風雨交。紅飯白醪供醉飽，青蓑黃篛可纏包。一竿鶴髮它年事，萬斛龍驤任見嘲。

宦遊欲學林間鵲，每到新年旋疊巢。篷篛籠船聊以屋，漁樵把臂便成交。不妨袖裏攜詩卷，尚可牀頭置藥包。古史欲成身愈困，客來未免答譏嘲。

寄題孔氏顏樂亭

顏巷久已空，顏井固不遷。荆榛翳蔓草，中有百尺泉。誰復飲此水，裹飯耕廢田？有賢孔氏孫，芟夷發淸源。廢牀見綆刻，古甃昏苔痕。引缻注瓢樽〔一〕，千歲忽復然。嗟哉古君子，至此良獨難。口腹不擇味，四體不擇安。遇物一皆可，孰爲我憂患？阮生未忘酒，嵇生未忘鍛。欲忘富貴樂，託物僅自完。無託中自得，嗟哉彼誠賢！

【校】

〔一〕「缻」，叢刊本作「瓶」。

徐孺亭

徐君鬱鬱澗底松，陳君落落堂上棟。澗深松茂不遭伐，堂毁棟折傷其躬。二人出處勢不合，譬如日月行西東。朝爲賓主兩相好，一榻挂壁吹清風。人生遇合何必同，一朝利盡更相攻。先號後笑不須怪，外物未可凝心胸。比干諫死微子去，自古不辨汙與隆。我來故國空歎息，城東舊宅生茅蓬。平湖十頃照清廟，獨畫徐子遺陳公。二人皆合配社稷，胡不相對祠堂中？

滕王閣

客從筠溪來，欹仄困一葉。忽逢章貢餘，滉蕩天水接。風霜出州渚，草木見毫末。勢奔西山浮，聲動古城槳。樓觀却相倚，山川互開闔〔一〕。心驚魚龍會，目送鳧雁滅。遙瞻客帆久，更悟江流闊。史君東魯儒，府有徐孺榻。高談對賓旅，確論精到骨。餘思屬湖山，登臨寄遺堞。驕王應笑滕，狂客亦憐勃。萬錢罄一飯，千金賣豐碣。豪風相凌蕩，俳語終倉猝。歐陽文忠公嘗云：「王勃記文似俳，而唐人貴之如此，何也？」事往空長江，人來逐飛楫。短篇竟蕪陋，絶景費彈壓。但當倒罌瓶，一醉付江月。

【校】

〔一〕「互」，原作「牙」，據宋甲本、叢刊本改。

次韻道潛南康見寄

一葉追隨魚與龍，紅粳白酒幸年豐。也知山色遥相待，苦畏君詩欲見攻。乘興風帆終日去，尋幽蠟屐及春同。請君先入開先寺，待濯清溪看玉虹。

車浮 幷敍

結木如巢，承之以簣，沉之水中，以浮識其處，方舟載兩輪，挽而出之，漁人謂之車浮，此詩所謂汕也〔一〕。與遲、适同作車浮詩。

寒魚得汕便爲家，兩兩方舟載小車。謀食旋遭芳餌誤，求安仍值積薪遮。情存未免人先得，欲盡要令物莫加。身似虚舟任千里，世間何處有罾罝？

【校】

〔一〕「汕」，原作「仙」，據宋甲本改。

題都昌清隱禪院

北風江上落潮痕，恨不乘舟便到門。樓觀飛翔山斷際，松筠陰翳水來源。升堂猿鳥晨窺坐，乞食帆檣莫遶村。誰道谿巖許深處，一番行草認元昆。長老惟湜曾識子瞻兄於淨因〔一〕，有簡劄石。

【校】

〔一〕「湜」，宋甲本作「偍」，叢刊本作「是」。

送章戶掾赴澧州

江船不厭窄，船窄始宜行。風裏長先過，灘頭一倍輕。迎親無惡處，祿養勝躬耕。澧上春蘭早，猶堪弔屈生。

除夜泊彭蠡湖遇大風雪〔一〕

莫發鄱陽市，曉撈彭蠡口。微風吹人衣，霧遶廬山首。舟人釋篙笑，此是風伯候。杙舟未及深，飛沙忽狂走。暗空轉車轂〔二〕，淥水起岡阜。衆帆落高張，斷纜已不救。我舟舊如山，此日亦何有？老心畏波瀾，歸臥塞窗牖。土囊一已發，萬竅無不奏。初疑丘山裂，復恐蛟蜃鬭。鼓鍾相轟豗，戈甲互磨叩。雲霓黑旗展，林木萬弩彀。曳柴眩人心，振旅擁軍後。或爲羈雌吟，或作倉兕吼。衆音雜呼吸，異出殊圈臼。中霄變凝冽，飛霰集粉糅〔三〕。蕭騷蓬響乾，晃蕩窗光透。堅凝忽成積，澎湃殊未究。紵縞鋪前洲，瓊瑰琢遙岫。山川莽同色，高下齊一覆。淵深竄魚鼈，野曠絶鳴雊。孤舟四鄰斷，餘食數升糗。寒虀僅盈盎，腊肉不滿豆。弊裘擁衾眠，微火拾薪搆。可憐道路窮，坐使妻子詬。幽奇雖云極，岑寂頃未覯。一年行將除，茲歲眞浪受。朝來陰雲剝，林表紅日漏。風稜恬已收，江練平不縐。兩槳舞夷猶，連峯吐奇秀。同行賀安穩，所識問癯瘦。驚餘空自憐，夢覺定眞否。春陽著城邑，屋瓦凍初溜。艱難當有償，爛熳醉醇酎。

【校】

〔一〕「雪」，原作「雨」，據宋甲本改。

〔二〕「晤」，叢刊本作「晴」。

〔三〕「粉」，宋甲本作「紛」，叢刊本作「飛」。

正旦夜夢李士寧過我談說神怪久之草草爲具仍以一小詩贈之

先生惠然肯見客，旋買雞豚旋烹炙。人間飲食未須嫌，歸去蓬壺却無喫。

舟中風雪五絶

北風吹雪密還稀，雪勢漸多風力微。孤棹獨依銀世界〔一〕，山川絶路欲安歸？

曉風起浪作銀山，夜雪爭妍布玉田。風力漸衰波更惡，通宵撼我正安眠。

擁纜埋篷不見船，船窗一點莫燈然。幽人永夜歌黄竹，賴有丹砂暖寸田。

濁醪麄飯不成歡，白浪飛花雪作團。窗外時來一雙鴨，浮沉笑我不禁寒〔二〕。

江面澄清雪未融，扁舟蕩漾水無蹤。篙師不用匆匆去，遍看廬山羣玉峯。

【校】

〔一〕「世」，宋甲本、叢刊本作「色」。

〔二〕「沉浮」，宋甲本、叢刊本作「浮沉」。

題南康太守宅五老亭

五老高閑不入城，開軒肯就史君迎。坐中莫著閑賓客，物外新成六弟兄。雲氣飄浮衣袂舉，泉流灑落佩環聲。岌然終日俱無語，靜壽相看意自明。

書廬山劉顗宫苑屋壁三絶〔一〕

山西舊將本書生，歸老巖間未厭兵。臥聞布水中宵起，錯認邊風萬馬聲。

雕弓掛壁恥言勳，出入樵漁便作羣。五馬親來看射虎，不愁醉尉惱將軍。

肩輿已棄躡風騅，舊物仍存楊柳枝。一曲清歌尤近好，五陵故態未全衰。

【校】

〔一〕宋甲本題作「陪南康太守訪廬山劉顗宫苑山居留題三絶」。

再遊廬山三首

當年五月訪廬山，山翠溪聲寢食間。藤杖復隨春色到，寒泉頓與客心閑。巖頭懸布煎茶足，峽口驚雷泛葉慳。待得前村新雨遍，扁舟應逐好風還。

憶自栖賢夜入城，道邊蘭若一僧迎。偶然不到終遺恨，特地來遊慰昔情。海外聲聞安至此，堂中天鼓爲誰鳴？匆匆復向深山去，一盞醍醐飽粟罌。羅漢院有新羅羅漢，堂中法鼓特大。

此山巖谷不知重，赤眼浮圖自一峯。芒屩隨僧踐黄葉，曉光消雪墮長松。石泉試飲先師錫，午飯歸尋下寺鐘。勝處轉多渾恐忘，出山惟見白雲濃。

池陽阻風

鍾陵距池陽，相望千里內。江神欺我貧，屢作風雨礙。欲投皖公宿，三日逢一噫。孤篷面空山，朝食淡無菜。白醪幸餘瀝，黄卷漫相對。飢吟非吾病，疾走老所戒。焦先近不遠，蝸舍聞尚在。區區問養生，借我一帆快。

張嘉祐

道人何爲者？陽狂時放言。寶塔昔所構，鐵券今尚存。此張所言，其余都不可曉。漫浪難究悉，孰知彼根源？草庵劣容膝，俯仰拳肩跟。無食輒行乞，一飽常閉門。爾來二十年，未嘗變寒温。嗟哉豈徒然，此意未易言。偶來一笑喜，但恐笑我昏。

效韋蘇州調嘯詞二首

漁父，漁父，水上微風細雨。青蓑黄篛裳衣，紅酒白魚莫歸。莫歸，莫歸，歸莫，長笛一聲何處？

歸鴈，歸鴈，飲啄江南南岸。將飛却下盤桓，塞北春來苦寒。苦寒，苦寒，寒苦，藻荇欲生且住。

至池州贈陳鼎秀才

淮陽學舍舊相依，常誦曹溪第一機。却到江西心有悟，回看過去事皆非。孤舟遠適身如寄，二頃躬耕道自肥。欲看齊山君去否，閑中徒侶近來稀。

次韻遲初入宣河

遠客安長道，低篷稱小溪。雲添濕帆雨，舟滯沒篙泥。草綠耕牛健，村深候鳥啼。陶翁方作令，歸去未成題。

次韻侯宣州利建招致政汪大夫

社甕壺漿接四鄰，肩輿拄杖試紅塵。慣眠林下三竿日，來看城中萬井春。世上升沉無限事，樽前強健不貲身。經過已足知公政，長見車中有老人。

次韻侯宣城疊嶂樓雙溪閣長篇

作官如負擔，一負當且弛。不知息肩處，妄問道遠邇。我乘章江流，却入宛溪水。捨舟陟崔嵬，行路極句已〔一〕。名都便欲過，佳處賴公指。仰攀疊嶂高，俯閱雙溪美。不悟身乘空，但覺風吹耳。雲煙變遙壑，歌吹聞近市。倦遊得淸曠，行役有新喜。公言頃榛穢，斬伐從我始。堰水種蒲蓮，開山蒔梅李。擁本待成陰，養花要食子。遺風揖桓謝，及老邀黄綺。邦人魚依蒲，食客莪在沚〔二〕。春陰迫寒食，謂我姑且止。嗟余去鄉國，屢把刀環視。感公鵠鷺修，憐我鳧鴨庳。異邦逢故人，寧復固辭理。高談雲漢上，爛醉笙歌裏。落日盡公歎，推挽未應起。

【校】

〔一〕「句」，叢刊本作「旬」。

〔二〕「沚」，原作「芷」，據宋甲本、叢刊本改。

初到績溪視事三日出城南謁二祠遊石照偶成四小詩呈諸同官

梓桐廟

行年五十治丘民，初學催科愧廟神。無限青山不容隱，却看黄卷自憐貧。雨餘嶺上雲披絮，石淺溪頭水甃鱗。指點縣城如手大，門前五柳正摇春。

汪王廟

石門南出衆山顛，沃壤清溪自一川。老令舊諳田事樂，春耕正及雨晴天。可憐鞭撻終無補，早向叢祠乞有年。歸告仇梅省文字，麥苗含穗欲蠶眠。

石照二首

行盡清溪到碧峯，陰崖翠壁盡杉松[一]。故留石照邀行客，上徹青山最後重。

雨開石照正新磨，鳥度猿攀野老過。忽見塵容應笑我，年來底事白鬚多？

【校】

[一]「盡」，原作「畫」，據宋甲本、叢刊本改。

縣中諸花多交代江君所栽牡丹已過芍藥方盛偶寄小詩

偶來山邑便成家，慚愧潘生滿縣花。想見清樽檻邊飲，尚留佳句壁間誇。根株未老年年好，豔色方穠日日加。聞道北遊無意味，春深河上足風沙。

楊主簿日本扇

扇從日本來，風非日本風。風非扇中出，問風本何從？風亦不自知，當復問大空。空若是風穴，既自與物同。同物豈空性，是物非風宗。但執日本扇，風來自無窮。

次韻答人幽蘭

幽花耿耿意羞春，紉佩何人香滿身？一寸芳心須自保，長松百尺有爲薪。

次韻江法曹山間小酌〔一〕

高情不奈簿書圍，行揖青山肯見隨。綠野逢花將盡日，清樽逌我正閑時。簷間雙燕欲生子，葉底新梅初滿枝。笑殺華陽窮縣令，牀頭酒盡只顰眉。

【校】

〔一〕「江法曹」，宋甲本作「江汝弼法曹」。

官舍小池有鸂鶒遺二小雛二首〔一〕

半畝清池藻荇香，一雙鸂鶒競悠揚。來從碧澗巢安在？飛過重城毋自將。野鳥似非官舍物，宰君昔是釣魚郎。直言愧比奇章老，得縣無心更激昂。

清池定誰主〔二〕？鸂鶒自來馴。知我無傷意，憐渠解託身。檣陰棲息穩，島外往來頻。勿食遊魚子，從交長細鱗。

【校】

〔一〕「雛」下，宋甲本多「偶成」二字。

〔二〕「主」，原作「至」，據宋甲本、叢刊本改。

次韻答人見寄〔一〕

對案青山雲氣騰，天將隙地養無能。窗扉迎暑梅將溜，虚市無人冷欲冰。寂默忘言慚社燕，毰毸困睡比春鷹。深知大府容衰病，復值年來蠶麥登。

【校】

〔一〕宋甲本題作「次韻答江法曹見寄」。

次韻答人檻竹〔一〕

猗猗元自直，落落不須扶。密節風吹展〔二〕，凊陰月共鋪。叢長傲霜雪，根瘦恥泥塗。更種愁無地，應須翦碧蘆〔三〕。

【校】

〔一〕宋甲本、三蘇祠本題作「次韻答魏孝仙檻竹」。宋甲本「仙」作「先」。

〔二〕「吹」，宋甲本、叢刊本作「催」。

〔三〕「翦」，原作「煎」，據宋甲本、叢刊本改。

欒城集卷之十四

詩八十五首

次韻王薦推官見寄

可憐衰病孰爲媒？私喜鄰邦得雋才。玉案愧無酬錦繡，木瓜却用報瓊瑰。風流似欲傳諸謝，格律猶應學老梅。始信山川出才士，扁舟新自宛溪來。薦，宣人也。

郭尉願惇夫以琳上人書詩爲示次韻

勉強冠裳四十餘，同官早歲亦山居。朝來過我三竿日，袖有幽僧數紙書。家住一廛何計反，官供五㪷未應無。聞渠秋後來相訪，脱粟藜羹只自如。

次韻汪琛監簿見贈

連宵暑雨氣如秋，過客不來誰與遊？賴有澹臺肯相顧，坐令彭澤未能休。琴疎不辦彈新曲，學廢誰令致束修？慚愧邑人憐病懶，共成清淨勸遲留。

周昉畫美人歌

深宫美人百不知，飲酒食肉事游嬉。彈絲吹竹舞羅衣，曲終對鏡理鬢眉。岌然高髻玉釵垂，雙鬟窈窕萼葉微。宛轉躑躅從嬰兒，倚楹俯檻皆有姿。擁扇執拂知從誰，瘦者飛燕肥玉妃。俯仰向背樂且悲，九重深遠安得窺？周生執筆心坐馳，流傳人間眩心脾。飛瓊小玉雲霧幃，長風吹開忽見之。夢魂淸夜那復追，老人衰朽百事非。展卷一笑亦胡爲？持付少年良所宜。

病中郭尉見訪

偶成三日寒兼熱，知是多聞力未全。却問藥王求妙劑，慚非摩詰已虚圓。勞公強説修行漸，顧我方爲病垢纏。應是牀頭有新酒，欲邀佳客故留連。

病後

一經寒熱攻骸骨，正似兵戈過室廬〔一〕。柱木支撑終未穩，筋皮收拾久猶疎。芭蕉張王要須朽，雲氣浮游畢竟虚。賴有衣中珠尚在，病中點檢亦如如。

【校】

〔一〕「兵戈」，宋甲本，叢刊本作「兵戎」。

復病三首

病作日短至，病消秋氣初。山深足氛瘴，俗儉少肴蔬。藥亂曾何補？心安當自除。朝庭閔流落，已是脱遷居。

其二

寒作埋冰雪，熱攻投火湯。今生那有此？宿業未應亡。委順一無損，力爭徒自傷。頹然付一榻，是處得清涼。

其 三

一病五十日，復爾當解官。不才歸亦樂，無食去猶難。黽勉人應笑，低徊意已闌。舊師摩詰老，把卷靜中看。

送琳長老還大明山

身老與世疎，但有世外緣。五年客江西，掃軌謝往還。依依二三老，示我馬祖禪。身心忽明曠，不受垢汚纏。偶成江東游，欲別空悽然。緣散衆亦去，飄若風中煙。高安三長老與之甚熟，別後文老去洞山，聰老去聖壽，全老化去。華陽本荒邑，緇素明星懸。偶然得老尉，舊依育王山。璉公善知識，不見十九年。我昔未聞道，問以所入門。告我從信入，授我普眼篇。冉冉百尺松，起自一寸根。南歸髮盡白，尺書今始傳。不知鄰邑中，乃有門人賢。百里走相訪，觸熱汗雨翻。懷中出詩卷，淸絶如斷蟬。我適病寒熱，氣力才緜緜。空齋默相向，欲語不能宣。未暇答佳意，歸錫鏘金環。空有維摩病，愧無維摩言。

病退

冷枕單衣小竹牀，卧聞秋雨滴心涼。此間本淨何須洗，是病皆空豈有方？示疾維摩元自在，放身南嶽離思量。病根欲去眞元在〔一〕，中夜夢遊何有鄉〔二〕。

【校】

〔一〕「元」，叢刊本作「源」。

〔二〕「中」，宋甲本、叢刊本作「昨」。

病後白髮

枯木自少葉，不堪經曉霜。病添衰髮白，梳落細絲長。筋力從凋朽，肝心罷激昂。勢如秋後雨，一度一凄涼。

答琳長老寄幽蘭白朮黄精三本二絶

谷深不見蘭生處，追逐微風偶得之。解脱淸香本無染，更因一嗅識眞如〔一〕。

老僧似識衆生病，久在山中養藥苗。白朮黄精遠相寄，知非象馬費柔調。

【校】

〔一〕「如」，宋甲本、叢刊本作「知」。

次韻侯宣城題疊嶂樓

小邑來時路，宣城最近隣。樓臺百年舊，花竹一番新。登覽春深日，凝思病後身。何時對樽酒，重爲洗埃塵？

初聞得校書郎示同官三絶

讀書猶記少年狂，萬卷縱横曬腹囊。奔走半生頭欲白，今年始得校書郎。

百家小邑萬重山，慚愧斯民愛長官。粳稻如雲梨棗熟，暫留聊復爲加飡。

病後濁醪都少味，老來歡意苦無多。臨行寂寞空相對，不作新詩奈客何？

績溪二詠

豁然亭

南看城市北看山，每到令人意豁然。碧瓦千家新過雨，青松萬壑正生煙。經秋臥病聞斤響，此日登臨負酒船。徑請諸君作佳句，壁間題我此詩先。

翠眉亭

誰安雙嶺曲彎彎，眉勢低臨戶牖間。斜擁千畦鋪淥水，稍分八字放遙山。愁霏宿雨峯巒濕，笑卷晴雲草木閑。忽憶故鄉銀色界，舉頭千里見蒼顔。

辭靈惠廟歸過新興院書其屋壁

來時稻葉針鋒細，去日黄花黍粒麄。久病終慚多廢政，豐年猶喜慰耕夫。青山片片添紅葉，淥水星星照白鬚。東觀校讎非老事，眼昏那復競鉛朱？

郭尉惠古鏡

凛如秋月照虚空，遇水留形處處同。一瞬自成千億月，精神依舊滿胸中。俗言以鏡予人，損己精神，故解之云。

歙縣歲寒堂

檻外甘棠錦繡屏，長松何者擅亭名？浮花過眼無多日，勁節凌寒盡此生。暗長茯苓根自大，旋收金粉氣尤清。長官不用求琴譜，但聽風聲作弄聲。

邵武游氏老人三清堂紫芝〔一〕

黑龜赤鳳早逢師，白髮蒼顔老不衰。丹鼎一丸深自祕，紫芝三葉却先知。煙薰晴日雲容薄，色凝秋霜玉性奇。何日刀圭救羸病，盡芟荆棘種交梨？

【校】

〔一〕「清」，宋甲本作「消」。

神宗皇帝挽詞三首

稽古堯無作，勤邦禹有功。政新天地力，事改漢唐風。禮樂寰中盛，梯航海外通。華封徒有誦，龍御忽乘空。

其二

承平終不處，付託重艱難。統接神孫正，人依聖母安。橋山封劍佩，原廟見衣冠。萬國纏哀處，嵩陽檜柏寒。

其三

取士忘疎賤，量書廢寢興。芻言本何益，玉殿最先登。日角依俙想，堯言涕泗稱。龍髯遠莫及，零淚凍成冰。

舟過嚴陵灘將謁祠登臺舟人夜解及明已遠至桐廬望桐君山寺縹緲可愛遂以小舟遊之作二絶

扁舟忽草出山來，慚愧嚴公舊釣臺。舟子未應知此恨，夢中飛楫定誰催？

嚴公釣瀨不容看，猶喜桐君有故山。多病未須尋藥錄，從今學取衲僧閑。

泝潮二首

潮來海若一長呼，潮去蕭條一吸餘。初見千艘委泥土，忽浮萬斛泝空虛。映山少避曾非久，借勢前行却自如。天地尚遭人意料，乘時使氣定粗疎。

疋練縈回出海門，黄泥先變碧波渾。初來似欲傾滄海，正滿眞能倒百源。流柹飛騰竟何在？扁舟睥睨久仍存。自慚不作山林計，來往終隨萬物奔。

贈王復處士

候潮門外王居士，平昔交遊遍海涯。本種杉松爲老計，晚將亭榭付隣家。爲生有道終安隱，好事來遊空嘆嗟。猶有東坡舊詩卷，忻然對客展龍蛇。王君舊有園亭，子瞻兄名之曰種德。其亭頃以貧故鬻之矣。

張惕山人即昔所謂惠思師也余舊識之於京師忽來相訪茫然不復省徐自言其故戲作二小詩贈之

昔日高僧今白衣，人生變化定難知。故人相見不相識，空怪解吟無本詩。

聽誦長江近章句，喜逢澄觀已冠巾。醉吟揮弄清潮水〔一〕，誰信從前戒律人？

【校】

〔一〕「潮」，宋甲本、叢刊本作「湖」。

次韻子瞻送楊傑主客奉詔同高麗僧遊錢塘

人言長安遠如日，三韓住處朝日赤。飛帆走馬入齊梁，却渡吳江食吳橘。玉門萬里唯言九，行人淚墮陽關酒。佛法西來到此間，遍滿曾如屈伸手。出家王子身心虛，飄然渡海如過渠。遠來欲見傾盆雨，屬國眞逢戴角魚。至人無心亦無怯，一物不見誰爲敵？東海東邊定有無，拍手笑作中朝客。

寄龍井辯才法師三絶 并敍

轍自績溪蒙恩召還，將自宣城沿大江以歸。家兄子瞻以書告曰：「不如道歙溪，過錢塘，一觀老兄遺迹。」轍用其言，既至吳中，迫於水涸，不能久留。十月八日，遊上天竺。子瞻昔與辯才師相好，今隔南山不得見，乃作三小詩以寄之。

我兄教我過東吳，遺墨山間無處無。忽報冬潮催出堰，俗緣深重道心麁。

山色青冥葉未紅，湖光凝碧曉無風。行窮上下兩天竺，望斷南山龍井龍。

井水中藏東海魚，側盆翻雨洗凡夫。隔山欲共公相見，莫道從來一滴無。

元絳參政挽詞

吳越朝天功在民，當年卿相亦仁人。曾孫終與元豐政，故老猶知異代因。吏治清明開白日，文詞俊發吐青春。鄴都從事堂中客，涕灑高原柏子新。

過王介同年墓

平生使氣坐生風，徐扣方知學有功。應奉讀書無復忘，虞翻忤物自甘窮。埋根射策久彌奮，投老爲邦悍莫攻。墳木未須驚已拱，少年我亦作衰翁。昔與中甫同登制科，僕年最少，今已老矣。

將遊金山寄元長老

麁沙施佛佛欣受，怪石供僧僧不嫌。空手遠來還要否？更無一物可增添。

元老見訪留坐具而去戲作一絕調之

石霜舊奪裴休笏，坐具只今君自留。留放書房還會否？受降曾不費戈矛。

元老和示小詩自謂非戰之罪復作一絕并坐具還之

請君却領彌天具，不欲終收陷虎名。莫道昏沉非戰罪，何如不戰屈人兵？

子瞻與長老擇師相遇於竹西石塔之間屢以絕句贈之又留書邀轍同作遂以一絕繼之

遠老陶翁好弟兄，虎溪廬阜久逢迎。何須更要經平子，淸議從來貴士衡。

高郵贈別杜介供奉

淮南魚米年年賤，直便歸休無俸錢。錦背圖書何益事？塵生弦管正參禪。逢人未廢一樽酒，送客長隨百里船〔一〕。世上得如君自在，不須開府事開邊。幾先去年送家兄子瞻至高郵，今年復留此相別。

【校】

〔一〕「百」，叢刊本作「千」。

答王定國問疾

五年竄南荒，頑質不伏病。吸清吐濁穢，氣練骨隨勁。澹然久忘歸，寂寂就遐屏。國恩念流落，牽挽畀隣境。葉舟泝長江，藤鞋過重嶺。峽深蔦蘿惡，山嶮崖石橫。恢台夏初發〔一〕，氛霧秋愈盛。菘薤食有時，豚羔詎曾省？門開訟氓入，日晏鴂舌競。肝脾得寒熱，冰炭迫晨暝。俚醫固空疎，蠻覡劇麤猛。老妻但坐哭，遺語未肯聽。長子亦在牀，一臥昏不醒。思歸未可得，即死付前定。如如性終在，冉冉歲將冷。筋骸稍輕安，冠服強披整。餘方厭苓朮，日食禁醪茗。髮衰亂隨櫛，骨瘦空看影。簿書勉復親，環玦非所請。馬老固伏櫪，槎流舊安井。凌兢就輕車，邂逅出修綆。此生誠夢幻，俛仰成弔慶。故人枉新詩，萬里慰孤耿。賞音我非曠，斲鼻君眞郢。南遷昔所同，臥疾今亦並。遠行信由天，未死庸非命？歸舟正飄兀，齋舍念清淨。作書附鴻翼，去路瞻斗柄。閘水漸安流〔二〕，吳音未全正。一樽對清言，及此冬夜永。

【校】

〔一〕「台」，原作「召」，據宋甲本、叢刊本改。

〔二〕「水」，原作「冰」，據宋甲本、三蘇祠本改。

和子瞻次孫覺諫議韻題邵伯閘上斗野亭見寄

扁舟未遽解，坐待兩閘平。濁水汙人思，野寺爲我清。昔遊有遺咏，枯墨存高甍。故人獨未來，一樽誰與傾？北風吹微雲，莫寒依月生。前望邗溝路，却指鐵甕城。茅簷卜兹地，江水供晨烹。試問東坡翁，畢老幾此行？奔馳力不足，隱約性自明。早爲歸耕計，免慚老僧榮。僧榮，斗野主人也。子瞻將卜居丹陽蒜山下，此亭正當歸路，故云爾。

次韻子瞻題泗州監倉東軒二首

肩輿嫋嫋渡浮梁，吏隱知君寄一倉。十里遊看飛皂蓋，小軒相對有壺漿。清宵往往投車轄，永日霏霏散篆香。留滯淮南久仍樂，莫年何意復爲郎？

萬斛塵飛日爲霾，無心退食自成齋。梅生紅粟初迎臘，魚躍銀刀正出淮。卧病空看帆度磧，誦詩猶記雪填階。夾河南北俱形勝，且借高城作兩崖。

答顔復國博

歲晚河水留畫船，一軒修竹喜蕭然。詩詞温厚新成格，道論精微近入禪。病後不勝清醑釅，别時仍得舊書傳。欲成古史須咨考，陋巷何因接尺椽？

次韻王定民宣德

彭城寺壁看詩來，顔氏瓢樽偶共開。茅屋未完先鑿沼，竹林成後想宜梅。新詩妙絶難爲繼，高論微低得共陪。第一詞人生不識，兹行尚喜揖君才。

河冰

扁舟多艱虞，與我平日類。初乘滂洋流，旋涉凍淺地。日西陰風作，夜半流澌至。悄然孤寂枕，覺此凝冽氣。河聲噤不喧，燈花結復墜。忽來觸舟去，聲與裂帛似。平明發窗扉，吏卒殭未起。奔騰陣馬過，洶湧晴雲駛。紛紛散環玦，卷卷浮席被。匯流忽騰蹙，曲岸相撐抵。攲危起丘山，汗漫接州沚。連艘忞凌轢，千槌競紛委。剛強初悍頑，潰散終披靡。掃除就虛曠，沿泝弄清泚。我行無疾徐，乘流得坎止。偶然迫還期，愧此墮千指。陰陽有定數，開塞亦常理。窮冬治舟行，嗟此豈天意？

復賦河冰四絕

客心凜凜怯寒冰，擁褐無言夜漏深。河伯似知歸意速，風號西北故相禁。
春來歸夢劇飛鳧，夜半流澌擁舳艫。似勝去年彭蠡口，雪封廬岳浪翻湖。
朝來縣令借長船，仍遣千夫上下牽。不惜瓊瑤分衆手，貪看雲片滿河壖。
輕紈破碎珮環流，顛倒鏘鳴亂觸舟。解紼投篙曾不顧，不知何處擁汀洲。

河冰稍解喜呈王適

留滯江湖白髮生，西歸猶苦凍崢嶸。春風未到冰先解，河水初深船自輕。去國偶然經晝夢，逢人稍欲問都城。羈鴻共有成行喜，雙鯉應將尺素迎。

河冰復結復次前韻

懊惱河冰散復生，徂年近已失崢嶸。身留短舫厭厭睡，目送飛鴻一一輕。引繂低徊疑上坂〔一〕，打凌辛苦甚攻城。東風憐我歸心速，稍變楊梢百里迎。

【校】

〔一〕「繂」，宋甲本、叢刊本作「綷」。

題南都留守妙峯亭

我登妙峯亭，欲訪德雲師。春陽被原野，渊涣含流澌。未復桃李色，稍增松桂姿。孑孑東來檣，冉冉將安之？萬物委天運，此身免奔馳。悵然懷舊遊，一丘覆茅茨。清冷久沮洳，文雅空頽隳。提攜二三子，醉倒春風吹。不見妙峯處，安知德雲期。南遷久忘反，有獲空自知。歸來覽新構，悦然發深思。遠行極南海，此地初不移。酌我一斗酒，盡公終日嬉。德雲非公歟？相對欲無詞。

次韻發運路昌衡淮南見山堂

疊石初成得賜環，未應苔蘚上蒼顔。據鞍華岳旌旄裏，回首淮山夢想間。烽火日傳西塞靜，丘陵應伴壯心閑。終南太白皆公有，肯向庭中更作山？

送戴朝議歸蜀中

岷山招我早歸來，劍閣橫空未易回。北叟忽驚鵾鴂晚，西轅欲及海棠開。避仇賦客親耕耒，因亂詩翁著酒杯。但愛江山無一事，爲言父老莫相猜。

後省初成直宿呈子瞻二首

掖垣初罷斧斤響，棟宇猶聞松桂香。江海暫來俱野客，雲霄並直愧華堂。月明似與人煙遠，風細微聞禁漏長。諫草未成眠未穩，始知天上極淸涼。

射策當年偶一時，對牀夜雨失前期。廬間還往無多地，夢裏追尋亦自疑。螭墨屢乾朝已久，囊封希上出猶遲。茅簷半破松筠老，歸念蕭然欲語誰？

次韻子瞻送陳睦龍圖出守潭州

海上石橋餘折棟，大舶記君過鐵甕。東行萬里若乘空，老蜃長鯨應入鞚。波搖風卷臥不起，免教髀肉鞍磨痛。歸來過我話艱苦，驚汗津津尙流汞。海涯風物畫成圖，錯落天吳兼紫鳳。至今想象隔人世，往往風濤吹畫夢。長沙欲往厭飛楫，幸有千兵作迎送。文章淸逸世少比，科第峥嵘聲自重。遠行屢屈衆所歎，出祖誰攀車欲動。明朝鼓角背王城，莫聽單于吹曉弄。子雍奉使三韓，轍時在南都，見其往返，故此詩言之。

送千之姪西歸

京洛東遊歲月深，相逢初喜解微吟。夢中助我生池草，别後同誰飲竹林？文字承家憐女在〔一〕，風流似舅慰人心〔二〕。便將格律傳諸弟，王謝諸人無古今。

【校】

〔一〕「承」，叢刊本作「成」。

〔二〕「舅」，叢刊本作「舊」。王文誥蘇詩集成次韻子由送千之侄云：「『風流似舅』句指蒲傳正也。」當以「舅」爲是。

駕幸親賢宅贈隨駕諸公

日日南風夜氣煩，一聲鳴蹕萬人看。禁溝飛水清黄道，涼殿分冰遍從官。急雨未成昏觀闕，微飆稍覺泛和鑾。相看揮汗塵埃裏，散髮何人舊不冠。

次韻子瞻飲道者院池上

雨氣涼侵殿，河流滲入池。黄粱淪魚子，白酒瀉鵝兒。風細初生袖，塵清免汗眉。郊行不意得，拂壁看題詩。

答孔平仲惠蕉布二絶

裘葛終年累已輕，薄蕉如霧氣尤清。應知浣濯衣稜敗，少助晨趨苯蔡聲。

燈籠白葛扇裁紈，身似山僧不似官。更得雙蕉縫直裰，都人渾作道人看。

次韻朱光庭司諫喜雨

焦枯連夏火，洗濯待秋霖。都邑溝渠淨，郊原黍豆深。流膏侵地軸，晴意動風琴。誰似臣居易，先成喜雨箴。

次韻光庭省中書事

放浪江湖久惰慵，安排誰置從官中。麄疎空與延和對，開納初還正觀風。二鄙兵銷眞帝力，四方雨足自天功。時將一勺傾滄海，漫使人知達四聰。

送張恕朝奉南京簽判二首

楚蟹吳柑初著霜，梁園官酒試羔羊。老如計相非無齒，清似留侯未却糧。杖屨稍通賓客過，殺蔬要遺子孫嘗。詔書委曲如公意，幕府新除朱紱郎。

朱紱還家罷倚門，留都無事最宜親。下車趨走驚隣舍，決獄平反慰老人。相見只今多邂逅，舊遊他日半埃塵。何年重起扁舟興，會作東湖十日賓？

送賈訥朝奉通判眉州

歸念長依落日邊，壺漿今見逆新官。聲傳已覺謳歌遍，身到前知政令寬。民病賢人來已暮，時平蜀道本無難。明年我欲修桑梓，爲賞庭前荔子丹。眉州倅廳舊有荔支一株，甚大。

次韻黃庭堅學士猩毛筆

不悟身邊一斗紅，聖賢隨世亦時中。何人知有中書巧，縛送能書陳孟公？

李誠之待制挽詞二首

脱遺章句事經綸，滿腹龍蛇自屈伸。南駕威聲傳絶域，西征舊恨失姦臣。空留諫疏驚頹靡，終託詩詞話苦辛。直氣如雲未應盡，一雙嗣子亦騏驎。

濟南風物在西湖，湖上逢公初下車。談笑樽前伏齊虜，旌旗門外聽除書。一封未奏先焚草，三黜歸來便種蔬。淚落西堂歌酒地，杉松空見歲寒餘。

司馬温公挽詞四首

白髮三朝舊，青山一布衾。封章留帝所，德澤在人心。未起謳吟切，來歸顧託深。楊公不久住，天意定難忱。

其　二

決策傳賢際，危言變法初。紛紛看往事，一一驗遺書。富貴終何有？清貧只自如。西州不忍過，行哭便回車。

其三

區區非爲己，懇懇欲亡生。力盡心終在，身亡勢亦成。遺民抛劍戟，故老半公卿。魏丙生前友，俱傳漢相名。

其四

少年眞狷淺，射策本麄疎。欲廣忠言地，先收衆棄餘。流離見更化，邂逅捧除書。趙孟終知厥，他人恐罵予。

送表弟程之元知楚州

與君外兄弟，初如一池魚。中年雲雨散，各異澗谷居。客舍復相從，語極長欷歔。青衫奉朝謁，白髮驚晨梳。百年不堪把，一樽歡有餘。淸言我未厭，昨夜聞除書。淮南旱已久，疲民食田蔬。詔發上供米，仍疏古邗渠。要須賢使君，均此積歲儲。徑乘兩槳去，不待五馬車。別離難重陳，勞徠不可徐。政成得召節，歲晚當歸歟？

送王震給事知蔡州

朝廷入忘返，冠蓋如雲屯。賢哉貴公子，獨以民社言。西臺出命書，落筆波濤翻。東臺典封駮，坐惜日月奔。試劇得上蔡，高卧强東藩。旱歲獨多麥，時雨如傾盆。鈴軒省鞭扑，幕府多壺樽。逡巡文字樂，斥去簿領煩。賜環行當至，坐席恐未溫。三槐日成陰，富貴屬曾孫。

送王廷老朝散知虢州

滿腹貯精神，觸手會衆理。一廢十五年，直坐才多爾。我昔遊宋城，憶始識君子。簿書塡丘山，賓客亂蜂蠆。出尋城下宅，屢屣牀前履。淸談如鋸木，落屑紛相委。解頤自有樂，置酒姑且止。逡巡破黄封，婉娩歌皓齒。風高熊正白，霜落蟹初紫。夜闌意未厭，河斜客忘起。歸來笑僮僕，熟醉未曾爾。江湖一流蕩，歡意日頽弛。西還經舊遊，相逢値新喜。詔催西州牧，門有朱轓棨。都城挽不住，山賊近方侈。提刀索崖谷，援桴動閭里。居家百無與，王事非有已。何日却休官，復飲梁王市？

送魯有開中大知洛州次子瞻韻〔一〕

仲連雖不仕，而非綺與園。逡巡笑談間，屢解戰鬭繁。子敬識二孫，長揖鼓鼙喧。意氣感周郎，振策起江村。二賢繼英風，千載爲高門。曾孫事仁祖，風義夙所敦。臺閣餘故事，父老稱遺言。白髮識公子，十載友元昆。婆娑久不試，俯仰色愈温。五馬忽嘶鳴，朱輪夾征軒。旌旄隔河至，部曲幾人存？銅虎不可留，芻狗行當燔。秋潦决河防，遺黎化驚魂。憂心念千里，何暇把一樽？西城叩門别，南風吹帽翻。嗟我限出謁，未敢逾短垣。新晴水尚壯，想見民驚奔。安得萬丈堤，止此百里渾？姑爾救一境，誰當理其源？百聞貴一見，尺書爲我論。

【校】

〔一〕「洛」，原作「洺」，據宋甲本、三蘇祠本及蘇軾原唱改。

欒城集卷之十五

詩八十五首

送陳侗同年知陜府

上書乞江淮，得請臨關河。所得非所願，親友或相訶。丈夫志四方，所遇常逶迤。況當國西屏，形勝古來多。崑渠湧北郭，華岳垂東阿。羌虜昔未平，驛騎如飛梭。間諜時出沒，關梁苦誰何？爾來一清淨，西望多麥禾。魏絳方和戎，先零正投戈。秦人釋重負，道路聞行歌。便當臥齋閤，次第除網羅。時時一嘯咏，未用勤催科。諸孤寄吳越，食口如雁鵞。時分槖中金，何必手自摩？

次韻李曼朝散得郡西歸留別二首

風波定後得西歸，烏鵲喧呼里巷知。未熟黃粱驚破夢，相看白髮信乘危。豚肩尚有多深味，罌器應逢市合時。父老爲公留臘酒，不須猶唱式微詩。

懷印徒行尚故衣，邸中掾史見猶疑。千人上塚鄉關動，五馬行春雨澤隨。醉裏墜車初未覺，道中破甑復誰悲？西行漫遣親朋喜，早賦陶翁歸去詩。

送程建用宣德西歸

昔與君同巷，參差對柴荆。艱難奉老母，弦歌教諸生。黎藿飽臧獲，布褐均弟兄。貧賤理則窮，禮義日益明。我親本知道，家有月旦評。逡巡戶牖間，時聞歎息聲：善惡不可誣，孝弟神所聽。我見此家人，處約能和平。它年彼君子，豈復地上行？爾來三十年，遺語空自驚。松阡映天末，苦淚緣冠纓。子親八十五，皤然老人星。安輿及祿養，平反慰中情。月俸雖不多，足備甘與輕。今年復考課，得秩眞代耕。倚門老鶴望，策馬飛鴻征。歸來歲云莫，手奉屠蘇觥。我詩不徒作，以遺鄉黨銘。君昔嘗税居，與弊廬東西相望，武昌君見其家事，知非貧賤人也，此語未嘗語人。俯仰三十年矣，因君西歸，作詩言之，不覺流涕。

次韻子瞻杜介供奉送魚

天街雪霽初通馹，禁籞冰開漸躍魚。十尾煩君穿細柳，一杯勸我芼青蔬。寒樽獨酌偶逢客，佳句相酬不用書。江海歸來叨禁近，空令同巷往來疎。

次韻子瞻招王蘧朝請晚飲

嬌嬌公孫才不貧，白駒衝雪喜新春。忽過銀闕迷歸路，誤認瑤臺尋故人。訪我不嫌泥正滑，留君深愧酒非醇。歸時九陌鋪寒月，清絶空教僕御顰。

子瞻與李公麟宣德共畫翠石古木老僧謂之憩寂圖題其後

東坡自作蒼蒼石，留取長松待伯時。只有兩人嫌未足，更收前世杜陵詩。

王君貺宣徽挽詞三首

妙年收賈傳，白首貴王陽。志氣文章在，功名歲月長。遺孫依舊德，故吏滿諸方。河朔三持節，斯民定不忘。

其二

謫墮神仙侶，飛翔鸞鳳姿。舊逢黃石老，陰許赤松期。歷歷僧伽記，申中鄧傳詞。翻然歸海嶠，無復世人知。公少年過泗州，於僧伽塔中見一老僧，謂公：「歸視祖墓有白兔者，君當第一人及第。」已而果然。旣登科見張鄧公，爲公言：「吾爲射洪令，尉捕得一人，疑其行劫，吾覺其非是，釋之。問其所從來，則山中隱者也。以藥遺我，曰：『服此藥，可以終天年而無病。』且約我貴極人臣。今子方且貴，愼勿咎辱道人。」公終身用其言。轍佐公於大名，親見公言之。

其三

從軍在河上，仗鉞喜公來。幕府方閑暇，歌鍾得縱陪。它年老賓佐，過國泣樓臺。猶有墳碑在，仍令故客開。今樞密安公厚卿昔與轍同在幕府，公家方求厚卿作墓碑。

送杜介歸揚州

揚州繁麗非前世，城郭蕭條却古風。尚有花畦春雨後，不妨水調月明中。東都甲第非嫌汝，北牖羲皇自屬翁。淸洛放船經月事，急先鶗鴂遶芳叢。

次韻子瞻與鄧聖求承旨同直翰苑懷武昌西山舊遊

我遊齊安十日回，東坡桃李初未栽。扁舟亂流入樊口，山雨未止淫黄梅。寒溪聞有古精舍，相與推挽登崔嵬。山深縣令喜客至，寺荒蔓草生經臺。黄鵝白酒得野餽，藤牀竹簟無纖埃。可憐遷客畏人見，共怪青山誰爲堆？行驚晚照催出谷，中止亂石傾餘罍。古今相望兩令尹，謂元結與鄧君也。文詞灑落千山隈。野人豈復識遺趣，過客時爲剜蒼苔。五年留滯展齒禿，一朝揮手船頭開。玉堂却憶昔遊處，笑問五柳應彫摧。滿朝文士蚤貴達，馮凌霄漢乘風雷。入參祕殿出華省，何曾著足空山來。漂流邂逅覽遺躅，耳中尚有江聲哀。

送楊孟容朝奉西歸

三十始去家，四十初南遷。五十復還朝，白髮正紛然。故人從西來，鞍馬何聯翩！握手得一笑，喜我猶生全。别離多憂患，夢覺非因緣。惟餘歸耕計，粗有山下田。久糜太倉粟，空愧鄉黨賢。老兄富治行，令德齊高年。幸此民事清，未厭軍壘偏。父老攜壺漿，稚子迎道邊。應有故相識，問我何當旋？君恩閔衰病，歸駕行將鞭。

次韻孔武仲學士見贈

羡君耽讀書，日夜論今古。雖復在家人，不見釋手處。意求五車盡，未惜雙目苦。蓬萊倚霄漢，簡册充棟宇〔一〕。學成擅囷倉，筆落走風雨。破籠閉野鶴，短草藏文虎。鬢鬚忽半白，兒女無復乳。知君不能薦，愧我終何補。偶來相就談，日落久未去。歸鞍得新詩，佳句爛如組。古風棄彫琢，遺味比樂府。且復調塤篪，泠然五音舉。

【校】

〔一〕「册」，宋甲本作「策」。

送家定國朝奉西歸

我懷同門友，勢如曉天星。老去鬢垂素，隱居山更青。退翁聯科第，俯仰三十齡。仕宦守鄉國，出入奉家庭。鵠鷺性本静，芷蘭深自馨。新詩得高趣，衆耳昏未聽。笑我老憂患，奔走如流萍。冠裳强包裹，齒髮坐彫零。晚春首歸路，朱轓照長亭。縣令迎使君，綵服導輜軿。長歎或垂涕，平反知有令。此樂我已亡，雖達終不寧。

次韻劉貢父省上示同會二首

流落江湖東復西，歸來未洗足間泥。偶隨鵬翼培風上，時得衙香滿袖攜。落筆逡巡看僚直，醉吟清絶許分題。相望魯衛雖兄弟，終畏鄰封大國齊。

掖垣不復限東西，賓客來衝霧雨泥。白酒黄封開瀲灩，朱纓青籠落提攜。五花愧我連書判，三道高君免試題。誰遣松蒿同一谷，凌雲他日恐難齊。

次韻孔武仲三舍人省上

君不見西都校書宗室叟，東魯高談鼓瑟手。偶然同我西掖垣，並立曉班分左右。龍文百斛世無價，屬二公。瓦釜楞然但升斗。諸兄落落不可望，兩季幸肯分餘光。大孔奮飛自南鄉，聯翩羣雁相追翔，渠家冠蓋尤堂堂。

送顧子敦奉使河朔

去年送君使河東，今年送君使河北。連年東北少安居，慷慨憐君色自得。河流西決不入土，千里汗漫敗原隰〔一〕。壯夫奔亡老稚死，粟麥無苗安取食？君憂臣辱自古然，自說過門三不入〔二〕。忠誠一發鬼神輔，心念既通謀計集。堤防旋立村落定，波浪欲收蛟蜃泣。二年歸國未爲久，故舊相看髮猶黑。成功豈在延世下，好勇眞令腐儒服。此時爲國頌河平，當使君名長不沒。

【校】

〔一〕「敗」，宋甲本作「破」，叢刊本作「被」。

〔二〕「說」，原作「詭」，據三蘇祠本改。

席上再送

人言虎頭癡，勇作河朔遊。黄河六七月，不辨馬與牛。單車徑北渡，横身障西流。虎頭亦不癡，志在萬戶侯。徜徉歷三邊，歸借坐上籌。腰垂黄金印，不受白髮羞。此計雖落落，但問有志不？臨岐且一醉，行役方未休。

次韻孔文仲舍人酴醾

蒼蛇凍不死，輕素暖仍歸。落蕊時吹面，繁香自撲幃。光凝眞照夜，枝軟或牽衣。似厭風霾苦，應思霧雨霏。開樽迎最盛，掃地見初稀。賴有淸陰在，金波肯發揮？

送錢承制赴廣東都監

家聲遠繼河西守，遊宦多便嶺外官。南海無波閑鬬舸，北堂多暇得羞蘭。忽聞常棣歌離索，應寄寒梅報好安。它日扁舟定歸計，仍將犀玉付江湍。

次韻曾子開舍人四月三日扈從二首

萬人齊仗足聲勻，翠輦徐行不動塵。夾道讙呼通老穉，從官雜遝數徐陳。旌旗稍放龍蛇卷，旒冕初看日月新。天遣雨師先灑道，農夫不復誤占辛。農家常以上辛占麥，辛深則麥熟。今年正月八日得辛，而雨不時應。駕未出，一日初得雷雨，麥始有望。

衣冠雙日款蓬萊，簾脫瓊鉤扇不開。淸曉逮驚三殿啓〔一〕，翠華遙自九天來。晨光稍稍侵黃蓋，瑞霧霏霏著禁槐。千兩翟車觀禮罷，歸時滿載德風迴。是日，內外命婦皆會景靈，仰瞻三宮，肅然雍穆，不言而化，諸公之家有能言之者。

【校】

〔一〕「逮」，宋甲本、叢刊本作「連」。

再和

病起江南力未勻，強將冠劍拂埃塵。木雞自笑真無用，芻狗何勞收已陳。行從鑾旗風日細，側聽廟樂管絃新。誰知四載勤勞後，併舉成功祚泣辛。宸心惻惻念汙萊，南籞西池閉不開。長樂鳴鞘千乘出，顧成蔫邑萬方來。從臣暗泣新宮柳，父老行依輦路槐。雙闕影斜朱戶啓，都人留看屬車回。

次韻張昌言給事省中直宿

還家未暇拂塵衣，攜被重來趁落暉。省戶鳴騶久分散，宮槐棲鵲共翻飛。周廬見月風霜靜〔一〕，斜漢橫空星斗稀。多病心身怯清禁，故山依約夢西歸。

【校】

〔一〕「月」，原作「日」，據宋甲本、叢刊本改。

次韻貢父子開直宿

擲簡搖毫氣吐虹，與餘庭樂詠殘紅。今宵文字知無幾，䰰睡簾中笑二公。

去年冬轍以起居郎入侍邇英講不逾時遷中書舍人雖忝冒愈深而瞻望清光與日俱遠追記當時所見作四絶句呈同省諸公

邇英肅肅曉霜清，玉宇時聞槁葉零。風過都城吹廣內，萬人笑語落中庭。

銅瓶灑遍不勝寒，雨點匀圓凍未乾。回首曈曨朝日上，槐龍對舞覆衣冠。邇英前有雙槐甚高，而柯葉拂地，狀若龍蛇。講官進對其下。

早歲西廂跪直言，起迎天步晚臨軒。何知老侍曾孫聖，欲泣龍髯吐復吞。轍昔舉制策，坐於崇政西廊，蓋邇英之北也。是日晚，仁皇自延和步入崇政，過所試幄前。瞻望天表，最爲親近。

講罷淵然似不勝，詩書猷已契天心。高宗問答終垂世，未信諸儒測淺深。

次韻張問給事喜雨

已收蠶麥無多日，旋喜山川同一雲。禾黍趁時青覆壠，池塘流潤淥生文。兩宫尙廢清晨集，中禁初消永夜薰。倉粟半空民望足，深耕疾耨肯忘君？

次韻宋構朝請歸守彭城

得郡迎親願不違，書來無復寄當歸。馬馳未覺西南遠，烏哺何辭日夜飛。湖水欲平官舍好，茶征初復訟𠵾稀。平反聞道加餐飯，五袴應須换破衣。

次韻劉貢父西掖種竹

竹迷誰定知迷否，趁取滂沲好雨初。栽向鳳池吹律處，斸從芸閣殺青餘。迎風一嘯朝回早，弄月相差直宿疎。應怪籍咸林下客，相看不飲作除書。仲馮方作左史，必與貢父並直於此。

次韻劉貢父省中獨直

簾深巧爲隔朝暾，竹密時能引雀喧。朝罷宿酲還續夢，靜中諸妄稍歸根。坐曹聞道仍分省，出沐誰當與比軒〔一〕？竹簟茅簷它日事，重因遺詠記君恩。

【校】

〔一〕「比」，叢刊本作「並」。

得告家居次韻貢父見寄

君恩賜告許歸來，雨後中庭有緑苔。起問日高三丈久，臥聞車過九門開。泥封連日傳新語，腕脫知君有軼才，十八、二十二兩日，除目猥多。待得晴乾追後乘，未應塵土熱如灰。

黃幾道郎中同年挽詞二首

温恭天賦此心良，惠愛人知政術長。井水無波任瓶綆，牛刀投隙應宮商。分符出遍名城守，攜被歸從華省郎。不到汝陰遺恨遠，坐令湖水減清光。

早歲相從能幾時，淮陽花發正游嬉。鳴弓矍相人如堵，席地滄浪柳作帷。十載舊游眞是夢，一時佳客尚存誰？遙聞葬日車千兩，漬酒縣中寄一悲。轍昔與幾道相遇於陳，陳守張聖民相與游從甚密，逮今將三十年。當時賓客在者少矣，而幾道復化去，言之悽惻無已。

和王定國寄劉貢父

度嶺當年惜遠行，過淮今日似前生。留連秋思江侵海，搖蕩春心花滿城。欲寄尺書慵把筆，偶聞佳句獨含情。何時復看清虛會，醉聽纂箏促柱聲〔一〕。

【校】

〔一〕「纂」，宋甲本作「秦」。

故濮陽太守贈光祿大夫王君正路挽詞二首

落落承平佐，英英嗣世風。芝蘭託庭戶，鸑鷟峙椅桐。結客賢豪際〔一〕，傾財緩急中，悲傷聞故老，淪謝未衰翁。

其二

吳中試良守，濮上繼嘉聲。平賦權家恨，蠲租盜俗清。家貧久未葬，身去獨留名。天報多男子，終存好弟兄。

【校】

〔一〕「賢」，宋甲本作「英」。

韓幹三馬

老馬側立鬃尾垂，御者高拱持青絲。心知後馬有爭意，兩耳微起如立錐。中馬直視翹右足，眼光未動心先馳〔一〕。僕夫旋作奔佚想，右手正控黃金羈。雄姿駿發最後馬，回身奮鬣真權奇。圉人頓轡屹山立，未聽決驟爭雄雌。物生先後亦偶爾，有心何者能忘之？畫師韓幹豈知道？畫馬不獨畫馬皮。畫出三馬腹中事，似欲譏世人莫知。伯時一見笑不語，告我韓幹非畫師。

【校】

〔一〕「未」，原作「已」，據宋甲本改。

書郭熙横卷

鳳閣鸞臺十二屏，屏上郭熙題姓名。崩崖斷壑人不到，枯松野葛相欹傾。黄散給舍多肉食，食罷起愛飛泉清。皆言古人不復見，不知北門待詔白髮垂冠纓。袖中短軸纔半幅，慘澹百里山川横。巖頭古寺擁雲木，沙尾漁舟浮晚晴。遙山可見不知處，落霞斷雁俱微明。十年江海興不淺，滿帆風雨通宵行。投篙椓杙便止宿，買魚沽酒相逢迎。歸來朝中亦何有，包裹觀闕圍重城。日高困睡心有適，夢中時作東南征。眼前欲擬要真物，拂拭東絹付與汾陽生〔一〕。

【校】

〔一〕「東」，原作「東」，據宋甲本、叢刊本改。按「東」字勝。杜甫戲爲韋偃雙松圖歌詩：「我有一匹好東絹，重之不減錦繡段。」

題王生畫三蠶蜻蜓二首

飢蠶未得食〔一〕，宛轉不自持。食蠶聲如雨，但食無復知。老蠶不復食，矯首有所思。君畫三蠶意，還知使者誰？

其二

蜻蜓飛翾翾，向空無所著。忽然逢飛蚊，驗爾飢火作。一飽困竹稍，凝然反寘寞。若無飢渴患，何貴一簞樂？

【校】

〔一〕「食」，宋甲本作「葉」。

贈寫眞李道士

君不見景靈六殿圖功臣，進賢大羽東西陳。能令將相長在世，自古獨有曹將軍。嵩高李師掉頭笑，自言弄筆通前身。百年遺像誰復識？滿朝冠劍多偉人。據鞍一見心有得，臨窗相對疑通神。十年江海鬢半脫，歸來俯仰慚簪紳。一揮七尺倚牆立，客來顧我誠似君。金章紫綬本非有，綠蓑黄篛甘長貧。如何畫作白衣老，置之茅屋全吾眞。

次韻子瞻題郭熙平遠二絶

亂山無盡水無邊，田舍漁家共一川。行遍江南識天巧，臨窗開卷兩茫然。

斷雲斜日不勝秋，付與騷人滿目愁。父老如今亦才思，一蓑風雨釣槎頭。

次韻錢勰待制秋懷

壯心老自消，秋思悲不怨。中懷不堪七，那用日食萬。朝陽淨塗潦，白露霑草蔓。夾衣搜故褚，酒債積新券。狙猿便林藪，冠帶愁檻圈。夢追赤松游，食我青精飯。歸心久已爾，佳句聊復勸。近聞洮東將，閉出邊馬健。裨王坐受縛，右袂行將獻。念此愧無功，歸歟適吾願。

宿滎陽寧氏園

喧卑背城市，曠蕩臨溪水。車流泝絶壁，河潤及桃李。居人有佳思，過客得新喜。中橋一回顧，欲入迷所自。

滎陽唐高祖太宗石刻像 并敍

滎陽大海院高齊石像二，高不數寸而姿製甚妙，唐高祖爲鄭州刺史，太宗方幼而病甚，禱之卽愈。因各爲一碑，刻彌勒佛，且記其事，至今皆在。元祐二年九月，祭告永裕陵，過而觀焉，作小詩以授院僧。

誰言膚寸像，勝力妙人天。欲療衆生病，陰扶濟世賢。身微須覆護，眼淨照幾先。豈爲成功報？猶應歷劫緣。

次韻劉貢父從駕

一經空記弟傳兄，舊德終慚比長卿。扈駕聯翩來接武，登科先後憶題名。竹林共集連諸子，棣蕚相輝賴友生。它日都門俱引去，不應廣受獨華榮。

次韻劉貢父和韓康公憶其弟持國二首

霜風瑟瑟卷梧蕉，燕處超然夜寂寥。羽客信來丹鼎具，石溁夢斷水聲遙。赤松作伴誰當見？黄鵠高飛未易招。劍履終身定何益？勤勞付與沛中蕭。

愛君憂世老彌深，特操要須得失臨。晚歲飛騰推有德，故鄉安穩信無心。小邦近似西山隱，元氣終當北斗斟。聖主方求三世舊，老臣何止一遺簪？

聞京東有道人號賀郎中者唐人也其徒有識之者作詩寄之

賀老稽山去不還，鏡湖獨棹釣魚船。南來太白尋無處，却作郎官又幾年？岱下迎鑾驚典謁，蒙山施藥懇耕田。試窮脚力追行迹，亦使今生識地仙。

送家安國赴成都教授三絶

城西社下老劉君，春服舞雩今幾人？白髮弟兄驚我在，喜君浮宦亦天倫。微之先生門人，惟僕與子瞻兄、復禮與退翁兄皆仕耳。

垂白相逢四十年，猖狂情味老俱闌。論兵頓似前賢語，莫作當年故目看。

石室多年款誌平，新書久溷里中生。遣師今見朝廷意，文律還應似兩京。

送歐陽辯

我年十九識君翁，鬚髮白盡顴頰紅。奇姿雲卷出翠阜，高論河決生清風。我時少年豈知道，因緣父兄願承教。文章疎略未足云，舉止猖狂空自笑。公家多士如牛毛，揚眉抵掌氣相高。下客逡巡愧知己，流柹低昂隨所遭。却來京洛三十載，重到公家二君在。伯亡仲逝無由追，淚落數行心破碎。京城東西正十里，雨落泥深旱塵起。衣冠纏繞類春蠶，一歲相從知有幾？去年叔爲尚書郎，家傳舊業行有望。今年季作澶淵吏，米鹽騷屑何當起？前輩今無一二存，後來幸有風流似。黄河西行淤沒屋，桑柘如雲麥禾熟。年豐事少似宜君，飽讀遺書心亦足。

送韓康公歸許州

功成不願居，身退有餘勇。心安里閭適，望益搢紳重。朝爲北闕辭，莫犯南河凍。人知疏公達，王命顯父送。百壺山泉溢，千兩春雷動。旋聞二季賢，繼以一章控。詔書未云可，廷論已爭竦。茲行迫寒食，歸及掃先壠。萬人擁道看，一子腰金從。爾曹勿驚嗟，令德勸勤種。

三日上辛祈穀除日宿齋戶部右曹元日賦三絕句寄呈子瞻兄

七度江南自作年，去年初喜奉椒槃。多來誤入文昌省，連日齋居未許還。

今歲初辛日正三，明朝春氣漸東南。還家強作銀幡會，雪底蒿芹欲滿籃。

北客南來歲欲除，燈山火急萬人扶。燈山例以北使見日立。欲觀翠輦巡游盛，深怯南宮鎖鑰拘。

次韻王欽臣祕監集英殿井

碧甃涵雲液，銅瓶響玉除。汲花攢點罷，灑霧喚班初。龍餅煎無數，螭研滴有餘。從官方醉飽，一酌解清虛。

集賢殿考試罷二首

振鷺紛紛未著行，初從江海覘清光。卷聲風雨中庭起，筆勢雲煙累幅長。病眼尚能分白黑，衆毛空復數驪黃。禁中已許公孫第，得失何私物自忙。

衰病相侵眼漸昏，青燈細字苦勞神。遍看大軸知無力，聽誦奇篇賴有人。前日鼓旗聞苦戰，明朝雷雨出潛鱗。殿廬困極唯思睡，却憶登科似後身。

問蔡肇求李公麟畫觀音德雲

好事桓靈寶，多才顧長康。何嘗爲人畫，但可設奇將。久聚要當散，能分慰所望。清新二大士，畀我夜燒香。

五月一日同子瞻轉對

羸病不堪金束腰，永懷江海舊漁樵。對牀貪聽連宵雨，奏事驚同朔旦朝。大耿功名元自異，中茅服食舊相要。一封同上憐狂直，詔許昌言賴有堯。

次韻劉貢父題文潞公草書

鷹揚不減少年時，墨作龍蛇紙上飛。應笑學書心力盡，臨池寫遍未裁衣。

韓康公挽詩三首

閥閱元高世，功名自發身。堂堂揖眞相，矯矯出稠人。許國心先定，輕財物自親。傳經比韋氏，世世得良臣。

其　二

耆年時一二，新第闢西南。好客心終在，忘懷日縱談。規模人共記，風味我猶諳。誰是羊曇首，回車意不堪？

其三

師曠聞弦日，相如作賦年。雖慚衆人後，貪値主文賢。北道初聞召，南江正遠遷。平生闕親近，遺恨屬新阡。

送王宗望郎中赴河東漕

春初戎馬掠河壖，屬國倉皇不解鞍。未免驅民餽邊食，旋聞奉使輟郎官。年高轉覺精神勝，慮穩要令事業安。持節近看葱嶺雪，擁裘應慣雁門寒。

送高士敦赴成都兵鈐

揚雄老病久思歸，家在成都更向西。邂逅王孫馳驛騎，丁寧父老問耕犂。禪房何處不行樂，壁像君家有舊題。德厚不妨三世將，時平空自萬夫齊。

盧鴻草堂圖

昔爲太室遊〔一〕，盧巖在東麓。直上登封壇，一夜繭生足。徑歸不復往，巒壑空在目。安知有十志，舒卷不盈幅。一處一盧生，裘褐蔭喬木。方爲世外人，行止何須錄。百年入箧笥，犬馬同一束。嗟予縛世累〔二〕，歸來有茅屋。江干百畝田，淸泉映修竹。尙將逃姓名，豈復上圖軸？

【校】

〔一〕「太」，原作「大」，據宋甲本、叢刊本改。

〔二〕「予」，宋甲本、叢刊本作「子」。

秦虢夫人走馬圖二絕

秦虢風流本一家，豐枝穠葉映雙花。欲分妍醜都無處，夾道遊人空歎嗟。

朱幘玉勒控飛龍，笑語喧譁步驟同。馳入九重人不見，金鈿翠羽落泥中。

韓幹二馬

玉帶胡奴騎且牽，銀鬃白鼻兩爭先。八坊龍種知何數，乞與岐邠並錦韉。

試制舉人呈同舍諸公二首

垣中不減臺端峻，池上來從柱下嚴。同直舊曾連月久，暫來還喜二公兼。僕頃與孫莘老同在諫垣，與彭器資同在西掖。直言已許侵彈奏，新告行聞振滯淹。顧我麄官何所與，西曹只合論茶鹽。

早歲同科止六人，中年零落半埃塵。却將舊學收新進，幾誤今生是後身。航髒別都遺老驥，沉埋祕府愧潛鱗。制科前輩，今獨張公安道一人。後來未用，惟張去華而已。憐君尚勝劉蕡在，白首諸侯呼上賓。

次韻張去華院中感懷

登朝已老似王陽，脫葉何堪霧雨涼。案上細書憎蟻黑，禁中新酒愛鵝黃。臨階野菊偏能瘦，倚檻青松解許長。仕宦不由天祿閣，坐曹終日漫皇皇。轍頃自績溪除校書郎，未至京，除右司諫，竟不入館，故以爲恨。

送周思道朝議歸守漢州三絕

早緣民事失茶官，解印重來十二年。美惡一周還自復，始知東里解言天。

梓漢東南甲乙州，同時父子兩諸侯。正孺時出守梓州。它年我作西歸計，兄弟還能得此不？

酒壓郫筒憶舊酤，花傳丘老出新圖。漢州官酒蜀中推第一，趙昌畫花，模倣丘文播，亦西川所無也〔一〕。此行眞勝成都尹，直爲房公百頃湖。

【校】

〔一〕「川」，宋甲本、叢刊本作「州」。

欒城集卷之十六

詩一百二十首

程之元表弟奉使江西次前年送赴楚州韻戲別〔一〕

送君守山陽，羨君食淮魚。送君使鍾陵，羨君江上居。憐君喜爲吏，臨行不欷歔。紛紛出歌舞，綠髮照瓊梳。歸鞍踏涼月，倒盡清樽餘。嗟我病且衰，兀然守文書。齒疎懶食肉，一飯甘青蔬。愛水亦已乾，壓土生空渠。清貧雖非病，簡易由無儲。家使赤脚嫗，何煩短轅車。君船繫東橋，茲行尙徐徐。對我竟不飲，問君獨何歟？

【校】

〔一〕「戲」，叢刊本作「贈」。

表弟程之邵奉議知泗州

馬有千里足，所願百里程。馬心自爲計，安用終日行？何人志四方，欲買千金輕？吾弟有儁才，見事心眼明。二年坐北部，萬口傳佳聲〔一〕。談笑頑狡伏，何曾用敲榜？艱難得銅虎，洗眼長淮清。民事不足爲，但當食魚烹。負重貴餘力，過飽多傷生。不見大路馬，垂頭畏縶纓。

【校】

〔一〕「口」，宋乙本作「戶」。

次韻子瞻書黄庭内景卷後贈蹇道士拱辰

君誦黄庭内外篇，本欲洗心不求仙。夜覛片月墮我前，黑氛剝盡朝日妍。一暑一寒久自堅〔一〕，體中風行上通天，亭亭孤立孰傍緣？至哉道師昔云然，既已得之戒不傳。知我此心未虧騫，指我嬰兒藏谷淵。言未絕口行已旋，我思其言夜不眠。

【校】

〔一〕「一暑一寒」，宋乙本作「一寒一暑」。

次韻子瞻好頭赤

沿邊壯士生食肉，小來騎馬不騎竹。翩然赤手挑青絲，捷下嶺崖試深谷。牽入故關榆葉赤，未慣中原暖風日。黄金絡頭依圉人，俯聽北風懷所歷。

送葆光蹇師游廬山

建成市中有狂人，縱酒罵市無與親。敲門訪我何逡巡，頭蓬面垢氣甚眞。截河引水登崑崙，下洗尺宅骨髓匀。告我入室要自門，仙翁道師豈遺君？歸來插足九陌塵，獨遊凝祥芳草春。蕭然孤鶴鳴鷄羣，子欲不死存谷神。海山微明朝日暾，丹成寄子勿妄云。出入無朕窮無垠，相思一笑君乃信。

同子瞻次梅聖俞舊韻題鄉舍木山

江槎出沒浮犀牛，波濤掀天谷爲洲。江寒水落驚霜秋，危根瘦節鳴寒流。朧朽吹去誰鎸鏤，連峯疊嶂立崷崷。吾家此山不易得，十年棄置空自尤。猿號鶴唳豈無意？委蛇怪我懷羔裘。西歸父老拍手笑，笑憶翁子躬薪樵。去時三山今有五，不問故園惟一丘。

次韻子瞻送千乘千能

少年食糠覈，吐去願一官。躬耕遇斂穫，不知以爲歡。謂言一飛翔，要勝終屈蟠。朝廷遑入，江海失所安。多憂變華髮，照影慚雙鸞。恩從萬里歸，獨喜大節完。日食太倉米，中有餘紈。奇窮不當爾，自信處此難。長女聞孀居，將食淚滴槃。老妻飽憂患，悲吒摧肝。西飛問黃鵠，誰當救飢寒？二子憐我老，聲致心一寬。別久得會合，喜極成辛酸。聞倚門望，有書驚歲闌。深情見緩急，欲報非琅玕。勸爾勤孝友，愼毋慕衣冠〔一〕。淵渟成井，放瀉當生瀾。豈有白雪駒，舉足無和鑾？

【校】

〔一〕「毋」，原本誤作「母」，據宋甲本改。

題王詵都尉畫山水橫卷三首

摩詰本詞客，亦自名畫師。平生出入輞川上，鳥飛魚泳嫌人知。山光盎盎著眉睫，水聲活活流肝脾。行吟坐詠皆自見，飄然不作世俗詞。高情不盡落縑素，連峯絶澗開重帷。百年流落存一二，錦囊玉軸酬不訾。誰令食肉貴公子，不學父祖驅熊羆。細氈淨几讀文史，落筆璀璨傳新詩。青山長江豈君事，一揮水墨光淋漓。手中五尺小横卷，天末萬里分毫氂。謫官南出止筠潁，此心通達無不之。歸來纏裹任紈綺，天馬性在終難羈。人言摩詰是前世，欲比顧老疑不癡。桓公崔公不可與，但可與我寛衰遲。憐君將帥雖有種，多君智慧初無師。篇章俊發已可駭，丹青妙絶當誰知？自言五色苦亂目，况乃旨酒長傷脾。手狂但可時弄筆，口病未免多微詞。歌鐘一散任池館，幅巾静坐空書帷。偶從禪老得眞趣，此身不足非財訾。世間翻覆岸爲谷，猛獸相食虎與羆。逝將得意比春夢，獨取妙語傳清詩。眼看宫釀瀉酥酪，未與村酒分醇醨〔一〕。解鞍駿馬空伏櫪，寄書黄狗閑生氂。江山平日偶有得，不自圖寫渾忘之。臨窗展卷聊自適，磐礴豈復冠裳羈〔二〕？欲乘漁艇發吾興，願入野寺嗟兒癡。行纏布襪雖已具，山中父老應嫌遲。

我昔得罪遷南夷，性命頃刻存篙師。風吹波蕩到官舍，號呼誰復相聞知？小園畜蟻防橘蠹，橘性甘多蠹，南人畜蟻於園中，蟻緣木食蠹，雖鄰家柯葉相接而蟻不相過，亦一異耳。讀書一生空自笑，賣鹽竟日那復詞。城中清溪可濯漱，城上連峯堪幕帷。十千薄俸聊足用，魚多米賤憂無訾。東坡居士最岑寂，岌然深叢見狐羆。坐隅止鵩偶成賦，槃中食蓳時作詩。憐君富貴可炙手，一時出走羞啜醨。澤傍憔悴凡幾歲，胸中芥蔕無一氂。江山别來今久矣，不獨能言能畫之。同朝執手不容久，笑我野馬初受羈。袖中短卷墨猶濕，傍人笑指吾儕癡。方求農圃救貧病，它年未用識樊遲。

【校】

〔一〕「醽」，原作「漓」，據宋乙本改。

〔二〕「磐」，原作「盤」，據叢刊本改。

次韻子瞻十一月旦日鎖院賜酒及燭

銅鐶玉鎖閉空堂，腕脫初驚筆札忙。紅燭遙憐風雪暗，黄封微瀉桂椒香。光明坐覺幽陰破，温暖深知覆育長。明日白麻傳好語，曼聲微繞殿中央。

送周正孺自考功郎中歸守梓潼兼簡吕元鈞三絶

白髮熙寧老諍臣，凛然心膽大於身。吾儕坐看馮唐去，誰起雲中廢棄人？

十年符竹守吾州，故吏相逢嘲土牛。毋謂徐公不堪用〔一〕，諸人自與世沉浮。

東道如聞近稍安，乘驄按部凛生寒。忽逢太守能相下，俱是從來言事官。

【校】

〔一〕「毋」，原作「母」，據宋乙本改。

雪中訪王定國感舊

昔游都城歲方除，飛雪紛紛落花絮。徑走城東求故人，馬蹄旋沒無尋處。翰林詞人呼巨源，笑談通夜倒清樽。佳在城西不能返，醉臥吉祥朝日暾。相逢却說十年事，往事皆非隔生死。惟有飛霙似昔時，許君一醉那須起。蘭亭俯仰迹已陳，黄公酒壚愁殺人。君知聚散翻覆手，莫作吳楚乘朱輪。

次韻王定國見贈

枯木無枝不記年，寒灰誰遣強吹然？南遷不折知非妄，未老求閑愈覺賢。屢出詩章新管籥，偶開畫卷小山川。簿書塡委慚君甚，撥去歸來粗了眠。

王子難龍圖挽詞

帝子乘鸞已列仙，遺芳留得衆孫賢。俊科早與寒儒競，禁從終償白髮年。輦路聯鑣驚往事，圃田回首泣新阡。舊聞推歷知天命，看熟黃粱定洒然。

次韻李豸秀才來别子瞻仍謝惠馬〔一〕

小牀卧客笑元龍，彈鋏無輿下舍中。五馬不辭分後乘，輕裘初許弊諸公。隨人射虎氣終在，徒步白頭心頗同。遥想據鞍横槊處，新詩一一建安風。

【校】

〔一〕題下原有「二首」兩字，内容僅一首。現據宋乙本、叢刊本删。

吕司空挽詞三首

少年輕富貴，一意在詩書。共恨經綸晚，纔收老病餘。寡言知德勝，善應本中虚。卒相承平業，謳歌元祐初。

其二

將相家聲近，勳名晚歲隆。給扶安舊德，賜府壓羣公。不見彌縫迹，空推翼戴功。山公舊多可，寒士泣清風。

其三

罷郡來淸潁，微官憶宛丘。頽垣那可住，隱几若將休。復起民欣願，全歸天不留。世間反覆手，有德竟無憂。公罷潁川，退居於陳。轍爲陳學官，時請見焉。

范蜀公挽詞三首

能言人盡爾，有立世終稀。憂國常先衆，謀身亦勇歸。見奇初或笑，要極未應非。僅似西山老，終身止食薇。

其二

賦傳長嘯久，書奏鎛鍾新。共歎文章手，終爲禮樂人。遺風滿臺閣，好語落簪紳。欲取褒雄比，終非骨鯁臣。

其三

劍外東來日，城西卻住年。高齋留寓宿，旅食正蕭然。語愜聞投石，詩新看涌泉。清樽寄苦淚，一灑葉墳前。

范百嘉百歲昆仲挽詞二首

少年何敏銳，才氣伏諸生。展卷五行下，揮毫萬字傾。百年殊未艾，一病竟無成。誰謂從夫子，同開鬱鬱城。

其二

季子尤高爽，顔家早哭回。白頭生便爾，黄壤遽相催。舊草誰收拾，新松剩插栽。悲傷有伯氏，諸子尚嬰孩。

安厚卿樞密母夫人挽詞二首

家起側微中，身兼富貴終。慈仁本宜壽，勤約自成風。大府寧居久，名邦賜沐雄。共傳生子福，仍指讀書功。

其二

早歲參戎幕，開門對粉牆。初聞寡兄弟，共羨好姑章。一別飛騰速，全歸福祿長。遺芳在子舍，它日望巖廊。

題李公麟山莊圖二十首　并敍〔一〕

伯時作龍眠山莊圖，由建德館至垂雲沜，著錄者十六處。自西而東凡數里，巖崿隱見，泉源相屬，山行者路窮於此。道南溪山，深清秀峙，可游者有四：曰勝金巖、寶華巖、陳彭漈、鵲源。以其不可緒見也，故特著於後。子瞻既爲之記，又屬轍賦小詩凡二十章，以繼摩詰輞川之作云。

【校】

〔一〕「二十首」，原無，據叢刊本補。「敍」，宋乙本作「引」。

建德館

龍眠渌淨中，微吟作雲雨。幽人建德居，知是淸風主。

墨禪堂〔一〕

此心初無住，每與物皆禪。如何一丸墨，舒卷化山川。

【校】

〔一〕「堂」，宋乙本作「臺」。

華嚴堂

佛口如瀾翻，初無一正定。畫作正定看，於何是佛性？

雲藾閣

淸溪便種稻，秋晚連雲熟。不待見新春，西風藾自足。

發眞塢

山開稍有路，水放亦成川。游人得所息，眞意方澹然。

蘸茅館

山居少華麗，牽茅結淨屋。此間不受塵，幽人亦新沐。

瓔珞巖

泉流逢石缺，脈散成寶網。水作瓔珞看，山是如來想。

棲雲室

石室空無主，浮雲自去來。人間春雨足，歸意帶風雷。

秘全庵

世道自破碎，全理未常違。溪山亦何有？永覺平日非。

延華洞

共恨春不長，逡巡就摇落。一見洞中天，眞知世間惡。

澄元谷

石門日不下，潭鏡月長臨。細細溪風渡，相看識此心。

雨花巖

巖花不可攀，翔蘂久未墮。忽下幽人前，知子觀空坐。

泠泠谷

層崖落飛泉，微風泛喬木。坐遺谷中人，家家有琴筑。

玉龍峽

白龍晝飲潭，修尾掛石壁。幽人欲下看，雨雹晴相射。

觀音巖

倚崖開翠屏〔一〕，臨潭置苔石。有所獨無人，君心得未得？

【校】

〔一〕「屏」，宋乙本作「壁」。

垂雲沜

未見垂雲沜，其如歸興何！路窮雙足熱，爲我洗磐陀。

勝金巖

置馬步巖間，巖前得平地。肴蔬取行籠，粗飽有遺味〔一〕。

【校】

〔一〕「遺」，叢刊本作「餘」。

寶華巖

團團寶華巖，重重蔭珍木。歸來得商鼎，試爨溪邊綠。

陳彭潨

蒼壁立精鐵，縣泉瀉天紳。山行見已久，指與未來人。

鵲源

溪深龜魚驕，石瘦椿楠勁。借子木蘭船，寬我芒鞋病。四詩皆記伯時所畫，

將使契丹九日對酒懷子瞻兄并示坐中

黄華已向初旬見，白酒相攜九日嘗。萸少一枝心自覺，春同斗粟味終長〔一〕。蘭生庭下香時起，玉在人前坐亦涼。千里使胡須百日，暫將中子治書囊。

【校】

〔一〕「春」，三蘇祠本、叢刊本作「舂」。

題王詵都尉設色山卷後

還君横卷空長歎，問我何年便退休？欲借巖阿著茅屋，還當溪口泊漁舟。經心蜀道雲生足，上馬胡天雪滿裘。萬里還朝徑歸去，江湖浩蕩一輕鷗。

次韻子瞻相送使胡

朔雪胡沙試此身，青羅便面紫狐巾。擁爐代北隨飛雁，頓足江東有臥麟。欺酒壺冰將送臘，照溪梅蕚定先春。漢家五餌今方驗，更愧當年歎息人。

歐陽文忠公夫人挽詞二首

先生才蓋世，家事少經心。流落初相偶，委蛇志益深。功名入圖史，文字刻璆琳。有助知由內，騶虞欲重吟。

其二

好禮忘耆老，持家歷盛衰。謹嚴終致一，貧富各從宜。晚歲仍聞道，臨終竟不疑。外人傳一二，猶得載銘詩。

歐陽伯和仲純挽詞二首

之人雖早病，對客每淸言。不信疾爲累，要稱學有原。籧篨視名器，果蓏指乾坤。長短何須問，傳家已抱孫。

其二

仲氏氣無前，爲文思湧泉。飄然落筆地，時出疾邪篇。杮榦要經雪，驊騮行著鞭〔一〕。凄涼悲故客，不及見華顛。

【校】

〔一〕「行」，宋乙本、叢刊本作「待」。

奉使契丹二十八首

次莫州通判劉涇韻二首

北國亦知岐有夷，何嘗烽火報驚危。擁爐絶漠聞嘉語，緩帶臨邊出好詩。約我一樽迎嗣歲，待君三館已多時。從今無事唯須飲，文字聲名人自知。

平世功名路甚夷，不勞談說更騎危。早年拭目看成賦，近日收心聞琢詩。古錦屢開新得句，皦貂方競苦寒時。南還欲向春風飲，塞柳凋枯恐未知。

贈知雄州王崇拯二首

趙北燕南古戰場，何年千里作方塘？煙波坐覺胡塵遠，皮幣遙知國計長。勝處舊聞荷覆水〔一〕，此行猶及蟹經霜。使君約我南來飲，人日河橋柳正黃。生辰使例以人日還至雄州。

城裏都無一寸閑，城頭野水四汗漫。與君但對湖光飲，久病偏須酒令寬。何氏溝塍布棋局，李君智略走珠槃，應存父老猶能說，有意功名未必難。

【校】

〔一〕「覆」，宋乙本作「映」。

贈右番趙侍郎

霜鬢顧我十年兄，朔漠陪公萬里行。駢馬貂裘寒自煖，連牀龜息夜無聲。同心便可忘苛禮，異類猶應服至誠。行役雖勞思慮少，會看梨棗及春生。

古北口道中呈同事二首

趙侍郎

獨臥繩牀已七年，往來殊復少縈纏。心游幽闕烏飛處〔一〕，身在中原山盡邊。梁市朝回塵滿馬，蜀江春近水浮天。枉將眼界疑心界，不見中宵氣浩然。

二副使

笑語相從正四人，不須嗟歎久離羣。及春賚菜過邊郡，賜火煎茶約細君。日暖山蹊冬未雪，寒生胡月夜無雲。明朝對飲思鄉嶺，夷漢封疆自此分。

【校】

〔一〕「烏」，宋乙本作「鳥」。

絶句二首

亂山環合疑無路，小徑縈回長傍溪。髣髴夢中尋蜀道，興州東谷鳳州西。

日色映山才到地，雪花鋪草不曾消。晴寒不及陰寒重，攬篋猶存未著貂。

過楊無敵廟

行祠寂寞寄關門，野草猶知避血痕。一敗可憐非戰罪，太剛嗟獨畏人言。馳驅本爲中原用，嘗享能令異域尊。我欲比君周子隱，誅彤聊足慰忠魂。

燕山

燕山如長蛇，千里限夷漢。首銜西山麓，尾掛東海岸。中開哆箕畢，末路牽一線。却顧沙漠平，南來獨飛雁。居民異風氣，自古習耕戰。上論召公奭，禮樂比姬旦。次稱望諸君，術略亞狐管。子丹號無策，亦數游俠冠。割棄何人斯，腥臊久不澣。哀哉漢唐餘，左衽今已半。玉帛非足云，子女罹蹈踐。區區用戎索，久爾縻郡縣。從來帝王師，要在侮亡亂。攻堅甚攻玉，乘瑕易冰泮。中原但常治，敵勢要自變。會當挽天河，洗此生齒萬。

趙君偶以微恙乘駝車而行戲贈二絶句〔一〕

鄰國知公未可風，雙駝借與兩輪紅。他年出塞三千騎，臥畫輜車也要公。

高屋寬箱虎豹裀，相逢燕市不相親。忽聞中有京華語，驚喜開簾笑殺人。

【校】

〔一〕題及詩中「駝」字，原爲「馳」，據宋乙本、叢刊本等改。

會仙館二絶句

北幛南屏恰四周，西山微缺放溪流。胡人置酒留連客，頗識峯巒是勝游。

嶺上西行雙石人，臨溪照水久逡巡。低頭似愧南來使，居處雖高已失身。

出山

燕疆不過古北闕，連山漸少多平田。奚人自作草屋住，契丹騈車依水泉。橐駝羊馬散川谷，草枯水盡時一遷。漢人何年被流徙，衣服漸變存語言。力耕分獲世爲客，賦役稀少聊偷安。漢奚單弱契丹横，目視漢使心凄然。石瑭竊位不傳子，遺患燕薊逾百年。仰頭呼天問何罪？自恨遠祖從祿山。此皆燕人語也。

奚君 宅在中京南。

奚君五畝宅，封戶一成田。故壘開都邑，遺民雜漢編。不知臣僕賤，漫喜殺生權。燕俗嗟猶在，婚姻未許連。

惠州 傳聞南朝逃叛者多在其間。

孤城千室閉重闉，蒼莽平川絕四鄰。漢使塵來空極目，沙場雪重欲無春。羞歸應有李都尉，念舊可憐徐舍人。會逐單于渭橋下，歡呼齊拜屬車塵。

神水館寄子瞻兄四絕 十一月二十六日，是日大風。

少年病肺不禁寒，命出中朝敢避難？莫倚皂貂欺朔雪，更催靈火煮鉛丹。馬上作李若之守一法似有功。

夜雨從來相對眠，兹行萬里隔胡天。試依北斗看南斗，始覺吳山在目前。

誰將家集過幽都，逢見胡人問大蘇。莫把文章動蠻貊，恐妨談笑臥江湖。

虜廷一意向中原，言語綢繆禮亦虔。顧我何功慚陸賈，槖裝聊復助歸田。

木葉山

奚田可耕鑿，遼土直沙漠。蓬棘不復生，條幹何由作？兹山亦沙阜，短短見叢薄。冰霜葉墮盡，鳥獸紛無託。乾坤信廣大，一氣均美惡。胡爲獨窮陋？意似鄙夷落。民生亦復爾，詬汙不知作。君看齊魯間，桑柘皆沃若。麥秋載萬箱，蠶老簇千箔。餘粱及狗彘，衣被遍城郭。天工本何心？地力不能博。遂令堯舜仁，獨不施禮樂。

虜　帳

虜帳冬住沙陀中，索羊織葦稱行宮。從官星散依冢阜，氈廬窟室欺霜風。春粱煮雪安得飽？擊兔射鹿夸強雄。朝廷經略窮海宇，歲遺繒絮消頑凶。我來致命適寒苦，積雪向日堅不融。聯翩歲旦有來使，屈指已復過奚封。禮成即日卷廬帳，釣魚射鵝滄海東。秋山既罷復來此，往返歲歲如旋蓬。彎弓射獵本天性，拱手朝會愁心胸。甘心五餌墮吾術，勢類畜鳥游樊籠。祥符聖人會天意，至今燕趙常耕農。爾曹飲食自謂得，豈識圖霸先和戎？

十日南歸馬上口占呈同事

南轅初喜去龍庭，入塞猶須閱月行。漢馬亦知歸意速，朝陽已作故人迎。經冬舞雪長相避，屈指新春旋復生。想見雄州饋生菜，菜盤酪粥任縱橫。

傷足

少年謬聞道，直往寡所疑。不知避礙嶮，造次逢顛危。中歲飽憂患，進退每自持。長存鄙夫計，未免達士嗤。前日使胡罷，晝夜心南馳。中塗冰塞川，滉漾無津涯。僕夫執轡前，我亦忘止之。馬眩足不禁，拉然臥中坻。異域非所息，據鞍幾不支。昔嘗誦楞嚴，聞有乞食師。行乞遭毒刺，痛劇侵肝脾。念覺雖覺痛，無痛痛覺知。念極良有見，遂與凡夫辭。我今亦悟此，先佛豈見欺？但爾不卽證，欲往常遲遲。咄哉後來心，當與初心期。

春日寄內

春到燕山冰亦消，歸驂迎日喜嫖姚。久行胡地生華髮，初試東風脫敝貂。插髻小幡應正爾，點槃生菜爲誰挑？附書勸掃東園雪，到日青梅未滿條。

渡桑乾

北渡桑乾冰欲結，心畏穹廬三尺雪。南渡桑乾風始和，冰開易水應生波。穹廬雪落我未到，到時堅白如磐陀。會同出入凡十日，腥羶酸薄不可食。羊修乳粥差便人，風隧沙場不宜客。相攜走馬渡桑乾，旌旆一返無由還。胡人送客不忍去，久安和好依中原。年年相送桑乾上，欲話白溝一惆悵。

送文太師致仕還洛三首

國老無心豈爲身？五年朝謁慰簪紳。元臣事業通三世，舊將威名服四鄰。遍閲後生眞有道，欲談前事恐無人。比公惟有凌雲檜，歲歲何妨雨露新。

齊魯元勳古太師，寂寥千載恐無之。昔歸暫綰經邦手，復起還當問道時。入謁何曾須掖侍？到家依舊擁旄麾。孔公靈壽固應在，秋晚香山訪佛祠。

西都風物漢唐餘，天作溪山養退居。盈尺好花扶几杖，拂天修竹倚庭除。白頭伴侶誰猶健？率意壺飧久已踈。公昔與司馬公同居洛下，常與諸老爲眞率之會，酒肴果蔬隨有而具。我欲試求三畝宅，從公它日賦歸歟。先人昔游洛中，有卜築之意。不肯常欲成就先志，顧未暇耳。

李公麟陽關圖二絶

百年摩詰陽關語，三疊嘉榮意外聲。誰遣伯時開縞素，蕭條邊思坐中生。

西出陽關萬里行，彎弓走馬自忘生。不堪未別一盃酒，長聽佳人泣渭城。

學士院端午帖子二十七首

皇帝閣六首

溽暑避華構，淸風迎早朝。楓槐高自舞，冰雪晚初消。

其二

南訛初應曆，五日未生陰。靈藥收農錄，薰風拂舜琴。

其三

皇心本夷曠，一氣自炎涼。不廢荆吳舊，民風見未央。

其四

九門已散秦醫藥，百辟初頒凌室冰。飲食祈君千萬壽，良辰更上辟兵繒。

其五

雨遲麥粒尤堅好，日麗蠶絲轉細長。入夏民間初解慍，宮中時舉萬年觴。

其　六

汴上初無招屈亭，沅湘近在國南坰。太守漫解供新粽，諫列猶應記獨醒。

太皇太后閣六首

決獄初迎雨，開倉旋取陳。青黃今接夏，饑疫免憂春。

其　二

簾密風時度，宮深日倍長。紵羅隨節賜，黍麥趁新嘗。

其　三

執熱寧忘濯，清心自釋煩。東朝聞好語，畏日解餘暄。

其　四

出磨玉塵除舊廩，捧箱絲縷看新絲。一年豐樂今將半，兩殿歡聲外得知。

其五

舟楫喧呼招屈處，禽魚鼓舞放生中。百官却拜梟羹賜，凶去方知舜有功。

其六

玉殿淸虚過暑天，草廬煩促念民編。外家近許遷新宅，不遣司農費一錢。

皇太后閣六首

壽康朝謁早，長信燕閑多。不有圖書樂，其如晝漏何？

其二

玉宇宜朱夏，壺冰生晚凉。深心念行喝，淸夜久焚香。

其三

蠶宫罷採擷，暴室獻朱黄。翕呷霜紈動，闌班綵縷長。

其四

六宮無事著嬉游，百藥初成及早收。菖歜還羞十二節，椿年自占八千秋。

其五

萬壽仍縈長命縷，虚心不著赤靈符。民間風俗疑當共，天上清高定爾無。

其六

楊子江心瀉鏡龍，波如細縠不摇風。宫中驚捧秋天月，長照人心助至公。

皇太妃閣五首

曉起鐘猶凝，朝回露欲乾。逡巡下清蹕，委曲問平安。

其二

壓蔗出寒漿，敲冰簇畫堂。人間正袢暑，天上絶凊涼。

其三

九夏清齋奉至尊，消除癘疫去無痕。太醫爭獻天師艾，瑞霧長縈堯母門。

其四

紈扇新裁冰雪餘，清風不隔紵羅疎。飛昇漫寫秦公子，榮謝應憐漢婕妤。

其五

渺渺金河入禁垣，漸臺雨過碧波翻。共傳太液龍舟穩，不似南方競渡喧。

夫人閣四首

修廈欺晴日，重簾度細風。羣仙不煩促，長在廣寒宮。

其二

尋芳空茂木，鬬草得幽蘭。歌舞纖絺健，嬉游玉佩珊。

其三

新煮青鎢稻米香，旋抽獨繭薄羅光。剩堆雕俎添崖蜜，爭作輕衫薦壽觴。

其四

御溝邊殿細無聲，飛灑彤墀曉氣凊。開到石榴花欲盡，陰陰高柳一蟬鳴。

次韻門下劉侍郎直宿寄蘇左丞

雷雨連年起臥龍，穆然臺閣有凊風。一時畫諾雖云舊，此日都俞本自公。松竹經霜俱不改，鹽梅共鼎固非同。一篇和遍東西府，六律更成十二宮。

次韻張耒學士病中二首〔一〕

一臥憐君三十朝，呼醫仍苦禁城遙。靈根自逐新陽發，病枿從經野火燒。吻燥未須尋麯糵，囊空誰與典絺蕉？何時匹馬隨街鼓，睡起頻驚髀肉消。

塵垢汙人朝復朝，病中吟嘯夜方遙。長空雁過疑相答，虚幌螢飛坐恐燒。稍覺新霜試松竹，未應寒雨敗梧蕉。從來百鍊身如劍，火滅重磨未遽銷。

【校】

〔一〕「耒」，原作「來」，據宋乙本、叢刊本改。

次韻張君病起二首

壯年得疾勢能支，不廢霜螯左手持。漸喜一杯留好客，未應五斗似當時。口中舌在時聞句，雪裏心安不問師。去臥淮陽從病守，功名他日許君期。

老去生經廢不行，鏡中白髮見空驚。解將沖氣通枯指，易甚新陽發舊莖。一悟少年難久恃，不妨多病却長生。文章繆忝追前輩〔一〕，服食從來亦強名。

【校】

〔一〕「追」，叢刊本作「推」。

欒城集卷之十七

賦八首

巫山賦

過瞿唐之長江兮，蔚巫山之嵯峨。雲孤興其勃勃兮，北風慨其揚波。山嶔崟而直上兮，越至神女之所家。峯連屬以十二兮，其九可見而三不知。蹊遂蕪滅而不可陟兮，玄猿黄鵠四顧而鳴悲。覽松柏之青青兮，紛其若江上之菰蒲。維其大之不可知兮，有橈雲之修柯。蔓草蒙茸以下翳兮，飛泉潔淸而無沙。亭亭孤峯，其下叢木交錯而不明兮若有美人慘然而長嗟。斂手危立以右顧兮，舒目遠望悦然而有所懷。儼峨峨其有禮兮，盛服寂寞而無譁。臨萬仞之絕嶮兮，獨立千載而不下顛。追懷楚襄之放意肆志兮，泝江千里而遠來。離國去俗兮，徘徊而不能歸。悲神女之不可以朝求而夕見兮，想遊步之逶遲。築陽臺於江干兮，相氛氣之參差。惟神女之不可以求得兮，此其所以爲神。滉洋洋其無心兮，豈其猶有懷乎世之人？朝雲蔚其晨興兮，暮雨紛以下注。變化倏忽不可測兮，俄爲鳥而騰去。忽然而爲人兮，佩玉鏘以琅琅。愛江流之清波兮，安燕處乎高唐。彼蛟龍之多智兮，尚不可執以罝罦。高丘深其蒼蒼兮，怳誰識其有無？

屈原廟賦

淒涼兮秭歸，寂寞兮屈氏。楚之孫兮原之子，伉直遠兮復誰似？宛有廟兮江之浦，予來斯兮酌以酹〔一〕。吁嗟神兮生何喜？九疑陰兮湘之涘。鼓桂楫兮蘭爲舟，橫中流兮風鳴厲。忽自溺兮曠何求？野莽莽兮舜之丘，舜之牆兮繚九周，中有長遂兮可駕以遊。揉玉以爲輪兮，斲冰以爲之輈。伯翳俯以御馬兮，皐陶爲予參乘。慘然愍予之強死兮，泫然涕下而不禁。道予以登夫重丘兮，紛古人其若林。悟伯夷以太息兮，焦衍爲予而歔欷。古固有是兮，予又何怪乎當今？獨有謂予之不然兮，夫豈柳下之展禽？彼其所處之不同兮，又安可以謗予？抱關而擊柝兮，余豈責以必死？宗國隕而不救兮，夫予舍是安去？予將質以重華兮，蹇將語而出涕。予豈如彼婦兮，夫不仁而出訴？慘默默予何言兮，使重華之自爲處。予惟樂夫揖讓兮，坦平夷而無憂。朝而從之遊兮，顧子使予昌言〔二〕。言出而無忌兮，暮還寢而燕安。嗟平生之所好兮〔三〕，既死而後能然。彼鄉之人兮，孰知予此歡〔四〕？忽反顧以千載兮，喟故宮之穨垣。

【校】

〔一〕「酳」，宋乙本作「酒」。

〔二〕「使予」，原作「使子」，據叢刊本改。

〔三〕「嗟」，宋乙本作「羌」。

〔四〕「孰」上，宋乙本多「夫」字。

缸硯賦 并敘〔一〕

先蜀之老有姓滕者，能以藥煑瓦石使軟，可割如土。嘗以破釀酒缸爲硯，極美，蜀人往往得之，以爲異物。余兄子瞻嘗遊益州，有以其一遺之。子瞻以授余，因爲之賦。

有物於此，首枕而足履，大胸而大膺，杯首而箕制。其壽百年，骨肉破碎，而獨化爲是。其始也，生乎黃泥之中；其成也，出乎烈火之下。尾銳而腹皤，長頸而巨口。餔糟啜酒，終日醉飽。外堅中虛，膚密理解。偶與物鬭，脅漏內槁。棄於路隅，瓦礫所笑。忽然逢人，藥石包裹。不我謂瑕，治以鼎鼐。烹煎不辭，斧鑿見剖。一爲我形，沃我以水，汙我以煤，處我以几。子既博物，能識己否？

客曰：「嗟夫，物之成也，則必固有毀也邪？物之毀也，則又不可謂棄也邪？既成而毀者，悲其棄也；既棄而復用者，又悲其用也。是亦大惑而已矣。且以予觀之，昔子則非開口而受濕，洳辛含酸，而不得守子之性者邪？今子則非坦腹而受汚，糢糊彌漫，而不得保子之正者邪？且其飲子以水也，不若飲子以酒；以物汙子也，不若使子自保。子果以此自悲也，則亦不見夫諸毛之捽拔，諸楮之爛靡，殺身自鬻，求效於此，吐詞如雲，傳示萬里。子不自喜而欲其故，則吾亦謂子惡名而喜利，棄淡而嗜美。終身陷溺而不知止者，可足悲矣！」

【校】

〔一〕「並敍」，宋乙本作「並引」，下三篇同此。

登真興寺樓賦 并敍

季夏六月，子瞻與張戶曹琥同遊真興寺，晚登寺後重閣，南望連山如畫。山前有白鷺十數，杳杳飛去。東南望五丈原，原上有白雲如覆釜。慨然思孔明之遺迹，作書與轍曰：「可以賦此。」賦曰：

涉六月之徂暑兮，遡秦川而遠望。樓馮高而蘧蘧兮，日將薄乎西方。牛羊相從而下來兮，孤煙特起於蒼茫。南望連山之參差兮，奔走相屬而騰驤。桀業峨其雄高兮，惟太白與終南。林皐蔚以扶拱兮，浩合沓而穰穰。若羣馬之相追逐兮，忽鬱怒而狂章。駢交首以磨頸兮，紛絕馳於四方。日將入而山陰兮，天黝黝而茫茫。淡平雲之凝碧兮，白鷺歸以翺翔。羽奡奡其彌遠兮，聲斷絕而復揚。眇將沒而猶見兮，飄若仙人之不可望。曠羣歸於何所兮，徂南澗之泱泱。回東望夫修隆兮，隱高原曰五丈。思古人而不可見兮，涕橫流以浪浪。雲坱圠其不起兮，若覆釜而在上。嗟一日之所見兮，蓋千變以異狀。忽已去而莫執兮，夫豈勝乎追想？強馳詞於千里兮，增異日之惆悵。維古事之亦然兮，偶一世之所嚮。非有意於求慕兮，徒今世之追賞。雖孔明其何益於五丈兮，使無原其忘亮。覽川原而思古兮，悦亡弓之遺報。

超然臺賦 并敍

子瞻既通守餘杭，三年不得代，以轍之在濟南也，求爲東州守。既得請高密，其地介於淮海之間，風俗朴陋，四方賓客不至。受命之歲，承大旱之餘孽，驅除螟蝗，逐捕盜賊，廩卹饑饉，日不遑給，幾年而後少安。顧居處隱陋，無以自放，乃因其城上之廢臺而增葺之，日與其僚覽其山川而樂之。以告轍曰：「此將何以名之？」轍曰：「今夫山居者知山，林居者知林，耕者知原，漁者知澤。安於其所而已，其樂不相及也，而臺則盡之。天下之士奔走於是非之場，浮沉於榮辱之海，囂然盡力而忘反，亦莫自知也，而達者哀之。二者非以其超然不果於物故邪？老子曰：「雖有榮觀，燕處超然。」嘗試以超然命之，可乎？」因爲之賦以告曰：

東海之濱，日氣所先。嶕高臺之陵空兮，溢晨景之絜鮮。幸氛翳之收霽兮，逮朋友之燕閑。舒堙鬱以延望兮，放遠目於山川。設金罍與玉斝兮，清醪潔其如泉。奏絲竹之憤怨兮，聲激越而眇緜。下仰望而不聞兮，微風過而激天。曾陟降之幾何兮，棄溷濁乎人間。倚軒楹以長嘯兮，袂輕舉而飛翻。極千里於一瞬兮，寄無盡於雲煙。前陵阜之洶湧兮，後平野之淡漫。喬木蔚其蓁蓁兮，興亡忽乎滿前。懷故國於天末兮，限東西之崄艱。飛鴻往而莫及兮，落日耿其夕躔。嗟人生之漂搖兮，寄流枿於海壖。苟所遇而皆得兮，遑既擇而後安？彼世俗之私己兮，每自予於曲全。中變潰而失故兮，有驚悼而汍瀾。誠達觀之無不可兮，又何有於憂患？顧遊宦之迫隘兮，常勤苦以終年。盍求樂於一醉兮，滅膏火之焚煎。雖晝日其猶未足兮，竢明月乎林端。紛既醉而相命兮，霜凝磴而跰躚。馬躑躅而號鳴兮，左右翼而不能鞍。各雲散於城邑兮，徂清夜之既闌。惟所往而樂易兮，此其所以爲超然者邪？

服茯苓賦 并敍

余少而多病，夏則脾不勝食，秋則肺不勝寒。治肺則病脾，治脾則病肺。平居服藥，殆不復能愈。年三十有二，官於宛丘，或憐而受之以道士服氣法。行之期年，二疾良愈。蓋自是始有意養生之說。晚讀抱朴子書，言服氣與草木之藥，皆不能致長生。古神仙眞人皆服金丹，以爲草木之性，埋之則腐，煮之則爛，燒之則焦，不能自生，而況能生人乎？余既汩沒世俗，意金丹不可得也。則試求之草木之類，寒暑不能移，歲月不能敗者，惟松柏爲然。古書言松脂流入地下爲茯苓，茯苓又千歲則爲琥珀，雖非金石，而其能自完也亦久矣。於是求之名山，屑而瀹之，去其脉絡，而取其精華，庶幾可以固形養氣，延年而却老者。因爲之賦以道之，詞曰：

春而榮，夏而茂。憔悴乎風霜之前，摧折乎冰雪之後。閱寒暑以同化，委糞壤而兼朽。茲固百草之微細，與衆木之凡陋。雖復效骨革於刀几，盡性命於杵臼，解急難於俄頃，破奇邪於邂逅；然皆受命淺薄，與時變遷，朝菌無日，蟪蛄無年。苟自救之不暇，矧他人之足延？乃欲擷根莖之么末，假臭味以登仙，是猶託疲牛於千里，駕鳴鳩而升天。則亦辛勤於澗谷之底，槁死於峯崖之顚。顧桑榆以竊歎，意神仙之不然者矣。若夫南澗之松，拔地千尺。皮厚犀兕，心堅鐵石。鬚髮不改，蒼然獨立。流膏液於黄泉，乘陰陽而固結。象鳥獸之蹲伏，類龜黿之閉蟄。外黝黑以鱗皴，中絜白而純密。上灌莽之不犯，下螻蟻之莫賊。經歷千歲，化爲琥珀。受雨露以彌堅，與日月而終畢。故能安魂魄而定心志，却五味與穀粒。追赤松於上古，以百歲爲一息。顏如處子，綠髮方目。神止氣定，浮遊自得。然後乘天地之正，御六氣之辨，以遊夫無窮。夫又何求而何得食〔一〕？

【校】

〔一〕「何得食」，三蘇祠本無「何」；宋乙本、叢刊本無「得」字。

墨竹賦

與可以墨爲竹，視之良竹也。客見而驚焉，曰：「今夫受命於天，賦形於地。涵濡雨露，振蕩風氣。春而萌芽，夏而解弛。散柯布葉，逮冬而遂。性剛絜而疎直，姿嬋娟以閑媚。涉寒暑之徂變，傲冰雪之凌厲。均一氣於草木，嗟壤同而性異。信物生之自然，雖造化其能使？今子研青松之煤，運脫兔之毫。睥睨牆堵，振灑繒綃。須臾而成，鬱乎蕭騷。曲直横斜，穠纖庳高。竊造物之潛思，賦生意於崇朝。子豈誠有道者耶？」與可听然而笑曰：「夫予之所好者道也，放乎竹矣。始予隱乎崇山之陽，廬乎修竹之林。視聽漠然，無槪乎予心。朝與竹乎爲游，莫與竹乎爲朋。飲食乎竹間，偃息乎竹陰。觀竹之變也多矣。若夫風止雨霽，山空日出。猗猗其長，森乎滿谷。葉如翠羽，筠如蒼玉。澹乎自持，凄兮欲滴。蟬鳴鳥噪，人響寂歷。忽依風而長嘯，眇掩冉以終日。笋含籜而將墜，根得土而横逸。絕澗谷而蔓延，散子孫乎千億。至若叢薄之餘，斤斧所施。山石犖埆，荆棘生之。蹇將抽而莫達，紛既折而猶持。氣雖傷而益壯，身已病而增奇。淒風號怒乎隙穴，飛雪凝沍乎陂池。悲衆木之無賴，雖百圍而莫支。猶復蒼然於既寒之後，凛乎無可憐之姿。追松柏以自偶，竊仁人之所爲。此則竹之所以爲竹也。始也余見而悦之，今也悦之而不自知也。忽乎忘筆之在手，與紙之在前。勃然而興，而修竹森然。雖天造之無朕，亦何以異於茲焉？」客曰：「蓋予聞之：庖丁，解牛者也，而養生者取之；輪扁，斲輪者也，而讀書者與之。萬物一理也，其所從爲之者異爾。況夫夫子之託於斯竹也，而予以爲有道者，則非耶？」與可曰：「唯唯。」

黄樓賦 并敍〔一〕

熙寧十年秋七月乙丑，河決於澶淵，東流入鉅野，北溢于濟，南溢于泗。八月戊戌，水及彭城下。余兄子瞻適爲彭城守。水未至，使民具畚鍤，畜土石，積芻茭，完窒隙穴，以爲水備，故水至而民不恐。自戊戌至九月戊申，水及城下者二丈八尺〔二〕，塞東西北門，水皆自城際山，雨晝夜不止。子瞻衣製履屨，廬於城上，調急夫、發禁卒以從事，令民無得竊出避水。以身帥之，與城存亡，故水大至而民不潰。方水之淫也，汗漫千餘里，漂廬舍，敗冢墓，老弱蔽川而下，壯者狂走，無所得食，槁死於丘陵林木之上。子瞻使習水者浮舟檝，載糗餌以濟之，得脫者無數。水既涸，朝廷方塞澶淵，未暇及徐。子瞻曰：「澶淵誠塞，徐則無害。塞不塞，天也，不可使徐人重被其患。」乃請增築徐城，相水之衝，以木堤捍之。水雖復至，不能以病徐也。故水既去，而民益親，於是即城之東門爲大樓焉，堊以黄土，曰：「土實勝水。」徐人相勸成之。轍方從事於宋，將登黄樓，覽觀山川，弔水之遺迹，乃作黄樓之賦。其詞曰：

子瞻與客遊於黄樓之上，客仰而望，俯而歎曰：「噫嘻殆哉！在漢元光，河決瓠子，騰蹙鉅野，衍溢淮、泗，梁、楚受害二十餘歲。下者爲汙澤，上者爲沮洳。民爲魚鼈，郡縣無所。天子封祀太山，徜徉東方，哀民之無辜，流死不藏，使公卿負薪以塞。宣房瓠子之歌，至今傷之。嗟惟此邦，俯仰千載。河東傾而南洩，蹈漢世之遺害。包原隰而爲一，窺吾墉之摧敗。呂梁齟齬，横絕乎其前；四山連屬，合圍乎其外。水洄洑而不進，環孤城以爲海。舞魚龍於隍壑，閲帆檣於睥睨。方飄風之迅發，震鞞鼓之驚駭。誠蟻穴之不救，分閭閻之横潰。幸冬日之既迫，水泉縮以自退。棲流枿於喬木，遺枯蚌於水裔。聽澶淵之奏功，非天意吾誰賴？今我與公，冠冕裳衣，設几布筵，斗酒相屬，飲酣樂作，開口而笑，夫豈偶然也哉？」

子瞻曰：「今夫安於樂者，不知樂之爲樂也，必涉於害者而後知之。吾嘗與子馮茲樓而四顧，覽天宇之宏大。繚青山以爲城，引長河而爲帶。平皋衍其如席，桑麻蔚乎旆旆。晝阡陌之從横，分園廬之嚮背。放田漁於江浦，散牛羊於煙際。清風時起，微雲霮䨴。山川開闔，蒼莽千里。東望則連山參差，與水皆馳。羣石傾奔，絶流而西。百步湧波，舟楫紛披。魚鼈顛沛，没人所嬉。聲崩震雷，城堞爲危。南望則戲馬之臺，巨佛之峯，巋乎特起。下窺城中，樓觀翱翔，嵬峨相重。激水既平，眇莽浮空。駢洲接浦，下與淮通。西望則山斷爲玦，傷心極目。麥熟禾秀，離離滿隰。飛鴻羣往，白鳥孤没。横煙澹澹，俯見落日。北望則泗水淤漫，古汴入焉，匯爲濤淵，蛟龍所蟠。古木蔽空，烏鳥號呼。賈客連檣，聯絡城隅。送夕陽之西盡，導明月之東出。金鉦湧於青嶂，陰氛爲之辟易。窺人寰而直上，委餘彩於沙磧。激飛楹而入戶，使人體寒而戰慄。息洶洶於羣動，聽川流之蕩潏。可以起舞相命，一飲千石，遺棄憂患，超然自得。且子獨不見夫昔之居此者乎？前則項籍、劉戊，後則光弼、建封。戰馬成羣，猛士成林。振臂長嘯，風動雲興。朱閣青樓，舞女歌童。勢窮力竭，化爲虚空。山高水深，草生故墟〔三〕。蓋將問其遺老，既已灰滅而無餘矣。故吾將與子，弔古人之既逝，閔河決於疇昔。知變化之無在，付杯酒以終日。」

於是衆客釋然而笑，頹然而就醉〔四〕。河傾月墮，攜扶而出。

【校】

〔一〕「並敍」，宋乙本作「並引」。

〔二〕「者」，三蘇祠本、叢刊本作「有」。
〔三〕「故墟」，三蘇祠本作「郊墟」。
〔四〕「而」，三蘇祠本、叢刊本無。

欒城集卷之十八

辭五首

御風辭　題鄭州列子祠。

子列子行御風，風起蓬蓬，朝發於東海之上，夕散於西海之中。其徐泠然，其怒勃然。衝擊隙穴，震蕩宇宙。披拂草木，奮厲江海。強者必折，弱者必從。俄而休息，天地肅然，塵壒皆盡。欲執而視之，不可得也，蓋歸於空。今夫子晝無以食，夜無以寢，鄰里忽之，弟子疑之，則亦鄭東野之窮人也。然而徐行不見徒步，疾行不見車馬，與風皆逝，與風皆止，旬有五日而後反，此亦何功也哉？

子列子曰：「嘻，子獨不見夫衆人乎？貧者葺蒲以爲履，斲柳以爲屐；富者伐檀以爲輻，象馴以爲服。因物之自然，以致千里。此與吾初無異也，而何謂不同乎？苟非其理，履展足以折趾，車馬足以毁體。萬物皆不可御也，而何獨風乎？昔吾處乎蓬蓽之間，止如枯株，動如槁葉。居無所留，而往無所從也。有風瑟然，拂吾廬而上。攝衣從之，一高一下，一西一東。前有飛鳶，後有遊鴻。雲行如川，奕奕溶溶。陰陽變化，顛倒横從。下視海嶽，晃蕩青紅。蓋雜陳於吾前者，不可勝窮也。而吾方黜聰明，遺心胸，足不知所履，手不知所馮。澹乎與風爲一，故風不知有我，而吾不知有風也。蓋兩無所有，譬如風中之飛蓬耳。超然而上，薄乎雲霄，而不以爲喜也；拉然而下，隕乎坎井，而不以爲凶也。夫是以風可得而御矣。今子以子爲我，立乎大風之隧，凛乎恐其不能勝也，甓乎恐其不能容也。手將執而留之，足將騰而踐之，目眩耀而憂墜，耳洶湧而知畏。紛然自營，子不自安，而風始不安子躬矣。子輕如鴻毛，彼將以爲千石之鍾；子細如一指，彼將以爲十仞之墉。非傾而覆之，拔而投之不厭也，況欲與之逍遥翺翔、放於太空乎？子雖蹈后土而倚嵩華，亦將有時而窮矣。古之至人，入水而不濡，入火而不熱。苟爲無心，物莫吾攻也，而獨疑於風乎？」於是客起而歎曰：「廣矣大矣，子之道也！吾未能充之矣。風未可乘，姑乘傳而東乎！」〔一〕

【校】

〔一〕宋丙本文後有附記云：「元祐二年十月奉安神御於西京，轍先告裕陵。初四日還，過列子觀，賦御風一篇，欲書之屋壁而未暇也。既還京師，錄呈太守觀文孫公。二十三日朝奉郎中書舍人蘇轍書。」

上清辭 宮在太白山，同子瞻作。

帝蕩蕩其無尊兮，居深高乎九閽。顧后土之茫昧兮，若世人之觀天。雲冥冥其無見兮，曰其下維神姦。山重深而海廣兮，憂百鬼之傷人。屬神媪以九土兮，畀海若以九川。時節降以督視兮，下斗魁之神君。吁嗟君兮，吾不可得而訊也。庸使我待之人兮，其使我以爲神也？朝求兮山巔，夕采兮澗涘。取荷華兮菱實，拾芳蘭兮白芷。鹿伎伎兮來罝，魚揖揖兮趨餌〔一〕。秋風高而稻熟兮，寒泉冽其清泚。爲酒醴以跪酌兮，斷白茅而爲委。嗟天上其何食兮？畏神君之不吾以進。屏息以薦恪兮，退俯傴而仰俟。爲善得福兮，畀惡以死。恐懼受賜兮，怠傲獲罪。玉食有不享兮，曾潢汙蕨薇之不棄。謂神君之不可知兮〔二〕，何好惡之吾似？跨修龍之百尋兮，騰怒髮而上指。從千騎之飄忽兮，拂長劍其天倚。殞星殃於太極兮〔三〕，霍雲散而風靡。還祕殿之清深兮，目流電其不可仰視。望威神而股栗兮，知其中之人耳。致吾有以薦誠兮，庶其可得而祀也。

【校】

〔一〕「揖揖」，宋乙本作「挹挹」。

〔二〕「不可知兮」，宋乙本作「不可以知兮」。

〔三〕「殀」，宋乙本作「妖」。

楊樂道龍圖哀辭 幷敍

嘉祐五年三月，轍始以選人至流內銓。是時楊公樂道以天章閣待制調銓之官吏，見予於稠人中，曰：「聞子求舉直言，若必無人，敢願得備數。」轍曰：「唯。」既而至其家，一見坐語，如舊相識。明年，予登制科，公以諫官爲考官秘閣。又明年四月，公薨。方其病也，予見於其寢，莫然無言曰：「死矣，將以寂滅爲樂。」蓋予之識公始三歲矣，三歲之中不過數十見。公齒甚長，予甚少；公已貴，予方貧賤。見之輒歡樂笑語，終日不厭，釋然忘其老且貴也。蓋公死，士大夫相與痛惜其不幸，而予又竊有以私懷之。公本河東人，家世將家，有功於國。公始以文詞得官，其後將兵於南方〔一〕，與蠻戰，亦有功。其爲將能與士卒均勞苦，飲食比其最下者，而軍行常處其先，以此得其死力。常學李靖兵法，知其出入變化之節。其稱曰：「今之人，才不及古人，多將輒爲所昏。」嘗於南方以數千卒自試，自度可以復益數千人而不亂。然公之與人，謹畏循循無所迕。平居遇小事，若不能決。人皆怪其能將以破賊，疑其無以處之，不知其中有甚勇者，人不及也。蓋其謹畏循循者，所以爲勇而人莫知之。卒時年五十有六。素病瘦甚羸，然平居讀書，勤苦過於少年。好爲詩，喜大書，皆可愛。有子一人，生始二歲。將卒，名之曰祖仁。既卒，家無遺財，以故衣斂，仰於官及其友人以葬，以克養其家。將以七月葬于洛陽，五月，其家以其柩歸，作哀辭以遺其紼者歌之。辭曰：

嗟夫，楊公歸來兮，洛之上，其土厚且温。生年五十六〔二〕，有子以祭兮，何慕而不若人？天子憐爾，賵金孔多兮，家可以不貧。平生不爲惡，死而有遺愛兮，雖亡則存。家本將家，有功而不墜兮，配祖以孫。爲人至此，非有不足兮，可以無憾，而人爲悲辛。嗟夫，楊公歸來兮，家有弱子恃爾神。

【校】

〔一〕「於」，叢刊本無。

〔二〕「五十六」，原作「五十九」，據宋乙本、叢刊本及敍文改。

劉凝之屯田哀辭 并敍

元豐三年九月辛未，廬山隱君劉凝之卒于山之陽〔一〕。其孤格書來赴曰：「君昔知吾兄，既又識吾父，今不幸至於大故。其爲詩，使挽者歌之，以厚其葬。」十月乙酉，葬于清泉鄉。書不時至，綏不及事，乃哭而爲之辭。始予自蜀遊京師，識凝之長子恕道原。博學强識，能通三墳五典。春秋戰國歷代史記，下至五代分裂，皆能言其治亂得失，紀其歲月，辨其氏族，而正其同異。上下數千歲，如指諸左右。其爲人剛中少容，是是非非，未嘗以語假人，人多疾之。翰林學士司馬公方受詔紬書東觀〔三〕，以君爲屬。公以直名當世，而君尤甚，雖公亦嚴憚之。士知君者曰：「君非獨然，君父凝之始以剛直不容於世俗，棄官而歸，老於廬山二十年矣。君亦非久於此者也。」既而君得請以歸養其親。三年，得疾不起。今年春，予以罪謫高安，過君之廬，傷君之不復見，拜凝之於牀下。其容睟然以溫，其言肅然以厲。環堵蕭然，饘粥以爲食，而遊心塵垢之外，超然無慼慼之意。凜乎其非今世之士也。然予之見凝之，始得道士法，卻五穀，煑棗以爲食，氣清而色和。及其沒也，晨起衣冠言語如平時，無疾而終。予然後知君父子皆有道者。然道原一斥不用，遂往而不能返。凝之隱居絕俗三十餘年，神益彊，氣益堅，盡其天年，物莫能傷。其清則同，而其曠達自遂，道原不及也。辭曰：

伯夷之清，百世而一人兮。其生也，薇以爲食，餓死於首陽。世之士謂清不可爲兮，計較得失，以和爲臧。信和之可以浮沉而自免兮，彼爲和者，何三黜之皇皇？曰：爲道者不與命謀兮，非和寶得，非清實喪。若凝之爲父與原之爲子兮，絜廉不撓，冰清而玉剛。如世之言，當皆折兮，原何獨短，凝何獨長？要長短之不可以命人兮，適天命之不可常。惟溷濁之不可居，而狷潔之難久兮，吾將與凝乎同鄉。

【校】

〔一〕「君」，叢刊本作「居」。

〔二〕「紬」，原作「細」，據宋乙本、叢刊本改。

鮮于子駿諫議哀辭 幷敍

中山鮮于子駿弱冠而仕，老而不得志，買田於陽翟，蓋將終焉。元祐元年，始召爲諫議大夫，朝廷以得人相慶，而子駿亦不敢以老爲辭，意將有所建焉。居數月，得足疾不能造朝，即自引去，得請淮陽。未幾，以不起聞。士之識與不識，皆爲之出涕。夫死生得喪，非子駿之憂，而有志不獲，爲可悲也。子駿於書無所不讀，而善屬文。晚節爲楚詞，得古之遺思，其文與蜀郡文與可相上下。與可沒將十年，而子駿亡，蜀人皆悲思之。其子頡求予爲挽歌，作楚辭以授之，以爲子駿之意也。

登嵩高兮捫天，涉清潁兮波瀾，中休息兮故韓。有美人兮來居，曳佩玉兮長裾，內諒直兮外修，車還軫兮莫予留〔一〕。築室兮疏流，植榦兮蒔芳。雪積兮中谷，曰予俟兮春暘。春風至兮百鳥鳴，升高木兮雨亦晴。鳴一再兮驚人，時不予兮徂征。美人兮駕長離，來逡巡兮往奔馳。命不可兮柰何？號帝閽兮訴予。予餐木蘭兮茹紫芝，予飲石泉兮濯流波。不妾食兮裴回，莫之飽兮不飢。游於斯兮伏斯，命有盡兮孰違？心不滅兮亭亭，倚嵩少兮長欷。

【校】

〔一〕「留」，宋乙本作「知」。

詩六首

太白山祈雨詩五首〔一〕 同子瞻作。

田漫漫，耕挹挹。拔陳草，生九穀。人功盡，雨則違。苗不穗，孚不米，哀將饑兮！

山巖巖，奠南西。嗟我民，匪神依。伐山木，蓺稷黍。求既多，訴不已，猶我許兮。

山爲灰，石爲炭。水泉沸，百草爛。神予我，旱奪之。孰爲是，驕不威，尚可弛兮。

雷馮空，雨隴淵。誅孽妖，反豐年。顧千里，瞬三日。神在堂，龍爲役，是何惜兮？

雨既止，百穀復。築場壞，治囷簏。爲酒醴，伐豚羔。舞長袖，擊鳴鼉，匪以報兮。

【校】

〔一〕「五首」，宋乙本、叢刊本無。「詩」，叢刊本作「詞」。

舜泉詩 并敍

始余在京師，遊宦貧困，思歸而不能。聞濟南多甘泉，流水被道，蒲魚之利，與東南比，東方之人多稱之。會其郡從事闕，求而得之。既至，大旱幾歲，赤地千里，渠存而水亡。問之其人，曰：「城南舜祠有二泉，今竭矣。」越明年，夏雖雨而泉不作。人相與驚曰：「舜其不復享耶！」又明年夏，大雨霖，麥禾荐登，泉始復發。民矔曰：「舜其尚顧我哉！」泉之始發，瀦爲二池，釃爲石渠，自東南流於西北，無不被焉。灌濯播灑，蒲蓮魚鼈，其利滋大。因爲詩使祠者歌之，詩曰：

歷山嵓嵓，虞舜宅焉。虞舜徂矣，其神在天，其德在人，其物在泉。神不可親，德用不知。有冽斯泉，下民是祗。泉流無疆，有永我思。源發于山，施于北河。播于中逵，匯爲澄波。有鼈與魚，有菱與荷。蕰毒是洩，汙濁以流。埃壒消亡，風火滅收。叢木敷榮，勞者所休。誰爲旱災？靡物不傷。天地耗竭，泉亦淪亡。民咸不寧，曰不享耶？時雨既澍，百穀既登。有流泫然，彌坎而升。溝洫滿盈，鰕䵸沸騰。匪泉實來，帝實顧余。執其羔豚，蘋藻是菹。帝今在堂，泉復如初。

銘二首

彭城漢祖廟試劍石銘　并敍

漢高皇帝廟有石高三尺六寸，中裂如破竹，不盡者寸。父老曰：「此帝之試劍石也。」熙寧十年，蜀人蘇軾爲彭城守，弟轍實從，入廟觀石，而爲之銘曰：

維漢之興，三代無有。提劍一呼，豪傑奔走。厥初自試，山石爲剖。夜斷長蛇，旦泣神母。指麾東西，秦項授首。斂然三尺，一夫之偶。大人將之，山嶽頽仆。用巨物靈，不復凡手。武庫焚蕩，帝命下取。巋然斯石，不尙有舊。

鳳咮石硯銘　并敍

北苑茶冠天下，歲貢龍鳳團，不得鳳凰山咮潭水則不成。潭中石蒼黑，堅緻如玉，以爲研，與筆墨宜，世初莫識也〔一〕。熙寧中，太原王頤始發其妙，吾兄子瞻始名之。然石性薄，厚者不及寸。最後得此，長博豐碩，蓋石之傑。子瞻方爲易傳，日效於前，與有功焉。爲之銘曰：

陶土塗，鑿崖石。玄之蠹，頴之賊。涵淸泉，閟重谷。聲如銅，色如鐵。性滑堅，善凝墨。棄不取，長歎息。招伏羲，揖西伯。發秘藏，與有力。非相待，誰爲出？

【校】

〔一〕「莫識」，宋乙本、叢刊本作「莫知」。

頌二首

筠州聰禪師得法頌 并敍

禪師聰公，昔以講誦爲業。晚游淨慈本師之室，誦南嶽思大和尚口呑三世諸佛語，迷悶不能入。一日爲本燒香，本曰：「吾曏昔爲汝作夢甚異，汝不悟卽死，不可不勉。」師茫然不知所謂。既而禮僧伽像，醒然有覺，知三世可呑無疑也。趨往告本，本曰：「向吾夢汝呑一世界、一剃刀。汝今日始從迷悟，是始出家，眞吾子也。」乃擊鼓升座，爲衆說此事。聰作禮涕泣而罷。聰住高安聖壽禪院，予嘗從之問道。聰曰：「吾師本公未嘗以道告人，皆聽其自悟。今吾亦無以告子〔一〕，予從不告門，久而入道。」乃爲頌曰：

道不可告，告卽不得。以不告告，是眞告敕。香嚴辭去，得之瓦礫。臨濟不喻，至愚而悉。非愚非瓦，皆汝之力。有不至此，是非出家。夢呑剃刀，髮落如花。遊行四方，物莫能遮。終亦不告，獨障其邪。弟子度者，如恒河沙。

【校】

〔一〕「今吾」，宋乙本無「吾」字。

等軒頌

南豐張君，家有等軒。問我何者，是平等法？我告張君：物之不齊，何所不有？長短大小，淨穢好醜，雜然前陳，參差不等。亂我身心，耳目鼻口。欲求平等，了不可得。忽然覺知，身心本空，萬物亦空。諸差別相，皆是虛妄。無有實性，孰爲不等？等爲一空，尙無平等。何處復有，不平等者？遍觀萬物，無等不等。是謂眞實，平等法已。

欒城集卷之十九

新論三首

新論上

古之君子，因天下之治以安其成功，因天下之亂以濟其所不足。不誣治以爲亂，不援亂以爲治。援亂以爲治，是愚其君也；誣治以爲亂，是脅其君也。愚君脅君，是君子之所不忍，而世俗之所徼幸也。故莫若言天下之誠勢。

請言當今之勢。當今天下之事，治而不至於安，亂而不至於危，紀綱粗立而不舉，無急變而有緩病，此天下之所共知而不可欺者也。然而世之言事者，爲大則曰無亂，爲異則曰有變。以爲無亂，則可以無所復爲；以爲有變，則其勢常至於更制。是二者皆非今世之忠言至計也。

今世之弊，患在欲治天下而不立爲治之地。夫有意於爲治而無其地，譬猶欲耕而無其田，欲賈而無其財，雖有鉏耰車馬，精心強力，而無所施之。故古之聖人將治天下，常先爲其所無有，而補其所不足。使天下凡可以無患而後徜徉翺翔〔二〕，惟其所欲爲而無所不可，此所謂爲治之地也。爲治之地既立，然後從其所有而施之。稙之以禾而生禾，播之以菽而生菽，藝之以松柏梧檟，叢莽樸樕，無不盛茂而如意。是故施之以仁義，動之以禮樂，安而受之而爲王；齊之以刑法，作之以信義，安而受之而爲霸；督之以勤儉，厲之以勇力，安而受之而爲強國。其下有其地而無以施之，而猶得以安存。最下者抱其所有，倀倀然無地而施之，撫左而右動，鎭前而後起，不得以安全，而救患之不給。故夫王霸之略，富強之利，是爲治之具而非爲治之地也。有其地而無其具，其弊不過於無功；有其具而無其地，吾不知其所以用之。

昔之君子惟其才之不同，故其成功不齊；然其能有立於世，未始不先爲其地也。古者伏羲、神農、黄帝既有天下，則建其父子，立其君臣，正其夫婦，聯其兄弟，殖之五種，服牛乘馬，作爲宫室、衣服、器械，以利天下。天下之人生有以養，死有以葬，歡樂有以相愛，哀感有以相弔，而後伏羲、神農、黄帝之道得行於其間。凡今世之所謂長幼之節，生養之道者，是上古爲治之地也。至於堯舜三代之君，皆因其所闕而時補之，故堯命羲和曆日月，以授民時；舜命禹平水土，以定民居；命益驅鳥獸，以安民生；命棄播百穀，以濟民飢。三代之間，治其井田溝洫步畝之法，比閭族黨州鄉之制。夫家卒乘車馬之數，冠昏喪祭之節，歲時交會之禮，養生除害之術，所以利安其人者凡皆已定，而後施其聖人之德。是故施之而無所齟齬。舉今周官三百六十人之所治者，皆其所以爲治之地，而聖人之德不與也。故周之衰也，其詩曰：「雖無老成人，尚有典刑。」由此言之，幽厲之際，天下亂矣，而文武之法猶在也。文武之法猶在，而天下不免於亂，則幽厲之所以施之者不仁也。施之者不仁，而遺法尙在，故天下雖亂而不至於遂亡。及其甚也，法度大壞，欲爲治者無容足之地。泛泛乎如乘舟無楫而浮乎江湖，幸而無振風之憂，則悠然唯水之所漂，東西南北非吾心也。不幸而遇風，則覆沒而不能止。故三季之極，乘之以暴君，加之以虐政，則天下塗地而莫之救。

然世之賢人起於亂亡之中，將以治其國家，亦必於此焉先之。齊桓用管仲辨四民之業〔二〕，連五家之兵，卒伍整於里，軍旅整於郊，相地而衰征。山林川澤各致其時〔三〕，陵阜陸墐，各均其宜；邑鄉縣屬，各立其正。舉齊國之地如畫一之可數。於是北伐山戎，南伐楚，九合諸侯，存邢衞，定魯之社稷，西尊周室，施義於天下，天下稱伯。晉文反國，屬其百官，賦職任功，輕關易道，通商寬農，懋穡勸分，省財足用，利器明德，舉善援能，政平民阜，財用不匱。然後入定襄王，救宋衞，大敗荆人於城濮，追齊桓之烈，天下稱之曰二伯。其後子産用之於鄭，大夫種用之於越，商鞅用之於秦，諸葛孔明用之於蜀，王猛用之於苻堅，而其國皆以富強。是數人者雖其所施之不同，而其所以爲地者一也。夫惟其所以爲地者一也，故其國皆以安存；惟其所施之不同，故王覇之不齊，長短之不一。是二者不可不察也。

當今之世，無惑乎天下之不躋於大治，而亦不陷於大亂也。祖宗之法具存而不舉，百姓之患略備而未極。賢人君子不知尤其地之不立，而罪其所施之不當；種之不生，而不知其無容種之地也，是亦大惑而已矣。且夫其不躋於大治與不陷於大亂，是在治亂之間也。徘徊徬徨於治亂之間，而不能自立，雖授之以賢才無所爲用。不幸而加之以不肖，天下遂敗而不可治。故曰：莫若先立其地，其地立而天下定矣。

【校】

〔一〕「徜徉」，宋丁本、宋戊本作「猖徉」。

〔二〕「齊桓」，宋丁本作「齊威」。下「追齊桓之烈」同此。

〔三〕「相地而衰征，山林川澤各致其時」，宋丁本、宋戊本、叢刊本無「衰」、「山林」字。

新論中

治國而爲其地，非聖人而後然也，古之君子莫不皆然。而其不然者，則僅存之國也。人之治其家也，其最上者爲虞舜。其次爲曾閔，而其次猶得爲天下之良人，其下者乃有不慈不孝。置其不慈不孝，蓋自其得爲良人以上至於爲舜，其所以治其身，上以事其父母，下以化服其妻子者不同，而其所以爲生者，子耕于田，婦織于室，養其雞豚，殖其菜茹，無失其時，以養生送死，雖舜與天下之良人均也。舜而不然，不得以爲舜；天下之人不然，不得以爲良人。何者？是亦治家之地焉耳。而至於爲國，而豈獨無之？

昔者文王之治岐也，耕者九一，故周公因之，建爲步畝溝洫之制。何者？其所因者治世之成法也。孔子之治魯也，魯人獵較，孔子亦獵較。何者？其所因者衰世之餘制也。當戰國之強，諸侯無道，然孟子亦以爲有王者起，今之諸侯不可盡誅，惟敎之不改而後誅之。故漢之興也，因秦之故而不害其爲漢；唐之興也，因隋之故而不害其爲唐。由是觀之，則夫享國之長短，致化之薄厚，其地能容之而不能使之也。地不能使之長短薄厚，然長不得地則無所效其長，厚不得地則無所致其厚。故夫有地而可以容有所爲者，舉而就之可也。

當今之世，祖宗之法或具存而不舉，或簡略而不備。具存而不舉，是有地而不耕也；簡略而不備，是地有所廢缺而不完也。欲築室者先治其基，基完以平而後加石木焉，故其爲室也堅。今之治天下則不然，蓋嘗論之。自五代以來，強臣專國，則天下震動而易亂；自吾祖宗削而漸磨之，則今世可以粗安。凡今世之所恃以爲安者，惟無強臣而已。然恃其一之粗安也，而盡忘其餘。故嘗以爲當今天下有三不立，由三不立故百患並起，而百善並廢。何者？天下之吏媮墮苟且，不治其事，事日已敗而上不知使，是一不立也。天下之兵驕脆無用，召募日廣而臨事不獲其力，是二不立也。天下之財出之有限而用之無極，爲國百年而不能以富，是三不立也。基未平也，加之以其所欲爲，是故興一事而百弊作，動一役而天下困，投足而遇陷穽，側身而入河海，平居猶懼有患，而況求以馳騁於其上哉？固不可矣。

今夫夷狄之患，是中國之一病也。吾欲拒之，則有以爲拒之之具；和之，則有以爲和之之費。以天下而待一國，其爲有餘力也，固亦宜矣，而何至使天下皆被其患？今也天下幸而無它患難，而唯西北之爲畏。然天下之力亦已困而不能支矣。一歲之入不能供一歲之出，是非特納賂之罪也，三事不立之過也。故三事立，爲治之地既成，賂之則爲漢文帝，不賂則爲唐太宗。賂與不賂，非吾爲國治亂之所在也；治亂之所在，在乎其地之立與不立而已矣。

天下之事因循而維持之，以至於漸不可舉，猶曰是養之未至也。乘舟中流，釋其檝而聽水之所之，旋於洄洑，格於洲浦，以爲是固然也，其爲無具亦已甚矣！以今之時，天子仁恕，士大夫好善，天下之風俗不至於朋黨亂正、誣罔君子也，世之清議凛然在矣。公卿之欲有爲以濟斯世，誰有言者？而曰吾有所待。是徒空言，非事實也。故爲之説曰：居之以强力，發之以果敢，而成之以無私。夫惟有私者，不可以果敢。果於一，不果於二，天下將以爲言。不果者不可以强力，力雖强而輒爲多疑之所敗。天下之人惟能爲是三者，則足以排天下之堅强，而納之於柔懦；擾天下之怨怒，而投之於不敢。惟不能爲是三者，則足以敗天下之賢才，而卒之以不能有所建。是故無私而果敢，果敢而强力，以是三者治天下之三不立，以立爲治之地。爲治之地既立，然後擇其所以施之，天下將無所不可治。

新論下

天下之未治也，患三事之不立。苟其既立，則患其無以施之。蓋君子爲國，正其綱紀，治其法度，皆可得而知也。惟其所以施之，則不可得而知。周公之治周也，修其井田，封建百辟，可得而知也；其所以使天下歸周者，不可得而知也。孔子之治魯也，墮其三都，誅其亂政，可得而知也；其所以使羔豚不飾賈〔一〕，男女别於道者，不可得而知也。孟子之所以治梆者，正其疆界，五口之家，桑麻雞豚必具，可得而知也；其所以使之至於王者，不可得而知也。孔子孟子之所汲汲以教人者，在其不可得而知；而其可得而知者不詳論也。曰是有意於治者能之，然而亦不可去也。故其得爲是國也，必舉之以爲先。由是觀之，治國之地，聖人無之不得以施其聖。然而聖人之道，有所高遠而不可及者矣。

其於孔子之門所謂政事，而冉有子路之所能者，治國之地也。子路曰：「千乘之國，攝乎大國之間，加之以師旅，因之以饑饉，由也爲之，可使有勇，且知方也。」冉有曰：「方六七十，如五六十，求也爲之，可使足民。如其禮樂，以俟君子。」是亦自以爲能爲其地，而未有以施之云爾。然夫子許其能之，而不以爲大賢，則夫子之道深矣遠矣。

夫子平居朝夕孜孜以教人者，惟所以自修其身；而其所以修其政事者，未嘗言也。蓋亦嘗言之矣，曰「謹權量，審法度，修廢官」，「興滅國，繼絕世，舉逸民」，「所重民食喪祭」。是九者凡所以爲政而未足也，故繼之曰：「寬則得衆，信則人任焉。敏則有功，公則說。」是四者所以成之焉耳，其意以爲既成而後以其平居自修之身施之。故記曰：「君子篤恭而天下平。」爲有此具也，君子修其身，無所施之則不立；治其政事，無以施之則不化。當三代之治也，天下之事無不畢舉，雖後世之君猶得守其法度，以爲無過。惟無暴君，則天下可安。故伊尹之訓太甲曰：「從諫弗咈，先民時若。」以爲如是而可以爲治已矣。

古之人言治天下若甚易，然今之人以爲大言而不信，不知其有此地也。悲夫！世之君子孜孜以修其身，恭儉忠信欲以施之天下，終身而不見其成，則以爲古之人欺我也。夫苟以爲古之人欺我，雖有爲之者，蓋勉強而爲之也。夫苟不欲而強爲之，則其心益不自信而道日疎。夫以不信之心，行日疎之道，以治無以爲地之國，是以功不可成而患日至。故莫若退而立其爲治之地，爲治之地既立，則身修而天下可化也。

【校】

〔一〕「賈」，宋丁本作「價」。

欒城集卷之二十

策問三十五首

殿試武舉策問一首

問：王者之兵不貴詐謀奇計，至於臨敵制勝，良將豈可少哉？朕以天下爲度，懷柔四夷，而西戎背誕，腰領未得。凡吾接之以恩信，懷之以禮義者，固有道矣。若夫示之以形，禁之以勢，使之望而不敢犯，犯而無所得者，其術何由？伐其謀，散其黨，使之退而不得安，安而不能久者，其道何以？夫隱兵於民，井田之舊法也；材官府兵，猶行於後世；而保甲之復，民以爲勞。以車卽戰，丘甸之遺制也；武剛鹿角，猶見於近事；而車牛之役，世以爲非。古者兵有奇正，旋相爲用，如環之無端，其出入之法，今幾絕矣。敵有陰陽，客主異宜，易之則敗。其先後之節，將何施焉？淮陰之伐趙，勝亦幸耳，使左車之說行，則計將安出？

仲達之却蜀，非其功也，使孔明而不死，則勝將孰在？子大夫講於兵家之利，而明於當世之務審矣，其以所聞著之于篇，朕將覽焉。

南省進士策問一首

問：三代漢唐之法行於前世，而施之於今，輒以不效，何也？昔者蓋嘗取經界之舊法以爲方田，采府衛之遺意以爲鄉兵，舉黜陟之墜典以爲考課矣。然而爲方田則民擾而不安，爲鄉兵則民勞而無益，爲考課則吏欺而難信。三者適所以爲患，不若其已也。孟子有言：「爲高必因丘陵，爲下必因川澤，爲政必因先王之道。」凡今世之法𡨥𡨥近古矣，政之近古，天下之所以治也，然而如彼三者獨何哉？豈古之法遂不可施之於今歟，抑亦救之不自其本，爲之不得其道，以至於此也？

河南府進士策問三首

問：法立於上，則俗成於下。故兩漢之間，經各有師，師各有說。異師殊說，相攻如仇讎。異己者雖善不從，同己者雖惡不棄。下逮魏晉，爭者少止，然後學者相與推究衆說，從其所長。至唐而傳疏之學具，由是學者始會于一。數百年之間，凡所以經世之用，君臣父子之義，禮樂刑政之本，何所不取於此？然而窮理不深，而講道不切，學者因其成文而師之，以爲足矣。是以間者立取士之法，使人通一經而説不必舊。法既立矣，俗必自此而變。蓋將人自爲説而守之耶？則兩漢之俗是矣；將舉天下而宗一説耶？則自唐以來傳疏之學是矣。夫上能立法以救弊而已，成其俗者必在於士。將使二弊不作，其將何處而可哉？

問：三代之治以禮樂爲本，刑政爲末，後世反之，儒者言禮樂之效與刑政之弊，其相去甚遠〔一〕，然較其治亂盛衰，其比後世若無以大相過者。蓋夏后氏自禹再傳而失國，亂者三世，商人再衰而復興，周人一遷而不振，其賢於漢唐其實無幾。至於漢文帝、唐太宗，克己裕人，海内安樂，雖三代之盛王，何以加之？夫禮樂刑政，其功之異，豈特如此而已？今自祖宗創業百有餘年，法令修明，上下相維，四方無虞，求之前世未有治安若今之久者。然而儒者論其禮樂，常以爲不若三代，此爲誠不若耶〔二〕？爲習其名而未稽其實也？不然，世之治安則不在禮樂歟？宜一有以斷之。

問：孟子言：「五畝之宅，植之以桑，則五十者可以衣帛；雞豚狗彘，無失其時，則七十者可以食肉；數罟不入洿池，則魚鼈不可勝食；斧斤以時入山林，則材木不可勝用。」誠哉是言也！雖然，孟子將何以行之？豈將立法設禁以驅之歟？夫立法設禁而無刑以待之，則令而不行；有刑以待之，則彼亦何罪？請言孟子將何以行此。

【校】

〔一〕「甚遠」，宋丁本作「遠甚」。

〔二〕「此爲」，叢刊本作「此豈」。

私試進士策問二十八首

問：昔者承五代之亂，天下學者凋喪而仕者益寡。雖有美才良士，猶溺於耕田養生之樂，不肯棄其鄉閭而效力於官事。當此之時，至調富民而爲官，夫豈不甚病之矣哉〔一〕！及天下大定，學者漸已尊顯，勤勞勸誘，數十年之間而後士人彷徉繼起，則天下之官爲之盡滿而無所置之。是以頃者立任子之限，減進士之額，繩以苛法，抑以細過，使之久而不調，然後官吏歲以漸減〔二〕。凡今一歲之調，蓋不足以償其休老物故者。然則數十歲之後，無乃將復有向者乏人之患歟？夫古之聖人惟能於其未然而預防之，故無後憂。昔者惟不能於其至少之時而爲其過多之慮，是以惟務進之，而有今日之弊。夫民惟其誘而進之，則進而不知休；抑而排之，則無聊而引去。天下要亦有不潔不屑之士，不可恃爵祿之利以爲可以必致也。故願於其未然，而求其所以。進之，而可以使今無冗員之弊；退之，而可以使後無乏人之患者。此亦天下之深慮也。

問：學者之論周禮，或以爲周公之書，或以爲戰國陰謀之書，二者孰爲得之？今觀其書，亦有所不知者二焉。夫公邑爲井田，而鄉遂爲溝洫，此二者，一夫而受田百畝，五口而一夫爲役，百畝而稅之十一，舉無以異也。然而井田自一井而上，至於一同而方百里，其所以通水之利者，溝、洫、澮三。溝洫之制至於萬夫，爲地三十三里有半〔三〕，其所以通水之利者，遂、溝、洫、澮、川五。夫利害同而法制異，爲地少而用力博，此其所未知者一也。五家爲比，比有比長；五比爲閭，閭有閭胥；四閭爲族，族有族師〔四〕；五族爲黨，黨有黨正；五黨爲州，州有州長；五州爲鄉，鄉有一正卿。及有軍旅之事，則以比長爲伍長，閭胥爲兩司馬，族師爲卒長，黨正爲旅師，州長爲師帥〔五〕，卿爲軍將。故凡官之在鄉者，軍一起而皆在軍矣。起軍之法，自五口以上，家以一人爲兵，一人爲役。而家之處者甚衆，而官吏舉皆在外，將誰使治之？此其不可知者二也。故願與學者究之。

問：學者莫不求學孔子，今考於傳記而觀其行事〔六〕，蓋有所不通者焉。語曰：「佛肸召，子欲往。」又曰：「子見南子，子路不說。」學者以爲孔子急於行道而爲此。夫孔子之於衞靈公，語及兵事，不說而去；於陽貨，時其亡而見之，蓋亦不欲見也。而孟子亦云：「惡夫枉尺而直尋者。」然則彼二事者獨何歟？至於仕魯爲司寇，從而祭，膰肉不至，不稅冕而行。且夫仕而至於司寇，君臣之義不爲淺矣。膰肉不至而行，何其輕君臣之義，而重區區之微禮哉？此明於輕重者之所不爲也。或曰：「膰肉不至，仲尼以爲禮將從此而大壞，此所謂知幾者。」夫爲大臣知禮之將亡，不救而去，則又安用夫大臣者？故此將有微眇難見之意，而世或未之思焉。學者所宜辨之。

問：古之爲國者必有所尙，夏忠、商質而周文。儒者以爲此三者如循環，百世而無窮。然則今世之所尙者何耶？夫不必聖人而後有所尙。然則今世之所尙者，其以爲忠耶？則小民多詐而爭訟並起，非所以爲忠也。以爲質耶？則金玉錦繡不爲之節，而文詞熾於天下，非所以爲質也；以爲文耶？則禮樂不備，冠昏喪祭之義至爲淺薄，非所以爲文也。然則今世其無所尙耶？蓋亦有之而未之見耶？其果有之也，則亦可用耶，不可用耶？其明著其說。

問：古之學者其爲學必遲，而信道必篤。蓋非其遲，則不能至於篤也。故子夏之門人始於灑掃、應對、進退。而孟子亦云：「君子之於道，欲其自得。自得之則資之深，資之深則取之左右逢其原。」夫待其自得也，非久而何？昔者孔子五十而後學易，方今薄才下士之所謂甚遲而可怪者也。故夫當今之世，無惑乎其無信道之士也。古之養士者莫善於太學，而今太學之教，一日之所爲必若干，取方册之難知者而悉論之，不待其問而先告之，無先後，無少長，無賢愚，其問同而其功等。其上者無以優游翺翔以寬綽其心，而其下者勉強困躓不暇於爲善。故其學也必速，而守道必不篤。何者？非其自得之也。夫人之才，譬如草木焉，雨以濡之，風以動之，則其長也可立而待。有宋人焉，揠之而自以爲喜，此孟子所以太息其不知學也。然而寬以待之，則太學之法將必有所大變而後可。變法者不可不預立其說也。

問：古者禮備而費少，今者費愈多而禮愈闕。古者七世之廟分而爲七，今者七世之廟合而爲一。古者一歲大祭天者四，五歲大祭宗廟者再；今者三歲迭用其一，而略其餘。古者命士以上皆有廟，今至於公卿大夫無之。古者天子五載一巡守，遠者十二年一巡守；今者非郊祀校獵不出於郊。以今之至簡省也，而財至於不給；則古之甚繁者，宜其無以共之〔七〕。然以古之甚繁而不至於大費，則今之簡省而至於不給者何也？凡今之人皆以費故棄先王之禮，是以禮日益壞〔八〕，以爲今之世有周公、仲尼，其將亦略備其禮而不至於大費歟？然而今之所以至於大費而不可省者，或亦有故也。其思所以省之而無害之説而著于篇。

問：茶之有榷與稅非古也，特就其便於今者言之。有以爲榷便，曰：凡所以備邊養兵者皆出於榷。然江淮之間以私茶死者不可勝計，此則仁人之所不忍爲也，而何便於榷？以稅爲便，則夫邊鄙兵革之用將何以共之？且夫稅之入，其不足以當榷之利，亦易見矣，而特以不忍驅民而納之陷穽，是以去榷而爲稅。今欲復反其舊，冒行殺人之害，而就夫區區養兵之利，則何以爲仁？求以生民，而國用至於困乏〔九〕，則何以爲智？蓋將以生民而富國，兼收仁智之實而並享之者，必將有説也。

問：君子能盡人之情而不能盡物之變，盡物之變惟精者能之。古之君子專一而無侈心，是以益治鳥獸，棄治稼穡，夔治鐘磬，羲和治曆，皆以聰明睿智之才而盡力於一物，終其身而不去。至於後世，官者至以爲氏。故當此之時，天下之事無不畢舉。今者，四方既平，非有勤勞難治之政，而當世之務，每每廢墜而不理。蓋鐘律之不和，河之不循道，此一二事者，百有餘年而莫有能辦之者。是豈非務於速進〔一〇〕，而恥以一物自盡之過歟〔一一〕？夫古之君子往往老於小官，終身而不厭〔一二〕，則上之所以使之者誠有道也〔一三〕。安得斯道而由之，以使斯人之復如古也？

問：今世法唐以爲治，上自百官刑法禮儀，下至州郡兵民賦役，要之以唐爲準。譬如商之於夏，周之於商，事無不考焉者。然天下之廣，方制萬里，夷狄不作，兵革不用，四方之貢不絶於道路，而國用常苦於不足。唐自天寶以來府衛之兵廢，租庸之法壞，收茶鹽，榷酒酤，其法與今略等。然而天下分裂，天子之地至少，征伐相繼而起。而憲、文、武、宣之世，方鎮稍定，則財用未嘗有所匱乏〔一四〕，與今世無異。至於齊、蔡、三晉，各以數州之地養數萬之兵，内以抗衡京師，外以備禦鄰敵，綽然有餘，亦不如今之將帥仰給於大農也。夫法與唐類，地多於唐，費用不若唐之多，而府庫之蓄無以大相過者何也？其必有能辨之。

問：方今天下患於兵多，故銷兵之説，人人知之，然獨未覩夫兵少之爲患也。方今天下患於財少，故求財之術，人人講之，然獨未覩夫多財之爲累也。夫銷兵之患有甚於兵多，而多財之累有甚於財少。衆人知目前之利而不爲歲月之計，故儒者非之。儒者操根本之論而不救急切之害，故衆人遲之。今將救目前之病，使兵多財少之患去；全歲月之計，使兵少財多之弊不見：其將何道而可？

問：舜受天下於堯，故郊嚳宗堯，不敢廢堯之祀。禹受天下於舜，而其郊宗，皆其祖考。夫推舜之心以及於禹，則禹必將兼祀堯舜而後可。今也不然，不獨廢堯而且忘舜，何也？夫受其成業而黜其祀，雖少恩者不爲，而謂禹行之乎？其故安在？

問：古之言治者必曰禮樂，禮樂之於人，譬如飲食，未有一日而不相從者。故士之閑居無故，不去琴瑟，行則有佩玉之音，登車則有和鸞之節。身蹈於禮而耳屬於樂，如此而後邪辟不至。蓋自秦漢以來，士大夫不師古始。然其朝廷鄉黨之間，起居飲食之際，亦未嘗無禮，而樂獨盡廢。士有終年未嘗聞樂，而不知其非者。於是有以疑樂之可去，而以古人爲非矣。不然，請言樂之不立，而士之所以不如古者安在？

問：西漢自孝武之後崇尚儒術，至於哀平，百餘年間，士之以儒生進用，功業志氣可紀於世者不過三四。而武夫文吏皆著節當世，其業與儒者遠甚。及至東漢，雖光武兵革之後，而儒者遂顯。其後世道陵遲，其所以扶危持顛，皆出於學者，而他人不與。夫兩漢之用儒，其實無以相過，而士之優劣，相遠如此，何也？

問：古者建國，設官分職，以爲政本。近代因循雜亂，無復統紀。朝廷深惟其弊，推本宗周，旁摭宇文氏，以易其制。惟周官分建六職，各帥其屬以治百事，仰以奉天地鬼神，外以御諸侯四夷，下以治士農工商，至於草木鳥獸，無不咸在，可謂備矣。宇文氏雖參考其舊以命庶工，而典籍亡逸，不可究知，其兵戎之官多設於六卿之外。今將遠法宗周，則宇文之遺法固將在所去取。然則凡官之以武事設者，當領於六官耶，其亦將特設而後可也？

問：周官三百六十，所以治王之畿內也。其畿外諸侯國自有官，大國三卿，次國二卿，小國一卿，亦皆有屬，以治其事。是以六官之屬足以治畿內而止矣。今四方郡縣，自一介之吏，皆命於朝廷，則六官之外當得羨吏以典其職。以階易官，蓋出於此。然而設階之法，始於散官，而散官之興，近自魏晉。因魏晉之遺俗，以間三代之舊典，竊以爲未盡也。其將何修而後可以復三代之故也哉？

問：古者取士於鄉而養之於學，觀其德行道藝而進之以官，故其得人也全。今也雖鄉取而學養之，然其試之也獨取其藝，而德行之舉不復並立。凡今之士，雖有內懷德義而無藝以自將，則不免廢於有司，故其得人也偏。今將略其藝文而取其行義，凡科舉之法所以杜請謁而絕情故者一切盡廢，則奔競朋黨之風必扇於下。豈古之學校遂不可復耶？其具論之于篇。

問：古者兵出於民，而兵戰以車。車馬介冑皆民力也，民之於兵可謂勞矣。三時務農，一時講武。鋤耰錢鎛之人，而驅之以干戈之事，民之於兵可謂疎矣。然而古者以甚勞之民，用至疎之兵，而民以爲安，四夷賓服，其故何也？近世兵民既分，凡兵之器用皆給於官，旦暮教戰，不擇四時，民可謂逸，而兵可謂習矣。然其所以安萬民而威四夷者，亦何以遠過於古？若夫正兵既練而又兼連伍保之兵民，兵既設而不試以征伐之事，此又今世之新意，其所以勸兵裕民者可謂至矣。至於異同得失之辨，其詳著于篇。

問：古者爲貨泉以權物之輕重，今所在鑄錢，數日益多，制日益小，可謂錢輕矣。然而金帛米粟賈日益賤，而錢之行於市者日益少，有錢重之弊。夫當重者反輕，而當輕者反重，其說安在？將救其失，其術何以？

問：孔子與老子同時，孔子以禮樂教人，而老子以淸淨無爲爲宗。孔子蓋嘗問禮於老子，未有一言非之者〔一五〕。夫孔老豈同道者哉？後世孟軻韓愈皆學於孔子，然孟子之於楊朱墨翟，韓子之於浮屠氏，皆訟言攻之，嫉之如仇讎。夫韓孟之賢不過於孔子，而楊朱、浮屠之害無異於老子，或釋而不問，或排而不置，其說安在？

問：漢武帝攘却四夷，拓地千里，後世賴以爲強。唐太宗誅滅胡虜，兵不折北，民不告病，用兵之利前世無與爲比。然而武帝之治安不若文景之多，而太宗之功無補中國之治亂，是以儒者終莫之善也。夫儒者之說勝，則帝王之武功沒世而無聞；不世之功成，則中國先受其害。二者不可合并，然高宗之伐鬼方，文王之征玁狁〔一六〕，聖人有所不免。則武帝、太宗之功業其終不善於儒者，何也？

問：河之爲害遠矣，自漢已來，東決則盡太山之麓，西決則盡西山之趾。凡二山之間，數千里之地，丘陵險阻，河皆堙而平之，存者無幾矣。蓋禹之治水也，以爲河所從來者高，水湍悍難以行，平地數爲敗。乃斷二渠以引其河。自二渠之廢，而河乃恣行不可備禦。夫河決不東則西，豫以二渠待之，則雖決而有以受之，乃不爲害，此聖人之遺跡也。今將訪而復之，以待河之暴，其可否何說？

問：韓非明老子，而以刑名游說諸侯；李斯師孫卿，而以詐力事秦。至於焚詩書，殺儒士；其終皆陷於大戮。原其所學，皆本於聖人，而其所施設則鄉黨之士所不忍爲。夫豈其學有以致之歟？蓋老子、孫卿其教之善，雖弊不至於敗亂天下，然則二子之學，其所以失之而至此者何也？學之不詳，毫釐之差，或致千里。學士大夫可不辨之乎？

問：堯舜之德盛矣，然孔子稱「周監於二代，郁郁乎文哉」，何者？世相近，事相若，而人情未遠也。儒者常稱二帝三代，雖其道德之隆，世世師之，至於禮樂刑政，將以施之今世，亦已難矣。今自五代以上，其文物政事之備，未有若隋唐之善者。自祖宗以來，采前世之舊而施之於時，亦未有若隋唐之多者也。然其或因或革，而當否存焉。蓋亦有時異事異，久遠而不可復者歟？其亦有因習俗而重改作，可復而未暇者歟？其相與講習而著其宜焉。

問：古者有罪不免於刑，失誤有贖，親賢有議，眚災有赦，未聞有赦天下者也。自漢以來，赦始及天下，而言政者病之。蓋成周之隆，成康之際，刑措不用；而漢孝文唐太宗之盛，天下斷獄，歲不過數十。當此之時雖有赦，何所施之？後世法令滋章，而姦宄不禁。刑之不能止，而赦之不能救。數赦則民玩於法，而不赦則上所不忍。其將何施而可？

問：三代以田養民，而取之以什一。其民盡力於耕，則足以自養。上之人以時平其政令，而民受其賜既已厚矣。自戰國之禍，田制既壞，賦法隨弊，天下之民仰困於租税，而俯困於兼并，其害不可言矣。是以漢自文景以來賜民田租，孝弟力田，鰥寡孤獨金帛布絮之奉，歲時不絶。考之於古，則所謂惠而不知爲政者也。然自漢氏絶而復興，其民思之不忘，其恩澤之結於民豈不至哉？惟三代仁政，其紀綱法度既不可遽復；而漢室賜予之惠，府庫之積力有所不逮：然則將以厚民，其術安在？

問：三代聖人以禮樂治天下，動容貌，出詞氣，逡巡廟堂之上。而諸侯承德，四夷向風，何其盛哉！至其後世稍衰，桓文迭興而維持之，要之以盟會，齊之以征伐，既已卑矣。然春秋之後，吳越放恣，繼之以田常三晉之亂，天下遂爲戰國。君臣之間非詐不言，非力不用，相與爲盜跖之行，猶恐不勝，雖桓文之事且不行矣，而況於文、武、成、康之舊歟？及秦幷天下，風俗日惡，不可復改。雖漢唐之隆，格之以商周之盛，蓋已愧矣。夫三代之間，其民更桀紂之禍，與戰國何異？然聖人一出，禮義復興，天下和洽，不若後世寂寥無聞，獨何故歟？豈帝王之道，古今一變，遂不可復反乎？不然，何漢唐之陋如此？

問：秦滅經籍，漢興，易、詩、書、禮、春秋復存，而樂遂喪。然自孔子弟子散亡〔七〕，天下學者爭立異說，各尊所聞以相攻，而聖人之道日以湮沒。頃者，朝廷患之，掃除傳疏而著以新說，天下庶幾由此以識聖人之遺意。然易、詩、書、禮皆立學官，春秋雖不用，而其書亦不廢。惟大樂淪棄，漫滅無文，無所考信。嗚呼，士生於今，去聖久遠，師法不傳，幸明天子慨然深愍遺墜而興之，而六經不備，豈不闕甚矣哉？意者求之他書，推其端而究其末，引而伸之，猶可得而覩也。請誦其所取焉。

問：漢收河南地，兵不再駕，唐復河隴，未嘗用兵。今朝廷兵甲之精，卒伍之練，蓋近世所未有也。是以收洮泯，略蘭會，大功既遂，四夷震疊，有志之士蓋已心馳於燕薊之北矣。夫能稼而能穡，所以爲良農也；能獲而能烹，所以爲善獵也。故夫拓國而安邊，唐漢之間必有良策焉，其試言之。

【校】

〔一〕「病之矣哉」，叢刊本無「之」字。

〔二〕「漸滅」，宋丁本作「盡滅」。

〔三〕「三十三」，宋丁本、叢刊本作「三十二」。

〔四〕「族帥」，宋丁本、叢刊本作「族師」。下一「族帥」同此。

〔五〕「師帥」，宋丁本、叢刊本作「師師」。

〔六〕「覯」，叢刊本作「覲」。

〔七〕「宜其無以共之」，宋丁本作「宜不可勝，而無以供之」。

〔八〕「壞」下，宋丁本有「而不知止」四字。

〔九〕「困乏」，宋丁本作「乏困」。

〔一〇〕「豈非」下，宋丁本有「心意侈大」四字。

〔一一〕「自盡」下，宋丁本有「其力」二字。

〔一二〕「終身而不厭」，宋丁本作「而終身不厭」。

〔一三〕「誠有道」，宋丁本作「誠得其道」。

〔一四〕「則」，宋丁本無。

〔二四〕「有」，原作「可」，據宋丁本、叢刊本改。

〔二五〕「征」，宋丁本作「伐」。

〔二六〕「散亡」，宋丁本作「喪亡」。

私試武學策問二首

問：古之善戰者必以兩擊一，既爲之正，又爲之奇。故我之受敵者一，而敵之受敵者二。我一而敵二，則我佚而敵勞。以佚擊勞，故曰三軍之衆，可以使之必受敵而無敗。自唐季以來，古之陣法遺散而不講。今世用兵之將，置陣而不知奇正。夫置陣而不知奇正，猶作樂而不用五聲，飪食而不用五味，宫竭而商不繼，甘窮而酸不輔，一變而盡矣，不可復用也。今將推古法，求奇正之意而施之行陣，其亦可得歟？兵法曰：「先出合戰爲正，後出爲奇。」又曰：「奇亦爲正之正，而正亦爲奇之奇。」所謂奇正者，將合爲一陣歟，將離爲二陣歟〔一〕？學者所宜辨之。

問：古稱淮陰侯善用兵，然觀其所以勝者亦若有天幸焉。淮陰之攻趙也，廣武君請以輕兵絶其饟道〔二〕，而堅壁以老其師。其攻齊也，人或説龍且以相持不戰，而陰招齊之亡城。此二計者，淮陰實難之，幸其計之不用，是以能克。然而使此計誠行，淮陰豈坐受縛者耶？其必有以待之，請言其說。

【校】

〔一〕「二陣」，宋丁本作「異陣」。

〔二〕「饟道」，宋丁本作「糧道」。

欒城集卷之二十一

書一首

上皇帝書〔一〕

熙寧二年三月日，具位臣蘇轍謹冒萬死再拜上書皇帝陛下：臣官至疎賤，朝廷之事非所得言，然竊自惟，雖其勢不當進言，至於報國之義猶有可得言者。昔仁宗親策直言之士，臣以不識忌諱得罪於有司，仁宗哀其狂愚，力排羣議，使臣得不遂棄於世。臣之感激，思有以報，爲日久矣。今者，陛下以聖德臨御天下，將大有爲以濟斯世，而臣材力駑下，無以自效〔二〕，竊聽之道路，得其一二，思致之左右。苟懲創前事，不復以聞，則其思報之誠，沒世而不能自達，是以輒發其狂言而不知止。

臣聞善爲國者必有先後之次。自其所當先者爲之，則其後必舉；自其所當後者爲之，則先後並廢。書曰：「欲登高必自下，欲陟遐必自邇。」世未有不自下而能高，不自近而能遠者。然世之人常鄙其下而厭其近，務先從事於高遠，不知其不可得也。詩曰：「無田甫田，維莠驕驕。無思遠人，勞心忉忉。」以爲田甫田而力不給，則田莽而不治，不若不田也；思遠人而德不足，則心勞而無獲，不若不思也。欲田甫田，則必自其小者始，小者之有餘，而甫田可啓矣；欲來遠人，則必自其近者始，近者之既服，而遠人自至矣。苟由其道，其勢可以自得；苟不由其道，雖強求而不獲也。臣愚不肖，蓋嘗試妄論今世先後之宜，而竊觀陛下施設之萬一。以爲所當先者，失在於不爲；而所當後者，失在於太早。然臣非敢以爲信然也，特其所見有近於是者，是以因其近似而爲陛下深言之。

伏惟陛下卽位以來，躬親庶政，聰明睿智，博達宏辯，文足以經治，武足以制斷，重之以勤勞，加之以恭儉。凡古之帝王，曠世而不能有一焉者，陛下一旦兼而有之矣。夫以天縱之姿，濟之以求治之心，施之於事，宜無爲而不成，無欲而不遂。今也爲國歷年於茲，而治不加進，天下之弊日益於前世，天下之人未知所以適治之路。災變橫生，川原震裂，江河湧沸，人民流離，災火繼作，歷月移時而其變不止。此臣所以日夜思念而不曉，疑其先後之次有所未得者也。

夫今世之患莫急於無財而已。財者爲國之命而萬事之本，國之所以存亡，事之所以成敗，常必由之。昔趙充國論備邊之計，以爲湟中穀斛八錢，糴三百萬斛，羌人不敢動矣。諸葛亮用兵如神，而以糧道不繼，屢出無功。由是觀之，苟無其財，雖有聖賢不能自致於跬步；苟有其財，雖庸人可以一日而千里。陛下頃以西夏不臣，赫然發憤，建用兵之策，招來横山之民，將奪其險阻，破壞其國而後已。方是之時，夏人殘虐失衆，横山之民厭苦思漢，而又乘其荐饑，苟加之以兵，此非計之失者也。然而沿邊無數月之糧，關中無終歲之儲，而所興之役有莫大之費。陛下方且泰然不以爲憂，以爲萬舉而有萬全之功。既而邊臣失律，先事輕發，亦既入踐其國，係虜其民矣。然而陛下得其地而不敢收，獲其人而不敢臣，雖有成功而不敢繼也。其終卒致於廢，黜謀臣而講和好。夫陛下謀之於期年之前，而罷之於既發之後，豈以爲是失當而悔之哉？誠無財以繼其後爾。且夫財之不足，是爲國之先務也，至於鞭笞四夷，臣服異類，是極治之餘功，而太平之粉飾也。然今且先之，此臣所以知其先後之次有所未得者也。今者陛下懲前事之失，出秘府之財，徙內郡之租賦，督轉漕之吏，使備沿邊三歲之畜。臣以此疑陛下之有意乎財矣，然猶以爲未也。何者？秘府之財不可多取，而內郡之民不可重困，可以紓目前之患，而未可以爲長久之計。此臣所以求效其區區，而不能自已也。蓋善爲國者不然，知財之最急，而萬事賴焉，故常使財勝其事，而事不勝財，然後財不可盡而事無不濟。財者車馬也，事者其所載物也。載物者常使馬輕其車，車輕其物。馬有餘力，車有餘量，然後可以涉塗泥而車不僨，登坂嶮而馬不躓。今也四方之財莫不盡取，民力屈矣，而上用不足。平居惴惴僅能以自完，而事變之生復不可料。譬如弊車羸馬而引丘山之載，幸而無虞，猶恐不能勝。不幸而有陰雨之變，陵谷之嶮，其患必有不可知者。故臣深思極慮，以爲方今之計，莫如豐財。然臣所謂豐財者，非求財而益之也，去事之所以害財者而已矣。夫使事之害財者未去，雖求財而益之，財愈不足；使事之害財者盡去，雖不求豐財，然而求財之不豐亦不可得也。故臣謹爲陛下言事之害財者三：一曰冗吏，二曰冗兵，三曰冗費。

冗吏之說曰：請原古之所以置吏之意。有是民也，而後有是官；有是官也，而後有是吏。量民而置官，量官而求吏，其本凡以爲民而已。是以古者即其官以取人，郡縣之職缺而取之於民，府寺之屬缺而取之於郡縣。出以爲守令，入以爲卿相。出入相受，中外相貫，一人去之，一人補之，其勢不容有冗食之吏。近世以來，取人不由其官，士之來者無窮，而官有限極。於是兼守判知之法生，而官法始壞，浸淫分散不復其舊。是以吏多於上，而士多於下，上下相窒。譬如決水於不流之澤，前者未盡，來者已至，填咽充滿，一陷於其中而不能出。故布衣之士多方以求官，已仕之吏多方以求進。下慕其上，後慕其前，不愧詐僞，不恥爭奪，禮義消亡，風俗敗壞，勢之窮極遂至於此。夫人情紓則樂易，樂易則有所不爲；

窘則憊亂，憊亂則無所不至。今使衆人相與皆出於隘，足履相躡，肩肘相逮，徬徨而不得進，又將禁其奔走而爭先者。苟將禁之，則莫如止來者而闢其隘。今也，驅市人而納之不勝其多也，設嶮於中塗而艱難之，是以法愈設而爭愈甚。惟陛下以時救之，下哀痛之書，明告天下以吏多之故，與之更立三法。

其一，使進士諸科增年而後舉，其額不增，累舉多者無推恩。其說曰：凡今之所以至於不可勝數者，以其取之之多也。古之人其擇吏也甚精，人知吏之不可以妄求，故不敢輕爲士。爲士者皆其修絜之人也。今世之取人，誦文書，習程課，未有不可爲吏者也。其求之不難而得之甚樂，是以羣起而趨之。凡今農工商賈之家，未有不捨其舊而爲士者也。爲士者日多，然而天下益以不治。舉今世所謂居家不事生產，仰不養父母，俯不恤妻子，浮游四方，侵擾州縣，造作誹謗者，農工商賈不與也。祖宗之世，士之多少，其比於今不能一二也。然其削平僭亂，創制立法，功業卓然，見於後世，今世之士不敢望其萬一也。士之多不及於今世，而功則過之，無足怪者，取之至少則人不敢輕爲士，其所取者皆州郡之選人也。故爲是法，使人知上意之所向，十年之後，無實之士將不黜而自減。且夫設科以待天下之士，蓋將使其才者得之，不才者不可得也。吾則取之而彼則不能得，猶曰雖不能得，而累舉多者必取無棄，則是以官狥人也。且累舉之士類非少年矣，耳目昏塞，筋力疲倦而後得之，數日而計之〔三〕，知其不能有所及也，則其爲政無所賴矣。今有人畜牛羊而求牧，既取其壯者，又取其老者。取其壯者曰：吾取其力也。取其老者曰：吾憐其老也。如憐其老而已，則曷爲以累牛羊哉？苟誠以爲有遺才焉，則今所謂遺逸之書有以收之矣。

其二，使官至於任子者，任其子之爲後者，世世祿仕於朝，襲簪紱而守祭祀，可以無憾矣。然而爲是法也，則必始於二府。法行於賤而屈於貴，天下將不服。天下不服而求法之行，不可得也。蓋矯失以救患者，必有所過而後濟。臣非不知二府之不可以齒庶官也。

其三，使百司各損其職掌而多其出職之歲月。其說曰：百司，臣不得而盡詳也，請言其尤甚者莫如三司。三司之吏，世以爲多而不可損，何也？國計重而簿書衆也。臣以爲不然，主大計者必執簡以御繁，以簡自處而以繁寄人。以簡自處，則心不可亂；心不可亂，則利至而必知，害至而必察。以繁寄人，則事有所分；事有所分，則毫末不遺，而情僞必見。今則不然，舉四海之大，而一毫之用必會於三司，故三司者案牘之委也。案牘既積，則吏不得不多；案牘積而吏多，則欺之者衆，雖有大利害不能察也。夫天下之財，下自郡縣而至於轉運，轉相鉤較，足以爲不失矣。然世當以轉運使爲不可獨信，故必至於三司而後已。夫苟轉運使之不可獨信，而必三司之可任，則三司未有不責成於吏者，豈三司之吏則重於轉運使歟？故臣以爲天下之財，其詳可分於轉運使，而使三司歲攬其綱目。既使之得優游以治財貨之源，又可頗損其吏，以絕亂法之弊。苟三司猶可損也，而百司可見矣。

然而此三法者，皆世之所謂拂世戾俗，召怨而速謗者也。今且將行之，臣非敢犯衆人之怒，而行此危事也，以爲有可行之道焉。何者？自臺省六品、諸司五品，一郊而任一人；自兩制以上，一歲而任一人。此祖宗百年之法，相承而不變者也，而仁宗之世則損之。三載而考績，無罪者遷其官，自唐以來亦未始有變者也，而英宗之世則增之。此二者，夫豈便於世俗哉？然而莫敢怨者，以爲吏多而欲損者，天下之公義；其不欲者，天下之私計也。以私計而怨公義，其爲怨也不直矣。是以善爲國者，循理而不卹怨，非不卹怨，知其無能爲也。且今此三法者，固未嘗行也，然而天下亦不免於怨。何者？士之出身爲吏者，捐其生業，棄其田里，以盡力於王事。而今也以吏多之故，積勞者久而不得遷，去官者久而不得調；又多爲條約以沮格之，減罷其舉官，破壞其考第，使之窮窘無聊，求進而不遂。此其爲怨，豈減於布衣之士哉？鈞之二怨，皆將不免。然使新進之士日益多，國力匱竭而不能支，十年之後其患必有不可勝言者，故臣願陛下親斷而力行之。苟日增之吏漸以衰少，則臣又將有以治其舊吏，使諸道職司每歲終任其所部，郡守監郡各任其屬。曰自今以前，未有以私罪至某、贓罪正入已至若干者，二者皆自上鈞其輕重而裁之。已而以他事發，則與之同罪；雖去官與赦不降也。夫以私罪至某、贓罪正入已至若干，其爲惡也著矣，而上不察，則上之不明亦可知矣，故雖與之同罪而不過。今世之法，任人者任其終身，苟其有罪，終身鈞坐之。夫任人之終身，任其未然之不可知者也。任人之歲終而無過，任其已然之可知者也。臣請得以較之，任其未然之不可知，雖聖人有所不能；任其已然之可知，雖衆人能之。今也任之以聖人之所不能，既不敢辭矣，而況任之以衆人之所能，顧不可哉？且按察之吏則亦不患其不知也，患其知而未必皆按，曰是無損於我，而徒以爲怨云爾。今使其罪及之，其勢將無所不問。陛下誠能擇奉公疾惡之臣而使行之，陛下厲精而察之，去民之患如除腹心之疾，則其以私罪至某、贓罪正入已至若干者，非復過誤，適陷於深文者也。苟遂放歸，終身不齒，使姦吏有所懲，則冗吏之弊可去矣。

冗兵之説曰：臣聞國朝創業之初，四方割據，中國地狹，兵革至少。其後蕩滅諸國，拓地既廣，兵亦隨衆。雍熙之間，天下之兵僅三十萬。方此之時，屯戍征討，百役並作，而兵力不屈，未嘗有兵少之患也。自咸平、景德以來，契丹内侵，繼遷叛逆。每有警急，將帥不問得失，輒請益兵。於是召募日增，而兵額之多遂倍前世。其後寶元、慶曆之間，元昊竊發，復使諸道點民爲兵，而沿邊所屯至七八十萬。自是天下遂以百萬爲額。雖復近歲無事，而關中之兵至於二十八萬。舉雍熙天下之衆，適以備方今關中一隅之用，兵多之甚，於此見矣。然臣聞方今宿邊之兵，分隸堡障，戰兵統於將帥者，其實無幾。每一見賊，賊兵常多，我兵常少，衆寡不敵，每戰輒敗。往者將帥失利，未有不以此自解者也。夫祖宗之兵至少而常若有餘，今世之兵至多而常患於不足，此二者不可不察也。

兵法有之曰：「興師十萬，出征千里，百姓之費，公家之奉，日費千金。內外騷動，怠於道路者七十萬家。」「而愛爵祿，百金不能知敵之情者，不仁之至也。」「故三軍之事，莫親於間，賞莫重於間。」間者，三軍之司命也。臣竊惟祖宗用兵至於以少爲多，而今世用兵至於以多爲少，得失之原皆出於此。何以言之？臣聞太祖用李漢超、馬仁瑀、韓令坤、賀惟忠、何繼筠等五人，使備契丹；用郭進武、宋琪〔四〕、李謙溥、李繼勳等四人，使備河東；用趙贊、姚內斌、董遵誨、王彥升、馮繼業等五人，使備西羌；皆厚之以關市之征，饒之以金帛之賜，其家屬之在京師者仰給於縣官，貿易之在道路者不問其商稅。故此十四人者皆富厚有餘，其視棄財如棄糞土，賙人之急如恐不及。是以死力之士貪其金錢，捐軀命，冒患難，深入敵國，刺其陰計而効之，至於飲食動靜無不畢見，每有入寇，輒先知之。故其所備者寡，而兵力不分，敵之至者，舉皆無得而有喪。是以當此之時，備邊之兵多者不過萬人，少者五六千人，以天下之大而三十萬兵足爲之用。今則不然，一錢以上皆籍於三司，有敢擅用，謂之自盜。而所謂公使錢，多者不過數千緡，百須在焉，而監司又伺其出入而繩之以法。至於用間，則曰官給茶綵。夫百餅之茶，數束之綵，其不足以易人之死也明矣。是以今之爲間者，皆不足恃，聽傳聞之言，采疑似之事，其行不過於出境，而所問不過於熟戶。苟有藉口以欺其將帥則止矣，非有能知敵之至情者也。敵之至情既不可得而知，故常多屯兵以備不意之患。以百萬之衆而常患於不足，由此故也，陛下何不權其輕重而計其利害？夫關市之征比於茶綵則多，而三十萬人之奉比於百萬則約。衆人知目前之害而不知歲月之病，平居不忍棄關市之征以與人，至於百萬則恬而不知怪。昔太祖起於布衣，百戰以定天下。軍旅之事，其思之也詳，其計之也熟矣。故臣願陛下復修其成法，擇任將帥而厚之以財，使多養間諜之士以爲耳目。耳目既明，雖有強敵而不敢輒近，則雖雍熙之兵可以足用於今世。

陛下誠重難之，臣請陳其可減之實。何者？今世之強兵莫如沿邊之土人，而今世之惰兵莫如內郡之禁旅。其名愈高，其廩愈厚；其廩愈厚，其材愈薄。往者西邊用兵，禁軍不堪其役，死者不可勝計。羌人每出，聞多禁軍，輒舉手相賀；聞多土兵，輒相戒不敢輕犯。以實較之，土兵一人，其材力足以當禁軍三人；禁軍一人，其廩給足以贍土兵三人。使禁軍萬人在邊，其用不能當三千人，而常耗三萬人之畜。邊郡之儲比於內郡，其價不啻數倍。以此權之，則土兵可益而禁軍可損，雖三尺童子知其無疑也。陛下誠聽臣之謀，臣請使禁軍之在內郡者勿復以戍邊，因其老死與亡而勿復補，使足以爲內郡之備而止。去之以漸，而行之以十年，而冗兵之弊可去矣。

冗費之說曰：世之冗費不可勝計也，請言其大與臣之所知者，而陛下以類推之。臣聞事有所必至，恩有所必窮。事至而後謀則害於事，恩窮而後遷則傷於恩。昔者太祖太宗，敦睦九族，以先天下。方此之時，宗室之衆無幾也，是以合族於京師〔五〕，久而不別，世歷五聖而太平百年矣，宗室之盛，未有過於此時者也。祿廩之費多於百官，而子孫之衆，宮室不能受。無親疏之差，無貴賤之等。自生齒以上皆養於縣官，長而爵之，嫁娶喪葬無不仰給於上。日引月長，未有知其所止者。此亦事之所必至，而恩之所必窮者也，然而未聞所以謀而遷之。古者天子七廟，三昭、三穆與太祖而七。以人子之愛其親，推而上之至於其祖，由祖而上至於百世，宜無所不愛。無所不愛則宜無所不廟。苟推其無窮之心，則百世之祖皆廟而後爲稱也。聖人知其不可，故爲之制，七世之外，非有功德則迭毁，春秋之祭不與。莫貴於天子，莫尊於天子之祖，而廟不加於七，何者？恩之所不能及也。何獨至於宗室而不然？臣聞三代之間，公族有以親未絶而列於庶人者。兩漢之法，帝之子爲王，王之庶子猶有爲侯者，自侯以降，則庶子無復爵土，蓋有去而爲民者，有自爲民而復仕於朝者。至唐亦然。故臣以爲凡今宗室宜以親疏貴賤爲差，以次出之，使得從仕，比於異姓，擇其可用而試之以漸，凡其祿秩之數，遷敍之等，黜陟之制，任子之令〔六〕，與異姓均。臨之以按察，持之以寮吏，威之以刑禁，以時察之，使其不才者不至於害民，其賢者有以自効，而其不任爲吏者則出之於近郡，官爲廬舍而廩給之，使得占田治生，與士庶比。今聚而養之，厚之以不訾之祿，尊之以莫貴之爵。使其賢者老死，鬱鬱而無所施；不賢者居處隘陋，戚戚而無以爲樂：甚非計之得也。昔唐武德之初，封從昆弟子，自勝衣以上皆爵郡王。太宗卽位，疑其不便，以問大臣。封德彝曰：「爵命崇則力役多，以天下爲私奉，非至公之法也。」於是疏屬王者降爲公。夫自王而爲公，非人情之所樂也，而猶且行之。今使之爵祿如故而獲治民，雖有內外之異，宜無有怨者。然臣觀朝廷之議，未嘗敢有及此。何者？以宗室之親而布之於四方，懼其啓姦人之心，而生意外之變也。臣竊以爲不然，古之帝王好疑而多防，雖父子兄弟不得尺寸之柄，幽囚禁錮齒於匹夫者，莫如秦魏，然秦魏皆數世而亡。其所以亡者，劉氏項氏與司馬氏，而非其宗室也。故爲國者苟失其道，雖胡越之人皆得謀之；苟無其釁，雖宗室誰敢覬者？惟陛下蕩然與之無疑，使得以次居外，如漢唐之故，此亦去冗費之一端也。

臣聞漢唐以來，重兵分於四方，雖有末大之憂，而餽運之勞不至於太甚。祖宗受命，懲其大患而略其細故，斂重兵而聚之京師，根本旣強，天下承望而服。然而轉漕之費，遂倍於古。凡今東南之米，每歲泝汴而上，以石計者至五六百萬。山林之木盡於舟楫，州郡之卒弊於道路，月廩歲給之奉不可勝計〔七〕。往返數千里〔八〕，飢寒困迫，每每侵盜，雜以它物，米之至京師者率非完物矣。由此觀之，今世之法直以其力致之，而不計其患，非法之良者也。臣願更爲之法，舉今每歲所運之數而四分之。其二即用舊法，官出船與兵而漕之，凡皆如舊。其一募六道之富人，使以其船及人漕之，而所過免其商稅。能以若干至京師而無欺盜敗失者，以今三司軍大將之賞與之。方今濱江之民以其船爲官運者，不求官直，蓋取官之所入而不覆較者，得其贏以自潤。而富民之欲仕者，往往求爲軍大將。以此推之，宜有應募者。其一官自置場而買之京師，京師之兵當得米而不願者，計其直以錢償之。夫物有常數，取之於南則不足於北，捨之於東則有餘於西，此數之必然而不可逃者也。今官欲買之，其始不免於貴。貴甚則東南之民傾而赴之，赴之者衆則將反於賤。致賤必以貴，致貴必以賤，此亦必然之數也。故臣願爲此二者與舊法皆立，試其利害而較其可否，必將有可用者，然後舉而從之，此又去冗費之一端也。

臣聞富國有道，無所不卹者富之端也，不足卹者貧之源也。從其可卹而收之，無所不收，則其所存者廣矣；從其無足卹而棄之，無所不棄，則其所亡者多矣。然而世人之議者則不然，以爲天下之富而顧區區之用，此有司之職而非帝王之事也。此說之行於天下，數百年於茲矣，故天下之費其可已者常多於舊。臣不敢遠引前世，請言近歲之事。自嘉祐以來，聖人迭興，而天下之吏，京秩以上再遷其官，天下郡守職司再補其親戚。自治平京師之大水與去歲河朔之大震，百役並作，國有至急之費，而郊祀之賞不廢於百官。自橫山用兵供億之未定，與京西流民勞徠之未息，官私乏困〔九〕，日不暇給，而宗室之喪不俟歲月而葬。臣以此觀之，知朝廷有無足卹之義。臣誠知事之既往，無可爲者。然苟自今從其可卹而收之，則無益之費猶可漸減，此又去冗費之一端也。

臣不勝拳拳私憂過計，爲是三冗之說以獻。伏惟陛下思深謀遠，聽斷詳盡，於天下之事無所不矚，臣之所陳何足言者？然臣愚以爲苟三冗未去，要之十年之後，天下將益衰耗難以復治。陛下何不講求其原而定其方略，擇任賢俊而授之以成法，使皆久於其官而後責其成績。方今天下之官泛泛乎皆有欲去不久之心，侍從之臣逾年而不得代則皇皇而不樂。今雖不能使之盡久，然至於諸道之職司，三司之官吏，沿邊之將佐，此皆與天子共成事者也。天下之事將責成之而不久其任，開其源者不見其流，發其謀者不見其成功，此事之所以不得成也。陛下誠擇人而用之，使與二府皆久於其官，人知不得苟免而思長久之計，君臣同心，上下協力，磨之以歲月，如此而三冗之弊乃可去也。

然而爲此猶有所患，何者？今世之士大夫好同而惡異，疾成而喜敗。事苟不出於己，小有齟齬不合，則羣起而噪之。借如今使按察之官任其屬吏，歲終而無過，此其勢必將無所不按，得罪者必將多於其舊，然則天下之口紛然非之矣。不幸而有一不當，衆將羣指以罪。法一不當不能動，不幸而至於再三，雖上之人亦將不免於惑。衆人非之於下，而朝廷疑之於上，攻之者衆而持之者不堅，則法從此敗矣。蓋世有耕田而以其粡殺人者，或者因以耕田爲可廢。夫殺人之可誅與耕田之不可廢，此二事也，安得以彼而害此哉？故夫按人而不以其實者罪之可也，而法之是非則不在此。苟陛下誠以爲可行，必先能破天下之浮議，使良法不廢於中道，如此而後三冗之弊可去也。三冗既去，天下之財得以日生而無害，百姓充足，府庫盈溢，陛下所爲而無不成，所欲而無不如意。舉天下之衆惟所用之，以攻則取，以守則固。雖有西戎北狄不臣之國，宥之則爲漢文帝，不宥則爲唐太宗，伸縮進退，無不在我。今陛下不事其本而先舉其末，此臣所以大惑也。臣不勝憤懣，越次言事，雷霆之譴無所逃避。臣轍誠惶誠恐，頓首頓首，謹書。

【校】

〔一〕宋丁本、三蘇祠本題作「上神宗皇帝」。

〔二〕「效」，原作「放」，據宋丁本改。

〔三〕「日」，原作「目」，據宋丁本改。

〔四〕「宋珙」，原作「守珙」，宋丁本、三蘇祠本同，此據叢刊本改。

〔五〕「京師」，叢刊本作「京邑」。

〔六〕「任」，原作「仕」，據宋丁本、叢刊本改。

〔七〕「奉」，原作「舉」，據宋丁本改。

〔八〕「千」，原作「十」，據宋丁本改。

〔九〕「乏」，原作「之」，據宋丁本改。

欒城集卷之二十二

書十首

上樞密韓太尉書

太尉執事：轍生好爲文〔一〕，思之至深，以爲文者氣之所形。然文不可以學而能，氣可以養而致。孟子曰：「我善養吾浩然之氣。」今觀其文章寬厚宏博，充乎天地之間，稱其氣之小大。太史公行天下，周覽四海名山大川，與燕趙間豪俊交游，故其文疏蕩，頗有奇氣。此二子者豈嘗執筆學爲如此之文哉？其氣充乎其中而溢乎其貌，動乎其言而見乎其文，而不自知也。

轍生十有九年矣，其居家所與游者，不過其鄰里鄉黨之人，所見不過數百里之間，無高山大野可登覽以自廣。百氏之書雖無所不讀，然皆古人之陳迹，不足以激發其志氣。恐遂汩沒，故決然捨去，求天下奇聞壯觀，以知天地之廣大。過秦漢之故都，恣觀終南嵩華之高，北顧黃河之奔流〔二〕，慨然想見古之豪傑。至京師仰觀天子宮闕之壯，與倉廩府庫城池苑囿之富且大也，而後知天下之巨麗。見翰林歐陽公，聽其議論之宏辯，觀其容貌之秀偉，與其門人賢士大夫遊，而後知天下之文章聚乎此也。

太尉以才略冠天下，天下之所恃以無憂，四夷之所憚以不敢發〔三〕，入則周公、召公，出則方叔、召虎，而轍也未之見焉。且夫人之學也，不志其大，雖多而何爲？轍之來也，於山見終南嵩華之高，於水見黃河之大且深，於人見歐陽公。而猶以爲未見太尉也。故願得觀賢人之光耀，聞一言以自壯，然後可以盡天下之大觀而無憾者矣。

轍年少，未能通習吏事。嚮之來非有取於斗升之祿，偶然得之，非其所樂。然幸得賜歸待選，使得優游數年之間，將歸益治其文，且學爲政。太尉苟以爲可教而辱教之，又幸矣。

【校】

〔一〕「轍」，宋戊本作「某」。下文「轍生十有九年」及「轍年少」同此。

〔二〕「北顧」，叢刊本作「比顧」。

〔三〕「所憚」，宋戊本無「所」字。

上昭文富丞相書

轍西蜀之人，行年二十有二，幸得天子一命之爵，飢寒窮困之憂不至於心。其身又無力役勞苦之患，其所任職不過簿書米鹽之間，而且未獲從事以得自盡。方其閑居，不勝思慮之多，不忍自棄，以爲天子寬惠與天下無所忌諱，而轍不於其强壯閑暇之時，早有所發明以自致其志，而復何事？恭惟天子設制策之科，將以待天下豪俊魁壘之人〔一〕，是以轍不自量而自與於此。蓋天下之事，上自三王以來，以至於今世，其所論述亦已略備矣，而猶有所不釋於心。

夫古之帝王豈必多才而自爲之？爲之有要而居之有道，是故以漢高皇帝之恢廓慢易而足以吞項氏之强，漢文皇帝之寬厚長者而足以服天下之姦詐。何者？任人而人爲之用也，是以不勞而功成。至於武帝，材力有餘，聰明睿智過於高文，然而施之天下，時有所折而不遂。何者？不委之人而自爲用也。由此觀之，則夫天子之責亦在任人而已。竊惟當今天下之人，其所謂有才而可大用者，非明公而誰？推之公卿之間而最爲有功，列之士民之上而最爲有德，播之夷狄之域而最爲有勇，是三者亦非明公而誰？而明公實爲宰相，則夫吾君之所以爲君之事蓋已畢矣。古之聖人高拱無爲，而望夫百世之後以爲明主賢君者，蓋亦如是而可也。

然而天下之未治則果誰耶？下而求之郡縣之吏，則曰：「非我能。」上而求之朝廷百官，則曰：「非我責。」明公之立於此也，其又將何辭？嗟夫！蓋亦嘗有以秦越人之事說明公者歟？昔者秦越人以醫聞天下，天下之人皆以越人爲命。越人不在，則有病而死者莫不自以爲吾病之非眞病，而死之非眞死也。他日有病者焉，遇越人而屬之曰：「吾捐身以予子，子自爲子之才治之，而無爲我治之也。」越人曰：「嗟夫難哉！夫子之病雖不至於死而難以愈，急治之則傷子之四支，而緩治之則勞苦而不肯去。吾非不能去也，而畏是二者。夫傷子之四支而後可以除子之病，則天下以我爲不工；而病之不去，則天下以我爲非醫。此二者所以交戰於吾心而不釋也。」既而見其人，其人曰：「夫子則知醫之醫，而未知非醫之醫歟？今夫非醫之醫者，有所冒行而不顧，是以能應變於無窮。今子守法密微而用意於萬全者，則是子猶知醫之醫而已。」天下之事急之則喪，緩之則得，而過緩則無及。孔子曰：「道之難行也我知之矣，知者過之，不肖者不及也。」夫天下患於不知，而又有知而過之者，則是道之果難行也。昔者世之賢人患夫世之愛其爵祿，而不忍以其身嘗試於艱難也，故其上之人奮不顧身以搏天下之公利，而忘其私；在下者亦不敢自愛，叫號紛譤，以攻訐其上之短。是二者可謂賢於天下之士矣，而猶未免爲不知。何者？不知自安其身之爲安天下之人，自重其發之爲重君子之勢，而輕用之於尋常之事，則是猶匹夫之亮耳。伏自明公執政，於今五年，天下不聞慷慨激烈之名，而日聞敦厚之聲，意者明公其知之矣，而猶有越人之病也。轍讀三國志，嘗見曹公與袁紹相持，久而不決，以問賈詡，詡曰：「公明勝紹，勇勝紹，用人勝紹，決機勝紹。紹兵百倍於公，公畫地而與之相守，半年而紹不得戰，則公之勝形已可見矣，而久不決，意者顧萬全之過耳。」夫事有不同而其意相似，今天下之所以仰首而望明公者，豈亦此之故歟？明公其略思其說，當有以解天下之望者。不宣。轍再拜。

【校】

〔一〕「魁壘」，原作「魁礨」，據宋丁本、叢刊本改。

上曾參政書

轍聞之，士不更變不可與圖遠。新勝之家，知得而不知喪，知存而不知亡，始若可喜而終不可久。昔者轍讀書至秦誓而得之曰：「番番良士，旅力既愆，我尚有之。仡仡勇夫，射御不違，我尚不欲。」夫昔之爲此言者，蓋亦已知之矣。孟明視、西乞術、白乙丙，此三人者，秦之豪俊有決之士；而百里奚、蹇叔子，此秦之所謂老耄而不武者也。穆公欲襲鄭，孟明以爲可，而蹇叔以爲不可。則蹇叔之說無乃遠於事情而近於怯哉？然而要其成敗得失之終，而責其思慮之長短，則蹇叔不可謂迂，而孟明不可謂是也。故曰：「如有一介臣〔一〕，斷斷猗無它技〔二〕，其心休休焉，其如有容〔三〕。人之有技若己有之，人之彥聖其心好之，不啻如自其口出，是能容之，以保我子孫黎民，亦職有利哉〔四〕！」嗟夫，穆公至此而後知蹇叔之非庸人歟！今夫立於百官之上而宰天下之事者，亦何以其他技爲哉？溫良博愛而能容天下之士斯可矣。

往者轍之東遊而明公適爲京兆，當此之時，明公之聲上震於朝廷，而下慴於閭里。行道之人爲之不敢妄視，盜賊屏息而不作，可謂才有餘矣。然至於參決大政，而日韜其光，務爲敦厚，不欲以才蓋天下。上承二公，下拊百官，周旋揖讓，而士大夫莫不雍容和穆以相與也。嗟夫，明公何以及此哉？

轍西蜀之匹夫，往年偶以進士得與一命之爵。今將爲吏崤澠之間，閑居無事，聞天子舉直言之士。而世之君子以其山林朴野之人，不知朝廷之忌諱，其中無所隱蔽，故以應詔。而轍也復不自度量而言當世之事，亦不敢爲莽鹵不詳之說。其言語文章雖無以過人，而其所論說乃有矯拂切直之過。竊獨悲古者深言之人，遭時之不祥，一有所觸，而其言不復見錄於世。方今羣公在朝，以君子長者自處，而優容天下彥聖有技之士，士之有言者可以安意肆志而無患，然後知士之生於今者之爲幸，而轍亦幸者之一人也。素所爲文，家貧不能盡致，有歷代論十二篇，上自三王而下至於五代，治亂興衰之際，可以槩見於此。觀其略可也。

【校】

〔一〕「介」，原作「个」，據宋丁本、叢刊本及尚書秦誓改。

〔二〕「猗」，原作「兮」，據宋丁本及秦誓原文改。

〔三〕「容」下，原有「焉」字，據宋丁本及秦誓原文删。

〔四〕「亦職」，原作「尚亦」，據宋丁本及秦誓原文改。

上兩制諸公書〔一〕

轍讀書至於諸子百家紛紜同異之辯，後世工巧組繡鑽研離析之學，蓋嘗喟然太息，以爲聖人之道譬如山海藪澤之奧，人之入於其中者，莫不皆得其所欲，充足飽滿，各自以爲有餘，而無慕乎其外。今夫班輸、共工旦而操斧斤以遊其叢林，取其大者以爲楹，小者以爲桷，圓者以爲輪，挺者以爲軸，長者擾雲霓，短者蔽牛馬，大者擁丘陵，小者伏蓁莽，芟夷蹶取，皆自以爲盡山林之奇怪矣。而獵夫魚師結網聚餌，左強弓，右毒矢，陸攻則斃象犀，水伐則執鮫鮀〔二〕，熊羆虎豹之皮毛，黿龜犀兕之骨革，上盡飛鳥，下及走獸昆蟲之類〔三〕，紛紛籍籍，折翅挵足，鱗鬣委頓，縱横滿前，肉登鼎俎，膏潤砧几，皮革齒骨，披裂四出，被於器用。求珠之工，隨侯夜光，間以纇玭，磊落的皪，充滿其家。求金之工，輝赫晃蕩，鏗鏘交戛，遍爲天下冠冕佩帶飲食之飾。此數者皆自以爲能盡山海之珍，然山海之藏終滿而莫見其盡。

昔者，夫子及其生而從之游者〔四〕，蓋三千餘人。是三千人者莫不皆有得於其師。是以從之周旋奔走，逐於宋魯，飢餓於陳蔡，困厄而莫有去之者，是誠有得乎爾也。蓋顔淵見於夫子，出而告人曰：「吾能知之。」子路、子貢、冉有出而告人亦曰：「吾知之。」下而至於邽巽、孔忠、公西輿、公西箴〔五〕，此數子者門人之下第者也，竊窺於道德之光華，而有聞於議論之末，皆以自得於一世。其後田子方、段干木之徒，講之不詳，乃竊以爲虚無淡泊之説。而吴起、禽滑釐之類又以猖狂於戰國。蓋夫子之道分散四布，後之人得其遺波餘澤者，至於如此。而楊朱、墨翟、莊周、鄒衍、田駢、愼到、韓非、申不害之徒，又不見夫子之大道，皇皇惑亂，譬如陷於大澤之陂，荆榛棘茨，蹊隧滅絶，求以自致於通衢而不可得，乃妄冒蒺藜，蹈崖谷，崎嶇繚繞而不能自止〔六〕。何者？彼亦自以爲己之得之也。

轍嘗怪古之聖人既已知之矣〔七〕，而不遂以明告天下而著之六經。六經之説皆微見其端，而非所以破天下之疑惑〔八〕，使之一見而寤者，是以世之君子紛紛至此而不可執也。今夫易者，聖人之所以盡天下剛柔喜怒之情，勇敢畏懼之性，而寓之八物，因八物之相遇，吉凶得失之際，以教天下之趨利避害，蓋亦如是而已。而世之說者，王氏韓氏至以老子之虛無，京房焦貢至以陰陽災異之數。言詩者不言咏歌勤苦、酒食燕樂之際，極歡極感而不違於道，而言五際子午卯酉之事。言書者不言其君臣之歡，吁俞嗟歎，有以深感天下，而論其費誓、秦誓之不當作也。夫孔子豈不知後世之至此極歟〔九〕？其意以爲後之學者無所據依感發以自盡其才〔一〇〕，是以設爲六經而使之求之，蓋又欲其深思而得之也〔一一〕。是以不爲明著其說〔一二〕，使天下各以其所長而求之，故曰：「仁者見之謂之仁，智者見之謂之智。」而子貢亦曰：「在人賢者識其大者，不賢者識其小者。」夫使仁者效其仁，智者效其智，大者推明其大而不遺其小，小者樂致其小以自附於大，各因其才而盡其力，以求其至微至密之地，則天下將有終身於其說而無倦者矣〔一三〕。至於後世不明其意，患乎異說之多而學者之難明也，於是舉聖人之微言而折之以一人之私意，而傳疏之學橫放於天下〔一四〕，由是學者愈怠而聖人之說益以不明。今夫使天下之人因說者之異同，得以縱觀博覽而辨其是非，論其可否，推其精粗，而後至於微密之際，則講之當益深，守之當益固。孟子曰：「君子深造之以道，欲其自得之也。自得之則居之安，居之安則資之深，資之深則取之左右逢其原，故君子欲其自得之也。」

昔者轍之始學也，得一書伏而讀之，不求其傳〔二五〕，而惟其書之知。求之而莫得，則反覆而思之〔二六〕。至於終日而莫見，而後退而求其傳〔二七〕。何者？懼其入於心之易，而守之不堅也。及既長，乃觀百家之書，從橫顛倒，可喜可愕，無所不讀，泛然無所適從。蓋晚而讀孟子，而後徧觀乎百家而不亂也〔二八〕。而世之言者曰：學者不可以讀天下之雜說，不幸而見之，則小道異術將乘間而入於其中〔二九〕。雖楊雄尙然，曰吾不觀非聖之書〔三〇〕。以爲世之賢人所以自養其心者，如人之弱子幼弟，不當出而置之於紛華雜擾之地。此何其不思之甚也！古之所謂知道者，邪詞入之而不能蕩，詖詞犯之而不能詐，爵祿不能使之驕，貧賤不能使之辱，如使深居自閉於閨闥之中，兀然頽然，而曰知道知道云者，此乃所謂腐儒者也。

古者伯夷隘，柳下惠不恭，隘與不恭，是君子之所不爲也。而孔子曰：伯夷、叔齊「不降其志，不辱其身」。「柳下惠、少連降志而辱身，言中倫，行中慮」。「虞仲夷逸隱居放言，身中清，廢中權。而我則異於是，無可無不可」。夫伯夷、柳下惠是君子之所不爲，而不棄於孔子，此孟子所謂孔子集大成者也。至於孟子惡鄉原之敗俗，而知於陵仲子之不可常也；美禹稷之汲汲於天下，而知顏氏子自樂之非固也；知天下之諸侯其所取之爲盜，而知王者之不必盡誅也；知賢者之不可召，而知召之役之爲義也。故士之言學者皆曰孔、孟，何者？以其知道而已。

今轍山林之匹夫〔二一〕，其才術技藝無以大過於中人，而何敢自附於孟子？然其所以汎觀天下之異說，三代以來興亡治亂之際，而皎然其有以折之者，蓋其學出於孟子而不可誣也。今年春，天子將求直言之士，而轍適來調官京師，舍人楊公不知其不肖，取其鄙野之文五十篇而薦之〔二二〕，俾與明詔之末〔二三〕。伏惟執事方今之偉人而朝之名卿也〔二五〕，其德業之所服，聲華之所耀，孰不欲一見以効薄技於左右〔二四〕？夫其五十篇之文從中而下，則執事亦既見之矣，是以不敢復以爲獻。姑述其所以爲學之道，而執事試觀焉。

【校】

〔一〕宋戊本題作「上執政書」。

〔二〕「鮫鮀」，宋丁本作「鮫鱓」。

〔三〕「昆蟲之類」下，宋戊本有「羅鶵騏雁，麋鹿走兔，游鰍蜃蛤之微，莫不盡獲」十八字。

〔四〕「而」下，宋戊本有「四方之士」四字。

〔五〕「公西輿」，據史記仲尼弟子列傳當作「公西輿如」。「公西箴」，底本、宋丁本、三蘇祠本皆誤「箴」爲「蒧」，今據宋戊本及仲尼弟子列傳改。

〔六〕「而不能自止」，宋戊本作「而不自知止」。

〔七〕「聖人」下，宋戊本有「其身」二字。

〔八〕「破」，宋戊本作「破決」。

〔九〕「夫孔子」，宋戊本作「夫子」，無「孔」字。

〔一〇〕「後之學者」，宋戊本「者」作「將」。

〔一一〕「深思」下，宋戊本有「遠慮」二字。

〔一二〕「不爲明著其説」，宋戊本作「不爲明言，而意之所向」。

〔一三〕「於」，宋戊本、叢刊本作「校」。

〔一四〕「傳疏之學」，宋戊本作「傳注之言」。

〔一五〕「傳」，原作「博」，今據宋丁本、宋戊本、叢刊本改。

〔一六〕「思」，宋戊本作「推」。

〔一七〕「傳」，原作「得」，今據宋丁本、宋戊本、叢刊本改。

〔一八〕「百家」下，宋戊本有「之説」二字。

〔一九〕「將」下，宋戊本有「有以」二字。

〔二〇〕「非聖之書」，宋戊本作「非聖人之書」。

〔二一〕「山林」，宋戊本作「西蜀」。

〔二二〕「薦之」，宋戊本作「奏之於天子」。

〔二三〕「俾」，宋戊本作「使」。

〔三四〕「方今之偉人而朝之名卿」，宋戊本作「天下之偉人而天子之名卿」。

〔三五〕「以効薄技」，宋戊本作「以效其技藝」。

上劉長安書

轍聞之，物之所受於天者異，則其自處必高；自處既高，則必趯然有所不合於世俗。蓋猛虎處於深山，向風長鳴，則百獸震恐而不敢出；松柏生於高岡，散柯布葉，而草木爲之不殖。非吾則爾拒，而爾則不吾抗也。故夫才不同則無朋，而勢遠絕則失衆。才高者身之累也，勢異者衆之棄也。

昔者伯夷、叔齊已嘗試之矣，與其鄉人立，以其冠之不正也舍而去之。夫以其冠之不正也舍之而去，則天下無乃無可與共處者耶？舉天下而無可與共處，則是其勢豈可以久也？苟其勢不可以久，則吾無乃亦將病之？與其病而後反也，不若其素與之之爲善也。伯夷、叔齊惟其往而不反，是以爲天下之棄人也。以伯夷之不吾屑而棄伯夷者，是固天下之罪矣；而以吾之絜清而不屑天下，是伯夷亦有過耳。

古語有之曰：「大辯若訥，大巧若拙。」何者？懼天下之以吾辯而以辯乘我，以吾巧而以巧困我，故以拙養巧，以訥養辯。此又非獨善保身也，亦將以使天下之不吾忌，而其道可長久也。今夫天下之士，轍已略觀之矣。於此有所不足，則於彼有所長；於此有所蔽，則於彼有所見，其勢然矣。仄聞執事之風明俊雄辯，天下無有敵者，而高亮剛果，士之進於前者莫不振栗而自失，退而仰望才業之輝光，莫不逡巡而自愧。蓋天下之士已大服矣，而轍願執事有以少下之，使天下樂進於前而無恐。而轍亦得進見左右，以聽議論之末，幸甚幸甚〔一〕。

【校】

〔一〕「左右」至「幸甚」十二字，原無，據宋丁本補。

答徐州陳師仲書二首

轍白陳君足下：去年轍從家兄遊徐州，君兄弟始以客來見，一揖而退，漠然不知君之胸中也。既而聞之君之鄉人，君力學行義，不妄交遊，既已中心異之。及來南京，又辱以所爲文爲贈，讀之翛然以淸，追慕古人而無意於世俗。心雖愛之，然亦憂君之以是困於今世也。今年春，君西遊，謀所以葬先子於朋友。既而東歸，貧不克舉。書來告曰，將改卜七月，且問所以爲葬。嗟夫！轍固知君之至於此也，以若所爲，行求今之人，則其困也固宜。雖然，子而固子之守，盡子之有，斂手足形還葬，此則曾子之所以葬其親也，而何病？詩云：「凡民有喪，匍匐救之。」有欲救之心而力不贍，愧實在我，而子何病？今既七月矣，惟自勉以禮。不宣。轍白。

又

蒙惠書論詩，許以五百篇爲惠。既知所從學詩之人，又知所以作詩之意。五百篇雖未至，然見此書已與見詩無異矣。應掾言，迫於解舟，有書不能盡取。卽此詩是耶？轍少好爲詩，與家兄子瞻所爲，多少略相若也。子瞻既已得罪，轍亦不復作詩。然今世士大夫亦自不喜爲詩，以詩名世者蓋無幾人，間有作者，尤足貴也。故僕每得其所爲，輒諷咏終日，譬如新病瘖人，口不復歌，聞有歌者，猶能手足舞蹈以自慰釋。足下尙能以五百篇見惠耶？苟有以慰我，不必矜自口出也。

答黃庭堅書

轍之不肖，何足以求交於魯直？然家兄子瞻與魯直往還甚久，轍與魯直舅氏公擇相知不疎，讀君之文，誦其詩，願一見者久矣。性拙且懶，終不能奉咫尺之書致慇懃於左右。乃使魯直以書先之，其爲愧恨可量也。自廢棄以來，頹然自放，頑鄙愈甚。見者往往嗤笑，而魯直猶有以取之。觀魯直之書所以見愛者，與轍之愛魯直無異也。然則書之先後，不君則我，未足以爲恨也。比聞魯直吏事之餘，獨居而蔬食，陶然自得。蓋古之君子不用於世，必寄於物以自遣。阮籍以酒，嵇康以琴，阮無酒，嵇無琴，則其食草木而友麋鹿有不安者矣。獨顔氏子飲水啜菽，居於陋巷，無假於外而不改其樂，此孔子所以嘆其不可及也。今魯直目不求色，口不求味，此其中所有過人遠矣，而猶以問人，何也？聞魯直喜與禪僧語，蓋聊以是探其有無耶？漸寒，比日起居甚安。惟以時自重。

答徐州教授李昭玘書

轍啓：女夫王君適自徐還筠〔一〕，承賜以長書。伏讀愧歎，無以爲喻。自惟愚拙，加以罪廢，平時學問捐棄不講，譬如荒畦敗圃，草棘狠籍。雖追惟疇昔耘鋤之勤，欲從容遊步其間，而亦愀然自嫌，不欲寘足。況夫通都大邑之人，遍觀天下之巨麗，心目廣大〔二〕，物難稱愜，乃欲遊目縱覽，究其有無，豈有不嘻笑者哉？伏惟君侯壯年篤學，才節茂美，文章儁發，何意過聽如此？然聞王君言，出入學中逾年，稍知旨趣所詣，蓋耽悦至道，忽忘世味，每有超然絶俗之意。聞轍被罪以來，自知鄙陋，歸耕之計，慮之已熟。不察其故，遽以知道許之。夫古之所謂知道者，富貴不能淫，貧賤不能憂，夫豈如轍困躓而謀安者耶？若夫收其精以治身，而斥其土苴以惠天下，此君侯之所當學也，而亦何取於轍哉？辱賜之厚，不知所報，謹奉啓陳謝，伏惟照察。不宣。

【校】

〔一〕「女夫」，宋丁本作「女壻」。

〔二〕「心目」，宋丁本作「心欲」。

上洪州孔大夫論徐常侍墳書

轍竊見故散騎常侍徐公鉉墳在公所治郡新建縣西山鸞岡原。徐公沒於淳化辛卯，迨今九十四年。公無子，故人奉新胡克順葬之。胡氏昔爲大家，克順慕公高義，春秋時祀，頃未嘗廢。自克順死，胡氏衰，公之墳域荒茀不治，蓋有年矣。聞自近歲民間利其林木，至訟而爭之。公所葬地本其先塋，公家既無子孫，契券亡失，官遂籍沒其地，伐其松柏以治屋宇。行道知之，往往爲之掩泣。竊惟南唐舊臣如公之比蓋無一二，方陳覺、馮延魯愚弄其主，擅興甲兵，喪師蹙國，時無一人敢非之者。公獨與韓熙載力陳其姦，卒致其罪。及王師南討，李氏危在朝夕，公受命兵間，不爲身計，義動中國，至今稱之。蓋公之大節落落如此，雖使千載之後，猶當推求遺迹以勸後來。今沒未百年，棄而不錄，仁人君子豈其然哉？

伏惟明公家本先聖，先中丞忠義慷慨，氣節凜然。公之行己大方〔一〕，直繼前烈。如徐公輩人，譬之草木，臭味不遠。儻蒙矜念，使孤墳遺魄不至侵暴，祭祀稍存，樵采不犯，不惟南方士人拭目傾心，將天下義士知有所勸。轍言非所職，干冒高明，不勝戰越。

【校】

〔一〕「公之行己大方」，叢刊本無「之」字，「己」作「亦」。

欒城集卷之二十三

記九首

筠州聖祖殿記 有詩〔一〕

維周制天下邑立后稷祠，而唐禮州祀老子。蓋二祖之德，光配天地，充塞海宇，凡有社有民不可以弗饗。既以爲民祈福，俾雨露之施無有遠邇；亦以一民之望，使知飲食作息皆上之賜。

粵維我聖祖功緒永遠，肇自皇世，超絕周唐，逾千萬年。威神在天，靈德在下。祥符癸丑，實始詔四方萬國咸建祠宮，立位設像，歲時朝謁，因周唐之故以敎民順。筠故附庸豫章，列爲成國，維近匪遠；吏民朴陋，野不達禮；承命不蠲，因仍故宮，卽其東廂以建神位。凡進見之禮，稽首東嚮〔二〕。更六十有九年，弗革弗新。

元豐三年二月，臣維瞻受命作守，始至伏謁，惕然不寧。既視事，遂以言於朝，度其宮之東得隙土，南北十有二筵，東西九筵，伐木於九峯逍遙之山。四年八月始庀工，九月而告成。耽耽其堂，殖殖其庭，神來顧享，民以祗肅。臣轍適以譴來，睹其終始，乃拜手稽首。爲詩六章，章八句，刻之祠廷之石。詩曰：

高安在南，分自豫章。重山複江，魚鳥之鄉。俗野不文，吏亦怠荒。禮失不知，習爲舊常。於穆聖祖，宅神皇極。降鑒在下，子孫千億〔三〕。羽衣玉佩，旗纛旄節。巍巍煌煌，秩祀萬國。如日在天，靡國不臨。筠雖小邦，其有不歆？東廡西嚮，誰昔營之？民昏不知，神以不懷。深山之間，野水之濱，禮樂聲明，孰見孰聞？祖廟之嚴，君臣則存。失而不圖，民以罔覲。毛侯始來，其則有意。匪民之愚，禮教實墜。章聞于朝，帝曰俞哉。弗改弗營，何以示民？九峯之杉，逍遙之柟。易直且修，弗斲而堪。新堂有嚴，四星在南。朝廷之儀，萬民所祗。

【校】

〔一〕「有詩」，叢刊本無。

〔二〕「嚮」，原作「響」，據叢刊本改。

〔三〕「千」，原作「十」，據三蘇祠本改。

齊州閔子祠堂記

歷城之東五里有丘焉，曰閔子之墓。墳而不廟，秩祀不至，邦人不寧，守土之吏有將舉焉而不克者。熙寧七年天章閣待制右諫議大夫濮陽李公來守濟南，越明年政修事治，邦之耋老相與來告曰：「此邦之舊，有如閔子而不廟食，豈不大闕？公唯不知，苟知之其有不飭？」公曰：「噫，信其可以緩？」於是庀工爲祠堂，且使春秋修其常事。堂成，具三獻焉，籩豆有列，儐相有位，百年之廢一日而舉。學士大夫觀禮祠下，咨嗟涕洟。

有言者曰：惟夫子生於亂世，周流齊魯宋衞之間，無所不仕。其弟子之高第亦咸仕於諸國。宰我仕齊，子貢、冉有、子游仕魯，季路仕衞，子夏仕魏，弟子之仕者亦衆矣。然其稱德行者四人，獨仲弓嘗爲季氏宰，其上三人皆未嘗仕。季氏嘗欲以閔子爲費宰，閔子辭曰：「如有復我者，則吾必在汶上矣。」且以夫子之賢，猶不以仕爲汙也，而三子之不仕獨何歟？

言未卒，有應者曰：「子獨不見夫適東海者乎？望之茫洋不知其邊，即之汗漫不測其深，其舟如蔽天之山，其帆如浮空之雲，然後履風濤而不僨，觸蛟蜃而不讋。若夫以江河之舟楫而跨東海之難，則亦十里而返，百里而溺，不足以經萬里之害矣。方周之衰，禮樂崩弛，天下大壞，而有欲救之，譬如涉海有甚焉者。今夫子之不顧而仕〔一〕，則其舟楫足恃也；諸子之汲汲而忘返，蓋亦有陋舟而將試焉，則亦隨其力之所及而已矣；若夫三子，願爲夫子而未能，下顧諸子而以爲不足爲也，是以止而有待。夫子嘗曰：『世之學柳下惠者，未有若魯獨居之男子。』吾於三子亦云。」衆曰：「然。」退而書之，遂刻於石。

【校】

〔一〕「今夫子」，宋丁本作「今夫夫子」。

上高縣學記

古者以學爲政，擇其鄉閭之俊而納之膠庠，示之以詩書禮樂，揉而熟之，既成使歸，更相告語，以及其父子兄弟。故三代之間養老、饗賓、聽訟、受成、獻馘，無不由學。習其耳目，而和其志氣，是以其政不煩，其刑不瀆，而民之化之也速。然考其行事，非獨於學然也，郊社、祖廟、山川、五祀，凡禮樂之事皆所以爲政，而教民不犯者也。故其稱曰：「政者，君之所以藏身。」蓋古之君子正顏色，動容貌，出詞氣，從容禮樂之間，未嘗以力加其民。民觀而化之，以不逆其上。其所以藏身之固如此。至於後世不然，廢禮而任法，以鞭朴刀鋸力勝其下，有一不順，常以身較之。民於是始悍然不服，而上之人親受其病，而古之所以藏身之術亡矣。子游爲武城宰，以弦歌爲政，曰：「吾聞之夫子，君子學道則愛人，小人學道則易使也。」夫使武城之人其君子愛人而不害，其小人易使而不違，則子游之政豈不綽然有餘裕哉？上高，筠之小邑，介於山林之間，民不知學，而縣亦無學以詔民。縣令李君懷道始至，思所以導民，乃謀建學宮。縣人知其令之將教之也，亦相帥出力以繕其事，不踰年而學以具。奠享有堂，講勸有位，退習有齋，膳浴有舍，邑人執經而至者數十百人，於是李君之政不苛而民肅，賦役獄訟不諉其府。李君喜學之成而樂民之不犯，知其爲學之力也，求記其事，告後以不廢。予亦嘉李君之爲邑有古之道，其所以得於民者，非復世俗之吏也，故爲書其實，且以志上高有學之始。

元豐五年三月二十日眉山蘇轍記。

京西北路轉運使題名記

惟京西於諸路地大且近，西舉鞏洛，北兼鄭滑，南收陳許蔡汝唐鄧申息胡沈，浸淫秦楚之交，翕引河汴，縈阻淮漢，出入數千里，土廣而民淳，獄訟簡少，盜賊希闊，外無蠻夷疆場之虞，內無兵屯饋餉之勞，爲吏者常閑暇無事。然其壤地瘠薄，多曠而不耕；戶口寡少，多惰而不力。故租賦之入於他路爲最貧。每歲均南饋北，短長相補，以給軍吏之奉。故轉運使之職於他路爲最急。雖然，事止於自治而無外憂，財止於自足而無外奉，則雖貧而可以爲富，雖急而可以爲佚也。

熙寧之初，朝廷始新政令，其細布在州縣，而其要領，轉運使無所不總。政新則吏有不知，事遽則人有不辦。當是時也，轉運使奔走於外，咨度於內，日不遑食。由是京西始判，而鄭滑并於畿內。自某某若干州爲南，自某某若干州爲北。南治襄陽，北治洛陽。殿中丞陳君知儉自始更制而提舉常平，既而爲轉運判官，復爲副使，以領北道。始終勞瘁，實功最力。將刻名於石以貽厥後，而顧瞻前人泯焉未紀，乃按典籍以求遺放。自開寶以來得若干人，而君之祖、考、伯父三人在焉，嗚呼盛哉！夫若干人者遠矣，其詳不可得而知，然其遺風餘澤，故老猶有能道之者。孟子有言：「誦其詩，讀其書，不知其人，可乎？是以論其世也。」若夫政之去取，地之合離，與其人之在是者，後世將有考焉。是以具載於此。

熙寧六年十月日記。

齊州濼源石橋記

濼水之源發於城之西南山下，北流爲埠，其淺可揭。城之西門跨而爲橋，自京師走海上者皆道於其上。每歲霖雨，南山水潦暴作，匯於城下，橋不能支，輒敗。熙寧六年七月不雨，明年夏六月乃雨，淫潦繼作，橋遂大壞。知歷城施君辯言於府曰：「水歲爲橋害，請爲石橋以紓其役。距城之東十五里有廢河敗堰焉，其棄石鐵可取以爲用。」府用其言，以告轉運使，得錢二十七萬以具工廩之費。取石於山，取鐵於府，取力於兵，自九月至十一月而橋成，民不知焉。三跌二門安如丘陵，驚流循道不復爲虐。

方其未成也，太守李公日至於城上，視其工之良窳與其役之勞佚，而勸相之。知歷城施君實具其材，兵馬都監張君用晦實董其事。橋之南五里有大溝焉，屬於四澗，以殺暴水之怒。久廢不治，於是疏其堙塞，築其缺而完之。橋之西二十步有溝焉，居民裴氏以石壅之，而屋於其上，水不得洩，則橋受其害，亦使去之，皆如其舊而止。又明年，水復至，橋遂無患。

從事蘇轍言曰：橋之役雖小也，然異時郡縣之役，其利與民共者，其費得量取於民，法令寬簡，故其功易成。今法嚴於卹民，一切仰給於官，官不能盡辦。郡縣欲有所建，其功比舊實難，非李公之老於爲政，與二君之敏於臨事，橋將不就。夫橋之役雖小，然其勞且難成於舊則倍，不可不記也。遂爲之記。

光州開元寺重修大殿記

古之循吏因民而施政，有餘者損之，不足者與之。興其所欲，而廢其所患苦。順其風俗之宜，而吾無作焉。故文翁治蜀，立之學官；龔遂治渤海，督之耕牛；衞颯治桂陽，教之嫁娶；茨充代颯，誨之織屨。此四人者非其強民也，民之所欲而莫爲之勸，盻盻相視不能以自致，非得賢長吏以時挈持而振理之，使之得其所願，以相生養，則民至老死不見風俗之備。然而蜀之學官施於齊魯之邦則玩，渤海之耕牛試於邠郃之野則厭，衞之嫁娶，茨之織屨，行之華夏之國，亦未免於非且笑也。故爲治者亦觀其俗，乘其時，使民宜之。蓋無所必爲，亦無所必置也。

弋陽郡居長淮之西，地僻而事少，田良而民富。朝散大夫彭城曹公受命作守，因俗爲政，安而不擾，誅其豪強而佑其善良，民化服之。始至訪其士民，問其所欲爲，咸曰：「吾郡既庶且富，所不足者非財也，而浮屠、老子之宮室，貌象庳陋廢圮，民不信嚮。父兄竊議，以不若四鄰爲愧，而莫或先也。」公曰：「是無難也，民所不欲吾不敢爲；苟誠欲之，不成非患也。」乃召其徒而語之，故民勸其令，相帥從事，不三年而有成。天慶道士治三清、北極、聖祖諸殿，清淨嚴肅，朝謁有所；而開元僧明偕新其大殿，趨功勤力，先告工具。棟楹峻峙，瓦甓緻密，爲佛菩薩衆像，尊嚴盛麗，儼若在世。士女和會，耋孺咸喜，稽首祈福，如慰如慕。蓋殿始作於至道丙申，而復新於元豐癸亥，中間寂寥八十八年，然後民獲就其志。

嗚呼，循吏之疎闊而政之難成，其久如此！明偕知民之悅，故以告於公，請記其事而刻諸石。公以書來屬余，余考之循吏傳，以爲當書，故記之不辭。五月初五日記。

筠州聖壽院法堂記

高安郡本豫章之屬邑，居溪山之間，四方舟車之所不由，水有蛟蜃，野有虎豹，其人稼穡漁獵，其利粳稻竹箭楩柟茶楮，民富而無事。然以其嶮且遠也，士之行乎當時者不至於其間。元豐三年余以罪遷焉。既至，幸其風氣之和，飲食之良，飽食而安居，忽焉不知嶮遠之爲患。然以有罪故，法不得釋官而遊。間獨取郡之圖書，考其風俗人物之舊，然後信其宜爲余之居也。

昔東晉太寧之間，道士許遜與其徒十有二人散居山中，能以術救民疾苦，民尊而化之，至今道士比他州爲多，至於婦人孺子亦喜爲道士服。唐儀鳳中，六祖以佛法化嶺南，再傳而馬祖興於江西。於是洞山有价，黄蘗有運，眞如有愚，九峯有虔，五峯有觀，高安雖小邦，而五道場在焉。則諸方遊談之僧接迹於其地，至於以禪名精舍者二十有四。此二者皆他方之所無，予乃以罪故，得兼而有之。余既少而多病，壯而多難，行年四十有二而視聽衰耗，志氣消竭。夫多病則與學道者宜，多難則與學禪者宜。既與其徒出入相從，於是吐故納新，引挽屈伸，而病以少安。照了諸妄，還復本性，而憂以自去。洒然不知網罟之在前，與桎梏之在身，孰知夫嶮遠之不爲予安，而流徙之不爲予幸也哉？然郡之諸山近者數十里，遠者數百里，皆非余所得往。獨聖壽者近在城東南隅，每事之閑輒往遊焉。其僧省聰本綿竹人，少治講説，晚得法於浙西本禪師。聽其言亹亹不倦。郡人有吳智訥者，治生有餘，輒盡之於佛，既爲僧堂之後室，又爲聰治其法堂，皆極壯麗，凡材甓金漆皆具於智訥。堂成，聰以余遊之亟也，求余爲記。余亦喜聰之能以其法助余也，遂爲記其略。四年六月十七日。

廬山棲賢寺新修僧堂記

元豐三年余得罪遷高安，夏六月過廬山，知其勝而不敢留。留二日，涉其山之陽，入棲賢谷。谷中多大石，岌嶪相倚。水行石間，其聲如雷霆，如千乘車行者，震掉不能自持，雖三峽之嶮不過也。故其橋曰三峽。渡橋而東，依山循水，水平如白練，横觸巨石，匯爲大車輪，流轉洶湧，窮水之變。院據其上流，右倚石壁，左俯流水。石壁之趾，僧堂在焉。狂峯怪石，翔舞於簷上。杉松竹箭，横生倒植，葱蒨相糾。每大風雨至，堂中之人疑將壓焉。問之習廬山者，曰：「雖茲山之勝，棲賢蓋以一二數矣。」

明年，長老智遷使其徒惠遷謁余於高安，曰：「吾僧堂自始建至今六十年矣，瓦敗木朽，無以待四方之客。惠遷能以其勤力新之，完壯邃密，非復其舊，願爲文以志之。」余聞之，求道者非有飲食衣服居處之求，然使其飲食得充，衣服得完，居處得安，於以求道而無外擾，則其爲道也輕。此古之達者所以必因山林築室廬，蓄蔬米，以待四方之遊者，而二遷之所以寅力而不懈也。夫士居於塵垢之中，紛紜之變日遘於前，而中心未始一日忘道。況乎深山之崖，野水之垠，有堂以居，有食以飽，是非榮辱不接於心耳，而忽焉不省也哉？孔子曰：「朝聞道，夕死可矣。」今夫騁騖乎俗學而不聞大道，雖勤勞沒齒，余知其無以死也。苟一日聞道，雖卽死無餘事矣。故余因二遷之意，而以告其來者，夫豈無人乎哉？

四年五月初九日眉陽蘇轍記。

杭州龍井院訥齋記 有詞〔一〕

錢塘有大法師曰辯才，初住上天竺山，以天台法化吳越。吳越人歸之如佛出世，事之如養父母，金帛之施不求而至。居天竺十四年，有利其富者迫而逐之，師忻然捨去，不以爲恨。吳越之人涕泣而從之者如歸市，天竺之衆分散四去。事聞於朝，明年俾復其舊。師黽俛而還，如不得已。吳越之人爭出其力，以成就廢缺，衆復大集。

無幾何，師告其衆曰：「吾雖未嘗爭也，不幸而立於爭地。久居而不去，使人以己是非彼，非沙門也。天竺之南山，山深而木茂，泉甘而石峻，汝舍我，我將老於是。」言已，策杖而往，以茅竹自覆。聲動吳越，人復致其所有，鑱巉塹圯，築室而奉之。不期年而荒榛巖石之間，臺觀飛湧，丹堊炳煥，如天帝釋宮。師自是謝事，不復出入。高郵秦觀太虛名其所居曰訥齋，道潛師參寥告予爲記。

予聞之，師始以法敎人，叩之必鳴如千石鐘，來不失時如滄海潮，故人以辯名之。及其退居此山，閉門燕坐，寂嘿終日，葉落根榮如冬枯木，風止浪靜如古澗水〔二〕，故人以訥名之。雖然，此非師之大全也。彼其全者，不大不小，不長不短，不垢不淨，不辯不訥，而又何以名之？雖然，樂其出而高其退，喜其辯而貴其訥，此衆人意也，則其以名齋也亦宜。系之以詞曰：

以辯見我，既非見我。以訥見我，亦幾於妄。有叩而應，時止而止。非辯非訥，如如不動。諸佛既然，我亦如是。

【校】

〔一〕「有詞」，叢刊本無。

〔二〕「浪靜」，叢刊本作「波定」。

欒城集卷之二十四

記九首

東軒記

余既以罪謫監筠州鹽酒稅，未至，大雨，筠水泛溢，蔑南市，登北岸，敗刺史府門。鹽酒稅治舍俯江之漘，水患尤甚。既至，弊不可處，乃告於郡，假部使者府以居。郡憐其無歸也，許之。歲十二月，乃克支其欹斜，補其圮缺，闢聽事堂之東爲軒，種杉二本，竹百箇，以爲宴休之所。然鹽酒稅舊以三吏共事，余至，其二人者適皆罷去，事委于一。晝則坐市區鬻鹽、沽酒、稅豚魚，與市人爭尋尺以自効；莫歸筋力疲廢，輒昏然就睡，不知夜之既旦。旦則復出營職，終不能安於所謂東軒者。每旦莫出入其旁，顧之，未嘗不啞然自笑也。

余昔少年讀書，竊嘗怪顏子以簞食瓢飲，居於陋巷，人不堪其憂，顏子不改其樂。私以爲雖不欲仕，然抱關擊柝尙可自養，而不害於學，何至困辱貧窶自苦如此？及來筠州，勤勞鹽米之間，無一日之休，雖欲棄塵垢，解羈縶，自放於道德之場，而事每劫而留之。然後知顏子之所以甘心貧賤，不肯求斗升之祿以自給者，良以其害於學故也。

嗟夫！士方其未聞大道，沉酣勢利，以玉帛子女自厚，自以爲樂矣。及其循理以求道，落其華而收其實，從容自得，不知夫天地之爲大與生死之爲變，而況其下者乎？故其樂也，足以易窮餓而不怨，雖南面之王不能加之，蓋非有德不能任也。余方區區欲磨洗濁汙，晞聖賢之萬一，自視缺然，而欲庶幾顏氏之樂〔一〕，宜其不可得哉！若夫孔子周行天下，高爲魯司寇，下爲乘田委吏，惟其所遇，無所不可，彼蓋達者之事，而非學者之所望也。

余旣以譴來此，雖知桎梏之害而勢不得去。獨幸歲月之久，世或哀而憐之，使得歸伏田里〔二〕，治先人之敝廬，爲環堵之室而居之，然後追求顏氏之樂，懷思東軒，優游以忘其老。然而非所敢望也。

元豐三年十二月初八日眉陽蘇轍記。

【校】

〔一〕「樂」，原作「福」，據叢刊本改。

〔二〕「歸伏」，三蘇祠本作「歸復」，叢刊本作「歸休」。

武昌九曲亭記

子瞻遷於齊安，廬於江上。齊安無名山，而江之南武昌諸山坡陁蔓延，澗谷深密，中有浮圖精舍。西曰西山，東曰寒谿。依山臨壑，隱蔽松櫪，蕭然絶俗，車馬之迹不至。每風止日出，江水伏息，子瞻杖策載酒，乘漁舟亂流而南。山中有二三子好客而喜游，聞子瞻至，幅巾迎笑，相攜徜徉而上，窮山之深，力極而息，掃葉席草，酌酒相勞，意適忘反，往往留宿於山上。以此居齊安三年，不知其久也。

然將適西山，行於松柏之間，羊腸九曲而獲少平，遊者至此必息，倚怪石，蔭茂木，俯視大江，仰瞻陵阜，旁矚溪谷。風雲變化，林麓向背，皆效於左右。有廢亭焉，其遺址甚狹，不足以席衆客。其旁古木數十，其大皆百圍千尺，不可加以斤斧。子瞻每至其下，輒睥睨終日。一旦，大風雷雨拔去其一，斥其所據，亭得以廣。子瞻與客入山，視之笑曰：「兹欲以成吾亭耶？」遂相與營之。亭成而西山之勝始具，子瞻於是最樂。

昔余少年從子瞻遊，有山可登，有水可浮，子瞻未始不褰裳先之。有不得至，爲之悵然移日。至其翩然獨往，逍遥泉石之上，擷林卉，拾澗實，酌水而飲之，見者以爲仙也。蓋天下之樂無窮，而以適意爲悅。方其得意，萬物無以易之；及其旣厭，未有不洒然自笑者也。

譬之飲食雜陳於前，要之一飽而同委於臭腐。夫孰知得失之所在？惟其無愧於中，無責於外，而姑寓焉。此子瞻之所以有樂於是也。

王氏清虛堂記

王君定國爲堂於其居室之西，前有山石瓌奇琬琰之觀〔一〕，後有竹林陰森冰雪之植，中置圖史百物，而名之曰清虛。日與其遊，賢士大夫相從於其間，嘯歌吟詠，舉酒相屬，油然不知日之既夕。凡遊於其堂者，蕭然如入於山林高僧逸人之居，而忘其京都塵土之鄉也。或曰：「此其所以爲清虛者耶？」客曰：「不然。凡物自其濁者視之，則清者爲清；自其實者視之，則虛者爲虛。故清者以濁爲汙，而虛者以實爲礙，然而皆非物之正也。蓋物無不清，亦無不虛者，雖泥塗之渾而至清存焉，雖山石之堅而至虛存焉。夫惟清濁一觀而虛實同體，然後與物無匹，而至清且虛者出矣。今夫王君生於世族，棄其綺紈膏粱之習，而跌蕩於圖書翰墨之囿〔二〕，沉酣縱恣，洒然與衆殊好。至於鍾王虞褚顏張之逸迹，顧陸吳盧王韓之遺墨，雜然前陳，贖之傾囊而不厭，慨乎思見其人而不得，則既與世俗遠矣。然及其年日益壯，學日益篤，經涉世故，出入患禍，顧疇昔之好，知其未離乎累也。乃始發其箱篋，出其玩好，投以與人而不惜。將曠焉黜去外累，而獨求諸內，意其有眞清虛者在焉，而未之見也。王君浮沉京師，多世外之交，而又娶於梁張公氏。張公超達遠騖，體乎至道，而順乎流俗。君嘗試以吾言問之，其必有得於是矣。」

熙寧十年正月八日記。

【校】

〔一〕「瓌」，底本誤作「壞」，據宋丁本改。

〔二〕「跌蕩」，宋丁本作「迭蕩」。

吳氏浩然堂記

新喩吳君志學而工詩，家有山林之樂，隱居不仕，名其堂曰浩然。曰：「孟子，吾師也。其稱曰：『我善養吾浩然之氣。』吾竊喜焉而不知其説，請爲我言其故。」余應之曰：「子居於江，亦嘗觀於江乎？秋雨時至，溝澮盈滿，衆水既發，合而爲一，汪濊淫溢，充塞坑谷。然後滂洋東流，蔑洲渚，乘丘陵，肆行而前，遇木而木折，觸石而石隕，浩然物莫能支。子嘗試考之，彼何以若此浩然也哉？今夫水無求於深，無意於行，得高而渟，得下而流，忘己而因物，不爲易勇，不爲嶮怯，故其發也，浩然放乎四海。古之君子，平居以養其心，足乎內無待乎外，其中潢瀁，與天地相終始。止則物莫之測，行則物莫之禦。富貴不能淫，貧賤不能憂。

行乎夷狄患難而不屈，臨乎死生得失而不懼〔一〕，蓋亦未有不浩然者也。故曰：『其爲氣也，至大至剛，以直養而無害，則塞乎天地。』今余將登子之堂，舉酒相屬，擊槁木而歌，徜徉乎萬物之外。子信以爲能浩然矣乎？」

元豐四年七月九日眉山蘇轍記。

【校】

〔一〕「死生」，宋丁本作「生死」。

黄州快哉亭記

江出西陵，始得平地。其流奔放肆大，南合湘沅〔一〕，北合漢沔，其勢益張。至於赤壁之下，波流浸灌，與海相若。清河張君夢得謫居齊安，即其廬之西南爲亭，以覽觀江流之勝，而余兄子瞻名之曰快哉。蓋亭之所見，南北百里，東西一舍，濤瀾洶湧，風雲開闔。晝則舟楫出沒於其前，夜則魚龍悲嘯於其下。變化倏忽，動心駭目，不可久視。今乃得翫之几席之上，舉目而足。西望武昌諸山，岡陵起伏，草木行列，煙消日出，漁夫樵父之舍，皆可指數，此其所以爲快哉者也。至於長洲之濱〔二〕，故城之墟，曹孟德、孫仲謀之所睥睨，周瑜、陸遜之所騁騖。其流風遺迹，亦足以稱快世俗。

昔楚襄王從宋玉、景差於蘭臺之宫，有風颯然至者，王披襟當之曰：「快哉此風，寡人所與庶人共者耶？」宋玉曰：「此獨大王之雄風耳，庶人安得共之？」玉之言蓋有諷焉。夫風無雌雄之異，而人有遇不遇之變。楚王之所以爲樂，與庶人之所以爲憂，此則人之變也，而風何與焉？士生於世，使其中不自得，將何往而非病？使其中坦然，不以物傷性，將何適而非快？今張君不以謫爲患，竊會計之餘功，而自放山水之間，此其中宜有以過人者。將蓬戶甕牖無所不快，而況乎濯長江之清流，揖西山之白雲，窮耳目之勝以自適也哉？不然，連山絶壑，長林古木，振之以清風，照之以明月，此皆騷人思士之所以悲傷憔悴而不能勝者，烏覩其爲快也哉？

元豐六年十一月朔日趙郡蘇轍記。

【校】

〔一〕「湘沅」，叢刊本作「沅湘」。

〔二〕「長洲」，叢刊本作「長州」。

黄州師中庵記

師中姓任氏，諱伋，世家眉山，吾先君子之友人也，故余知其爲人。嘗通守齊安，去而其人思之不忘，故齊安之人知其爲吏。師中平生好讀書，通達大義而不治章句，性任俠喜事。故其爲吏通而不流，猛而不暴。所至，吏民畏而安之，不能欺也。始爲新息令，知其民之愛之，買田而居。新息之人亦曰：「此吾故君也。」相與事之不替。及來齊安，常游於定惠院。既去，郡人名其亭曰任公。其後余兄子瞻以讁遷齊安，人知其與師中善也，復於任公亭之西爲師中庵。曰：「師中必來訪子，將館於是。」明年三月，師中沒於遂州，郡人聞之，相與哭於定惠者凡百餘人，飯僧於亭而祭師中於庵。

蓋師中之去，於是十餘年矣。夫吏之於民，有取而無予，有罰而無恩，去而民忘之，不知所怨，蓋已爲善吏矣。而師中獨能使民思之於十年之後，哭之皆失聲，此豈徒然者哉？朱仲卿爲桐鄉嗇夫，有德於其民，死而告其子：「必葬我桐鄉，後世子孫奉嘗我不如桐鄉民。」既而桐鄉祠之不絕。今師中生而家於新息，沒而齊安之人爲亭與庵以待之。使死而有知，師中其將往來於新息、齊安之間乎？余不得而知也。

元豐四年十二月日眉山蘇轍記。

南康直節堂記

南康太守聽事之東有堂曰直節，朝請大夫徐君望聖之所作也。庭有八杉，長短鉅細若一，直如引繩，高三尋而後枝葉附之。岌然如揭太常之旗，如建承露之莖。凛然如公卿大夫高冠長劍立於王庭，有不可犯之色。堂始爲軍六曹吏所居，杉之陰，府史之所蹲伏，而簿書之所填委，莫知貴也。君見而憐之，作堂而以直節命焉。夫物之生未有不直者也，不幸而風雨撓之，巖石軋之，然後委曲隨物，不能自保，雖竹箭之良，松柏之堅，皆不免於此。惟杉能遂其性，不扶而直。其生能傲冰雪，而死能利棟宇者，與竹柏同，而以直過之。求之於人，蓋所謂不待文王而興者耶？徐君温良汎愛，所居以循吏稱，不爲皦察之政，而行不失於直。觀其所說，而其爲人可得也。詩曰：「惟其有之，是以似之。」堂成，君以客飲於堂上，客醉而歌曰：「吾欲爲曲，爲曲必屈，曲可爲乎？吾欲爲直，爲直必折，直可爲乎？有如此杉，特立不倚，散柯布葉，安而不危乎？清風吹衣，飛雪滿庭，顔色不變，君來燕嬉乎？封植灌溉，剪伐不至，杉不自知，而人是依乎？廬山之民，升堂見杉，懷思其人，其無已乎？」歌闋而罷。

元豐八年正月十四日眉山蘇轍記。

洛陽李氏園池詩記

洛陽古帝都，其人習於漢唐衣冠之遺俗，居家治園池，築臺榭，植草木，以爲歲時遊觀之好。其山川風氣，清明盛麗，居之可樂。平川廣衍，東西數百里。嵩高少室天壇王屋，岡巒靡迤，四顧可挹。伊洛瀍澗，流出平地。故其山林之勝，泉流之潔，雖其閭閻之人與其公侯共之。一畝之宫，上矚青山，下聽流水，奇花修竹，布列左右。而其貴家巨室，園囿亭觀之盛，實甲天下。若夫李侯之園，洛陽之所以一二數者也。

李氏家世名將，大父濟州，於太祖皇帝爲布衣之舊，方用兵河東，百戰百勝。烈考寧州，事章聖皇帝，守雄州十有四年，繕守備，撫士卒，精於用間，其功烈尤奇。李侯以將家子結髮從仕，歷踐父祖舊職，勤勞慎密，老而不懈，實能世其家。既得謝，居洛陽，引水植竹，求山谷之樂，士大夫之在洛陽者皆喜從之遊，蓋非獨爲其園也。凡將以講聞濟寧之餘烈，而究觀祖宗用兵任將之遺意，其方略遠矣。故自朝之公卿，皆因其園而贈之以詩，凡若干篇。仰以嘉其先人，而俯以善其子孫，則雖洛陽之多大家世族，蓋未易以園囿相高也。

熙寧甲寅，李侯之年既八十有三矣〔一〕，而視聽不衰，筋力益强，日增治其園而往遊焉，將刻詩於石。其子遵度官於濟南，實從予遊。以侯命求文以記。予不得辭，遂爲之書。

熙寧七年十一月十七日記。

【校】

〔一〕「八十有三」，叢刊本作「八十有二」。

太子少保趙公詩石記

高安太守朝請大夫毛公，與資政殿大學士太子少保趙公，里人也。公始以老歸故鄉，大夫適方家居，與公出入相從，爲山林之遊，朝夕無間。公好爲詩，而大夫以詩自名，遇其得意，輒以詩相屬。元豐三年，大夫來守高安，簿書期會非其意也，間與客語，有歸歟之歎，曰：「要當從公於松石之間，逍遥以忘吾老。」時又出公之詩以夸其坐人。公詩清新律切，筆迹勁麗，蕭然如其爲人。蓋老而益精，不見衰憊之氣。卒然觀之，不知其既老之爲也。

轍昔少年，始見公於成都，中見公於京師，其容晬然以温，其氣肅然以清。十年之間，富貴煒煒，談笑於廊廟，而其所以爲公者，湛然無毫髮之異。自不見公，今又十餘年。間而聞之公之鄉人，見之公之詩書，其風力骨骼有加而無損，亦與始見無異，然後知公之所以過人者遠甚。蓋人必有不可變者，然皆汩没於塵垢，與物流轉而不返。於是索然茫然，與髮皆白，與齒皆落，忽然失之而不自知也。若夫公之不可變者，轍亦安足識之？蓋亦見其見於外者而已。大夫將刻公詩於石，而屬轍爲記。

欒城集卷之二十五

墓表銘四首

伯父墓表

蘇氏自唐始家于眉，閱五季皆不出仕。蓋非獨蘇氏也，凡眉之士大夫修身于家，爲政于鄉，皆莫肯仕者。天禧中，孫君堪始以進士舉，未顯而亡。士猶安其故，莫利進取。公於是時獨勤奮問學，既冠，中進士乙科。及其爲吏，能據法以左右民，所至號稱循良。一鄉之人欣而慕之，學者自是相繼輩出。至于今，仕者常數十百人，處者常千數百人，皆以公爲稱首。公諱渙，始字公羣，晚字文父。曾大父諱祜，妣李氏。大父諱杲，妣宋氏。考諱序，以公登朝授大理評事，累贈尙書職方員外郎，妣史氏，追封仙游蓬萊縣太君。

公少穎悟，職方君自總以家事，使公得篤志于學，其勤至手書司馬氏史記、班氏漢書。

公雖少年，而所與交遊皆一時長老，文詞與之相上下。天聖元年始就鄉試，通判州事蔣公堂就閱所爲文，嘆其工，曰：「子第一人矣。」公曰：「有父兄在，楊異、宋輔與吾遊，不願先之。」蔣公益以此賢公，曰：「以子爲第三人，以成子美名。」明年登科，鄉人皆喜之，迓者百里不絕。

爲鳳翔寶雞主簿，以能選開寶監，未幾移鳳州司法。王蒙正爲鳳州，以章獻太后姻家，怙勢驕橫。知公之賢，屈意禮之，以郡委公。公雖以職事之，而鄙其爲人。蒙正嘗薦公于朝，復以書抵要官，論公可用，公喻郡邸吏屏其奏而藏其私書。未幾蒙正敗，士以此多公。罷爲永康錄事參軍。歲饑，掌發廩粟，民稱其均。以太夫人憂去官。起爲開封士曹。雍丘民有獄死者，縣畏罪以疾告〔一〕，府遣吏治之，閱數人不能究。及公往，遂直其冤。夏人犯邊，府當市民馬以益騎士，尹以諉公，馬盡得而民不擾。以薦知鄢陵，始至，散蠶鹽，吏不敢爲姦，遂得其民。歲大荒，賊盜蜂起剽略，父老驚怖，相率請公自救。公慰諭遣之，而陰督吏士，數日盡獲。有兄殺弟而取其衣者，弟偶不死，與父皆訴之，捕得，公閔其窮而爲姦，問之曰：「汝殺而弟，知其不死而捨之者何？」兄喻公意，曰：「弟死復生，適有見者，不敢再也。」由此得不死，父子皆感泣。及公去，負任從之數千里。通判閬州，州苦循前法壞，爭者日至，公爲立規約，訟遂止。雖爲政極寬而用法必當，吏民畏而安之。閬人鮮于侁少而好學篤行，公禮之甚厚，以備鄉舉，侁以獲仕進。其始爲吏，公復以循吏許之。侁仕至諫議大夫，號爲名臣。職方君自眉視公治，喜其能，留數月而歸。會金洋兵亂，閬人恟懼。時方闕守，公領州事，陰爲之備，而時率寮吏登城縱酒，民遂以安。亂兵適亦敗散，不及境。

還朝，監裁造務。未幾，而職方君沒，葬逾月，芝生于墓木，鄉人異焉。服除，選知祥符。祥符多富貴家，公均其繇賦而平其爭訟，民便安之。鄉書手張宗久爲姦利，畏公，託疾滿百日去，而引其子爲代。公曰：「書手法用三等人，汝等第二，不可。」宗素事權貴，訴于府，府爲符縣，公杖之。已而中貴人至府傳上旨，以宗爲書手。公據法不奉詔，復一中貴人至，曰：「必於法外與之。」公謂尹李絢曰：「一匹夫能亂法如此，府亦不可爲矣！公何不以縣不可故爭之？」絢愧公言，明日入言之，上曰：「此非吾意，誰爲祥符令者？」絢以公對。上稱善，命內侍省推之。蓋宗以賂請于温成之族，不復窮治，杖矯命者，逐之，一府皆震。包孝肅公拯見公嘆曰：「君以一縣令能此，賢於言事官遠矣！」公嘗出，見一婦人弊衣負水（三），顧曰：「此蘇士曹也。」公怪，使人問之，曰：「嘻，我廖戶曹女，流落爲人婢。」因泣下。公惻然，訪其主以錢贖之，迎置縣空屋中，擇婦人謹厚者視之。廖君昔與公同爲府中掾，公帥寮舊嫁之。罷知衡州。耒陽民爲盜所殺，而盜不獲，尉執一人指爲盜，公察而疑之，問尉所從得，曰：「弓手見血衣草中，呼其儕視之，得其居人以獻。」公曰：「弓手見血衣當自取之以爲功，尙何視他人？此必爲姦。」訊之而伏，他日果得眞盜，衡人以公爲神。還知漣水軍，未行，會樞密副使孫公抃薦公，擢提點利州路刑獄。嘗行部至閬中，民觀者如堵牆，其童子皆相率環公，揮之不去。公謂之曰：「吾去此二十年矣，爾何自識予？」皆對曰：「聞父祖道公爲政，家有公像，祝公復來，故爾。」公笑曰：「何至是？」公至逾年，劾城固縣令一人妄殺人者，一道震恐，遂以無事。

嘉祐七年八月乙亥，無疾暴卒，吏民哭者皆失聲，閬人聞之罷市，相率爲佛事市中以報。享年六十有二，官都官郎中，階朝奉郎，勳上輕車都尉。後以二子登朝，累贈太中大夫。夫人楊氏，累封玉城、同安縣君，公沒之明年六月庚辰卒。治平二年二月戊申，合葬于眉山永壽鄉高遷里。生子三人：不欺，太子中舍，監成都粮料；不疑，承議郎，通判嘉州。公既沒，相繼而亡。季曰不危，家居不求祿仕。女四人：長適進士楊薦，次適進士王東美，次適遂州節度推官任更，季適宣德郎柳子文。孫男十二人：千乘、千運、千之、千能、千里、千秋、千經、千傑、千壽、千億、時、暉。女子十人，曾孫男女十二人。公忠信孝友，恭儉正直，出於天性。好讀書，老而不衰。平居不治產業，既沒無以葬。善爲詩，得千餘篇，題其編曰南廛退翁，雜文書啓章奏若干卷；記平生所涖歲月、爵土一卷，曰蘇氏懷章記。其爲吏長於律令而以仁愛爲主，故所至必治，一時稱爲吏師。

公沒二十七年，不危狀公遺事以授公之從子轍曰：「先君既沒而二兄不淑，惟小子僅存。不時記錄，久益散滅，則不孝大矣。」轍生九年始識公于鄉，其後見公于杞，聞公之言，記公之遺烈，僅識其一二。謹拜手稽首書于墓之碑曰：轍幼與兄軾，皆侍伯父，聞其言曰：「予少而讀書，師不煩。少長，爲文日有程，不中程不止。出遊於塗，行中規矩。入居室，無惰容。非獨吾爾也，凡與吾遊者舉然。不然，輒爲鄉所擯，曰：『是何名爲儒？』故當是時，學者雖寡而不聞有過行。自吾之東，今將三十年，歸視吾里，弦歌之聲相聞，儒服者於他州爲多，善矣。爾曹才不逮人，姑亦師吾之寡過焉可也。」皆再拜曰：「謹受教。」及長，觀公行事，循循若無所爲，動以律令爲師，而見義輒發，未嘗處人後，政事審可爲者，力爲之不疑。鄭子產有言：「政如農功，日夜思之，行無越思，如農之有畔。」公爲政近之，故其所至必有功，其去必見思。自諸父沒，後生不聞老成之言，無所師法，而流於俗。轍懼子弟之日怠也，故記其所聞以警焉。

元祐三年，歲次戊辰，十二月朔日癸酉，從子朝奉郎試尚書戶部侍郎上騎都尉賜紫金魚袋轍表。

【校】

〔一〕「以疾告」，叢刊本作「以疾苦告」，三蘇祠本作「以疾□告」。

〔三〕「負水」，叢刊本作「負木」。

歐陽文忠公夫人薛氏墓誌銘

歐陽文忠公夫人薛氏，資政殿學士尚書戶部侍郎簡肅公諱奎之女也。簡肅公事真宗朝，所至以才名稱。晚事仁宗，爲參知政事。章獻太后臨朝，公剛毅守節，事不苟隨，朝廷賴之，天下至今稱焉。文忠公以文章名當世，其風節尤峻。早歲以言事不合，流落于外，仁宗亮其忠，晚用之，亦參知政事。仁宗英宗之際，其所以綏靖朝廷者，與丞相忠獻韓公相爲表裏。蓋二公之功名，士大夫舉知之。

夫人簡肅公之第四女，母曰金城夫人〔一〕，亦賢婦人也。夫人高明清正，而敏於事，有父母之風。及歸于歐陽氏，治其家事，文忠所以得盡力于朝而不恤其私者，夫人之力也，而世莫知之。初簡肅見文忠公，願以夫人歸焉，未及而薨。及文忠公貶夷陵令，金城以簡肅之志嫁夫人于許州，不數日從公南遷。姑韓國太夫人性剛嚴好禮，夫人生于富貴，方年二十，從公涉江湖，行萬里，居小邑，安于窮陋，未嘗有不足之色。事韓國時，共起居飲食，寒温節度，未嘗少失其意，雖寒鄉小家女有不能也。夫人幼隨金城朝於禁中，面賜冠帔。及文忠爲樞密副使，夫人入謝，慈聖光獻太后一見識之，曰：「夫人薛家女邪？」夫人進對明辯，自是每入輒被顧問，遇事陰有所補。嘗待班於廊下，内臣有乘間語及時事者，意欲達之文忠，夫人正色拒之曰：「此朝廷事，婦人何預焉？且公未嘗以國事語妻子也。」文忠歸老潁上，慈聖嘗幸集禧，過其舊廬，使人訪問夫人。其後姻家有入禁中者，慈聖猶使傳旨問勞。文忠既薨，夫人不御珠翠羅紈，服布素者十七年。文忠平生不事家產，事決於夫人，率皆有法。從文忠起艱難，歷侍從，登二府，既薨，盛衰之變備矣。而其出入豐約皆有常度，以韓國治家之法戒其諸婦，以文忠行己大節厲其諸子，而不責以富貴。平居造次必以禮，辭氣容止雖温而莊，未嘗疾言厲色，而整衣冠，正顏色，雖寒暑疾病不改其度。將終疾革，言語如平日。見諸子號泣，曰：「吾年至此，死其常也。此爾等憂，豈復預吾事邪？」其天性安於禮法，恬於禍福如此。享年七十有三，元祐四年八月戊午終於京師，十一月甲申祔於文忠之塋。夫人始以文忠貴，封壽安縣君，八遷爲仁壽郡夫人〔三〕，復以其子三遷封安康郡太夫人。

子男八人：發，故承議郎、少府監丞；奕，故光祿寺丞、監陳州糧料院；棐，朝散郎、尚書職方員外郎、充集賢校理；辯，宣德郎、監澶州河北酒稅〔三〕。其四人皆未名而卒。女三人，皆未及嫁而卒。孫男六人：愻，陝州司戶參軍；憲，新授滑州韋城縣主簿；恕，雄州防禦推官、監西京左藏庫；愬、愿、懋，並假承務郎。孫女七人，長適權忠武軍節度判官蘇京，次適承事郎元耆弼，次適許州長社縣主簿范祖朴，次適承奉郎王微，次適承務郎王景文，次許嫁承務郎蘇迨，次尚幼。適范王氏三人皆早卒。曾孫二人：延世、奉世。若薛氏、歐陽氏世家，既具於簡肅文忠之誌。

轍少獲知於文忠公，出入門下，與其諸子游，知夫人平生爲詳，而子棐復以狀求銘，銘曰：

簡肅之肅，夫人實承之。文忠之忠，夫人實成之。既成其夫，亦遺其子。白髮素襦，動不忘禮。貧富之交，生死之間，有以壯夫，而莫克安。夫人居之，不慴不疑。問誰使然？簡肅之遺。有立於朝，文忠子孫。豈獨文忠？夫人與存。

【校】

〔一〕「金城夫人」，叢刊本作「金城太夫人」。

〔二〕「八遷」，叢刊本作「入遷」。

〔三〕「澶州」，原作「宜州」，三蘇祠本作「宜州」，此據叢刊本改。

全禪師塔銘

黄蘗斷際禪師之後十有九世，曰道全禪師，洛陽王氏子也。生而不食熏血，父母異之，使事其舅廣愛演師。十有九年而得度，二十年而受具，游彭城，歷壽春，受華嚴清涼說於誠法師。朝授師說，夕能爲其徒講。彭城有隱士董君，識師非凡人也，勸遊南方問無上道。師乃棄其舊學，渡江而南，始從甘露禪師〔一〕，茫無所見，復從棲賢秀禪師。秀勇於誨人，示以道機。迷悶不能入，深自悔咎，至啗惡食、飲惡水以自礪。凡七年，道不見。舍秀遊高安，事洞山文禪師，五年而悟。告文曰：「吾一槌打透無底藏，一切珍寶皆吾有也。」文喜曰：「汝得之矣。」自是言語偈頌，發如涌泉，不學而得。高安太守請師住石臺清涼，已而徙居黃蘗。

師爲人直而淳信，不飾外事。元豐三年，眉山蘇轍以罪謫高安，師一見曰：「君靜而惠，可以學道。」轍以事不能入山，師每來見，輒語終日不去。六年，師得疾甚苦，從醫於市，見我語不離道，曰：「吾病宿業也，殆不復起矣。君無忘道，異時見我無相忘也。」既而病良愈，還居山中。七年，轍蒙恩移績溪令，十一月將西行，意師必來別我，師遂以病不出。十二月乙丑升堂與其衆訣，歸而趺坐欲化。衆強之臥，遂臥不動，不復飲食，明日丙寅而寂。體暖香軟，凡十五日而荼毗，得舍利光潔無數。享年四十九，臘三十。明年二月十三日，其徒葬之斷際塔之右。其友人聰禪師與其徒思聰皆以書來績溪，曰：「師逝矣，君知之者，以舍利爲信，請爲銘其塔而刻諸石。」爲之銘曰：

偉哉菩提心，一切皆具足。云何有不見，迷悶至狂惑。譬如衣中珠，一見不復失。假令墮塗泥，以至大火坑。珠性常湛然，不應作異想。全師大乘師，晚悟最上乘。身病心不病，身滅心不滅。西域師子師，中國惠可師。皆不免厄死，而況其餘人？疾病不能入，刀兵不能攻。非彼有不能，乃我未常受。我今爲師說，智者不當疑〔二〕。

【校】

〔一〕「甘露禪師」，叢刊本作「甘露夫禪師」。

〔二〕「疑」，原作「凝」，據叢刊本改。

閑禪師碑

閑禪師者，臨濟玄公九世法孫，而黄龍南老嫡嗣也。南老以道化江西，其徒常數百人，而師爲高第。南每嘆曰：「祖師之道，不墜於地，斯人是賴。」南雖在世而學者歸之已如雲矣。南既寂，一時尊宿無有居其右者。熙寧年廬陵太守張公鑑請居隆慶。未期年，鍾陵太守王公韶請居龍泉。不逾年以病求去。廬陵人聞其捨龍泉也，舟載而歸，居隆慶之西堂，事之愈篤。居二年，元豐四年三月十三日，浴訖趺坐，以偈告衆以將入滅，遂泊然而化。既化，神色不變，鬢髪𩯭而復出。廬陵守與其人來觀者如堵，皆願留事眞相。長老利儼稟師遺言，闍維之。薪盡火滅，全身不散，以油沃薪益之，乃化。是日雲起風作，飛瓦折木，煙氣所至，東西南北四十里，凡草木沙礫之間，皆得舍利如金色，碎之如金沙。居士長者購以金錢，細民拾而鬻之，數日不絕。計其所獲，幾至數斛。師法名慶閑，福州古田卓氏子也。母夢胡僧授以明珠，得而吞之，覺而有孕。及生，白光照室。幼不近酒肉，年十一事建州昇山資慶長老德圓，十七削髮受具。二十辭師遠遊。及其終也，年五十三，臘三十六。

余未嘗識師，元豐七年過廬山開先〔一〕，見瑛禪師，言及師事，且曰：「瑛少嘗問道於閑師，願爲文刻石，傳示久遠。」余許之。明年，遣其徒請於績溪。余有善知識，本出於南老，將問之益信而作。五月辛亥，得疾寒熱，癸丑益甚，余正臥念曰：「四大本空，五蘊非有，今我此疾，何自而至？」少頃卽睡，夢有告者曰：「如閑師復何疑耶？疑卽病矣。」余聞之矍然，卽於夢中作數百言，詞甚雋偉，覺而忘之。病亦稍愈。乃爲之碑而系之以偈曰：

一切諸如來，惟於一性通，具足大神力。或坐微塵裏，而轉大法輪。或於一毛端，普見寶王刹。或於見在土，遍見一切土，彼此無壞相。或於見在土，直上忉利宮。人天相還往，而無有難相。或令土石沙，皆化爲黄金，一切皆得取。或令江河海，皆化爲酥酪，一切皆得食。或近取一劫，而演爲十刼。或遠取百劫，而促爲一劫。一切無礙法，河沙不可擬。閑師得正眼，久爲僧中王。及其滅度時，廣作諸法事。顏色不動搖，爪髮日滋長。薪盡火亦滅，凝然不解散，益薪助以油，爾乃就變滅。是時人天哀，大風吹陰雲，發瓦折大木。煙氣所及處，皆得大舍利，圓明如寶珠，精色如眞金，其數千萬億。是事大希有，聞者以爲疑。我昔忝聞道，亦不免斯惑。病中夢訶者，開師事何疑？有疑卽是病，不當作是見。夢中悔謝客，口作數百言。曾不以意作，已覺不能記。稽首三界尊，開師不止此，憫世狹劣故，聊示其小者。復以告瑛師，刻石示學人。

【校】

〔一〕「開」，原作「闕」，據叢刊本改。

傳二首

孟德傳 附子瞻題語。

孟德者，神勇之退卒也。少而好山林，既爲兵，不獲如志。嘉祐中戍秦州，秦中多名山，德出其妻，以其子與人，而逃至華山下，以其衣易一刀十餅，携以入山。自念吾禁軍也，今至此，擒亦死，無食亦死，遇虎狼毒蛇亦死，此三死者吾不復卹矣。惟山之深者往焉，食其餅既盡，取草根木實食之。一日十病十愈，吐利脹懣無所不至。既數月，安之如食五穀。以此入山二年而不飢，然遇猛獸者數矣，亦輒不死。德之言曰：「凡猛獸類能識人氣，未至百步輒伏而號，其聲震山谷。德以不顧死，未嘗爲動。須臾奮躍如將搏焉，不至十數步則止而坐，逡巡弭耳而去。試之前後如一。」

後至商州，不知其商州也，爲候者所執，德自分死矣。知商州宋孝孫謂之曰：「吾視汝非惡人也，類有道者。」德具道本末，乃使爲自告者置之秦州。張公安道適知秦州，德稱病得除兵籍爲民，至今往來諸山中，亦無他異能。

夫孟德可謂有道者也。世之君子皆有所顧，故有所慕，有所畏。慕與畏交於胸中未必用也，而其色見於面顏，人望而知之。故弱者見侮，強者見笑，未有特立於世者也。今孟德其中無所顧，其浩然之氣發越於外，不自見而物見之矣。推此道也，雖列於天地可也，曾何猛獸之足道哉？

子由書孟德事見寄，余既聞而異之，以爲虎畏不懼己者，其理似可信。然世未有見虎而不懼者，則斯言之有無，終無所試之。然曩余聞忠、萬、雲安多虎，有婦人置二小兒沙上而浣衣於水上者，有虎自山上馳下。婦人倉惶沉水避之，二小兒戲沙上自若。虎熟視久之，至以首觝觸，庶幾其一懼，而兒癡，竟不知怪。意虎之食人必先被之以威，而不懼之人威無所施歟？世言虎不食醉人，必坐守之，以竢其醒。非竢其醒，竢其懼也。有人夜自外歸，見有物蹲其門，以爲猪狗類也，以杖擊之，卽逸去。至山下月明處，則虎也。是人非有以勝虎，其氣已蓋之矣。使人之不懼皆如嬰兒、醉人與其未及知之時，則虎不敢食，無足怪者。故書其末，以信子由之說。子瞻題。

丐者趙生傳

高安丐者趙生，弊衣蓬髮，未嘗沐洗，好飲酒，醉輒毆詈其市人，雖有好事時召與語，生亦慢罵，斥其過惡。故高安之人皆謂之狂人，不敢近也。然其與人遇，雖未嘗識，皆能道其宿疾，與其平生善惡。以此，或曰：「此非有道者耶？」

元豐三年，予謫居高安。時見之於途，亦畏其狂，不敢問。是歲歲莫生來見予，予詰之曰：「生未嘗求人，今謁我何也？」生曰：「吾意欲見君耳。」既而曰：「吾知君好道而不得要，陽不降，陰不升，故肉多而浮，面赤而瘡。吾將教君挽水以溉百骸，經旬諸疾可去。經歲不怠，雖度世可也」。予用其說，信然，惟怠不能久，故不能究其妙。生嘗告予：「吾將與君夜宿于此。」予許之，既而不至，問其故，曰：「吾將與君游於他所，度君不能無驚，驚或傷神，故不敢。」予曰：「生游何至？」曰：「吾常至太山下，所見與世說地獄同。君若見此，歸當不願仕矣。」予曰：「何故？」生曰：「彼多僧與官吏。僧逾分，吏暴物故耳。」予曰：「生能至彼，彼人亦知相敬耶？」生曰：「不然，吾則見彼，彼不吾見也。」因歎曰：「此亦邪術，非正道也。君能自養，使氣與性俱全，則出入之際將不學而能，然後爲正也。」予曰：「養氣請從生說爲之，至於養性，奈何？」生不答。一日遽問曰：「君亦嘗夢乎？」予曰：「然。」「亦嘗夢先公乎？」予曰：「然。」「方其夢也，亦有存沒憂樂之知乎？」予曰：「是不可常也。」生笑曰：「嘗問我養性，今有夢覺之異，則性不全矣。」予矍然異其言，自此知生非特挾術，亦知道者也。

生兩目皆翳，視物不明。然時能脫翳，見瞳子碧色。自臍以上，骨如龜殼；自心以下，骨如鋒刃。兩骨相値，其間不合如指。嘗自言生於甲寅，今一百二十七年矣。家本代州，名吉，事五臺僧，不能終，棄之游四方。少年無行，所爲多不法。與揚州蔣君俱學，蔣惡之，以藥毒其目，遂翳。然生亦非蔣不循理，槁死無能爲也。是時予兄子瞻謫居黄州，求書而往，一見喜子瞻之樂易，留半歲不去。及子瞻北歸，從之興國。知軍楊繪見而留之。生喜禽鳥六畜，常以一物自隨，寢食與之同。居興國畜駿騾，爲騾所傷而死，繪具棺葬之。元祐元年予與子瞻皆召還京師，蜀僧有法震者來見，曰：「震泝江將謁公黄州，至雲安逆旅，見一丐者曰：「吾姓趙，頃於黄州識蘇公，爲我謝之。」予驚問其狀，良是。時知興國軍朱彥博之子在坐，歸告其父，發其葬，空無所有，惟一杖及兩脛在。

予聞有道者惡人知之，多以惡言穢行自晦。然亦不能盡掩，故德順時見於外。今余觀趙生鄙拙忿隘，非專自晦者也，而其言時有合於道。蓋於道無見，則術不能神；術雖已至，而道未全盡。雖能久生變化，亦未可以語古之眞人也。道書〔一〕：「屍假之下者，留脚一骨。」生豈假者耶？

【校】

〔一〕叢刊本「道書」以下字作正文。

叙三首

類篇敘 范景仁侍讀託譔。

雖有天下甚多之物，苟有以待之，無不各獲其處也。多而至於失其處者，非多罪也。無以待之，則十百而亂；有以待之，則千萬若一。今夫字書之於天下，可以爲多矣，然而從其有聲也而待之以集韻，天下之字以聲相從者無不得也。從其有形也而待之以類篇，天下之字以形相從者無不得也。既已盡之以其聲矣，而又究之以其形，而字書之變曲盡。蓋天聖中諸儒始受詔爲集韻，書成，以爲有形存而聲亡者，未可以責得於集韻也。於是又詔爲類篇，凡受詔若干年而後成。夫天下之物，其多而至比於字書者，未始有也，然而多不獲其處，豈其無以待之？昔周公之爲政，登龜取黿、攻梟去蛙之說，無不備具。而孔子之論禮，至於千萬而一有者，皆預爲之說。夫此將以應天下之無窮，故待天下之物使皆有處，如待字書，則物無足治者。

凡爲類篇以說文爲本，而其例有八：一曰槩槪同部而吶㕯異部，凡同意而異形者皆兩見也〔一〕。二曰天，一在年，一在眞，凡同意而異聲者，皆一見也。三曰叟之在草，㐱之在於，凡古意之不可知者，皆從其故也。四曰雺，古气類也，而今附雨；訡，古口類也，而今附音。凡變古而有異義者，皆從今也。五曰壼之在口，無之在林，凡變古而失其眞者，皆從古也。六曰旡之附天，旡之附人，凡字之後出而無據者，皆不得特見也。七曰王之爲玉，㒳之爲朋，凡字之失故而遂然者，皆明其由也。八曰邑之加邑，白之加𤾗，凡集韻之所遺者，皆載於今書也〔二〕。推此八者以求其詳，可得而見也。凡十四篇，目錄一篇，文若干。

【校】

〔一〕「意」，影宋本類篇敍作「音」。

〔二〕此段中多古字，各本不清或有誤，今據影宋本類篇敍訂正。

古今家誡敘

老子曰：「慈故能勇，儉故能廣。」或曰：慈則安能勇？曰：父母之於子也愛之深，故其爲之慮事也精。以深愛而行精慮，故其爲之避害也速，而就利也果。此慈之所以能勇也。非父母之賢於人，勢有所必至矣。轍少而讀書，見父母之戒其子者，諄諄乎惟恐其不盡也，惻惻乎惟恐其不入也。曰：嗚呼，此父母之心也哉！師之於弟子也，爲之規矩以授之，賢者引之，不賢者不強也。君之於臣也，爲之號令以戒之，能者予之，不能者不取也。臣之於君也，可則諫，否則去。子之於父也，以幾諫，不敢顯，皆有禮存焉。父母則不然。子雖不肖，豈有棄子者哉？是以盡其有以告之，無憾而後止。詩曰：「泂酌彼行潦，挹彼注茲，可以饙饎。豈弟君子，民之父母。」夫雖行潦之陋而無所棄，猶父母之無棄子也。故父母之於子，人倫之極也。雖其不賢，及其爲子言也必忠且盡，而況其賢者乎？

太常少卿長沙孫公景修少孤而教於母，母賢，能就其業。既老而念母之心不忘，爲賢母錄，以致其意。既又集古今家戒，得四十九人，以示轍曰：「古有爲是書者，而其文不完。吾病焉，是以爲此。合衆父母之心，以遺天下之人，庶幾有益乎！」轍讀之而嘆曰：「雖有悍子忿鬬於市，莫之能止也，聞父之聲則斂手而退，市人之過之者亦莫不泣也。慈孝之心人皆有之，特患無以發之耳。今是書也，要將以發之歟？雖廣之天下可也。自周公以來至於今，父戒四十五，母戒四，公又將益廣之未止也。」元豐二年四月三日眉陽蘇轍敍。

洞山文長老語錄敍

水流於地，發爲草木，鹹酸甘苦皆水也。火傳於薪，化爲飲食，飯麪羹胾皆火也。心藏於人，見於百骸，視聽言動皆心也。古之達人推而通之，大而天地山河，細而秋毫微塵，此心無所不在，無所不見。是以小中見大，大中見小，一爲千萬，千萬爲一，皆心法爾，然而非有所造也。故其指心法以示人也，有以光明相好化人，有以飲食臥具衣服，有以園林臺觀虛空，有以寂嘿無說無示，蓋事無非法者。然有聞思修法門，衆生由之以入，如大衢路，既徑且易。自達磨西來，諸祖相承，皆因言以曉人，心地既明，出語皆法。譬如古木，生氣條達，花葉無數，顛倒向背，穠纖長短，無一不可。譬如大海，濕性融溢，隨風舒卷，波濤流轉，充遍洲浦，無一不到。觀者眩曜，莫測其故。然至於循流返源，識其終始，可以拊手而笑。

有克文禪師，幼治儒業，弱冠出家求道，得法於黄龍南公，說法於高安諸山，晚居洞山，實繼悟本，辯博無礙，徒衆自遠而至。元豐三年，予以罪來南，一見如舊相識。既而其徒以語錄相示，讀之縱橫放肆，爲之茫然自失。蓋余雖不能詰，然知其爲證正法眼藏，得遊戲三昧者也。故題其篇首。

欒城集

〔宋〕蘇轍　著
曾棗莊
馬德富　校點

中

上海古籍出版社

欒城集卷之二十六

祭文一十七首

祭歐陽少師文

維年月日，具官蘇轍謹以清酌庶羞之奠，致祭于故觀文少師贈太師九丈之靈〔一〕。嗚呼！嘉祐之初，公在翰林。維時先君，處于西南，世所莫知，隱居之深。作書號公，曰「是知予」。公應「嗟然，我明子心。吾於天下，交遊如林。有如斯文，見所未曾。」先君來東，實始識公。傾蓋之歡，故舊莫隆。遍出所爲，嘆息改容。歷告在位，莫此蔽蒙。報國以士，古人之忠。公不妄言，其重鼎鍾。厥聲四馳〔二〕，靡然向風。

嗟維此時，文律頹毀。奇邪譎怪，不可告止。剽剝珠貝，綴飾耳鼻。調和椒薑，毒病唇齒。咀嚼荆棘，弁棄虀胾〔三〕。號兹古文，不自愧恥。公爲宗伯，思復正始。狂詞怪論，見者投棄。踽踽元昆，與轍皆來。皆試於庭，羽翼病摧。有鑒在上，無所事媒。馳詞數千，適當公懷。擢之衆中，羣疑相豗。公恬不驚，衆惑徐開。滔滔狂瀾，中道而廻。匪公之明，化爲詼俳。

公德日隆，歷蹈二府。轍方在覲，撫視逾素。納銘幽宅，德逮存故。終喪而還，公以勞去。公年未衰，屢告遲莫。自亳徂青，迄蔡而許。來歸汝陰，嘯傲環堵。轍官在陳，於潁則隣。拜公門下，笑言歡欣。杯酒相屬，圖史紛紜。辯論不衰，志氣益振。有如斯人，而止斯耶？書來告哀，情懷酸辛。報不及至，凶訃遄臻。

嗚呼！公之於文，雲漢之光。昭回洞達，無有采章。學者所仰，以克嚮方。知者不惑，昧者不狂。公之在朝，以直自遂。排斥姦回，罔有劇易。後來相承，敢隕故事？雖庸無知，亦或勉勵。此風之行，逾三十年。朝廷尊嚴，庶士多賢。伊誰云從，公導其先。自公之歸，忽焉變遷。又誰使然，要歸諸天？天之生物，各維其時。朝暘薰風，春夏是宜。凍雨急雪，匪寒不施。時去不返，雖強莫違。矧惟斯人，而不有時？時既往矣，公亦逝矣。老成云亡，邦國瘁矣。無爲爲善，善者廢矣。時實使然，我誰懟矣。哭公於堂，維其悲矣。嗚呼哀哉！尚饗。

【校】

〔一〕「九丈」，叢刊本作「九文」。
〔二〕「馳」，原作「施」，據三蘇祠本、叢刊本改。
〔三〕「弁」，三蘇祠本、叢刊本作「斥」。
〔四〕「哀」，原作「衰」，據三蘇祠本改。

祭文與可學士文

維元豐二年歲次己未二月庚子朔，具官蘇轍謹以清酌庶羞之奠，致祭于故吳興太守與可學士親家翁之靈。嗚呼！與君結交，自我先人。舊好不忘，繼以新姻。鄉黨之歡，親友之恩。豈無他人，君則兼之。君牧吳興，我官南京。從君季子，長女實行。君次于陳，往見姑嫜。使者未反，而君淪亡。于何不淑，以至于斯？匪人所知，神實爲之。昔我愛君，忠信篤實。廉而不劌，柔而不屈。發爲文章，實似其德。風雅之深，追配古人。翰墨之工，世無擬倫。人得其一，足以自珍。縱橫放肆，久而疑神。晚歲好道，耽悅至理。洗濯塵翳，湛然不起。病革不亂，遺書滿紙。嗟乎今日，見此而已。我欲哭君，神往身留。遣使往奠，涕泗橫流。絳幡素車，歸安故丘。嗚呼哀哉！尚饗。

祭永嘉郡夫人馬氏文

維元豐元年八月壬寅朔十八日己未，具官蘇軾、轍謹以清酌庶羞之奠〔一〕，祭于故永嘉郡夫人馬氏之靈。惟夫人毓德大宗，作配仁人。富貴榮顯，居之若無。寬裕慈祥，終身不改。晚通至道，游心空寂。啓手即化，容如平生。登證妙果，古人是似。歲月遷逝，歸全南野。君子在位，嗣子在列。都人出祖，欷歔歎息。軾與弟轍，皆遊門下，義均親戚。令德懿行，夙所聞知。恭致祀奠，禮薄誠至。尚饗。

【校】

〔一〕「蘇軾、轍」，叢刊本作「姓某」。

祭王虢州伯敭文

年月日，具官蘇軾與弟轍謹以清酌庶羞之奠〔一〕，致祭于故虢州使君伯敭朝散親家翁之靈。軾官吳中，昔始識君。愚不自量，欲裕斯人。衆目睢盱，更笑迭嗔。君在其間，乃獨不然。危弦急張，時一弛寬。我賴以全，民亦少安。事之難知，君以罪廢。還家宋都，轍適在是。簿書之閑，往走君廬。忘其戹窮，笑歌讙吁。夜飲不歸，月墮城隅。間屏僕夫，與我深言。今昔之故，君何不聞？指後將然，已而信然。見遠識微，我不如君。我遷于南，一往六年。歸來執手，白髮侵顛。遂以息女，許君長子。朋友惟舊，親戚惟始。西虢之行，過我都城。慨然憂世，不憂死生。訃來自西，驚怛不信。車過城東，往奠不辰。追懷平生，哭于寢門。漬酒束脯，以寄酸辛。嗚呼哀哉！尚饗。

【校】

〔一〕「蘇軾與弟轍」，叢刊本作「某與弟某」。

祭鄧内翰母郡太君文

惟靈祗服圖史，肅恭蘋蘩。擢芳江漢之濱，齊聲尹姞之盛。篤生賢子，揚于帝廷。北扉代言，訓誥如古；南宫庀職，賓旅有儀。聯袂以朝，列鼎而養。織屨以就方進，豈惟古人；翦髮以成陶公，復見南國。耄期不亂，子孫滿前。福祿所鍾，方期永世。喜懼相繼，入吊於廬。今者舟旐告行，靈舟將啓，僚舊之故，肴醴式陳。魂而有知，嘉此誠意。尚饗。

祭曹演父朝議文

我官宋都，晨出南河。逢公北征，吏卒譏呵。相揖于輿，莫或遑它。伯氏之南，見公符離。傾蓋相歡，執手無疑。公顧我笑，我猶未知。逮伯還黃，公在浮光。山聯川通，可跂而望。有饋豚羔，報之醪漿。始於朋友，求我婚姻。數歲之間，相與抱孫。我雖未際，而日以親。我夢皎然，有告不祥。凶訃在門，淒絶肝腸。諸子纍纍，匍匐哀荒。公嗜讀書，瞻于文詞。亦達于政，實惟吏師。惟人莫知，而止於斯。匪我知公，我兄實知。哭公寢門，兄在禮閨。嗚呼已矣！寄哀此詞。尚饗。

祭范蜀公景仁文

維元祐四年八月十日丁未，龍圖閣學士朝奉郎知杭州軍州事蘇軾與弟翰林學士朝奉郎知制誥轍謹以清酌庶羞之奠，致祭于故端明殿學士、贈金紫光祿大夫、忠文范公之靈。公之少年，初以賦鳴，挾策來東，氣和而平。微見圭角，人人自驚。宋氏叔仲，典司衆盟。見公所爲，屣履以迎。自毀其文，以致公名。士滿太學，莫之敢爭。公之中歲，始以諫逐。堯老將傳，未有立子。羣公欲言，以目相視。公獨發之，自詭以死。帝知其忠，始怒終喜。後有繼者，實蹈公軌。公亦自信，卒老言事。公之末年，終以節聞。國有盭賊，當之以身。力言不從，遂致爲臣。閉門接士，不怨不懟。羣枉既消，衆屈當伸。有欲援之，同撫我民。公笑稱病，誓不復振。凡世之人，有一于是，翹然自名，足以爲貴。公有其三，豈不卓偉？位雖顯榮，有不盡志。嵩隗之間，潁瀵之測。有廬可安，有田可食。顧惟平生，篤志鍾律。既成既上，疾亦告革。嗚呼！昔我先人，公早知之。白首相歡，事往莫追。軾方在朝，公舉諫官。卒以獲罪，而無一言。轍來自東，復館于門。曾患之不卹，而惟義是敦？今其云亡，無復斯人。嗚呼哀哉！尙饗。

祭忠獻韓公文

維元祐五年歲次庚午正月二十三日己丑，具官蘇轍、具官趙君錫謹以淸酌庶羞之奠，致祭于故某官韓公之靈。轍等游公之門，迹有戚疎。長育成材，公志不殊。譬諸草木，農夫所區。方其播之，匪擇瘠腴。既苗且實，物自亟徐。究觀厥成，功在于初。公之事君，社稷是爲。允有膂力，以執大器。既安且平，物賴其賜。豈惟吾儕，有祿與位？自公云亡，日月遄邁。蒼然墓木，過者垂涕。轍與君錫，偕使于遼。駟車往來，實出其郊。顧瞻西山，與公俱高。使事有期，當復于朝。觴豆甚微，懷想則勞。且謁且辭，徘徊奈何！尙饗。

祭姪林文

年月日，從叔以肴酒之奠〔一〕，祭于亡姪十六郎之靈。嗚呼！小宗之傳，五世於是。甚謹而信，孔孝而悌。既冠而孤，方壯而死。何辜于天，至此極也？昔我來東，恃爾於斯。憂樂相知，有無相資。千里故鄉，相視忘歸。奈何忽焉，去而莫追？王城西原，土厚而温。上爾先君，下爾弟昆。一畝之丘，三人終焉。弱子僅存，始行而言。自今以往，見此而已。予撫予育，曰此汝後。庶幾鬼神，憐汝無罪。畀之壽考，以繼家事。嗚呼哀哉！尚饗。

【校】

〔一〕「叔」下，叢刊本有「某」。

代李公儀諫議祭張文裕侍郎文

惟公擢秀齊魯，朴厚忠良。自下升高，勤勞四方。操行之堅，老而益強。蒼眉皓髯，邦家之光。既謝於朝，偃息帝鄉。高風凜然，公卿是望。于何不淑，震悼周行。喪歸于東，邦人慨慷。肅之於公，朋好有年。繾綣王事，出入周旋。孰云委化，不告而先？念昔方壯，交遊滿前。俯仰幾何？凋落紛然。富貴壽考，神弗能全。有如公躬，十無一焉。公今安歸？來舉豆籩。尚饗。

代張公安道祭李宥侍郎文

元豐元年歲次戊午二月丙午朔二十一日丙寅，某官某謹以清酌庶羞之奠，祭于故太子賓客、贈工部侍郎李公之靈。世稱至治，咸平景德。士生其間，端良純一。公進以文，而以德稱。不介不隨，自然靜深。推以予人，恕而多矜。下御吏民，如恐不勝。晚登朝廷，逡巡自得。獨立不競，浮夸是律。卒引而去，識者歎息。歸老睢陽，環堵而終。更三十年，乃葬元豐。世遠人亡，誰復知公？反兆東圻，祖奠有時。訊銘考行，則猶可知。沒而不亡，雖久何悲？嗚呼公乎！今世之師。尚饗。

代南京留守祭永嘉郡夫人馬氏文

鵲巢之風，久矣其亡。有德斯潛，亦耀于鄉。宜其家人，退食廟堂。壽考而終，令問不忘。有崇其丘，都人所望。某守土于茲，襄事告時。尊德以教，惟吏之宜。生有邑牓，沒有廟祠。今則不能，念昔行之。致是非薄，惟愧矣夫。尚饗。

代張公祭蔡子正資政文

嗚呼！公材甚長，無適不宜。公氣孔堅，勇而敢爲。厥初磐桓，亦躓不顯。守邊西方，鋒穎乃見。聲聞于朝，遂付兵樞。剔朽鉏荒，許之馳驅。有志不從，疾病支離。中道不行，轝扶而歸。嗟我與公，少年相親。鄉黨之遊，繼以婚姻。我老厭事，求歸不能。公斂而強，力罔不任。謂當敷施，慰我友朋。奈何不淑，棄我而先？遺奠有時，涕泗何言！誰實使之？要以問天。嗚呼哀哉！尚饗。

代毛筠州祭王觀文韶文一首

公學敦詩書，性喜韜略。奮迹儒者，收功戎行。千里開疆，列鼎而食。豐功偉烈，震耀當年。絳纛朱幡，留連列郡。用舍之際，方共慨然。存沒之來，孰云止此？子幼方仕，母老在堂。百口有蓼莪之憂，十年爲夢寐之頃。士夫殞涕，道路興嗟。某比綴末姻，仍叨屬部。笑言未接，涕泣長辭。攀望靈車，寄哀薄奠。伏惟尚饗。

嗟人之生，夢幻泡影。短長得失〔一〕，何實非病？惟公少年，闊略細行。從軍西方，睥睨隣境。手探虎穴，足踐荒梗。遂開洮岷，歸執兵柄。功名赫奕，富貴俄頃。未安西樞，斥就南屏。磐桓武昌，偃息洪井。國方用兵，邊鄙未靖。謂當再駕，沒齒馳騁。嗚呼不淑，一寐不醒。老幼盈前，饘粥誰省？盛衰奄忽，驚怛羣聽。惟公晚年，自謂見性。死生變化，其已安命。世之不知，奔走弔慶。寄奠一觴，孰爲悲哽？尚饗。

【校】

〔一〕「短長」，宋甲本作「長短」。

代三省祭司馬丞相文

嗚呼！元豐末命，震驚四方。號令所從，帷幄是望。公來自西，會哭于廷。搢紳咨嗟，復見老成。太任在位，成王在左。曰予惸惸，誰卹予禍？白髮蒼顏，三世之臣。不留相予，孰左右民？公出于道，民聚而呼。皆曰吾父〔一〕，歸歟歸歟！公畏莫當，遄反洛師。授之宛丘，實將用之。

公之來思，岌然特立。身如槁木，心如金石。時當宅憂，恭默不言。一二卿士，代天斡旋。事棼如絲，衆比如櫛。治亂之幾，間不容髮。公身當之，所恃惟誠。吾民苟安，吾君則寧。以順得天，以信得人。鉏去太甚，復其本原。白叟黃童，織婦耕夫。庶幾休焉，日月以須。公乘安輿，入見延和。裕民之言，之死靡他。

將享合宮，百辟咸事。公病于家，臥不時起。明日當齋，公訃莫聞。天以雨泣，都人酸辛。禮成不賀，人識君意。龍衮蟬冠，遂以往襚。公之初來，民執弓矛。逮公永歸，既耕且耰。公雖云亡，其志則存。國有成法，朝有正人。持而守之，有進毋隕。匪以報公，維以報君。天子聖明，神母萬年。民不告勤，公志則然。死者復生，信我此言。嗚呼哀哉！尙饗。

【校】

〔一〕「吾」，叢刊本作「予」。

代三省祭門下韓侍郎曾孫文

惟靈淵源深長，才質純茂。出從仕籍，有聞搢紳。茗顯方興，秀而未實。寵祿將至，往而莫留。日月有時，出祖于道。尊親之愛，感念則深。同列增噫，行路興歎。精神未泯，來舉一觴。嗚呼尙饗！

祝文一十六首

陳州日食禱諸廟文

年月日，具官張紹謹以淸酌庶羞之奠，昭告于太昊之神。嗚呼！日官底日，實詔天戒。正陽之朔，將有薄食。上心震懼，側身修德。誕布休命，赦宥多辟。凡在祀典，罔不咸秩。

惟神聰明，照鑒誠忱〔一〕。消復大眚，導迎和氣〔二〕。俾我有邦，享天之衷。民物康阜，以永保神之休無斁。尚饗。

【校】

〔一〕「照」，宋甲本作「昭」。

〔二〕「導迎」，宋甲本作「迎道」。

陳述古舍人辭廟文二首

某來守是邦，于今未幾。恭承嘉惠，即工南服。自初始至，逮茲解去。雨暘時若，災厲不起。豈某之能？緊神之功。風俗淳厚，獄訟稀少。豈某之教？緊神之舊。獲免罪戾，敢忘大賜。薦誠俎豆〔一〕，匪以報也。尚饗。右太昊廟〔二〕。

某奮自諸生，列位近侍。凡出守之地，雖駑不才，所至輒繕其學宮，修其禮物；見其學士大夫，教其子弟。庶幾有成，以無忘夫子之業。及來是邦，獲再執幣爵，以見於廷。慨然顧瞻，思繼前志。而詔書來被，移殿南服。將以是月甲子有事於行，登薦菲薄，惟告不敏。尚饗。右孔子廟。

【校】

〔一〕「薦誠」，宋甲本、叢刊本作「誠薦」。

〔二〕「右太昊廟」，叢刊本作「右辭太昊廟」，下首末亦作「右辭孔子廟」。

齊州祈雨雪文二首〔一〕

惟神出入造化，呼召風雲。播灑甘澤，膏潤下土。今兹歷時不雨，麥不得種。饑饉既至，疫癘將起。守土之吏，知任其憂，而不知所爲。神能仁愛斯民，又能作爲雨雪，以生育萬物，是以敢告。苟克有應，嘉雪時降，以寬吏民之憂，敢不有以報也？尚饗。右禱龍洞〔二〕。

某攝守濟南，適丁旱災。自秋徂冬，迄此春莫。菽粟不登，麥不得種。秋田既耕，種不入土。公私匱竭，食將不繼。官吏震懼，並走祠望。精神不格〔三〕，報不時至。暴風振揚，雲合輒解。嗷嗷相視，知殞溝壑。粤兹耆艾，稽首來告。曰維此土，西附岱麓，蒙神之休，常以有年。雲興膚寸，實雨天下。矧伊我邦，而或棄遺？神不遺我，我則不告。是用祗具牲酒，請命有神。吏之不虔，無所逃罪。民知歸神，神豈棄之？兹誠不妄，甘雨時至。迨秋有成，民免於死。將戴神之功，展其四支，以永事神無斁。尚饗。右禱太山。

【校】

〔一〕「祈雨雪」，宋甲本作「祭神」。

〔二〕宋甲本小題另提行，下首同此。

〔三〕「精神」，叢刊本作「精誠」。

徐州漢高帝廟祈晴文 代子瞻。

熙寧十年六月癸巳，具官蘇某謹以清酒少牢之奠，告于漢高皇帝之神曰：此方之民，以麥爲命。今玆歲首，雨雪失候。麥苗病瘁，穫不償種。恃秋有成，庶幾無饑。菽粟滿野，淫雨爲害。豐沛庳下，鞠爲瀦澤。暑雨方作，晴未可覬。雨暘之間，死生係之〔一〕。吏民相視，無所控告。惟神奮自玆土，掃滅強暴。雖宅關輔，實懷故鄉。俯仰千歲，遺語猶在。閭里告病，其有不卹？驅除陰雲，導迎秋暘，神實能之。疏放流潦，改種秋稼，民實望之。道民之言，徼神之福，吏實職之。苟克有應，敢忘其報？尙饗。

【校】

〔一〕「死生」，宋甲本作「生死」。

南京祈禱文七首〔一〕

熙寧十年九月戊辰，某官某謹告于某神曰：今兹禾稷將登，銍艾滿野。陰雨爲沴，彌月不止。穗者將腐，角者將落。徐方大水，將浸東境。溝洫盈滿，流潦横至。民貧無食，恃稷以飽。官貧無蓄，恃税以給。而雨并害之，公私困竭，神亦將乏享。吏既不職，無以格神之休，敢因民心，以乞晴于爾有神。神能掃除陰雲，顯見白日，使秋稼畢登，宿麥咸蓺，民免於飢，吏免於罪，則神之賜多矣，其何以報！謹告。

九月庚戌某官某謹以清酌庶羞之奠，告于某神曰〔二〕：民能盡力於耕，而水旱之變不能知也。吏能盡力於治，而饑饉之憂不能爲也。斡旋陰陽，開闔天地，其職在神，此吏民之所恃而依也。雖然，叩之而必聞，號之而必應，人有不能，而況於神之遠而微也？今者以雨病告〔三〕，不旋日而雨止。種麥穫豆，不失其時也。太守不德而蒙斯貺，自視缺然，知無以堪之也。酒醴潔芳，肴蔌備具，匪以爲報，惟致其意也。尚饗。

十二月己亥某官某謹以酒果之奠〔四〕，告于某神：宋維大都，兵食夥繁。一歲之奉，仰于諸藩。自河爲災，千里汗漫。隣邑告病，我邦獨完。賦税百須，所恃惟田。終歲不雪，麥將大乾。患始于民，卒迫于官。神仁愛人，忍坐以觀？卷舒陰陽，職上通天。勞不崇朝，雨雪紛然。民食宿麥，癘疫莫干。久而不施，莫知誰愆？吏則不德，而民當哀憐。歸誠于神，其終捨旃？尚饗。

元豐元年正月庚申，某官某謹以肴酒之奠，祭于句芒之神。木氣既應，田事將起。肇出土牛，以令早晚。惟神體仁司春，發生萬物。時節風雨，祐我農夫。苟東作順敍，將終歲允賴。邦有舊典，敢率以告。尚饗。

二月己未，某官某謹以肴酒之奠，告于某神：某來守是邦，自秋徂春，政事不修，雨暘失候。始以水告，繼以旱請。玩神瀆祀，至于再三。中心赧焉，懼獲譴咎。然今宿麥將槁，時雨不降。流亡布路，倉廩莫繼。與其病民，寧我獲戾。是用恭卜良日，申禱有神。其尚哀矜農夫，賜以膏澤。尚饗。

六月十七日，具官某謹以肴酒之奠，告于某神：梁宋之郊，頻年旱饑。盜賊煩興，囹圄填充。粤自茲夏，農穫六七，流亡既去，桴鼓隨息。庶幾秋成，民以阜安。而淫雨不節，水潦横潰。荏菽禾黍，鞠爲汗澤。秋氣方始，田可耕種〔五〕。神誠愛民，錫之開晴。積水時去，晚稼復藝。則民報神之心，不在俎豆，將世以奉承，毋有厭斁。尚饗。

七月五日，具官某謹以肴酒之奠，告于某神：乃者暑雨荐至，溝澮盈滿。淤田棄水，相繼爲虐。秋稼滿野，淪胥以敗。民號無告，吏莫之救。酌酒告神，庶幾哀憐。曾未旋踵，秋暘炳耀。匪神之仁，化爲凶年。雖使民竭其所有，無以報稱。奉觴再拜，惟誠而已。其尚驅除陰沴，以終大賜。尚饗。

【校】

〔一〕「祈禱文」，宋甲本作「祭神文」，三蘇祠本作「祭文」。

〔二〕「某」，原無，據宋甲本補。

〔三〕「病告」，宋甲本作「告病」。

〔四〕「某官」，宋甲本作「具官」，「酒果」作「酒肴」。

〔五〕「耕」，宋甲本、叢刊本作「更」。

績溪謁城隍文

某以不才〔一〕，忝臨民社。謹因舊禮，拜謁祠下。神仁愛民，恭率神意，不敢不勉。神亦時節風雨，驅除癘疫，以祐相我治。謹告。

【校】

〔一〕「某」，宋甲本作「轍」。

謁孔子廟文

某結髮學問〔一〕，今始爲邑。無由之政事而治蒲，無偃之文學而治武城。進謁祠下，惟愧惟栗。謹告。

【校】

〔一〕「某」，宋甲本作「轍」。

祭靈惠汪公文

維元豐八年歲次乙丑八月壬戌朔十六日丁丑，承議郎知縣事騎都尉蘇轍，謹遣男适以卮酒特羊致祭于靈惠公汪王之神。神有功斯民，世享廟祀。轍來長是邑，卽神舊邦。蒙神之休，雨暘以時。稼穡大熟，賦役畢具。獄訟衰少，才短政拙。何以獲此？意由僥倖。以致疾癘，寒熱爲虐。下逮兒女，更相播染。臥者過半，迄兹痊損。自夏及秋，中間禱禳，神不厭瀆，卒保康乂，皆神之恩。兹用恭致薄禮，以謝不敏。敢告驅除瘴癘，時節風氣，使民不告病，而吏與蒙貺。尚饗。

青辭三首

齊州祈雨青辭

嗚呼！民愚無知，吏怠弗教。鬼神不享，積釁成厲。旱氣充塞，五種失蓺。饑饉既至，疾疫將起。禱求百神，寂寥無聞。民既窮瘁，吏亦震恐。各知咎殃，將自洗濯。而神怒未怠〔一〕，膏澤不至。栗栗危懼，無所歸命。敢因舊儀，祗薦誠悃。維皇天后土，靡不覆幬。日月宿耀，靡不臨照。山川岳瀆，靡不容載。哀矜無辜，縱舍有罪。并包含養，與道爲一。祓除妖孽，布導和氣。時播甘雨，以救民命。亦俾我守臣，間蒙大賜，以寬憂責。

【校】

〔一〕「怠」，宋甲本作「息」。

南京祈晴青辭

嗟民之艱，豐歲常少。粤維兹夏，牟麥小熟。飢者未飽，而淫雨爲沴。秋稼殄瘁，淪爲塗潦。宿藏將盡，歲計莫續。盜賊將起，犴獄充斥。民之無辜，誰爲此禍？吏實不德，得過於神。胡爲殃民，以重吏愆？今兹歸誠天地，布其腹心。神仁愛人，豈終病之？其尚振揚清風，以逐屛翳。使太陽顯行，后土以乾。民趨于田，既獲且耕。亦有高廩，以祀以養。吏蒙其賜，不知其報。此亦天地之大德，下民之所仰望而求也。

筠州祈雨青辭

臣來是邦，歲比不登。去夏大水，汎溢城邑。繼以秋旱，民食不足。庶幾今歲，五種遂茂，以釋餘病。而亢陽爲災，不雨彌月。水泉耗竭，多稼殄瘁。雲物告異，災火時發。上下恐懼，不知所措。惟吏之不德，無以仰當天心；惟民之無良，有以召致神怒。雖自洗濯，並走祠望，而誠意淺陋，靈貺不答。將嘿不以告，而民不可棄，神亦不終棄人。謹歸誠天地，請命百神，尙克收如焚之威，以布甘雨。使民得稼穡，各安其居。使我守土之臣，亦蒙大賜。

欒城集卷之二十七

西掖告詞六十一首

林希集賢殿修撰知蘇州

敕：具官林希。朕歷選多士，以備左右。侍從之臣，股肱之良，槪出於此。爾以文學政事，有聞于時，擢從右史，試以書命。而行己不靖，遽致人言。朕不忍棄才，尙寵以書殿，往涖吳俗，思愼厥終。可。

楊傑知潤州

敕：具官某。京口，江浙之會，而揚楚方饑，仰食隣境。朕思得良吏，通其有無，以濟民病。爾以冬官屬，績用有聞，而欲自詭以治民。朕不汝違，其究乃心，以底成效。可。

陳安期屯田郎中

敕：具官某。爾以能選，積勞于工正，升之文昌，以勸勤吏。夠司空之屬，農部爲上。爾其益敬厥事，以稱朕意。可。

蔡立知鄂州

敕：具官某。武昌控引江漢，勢居上流，古爲重地。非練達政事，不以畀之。以爾久於治民，爲論者所稱，朕將觀爾于是〔一〕。惟寬而勿弛，明而勿苛，則予汝嘉。可。

【校】

〔一〕「是」，叢刊本作「事」。

盛南仲知衡州

敕：具官某。朕進退天下士大夫，不惟其才，惟其行，蓋未有不能正身而能正人者也。爾以世族之後，嘗爲部使者矣，而不閑于家，厥聲達焉。法不可置，往卽南服，尚克循省。可。

許中正致仕覃恩改朝議大夫

敕：具官某。朕嗣服之初，推恩海宇。矧惟耆老之士，早隆止足之風？豈無寵嘉，以慰鄉黨？可。

虞肇知鼎州

敕：具官某。武陵依重湖之深嶮，據五溪之走集。民夷雜居，剽輕易擾。惟守以安靖，可以言治。爾昔以才舉爲御史屬官，久於牧民，宜在此選。無煩條教，以便遠人。可。

胡田知誠州邢浩知欽州

敕：具官某等。欽、誠爲郡，雖有新舊之異；而民夷雜處，不可一以華法治也。田自欽易誠，其習南越之故矣；浩自環慶往，亦知所以治邊之宜。惟寬可以懷遠人，惟廉可以服殊俗。輔以明斷，其罔有不濟。可。依前件。

王存磨勘改朝散郎

敕：朝廷用人惟其才，而考績必以歲月。用人惟其才，故政無不修；考績必以歲月，故官不失緒。朕兼此二柄，以御羣臣。故雖六事之長，猶寓郎官之秩。具官王存，文雅足以飾吏事，靖重足以鎮國俗。恬於進退，不爲利回。出入臺省，人言無間。司馬治兵，朕既已重其選矣〔一〕；有司奏課，并欲以報其勞焉。可。

【校】

〔一〕「既已」，叢刊本無「既」。

梁惟簡供備庫使

敕：朕惟崇慶，日總萬機。號令所至，澤遍海內。況其左右侍御之臣，朝夕執事之勞，而有不被其賜者乎？坤成之慶，國有常憲。尚勉忠孝，思報其萬一。可。

張璪光祿大夫資政殿學士知鄭州

敕：昔我神考，收擢儁良，寘于丞弼。惟兹內史之重，實綜萬幾之繁。朕方將圖任舊人，與之裁成庶務。乃者總章人享，百辟在廷。時予重臣，獨以病告。不忍賢勞之久，力求補外之安。曲成其私，勉遂所請。具官某，名臣之後，風流具存。儒術之英，文史足用。詳練政事，究通物情。樽俎可賴以折衝，盤錯亟觀於游刃。輟自西臺之要，付以新鄭之雄。加秘殿之寵名，兼進秩之異數。使郡縣識朝廷之意，而官吏知卿相之賢。表帥四方，朕尚有賴。可。

趙君錫太常少卿

敕：太常總禮樂之政，兼伯夷后夔之業。平居無事，若無所爲。至於郊廟社稷之儀，朝廷上下之分，一有大議，罔不責成。昔叔孫通爲東宮傅，以習於園廟，復命此職。趙宗儒失不任事，由卿而罷爲東宮師。用人之難，蓋自前世。具官某，篤於孝悌，居家可紀。敏以從政，臨事不煩。予欲決嫌而明微，蓋有取於靜愼；此官職淸而事少，亦將便於老成。往服優恩，勉揚厥職。可。

劉絢太學博士

敕：春秋之廢，於今二十年矣。講者不以爲師，而學者不以爲弟子。孔氏之遺書而陵遲至是，朕甚閔之。爾能講誦其說，遭棄而不廢，蓋將有見於此〔一〕。夫三傳之義，其得之者多矣。附以啖、趙，無蔽於一家，庶幾士有考焉。可。

【校】

〔一〕「此」，叢刊本作「此者」。

鄧義叔主客郎中

敕：國有四方賓旅之事，則主客掌其享燕餼牽之節，其疏數豐殺皆有常度。遠人於是觀禮，不可以不慎。爾既掌其事矣，以資當遷，其益勉之，以稱其職。可。

林旦侍御史權淮南運副

敕：具官某。淮甸之民，荐罹饑饉。乃者詔發倉廩，輟吳楚之漕，以拯其急。猶以乏食流徙，達於朕聽。朕惟救荒之術，行之略盡。惟得良使者因事施宜，爲若可賴。爾由郎官，以才任御史，習於揚楚之故，其爲朕往視之。均徭薄斂，禁暴戢姦，無使斯人重被其困。可。

田待問淮南運判可淮南提刑

敕：具官某。揚楚春旱秋水，民艱於食，漸起爲盜，遂使州縣犴獄充滿。朕憂之，未始一日忘也。間起爾於山陽守，參領漕事，今又命爾督視刑辟。徒以爾習其風俗，知吏民所疾苦。夫察貪暴，謹追擾，均有無，督盜賊，此荒政之急也。勉勤其職，以稱朕意。可。

陳紘可倉部郎中王古可工部郎中

敕：具官某等。漢郎官出宰百里，今部使者入治諸司，其爲輕重異矣。朕於是考察多士，近而觀其不煩，遠而觀其不惰，庶幾有得，以待任使。以汝等久於吳越，優有善狀，故使紘治予廩，古治予工。其益敬厥事，以底成績。可。

孫升監察御史可殿中侍御史

敕：具官某。朕方共默不言，責成於有司。正賴耳目之官，別白忠邪，論辯得失。言而中理，則予汝嘉；不幸而失，予不汝咎。爾爲御史，期年於此矣。察其所爲，忠愨不回。以次而遷，庶盡其用。爾其深識朕意，知無不言，言無不盡。安意肆志，無悼後害。可。

李常蔡延慶並轉朝議大夫

敕：三考而議黜陟，古今所同；積日而敍勤勞，貴賤無間。矧夫內與六官之長，外總連帥之權，均大計之贏虛〔一〕，司隣邦之動靜。歷年應格，稽法當遷。有司以言，朕何敢後？

具官李常，舊由疎遠，深自刻修，財賦所存，綱目具舉。具官蔡延慶，名臣之後，吏治有餘，干城四方，安靜不擾。咸以侍從之選，而膺股肱之良。雖尺寸以遷，未彰於異數；而命秩之寵，差慰於久勞。可。

【校】

〔一〕「贏」，原作「羸」，據宋甲本改。

徐彥孚澶州通判

敕：具官某。河徙而西，則澶淵非復昔日之舊。然國門之北，兵屯倉廩猶甲於它郡。大臣言爾可用，往丞守事，勉竭才力，以安我股肱之名郡〔一〕。可。

【校】

〔一〕「名郡」，宋甲本無「名」字。

章惇知揚州

敕：樞臣之長，出居列郡。汝海之地，僻在連山。邈焉鄉黨之遐，疑失親庭之便。朕方以孝治天下，德綏臣鄰，宜推茂恩〔一〕，俾易近地。具官某，早以文詞中選，拔出於衆人；中以功名自期，被遇於先帝。逮予纂服，亦既期年。比緣議論之差，授以方州之寄。滄然自守，綽有安靖之風；臥而治民，不失綏懷之體。眷揚楚之重地，據吳越之通途。仰足以分予南顧之憂，俛足以慰爾思歸之願。體朕至意，勉於裕民。可。

【校】

〔一〕「推」，原作「惟」，據宋甲本改。

邢恕知汝州

敕：具官某。觀過而知其仁，君子與之。爾有志於時，而不知力之不逮，以陷於過〔一〕。徐察其中，蓋有足矜者。臨汝古郡，民朴而事簡，可以自養。益務修省，不汝終棄。可。

【校】

〔一〕「過」，宋甲本作「有過」。

王令圖可都水使者

敕：大河西流，汎溢千里。河朔之民，以蒲葦爲生，與魚黿同居。朕中食而歎，思得明習水事之人，而與謀之。具官某，老於從政，才力有餘。出入兩河間，知其得失久矣。水官之職，爾實宜之。楊焉、王延世之功，朕有望焉。可。

王荀龍知澶州李孝純知棣州

敕：具官某等治。國如烹小鮮，涖官如製美錦。以煩手烹魚，則魚必潰；使學者製錦，則錦必傷。朕知斯民之艱難，擇人而養之，閔閔焉若將不及。以爾荀龍，典刑舊德，習於爲政。以爾孝純，家世循吏，屢典大邦。澶淵、無棣，皆河朔之要，擇以付爾。其益勉之，朝夕無怠，以深副吾望。可。依前件。

郭逵自致仕起知潞州

敕：秦伯復用孟明，是以能覇；蜀人亟誅馬謖，終亦無功。朕周於用人，篤於求舊。雖設干羽以懷柔異類，而聽鞞鼓則無忘將臣。豈其舊勳，久廢不用？具官某，早學弓劍，晚通詩書。勇而有謀，整且能暇。威名懾於西鄙，柄任及於中樞。南伐無成，嗟伏波之遂棄；退居能飯，知廉頗之未衰。擢從解組之餘，復寄長民之任。過而能改，豈一眚之足云？竊當益堅，或來功之可冀。勉於圖報，以稱異恩。可。

何正臣知梓州

敕：東蜀地嶮而民貧，不如西蜀之厚。而戎瀘被邊，民夷雜居，安之尤難。朕方寬賦役以裕民，正疆場以息衆。連帥之任，宜得其人。具官某，奮自東南，擢居侍從。參議論於臺省，布條教於方州。比自長沙，復臨上黨。出入既久，當識朝廷之心；寄任愈隆，初無遐邇之異。務爲安靖，以慰遠民。可。

孫覽河北運副除右司郎官

敕：具官某。奉使北方，治河而備邊，任亦重矣。以爲未足以盡其才也，召而寘之都司。吾之所以責任爾者可見也。夫分治六官，事無巨細，畢陳於前。若網在綱，振之則舉，弛則盡廢。爾昔既稱治辦矣，勉既厥心，以觀來效。可。

陶世延 弼孫，弼死於順州。邢選吉子，吉死於盜。各補三班借職

敕：陶世延等。惟乃祖父，以身殉職，義不旋踵。寵爾一命，庶幾士知忠力之必報。可。

依前件。

皇兄令羽磨勘轉遙團

敕：具官某。考績之法，一以歲月爲勞，而不以親疏爲異。爾能靖恭於位，積日當遷。以環衛之崇，而加團結之寵。益勉忠孝，無溢無驕，以保祿爵之重〔一〕。可。

【校】

〔一〕「祿爵」，宋甲本作「祿位」。

張輔之入内内侍省磨勘轉内殿承制

敕：具官某。昔文武之盛，其侍御罔匪正人。今余近習之臣，與縉紳之士，均遇以法，亦無以私恩進者。爾以久勞當遷，往祗厥官，使天下知敍法之公，無内外之異。可。

范鎮可侍讀太一宫使

敕：爲國無強於得人，用人莫先於求舊。朕歷選賢儁，至於側微。患其德望之未充，而典刑之未練。舍騏驥而不御，臨長道以咨嗟。昔人病之，予何疑者？具官某，文冠多士，有揚雄之遺風；仕歷三朝，守劉向之忠節。早事仁祖，首開社稷之言；晚説裕陵，復陳堯舜之道。自處以義，歸不待年。身友漁樵，已無求於當世；名書簡册，恍或疑其古人。兹予纘服之初，日思講議之益。謂白首窮經之樂，尚可推以與人；而眞祠訪道之遊，足使退而養志。勉狥予意，毋留所安。可。

吳師仁可越州司法充杭州教授尹才虢州司戶田泚古襄州司法蘇昞邠州司戶

敕：進士某等。古者舉逸民以懷天下。朕以爾等皆以行義聞於鄉黨，故命之一官，試之行事。其勉於從政，以效聲聞之美。可。依前件〔一〕。

【校】

〔一〕宋甲本無「依前件」三字。

叔諄　先因殺人，追官勒停已敍。今敍右千牛衛將軍。

敕：具官某。貴而犯法，義不得宥。過而知改，恩不廢敍。往服恩命，而知義之可畏，庶免於咎。可。

黄履磨勘改朝請郎

敕：漢孝宣帝厲精爲政，二千石有治理效，輒增秩賜金。朕追想其風，欲見之於事，而況積勞之久，於法當遷者乎？具官某，頃自禁林，出爲方伯，推其所學，施於有政。表賢獎善，有古人之節。考績應格，吏以敍聞。其益勉於裕民，無使循吏之賞，獨隆於前世。可。

宋彦圖轉内殿崇班再知歸信容城縣臧定國轉西頭供奉官再任縣尉

敕：具官某等。疆場之吏，勇者或以致寇，怯者易以納侮。朕方欲愼守四境，以綏靖四夷。求勇怯之中，而有司以爾名聞。各仍舊官，以增新秩。謹修邊政，思稱朕意。可。依前件〔一〕。

【校】

〔一〕宋甲本無「依前件」三字。

張利一自眞定總管移知代州

敕：邊之宿將，國之干城。處則爲民社之寄，欲其不擾；動則當金鼓之任，貴其知變。兼是二者，實難其人。具官某，世爲將家，久習疆事。持重有守，得將吏之心；善覘多權，知敵國之變。鴈門極邊，密邇獯鬻。朕方懷柔遠人，以寧中國。爾其謹守吾圉，示之以信，而裁之以義。適寬猛之中，以稱予意。可。依前件。

莊公岳成都提刑蘇泌利州運判

敕：莊公岳等。守令賢否，朝廷不能自知；天下利病，吏民不能自言。宜吾德澤於下，而達民情於上者，部使者也。朕既選用舊人，而去其貪暴；詔舉新進，而汰其不以實者矣。以爾公岳，久任刺舉，所至稱治。以爾泌，家世文雅，通於吏事。益利嶮遠，民罹茶鹽苗役之害，罷瘵未復，朕念之深矣。其悉乃心，謹察苛吏，與民休息，毋廢朕命。可。依前件〔一〕。

【校】

〔一〕宋甲本無「依前件」三字。

內臣馮景 見任文思副使，知父以園業獻安仁保佑夫人，曾得銀帛。父亡，詐認園地，降一官。

勑：具官某。以欺得罪，律既重矣。觀望高下，情尤不可赦也。奪爵一等，益務循省，以蓋其咎。可。

胡宗哲遂州張太寧漢州

敕：具官胡宗哲等。朕惟西南之遠，弛鹽利之害，議茶榷之弊，以寬其人矣。惟是役法久而未定，吏緣爲姦，人或告病。夫因事制宜，法不能盡；順民施法，責在守令。宗哲家世公卿，習於吏事。太寧生長蜀漢，知其風俗。遂漢名郡，皆東西蜀之重地。苟能平心正身，首治繇事，以寬民力，則太守之職舉矣。可。

【校】

〔一〕「胡宗哲」，宋甲本作「某」。

李梃知唐州

敕：具官某。異時爲郡，淸心潔己，平政理訟，斯爲賢太守矣。朕方變役法之弊，新故紛然，民意未定。京西俗窶役勞，治之尤難。以爾嘗試爲郡〔一〕，條教不煩，往宣朕意，勤察貪吏，使民忘繇事之勤，此朕所望於二千石也。可。

【校】

〔一〕「嘗」，原作「常」，據叢刊本改。

崔全通判延州

敕：具官某。將帥治邊，以軍政爲重。至於均賦役，平獄訟，實倉廩，郡丞事也。使者以爾才稱，往貳高奴，克勤庶事，以分帥臣之勞。可。

王純臣通判岷州〔一〕

敕：具官某。朝廷始復洮岷，以其初附，闊其憲令，吏緣是爲奸，政事不舉。今其郡縣，日益完矣，居其官者當以近地爲比。爾以選往，其謹守條約，毋以遠故廢職。可。

【校】

〔一〕「王純臣」，叢刊本作「王純」。

姚兕磨勘轉東上閤門使

敕：具官某。爾以勇氣，聞於西垂。奮身稠人，致位通顯。夫論功而賞，雖如丘山，不以爲重；考績而遷，差之毫釐，有不能得。國有常典，朕弗敢私。勉勤厥官，以靖疆埸。可。

丁隲太常博士

敕：具官某。朕方出滯淹以修庶政，舉廉退以靖風俗。以爾學有本原，聲聞東南。一時交遊，皆致位通顯。而循默自守，浮沉管庫，將二十年，不以爲恥。奉常禮樂之地，教化所從出也。因其職事而施爾舊學，朕將觀焉。可。

常安民大理寺丞

敕：具官某。吏習於法而不更治民，閑於論報而不知爲政，朕疑其未能盡法之變也。爾以經術進，而治縣有聞，考課稱最。往涖丞事，庶幾有補於法。可。

田子諒湖南運判

敕：具官某。天下之治，緩急相矯，常過其中。乃者常爲刻覈之政矣，其弊也事徒文具，而民受其病。今予欲以寬治民，憂其末流頽弛而莫振。夫推予意而布之州縣，部使者之事也。公卿言爾才力有餘，試之南方，寬而不弛，察而不苛，則予爾嘉。可。

鄭佶都水監丞陳安民簿

敕：具官某等。朕既平政以便民，民少安矣。而大河以北，水不潤下，昏墊爲虐。故當今之政，水事爲急。以爾佶嘗丞水官，練達有素。以爾安民屢試民事，治辦見稱。其益講求本原，以稱厥職。可。

葉康弼知劍州

敕：具官某。朕銓綜庶工，奬勵百職〔一〕。思使中外樂事勸功，相勉以治。爾昔以選任使者，中以事廢，盤桓不試。普安，蜀漢之咽，賓旅之會。地雜礠衍，民艱於食。往修厥官，以稱恩命。可。

【校】

〔一〕「百」，原作「失」，據宋甲本改。

謝卿材河北轉運使 自陝漕徙。

敕：三路之重一也。關中夏秋豐穰，羌人款附。而河朔大水，人民流離，北顧之憂，於是爲急。具官某，強敏而惠，靖重而文。風節之厚，追配古人。踐歷之久，號稱循吏。今河決西流，而堤防未立，民棲丘隴，而播種未期。爾能相壅決之宜，通有無之積，以寬民力，而紓吾憂，此朕所以用爾於北方之意也。可。

蔡卞磨勘朝奉郎

敕：朕俾侍從之臣，出守四方，試之從政，以觀其才。而有司考課，積勞應格，國有成法，非予所私。具官蔡卞，奮由文藝，久踐臺省。欲效才實之美，自詭民社之政。宣城古郡，晉唐名臣臨長其地者，風績相望也。爾其勉思古人，以修條教，服我新命，以寵吏民。可。

丁恂少府主簿

敕：具官某。古者謂少府爲天子私藏。朕爲天下，夫復何私？惟是技巧之工，以供禮樂之用。爾以吏能，掌其典籍。法度之事，其講明之。可。依前件。

張構再知豐州

敕：具官某。爾既嘗爲九原矣，知其風俗而習其吏民，治之爲易。使他吏往，雖得賢者，要必久而後治也。使者既以爾言，勉悉乃心，綏我疆事。可。

呂大防中書侍郎

敕：用人先於求舊，爲政莫如守成。朕若稽祖宗之遠猷，祗敬神考之近事，網羅遺放，而奬任勳舊，崇尚寬簡而愼守典刑。茲予一時股肱之臣，率皆三朝髦儁之選。圖任之意，炳然可知。具官某，器宇博深，才智強敏。早遇英祖，亟聞直諒之言；中事裕陵，不改忠誠之節。翺翔外服，所臨有聲。綜轄中臺，百務咸舉。甚和而理，處劇不煩。朕方欲力行忠厚，而患其末流之惰媮；追復賦役，而惡夫下吏之侵擾。思與在位，同協厥中。往貳西臺之隆，益敦大政之本。朕既開懷以用善，士亦誠意以報予。其克一心，同底于道。可。

劉摯右丞

敕：漢御史大夫能任其職，則爲丞相，近世中執法議論不撓，亦補執政。昔我仁祖，優養正士，開受直言，時則有若包拯、張昇之流，咸以敢言，獲聞大政。舊俗已遠，此風寂寥。容悦相承，亦棄不用。朕追懷先正，選建忠賢，諤諤之聲，庶幾前列〔一〕。具官某，早以御史，祗事裕陵，力陳是非，不避權寵。十年流落，志氣不衰，召置臺端，首開正論。進任中司之要，屢聞白簡之言。風聲凛然，國是以定。朕欲試其行事之實，是用付以右轄之權。治忽所關，寄任尤重。夫以言責人甚易，以義持己實難。爾其勉之，毋使輔政之功，不若言事之效。可。

【校】

〔一〕「列」，宋甲本作「烈」。

傅堯俞御史中丞

敕：枉直未定，決於繩墨之平；是非相乘，臨以法度之士。比朕纘服之始，羣議紛然。

實賴耳目之司，力陳骨鯁之論。逮茲閱歲，浸以成風。然而神明存乎其人，衆正可以無咎。余欲一變至道，固須多士以寧。具官某，凛然直諒之風，出於愷悌之性。早爲御史，議禮不阿。中列諫垣，言政多牾。流落雖久，志氣益堅。俾還侍於燕閒，日有聞於禮義。執法之任，非爾而誰？蓋政無舊新，以便民爲本；人無彼此，以得賢爲先。朕將允執厥中，爾尚不牽于俗。可。

張端落致仕依前朝奉郎

敕：具官某。君子之仕，進退無常，惟義所在。爾昔以强敏之資，達於從政。由病賜告，未老而歸。比於恬養之餘，復有願仕之意。朕方篤於求舊，急於用人。祗服前官，以聽新命。可。

孟永和轉軍器庫副使兼翰林醫官副使

敕：具官某。以醫爲職，生死係焉。不幸而失，豈專其罪？比更大霈，其益進厥官。俾精術業，以答恩命。可。依前件。

蔡卞知江寧府

敕：左右近臣，入備侍從，出典藩服，習知朝廷號令之意，灼見吏民情僞之本。此朕所以歷試在位，而成就人才之道也。具官某，文華之美，發自早年。才力之優，見於治郡。宜城之政，數月而成。秣陵之徙，百里而近。既助予治，亦安爾私。勉修厥官，以答恩寵。可。

王安禮知揚州

敕：淮南天下之重鎮也，俗本剽輕，習吳楚之舊；歲仍水旱，有流亡之憂。朕深念其民，尤慎所付。思得朝廷之舊，以殿東南之衝。具官某，吏治有餘，儒雅足用。昔爲京兆，休有治功。其發擿姦伏，明而不苛；其推行惠術，寬而中理。遂領臺轄，以秉國成。方先帝厲精求治之秋，有大臣進賢退姦之助。久於外服，稍易近邦。其克爲朕舉荒政以惠民，謹追胥以助治，寬我南顧，康此凶年。可。

【校】

〔一〕「擿」，叢刊本作「摘」。

林希知宣州

敕：具官某。爾名在文學之科，而才兼政事之選。比以吳郡，生齒蕃衍，學者如林，假爾才名，以重其守。而僑籍所在，重以親嫌。飛章自陳，懇求易地。宣城大藩，亦東南之要。往涖其治，服我異恩。可。

王舜圭 確山縣尉，獲賊二十一人，除左班殿直。

敕：具官某。盜發鄰境，而能率衆攻討，殲其徒黨。非特武力之勝，抑亦智慮有過人者矣。寵以勇爵，以爲能吏之勸。可。

欒城集卷之二十八

西掖告詞六十一首

郟亶通判永寧軍

敕：具官某。北邊俗淳而士武，隣好輯睦，日以無事。爾昔嘗以才任剌舉矣，久而不試。往貳博野，尚勉無怠。可。

叔攷等三十二人並除右班殿直

敕：具官某男某等。士勤身苦節，從事於文武。積累歲月，僅乃祿仕，以免於耕勞，亦至矣。今宗室之子，始名而官。其克孝悌於家，忠信於國，識吾尊祖敬宗之意，以終保祿位。可。

王宗孟母 王宗孟，南京推官。母年九十三，封壽昌縣太君。

敕：具官某母某氏。年及耄期，而家有壯子，非有馴行不能致此福也。寵之封邑，不吝常典，尙俾天下知貴老敎孝之意。可。

胡宗愈吏部侍郎

敕：吏部分列三銓，而長貳各領其一，其爲權任重矣。天下官吏，至於其間，長短有度，輕重有數，而猶患不得其當者，吏撓之也。朕數求儁良，付之流品，意在是矣。具官某，學術之茂，冠於東南。操履之固，不流世俗。試於封駮，任職不阿。方今吏員冗溢，待次者無算。爾其去留難之吝，寬滯積之歎。毋使吏操其柄，而士失其職。可。

顧臨給事中

敕：朕欲網羅天下之士，而患知人之難。唯有歷試之詳，重以旋觀之久，雖復堯舜，何以尙之？具官某，樸厚之性，出於自然。直諒之才，可備三益。守道安命，端靖不回。二十餘年，晏然一節。外督漕事，公議惜之。維是東臺封駮之司，實予萬幾出納之地。宜得守法之士，以爲過舉之虞。爾其稽考典常，附以經術。令有不便，知無不言。使天下之人，不能指摘而議，則爾職舉矣。可。

范子奇司農卿

敕：司農之政，歸于地官，則卿事寡矣。然朕觀兩漢之士，政事如朱邑，儒學如鄭衆，皆老於此官，則前代用人蓋不輕矣。具官某，家世名臣，詳練吏事。出入中外，治辦有稱。居九卿之列，修后稷之政。益勉無怠，以荅恩命。可。

馬默河東運使

敕：具官某。汾晉之民，儉而能勤，易以術富。比緣兵役之後，瘡痍未復。思得靖重愛民之人，爲朕伺察害政之吏。以爾博學不倦，從政有方。文登之民，至今頌其遺愛；彭城之治，復能首發巨姦。是用輟從大農，寬我西顧。朕於用人，無中外之間；爾於報國，無終始之殊。務安邊民，以稱朕意。可。

岑象求利州運判何琬江西運判

敕：具官某等。朕爲官擇人，不惟其才之儁良，亦因其人之便習。欲使上下相得，所至即安。以爾象求，學有本原，持心近厚。昔在蜀部，遠民宜之。以爾琬，才力敏明，爲政不擾。頃居江左，列城賴焉。往修鄰道之政，無替已成之效。使西南之人，雖在遐僻千里之外，咸知朝廷愛之之意。可。依前件。

常安民鴻臚丞

敕：具官某。爾進由儒術，舉以民政。朕將觀爾於近，以信其遠。典客之職，號爲優暇，益勉無怠，蓋將有考焉。可。

李詵自軍頭司除知忻州

敕：具官某。武吏當守四方，以干城吾民。冗於内服，縻以吏事，雖有才力智勇，無自而見。爾世本將家，習於武事，求試於外，朕不汝違。夫治兵欲整，而治民欲安，能整且安，則疆埸之事，吾無慮矣。可。

郟亶通判睦州

敕：具官某。仕宦之優，莫如鄉國。知其吏民之態，習其風俗之宜。所至而安，於治爲易。矧復桐廬之勝，加以才力之優。懷組而歸，益勉無怠。可。

李琬太醫丞充中嶽廟令

敕：具官某。爾久習禁方，善救諸苦。勉思賦祿之厚，益勵好生之心。可。

王鞏通判揚州

敕：具官某。爾故相之孫而名臣之子也，生於富貴而篤志於學，勇於議論而不謀其身。淮南大邦，民病水旱。往貳其事，益試爾才。可。

劉奉世起居郎孔文仲起居舍人

敕：欲治國家，當先得士。頃者人物之評廢，而長育之道微。朕顧瞻周行，惻焉興歎。或盤桓久次而未用，或沉伏下僚而莫知。將以責成治功，折衝遐邇，人不素具，其何賴焉？

具官劉奉世，家世名臣，才穎秀發，試以治劇，煩而益明。具官孔文仲，進以直言，文史足用，責之典禮，守正不回。斯皆一時之儁良，多士之領袖。方欲寘之侍從，益當養其才能。左右史官，號爲要地。前後達者，皆由此途。手刊册書，足以明狂直之效；密侍殿陛，足以觀進退之詳。益勉自修，以須不次。可。

胡宗炎將作少監

敕：具官某。宫室都城，責在工正。朕方以恭儉自居，以法度自律。宜得愼靜之吏，以督繕治之功。爾昔居此官，號爲任職。往貳其事，無改厥勤。可。

向宗良知衛州

敕：具官某。士生於富貴者，常患其懷安佚樂，怠於功名。爾以外戚之懿，求試治民。永惟此心，有足嘉歎。衛雖跨河，地實近輔。勉修爾政，朕將觀焉。可。

郝觀 皇太后殿管勾文字，生辰除借職。

敕：具官某。朕恭養隆祐，朝夕無違。爾久此服勞，適當誕慶，錫爾一命，無改厥勤。可。

曾肇中書舍人

敕：朝廷以號令鼓舞四方，言之不文，行之不遠。昔河西諸將，讀璽書而知天子之聖明；河北叛臣，聞赦令而致武夫之涕泣。故朕思得良士，俾代予言。知民物之至情，識邦家之大體。擇之久矣，僅乃得之。具官曾肇，少知爲文，久益更事。家傳父兄之學，言有漢唐之風。汗簡編年，手紬金匱。執筆紀事，密侍丹墀。比於簡牘之餘，試以絲綸之作。油然不竭，煥乎可觀。俾即拜於西垣，將益觀其來效。雖文稱蘇李，未足以爲賢；而事問高崔，庶幾於適用。勉於自竭，以稱異恩。可。

邢恕知汝州

敕：具官某。「老吾老，以及人之老」，此朕所以教天下之孝也。爾比自漢東，恩移汝海，國有常典，中止不行。朕終念篤老之親，宜得便安之養，特申前命，以慰慈心。服我異恩，益思報稱。可。

李周陝西運使

敕：具官某。關中之民，勞於征伐而弊於饑饉久矣。朕既爲之含垢以和諸戎，天維顯思，助我豐歲。粒米狼戾，法當斂藏。繼出中都之泉，以廣窮邊之積。猶恐吏不時具，而民或未寧。分吾此憂，責在漕吏。爾忠厚之性，見紀於時。治辦之才，屢試以事。往推朕旨，去蠹賊之害，而督備禦之宜。使疆場永安，而民以無事。可。

劉淑蘇州胡宗哲宿州

敕：具官某等。姑蘇之饒，冠於吳、越；符離之災，接於徐、亳。因其富庶，而待之以法，郡乃可治；乘其饑饉，而濟之以惠，民亦肯懷。苟得其人，所至而定。以爾淑治郡有方，吏民不擾。以爾宗哲，臨事必辦，才力有餘。往因其民，以立其政。使富而不溢，貧而不怨，以稱朕意。可。

許彥先知隨州

敕：具官某。隨於春秋，雖號小國，然觀其應接鄰敵，常有賢者。今以吾士大夫之多，而顧無善人以爲之守乎？爾早有文譽，晚習吏治，尙無非薄其民，往求所以安之。可。

孫諤太學博士

敕：具官某。士溺於專門之學，而不治諸書，不達前世，施之於事，罔焉不知，朕甚患之。爾博於文史，不流不固。往司講解，思所以救其失者。可。

王佺通判荆南

敕：具官某。南郡控引江湖，商賈之淵，而盜賊之會也，守貳之事於南方爲劇。爾游宦之久，才力有聞，往贊其治，益勉毋怠。可。

韓玠通判河南

敕：具官某。爾家世公卿，當識治體。而西南之政，俾民驚擾，達於朕聽。往貳西都，服我恩命，無怠循省。可。

占城國進奉判官蒲霞辛可保順郎將

敕：具官某。航海而至，奉琛在廷。心知禮義之榮，身無遐邇之異。特頒恩命，昭示遠人。可。

劉攽中書舍人

敕：士有博學而不文，甚文而不達於政者矣。朕惟人才之難，拔士之急，凡所擢用，惟其所長。矧夫名在文學之科，才兼政事之選，釋而不用，夫又何求？具官某，能讀墳典丘索之書，習知漢魏晉唐之故。中秉直諒，發爲謀猷。方其流落之中，益聞豈弟之政。比召還於册府，將漸寘於近班。適以病辭，勉從所請。汲黯雖安於卧治，蕭生雅意於本朝。眷予侍從之華，實司號令之本。惟詳練可以彌縫庶政，惟辯博可以鼓舞四方。爾其勉盡所長，朕將觀爾於是。可。

曹誦遙團知保州

敕：具官某。惟爾先臣，克平吳蜀。仁澤之深，與江漢無極。于今四世，子孫盛大，時出能者。昔漢唐功臣，高密汾陽之家，傳世赫奕，不殞其業，予甚嘉之。今爾奮於閥閱之中，休有搢紳之望。練達兵事，翼贊西樞。屬邊守之須才，加使名以爲重。予欲不違和好之舊，而得嚴整之稱。體國承家，有望於爾。可。

王獻可火山軍李昭敘石州

敕：具官某等。河東邊城，俗儉而兵勁。吏能守法，易以爲治。爾等才稱武吏之選，家本名將之裔。往修厥政，以寬治民，以嚴御兵，思稱朕意。可。依前件。

鄒極江西提刑何琬府界提刑

敕：具官某等。朕惟古之聖王，不泄邇，不忘遠。雖在江湖萬里之外，視之如畿甸之間。是以並擇才能，以察犴獄。以爾極出將使指，入參郎曹。以爾琬比在江淮，積有歲月。咸能愼所施設，紀於吏民。夫寃民滯訟，苟爲不察，雖堂上有不能矚；苟爲察之，雖遠何患？往祗爾事，克愼庶獄，以稱朕意。可。依前件。

葉温叟度支郎中

敕：具官某。朕既克己裕民，凡非法之求，罔不罷去。而國之經用，率如故初。是以思得敏強之臣，理財節用，以羨補不足。爾以儒雅吏術，有聞於時。其能量入爲出，助成地官，以濟我邦計。可。

吳革江西運判

敕：具官某。江西地薄民貧，嶮而好訟。頃者有司失計，以鹽賦民，愁嘆無聊，困弊愈甚。朕雖已弛其峻密，復其故常，而瘡痍未平，念之未嘗忘也。爾以才敏，擢守廬陵。知其吏民之艱，究其本末之變。往佐漕事，思所以安而養之，以稱朕意。可。

杜常兵部郎中

敕：具官某。夏官掌天下兵事，而邊防禁旅馬牧之政，比皆隸於西樞，則事益鮮矣。爾以吏能，久於其屬，於法當遷。夫以久習之吏，而治益鮮之事，宜其無不辦也。往率乃職，益勉毋怠。可。

滎咨道通判鎮戎軍

敕：具官某。被邊之地，政兼兵民。武吏以奮其威，文吏以治其政，凡所以愛民備敵之道至矣。爾頃以博學多聞，試於奉常，出佐疆埸。勉勤職事，益以靦爾。可。

錢式三班借職

敕：具官某。國家廣漕東南，以實中都。爾董其事，免於亡失。錫以一命，益勉無怠。可。

翰林醫官陳易簡等六人比舊各減三官牽復

敕：具官某等。醫如函人，皆志於仁。不幸失之，法不可廢，而情則可恕。爾等奪官既久，稍復其舊。體予至恩，益勉毋怠。可。

李括知洋州

敕：具官某。益昌諸郡，莫如梁洋。地通蜀漢之饒〔一〕，俗兼秦隴之勁。每欲擇守，常難其人。爾頃爲赤令，勤勞兹久。懷組過家，無異鄉國。服我恩寵，勉思治民。可。

【校】

〔一〕「地」，原作「池」，據叢刊本改。

張士澄通判定州

敕：具官某。君子之仕，不以高下易其心。爾昔以才敏，嘗奉使指。玆予命爾佐中山守，往悉乃力，益勉於事，則予汝嘉。可。

彭次雲吏部郎中

敕：具官某。以資格用人，所以爲公也，而賢不肖雜糅，無以奬勸士大夫。朕旣命有司講求其方矣。爾爲地官屬，以才能稱，進領銓事。其悉心流品，思稱朕意。可。

章楶吏部馬琉戶部韓宗右司封吳安憲都官黄景職方郎官〔一〕

敕：具官某等。先帝以禮樂刑政責成於文昌，用人之難，非他官比。淸曹劇部，尤重其選。惟能試之有漸，是以用無不宜。以爾楶按察西南，治辦不撓。琉典領徒隸〔二〕，從容有餘。宗右出入臺閣，有靖愼之風。安憲家世公卿，有練習之譽。景質性端茂，學術有聞。並稱一時之良，爲我庶政之助。譬如衆輻，各致其用，然後大車得以運行。勉悉爾心，以稱朕命。可。依前件。

【校】

〔一〕「韓宗右」，叢刊本作「韓宗古」。文中「右」同此。

〔三〕「琥」，原作「琬」，據題目及叢刊本改。

盛僑國子司業

敕：具官某。先帝肇新辟雍，以養多士，於茲歷年。學者雲集，師儒之任，比益重焉。是以增命樂正之官，以輔司成之教。爾以老成端厚，久於郎曹。往祗厥職，勉於訓勵，無使陽城韓愈之流，專美於前世。可。

黄庭堅著作佐郎

敕：具官某。左右史記言動之詳，而宰臣紀時政之要，以授東觀，會而成書，然後善惡之實，後世得以考焉。苟非其人，何以取信？爾孝弟之美，著於閨門。文史之功，稱於朋友。昔張衡、崔駰、張華、束皙皆以才行久於此官。朕既思見古人，爾尚追配前烈。可。

陳侗直祕閣知梓州

敕：具官某。朕憂勞遠人，過於畿甸。以爲吏之侵漁細民者遠則莫見，民之呻吟疾苦者遠則莫聞。是以選任守臣，惟難惟愼。爾以臺閣之舊，出臨關陝，曾未期歲，厥聲茂焉。朕惟東蜀郡縣之多，思得循吏，鎭撫其俗。進直書閣，寵光西南。尙無菲薄其民，勉修安靖之政。可。

晏知止成都運副秦中梓州運副

敕：具官某等。蜀嶮而遠，民弱而畏吏。吏失其道，民始無告。久而不堪，或以生事。故朕選任使者，必先循良，將使吏不爲暴，而民不失職。以爾知止，賢相之後，文雅有餘。以爾中，治術之精，前後可紀。託以二蜀之重，分吾千里之憂。爾其急吏緩民，深體朕意。可。

游酢太學錄

敕：具官某。凡有職於成均者，皆士之秀也。爾以學業之茂，獲與茲選。勉修其行，使士大夫有觀焉。可。

張舜民監察御史

敕：具官某。御史之官，知無不言，則朝廷肅；時然後言，則天下信。嘉謨嘉猷，朕之所急也。用人之愼，孰先於此？爾以文行風節，見紀於時。方召寘石渠，而臺以名聞。往祗厥服，使言必有物，行必有常，以稱朕命。可。

張績祕書省正字

敕：具官某。「用之則行，舍之則藏」，此孔顔之行，而士之所師法也。爾昔以直言進，流落不用，十有餘年。安於潛默，不愠不求。今予命爾於東觀，將用之也。其勉修所以行之者，以稱朕意。可。

李執柔司農寺丞

敕：具官某。大農事歸於地官，則丞事益簡。然卿寺之屬，皆吾養材之地也。爾家世名臣，業履修飭，往祗厥官，無墜先烈。可。

陳烈落致仕福州教授

敕：具官某。惟孝友于兄弟，是亦爲政。爾以篤行，見紀於東南。雖老而不試，可以無憾。朕方欲推爾所爲，施於鄉人。其起視學校，使諸生有所矜式。可。

龔原國子監丞

敕：具官某。爾昔以經術教國子矣，中以罪廢。而士大夫高爾之義，有司薄爾之過。其往涖丞事，使天下知朝廷用人之周，無善不舉。可。

仲葩遙刺

敕：具官某。古者宿衛之臣，勤勞于內；刺舉之吏，捍守于外。蓋官稱其事，祿視其功。事功既修，然後得之。今朝廷以仁治親，爵秩之施，舉從其厚。故爾以積年爲勞，考課當遷。然非其孝弟恭儉，持身有法，則亦何以及此？其服我恩命，勉於自修。使寵祿日至，而無盈滿之患，以稱朕意。可。

吳淵西頭供奉官僉諝左侍禁

敕：具官某等。爾以吏事宰府，久勤於職，懇求補外。惟廉且愼，可以終荷寵祿。可。依前件。

袁說知博州

敕：具官某。吏部以格用人，嚴銓綜之敍。雖有賢者，不得獨進。故使政事之臣，視其才能資任，而以時用之，然後法不亂而才不滯。爾以吏能見紀，歷典劇郡。河朔之民，方以饑饉爲憂。往勤勞徠，以弭流亡之患。可。

閭木太學博士葉濤正

敕：具官某等。天下之士，視成均之所趣向，以爲風俗。朕方患其學術之雜駮，而文體之流蕩，思得知本務實之士，相與正之。木，才質端厚，學有原本。濤，議論堅正，行極純潔。其往師多士〔一〕，喻以朕意。可。依前件。

【校】

〔一〕「師」，叢刊本作「帥」。

宋寶　深澤主簿威之父，一百歲，除承務郎。

敕：某。祖宗以來，以仁率天下。肆予士民，皆得保其天年。爾以行義之厚，獨享期頤之福。一鄉所重，朝所尊禮。歲時有束帛之寵，巡守有就見之義。宜加一命，以成子孫祿養之美。可。

韓忠彥樞密直學士知定州

敕：有唐開元之初，以儒將守邊，靜則詳於治民，動則計而後戰。邊鄙不竦，號稱得人。茲予祖宗，阜康兆民，和諸戎狄。垂白之老，不見兵革。亦惟禮樂之士，能收干城之功。用人之明，豈獨前世？具官某，元臣之後，風力自將。拔於周行，旋付河間之重；入參法從，遂膺宗伯之選。世有明德，人無間言。惟乃顯考，嘗以旄節爲中山守。寬厚之化，浹於斯民。整嚴之聲，震於鄰國。三十餘年，故吏遺民猶有存者。今予命爾以要職，撫寧斯土。爾亦益懋乃德，視乃先烈，使北邊之人，知韓氏有子，予亦有臣，豈不休哉？可。依前件。

劉敏知辰州

敕：具官某。武陵被邊，舊難其守。比斥廣沅溪，而控扼諸夷，實賴茲土。爾才堪煩劇，累更事任。尚能持身潔廉，與物安靜，以循養斯民，懷服異類。可。

龐希道復翰林醫學

敕：具官某。爾以醫從仕，始以不驗失官，終以有勞獲敍。功過相除，固法之所許也。既復爾舊，益懋乃術，以答恩寵。可。

克勍仲晉並磨勘改正任防禦使

敕：唐始以防團領四方之戎事，中以刺史持節，兼治兵民。國朝參其舊章，因其爵秩，以錄親報功，恩禮尤重。以爾具官克勍，力行孝弟，著於閨門。具官仲晉服勤詩禮，信於朋友。皆董司環衞，兼領遙州。積勞之久，歲月應格。俾正使名之重，益隆磐石之宗。夫富而能約者可以保家，貴而知降者可以安職。服是恩命，思予訓言。可。

蔡確改知安州

敕：朕體貌大臣，務全終始。有善則藩飾褒顯，以風勵天下；有過則遷就諱避，以曲全舊恩。至於用法，蓋不得已。具官某，早以才力，奮於下寮。旋蒙器使，致位元宰。弟碩不類，貪冒有素。而溺於私愛，以廢公議。曲從舉吏之請，遂成黷貨之辜。其驕奢淫縱之狀，理無不知；而涵養蒙蔽之甚，殆非體國。致煩言之並作，雖欲宥而不能。黜守小邦，仍褫舊職。往自修省，尙體至恩。可。

呂公孺知秦州

敕：秦故重鎮，統制西戎。乃者肇復河湟，邊候浸遠。雖復號稱近地，而實據其本根。用人之難，與昔無異。具官某，故相之後，風流未亡。舊德之重，出入見紀。臨民有寬厚之美，治兵知節制之方。偃然長城，可託西顧。朕方包裹兵甲，以懷柔異類；督厲將帥，以完整邊防。蓋非靖重無以爲安；非繕治無以持久。祇率朕意，勉成厥功。可。

欒城集卷之二十九

西掖告詞六十一首

仲鸞等六人磨勘防禦使

敕：朕於族屬之尊，思極富貴之奉。至其進秩之際，必由考績之詳。蓋所以示出爵之非私，勉修身於在位。典章之舊，朕何敢忘？具官仲鸞，力行孝恭，閨門稱順。具官仲隗，服勤詩禮，朋友攸嘉。具官仲癸，恭儉自將，有縉紳之度。具官仲卿，修飭匪懈，號宗黨之良。具官仲聘，信厚之深，居有聞望。具官仲霜，威儀之謹，動無過尤。皆領職遙州，分董右衛。既積勞於累歲，宜正命於前官。尙能以約保家，以謙守位，服此新命，思我訓言。可。

依前件。

張之諫知德順軍

敕：具官某。守土之臣，皆欲久於其事。矧夫邊吏，内撫軍旅之政，外御夷狄之情，非習其故，何以能稱？爾以材勇謀略，出入邊鄙，安定之治，綽有令聞。是用就易符竹，往施舊政。蓋所以安靜疆埸，非獨便爾私也。可。

寇諴覃恩改朝請大夫

敕：具官某。朕纘嗣丕業，思與士大夫祗奉遺訓，同濟于艱難。爾久服官政，有勞于位。登進爵秩，非予爾私，亦惟先聖之德澤，不泯于下。可。

郭時亮通判海州

敕：具官某。朝廷之法，無言不酬，無德不報。爾昔在定武，首發姦謀，而義不受賞。歲月久矣，大臣猶以爲言。東海名郡，往貳守事，益勉於政，將以觀爾。可。

安宗說知利州

敕：具官某。益昌之民，山居而谷飲，控二蜀之要，耕桑不足而商賈有餘。不得安靖之吏，民將有不堪命者。爾昔以選用，所至有聞。不由吏部，復典茲郡。其益勉於從政，以報恩命。可。

范子奇河北轉運使

敕：具官某。河決而西，汗漫千里。聽其西流，則堤防未立，郡縣受害，塘水堙塞。導之東徙，則功費極大，民殫於役，水未必聽。頃者議論紛紜，未知適從。人民流散，靡所戾止。朕中食嘆息，思救其患。以爾任寄之久，才力有餘，頃將北漕，嘗講茲事。是用申錫前命，責之成功。夫使水不潤下，民不宅土，則征賦靡弊，帑廩耗竭，漕事盡廢，爾將何以尸此？其往悉乃心，博謀於衆，詳究利害，以時上聞。朕將考而施之，尚勉無忽。可。

吳安持司農少卿崔公度將作少監

敕：具官某等。朕用人之廣，實惟其材。上自公卿之家，下迨山澤之雋，一有可任，不論其世。以爾安持，賢相之子，所見者大。歷試煩劇，風力有餘。以爾公度，奮自東南，文采自表。用之諸寺，職業不廢。遞加進擢，以慰勤勞。或勉興九農之功，或益修大匠之政。朕將考察其實，以觀成功。可。

王兢湖南提刑

敕：具官某。朕俾士大夫入治省曹，出按州部，非特以寵祿厚其身也。內則習知朝廷政事之體，外則審察吏民情僞之變。踐歷既久，奬用亦重。爾總督倉庾，才力有聞。惟是湖湘之遐，民習嶮陋之故，犴獄所寄，得人則安。其尚悉乃心，罔以內外之殊，而不盡其力。可。

錢�知眞州

敕：具官某。五代藩鎮之家，惟吳越之後，冠冕相屬。豈惟朝廷寵綏之厚，亦其子孫忠孝之篤。揚子重地，據江浙之會，守土之吏未嘗不選也。爾以奉使之勤，還領其事。治民之餘，得以瞻望父祖之故國，豈不休哉？可。

王漸知階州郭逢知德順軍〔一〕

敕：具官某等。朕以恩信御夷狄，以嚴整治邊鄙。常使我直彼曲，彼亂我治，庶幾兵民底于安靖。凡守邊之吏，皆當知朕此意。爾等咸以才謀見紀，習於疆事。往祗厥官，肅戒無意。可。

【校】

〔一〕「逄」，叢刊本作「逢」。

蕭士元石州李昭敍忻州李詵隰州

敕：具官某等。河東諸郡，犬牙相錯。皆密邇鄰國，有兵有民。凡與茲選，其任惟一。爾等咸以謀略才勇，所臨治辦。或告親嫌，許以易地。將使吏卒無送迎之苦，而邊鄙獲安靖之便。各勉於事，以稱朕意。可。

致仕馬充等以登極恩改承奉郎

敕：具官某等。爾以耆年知止，退安丘樊。顧予纘服，均霈多士。進秩之寵，隱顯同之。往服異恩，以介眉壽。可。

燕若濟知東明縣

敕：具官某。古者，大邑必使學者制之，矧維畿甸，四方觀法於此？大臣以爾才堪治劇，命以東昏。耳目所接，得失可考，可無勉哉？可。

陳向知楚州

敕：具官某。爾爲部使者，薦士失當，以致人言。朕不忍廢，付爾山陽。淮南之民，荐經水旱，流亡未復。勉修政事，勞徠安集，俾民宜爾，以蓋前咎。可。

士䲣磨勘轉右監門衛大將軍

敕：具官某。凡予五宗之屬，皆有十年之敍。勤勞非在廷之比，而爵祿居庶姓之右，所以示親親也。爾能孝恭內外，無怨無惡，坐閱歲月，以陟門衛。苟知以進秩爲懼，日務克己，則寵祿之至，何止於是？可。

黃好謙知濮州

敕：具官某。爾齒髮雖衰，而風力猶在。憚於朝謁，亟請外官。朕惟民政之難，不惟其力，而惟其才。俾朕得循良以牧養細民，俾爾得暇豫以攻治衰疾，夫亦何所不可？濮陽之治，尚能勉以圖報。可。

張修駕部郎中

敕：具官某。馬牧之政，歸于西樞，則司駕之治簡矣。以爾才力之優，歷使諸部，亦既勞止。還總車乘之政，試於內服，益以觀爾。可。

王瑜京西提刑

敕：具官某。官宿其業，則民安其政。方今吏溢于額，朕雖欲行之而有所未暇。以爾案刑于淮甸，歷年之久，民無怨言。茲復命爾督視許鄧，地雖不同，而職事如一。庶幾練習之故，以無曠弛之慮。祗朕新命，益勉無怠。可。

康識權發遣郿州今落權發遣

敕：具官某。朝廷急於用人，故士有以資未應格進攝事者。爾以才智足用，擢守郿畤。歲月既久，治辦有聞，俾正厥官，益思所報。可。

楊叔儀少府少監守本官致仕

敕：具官某。陳力就列，不能者止，古之仕者以之，而士大夫有不能者。爾起於布衣，進貳列卿，而能因病告休，敦止足之義。因其舊秩，歸耀鄉黨。尚使子弟，知所矜式。可。

融州歸明楊晟該等改右班殿直

敕：具官某等。爾等獻地築堡，披山通道，忠孝之心，見于勤瘁。不有褒顯，孰云旌勸？特命進秩，列于廷臣。祗服異恩，永保疆埸。可。

曾肇磨勘改朝散郎

敕：士大夫有常秩者，皆得以敍進。至於近侍之列，優以三歲之典。非謂從官親近，而特私之也；進用賢才，理有當爾。具官某，學術精博，遣詞甚工。操履堅正，遇事不苟。比司國史，煥乎筆削之華；進領掖垣，確然議論之正。有司考績，於法當遷。稍陟崇階，增重要職。勉服寵光之厚，益思報稱之宜。可。

蕃官折師武覃恩改西頭供奉官

敕：具官某。朕纘承丕構，推恩四海，罔有內外，咸進爵秩。爾世在疆埸，有守禦之勤。服吾異恩，勉事忠孝。可。

郭知章知海州江公著通判陳州

敕：某等。天下之士，非舉無以知其賢，非試無以効其實。舉之於衆，而試之以事，此先王所以求賢責實之方，後世之所不易也。爾等咸以才名，薦於近臣。朕信而任之，使知章守東海，使公著佐淮陽。勉悉乃心，朕將觀爾所爲，以知言者之非妄。可。

黄好謙知潁州

敕：具官某。汝陰民庶而事繁，河通而地勝。前後擇守，皆用名流。圖諜具存，風迹未泯。爾才術通敏，長於治人。出入勤勞，久於郎省，自求外服，以養高年。亦何愛於一邦，不以成其素志？益勉於治，以答異恩。可。

霍唐臣知濠州

敕：具官某。士奮於布衣，爲列郡守，有民有社，所以言政。爾積累勤瘁，逮茲長人。濠雖小邦，而民物之繁，山川之勝，苟治之有道，亦足以觀循良之効矣。可。

晁端彦吏部郎何洵直司勳郎顔復禮部郎

敕：具官某等。朕愼於用人，進必以漸。考實已試之効，常懼或失其人。故使端彦以功籍之明，升領右選。洵直以典禮之修，進直勳府。復以奉常之勤，擢佐春官。庶幾習焉，鮮有敗事。爾等其明識朕旨，省察姦吏，剖決留事，以稱吾設官之意。可。

辛㢸太常博士韓宗文光禄丞孔平仲太僕丞

敕：具官某等。朕網羅雋乂，而分之職事，以養其才能。苟無曠官，有進無退。㢸儒雅自飾，藹然有聞。宗文世族之良，勤於厥事。平仲詞學有本，敏於爲政。皆由已試之效，當吾次遷之選。夫奉常三禮所在，而膳羞閑牧，朝夕之所有事也。其勉悉乃心，務舉其職，以稱朕意。可。

元耆寧館閣校勘換校書郎

敕：具官某。先帝始復圖書之府，並建官屬，而收校讎之職。爾昔以大臣子，篤志學問，列於石渠。終喪而來，官匪其故。祇服新命，勉思舊學，以克嗣世。可。

梁燾轉朝奉大夫

敕：因材任人，國之大柄。考績進秩，吏之常法。乃者歷選滯淹，試于侍從。而有司奏課，以時上聞。非朕敢私，法固當爾。具官某，早以好學，召寘石渠。中以嘉猷，入事樞府。恬於榮利，久此盤桓。方議禮於秩宗，旋納忠於西掖。進對一再，議論雍容。歲月之遷，未足爲寵。大言大利，將有竢焉。可。

張淳知長垣縣

敕：具官某。士欲得民而行志，莫如爲邑。毁譽易聞，榮辱易及，莫如畿甸。大臣言汝，可辦是邑。往愼所爲，毋忝知者。可。

李清臣資政殿學士知河陽

敕：朕惟先朝政事之臣，與聞玉几之言，常奉橋山之禮。助我致治，行將三年。出納萬徽，日以詳練。而乃飛章自乞，誠意確然。屢却不回，執志莫奪。止足之懼，黽勉而從。具官某，博學洽聞，早與直言之對；高文密議，中陪禁苑之遊。自登丞轄之司，益著忠勤之効。惓於機事，力請近藩。雖大臣體國，不以中外爲心；而朝廷任人，常敦始終之分。三城重地，少假賢勞；祕殿隆名，益旌舊德。尙懷眷予之厚，入告謀猷之嘉。惠安小民，推廣予意。可。

張整皇城使廣西鈐轄加遙刺再任 以交人理會地界之故〔一〕。

敕：具官某。桂林諸郡，帶山並海，控引裔夷。比雖少安，而備禦之宜，常若寇至。爾以才勇謀幹，久於其地，特加遙州之貴，仍領兵鈐之重。勉圖方略，以答恩寵。可。

【校】

〔一〕小字註文，叢刊本作大字，與題無別。

醫官元瑞敍榷易使

敕：具官某。爾以方技事上，前以不效失官，後以有勞進秩。時旣當敍，而法非其故。疑而後予，古之道也。祇服異恩，益勉無怠。可。

交趾使黎鍾吏外副杜英輩東頭供奉官

敕：具官某等。梯航之勞，不憚嶮遠。職貢之禮，克遵故常。特加朝命之榮，以爲海邦之耀。往服恩寵，無廢忠勤。可。

鄧忠臣祕書省正字〔一〕

敕：具官某。爾昔以賦頌之工，登圖書之府。終喪來見，舊學未忘。往祗厥官，以卒前業。可。

【校】

〔一〕「省」，原無，據叢刊本補。

成卓

西京左藏庫副使，邕州左右江都巡檢，差人畫歸化州地圖，致儂智高乞割峒地與交趾。降兩官監筠州酒稅。

敕：具官某。歸化近蕃，與吾疆土相接。爾爲邊吏，而致其割地以附益遠夷。不任其咎，罪將誰執？奪爵二等，邦有常憲。往祗厥官，深體寬宥。可。

仲浹轉正任防禦使

敕：朝廷篤於九族之恩，許以十載之敍。使其賢者有所勸勉，而怠者知自修飭。祖宗之舊，漢唐所無。有司奉行，敢有加損？具官某，幼知義訓，長事禮文。無膏粱之譏，有搢紳之譽。久服勞於遠郡，茲正命於使聯。其克自修，以永終譽。可。

曹評正任防禦使

敕：曹氏爲將，不妄誅戮，遠人安之。忠厚之報，集于子孫。自勝衣以上，皆高爵重祿，而天下不以爲過，朕甚嘉之。具官某，幼蒙父祖之慶，長有搢紳之譽。服事左右，勤勞匪懈。正名閑禦之任，以旌恪恭之懿。服我休命，毋忝乃祖。可。

熊本降授朝散大夫

敕：守器不假，疆埸之常道；啓寵納侮，蠻夷之野心。謀之不臧，終必貽患。具官某，昔以近侍，出守桂林。眷歸化之近蕃，有裔夷之小釁。不惟分土之素定，輒興畫界之狂謀。舉八縣之故封，指三隘而爲境。苟幸一時之無事，遂忘經世之遠圖。咎既莫追，罪不可赦，奪官一等，國有常刑。思蓋往愆，爾其自訟。可。

張綬湖南提刑

敕：具官某。爾昔以常平奉使官廢而罷。濟南大藩，民富而多盜，布政期月，人亦用乂。荆湖之南，地遠而多嶮，民悍而喜訟，犴獄之寄，惻于予衷。往祗厥官，布欽愼之意。蓋朕之用人，惟善所在，不以遠近爲異。爾其勉之。可。

劉當時太僕簿

敕：具官某。朕敷求雋良，選世族之後。惟乃顯考，昔爲嘉祐侍從之冠。文學議論，有絶倫之聲。肆爾仲叔，侃然自修，不忘前人。茲予命爾僕臣之佐，以修閑牧之闕。毋荒失朕命，以忝乃父。可。

張畓古尙書省都事出職改朝奉大夫

敕：某。仕爲大夫，出守列郡。士之力學行義，有白首而不能至者矣。爾名在中臺，勤勞積歲。坐而致此，朝廷之於三省厚矣。蓋將自是爲吏民長。惟淸與愼，乃能終荷斯寵。可。

陳遊古知沂州

敕：具官某。沂居齊魯之間，周孔之風旣遠，民悍而喜寇。法之所以待之者，不與它郡等，朕甚憐之。以爾老於從政，知吏民之情。往求所以安之，非徒勝之而已也。可。

周純知虢州朱陽縣

敕：某。縣令雖輕，職要而近民，苟得其人，事或以濟。虞詡爲朝歌長，施設方略，使積歲之盜，一朝而去。今吾士大夫之富不愧於古，而獨無其人乎？聞爾昔討廖恩，折馘執俘，幾獲渠帥。而以誣罔被譴，功不時賞。今商虢之寇，依阻爲虐。往思古人，時建功名，以效曩昔之勇。可。

宋子儀大理寺丞

敕：某。用人之明，莫如已試。崇陽之訟，誣執交構。更數獄吏，皆不能察。汝能究其本根，而枝葉自舉。使寃者獲信，死者無憾。往丞廷尉，推行此心，要使庶獄皆如此而後可。可。

秦晉國安仁保佑夫人張氏特封吳楚國安仁賢壽夫人

敕：朕永懷先帝簪履之遺，率皆當今宮掖之貴。而況擁佑聖德，夙夜有勞。光寵極於一時，始終歷於多載。不有異數，何以示恩？具官張氏，資性淑均，値遇明聖。躬執燥濕之役，行兼保傅之賢。睹致治於承平，誠有功於當世。封吳與楚，實居四海之上游；既壽且賢，殆兼五福之美報。號名之盛，前後莫倫。明發有懷，匪以爲賜。可。

彭汝礪右史

敕：朝廷以科舉取人，甲乙皆侍從之選。然而速進有浮淺之累，歷試得重愼之宜。逮茲稍淹，士知自養。望實旣備，用之不疑。具官某，早以詞章，策名第一。試之彈奏，臨事不回。屢嬰權倖之鋒，不爲進退之慮。翱翔外服，黽勉歷年。今朕思得忠良之士，以紀言動之實。顧瞻在列，咸曰汝宜。出入禁闥，益將察汝所爲；長育人材，亦當識予深意。可。

王陟臣右司郎中

敕：具官某。尚書萬幾所在，二丞總之。至於條目之煩，郎任其責。朕既欲得清流，以厭服多士；又欲得能吏，以肅齊庶政。爾名臣之後，學世其家。昔以藝文，膺上第之選；頃以強齊〔一〕，爲天官之屬。都司之任，汝實宜之。往祗厥官，思稱朕命。可。

【校】

〔一〕「齊」，叢刊本作「濟」。

王古吏部員外郎

敕：具官某。晉魏之間，吏部進退天下士，而世不以爲嫌。今茲以格用人，動輒有法。苟能清心奉公，宜無不治。以爾名相之後，奉使諸道，號稱良能。勉佐天官，繩留難之吏，寬滯積之士，以求稱吾意。可。

張詢浙憲

敕：具官某。地官掌財賦之出納，而辨其登耗〔一〕。爾佐其事，累年于茲，亦已勞矣。吳越之人，文巧好利，犴獄多有。汝長於其鄉，而知其情僞。往將典憲，鉏其豪強，而紓其無告，以致予欽卹之意。可。

【校】

〔一〕「辨」，叢刊本作「辦」。

陝西移四通判

永興汲光移秦州，秦州鞠承之移永興。延州崔同移渭州，渭州歐陽成移延州。

敕：具官某等。朝廷推誠心以待天下之士，而祖宗法令之舊，有不敢逾。茲緣親嫌，俾爾易地。蓋秦、雍、延、渭，均號藩州；而兵民政刑，皆足爲治。勉出爾力，以左右元帥，毋以東西易其意。可。

蔡潛除司農簿 抗子。

敕：某。朕惟英邸舊臣，淪謝無幾。幸而有子，亦既能仕。其於成就長養，宜在朝廷。是以擢於稠人，命以農屬。其尙體予至意，克祗厥官，以毋墜其世。可。

令疎 該覃恩，持服終喪〔一〕，除右千牛衞將軍。

敕：某。朕嗣服之初，博推霈澤。爾與陳壞奠，退遭閔凶。終喪而朝，前命不改。宜陟環衞之列，以均宗黨之榮。可。

【校】

〔一〕「持」，原作「特」，據叢刊本改。

張元方權發遣府界提點

敕：具官某。畿邑之廣，官吏之衆，不能當諸道亦明矣。然朝廷置使以糾察其政刑，則與諸道比。蓋所以詳治都鄙，而儀刑四方，不可不愼也。以爾才力之裕，習於從政，往祗厥官，務求實效。千里之近，耳目所及，吾得以觀爾。可。

周邠通判壽春

敕：具官某。鄭復爲郡，興廢補敗，爾與有勤焉。壽春之富，民庶而事叢。既以旌爾，亦以觀從政之效。可。

魏璋 先從韓存寶失官，後從劉昌祚有勞，敍奉議郎熙河機宜。

敕：具官某。爾昔從軍瀘戎，以譴奪爵；起事西帥，以功見賞。逮茲獲敍，并舉前勞。往佐戎旃，勉以圖報。惟爾前事可以爲懲，而後事可以爲勸。懲勸不忘，庶幾可以求成功矣。可。

常安民太常博士

敕：具官某。禮之正國，猶繩墨之於曲直；其以止患，猶隄防之於江河。雖先王之典，布在方册；然神而明之，存乎其人。以爾學術之通，長於議論；政事之美，載於東南。尙能推明舊章，以佐卿貳。毋使繩墨不得其施，而隄防敗於微隙。勉思職事，朕將觀焉。可。

豐稷工部員外郎

敕：具官某。周官司空之職，曰居四民，時地利，蓋宮室械器之事不及焉。朕方以恭儉自居，凡興建百役有所未暇。而大河西流，水性未得。冬官之責，莫斯爲重。爾性質方厚〔一〕，居官可紀，往佐爾長，職思其憂，以稱朕意。可。

【校】

〔一〕「爾」，叢刊本作「以爾」。

沈季長少府少監

敕：具官某。天惟無私，故物無不生。朕於用人，惟其可者，從而舉之。爾昔以事廢於朝，周旋於外久矣。朕棄其過而收其所長，擢爲九卿貳。爾亦深識朕意，勉修厥職，以答休命。可。

林英大理少卿

敕：具官某。好生之德，洽于民心，然後民知不犯有司。今朕既省事以安衆，棄利以厚民，而決獄之煩，動以千數。豈其聽讞之吏，不能推行朕意，以至於是哉？爾以儒者，通於吏道，尙能以經術緣飾法律。先民有言：「與其殺不辜，寧失不經」。朕夙夜庶幾天下之吏，能服斯訓，以助予治。矧於廷尉，安可不勉？可。

欒城集卷之三十

西掖告詞五十九首

姚勔宗正丞

敕：具官某。進取之士，志於功名。不得廉退靖重之人以鎮之，則往而不返，流以成俗。朕方博求賢儁，以助成治道。聞爾淡於榮利，未老而歸，宴居丘園，稱道不亂。是以擢丞宗正，以風勵天下。勉從弓旌之命，使士大夫知篤行之貴。可。

林希湖州周之純宣州沈季長秀州

敕：具官某等。江浙之間，山川民物之勝，有唐臺省之士求守其地，有不可得者矣。今茲士大夫重內而輕外，胙之千里之社，或缺然不滿其意。此豈朕不泄邇，不忘遠之意哉？以爾希早與從官，文學足用。之純昔嘗奉使，才幹有聞。季長久於滯淹，風力不替。朕惟吳郡、宣城、嘉禾三郡之富，思得才者，付之吏民。勉究乃心，毋以內外爲高下之意。民苟安汝，朕不汝遺。可。

李傑梓州提刑陳鵬運判

敕：具官某等。東蜀諸郡，頃以西南夷之亂，輸輓供億，民不堪命。朕既寬而養之，疲瘵未復，而春夏繼旱，有艱食之憂。是以刺舉之吏，其選尤急。以爾傑頃參使事，久勞于職，習知其故。以爾鵬生於其鄉，長爲之吏，詳其得失。故使傑察其刑，鵬佐其漕。朕於遠人所以念之者至矣。推予此心，各勉於治。可。

呂陶京西運副上官均比部員外郎

敕：具官某等。士任言責，則無官守。以言取人，而不試以事，朕以爲未也。昔漢宣帝以諫大夫通政事者補郡國守相，而唐世御史與尚書郎相出入也。蓋前世之所以用人者至矣。今陶由殿中擢與七人之列，而均以監察遷爲副端之重，其爲朕明是非，辨邪正者多矣。其以陶刺舉許、洛諸郡，而以均校計出納諸籍。苟試之以事，而人無間言焉，則才可見矣。可。

史宗範知涇州

敕：具官某。安定雖非極邊，而聚糧訓兵，爲疆埸之重，所賴者多矣。爾歷試諸郡，治辦之聲，達於朝廷。是以召之江淮優佚之邦，付之金革備禦之地。勉修厥政，綏懷兵民，而撫循將佐，以稱予選任之意。可。

黄慶基鴻臚丞

敕：具官某。鴻臚之於諸寺，號爲少事矣。然皆朝廷所以長育人材之地，未嘗妄授也。爾通守南邦，蓋未嘗求，而選擢自至。其克自奮勵，使天下信吾用人之公，非苟然而已也。可。

張峋戶部員外郎錢長卿刑部員外郎

敕：具官某等。六卿之屬，其切於民事者，地官制其衣食，而秋官治其生死。有非其人，或受其病。以爾峋將漕右輔，民不告勞。長卿司計中臺，事不失統。是用以時進之，俾佐二部。夫職日以高，則責日以重。惟能以遷爲憂，而不以爲喜，則職事舉矣。可。

大名府驍武第一指揮都虞候楊政等七人可並左右侍禁

敕：具官某等。承平既久，貔虎之士以歲月爲勞，坐致好爵。既登仕籍，復從吏治。惟廉與愼，可以安受寵祿。可。

韓維守本官資政殿學士知鄧州

敕：朕承祖宗之丕業，訪求黎老，與共國事。矧復裕陵藩邸之舊，父兄世臣之餘，民望所依，朕何敢後？然而華髮在御，有賢勞之嗟；旅力既愆，以出守爲樂。進退之際，禮義存焉。具官某頃以耆艾，恬於燕閑。召寘邇英，賴其勸講之助；擢居黄闥，付以議論之權。任寄方深，歲月未幾，惟廊廟有日昃之務〔一〕，而方州存卧治之風。眷南陽之大邦，本故鄉之近地。仍還舊職，以示往恩。尚俾中外之臣，知予終始之意。思永終譽，克綏厥心。可。

【校】

〔一〕「昃」，原作「仄」，據三蘇祠本改。

李士京將作丞佘中軍器丞

敕：具官某等。匠事之不可廢，與戎備之不可忘，其職均耳。以親爲嫌，法所當避。往祗新命，率職無怠。可。

劉務誠三班奉職

敕：具官某。爾自宣猷，改隸奉常。歲月滋久，勤亦至矣。錫爾好爵，勉於廉節，以安寵祿。可。

王袞知兗州

敕：具官某。吏道以律令爲師，然讀其書，誦其數，而不知所以行之，未足與言治也。爾明習三尺，出守列郡，臨長吏民。知弛張之方，有循良之譽。急於親養，來請鄉邦。朕不爾違，以勸能吏。祗服休命，益勉無怠。可。

馮宗道遙郡刺史

敕：朕嚴內外之分，飭左右之戒。是以近習之臣，雖才智敏強，見於內廷，而外無知者。具官某，早蒙器使，荐經事任，出入諸道，靖而不煩。比緣積勞之久，擢參後省之祕。而重愼祗肅，有加於前。宜因寄資之崇，益以閱月之效。佩之郡印，以寵貂冠。勵爾在公，淸我禁闥。可。

胡田 先以宮苑副使知誠州。州改爲軍〔一〕，除爲知軍。

敕：某。沅誠皆南邊新郡，而誠之於沅，地不能半。官吏兵丁，餽餉勞止。比因有司之請，易以軍壘之稱。爾因領舊治，以撫遠民，均爲長吏。毋以名號之殊，爲輕重之意。可。

【校】

〔一〕「州改爲軍」，原缺「州」字，據叢刊本補。

陳安石知襄州

敕：襄陽，古都會也。山河雄勝，居楚越之上游；風俗剽悍，兼雍洛之餘習。在戰國爲用武之地，方承平爲無事之國。牧守之勝，圖諜具在。具官某，起自世族，華髮一心。試之中外，淸節可紀。比者解印西土，持節南陽，坐席未温，捧詔入覲。眷荊州之重地，方守臣之闕人。匪爲爾私，將適民望。勉圖安靜之術，思繼循良之風。可。

孫懷用知寧化軍郝逢知岢嵐軍

敕：具官某等。嵐谷固軍，皆樓煩之故地。民事雖簡，而邊政爲重。守土之吏，必愼所付。爾等咸以選任，習於疆埸之政。惟恩與信，可以附吾民而服隣國。勉思訓言，無怠於事。可。

王悆光祿寺丞〔一〕

敕：某。政無大小，以得人爲重。雖復膳羞之末，足效才否之實。爾久試於外，而來居此，勉修厥職，毋忝朕命。可。

【校】

〔一〕「悆」，叢刊本作「愈」。又叢刊本無「寺」字。

姚勔祕書丞

敕：具官某。爾以清節懿行，聞於鄉黨公卿，譽者交至於前。乃者擢丞宗正，實刊玉牒。

顧惟東觀之重，號爲衆材之委。往服厥職，益懋乃德，以稱予待爾之意。可。

蒲宗閔知興元府史宗範知廬州

敕：具官某等。漢中，蜀之大都；而合肥，楚之奥壤。守臣之選，不在有司。以爾宗閔入治郎曹，出將使指。以爾宗範踐歷藩屏，宜於吏民。因其已試之效，付以共理之柄。往祇厥服，俾二郡之民，被愷悌之政，以助予治。可。

林顔權知泉州

敕：某。禄廪之給，官有常日。爾奉使于外，而取逾於法，以致人言。將何以率厲羣吏，責之廉節乎？宜罷所領，假守方州。祇服寬憲，修省無怠。可。

孔平仲太常博士

敕：具官某。刑政之得失，衆人知之，然其所興壞，止於其事而已。禮樂之得失，視之未必見也，而治忽之端或自是起。故朕於奉常之官，擇之必慎，用之亦速。爾以儒術精博，吏治通敏，以在茲選。其克爲朕別嫌明微，以詔爾長，俾上下内外不愆于舊章，則爾職舉矣。可。

西蕃首領温溪心心牟欽氊二人並除化外州團練

敕：具官某等。天之於人，善惡必報。朕上法天道，以爵命四方。有能忠勤，必保富貴。爾等才雄諸部，心奉本朝。審於禍福之原，明於逆順之理。團兵寵秩，蓋旌守節之堅；絶等異恩，當竢成功之報。可。

鄭佾知單州

敕：某。公卿之世，有列於朝，不患不用，而患不立。爾名臣之後，以詞藝自奮。入佐卿寺，出典藩服。由河内領單父，恩亦厚矣。毋忝乃祖，勉思所以報者。可。

孫之敏知雍丘楊瓌寶知咸平

敕：某等。畿邑大夫，古所謂内諸侯也。仰有朝廷，俯有吏民。善惡之効，朝夕可見。以爾之敏，家世名臣，才穎自著。以爾瓌寶，宦學歷歲，志節不回。試以鄉遂之民，將觀政事之實。在邦必達，爾尚勉之。可。

許懋右司郎中

敕：某。萬幾出納，萃於中臺。詔刺稽停，文案壅滯，自唐貞觀之盛而患之矣。矧今俗弊政煩，實倍前世。雖上有管轄，而郎不得人，罔與共濟。以爾奮自周行，亟更劇務，強敏樂易，所至有成。是以召自南服，還領右部，尚能體予不次之舉，勉盡匪躬之節。虚位以竢，爾其欽哉。可。

陳軒主客郎中

敕：某。春官之屬，皆郎之清選也。爾昔以文藝發身，名在甲乙。中以竫退補外，安於遐逖。還朝已久，素守不渝。今典祠溢員，而司藩虚位，祗服朕命，往勤厥官。可。

豐稷殿中侍御史

敕：具官某。孔子稱有德者必有言。德之無素，而言以爲責，則言有失當，而聽者惑矣。爾昔爲御史，不得其言而去。出使諸道，入居郎曹，端良之聲，予有聞焉。其尚一乃心，時以德音來告。俾予一人，獲聽德之助。可。

陳知晦蔡州簽判

敕：具官某。五世舊臣，百年遺老，求之於時，蓋無幾矣。今其子弟，官於四方，左右莫與爲養。大臣來告，惻焉疚懷。以爾篤於孝弟，服勤無斁，雖從事汝南，疑於左遷；而朝夕之奉，實惟汝志。可。

向宗旦司農少卿

敕：具官某。司農掌倉庾、委積、舟檝、苑囿之政令，以時行視吏卒，因其勤惰，而正其黜陟，蓋亦勞矣。異時二卿共事，猶或不給。今萃于一，安得不告勞乎？爾以世家之盛，兼外戚之寵，而仕由科舉，官有風迹，往爲之少，俾羣司競勸，衆務咸舉，以稱朕命。可。

侯利建京東漕井亮采河東漕

敕：具官某等。齊、魯之富，甲於四方。而連歲水旱，民艱於食，盜賊將起。汾、晉之貧，甚於西邊。而逮秋豐成，粒米狼戾，收斂爲急。朕思得良使者，以濟二方之宜。以爾利建，忠節強勁，安靖不擾。以爾亮采，才力敏濟，綜舉有方。卓然已試之效，庶幾諸道之選。往祗厥服，使民食無匱，而邊儲有繼。此予所以命汝意也。可。

馬誠湖北憲

敕：某。爾轉漕汾、晉之間，以羨補不足。歷年于茲，亦既勞矣。荆楚雖遠，而庶獄之治，方漕爲簡。其克清心愼聽，使江漢之間，無冤懟之民，以答恩寵。可。

林積知福州

敕：某。長樂大藩，七閩之冠。衣冠之盛，甲于東南。工商之饒，利盡山海。然以地狹，故民多不足；俗巧，故吏或不稱。爾既生於其鄉，長習爲政，歷試列郡，服勞諸卿。今予命爾懷組而歸，非獨觀榮於故鄉，蓋將責實於來効。可。

朱服權發遣泉州

敕：某。爾昔嘗備左右史矣，出涖京口，于茲在期。朕比以常法，遷爾長樂。而有司言爾事親不謹，爲吏不職。朕方以恕臨物，不忍究也。清源大府，往爲假守。內飭孝弟之行，外循律令之禁。日夜不忘，庶免來咎。可。

林顔知濠州

敕：某。汝奉使閩越，不聞令譽。而臨財弗愼，以致煩言。朕因其悔過，待以寬憲；而公議不置，封章繼聞。濠雖小邦，有民與社。服我恩貸，勿忘省循。可。

令訔以率府率講書授通直郎

敕：某。先皇帝厚於宗室，勉以爲善。有能通於經術，率常試以吏事。爾誦習典謨，明其詁訓。往服通籍之寵，以爲維城之勸。可。

張崈古知登州

敕：某。文登濱海，有邊防之責。士出守其地，非選不授。爾服勤南宮，以積勞而往。勉自修飭，無忝明命。可。

高遵易改知全州

敕：某。黔南雖遠，而任寄爲重。爾以親往，憚於嶮艱，改命清湘，以安祿養。孝治之篤，豈惟爾私？可。

何琬工部郎中

敕：某。漢宣帝信賞必罰，綜核名實。至于技巧、工匠、器械，元成之間，鮮復能及。永維熙寧、元豐之政，其微見於百工之事，與漢宣比。朕雖繼之以恭儉，而至於練精之功，其可忘之？爾歷使諸道，吏能有聞；入贊冬官，厲精庶務。勉循舊章，以毋失其故。可。

崔公度知潁州〔一〕

敕：某。汝陰土沃民夥，有魚稻之饒；而訟訴之煩，亦倍他郡。守得其人，則湖山之游，足以爲樂；苟非其人，犴獄煩多，日不遑給。爾早以文詞備選，更踐吏事，亦云久矣。勉勤政事，毋爲潁俗所撓，以稱朕命。可。

【校】

〔一〕「潁州」，底本及他本皆作「穎州」，當爲「潁州」之誤，徑改。文中「潁俗」亦同此。

黄裯知賓州錢師孟知横州

敕：具官某等。嶺南諸郡，土曠民稀，而密邇夷落，以疆埸之歧爲重。故守土之吏，常選於右府。以爾裯，仕至通籍，而帥臣任以軍政。以爾師孟，雖爲勇爵，而習於文法之治。安城、寧浦有民有兵，其先爲安靖，以待外侮，知予所以命爾之意。可。

石景略可宣德郎

敕：具官某。朝廷因唐之故，以六曹寺監，綱紀百執事之治。凡祖宗法令之舊，合散出入，有司有不能知者。是以分命近臣，條析爲書。於兹歷年，爾與有勞焉。功雖未究，而考應於格。舉自縣令，寘之通階。毋郡邑之勞，而被斯寵，爾其勉之。可。

范純禮發運副使

敕：具官某。慶曆名臣，莫如文正之賢者。朕訪其後人，寘之於朝，如見遺老。以爾愼靖而文，肅恪而通，能世其家。是以擢於文昌之要，付以禮樂之事。而乃畏避權寵，自嫌閥閱。東南漕事，國用之根本，任人之重，朝廷難之。均通有無，以實中都。非特私請之便，實亦當今之急也。可。

張汝賢右司郎中

敕：某。東南都漕，出納財賦，幾半天下。左右都司，綜執綱紀，與聞治要。雖有内外之異，而用人之愼，其選維均。爾比自文昌，出總饋運，治辦之稱，朕用嘉之。還爾舊司，益勉毋怠，以稱朕委寄之重。可。

韓宗道太府少卿朱光庭太常少卿〔一〕

敕：某等。西漢之治，以九卿爲重。隋唐以來，政在中臺，則寺監之事，蓋無幾矣。然至於奉常司府，禮樂財賦之所在，用人之愼，初無間焉〔二〕。宗道奮於世族之良，練達政治之要。光庭比自諫諍之列，出佐綱轄之司。而皆敦朴自守，才力有聞。擢居二寺之重，益觀歷試之效。深自勉勵，以究成功。可。

【校】

〔一〕「太府少卿」，叢刊本作「太府卿」。

〔二〕「間」，原作「聞」，據叢刊本改。

李之純寶文閣直學士知成都府

敕：蜀雖嶮遠而民習禮義，易與爲善，難與爲非。一遇循良，懷之沒齒。少加虐政，病不自申。昔張詠出守，方兵革之後，撫之以義，民欣戴之。趙抃奉使，方泰侈之餘，節之以禮，民安樂之。及其復來，吏民驩呼，唯恐其去。得失之效，昭然著明。具官某，性本靖深，政實寬厚。處東南苗役之際，簡以易從；當西南征伐之衝，安而弗擾。遺澤猶在，父老知之。是以改重職於西清，付遺黎於右蜀。勉因舊治，追繼前人。毋使張趙之賢，獨專巴漢之譽。可。

廖正乙祕書省正字〔一〕

敕：某。朕登延儁良，策之翰林。爾推言往古，以及當世，挺然不回，朕甚嘉之。東觀圖書之府，挾册考義，游於其間者，皆士之選也。爾往講習道藝，長育才幹，敦業以待舉，吾於養士亦厚矣。勉於問學，思所以成之。可。

【校】

〔一〕「乙」，叢刊本作「一」。

劉舜卿加遙郡團練馬軍都虞侯

敕：朕臨御華夷，不求功伐，本欲屈己以安衆，故務柔遠而息民。蠢彼屬羌，夙號逋寇。誘陷思立，得罪先朝。置而不誅，冀其改過。乃敢結連西夏，攻圍南川。竊據邊城，窺伺便利。天奪其魄，無復畏忌之心；人嫉其姦，思致殄殲之勇。時予良帥，集此膚公。具官某，學通詩書，才任斧鉞。靜而知變，勇且有謀。至則避其鋭鋒，去則攻其不備。臨洮堅壘，破不崇朝。講珠長橋，殘於一炬。元惡受首，種羌震驚。折馘執俘，恩既均於諸將；發蹤指示，賞不可以逾時。宜錫州團之名，仍遷軍侯之職。河湟遺種，未忘反側之心；帷幄深謀，當審恩威之用。勉思全勝，以究前功。可。

游師雄改奉議郎陝西運判賜緋

敕：某。伐叛柔服，朝廷之大義；避實擊虛，將帥之成算。爾出使西鄙，灼知虜情。能宣朝論之詳，以助元戎之決。縛致首惡，壞其密謀。諸羌震驚，邊吏增氣。遂以文史之舊，與有干戈之功。增秩易章，未足爲寵。奉使將漕，益觀厥成。予欲戢兵，固所望於爾者；兵利乘隙，豈可以爲常哉？可。

廖正古通判滄州

敕：具官某。景城負海帶河，爲一都會。養兵備邊，任兼將帥。當得才士，往爲之佐。爾昔爲小官，疾姦除惡，以能名聞。祗服寵命，勉思所以爲報。可。

龐元英鴻臚少卿

敕：某。朕嘉祖宗將相之臣，有德于朝，有勞于邊。訪其後人，長育成就，以勸勵百辟。矧爾風力強濟，出入有聞。贊導國容，職高而事寡，茲朕所以追寵先正之意。爾往勉之。可。

張琬知秀州

敕：某。有司進退多士，必以資考爲之銓次。爾入官雖久，而法當爲邑。擢守嘉禾，出於異恩。其克臨民以寬，勿爲苛亟；馭吏以嚴，勿爲姑息，思所以答奬用之意。可。

曾孝序通判莫州

敕：某。河決而西，北方並塞之地，頻年水災，民艱於食。爾以才選，往貳守事。其思所以均通有無，疏導壅塞，使吾邊民免於流徙之患，則吾爾嘉。可。

劉言可內殿崇班

敕：某。爾章獻外家子，生於紈綺，而能勉自飭勵，以成淑均之行。選與宗姻，既緣華族。特增美秩，茲有舊章。益務自修，以永終譽。可。

張峋戶部員外郎改戶部郎中

敕：具官某。爾既出使近部，入贊民曹，其爲屬任均矣。然猶以資考之異，別中外之名。用人之慎，國有常典。益勉於事，以觀成功。可。

韓緒等 西賊攻圍鎮戎軍南川寨等處，緒等戰守有勞，或復傷中。韓緒、韓進轉二官，楊吉、池評、趙説、臧遜各轉一官。

敕：韓緒等。夏戎背恩，侵我疆場。犬羊之羣，遍滿川谷。諸將戮力，清野以須。或斬馘酋豪，折其凶氣；或堅完壁壘，保我烝徒。雖矢刃夷傷，而忠節彌壯。遂使醜類奪氣，引兵遁還，得不償費，無以復令其下。論功行賞，國有舊章。疇其勞能，增其爵秩。朕既無德不報，爾尚勉於立功。可。

蕃官党令征攬哥趙令景覃恩改官

敕：某等。朕嗣守丕業，凡在臣庶，罔有內外。咸欲先之以恩，而後責其所報。爾等守在蕃服，世篤忠勤。朕不以遠故遺爾，增秩賜邑，與朝臣比。勉思自効，以答恩寵。可。

顧臨再授給事中

敕：朕歷觀多士，惟有實者，可以久用而不見其敗。若夫無實之人，朝爲端良而莫入於邪。具官某，質重而文，不阿世俗。比從將漕，擢寘東臺，封駁之風，震竦朝聽。旋以河潬之害，出使趙魏之衝。而直聲在人，公議所惜。因其入奏，俾復舊司。勿改平日之心，審察未行之政。朕有過舉，不憚改爲。苟無布於四方，害及民物，則朕爲有知人之哲，爾亦有常德之譽矣。可無勉哉？可。

孔文仲中書舍人

敕：政令之出，公卿爲朕行之，而臺諫爲朕言之。方其未行，內史舍人，得聞其議。與其既行而後言，孰與未行而議之哉？具官某，早以直言，鋪陳治要。流落雖久，氣節不衰。比自右史，遷長諫列。朕審聽其言，未嘗吐剛茹柔，慨然有仲山之節。是以擢寘西掖，試以代言。夫文墨雍容，既爾舊學；論思密勿，毋替前勞。可。

張頡待制河北都運

敕：河決累年，隄防未立。西山諸水，汗漫無歸。屬此秋霖，鞠爲汙澤。朕北顧之念，寤寐不忘。雖振廩已行，而宿麥未廣。欲使斯民無艱食流亡之患；要在使者有愛人惻怛之誠。具官某，早分刺舉之權，旋委方州之重。以勤勞久次之選，居出納右部之繁。趙魏之憂，宜任其責；農桑之政，勉盡所宜。特加延閣之華，以重外臺之寄。可。

欒城集卷之三十一

西掖告詞五十一首

太皇太后三代

曾祖瓊魏王

敕：朕祇事東朝，朝夕咨焉以從政。乃者躬見上帝，升侑神考，克以眇躬，率行盛禮。思所以仰報於慈訓，謂莫如追寵其先人。太皇太后曾祖某，早事章聖，蔚爲名臣。智勇冠時，忠勤沒世。決策澶淵之役，卒致匈奴之和。勳列鼎彝，慶鍾任姒。賦政帷幄，澤被海隅。家傳異姓之王，誓堅帶礪；恩加千里之國，昭示子孫。其尚有知，服此休命。可。

曾祖母李氏燕國

敕：朕嗣守鴻圖，初見上帝。推衍天澤，丕冒海涯。矧惟文母之家，夐爲外戚之冠。恩自近始，寵無與倫。太皇太后曾祖母某氏，蘋藻之儀，敬而不瀆；珩璜之節，動必以時。作嬪大家，肇錫餘慶。宜新湯沐之奉，以追窀穸之榮。音徽永存，尚克嘉此。可。

曾祖母李氏韓國

敕：和熹之慶，兆自高密。外奮武功，中篤淳行。閨門之風，比隆儒者。維我聖母，鍾慶烈武。積累之厚，追配古人。宜其室家，並受光寵。太皇太后曾祖母某氏，夙被女訓，有鵲巢之風；能使君子，成羔羊之行。德配圖史，福流子孫。肆予熙事之成，宜錫大邦之寵。服我新命，賁爾舊阡。可。

祖繼隆楚王

敕：朕惟祖宗功臣，能父子相繼勳業不墜者，惟曹氏、高氏。克顯於世，而皆篤生聖女，輔成二宗之內治。今予神母，實親庶政，均覆內外。是用寵其先人，以慰慈心。太皇太后祖某，武力自奮，家聲益茂。出擁旄節，入董環衛。與漢辛氏武賢、慶忌，唐李氏西平、大涼較長挈大，罔有慚德。茲予大享于合宮，思與懿戚共享其福。大邦名城，爾實宜之。肇封荆楚，以福爾後。可。

祖母康氏魯國

敕：古之命婦，貴從其夫。維克有後，則以其子。矧予天下之母，內極三世之尊，可無追崇，助我孝治？太皇太后祖母某氏，育德名族，作嬪大邦。象服之盛，配德於山河；彤管之嚴，比絜於圭璧。比列荆河之壤，追賁九泉；徙封少昊之墟，益彰異數。追遠之厚，予何吝焉！可。

祖母郭氏豫國

敕：朕於舊勳之家，無所不厚。矧維坤德之重，恩何以加？內殫孝敬之深心，庶幾慈仁之一喜。比緣大賚，思極追榮。太皇太后祖母某氏，保傅丕勤，宗族稱善。姑章安其能養，子孫法之不忘。茲用推惠澤於總章，易隆名於大國。濕泉之慶，尙克享之。可。

祖母全氏秦國

敕：朕篤於奉天，禮極嚴父。思其志意，莫如念母之深；寵其祖先，尙有追封之典。太皇太后祖母某氏，婦德成於早歲，母儀著於當年。宜其室家，施及宗黨。鳲鳩懷均一之性，翬翟見委蛇之容。沒而不忘，易舊封於西土；傳之罔極，告新命於宗祧。可。

父遵甫唐王

敕：高密之仁，其報在訓；汾陽之功，其報在曖。雖其子孫不能專有其福，實生聖女以母天下。漢唐之盛，曠無與倫。太皇太后父遵甫，魏王之孫而楚王之子也。生而富貴，動由禮義。才甚高而不試，德雖隱而自彰。命之不融，中道而殞。祚我神母，實代天工。厚德載於三朝，貴名高於十亂。仁民愛物，每以生靈而爲心；克己復禮，深惡外家之太盛。臨御期歲，遂安四方。和熹才有餘而德不充，懿安福至厚而功不著。欲報之德，不知所從。茲予祀帝於總章，大霈龐恩於海宇。追崇之典，所不敢忘。改封堯都，增寵家廟。可。

母曹氏吳國

敕：朕以四海之富，爲二宮之養，猶朝夕歉然，以爲未足。推予此心，以知聖母追遠之念，罔有窮已。謂將成就其美，莫如褒顯其先。太皇太后母某氏，生於功臣之家，綽有女士之德。恭儉廉退，孝友慈祥。實生太任，作合英祖。方其造舟以迎于渭，教成而結其褵，母育四方，二紀于是；君臨百辟，期年有成。推迹本源，安可忘報？改封南國，以賁九泉。庶乎有知，服我新命。可。

母李氏秦漢國

敕：尊之而欲其貴，愛之而欲其富，聖人非私其親也。情之所厚，禮有必然。眷予外戚之小君，早與唐國之内治。恩寵之異，中外莫先。太皇太后母某氏，奕世簪裳，生知法度。鵲巢無愧於居室，麟趾自致於多賢。愛均七子之仁，養及中宫之貴。迨此臨軒之日，方其授几之辰。化被族人，貴震海内。疏封二國，蓋近世之罕聞；壽考百年，均本朝之多福。可。

皇太后三代

曾祖敏中中王

敕：昔我皇祖，光宅天下，求賢以自輔。一時公相，皆世之豪傑。子孫顯融，歷世不墜。篤生淑女，作配皇極。究觀本源，蓋非一日之積也。皇太后曾祖某，光大篤實，眞漢相之風；富貴壽考，有天人之福。畫象原廟，銘功太常。方均慶於合宮，宜易封於成國。服我休命，祚爾後昆。可。

曾祖母梁氏魏國

敕：朕親祀合宮，仰以陟配昭考，追文王之典；俛以大賚臣工，侈上帝之福。眷予母族之重，實居戚里之崇。豈無異恩，以廣慈念？皇太后曾祖母某氏，靜而守禮，存江漢之風；動必之儀，儼山河之象。德洽宗黨，慶流子孫。疏封有唐，于今歷歲。肇新畢萬之國，以寵向氏之祧。可。

曾祖母張氏魯國

敕：昔向氏之祖，位列丞弼。世方平寧，在位正直。有羔羊之風，退食委蛇；本鵲巢之致，積是懿德。逮其曾孫，嬪于有虞〔一〕，遂母天下。寵光所被，中外莫加。皇太后曾祖母某氏，躬服孝慈，動由禮義。其歸以百兩之衆，其貴有六珈之儀。壽雖正於中身，慶實鍾於來裔。推予享帝之賚，錫以保魯之封。尚克有知，服此休命。可。

【校】

〔一〕「于」，原作「予」，據叢刊本改。

曾祖母宋氏楚國

敕：朕躬享昊天，升侑神考。外推嚴父之教，內懷將母之誠。厚撫其家，追王厥祖。下迨閨幃之懿，咸加封爵之崇。躬孝帥民，朕無所愧。皇太后曾祖母某氏，嚴於正家，動必由禮。采蘩以共公侯之事，親桑以致袞冕之華。藹然令猷，克光來葉。肇新封於荆楚，告休命於烝嘗。尚克有知，膺此異數。可。

曾祖母王氏陳國

敕：朕尊尊以教敬，親親以教愛。非予戚里之舊，孰能兼受斯禮？皇太后曾祖母某氏，毓德柔嘉，執禮嚴靖。服膺保傅之教，究知臣妾之勤。內無怨言，家有餘慶。循致坤元之福，遂正母儀之尊。方崇祀於總章，既大賚於寰海。易爾句踐之國，錫以太昊之墟。恩寵有加，永世無墜。可。

祖傅亮榮王

敕：爵爲上公，周制也；王以異姓，漢法也。朕兼采周、漢之舊，以寵親賢之家。因大享之告成，錫異恩而追遠。皇太后祖某，故相之子，生而顯榮，躬蹈儒者之風，行無世祿之過。積累之厚，下逌子孫；褒寵之優，肇建邦邑。因其奄受北國之命，寵以劍立南面之尊。朕將以慰母心，爾亦世享廟祀。可。

祖母吳氏越國

敕：申王諸子，皆列貴仕；榮國不耀，中止郎官。潛德之深，其報在後。及孫而顯，母儀天下。德澤流衍，室家光榮。皇太后祖母某氏，珪璋之行，著於族人；蘋藻之恭，宜于祖考。貴始封邑，恩錫有邦。兹因總章之祀，推廣隆祐之孝。裂會稽之奥壤，增湯沐之舊封。尚克有知，服我休命。可。

父經周王

敕：申伯之德，參於周召之間；褚公之賢，載於王謝之列。恩非專於戚里，名自顯於搢紳。今予外家，庶幾前烈。皇太后父某，絕出世胄，交友儒林。休聲藹然，多福自至。臥淮陽之近輔，表東海之雄藩。淸淨不煩，得承流之要；忠悃深至，有入告之常。壽止中身，慶在隆祐。茲因嚴父之祭，起予念母之心。大啓周南之封，以慰宮中之孝。國有常典，匪予所私。可。

母李氏豫國

敕：先皇帝刑于室家，以御于天下。非獨外有輔佐，而中宮之懿，實與有勞。煥乎四德之充，豈惟一世之積？皇太后母某氏，敦閱圖史，服勞組紃。肅雍娣姒之間，祗敬姑章之奉。誕生淑女之淵穆，不及君子之榮華。初建長秋，閔追榮之已遠；繼開隆祐，知餘慶之方遐。乃者熙事告成，寵恩廣被。肇錫荆河之國，以新脂澤之田。賁于九原，嘉此休命。可。

母張氏冀國

敕：朕聞後庭以德進，則外戚以福終。周之任姒，旣克保其國；而漢之竇薄，亦能全其家。至哉坤元，實相內治。宜爾外家之慶，仰同帝室之休。皇太后母某氏，性稟淑均，德推靖愼。因豫國治家之遺迹，迨慈徽毓德於妙年。命之不融，乃止中壽。比緣毖祀，啓湯沐於堯都；錫以命書，賁烝嘗於家廟。漏泉之澤，奕世不忘。可。

皇伯世儔贈奉國軍節度觀察留後追封奉化郡公

敕：唐之藩郡，以留後爲重；周之列國，以諸公爲貴。國朝兼用古制，外以待將帥之功，內以優宗室之懿。非此二者，未嘗授焉。具官某，貴而能降，富而不盈。孝弟之美，著於親黨；儼恪之容，見於朝會。沒身不試，遺範不忘。寵加兩使之貳，優以五等之貴。魂而有知，嘉此休命。可。

越國賢惠長公主追封大長公主

敕：王姬之貴，而能執婦道，以成肅雍之美，朕嘗聞召南唐棣之詩矣。永惟皇祖之慶，篤生淑女之賢。賦命不融，中道而沒。哀榮之典，茲何敢忘？故越國賢惠長公主，襲寵宮庭，生知禮義。儀降王后，有車服之崇；德配君子，稱室家之懿。逮茲享帝之澤，推予尊祖之誠。大長之稱，寵榮斯極。追錫成命，以賁九泉。可。

世繁贈安武軍留後追封信都郡公

敕：留後之權，均於元帥；郡公之爵，貴於諸侯。國朝兼采周、唐之舊官，以爲親賢之異數。愼終追遠，斯極哀榮。具官某，生於富貴之中，綽有縉紳之度。行己以禮，好善不衰。朕篤於合族之仁，嘉爾終身之善，錫之好爵，胙以大邦。仰增族黨之華，俯爲窀穸之耀。可。

唐俔蓬溪簿，於瀘州隨軍部夫入界，瘴死，贈梓州錄參。

敕：具官某。乃者師征瀘戎，爾與在行。瘴癘爲虐，往而不返。朝廷追錄勤勞，不遺細大。特加督郵之贈，以易賻布之禮。孝子之請，予何忍違？可。

克賢贈奉國軍兩使留後封奉化郡公

敕：生於富貴而成於禮義，克自抑畏以沒其身，不有寵榮，何以爲勸？具官某，宗黨稱孝，朝廷所賢。肅雍右衞之華，悍禦遂州之重。賦命不淑，中道云亡。匍匐之恩，情何極已；哀榮之典，國有故常。可。

士觀贈左領軍衛將軍

敕：具官某，宗室之良，生而不試，沒而無述，則爲善者何勸焉？爾以孝弟忠信，紀於族黨，贈之諸衞之秩，以表平生之賢。魂而有知，嘉此休命。可。

安燾三代妻

曾祖

敕：朕方恭默思道，垂拱責成。乃者大享合宫，陟配聖考，躬執珪幣，敬逆神休。奉璋峨峨，皆先朝之舊；降福簡簡，告純嘏之豐。朕弗敢專，用廣其施。具官某曾祖某，懷抱美志，浮沉人間。孝弟篤於父兄，忠信驗於朋友。天道不諂，報在子孫。人爵自高，寵極師保。朕命不替，世世賴之。可。

曾祖母

敕：朕嚴父配天，以教天下之孝；肆眚及物，以廣上帝之仁。顧予左右丞弼之良，咸有肅雝顯相之助。既寵榮其祖禰，復追賚其室家。具官某曾祖母某氏，蘋蘩之儀，敬而不瀆；珩璜之節，動必以時。休聲藹然，後世追誦。宜錫召公之社，以寵安氏之祧。尚克有知，服我休命。可。

祖

敕：天之於人，無德不報。凡今卿士大夫有立於朝，尊寵於世者，皆其先人積累之厚。茲朕既奉神考，以配上帝，尊親之極，誠禮兼盡。思與羣公，推廣斯義，以致其孝。具官某祖某，才甚長而不試，德久晦而自彰。身雖屈於當年，善終表於來世。三師極品，焜耀縉紳之間；九原有知，寵綏存沒之地。可。

祖母李氏

敕：古之命婦，貴從其夫；惟克有後，乃以其子。矧予本兵之地，實總幾事之煩。乃者大享合宮，相予肆祀。義無不答，禮有追崇。具官某祖母李氏，性本柔嘉，行稱純絜。婦德成於雍穆，母儀備於慈仁。胙以少昊之墟，易其叔鐸之土。服我休命，宜爾後人。可。

祖母齊氏

敕：古之命婦，貴從其夫；惟克有後，乃以其子。矧予本兵之地，實總機事之煩。乃者大享合宮，相予肆祀，義無不荅，禮有追崇。具官某祖母齊氏，恭順以惠女師，慈儉以奉君子。閨門從而有禮，子孫賴以多賢。上蔡之封，歷年於是；大名之壤，開國惟新。寵以密章，賁爾家廟。可。

父

敕：士之修身行義，不顯於國，必顯於鄉黨。故其乘時得志，不任其身，必在其子孫。謂天難忱，於事可考。具官某父某，樂於潛晦，不求聞知。推良心以與人，抱長才而不試。安輿就養，遍歷於方州；西府宴閑，荐移於歲月。錫之好爵，以裕予心；服我寵章，益介眉壽。可。

母張氏

敕：士大夫義隆於顯親，恩深於念母。追劬勞之罔極，悼寵祿之無施。兹予毖祀於總章，大霈龐恩於海縣。思廣吾孝，以卽爾心。具官某母張氏，靖而有禮，勤於治家。空傳四德之名，不待千鍾之養。寵加異數，以慰終天。爵無異於生榮，地莫加於韓樂。服我休命，子孫不忘。可。

母王氏

敕：朕惟左右之臣，家有父母之養，自公退食，朝夕侍側，以盡人子之願者，方今一人而已。總章之慶，恩被遐遠。封爵之厚，予何愛焉？具官某母王氏，居不忘敬，行必由禮。手治蘋藻，躬執組紃。老而不衰，足以爲法。宜錫三秦之壤，以爲一族之華。壽考且寧，祗服朕命。可。

妻

敕：朕初見上帝，嚴配文考。公卿駿奔，來相熙事。工祝致告，均錫純休。朕不敢專，思以逮下。非獨身享其報，亦使家被其榮。具官某妻某氏，少長名家，輔佐吉士。烝嘗之敬，先祖是安；膳服之宜，宗族咸喜。仁厚見於麟趾，正直發於羔羊。宜增湯沐之封，益耀笄珈之寵。服我新命，宜爾家人。可。

李淸臣三代妻

曾　祖

敕：朕方恭默思道，垂拱責成。乃者大享合宫，陟配聖考。躬執珪弊，敬逆神休。奉璋峨峨，皆先朝之舊；降福簡簡，告純嘏之豐。朕弗敢專，用廣其施。具官某曾祖某，迹晦鄉黨，德如珪璋。力行於方寸之間，責報於百年之後。子孫之盛，縉紳罕聞；保傅之尊，德義爲允。服我休命，宜爾後昆。可。

曾祖母尹氏

敕：朕嚴父配天，以教天下之孝；肆眚及物，以廣上帝之仁。顧予左右丞弼之良，咸有肅雝顯相之助。既寵榮其祖禰，復追賚其室家。具官某曾祖母某氏，及其良人，咸有淳行。孝敬稱於宗族，福祿迨其子孫。策名儁科，與我近輔。肇啓伯禽之邑，以爲家廟之華。其尚有知，服寵無斁。可。

曾祖母周氏

敕：朕嚴父配天，以教天下之孝；肆眚及物，以廣上帝之仁。顧予左右丞弼之良，咸有肅雝顯相之助。既寵榮其祖禰，復追賁其室家。具官某曾祖母周氏，珪璋之行，著于族人；蘋藻之恭，竭于嘗禘。貴始封邑，恩錫有邦。肇從申伯之封，改食潞子之國。服我休命，以賁宗祧。可。

祖　父〔一〕

敕：天之於人，無德不報。凡今卿士大夫有立於朝，尊寵於世者，皆其先人積累之厚。茲朕既奉神考，以配上帝，尊親之極，誠禮兼盡。思與羣公，推廣斯義，以致其孝。具官某祖某，修身正家，而聲被於鄉黨；居約履順，而福流於子孫。世有英才，與聞大政。寵列三師之貴，祚隆十世之餘。錫之閎章，以賁幽隧。可。

【校】

〔一〕「祖父」，叢刊本無「父」字。

祖母

敕：古之命婦，貴從其夫；惟克有後，乃以其子。矧余中臺之轄，實總萬機之煩。乃者大享合宫，相予肆祀，義無不答，禮有追崇。具官某祖母某氏，服勞組紃，敦閲圖史。祗敬姑章之奉，肅雍娣姒之歡。中饋之儀，風猷未替；東國之贈，寵數有加。賜之密章，賁爾廟祐。可。

父

敕：士之修身行義，不顯於國，必顯於鄉黨。故其乘時得志，不在其身，必在其子孫。謂天難忱，於事可考。具官某父某，隱而不試，久則自彰。孝弟隆於父兄，忠信驗於朋友。是亦爲政，人無間言。由其敎子之嚴，爲我得臣之助。比推恩於秋享，增峻秩於師垣。追賁九原，尙克嘉此。可。

母

敕：士大夫義隆於顯親，恩深於念母。追劬勞之罔極，悼寵祿之無施。茲予毖祀於總章，大霈龐恩於海縣，思廣吾孝，以慰爾心。具官某母某氏，山河之容，江漢其行。夙被女訓，有鵲巢之風；能使君子，成羔羊之德。宜即鄉邦之奥壤，以爲封國之美名。服我寵章，祚爾後嗣。可。

妻

敕：朕登用儁傑，委任責成，非獨厚以爵秩之華，亦將盡其室家之願。乃者躬祀帝考，大賚臣工。封國迨於閨闈，世祿通於子弟。朕於卿士，實無愛焉。具官某妻某氏，生於名儒之家，綽有女士之德。愛均諸子，比鳲鳩之仁；貴以良人，備翬翟之服。肇錫山河之廣，寵增湯沐之封。宜其家人，服我休命。可。

范純仁三代

曾祖

敕：朕方恭默思道，垂拱責成。乃者大享合宮，陟配聖考，躬執珪幣，敬逆神休。奉璋峨峨，皆先朝之舊；降福簡簡，告純嘏之豐。朕弗敢專，用廣其施。具官某曾祖某，潛德不燿，餘慶自彰。仁義之報，不及其身；功名之實，灼見於後。極三師之貴，既錫於寵名；慰九原之知，肇建於成國。可。

曾祖母

敕：朕嚴父配天，以教天下之孝；肆眚及物，以廣上帝之仁。顧予左右丞弼之良，咸有肅雝顯相之助。既寵榮其祖禰，復追賚其室家。具官某曾祖母某氏，幽閑之中，率禮不越；共儉之素，御家有常。報在子孫，世篤功烈。肇錫韓侯之邑，以爲家廟之華。其尙有加，服寵無斁。可。

祖

敕：天之於人，無德不報。凡今卿士大夫，有立於朝，尊寵於世者，皆其先人積累之厚。茲朕既奉神考，以配上帝，尊親之極，誠禮兼盡。思與羣公，推廣斯義，以致其孝。具官某祖某，種德之深，稼而不穡；發源之遠，流則愈長。偉哉元子之賢，繼以諸孫之盛。廟食之久，蓋未可量；鄉國之封，肇新其舊。可。

祖母

敕：古之命婦，貴從其夫；惟克有後，乃以其子。矧予本兵之要，實總機事之煩。乃者大享合宮，相予肆祀，義無不答，禮有追崇。具官某祖母某氏，徽柔婧恭，信順慈孝。天道不謟，報在後昆。人爵自高，祚以封國。易宛丘之故地，錫全楚之大邦。尚克有知，服我新命。可。

祖母

敕：古之命婦，貴從其夫；惟克有後，乃以其子。矧余本兵之要，實總機事之煩。乃者大享合宮，相予肆祀，義無不答，禮有追崇。具官某祖母某氏，服勞組紃，敬治蘋藻。祗率祖考之舊，循致子孫之賢。中饋之儀，風猷未替；西國之贈，寵數有加。賜之密章，以嚴廟祀。可。

父

敕：昔我皇祖仁宗，博求多士，以綏靖四方。天惟眷祐，賚之正人。既以克和羌戎，又以燮治區夏。出入中外，實兼文武之烈。今予嗣守丕業，選任大吏，亦拔西帥，以臨中樞。匪伊異人，惟父惟子，得人之盛，朕無愧焉。具官某父某，秉德不貳，好謀而成。始任諫諍，知無不言；中爲將帥，靖而能勇；卒以功業，股肱先聖。兹予懷想風烈，用建爾仲子。嘉其緇衣之德，錫以召祖之命。惟師保之貴，既無以加；故河濟之封，益大其寵。可。

母

敕：士大夫義隆於顯親，恩深於念母。追劬勞之罔極，悼寵祿之無施。兹予歲祀於總章，大霈龐恩於海縣。思廣吾孝，以慰爾心。具官某母某氏，山河之容，江漢其行。其君子正直，有羔羊之德；其後世信厚，有麟趾之風。宜錫寵榮，以慰存沒。乃祖唐相，實啓衞國之封；眷予樞臣，願爲蜜章之贈。賁于幽壤，尚克嘉之。可。

中丞劉摯父

敕：朕臨照百官，寄耳目於中執法。乃者季秋大享，駿奔在廷。迄于熙事之成，緊其正色之助。方均行於惠澤，宜特先於庶工。具官某父某，種德之深，終身不顯；教忠之篤，沒世乃彰。挺然司直之良，美哉有子之慶。不有錫命，孰知其賢？宜加四品之崇，以爲九原之慰。可。

欒城集卷之三十二

西掖告詞四十九首

苗貴妃三代

曾　祖

敕：昔我仁祖刑于室家，以御于邦國。下逮嬪御，化其德風，罔不賢淑。迄兹三世，猶有耆舊，儀于六宫。故其祖考，日益尊顯。貴妃苗氏曾祖祚，潛德不耀，久而後彰。至于曾孫，寵託宫掖。兹因大享，祗率舊章。命爲上公，封以成國。九原有知，尚克嘉此。可。

曾祖母

敕：天之報施，昭然不誣，世之顯榮，皆有由始；而況逮事皇祖，流澤私親，夫豈偶然而至於是？貴妃苗氏曾祖母馮氏，柔嘉之德，見紀於族人；慈儉之風，有聞於後世。乃眷曾孫之貴，親承大享之休。易湯沐之舊封，爲奄麥之新寵。服我成命，世世不忘。可。

祖

敕：朕嗣守鴻圖，初見上帝。推衍天澤，不冒海隅。矧惟先朝舊人，外家通貴。恩自近始，宜無與先。貴妃苗氏祖仁恭，隱約之中，操修以禮。被寵光於來裔，知報施之不誣。官爲上公，已極人臣之貴；地分全楚，復推列國之雄。錫是閎章，以賁幽壤。可。

祖母

敕：朝廷寵綏臣庶，褒顯其先，惟有四輔之崇，乃錫三世之命。其於禁掖，殆無幾人。貴妃苗氏祖母袁氏，容德之修，著於宗黨；福祿之盛，及其子孫。方予熙事之終，胙以成國之賦。賁爾廟祀，世世保之。可。

父

敕：於赫皇祖，仁覆四方。永懷弓劍之遙，不忘簪履之舊。而況逮事左右，今爲老成？

宜其尊親，特被休寵。貴妃苗氏父某，躬有懿行，篤生淑人。既壽且康，允仁而信。孝經元祀之慶，每極追崇之榮。肇錫大名，以配隆爵。密章之賜，澤及九泉。可。

母

敕：故舊不遺，則民不偷。矧吾三朝之人，獨享百年之福。眷爾近戚，予何可忘？貴妃苗氏母裴氏，徽柔靖恭，幽閑肅敬。行應家人之美，慶鍾女子之祥。兹予大享之成，肇易新邦之寵。漏泉之澤，存沒兼榮。可。

文臣升朝封父母妻

父

敕：具官某父某。朕毖祀總章，陟配神考。子大夫奔走厥服，咸與有勞。推予嚴父之心，爲爾顯親之慶。錫命之寵，壽考不忘。可。

母

敕：具官某母某氏。慈惠有以宜家，肅敬可以教子。乃者大享之禮，百執咸事。朕寵綏忠孝之心，推本源流之自。錫爾爵邑，以榮子孫。可。

妻

敕：具官某妻某氏。士大夫出仕于朝，能以恭儉正直，成羔羊之美；必有淑女，以治其私。用能退食委蛇，無內顧之慮。朕方推帝澤於天下，其何愛一邑，不以寵其家人？可。

文臣升朝追封父母妻

父

敕：具官某父某。合宫之享，義存嚴父。朕惟天下之士，追養之誠，上下無間。是用推予錫命之寵，旌爾教忠之勤。九原有知，尙服休命。可。

母

敕：具官某母某氏。生能正家，沒有良子。欲盡劬勞之報，莫如爵命之隆。方大賚於總章，宜肇新其湯沐。服我休命，世世不忘。可。

妻

敕具官某妻某氏：恭事君子，宜其家人。勤勞則同，而寵榮莫及。存沒之念，終身惻焉。方予慶賜之行，肇加脂澤之奉。賁于窀穸，尙克嘉之。可。

范鎮父

敕：士有歷事三世，秉持一心。志懷金石之堅，言爲社稷之計。耄期不亂，淸靜無求。訪之古人，殆亦無幾。朕旣復命以位，思見其人。旋觀德業之崇，知有源流之自。具官某父某，隱居閭巷，名出搢紳。以孝弟爲傳家之資，以詩書爲敎子之實。自修於方寸之內，責報於百年之間。子孫勃興，冠冕相繼。方予大享之慶，錫以追崇之榮。開府之儀，比隆於三事；漏泉之澤，少慰於終天。可。

鮮于侁父

敕：朕旣得直諒多聞之士，而寘之禮樂之司，擢之諫諍之列矣。乃者總章大享，來相于庭，因予嚴父之心，成爾顯親之願。具官某父某，懷抱美志，博通古文。上自河圖洛書，下及天文地理。無有不綜，庶幾古人。卷懷而歸，以遺後嗣。金章紫綬，雖不及其平生；蜜印閔書，示追榮於泉壤。可。

母

敕：婦人之賢，室家所賴。上能使其君子，有羔羊正直之行；下能使其後世，有麟趾信厚之風。詩人所嘉，於今猶信。具官某母趙氏，江漢之行，山河其容。手執詩書，親敎子弟。朕既得其子，以知其親。雖負米而養，自有孝弟之歡；而列鼎以祠，莫盡劬勞之報。宜易脂田之奉，仍加褕翟之榮。追賁九原，以慰存沒。可。

陳曼父閏　曼任登州錄事。父閏年九十一，以敕封承務郎。

敕：具官某父某。總章之慶，凡通籍之士，皆獲爵命其親。朕惟子大夫沉於下僚，家有耄期之養，而寵榮不及，念之惻焉。錫爾一命，以綏子孫之志。可。

錢勰父母

父

敕：錢氏舉國內附，俾吳越之人，免兵革之亂。子孫受封，帶河礪山，藏在盟府。矧其後世，賢傑間出，赫奕相望，其於追崇，安可復後？具官某父某，貫穿墳史，練達典章，博辯有文，絕出倫輩。父子兄弟，進以直言，譽喧一時，望以卿相。中道而隕，報在後昆。儼然侍從之華，與我總章之祀。寵之開府，載是閟書。九原有知，服命無斁。可。

母

敕：婦人之貴，當從其夫。禮變古今，義均存沒。肆予大享之慶，俾極追封之榮。具官某母某氏，育德高門，作嬪大族。生知圖史之樂，不煩保傅之箴。餘慶在其子孫，淸風播於宗黨。肇封成國，光有翟衣。錫此蜜章，寵爾廟祏。可。

李瑋三代

曾祖

敕：昔我仁祖，敦睦九族，以和萬邦。顧惟念母之深，特厚外家之禮。往事雖遠，此思未移。具官李瑋曾祖某懷抱美志，浮沉人間。孝弟篤於父兄，忠信驗於朋友。天道不諮，報在子孫。人爵自高，寵極師保。肆予大享之慶，肇易三秦之封。九泉有知，服我休命。可。

祖

敕：成王之母邑姜，齊侯世受其祉；宣王之母申后，申伯亦賴其寵。矧我皇祖之聖，重以李氏之賢，子孫相承，冠冕日盛。追崇之典，國有舊章。具官李瑋祖某，隱約之中，操修以禮。克有淑女，篤生聖人。寵雖不逮於平生，澤尚可加於來裔。比因秋享，肇易國封。錫是閎書，以寵廟祀。可。

父

敕：朕深惟仁祖之意，寵綏元舅之家。申錫婚姻，以固恩禮。乃眷奠邦之嗣，來相合宫之祠。熙事告成，鴻恩先及。具官李瑋父某，貴而能降，富而不驕。諸子之賢，迭爲將帥。大邦之寵，更王齊秦。肇新錫命之書，以慰終天之感。可。

王堅父

敕：朕惟景德、祥符之間，治定功成，庶幾三代。時維丞相魏公，左右厥辟，同底于道。於穆清廟，卒配烝享。至於慶曆、嘉祐之際，克有賢子，不墜厥家。出入中外，允文允武。茲予季秋大享，追念先正之後，有能在朝，相我熙事，宜有褒寵，以勸百官。具官某父某，始以諫諍名聞朝廷，終以將帥威加戎狄。父錫之慶，子成厥功。故雖富貴顯融，赫奕再世，而天下之議不以爲過。生爲六官之長，沒加三事之榮。匪予爾私，惟德之報。可。

曾布父

敕：曾氏系出東魯，淵源師友，本於孔氏。譜牒詳具，雖遠而明。子孫盛大，繼顯於世。具官某父某，文學之美，肖其先人；議論之長，信於來世。仕而不遇，志存於書；沒而愈彰，慶鍾厥子。屬詞比事，粲然有古人之風；理財禦邊，卓然有當世之具。才智競爽，爵秩同升。其於搢紳，殆無一二。朕既任以事，思寵其先。今茲大享告成，顯親沛澤。追錫崇階之贈，以慰九原之知。可。

蔡確父母

父

敕：位極三師，而爵封大國，雖元勳盛德，有不能至者矣，而將相大臣，欲顯其親者得之。吾是以知積善之爲難，而有子之爲貴也。具官某父某，潛於下僚，不求聞達。躬有懿行，久乃發揚。美哉中子之賢，任予元宰之事。久厭機務，退守便藩。深念教忠之勞，求易苴茅之賜。大名奥壤，雖爲甸服之雄；全楚新邦，顧卽故鄉之近。九原未泯，尚克嘉之。可。

母

敕：貴以其子，而爵從其夫，此婦人之禮也。時予舊相之寵，告我念母之誠。亦何愛於大邦，不以成其純孝？具官某母某氏，仁以逮下，嚴於治家。禮先中饋之勤，恩遍外姻之廣。命之不淑，没有餘哀。肇易脂田之封，永保荆人之國。寵爾廟室，以利後人。可。

秦晉國安仁保佑夫人張氏祖祖母父母

祖

敕：具官某祖某。朕追懷弓劍之遙，不遺簪履之舊。矧功存於保護，而寵極於平生。宜因大享之恩，成其尊祖之念。寵加列衛，追賁九泉。可。

祖母

敕：具官某祖母某氏。朕祗祀合宫，嚴配聖考。思其志意，恍焉如存。是以推廣舊恩，施及幽遠。肇易脂田之奉，以申追遠之誠。可。

父

敕：具官某父某。朕孝愛之深，無德不報。永惟保育之舊，夙著劬勞之恩。方大享之告成，宜顯親之施及。諸衛之貴，存没兼榮。可。

母

敕：具官某母某氏。爾早以息女之良，功存藩邸之養。報已隆於貴顯，恩宜逮於存亡。肇新湯沐之封，以爲幽冥之慰。可。

世采母李氏安康郡太君世智母何氏永昌郡太君

敕：嚴父配天，國之大禮也。以子貴母，三代之舊章也。茲予大賚之慶，澤被含生之倫。矧於近親，志切追遠，錫命之典，其何可忘？具官某母某氏，承上克恭，臨下以禮。生著御家之法，沒聞有子之賢。賜湯沐於大邦，爲窀穸之餘寵。九原未泯，尚克嘉之。可。

李端愿父母

父

敕：富而好禮，貴而不驕。勢憑戚里之榮，躬被儒者之節。昔聞其語，未見其人。具官某父某，爵本傳家，親聯築館。進退以禮，無世祿之非；交友多賢，盡當時之傑。被遇前聖，流芳後來。有子而賢，久列東宮之貴；開府以贈，仍因西土之封。錫是閟章，賁爾幽隧。可。

母

敕：帝乙歸妹，而交泰之功著；王姬之車，而肅雝之禮成。風化所由，恩禮當異。具官某母某氏，淵源之盛，當世莫倫；禮義之隆，至今傳誦。儼若姑章之奉，穆然閨壼之風。車服下於王后，而不以驕人；子孫衆如螽斯，而要於守法。故能奕世不墜，休聲愈隆。茲予大享之成，因爾故封之廣。閔書蜜印，寵數不渝。可。

張方平祖父

祖

敕：朝廷優二府之臣，列三世之贈。眷我耆舊，退處鄉閭。方大享之告成，宜申錫於休命。賁及祖朝，進封大邦。具官某祖某，修身正家，而聲被於宗黨；居約履順，而福流於子孫。力行於方寸之間，得報於百年之後。朝之大老，惟爾元孫。肇新淇奧之封，增寵師臣之貴〔一〕。告于幽隧，服此優恩。可。

【校】

〔一〕「貴」，原作「貌」，據三蘇祠本、叢刊本改。

父

敕：士之懷抱志節，老於山林，不求聞知者，何可勝數。永惟公卿之貴，本由父祖之賢。行義絶倫，聲聞不著。特緣有子，得列於朝。追想風猷，不忘嘉歎。具官某父某，性本靜重，行極高明。宴坐一室之間，心遊萬物之表。澹然自守，寡笑與言。遂以絶人之姿，深積傳家之慶。柱石之寄，嘗參二府之崇；几杖之儀，又已十年之久。比緣昭配，許以侍祠。宜因均福之恩，懋錫追崇之典。地分全魏，爵列上公。九原有知，服我休命。可。

富紹庭母

敕：朕追懷先正之臣，建功當年，流澤後世。時惟丞相臨淄公以甘盤之舊，股肱太平。丞相韓公，以魏丙之賢，翼亮數世。風流未遠，家事落然。比因大享之成，重興追遠之念。具官某母某氏，臨淄公之子，而韓公之配也。幼服圖史之訓，晚同忠義之勤。有德有年，五福兼備。奄從淪謝，中外咨嗟。茲用不忘舊勳，寵加新命。因其封國之故，以明有子之良。賁爾宗祧，世世無斁。可。

蔡朦父挺贈開府儀同三司

敕：昔我皇考，分命守將，鎮撫四夷。時惟西羌，弗克靖順，實賴良帥，是震是服。遂以顯績，進登西樞。命之不融，中道而殞。聲蹟之美，于今不忘。具官某父某，謀猷靖深，勳業崇茂。治邊之略，紀于一時。經遠之功，著于來世。比緣陟配之享，永懷先正之良。追錫崇階，比儀三事。有子之慶，奕世嘉之。可。

劉攽母

敕：婦人之賢，著於麟趾；贈禮之盛，極於翬衣。朕親享合宫，加惠百辟，矧復從官之列，來告念母之誠。可無異恩，以示追遠？具官某母某氏，篤生大族，作配名儒。環佩之聲，動必由禮；蘋藻之薦，舉不失時。追懷令猷，尙有諸子；守道不倚，則漢中壘尉；博學不倦，則唐居巢侯。美哉有子之良，爲我得臣之助。祚之大郡，慰爾九原。可。

奉議郎任斯年祖母黄氏 以母封回授永壽君。

敕：朕親享合宫，均慶多士，以寵榮其親。推而上之，又及其祖。其於親親尊祖之義備矣。美名大邑，介爾眉壽。子孫不忘，益勉忠孝。可。

張琬父昇追封韓公

敕：朕追懷祖宗，下逮先正。聞嘉祐、治平之盛，宗臣大老，相望於朝。永思其人，如見風采。具官某父某，始以直氣，振於中司；終以令德，長於西府。歷事二祖，懇款一節；歸老嵩少，追迹松喬。殂謝未幾，風烈猶在。比緣合宫之祀，嘉其有子之慶。即封鄉國，以賁私祧。九原有知，服此休命。可。

安燾知樞密院贈三代

曾祖

敕：樞臣之長，戎政出焉。内則張皇六師，以禦外侮；外則綏懷四夷，以安中國。久虚之位，歷試以庸。特推三世之恩，以示百官之勸。具官安燾曾祖某，處躬甚厚，與世無求。人莫能知，而天相其善。身隱不仕，而世承其休。逮爾曾孫之良，冠予西府之列。折衝之效，傴革可期。斯用錫帝傅之隆名，賁私祧之常祀。九原未泯，百世不忘。可。

祖

敕：古之賢君，有帥臣之義。朕臨御百辟，想見其人。眷予宥密之賢，夙承祖考之烈。積德之厚，獲報甚隆。寵之上公，以見予意。具官某祖某，賦性端慤，終身退藏。孝弟發於自然，忠信驗於來世。松生於谷，閱歲不衰。泉發於山，造平而大。啓良心於嗣子，胙多福於元孫。巋乎家廟之隆，數致閟書之賜。賁于幽隧，宜爾後昆。可。

父

敕：子之能仕，父教之忠。率循孝弟之風，施及邦家之廣。朕既用其子，不忘其親。荐錫崇階之榮，以寵退食之養。具官某父某，資性淳篤，既愼靖以安貧；操行堅強，亦恭儉以居富。一變簪裳之盛，親見廊廟之崇。循致承平，既股肱之允賴；報之寵祿，宜命數之超升。壽考且寧，訓敕無怠。可。

王汝舟祖母胡氏封嘉興縣太君 汝舟乞以妻敍封回受。

敕：某。合宮之慶，士得以其親及其室家之封，封其大父母。今汝舟願以妻之敍而加其祖母，恩從其厚，將以極尊祖貴老之義而已。綏爾眉壽，服寵無斁。可。

皇兄令擢等所生母贈縣太君

敕：某母某氏。合宮之慶，澤被存沒。爾篤生令人，當以子貴。肇錫湯沐之奉，以慰怵惕之感。魂而有知，嘉此休命。可。

富弼贈太師

敕：慶曆之盛，朝多偉人。維范與富，才業名位，實相先後。海內稱誦，見於聲詩，比之夔契。經涉險阻，繼以存亡。惟天所佑，克享全福。歷相三世，配食清廟。肆予大享，加寵先正。亦克有子，列于在廷。具官某父某，德及夷夏，功載史册。出盟獯鬻，復結二國之歡；入秉陶鈞，首開萬世之議。性本直諒，終身不回。心樂虚閑，超世自得。音容未遠，風烈可追。錫以上公之章，明我師臣之意。告于幽隧，慰爾後昆。可。

劉沆追封秦國公

敕：生而秉鈞，顯名於世；沒而有子，通籍于朝。家存舊德之餘，國有世臣之盛。比緣大享之慶，來告顯親之誠。勳舊既隆，恩寵亦異。具官某父某，奮身南國，致位中台。風蹟之優，効見於民政；勤勞之久，聲載於圖書。頃自告終，奄更三世。爵極師保之重，國分吳會之雄。宜錫社於秦亭，示追崇於家廟。九原未泯，服此鴻恩。可。

盧政贈司空

敕：祖宗懷柔四方，兵革不試。雖有貔虎之士，擁旄鉞之寄，皆老死侍衞之間，不見才武之效。然其聲績未泯，子孫在廷。追遠之恩，國有常典。具官某父某，弓劍之任，推雄萬夫；韜略之賢，著稱當世。卒能保寵，以沒其身。茲大享於合宫，示追崇於列辟。宜錫冬官之印，以增家廟之榮。魂而有知，服寵無斁。可。

王存妻胡氏齊安郡夫人

敕：朕敷求哲人，咨以大政。知其有孝恭祖考之義，則爵其三世，以禮其私祧；知其有慈愛室家之心，則封之大郡，以助其内治。凡所以深慰其情，而優爲之禮者亦已至矣。具官某妻某氏，舉無失中，言必由禮。起於糟糠，而善處窮約；逮其富貴，而不聞驕奢。茲使君子，綽有成德。遂登丞轄之位，率由夙夜之佐。是用望郡以爲湯沐，翟茀以與會朝。勉修令猷，答此休命。可。

楊王第三女封安定郡主

敕：朕有懷二宗，思見文武之盛；念我叔父，亦配間平之賢。粤維禮命之優，蓋有朝廷之舊。女既及笄而字，爵當裂土而封。恩禮之隆，孝敬斯在。楊王第三女，幼而好禮，姆教不煩；長而知方，婦德已備。兹擇良士，亦惟外親。將修繶雁之儀，肇錫湯沐之奉。惟恭且儉，可以保是美名；惟孝與和，可以安於二姓。風化之首，其尙勉之。可。

欒城集卷之三十三

北門書詔五十四首

麻制十三首

除苗授保康軍節度知潞州制

門下：上將之任，本智略以爲先。萬夫所望，亦材武之兼倘。惟擢拜之未幾，亟辭疾以告勞。言念悃誠，式敷明命。殿前副都指揮使[一]、武泰軍節度、黔州管內觀察處置等使、持節黔州諸軍事、黔州刺史、上柱國、濟南郡開國公、食邑二千八百戶、食實封三百戶苗授，早讀兵法，有志事功。久踐戎行，自奮邊鄙。入參環列，既被遇於先朝；累積歲勞，適謀選於元帥。遂分旄節之寄，克諳卒乘之懽。宿衞逾年，勤勩爲請。憨獨賢於煩使，俾暫佚於近藩。爵加貴名，邑衍眞食。潞子之舊，俗武而淳；守土之臣，事簡且暇。於戲！建纛而出，知寵數之不移；勿藥有瘳，幸年歲之未暮。卧理非壯士之節，力疾有忠臣之風。勉竢安平，起就勳業。可特授檢校司空、持節房州諸軍事、房州刺史、充保康軍節度、房州管內觀察處置等使、知潞州軍州事兼管內勸農使、兼提舉澤、晉、絳、慈、遼州、威勝軍屯駐駐泊就糧、本城兵馬巡檢公事，替韓宗古，加食邑五百户，食實封二百户，勳封如故。主者施行。

【校】

〔一〕「殿前副都指揮使」，宋丙本無「副」字。

除劉昌祚武康軍節度殿前副都指揮使制

門下：多畜衞兵，莫如國朝之盛；次補元帥，蓋本祖宗之常。顧惟萬騎之選師，重以千廬之嚴徼；欲衆心之素服，非宿將而莫當。誕告在廷，咸聽朕命。侍衞親軍步軍副都指揮使、冀州管內觀察使、持節冀州諸軍事、冀州刺史、上柱國、彭城郡開國侯、食邑一千九百户、食實封一百户劉昌祚，奮由弓劍，資以韜鈐〔一〕。整於治軍，才出邊將之右；勇於對敵，聲著隴山之西。乃者取其先朝指蹤之餘，授以平凉總護之貴。種羌久困，既款塞以來庭；環尹適虛，歸釋甲而御衆。爰加旄節之重，以壯轅門之觀。旌旆不移，什伍如故。當使少加號令，自益精明。於戲！仁足附衆，則六師不擾；威能克愛，則萬夫可齊。亦俾貔貅之徒，咸知忠孝之節。勉矣來效，往其欽哉！可特授持節洋州諸軍事、洋州刺史、充殿前副都指揮使、武康軍節度、洋州管內觀察處置等使，勳封食實封如故。主者施行。

【校】

〔一〕「鈐」，原作「鈐」，據宋乙本、叢刊本改。

明堂呂大防加恩制

門下：昔吾祖宗，革五季之遺，復三王之舊。皇祐之盛，始寓總章於外朝；元豐之隆，載嚴上帝之定位。物有成憲，敷遺後人。朕因而循之，罔有失墜。乃辛巳之吉，躬被冕服，祗帥羣工〔一〕，禮成不遺〔二〕。神貺昭答，誕降多福，均畀在廷。太中大夫、守尚書左僕射、兼門下侍郎、上柱國、汲郡開國公、食邑二千九百戶、食實封六百戶呂大防，篤實而文，寬厚而栗。在英祖時，納忠不回，爲名御史。在神考時，宣力不懈，爲賢守臣。逮茲纘承，即與丞弼。既全付之鈞軸，遂能任我棟梁。正顏色而誠意宣，出詞氣而忠邪辨。左右三載，咸乂四方。民無煩苛，羌率舊職。稼穡茂遂，神人燕安。俾我釐事告成，舊章不墜。雖荷帝祉，時惟乃功。宜因賜胙之恩，遂行進律之典。增大國邑，衍食眞封。疇爾茂勳，勸我多士。於戲！公爾忘私，非獨得君，亦以獲祐於帝；寬而有制，非獨善始，亦以克要厥終。及茲休戚，同底至道。可特授依前官職〔三〕，加食邑一千戶，食實封四百戶，勳封如故。主者施行。

【校】

〔一〕「帥」，原作「郎」，據宋丙本改。

〔二〕「遺」，宋丙本作「違」。

〔三〕「官職」，宋丙本作「太中大夫、守尚書左僕射兼門下侍郎」。

皇伯祖宗暉加恩制

門下：宗祀配天，所以教諸侯之孝；加地進律，所以廣上帝之恩。矧維天屬之尊，世奉濮園之享〔一〕，相予肆祀，綏我思成。躬率父兄之和，以致天人之應。用敷大號，昭告治朝。皇伯祖鎮南軍節度、洪州管內觀察處置等使、檢校司徒、開府儀同三司、持節都督洪州諸軍事、洪州刺史、上柱國、嗣濮王、食邑一萬二千一百戶、食實封三千七百戶宗暉，爵封世王，名冠屬籍。貴而能降，富而不驕。孝弟肅恭，率本天姿之懿；威儀問學，早承師訓之良。同我絜齋，獻於饋熟。進退和於禮節，升降比於樂章。逮此休成，宜均多福。益衍舊封之廣，仍加眞食之優。於戲！承安懿之後，思繼前人之令猷；兼將相之隆，勉圖夾輔之休烈。茲因受爵之寵，益起循牆之恭。庶無間然，克有終譽。可特授依前官職〔二〕，加食邑一千戶，食實封三百戶，勳如故。主者施行。

【校】

〔一〕「世奉」，宋丙本作「出奉」。

〔二〕「官職」，宋丙本作「檢校司徒、開府儀同三司、持節都督洪州諸軍事、洪州刺史、嗣濮王、充鎮南軍節度、洪州管內觀察處置等使」。

皇叔祖宗祐加恩制

門下：朕出款原廟之嚴，入謁總章之祕。師臣外帥多士，以靖吾國；宗卿內帥諸父，以正吾家。親賢既和，天人咸若。膺受多福，施及四方。矧惟族屬之尊，宜有寵光之異。皇叔祖寧遠軍節度、容州管內觀察處置等使、持節容州諸軍事、容州刺史、上柱國、鞏國公、食邑五千八百戶、食實封一千六百戶宗祐，恥爲富貴之習，動由禮義之中。祗順父兄，親近師友。肅若閨門之治，穆然朝謁之容。秉旄鉞而四方之志行，錫茅土而諸侯之禮備。遠鎮容管，近殿洛師。處之若無，久而益慎。爰推大賚之澤，益彰有德之榮。增衍故封，懋錫眞食。於戲！考之晉人，則安平之於武帝；求之唐室，則元嘉之於高宗。皆以德重屬高，恩隆禮異。往祗服於明命，思無愧於古人。可特授依前官職〔一〕，加食邑七百户，食實封二百户，勳如故。主者施行。

【校】

〔一〕「官職」，宋丙本作「持節容州諸軍事、容州刺史、韋國公、充寧遠軍節度、容州管内觀察處置等使」。

皇叔祖宗楚加恩制

門下：漢封同姓之國，勢遂疏於本朝；唐任宗室之隆，用每雜於他族。祖宗酌古今之典，篤兄弟之親，雖極茅土之封，常居朝謁之地。眷禮特異，前世莫倫。皇叔祖建武軍節度、邕州管内觀察處置等使、持節邕州諸軍事、邕州刺史、上柱國、鄖國公、食邑五千八百户、食實封一千六百户宗楚，孝友根心，文藝飾性。居處恭，故不聞過行；室家理，故可以涖官。師保不煩，朋友稱信。乃者顯相原廟之祀，齋宿總章之廷，嚴假無言，質明成禮。顧惟大賚之澤，宜處羣臣之先。益衍故封，陪敦眞食。於戲！宗祀之典，所以敎孝於諸侯；賜胙之恩，所以均福於上帝。誠觀禮以知義，尙修身而保終。祗服寵光，永有燕譽。可特授依前官職〔一〕，加食邑七百户，食實封二百户，勳如故。主者施行。

【校】

〔一〕「官職」，宋丙本作「持節邕州諸軍事、邕州刺史、鄖國公、充建武軍節度使、邕州管內觀察使」。

皇弟佶徽宗御名加恩制

門下：朕惟成王尚幼，而紹文武任姒之業。時其諸弟之貴，則有邗晉應韓之封。皆克保邦，以輔王室。今予仲叔之衆，咸訓祖考之謀。方宗祀于文王〔一〕，以陟配于上帝。禮成弗越，孝思無窮。爰因降福之多，以均同氣之盛。皇弟鎮寧軍節度、澶州管內觀察處置等使、檢校太尉、開府儀同三司、持節澶州諸軍事、澶州刺史、上柱國、遂寧郡王、食邑六千戶、食實封一千九百戶佶，得天之粹，克孝于家。典學之初，弗煩于傅。觀其率禮之意，既有成人之風。受册苴茅，已賜盟於如礪；備儀出閤，終有賴於維城。朕方推神之休，布澤于下，豈兹貴介，而有忽遺？宜增多戶之封，并衍眞食之賜。於戲！富而知稼穡之事，則富可保；貴而知君臣之節，則貴可全。受爵既先於四方，修己豈後於羣辟？祗服明訓，其永有詞。可特授依前官職〔二〕，加食邑一千戶，食實封三百戶，勳如故。主者施行。

【校】

〔一〕「王」，原作「人」，據文意改。

〔三〕「官職」，宋丙本作「檢校太尉、開府儀同三司、持節澶州諸軍事、澶州刺史、遂寧郡王、充鎮寧軍節度、澶州管內觀察處置等使」。

皇弟似加恩制

門下：朕明發而興，有懷文武之烈；孝愛之廣，施及兄弟之親。茲擇季秋之良，躬展總章之祀。升侑烈考，昭配昊天。執幣以前，愾然如在。念遺意之所屬，顧同氣之當先。皇弟集慶軍節度、亳州管內觀察處置河堤等使、檢校太尉、開府儀同三司、持節亳州諸軍事、亳州刺史、上柱國、普寧郡王、食邑五千戶〔一〕、食實封一千七百戶似，幼有岐嶷之姿，長見肅雝之美。克勤朝夕，既已無違於家；日親詩書，知其有志于學。爵分茅土之貴，任兼將相之榮。身能處之不驕，人亦期之可久。宜益舊封之廣，仍加眞食之多。於戲！顯宗之於東平，下腰腹之詔；明皇之於隆慶，歎羽翼之詩。朕既無間於伯仲之間，爾亦無忘於孝友之行。外以事國，內以顯親。可特授依前官職〔二〕，加食邑一千戶，食實封三百戶，勳如故。主者施行。

【校】

〔一〕「五千戶」，宋丙本作「三千戶」。

〔三〕「官職」，宋丙本作「檢校太尉、開府儀同三司、持節亳州諸軍事、亳州刺史、普寧郡王、充集慶軍節度、亳州管內觀察處置河堤等使」。

皇弟偲加恩制

門下：古者教成於家，治定於國。九族既睦，萬邦咸和。今予季弟之親，未遑就傅之禮。追先帝眷懷之深意，推東朝鞠育之異恩。錫命之隆，可後於衆？皇弟武成軍節度、滑州管內觀察處置河堤等使、檢校太尉、持節滑州諸軍事、滑州刺史、上柱國、祁國公、食邑三千七百戶、食實封一千二百戶偲，生而敦大，長則惠和。氣稟清明，有室家君王之喜；心懷徇達，知師保教訓之方。乃者擇季秋之良，修宗祀之禮。事天所以報本，嚴父所以顯親。嚳於海宇之人，孰非付託之重？念天倫之戚，永懷顧屬之隆。宜因慶賜之行，并衍封食之賜。於戲！父兄皆萬乘之富，豈其患貧？爵秩既五等之尊，貴於能降。罔恃得之之易，當念守之之艱。滿而懼傾，高則不墜。可特授依前官職〔一〕，加食邑七百戶，食實封二百戶，勳如故。主者施行。

【校】

〔一〕「官職」，宋丙本作「檢校太尉、持節滑州諸軍事、滑州刺史、祁國公、武成軍節度、滑州境內觀察處置河堤等使」。

馮京加恩制〔一〕

門下：世臣之於故國，增望實之隆；老成之於典刑，有諸謀之益。眷吾嘉祐侍從之列，實惟朝廷心膂之臣。迨今所存，數人而已。乃者合宫肆祀，百辟駿奔。顧瞻舊人，方在外服。懷想風聲之懿，豈忘霈澤之加？保寧軍節度、婺州管内觀察處置等使〔二〕、持節婺州諸軍事、婺州刺史、上柱國、始平郡開國公、食邑六千六百戶、食實封二千戶馮京，敦大敏明，肅恭和惠。名冠多士，徧居臺省之高華；德合前人，遂攬兵政之微密。納之煩劇而不亂，涅於渾濁而不緇。心與善人，望推前輩。丙吉雖病，以陰德而復全；蕭傅出藩，懷本朝之雅意。頃膺旄節之重，以當趙魏之衝。坐使中朝，不勞北顧。宜衍大邦之履，仍加眞食之封。於戲！身歷四朝，履夷嶮而一致；心通庶事，閲義理者尤多。豈以中外之殊，而廢謀猷之告？介爾眉壽，左右皇家，可特授依前官職〔三〕、加食邑五百戶，食實封二百戶，勳封如故。主者施行。

【校】

〔一〕宋丙本題作「保寧軍節度馮京加恩制」。

〔三〕「管內」，宋丙本無。

〔四〕「官職」，宋丙本作「持節婺州諸軍事、婺州刺史、充保寧軍節度、婺州管內觀察處置等使」。

劉昌祚加恩制

門下：朕因路寢之正，畢合宮之祠。禮樂法商周之隆，車服兼漢唐之盛。出款原廟，還享上穹。職貢充庭，工師履位。兵衞如植，旌旆不煩。實惟有人，以克成禮。殿前副都指揮使〔一〕、武康軍節度、洋州管內觀察處置等使、持節洋州諸軍事、洋州刺史、上柱國、彭城郡開國侯、食邑一千九百戶、食實封一百戶劉昌祚，天資驁勇，性本忠良。結髮征羌，號馬上之飛將；授鉞臨塞，皆關中之要區。方西鄙之須材，會中軍之謀帥。畀之旄節之重，付之貔虎之師。歸閱浹旬，旋聞輯睦。逮此熙成之慶，賴其宿衞之勤。既增封爵之崇，仍加眞食之厚。於戲，古之明主，立賞以待有功；古之賢將，有功而恥自列。服予霈澤之異，勉爾勳名之思。貴當益恭，老當益壯。可特授依前官職〔二〕，進封開國公，加食邑七百戶，食實封二百戶，勳如故。主者施行。

【校】

〔一〕「副」，宋丙本無。

〔三〕「官職」，宋丙本作「持節洋州諸軍事、洋州刺史、充殿前副都指揮使、武康軍節度、洋州管內觀察處置等使」。

除文彥博太師河東節度使致仕制

門下：周公未嘗之魯，老亦居豐；留侯晚雖強食，終不任事。蓋委寄之重，初無間然；而止足之風，所不敢廢。惟我耆舊，歷事祖宗。纘服之初，復命以位。雖師保之地，優佚不煩；而丘樊之心，朝夕以請。布告在位，俾聞高風。太師、平章軍國重事、上柱國、潞國公、食邑二萬八千一百戶、食實封一萬一千八百戶文彥博，克孝而忠，允文且武。其在師旅，有方召之勳；其在朝廷，有崇璟之業。士民視其去就，夷狄震其威名。時更四朝，躬蹈一節。先皇帝愍勞以事，既許其歸，越予訪落之年，凜有涉淵之志。起之既老，待以仰成。出入五年，終始全德。進而論道，日聞典訓之言；倚以折衝，卒靖邊防之警。委成功而不處，指莫景以求安。勤請屢聞，誠心莫奪。顧瞻閭井，近在洛師。郭氏有永巷之嚴，裴公有綠野之勝。豈以簪紱之累，久致形氣之勞？貴極上公，既無復加之爵秩；分領全晉，仍畀久還之節旄。增廣舊封，益衍眞食。殫盡人臣之寵，歸從父老之游。於戲！音聲不遐，尚有就問之禮；几杖以俟，復期親祀之陪。勿以進退之殊，而廢謨猷之告。式燕且譽，俾壽而康。可特授太師、開府儀同三司、太原尹、充河東節度管內觀察處置等使致仕，加食邑一千戶，食實封四百戶，勳封如故，仍令所司擇日備禮册命。主者施行。

除馮京彰德軍節度使制

門下：備河禦胡，固天下之要地；建都置守，皆前世之重臣。雖中外之無虞，實根本之所在。非其人則視若虛邑，得所付則坐爲長城。是用敷告外廷，復任舊老。保寧軍節度、婺州管內觀察處置等使、持節婺州諸軍事、婺州刺史、知大名府兼北京留守司公事、畿內勸農使、充大名府路安撫使、馬步軍都總管、上柱國、始平郡開國公、食邑七千一百戶、食實封二千二百戶馮京〔一〕，名冠多士，望高累朝。和而不同，性有鹽梅之德；磨而不磷，志懷金石之堅。入則參領萬幾，出則蕃屏四國。頃加旄鉞之寵，俾臨趙魏之衝。宜民宜人，靖重而不擾；無怨無惡，樂易而可親。朕不忍奪民所安，故命易節而處。升視冬卿之秩，併加邑戶之封。蓋官宿其業，則事無不知；民習其上，則信而易使。方今河流所出，近在都城之西。故道已堙，而歲有衍溢之虞；北流既駛，而方患隄防之缺。介衆所利，卿靡弗聞。舊德所臨，朕亦何慮？於戲！兵民細故，責之將佐；而可爲邦國大猷，非吾耆老而誰聽？勉盡白首之節，以寬北顧之憂。可特授檢校司空、持節相州諸軍事、相州刺史、充彰德軍節度、相州管內觀察處置等使，再任知大名府兼北京留守司公事、畿內勸農使、充大名府路安撫使、馬步軍都總管，仍加食邑五百戶，食實封二百戶，勳封如故。主者施行。

【校】

〔一〕「二千二百戶」，叢刊本作「二千一百戶」。

詔敕四十一首

尙書左丞韓忠彥免弟嘉彥尙主不許不允詔二首〔一〕

敕：忠彥。覽所箚子，奏「伏聞聖恩，宣召臣弟嘉彥赴禁中引見，欲令尙主。伏望以長主之貴，更加愼擇」事具悉。惟先正魏公，光輔三世，有勞宗祧。雖沒元身，其報在後。先皇帝追懷忠厚之德，許以婚媾之親。逮茲奉行，實出遺旨。雖卿以惡盈爲戒，深欲固辭；而朝廷謂無德不酬，莫回成命。謙沖之意，嘉歎不忘。所請宜不許。故茲詔示，想宜知悉。

昔王導以輔政之業，郭子儀以專征之功，肆其後人，皆聯戚里。衣冠之盛，晉唐所稱。未聞其子孫以盈滿爲言，而朝廷聽辭避之請也。今予先正，實配前人。築館之恩，報功斯在。蓋便蕃之寵屬於乃父，而事不在卿；選擇之命出於先朝，而朕不敢易。體茲至意，罔或固辭。所請宜不允。

【校】

〔一〕叢刊本題作「尚書左丞韓忠彦免弟嘉彦尚主不許詔」，下則前有題「不允詔同上條」，宋丙本無「同上條」三字。

門下侍郎孫固乞致仕不允仍給寬假詔

敕：孫固。省所劄子，奏「春中以被病危重，乞一致仕名目。聖恩深厚，未忍遽從。今氣血益以羸耗，在假已二十日。坤成聖節，不能勉強趨赴。伏望聖慈，察臣出於至誠，曲成其志」事具悉。朕以篤老之臣，於國有肝膽之親，而命以位，非責其趨走之勞也。卿以垂白之年，許朕以股肱之用，而受其託，非徒爲朝謁之勤也。今者眷倚之厚，朕方未怠；聞望之隆，人亦無間。徒以壽日方迫，疾勢未平，不能造朝，遂欲謝事。既非朕所以待卿之本意，亦非卿所以事朕之素心。人其謂何，朕實未諭。既命賜告以自養，卿其少安而勿違。所請宜不允，仍給寬假將治。故茲詔示，想宜知悉。

韓忠彥乞外任不許不允詔二首〔一〕

敕：忠彥。覽所箚子，奏「兄爲執政，弟爲駙馬，未有似此體例，不若自求罷免。伏望許解近司，處之外任」事具悉。魏公之功，沒而不朽；先帝之命，久而不忘。吾有懷舊勳，擢卿於六官之貴；繼因遺旨，屬嘉彥以副車之姻。推吾此心，蓋非一日。本將幷錄其子，以寵其父；豈欲獨收其弟，而棄其兄？比因力辭，嘗已臨諭。有唐故事，非獨一家。本朝已行，亦存近比。尙茲勤請，殊失眷懷。吾欲伯仲相望於朝〔二〕，以示國家不替舊德。起視乃職，罔復煩言。所請宜不許。故茲詔示，想宜知悉。

敕：忠彥。省所箚子，奏「兄爲執政，弟爲駙馬，未有似此體例，不若自求罷免。伏望許解近司，處之外任」事具悉〔三〕。君臣之間，以誠意相遇，則事無不可；以形迹爲務，則理或難通。朕惟魏公歷事三朝，咸有一德。功存社稷，澤及子孫。追懷茂勳，述行先志。以卿性資忠良，久更事任，可以寄股肱之託。以嘉彥業履純絜，方及冠歲，可以與姻親之選。各隨材分，以答勳勞。由義而言，略無嫌疑之可避；顧卿何慮，特假形迹以爲辭？況考之古今，亦有成例。祗服朕訓，何卹人言？其罔復辭，以安厥位。所請宜不允。故茲詔示，想宜知悉〔四〕。

【校】

〔一〕叢刊本題作「韓忠彥乞外任不許詔」，下則前有題「不允詔同上條」。宋丙本無「同上條」三字。

〔二〕「吾欲」，宋丙本作「吾欲使」。

〔三〕「敕忠彥」至「事具悉」，宋丙本無。

〔四〕「故茲詔示，想宜知悉」，宋丙本無。以下十篇同此。

孫固乞致仕不允詔

敕：孫固。省所三上箚子〔一〕，奏乞致仕，事具悉。卿以疾辭位，義也；而朕以事留卿，亦義也。既皆爲義，則卿之所執雖未爲過，而朕之所設亦豈遽非乎？尚何力辭，以廢成命？今者四方無虞，廟堂之上，非有艱難之慮，緩急之政也。卿疾雖未復而勢已有間，日雖稍久而事則無損。誠能得告以養疾，疾愈而造朝，宜若於體無害也；治疾以安身，身強而圖報，宜若於國有補也。尚何所疑，而辭之不已乎？勉徇前命，無復煩請。所請宜不允。故茲詔示，想宜知悉。

【校】

〔一〕「三」，叢刊本作「二」。

趙君錫免刑部侍郎不允詔

敕：君錫。省所奏辭免恩命事具悉。朕以卿仁恕不苛，必能哀矜有罪；寬平盡下，可以詳究微文。矧在東臺，逮茲累歲。觀封駮之無避，知廉直之有餘。衆言既孚，朕志亦定。往祗成命，罔復固辭。所請宜不允。故茲詔示，想宜知悉。

呂公孺免戶部尙書不允詔

敕：公孺。省所奏辭免恩命事具悉。方今賦有常供，無暴斂之入；用循故事，有不給之虞。朕眷求長材，委以足用，虛位以竢，累月于茲。卿家本世臣，早更事任。頃涖京邑，亦既久勞。辭而不居，誰使任事？所請宜不允。故茲詔示，想宜知悉。

太皇太后明堂禮成罷賀賜門下手詔

敕：門下。皇帝臨御，海內晏安。五經季秋，再講宗祀。克有君德，以享天心。顧吾何功，獲被斯福？今有司因天聖之故事，修會慶之盛禮。將俾文武，稱慶于廷。吾自臨決萬機，日懷祗畏。豈以非薄之德，自比章獻之明？矧復皇帝致賀于禁中，羣臣奉表于閤左。禮文既具，夫又何求？前朝舊儀，吾不敢受。將來明堂禮畢，更不受賀百官並內東門拜表。故茲詔示，想宜知悉。

太師文彥博乞致仕不許不允詔二首〔一〕

敕：彥博。覽所箚子，奏陳乞致仕事具悉。吾之用卿，本以公義；卿之事人，亦非私意。起於既謝，凡以爲民。矧於陟降之間，未覺筋力之憊。苟誠在愛民，則愈老而民不厭；誠在許國，則愈久而君益親。卿既以道深結於朝，而欲以私自便而去，義有未可，非吾所知。所請宜不許。故茲詔示，想宜知悉。

敕：彥博。省所箚子，奏陳乞致仕事具悉。絜去就之分，厲廉恥之風，此新進之士，立名於世者之所爲也。以朝廷爲家，以社稷爲悅，此老成之臣，竭忠於國者之所志也。卿昔以八十之年，不卹小廉，出狥朝命，既得之矣。歲月未幾，體力猶康，遽欲告歸，朕所未喻。豈以老成之望，而蹈新進之爲？謂宜少安，卒輔予治。所請宜不允。故茲詔示，想宜知悉。

【校】

〔一〕叢刊本題無「不允」「二首」四字，下則前有題「不允詔同上條」。宋丙本無「同上條」。以下三篇同此。

文彦博致仕再免兩鎮不許不允詔二首

敕：彦博。覽所再上箚子，奏辭免恩命，乞只以河東一鎮致仕貼麻處分事具悉。朝廷數以兩鎮命卿，而卿率以固辭獲免，抑有由也。或特恩之横被，或謝事而得休。歷考前後所加，猶是公相常禮。今者老而復起，起而復歸，率自帝師之隆，未見前人之比。秉持旄節，夫豈過哉？已却封章，姑止可也。所請宜不許。故兹詔示，想宜知悉。

敕：彦博。省所再上箚子，奏辭免恩命，乞只以河東一鎮致仕貼麻處分事具悉〔一〕。命由君出，禮以義起。豈必皆有故事，然後得以奉行？卿有德有年，在朝不見其比；或出或處，自昔未聞其人。矧復兩鎮之異恩，既有先朝之成命。蓋昔日之勳，未若今日之盛；則今日之受，豈必前日之非？勉聽朕言，祗受册禮。所請宜不允。故兹詔示，想宜知悉。

【校】

〔一〕「敕彥博」至「具悉」，宋丙本無。下兩篇同此。

文彥博三免兩鎭不許不允詔二首

敕：彥博。覽所三上劄子，奏辭免兩鎭恩命，止授河東一鎭致仕事具悉。卿股肱四朝，而爲二帝師。求之古今，未見倫擬。得謝而去，在禮宜殊。佩相印，持將鉞，以爲未足；故并付以蒲中、漢中之衆。所以華國，非特以爲卿寵也。今辭之不已，深所未喻。吾志先定，卿其勿辭。所請宜不許。故茲詔示，想宜知悉。

敕：彥博。省所三上劄子，奏辭免兩鎭恩命，止授河東一鎭致仕事具悉。朝廷之命，審而後發，非力辭之所得免也。卿親對便坐，繼三上章，詞已竭矣。而朕之素心，終不可易。且卿兩以師臣歸第，前無其比，而後無其繼。雖兼擁二節，孰以爲非者哉？所請宜不允。故茲詔示，想宜知悉。

文彥博免兩鎭許允詔二首

敕：彥博。覽所累上劄子，奏辭免兩鎭恩命，乞祗帶河東一鎭致仕事具悉。恩之不勝義，舊矣。卿既告老，而吾以至恩，授卿二鎮。朝有成命，而卿以大義，執節固辭，雖欲不聽，其如義何！況卿所陳，關國之體，以謂宗室之故，不當施於羣臣；而非法所加，亦難行於治世。辭之以禮，衆實謂宜。吾豈以一時之恩，而廢天下之義哉？勉從所請，還卿舊節。再惟誠悃，不忘嘉歎。特依所請換授，依舊領河東節度使致仕。故茲詔示，想宜知悉。

敕：彥博。省所累上箚子，奏辭免兩鎮恩命，乞祗帶河東一鎮致仕事具悉。朕惟先朝，嘗以兩鎮寵綏大臣者，惟魏國忠獻韓公，與卿爲二。忠獻既已一辭於前，而卿亦嘗再辭於後。先帝亮其至意，爲改册書。天下既頌先帝之明，復嘉二臣之義。今朕嗣守成憲，率而行之。以卿累章，稽之故事，實無違者。古之君子，愛人以德。朕豈忘斯義，而廢卿言？特依所請換授，依舊領河東節度使致仕。故茲詔示，想宜知悉〔一〕。

【校】

〔一〕「換授」至「知悉」，宋丙本無。

河東官吏軍民示喻敕書

敕：河東官吏軍人僧道百姓等。朕以文彥博四朝舊臣，一時耆德，起於既老之後，輔予纘服之初。奏章屢陳，歸意莫奪。師臣之貴，爵無復加；將鉞之崇，恩俾還舊。矧爾故鄉之父老，安於前尹之威懷，比聞册書，想多歡慰。今特授文彦博太師、開府儀同三司、太原尹、充河東節度管内觀察處置等使致仕，加食邑一千户，食實封四百户，勳封如故。故兹示諭，想宜知悉。將士等各得平安好，參佐官吏僧道耆壽百姓等並存問之。遣書指不多及。

孫固乞致仕不允詔

敕：孫固。省所箚子，奏「自去年正月末涉夏兩次重病，蒙聖恩寬假，得遂生全。然臣一年飲食減少，氣力羸乏。仰于天聽，以祈矜憫，許臣休致」事具悉。朕屬任耆老，本非旅力之求；卿被遇股肱，豈可一朝而去？雖自以羸瘠爲苦，朝謁多艱；然而遇事不廢思慮之明，進對每有諮謀之益。何損於政，遽當告歸？矧今邊防無異域之虞，宥府有同寮之助。勉親藥餌，仰循邦家。神之聽之，介以壽考。所請宜不允。故兹詔示，想宜知悉〔一〕。

【校】

〔一〕「故兹詔示，想宜知悉」，宋丙本無。

韓忠彥免同知樞密院不允詔

敕：忠彥。省所劄子，奏「伏覩除同知樞密院，伏望追改新命」事具悉。朕以西樞，總領兵要，綏御邊防。事有失於須臾，患或貽於久遠。是用輟卿左轄之要，付卿右武之權。分職雖殊，柄用則一。易地而已，力辭謂何？矧復親黨之微嫌，豈爲腹心之深累？勉起視事，尙體眷懷。所請宜不允。故茲詔示，想宜知悉。

蘇頌免尙書左丞不許不允詔二首〔一〕

敕：蘇頌。覽所劄子，奏辭免恩命事具悉。卿家世名臣，少小篤學。在昔圖史，包括無遺；本朝典章，指陳可數。中以直道，廢於一時。終守金石之姿，不爲燥濕所變。白首在列，丹心甚明。進轄中臺，斷自吾意。服勉休命，勿爲固辭。所請宜不許。故茲詔示，想宜知悉〔二〕。

敕：蘇頌。省所劄子，奏辭免恩命事具悉〔三〕。卿日奉寶訓，進讀金華。詞氣裕然，進退以禮。朕既已熟聞講解之益，抑又究觀業履之詳。臺中紀綱，責在丞轄。卿其以平昔舊聞，施於政事；朕亦以所參庶政，驗卿前言。毋爲固辭，當取成效。所請宜不允。故茲詔示，想宜知悉。

【校】

〔一〕叢刊本無「不允」、「二首」四字，下則有題「不允詔同上條」。宋丙本無「同上條」三字。下篇同此。

〔二〕「故茲詔示，想宜知悉」，宋丙本無。以下四則同此。

〔三〕「敕蘇頌」至「具悉」，宋丙本無。下篇第二則同此。

蘇頌再免左丞不許不允詔二首

敕：蘇頌。覽所再上箚子，奏辭免恩命事具悉。卿昔在仁祖之朝，已預石渠之選。一時同列，于今幾人？結髮翰墨之場，白首忠信之節。議論如故，志意不衰。擢任柄臣，蓋旌耆德。辭至于再，殊匪吾懷。所請宜不許。故茲詔示，想宜知悉。

敕：蘇頌。省所再上箚子，奏辭免恩命事具悉。二轄之司，萬幾所萃。不明故事，政或失於紛更；不達當今，用或病於膠固。朕以卿誦習典章而不厭，更閱義禮者尤多。擢寘左右之聯，實求咨訪之益。雖力辭之不已，顧成命之難回。所請宜不允。故茲詔示，想宜知悉。

知樞密院孫固乞避親不允詔

敕：孫固。省所劄子，奏「伏覩除韓忠彥同知樞密院事，緣臣有女嫁忠彥之弟純彥，有此親嫌，理合迴避。伏望罷臣知樞密院事，獲遂休退」事具悉。朕惟先朝同秉樞機之臣，有以近親不許避免之比。是以並建長貳之懿，不取形迹之嫌。今卿以謂無他同寮，請循著令。雖祖宗舊法，不可遂忘；而君臣同德，故爾無害。豈以纖芥之故，遽爲退老之謀？再閲謙詞，徒用嘉歎。所請宜不允。故茲詔示，想宜知悉。

周尹進興龍節無量壽佛敕書

敕：周尹。省所進奉興龍節無量壽佛一軸事具悉。佛心無爲，佛壽無量。有能繪其眞相，俾來獻於誕辰，勉我以清淨之風，祝我以期頤之福。忠勤深至，嘉歎不忘。故茲示諭，想宜知悉。夏熱，汝比好否？遣書指不多及〔一〕。

【校】

〔一〕「夏熱」至「不多及」，宋丙本無。

范百祿免侍讀不允詔

敕：百祿。省所上表「蒙恩除兼侍讀，伏望特寢誤恩」事具悉。卿秉心直諒，臨事莊栗。頃貳憲部，持法寬平，不屈於權要。及領選曹，歐吏詳察，不撓於煩劇。其達於吏治，朕既知之矣。至於通經博古，慨然正論，昔由此進，今以是老。朕寤寐格言，而獨未聞焉。挾策進讀，其勿復避。所請宜不允。故茲詔示，想宜知悉〔一〕。

【校】

〔一〕「故茲詔示，想宜知悉」，宋丙本無。以下四篇同此。

趙君錫免吏部侍郎不允詔

敕：君錫。省所奏辭免恩命事具悉。卿孝友慈祥，可以施於有政；寬栗柔立，可以命之有家。適從議讞之勞，遷領銓綜之重。蓋因已試之效，非有躐等之嫌。選劇務繁，不可久曠。勉力思報，賢於固辭。所請宜不允。故茲詔示，想宜知悉。

文彦博免孫男康世章服不允詔

敕：彦博。省所箚子，奏辭免孫男康世章服事具悉。卿以耆老給扶，子孫以進見授服。前後既異，豈以重復爲疑？奏牘上聞，何其畏愼之過？已頒成命，罔復重辭。所請宜不允。故茲詔示，想宜知悉。

孫固乞致仕不允詔

敕：孫固。省所箚子，奏「以老病情迫，累乞休致，未賜開可。緣年齒晚暮，疾病侵陵，今日筋骸困憊至此，無復安全之理。伏望哀憐，早降俞旨」事具悉。卿逮事聖考於潛宫，與聞先朝之大政。貴老求舊，屬任之意方隆；引疾告歸，退避之言已甚。君臣同德，夫豈當然？體力雖衰，姑復自勉。所請宜不允。故茲詔示，想宜知悉。

宰相吕大防等爲旱乞退不允詔

敕：大防等。省所箚子，奏「時雨不足，乞罷免職任」事具悉。歷時告旱，歲事可虞。精禱未孚，神貺猶嗇。朕側身思咎，終夕靡遑。卿等躬任爕和，志同憂患。雖引義自責，大臣之體則然；而釋位求安，有國之計何賴？尙講救荒之政，以助憂民之誠。苟能使旱不爲炎，則朕復何咎？所請宜不允。故茲詔示，想宜知悉。

太皇太后以旱賜門下詔

敕：門下。吾母臨四方，親決萬務。淸心克己，凡以爲民。而天意弗咸，歷時災旱。宿麥幾盡，秋稼未立。饑饉既至，疫癘將起。齋祠雖切，漠然弗應。吾則不德，民實何罪？中白循省，寢食皆廢。豈政治失當，事之害物者尙多；上下否塞，情之不通者非一；刑或不稱其罪，用或不當其人？有一于斯，皆足以上怫天心，下擾民聽。循致斯旱，咎實在吾。皇帝遇災，恐懼不敢自佚。既命有司，降食避殿，罷五月朔朝。吾亦自今月二十三日後減常膳，側身念咎，固無吝於改爲；協德濟民，尙有求於列位。故茲詔示，想宜知悉。

皇帝以旱賜門下詔

敕：門下。朕奉承統業，于今五年。臨御崇高，未達庶政。夙夜祗懼，若涉淵冰。常恐德之弗類，無以下慰民望，上當天心。今者冬雪不效，春雨弗若。逮此孟夏，旱災如焚。麥不充食，禾未出土。歲事凜凜，民且狠顧。雖禱祠備至，而神莫之答。惟循省自克，則災或可消。意者政令寬弛，吏或爲害而莫懲歟？賦役失當，民病於事而莫察歟？忠言有壅而未達，賢才有抑而未用歟？念之雖勤，行則未至。昭明恐懼之誠意，庶幾陰陽之不違。可自今月二十三日後減常膳，不御前殿，及將來五月一日罷文德殿視朝。朕上奉東朝，深愧常珍之日缺；下臨庶尹，猶冀嘉言之上聞。苟利於人，其無不可。故茲詔示，想宜知悉。

鄧温伯免翰林承旨不許不允詔二首〔一〕

敕：温伯。覽所奏辭免恩命事具悉。卿以文史足用，久在禁林；愼靖寡尤，首承密旨。雖云新命，率皆前官。尙此盤桓，固求引避。既違朝廷號令之信，徒有道路進退之嫌。其尙亟前，勿爲煩請。所請宜不許。故茲詔示，想宜知悉。夏熱，卿比平安好，遣書指不多及〔二〕。

敕：温伯。省所奏辭免恩命事具悉。翰林以議論爲官，而承旨以年德爲選。茲所以歷求多士，復用舊人。卿既久在朝廷，當識朕意。遷延退託，雖多長者之風；號令文詞，宜得宿儒之用。成命不反，固辭實難。所請宜不允。故茲詔示，想宜知悉。夏熱，卿比平安好，遣書指不多及。

【校】

〔一〕叢刊本無「不允」、「二首」四字，下則前有題「不允詔同上條」。宋丙本無「同上條」。

〔二〕「故茲」至「不多及」，宋丙本無。下則同此。

呂大防等再爲旱乞退不允詔

敕：大防等。省所再上劄子，奏「近以旱暵爲沴，乞罷職任。伏蒙詔命，不從所請。伏望早賜施行」事具悉。常暘爲災，民瘠已甚。朕爲之父母，而卿等爲朕股肱，相與憂之，固其任也。然至於求罷職事，則匪朕心。朕既自以失德爲疑，卿等姑復以粃政爲念。因民情而圖救，修旱備以防微。既能夙夜在公，豈必逡巡去位？朕志如是，卿其少安。所請宜不允。故茲詔示，想宜知悉〔一〕。

【校】

〔一〕「故茲詔示，想宜知悉」，宋丙本無。

彰德軍官吏軍民示喻敕書

敕：彰德軍官吏軍人僧道百姓等。朕以魏都要地，守難其人。馮京名臣，姑易其節。假爾鄴城之重，壯我留鑰之聲。矧旄鉞之得賢，抑吏民之增氣。已頒大號，想慰輿情。今特授馮京檢校司空、持節相州諸軍事、相州刺史、充彰德軍節度、相州管内觀察處置等使，再任知大名府兼北京留守司公事、畿内勸農使、充大名府路安撫使、馬步軍都總管，仍加食邑五百戶，食實封二百戶，勳封如故。故茲示諭，悉宜知悉。將士等各得平安好，參佐官吏僧道耆壽百姓等並存問之。遣書指不多及。

馮京免彰德軍節鉞不許不允詔二首〔一〕

敕：馮京。覽所上表，辭免恩命事具悉。老臣所在，衆志自安。邊鄙震其威名，吏民習於條教。事可坐定，政無更張。是用因魏都之舊疆，換鄴城之新節。孚號既布，僉謀畢同。方慶得人之難，遽覽飛章之請。吾命惟允，卿其勿違。所請宜不許。故茲詔示，想宜知悉。夏熱，卿比平安好。遣書指不多及。

敕：馮京。省所上表，辭免恩命事具悉。魏博重鎭，舊用老臣。旄節寵章，制存易地。朕以卿著稱多士，既歷三朝；臥治此邦，於今再歲。復欲借君以爲重，蓋亦因民之所安。豈其固辭，而可得免？祗服成命，永綏北郊。所請宜不允。故茲詔示，想宜知悉。夏熱，卿比平安好，遣書指不多及〔二〕。

【校】

〔一〕叢刊本無「不允」、「二首」，下則前有題「不允詔同上條」。宋丙本無「同上條」。

〔二〕「故茲」至「不多及」，宋丙本無。下篇同此。

文彥博免致仕合得五人恩澤詔

敕：彥博。省所劄子，奏「今來致仕，依條合得五人恩澤，乞賜寢罷」事具悉。朝廷以恩遇老臣，無所不厚；而卿以禮自克，辭不敢居。卿既能見得思義，以律貪夫；朕豈不能成人之美，以明晚節？蓋知損之爲益，是以高而不危。所請宜允。故茲詔示，想宜知悉。夏熱，卿比平安好，遣書指不多及。

范百祿免翰林學士不允詔

敕：百祿。省所上表，辭免恩命事具悉。卿早以直言，預英祖之選；中以直道，干神考之知。侃然立朝，老而益劭。朕欲訪經籍討論之助，求文章潤色之工。既已寘卿金華之中，茲又擢卿玉堂之上。刷復班六曹之首，無躐等之嫌；繼仲父之賢，有傳家之慶。朝有成命，勢不可違。時方須才，義亦難奪。所請宜不允。故茲詔示，想宜知悉〔一〕。

【校】

〔一〕「故茲詔示，想宜知悉」，宋丙本無。

欒城集卷之三十四

北門書詔祈祝九十首

批答四十四首

門下侍郎孫固乞致仕不許不允批答二首〔一〕

覽表具之。吾不出帷幄，臨御家邦。實賴股肱之良，以持綱紀之要。於其進退，顧可輕聽之哉？卿頃自近藩，擢貳東省。本以年德之故，非有筋力之求。若夫正顏色，出詞氣，使人望之而忠誠可信，鄙倍自遠，斯可矣。豈以一病未能造朝，遂欲舍而去哉？誠請雖勤，於義未也。所請宜不許。

省表具之。卿事先帝於東宮，覽兵要於西府。忠厚之節，始終不渝。朕敷求舊人，所得無幾。親之信之，以爲手足；尊之重之，以爲蓍龜。非有大故，不可棄也。豈以一病而輕去哉？雖會朝之常儀與坤成之大慶未能自力，蓋亦何疑？尚寧乃心，終輔予治。所請宜不允。

【校】

〔一〕宋丙本無「不允」、「二首」，下則前有題「不允批答」。以下各條批答與此同，不再出校。

劉昌祚免殿前副都指揮使不許不允批答二首

覽表具之。衞兵虚帥，累月于兹。召節亟還，辭章繼入。既匪眷懷之素，復稽總護之宜。與其飾説以固辭，孰若勤職而圖報？所請宜不許，仍斷來章。

省表具之。卿結髮兵間，著績境外。歸總環衞，本以次遷。懇避節旄，再形謙請。顧成命之不反，宜就職以無辭。所請宜不允，仍斷來章。

文彦博乞致仕不許不允批答二首

覽表具之。卿以衞武之年，踐呂尚之位〔一〕。安然無作，則功名自隆；默然無言，則卿尹自化。當以至靖之德，坐鎮羣動之樞。不勞施爲，以憊筋力。今者初畢元祀，遽聞告歸。幾務多閑，朝謁非病。屬任既重，披閱爲疑。方假百年之令猷，以觀庶尹之成效。來請雖切，殊匪吾心。所請宜不許。

省表具之。老而謝事，古之禮也，而勢未可去，蓋有不得謝者矣。卿元豐之間引年而歸，隆知足之風；元祐之初承詔而起，敦急病之義。既進退之兩得，謂始終之不渝。方朝廷政事之優閑，而卿志氣之康裕，雍容師保之地，儀刑卿士之前，朕之望卿，意未有艾。誠請雖至，義不可從。所請宜不允。

【校】

〔一〕「位」，宋丙本作「仕」。

呂大防免明堂恩命不許不允批答四首

覽表具之。吾聽政九重，逮今四載。觀孝孫之致享，奉文子以配天。神人既和，禮樂備舉。終事如素，孰尸厥功？顧惟元臣，宜與有慶。往服休命，其勿復辭。所請宜不許。

省表具之。朕臨御諸夏，俛仰四年。格茲秋成，躬致禋祝。爕和鎮撫，卿與有勞。豈惟一朝顯相之勤，實賴同德贊襄之益。國有成憲，時錫寵章。其罔復辭，勉服休命。所請宜不允。

覽表具之。寵至而辭，抑惟常禮；義當而受，顧亦何疑？永言宗祀之嚴，實賴顯相之助。加惠百辟，罔遺一人。豈其股肱之良，而無封邑之寵？成命不易，祗受勿違。所請宜不許，仍斷來章。

省表具之。朕奉祀合宫，祗見上帝。諸侯致享，邇臣侍祠。凡執豆籩，咸被慶賜。矧予元宰，實代天工。獨執謙言，孰先多士？勉膺成命，罔復固辭。所請宜不允，仍斷來章。

皇伯祖宗暉免恩命不許不允批答四首

覽表具之。季秋致享，羣后在廷。卿奉祀濮園，首帥宗子。相我熙事，不忘肅雝。逮茲禮成，宜受帝祉。矧朝廷之寵數，皆祖宗之舊章。雖執謙辭，莫回成命。所請宜不許。

省表具之。朕推廣帝澤，覃及海涯。惟英祖伯仲之親，與濮園烝嘗之奉，顯膺異數，實先諸臣。矧茲均福之餘，本緣升侑之慶。祗服成命，其又何辭？所請宜不允。

覽表具之。無言不酬，無德不報。古之道也。總章之祀，成于顯相。雖駿奔走，執豆籩，皆被其澤矣，而況於王乎？雖復固辭，難遂來懇。所請宜不許，仍斷來章。

省表具之。屬尊則禮必異，親近則寵必先。國之舊章，朕何敢廢？矧惟合宫之祀，實賴顯相之勤。雖欲不居，懼失常典。載嘉誠請，難徇固辭。所請宜不允，仍斷來章。

皇叔祖宗祐宗楚免恩命不許不允批答四首

覽表具之。吾祗命元孫，躬饗上帝。父兄在列，君臣肅然。熙事告成，大霈時舉。宜因休命之降，以爲羣臣之先。執謙而辭，殊匪吾意。所請宜不許。

省表具之。朕躬享上帝，陟配文考。事天事親，一舉而得。既受帝祉，懼不敢專。思與父兄，共享其福。若尊屬懿親，辭而不有，謂羣臣何？其聽朕命，服此休寵。所請宜不允。

覽表具之。祭祀之澤，神所照臨。祖宗之舊，吾無加損。卿侍祀夙夜，終事肅雍。既同百工〔一〕，咸被光寵；豈獨潔己，固陳謙詞？懇請雖堅，成命莫改。所請宜不許，仍斷來章。

省表具之。朕既有事于明堂，凡執事之臣，咸與有慶。矧諸父兄之貴，朕所尊禮，而祖宗之所顧享者耶？辭至于再，深所未諭。尚體至意，無復煩請。所請宜不允，仍斷來章。

【校】

〔一〕「百工」，叢刊本作「百僚」。

皇弟佶似偲免恩命不許不允批答四首

覽表具之。吾奉承先緒，成就諸孫。宗祀合宮，茲見元良之盛；大霈寰宇，特先仲叔之賢。率時舊章，錫以休命。體我眷厚，其勿謙辭。所請宜不許。

省表具之。兄弟之義，譬如手足，憂喜同之。朕有事于合宮，徼福于上帝。中外臣庶，咸被其澤。豈予諸弟之親而不遍者乎？朕命惟允，其勿辭可也。所請宜不允。

覽表具之。席父兄之貴，居王公之尊，典禮既行，爵命自至。兹以廣愛，豈將期驕？與其被命而力辭，孰若居寵而知畏？祗服異數，毋忘益恭。所請宜不許，仍斷來章。

省表具之。宗祀文王，以配上帝，此周禮也。議于諸儒，歷世不決。逮我聖考，一言而定。朕奉而行之，罔有增損。至於禮樂之文，赦宥之澤，咸有成法，非朕所私。豈予諸弟之賢，弗迪前人之訓？祗服寵命，其勿固辭。所請宜不允，仍斷來章。

劉昌祚免恩命不許不允批答四首

覽表具之。卿國之虎臣，帥我爪士。總章大祀，宿衞有勞。宜爲六軍之先，以承大賚之慶。辭而不有，殊匪吾心。所請宜不許。

省表具之。卿爲環列之尹，職在訓齊。方總章之祠，勞於宿衞。禮成加惠，國有舊章。上自將帥之聯，下逮什伯之長，咸錫休命，罔遺一夫。苟將獨辭，何以率衆？所請宜不允。

覽表具之。朝廷治安，將帥閑暇。因慶推賞，或疑無名。孰知養之之優，蓋由責之之重。鎮靖吏士，折衝蠻夷。苟誠能之，尚有大者。往服成命，毋復固辭。所請宜不許，仍斷來章。

省表具之。朕三歲親祠，百辟來助。因上穹之降福，縻好爵以廣恩。非獨爾私，尚將何避？若夫閫外之寄，師中之權，朕既不以私假人，卿亦宜以功受祿。今此成命，其勿固辭。所請宜不允，仍斷來章。

中書侍郎劉摯免恩命不許不允批答二首〔一〕

覽表具之。吾雙日而朝，勤勞政事。四歲之久，庶幾成功。幸斯民之小康，見合宮之再享。豈伊寡德，實賴羣公。苟天下之信安，夫何賞之不可？大賚之慶，胡以辭爲？所請宜不許，仍斷來章。

省表具之。朕歷三歲以親祠，磬四海之來祭，雖祖考之德，足以致此；而左右之助，豈其無人？卿夙夜在公，直諒不倚。成我熙事，爾勞居多。惠澤之均，率由舊典。已行之命，其罔固辭。所請宜不允，仍斷來章。

尙書右丞許將免恩命不許不允批答二首

覽表具之。祭有大澤，惠及庶工。凡自通籍之臣，莫不指日而待。卿位在丞轄，手執紀綱，辭而不居，衆或未喻。矧成命之不反，宜勉受以勿違。所請宜不許，仍斷來章。

省表具之。朕祗見昊穹，嚴奉文考。卿早以儒術用於先朝。蓋圖任有求舊之心，而顯相有逮事之感。實先多士，推霈渥恩。其勿固辭，往服成命。所請宜不允，仍斷來章。

文彥博致仕免兩鎭不許不允批答二首

覽表具之。凡自一命，告老于朝，考之舊章，必加以爵。蓋所以敦始終之義，礪廉退之風。國之故常，吾敢失墜？卿自祖宗之世，兼將相之權，得謝神考之朝，既履師臣之貴。老而復起，功成告歸。豈以上公之尊，不如命士之寵？兼鎭之重，故事可推。雖曰非常之恩，孰是元臣之比？勉膺成命，毋煩固辭。所請宜不許。

省表具之。朕越自沖年，嗣承大統。念昔師臣之美，起卿謝事之餘。元老在朝，國勢增重。誨言時至，典學日新。方當問道之秋〔一〕，遽聞歸老之告。留之不可，爵之無加。推考舊章，以錫成命。因有餘而戒得，雖嘉乃心；念不足於報功，亦伸朕志。所請宜不允。

【校】

〔一〕「秋」，宋丙本作「初」。

韓忠彥免同知樞密院不許不允批答二首

覽表具之。吾以二三大臣，分領兵政庶務。雖職之煩簡或異，而事之緩急略殊，然而屬任惟均，出入無間。卿既與聞國論，豈不明吾此心？安有總轄中臺，則足以參幾微之決；至於論議西府，則不能處軍旅之宜？尙體眷懷，毋復謙請。所請宜不許，仍斷來章。

省表具之。惟乃先正，歷事累朝。經國論道，有賢相之規；治兵禦戎，得名將之略。風績猶在，子孫不忘。今朕舉以試卿，意卿得其遺意。勉膺成命，其勿煩請。上可以幹國之蠱，下可以信父之志。所請宜不允，仍斷來章。

蘇頌免尚書左丞不許不允批答二首

覽表具之。國方治安，典章文物，可以御世。朝有耆老，風采議論，足以服人。吾以卿夙守名節，練達故事，舉而用之，豈苟而已？勉起就職，毋廢成命。所請宜不許，仍斷來章。

省表具之。朕若稽古訓，況於祖宗之法，何所不考？思得良士，達於今昔之故，明以來詔。以卿立朝滋久，稱道不亂，擢寘綱轄之地，以爲先後之寄。明體兹意，毋復來請。所請宜不允，仍斷來章。

呂大防等乞御正殿復常膳不許不允批答二首

覽表具之。吾勉而臨政，志切爲仁。凡克己以濟民，皆力行而不悔。矧今久旱傷稼，憂在阻飢，豈以非食逾旬，指爲難事？而卿等因是微澤，率然上章。雖嘉乃誠，殊匪吾意。夫旱災之後，荒政之所備者尚煩；秋種雖生，終歲之可虞者非一。與其君臣釋然而忘患，孰若上下相儆以圖安。姑存降食之文，以示畏天之實。所請宜不許。

省表具之。歷時不雨，天之告戒已深；因旱責躬，朕之誠意未怠。今雖小雨繼至，而二麥已傷，饑饉有已見之形，禾黍無必獲之理。卿等遽陳誠請，復求故常。朕仰畏天威，下念民瘼，深愧治朝之盛，未知肉味之甘。矧復神母愛民，憂心如昨。朕獨何意，遄舉舊章？須歲事之有成，與天意而皆復。所請宜不允。

第二表不許不允批答二首

覽表具之。吾性本恭儉，居不求豐。時方旱災，懼若無措。是用側身念咎，貶食以祁，上將答於天心，下以慰於民望。今者膏澤既至，黍稷可期。此則上帝仁愛之深，斯民鰥寡之幸。在吾祗懼，何敢弭忘？卿等備位股肱，亮此誠意。豈可因風雨之微順，忽陰陽之久愆？方歲事之多虞，姑復少竢；苟民食之既足，吾亦何辭？所請宜不許，仍斷來章。

省表具之。朕獲守丕基，未習師保之訓；不有善政，以干陰陽之和。去冬以來，時雨弗若。譴告之久，逮今半歲有餘；戒懼之誠，豈以一雨而足？永惟朝會之禮，百辟具來；膳飲之常，庶珍咸在。方斯民之未裕，匪朕意之所存。卿等寄在腹心，志同憂樂，奉我以黼扆之盛，不若處我於無過之中；厚我以玉食之華，不若助我以兼濟之善。所請宜不允，仍斷來章。

第三表不許不允批答二首

覽表具之。乃者雩而得雨，牟麥既傷；田雖可耕，禾黍猶病。吾惟農夫之不易，歲事之多艱，未忘戒懼之誠，不遑口體之養。今者時雨既至，秋稼稍蘇，卿等遽與庶官，求信前請。吾將推先王菲食之意，以終斯民豐歲之祈。行之雖久，而不謂勞。卿其姑止，以成吾志。所請宜不許。

省表具之。朕庶政不明，常暘爲譴。奔走祠望，降黜典常。亦既逾時，僅而獲雨。永惟天意之難復，民食之未充。庶幾終歲之登成，未免茲心之怵惕。虛治朝之列位，損內饔之常羞。於朕心猶自未安，而卿等遽以爲請。昔成湯自省以六事，楚莊常懼於無災。朕既嘉前王之小心，豈以一雨而遂懈？所請宜不允。

第四表許允批答二首

覽表具之。吾聞天之降異，本以仁愛人君；君知畏天，乃克保有邦國。故旱雖傷稼，而恐懼修政，則變或可消；雨雖應祈，而怠忽忘災，則歲未可必。頃者膏澤荐至，羣言上聞。吾夙興念此，降食如故。今勤請繼至，屢却弗回。惟衆意之不可重違，故事之不可終廢。膳羞之設，雖勉強以復常；修省之心，終頃刻而不去。尙賴多士，同致此誠。所請宜許。

省表具之。畏天卹民，本朕躬平日之志；避殿損膳，抑祖宗故事之常。乃者亢陽爲災，甘澤未遍。朕祗率舊典，以行本心。兹因屢請之勤，審知時雨之足。苟毋憂於民食，豈必廢於邦常？朕既用僉言，正坐食珍，不改國朝之舊；卿等亦廣吾意，修政謹備，常若水旱之來。所請宜允。

書九首

皇帝明堂宿齋第一次問太皇太后聖體答書

太皇太后致書于皇帝：祗事總章，竭誠齋宿。上承天以報本，内嚴父以顯親。克愼多儀，永膺繁祉。

皇太后答書

皇太后致書于皇帝：國有舊章，禮嚴宗祀。祓齋殿幄之祕，和調玉食之精。益愼孝思，以逆純嘏。

皇太妃答書

皇太妃致書于皇帝：齋居外朝，躬承大祀。穆然重屋之邃，煥乎右坐之嚴。祗率舊章，以承天貺。

第二次太皇太后答書

太皇太后致書于皇帝：祀嚴三歲，卜告中辛。既結佩以齋心，將奠玉而致享。克勤陟降，以接明靈。

皇太后答書

皇太后致書于皇帝：講禮合宮，祗事上帝〔一〕。將儀式於文考，以敎孝於諸侯。尙愼威儀，以承佑享。

【校】

〔一〕「祗事」，原作「祇覗」，據宋丙本、叢刊本改。

皇太妃答書

皇太妃致書于皇帝：上帝降衷，文考升侑。精誠盡於齋宿，進退比於樂文。罔有告勞，以須降福。

皇帝謝禮畢太皇太后答書

太皇太后致書于皇帝：奉承天休，纘嗣先烈。四及季秋之吉，再款合宮之嚴。禮成不違，神貺昭答。益懋仁孝之本，以格天人之和。

皇太后答書

皇太后致書于皇帝：秋物豐成，克致粢盛之奉；羣心祗若，式觀職貢之來。內盡純誠，外殫庶物。遂舉多儀之盛，何慚累聖之隆。降福孔多，克勤無斁。

皇太妃答書

皇太妃致書于皇帝：絜齋居外，有夙夜之勤；旋辟致恭，盡禮樂之變。仰以報功於上帝，俛以祈福於斯民。及此休成，蓋亦勞止。永膺福祚，以保家邦。

祝文十二首

北京南開二股河祭河瀆星辰祝文

維元祐四年歲次己巳八月戊戌朔十六日〔一〕，嗣天子名謹遣承議郎、行太常博士、充秘閣校理、武騎尉劉唐老敢昭告于尾宿星〔二〕：乃者暑雨過常，河流東溢。因有司之來告，請以時而決疏。兵役暴興，冀明靈之垂祐；民心苟利，幸開塞之協宜。尚饗。

【校】

〔一〕「元祐」至「十六日」，原作「年月日」，今據宋丙本改。本卷以下祝文及前六篇青詞中時間原均作「年月日」，一一據他本校改，不再出校記。

〔二〕「承議郎」至「劉唐老」，原作「某官某」，今據宋丙本、叢刊本改，但宋丙本無「行」，「劉唐老」後無「敢」。本卷以下祝文及前六篇青詞中官名及姓名原均作「某官某」，或「具官」等，一一據他本校改，不再出校記。

景靈宮安鐵水窗祝文〔一〕

維元祐四年歲次己巳八月戊戌朔十六日己丑，皇帝遣昭宣使、和州刺史、內侍押班管勾景靈宮趙世長致祭于里域眞官：伏以靈宇邃嚴，周渠捍密，有司繕故，以時易新。既命涓神，敢告經始。尙饗。

【校】

〔一〕「水」，叢刊本作「冰」。

後苑祈晴祝文

維元祐四年歲次己巳八月戊戌朔二十二日己未，皇帝遣入內內侍省內東頭供奉官句當後苑譚扆等，請僧三七人，於後苑華景亭開啓祈晴道場。伏以秋稼方登，淫雨作沴。矧合宮之大禮，迫季月之近期。塗潦爲憂，寢食幾廢。仰祈法力之勝，時斂積雨之祥。開示秋暘，以成歲事。下慰勤農之念，上全享帝之誠。謹言。

太廟整漏奏告宣祖皇帝祝文

維元祐四年歲次己巳九月戊辰朔六日癸酉，孝曾孫嗣皇帝臣名謹遣朝請大夫、守太常少卿、直龍圖閣、柱國〔一〕、賜紫金魚袋臣李周敢昭告于宣祖昭武睿聖皇帝：伏以廟室久安，霖雨乘隙。飭工繕治，選日告虔。棟宇益堅，威靈無竦。尙饗。

【校】

〔一〕「柱國」，宋丙本無，據叢刊本補。

後苑粉壇祈雨祝文

維元祐五年歲次庚午四月丙午朔〔一〕，皇帝遣入內內侍省內東頭供奉官句當後苑譚扆等，請僧三七人，於後苑華景亭開啓粉壇祈雨道場。伏以自冬常暘，涉夏未雨。四方千里，二麥一空。惕焉不德之慚，貽我烝民之病。爰假佛乘之妙力，大啓天竺之淨壇。庶使鍾梵卽交〔二〕，作雲雷於淸晝；膏澤普潤，復禾黍於有秋。豈獨微衷之私，實亦衆志之願。謹言。

【校】

〔一〕「丙午」，叢刊本作「丙申」，此從宋丙本。

〔二〕「卽」，叢刊本作「旣」。

五岳四瀆祈雨祝文

維元祐五年歲次庚午月朔日，皇帝名謹遣左朝散郎、充集賢校理、守尚書禮部郎中崔公度敢昭薦于東嶽天齊仁聖帝〔一〕：伏以君德不修，天澤弗應。自冬涉夏，困於常暘。失麥與禾，何以卒歲？率土之廣，匪神孰依？雖或政令之失宜，嗟彼烝庶之何罪？尚祈甘雨，克畀豐年。衆之所同，神罔終棄。尚饗。

【校】

〔一〕「東嶽天齊仁聖帝」，原作「某神」，據宋丙本、叢刊本改。

謝雨祝文

維元祐五年歲次庚午月朔日，皇帝名謹遣左朝散郎、充集賢校理〔一〕、守尚書禮部郎中崔公度敢昭賽于東嶽天齊仁聖帝〔二〕：伏以自冬歷春，雨雪弗效。由近及遠，麥禾可憂。懼成凶年，病我赤子。神明昭答，膏澤普加。力回大旱之餘，卒致有秋之喜。不腆之薦，誠意斯存。尚饗。

【校】

〔一〕「充」，宋丙本無，據叢刊本補。

〔二〕「敢」，宋丙本無，據叢刊本補。

鳳翔府太平宫修殿告遷太宗皇帝神御祝文〔一〕

維元祐五年歲次庚午月朔日，孝曾孫嗣皇帝臣名謹遣臣某敢昭告于太宗至仁應道神功聖德文武睿烈大明廣孝皇帝〔二〕：伏以終南積高，神明是宅。仙廟夙設，容御攸存。屬當圖新，敢告遷寓。少祈安妥，旋復故常。尚饗。

【校】

〔一〕「太宗皇帝神御祝文」，原作「太宗眞宗神御祝文」，今據宋丙本删「眞宗」（文中亦未提眞宗），補「皇帝」。

〔二〕「至仁」至「廣孝」，原無，據宋丙本、叢刊本補。

奏告五星祈雨祝文

維元祐五年歲次庚午四月丙申朔八日癸卯，嗣天子名謹遣左奉議郎、守尚書吏部員外郎趙屼敢昭告于東方歲星：伏以膏澤不時，咎在邦政。烝庶何罪，橫罹深災？惟神聰明，實司造化。尚霈甘雨，卒成豐年。衆所共祈，神豈弗答？尚饗。

天地社稷宗廟謝雨祝文

維元祐五年歲次庚午五月乙丑朔十三日丁丑，嗣天子臣名謹遣中大夫、守門下侍郎、柱國、彭城郡開國公、食邑二千戶、食實封五百戶、賜紫金魚袋臣劉摯敢昭賽于昊天上帝。伏以旱始于冬，牟麥既病；勢延于夏，禾黍亦傷。憂心如焚，靡神不舉。雖責躬而何益？賴靈德之好生。甘澤霶流，羣槁復作。民有望於饘粥，國無廢於粢盛。仰止鴻私，莫知所報。尚饗。

神廟寺觀謝雨祝文

維元祐五年歲次庚午五月乙丑朔十三日丁丑，皇帝謹遣左朝散大夫、尚書吏部郎中胡宗回敢昭賽于護國顯應公：伏以民以食爲生，神以民爲主。亢陽爲厲，顧多匪德之慚；靈雨既周，終賴無私之施。釋三農之憔悴，復九穀於登成。利澤無窮，恩德何報？尚饗。

嶽瀆謝雨祝文

維元祐五年歲次庚午月朔日，皇帝名謹遣某官某敢昭賽于東嶽天齊仁聖帝〔一〕：乃者歲方常暘，民既艱食。振倉廩而何救，殫雩禜而莫聞。雖懷閔雨之誠，顧乏應天之實。是以並走羣望，靡神不宗。神惟不終棄民，國亦因以受賜。油雲屢作，甘雨俄均。禾黍復生，麻菽可蓺。民既勤止，朝夕耘耔之間；神終相之，時節風雨之至。尚饗。

【校】

〔一〕「東嶽天齊仁聖帝」，原本作「某神」，據宋丙本、叢刊本改。

青詞十二首

福寧殿開啓明堂預告道場青詞

維元祐四年歲次己巳八月戊戌朔十三日庚戌，嗣天子臣名請女道士二七人，於福寧殿開啓明堂道場，一月罷散，日設醮一座，一百二十分位，謹上啓元始天尊、太上道君、太上老君混元上德皇帝：伏以嗣守丕業，于今四年。躬祀總章，方期再見。講魯之舊，當先事于泮宮；稽國之常，亦預祈于中禁。祓除祕殿，祇竢眞游。降福儲祥，望璇霄而非遠；奉珪奠幣，冀釐事之有成。無任懇倒之至。謹詞。

罷散青詞

維元祐四年歲次己巳九月戊辰朔十三日庚辰，嗣天子臣名請女道士二七人，於福寧殿罷散明堂道場，設醮一座，一百二十分位，謹上啓元始天尊、太上道君、太上老君混元上德皇帝：伏以將款合宮，祇見上帝。遵道家之祕籙，先祓不祥；企眞馭於太虛，罔違誠悃。錫茲祉福，畀我休成。無任懇倒之至。謹詞。

北京南開二股河道場青詞

維元祐四年歲次己巳月朔日，嗣天子臣名謹遣承議郎、行太常博士、充秘閣校理、武騎尉臣劉唐老，請道士二七人〔二〕，爲開二股河開啓道場；七晝夜罷散，日設醮一座，一百二十分位，謹上啓元始天尊、太上道君、太上老君混元上德皇帝：伏以大河西行，已見歷年之久；漲水東溢，疑還故道之流。兵役亟興，民力重困。顧河朔災傷之未復，惟天心惻怛以無私。式遏橫流，少安北道。無任懇倒之至。謹詞。

【校】

〔一〕「請道士二七人」，宋丙本無。

中太一宮祈晴青詞

維元祐四年歲次己巳八月戊戌朔二十二日己未，嗣天子臣名謹遣入內內侍省內侍高品臣楊偁〔一〕，請道士三七人，於太一宮眞室殿，開啓祈晴道場，謹上啓元始天尊、太上道君、太上老君混元上德皇帝：伏以多稼如雲，淫雨若注。勢逾三日，害及百嘉。永惟刑政之失中，顧念蒼黔之何罪？剡復宗祀有日，百執致功。泥潦塞途，中外告病。仰惟眞聖之妙，實司陰陽之權。廓淸繁雲，煥發朝日。屈伸俄頃，變化無方。使民獲收斂之功，而國遂齋祠之禮。永望霄極，祗薦勤誠。無任懇倒之至。謹詞。

【校】

〔一〕「內侍」，原無，據叢刊本補。

明堂禮畢福寧殿道場青詞

維元祐四年歲次己巳九月戊辰朔十四日辛巳，嗣天子臣名請女道士二七人於福寧殿開啓明堂禮畢道場，一七日罷散，日設醮一座，一百二十分位，謹上啓元始天尊、太上道君、太上老君混元上德皇帝：伏以因聽政之堂，修饗帝之祀。陟配文考，大賚四方。禮成不違，神貺昭答。念非寡德之致，顧依妙道之餘。祗祓禁塗，遠逆眞馭。誠心上達，微供獲陳。無任懇倒之至。謹詞。

罷散青詞

維元祐四年歲次己巳九月戊辰朔二十日丁亥，嗣天子臣名請女道士二七人，於福寧殿罷散明堂禮畢道場，設醮一座，一百二十分位〔一〕，謹上啓元始天尊、太上道君、太上老君混元上德皇帝：伏以饗帝合宮，獲成嚴父之志；薦誠秘殿，復陳終事之儀。靈科既修，眞貺斯格。肅然神光之下，怳然誠意之通。明德甚微，愧天心之博應；神功莫測，保邦祚於無疆。無任懇倒之至。謹詞。

【校】

〔一〕「一百二十分位」，宋丙本無。

景靈宮預告雅飾聖祖青詞

維元祐四年歲次己巳九月戊辰朔十七日甲申，嗣皇帝臣名謹遣昭宣使、和州刺史、內侍省內侍押班、管句景靈宮臣趙世長，請道士二七人，於景靈宮天興殿開啓雅飾預告道場，三晝夜罷散，日設醮一座，二百四十分位，謹上啓聖祖上靈道高九天司命保生天尊大帝〔一〕：伏以威神在天，像設有位。稍經歲月，寖失光儀。輒因靈科，以告增飾。無任懇倒之至。謹詞。

【校】

〔一〕自篇首至「大帝」，原無。以下青詞與此大體相同，均據叢刊本、宋丙本參校補足，不再出校記。

裝飾聖祖御容青詞

維元祐四年歲次己巳九月戊辰朔二十日丁亥，嗣皇帝臣名謹遣昭宣使、和州刺史、內侍省內侍押班臣趙世長謹上啓聖祖上靈高道九天司命保生天尊大帝：伏以眞聖所依，宜極華煥。歲月既久，必有增嚴。茲因卜日之良，敢告飭工之始。無任懇倒之至。謹詞。

雅飾了畢開啓奉安聖祖眞容道場青詞

維元祐四年歲次己巳九月戊辰朔二十七日甲午，嗣皇帝臣名謹遣昭宣使、和州刺史、內侍省內侍押班、管句景靈宫臣趙世長，請道士二七人，於景靈宫天興殿開啓奉安道場，三晝夜罷散，日設醮一座，二百四十分位，謹上啓聖祖上靈高道九天司命保生天尊大帝：伏以靈德常新，威顔有耀。儼若斯民之望，怳然眞馭之臨。肇自殊庭，即安珍館。稽首延佇，降福無疆。無任懇倒之至。謹詞。

西嶽謝雨青詞

維元祐五年歲次庚午月朔日，皇帝名謹遣入內內侍省內東頭供奉官張懷寶，請道士二七人於西嶽開啓謝雨道場，晝夜設醮分位，恭賽于西嶽金天順聖帝：伏以靈雨愆期，農民驚顧。精禱既格，神應不違。牟麥復存，禾黍可望。永惟千里之澤，豈獨一人之私？尚終降休，迄有豐歲。無任懇倒之至。謹詞。

中太一宫祈雨青詞二首

維元祐五年歲次庚午二月丙申朔二日丁酉，嗣天子臣名謹遣入內內侍省內東頭供奉官臣李永言，請道士三七人，於中太一宫眞室殿開啓祈雨道場，謹上啓元始天尊、太上道君、太上老君混元上德皇帝：伏以冬雪不效，春雨過期。雲族屢興，風災輒至。牟麥既病，秋種未入。嗟民何罪，籲天不聞？惟側身念咎之誠，不敢自赦；而絜齋祈福之舊，亦莫少愆。庶見膏澤之滂流，尙俾飢民之粒食。懇禱斯極，眞聖所臨。無任懇倒之至。謹詞。

其二

維元祐五年歲次庚午五月朔日，嗣天子名謹遣入內內侍省內東頭供奉官、句當三館秘閣臣李永言，請道士三七人，於中太一宮眞室殿開啓祈雨道場，謹上啓元始天尊、太上道君、太上老君混元上德皇帝：伏以常暘爲虐，夏已及中，精禱未孚，雨不逾尺。麥雖粗入，未足以充入口之飢；禾則始生，猶當竢三日之澤。人謀竭矣，天意謂何？惟至道之密微，運元化於俄頃。慈閔衆庶，覆護邦家。召呼風雲，廣施千里之潤；勃興黍稷，終致百室之盈。永與斯民，同仰靈德。無任懇倒之至。謹詞。

朱表七首

福寧殿罷散明堂預告道場朱表

臣名言：絜誠致享，近在外朝。先事告誠，祗祓中禁。企聖眞於璇極，嚴科式於靈場。

忽恍攸通，福祥來暨。冀奠玉而神享，迄升煙而禮成。終始莫違，上下蒙慶。臣無任精虔激切之至，謹奉表奏告以聞。臣名誠惶誠懼，頓首頓首，謹言〔一〕。

【校】

〔一〕「精虔」至「謹言」，原無，均據叢刊本、宋丙本校補。以下各篇與此略同，不再出校記。

北京開二股河罷散日道場朱表

臣名言：秋水洊至，河流灌盈。溢於北都之南，疑有東行之漸。亟興兵役，永念民勞。仰祈幽贊之功，式遏横流之勢。浮議一定，疲俗再安。覬洪造之無私，庶微衷之不昧。臣無任精虔激切之至。謹奉表奏告以聞。臣名誠惶誠懼，頓首頓首，謹言。

明堂禮畢福寧殿罷散道場朱表

臣名言：親祠之重，每三歲而後成；陟配之隆，及中辛而既舉。顧菲薄之何有，賴眞聖以爲依。祗按靈科，絜齋祕殿。仙游降格，神貺普存。上保邦家之休，下祈民物之定。眇然微悃，過此何求？臣無任精虔激切之至，謹奉表奏告以聞。臣名誠惶誠懼，頓首頓首，謹言。

景靈宮奏告雅飾聖祖罷散道場朱表

臣名言：於赫皇祖，敷祐下民。眷眞宇之靚深，儼粹容之肅穆。雖道存不變，而體有從新。既祗薦於科儀，期永安於像設。臣無任精虔激切之至，謹奉表奏告以聞。臣名誠惶誠懼，頓首頓首，謹言。

景靈宮奉安聖祖眞宗御容罷散道場朱表

臣名言：眞源永久，福千世以無疆；邃宇穆清，延萬靈之景從。肇新遺像，祗薦薄誠。庶資法會之功，敷錫烝民之祉。臣無任精虔激切之至，謹奉表奏告以聞。臣名誠惶誠懼，頓首頓首，謹言。

西嶽罷散謝雨道場朱表

臣名言：歷時不雨，千里同憂。顧民何知，惟帝是賴。精禱既應，多稼獲存。饘粥之餘，倉廩攸實。仰憑道供，少答神休。臣無任精虔激切之至，謹奉表奏告以聞。臣名誠惶誠懼，頓首頓首，謹言。

諸宫觀罷散謝雨道場朱表

臣名言：生靈多罪，丁旱暵以知窮；眞聖至仁，視疾苦而能救。不嫌屢請之黷，溥施甘澤之滋。禾黍復生，囷倉可望。仰企霄漢，莫報恩私。臣無任精虔激切之至，謹奉表奏告以聞。臣名誠惶誠懼，頓首頓首，謹言。

表五首

泥飾諸陵神臺奏告表

臣名言：伏以威神如在，陵寢無疆。風雨侵尋，塗丹脱落。時加新飾，以謹故封。敢因良辰，式告安宅。臣無任精虔激切之至，謹差某官臣某奉表奏告以聞，臣名誠惶誠懼，頓首頓首，謹言。

泥飾永裕陵神臺等奏告表

臣名言：伏以陵臺鞏固，殿瓦峻嚴。雨澤浸淫，丹粉墮落。恭擇良日，以命衆工，彩飾再完，威神不竦。臣無任精虔激切之至，謹差某官臣某奉表奏告以聞。臣名誠惶誠懼，頓首頓首，謹言。

明堂禮畢內中奏謝諸佛表

伏以躬薦徽誠，克終大典。致周公嚴父之志，達聖人享帝之能。顧非薄之何功，賴僊眞之垂祐。歸依靡極，荷戴不忘。臣無任精虔激切之至，謹差某官臣某奉表奏告以聞。臣名誠惶誠懼，頓首頓首，謹言。

露香表

伏以大享告成，舊章不墜。祗答昊穹之貺，升侑文考之靈。精意潛通，多福荐至。敢因清夜，躬薦薄誠。臣無任精虔激切之至，謹差某官臣某奉表奏告以聞。臣名誠惶誠懼，頓首頓首，謹言。

永裕陵添修屋宇奏告表

臣名言：伏以宮寢崇深，廊廡缺圮。敢涓良日，祗命衆工，庶復從新，以資永固。臣無任精虔激切之至，謹差某官臣某奉表奏告以聞。臣名誠惶誠懼，頓首頓首，謹言。

欒城集卷之三十五

論時事狀三首

制置三司條例司論事狀 奏乞外任狀附。

轍頃者誤蒙聖恩，得備官屬。受命以來，於今五月。雖勉強從事，而才力寡薄，無所建明。至於措置大方，多所未諭。每獻狂瞽，輒成異同。退加考詳，未免疑惑。是以不虞僭冒，聊復一言。

竊見本司近日奏遣使者八人分行天下，按求農田水利與徭役利害，以爲方今職司守令，無可信用，欲有興作，當別遣使。愚陋不達，竊以爲國家養材如林，治民之官，棋布海內，興利除害，豈待他人？今始有事，輒特遣使。使者一出，人人不安。能者嫌使者之侵其官，不能者畏使者之議其短。客主相忌，情有不通；利害相加，事多失實。使者既知朝廷方欲造事，必謂功效可以立成。人懷此心，誰肯徒返？爲國生事，漸不可知。徒使官有送迎供饋之煩，民受更張勞擾之弊。得不補失，將安用之？朝廷必欲興事以利民，轍以爲職司守令足矣。蓋勢有所便，衆有所安。今以職司治民，雖其賢不肖不可知，而衆所素服，於勢爲順。稍加選擇，足以有爲。是以古之賢君，聞選用職司以責成功，未聞遣使以代職司治事者也。蓋自近世，政失其舊。均稅寬卹，每事遣使。冠蓋相望，而卒無絲毫之益，謗者至今未息。不知今日之使何以異此？

至於遣使條目，亦所未安。何者？勸課農桑，墾闢田野，人存則舉，非有成法。誠使職司得人，守令各舉其事，罷非時無益之役，去猝暴不急之賦，不奪其力，不傷其財，使人知農之可樂，則將不勸而自勵。今不治其本，而遂遣使，將使使者何從施之？議者皆謂方今農事不修，故經界可興，農官可置。轍觀職司以下勸農之號何異於農官？嘉祐以來方田之令何異於經界？行之歷年，未聞有益。此農田之說，轍所以未論也。

天下水利，雖有未興，然而民之勞佚不同，國之貧富不等。因民之佚而用國之富以興水利，則其利可待；因民之勞而乘國之貧以興水利，則其害先見。苟誠知生民之勞佚，與國用之貧富，則水利之廢興，可以一言定矣。而況事起無漸，人不素講，未知水利之所在，而先遣使。使者所至，必將求之官吏。官吏有不知者，有知而不告者，有實無可告者。不得於官吏，必求於民。不得於民，其勢將求於中野。興事至此，蓋已甚勞。此水利之說，轍所以未諭也。

徭役之事，議者甚多。或欲使鄉戶助錢而官自雇人，或欲使城郭等第之民與鄉戶均役，或欲使品官之家與齊民並事。此三者皆見其利不見其害者也。役人之不可不用鄉戶，猶官吏之不可不用士人也。有田以爲生，故無逃亡之憂；朴魯而少詐，故無欺謾之患。今乃捨此不用，而用浮浪不根之人，轍恐掌財者必有盜用之姦，捕盜者必有竄逸之弊。今國家設捕盜之吏，有巡檢，有縣尉。然較其所獲，縣尉常密，巡檢常疎。非巡檢則愚，縣尉則智，蓋弓手鄉戶之人，與屯駐客軍異耳。今將使雇人捕盜，則與獨任巡檢不殊。盜賊縱橫，必自此始。轍觀近歲雖使鄉戶頗得雇人，然至於所雇逃亡，鄉戶猶任其責。今遂欲於兩稅之外，別立一科，謂之庸錢，以備官雇。鄉戶舊法，革去無餘。雇人之責，官所自任。且自唐楊炎廢租庸調以爲兩稅，取大曆十四年應干賦斂之數以定兩稅之額〔一〕，則是租調與庸，兩稅既兼之矣。今兩稅如舊，奈何復欲取庸？蓋天下郡縣上戶常少，下戶常多。少者徭役頻，多者徭役簡，是以中下之戶每得休閒。今不問戶之高低，例使出錢助役。上戶則便，下戶實難。顛倒失宜，未見其可。然議者皆謂助役之法，要使農夫專力於耕。轍觀三代之間，務農最切，而戰陣田獵皆出於農。苟以徭役較之，則輕重可見矣。城郭人戶雖號兼并，然而緩急之際，郡縣所賴。饑饉之歲，將勸之分以助民；盜賊之歲，將借其力以捍敵。故財之在城郭者，與在官府無異也。方今雖天下無事，而三路芻粟之費，多取京師銀絹之餘配賣之。民皆在城郭，苟復充役，將何以濟？故不如稍加寬假，使得休息。此誠國家之利，非民之利也。品官之家復役已久，議者不究本末，徒聞漢世宰相之子不免戍邊，遂欲使衣冠之人與編戶齊役。夫一歲之更不過三日，三日之雇不過三百。今世三大戶之役，自公卿以下無得免者。以三大戶之役，而較之三日之更，則今世既已重矣，安可復加哉？蓋自古太平之世，國子俊造將用其才者，皆復其身；胥史賤吏既用其力者，皆復其家。聖人舊法，良有深意。以爲責之以學而奪其力，用之於公而病其私，人所難兼，是以不取。奈何至於官戶而又將役之？且州縣差役之法，皆以丁口爲之高下。今已去鄉從官〔三〕，則丁口登降，其勢難詳；將使差役之際，以何爲據？必用丁，則州縣有不能知；必不用丁，則官戶之役比民爲重。今朝廷所以條約官戶，如租佃田宅、斷買坊場、廢舉貨財、與衆爭利，比於平民，皆有常禁。苟使之與民皆役，則昔之所禁皆當廢罷。罷之，則其弊必甚；不罷，則不如爲民。此徭役之說，轍所以未諭也。

轍又聞發運之職，今將改爲均輸；常平之法，今將變爲青苗。愚鄙之人，亦所未達。昔漢武外事四夷，內興宮室，財用匱竭，力不能支。用賈人桑羊之說，買賤賣貴，謂之均輸。

雖曰民不加賦，而國用饒足，然而法術不正，吏緣爲姦，掊克日深，民受其病。孝昭既立，學者爭排其說。霍光順民所欲，從而予之，天下歸心，遂以無事。不意今世此論復興。衆口紛然，皆謂其患必甚於漢。何者？方今聚斂之臣，才智方略未見桑羊之比〔三〕，而朝廷破壞規矩，解縱繩墨，使得馳騁自由，惟利是嗜。以轍觀之，其害必有不可勝言者矣。今立法之初，其說甚美，徒言徙貴就賤，用近易遠。苟誠止於此，則似亦可爲。然而假以財貨，許置官吏，事體既大，人皆疑之。以爲雖不明言販賣，然既許之以變易矣；變易既行，而不與商賈爭利者，未之聞也。夫商賈之事曲折難行，其買也先期而與錢，其賣也後期而取直，多方相濟，委曲相通，倍稱之息，由此而得。然至往往敗折，亦不可期。今官買是物，必先設官置吏，簿書祿廩，爲費已厚。然後使民各輸其所有，非良不售，非賄不行。是以官買之價，比民必貴。及其賣也，弊復如前。然則商賈之利，何緣可得？徒使謗議騰沸，商旅不行。議者不知慮此，至欲捐數百萬緡以爲均輸之法，但恐此錢一出，不可復還。且今欲用忠實之人，則患其拘滯不通；欲用巧智之士，則患其出沒難考。委任之際，尤難得人。此均輸之說，轍所以未諭也。

常平條敕，纖悉具存，患在不行，非法之弊。必欲修明舊制，不過以時斂之以利農，以時散之以利末。斂散既得，物價自平。貴賤之間，官亦有利。今乃改其成法，雜以青苗。逐路置官，號爲提舉。別立賞罰，以督增虧。法度紛紜，何至如此！而況錢布於外，兇荒水旱有不可知。斂之則結怨於民，捨之則官將何賴？此青苗之説，轍所以未諭也。

凡此數事，皆議者之所詳論，明公之所深究，而轍以才性朴拙，學問空疏，用意不同，動成違忤。雖欲勉勵自効，其勢無由。苟明公見寬，諒其不逮，特賜敷奏，使轍得外任一官，苟免罪戾。而明公選賢舉能，以備僚佐。兩獲所欲，幸孰厚焉。

【校】

〔一〕「千」，叢刊本作「于」。

〔二〕「宦」，宋丙本、三蘇祠本、叢刊本作「官」。

〔三〕「未見」下，宋丙本有「有」字。

附

條例司乞外任奏狀

右臣近蒙聖恩，召對便殿，面賜差使，仍奉德音，不許辭避。伏自受命，於今五月〔一〕，雖日夜勉強，而才性朴拙，議論迂疏。每于本司商量公事，動皆不合。伏惟陛下創置此局，將以講求財利，循致太平，宜得同心協力之人，以備官屬。而臣獨以愚鄙，固執偏見。雖欲自效，其勢無由。臣已有狀申本司，具述所論不同事件。苟陛下閔臣孤危，未賜誅譴，伏乞除臣一合入差遣，使得展力州郡，敢不策勵駑鈍，以酬恩私。臣無任瞻天請命，激切屏營之至。

【校】

〔一〕「於今」，諸本俱脫「今」字，據制置三司條例司論事狀補。

陳州爲張安道論時事書

伏以中外臣庶，各有職事。越職而言，國有常憲。臣守土陳州，非有言責而輒言之，計其狂愚，茲實有罪。然臣伏念〔一〕，頃以老疾不任吏事，陛下未忍廢棄，親擇便地以遂安養。將辭之日，面奉德音，以爲大臣之義，皆當爲國謀慮，不宜以中外爲嫌，有所不盡。古人有言，雖乃身在外，乃心罔不在王室。伏惟聖德廣大，無所不容。而臣自到任以來，于今一歲。心目昏眩，有加無瘳。故嘗乞丐餘生，求還閭舍。區區之誠，久而未獲。陛下視臣志氣一衰至此，豈復有意別白是非，而與世俗爭議也哉？是以得失之間，久無所與。今者，竊有所懷，上爲陛下參之官吏，下爲陛下驗之百姓，而安危之機實在於此。自惟受恩累聖，邦之休戚，身實同之，志力雖衰，於義不可嘿已。然臣之所欲言者，非敢遠引前古，逆探未然，以惑陛下之聰明也。凡皆陛下之所嘗試，而臣愚之所與聞者耳。

臣伏見陛下卽位之始，計慮深遠，凡有所建，動合天心。始議山陵，深卹費用之廣，推明先帝薄葬之命，以詔有司。四方聞之，無不感泣。其後一年之間，誕布號令。勸率宗族，惇孝弟之行；勉勵州郡，先農桑之政。復轉對以廣言路，議徭役以寬民力。盛德之事，不可具紀。是時天下雖大變之後，而無不翹然想聞德音，以忘其憂。兩宮歡欣，九族親睦。羣臣萬民，蒙福而安。紛紜之議，不至於朝廷；謗讟之聲，不聞於閭里。陛下優游無爲，而天下已治矣。爲國如此，豈不樂哉！陛下自今視之，當日之政，其可悔恨者凡有幾？以臣觀之，非獨陛下無所悔恨，雖天下之人亦未有以爲失當者也。何者？政令簡易而人情之所安耳。易曰：「易則易知，簡則易從。易知則有親，易從則有功。有親則可久，有功則可大。」嚮使陛下推行此道，始終不變，則臣以爲久大之功可得而致矣。

其後求治太切，用意過當，姦臣緣隙，得進邪說。始議開邊，以中上旨，於是延安有横山之謀，保安有招誘之計。陛下饒之以金帛，假之以千戈，小人貪功，慮害不遠，輕發深入，結怨西戎。攘奪尺寸無用之土，空竭內府累世之積。大者疲弊秦雍，小者身死寇讎。西鄙騷然不寧，而陛下始一悔矣。

然而陛下天姿英果，有漢武宏達之量，雖復兵吏失律，而立功之意未嘗少衰。是以左右大臣，測知此心，復進財利之說。陛下樂聞其利，而未暇深究其害。於是舉而從之，置條例司以講求天下之遺利。己酉之秋，新政始出，自是以來，凡所變革，不可悉數。其最大者，一出而爲常平青苗，再出而爲揀兵併營，三出而爲出錢雇役，四出而爲保甲教閱。四者並行於世，官吏疑惑，兵民憤怨，諫爭者章交於朝，誹謗者聲播於市。陛下不勝其煩，爲之當宁太息，日昃而不食矣。然猶幸其成功，力排衆人之議而固守之。天下方共厭苦，而不知其所止也。而揀兵併營之策，其害先見，武夫凶悍，爲怨最深，爲患最急。陛下知其不可，於是多支月糧，復收退卒以順適其意，而陛下既再悔矣。

然軍中之口猶復洶洶不靖，陛下雖推恩撫之，而終不以爲惠，反謂陛下畏之耳。

不幸邊臣失算，再生戎患。帷幄之臣謀之不臧，不務安之而務撓之。臨遣執政，付以疆事，多出金幣，豫書誥敕，以成其深入之計。當此之時，天下之心知其必敗矣。而陛下與一二臣者，方以爲萬舉而萬全。既而出兵無人之境，築城不守之地，困弊腹心，以求無益之功，使秦晉之民，父子流離，肝腦塗地。戎人徼倖受屈，已築之城隨即傾覆，救援之兵相繼潰叛。四方震動，君臣宵旰。而後下罪己之詔，投竄元宰，以謝二鄙，而陛下既三悔矣。

夫此三者，方其未悔也，陛下亦以爲是邪非邪？陛下犯逆衆心，力行不顧，其必以爲是，不以爲非也。然而其終卒至於此。然則方今陛下之所是而未悔者，無乃亦類此歟？臣聞衆而不可欺者，民也；勇而不可犯者，兵也；險而不可侮者，隣國也。今陛下既已欺民、犯兵而侮隣國矣。夫犯兵、侮隣，變速而禍小；至於欺民，則變遲而禍大。變速而禍小者，瓦解之憂也；變遲而禍大者，土崩之患也〔三〕。今瓦解之憂陛下既知悔矣，而土崩之患陛下未以爲意，此臣之所以寒心也。易曰：「不遠復，無祇悔，元吉。」事之未敗也，陛下不悟其非，必俟其敗而後悔，如向三者，則陛下之復已遠，而悔亦大矣。且臣觀之，方今陛下之所是而未悔者，亦有三而已。青苗、助役、保甲三者之弊，臣不復言矣。何也？言事者論其不可，非一人也。百姓毁壞支體，燻灼耳目，嫁母分居，賤賣田宅，以自脱免，非一家也。陛下其亦知之矣，徘徊而不改，使民無所告訴。加之以水旱，繼之以饑饉，積憾之民奮爲羣盜，侵淫蔓延，滅而復起。英雄乘間而作，振臂一呼，而千人之衆可得而聚也。如此而勝廣之形成，此所謂土崩之勢也。臣恐陛下至此雖欲復悔而無所及矣。

故臣願陛下取即位之政，與今日之事而試觀之：天下擾擾不安，孰與今日之甚？羣臣交口爭辯，孰與今日之衆？陛下聽覽疲倦，孰與今日之多？悔恨自責，孰與今日之切？陛下誠以此較之，則不待臣言之終，而得失可以自決矣。且夫即位之政，陛下之本心也；今日之事，臣下之過計也。陛下棄即位之本心，而徇臣下之過計，臣竊以爲過也。雖然，臣竊聽之道路，方今陛下則亦悔之矣。悔之而不變，非陛下之意也，迫於建議之臣耳。夫人臣進謀於其君，苟事之不遂而變以從衆，則人主有以測其深淺，則其用捨之命在於人主。此人臣之所以不便也。臣竊痛陛下爲社稷之計，欲改過以安天下，而怙權固位之臣持之而不釋；陛下聰明睿智，廢置自我，而獨爲此鬱鬱也。漢宣帝與趙充國議擊匈奴，魏相非之，以爲當與平昌侯、樂昌侯、平恩侯及有識者詳議乃可。此三人者，非賢於趙充國也。然其與國同憂樂，無僥倖功名之心與希望爵賞之意，則過於充國遠甚。充國猶不可聽，而況不如充國者哉？陛下將安民保國，而與喜功伐，好權利者謀之，臣不知其可也。臣不勝區區忘身憂國之誠，是以勢疎而言切，惟陛下察之。

【校】

〔一〕「然」，宋丙本無。

〔二〕「土崩」，原誤作「上崩」，據叢刊本改。

自齊州回論時事書　畫一狀附。

臣自少讀書，好言治亂。方陛下求治之初，上書言事，陛下不廢狂狷，召對便殿，親聞德音。九品賤官，自此始得登對論事。當此之時，陛下好問之聲震動海內，愚賤之人，篤信有司不合。得請外補，於今七年。而天下之治安，終未可見，臣竊疑之。

伏惟陛下天縱聖德，聰明睿智，不學而具。其於謀慮措置，曾何足云。然自頃歲以來，每有更張，民率不服。蓋青苗行而農無餘財，保甲行而農無餘力，免役行而公私並困，市易行而商賈皆病。上則官吏勞苦，患其難行；下則衆庶愁嘆，願其速改。凡此四者，豈陛下之聖明有所不知耶？臣以爲非也。陛下之聖明無所不知。何以言之？二年以來，陛下屢發英斷，廢置大吏，數其罪愆，明示臣庶。凡天下之所共疾惡者，陛下無一不知。由此觀之，凡天下之所共厭苦者〔一〕，陛下何所不察？今者皇天悔禍，啓道聖意，易置輔相，中外踴躍，思覩寬政。而歷日彌月，寂寞無聞。衆心皇皇，如久飢而不得食。臣雖愚陋，竊獨爲陛下恨也。陛下自卽位以來，求治之心常若不及，意將以堯舜之隆平，易漢唐之淺陋。不幸左右不明，陵遲以至於此，天下之人孰不知之？今也旣知其不可用而去之，又循其舊術而不改，將遂代之任咎。此臣之所以爲陛下恨也。

且今天下之安危，智者不再計矣。水旱連年，死者將半；遺民飢困，盜賊滿野；疆埸未寧，軍旅在外；府庫空竭，邊餽寡少。事之可憂者何可勝數，術之不效斷可見矣！然陛下獨遲遲而不決，意者已爲之而已廢之，恐天下有以窺其深淺耶？臣聞人主之德如天，天之於物也，熾然而旱，赤地千里，草木皆死，可謂虐矣。然至雷雨時作，膏澤洋溢，百穀奮起，民復粒食，鼓舞盛德，而忘旱之虐。何者？度量廣大，改過無疑也。如使密雲而不雨，既雨而中止，遲疑猶豫，久而不忍，則天之生物盡矣。傳曰：「君子之過也，如日月之食焉。過也，人皆見之；更也，人皆仰之。」今陛下誠先治其心，使虛一而靜，湛乎彼我，得失莫能嬰也。去惡如棄塵垢，遷善如救飢渴。與民一新，罷此四事。青苗之既散者，要之以三歲而不收息；保甲之既團者，存其舊籍而不任事；復差役，以罷免役之條；通商賈，以廢市易之令。行之期年而觀之，苟民不安居，水旱復作，盜賊復起，財用復竭，誠有一事以憂陛下，臣請伏罔上之誅，以謝左右。陛下誠不信臣，數年之後親受其弊矣。古人有言曰：「一慚之不忍，而終身慚乎〔二〕！」惟陛下爲社稷籌之。臣謹列四事之害，畫一以獻。不勝愚忠憤懣之誠，干犯天威，伏俟鈇鉞。臣轍誠惶誠恐，昧死上書。

【校】

〔一〕「厭苦」，宋丙本無「苦」。

〔二〕「一慚之不忍，而終身慚乎」，叢刊本「而」作「將」，宋丙本「之」下有「而」，「終」上有「將」字。

附　畫一狀

謹案：青苗、免役、保甲、市易四事，得失最爲易見。上自中外臣寮，下至田父野老，無有一不知者。但以朝廷所行，言其是則有功，言其非則有罪。是以畏避鉗默，不敢正言。臣今謹采衆議，人所共知，灼然可見者，畫一開坐如後：

一、議者皆謂富民假貸貧民，坐收倍稱之息。是以富者日富，貧者日貧。今官散青苗，取息二分。收富人并兼之權，而濟貧民緩急之求。貸不異於民間，而息不至於倍稱。公私皆利，莫便於此。然公家之貸，其實與私貸不同。私家雖取利或多，然人情相通，別無條法。今歲不足而取償於來歲，米粟不給而繼之以芻藁，雞豚狗彘皆可以還債也。無歲月之期，無給納之費。出入閭里，不廢農作。欲取即取，願還即還。非如公家，動有違礙。故雖或取息過倍，而民恬不知。今官貸青苗，責以見錢。催隨二稅，隣里相保，結狀請錢。一家不至，九家坐待。奔赴城市，糜費百端。一有逋竄，均及同保。貧富相迨，要以皆斃而後已。朝廷雖多設法度，以救其失，而其實無益也。

一、議者又謂平時差役，破壞民家。一夫爲役，舉家失業。故使逐戶出錢，官爲雇人，謂之免役。出錢雖多，而民免於破家之患。以此爲說，行之不疑。然不知三代之民，以力事上，不專以錢。近世因其有無，各聽其便。有力而無財者，使効其力；有財而無力者，皆得雇人。人各致其所有，是以不勞而具。今也棄其自有之力，而一取於錢，民雖有餘力不得効也。於是賣田宅，伐桑柘，鬻牛馬，以供免役，而天下始大病矣。且夫錢者官之所爲，米粟布帛者民之所生也。古者上出錢以權天下之貨，下出米粟布帛以補上之闕。上下交易，故無不利。今青苗、免役皆責民出錢，是以百物皆賤，而惟錢最貴，欲民之無貧不可得也。至如京師百司郡縣刑法之吏，無祿而役，爲日久矣。周制，庶人在官，雖曰有祿，而事簡吏少，勢或易供。非如今時員數猥多，不可供億。況三代兵出於民，而今世之兵坐而仰給。若又兼舉大費，爲力實難。然議者以爲給之以祿，然後可責之以廉。蓋朝廷選吏之精必不如擇官之愼，祿吏之厚必不如祿官之多。今愼擇多祿之官，猶不免於貪，而況於吏人乎？且昔之爲法也，計贓得罪，無祿者減等。今用倉法，則吏之得罪反重於官。顚倒失宜，尤爲未可。若朝廷誠患吏貪，但使官得其人，則吏之受賕自有分限。若猶未也，則雖重祿深法，不能禁矣。

一、議者又謂三代之盛，兵出於農，故團結伍保以寓軍。今朝廷喜其近古〔一〕，亦謂可行。然而三代之民，受田於官。官之所以養之者厚，故出身爲兵而無怨。今民買田以耕，而後得食。官之所以養之者薄，而欲責其爲兵，其勢不可得矣。蓋自唐以來，民以租庸調與官，而免於爲兵。今租庸調變而爲兩稅，則兩稅之中兵費具矣。且又有甚者，民之納錢免役也，以爲終身不復爲役矣。今也既已免役，而於捕盜則用爲耆長壯丁，於催稅則用爲戶長里正，於巡防則用爲巡兵弓手。一人而三役具焉，民將何以堪之？且其爲巡兵弓手也，一保甲之中，丁壯既出，老弱守舍，盜賊乘間，如入無人之境。而其上番之期又不過旬日，坐作進退未能知也。代者既至，相率而反。往來道路，勞弊何益？至使盜賊縱横，官吏蒙責，嘯聚羣黨，攻剽州縣，未必不由此也。古之循吏，使民賣劍買牛，今也使之棄其農具而置兵器，小民無知，緣以爲惡。良民之畏事者，一入而終身不得脱；姦民之好權者，一補而終身不復免〔二〕。其爲患害，有不可勝言者矣。

一、議者常患百貨輕重制在富民，少則貴賣以取贏，多則賤買以要利。利有所壅，商賈難通。於是置市易之官，以平貴賤。有司誠守此議，不更別有所營，則雖繁碎難行，然亦未有深害。今自置市易，無物不買，無利不籠。命官遣人，販賣南北。放債取利，公行不疑。杜絶利源，不與民共。觀其指趣，非復制其有無，權其輕重而已也。徒使小民失業，商旅不行。空取專利之名，實失商稅之利。國體卑辱，海內離心。巍巍盛朝，何苦於此？況復小民好利，類無遠見。爭取官債，以救目前。欺謾父兄，妄引抵當。期限既迫，逃竄無所。婦子離散，行路咨嗟。奈何爲此陷穽，誘而納之也？至於姦民巨賈，窺伺間隙，取利則多。或輸滯積不售之貨，以易見錢；或指殘破無用之屋，以賒實貨。巧智百出，難以具言。有司蒙蔽，指以爲利。泉幣一散，汗漫難收。官之所藏，徒文具而已。竊聞朝廷近日將議窮究，然而既弊之法，施行未已，買賣百物，猶且如故。譬如含茹毒藥，喉舌破敗，胸腹脹滿，知其非矣；然且閉口不吐，安坐切脈，廣求方書：其於速愈之術疎矣。

右臣所陳畫一事件，皆是耳目所接，衆庶共知。朝廷清明，豈有不察？若誠有意改易，非復難行。但朝出一紙詔書，四弊夕去。非如前代積弊，或在列國，或在四夷，欲議改更，恐其動搖海內，故且維持含養，苟自便安。今事在朝廷，出命則已。衆所繫望，勢難久留。而私自顧戀，遲遲不決，以失天下之心，臣竊不取也。愚惷之人，志在憂國。言詞激切，干犯典刑。區區寸誠，甘俟誅戮。謹具狀奏聞，伏候敕旨。

【校】

〔一〕「今」，宋丙本作「令」。

〔二〕「復」，叢刊本、三蘇祠本作「得」。

書一首

爲兄軾下獄上書

臣聞困急而呼天，疾痛而呼父母者，人之至情也。臣雖草芥之微，而有危迫之懇，惟天地父母哀而憐之。

臣早失怙恃，惟兄軾一人相須爲命。今者竊聞其得罪，逮捕赴獄，舉家驚號，憂在不測。臣竊思念軾居家在官，無大過惡。惟是賦性愚直，好談古今得失。前後上章論事，其言不一。陛下聖德廣大，不加譴責。軾狂狷寡慮，竊恃天地包含之恩，不自抑畏。頃年通判杭州及知密州日，每遇物託興，作爲歌詩，語或輕發。向者曾經臣寮繳進，陛下置而不問。軾感荷恩貸，自此深自悔咎，不敢復有所爲，但其舊詩已自傳播。臣誠哀軾愚於自信，不知文字輕易，迹涉不遜。雖改過自新，而已陷於刑辟，不可救止。軾之將就逮也，使謂臣曰：「軾早衰多病，必死於牢獄，死固分也。然所恨者，少抱有爲之志，而遇不世出之主，雖齟齬於當年，終欲効尺寸於晚節。今遇此禍，雖欲改過自新，洗心以事明主，其道無由。況立朝最孤，左右親近，必無爲言者。惟兄弟之親，試求哀於陛下而已。」臣竊哀其志，不勝手足之情，故爲冒死一言。

昔漢淳于公得罪，其女子緹縈請沒爲官婢，以贖其父，漢文因之遂罷肉刑。今臣螻蟻之誠，雖萬萬不及緹縈，而陛下聰明仁聖，過於漢文遠甚。臣欲乞納在身官以贖兄軾，非敢望末減其罪，但得免下獄死爲幸。兄軾所犯，若顯有文字，必不敢拒抗不承，以重得罪。若蒙陛下哀憐，赦其萬死，使得出於牢獄，則死而復生，宜何以報？臣願與兄軾洗心改過，粉骨報効，惟陛下所使，死而後已。臣不勝孤危迫切，無所告訴，歸誠陛下。惟寬其狂妄，特許所乞。臣無任祈天請命激切隕越之至。

欒城集卷之三十六

右司諫論時事十首

論臺諫封事留中不行狀 元祐元年二月十四日。

右臣伏見皇帝陛下以至孝純仁承統踐阼，太皇太后陛下以聰明睿智親攬庶政，二聖協德，以幸天下。曾未期歲，而斂事稍去，寬政復行。元元之民，免於流離之患，蒙更生之福。海內釋然，無意外之憂，不勝幸甚。

伏惟陛下恭勤祗畏，發於天性，猶復選於羣臣，增廣諫員，求直言以自助，天下之士聞風相慶。臣實何人，得於今日備位於此？然臣聞帝王之治，必先正風俗。風俗既正，中人以下皆自勉以爲善；風俗一敗，中人以上皆自棄而爲惡。中人自勉於善，則人主耳目衆多，易與爲治；中人自棄於惡，則臣下朋黨蕃殖，易以爲非。蓋邪正盛衰之源，未有不始於此者也。

昔眞宗皇帝臨馭羣下，獎用正人，一時賢儁爭自託於明主。孫奭、戚綸、田錫、王禹偁之徒，既以諫諍顯名，則忠良之士相繼而起。其後耄期厭事，丁謂乘間，將竊國命，而風俗已成，朝多正士。謂雖懷姦慝，而無與同惡，謀未及發，旋卽流放。仁宗皇帝仁厚淵嘿，不自可否，是非之論，一付臺諫。孔道輔、范仲淹、歐陽修、余靖之流，以言事相高。此風既行，士恥以鉗口失職。當時執政大臣，豈皆盡賢，然畏忌人言，不敢妄作。一有不善，言者卽至，隨輒屛去。故雖人主寬厚，而朝廷之間無大過失。及先帝嗣位，執政大臣變易祖宗法度，下至小民，皆知其非。而卿士大夫從風而靡，則風俗之變於此見矣。是時惟有呂誨、范鎭等明言其失，二人既已得罪，臺諫有以一言及之者，皆紛然逐去。由是風俗大敗，無一人復正言者。

天佑皇室，啓迪聖德。臨政未幾，而以言路爲急。天下竦然，思見祖宗遺俗。然臣自至闕廷，聞臺諫封事，一切留中不出，既不施行，又不黜責〔二〕，臣不勝憂疑。夫朝廷所以待臺諫者，不過二事：言當則行，不當則黜。其所上封事，除事干幾密，人主所當獨聞，須至留中外，並須降出行遣。上所以正朝廷之紀綱，使無廢職業；下所以全人臣之名節，使無負公議。若當而不行，不當而不黜〔三〕，則上下苟且，廉恥道廢，風俗衰陋，國將從之。臣願陛下永惟邪正盛衰之漸，始於臺諫。修其官，則聽其言；言有不當，隨事行遣。大者可黜，小者可罷。使風俗一定，忠言日至。陛下垂拱於上，羣臣肅雍於下，則太平之治可立而待也。惟陛下留神省察，天下幸甚。謹錄奏聞，伏候敕旨。

【校】

〔一〕「不」，原作「無」，據三蘇祠本、叢刊本改。

〔二〕「當而不行，不當而不黜」，宋丙本作「當黜而不黜」。

久旱乞放民間積欠狀 十五日。

右臣伏見陛下以久旱憂勞，禱請勤至。自冬歷春，天意未答。宿麥枯瘁，災害廣遠。民自近歲，皆苦於重斂，儲積空匱。若此月不雨，饑饉必至，盜賊必起。保甲之餘，民習武事，猖狂嘯聚，爲患必甚。而陛下所以應天動民，未有其實。臣竊見去年赦書，蠲免積欠止於殘零兩稅，至於官本債負、出限役錢，皆不得除放。民有破蕩家產，父子流離，衣食不繼，有死而不可得者。買撲酒坊，先因實封投狀，爭氣務勝，競設高價。既得之後，利入微細，不能出辦。違限不納，加以罰錢，至於籍沒家產，杻械生蟣虱而不得脫者。臣願陛下降哀痛之書，應今日以前民間官本債負、出限役錢及酒坊原額罰錢，見今資產耗竭，實不能出者，令州縣監司保民除放，使民得再生，以養父母妻子。朝廷棄捐必不可得之債，以收民心，民心悅附，甘澤可致。雖使天道幽遠，雨不時應；而仁澤流溢，亦可以化服强暴，消止盜賊。

臣謹按漢書文、景、宣、元之間，憂民之疲病，每歲輒弛租税，減算賦，自損以厚下，民戴其澤。中遭王莽之變，皆謳吟思漢，漢已絶而復續。夫漢世平安之日，猶蠲必得之常賦以惠民，而況當今旱勢未止，災害方作，前件欠負皆勢不可得，奈何靳而不與哉？伏願陛下斷自聖心，特降手詔，無使有司吝於出納，以廢格聖澤，則天人不遠，宜有善應。謹錄奏聞，伏候敕旨。

貼黄：臣竊見近年貪刻之吏，習以成風。上有毫髮之意，則下有丘山之取；上有滂沛之澤，則下有涓滴之施。如先帝向時爲瀘南用兵兩川，應副疲極，特放五等人戶税賦；而東川路轉運司公行格沮，只放三等以下。緣累經大赦，不敢論列。如此之類，朝廷雖累行戒飭，終恐不改。若行臣此奏，即乞痛賜約束，如監司敢有違戾，許州縣官吏具事由實封聞奏〔一〕。

【校】

〔一〕「聞奏」，叢刊本作「奏聞」，宋丙本無「聞」。

論罷免役錢行差役法狀 元祐元年二月十六日〔一〕。

右臣伏見門下侍郎司馬光奏，乞罷免役錢，復行差役舊法，奉聖旨依奏施行。臣竊謂近歲所行新法，利害較然，其間免役所繫尤重。朝廷自去秋已來，改更略盡，惟此一事遲留不決。民間傾聽，想聞德音。臣竊料此事既行，民間鼓舞相慶，如飢得食，如旱得雨。比之去年罷導洛、市易、鹽鐵等事，其喜十倍。非至仁至聖，至明至斷，誰能行此？然臣有愚慮，蓋朝廷自行免役至今僅二十年，官私久已習慣。今初行差役，不免有少齟齬不齊。譬如人有重病，不治必死，醫者用藥攻療，必有暝眩不寧。要須病去藥消，然後乃得安樂。今中外用事臣寮，多因新法進用。既見朝廷革去宿𡡉，心不自安。必因差役之始，民間小有不便，指以爲言，眩惑聖聽，敗亂仁政。兼臣竊觀司馬光前件箚子，條陳差役事件大綱〔二〕，已得允當。然其間不免疎略及小有差誤。執政大臣豈有不知？若公心共濟，即合據光所請，推行大意，修完小節，然後行下。今但備錄箚子，前坐光姓名，後坐聖旨依奏，其意可知。自今以往，其必有人借中外異同之論，以搖動大議〔三〕。臣願陛下但思祖宗以來，差役法行民間有何患害〔四〕；近歲既行免役，民間之𡡉，耳目厭聞。卽差役可行，免役可罷，不待思慮而決矣。

伏乞將臣此奏留中不出，時賜省覽。苟大法既正，縱有小害，隨事更張，年歲之間，法度自備。臣疎遠小臣，初蒙擢用，輒此深言，罪在不赦。但念臣初無左右之助，諫垣之命，出自聖意，不敢自同他人，更存形迹。冒昧陳聞，惟陛下裁幸。謹錄奏聞，伏候敕旨。

貼黄：臣竊詳差役利害，條目不一，全在有司節次修完，近則半年，遠亦不過一年，必有成法。至於鄉戶不可不差，役錢不可不罷，此兩事可以一言而決。緣所在役錢寬剩，一二年間必未至闕用。從今放免，理在不疑。前來司馬光文字，雖有役錢一切並罷之文，又却委自州縣監司看詳有無妨礙。臣竊慮諸路爲見有此指揮，未敢便行放罷。依舊催理，則凶歲疲民無所從出，或致生事。欲乞特降手詔，大略云：先帝役法本是一時權宜指揮，施行歲久，民間難得見錢，已詔有司依舊差役。所有役錢，除坊郭、單丁、女戶、官戶、寺觀依舊外，其餘限詔到日，並與出牓放免。其去年已前見欠役錢具數聞奏，未得催理，聽候指揮。

【校】

〔一〕「元祐元年二月」，原無，據宋丙本補。

〔二〕「役」，原作「投」，據宋丙本改。

〔三〕「搖動」，宋丙本無「動」字。

〔四〕「差役法行」，宋丙本作「役法之行」。

論蜀茶五害狀　二十四日。

右臣伏見朝廷近罷市易事，不與商賈爭利，四民各得其業，欣戴聖德，無有窮已。唯有益、利、秦鳳、熙河等路茶場司，以買賣茶虐害四路生靈，又以茶法影蔽市易，販賣百物。州縣監司不敢呵問〔一〕，爲害不細，而朝廷未加禁止。

臣聞五代之際，孟氏竊據蜀土，國用褊狹，始有榷茶之法。及藝祖平蜀之後，放罷一切橫斂，茶遂無禁，民間便之。其後淳化之間，牟利之臣始議掊取。大盜王小波、李順等因販茶失職，窮爲剽刼，凶焰一扇，兩蜀之民肝腦塗地，久而後定。自後朝廷始因民間販賣量行收稅，所取雖不甚多，而商賈流行，爲利自廣。近歲李杞初立茶法，一切禁止民間私買，然猶所收之息，止以四十萬貫爲額供億熙河。至劉佐、蒲宗閔提舉茶事，取息太重，立法太嚴，遠人始病。是時知彭州呂陶奏乞改法，只行長引。令民自販茶，每茶一貫，出長引錢一百，更不得取息，得旨依奏。民間聞之，方有息肩之望。又却差孫迥、李稷入川相度，始議極力掊取，因建言乞許茶價隨時增減。茶法既有增減之文，則取息依舊，由是息錢、長引二說並行，而民間轉不易矣。而稷等又益以販鹽布，乃能增額及六十萬貫。及李稷引陸師閔共事，又增額至一百萬貫。師閔近歲又乞於額外以一百萬貫爲獻，朝廷許之。於是奏乞於成都府置都茶場，客旅無見錢買茶，許以金銀諸貨折博。遂以折博爲名，多遣公人牙人，公行拘攔民間物貨入場，賤買貴賣，其害過於市易。又以本錢質典諸物，公違條法，欺罔朝廷。

蓋茶法始行至今，法度凡四變矣。每變取利益深〔二〕，民益困弊〔三〕。然供億熙河止於四十萬貫，其餘以供給官吏及非理進獻，希求恩賞。而害民之餘，辱國傷教，又有甚者。夫遂州通判本以按察吏民，諸縣令佐亦以撫字百姓。而計算息錢，均與牙儈分利。至於監茶之官，發茶萬馱，卽轉一官，知縣亦減三年磨勘。國之名器，輕以與人。遂使貪冒滋章，廉恥不立，深可痛惜。又案盜賊之法，贓及二貫，止徒一年，出賞五貫。今民有以錢八百私買茶四十斤者，輒徒一年，出賞三十貫。又遞鋪文字，事干軍機及非常盜賊，急脚遞日行四百里，馬遞日行三百里，違二日止徒一年。今茶遞往還，日行四百里，違一日，輒徒一年。立法太深，苟以自便，不顧輕重之宜。蓋造立茶法，皆傾險小人，不識事體。但以遠民無由伸訴，而他司畏憚，不敢辯理，是以公行不道，自始至今十餘年矣。

臣竊聞朝廷近日察知其弊，差官體量。然猶恐未知其詳，臣今訪聞，稍得其實。謹具條件五害如左：

其一曰：益利路所在有茶，其間卭、蜀、彭、漢、綿、雅、洋等州、興元府三泉縣人戶〔四〕，以種茶爲生。自官榷茶以來，以重法脅制，不許私賣。抑勒等第，高秤低估，遞年減價，見今止得舊價之半。乞委所差官取榷茶至今遞年所估價例對定，卽見的實。茶官又於每歲秋成糴米，高估米價，強俵茶戶，謂之茶本。假令米石八百錢，卽作一貫支俵，仍勒出息二分。春茶既發，茶戶納茶又例抑半價，兼壓以大秤，所損又半，謂之青苗茶。元條：園戶茶，一百斤許收十斤市例。內一半入官，一半用饒潤客旅。今逐場一百斤，有收至二十餘斤，出剩者，往往卻僞作園戶中茶虛，旁支出官錢入己，近年卭州常有此獄。又有見出剩數多，陰與客旅商量，納賂不貲，指教出賣者。及至賣茶本法，止許收息二分；今多作名目，如牙錢、打角錢之類，至收五分以上。買茶商旅，其勢必不肯多出價錢，皆是減價虧損園戶，以求易售。又昔日官未榷茶，園戶例收晚茶，謂之秋老黃茶，不限早晚，隨時卽賣。榷茶之後，官買止於六月。晚茶入官，依條毀棄。官既不收，園戶須至私賣，以陷重禁。此園戶之害一也。

其二曰：川茶本法止於官自販茶，其法已陋。今官吏緣法爲姦，遂又販布，販大寧鹽，販瓷器等物，并因販茶還脚，販解鹽入蜀。所販解鹽，仍分配州縣多方變賣，及折博雜物貨，爲害不一。及近歲立都茶場，緣折博之法，拘攔百貨，出賣收息，其間紗羅皆販入陝西，奪商賈之利。至於買賣之餘，則又加以質當。去年八九月間，爲成都買撲酒坊人李安典糯米一萬貫，每斗出息八錢，半年未贖，仍更出息二分。其他非法，類皆如此。今四方蒙賴聖恩，罷去市易抵當之弊，而蜀中茶官，獨因緣茶法，滔行二事，使西南之民獨不蒙惠澤。此平民之害二也。

其三曰：昔官未榷茶，陝西商旅皆以解鹽及藥物等入蜀販茶，所過州軍，已出一重稅錢。及販茶出蜀，兼帶蜀貨，沿路又復納稅，以此省稅增羨。今官自販茶，所至雖量出稅錢，比舊十不及一。縱有商旅興販，諸處稅務畏憚茶司〔五〕，又利於分取息錢，例多欺詐，以稅爲息，由此省稅益耗。假有作稅錢上曆，歲終又不撥還轉運司，但添作茶司歲課，公行欺罔。訪聞元豐七年八月，陸師閔劄子奏，茶司全年課利，内有一項係茶稅錢。又茶官違法，販賣百物，商旅不行，非唯稅虧，兼害酒課。蜀中舊使交子，唯有茶山交易最爲浩瀚。今官自買茶，交子因此價賤。舊日蜀人利交子之輕便，一貫有賣一貫一百者。近歲止賣九百以上。此省課之害三也。

其四曰：蜀道行於溪山之間，最號嶮惡。般茶至陝西，人力最苦。元豐之初，始以成都府路廂軍數百人貼鋪般運，不一二年，死亡略盡。茶官遂令州縣和雇人夫。和雇不行，即差稅戶。其爲搔擾，不可勝言。劉庠知永興日，有洋州般茶人〔六〕，以疲勞不堪告訴。庠令取狀在案，判云：「候本府雇人般茶日呈。」後來永興即不曾雇人。後遂添置遞鋪，十五里輒立一鋪，招兵五十人，起屋六十間，官破錢一百五十六貫，益以民力，僅乃得成。今已置百餘鋪矣。若二百鋪皆成，則是添兵萬人，衣糧歲費二十萬貫。見招塡不足，旋貼諸州廂軍。逐州闕人，百事不集。又茶遞一人日般四馱，計四百餘斤。回車却載解鹽。往還山行六十里，稍遇泥潦，人力不支，逃匿求死，嗟怨滿道。至去年八九月間，劍州劍陽一鋪人全然走盡，沿路號茶鋪爲納命場。此遞鋪之害四也。

其五曰：陝西民間所用食茶，蓋有定數。茶官貪求羨息，般運過多，出賣不盡。逐州多虧歲額，遂於每斤增價俵賣與人。元豐八年鳳州准茶官指揮每茶一斤添錢一百。其餘州郡，准此可見。又茶法初行，賣茶地分止於秦鳳、熙河，今遂東至陝府，侵奪蠟茶地分，所損必多。此陝西之害五也。

五害不除，蜀人泣血，無所控告。臣乞朝廷哀憐遠民，罷放榷法，令細民自作交易，但收稅錢，不出長引。止令所在場務據數抽買博馬茶，勿失朝廷武備而已。如此則救民於網羅之中，使得再生，以養父母妻子，不勝幸甚。如朝廷以爲陝西邊事未寧，不欲頓罷茶事，卽乞先弛榷禁，因民販茶，正稅之外，仍收長引錢，一歲之入不下數十萬貫。以見今長引錢數計之可見。而商旅通行東西，諸貨日夜流轉。所得茶稅、雜稅錢及酒課增羨，又可得數十萬貫。以未榷茶以前及榷茶後來年分，自蜀至陝西沿路酒稅務歲課較之可見。而罷置茶遞，無養兵衣糧及官吏緣茶所費息錢食錢之類〔七〕，其數亦自不少。則榷茶可罷，灼然易見。若異日西邊無事，然後更罷長引錢，如舊收稅而止。

然臣再詳師閔所營茶利，雖使之裒斂一一如數，止於二百萬貫，無復贏餘矣。若以前件茶引、茶稅、雜稅、酒課等錢約七八十萬貫折除，即止約有利一百二十餘萬貫。若更除茶遞養兵衣糧及官吏緣茶所費約三四十萬貫，即是師閔百端非理，凌虐細民，止得八十萬貫。前件兩項錢並且從小約計，故師閔所得利有八十萬貫。若依實計之，恐不得及此數。假令萬一蜀中稍有饑饉之災，民不堪命，起爲盜賊，或如淳化之比，臣不知朝廷用兵幾何，費錢幾何，殺人幾何，可得平定？今但得七八十萬貫錢，置此不慮，臣竊惑也。

兼臣訪聞陸師閔去年自成都移治永興，仍取成都供給，有本府衙前楊日新者爲之賣酒。至十一月中，師閔自覺非法，始移牒永興、成都，止就用永興供給。其違法差衙前賣酒及多請過成都供給，即不曾舉覺。其貪冒無恥，一至如此！亦乞令所差官便行體量，如是詣實，乞重行黜謫。以慰遠方積年之憤。謹錄奏聞，伏候敕旨。

貼黄：陸師閔久擅茶事，欺罔朝廷，奏請如意，爲吏民所畏憚。若留任本職，雖特遣使命，恐必難以體量實害，欲乞先罷師閔職任。及利州路轉運使蒲宗閔昔同建議榷茶，曾竊冒恩賞，顯有妨礙。亦乞指揮不得同簽書體量事。所貴官吏不憂後害，敢以實告。

【校】

〔一〕「呵」，原作「何」，據宋丙本改。

〔二〕「取」，宋丙本、叢刊本作「收」。

〔三〕「益」，宋丙本作「間」。

〔四〕「人戶」，宋丙本無「戶」。

〔五〕「茶司」，三蘇祠本、叢刊本作「茶官」。

〔六〕「洋」，原作「澤」，據宋丙本、叢刊本改。

〔七〕「息錢食錢」，宋丙本、叢刊本作「食錢息錢」。

乞更支役錢雇人一年候修完差役法狀

右臣伏見二月九日三省樞密院劄子節文：「應天下免役錢一切並罷，其諸色役人並依熙寧元年以前舊法人數定差，更乞指揮諸縣官吏看詳。若依今來指揮別無妨礙，卽便依此施行；若有妨礙，致施行未得，限敕到五日內具利害擘劃申本州，本州限一季聞奏。奏到各隨宜修改，奉聖旨依奏。」臣看詳上件指揮，大綱已得允當，其間節目頗有疎略差誤，未易一一具言，全在有司節次修完。

近見開封府奏，開祥兩縣於數日之內，依舊役法人數差到役人。臣竊惟自罷差役至今，僅二十年〔一〕，乍此施行，吏民皆未習慣。兼差役之法關涉衆事，根牙盤錯，行之徐緩，乃得詳審〔二〕。若不窮究首尾，忽遽便行，但恐既行之後，別生諸弊。臣竊見州縣役錢，所在例有積年餘剩。今年夏料雖已放罷，舊餘剩錢猶足支數年。欲乞朝廷指揮，將見在役錢且依舊雇役，盡今年而止。却於今年之內，催督諸處審議差役，令的確可行，更無弊害，然後於今冬迤邐差撥起自來年役使鄉戶。一則差役條貫既得審詳，既行之後，無復人言；二則將已納役錢，一年雇役，民力紓緩，進退皆便。臣深恐諸道以爲朝廷已行之命，降到即行，雖有妨礙，更不陳述，致差役之條未盡其利。若朝廷以臣此言可用，欲乞下三省疾速施行。謹錄奏聞，伏候敕旨。

貼黃：新法已來減定役人，皆是的確數目。行之十餘年，並無闕事。則舊法人數決爲冗長，天下共知。況近降指揮，明使州縣相度有無妨礙。至於揭簿定差，亦無日限。今來開封官吏更不相度申請，於數日之間一依舊法人數差撥了絕。如壇子之類，近年以剩員充者，一例差撥役人監勒。開祥兩縣迅若兵火，顯是故欲擾民，以害成法〔三〕。尚賴百姓久苦役錢，乍獲復舊，更無詞說。不爾，必須爭訟紛紜，爲害不小。乞下所司取問開封官吏，明知有上件妨礙，更不相度申請，及似此火急催督，是何情意？特賜行遣，以戒天下挾邪壞法之人。

【校】

〔一〕「僅」上，宋丙本、叢刊本有「已」字。

〔二〕「詳審」，宋丙本作「審詳」。

〔三〕「以」，宋丙本作「必」。

乞選用執政狀 二十七日。

右臣聞唐柳伉，一太常博士耳，猶能上疏乞斬程元振；郇謨，一布衣耳，猶能哭市以論元載。今臣備位諫省，逢時艱危，若隱忍不言，實負天下。謹冒斧鉞之誅，以論其大者，惟陛下哀憐則幸〔一〕。

今皇帝陛下富於春秋，太皇太后陛下以女主稱制，四夷未服，積弊如廝。陛下以爲此何時也？賈誼有言：「抱火厝之積薪之下而臥其上，火未及然，因謂之安。」正今日之謂也。自先帝以雄才大略，躬攬萬幾，而西北二虜、交趾、瀘蠻常擾邊境，以勞王師。京東、河北、福建等路，姦猾巨盜常殺官吏，以謀不軌。今二聖拱默，恭已無爲，責成於執政大臣。大臣又皆媕合苟容，無足賴者。昔淮南王反，獨畏衛青、汲黯，至公孫丞相若發蒙耳。臣觀今之大臣，尚未及公孫丞相遠甚。陛下以謂蠻夷戎狄所服者何事？姦猾巨盜所畏者何人？萬一有之，將何以待？

謹按左僕射蔡確險佞刻深，以獄吏進。右僕射韓縝識闇性暴〔三〕，才疏行汙。樞密使章惇雖有應務之才，而其爲人難以獨任。門下侍郎司馬光、尚書左丞呂公著，雖有憂國之志，而才不逮心。至若張璪、李淸臣、安燾皆斗筲之人，持祿固位，安能爲有，安能爲無？陛下必謂此等皆先帝舊臣，不欲罷去；然不知先帝以絕人之資，獨運天下，特使此等行文書，赴期會而已。至於大政事，大議論，此等何嘗與聞？小有罪犯，輒罰銅、門謝，爲天下笑。先帝若以股肱待之，不應如此。今陛下深居帷幄之中，不自任事，而以天下之大付之此等，其爲禍福，未可與先帝同日而語也。昔漢武帝以車千秋爲丞相，至於受遺輔少主，則不以屬千秋，必得霍光、金日磾而後可。先帝若自知降年止此，豈肯以王珪、蔡確之流受顧命之託乎？

陛下新臨天下，人材衰少，此數人者未可一朝而去也。則願擇其任最重而罪最大者去之，臣以爲莫如蔡確、韓縝者也。陛下卽位以來，罷市易堆垛場及鹽茶鐵法，此蔡確之所贊成也。放散修城人夫，罷保甲保馬等事，此韓縝與宋用臣、張誠一等所共建也。先帝之所是，確等亦是之；陛下之所否，確等亦否之。隨時翻覆，略無愧恥，天下傳笑，以爲口實，而朝廷輕矣。先帝時，有司屢言縝贓罪有狀，先帝隱忍未發。不謂陛下卽位，拔擢至此，天下有識所共疑怪。近者每發一政，三省、密院議論紛然，至忿爭殿上，無所適從，皆由大臣才短望輕，以至於此。所有確、縝共餘罪惡，臣未敢細陳，先論其大體。伏願陛下思祖宗付囑之重，深察方今事勢爲至艱至危之時，早賜罷免確、縝二人，別擇大臣負天下之重望、有過人之高才、而忠於社稷、有死無二者以代之。上以肅正羣臣異同之論，下以彈壓四海姦雄之心，然後陛下高枕而臥，天下無事矣。

臣位卑言深，罪當萬死。若蒙降黜，其甘如薺。如其未也，則當節次奏請，伏閤力爭，以決去就。非獨臣如此，凡在臺諫莫不當然，必無備禮一言不行而止者。此天下公議，非臣私意，惟陛下裁酌，早賜施行。謹錄奏聞，伏候敕旨。

【校】

〔一〕「則」，原作「財」，據三蘇祠本改。

〔二〕「識」，原作「織」，據三蘇祠本改。

乞罷左右僕射蔡確韓縝狀 閏二月一日。

右臣頃論奏蔡確、韓縝才不足用及多過惡，乞賜罷免，至今未見施行。確近已上章求退，而縝安然未有去意。臣恐陛下隱忍不決，久失天下之望。

竊惟先帝在位僅二十年，勵精政事，變更法度，將以力致太平，追復三代。是以擢任臣庶，至有起於小臣，十餘年間致位公相，用人之速，近世無與比者。究觀聖意，本欲求賢自助，以利安生民，爲社稷長久之計。夫豈欲使左右大臣，媕合苟容，出入唯唯，危而不持，顛而不扶，竊取利祿，以奉養妻子而已哉？然自法行已來，民力困敝，海內愁怨。先帝晚年寢疾彌留，照知前事之失，親發德音，將洗心自新，以合天意。而此志不遂，奄棄萬國。天下聞之，知前日敝事皆先帝之所欲改，思慕聖德，繼之以泣。

是以皇帝踐阼，聖母臨政，奉承遺旨，罷道洛，廢市易，損青苗，止助役，寬保甲，免買馬，放修城池之役，復茶鹽鐵之舊，黜吳居厚、呂孝廉、宋用臣、賈青、王子京、張誠一、呂嘉問、蹇周輔等。命令所至，細民鼓舞相賀。臣愚不知朝廷以爲此數事者，誰之過也？上則大臣蔽塞聰明，逢君於惡；下則小臣貪冒榮利，奔競無恥。二者均皆有罪，則大臣以任重責重，小臣以任輕責輕，雖三尺童子所共知也。今朝廷既已罷黜小臣，至於大臣，則因而任之，將復使燮和陰陽，陶冶民物。臣竊惑矣。竊惟朝廷之意，將以體貌大臣，待其愧恥自去，以全國體。今確、縝自山陵已後，猶端然在職，不肯引咎辭位，以謝天下。臣謹案確、縝受恩最深，任事最久，據位最尊，獲罪最重，而有靦面目，曾不知愧。確等誠以昔之所行爲是耶，則今日安得不爭？以昔之所行爲非耶，則昔日安得不言？窮究其心，所以安而不去者，不過以爲是皆先帝所爲，而非吾罪也。夫爲大臣，忘君狥己，不以身任罪戾，而歸咎先帝，不忠不孝，寧有過此？臣竊不忍千載之後書之簡策，大臣既自處無過之地，則先帝獨被惡名，此臣所以痛心疾首，當食不飽，至於涕泗之横流也。

確等皆碌碌常才，無過人之實。朝廷將取其德，則不聞其孝弟可稱；將取其才，則不聞其功業可紀；將取其學，則不聞其經術可師。徒以悅媚上下，堅固寵祿。陛下何不正確、縝之罪，上以爲先帝分謗，下以慰天下之望？今獨以法繩治小臣而置確、縝，大則無以顯揚聖考之遺意，小則無以安反側之心。故臣竊謂大臣誠退，則小臣非建議造事之人，可一切不治。使得革面從君，竭力自効，以洗前惡。臣不勝狂愚，忘身爲國，乞宣示此疏，使確、縝自處進退之分。臣雖萬死，不以爲恨。謹錄奏聞，伏候敕旨。

貼黄：臣竊觀蔡確所上表，雖外迫人言，若欲求退，而論功攘善，實圖自安。所云「收拔當世之耆艾，以陪輔王室」者，臣謂當世之耆艾，乃確昔日之所抑遠者也。所謂「蠲省有司之煩碎，以慰安民心」，臣謂有司之煩碎，乃確昔日之所創造者也。此二事皆確爲相無狀，以累先帝之明。非陛下卓然獨見，孰能行此？確既不自引咎，又反以爲功，著之表疏，傳之天下。則是確等所造之惡皆歸先帝，而陛下所行之善皆歸於確。臣不勝憤懣，乞賜詳酌施行。

乞罷蔡京開封府狀 二日。

右臣近奏：「乞取問開封府官吏，明知熙寧以前舊法役人數目顯有冗長，並不依近降指揮相度申請，便盡數差撥；及朝旨本無日限，輒敢差人監勒，於數日内㷀迫了當，故意擾民，以壞成法；乞賜行遣，以戒天下挾邪壞法之人。」至今未蒙施行。

謹按權知開封府蔡京職在近侍，身爲民害。若不知舊法人數之冗，是不才；若知而不請，是不忠。京新進小生，學行無聞，徒以王安石姻戚蔡確族從，因緣幸會，以至於此。近者段繼隆公事，道路皆知其私狥。繼隆出於胥吏，兄弟數人布列三省，京嘗爲檢正官，與此輩狎暱。繼隆贓汙顯露，理在不疑，而大理寺官吏畏避觀望，數月不決。今者方欲推行差役舊法，王畿之政爲天下表儀，而使懷私之人竊據首善之地，四方瞻望，何所取法？乞賜指揮，先罷京開封府，仍勅大理寺疾速結絶前件公事。所貴官吏不至觀望首鼠，以長姦私。謹錄奏聞，伏候勅旨。

乞罷右僕射韓縝劄子 六日上殿。

臣伏見陛下采聽羣言，罷左僕射蔡確，中外釋然，具知朝廷清明，邪正曲直，不可復欺。

而右僕射韓縝獨端然據位，略無動意，衆情疑惑。臣忝備諫官，不敢默已。

謹按韓縝才質凡鄙，性氣粗暴，文學政事，舉無寸長。比之蔡確，遠所不及。陛下聖明，必無賢縝之理。特以先帝新棄天下，未欲從外別擢宰相，不免循例以次遷補。今已逾年，卽位改元，政令一新。確既已罷去，而縝任遇如故，是以衆議紛紛，未肯弭服。臣聞韓縝家法不正，雖其父子不能相安。涖官猛暴，至以酣酗鞭殺指使。過惡雖著，而無與國事，臣不敢一一煩言。至如縝昔奉使定契丹地界，舉祖宗山河七百餘里以資敵國，坐使中華之俗陷沒戎狄，虜得乘高以瞰并代。朝廷雖有勁兵良將，無所復施。其後擢爲樞密使，職在安邊。而西戎無釁，用兵深入。至使諸將敗衂，前後喪師數十萬衆。天下疲弊，帑廩空竭。雖得蘭州及安疆、米脂等五寨地，而厲階一生，至今爲梗。存之則耗蠹中國，爲禍日深；棄之則戎人不請，無緣強與。遂使朝廷皇皇，議論經年，不知所出，而縝曾無計以救前失。

據縝二罪，雖伏斧質以謝天下，不爲過也。而況備位宰相以來，怙勢作威，任情不法，羣下洶洶，側目畏之。宗道、宗古皆縝之親姪，縝任在中書，職當進擬，並引二姪，同升列卿。因臺官彈奏，始自舉覺，各與降等差遣。朝廷知其不可信任，遂令三省自此同書進擬。縝之兄絳移守北京，知父子無同領帥權之理，而乞以其子宗師同管句安撫司公事，知轉運判官以按察，已而乞以所親信人杜純爲之。壞法亂紀，莫斯爲甚。縝公行私意，廢法徇兄，以行其言。父子同領大權，古無此事。惟東晉之衰，司馬道子與其子元顯共執國政。自非季世，安有此例？賴陛下聖明，抽回指揮。若其不然，遂爲四方口實。

臣又竊觀言事之官，每有論奏縝事，縝陰懷忮恨。不拘久近，或罷其言職，或因事責降，必報而後已。先帝朝翟思爲臺官，言縝在樞府，令所轄邊將買馬虧價，自羣牧司遷官，盜取公使家事不還，先帝隱忍不行。翟思近以司業作詩失韻，非有大過，而縝逐思止知軍差遣。縝初相，臺官黃降言縝平生過惡，不堪大用。陛下業已用縝，未欲卽罷。縝畏其復言，除降國子司業。雖似遷擢，實奪其言事之權。是以羣臣震慴，不敢牾縝。臣知今日言縝，異日縝必報臣。然自念起於遷逐之餘，誤蒙聖恩收拔至此，不敢上負朝廷，下辜公議。是以爲國排姦，有死無二。惟陛下裁察，取進止。

乞招河北保甲充軍以消盜賊狀　十四日。

右臣聞薄賦斂，散蓄聚，若以致貧，而民安其生，盜賊不作，縣官食租衣稅，廩有餘粟，帑有餘布，久而不勝其富也。厚賦斂，奪民利，若以致富，而所入有限，所害無窮，大者亡國，小者致寇，寇盜一起，盡所得之利，不償所費之十一，久而不勝其貧也。臣未敢遠引陳勝、吳廣、龐勛、黃巢之類，只如淳化中李順，慶曆中張海等，熙寧中廖恩，此數火盜賊，計其燔燒官寺，刼略倉庫，以至發兵命將，轉輸糧食，耗失兵械，募士賞功之費，大率不下數百萬貫。但得事了，豈敢言費？然方其未發，有能建言乞捐數十萬貫以消其變，則上下爭執，如惜支體，不肯割截。此天下之大迷，古今之通患也。故臣願於元豐庫或內藏庫乞錢三十萬貫，上以爲先帝收恩於既往，下以爲社稷消患於未萌。伏願陛下權禍福之重輕，較得喪之多少，斷而行之，毋使有司吝於出納，以害大計。

河北之民喜爲剽刼，所從來尚矣。近歲創爲保甲，驅之使離南畝，敎之使習凶器。一夫在官，一家資送。窮苦無聊，靡所不至。椎埋爲姦，十人而九。號爲保甲，莫敢誰何。若更一年不罷，則勝、廣之事可立而待也。今雖已罷，而弓刀之手不可以復執鋤，酒肉之口不可以復茹蔬，既無所歸，勢必爲盜。今河北寇賊成羣，訪聞皆是保甲餘黨。若因之以饑饉，則變故之作不可復知。近歲富弼知青州，是時河北流民百萬，轉徙京東。弼既設方略賑活其老幼，而招其壯悍者爲軍，不待朝旨，皆刺指揮二字。其後皆爲勁兵，百萬之衆，無一人爲盜者。弼爲人臣〔二〕，便宜行事，猶能若此。況陛下富有四海，而元豐及內庫錢物山積，莫可計數。只如近日內降睿思殿金銀一色令別庫收貯者，自約及百餘萬貫，皆是先帝多方收拾，以備緩急支用，不取於民。聖算深遠，非凡所及。若積而不用，則與東漢西園錢、唐之瓊林、大盈二庫何異？於先帝聖德不爲無損。

故臣願乞三十萬貫爲招軍例物，選文武臣僚有才幹者一二人分往河北，逐路於保甲中招其強勇精悍者爲禁軍，隨其人才以定軍分。本州無闕，則自近及遠或押上京，不過一二萬人，則河北豪傑略盡矣。其間武藝絕倫，舊日以補班行者，押赴闕試驗有實，即以補內六班之闕，或以補本貫及鄰近闕額軍員。但當嚴賜指揮，候了日當遣人覆按，有不如法，重坐官吏。臣聞先帝本謂保甲可用，故欲隱兵於農〔二〕，以漸消正兵，是以禁軍多有闕額。今保甲既罷，正使無事，猶合補塡，況如前所陳者？惟陛下深察果斷而力行之。今冬春大旱，二麥不熟，事勢如此，恐不可緩。謹錄奏聞，伏候敕旨。

【校】

〔一〕「爲」，三蘇祠本、叢刊本無。

〔二〕「兵」，原作「其」，據宋丙本改。

欒城集卷之三十七

右司諫論時事十八首

乞責降成都提刑郭槩狀 十四日。

右臣竊見朝廷近日察知蜀中賣鹽、榷茶及市易比較收息，爲遠人所苦，委成都提點刑獄郭槩體量事實。臣觀此三事，利害易見，甚於黑白，凡有耳目，莫不聞知。而郭槩觀望阿附，公行欺罔，其所奏報並不指言實弊。

見今西川數州，賣邛州、蒲江井官鹽，每斤一百二十文。爲近年鹹泉減耗，多夾雜沙土。而梓夔路客鹽及民間小井白鹽販入遂州，其價止七八十。以此，官中須至抑配，深爲民害。槩不念民間朝夕食此貴鹽，出錢不易，却言限内難以報應。只此一事，已見情弊。

至於榷茶之法，以賤價大秤侵損園戶，以重辇峻限虐害遞鋪，以折博興販攪擾平民，其餘百端非理，難以遍舉。臣近已一一奏聞，乞委所差官體量詣實。檕畏憚茶官陸師閔事勢，不敢依限體量，此又足以見其意在拖延，觀望附會。

至於市易比較收息，始因提舉官韓玠以靈泉小縣收息增羨，遂督責諸縣，以靈泉爲比，務令多得息錢。檕以韓玠叔祖縝見任右僕射，意欲趨附，不敢體量實狀，妄言韓玠不曾以戶口比較息錢。又代韓玠巧說詞理，言諸路推行市易之法，不獨成都，不可獨治一路，及事已在三赦前。檕以監司被命相度逐事利害，朝廷元不令檕定奪韓玠罪名。檕之職分，但當具的確事實聞奏〔一〕。至於韓玠或行遣，或釋放，或原赦，或不原赦，自是臨時聖旨指揮，非檕人臣所當預定。今既不依朝旨相度，却於職分之外擅引三赦，意謂朝廷不合相度赦前之事，附下罔上〔二〕，肆行胸臆，情理難恕。況檕資品鄙陋，嘗通判鳳翔，坐失入死罪，去官繫監。當賫敍，因緣權倖致位監司，而附會欺謾，略無顧憚。其韓縝係韓玠有服之親，顯有妨礙。臣未悉縝如何進呈，作何行遣？臣乞降聖旨，先行罷黜郭檕所有賣鹽、榷茶、市易等事，乞別委官體量施行〔三〕。謹錄奏聞，伏候敕旨。

【校】

〔一〕「聞奏」，宋甲本作「奏聞」。

〔二〕「罔上」，原誤作「罔下」，據宋甲本改。

〔三〕「委官」，原無「官」，據宋甲本補。

論差役五事狀 十五日。

臣近奏言：「二月六日三省樞密院箚子，同奉聖旨，罷免役錢，行差役事，大綱已得允當。其間小節疎略差誤，乞令諸處審議，候的確可行，然後行下。」近日已蒙聖旨，差韓維等四人置局看詳〔一〕。臣前所謂疎略差誤，其事有五，謹具條件如左：

一、衙前之害，自熙寧以前，破敗人家甚如兵火，天下同苦之久矣。先帝知之，故創立免役法，勾收坊場，官自出賣，以免役錢雇役名人〔二〕，以坊場錢爲重難酬奬，及以召募官員軍員押綱，自是天下不復知有衙前之患。而近歲所以民日貧困、天下共苦免役法者，乃是莊農之家，歲出役錢不易，及出賣坊場，許人添價爭刬，致送納不前之弊也。向使先帝只行官自出賣坊場一事，自可了却衙前色役有餘。其餘役人且依舊法，則天下之利較然無疑。獨有一弊，所雇衙前或是浮浪，不如鄉差稅戶可以委信。然行之十餘年，浮浪之害無大敗闕，不足以易鄉差衙前騷擾之患。今來略計天下坊場錢，一歲所得共四百二十餘萬貫。若立定酌中價例，不許添價刬買，亦不過三分減一，尚有二百八十餘萬貫。而衙前支費及召募非泛綱運，一歲共不過一百五十餘萬貫。雖諸路多少不齊，或足或否，而折長補短，移用可足。由此言之，將坊場錢了衙前一役，灼然有餘，何用更差鄉戶？今年二月六日所降指揮，但云諸公使庫設廚酒庫、茶酒司，並差將校勾當諸綱運，並召得替官員或差使臣、軍大將、將校管押。衙前若無差遣，不聞有破產之人，以此欲差鄉戶。至於坊場元無明文處置，不知官自出賣爲復，却依舊法酬獎衙前。若官自出賣，卽如川蜀、京東、淮浙等路，舊來坊場優厚，人人願爲長名，元不差鄉戶去處。今來却須創差，民情必是大段驚擾。若依舊法，用坊場酬獎衙前，卽未委召募官員〔三〕、軍員、將校等押綱，用何錢支遣？若無錢支遣，卽諸般重難，還是鄉戶衙前管認，爲害不小。

一、坊郭人戶，熙寧以前常有科配之勞。自新法以來，始與鄉戶並出役錢，而免科配，其法甚便。但所出役錢太重，未爲經久之法。今若全不令出，卽比農民反爲僥倖；若依熙寧以前科配，則取之無藝，人未必安。今來二月六日指揮，並不言及坊郭一項。欲乞指揮幷官戶、寺觀、單丁、女戶，並據見今所出役錢裁減酌中數目，與前項賣坊場錢除支顧衙前及召募非泛綱運外，常切樁留准備下項支遣。所有月掠房錢十五千，及歲收斛㪷百石以上出錢，指揮恐難施行。

一、新法以來減定諸色役人，皆是的確合用數目。行之十餘年，並無闕事。卽熙寧以前舊法，人數顯是冗長，虛煩民力。今來二月六日指揮，却令依舊人數定差，未爲允當，欲乞只依見今役人數目差撥。若自前元差鄉戶充役，後來却用剩員抵替，如場子壇子之類，其剩員所費請受合還運司者，卽乞於前項坊場、坊郭等錢內支還〔四〕。

一、熙寧以前散從弓手、手力等役人，常苦接送之勞。遠者至四五千里，極爲疲弊。自新法以來，官吏皆請雇錢，役人既以爲便，官吏亦不闕事。今民力凋殘，比之熙寧以前尤當憫恤。若不免接送，必有逃竄流離之憂。欲乞依新法，官吏並請雇錢，仍於前項坊場、坊郭等錢內支。

一、州縣胥吏並募情願充役，不請雇錢。如不情願，卽量支雇錢〔五〕，仍罷重法。亦以前項坊場、坊郭等錢支，如支用不足，卽差鄉戶。仍許指射舊人，官爲差雇代役。其鄉戶所出雇錢，不得過官雇數目。

右件乞降付看詳役法所詳酌施行。謹錄奏聞，伏候敕旨。

【校】

〔一〕「韓維」，原作「韓縝」，宋甲本作「韓維」。宋史哲宗紀元祐元年閏二月庚寅條云：「詔韓維、呂大防、孫永、范純仁詳定役法。」宋甲本是，今據改。

〔二〕「雇役名人」，宋甲本、宋丙本、叢刊本「役」作「投」。

〔三〕「委」，宋甲本下有「合」。
〔四〕「內」，叢刊本無。
〔五〕「卽」，叢刊本無。

乞黜降韓縝狀　十六日〔一〕。

右臣近三上章，乞罷免右僕射韓縝，至今未蒙施行。竊謂縝姦邪無狀，略與蔡確等。而確猶頗有吏幹，粗知經史。縝爲樞密，與宋用臣、張誠一等共建修城養馬之議，迷國誤朝，罪與確均。而不學無術，去確遠甚。

又河東定地界一事，獨擅其責。臣聞縝定地界時，多與邊人燕復者商議，復勸成其事。舉祖宗七百里之地以資寇讎，復有力焉。復本河東兩界首人，親戚多在北虜，其心不可知。而縝與狎暱，至不持一錢託令買馬。及至事發，乃云方欲還錢。如此而可，則凡天下犯贓之人，無事恣意受贓，有事則云方欲還主，便不書罪，則是天下更無贓吏矣。復之心迹，衆所疑畏。縝爲大臣，曾不爲國深慮，私相往還，至受賂遺。正使縝先將金錢令人買馬，亦須託良善士人，不當及復；而況不持一錢，將何證明知是欲還而未及？欺謾苟免，略不知愧。訪聞河東當日割地與虜，邊民數千家墳墓田業皆入異域，驅迫內徙，哭聲振天，至今父老痛入骨髓。而沿邊嶮要舉以資敵，此乃萬世之深患，縝以一死爲謝，猶未塞責。今蔡確已罷相，而縝尚未動。臣愚竊意陛下欲令縝自引避，如確之去，臣竊以爲過矣。縝之罪惡與確未可同日而語，當正其罪以告四方。乞下臣前後章疏，令三省兩制雜議，有不如臣言，甘伏訕上之罪。若臣言不妄，亦乞稍正典刑，以謝天下。謹錄奏聞，伏候敕旨。

貼黄：乞下河東提轉安撫使密切體量燕復，久遠可以保任不至作過已否，令結罪保明聞奏。如不敢保明，卽乞指揮今後更不與沿邊兵馬去處差遣。先帝初使吕大忠商量地界，大忠果悍有謀，堅執不與。虜使自知别無的確證驗，已似懾服。而縝闇懦，遂壞此事。乞取問大忠及當時知次第人，卽見詣實。

【校】

〔一〕「十六日」，原無，據宋甲本補。

乞罷章惇知樞密院狀　十八日〔一〕。

右臣聞朝廷進退大臣與小臣異，小臣無罪則用，有罪則逐。至於大臣不然，雖罪名未著，而意有不善，輒不可留。何者？朝廷大政出於其口，而行於其手。小有齟齬，貽患四方。勢之必然，法不可緩。

臣竊見知樞密院章惇，始與三省同議司馬光論差役事，明知光所言事節有疎略差誤，而不推公心卽加詳議，待修完成法然後施行。而乃雷同衆人，連書劄子，一切依奏。及其既已行下，然後論列可否，至紛爭殿上，無復君臣之禮。然使惇因此究窮利害，立成條約，使州縣推行，更無疑阻，則惇之情狀猶或可恕。今乃不候修完，便乞再行指揮，使諸路一依前件劄子施行，却令被差人戶具利害實封聞奏。臣不知陛下謂惇此舉，其意安在？惇不過欲使被差之人有所不便，人人與司馬光爲敵，但得光言不效，則朝廷利害更不復顧。用心如此而陛下寘之樞府，臣竊惑矣。尙賴陛下明聖，覺其深意，中止不行，若其不然，必害良法。

且差役之利，天下所願，賢愚共知。行未逾月，四方鼓舞。惇猶巧加智數，力欲破壞〔二〕。臣竊恐朝廷緩急有邊防之事，戰守之機，人命所存，社稷所繫，使惇用心一一如此，豈不深誤國計？故臣乞陛下早賜裁斷，特行罷免，無使惇得行巧智，以害國事。謹錄奏聞，伏候敕旨。

【校】

〔一〕「十八日」，原無，據宋甲本補。

〔三〕「壞」，原無，據宋甲本補。

乞牽復英州别駕鄭俠狀 十八日〔一〕。

右臣竊見英州别駕鄭俠，昔以言事獲罪，投竄南荒。俠有父年老，方將獻言，自知必遭屏斥，取決於父。父慨然許俠，誓不以死生爲恨。而流放以來，逮今十年。屢經大赦，終不得牽復。父日益老，而俠無還期。有志之士，爲之涕泣。況自陛下臨御，一新庶政，凡俠所言青苗、助役、市易、保甲等事，改更略盡。而俠以孤遠，終無一人爲言其寃者。臣與俠平生未嘗識面，獨不忍當陛下之世，有一夫不獲其所。是以區區爲俠一言，伏望聖慈，特賜錄用。使其父子生得相見，以慰天下忠直之望。謹錄奏聞，伏候敕旨。

【校】

〔一〕「十八日」，原無，據宋甲本補。

乞擢任劉攽狀

右臣等伏見朝議大夫、知襄州劉攽，多聞直諒，文有師法。才力通敏，所至稱治。流落外官，衆所嗟嘆。訪聞頃者將漕京東，安靖不擾。偶以前官財用窘乏，嘗稱貸朝廷。攽繼其後，未能卽還，奏乞展限。適會吳居厚以聚斂進擢，攽遂以不才黜退，安於榮辱，不自辯明。雖蒙聖恩召還近郡，而臣等竊謂攽才術有餘，用之未盡。陛下方網羅遺滯，以助大化。如攽之賢，不可多得。伏乞擢置侍從，觀其所長。臣等職在獻納，知賢不薦，實負愧責。謹錄奏聞，伏候敕旨。

再乞責降蔡京狀

右臣近奏言：「知開封府蔡京施行差役事，故意擾民，以敗成法，及曲法庇蓋段繼隆贓汙公事，乞先罷京差遣，及催督大理寺結絕斷遣。」至今多日，並不蒙施行。京文學政事，一無所長，人品至微，士論不與。若不因緣蔡卞與王安石親戚，無緣兄弟並竊美官。今卞已自迫於公議求退，而京獨昂然久據要地，衆所不平。

臣竊見左正言朱光庭言御史中丞黃履言事不稱職，乞罷履侍讀。履卽時罷免，曾不旋踵。臣竊惟臣與朱光庭並係諫官，論奏羣臣得失，皆是本職。而蔡京罪犯明著，甚於黃履。陛下明聖，以至公御下，而諫官之言皆擊其罪，或行或否，衆所不喩。皆謂韓縝初除右僕射日〔二〕，黃履言縝過惡，不任宰相。而蔡京不曾牾縝，是致行遣有此同異。伏惟朝廷本設諫官以稽察姦惡，爲人主耳目之用。今臣等所言之人，韓縝欲行卽行，欲止卽止，則是諫官之職，乃所以爲縝公報私怨，非復陛下耳目之官也。伏乞陛下檢臣累奏，早賜降黜韓縝，仍先罷免蔡京差遣，及催大理寺結絕段繼隆公事。無使諫官失職，宰相恣横，爲吏民所共非笑。謹錄奏聞，伏候敕旨。

貼黄：訪聞近日諸路監司州郡，多以二月六日所降差役指揮有不便事節，未敢便行，各具利害奏聞。顯見事理明白，人情不遠。苟無挾邪壞法之意，誰不論列？獨蔡京以侍從之臣，居首善之地，更無一言，只於數日之内催迫了當，用意不臧，深可忿疾。況京治段繼隆事不公外，又曲庇僧錄司公事。竊聞臺諫官並已曾劾奏。似此專務私狥，豈可復任京尹？

【校】

〔一〕「右僕射」，原無「右」字，據宋甲本及宋史宰輔表補。

乞廢官水磨狀 二十三日〔一〕。

右臣竊見近歲京城外創置水磨，因此汴水淺澀，阻隔官私舟船。其東門外水磨下流，汗漫無歸，浸損民田二百里〔二〕，幾敗漢高祖墳。賴陛下仁聖閔惻，親發德音〔三〕，令執政議救其苦。尋蒙指揮畿縣於黄河春夫外更調夫四萬人開自明河，以疏洩水患，計一月畢功。然以水磨供給京城内外食茶等，其水只得五日閉斷。以此功役重大，民間每夫日雇二百錢，一月之費計二百四十萬貫。而汴水渾濁，易得塡淤，明年又須開淘，民間歲歲不免此費。訪聞水磨所入，一歲不過四十萬貫。朝廷頃來改更敝法，凡與民爭利者一切革去，水磨之事本亦係廢罷。前戶部侍郎李定以邪諂進用，不知朝廷大體，猥以四十萬貫課利惑誤朝聽〔四〕，依舊存留。且水磨興置未久，自前未有此錢，國計何嘗有闕？而小人淺陋，妄有靳惜，傷民辱國，不以爲愧。況今水患近在國門，而恬不爲怪，甚非陛下勤卹民物之意。而又減耗汴水，行船不便。臣乞廢罷官磨，令民間任便磨茶，其利甚溥〔五〕。伏乞指揮疾速施行。謹錄奏聞，伏候敕旨。

【校】

〔一〕「二十三日」，原無，據宋甲本補。

〔二〕「二百里」，宋甲本作「一二百里」。

〔三〕「親發」，原作「見發」，據宋甲本改。

〔四〕「惑誤」，原作「感誤」，據宋甲本改。

〔五〕「溥」，宋甲本作「博」。

乞葬埋城外白骨狀　二十三日

右臣訪聞京城四門外，所在白骨如麻，多是昔日築城開濠死損人夫。東門外又爲茶磨棄水所浸，雖其間已埋瘞者，土薄水深，亦皆發露，狼藉臭腐，不忍聞見。陛下躬行仁政，罷去苛法，民心稍安。而京畿及諸路久旱，近日雖稍得雨，終未霑洽，未必非積骸暴露寃氣致此。況方春長養，正是月令掩骼埋胔之時。臣欲乞選差一二廉幹內臣，計會兩赤縣官吏，相度於閑隙地上以塼作數大壙，如法藏掩。其合破費用，仍特支賜內藏庫錢。誠使仁澤施及枯朽，或能感召和氣，卒致豐歲。謹錄奏聞，伏候敕旨。

乞賑救淮南飢民狀　二十四日〔一〕。

右臣訪聞淮南久旱，雨全未足，二麥並已枯死。浙中米價雖賤，而運河無水，客旅不至。米斗直一百七十以來，民間闕食，甚覺不易。而所在官吏，並未見賑濟及奏請別作處置。臣竊見頃立義倉，至今已將十年，所聚糧斛數目甚多，每遇災傷，未嘗支散一粒，民情深所不悅。臣欲乞指揮淮南官司，先將所管義倉米數隨處支與闕食人戶，兼將常平米減價出賣，及取問監司州縣，因何並不曾申請擘劃，兼乞體訪諸路，如有似此闕食去處，一例施行。謹録奏聞，伏候敕旨。

【校】

〔一〕「二十四日」，原無，據宋甲本補。

乞廢忻州馬城鹽池狀

右臣訪聞河東除晉、絳、慈、隰州舊賣解鹽外，其餘州縣盡只賣永利東西兩監鹽，民間未嘗闕鹽食用。自元豐三年後來，前宰相蔡確兄礪等始議創添忻州馬城池鹽。其鹽夾硝味苦，人不願買。故自四五年來，作分數抑賣與鋪戶，多有訴免。去年轉運司以此申乞住收馬城池鹽，而虞部李閎畏避蔡礪權勢〔一〕，曲生問難。自去年六月以來，行遣未了，却符下提舉司相度，意在觀望，不肯依實定奪。臣欲乞下河東轉運司，結罪保明，只將永利東西兩監鹽供賣本路諸州，有無闕事。如委無妨闕，即乞依所請住收馬城池鹽，依舊只賣永利東西兩監鹽。仍乞取問蔡礪等建議害民及虞部官吏希合權要，故作拖延情罪，依法施行。謹録奏聞，伏候敕旨。

貼黄：訪聞忻州曾申本路轉運司，乞枷錮鋪戶前來買鹽，以此顯見人情不願。

【校】

〔一〕「李閲」，宋甲本、宋丙本作「李閲」。

再乞放積欠狀

竊見三省同進呈臣前奏「乞將民間官本債負出限役錢，及酒坊元額罰錢，見今資產耗竭實不能出者，令州縣監司保明除放」事，奉聖旨節文，令戶部勘會應係諸色欠負科名數目，仍契勘欠戶見今各有無抵當物力，開具保明聞奏。

臣竊謂朝廷將施舍已責救民於溝壑之中，其施行節次當如救焚，不可少緩。前件指揮令戶部開具欠戶見今抵當物力，此事不在戶部，惟州縣可見。若令戶部取之州縣，文字往來動經歲月，反覆問難，何時了絕？救民之急不當如此。此乃有司出納之常度，而非朝廷救災之體。如陛下將布德施仁以收民心、答天意，但使惠澤滂流，雖民間小有僥倖，何損於德？況此積欠經涉久遠，凶歲疲民，空煩鞭箠，必無所得；縱獲毫末，無補國計。乞特降朝旨直下諸路監司與州縣，一面依下項除放，結罪保明聞奏。所貴小民早被聖恩，不至失所，別致生事。謹具條件如後：

一、官本債負，在京乞委提點司與府縣及市易官，外道委轉運司與州縣，同取索逐戶元請官本若干，經今多少年月，合出息錢若干，逐戶從請出官錢，後來已納到官本若干，息錢若干。通計本息已納及元請官本之數，卽便與放免。如通計本息未及官本，而家業蕩盡者，亦與除放〔一〕。如尙有些小家業而見今孤貧不濟者，卽權住催理。官吏結罪保明奏聞，聽候敕裁。

一、拖欠坊場錢，所委官司前項。乞取索逐戶元認淨利錢若干，自開沽以來違欠月分，合納罰錢若干，將本戶已納到淨利及罰錢通計若干，如已通及元認淨利之數，卽與放免。如通計未及元認淨利之數，而家業蕩盡者，亦與除放。如尙有些小家業，而見今孤貧不濟者，卽權住催理。官吏結罪保明聞奏，聽候敕裁。

一、出限拖欠役錢，今來朝廷已行差役之法，卽免役錢別無支用。雖使差役未了，間時暫留舊雇人執役，自有從來寬剩役錢支遣，其拖欠役錢，乞與一切放免。

右臣前奏係二月十五日，及今已四十日，而行遣迂緩，未知何時恩澤可以及下。伏乞陛下深念欠負人戶枷錮已久，衣食不繼，父子離散，其愁苦無聊，甚可哀閔，斷自聖心，依臣所乞特與除放。無使有司爭執細故，遷延歲月，所得無幾，而民間窮困。小則病瘁怨苦，感動陰陽；大則計較死生，起爲盜賊，所失轉大，雖悔無及。臣不勝區區爲國深慮，謹錄奏聞，伏候敕旨。

【校】

〔一〕「除放」，宋甲本作「除免」。

乞罷蔡京知眞定府狀 閏二月二十六日〔一〕。

右臣近奏論「蔡京施行差役事，督迫諸縣於數日了當，不依朝旨申請妨礙事件，挾邪壞法，用意切害。及治段繼隆、僧錄司等公事，私狥不公，乞先罷京知開封府」，訪聞臺諫亦並有劾奏。京因此奏乞外任，而宰相曲加庇蓋，臣等所言皆不施行。獨行京陳乞文字，除京知眞定府。竊緣眞定天下重鎭，舊來多擇久歷邊任，曉練軍政之人，然後除授。今京資任至淺，才力無聞，見有私狥公事，未經結絕，臺諫交章，至今未已。而宰相特加奬助，授以名藩，意欲以此凌壓言事之官，使之不敢復言。

臣竊見前者臺官論朱服不孝事迹〔二〕，服因此乞外官，宰相除服直龍圖閣知潤州。又論王說黨附吳居厚，說亦因此乞外官，宰相除說知密州。直龍圖，要職也；潤、密，名郡也。服、說皆因人言乃獲美命。蓋宰相上欺朝廷，下困臺諫，習用此術，久已成例，不可不察。

臣等若言京不當，自當顯被黜責；若所言稍當，則宰相豈得公然恣横，略無顧憚？伏乞聖明，稍加詳察，追罷京新命，使以本官聽候大理寺斷遣，以弭中外疑惑。謹錄奏聞，伏候敕旨。

【校】

〔一〕「閏二月二十六日」，原無，據宋甲本補。

〔二〕「朱服」，原作「朱復」，據宋甲本改，下同。

乞罷安燾知樞密院狀 月同前。

右臣近奏論諸執政才力長短，以謂「張璪、李清臣、安燾皆斗筲之人，持祿固位，安能爲有，安能爲無」。陛下新臨天下，人才衰少，此數人者，未可一朝盡去，故且存而勿論。若陛下必欲鎮撫夷夏，彈壓將帥，如彼三人皆不足用。臣竊見近日李清臣自尚書右丞爲左丞，雖號稍遷而職位相近，未至超擢，臣是以不敢復言。今者安燾自同知樞密院爲知院，度越四人，直出其上，中外驚怪，不知陛下何以取之而遽至此？

臣觀燾之爲人，才氣凡近，學術空虛，不逮中人，僅免過失。先帝特以燾萬里涉海，故酬其勞，置之侍從。燾謹默自守，遂至樞府。既忝重任，略無建明，與張誠一同事則隨誠一，與章惇同事則隨惇，高下俯仰，惟強有力者是從。奈何舉天下兵革之重全以付之？若陛下憐燾，未忍罷去，臣願令且守舊職，與范純仁共事。如此則樞密院與三省俱無長官，亦無闕於事〔一〕。至於躐等用人，非衆人共稱其賢，於義不可。謹錄奏聞，伏候敕旨。

【校】

〔一〕「闕」，原作「關」，據宋甲本改。

再論安燾狀　三月二日。

右臣等前月二十八日奏論安燾除知樞密院，告不令給事中書讀，直下吏部施行事，人微言輕，未能仰回聖意。竊惟封駁故事，本唐朝舊法，祖宗奉行，未嘗敢廢。事有不由門下，不名制敕。蓋此法之設，本以關防欺弊，君臣所當共守。今安燾差除未允公議，有司舉職實不爲過，而陛下即令廢法以便一時。古語所謂「若有短垣，而自踰之」。臣等切恐百司法度，自此隳廢，君臣之間無所據執，何以經久？

近日朝廷除呂公著門下侍郎，止因中書吏人行遣差誤，不經門下，而給事中范純仁以失職爲言。朝廷爲之行遣，以申明舊法。及今未幾，乃以一安燾之故，特開此例。況燾與純仁並命二告，皆不經書讀。竊料純仁必不肯不顧前言，黽俛而受。純仁既不受命，則燾必不敢不辭。燾既力辭，而給事中又封駁不已，臣等必恐此命無由復行。伏乞陛下克己爲法，檢臣等前奏，且令燾依舊供職。陛下必謂先朝舊臣，無大過惡不可輕棄，則同知樞密院，任用不輕。陛下必謂已行之命不可中止，則命之未行，臣等無由預議；若既行之後又不得言，則朝廷設置臺諫竟將安用？陛下明聖，其必不然。臣等區區所惜者祖宗法度，非敢必行己意，以廢格明詔。惟陛下裁擇。謹錄奏聞，伏候敕旨。

論發運司以糴糴米代諸路上供狀　三月八日〔一〕。

右臣竊見近歲有司分掌利柄，更相侵漁，以自爲功。究其本末，其實皆朝廷財用。而以此取彼，此雖有得，彼必有失。其終均出於民，是以民日益病，無所告訴。頃者發運司以錢一百萬貫爲糴糴之本，每歲於淮南側近趁賤糴米。而諸路轉運司上供米至發運司者歲分三限，第一限自十二月至二月，第二限自三月至五月，第三限自六月至八月。違限不至，則發運司以所糴米代之，而取直於轉運司，幾倍本路實價。轉運司米雖至，而出限一日，輒不得充數。江湖諸路自來皆係出米地分，而難得見錢。舊日官歲糴米，錢散於民，故農不大傷，無錢荒之弊。今發運司以所糴米代供，而責錢於諸路〔二〕。諸路米無所售，而斂錢以償發運司，則錢日益荒，而農民最病，此東南之大患也。

訪聞發運司所收厚利，別無所用，不過以爲羨餘進奉，以固結恩寵。方今陛下恭儉節用，食租衣稅，專以利民，何取於此？臣乞指揮發運司，今後諸道轉運司出限不到米，依舊以發運司所糴米代發上京，而不得於諸道責取米價。候諸道般到米，依數撥還。據違限欠數，取勘轉運司官吏。要使上供不闕而無所取利，諸道得以及時收糴，錢有所洩，而農不甚病。此利甚廣，如朝廷以臣言爲可用，伏乞下戶部立法施行。謹錄奏聞，伏候敕旨。

【校】

〔一〕「三月八日」，原無，據宋甲本補。

〔二〕「責」，原作「貴」，據宋甲本、叢刊本改。

乞責降韓縝第七狀 十一日〔一〕。

右臣聞天下治亂，在君子小人進退之間耳。冰炭不可以一器，梟鸞不可以共栖，共、鯀、皐繇不可以同朝，顏回、盜跖不可以並處。傳曰：「一薰一蕕，十年尚猶有臭。」夫君子推誠而不疑，故易欺；孤立而不黨，故易危；正言而不諱，故易間；潔廉而不懷，故易去。小人則不然，竊用威福以布私恩，交通左右以結主知，頑鈍無恥，臾詬無節，故其合也易，而其去之也難。誠使君子小人同處，則小人必勝，君子必去。如薰之香一日而亡，如蕕之臭十年而存。此理之必然者也。

陛下用司馬光爲相，雖應務之才有所不周，而清德雅望，賢愚同敬。至於韓縝如屠沽之行，害于而家；以穿窬之才，凶于而國。皆有實狀可以覆按，行路之人指目非笑，紛紜之論不可具載。此何等人也，而陛下使與光同列？以臣度之，不過一年，縝之邪計必行，邪黨必勝。光不獲罪而去，則必引疾而避矣。如人服藥，用茯苓、烏喙合而幷食之，陛下以爲茯苓長年之功，能勝烏喙殺人之毒乎？臣前後六上章論縝過惡，乞正典刑，至今留中不下。陛下必謂縝先朝舊臣，不可不用，則宜早罷光政事，使縝自引其類，布列于朝，臣等亦當相率而避之，毋使邪正雜處，而君子終被其禍。

自古四夷內侮，必於新故更代之際，主少國疑之時。故孝惠、高后之世，匈奴桀驁；唐太宗初卽位，突厥奄至渭北。今二虜蓄謀，安危未分，折衝禦侮，專在輔弼。去歲虜使入朝，見縝在位，使副相顧，反脣微笑。此何意也？虜誠見縝無狀，舉祖宗七百里之地無故與之，今其爲政，我之利也，故喜而竊笑耳。啓姦辱國，必始於是。北虜地界之謀出於耶律用正，今以爲相。虜以闢國七百里而相用正，理固當爾；而朝廷以蹙國七百里而相縝，臣愚所未諭也。

臣聞之河東父老云，韓琦爲太原，欲置范家東堡、范家西堡及赤泥膠三指揮弓箭手，恐虜以爲言，乃召弓手節級高政使幹其事。政率其徒於廝邏臺之南北，候伺虜人之樵採者輒毆傷之。虜以爲言，則曰此漢界也，移文爭之。往反十數，卒得其要約，自廝邏臺以南爲漢界，而三指揮弓箭手大獲其用。及韓縝定地界，皆割與之。主戶約一千五百餘戶，客戶三四倍之，驅迫內徙，墳墓廬舍及所種田苗皆委之而南，老幼慟哭，所不忍聞。遂以天池嶺爲界，天池北距厮邏臺尙二十五六里。異時虜欲祈福修天池廟，必牒安撫司而後敢入，以明廟之屬漢也；今亦爲虜有。高政者，土豪也，有威名於北方，蕃漢目之爲高大王。而天池廟神亦曰高大王廟。方割屬虜時，政拊膺大慟，謂其徒曰：「我兄嫂今日陷蕃。」百姓數千人皆大哭。縝爲侍從，仗節出使，而賣國黨寇，曾不如一弓手節級。此而可忍，孰不可忍？政數年前爲大皇平巡檢，年七十餘。每見人論縝與燕復之姦，卽欲食其肉。復，火山軍三界首唐隆鎮一商人也〔二〕，入粟得司戶參軍。韓絳爲宣撫，始奏換武。邊人疑其細卒，而縝與之交私狎暱，無所不至，至呼爲燕二，亦謂之二哥。割地之謀皆出於復。虜使梁永、蕭禧本以橫山下大川爲界〔三〕，至七蕃嶺下乃斗入漢地，圍裹此嶺凡二十八里，意欲自此直至分水嶺爲界。邊民大怒，有焦家弓箭手三百餘人毆擊北使，奪下梁永等，拄斧交倚，虜不敢復南。仍自七蕃嶺北轉而西，以大川爲界。燕復至雁門寨，亦爲弓箭手所毆，匍匐入寨，閉門僅免。由此觀之，邊民皆忠憤不服，而北虜亦自知理曲無詞。使縝稍有臣子忠孝，不負本朝之心，則七百里之地必不至陷於寇讎之境也。

火山、寧化之間，山林饒富，財用之藪也。自荷葉、平蘆、牙山〔四〕、雪山一帶，直走瓦窯塢，南北百餘里，東西四五十里，材木薪炭足以供一路，麋鹿雉兔足以飽數州，今皆失之。雪山有廟，河東一路，牲幣所走，今亦爲夷鬼矣。人神共怨，皆縝之罪。中國從來控扼卓望形勢之地，如五蕃嶺、六蕃嶺、七蕃嶺、黄鬼山之類，今皆爲虜巢，下視忻代，人馬可數。異時用精兵數十萬人未易復取，而用兵之策誰敢復議？以此知縝賣國之罪；百世不磨。若祖宗有靈，必不赦縝。

陛下近者降黜吳居厚、王子京、蹇周輔之流，皆以立法害民耳。黜其人，改其法，不數日而民復業矣〔五〕。如縝之罪，智者不能復謀，仁者不能復安，疆埸之患有不可測者。而陛下獨赦之，臣不勝爲國疾姦，憂深思遠之至。伏乞檢臣前後章疏，下三省，兩制雜議，正縝之罪，以告四方〔六〕。有不如臣言，甘伏訕上之罪。謹錄奏聞〔七〕，伏候敕旨。

【校】

〔一〕「十一日」，原無，據宋甲本補。

〔二〕「鎮」，原作「縝」，據宋甲本改。

〔三〕「本」，原作「木」，據宋甲本改。

〔四〕「牙山」，原作「木山」，據宋甲本改。

〔五〕「日」，宋甲本作「月」。

〔六〕「四方」，原作「田方」，據宋甲本改。

〔七〕「謹錄奏聞」，原無「錄」，據宋甲本補。

乞責降韓縝第八狀　十六日〔一〕。

右臣竊見臺諫前後上章，論韓縝過惡，乞行屏退，皆留中不出，人人惶惑，不測聖意所在。臣頃與孫覺上殿奏事，面聞德音，以爲進退大臣當存國體。雖知縝不協人望，要須因其求去而後出之。臣即奏言，陛下以恩禮遇大臣，雖盛德之事，而臣等身有言責，言苟不効，義不可止。但恐自此章疏紛紜，煩瀆聖聽，於縝愈爲不便。至今四十餘日，臺諫文字日以益多，而縝晏然據位，略無陳請。臣觀其意思，蓋欲佯爲不知，固執權寵，遷延歲月，然後因間乘隙，以害言者。用心如此，而陛下望其愧畏公議，自引而去，臣知其難矣。

夫縝與蔡確、章惇均是姦邪，皆能虐民亂國。然蔡確聞有彈奏，即上章請郡。章惇雖不能自引，而褊中易動，輕肆狂言，亦蒙顯黜。唯縝居其中間，雖才器凡陋，不及二人，而操心深嶮，既不爲確之遜避以辭政柄，又不爲惇之躁妄以觸天威。盤桓顧望其中，窺伺不淺。苟可以一日固位，何所不爲？而陛下待以體貌，含忍不發，正墮其計矣。臣竊惟陛下以至仁至公撫御羣下，近日中外臣庶稍就規矩，而獨於進退大臣，聽納臺諫，優游不決，似未盡善。臣不勝愚忠，懷愛君之心，請爲陛下略言其故。

臣竊見仁宗皇帝在位四十餘年，海內乂安，近世少比。當時所用宰相二三十人，其所進退，皆取天下公議，未嘗輒出私意。公議所發，常自臺諫，臺諫所言，卽時行下。其言是則黜宰相，其言妄則黜臺諫。忘己而用人，故賞罰之行，如春生秋殺，人不以爲怨。終仁宗之世，臺諫不敢矯誣，而宰相不敢恣横，由此術也。今陛下雖能虛受直言，而臣等所陳一切留中不出，使臺諫忠邪無由明辨，而大臣出入得以自由。曖昧成風，有損國體。

蔡確之出，已負公議，觀文之除，衆謂僥倖。而大臣猶以不得節度使及轉官爲詞，良由不正其罪，以致譏謗之口。只如章惇之事，臺諫久以爲言，是時陛下若卽付三省，議其可否，則惇之去留，自出公議。陛下始既不忍，養成惇惡，然後特出御批，言其罪狀。正人端士雖知惇有餘誅，而邪黨小人或謂陛下以忿怒逐樞密使。如臣等所論韓縝過惡，必不下二三十章，並乞舉行仁祖故事，凡臺諫封事，一一付外施行。如臣等所言有妄，卽乞明正典刑；如縝罪狀不誣，亦乞顯行誅責。使天下明知縝之降黜，事端發於臺諫，蓋是公議所迫，雖先朝舊臣，陛下亦莫得而赦，自然中外更無毫髮議論。臣建此言，非獨爲縝一事，蓋欲朝廷賞罰分明，庶幾仁祖之風復見於今日。謹錄奏聞，伏候敕旨。

欒城集卷之三十八

右司諫論時事十四首

乞給還京西水櫃所占民田狀 十八日。

右臣訪聞頃年宋用臣引洛水，爲清、汴水源淺小，行運不足，遂於中牟、管城以西強占民田，瀦蓄雨水，以備清、汴乏水之用。方用臣貴盛，州縣皆不敢爭。但中牟一縣，占田八百五十餘頃。伏惟陛下卹養小民，過於赤子，無名侵奪，聖意不然。臣欲乞指揮汴口以東州縣，各具水櫃所占頃畝數目及每歲有無除放二税，仍具水櫃委實可與不可廢罷。如決不可廢，卽當如何給還民田，以免怨望。謹錄奏聞，伏候敕旨。

論三省事多留滯狀 二十四日。

臣竊見先帝改定官制，因唐之舊，布列三省，使出入相鉤較，文理密察，得古之遺法。然患有司推行不能盡如聖意，參考之益未見，而迂滯之害先著。見今三省文書節次留礙，比官制未行以前頗覺其弊。臣嘗訪問衆人，得其一二。意欲因見行之法，略加疏理，務令清通簡便。苟迂滯之病既除，事不至雜冗難治。官吏日有餘力，則參考之功可得而見也。謹具條件如後：

一、凡事皆中書取旨，門下覆奏，尚書施行，所以爲重慎也。臣謂國之大事，及事之已成者依此施行則可；至於日生小事，及事之方議者，一切依此，則迂緩之弊所從出也。假如百官給假〔一〕，有司請給器用之類，此所謂日生小事也。臣僚陳請興革廢置，朝廷未究本末，欲行勘當之類，此所謂事之方議者也。昔官制未行，如此等事皆執政批狀直付有司，故徑而易行。自行官制，遂罷批狀，每有一事輒經三省，謄寫之勞，既已過倍。勘當既上，小有差誤，重復施行，又經三省，循環往復，無由了絕。至於疆場幾事，河防要切，一切如此。求事之速辦，不可得也。故臣乞復批狀之法，以便日生小事及事之方議者。惟國之大事及事之已成者，然後經歷三省，則事之去者過半矣。

一、三省文書，法許吏人互相點檢。差誤毫末之失，皆理爲賞罰。故被罰者畏避譴訶，巧作遷延，以求細密。被賞者睎望勞績，推毛求疵〔二〕，務爲稽緩。因此文書無由速了。臣欲乞今後不以差誤爲賞罰，惟有所欺弊及雖係差誤而害事者，方行賞罰。

一、文書至尚書省，自省付諸部，自部付諸司，其開拆呈覆用印，皆有日限。逐處且以五日爲率，凡十五日。其勘當於外，日數又多。幸而一出得完具者，自諸司申部，自部申省，其限日如前，則已一月餘日矣。不幸復有問難，又復一月。自此蓋有不可知者，費日雖久，而遣限如法〔三〕，雖欲加罪，終不可得。故臣欲乞以事之緩急，減定日限，亦救弊之一端也。

一、古者因事設官，事不可已，然後置官。今官倣唐制，事本不須如此，而爲官生事者，往往而有。如應支錢物，尚書度支行遣，得旨許支，合下所管庫務。支給者必先由太府寺，本寺備錄，帖所管庫務，又經比部句過，然後送庫務支給。臣謂太府寺未嘗可否一事，枉有經歷，宜令度支徑送比部句過。又如諸路召募押綱，合得酬獎，諸庫務已給朱鈔，先經太府寺印紙保明，指定合得酬獎，申尚書金部。金部再行勘驗詣實，關司勳句覆，然後關吏部施行。臣謂太府、金部兩處勘驗保明，顯有煩重，宜裁減一處。又如在京職事官，合破白直并宣借剩員，或替換宣借。昔未行官制以前，皆係所屬直下步軍司差撥。自行官制，並須經由尚書兵部。兵部但指揮步軍司，依條施行。臣謂兵部別無可否，亦不須更令經歷。如此等事數必不少，非臣所能盡知。乞下六曹及二十四司，各具有無似此重複之事。若能一切裁損，必大有所益。

右三省事務衆多，條約繁夥，非臣一人所能究悉。臣前件所陳四事，特其一二而已。欲乞陛下降付三省推類講求，立法施行。或選擇臣僚精通明敏者一二人，俾專治其事，務令約而不遺，多而不亂。今三省胥吏比舊人數極多，皆由法不省便，枉費人力。若將來法制一清，此曹亦漸可減。事清吏少，此最爲治之要也。惟陛下留神省察。謹錄奏聞，伏候敕旨。

【校】

〔一〕「給」，宋丙本、叢刊本作「乞」。

〔二〕「推」，叢刊本作「吹」。

〔三〕「遺」，宋甲本作「違」。

言科場事狀 四月初三日。

右臣伏見尚書禮部會議科場，欲復詩賦。議上未決，而左僕射司馬光上言，乞以九經取士，及令朝官以上保任舉人爲經明行修之科。至今多日，二議並未施行。臣竊惟來年秋賦，自今以往，歲月無幾。而議不時決，傳聞四方，學者知朝廷有此異議，無所適從，不免惶惑潰亂。蓋緣詩賦雖號小技，而比次聲律，用功不淺。至於兼治它經，誦讀講解，尤不可輕易，要之來年皆未可施行。臣欲乞先降指揮，明言來年科場一切如舊，但所對經義，兼取注疏及諸家議論，或出己見，不專用王氏之學，仍罷律義。令天下舉人知有定論，一意爲學，以待選試。然後徐議元祐五年以後科舉格式，未爲晚也。謹錄奏聞，伏候敕旨。

乞招畿縣保甲充軍狀 九日。

右臣近奏乞招河北保甲充禁軍，聞已有朝旨，令逐州軍長吏等優給例物，寄招在京禁軍去訖。臣竊謂京畿諸縣保甲事體，與河北無異。而所在闕額，禁軍尚多。欲乞指揮京畿諸縣，一依河北已得指揮招募施行。臣又聞河北、河東舊有義勇，自來每年冬教以爲邊備，民所習慣，不以爲怪。畿內百姓，非邊民之比。今來保甲雖罷按閱，而未免冬教，民情未安，亦乞特與放罷。謹錄奏聞，伏候敕旨。

乞令戶部役法所會議狀 十三日。

右臣伏見閏二月十五日聖旨節文，詳定役法所奏：諸路衙前，先以坊場、河渡錢，依見今合用人雇募，不足方許揭簿定差。臣竊聽中外之議，以謂此法頗爲穩便。蓋見今諸路每年所入坊場、河渡錢，共計四百二十餘萬貫，而每歲所費衙前支酬及召募押綱錢共計一百五十餘萬貫，所費止用所入三分之一。縱使坊場、河渡價錢別行裁減，不過比見今三分減一。則是所費亦不過所入之半，而免却民間衙前最重之役。其爲利民，不言可見。

續准閏二月二十七日聖旨節文，詳定役法所狀：「再詳雇募二字，切慮諸路承用疑惑，將謂依舊用錢雇募充役，欲乞改雇字爲招字。」衆謂此法既不以錢雇人，空行招募，必是招募不行，要須一例差撥。未委每年所得坊場、河渡錢四百二十餘萬貫，除支酬衙前重難及雇募押綱錢外，其餘欲將何處支用？又熙寧以前諸路衙前，多有長名人數，只如西川全係長名，故衙前一役不及鄉戶。淮南、兩浙長名太半以上，其餘路分長名亦不減半。今坊場既已拘收入官，必無人願充長名，則應係衙前並是鄉戶，雖號爲招募，而上戶利於免役，方肯投名，與差無異。上等人戶既充免役衙前，則以次人戶須充以次色役。如此則下戶充役，多如熙寧以前。方今人戶久爲苗役所困，物力比熙寧以前貧富相遠，而差役之法比舊特重，此衆議所以未服也。

然臣竊聞西邊熙、蘭等州及安疆米脂等寨，每年費用約計三百六七十萬貫。此錢大半出於苗役寬剩。今苗役既罷，故議者欲指坊場、河渡錢以供其費，致使衙前須至並差鄉戶。臣謂朝廷養民備邊，雖有內外之別，而其實一家之事耳。若備邊之費實未有准擬，則坊場等錢存以待之，亦不得已之計也。今邊防之計，詳定役法所必未能周知其詳，而暗指坊場等錢以備其費，則其養民之計亦已疎矣。臣欲乞朝廷密切指揮戶部與詳定役法官會議，先計上件新置城寨歲費幾何，若干係西川茶錢，若干係經制司錢，若干係闕額禁軍錢，若干係內藏庫錢，似此諸般科名外，尙有不足數目若干。若此數目不至絕多，臣乞計其所闕三年之數，於元豐庫及崇政殿庫錢內樁出。訪聞此庫錢物山積，本先帝所蓄以備邊事。今於此支用，正合先帝本意。臣訪聞蘭州等處，道里嶮遠，決爲難守。朝廷見議棄捐以安中國，三年之後邊境已定，卽非久遠不絕之費。所用錢數雖多，亦有限量。其坊場、河渡等錢，旣別不支用，卽乞依閏二月十五日聖旨指揮，雇募衙前施行。若朝廷重惜二庫錢物，未欲專行支給，卽乞將坊場、河渡等錢，除雇募衙前等外，量將剩數添助邊費。所貴養民備邊，兩不失所。謹錄奏聞，伏候敕旨。

貼黃：朝廷方議息民，不宜爲邊費奪坊場錢，專差衙前，以困民力。臣竊見諸路州縣累年積下青苗息錢及免役寬剩錢，數目不少，亦可以助西邊新置城寨三二年之費。所貴留得坊場錢雇募衙前，令民間無重役之患，則朝廷恩德及民深矣。

乞禁軍日一教狀　二十二日。

右臣竊見諸道禁軍，自置將以來，日夜按習武藝，劍槊、擊刺、弓弩、鬭力，比舊皆倍，然自比歲試之於邊，亦未見勝敵之効。蓋士卒服習，止軍中一事耳。至於百戰百勝，則自有道，不可不察也。臣訪聞凡將下兵皆早晚兩教，新募之士或終日不得休息，士卒極以爲苦。頃歲西鄙用兵，士自内郡往即戰地，皆奮踴而去，以免教爲喜。先朝留意軍事，每歲遣官按閲，錫賚豐厚，遷補峻速，士心猶且如此。臣觀今日所以厚之者不如先朝，而所以勞之者如舊，臣竊以爲疑也。古之名將如李牧、王翦將用人之死力，必椎牛釃酒，聽其佚樂，養而不試。士皆投石超距，踴躍思奮而後用之，故所向無敵。今平居無事，朝夕虐之以教閲，使無遺力以治生事。衣食殫盡，憔悴無聊，緩急安得其死力？臣請使禁軍除新募未習之人，其餘日止一教，使得以其餘力爲生。異日驅以征伐，其樂致死以報朝廷，宜愈於前日也。謹錄奏聞，伏候敕旨。

乞差官與黄廉同體量蜀茶狀　二十五日。

右臣近曾奏言，益、利等路茶事司，以買賣茶虐害四路生靈。朝廷已差黄廉體量利害，乞先罷茶官陸師閔職任，使四路官吏不憂後患，敢以實害盡告黄廉。今聞朝廷却差黄廉就領茶事。臣竊以爲黄廉若以專使按榷茶之弊，則身無利害，茶事巨細，勢必具陳。若身自領茶事，有課利增損，邊計盈虛之責，則茶之爲害，勢必不肯盡言。兼朝廷本爲遠民無告，特遣此使，使事未達而就除外官，小民無知，必謂朝廷安於虐民，重於改法。此事體大，宜速有以救之。朝廷必謂陸師閔蠹害四路爲日已久，不欲别差替人，淹延歲月。因黄廉在彼，即行替罷，事雖稍便，理有未盡。臣欲乞選差淸强官一人，與黄廉同共體量。候了日赴闕面奏利害，所貴不敢隱蔽茶弊〔一〕，四路之人終被德澤。謹錄奏聞，伏候敕旨。

【校】

〔一〕「茶弊」，宋丙本無。

乞以發運司米救淮南飢民狀 二十八日。

右臣伏見淮南旱災，民食踴貴。朝廷特令截留上供米三十萬石以濟其急，䘏民之深，異時所未嘗有。然臣訪聞本路自正月以來，以義倉常平糧斛逐旋賑濟，約至夏中麥熟，稍得給足。不意今來旱勢益甚〔一〕，夏麥無望，而秋收之期遠在百日之後，雖有前件截留上供米，分在一路，恐未能遍及飢民。訪聞發運司逐年將糴糴本錢一百萬貫趁賤糴米，以代諸路違限上供米數外，或遇米貴亦出賣收息。臣欲乞指揮發運司，約定今年合留代上供外，其餘權令只依元買價盡數支撥於諸郡出賣，不得收息。仍先具若干留代上供，若干可以出賣，及元買價例申奏。所貴米數稍多，救接饑饉，可以支持至秋。謹錄奏聞，伏候敕旨。

【校】

〔一〕「來」，叢刊本無。

論明堂神位狀　五月六日。

右臣聞三代常祀，一歲九祭天，再祭地，皆天子親之。故於其祭也，或祭昊天，或祭五天，或獨祭一天，或祭皇地祇，或祭神州地祇，要於一歲而親祀必遍。降及近世，歲之常祀，皆有司攝事，三歲而後一親祀。親祀之疏數，古今之變相遠如此。然則其禮之不同，蓋亦其勢然也。

謹按國朝舊典，冬至圜丘〔一〕，必兼饗天地，從祀百神。若其有故不祀圜丘，別行他禮，或大雩於南郊，或大饗於明堂，或恭謝於大慶，皆用圜丘禮樂神位。其意以爲皇帝不可以三年而不親祀天地百神故也。臣竊見皇祐明堂遵用此法，最爲得禮之變。自皇祐以後，凡祀明堂，或用鄭氏說，獨祀五天帝；或用王氏說，獨祀昊天上帝。雖於古學各有援據，而考之國朝之舊，則爲失當。蓋儒者泥古而不知今，以天子每歲親祀之儀，而議皇帝三年親祀之禮，是以若此其疎也。

今者皇帝陛下，對越天命，逾年卽位，將以九月有事於明堂，義當並見天地，遍禮百神。

躬薦誠心，以格靈貺。臣恐有司不達禮意，以古非今，執取王、鄭偏說，以亂本朝大典。夫禮沿人情，人情所安，天意必順。今皇帝陛下始親祠事，而天地百神無不咸秩，豈不俯合人情，仰符天意？臣愚欲乞明詔禮官，今秋明堂用皇祐明堂典禮，庶幾精誠陟降，溥及上下。謹錄奏聞，伏候勑旨。

【校】

〔一〕「圜」，原作「圓」，據宋甲本改。以下同。

乞借常平錢買上供及諸州軍糧狀 初八日。

右臣聞自古經制國用之術，以爲穀帛，民之所生也，故斂而藏之於官。錢幣，國之所爲也，故發而散之於民。其意常以所有，易其所無。有無相交，而國用足焉。故自熙寧以前，民間兩稅皆用米麥布帛，雖有沿納諸色雜錢，然皆以穀帛折納，蓋未嘗納錢也。錢之入官者，惟有茶鹽酒稅雜利而已。然方是時，東南諸郡猶苦乏錢，錢重物輕，有錢荒之患。自熙寧以來，民間出錢免役，又出常平息錢。官庫之錢貫朽而不可較，民間官錢搜索殆盡。市井所用多私鑄小錢，有無不交，田夫蠶婦力作而無所售。常平役錢山積，而無救饑饉。蓋自十餘年間，積成此弊，於今極矣。朝廷近日雖已減損常平，罷放免役，使民休息；然而錢積於官，無宣洩之道，民無見錢，百物益賤。譬如飢人，雖已得食而無所取飲，久渴不治，亦能致死。

臣竊見國朝建立京邑，因周之舊，不因山河之固，以兵屯爲嶮岨。祖宗以來，漕運東南，廣蓄軍食，內實根本，外威夷狄。方其盛時，足支十餘年。近者歲運損耗，糴賣不節，太倉無五年之畜。國計寡弱，有識之士，爲之寒心。至於諸路軍糧，大抵無備。熙寧之間，東南大旱，民間闕食。官欲賑濟，無所從得，不免誅求富民，斂斗石之粟以濟億萬之衆，勞而無益，徒以爲笑。然今諸路轉運司，久以商賈不行，農民罷病，故酒稅不登；收買軍器雜物封樁闕額衣糧等事，故經費不足。朝廷雖欲內實京師，外實諸郡，有司匱乏，勢無所出。

臣欲乞指揮東南諸路轉運司，各借本路常平見錢，遇年豐穀帛價賤，豫買三年上供米及本路州軍諸軍三年衣糧，限以三年節次收糴。重立禁約，不得別作支用。仍於五年內收簇錢物，撥還常平倉司。每歲終具元借錢及所糴物及所還數，提刑司保明，申戶部點檢，有無違法聞奏。應干借錢糴買事，有不如法，並許提刑司覺察聞奏。但令泉幣通行，足以鼓舞四民，流轉百貨；倉廩充實，足以贍養諸軍，備禦水旱。則上下皆足，公私蒙利矣。如許臣所請，伏乞下戶部立法施行。謹錄奏聞，伏候敕旨。

貼黃：所借常平司錢，非是直取以供國用，當指揮轉運司勒令如期撥還。務令常平司錢久遠不匱，轉運司緩急有所借使〔一〕，實長久之利也。

【校】

〔一〕「使」，宋丙本、叢刊本作「便」。

言蔡京知開封府不公事第五狀 十一日。

臣前四上章，言蔡京知開封府推行役法，明知舊法人數冗長，近降聖旨許州縣相度有無妨礙，至於揭簿定差亦無日限。而京違此指揮，差人監勒開祥兩縣，一依舊法人數，於數日之內差撥了當。意欲擾民，以沮成法。兼京曲法庇蓋段繼隆贓汙公事，乞先罷京差遣，催督大理寺結絶斷遣，不蒙朝廷施行。尋因京陳乞外任，特除知眞定府。臣復上言，眞定大藩，不當付新進有罪未決之人，朝廷並不省錄。

今臣竊見成都路轉運判官蔡朦施行役法，不曾相度有無妨礙，督迫州縣差撥徧前。定詳役法官韓維等言其害人，即日降知廣濟軍。臣竊詳蔡京、蔡朦均是奉行役法用意刻薄，欲以搔擾百姓，敗壞良法。而京官在侍從，朝有黨人，擢爲藩帥。朦以官卑無黨，黜爲知軍。同罪異罰，公議不厭。

臣又見大理寺勘得李雍經開封府論段處約將父知濟州段繼隆進奉空名狀，召人承買，要錢三千貫，奏邢州張家假作外甥事。臣看詳李雍所告，段繼隆罪名不輕，若不得實，卽李雍無緣不坐誣告之罪。此乃官私行遣之常，蔡京無緣不知。今旣以段繼隆爲無罪，又却判放李雍，自相違背，有同兒戲。則其受情反覆，不待勘劾而明。今大理寺乃敢公然用情，恣京妄亂分析，更不勘出情弊。臣今訪聞得案內本寺容縱京等，不依公盡理根勘事節，謹具畫一如後：

一、李雍初下狀論段處約等，京爲處約是尙書都省主事，有官，合申省勾追，卽判申字。旣而又言處約恐未是主事，抹却申字，判勾餘人，勒段處約分析詣實申。此一節，顯是情弊。段處約若係主事，卽合申勾；若不係主事，卽合直勾。豈有抹却申字，便不勾追之理？顯見段家關節未到，京卽依公申勾；處約關節旣到，更免勾追。

一、李雍論處約賣奏薦恩澤，已有錢數實狀及買賣主名，自合將下狀及被論人并一行證左送所司根勘。今但勾到證左，信令虛妄供狀，稱不是召人承買手分。王士安乞送所司，京執不肯，只以所供虛妄狀詞爲憑，顯是情弊。

一、京旣不肯根勘詣實，却更分外爲處約巧作方便，會問進奏官奏了何人，要符合處約分析。臣未嘗見官司根勘罪人，不令兩詞自相對辨，却爲罪人外求證左，便爲了當。

一、京旣憑衆人虛詞，執李雍元狀爲誣告，已判一勘字，卽是欲勘李雍誣告之罪。後來又却抹却勘字，判一放字。顯是心知李雍不是誣告，不敢勘問。今大理寺却縱令京等妄稱李雍係自首，故判放字。臣看詳李雍只是自首同情賣官之罪，卽不曾自首誣告段處約之罪，何緣以自首判放？信意虛妄，如欺小兒，大理寺官吏無緣不覺，顯是用情庇蓋。

右乞朝廷詳酌上件四事。卽京之受倖曲庇段處約等，上書詐不實，徒以二年私罪及賣官三千餘貫未入，已贓罪，縱無情弊，其昏繆不職，已當責降。況有上件四事，情狀甚明，兼有前來差役不當，與蔡朦同罪。積此姦弊〔一〕，合行重責。其大理寺官吏輒敢覬望權要用情，故出蔡京情罪，亦乞重行責降。如朝廷未以臣言爲信，乞送御史臺重行根勘，卽見實情。謹錄奏聞，伏候敕旨。

【校】

〔一〕「姦弊」，宋甲本作「情弊」。

乞誅竄呂惠卿狀 十九日。

右臣聞漢武帝世御史大夫張湯挾持巧詐，以迎合上意，變亂貨幣，崇長犴獄，使天下重足而立，幾至於亂。武帝覺悟，誅湯而後天下安。唐德宗世宰相盧杞妬賢嫉能，戕害善類，力勸征伐，助成暴斂，使天下相率叛上，至於流播。德宗覺悟，逐杞而後社稷復存。蓋小人天賦傾邪，安於不義；性本陰賊，尤喜害人。若不死亡，終必爲患。

臣伏見前參知政事呂惠卿懷張湯之辯詐〔一〕，兼盧杞之姦凶。詭變多端，敢行無度；見利忘義，黷貨無厭。王安石初任執政，用爲心腹〔二〕。安石山野之人，強狠傲誕〔三〕，其於吏事冥無所知。惠卿指擿教導，以濟其惡。青苗、助役，議出其手。韓琦始言青苗之害，先帝知琦朴忠，翻然感悟，欲退安石而行琦言，當時執政皆聞德音。安石惶遽自失，亦累表乞退，天下欣然有息肩之望矣。惠卿方爲小官，自知失勢，上章乞對，力進邪說，熒惑聖聽，巧回天意。身爲館殿，攝行內侍之職，親往傳宣，以起安石。肆其僞辯，破難琦說，仍爲安石畫劫持上下之策〔四〕，大率多用刑獄，以震動天下。自是諍臣吞聲，有識喪氣，而天下靡然矣。至於排擊忠良，引用邪黨，惠卿之力十居八九。其後又建手實簿法，尺椽寸土，撿括無遺；雞豚狗彘，抄劄殆遍。專用告訐，推析毫毛，鞭箠交下，紙筆翔貴。小民怨苦，甚於苗役。又因保甲正長，給散青苗，結甲赴官，不遺一戶。上下騷動，不安其生，遂致河北人戶流移。雖上等富家，有驅領車牛，懷挾金銀，流入襄、鄧者。旋又興起大獄，以恐脅士人。如鄭俠、王安國之徒，僅保首領而去。原其害心，本欲株連蔓引，塗汙公卿，不止如此。獨賴先帝天姿仁聖，每事裁抑，故惠卿不得窮極其惡。不然，安常守道之士無噍類矣。

既而惠卿自以贓罪被黜，於是力陳邊事以中上心。其在延安始變軍制，雜用蕃漢。上與馮京異論，下與蔡延慶等力爭。惟黨人徐禧助之，遂行其說。違背物情，壞亂邊政，至今爲患。西戎無變，妄奏警急。擅領大衆，涉入虜境，竟不見敵，遷延而歸。糜費資糧，棄捐戈甲，以巨萬計。恣行欺罔，坦若無人。立石紀功，使西戎曉然知朝廷有吞滅靈、夏之意。自是戎人怨畔，邊鄙騷動。河、隴困竭，海内疲勞。永樂之敗，大將徐禧本惠卿自布衣中保薦擢任，始終協議，遂付邊政。一敗聲始聞，震動宸極。循致不豫，初實由此。邊釁一生，至今爲梗。

及其移領河東，大發人牛，耕葭蘆、吴堡兩寨生地。托以重兵，方敢布種。投種而歸，不敢復視。及至秋成，復以重兵防托。收刈所得，率皆秕稗。雨中收穫，即時腐爛。惠卿張皇其數，牒轉運司交割，妄言可罷饋運。其實所費不貲，而無絲毫之利。邊臣畏憚，皆不敢言。此則惠卿立朝事迹一二，雖復肆諸市朝，不爲過也。

若其私行憸薄，非人所爲，雖閭閻下賤，有不食其餘者。安石之於惠卿，有卵翼之恩，有父師之義。方其求進，則膠固爲一，更相汲引，以欺朝廷。及其權位既均，勢力相軋，反眼相噬，化爲讎敵。始安石罷相，以執政薦惠卿。既以得位，恐安石復用，遂起王安國、李士寧之獄，以促其歸〔五〕。安石覺之，被召即起。迭相攻擊，期致死地。安石之黨言惠卿使華亭知縣張若濟借豪民朱華等錢置買田產，使舅鄭膺請奪民田，使僧文捷請奪天竺僧舍〔六〕。朝廷遣蹇周輔推鞠其事，獄將具，而安石罷去，故事不復究。案在御史，可覆視也。惠卿言安石相與爲姦，發其私書。其一曰：「無使齊年知。」齊年者，馮京也。京、安石，皆生於辛酉，故謂之齊年。先帝猶薄其罪，惠卿復發其一曰：「無使上知。」安石由是得罪。夫惠卿與安石出肺肝，託妻子，平居相結惟恐不深，故雖欺君之言見於尺牘，不復疑間。方其無事，已一一收錄，以備緩急之用。一旦爭利，遂相抉擿，不遺餘力，必致之死。此犬彘之所不爲，而惠卿爲之，曾不愧恥。天下之士見其在位，側目畏之。

夫人君用人欲其忠信於己，必取仁於父兄，信於師友，然後付之以事。故放麑違命也，而推其仁則可以託國；食子徇君也，而推其忍則至於弑君。欒布惟不廢彭越之命，故高祖知其賢；李勣惟不利李密之地，故太宗許其義。二人終事二主，俱爲名臣。何者？仁心所存，無施不可。雖公私有異，而忠厚不殊。至於呂布事丁原則殺丁原，事董卓則殺董卓；劉牢之事王恭則反王恭，事司馬元顯則反元顯。背逆人理，世所共疑。故呂布見誅於曹公，而牢之見殺於桓氏〔七〕。皆以其平生反覆，勢不可存。夫曹、桓古之姦雄，駕御英豪，何所不有？然推究利害，終畏此人。今朝廷選用忠信，惟恐不及，而置惠卿於其間，譬如薰蕕雜處，梟鸞並棲，不惟勢不兩立，兼亦惡者必勝。況自去歲以來，朝廷廢吳居厚、呂嘉問、蹇周輔、宋用臣、李憲、王中正等。或以牟利，或以黷兵，一事害民，皆不得逃譴。今惠卿身兼衆惡，自知罪大，而欲以閑地自免，天下公議未肯赦之。然近日言事之官論奏姦邪，至於鄧綰、李定之徒，微細畢舉，而不及惠卿者，蓋其凶悍猜忍如蝮蠍，萬一復用，睚眦必報，是以言者未肯輕發。臣愚蠢寡慮，以爲備位言責，與元惡同時，而畏避隱忍，辜負朝廷。是以不憚死亡，獻此愚直。伏乞陛下斷自聖意，略正典刑。縱未以汙鈇鑕，猶當追削官職，投畀四裔，以禦魑魅。謹錄奏聞，伏候敕旨。

貼黃：呂惠卿用事於朝，首尾十餘年。操執威柄，凶燄所及，甚於安石。引用邪黨，布在朝右。臣今陳其罪惡，必陰有爲之游說以破臣言者，唯聖明照察，不使孤忠橫爲朋黨所害。

【校】

〔一〕「辯」，原作「辨」，據宋甲本改。下文「僞辯」同此。

〔二〕「爲」，原作「之」，據宋甲本改。

〔三〕「狠」，原作「很」，宋甲本作「佷」，據三蘇祠本改。

〔四〕「畫」，原作「書」，據宋甲本、三蘇祠本改。

〔五〕「促」，原作「捉」，據宋甲本改。

〔六〕「捷」，三蘇祠本作「達」。

〔七〕「殺」，宋甲本作「戮」。

再乞差官同黃廉體量茶法狀 二十一日。

右臣近奏乞選差清強官與黃廉同體量蜀中茶法，尋蒙朝廷差杜紘前去。既而詳定編敕所奏，留杜紘。紘既不行，而蜀中茶法，至今未見差人同黃廉體量。伏乞檢臣前奏，別選差一人。所貴黃廉不敢以課利增虧自作身計，盡具茶法利害聞奏。謹錄奏聞，伏候敕旨。

再言役法劄子 五月十六日〔一〕。

臣聞世無不弊之法，雖三代聖人之政，不免有害。故神而明之，存乎其人。臣竊見朝廷近罷免役，復行差役。小民初免出錢，鼓舞相慶。士大夫因民之喜，以爲差役一行，可坐而無事矣。臣之愚意，以爲免役之害雖去，而差役之弊亦不可不知也。是以推言其故，而陛下察之。

國朝因隋、唐之舊，州縣百役並差鄉戶。人致其力以供上，使歲月番休，勞佚相代。吏若循理，不以非法加民，則被役之人，本無大苦。然役人既是稅戶，家有田產，誅求必得。吏少廉愼，凡有所須，不免侵取。故祖宗之世，天下役人除正役勞費之外，上自衙前，有公使廚宅庫之苦；中至散從官手力，有打草供柴之勞；下至耆長壯丁，有歲時饋遺之費〔二〕：習以成俗，恬不爲怪。民被差役，如遭寇虜。神宗皇帝照知此害，始議立免役之法。前弊雖解，而所取役錢多收寬剩，民間難得見錢，日益貧瘁。今朝廷既已復行差役，除見議衙前差募未有成法外，其餘耆戶長弓手散從等役，一切定差。貪官暴吏，私竊以此相賀。何者？市井之人，應募充役，家力既非富厚，生長習見官司。官吏雖欲侵漁，無所措手。今耕稼之民，性如麋鹿。一入州縣，已自懾怖。而況家有田業，求無不應。自非廉吏，誰不動心？妄意朝廷既行差役，凡百侵擾，當復如舊。訪聞見今諸路，此弊已行。臣恐稍經歲月，舊俗滋長，役人困苦，必有反思免役之便者。其於聖政，爲損不細。頃者朝廷初革衆弊，士懷異議，多被遷逐。睥睨新政，幸其不成者非一人也。若此弊不除，使民有怨言，彼立異之人，他日必指以爲事。

臣欲乞明降詔書，丁寧戒敕監司長吏，使知朝廷愛惜鄉差役人，與神宗朝愛惜雇募役人無異。應係自前約束官吏侵擾役人條貫，使刑部錄出，具委無漏落，雕印頒下，令一切如舊。出牓州縣，使民知之。仍常加督察，有犯不赦。應監司所部有犯不能覺察，致因事發露者，重其坐。庶幾民被差役之利，而無差役之害，然後天下蒙賜深矣。取進止。

【校】

〔一〕「五月十六日」，原無，據宋丙本、叢刊本補。

〔二〕「饋遺」，宋丙本作「餽運」，叢刊本作「餽送」。

欒城集卷之三十九

右司諫論時事十五首

乞責降呂和卿狀 二十八日。

右臣竊見唐命尚書郎，常選用文行政事之臣，以分總庶務。神宗皇帝始復唐室舊制，其於用人最號重愼。今陛下臨御，一新庶政，朝多淸流，貪殘之人不當復寘省闥。謹按金部員外郎呂和卿，本惠卿之弟，而章惇所薦。和卿始以奏補入仕，賦性愚騃。方其歷任，未成考第，而惇稱其所至有聲，當時士人無不竊笑。其後與惠卿共建手實簿法，惠卿方任執政，使和卿上言而惠卿力行之。其法以根括民產，不遺毫髮爲本；以獎用憸險，許令告訐爲要。估計家財，下至椽瓦；抄劄畜產，不遺雞豚。天下騷然，如被兵火。紙筆踴貴，鞭笞恣行。然其爲術迂疎，卒不能得民腰領。先帝知其不可，遽寢不行。

近日蹇周輔以賣鹽得罪，吳居厚以榷鐵蒙責，呂嘉問以市易被逐，宋用臣以導洛遠徙。至於蹇序辰、郟亶之流，一罣其間，皆不逃譴。而和卿首爲簿法，害民之多過於鹽鐵等事，獨安然不問，竊據郎曹。質之公議，實失邦憲。

兼和卿頃任考功日，其兄温卿任秦鳳提刑。明知添支米麥，不許割移他處，和卿私利西邊軍食價高，割就温卿本任，作弟姪名字請領，虧損邊計，以益其私。蓋其兄弟貪冒無恥，從來如此。雖事在赦前，而竊據清要，公議不允。伏乞朝廷重行黜責，使清濁稍分，以警在位。謹錄奏聞，伏候敕旨。

乞兄子邁罷德興尉狀 六月三日。

右臣五月十九日奏論資政殿大學士呂惠卿姦險蠹國，殘虐害民，乞行竄殛。二十九日奏論金部員外郎呂和卿貪猥不才，塵玷省闥，乞行降黜。緣知饒州呂温卿係惠卿親弟而和卿親兄。臣有兄子邁見任饒州德興縣尉，竊慮温卿挾恨，別有捃拾勘會。邁今任將及兩考，欲乞朝廷體察，特許令候兩考滿日放罷，赴吏部別受差遣。謹錄奏聞，伏候敕旨。

再乞罪呂惠卿狀 八日。

右臣聞以堯爲君而舜爲之繼，四凶之惡不得而容。以武王爲父而成王爲子，管、蔡之罪不得而赦。何者？凶德貫盈，邪黨蕃熾，用之足以熒惑當世，存之足以遺患將來。是以聖人下爲百姓遠慮，後爲子孫深憂，逐而去之，靡有疑志。

今皇帝陛下富於春秋，諒陰不言。太皇太后陛下委任羣臣，政出房闥；而存養元惡，隱忍不誅。人知後患，懼者甚衆。臣近曾奏論呂惠卿賦性凶邪，罪惡山積。自熙寧以來所爲青苗、助役、市易、保甲、簿法，皆出於惠卿之手。至於輕用甲兵，興造大獄，凡害民蠹國之事，皆惠卿發其端。故近歲姦邪，惠卿稱首。臣於前奏論之稍悉，然至今多日，未見施行。竊惟朝廷近日掃除羣慝，如吳居厚、蹇周輔、呂嘉問、宋用臣等，皆以一事誤朝，即加流竄。今惠卿兼有衆惡，自知罪大，託疾求閑，而朝廷因亦不問。臣恐國之政刑，從此大廢。今中外士大夫見惠卿獨得不誅，皆謂言事之官有畏強凌弱之心，執政大臣有吐剛茹柔之意。朝廷用法不平，掇拾蜂蠆，脫遺鯨鯢，貽患後人，取笑千古。因此，羣惡小醜已得罪者，亦皆不伏。

伏惟二聖臨御，至公如天地，至明如日月，其於用法，不應如此。臣愚竊料聖意，必謂方今弊事略除，羣枉消退，惠卿既領宫觀，不足復誅，故稍加闊略，以安反側。臣退復思慮，終謂不然。惠卿姦人之雄，用意不淺，無病而去，有伺隙之心。使之一旦復攝尺寸之柄，必致天下之患。若不以時放棄，深折姦謀，臣恐朝廷未得安枕而臥也。伏乞檢臣前奏付外施行，竢元惡已除，然後洗滌瑕玼，以安中外，不爲晚也。臣不勝憂國愛君之切，不顧死亡，以犯凶人。陛下裁幸。謹錄奏聞，伏候敕旨。

論青苗狀　十四日。

右臣伏以青苗之害民，朝廷之所悉也。罷而不盡，廢而復講，使天下之人疑朝廷眷眷於求利，此臣之所深惜也。何者？朝廷申明青苗之法，使請者必以情願，而官無定額，議者以爲善矣。然以臣觀之，無知之民急於得錢而忘後患，則雖情願之法有不能止也。侵漁之吏利在給納而惡無事，則雖無定額有不能禁也。故自今年春，諸縣所散青苗，處處不同。凡縣令曉事，吏民畏伏者，例不復散。其闇於事情，爲吏民所制者，所散如舊。蓋立法不善，故使猾吏得依法爲姦。監司雖知其不便，欲禁而不可得。天下既已病之矣。今朝廷復修夏料納錢減半出息之法，此雖號減息，而使天下曉然知今日朝廷意仍在利。雖有良縣令，臣恐其不能復如前日自必於不散矣。且自熙寧以來，吏行青苗，皆請重祿，而行重法〔一〕，受賕百錢，法至刺配。然每至給納之際，猶通行問遺，不能盡禁。今吏祿已除，重法亦罷，而青苗給納不止，臣恐民間所請錢物，得至其家者無幾矣。伏乞追寢近降青苗指揮，別下詔旨，天下青苗自今後不復支散，不勝幸甚。謹錄奏聞，伏候敕旨。

【校】

〔一〕「行」，宋丙本無。

三論差役事狀　十七日。

右臣五月二十六日上殿劄子，乞明降詔書，戒敕監司長吏，使知朝廷愛惜鄉差役人與神宗朝愛惜雇募役人無異〔一〕，應係自前約束官吏侵擾役人條貫，使刑部錄出，具委無漏落，雕印頒下，令一切如舊。出牓州縣，使民知之。仍常加督察，有犯不赦。應監司所部有犯不能覺察，致因事發露者，重其坐。至今多日，未蒙施行。

伏念臣前作此奏，爲聞近日諸縣曹吏有因差役致富，小民被差充役，初參上下費錢有至一二十千者。州縣官吏亦有以舊雇役人慣熟，多方陵虐所差之人，必令出錢，作情願雇募。又有以新差役人拙野，退換別差，必得慣熟如意而後止者。天下官吏不能皆良，如此等事所在不一。雖非目見，可以意料。民被其害，如遭湯火。竊意此奏朝上，聖心惻怛，不待終日而行。不意遷延至今，不以爲急。

臣愚竊恐朝廷始復差役，議者妄謂差法一行，更無患害。聞臣此奏，未免不信。臣謂改屋爲差，實得當今救弊之要。然使聞害不除，見善不徙，則差役害人未必減於免役。伏乞聖慈，檢臣前奏，早賜詔書，具言所聞差役官吏情弊，仍備錄前後禁約，曉諭中外，使知朝廷深意，則天下幸甚。謹錄奏聞，伏候敕旨。

貼黃：臣訪聞近日頗有上書言差役不便，蒙降付看詳役法所者。臣推原其意，皆由州縣施行差法，別有搔擾，以致人言。若不早爲禁約，深爲不便。伏乞指揮於役法所檢取民間前後言差役不便文字，略賜省覽，即見詣實。

【校】

〔一〕「使知」，宋丙本、叢刊本作「令知」。

論呂惠卿第三狀　二十日東西省同上。

右臣等伏見近降朝旨，以臣僚上言呂惠卿罪惡，責授惠卿中散大夫、守光祿卿、分司南京。竊以執鯨鯢於漏網，稍正邦刑；蓄虎豹於近郊，終貽後患。謹按惠卿在熙寧中忝爲不義，創立弊法。上以詿誤朝廷，下以賊害海內。詐窮力詘，黜居藩郡。猶復妄睎功賞，輕用甲兵。結怨西戎，貽憂先帝。罪狀顯白，已不容誅。至於私行險詖，人所不爲。始與安石結刎頸之義，終與王氏爲尋戈之讐。忠信蔑然，詭變難測。今雖自知罪大，不容於世，然猾詐稱疾病，潛伺間隙。譬如蝮蛇猛獸，雖暫爾弭伏，而凶性終在，遇便即發。若不深爲關櫳，投界無人之境，臣等恐其防閑稍緩，竊出害人。不然臣等豈不知降四官、落一職，爲分司官，在於常人不爲輕典乎？蓋以堯之四凶，魯之少正卯，既非常人，不當復用常法治也。

況復皇帝陛下即位之初，明於赦書，戒敕邊吏，不得侵撓外界，務要靜守疆場。是時惠卿任河東帥，被遇先帝恩德最深。自聞遺制，略無哀感。日夜點集兵馬，爲入界討蕩之計。及其遷延未發，恐爲虜所覺知，遂令兵馬司借赦書不得侵擾之文，曉諭將佐，以欵賊計。仍於四月十五日具奏上件事由，於二十一日出界。夫登極赦書，國之大信，所以綏靖中國，懷來四夷，人臣奉行，敢有輕議？今惠卿公然違戾，出師伐國。而又借用其文，設詐欺敵，侮玩朝廷，殊無忌憚。推其心，則出於無君；論其罪，則入於大不敬。積其前後所犯，皆在不赦。朝廷縱欲貸而不誅，只乞檢臣等前奏，投之四裔，以禦魑魅。臣等與惠卿初無讎怨，但以爲國去凶，義不可已。惟陛下特賜裁斷。謹錄奏聞，伏候敕旨。

論蘭州等地狀　六月二十八日〔一〕。

右臣竊見先帝因夏國內亂，用兵攻討，於熙河路增置蘭州，於鄜延路增置安疆、米脂等五寨。議者講求利害，久而不決。其一曰：蘭州五寨所在嶮遠，饋運不便，若竭力固守，坐困中國。羌人得以養勇，窺伺間隙。要之久遠，不得不棄。危而後棄，不如方今無事舉而與之〔二〕，猶足以示國恩惠。其二曰：此地皆西邊要害，朝廷用兵費財，僅而得之。聚兵積粟，爲金湯之固。蘭州下臨黄河，當西戎咽喉之地。土多衍沃，略置堡障，可以招募弓箭手，爲耕戰之備。自開拓以來，平治徑路，皆通行大兵。若舉而棄之，熙河必有晝閉之警，所謂借寇兵，資盜粮，其勢必爲後患。此二議者，臣聞之久矣。然以夏戎背畔，雖屢有信使，而未修臣職。未請侵地，則棄守之議朝廷無因自發。今聞遣使來賀登極，歸未出境而使者復至，講和請地必在兹舉。雖廟堂議論已得詳熟，而小臣憂國不能嘿已。輒嘗覈實其事，以爲前件棄守之議，皆非妄言，然而朝廷當决從一議。欲決此議，當論時之可否，理之曲直，算之多寡。誠使三者得失皆見於前，則棄守之議，可以一言而決也〔三〕。

何謂時之可否？方今皇帝陛下富於春秋，諒闇不言，恭默思道。太皇太后陛下覽政簾幃之中，舉天下事屬之輔相〔四〕。當此之時，安靖則有餘，舉動則不足。利在綏撫，不利征伐。今若固守不與，西戎必至於争。甲兵一起，呼吸生變。緩急之際，何所咨決？況陝西、河東兩路，比遭用兵之厄，民力困匱，瘡痍未復，一聞兵事，無不狼顧。若使外患不解，内變必相因而起。此所謂時可棄而不可守，一也。

何謂理之曲直？西戎近歲於朝廷本無大罪，雖梁氏廢放其子，而夷狄外臣本不須治以中國之法。先朝必欲弔伐，但誅其罪人，存立孤弱，則雖犬羊之羣，猶將伏以聽命。今乃割其土地，作爲城池，以自封殖。雖吾中國之人，猶知其爲利而不知其義也。曲直之辨，不言可見。蓋古之論兵者，以直爲壯，以曲爲老。昔仁祖之世，元昊叛命，連年入寇，邊臣失律，敗亡相繼。然而四方士民裹糧奔命，唯恐在後，雖捐骨中野，不以爲怨。兵民競勸，邊守卒固。而中國徐亦自定，無土崩之勢。何者？知曲在元昊，而用兵之禍，朝廷之所不得已也。頃自出師西討，雖一勝一負，而計其所亡失，未若康定、寶元之多也。然而邊人憤怨，天下咨嗟。土崩之憂，企足可待。何者？知曲在朝廷，非不得已之兵也。今若固守侵地，惜而不與，負不直之謗，而使關右子弟肝腦塗地，臣恐邊人自此有怨叛之志。此所謂理可棄而不可守，二也。

何謂算之多寡？棄守之議，朝廷若舉而行之，其勢必有幸有不幸。然臣今所論，於守則言其幸，於棄則言其不幸，以効利害之實。今夫固守蘭州，增築堡寨，招置土兵。方其未成，而西戎不順，求助北虜，並出爲寇。屯戍日益，飛輓不繼，賊兵乘勝，師喪國蹙。蘭州不守，熙河危急，此守之不幸者也。割棄蘭州，專守熙河，倉庾有素，兵馬有備，戎人懷惠，不復作過。此棄之幸者也。二者臣皆不復言，何者？利害不待言而決也。若夫固守蘭州，增築堡寨，招置土兵，且耕且戰。西戎懷怨，未能忘爭，時出虜略，勝負相半。耕者不安〔五〕，餽運難繼，耗蠹中國，民不得休息。此守之幸者也。割棄蘭州，專守熙河。西戎據蘭州之堅城，道熙河之夷路，我師不利，復以秦、鳳爲境，修完廢壘，復置烽候。人力既勞，費亦不小，此棄之不幸者也。夫守之雖幸，然兵難一交，仇怨不解，屯兵饋糧，無有休日。熙河因此物價翔貴。見今守而不戰，歲費已三百餘萬貫矣。戰若不止，戍兵必倍，糧草衣賜，隨亦增廣。民力不支，則土崩之禍或不可測也。棄之雖不幸，然所棄本界外無用之地〔六〕。秦、鳳之間，兵民習熟。近而易守，轉輸所至，如枕席之上。比之熙、蘭，難易十倍。有守邊之勞，而無腹心之患，與平日無異也。夫以守之幸，較棄之不幸，利害如此，而況守未必幸，而棄未必不幸乎？

且朝廷以天地之量，赦其罪惡，歸其侵疆，復其歲賜，通其和市。雖豺狼野心，能不愧恥？縱使酋豪內懷不順，而國恩深厚，無以激怒其民。臣料一二年間，其勢必未能舉動。萬一不然，而使中國之士，知朝廷棄已得之地，含垢爲民，西戎背恩〔七〕，彼曲我直。人懷此心，勇氣自倍，以攻則取，以守則固。天地且猶順之，而況於人乎？故臣願朝廷決計棄此，然後慎擇名將，以守熙河。厚養屬國，多置弓箭手。於熙、蘭往還要路，爲一大城，度可屯二三千人，以塞其入寇之道。於秦、鳳以來多置番休之兵，以爲熙河緩急救應之備。明敕將佐，繕完守備，常若寇至。先爲不可勝，以待敵之至，庶幾可以無後患也。臣自聞西使復來，謹采衆議，以三事參較利害，反覆詳究，理無可疑。是以輒獻狂言，惟陛下裁擇，幸甚。

貼黄：臣竊見二聖臨御，除去煩苛。天下之民想見太平之風，今西戎已有向化之漸。若朝廷靳惜蘭州等處，堅守不與，激令背畔，使邊兵不解，百費復興，則自前苛政，皆將復用。太平之期不可復望，深可痛惜。伏乞陛下與二三大臣詳議其事，以天下安危爲念，勿爭尺寸之利，以失大計，則社稷之幸也。

臣竊聞議者或謂若棄蘭州，則熙河必不可守；熙河不守，則西蕃之馬無由復至，而夏戎必爲蜀道之梗。臣謂此皆刼持朝廷欲必守蘭州之説〔九〕，而非國之至計也。臣聞熙河屬國，彊族甚多，朝廷養之極厚，必不願爲西戎所有。若帥臣能以恩信結之，統之以戍兵，貼之以弓箭手，又於熙、蘭要路控以堅城，恐西戎未易窺伺，而西蕃之馬何遽不至乎？至於蜀道之虞，自非秦、鳳、階、成等處蕩然無城池兵馬之備，則西戎豈敢輕爲此計？臣謂此説亦空言而已。

臣又聞説者謂韓縝昔與北朝商量河東地界，舉七百里之地以畀之。近者臺諫以此劾縝，縝由此罷相。故今朝廷議欲以蘭州等處復與西戎，無敢主其議者。臣謂蘭州等處與河東地界不可同日而語。河東地界，國之要地，祖宗相傳，誰敢失墜？舉而與人，非臣子之義。至於蘭州等處本西戎舊地，得之有費無益。先帝討其罪而取之，陛下赦其罪而歸之，理無不可，不得以河東地界爲比也。

【校】

〔一〕「六月」，原無，據宋丙本、叢刊本補。

〔二〕「方今」，宋丙本無「方」字。

〔三〕「可以」，三蘇祠本、叢刊本無「以」字。

〔四〕「事」上，宋丙本有「之」字。

〔五〕「安」，原作「定」，據宋丙本改。

〔六〕「地」，宋丙本、叢刊本作「城」。

〔七〕「背」，原作「被」，據宋丙本改。

〔八〕「扨」，叢刊本作「切」。

再論蘭州等地狀　七月七日。

右臣近於六月二十八日奏以西使入界，恐必有講和請地之議。乞因此時舉蘭州及安疆、米脂等五寨地棄而與之，安邊息民，爲社稷之計。見今西使已到，竊聞執政大臣棄守之論尚未堅決。臣竊見皇帝陛下登極以來，夏國雖屢遣使，而疆場之事初不自言。度其狡心，蓋知朝廷厭兵，是以確然不請，欲使此議發自朝廷，得以爲重。朝廷深覺其意，忍而不與，情得勢窮，始來請命。今若又不許，遣其來使徒手而歸，一失此機，必爲後悔。彼若點集兵馬，屯聚境上，許之則畏兵而與，不復爲恩；不許則邊釁一開，禍難無已。間不容髮，正在此時，不可失也。

臣又聞昔日取蘭州及五寨地，本非先帝聖意。先帝始議取靈武，内臣李憲畏懦不敢前去，遂以兵取蘭州。先帝始議取横山，帥臣沈括、种諤之徒不能遵奉聖略，遂以兵取五寨。此二者皆由將吏不職，意欲邀功免罪，而先帝之意本則不然。其後元豐六年，夏國遣使請罪。先帝嘉其恭順，爲敕邊吏，禁止侵掠。既又遣使謝恩，請復疆土，先帝仍爲指揮保安軍與宥州議立疆界。因循未定，而先帝奄棄萬國，遂以至今。由此言之，蘭州五寨，取之則非先帝本心，棄之則出先帝遺意。今議者不深究本末〔一〕，妄立堅守之議，苟避棄地之名，不度民力，不爲國計，其意止欲私己自便，非社稷之利也。

臣又聞議者或謂棄守皆不免用兵，棄則用兵必遲，守則用兵必速，遲速之間，利害不遠，若遂以地與之，恐非得計。臣聞聖人應變之機，正在遲速之際。但使事變稍緩，則吾得算已多。昔漢文、景之世，吴王濞内懷不軌，稱病不朝，積財養士，謀亂天下。文帝專務含養，置而不問，加賜几杖，恩禮日隆。濞雖包藏禍心，而仁澤浸漬，終不能發。及景帝用鼂錯之謀，欲因其有罪，削其郡縣。以爲削之亦反，不削亦反；削之則反疾而禍小，不削則反遲而禍大。削書一下，七國盡反。至使景帝發天下之兵，遣三十六將，僅而破之。議者若不究利害之淺深，較禍福之輕重，則文帝隱忍不決，近於柔仁；景帝剛斷必行，近於強毅。然而如文帝之計，禍發旣遲，可以徐爲備禦。稍經歲月，變故自生，以漸制之，勢無不可。雖有十濞，亦何能爲？如景帝之計，禍發旣速，未及旋踵，已至交兵。鋒刃旣接，勝負難保，社稷之命，決於一日。雖食鼂錯之肉，何益於事？今者，欲棄之策與文帝同，而欲守之謀與景帝類。臣乞宣諭執政，欲棄者理直而禍緩，欲守者理曲而禍速。曲直遲速孰爲利害？

況今日之事，主上妙年，母后聽斷。將帥吏士，恩情未接。兵交之日，誰使效命？若其羽書沓至，勝負紛然，臨機決斷，誰任其責？惟乞聖慈以此反覆深慮，早賜裁斷，無使西戎別致猖狂，棄守之議，皆不得其便，則天下幸甚。謹錄奏聞，伏候敕旨。

【校】

〔一〕「由此言之」至「今」，原無，據宋丙本、叢刊本補。

論京畿保甲冬教等事狀　七月九日。

右臣竊見仁宗朝河北、河東初置義勇，至英宗朝推行其法，漸及陝西。皆以地接胡羌，有守禦之備。每歲冬教一月，民雖以爲勞，而邊防之計有不得已。及熙寧中更置保甲，使京畿三路之民，日夜教習。二聖臨御，知其不便，率皆罷去。民得歸秉耒耜，盜賊因此衰息。歌舞聖德，無有窮已。惟有冬教一月之法，三路以被邊之故，民習爲常，不敢辭怨。至於京畿諸縣，累聖以來爲輦轂所在，素加優厚。今乃與三路邊郡爲比，一例冬教，情所未安。伏乞聖慈深念根本之地，所宜寬卹，特與蠲免。

兼訪聞京畿三路，見今皆修蓋冬教場屋宇，州縣頗以爲勞。臣昔守官河北，竊見義勇冬教並不置教場屋宇。每遇教日，皆權於係官屋宇及寺院等處安泊，別無闕事。朝廷若允臣所奏，免畿內冬教，則其教場屋宇已自不修。如三路冬教，乞下逐路監司相度，只如目前權於係官屋宇及寺院等處安泊，有無不便。如別無不便，亦乞罷修，以寬民力。謹錄奏聞，伏候敕旨。

論西邊警備狀 七月十九日。

右臣近奏乞因夏國遣使入貢，歸其侵地，竊聞朝廷已降詔開許。伏惟包荒之德，與天地同量，使西邊之人〔一〕，自此得免餽餉之勞，脫戰鬭之禍。天下不勝幸甚。然臣聞兵法：受降如受敵。夷狄獸心，見利忘義，雖以恩信深加結納，而備豫不虞，不可暫弛。況朝廷數年以來，舉兵攻討，深入其地，奪其疆土；今雖接以恩禮，其怨毒之意必未遽忘〔二〕。若因給賜城寨，定立界至之際，乘我無備，輒肆猖狂，則取笑四夷，悔不可及。謂宜明加約束，所賜城寨須候逐路帥臣處置般運器甲，抽那兵馬，凡百了當，立定期日，然後得令人交割。若未了之間，不得令一人一騎先期窺覘。仍指揮沿邊將吏，常加嚴備。因夏國新復侵地、謹守誓約之際，招塡士馬，充實倉廩，綏懷熟戶，常若寇至，不得爲其通和稍有弛廢。如此數年，朝廷常務懷柔，以革其欲報之心；邊臣常作隄防，以折其內侮之志。臣謂數年之外，必無後患。縱使背畔，而邊計已完，士氣已復，度其事勢，亦不足深憂。況背恩犯順，彼曲我直，雖復羌人，亦當知非，足使吾民坐而賈勇，制勝之道，始自今日。惟願陛下深詔大臣，安不忘危，常以戒敕邊吏爲心，則社稷之福也。謹錄奏聞，伏候敕旨。

【校】

〔一〕「人」，宋丙本、叢刊本作「民」。

〔二〕「遽」，原作「據」，據宋丙本改。

再論青苗狀 二十四日。

右臣近奏乞罷支青苗錢，兼訪聞臺諫官，皆有文字論列，至今並不蒙降出施行。臣伏見熙寧之初，王安石、呂惠卿用事，首建青苗之法，其實放債取利，而妄引周官泉府之言，以文飾其事。天下公議，共以爲非。是時韓琦、富弼、司馬光、范鎮等皆昌言其失，恨不能救。今二聖在上，照知民間疾苦，解去弊法，既已略盡。兼近日責降呂惠卿，數其罪惡，亦以創行青苗爲首。然天下俵散青苗，其實至今未止。民間疑怪，以爲朝廷仍有好利之意。臣博采衆論，云近有臣僚獻議，以國用不足爲言，由此聖意遲遲未決。

臣雖至愚，竊爲陛下深惜此計。何者？自古爲國，率皆祿養官吏，廩給士伍，崇奉郊廟，鎮撫四夷。然而食租衣稅，未嘗有闕。今陛下力行恭儉，前代帝王所有浮費，一切不爲。今日之計，但當戒飭天下守令，使之安集小民。若能稍免水旱之災，復無流亡之患，則安靖之功數年自見，穀帛豐羨將不可勝用。何至復行青苗，以與民爭利也哉？

伏惟陛下聖性仁厚，凡利民之事，知無不爲。若非左右搆此危語〔一〕，動搖聖聽，則何至爲之廢格羣言，以成邪説？然臣竊恐中外不知本末，但見臺諫之言皆留中不出，妄意陛下甘於求利，不卹細民。遠近傳聞，所損不細。臣欲乞陛下盡將臣僚前後所上章疏付三省詳議施行，以弭斯謗。謹錄奏聞，伏候敕旨。

【校】

〔一〕「若非」，宋丙本無「若」字。

乞放市易欠錢狀　二十七日。

右臣頃曾上言，乞將市易欠錢人戶，通計所納息、罰錢數，如已納及元請官本數目，即與除放，蒙聖恩依此施行，德澤滂霈，所及甚廣。然臣訪聞京師欠戶，貧下之家，從初多作詭名，請新還舊，以此無緣通計息、罰，故除放之恩多止上戶。臣近日再行體問，據通直郎監在京市易務宋肇爲臣言，若截自欠二百貫以下人戶一例除放，則所放人戶至多，事亦均一，仍具本務一宗節目及利害文字，請臣論奏。臣詳究其説，竊以爲當行之事有五：

市易本錢前後諸處撥到共計一千二百二十六萬餘貫，中間撥還內藏庫等處共計五百三十萬餘貫〔一〕，朝廷支使過共計三百八十四萬餘貫〔二〕，即今諸場務見在共計三百五十三萬餘貫，將此三項已支見在計算，已是還足本錢，則今來人戶所欠皆出於利息。若將見欠二百貫以下人戶除放，所放錢數不多，此事之當行者一也。

見今欠人共計二萬七千一百五十五戶，共欠錢二百三十七萬餘貫。其間大姓三十五，酒戶二十七，共欠錢一百五十四萬餘貫。小姓二萬七千九十三戶，共欠錢八十三萬餘貫。若將欠二百貫以下人戶除放，共放二萬五千三百五十三戶，放錢四十六萬六千二百餘貫。所放人戶九分以上，而所放錢止及二分〔三〕。此事之當行者二也。

元豐年中〔四〕，朝廷催理欠負極爲峻急。然一歲所納不過三萬貫。頃來朝廷優假細民，所催微細，自今年正月至今止及六七千貫。今且以三萬貫爲率，猶須七十餘年乃可納足。如此則小姓之家，死喪流亡，不可復知。而國家每歲得錢六千貫〔五〕，臣所乞放二百貫以下欠戶錢數，於見欠錢都數中止十分之二。即是每歲催及三萬貫數中，不過催得六千貫而已。如九牛一毛，不爲損益；而二萬餘家困苦，爲害至大。此事之當行者三也。

市易催索錢物凡用七十人，每人各置私名不下十人，掌簿籍，行文書，凡用三十餘人。每人各置貼寫不下五人，共約一千餘人。以此一千餘人，日夜搔擾欠戶二萬七千餘家。都城之中養此蠡賊，恬而不怪。此事之當行者四也。

市易之法，欠戶拖延日久，或未見歸者，及無家業之人，皆差人監逐，遇夜寄禁。既有此法，則一例公行寄禁。然吏卒頑狡，得錢卽放，無錢卽禁。榜笞捽縛，何所不至？若不別作擘劃，則日被此苦者，不知其數。此事之當行者五也。

伏乞聖慈以此五事較其利害，斷自聖意，特與除放。或因將來明堂赦書行下，或更溥行諸路，則細民荷戴恩德，淪入骨髓。社稷之利，不可勝計。

然臣竊見太府寺令歲終較課，以本理息，及一分以上，具官員等第保明聞奏。自來市易官，因此酬奬轉官，及請賞錢，所得無算。今來既見市易已支見在實數，僅能還足本錢，則以本理息，皆是欺罔。從前官吏轉官請賞，皆當追奪官爵及所賞錢物。亦乞朝廷根究前後緣市易轉官請賞之人，依理施行。內有呂嘉問係創行市易，害民最深，雖已經責降，尚竊有土，未允公議，更乞重行竄謫，以謝天下。

所有宋肇劄子三道，臣輒備錄進呈如左。謹錄奏聞，伏候敕旨。

貼黃：臣所言放欠事，上係二聖德澤，唯當直出中旨，不宜更顯言者姓名。或須至令三省相度施行，即乞指揮執政，勿令宣布。

【校】

〔一〕「五百三十萬餘貫」，宋丙本作「五百三十六萬餘貫」。

〔二〕「支使過」，宋丙本無「使」字。

〔三〕「止」，原作「正」，據宋丙本、叢刊本改。

〔四〕「元豐年中」，宋丙本無「年」字。

〔五〕「錢」，原作「失」，據宋丙本、叢刊本改。

言淮南水潦狀 二十九日。

右臣竊見淮南春夏大旱，民間乏食，流徙道路。朝廷哀愍饑饉，發常平義倉及截留上供米以濟其急。淮南之民，上賴聖澤，不至飢殍。然自六月大雨，淮水汎溢，泗、宿、亳三州大水。夏田既已不收，秋田亦復蕩盡。前望來年夏麥，日月尚遠，勢不相接，深可憂慮。訪聞見今官賣米猶有未盡，然必不能支持久遠。臣欲乞朝廷及今未至闕絶之際，速行取問本路提轉發運司，令具諸州災傷輕重次第，見今逐州各有多少糧食，可以賑濟得多少月日，如將來乏絶合如何擘劃施行，立限供報。所貴朝廷得以預先處置，小民不至失所。謹錄奏聞，伏候敕旨。

乞罷杜紘右司郎中狀 八月一日。

右臣伏見近除刑部郎中杜紘爲右司郎中，命下之日，中外疑惑。蓋以朝廷用人，必分流品清濁。尚書左右司郎官，總督十二司之事，至其遷擢高者多爲左右史，下者猶爲直閣、修撰，領三路都漕發運使，不一二年即爲侍從。自非清望正人，不與此選。

謹按杜紘人品凡近，不知經術，止以誦習法律進身。自熙寧、元豐以來，爲刑部官，諂事宰相王安石、王珪、蔡確以下，脂韋便佞，無不得其歡心。雖杜純親弟，而純以直進，紘以諂聞。兄弟異心，衆所共悉。初修熙寧編敕，紘與其議。害民之法，皆經其手。今復爲詳定官，奮筆改更，非笑前書，略無愧恥，翻覆隨時，一至如此。兼與楊汲、崔台符共事，歲月甚久。大理寺所勘探報過公事，事干官員，皆刑部下法。朝廷近以所斷多有枉濫，差官理雪。凡所平反，十至七八。汲、台符既以官長被罪，如紘等輩皆其屬官，朝廷雖闊略不問，至於非次擢用，豈宜遽以及紘？竊恐賞罰失當，使天下不服。而汲、台符亦得以爲詞，爲損不細。

或言紘近日押伴西人，朝廷授以指蹤，使紘與西人商量，事得了當，右司之命，蓋以爲賞。臣以爲此有司常事，不足以爲功。況爲官擇人，當以流品爲急。若以右司爲賞，恐非孔子不以名器假人之義。伏乞追回前命，以厭公議。謹錄奏聞，伏候敕旨。

論差除監司不當狀　八月二日。

右臣伏以天下之治，寄於守令。守令之衆，朝廷不能盡知，其要寄於監司。方今民力凋殘，疲瘵未復；見議差役，措置未定。正宜使監司得人，以督察州縣。朝廷近日沙汰殘刻之吏，多係提轉等官。民間承望此風，思見循吏。

然臣竊觀近日所命，頗未得人。博采公言，略見一二。如李之紀、楚潛、王公儀皆碌碌凡材，無善可名，不知何以獲用。至於餘人，又加以過惡。如孫路奴事李憲，貪冒無恥；程高謟附賈靑，借名買珠；鍾浚天資邪險，累作過犯；張公庠爲事刻薄，不近人情；張璹久領市易，與牙儈雜進。而皆擢自稠人之中，付以一道之政。陛下誠欲尊重朝廷，愛惜民物，則如此輩人皆未可輕用也。

或言朝廷近令侍從以上博舉監司，名姓既聞，率皆注籍。每有員闕，執政不復愼選，一切揭簿定差。是以賢愚並進，人物雜亂。竊惟中外侍從，其徒實煩。被詔舉官，初無旌別。承舉卽用，近於麤疎。而欲待其不職，乃坐舉者。天下之廣，監司得失，朝廷未必一一詳知。民獨何辜，枉被塗炭？自古用人，實無此比。

臣欲乞應自前所用監司，令執政更加審議。其尤不可者，當與改差。今後差除，須名迹著聞，公議共許，然後擢用。庶幾監司稍得良吏，不至害民，此最當今之急務也。謹錄奏聞，伏候敕旨。

欒城集卷之四十

右司諫論時事十七首

三乞罷青苗狀 初四日與東省同上。

右臣等屢有封事，乞罷青苗，皆不蒙付外施行。伏以王安石、呂惠卿創行此法以來，天下之士，惟王、呂黨人欲以青苗進身者，則以其法爲是。其他士大夫，上自韓琦、富弼，中至司馬光、呂誨、范鎮，下至臣等輩人，未有一人以爲便者。方安石、惠卿用事，忠言壅塞，不得施用。小民無告，飲泣受害。今者二聖臨御，盡革衆弊，天下欣欣，日望青苗之去。而近日删立舊法，益更滋彰，中外狐疑，不曉聖意。

竊聞近日左右臣僚，有以國用不足，欲將青苗補其闕乏者。聖心未察，是以爲之遲遲。臣等雖愚，以爲自古爲國，止於食租衣税，縱有不足，不過輔以茶鹽酒税之征；未聞復用青苗放債取利，與民爭錐刀之末，以富國强兵者也。藝祖、太宗之世，四方未平，中國至狹，歲歲用兵，其費不貲。及真宗東封西祀，遊幸亳、宋，造立宫室。仁宗結好契丹，平定西戎，翦滅南寇。此皆非常大費，而常賦之外，無大增加，未聞必待青苗以濟國用。今二聖恭儉，安靜無爲，四海之富，與祖宗無異。何憂何慮，而欲以青苗富國乎？

臣等以爲皇帝陛下富於春秋，未嘗接見多士；太皇太后陛下覽政帷幄，未能博聽羣議，聽納之道，於斯實難。竊謂臣下每有獻言，宜一切折以公議。彼既欲散青苗，而臣等以爲不可。陛下受其所言〔一〕，而臣等封事遂留中不出〔二〕。臣等不知陛下何以斷其是非，而信之如此之篤乎？陛下必欲決此深疑，即當盡出臺諫所言，付之三省，使之公議得失，不當隱忍不辨是非〔三〕，而陰用其言也。如衆議必以罷之爲是，即乞早賜裁斷，以慰民心。必以罷之爲非，亦乞顯行黜謫〔四〕，以懲臣等狂妄。謹錄奏聞，伏候敕旨。

【校】

〔一〕「所言」，宋丙本無「所」字。

〔二〕「遂留」，宋丙本無「遂」字。

〔三〕「辨」，原作「辯」，據宋丙本、叢刊本改。

〔四〕「黜謫」，宋丙本、叢刊本作「黜讁」。

申三省請罷青苗狀 初四日與東省同入。

右轍等伏見熙寧之初，始行青苗，士無賢愚，皆知其不便。是時建議之臣盡力主張者不過一二人，而賢士大夫極言其失者非一人也〔一〕。蓋今之執政嘗論之矣，忠言讜論，播於天下，至今傳誦，以爲口實。小民呻吟，欲聞更張，亦已久矣。伏自二聖臨御，革去弊法，而青苗之議獨無所變。始者但令取民情願，不立定額。州縣或散或否，事體不一，天下固已疑之矣。中間修完本法，使夏料納者減半出息。中外喧言，朝廷欲依舊放債取利，此聲流傳，極損聖政。轍等備位諫官，不敢默已。遂與臺官前後上言僅數十章，皆不蒙施行。傳聞大臣奏對，有以國計不足疑誤聖聽者，遂致此議久而不決〔二〕。轍等雖愚，竊所未喻也。

蓋聞古者聖人在上，食租衣稅而已。凡所以奉事郊廟，祿養官吏，蓄兵備邊，未嘗有闕也。後世鄙陋，乃始益以茶鹽酒稅之征，然亦未聞放債取利若此之衰也。今茲二聖在上，恭儉無爲，度越前世，選用執政，將致太平。轍等與天下士民，尙冀朝廷能寬酒稅之權，損茶鹽之入，以復三代之故。不意今者乃欲以青苗富國，失天下之望也。王安石、呂惠卿旣以此負國，使朝廷被此聲於天下。今者又復以此誤二聖，此轍等區區所深痛也。近日朝廷責降呂惠卿告命之出，首以青苗爲罪，天下傳誦，人人稱慶。奈何詔墨未乾，復蹈其故轍乎？

且青苗之法其所以害人者，非特抑配之罪也。雖使州縣奉行詔令，斷除抑配，其爲害人，固亦不少。何者？小民無知，不計後患，聞官中支散青苗，競欲請領。錢一入手，費用横生，酒食浮費，取快一時。及至納官，賤賣米粟，浸及田宅，以至破家，一害也。子弟縱恣，欺謾父兄。隣里無賴，妄託名目。歲終催督，患及本戶，二害也。逋欠未納，請新蓋舊。州縣欲以免責，縱而不問，三害也。常平吏人，舊行重法，給納之路，初不能止。今重法既罷，賄賂公行。民間所請，得者無幾，四害也。四事爲害，雖復除抑配之弊，亦無如之何，而況抑配未必除乎？轍等職在言責，目覩弊事，默而不言，則上負朝廷，下負民物。若未得請，決無中止之義。伏乞盡取前後章疏，看詳施行，以允公議。謹狀。

【校】

〔一〕「一」，原作「異」，據叢刊本改。

〔二〕「決」，宋丙本、叢刊本作「下」。

再言杜紘狀 初七日。

右臣近奏言杜紘除右司郎中不當，不蒙采納。伏以紘文法俗吏，才不過人。昔以誦習條貫，偶爲法官。天資邪佞，能謟事宰相，遂復致身刑部。朝廷必欲量才授官，已爲過分。今一旦擢爲右司，中外驚嘆。若止以人才猥下，事無實狀，臣亦未敢干瀆朝廷。紘昔在熙寧年中，手編害人之法，今復爲詳定，親改其書。俯仰隨時，略不知愧。頃與楊汲、崔台符同在刑部，所斷刑獄，寃枉過半。汲、台符以此得罪，而紘以此擢用。同罪異罰，十目所指，至公之朝，不宜有此。臣以爲事干朝廷大體，職在言責，不敢不言。今蒙置而不用，竊料紘必有以自結大臣，致誤此舉。不然，陛下何取於紘，而擢任至此哉？

臣竊聞廟堂之論，以謂二十年來失於養才，臨事而求，每有無人之嘆。如左右司、吏戶禮郎官，左右史臺諫官，皆用人之津梁，侍從近臣之所從出。若已踐此途而不致之清要，則養才之地竟當安在？若非其人而遂用之，數年之後使杜紘爲侍從，則是更得一崔台符，豈不爲天下笑哉？伏乞稍取衆議，追寢前命。謹錄奏聞，伏候敕旨。

言張璪劄子 八日上殿。

臣六月中與王覿上殿，言張璪非次進用，又及韓宗師欲以深結文彥博、韓維爲自安之計。璪天資邪佞，列位丞弼，朝夕出入左右，易以爲姦。宜斷自聖心，以時除去。蒙聖明洞鑒，德音宣諭。但以璪久經任使，欲因其求退，去之以禮。比經兩月，璪覺聖意稍緩，遂端然據位，不復自請。

臣竊惟操性極巧佞，遇事圓轉，難得心腹。昔王安石、呂惠卿首加擢用，被以卵翼之恩，收其鷹犬之効，與章惇等並結爲死黨。熙寧弊法，皆操等所共成就。今二聖在上，因民所欲，降黜羣邪，變革衆弊。清淨之風，日月滋長。獨操仍在重位，與聞大政。不唯正人所共側目，而操之私意亦自不安。但以同列無傾邪之助，臺諫有彈擊之請，是以見今且自斂戢，未敢爲非。度其中心，未嘗一日無窺伺之邪謀，忘王、呂之故黨也。譬如蛇蠍遇寒而蟄，盜賊逢晝而止。及春陽發動，莫夜陰闇，故態復作，誰敢保任？陛下不可見其進退恭順，言詞柔利，而遂以爲可用也。如操深心厚貌，何所不至？但使陛下君臣防閑少懈，操略能援引一二邪人寘之要地，則變故之出殆不可知矣。況今新舊之政，更張未定；邪正之黨，相持未決，正是姦臣用智，伺便竊發之時。天下有識，見操任事，誰不危懼？如江河決溢，初復故道，惟日夜牢固隄防，乃免於患。若少有蛇鼠穿漏，或能復奪河身。況操方爲執政，乘釁而動，其害必深。臣聞操意欲候過明堂禮，求出補外。惟陛下爲社稷計，順中外人心，早從其請，天下幸甚。取進止。

請罷右職縣尉劄子 八日上殿〔一〕。

臣伏見舊法，縣尉皆用選人。自近歲民貧多盜，言事者不知救之於本，遂請重法，地分縣尉，並用武夫。自改法以來，未聞盜賊爲之衰少〔二〕。而武夫貪暴，不畏條法。侵漁弓手，先失爪牙之心；搔擾鄉村，復爲人民之患。臣竊惟捕盜之術，要在先得弓手之情，次獲鄉村之助。耳目既廣，網羅先具，稍加方略，易以成功。舊用選人，雖未能一一如此，而頗知畏法，則必愛人，使之出入民間，於勢爲便，不必親習騎射，躬自格鬭，然後能獲賊也。今改用武夫，未必皆敢入賊，而不習法律，先已擾民。訪聞河北、京東、淮南等路，凡用武夫縣分，民甚患之。欲乞復令吏部依舊只差選人。所貴吏民相安，不至驚擾。取進止。

【校】

〔一〕「劄子」，叢刊本作「狀」。

〔二〕「盜賊」，宋丙本作「侵盜」。

論張頡劄子 八日上殿。

臣竊見知廣州張頡自龍圖閣擢爲戶部侍郎，除目一下，中外驚疑。謹按頡猜嶮邪佞，狡愎闇刻。具此八德，了無一長。臣非敢風聞臆度，謹具實狀如左：

一、頡爲廣南運使日，朝旨那移兵馬，就食全、永。經略使趙卨爲見順州戍兵年滿合替，遂差兵戍順州，却令順州替兵就食全、永。頡但知出納之吝，恐往來戍兵糜費錢糧，一日之間四次移牒，故作行遣申奏趙卨不肯移兵，又奏卨闇添昭州雇夫錢六萬貫，又奏卨違法差衙前。朝旨令卨分析，乃是頡判狀令差，卨曾具元判狀繳奏。其餘所奏，更無一事稍實。因此挾恨遷怒，詬詈桂州官吏，作綠衫，下包個奴婢，名呼趙卨，仍駡作賊。提舉官劉誼曾具事由聞奏，有旨罷轉運使。

一、頡爲轉運使日，有安南般糧夫數千人逃還，已經曲赦放罪，每人只有欠官米錢七百。後來頡欲差人往全州般糧，遂召陽朔縣令魏九言、臨桂縣令李譯，勒令差兩縣逃亡夫往全州般糧。仍令九言取本縣百姓莫飯奴等七人狀，云「所欠官錢七百，情願往全州般糧塡還」。其七人中又有三人不係逃亡，只取到四人情願狀，便差數千人。況欠錢止於七百，而全州水路二十餘程，豈有情願之理？因此溺殺人不少。致人戶經提舉司過狀，亦是劉誼具事由聞奏，方始住差。

一、頡爲桂州經略使日，有安化州首領以本族饑饉，依久例借糧於宜州。頡指揮宜州不借一粒，致夷人作過，於省界偷牛。因此，夷、漢互相讎殺。頡更無方略，直令宜州興兵討之，致本州兵官陷沒。頡遂發數千人，令供備庫副使費萬往討之，全軍皆沒。頡又遣路分都監王奇知宜州，仍以數千人入討，全軍復沒。事聞朝廷，先帝爲之旰食，遣謝麟將數萬人，費百餘萬貫，竟以招降而定。頡既措置乖方，致陷兩將兵馬，而費萬、王奇之死，又不以實奏。因轉運使馬默等論列，朝旨差賓州推官朱恂取勘，因此落職奪官知均州。

右臣所論三事，皆有文案可以覆驗。據頡處事乖剌，致寇覆軍，與沈起、劉彝同罪，理合誅竄。所以累次常獲寬宥，蓋其家素富，本以行賂得進。鄉近辰、錦，多蓄奇砂，嘗以獻遺前宰相王珪。珪每出示親客，云此砂張頡所獻，以此曲爲蓋芘。今來縱未黜廢，豈可特膺非次擢用？兼臣訪聞三省執政本不知其人，失於採聽，爲薦者所誤。若置之戶部，必害民物。伏乞追寢前命，以厭公議。取進止。

再言張頡狀　十一日。

右臣近言張頡除戶部侍郎不允公議，具陳頡頃在廣南用心陰險，措置乖剌三事，乞追還告命。未施行間，臣又訪聞頡昔知荊南所爲貪虐，提舉官張琬按發七事。

內一事：頡下行買烏頭，行人蔣三供納烏頭，頡凡三四次退換。蔣三揣頡意欲要附子，遂買附子作烏頭供納，頡方肯納下。緣烏頭附子色額不同，價例亦別，此一事係贓罪。又一事：勒部下玉泉寺僧修治諸官園亭，費用常住人牛錢物不少；以修唐僧齊己草堂爲名，令頡鄉僧居止其中。此一事係私罪。琬奏既上，前宰相王珪等爲與頡私有情分，遂移頡差遣；而以越職劾琬，特行衝替。頡當時若無上件贓私，忝爲士人，理須訴雪。頡曾不敢以一字自明，受移而去，則其罪狀顯然無疑。

臣博采衆言，近日差除例皆不當，至於張頡，尤失人望，虧損朝政，深可歎惜。是以不避再煩聖聽，伏乞將臣此奏與前來劄子同下三省詳議，罷頡前命。謹錄奏聞，伏候敕旨。

論戶部乞收諸路帳狀

准尚書戶部牒，元祐元年七月二十五日敕節文：

一、府界諸路州軍錢穀文帳，舊申三司，昨撥歸逐路轉運提刑司點磨，歲終刑部尚書點取勾訖帳勘覆。今上件諸州軍錢穀文帳，欲收歸戶部點磨。

一、府界諸路州軍常平等錢穀文帳，舊申司農寺，昨撥歸逐路提舉司點磨，戶部右曹歲取提舉司勾訖帳赴部點磨。今上件諸州軍錢穀文帳，欲收歸戶部點磨者。

右臣竊聞熙寧以前，天下財賦文帳，皆以時上於三司。至熙寧五年，朝廷患其繁冗，始命曾布删定法式。布因上言：「三部胥吏所行職事非一，不得專意點磨文帳〔一〕。近歲因循不復省閲，乞於三司選吏二百人額置一司，委以驅磨。」是時朝廷因布之言，於三司取天下所上帳籍視之〔二〕，至有到省三二十年不發其封者。蓋州郡所發文帳，隨帳皆有賄賂，各有常數。常數已足者皆不發封，一有不足即百端問難，要足而後已。朝廷以布言爲信，帳司之興，蓋始於此。張設官吏，費用錢物。至元豐三年，首尾七八年間，帳司所管吏僅六百人，用錢三十九萬貫，而所磨出失陷錢止一萬餘貫。朝廷知其無益，遂罷帳司，而使州郡應申省帳皆申轉運司。內錢帛、糧草、酒麴、商税、房園、夏秋税管額納畢，鹽帳、水脚、鑄錢、物料、稻糯帳，本司別造計帳申省。其驛料、作院、欠負、修造、竹木、雜物、舟船、柴炭、修河物料、施利橋船物料、車驢草料等帳勘勾訖架閣。蓋謂錢帛等帳，三司總領國計，須知其多少虛實，故帳雖歸轉運司，而又令別造計帳申省。至於驛料等帳，非三司國計虛贏所繫，故止令勘磨架閣。又諸路轉運司與本部州軍地里不遠，取索文字近而易得。兼本道文帳數目不多，易以詳悉。自是外內簡便〔三〕，頗稱允當。今戶部所請收天下諸帳，臣未委爲收錢帛等帳耶，爲并收驛料等帳耶？若盡收諸帳，爲依熙寧以前不置帳司，不添吏人耶？爲依熙寧以來復置帳司，復添吏人耶？若依熙寧以前，則三二十年不發封之弊行當復見；若依熙寧以來，則用吏六百人磨出失陷錢一萬餘貫，而費錢三十九萬貫之弊亦將復見。臣乞朝廷下戶部，令子細分析聞奏。

然臣竊詳司馬光原奏，自改官制以來，舊日三司所掌事務，散在六曹及諸寺監，戶部不得總天下財賦，帳籍不盡申戶部，戶部不能盡天下錢穀之數。欲乞令戶部尚書兼領左右曹，其舊三司所管錢穀財用事有散在五曹及諸寺監者，並乞收歸戶部。推其本意，蓋欲使天下財用出納舒卷之柄一歸戶部，而戶部周知其數而已。今戶部既已專領財用，而元豐帳法，轉運司常以計帳申省，不爲不知其數也。雖更盡收諸帳，亦徒益紛紛，無補於事矣。臣謂帳法一切如舊甚便，乞下三省公議，然後下戶部施行。謹錄奏聞，伏候敕旨。

【校】

〔一〕「專」，原作「專」，據宋丙本改。

〔二〕「委以驅磨」至「於三司」，宋丙本無。

〔三〕「外內」，叢刊本作「內外」。

言張頡第三狀　十二日。

右臣近四上章言用人不當，並不蒙施行。伏惟二聖深拱帷幄之中，以進退天下士付之宰相。若用非其人，知而不改，何以服天下之口？竊聞廟堂之議，止謂世方乏才，所用之人皆不得已。臣觀朝廷取士之廣，賢俊如林，患在不知，豈可遂無一人賢於張頡？況臣前所言頡四事迹狀明白，皆可覆驗。贓汙私邪，欺君陵下，既非有德；臨事乖剌，覆軍殺將，不可謂才。而宰相不聽公議，必行私意，其理安在？伏乞指揮將臣所言按實施行，若非虚妄，即乞罷頡差遣。若臣言不當，亦乞明加責降。今但隱忍，不一别白是非，恐朝廷紀綱，自此日壞。謹錄奏聞，伏候敕旨。

言責降官不當帶觀察團練狀 十四日。

右臣伏以朝廷典章，百世所守，因事變法，爲患常多。祖宗之世，使相節度不領京師官局，其奉朝請必改他官，或爲東宮三師，或爲諸衛將軍。太平興國中以趙普之勳，自河陽還朝，止爲太子少保。以向拱、張永德之舊，並爲環衛。至今諸道鈐轄總管以防團老歸者，亦以諸衛處之，蓋其遺法也。至明道中錢惟演以章獻皇后親嫌，罷樞密使，始以保大節度爲景靈宫使，治平中李端願以長公主子〔一〕，亦以武康節度爲醴泉觀使。恩倖一啓，自是戚里以節察居京邑不治事者，肩相磨也。然猶未見以罪降黜，而以觀察團練享厚祿，居謫籍者。

近日李憲以宣州觀察使提舉明道宫，王中正以嘉州團練使提舉太極觀，二人貪墨驕横，敗軍失律，罪惡山積，雖死有餘責。聖恩寬貸，皆寘之善地，而又首亂國憲，假以使名。臣恐後世推壞法之始，歸咎今日。謂宜考修制度，追還誤恩，以存舊典。且使罪人知有懲艾，亦非小補也。臣不勝區區守法愛君之心，欲乞追還前命，使天下明知朝廷不以私愛害公議。干冒鈇鉞，俯伏待罪〔二〕，伏候敕旨。

【校】

〔一〕「公」，原作「宫」，據宋丙本改。

〔二〕「亦非小補」至「俯伏待罪」，原作「謹録奏聞」，據叢刊本改。

言張頡第四狀 十八日。

右臣近以除張頡户部侍郎不當，凡三次上言，一次蒙降付三省，進呈不行，兩次皆留中不出。臣本言張頡事皆罪狀明白，非風聞臆度之言。訪聞執政止謂世方乏人，頡雖無德，以才見取。方今多士盈廷，非無一人可勝張頡。而頡前後敗官喪師，所至狼狽，不唯無德，亦復非才。況二聖臨御，專任執政，進退百官，一出其口。若差除不當，而諫臣之言公然不用，則今後誰肯復言？雖復有大於此者，臣恐陛下無由復知矣。臣所上章，初蒙降出施行，獨三省沮抑不從。中外之議，止於歸罪執政。今不復降出，議者或謂見惡不去，非出聖意，必有左右近習陰爲之助。臣雖知日月之明，萬無此事，而疎遠不亮，未免疑謗，所損不小。伏乞出臣前狀，付外施行。謹錄奏聞，伏候敕旨。

論傅堯俞等奏狀謂司馬光爲司馬相公狀 二十一日。

右臣今年二月曾上言朝廷，初行差役之法；其間衙前一役最爲重難，民間所苦。宜以賣坊場錢及坊郭、官戶、寺觀、單丁、女戶所出役錢量行裁減，雇募衙前，以免民間重役之害。後來蒙朝廷差臣兄軾詳定役法，軾議論與臣無異，致與本局商量不合，陳乞罷免。尋蒙朝廷依軾所乞，臣以兄弟之嫌，未敢再有論列。

今竊聞監察御史陳次升奏以役法大要未定，人情熒惑，乞敕詳定役法所疾速，議定合差合雇色額，及官戶、寺觀、單丁、女戶等敷出役錢則例，先次施行。其州縣事體不同，難以直行處分者，候諸處申到相度裁定。蒙聖旨批送詳定役法所。臣看詳次升所言役人合差合雇色額，及官戶、寺觀、單丁、女戶合出役錢則例，實係役法要節，當今所宜先定。其詳定役法所並不公心定奪，奏稱准元祐元年二月七日敕，應天下免役錢一切並罷，其諸色役人並依熙寧元年以前舊法定差，及七月三日朝旨，司馬相公申明指揮，招差役人大要已定。終不明言何役合差，何役合雇。至於官戶、寺觀、單丁、女戶合出役錢，只言七月三日朝旨未得施行，亦不明言合如何立爲則例。據此奏陳，但務求合取容，雖言事官所陳更不講論曲直。況司馬光雖爲宰相，而君前臣名，禮有定分。今詳定役法所乃於奏狀中謂光爲司馬相公，苟申私敬，不顧上下之禮，曲意推奉，一至於此。而朝廷望其能別白是非，立爲成法，亦已難矣。臣恐此風一扇，臣主之分自此淩夷，不唯朝廷之害，亦非所以安光之道也。

謹按詳定役法官，皆侍從儒臣，不容不知朝廷儀式。伏乞取問奏狀中不名宰相出何典法，及勒令早定役人合差合雇色額，及坊郭、官戶、寺觀、單丁、女戶合出役錢則例。申奏行下，令民間早知定法，不至皇惑。謹錄奏聞，伏候敕旨。

言張頡第五狀 二十三日。

臣近奏言張頡陰嶮不才，除戶部侍郎，大失人望，不蒙施行。臣退伏思念，方今二聖勵精求賢，黜去羣小，無所吝惜。如臣所言頡罪狀，一一有實可驗，而每狀輒蒙留中，深駭物論。推原其故，蓋由執政過聽用頡，致臣有論列，因謂頡雖無德而才有可取，以此疑誤聖聽。不然陛下虛心納諫，一言可采，未嘗不從，何以至此？伏念臣平生與頡素不相識，但以公議不與，恐誤國事，是以懷不能已。謹復采衆論，得頡前後臨事乖方，及朝廷嘗以其褊躁猜忌罷頡差遣五事，條件如左：

一、熙寧年中頡初除江淮發運，奏乞復轉般鹽倉。朝廷下三司相度，以不便而罷。及頡到任二年，眞、揚等州運河乾淺，不通漕運，並不計，置不濬。朝廷特令借上供錢米，先開淘大段淺澁去處。頡却奏稱河道雖淺，然河各有油泥，可以併用兵士牽拽得行。如撩得油泥一尺以上，接續得雨添注，更不消開淘。若至時雨澤未應，即開修未晚。後來綱運不通，頡别無措置。曾有圍渦巡檢侍禁范彥臣以陳公塘見有積水，乞引入運河，頡亦未曾施行，遂致諸路各稱闕鹽，共計二百萬餘石，虧損年額不少。後來却係朝廷差官取陳公塘水灌溉運河，通放鹽綱。當時據知泰州蘇梲狀稱，已出及重綱四分之一，不數日間必可盡出。頡爲發運使，公然不開河道，積壓鹽貨，意欲附會。先乞復轉般倉文字，更不顧國家大計。其挾情害公，類皆如此。若只是暗謬，致誤國事，則今者執政謂頡有才，臣深不曉其意。

一、侯叔獻昔開淮南運河，害虐兵夫，死者如積。新舊兩河相並而行，人知無益，頡爲發運使略無一言。復因過京師，知樞密使吳充與宰相王安石異議，遂與充私言之。頡不意充卽奏其事，及朝廷公行理會，召頡至中書聚廳問之，頡却稱來時未曾開河，亦不曾與充言此。前後所言異同，朝廷遂差官取勘，頡猶抵諱不承。據頡情狀，其實畏憚安石、叔獻，不敢正言。但揣知吳充與安石不協，故以此言取悅於充而已。其反覆賣弄，正是小人眞態。若執政以此爲才，又臣所未曉也。

一、安化州夷人從來三年一度進奉。舊例雖不遣其人入貢，而與之驛券等物，其數稍豐。及頡爲桂州經略使日，轉運司應副錢物差緩至四年乃足，而宜州及經略使司展其進奉年限，俾之四年乃得入貢。靳惜錢物所得無幾，而夷人因此作過，破軍殺將，凡費百餘萬貫，竟以招安而定。頡初見夷人拒命，遣兵官費萬領兵出討。萬至軍前，申乞犒設。時方大暑，頡令於桂州造餠般往宜州，比至皆臭不可食。軍情因此怨怒，南方至今傳以爲笑。及費萬兵敗，爲夷人所共臠食，妻男失所，都鈐轄和斌申經略司，乞厚加賙卹。頡指揮破經略司錢，買紙酒奠訖。奏聞，先帝知其暗謬不可用，遂以乖方取勘。臣詳頡始爲朝廷吝惜些小錢物，終致邊患，首尾費百餘萬貫。至於千里送餠犒軍，以紙贈優卹死事〔一〕，如此等似非理財富國之手。而執政任以戶部侍郎，冀有益於國，此又臣所未曉也。

一、元豐三年七月三日中書劄子節文：「臣僚上言：伏見近除張頡直龍圖閣知熙州。按頡天資褊躁，動多猜忌。頃在廣南忿爭互論，州縣官吏爲之不安。乞速賜追寢新命。奉聖旨：張頡依舊令知滄州。」蓋頡之嶮躁，著自先朝，非獨今日，則臣之所言似未爲過也。

一、元豐四年內臣綦元亨差往廣西起發韶、惠州錢。頡以轉運使權廣州，送沉香七兩、朱砂半觔、桂花竹紙等與元亨，兼違條以妓樂與元亨燕會，見今案款具在。臣前言頡素以奇砂交結貴官，及外議疑頡有左右近習之助，致臣章不蒙降出，誠不爲過也。

右臣今所言五事及前狀所言共計九事，皆一一有實。蓋頡從來涖官，所至不了，決無可用之理。臣訪聞一二大臣，特保薦頡可用無疑。伏乞陛下出臣前後封事，令保薦之人看詳，以此等人委是可用與否。仍乞降付三省，依公施行。謹錄奏聞，伏候敕旨。

【校】

〔一〕「紙贈」，疑爲「紙酒」之誤，因前有「買紙酒奠訖」語。

申三省論張頡狀　二十六日。

右轍累曾上言，除張頡戶部侍郎不當。竊聞第一狀曾蒙朝廷降付三省，進呈不行。轍尋博采衆論，得頡歷任處置乖方，傷財敗事迹狀非一。遂兩具論奏，皆留中不出。伏惟皇帝陛下、太皇太后陛下，求賢惟恐不及，去奸惟恐不速。如頡之陰憸暗謬，少見其比。二聖之明，不容聞而不去。竊料聖意必以重違大臣之議，是以遷延至此。至於執政諸公，上承二聖拱默仰成之託，百官進退，開口而定。豈不欲進賢退奸，率由公議，以無負付囑之重？

頡之無狀，惟患不聞。若果聞之，勢無必用之理。轍所上第一狀，已經台覽。後來二狀，謹繕寫繳連申上。伏乞考其事實，裁酌施行，少慰公議。謹狀。

再論京西水櫃狀

右臣三月中奏乞令汴口以東州縣各具水櫃所占頃畝，及每歲有無除放二稅，仍具水櫃可與不可廢罷，如決不可廢，卽當如何給還民田，以免怨望。尋蒙朝旨，令都水監差官相度到中牟、管城等縣水櫃原舊浸壓頃畝，及見今積水所占及退出數目，應退出地皆撥還本主，應水占地皆以官地對還。如無田可還，卽給還元估價直。聖恩深厚，棄利與民，無所靳惜，所存甚遠。然臣訪聞水所占地至今無官地可以對還，而退出之田亦以迫近水櫃爲雨水浸淫占壓，未得耕鑿。知鄭州岑象求近奏稱，自宋用臣興置水櫃以來，原未曾以此水灌注清汴。清汴水流自足，不廢漕運。乞盡廢水櫃，以便失業之民。臣愚以爲信如象求之言，則水櫃誠可廢罷。欲乞朝廷體念二縣近在畿甸，民貧無告，特差無干礙水部官重行體量。若信如象求所請，特賜施行，不勝幸甚。謹錄奏聞，伏候敕旨。

乞復選人選限狀

右臣竊聞監察御史上官均上言，極論官冗之弊，已蒙朝旨降付給舍、左右司看詳施行。臣伏見祖宗舊法，凡蔭補子弟，皆限二十五歲然後出官，及進士諸科釋褐合守選人，幷州縣選人，除司理司法縣尉外，得替日皆合守選。逢恩放選，乃得注官。所從來久遠，仕者習以爲常，雖經涉歲月，不以爲怪。及先朝患天下官吏不習法令，欲誘之讀法，乃令蔭補子弟不復限二十五歲出官，應係選人皆不復守選。並許令試，法通者注官。自是天下官吏皆爭誦律令，於事不爲無益。然人旣習法則試無不中，故蔭補者例減五年。而選人無復選限，遂令吏部員多闕少，差注不行。訪聞見今已使元祐四年夏秋季闕，官冗之患亦云極矣。臣愚以爲方人未習法，誘以免選，於理亦宜；及其旣習，雖無免選，不患不習。且爲吏而責之讀法，本事之當然，不爲過也。謂宜追復祖宗守選之舊，而選滿之日，兼行先朝試法之科，此亦今日之便也。欲乞以臣所言付給舍、左右司一處看詳立法。謹錄奏聞，伏候敕旨。

論諸路役法候齊足施行狀

右臣訪聞諸路所定役法限日已滿，近日夔州等路文字相繼申到，旋已逐一進呈施行。

臣竊惟諸路役法，所繫民間利害，至深至廣。雖逐路事體各別，條目必有不同，而朝廷變法，從便措置，大意所謂海行條貫者，不得不同也。臣竊恐詳定役法所急於行法，每遇逐路申到文字，不候類聚參酌，見得諸路體面，即便逐旋施行。因此致諸路役法大體參差不齊，使天下之民不得均被聖澤。欲乞指揮本所，候諸路所申文字稍稍齊集，見得諸處役法不至大段相遠，然後行下。謹錄奏聞，伏候敕旨。

欒城集卷之四十一

中書舍人論時事三首

論梁惟簡除遙郡刺史不當狀

准今月三日吏房送到詞頭一道，供備庫使、內侍省內侍押班梁惟簡可遙郡刺史者〔一〕。

右臣竊見梁惟簡旬月之間，三度超擢，皆以自前法外僥倖特恩爲比，仍言他人不得援例。初自御藥超帶御器械〔二〕，及前省兩資改所寄文思副使，權入後省，只此一轉，已是內臣進用之極，中外驚怪，已有議論。次又以坤成節奏薦恩澤兩重特轉兩官〔三〕。於法以特恩轉官者，自文思副使當轉皇城副使，又以特旨轉供備庫使。臣於此時當撰告詞，以其事未至太甚，未敢輒有論奏。曾未旬日，今又以罷本殿祗候與轉一官。若依舊法，自供備庫使當轉西京左藏庫使耳。今乃更超文思、左藏、皇城使三資，直帶遙郡刺史。臣若不早論救，必將大致紛紜。

竊謂朝廷非常特恩，當以待人臣非常之功。今惟簡之爲人，臣所不知。但見其給事宮省，歲月稍深。不過勤謹自將，別無非常功效。而三度冒居此寵〔四〕，皆非祖宗舊法。臣竊見太皇太后陛下自臨御以來，肅淸中禁，抑損外戚，私謁不行，濫恩盡去。謹守法度，古所未有〔五〕。豈肯於近習之臣，獨開僥倖之路？必由條例委曲，聖意未暇一一盡詳；而大臣不能守法，失於開陳，致此過當。不然豈陛下能以法度繩治外家親戚，而獨不能以治內臣哉？若惟簡別有出衆功勞，即乞宣示其狀，令有司覈實，以伏中外之言。臣頃以不才，濫處言責，每因進對，輒蒙天獎。嘗欲捐軀以報知遇，不敢循默，上負恩德。所有告詞，臣未敢撰。謹錄奏聞，伏候敕旨。

【校】

〔一〕「內侍押班」，原無「侍」字，據宋甲本補。

〔二〕「御器械」，原無「御」字，據宋甲本補。

〔三〕「恩澤」，原誤作「思澤」，據宋甲本改。

〔四〕「三度」，原作「二度」，據宋甲本改。

〔五〕「未有」，宋甲本作「未嘗有」。

不撰葉康直知秦州告狀

今月初六日吏房送到權陝西轉運副使、朝奉大夫葉康直可依前朝奉大夫、直龍圖閣、權知秦州詞頭一道者。

右臣與葉康直素不相識，亦不知其人賢愚，但見前月二十四日有上件除命。是時權中書舍人曾肇當撰告詞，肇卽具奏言：「昨者兵興，康直調發芻糧，一路騷然，先帝以其措置無狀。又隨軍入界，亡失爲多，嘗命械繫〔一〕，意欲誅之。以此不敢撰詞。」又諫議大夫鮮于侁亦言：「康直令兒男掘取窖藏斛升貨賣，及建言欲由涇原路入界，和雇車乘人夫，爲知永興軍呂大防所奏〔二〕，有違詔敕。先帝以其處置乖方，欲深置於法。康直素奴事李憲，憲密加營救〔三〕，遂得無事。今令帶職充一路帥臣，未允公議。」臣今旣明知曾肇、鮮于侁有上件文字，指陳康直罪惡，由此難以撰詞。欲乞朝廷覈實肇、侁所言康直事狀，見得有無。若無此事，卽乞正肇、侁不實之罪，然後命臣撰詞，臣敢不承命。謹錄奏聞，伏候敕旨。

【校】

〔一〕「械繫」，原誤作「械擊」，據宋甲本、三蘇祠本改。

〔二〕「所奏」，原誤作「所卷」，據宋甲本、三蘇祠本改。

〔三〕「惠密加營救」，原缺「惠」字，據宋甲本補。

中本省論處置川茶未當狀

朝廷若罷益、利路榷茶之法，只榷陝西沿邊諸郡，不許客旅私販，仍將沿邊每歲合用益、利諸場茶色及斤重配在諸場，令及時立限和買，隨每歲茶價高下，比民間價例微高，一如尋常和糴米粟之比可也〔一〕。買茶之限，令茶場司立定。州縣不得低估茶價，令人戶不肯申官，以致出限。如有事故，須至展限者，具事由申本司量展五日，仍不得過再展。每茶戶入場中賣，須即時揀選和買，不得輒有留滯。或更依客旅體例，秋冬先放茶價，令茶戶結保請領，及時送納。以上並不得輒行抑勒。官買數足，方許私下交易。除沿邊所榷地分外，一任客人興販。

如此擘畫〔二〕，比之頃年全榷益、利及陝西諸州，其利有五：益、利茶戶不被官場以賤價大秤抑勒收買。一也。昔茶未有榷，民間採茶凡有四色，牙茶、早茶、晚茶、秋茶是也。採茶既廣，茶利自倍。自榷茶以來，官中只要早茶，其餘三色茶遂棄不採，民失茶利過半。今既通商，則四色茶俱復採。二也。官所運茶，止於邊郡所須，比榷茶之日所運減半，則茶遞役兵及州郡屋脚皆得輕減。三也。陝西茶商既行，岐、雍之間，民皆食賤茶。四也。益、利諸州百貨通行，酒稅課利理當白倍。五也。

若比之今來有司所議，但榷名山、梁、洋三處，放行益、利諸場茶貨，其利有四：名山、梁、洋三處榷法如舊，而不榷之地犬牙相錯。榷與不榷，茶戶利害相遼。例皆王民，而咫尺之間，不宜頓有此異。一也。榷與不榷，地分不遠，小人易以起動茶戶。借如名山之西南出茶之地尚有雅州、盧山、榮經等處。若放令此茶北出，道過名山，彼此相雜，不可辨認。若放令此茶由水路入嘉、眉，則名山之茶亦當從此走失。寬則榷法自廢，急則民遭誣罔，橫被徒配。二也。官中所買只用早茶，則牙茶、晚茶、秋茶亦爲棄物。民失厚利，與頃歲無異。三也。沿邊諸州蕃部所要茶色各別，今只將名山、梁、洋三色茶與之，彼既未諳茶性，必有不售。四也。

若比之今來或人之説，兼榷陝西裏外諸州，據合用茶數於益、利諸場和買，官自般賣和買之餘，成都路客人販茶不得過劍門，利州路客人販茶不得過陝西，其害有三：盡奪茶利，商賈不行，百貨不通，酒税課利自減。一也。運茶既多，遞鋪役兵及州郡雇脚，勞費與頃年無異。二也。岐、雍之民仍食貴茶。三也。

由此觀之，朝廷若但和買邊郡合用茶數，只於邊郡立榷法，其餘率皆通商，此法一行，則上件三説之弊自除。至於供給蕃部，收買戰馬之利〔三〕，則與三説無異。以此較之，利害可見。謹録奏聞，伏候敕旨。

【校】

〔一〕「一」，原作「下」，據宋甲本、宋丙本、叢刊本改。

〔二〕「擘」，原作「摩」，據宋甲本、宋丙本、叢刊本改。

〔三〕「買」，宋甲本、宋丙本作「置」。

戶部侍郎論時事八首

因旱乞許羣臣面對言事劄子

臣伏見二年以來，民氣未和，天意未順。災沴荐至，非水卽旱。淮南饑饉，人至相食。河北流移，道路不絕。京東困弊，盜賊羣起。二聖遇災憂懼，傾發倉廪，以救其乏絕。獨此三路所散，已僅三百萬斛矣。異時振恤，未見此比。然而民力已困，國用已竭，而旱勢未止，夏麥失望，秋稼未立。數月之後，公私無繼，羣盜蜂起，勢有必至。臣未知朝廷何以待此？

臣竊見太皇太后陛下淸身奉法，與物無私。皇帝陛下恭默靖愼，動由禮義。皇天后土，照知此心，而和氣不應，深所未喻。陛下嘗究其說否？臣聞天氣下降，地氣上騰，陰陽和暢，雨澤乃至。君廣聽以納下，臣盡言以奉上，上下交泰，元氣乃和。今二聖居幃幄之中，所與朝夕謀議者，上止執政大臣，下止諫官御史，不過數十人耳。其餘侍從近臣，雖六官之長，皆不得進見，而況其遠者乎？臣以謂羣臣識慮，深淺不同，其心好惡亦異。故須兼聽廣覽，然後能盡物情而得事實。今陛下聽既不廣，則所行之事不得不偏。聽狹事偏，則陰陽亢隔，和氣不効，必然之理也。

臣觀祖宗故事，百官有司皆得以職事進對，從容訪問，以盡其情。今二聖臨御四方，履人主之位，而謙恭退託，疎遠羣臣，不行人主之事，遂使百官不敢以職事求見。臣謂宜因此時，明降詔書，許百官面奏公事。上以盡羣情之異同，下以閱人才之賢否。人心不壅，天道必從，則久旱之災，庶幾可息。臣蒙國厚恩，比聞詔書引咎自責，避正殿，損常膳，分命臣僚，並走羣望，私心踧踖，不敢遑寧。輒推天意人事影響之應，庶幾有補萬一。惟陛下恕其愚僭，略賜采擇。取進止。

乞推恩故知陳州鮮于侁子孫狀

右臣等伏見故朝議大夫、集賢殿修撰、知陳州鮮于侁，學有原本，博通諸經，政事精詳，和而有斷。熙寧之初，爲利州路轉運判官。時朝廷方行免役，本路人貧地狹，侁推行以理，取於民有度，能使一路獨無甚擾。近者京東經與居厚刻剝之餘，人情不安。朝廷特起侁於疾病之中，付以安集。侁勞徠幾歲，民亦以寧。旋蒙聖恩知其可用，擢爲右諫議大夫。侁感激知遇，前後言事，多蒙聽納。不幸疾作，不敢廢弛職事，力求外補。復蒙聖恩，寵以要職，俾守近藩，仍指揮一年後取旨。侁到任未幾，遂至物故。臣等竊閔侁平生守道，歷任諸路監司〔一〕，有補國事。晚節被遇，擢寘侍從。適以病去，無絲毫之過，而身後獨不得與侍從亡歿恩例，子孫見有白身。欲乞聖恩特賜閔察，使得依諫議大夫恩例，以慰忠賢之心。謹錄奏聞，伏候敕旨。

【校】

〔一〕「路」，原無，據宋甲本補。

乞外任劄子

臣竊聞右司諫賈易言文彥博、呂陶黨助臣及臣兄軾，雖陛下察知臣兄弟孤忠，無比周之實，罷易言職，而臣自循省，蓋由行不素著，未能取信於人，致令煩言上瀆天聽。慚懼隕越，若無所容。臣軾已具劄子乞除一郡，臣亦乞與兄同就外任，庶全臣子進退廉恥之分。況臣兄弟久以空疏，並塵近侍，忝冒之罪，臣猶自知，況於他人，何由厭伏？伏乞聖慈，察臣誠懇，非由矯飾，特賜開許，以安孤危。取進止。

論西事狀

右臣伏見西夏傾自秉常之禍，人心離貳，梁氏與人多二族分據，東西廂兵馬勢力相敵，疑阻日深，入寇之謀，自此衰息。朝廷略加招納，隨即伏從。使介相尋，臣禮甚至。只自今年春末夏初以來，始有桀心。出兵數萬掩襲涇原，殺虜弓箭手數千人〔一〕，復歸巢穴。朝廷方事安衆，難於用武，接以君臣之禮，加以册令之恩，特遣使人厚賜金幣。戎狄獸心，敢爲侮慢，輒以地界爲詞，不復入謝。至於坤成賀使，亦遂不遣。中外臣子聞者無不憤怒，思食其肉。臣忝備侍從，主憂臣辱，義不辭勞。況臣擢自小官，列於禁近。議論幾事，既其本職；感激思報，宜異常人。是以冒昧獻言，不避罪戾，庶幾聖意由此感悟，雖被譴逐，臣不恨也。

臣竊惟當今之務，以爲必先知致寇之端由，審行事之得失，然後料虜情之所在，定制敵之長算。誠使四者畢陳於前，羌戎小醜，勢亦無能爲也。

董氊本與西夏世爲仇讎，元昊之亂，仁宗賴其牽制。梁氏之篡，神宗籍其征討。世効忠力，非諸蕃之比。乃者董氊老病，其相阿里骨擅其國事，與其妻契丹公主殺其二妻心牟氏。其大將鬼章及温溪心等皆心懷不服。阿里骨欺罔朝廷，自稱董氊嗣子。朝廷不察情僞，不原逆順，即以節鉞付之。謀之不臧，患自此起。阿里骨既知失衆，虐用威刑，衆心日離。而鬼章自謂與阿里骨比肩一體，顧居其下，心常不悦。夏人乘此間隙，折節下之。先與阿里骨解仇結懽，令轉説鬼章舉兵入寇，復誘脅人多保忠，令於涇原竊發。黨與既立，羽翼既成，是以敢肆狂言，以動朝聽。向若阿里骨以董氊之死來告立嗣，朝廷因其所請，遍問鬼章、温溪心等以誰實當立。若衆以阿里骨爲可立，則既立之後，衆必無詞。若以爲不可，則分董氊之舊秩，以三使額授此三人。阿里骨無僥倖之命，鬼章無怨望之意，則夏人無與爲援，安能動摇？加以數年以來，朝廷本厭兵事，羌中測知此意，亦以自安。頃者忽命熙河點集人馬，大城西關，仍云來年當築龕谷。聲實既暴，虜心不寧，舉兵自強，釁亦由此。此所謂致寇之端由也。

先帝昔因梁氏篡逆之禍，舉兵誅討，侵攘地界，爲怨至深。羌虜之性，重於復讎。計其思報之心，未嘗一日忘也。徒以喪亂相繼，兵力凋殘，陛下臨御之初，意切懷納，是以連年入貢，以休息其民。雖有恭順之言，蓋亦非其本意矣。假令犯順，固猶有詞。今朝廷因其承襲之後，賜之册命，捐金錢二十餘萬緡以爲之禮。彼既與我有君臣之分，然後可責以忠順之節。朝廷此舉於義甚長，而羌虜無謀，遂肆桀傲。內則其國中士民自知不直，必不爲用；外則中國兵將皆有鬬志，易以立功。曲直之幾，於此始定。雖棄捐金帛，以封殖寇讎，小人謂之失策；而分別曲直，以激勵將士，智者謂之得計。此所謂行事之得失也。

元昊本懷大志，長於用兵。亮祚天付兇狂，輕用其衆。頃爲邊患，皆歷歲年。然而國小力微，終以困斃。今梁氏專國，素與人多不協。內自多難，而欲外侮中原，料其姦謀，蓋非元昊、亮祚之比矣。意謂二聖在位，恭默守成，仁澤之深，遠近所悉。既無用武之意，可肆無厭之求。蘭、會諸城，鄜、延五寨，好請不獲，勢脅必從。以爲狂言一聞，求無不得。今朝廷既已漸爲邊備，益兵練將，則羌虜之心已乖本計。不過秋冬寒涼之後，小小跳梁，以嘗試朝廷而已。若朝廷執意不搖，守邊無失，則款塞請盟，本無愧恥。若朝廷用心不一，惟務求和，則求請百端，漸不可忍。此所謂虜情之所在也。

凡欲應敵，必先正名。夏人初起邪謀，必有二說。其一以爲慢詞既達，則地界可得。無窮之請，因以滋彰。其二以爲雖不得地，實亦無損。猖狂力屈，稍復求和，中國厭兵，勢無不許。方其不遜，則張皇事勢，夸示諸戎。及其柔伏，則略爲恭順，使中國黽俛而聽。今朝廷遣兵積粟，地界之請固已不從。然而號令未明，逆順未著。臣恐夏人未知朝廷不憚用兵之意，無以折其姦心。又恐將來姦窮力屈，略修臣禮，便與講和。要約不堅，必難持久。昔趙欲與秦爲購，其謀臣虞卿以爲從秦爲購，不若從齊爲購〔三〕。於是東結齊人，而秦人自至。區區之趙，尚知出此，而況堂堂中國，畏避畜縮，媮於無事，不一分別曲直，而反聽命於羌人哉？

臣願陛下明降詔書，榜沿邊諸郡，其大意略曰：「夏國頃自亮祚喪亡，先帝舉兵弔伐，既絶歲賜，復禁和市。羌中窮困，一絹之直至十餘千。又命沿邊將吏，迭行攻討。横山一帶，皆棄不敢耕。窮守沙漠，衣食併竭，老少窮餓，不能自存。朕統御四海，均覆無外。閔此一方，窮而無告，遂敕諸道帥臣，禁止侵掠。自是近塞之田，始復耕墾。既通和市，復許入貢。使者一至，賜予不貲。販易而歸，獲利無算。傳聞羌中，得此厚利，父子兄弟，始有生理。朕猶念孤童幼弱，部族攜貳，若非本朝賜之策命，假以寵靈，則何以威伏酋豪，保有疆土？是時朝士大夫咸謂夷狄反覆，心未可知，使者將行，言猶未已。朕有存亡繼絶之志，欲修祖宗爵命諸侯之典，以爲寧人負我，斷而不疑。故遣使出疆，授以禮命。金錢幣帛，相屬於道。邊人父老，觀者太息。以爲仁義之厚，古所未有。而狼子野心，飽而背德，不遣謝使，不賀坤成。朕以君道撫之，而不以臣禮報朕，天地所疾，將相咸怒。朕惟狂謀逆節，止其一二姦臣，國人何辜，當被殺戮？是以弭兵安衆，未議攻討。然而逆順之理，不可不明。其令沿邊諸將，飭勵兵馬，廣爲儲峙，敢有犯塞，卽殺無赦。彼既背逆天理，不有人禍，必有鬼誅。姑修吾疆，以待其變。」臣料此命一出，羌人愧畏，雖未即款伏，而姦計沮屈，無以號令其下。諸路兵民，知彼曲我直，人思致死，勇氣一發，邊聲自倍，此必然之勢也。今朝廷日夕備邊，常若寇至。而但曲加隱忍，不降此命。使虜衆一旦犯境，終亦不免交鋒。若聽臣此言，要之亦不出兵，坐而待敵，初無有異，而使士氣感忿以思戰，虜情知難而自屈。求和之請，其至必速。此所謂制敵之長算也。臣竊聞朝廷近已添屯兵將，增廣邊儲，議絶和市，使熙河帥臣招來阿里骨、鬼章、温溪心、人多保忠等。此兵法所謂上兵伐謀，不戰而屈人者。陛下若能饒之以金錢，而寬其繩墨，使將帥得盡其心，間諜得盡其力，則事無不成，而虜漸可制矣。

然有一事，似非臣所得言者。但以蒙國厚恩，不敢不盡。昔熙寧、元豐之間，所行政令雖未必便民，然先帝操之以法，濟之以威，是以令無不從，而事無不舉。頃者朝廷刬去苛法，施行仁政，可謂善矣。然而刑政不明，多行姑息。中外觀望，靡然有縱弛怠惰之風。平居無事，姑以媮安可耳。今虜方不順，勝負之變，蓋未可知。緩急之際，威令無素，何以使衆？臣謂宜因事正法，以明示天下。臣前所言去歲大臣承用阿里骨欺罔之奏，授以節制，致令鬼章懷憤入寇，夏人乘釁違命，此則當時宰相、樞密使副苟簡無謀之罪也。近者涇原賊騎至者數萬，殺略數千，斥候不明，備禦不及。熙河賊退，經今累月，而殺傷焚蕩之奏，至今未上〔三〕。此則將帥弛慢，不畏朝廷之罪也。陛下恬不爲怪，略無責問，政之不修，孰大於此？中外相視，以爲疑怪。朝廷方將使人蹈白刃，赴湯火，臣有以知其不能矣。昔公孫弘爲相〔四〕，諸侯有逆謀，請歸侯印以塞責。諸葛亮爲相，任馬謖不當，請自貶三等，以右將軍領事。蓋大臣體國，不惜身自降黜，爲衆行法。今陛下何不取去歲册命阿里骨與議大臣，不論去位在位，皆奪一官；至於兩路將帥，雖寄任不改，而法不可廢，皆使隨罪行罰。以此號令四方，庶幾知所畏憚。政修於朝廷之上，而敵人恐懼於千里之外，勢之所至，不足怪也。今陛下未能正羣臣，而望西羌之畏威，不可得矣。臣聞范仲淹守慶州，因葛懷敏之敗，請以任將非人，因兩府遜謝，損其勳爵而復其位，以激厲諸將，慰邊兵。時雖不用，而仲淹之言，至今惜之。臣雖不敏，究觀往事，以爲可施於今，不敢默已。小臣狂僭，斧鉞之誅，無所逃避。惟陛下裁察，取進止。

貼黄：或言阿里骨之請命與乾順之嗣立，事體無異。今臣言册命乾順爲得策，而封拜阿里骨爲失計，似言之未當者。臣以謂不然。阿里骨之請命，可否在我。而乾順之嗣立，朝廷且不得而知，況能制其可否乎？故臣以乾順之命爲是，而以阿里骨之命爲非，不爲妄論也。

【校】

〔一〕「千」，原作「十」，據宋甲本改。

〔二〕「從秦爲購，不若從齊爲購」，原作「從趙爲購，不若從秦爲購」，據宋甲本、三蘇祠本改。

〔三〕「上」，原作「止」，據宋甲本改。

〔四〕「弘」，原作「洪」，據三蘇祠本改。

乞驗實賈易謝上表所言劄子

臣伏見知懷州賈易到任謝表二道，皆自謂以忠直獲罪，而指言羣臣讒邪罔極，朋黨滔天，上下不交，忠良喪沮。至引周易「履霜堅冰」、「不早辨」之言以爲戒，欲使朝廷原心定罪，便行誅戮。其間有云：「蘇轍持密命以告人〔一〕，志在朋邪而害正〔二〕。」臣非臺諫〔三〕，凡易所言，不敢條析論奏。惟有言臣一節，理當辨明。易雖頃爲諫官，今出守郡，於條不當復以風聞言事。其言臣以密命告人，伏乞朝廷取問實狀。如言有實，臣甘竢朝典。取進止。

【校】

〔一〕「持」，原作「特」，據宋甲本、三蘇祠本改。

〔二〕「朋」，原作「明」，據宋甲本、三蘇祠本改。

〔三〕「臺諫」，原作「諫臺」，據宋甲本改。

論陰雪劄子

臣伏見自去冬至今，陰雪繼作。罷民凍餒，困斃道路。聖心憂勞，何所不至。蓋嘗命有司發內庫之錢，出司農之粟，竭太府之炭，以濟其急矣。猶以爲未也，則釋犴獄，罷夫役〔一〕，凡可以惠民之事，無不爲矣。而天意不順，雨雪如故，臣竊惑之。

臣嘗觀先儒論五行之說，以爲「聽之不聰，是謂不謀，厥咎急，厥罰常寒。故周之末世，舒緩微弱，政在臣下，則天應之以燠暖。秦之末世，峻刑暴斂，海內重足而立，則天應之以寒慄。是以周亡無寒歲，秦滅無燠年」。信如此言，則朝廷之政，今豈失於急歟？竊惟二聖臨御以來，革敝去煩，施惠責己〔二〕，凡所措置，雖未盡得，而民獲其所欲者多矣。苟以爲急，雖三尺童子不信也。然則陰雪之應，其咎安在？臣聞商高宗雊雉於鼎，其臣祖己告之曰：「惟先格王，正厥事。」夫所謂「正厥事」者，無常事也，惟因其非而正之耳。故臣竊推之古事，以爲天大雷電以風〔三〕，而成王應之以逆周公；衞國大旱，而文公應之以伐邢。夫親任三公，非所以止風；而興師伐人，非所以致雨。彼既爲之不疑，而天亦報之如響者，誠得其時、當其事耳。

臣竊惟近者天地之變常半歲苦旱，半歲苦陰。陰陽之氣，一有過差，浸淫爛熳而不能反。今雨雪既甚，久而不止，則春夏之際，又將復旱，此其類似有以致之者。古之爲政，德刑並用，寬猛相濟，使天下懷其惠而畏其威。和氣充塞而天地從之〔四〕，故陽不過而陰不忒。自頃以來，朝廷之政專以容悅爲先務，上下觀望，化而爲一。監司之臣以不執有罪爲賢〔五〕，郡縣之官以寬弛租賦，縱釋酒稅爲優。至於省臺寺監，亦未聞有正身治事，以辨集聞者也。何者？朝廷方兼容是非，以不事事爲安靜，以不別白黑爲寬大，是以至此極也。臣竊惟朝廷之意，其始蓋欲以寬治民耳，而不知姦臣猾吏乘其間以侵虐細民，其弊不可勝數。名雖近寬而其實則虐也。

陛下誠欲消復此變，宜訓敕大臣，使之守法度，立綱紀，信賞必罰，使羣下凛然知有所畏。苟朝廷無偏甚不舉之政，則陰陽過差，浸淫爛熳，往而不反之氣，宜可得而止也。不然，雖空府庫、竭倉廩以賑貧窮，破囹圄、焚鞭扑以縱罪戾，臣恐天地之意未易回也。

臣待罪地官，以簿書米鹽爲職，出位而言，罪在不赦。然陛下頃自疎外擢臣而用之〔六〕，二年之間，致位於此，豈欲責臣齪齪以吏事自效而已哉？是以冒萬死獻言，惟陛下裁擇。取進止。

【校】

〔一〕「夫役」，宋甲本作「役夫」。
〔二〕「責己」，原作「已責」，據叢刊本改。
〔三〕「大雷雹」，原作「大雷雷」，據宋甲本改。
〔四〕「和氣」，原作「民氣」，據宋丙本改。
〔五〕「執」，原作「報」，據宋甲本、宋丙本改。
〔六〕「然」，原無，據宋甲本、宋丙本補。

轉對狀

准御史臺牒，五月一日文德殿視朝，臣次當轉對。臣待罪地官，以財賦爲職，朝夕從事，於今半年。耳目所接，或十利病，敢緣虞人守官之義，庶幾百工執藝以諫。謹條具本職三事，昧死上獻：

一、臣伏見本部一月出入見錢之數，率皆五十餘萬貫，罄竭所得，僅給經費而已。稍加他用，輒干求朝廷，方能辦事。有司惴惴，常有闕事之懼。臣聞古之爲國，皆食租衣税而足。降及近世，始有鹽鐵酒税之利。凡郊廟、朝廷、祿士、養兵、捍邊、睦隣，百色取具於此。蓋天之所生，地之所産，足以養人。自三代、漢、唐至於祖宗之盛，未有舍此而外求者也。今四海萬里，耕稼相屬，而以不足爲憂，臣實怪之。孟子有言：「無政事，則財用不足。」臣愚無知，意者朝廷之政，豈有所未立故耶？臣觀諸道監司，自近歲以來，觀望上下，無復厲精之實，妄意朝廷以不親細務爲高，以不察姦吏爲賢。於是巡歷所至，或不入場務，不按有罪。郡縣靡然承風，懦者頹弛，權歸於吏；貪者縱恣，毒加於民。四方嗷嗷，幾於無告。其他害理而傷化者，非臣之職，臣不敢議也。若夫兩稅、征商、榷酤無故虧欠者，比比皆是，此臣之職也。欲乞陛下特降指揮，令本部左曹具諸路去歲三事增虧之數，其非因水旱災傷，特以寬弛不職而致虧欠者，擇其最甚，黜免轉運使副判官，罰一以勸百。上意所向，下之所趨也。如此施行，庶幾財賦漸可治矣。

一、臣聞漢以九卿治事，唐以六曹爲政。漢非無尚書，而唐非無卿寺也，蓋事不在耳。先帝法唐之故，專任六曹，故雖兼置寺監，而職業無幾。量事設官，其間蓋有僅存者矣。頃元祐之初，患尚書省官多事少，始議併省郎曹。所損纔一二耳，而寺監之官，如鴻臚、將作，舊不設卿丞者，紛紛列置，更多於舊。中外之議，以此疑惑，以爲朝廷爲人設官，非爲官擇人。此言一出，爲損非細。其於治體〔一〕，非臣所當議也。而至於京師廩給之厚，出於本部，故臣願明詔有司，減去寺監不急之官，以寬不貲之費而已。

一、臣聞財賦之源，出於四方而委於中都，故善爲國者藏之於民，其次藏之州郡。州郡有餘，則轉運司常足；轉運司既足，則戶部不困。唐制：天下賦税其一上供，其一送使，其一留州。比之於今，上供之數可謂少矣。然每有緩急，王命一出，舟車相銜〔二〕，大事以濟。祖宗以來，法制雖異，而諸道蓄藏之計，猶極豐厚。是以斂散及時，縱捨由己。利柄所在，所爲必成。自熙寧以來，言利之臣不知本末之術，欲求富國，而先困轉運司；轉運司既困，則上供不繼；上供不繼，而戶部亦憊矣。兩司皆困，故內帑別藏雖積如丘山，而委爲朽壤〔三〕，無益於算。故臣願陛下舉近歲朝廷無名封樁之物，歸之轉運司。蓋禁軍闕額與差出衣糧，清汴水脚與外江綱船之類，一經擘劃，例皆封樁。夫闕額禁軍，尋常以例物招置〔四〕。而出軍之費，罷此給彼，初無封樁之理。至於清汴水脚，雖損於舊，而洛口費用，實倍於前。外江綱船雖不打造，而雇船運糧，其費特甚。重複刻剝，何以能堪？故臣謂諸如此比，當一切罷去。况祖宗故事，未嘗有此，但有司固執近事，不肯除去。惟陛下斷而與之，則轉運司利柄稍復，而上供有期，戶部亦有賴矣。

右件如前〔五〕。謹錄奏聞，伏候敕旨。

【校】

〔一〕「治」，原無，據宋甲本、宋丙本補。
〔二〕「衙」，原作「衕」，據宋甲本、宋丙本改。
〔三〕「壞」，原作「壊」，據宋甲本、宋丙本改。
〔四〕「常」，宋甲本、宋丙本、叢刊本皆作「當」。
〔五〕「右」字下，原有「謹」，據宋甲本删。

請戶部復三司諸案劄子〔一〕

臣以愚拙，待罪戶部右曹，俛仰幾歲，訖無所補。竊嘗以祖宗故事考之，今日本部所行，體制既殊，利害相遠，恐合隨事措置，以塞弊原。謹昧死具三弊以聞：其一曰分河渠案以爲都水監，其二曰分胄案以爲軍器監，其三曰分修造案以爲將作監。前件三監皆隸工部，則本部所專，其餘無幾。出納損益，制在他司。頃者司馬光秉政，知其爲害，嘗使本部收攬諸司利權。然當時所收不得其要，至今三案之事，猶爲諸司所擅，深可惜也。

祖宗參酌古今之宜，建立三司，所領天下事幾至大半。權任之重，非他司比。推原其意，非以私三司也。事權分則財利散，雖欲求富，其道無由。蓋國之有財，猶人之有飲食。

飲食之道，當使口司出納，而腹制多寡。然後分布氣血，以養百骸。耳目賴之以爲明，手足賴之以爲力。若不專任口腹，而使手足耳目得分治之，則雖欲求一飽，不可得矣，而況於安且壽乎？今戶部之在朝廷猶口腹也，而使他司分治其事，何以異此？自數十年以來，羣臣不明祖宗之意，每因一事不舉，輒以三司舊職分建他司。利權一分，用財無藝。他司以辦事爲效，則不恤財之有無；戶部以給財爲功，則不論事之當否。彼此各營一職，其勢不復相知。雖使戶部得才智之臣，終亦無益於算矣。能否同病，府庫卒空。今不早救，後患必甚。

昔嘉祐中京師頻歲大水，大臣始取河渠案置都水監。置監以來，比之舊案，所補何事？而大不便者，河北有外監丞侵奪轉運司職事。轉運司之領河事也，凡郡之諸埽，埽之吏兵儲蓄，無事則分，有事則合。水之所向，諸埽趨之。吏兵得以併功，儲蓄得以併用。故事作之日，無暴斂傷財之患；事定之後，徐補其闕，兩無所妨。自有監丞，據法責成，緩急之際，諸埽所有，不相爲用，而轉運司始不勝其弊矣。近歲嘗詔罷外監丞，識者韙之；既而復故，物論所惜。此工部都水監爲戶部之害一也。先帝一新官制，並建六曹，隨曹付事。故三司事多隸工曹，名雖近正而實非利。昔胄案所掌〔二〕，今內爲軍器監而上隸工部〔三〕，外爲都作院而上隸提刑司。欲有興作，戶部不得與議。訪聞河北道頃歲爲羊渾脫動以千計。渾脫之用，必軍行乏水，過渡無船，然後須之。而其爲物，稍經歲月，必須蠹敗。朝廷無出兵之計，而有司營職，不顧利害，至使公私應副，虧財害物。若使專在轉運司，必不至此。此工部都作院爲戶部之害二也。昔修造案掌百工之事，事有緩急，物有利害，皆得專之。今工部以辦職爲事，則緩急利害，誰當議之？朝廷近以箔場竹箔積久損爛，創令出賣，上下皆以爲當。指揮未幾，復以諸處修造歲有料例，遂令般運堆積，以分出賣之計。臣不知將作見工幾何，一歲所用幾何，取此積彼，未用之間，有無損敗，而遂爲此計。本部雖知不便，而以工部之事，不敢復言。此工部將作監爲戶部之害三也。

凡事之類此者多矣，臣不能遍舉也。故願明詔有司，罷外水監丞，而舉河北河事及諸路都作院皆歸之轉運司。至於都水、軍器、將作三監，皆兼隸戶部，使定其事之可否，裁其費之多少。而工部任其功之良苦，程其作之遲速。苟可否多少在戶部，則凡傷財害民，戶部無所逃其責矣；苟良苦遲速在工部，則凡敗事乏用，工部無所辭其譴矣。利出于一，而後天下貧富可責之戶部，而工部工拙可得而考矣。事在本職，在臣不得不言。如果可采，伏乞付外施行。取進止。

貼黃：三司設案舊職，今分隸膳部。光祿寺雖所掌飲食帳設，利害非大；如臣所言可采，亦當如上三案，分隸戶部。

【校】

〔一〕「請戶部復」，宋甲本作「請復戶部」。

〔二〕「胄」，原作「冑」，據宋甲本、宋丙本、叢刊本改。

〔三〕「上」，原作「止」，據宋甲本、宋丙本改。下句「上」字同此。

欒城集卷之四十二

戶部侍郎論時事六首

論開孫村河劄子

臣爲戶部右曹，兼領金倉二部，任居天下財賦之半，適當中外匱竭不繼之時，日夜憂惶，常慮敗事。竊見左藏見緡一月出納之數，大抵皆五十餘萬，略無贏餘。其他金帛諸物，雖小有羨數，亦不足賴。臣之愚怯，常恐天災流行，水旱作沴；西羌旅距，邊鄙繹騷；河議失當，賦役橫起。三事有一，大計不支，雖使桑羊、劉晏復生，計無從出矣，而況於臣之駑下乎？

今者幸賴二聖慈仁恭儉，天地垂貺。諸道秋稼，稍復成熟。雖京西、陝西災旱相接，而一方之患，未爲深憂。羌人困窮，旋聞款塞。惟有黃河西流，議復故道，事之經歲，役兵二萬人，蓄聚梢椿等物三千餘萬。方河朔災傷困敝之餘，而興必不可成之功，吏民竊嘆，勞苦已甚，而莫大之役尚在來歲。天啓聖意，灼知民心，特召河北轉運司官吏訪以得失。近聞回河大議已寢不行，臣平日過憂，頓然釋去。然尚聞議者固執開河分水之策，雖權罷大役，而兵工小役竟未肯休。如此則河北來年之憂，亦與今年何異？今者小吳決口，入地已深，而孫村所開，丈尺有限。不獨不能回河，亦必不能分水。況黄河之性，急則通流，緩則淤澱。既無東西皆急之勢，安有兩河並行之理哉？縱使兩河並行，不免各立堤坊，其爲費耗，又倍今日矣。臣聞自古聖人，不能無過，過而能改，善莫大焉。故君子之過，如日月之食。過也，人皆見之；更也，人皆仰之。朝廷舉動，義當如此。今議河失當，知其害人，中道而復，本何所愧？雖使天下知之，亦足以明二聖憂民之深，爲之改過不吝。今乃顧惜前議，未肯曠然更張，果於遂非，難於遷善，臣實爲朝廷惜之。然臣聞議者初建開河分水之策，其説有三：其一曰御河堙滅，失饋運之利。其二曰恩、冀以北，漲水爲害，公私損耗。其三曰河徙無常，萬一自虜界入海，邊防失備。凡其所以熒惑聖聽，沮難公議，皆以三説藉口。夫河決西流，勢如建瓴；引之復東，勢如登屋。雖使三説可信，亦莫如之何矣。況此三説，皆未必然，臣請得具言之。

昔大河在東，御河自懷、衛經北京，漸歷邊郡。饋運既便，商賈通行。今河既西流，御河堙滅，失此大利，誰則不知？天實使然，人力何及？若議者能復澶淵故道，則御河有可復之理。今河自小吳北行，占壓御河故地，雖使如議者之意，自北京以南折而東行，則御河堙滅已一二百里，亦無由復見矣。此御河之說不足聽，一也。河之所行，利害相半。夏潦漲溢，浸敗秋田，濱河數十里爲之破稅，此其害也。漲水既去，淤厚累尺，宿麥之利，比之他田，其收十倍。寄居丘冢，以避淫潦，民習其事，不甚告勞。此其利也。今河水在西，勢亦如此。遠爲堤防，不與之爭，正得漢賈讓治河之意。比之故道，歲省兵夫梢芟，其數甚廣。而故道已退之地，桑麻千里，賦稅完復，爲利不貲。安用逆天地之性，移西流之憂，爲東流之患哉？此恩、冀以北漲水爲害之說不足聽，二也。河昔在東，自河以西郡縣與虜接境，無山河之限。邊臣建爲塘水，以捍胡馬之衝。今河既西行，則西山一帶胡馬可行之地已無幾矣。其爲邊防之利，不言可知。然議者尚恐河復北徙，則海口出虜界中。造舟爲梁，便於南牧。臣聞虜中諸河，自北南注以入于海，蓋地形北高，河無北徙之道，而海口深浚，勢無徙移。臣雖非目見，而習北方之事者爲臣言之大略如此，可以遣使按視圖畫而知。此河入虜界，邊防失備之說不足聽，三也。臣願以此三說質之議者，則開河分水之說誠不足復爲矣。

又臣訪聞今歲四五月間，河上役兵勞苦無告，嘗有數百人持板築之械，訪求都水使者，意極不善，賴防邏之卒擁拒而散。盛夏苦役，病死相繼。使者恐朝廷知之，皆於垂死放歸本郡。斃於道路者，不知其數。若今多放凍，來歲春暖，復調就役，則意外之患復當如前。臣不知朝廷何苦而不罷此役哉？今建議之臣，恥於不效，而堅持之於上；小臣急於利祿，不顧可否，隨而和之於下。上下膠固，以罔朝廷。其間正言不避權要，纔一二人耳。然事非本職，亦不敢盡言。臣以戶部休戚，計在此河，若復緘默，誰當言者？惟斷自聖心，盡罷其議，則天下不勝幸甚。取進止。

貼黄：臣訪聞河北轉運司今年應副開河費用錢七萬三千餘貫，糧十七萬餘石〔一〕，梢草一百五十二萬餘束。方災傷之後，極力剗刷，先了河事，後及經費，極爲不易。若使今年不興河役，則上件錢糧梢草別將應副他事，已自有餘，深爲可惜。雖已往之事不可復追，而來年不可復使河北重有此費。

【校】

〔一〕「十七萬」，叢刊本作「一十七萬」。

再論回河劄子

臣頃聞朝廷議罷回河，來年當用役兵開河分水，臣以爲天下財賦匱竭，河朔災傷之後，民力未復，未堪此役，輒奏言不便。既而採察衆議，聞河北轉運使謝卿材到闕，昌言於朝曰：「黃河自小吳決口，乘高注下，水勢奔快。上流堤坊無復決怒之患，而下流湍駛行於地中，日益深浚。朝廷若以河事付臣，臣請不役一夫，不費一金，十年之間，保無河患。」大臣以其異己，罷歸本任，而使王孝先、俞瑾、張景先三人重畫回河之計。三人利在回河，雖言其便而亦知其難成，故於議狀之末復言：「若將來河勢變移，乞免修河官吏責罰。」都下洶洶，傳笑以爲口實。蓋回河之非，斷可知矣。然近日復聞內批降付三省，如云「若河流不復故道，終爲河朔之患」。外廷疎遠，不知此說信否？然衆心憂懼，深恐羣臣由此觀望，不敢正言得失。臣職在財賦，憂責至深，不敢畏避誅戮，願畢陳其說。

方今回河之策，中外講之熟矣。雖大臣固執，亦心知其非，無以藉口矣。獨有邊防一說，事繫安危，可以竦動上下，伸其曲說。陛下深居九重，羣言不得盡達，是以遲遲不決耳。昔眞宗皇帝親征澶淵，拒破契丹，因其敗亡，與結歡好。自是以來，河朔不見兵革幾百年矣。陛下試思之，此豈獨黃河之功哉？昔石晉之敗，黃河非不在東。而祥符以來，非獨河南無虞憂，河北亦自無兵患。由此觀之，交接夷狄，顧德政何如耳。未聞逆天地之性，引趨下之河，升積高之地，興莫大之役，冀不可成之功，以爲設險之計者也。昔李垂、孫民先等號知河事〔一〕，嘗建言乞導河西行，復禹舊迹。以爲河水自西山北流，東赴海口，河北諸州盡在河南。平日契丹之憂，遂可無慮。今者天祚中國，不因人力，河自西行，正合昔人之策。自今以往，北岸決溢，漸及虜境。雖使異日河復北徙，則虜地日蹙，吾土日紓，其爲憂患正在契丹耳。而大臣過計，以爲中國之懼，遂欲罄竭民力，導河東流。其爲契丹謀則多，爲朝廷慮則疎矣。

議者或謂河入虜境，彼或造舟爲梁，長驅南牧，非國之利。臣聞契丹長技在鞍馬，舟楫之利固非所能。且跨河繫橋，當先兩岸進築馬頭；及伐木爲船，其功不細。契丹物力寡弱，勢必不能。就使能之，今兩界修築城柵比舊小增，輒移文詰問，必毁而後已。豈有坐視大役，而不能出力止之乎？假設虜中遂成此橋，黄河上流盡在吾地。若沿河州郡多作戰艦，養兵聚糧，順流而下，則長艘巨纜，可以一炬而盡。形格勢禁，彼將自止矣。臣竊怪元老大臣，久更事任，而力陳此說，意其謀已出口，重於改過，而假此不測之憂，以取必於朝廷耳。不然豈肯於天下困弊、河朔災傷之後，役數十萬夫〔三〕，費數千萬物料，而爲此萬無一成之功哉？夫大役既興，勢不中止，預約功料有少無多。官不獨辦，必行科配。官出其一，民出數倍。公私費耗，必有不可勝言者矣。苟民力窮竭，事變之出，不可復知。飢餓相逼，必爲盜賊。昔秦築長城以備胡，城既成而民叛。今欲回大河以設險，臣恐河不可回，而民勞變生，其計又出秦下。異日雖欲悔之，不可得也。

陛下數年以來，休養民物，如恐傷之。今河已安流，契丹無變，而強生瘡痏以擾之，非計之得也。故臣願陛下斷之於心，罷此大役，唯留神察之。自河決小吳，於今九年，不爲不久矣。然虜情恭順，與事祖宗無異。陛下誠重違大臣，姑復以三年觀之。事久情見，大臣之言與天下之公議，可以坐而察也。臣不勝區區憂國之誠，干犯斧鉞，死無所避。取進止。

貼黃：朝廷雖已遣范百祿、趙君錫出按回河利害，然大臣方持其議，事勢甚重，中外誰不觀望風旨？百祿等雖近侍要官，臣不敢保其不爲身謀，能以實告也。故不避再瀆，復爲此奏，非陛下斷之於心，天下之憂未知所底也。

【校】

〔一〕「孫民先」，三蘇祠本、叢刊本無「先」字。

〔二〕「役」，宋丙本、三蘇祠本、叢刊本作「興」。

三論回河箚子

臣近者聞有內批降付三省，言黃河若不復故道，終爲河北之患。初聞此旨，中外無不驚愕。以爲黃河西行，已成河道。大臣橫議，欲壅令復東。異同之論，方相持未決。而此旨復降，臣下觀望，誰敢正言？方衆心憂疑之際，旋聞復有聖旨，收入前降批語。羣臣釋然，咸知陛下虛己無心，欲來公議，深得古先聖王改過不吝之美。正人端士，始有樂告善道之意。

然臣竊聞近又降敕，以北京封樁、京東新法鹽錢三十五萬貫指揮河北收買開河梢草，繼又商量調發來歲開河役兵。二事既出，中外復疑。何者？朝廷近遣范百祿等按行河事利害，若開河之議可行無疑，則安用遣使？若猶遣使，則開河之議尚在可疑。今使未出門，而一面收買梢草，調發役兵，則是明示必開之形，欲令使者默喻欲開之旨。臣雖愚暗，竊恐非陛下虛己無心、欲來公議之意也。伏乞速降指揮，收回買梢、發兵二事；使范百祿等明知聖意無所偏繫，得以盡心體量，不至阿附大臣，以誤國計。

今中外財賦匱竭，見錢最爲難得。新法鹽錢雖不屬戶部，要是百姓膏血，不可輕用。況河北災傷之餘，明年大役，決不可興。雖如今歲止用役兵，如臣前奏所言，役苦財傷，爲害已甚。將來若范百祿等以開河爲便，猶當計校利害，寬展歲月。調兵買梢，皆非今歲所急。若范百祿等以開河爲不便，則聚兵積梢，梢草輕脆，稍經歲月，化爲糞壤，皆非計也。況所用梢草，動計千萬。一時收買，價必踴貴。若止令和買，則所費不訾，必非止三十五萬貫可了。若令配買，則河北災傷之餘，民間大有陪備，或生意外之患，不可不慮也。臣受聖恩，至深至厚，位下力微，竊不自量，再三干與國論。罪當萬死，不敢逃避。取進止。

乞裁損浮費劄子

臣等竊見本部近編成元祐會計錄，大抵一歲天下所收錢穀金銀幣帛等物未足以支一歲之出。今左藏庫見錢〔一〕，費用已盡，去年借朝廷封樁米鹽錢一百萬貫〔二〕，以助月給。舉此一事，則其餘可以類推矣。臣等聞古者制國之用，必量入爲出，使三年耕必有一年之食，故三十年之間，而九年之畜可得而備也。今者文武百官宗室之蕃，一倍皇祐，四倍景德。班行選人胥吏之衆，率皆廣增〔三〕，而兩稅、征商、榷酒、山澤之利，比舊無以大相過也。昔祖宗之世，所入既廣，所出既微，則用度饒衍，理當然爾。今時異事變，而奉行舊例，有加無損。今日天下已困弊矣，若更數年，加之以饑饉，因之以師旅，其爲憂患必有不可勝言者。

臣等備位地官，與聞朝廷大計，而喑默不言，異日雖被誅戮，何補於事？故臣等願及今日明敕本部，取見今朝廷政事應干費用錢物者，隨事看詳，量加裁損。使多不至於傷財，少不至於害事。二聖以身率之，大臣以身行之，使天下曉然皆知事之當然，而非朝廷有所靳惜，則誰不信伏？昔治平、熙寧之間，因時立政，凡改官者自三歲而爲四歲，任子者自一歲一人而爲三歲一人，自三歲一人而爲六歲一人。宗室自袒免以上，漸殺恩禮，天下晏然，莫以爲言，此則今日之成法也。臣等伏乞檢會寶元、慶曆、嘉祐故事，於本部置司，選擇近臣共議其事，嚴正近限〔四〕，責以實效。法度一成，數歲之後，費用有節，府庫漸充，傳之無窮，久而不弊，則其於聖德實非小補也。臣等愚拙，不能修明職業以廣財賦，冒昧獻言，罪當萬死。取進止。

貼黃：勘會頃降朝旨，令本部裁減浮費。前後所減三十餘事，率皆浮費之小者。然所減已約及二十餘萬貫，不爲無補。今若事無大小，並量行參酌裁損，則爲利必大。伏乞聖慈，早賜施行。

【校】

〔一〕「左」，原作「在」，據宋甲本、叢刊本改。

〔二〕「米」，原作「末」，據叢刊本改。

〔三〕「胥吏」、「廣增」，叢刊本作「吏胥」、「增廣」。

〔四〕「正」，宋甲本作「立」。

論侯偁少欠酒課以抵當子利充塡剳子

臣竊見今月二十二日敕：「滑州韋城縣百姓侯偁少欠酒務課利等錢，特許將子利並充欠數，已拘收抵當。契書依舊在官，仍許納錢收贖。所欠課利等錢，與均作七年送納，仍免差人監催。餘人不得援例。」臣竊以民間欠負，合催合放，皆有條法，上下共守。凡有寬貸，皆先經戶部勘當，於法無礙，然後施行。未有如侯偁之比，直自朝廷批下聖旨，更不問條法可否，一面行下，仍令衆人不得援例者。本部官吏皆竊疑怪，不敢奉行，深恐此令一行，應干欠負之家，皆懷不平之意。已具狀申尚書省，乞朝廷裁酌施行去訖。

臣今竊聞侯偁係皇太妃親戚，二聖篤於恩愛，特爲降此指揮。疎賤之臣，不當更有論奏。然臣職在右曹，專掌坊場法度。祖宗條約當與天下共之，不宜以宮禁之私輒有撓敗。臣恐此門一啓，宮中遞相扳援，其漸可畏。臣若失職不舉，其罪大矣。竊惟皇太妃供養二宮，動循禮法。外廷雖疎，未聞有過差之事。今侯偁所欠不過萬數千緡耳，若以私親之故，出捐金帛以濟其急，下足以存骨肉之恩，上足以全祖宗之法。天下傳誦，無復間言。公法既完，國勢增重，其於太妃盛德，亦非小補也。臣不勝區區守法愛君之心，欲乞追還前命，使天下明知朝廷不以私愛害公義。干冒鈇鉞，俯伏待罪。取進止。

貼黃：契勘人戶承買場務，如有拖欠官錢，已拘收抵當在官，其所收子利自合納官，兼拘收抵當亦合依條出賣。今所降聖旨，有此違礙。

再論裁損浮費劄子

臣等近奉敕裁減冗費，上自宗室貴近，下至官曹胥吏，旁及宫室械器，凡無益過多之用，皆得量事裁減。唯獨宫掖浮費，名件不少，有司不得盡見，未敢輒議。竊見近降詔書，以方將裁損入流，以清取士之路，遂命今後每遇聖節大禮生辰，太皇太后、皇太后、皇太妃所得恩澤，並四分減一，欲以身先天下。詔書既出，中外臣庶，皆知聖明，以私徇公，至有感激流涕者。臣等仰測聖意，克己爲人，無所不可。其欲裁損宫掖浮費，與裁損私門恩澤何異？然而至今未見施行者，蓋有司失於建明，則臣等之罪也。

謹案寶元二年，嘗命近臣詳定裁損冗費。時諫官韓琦建言，請令三司取入內內侍省并御藥院、內東門司先朝及今來賜予支費之目，比附酌中減省。其無名者，一切罷去。時有詔，禁中支費只令入內內侍省、御藥院、內東門司相度減省，報詳定所。其臣僚支賜，即許會問入內內侍省等處施行。及慶曆元年，又詔入內內侍省等處，取先帝時帳籍，比較近年內中用度之數以聞。是時所損浮費數目極多，爲益不細。臣等欲乞陛下推廣前日減省恩澤已行之心，仰法寶元、慶曆祖宗已試之效，使天下明知陛下節用裕民，自宫禁始。則凡有裁損，誰不心服？臣等不勝區區，干犯鈇鉞。取進止。

翰林學士論時事八首

論黄河必非東決劄子 元祐四年八月初十日上。

臣去歲領戶部右曹，以財賦不足，而開河之議不決，河北費用不貲，曾三上章論河流西行已成河道，而孫村以東故道高仰，勢決難行。是時大臣之議多謂故道可開，西流可塞。朝廷因遣范百祿、趙君錫親行相度。以人情論之，符合大臣則易爲言，違背大臣則難爲説。而百祿等既還，皆謂故道不可開，而西流不可塞。何者〔一〕？地形高下，可指而知，水性避高趨下，可以一言而決。故百祿等不敢蒙昧朝廷，希合權要，效其誠説而致之陛下。陛下亦知其言明白，信而行之。中外公議，皆以爲當。

今自夏秋之交，暑雨頻併，河流暴漲出岸〔二〕，由孫村東行。以理言之，蓋河上每歲常事耳。而都水監勾當公事李偉與河埽使臣因此張皇申報，以分水爲名，欲因發回河之議。都水監從而和之，亦以僥倖欲成回河之役。臣竊以爲此輩類多小人，不知遠慮。河若安流，則無以興起功役。功役不起，則此輩差遣請受不可僥求。惟有河事一興，則求無不可，而況大臣以其符合己說，樂聞其事乎？

臣竊聞見今河道西行孫村側左，大約入地二丈以來。而見今申報漲水出岸，由新開口地東入孫村，不過六七尺。欲因六七尺漲水，而奪入地二丈河身，雖三尺童子知其難矣。然朝廷遂爲之遣都水使者，興兵工，開河道，進鋸牙，欲約之使東。今方河水盛漲，其西行河道若不斷流，則遏之東行，實同兒戲。昔鯀堙洪水，汩陳五行，逆天地高下之性，九載而功不成，鯀以殛死。今一河雖小，而河朔百萬生靈安危所繫，奈何不計利害而輕動之哉？臣願陛下急命有司且徐觀水勢所向，依累年漲水舊例，因其東溢，引入故道，以舒北京朝夕之憂。其故道堤坊壞缺之處，略加修完，免其決溢而已。至於開河進約等事，一切不得興功，仍不許奏辟官吏，調發夫役。候河勢稍定，然後議之。不過一月之後，漲水既落，則西流之勢決無移理，而羣小妄說不攻自破矣。若不待水勢稍定，倉猝之間卽行應副，大役一起，小人既得差遣請受，因緣生事，勢難禁止，則河北之患，有不可知者矣。

臣兄軾前在經筵，因論黃河等事，爲衆人所疾，迹不自安，遂求引避。臣今出位而言，正與兄軾無異。然不忍朝廷莫大之害，而舉朝臣僚懲創前事，無有一人爲陛下言者。是以不能自已，狂愚率易，伏候誅譴。取進止。

貼黃：訪聞孫村出岸漲水，今已斷流。河上官吏未肯奏知朝廷。臣乞特降聖旨，差不干礙官司體量聞奏。

【校】

〔一〕「何者」，叢刊本作「何也」。

〔二〕「岸」，原作「崖」，據宋甲本改。下文「岸」同此。

乞罷修河司劄子 元祐五年二月十三日上。

臣於去年嘗再具劄子，論黄河漲水，於孫村出岸東流，本非東決。而吴安持、李偉等附會大臣，欺罔朝聽，欲因此塞斷北流，東復故道。差官調夫，於今年春首興起大役，臣竊疾之。是以不避煩瀆，越職獻言。以爲河北生靈，連歲災傷，不宜輕有舉動。乞陛下斷之於心，力止其事。是時大臣固執前議，天聽高遠，言不能回。臣尋被命出使契丹，道過河北，見州縣官吏，訪以河事，皆以目相視，不敢正言。及今年正月，還自虜中，所過吏民方舉手相慶，皆言近有朝旨，罷回河大役。命下之日，北京之人，驩呼鼓舞，以爲二聖明見千里之外。雖或巧爲障蔽，而天日所照，卒無能爲。惟減水河役，遷延不止，耗蠹之事，十存四五。民間竊議，意大臣業已爲此，勢難遽回。既爲聖鑒所臨，要當迤邐盡罷。今月六日果蒙聖旨，以旱災爲名，權罷修黄河〔一〕，候今秋取旨。大臣覆奏，盡罷黄河東北流及諸河功役。民方憂旱，皇皇之際，聞命踊躍，實荷聖恩。

然臣竊詳聖旨，不謂減水河必不可開，而託名旱災，曲全大臣，不欲明指其過。而大臣復請遍罷諸河，以蓋獨罷減水之迹。上下相蒙，體實未便。何者？北流堤坊積歲不治。近來南宫、宗城等處決溢，皆由堤坊怯薄，夏秋水漲，勢不能支。都水官吏竊幸其事，因以爲回河減水之説。既不依常理興功貼築，甚者又大計閉塞決口功料，以形比孫村回河之費。意謂彼此費用相若，則孫村之役不爲過當。由此北流之患，漫不禁止。臣昨過瀛、深、洺等州界，吏民皆言今年若不治堤，數州之民受害尤甚。至於東流故道，地勢積高，必不可復。所聞減水河雖不開掘，每歲漲水必由此行，歲歲淤高，往事可驗。縱復開掘深廣，河淤一上，勢不復存。於此施功，顯是枉費國力。而捨彼爲此，欺罔可知。

然臣之所憂，非特在此。何者？河流之不可復東，若使上下誠有不知，誤興大役，雖傷財害民，爲患不小，而事有過誤，於君臣之間，逆順之際，未爲大不便也。今者大臣之議，違衆悖理，決不可爲，而協力主張，膠固爲一。去歲所罷，今歲復行。順之者任用，違之者斥去，雖被聖旨，猶復還就，以便其私。陛下之言，上合天意，下合民心。因水之性，功力易就，天語激切，中外聞者，或至泣下。而大臣奉行，不得其半。由此觀之，則是大臣所欲，雖害物而必行；陛下所爲，雖利民而不聽。至於委曲回避，巧爲之説，僅乃得行。君權已奪，國勢倒植。臣所謂君臣之間，逆順之際，大不便者，此事是也。董仲舒有言：「尊其所聞，則高明矣。行其所知，則光大矣。」今陛下既得其所聞知，然未能尊而行之。臣恐羣臣顧望，有不爲陛下用者矣。故臣願陛下有所不知，知之必行；有所不行，行之必盡。黄河既不可復回，則先罷修河司，只令河北轉運司盡將一道兵功修貼北流堤岸。罷吳安持、李偉都水監差遣，正其欺罔之罪，使天下曉然知聖意所在。如此施行，不獨河事就緒，天下臣庶，自此不敢以虚誑欺朝廷，弊事庶幾漸去矣。

臣待罪翰苑，身無言責，冒昧納忠，譏訶貴近，罪合萬死。然念頃自初任知縣，蒙二聖非次拔擢，首尾五年，叨在禁近。恩德深重，羣臣少比。臣而不言，天下無敢言者矣。斧鉞之誅，所不敢避。取進止。

貼黄：訪聞修河司承受内臣鄭居簡近爲黄河故道不可復行，不敢虚占本職請受，乞先罷任，已蒙朝廷允許。以此觀之，顯是修河司不消復存。其吳安持、李偉尚自貪祿怙權，未卽引去。伏乞早賜罷免所有修河司見管職事，卽乞依去年正月二十八日已降指揮，令河北轉運司結絶。

訪聞修河司妄舉大役，略無所益，而費用錢糧物科，萬數不少。河北災傷之後，極不易應副。縱是封樁錢物，亦出自民力，深可痛惜。臣欲乞委河北提轉不干礙官，具前後所費用過數目結罪保明聞奏。所貴朝廷上下具知蠹害之實，今後慎於興作。

【校】

〔一〕「權」，叢刊本無。

北使還論北邊事劄子五道

一、論北朝所見於朝廷不便事

臣等近奉使出疆，見北界兩事於中朝極爲不便，謹具條列如後：

一、本朝民間開版印行文字，臣等竊料北界無所不有。臣等初至燕京，副留守邢希古相接送，令引接殿侍元辛傳語臣轍云：「令兄內翰（謂臣兄軾）眉山集已到此多時，內翰何不印行文集，亦使流傳至此？」及至中京，度支使鄭顓押宴，爲臣轍言先臣洵所爲文字中事迹，頗能盡其委曲。及至帳前，館伴王師儒謂臣轍：「聞常服伏苓，欲乞其方。」蓋臣轍嘗作服伏苓賦，必此賦亦已到北界故也。臣等因此料本朝印本文字多已流傳在彼，其間臣僚章疏及士子策論，言朝廷得失，軍國利害，蓋不爲少。兼小民愚陋，惟利是視，印行戲褻之語，無所不至。若使盡得流傳北界〔二〕，上則洩漏機密，下則取笑夷狄，皆極不便。訪聞此等文字販入虜中，其利十倍。人情嗜利，雖重爲賞罰，亦不能禁。惟是禁民不得擅開板印行文字，令民間每欲開板，先具本中所屬。州爲選有文學官二員，據文字多少，立限看詳定奪。不犯上件事節，方得開行。仍重立擅開及看詳不實之禁，其今日前已開本，仍委官定奪。有涉上件事節，並令破板毁棄。如一集中有犯，只毁所犯之文，不必毁全集。看詳不實，亦准前法。如此，庶幾此弊可息也。

一、臣等竊見北界別無錢幣，公私交易，並使本朝銅錢。沿邊禁錢條法雖極深重，而利之所在，勢無由止。本朝每歲鑄錢以百萬計，而所在常患錢少，蓋散入四夷，勢當爾也。謹案河北、河東、陝西三路，土皆產鐵。見今陝西鑄折二鐵錢萬數極多，與銅錢並行。而民間輕賤鐵錢，十五僅能比銅錢十，而官用鐵錢與銅錢等。緣此，解鹽抄法，久遠必敗。河東雖有小鐵錢，然數目極少。河北一路則未嘗鼓鑄。臣等嘗聞議者謂可於三路並鑄鐵錢，而行使之地止於極邊諸州。極邊見在銅錢，並以鐵錢兌換，般入近裏州軍。如此，則雖不禁錢出外界，而其弊自止矣。伏乞下戶部，令遍問三路提轉安撫司，詳講利害，如無窒礙，乞早賜施行。惟河東路極邊數郡，訪聞每歲秋成，必假銅錢於北界人戶收糴，乞令相度：若以紬絹，優與折博，有無不可？此計若行，爲利不小。

【校】

〔一〕「盡得」，叢刊本作「得盡」。

二、論北朝政事大略

臣等近奉敕差充北朝皇帝生辰國信使，尋已具語錄進呈訖。然於北朝所見事體，亦有語錄不能盡者。恐朝廷不可不知，謹具三事條列如左：

一、北朝皇帝年顏見今六十以來，然舉止輕健，飲啗不衰。在位既久，頗知利害。與朝廷和好年深，蕃漢人戶休養生息，人人安居，不樂戰鬬。加以其孫燕王幼弱，頃年契丹大臣誅殺其父，常有求報之心，故欲依倚漢人，託附本朝，爲自固之計。雖北界小民，亦能道此。臣等過界後，見其臣僚年高曉事，如接伴耶律恭、燕京三司使王經、副留守邢希古、中京度支使鄭顓之流，皆言及和好，咨嗟歎息，以爲自古所未有。又稱道北朝皇帝所以館待南使之意極厚。有接伴臣等都管一人，未到帳下，除翰林副使；送伴副使王可離帳下不數日，除三司副使。皆言緣接伴南使之勞。以此觀之，北朝皇帝若且無恙，北邊可保無事。惟其孫燕王骨氣凡弱，瞻視不正，不逮其祖。雖心似向漢，未知得志之後，能彈壓蕃漢，保其祿位否耳。

一、北朝之政，寬契丹，虐燕人，蓋已舊矣。然臣等訪聞山前諸州祗候公人，止是小民爭鬬殺傷之獄，則有此弊。至於燕人強家富族，似不至如此。契丹之人每冬月多避寒於燕地，牧放住坐〔一〕，亦止在天荒地上，不敢侵犯稅土。兼賦役頗輕，漢人亦易於供應。惟是每有急速調發之政，即遣天使帶銀牌於漢戶須索。縣吏動遭鞭箠，富家多被強取，玉帛子女不敢愛惜，燕人最以爲苦。兼法令不明，受賕鬻獄，習以爲常。此蓋夷狄之常俗，若其朝廷郡縣，蓋亦粗有法度。上下維持，未有離析之勢也。

一、北朝皇帝好佛法，能自講其書。每夏季輒會諸京僧徒及其羣臣，執經親講。所在修蓋寺院，度僧甚衆。因此僧徒縱恣，放債營利，侵奪小民，民甚苦之。然契丹之人，緣此誦經念佛，殺心稍悛。此蓋北界之巨蠹而中朝之利也。

右謹錄奏聞，乞賜省閲，亦足以見鄰國向背得失情狀。取進止。

【校】

〔一〕「牧放」，原作「收放」，據叢刊本改。

三、乞罷人從內親從官

臣等近奉使北朝，竊見每番人從內，各有親從官二人充牽攏官。訪聞自前牽攏官並只是宣武長行，不差親從官，止於近歲始行差充。緣親從官多係市井小人，既差入國，自謂得以伺察上下。入界之後，恣情妄作，都轄以下，望風畏避，不敢誰何。雖於使副，亦多蹇傲。夷狄窺見，於體不便。昨來左番有李寔一名，見作過犯，已送雄州枷勘施行。緣選差使副，責任不輕，謂不須旁令小人更加伺察。況已有譯語殿侍，別具語錄，足以關防。欲乞今後遣使，其牽櫳官依舊只差宣武長行，更不差親從官。取進止。

四、乞隨行差常用大車

臣等近奉使北朝，每番於車營務差到車六兩，般載官司合用諸物。其車多是低小脆惡，纔行一兩程，卽致損壞。沿路不輟修完，僅能到得雄州，極爲不便。蓋爲國信，內有鞍轡等匣，舊例不得使常用大車。須得別準備此車，專充入國。既居常不使，風雨暴露，積久損爛，臨時差撥，但取數足，致有此弊。竊見每歲接送伴北使，只使常用大車，頗極牢壯。今若令入國亦只選差常用大車四乘，令勾當使臣等自辦篾竹於車箱前後夾縛安置諸匣，別無不便。免使沿路修車，煩擾州縣，極爲穩便。取進止。

五、乞立差馬及駝日限

臣等近奉使北朝，竊見一行所用馬及橐駝，並於太僕寺及駝坊差撥。檢會條貫，俱未有差撥日限。由此，坊監公人〔一〕，例於使副臨起發日然後差撥。蓋逐坊監多有病患駝馬，本處避見倒死退換科較，利在臨時差撥，惟要期限迫促〔二〕。入國使副雖知不堪，無由退換。以此入界之後，經涉苦寒嶮遠，多致倒死，有誤使事。欲乞今後所差入國駝馬，並於起發半月以前差定。仍即時關報使副，令看驗揀擇。取進止。

【校】

〔一〕「坊」，原作「妨」，據叢刊本改。

〔二〕「惟」，原作「雖」，據宋甲本改。

爲旱乞罷五月朔朝會劄子 元祐五年四月。

臣伏見去冬無雪，今歲春夏時雨絶少，二麥不收，秋種未入，旱勢闊遠，歲事可慮。伏惟太皇太后陛下、皇帝陛下聖心焦勞，請禱備至。發倉粟、留上供米以救饑饉，苟可利民，無所愛惜。而天意未回，旱氣日甚，臣實憂之。

竊惟古之明君，遇災恐懼。内既竭其誠心，啻用勸分，以濟民厄；外必避殿減膳，廣求直言，以答天意。今二聖既勤其内而外事未修，五月之旦將御文德，朝羣臣。臣恐九重之祕，憂懼之實，民莫得知。徒見陛下晏然坐朝，臨御大衆。民愚無知，或謂陛下不畏天災，不卹民瘼。人心一疑，天意弗順，以此救旱，所損大矣。臣愚伏願陛下舉行祖宗故事，明詔有司，罷朔會，避正殿，損常膳，令百官吏民皆得上封事，指陳時政闕失。如此施行，雖未得雨，而人知陛下寅畏天戒，不吝改過。羣情悦伏，神亦將助，以此救旱，非小補也。近日執政大臣雖曾奏乞解罷職任，以答天變。而所請未力，無益於事。今若陛下既自引咎，則大臣勢難獨止。雖未可遽從，若且例降一官，竢得雨而復，君臣協心，災庶可止。臣備位禁林，心有所見，不敢緘默。或加采納，乞不出臣此章，只作聖意行下，於體尤便。取進止。

欒城集卷之四十三

御史中丞論時事劄子十二首

乞舉御史劄子

臣以空疎，備位執法，當得僚佐，以助不逮。竊見兩院御史見止三人，而兩人辭免未入。不獨言者寡少，於朝廷得失有所不盡；而六察所治，事務至煩，力有不及，則百司怠廢。頃者員缺不補，動經歲月，衆論莫不疑怪。臣竊見唐制：臺官皆大夫中丞自辟，有不由此除授，敕命雖行，皆拒而不納。至本朝雖稍損其舊，然亦必令本臺與兩制分舉，而人主自擇其可者用之〔一〕，初無執政用人之法也。然人才之難非獨今日，故自唐太宗以來，兼設監察裏行以待資淺之士，而祖宗舊制，亦許用京朝官知縣以上。立法稍寬，易於應格。近日舉法，須得實歷通判一考。人物衰少，莫甚於今，而獨於言事官重爲艱阻，實未允當。臣頃在內外制，見每有詔下，同列相視，患無合格可舉之人。所舉既上，又多不用，却於前任臺官中推擇任使。雖云舊人，不免出自執政所可，殊失祖宗博舉之意。臣今欲乞並詔本臺及兩制依放舊制，舉升朝官初任通判以上或第二任知縣，通判以上及知縣人所舉各半。從聖意選擇補足見闕，仍依舊置監察裏行。所貴祖宗選任臺官舊法不至隳壞，而綱紀之地易於得人，亦免遺曠。取進止。

【校】

〔一〕「人主」，原作「人才」，據宋甲本、叢刊本改。

薦呂陶吳安詩劄子

臣今月二十四日面奏司馬康久病，諫官闕人，乞早賜選擇除授。尋奉聖旨：只爲難得人。臣退而思之，知人之難，莫如已試之驗。竊見前左司諫呂陶、右司諫吳安詩，昔任言責，知無不言。雖各曾罷去，並不緣過惡。同時臺諫已斥復用者，迨今已遍。惟陶以言韓維不公，韓氏黨與強盛，爲衆所疾。安詩以言王讜進用不當，讜連姻權勢，無由復進。質之公議，皆謂不平。若蒙聖恩還付舊職，俾得盡心圖報，必有可觀。方今臺諫並闕，臣雖備位執法，才短無助，深恐言職曠弛，無補聖明。謹采衆論，冒昧塵獻，乞更加採察，特賜録用，不勝幸甚。取進止。

乞罷熙河修質孤勝如等寨劄子

臣伏見西夏輕狡，屢臣屢叛〔一〕，爲患莫測。昨與延安商量地界，遷延不決。捨歸本國，招之不至。邊人之議：始謂地界自此不可復議，而坤成賀使亦當不至矣。今者天誘其衷，使者既已及境，而地界復議如故。方其未遽告絶，招懷之計猶可復施，此實中國之利也。然臣恐朝廷忽而不慮，不於今日窮究端由，窒其釁隙。必竢邊患既起，而後圖之，則無及矣。

臣聞熙河近日創修質孤、勝如二堡，侵奪夏人御莊良田。又於蘭州以北過河二十里議築堡寨，以廣斥候。夏人因此猜貳，不受約束。其怨毒邊吏，不信朝廷，不言可見矣。徒以歲賜至厚，和市至優，是以勉修臣節，其實非德我也。使之稍有便利，豈肯帖然不作過哉？何者？中國既失大信，則夷狄不可復責故也。臣竊惟朝廷之於西夏，棄捐金帛，割裂疆土，一無所愛者，累年于茲矣。而熙河帥臣與其將吏不原朝廷之心，徼求尺寸之利，妄覬功賞，以害國事，深可疾也。頃年熙河築西關城，聲言次築龕谷。鬼章疑懼，遂舉大兵攻擾。一路瘡痍，至今未復。今既城質孤、勝如，其勢必及龕谷。夏人驚疑，正與鬼章事同。由此言之，則曲在熙河，非夏人之罪也。

夫蘭州之爲患，所從來遠矣。昔先帝分遣諸將入界，李憲當取靈武，畏怯不敢深入，遂以此州塞責。自是以來，築城聚兵，完械積粟，勞費天下，動以千萬爲計，議者患之久矣。好事之臣因此講求遺利，以爲金城本漢屯田舊地，田極膏腴，水可灌溉。不患無食，患在不耕；不患不耕，患無堡障。凡西關、龕谷、質孤、勝如，與過河築城，皆所以爲堡障也。從來熙河遣兵侵耕此地，皆爲夏人所殺，況於築堡，致寇無疑。而朝廷恬不爲怪，坐視邊釁之啓，深可惜也。夫蘭州不耕，信爲遺利矣。若使夏人背叛，則其爲患比之不耕蘭州，何翅百倍？故臣以爲朝廷當權利害之重輕，有所取捨。況蘭州頃自邊患稍息，物價漸平，比之用兵之時，何止三分之一？若能忍此勞費，磨以歲月，徐觀間隙，竢夏人微弱，決不敢爭，乃議修築。如此施行，似爲得策。臣不知邊臣何苦而爲此怱怱也？

昔唐明皇欲取吐蕃石堡城，隴右節度使王忠嗣，名將也，以爲頓兵堅城，費士數萬，然後可圖，恐所得不酬所失。請厲兵馬，待釁取之。帝意不快，忠嗣由此得罪。其後帝使哥舒翰攻拔之，雖開屯田，獲軍實，不爲無補，而士卒死亡略盡，皆如忠嗣之言。唐史以爲深戒，此則今日之龜鑒也。若朝廷不用臣言，臣料夏人久必復叛。用兵之後，不免招來，其爲勞恥，必甚今日。敵人強梁則畏之，敵人柔伏則陵之〔三〕，恐非大國之體也。惟陛下留神省察。取進止。

貼黄：臣聞朝廷欲遣孫路以點檢弓箭手爲名，因商量熙河界至。臣觀孫路昔在熙河隨李憲等造作邊事，由此蒙朝廷擢用。深恐路狃習前事，不以夏人逆順利害爲心，而妄圖蘭州小利，以失國家大計。伏乞明賜戒敕，若因界至生事，別致夏人失和，勞民蠹國，罪在不赦。

【校】

〔一〕「屢臣」，宋甲本無。

〔二〕「柔伏」，宋甲本作「柔服」。

薦林豫劄子

臣竊見天下久安，士久不試，才者無以自見，緩急之際，朝廷不知所用。昔漢丞相王嘉憂世乏人，嘗上書言：「前蘇令起爲盜，欲遣大夫問狀，時見大夫無可使者，召盩厔令尹逢拜諫大夫遣之。今諸大夫有材能者甚少，宜畜養可成就者，則士赴難不愛其死。臨事倉卒乃求，非所以明朝廷也。」臣以不才竊位，以爲侍從近臣，誠及今閑暇，各舉所知，朝廷得以稍加優異，則緩急宜有所補。臣竊見右通直郎林豫吏幹強敏，長於應變，所至可紀。初任泉州惠安尉，以選捕獲尤溪強劫賊二十四人，蒙恩轉三官。次任簽書亳州判官，復以選捕楚州漣水羣盜，又獲三十八人，累減六年磨勘，仍不依名次指射差遣。觀其措置方略，頗得古人用兵之意。若蒙朝廷拔擢，更加試用，宜有可觀。今世智策之士不可多得，若令吏部隨例注授，碌碌於外，異日欲有使令，不若素養之爲善也。臣不勝區區採擇衆善，以補萬一。取進止。

乞分別邪正劄子

臣竊見元祐以來〔二〕，朝廷改更弊事，屏逐羣枉，上有忠厚之政，下無聚斂之怨。天下雖未大治，而經今五年，中外帖然，莫以爲非者。惟姦邪失職居外，日夜窺伺便利，規求復進，不免百端游說，動搖貴近。臣愚竊深憂之。若陛下不察其實，大臣惑其邪說，遂使忠邪雜進於朝，以示廣大無所不容之意，則冰炭同處，必至交爭；薰蕕共器，久當遺臭。朝廷之患自此始矣。

昔聖人作易，內陽外陰，內君子外小人，則謂之泰；內陰外陽，內小人外君子，則謂之否。蓋小人不可使在朝廷，自古而然矣。但當置之於外，每加安存，使無失其所，不至忿恨無聊，謀害君子，則泰卦之本意也。昔東晉桓温之亂，諸桓親黨，布滿中外。及温死，謝安代之爲政，以三桓分涖三州，彼此無怨，江左遂安，故晉史稱安有經遠無競之美。然臣竊謂謝安之於桓氏，亦用之於外而已，未嘗引之於內與之共政也。向使安引桓氏而寘諸朝，人懷異心，各欲自行其志，則謝安將不能保其身，而況安朝廷乎？頃者一二大臣專務含養小人，爲自便之計。既小人內有所主〔二〕，故蔡確、邢恕之流，敢出妄言，以欺愚惑衆。及確、恕被罪，有司懲前之失，凡在內臣僚例蒙摧沮〔三〕。盧秉、何正臣皆身爲待制，而明堂薦子，止得選人。蒲宗孟、曾布所犯明有典法，而降官褫職，唯恐不甚。明立痕迹，以示異同，爲朝廷斂怨，此二者皆過矣。故臣以爲小人雖決不可任以腹心，至於牧守四方，奔走庶事，各隨所長，無所偏廢。寵祿恩賜，當使彼此如一，無迹可指，此朝廷之至計也。

近者朝廷用鄧溫伯爲翰林承旨，而臺諫雜然進言，指爲邪黨，以謂小人必由此彙進。臣嘗論溫伯之爲人粗有文藝，無它大惡，但性本柔弱，委曲從人。方王珪、蔡確用事，則頤指如意。及司馬光、呂公著當國，亦脂韋其間。若以其左右附麗，無所損益，遇便流轉〔四〕，緩急不可保，信誠不爲過也〔五〕。若謂其懷挾姦詐，能首爲亂階，則甚矣。蓋臺諫之言溫伯則過，至爲朝廷遠慮，則未爲過也。故臣願陛下謹守元祐之初政，久而彌堅，愼用左右之近臣，毋雜邪正。至於在外臣子，一以恩意待之〔六〕，使嫌隙無自而生，愛戴以忘其死，則垂拱無爲，安意爲善，愈久而愈無患矣。臣不勝區區博采公議，而效之左右。伏乞宣諭大臣，共敦斯義。勿謂不預改更之政，輒懷異同之心，如此而後朝廷安矣。取進止。

【校】

〔一〕「見」，宋甲本作「覩」。

〔二〕「主」，原作「至」，據宋甲本改。

〔三〕「內」，宋甲本作「外」。

〔四〕「遇便流轉」，宋甲本作「遇流便轉」。

〔五〕「信誠」，宋甲本作「誠信」。

〔六〕「一以」，宋甲本無「一」字。

論執政生事劄子

臣聞宰相之任，所以鎮安中外，安靖朝廷，使百官皆得任職，賞罰各當其實，人主垂拱無爲，以享承平之福，此眞宰相職也。臣竊見近者執政進擬鄧温伯爲翰林學士承旨，除命一下，而中書舍人不肯撰詞，給事中封還詔書，御史全臺，兩省諫議，皆力言其不可。議論洶洶，經月不定，而執政之意，確然不回。温伯既仍舊就職，而言者並獲美遷。質之公議，皆不曉其故。若謂執政誠是耶，則給舍臺諫並係所選，豈其皆非？若以論者誠非耶，則不加黜責，並獲優寵，進退無據。是以公議皆謂朝廷自知其非，但重於改作而已。今者謗議未息，又復進擬禮部侍郎陸佃、兵部侍郎趙彦若權本部尚書。中書舍人二人復相次封還陸佃之命。臣竊惟此二事，本非朝廷急切之務，勢須必行者也。上既不出於人主，下又不起於有司，皆由執政出意用人，致此紛爭。內則皇帝陛下、太皇太后陛下厭於煩言，焦勞彌月；下則侍從要司失其舊職，綱紀廢壞。至於賞罰顚倒，頃所未聞。臣不知爲政如此，得爲鎭妥中外，安靖朝廷者乎？

頃者諸曹侍郎闕人，朝廷始擢用諸卿監爲權侍郎，蓋以不權侍郎則本曹公事闕官發遣。如禮兵諸部事至簡少，雖無侍郎，但責郎官，亦自可了。況侍郎既具而復權尚書，此何說也？若謂侍郎久次當遷尚書，臣不知尚書久次當遂遷執政乎？此則爲人擇官，而非爲官擇人之意也。臣待罪執法，竊慮聖意未經究察，但見執政厯詆有司而自伸其意，使羣臣無由自明。今後更有如此等事，無敢守法爲陛下明白是非者。是以區區獻言，不覺煩瀆，罪當萬死。取進止。

論言事不當乞明行黜降劄子

臣聞孟子有言：「有官守者不得其職則去，有言責者不得其言則去。」故祖宗朝凡任臺諫，言而見聽則居職，言而不用則黜罷。理之必至，前後悉然。惟有去年臺諫論回河不當，言既不從，而言者皆獲美遷。今年復論鄧温伯不可任翰林承旨，言既不效，而言者亦並進職。雖人臣迫於朝命，黽俛就位，而中外觀望，不知曲直所在，爲損不細。誠使朝廷偶有過舉，聞善而改，適足以增開納之光。其或言者論事不當，據法罷免，亦足以示進退之公。今者不辨是非，一加進擢，朝廷則負諱過便私之毀，臣下則被苟簡懷祿之非。風俗漸成，士節陵替，載之史册，不爲美事。臣今待罪執法，才力疲輭，何能發明？然在職思憂，不敢不勉。若所言中理，望陛下力賜主張，行之無吝。一有不當，亦乞明加流竄，以懲妄言。惟乞勿爲隱忍包含之計，使臣主俱受其謗，不勝幸甚。取進止。

再論分別邪正箚子

臣今月二十二日延和殿進呈箚子，論君子小人不可並處朝廷，因復口陳其詳，以瀆天聽。竊觀聖意，類不以臣言爲非者。然天威咫尺，言詞迫遽，有所不盡。退伏思念，若使邪正並進，皆得與聞國事，此治亂之機，而朝廷所以安危者也。臣誤蒙聖恩，典司邦憲，臣而不言，誰當救其失者？

謹復稽之古今，考之聖賢之格言，莫不謂親近君子，斥遠小人，則人主尊榮，國家安樂。疏外君子，進任小人，則人主憂辱，國家危殆。此理之必然，而非一人之私言也。故孔子論爲邦則曰：「放鄭聲，遠佞人。」子夏論舜之德則曰：「舉皐陶，不仁者遠。」論湯之德則曰：「舉伊尹，不仁者遠。」諸葛亮戒其君則曰：「親賢臣，遠小人，此前漢所以興隆也；親小人，遠賢臣，此後漢所以傾頹也。」凡典册所載，如此之類不可勝紀。至於周易所論尤爲詳密，皆以君子在內小人在外，爲天地之常理；小人在內君子在外，爲陰陽之逆節。故一陽在下，其卦爲復。二陽在下，其卦爲臨。陽雖未盛，而居中得地，聖人知其有可進之道。一陰在下，其卦爲姤；二陰在下，其卦爲遯。陰雖未壯，而聖人知其有可畏之漸。若夫居天地之正，得陰陽之和者，惟泰而已。泰之爲象，三陽在內，三陰在外。君子既得其位，可以有爲；小人奠居於外，安而無怨。故聖人名之曰泰。泰之言安也，言惟此可以久安也。方泰之時，若君子能保其位，外安小人，使無失其所，則天下之安未有艾也。惟恐君子得位，因勢陵暴小人，使之在外而不安，則勢將必至反覆。故泰之九三則曰：「無平不陂，無往不復。」竊惟聖人之戒深切詳盡，所以誨人者至矣。獨未聞以小人在外，憂其不悅而引之於內，以自遺患者也。故臣前所上劄子，亦以謂小人雖決不可任以腹心，至於牧守四方，奔走庶務，各隨所長，無所偏廢。寵祿恩賜，彼此如一，無迹可指，如此而已。若遂引而寘之於內，是猶畏盜賊之欲得財而導之於寢室，知虎豹之欲食肉而開之以坰牧，天下無此理也。且君子小人勢同冰炭，同處必爭。一爭之後，小人必勝，君子必敗。何者？小人貪利忍恥，擊之難去；君子潔身重義，知道之不行，必先引退。故古語曰：「一薰一蕕，十年尚猶有臭。」蓋謂此矣。

昔先皇帝以聰明聖智之資，疾頹靡之俗，將以綱紀四方，追迹三代。今觀其設意，本非漢、唐之君所能髣髴也。而一時臣佐不能將順聖德，造作諸法，率皆民所不悅。及二聖臨御，因民所願，取而更之，上下忻慰。當此之際，先朝用事之臣皆布列於朝，自知上逆天意，下失民心，徬徨踧踖，若無所措。朝廷雖不斥逐，其勢亦自不能復留矣。尚賴二聖慈仁，不加譴責，而宥之於外，蓋已厚矣。今者政令已孚，事勢大定，而議者惑於浮說，乃欲招而納之，與之共事，欲以此調停其黨。臣謂此人若返，豈肯徒然而已哉？必將戕害正人，漸復舊事，以快私忿。人臣被禍蓋不足言，而臣所惜者，祖宗朝廷也。

蓋自熙寧以來，小人執柄二十年矣。建立黨與，布滿中外，一旦失勢，睎覬者多。是以創造語言，動搖貴近。脅之以禍，誘之以利，何所不至？臣雖不聞其言，而槩可料矣。聞者若又不加審察，遽以爲然，豈不過甚矣哉？臣聞管仲治齊，奪伯氏駢邑三百，飯疏食，沒齒無怨言。諸葛亮治蜀，廢廖立、李嚴爲民，徙之邊遠，久而不召。及亮死，二人皆垂泣思亮。夫駢、立、嚴三人者，皆齊、蜀之貴臣也。管、葛之所以能戮其貴臣，而使之無怨者，非有他也，賞罰必公，舉措必當，國人皆知其所與之非私，而所奪之非怨，故雖仇讎，莫不歸心耳。今臣竊觀朝廷用舍施設之間，其不合人心者尚不爲少。彼既中懷不悅，則其不服固宜。今乃直欲招而納之，以平其隙，臣未見其可也。詩曰：「無競維人，四方其訓之。」陛下誠以異同反覆爲憂，惟當久任才性忠良、識慮明審之士，但得四五人常在要地，雖未及皋陶、伊尹，而不仁之人知自遠矣。故臣願陛下斷自聖心，不爲流言所惑，毋使小人一進，後有噬臍之悔，則天下幸甚，天下幸甚。

臣既待罪執法，若見用人之失，理無不言，言之不從，理不徒止。如此，則異同之迹益復著明〔一〕。不若陛下早發英斷，使彼此泯然無迹可見之爲善也。臣受恩深重，輒敢先事獻言，罪合萬死。取進止。

【校】

〔一〕「益」，原作「亦」，據宋甲本改。

再論熙河邊事劄子

臣近以熙河帥臣范育與其將吏种誼、种朴等妄興邊事，東侵夏國，西挑青唐，二難並起，釁故莫測，乞行責降，至今未蒙施行。臣已別具論奏。臣竊復思念熙河邊釁，本由誼、朴狂妄，覬幸功賞。今育雖已去而誼、朴猶在。新除帥臣葉康直又復人才凡下，以臣度之，必不免觀望朝廷，爲誼、朴所使。若不並行移降，則熙河之患猝未可知。加以朝廷議論亦自不一，臣請詳陳本末而陛下察之。

昔先帝始開熙河，本無蘭州，初不爲患。及李憲違命，創築此城，因言若無蘭州，熙河決不可守。自取蘭州，又已十餘年。今日欲築質孤、勝如以侵夏國良田，遂言若無質孤、勝如，蘭州亦不可守。展轉生事，類皆浮言。蓋以邊防無事，將吏安閑，若不妄說事端，無以邀求爵賞，此則邊人之常態，而自古之通患也。今若試加詰問，理則自窮。何者？二寨廣狹幾何？所屯兵甲多少？夏人若以重兵掩襲，其勢必難保全。既克二城，乘勝以擊蘭州，則蘭州之危何異昔日？今朝廷不究其實，而輕用其言，以隳大信。夏國若因此不順，外修朝貢，以收賜予之利；內實作過，以收鹵獲之功。臣恐二寨所得地利，殊未足以償此。臣所謂質孤、勝如決不可城者，由此故也。

昔先帝綏御西蕃，董氈老而無子，趙醇忠其族子也。先帝嘗遣苗履多持金幣以醇忠見之，是時聖意蓋有在矣。事既不遂，而董氈昏病，遂爲阿里骨所殺。阿里骨本董氈之家奴，先亂其家，次取其國。董氈之臣如鬼章、温溪心等皆有不服之志〔二〕，此實一時之機會也。是時朝廷若因機投隙，遣將出兵，擁納醇忠，則不世之功庶幾可立。而一時大臣不知出此，遂以旄鉞寵綏簒奪之臣，使得假中國爵命之重，以役屬蕃部，臣主之勢由此而堅。然自是以來，頗亦外修臣節，未顯背畔之迹。而育等欲於此時復舉前策，蓋已疎矣。昔曹公既克張魯，劉曄言於公曰：「公既舉漢中，蜀人望風破膽，劉備得蜀日淺，蜀人未恃也。誠因其傾而壓之，蜀可傳檄而定。若小緩之，蜀人既定，據嶮守要，不可犯矣。」公不從。居七日，聞蜀中震動，公以問曄。曄曰：「今已小定，未可擊也。」夫機會一失，七日之間遂不可爲。今乃於數年之後追行前計，亦足以見其暗於事機，而不達兵勢矣。臣聞种諤昔在先朝，以輕脫詐誕，多敗少成，常爲先帝所薄。今誼、朴爲人，與諤無異，誼於頃歲偶以勁兵掩獲鬼章，以此自負。而西蕃懲於無備，久作隄防，亦無可乘之勢。況育自到任，屢陳此計，咫尺蕃界，誰則不知？臣謂兵果出境，必有不可知之憂矣。兼聞近日擅招青唐蕃部數以千計。納之，則本無朝旨，未有住坐之處；却之，則於彼爲畔，必被屠戮之苦。據此專擅，罪名不輕。臣不曉朝廷曲加保庇，其意安在？若不並行責降，臣恐朝廷之憂未有艾也。借使阿里骨因此怨叛，結連夏人，同病相卹，更出盜邊，羽書交馳，勝負未決。當此之時，大臣相顧，不敢任責，而使聖君聖母憂勞於帷幄之中，雖食主議者之肉，復何益乎？臣所謂阿里骨決不可取者，由此故也。

凡此二事，皆國家安危，邊民性命所繫，禍機之發，間不旋踵。故臣願陛下早發英斷，黜此三人。外則使異域知此狂謀，本非聖意，易以招懷；內則使邊臣知賞罰尚存，不敢妄作，此當今所宜速行者也。

然臣尚謂熙河遭此破壞，彼此相疑，却欲招納，令就平帖，非得良帥，未易安也。臣觀葉康直之爲人，深恐未足倚仗。何者？康直頃緣權貴所薦，節制秦鳳。秦鳳邊面至狹，號爲無事，而康直於前年冬無故展修甘谷城，致令夏國大兵壓境。兵役已集，康直恐懼，不敢興功，妄以地凍請於朝廷。役既不成，虜兵乃去。既無將帥靖重之略，而當熙河搖動之秋，臣恐陛下西顧之憂未可弭也。要須徙置它路，更命熟事老將以領熙河，仍特賜戒敕，使知朝廷懷柔遠人，不求小利之意。如此而邊患庶幾少息矣〔二〕。取進止。

貼黃：葉康直頃歲差知秦州，中書舍人曾肇、諫議大夫鮮于侁皆言康直昨因兵興，調發芻糧，一路騷然。及令兒男掘取窖藏斛㪷貨賣〔三〕，及建言欲由涇原路入界，和雇車乘人夫，爲知永興軍呂大防所奏，有違詔敕。先帝欲深寘於法。康直素事李憲，憲營救得免。按其爲人如此，今熙河方反側未安，而付之此人，中外知其不可也。

种朴昔因永樂覆師之後，父諤權領延安之日，與其親戚徐勳矯爲諤奏，妄自保明勞效，仍邀取諸將賂遺，并奏其功。先帝覺其姦詐，欲加極典，既而釋之，並特降官落職停替。諤因此憂恚發病至死。狂妄如此，若不加貶責，臣恐熙河終未寧靖也。

【校】

〔一〕「志」，宋甲本作「心」。

〔二〕「少」，宋甲本作「可」，叢刊本作「小」。

〔三〕「令」，原作「合」，據宋甲本改。

再論舉臺官劄子

右臣等近准尚書省劄子：勘會御史中丞蘇轍、侍御史孫升同舉到監察御史貳員，內壹員不曾實歷通判，不應條；壹員與執政官礙親。七月八日三省同奉聖旨，令蘇轍、孫升同別舉官二員聞奏者。檢會元祐三年六月九日尚書省劄子：三省同奉聖旨，左右司諫、左右正言、殿中侍御史、監察御史並用升朝官通判資序實歷一年以上人，舉官准此。臣等竊見後來所用諫官如吳安詩、劉唐老、司馬康三人並非實歷通判之人。緣上件所降朝旨，係諫官御史並用實歷通判一年即無分別。今來人才難得之際，若臺官獨拘苛法，必至闕官。況自立法以來，前後本臺及兩制官並不曾舉到實歷通判可用一人以塞明詔，足見此法難以久行。伏乞特依近用諫官體例，於臣等前來所舉人中選擇除用，免致言事之官久闕不補，於體不便。謹錄奏聞，伏候敕旨。

三論熙河邊事劄子

臣近論奏范育以措置邊事乖方，召還爲戶部侍郎，賞罰倒置，乞行責降，仍乞罷种誼、种朴本路差遣，更擇熙河帥臣，使之懷柔異類，謹修邊備。雖蒙聖旨罷育戶部，而使還領熙河，其於邊事，一皆如故。臣方以爲憂，旋聞質孤、勝如二寨，近日已爲夏人出兵平蕩。臣本儒生，不習軍旅，妄以人情揆度，以爲熙河創於見非守把之地，修築城寨，理既不直，必生邊患。言未絕口，而夏國之兵既已破城而歸矣。臣謹案二寨雖昔嘗興置，至元豐五年並已廢罷，與囉兀、永樂等城無異。今欲復行修築，生事致寇，理在不疑。而熙河諸將意欲侵奪良田，收耕穫之利以守蘭州，而不顧夏國爭占之害。計其所得，不補所亡，不待臣言，事已可驗。然臣竊謂夏國所遣坤成使臣適至京師，而國中遂敢舉兵攻城，略無所忌者，意謂築城之役曲在熙河，雖朝廷之重，亦必不敢無名苟留其使故也。邊計一失，遂爲夷狄所侮，可勝歎哉！

如臣愚見，謂宜速擇良帥，俾往綏靖一路。至如聚糧添屯之類，亦必隨事應副，以備不虞。今育與誼、朴猶在本路，觀其輕敵無謀，貪功希賞，必更妄起事端，以蓋前失，關、陝之憂未可知也。況育等欲納趙醇忠，謀已宣露，爲阿里骨所怨。二難交至，可無慮乎？昔李德裕議討劉稹，同列有異議者，德裕請曰：「有如不利，臣請以死塞責。」今中外皆謂守信固盟，中國之利。若大臣有欲專任育等不顧邊患者，臣願陛下以德裕之請要之。若能如此，即用其計，事定之日，按行賞罰，則朝廷綱紀庶幾尚在也。取進止。

貼黃：臣竊見朝廷久不明辨是非，必行賞罰，故羣臣輕易造事。去年議回黃河，所費兵夫物料不可勝計，功卒不成，而議者仍舊在職，略無責問。臣下習見朝廷刑政如此，故敢輕造邊釁。臣乞陛下以河事爲戒，與大臣熟議。必令任責不辭，然後舉事。

三論分別邪正劄子

臣聞聖人之德，莫如至誠。至誠之功，存於不息。有能推至誠之心，而加以不息之久，則天地可動，金石可移。況於斯人，誰則不服？臣伏見太皇太后陛下、皇帝陛下隨時弛張，改革弊事，因民所惡，屏去小人。天下本無異心，羣黨自作浮議。近者德音一發，衆心渙然，正直有依，人知所嚮。惟二聖勿移此意，則天下誰敢不然？衞多君子而亂不生，漢用汲黯而叛者寢。苟存至誠不息之志，自是太平可久之功。此實社稷之福，天下之幸也。

然臣以謂昔所柄任，其徒實蕃，布列中外，豈免窺伺？若朝廷施設必當，則此輩覬望自消。昔田蚡爲相，所爲貪鄙，則竇嬰、灌夫睥睨宮禁，僥倖有功；諸葛亮治蜀，行法廉平，則廖立、李嚴雖流徙邊郡，終身無怨。此則保國寧人之要術，自古聖賢之所共由者也。臣竊見方今天下雖未大治，而祖宗綱紀具在，州郡民物粗安。若朝廷大臣正己平心，無生事邀功之意；因弊修法，爲安民靖國之術，則人心自定。雖有異黨，誰不歸心？向者異同反覆之憂，蓋亦不足慮矣，但患朝廷舉事，類不審詳。曩者黄河北流，正得水性，而水官穿鑿，欲導之使東。移下就高，汩五行之理。及陛下再遣官吏按視，知不可爲，猶或固執不從。經今累歲，回河雖罷，減水尚存，遂使河朔生靈財力俱困。今者，西夏、青唐，外皆臣順，朝廷招徠之厚，惟恐失之。而熙河將吏創築二堡，以侵其膏腴；議納醇忠，以奪其節鉞。功未可覬，爭已先形。朝廷雖知其非，終不明白處置。若遂養成邊隙，關、陝豈復安居？如此二事，則臣所謂宜正己平心，無生事邀功之意者也。

昔嘉祐以前，鄉差衙前，民間常有破產之患。熙寧以後，出賣坊場，以雇衙前，民間不復知有衙前之苦。及元祐之初，務於復舊，一例復差，官收坊場之錢，民出衙前之費，四方驚顧，衆議沸騰。尋知不可，旋又復雇。雇法有所未盡，但當隨事修完。而去年之秋，復行差法。雖存雇法，先許得差。州縣官吏，利在起動人戶，以差役爲便。差法一行，卽時差足。雇法雖在，誰復肯行？臣頃奉使契丹，道出河北，官吏皆爲臣言：「豈朝廷欲將賣坊場錢別作支費耶？不然，何故惜此錢而不用，殫民力以供官？」此聲四馳，爲損非細。又熙寧雇役之法，三等人戶並出役錢。上戶以家產高強〔一〕，出錢無藝；下戶昔不充役，亦遣出錢。故此二等人戶不免咨怨。至於中等，昔既已自差役，今又出錢不多。雇法之行，最爲其便。及元祐罷行雇法，上下二等欣躍可知，惟是中等，則反爲害。臣請且借畿內爲比，則其餘可知矣。畿縣中等之家，大率歲出役錢三貫。若經十年爲錢三十貫而已。今差役既行，諸縣手力，最爲輕役；農民在官〔二〕，日使百錢，最爲輕費。然一歲之用，已爲三十六貫。二年役滿，爲費七十餘貫。罷役而歸，寬鄉得閑三年，狹鄉不及一歲。以此較之，則差役五年之費，倍於雇役十年所供。賦役所出，多在中等。如此，安得民間不以今法爲害，而熙寧爲利乎？然朝廷之法，官戶等六色役錢，只得支雇役人，不及三年，處州役而不及縣役，寬剩役錢只得通融隣路隣州，而不得通融隣縣。人戶願出錢雇人充役者，只得自雇，而官不爲雇。如此之類，條目不便者非一，故天下皆思雇役而厭差役，今五年矣。如此二事，則臣所謂宜因弊修法，爲安民靖國之術者也。

臣以聞見淺狹，不能盡知當今得失。然四事不去，如臣等輩猶知其非，而況於心懷異同，志在反復，幸國之失有以籍口者乎？臣恐如此四事，彼已默識於心，多造謗議，待時而發，以搖撼衆聽矣。伏乞宣喻執政，事有失當，改之勿疑；法或未完，修之無倦。苟民心既得，則異議自消。陛下端拱以享承平，大臣逡巡以安富貴。海內蒙福，上下所同。所有備前差役二事，臣方根究詳悉，續具聞奏。臣不勝區區冒昧聖聽，伏竢誅譴。取進止。

【校】

〔一〕「產」，宋甲本作「業」。

〔二〕「在」，原作「仕」，據宋甲本改。

欒城集卷之四十四

御史中丞論時事劄子十首

四論熙河邊事劄子

臣論范育、种誼等不可留在熙河，章三上矣，而朝廷不從。臣亦言之不已，不審陛下亦嘗察其故否？臣初論育措置邊事失當，不合遷戶部侍郎。朝廷既追寢成命，臣亦粗可以塞言責矣。育知熙州，誼知蘭州，皆非今日之命。臣雖不言，於臣職事非有害也。而臣再三干瀆聖聽，誠有說也。

方今太皇太后陛下聽政於帷幄之中，皇帝陛下育德於恭默之後，欲以仁覆天下則有餘，欲以武服四夷則不足。利在安靖，不利作爲。而大臣欲聽育等狂謀，以興邊事，使夏人由此失和，兵難不解。當此之時，欲相率持羽檄決計於簾前，此臣所以寒心者一也。元祐以來，朝廷懷柔夏人如恐不及，地界之議將成而絶者屢矣。頃者朝命許以二十里爲界，彼既忻然聽從，而熙河幸其聽從之間，於四十里之外修築巳廢舊寨，奪其必爭膏腴之地。版築未移，戎馬即至，而二城不守矣。今若不問枉直所在，興忿恚之師，爲必取之計，則關、陝兵禍，漸不可知。若自知不直，雖不復爭，而留育等守之，一則夏國懷疑，終不信向；二則育等狷憤，恥功不遂，妄造事端，以蓋前失，患終不弭。況復育等既結阿里骨之怨，二隙交遘，勢尤可虞。此臣所以寒心者二也。

非此二事憂患迫切，育等瑣瑣，臣肯屢以爲言哉？然臣所言於育等三人，亦止是各移降差遣，及育作待制差緩數年而已，於其私計無多損也。臣愚以謂方論國事，宜且先公後私，以全大計。不勝區區孤忠憂國，再三瀆天聽，甘竢斧鉞。取進止。

論吏額不便二事劄子

臣頃於門下中書後省詳定吏額，文字已具進呈。後來都省吏額房別加改定施行，其間二事最爲不便，人情不悅，是致六曹寺監吏人前後經御史臺論訴者不一。本臺亦曾爲申請，終未見果決行下。臣昔既手綜其事〔一〕，今又目覩所訴，理難默已，謹具條列如後：

一、自官制以來，六曹寺監吏額累經增添，人溢於事，實爲深弊。臣既詳定，即依先降指揮，取逐司已行兩月生事分定七等，因其分釐以立人數。然是時逐司之吏僅三千人，皆懼見沙汰，不肯供具。臣遂稟白三省執政，言事干衆人，既懷疑懼，文字必難取索。雖或以朝廷威勢逼令盡供，及至裁損，必致紛競，於體不便。不若且據事實立成定額，竢將來吏人年滿轉出或死亡事故，更不補填，及額而止。如此施行，不過十年，自當消盡。雖稍似稽緩，然見在吏人知非身患，必自安心，極爲穩便。當時執政率皆許諾，遂於元祐二年十一月内具狀申尚書省，其略曰：今來參定吏額，本欲稱事立額，量力制祿。唯務人人效實，事務相稱，即非苟要裁損人額及減廪祿。縱人額實有可損，亦俟他日見闕不補〔三〕，即非便於法行之日徑有減罷。若非朝廷特降指揮，曉諭本意，終恐人情不以爲信，致供報不實，虚陷罪名。尋准當月九日尚書省劄子，奉聖旨依所申。臣等遂備坐出牓，曉示逐司。自此數月之間，文字齊足，方得裁損成書。却被吏額房違廢上件聖旨指揮，將所減人數便行裁撥。失此信令，人情洶洶。又緣此任永壽等得騁其私意，近下人吏惡爲上名所壓者，即爲撥上名於他司。侍郎左選爲下名，欒毅在吏額房，故爲撥上名孔仲卿等於考功之類是也。閑慢司分欲遷入要局者，即自寺監撥入省曹。於大理寺撥任永壽親情信中立等十人入考功之類是也。任情紛亂，弊倖百出。由此舊人多被排斥，以至失所。凡所訴說，前狀已具開陳。下則衆口怨謗，感傷和氣；上則朝廷失此大信，今後雖有號令，誰復聽從？臣今欲乞只依前件聖旨，將所損人額直候他日見闕不補，見在人數且依舊安存。況尚書左選撥到兵部手分，近已准都省指揮發遣，歸元來去處。伏乞檢會此例，一體施行。

一、六曹寺監吏人多係官制以前諸司名額，其請受多少及遷轉出職遲速高下，各各不同。及官制後來分隸逐司，一司之中兼有舊日諸司之吏。臣詳定之日與衆官商量，以謂若將舊日諸司之吏納入今日逐司名額，則其請受遷轉出職，參差不齊，理難均一。蓋將逐司數種體例併爲一法，其勢非薄卽厚，非下卽高，若不虧官，必至虧私。虧官則默而不言，虧私則不免爭訴，俱爲不便。況今舊司吏人並權新額，請受許從多給，遷補出職皆依舊司，並有見行條貫。若且依此法，可以不勞而定。及吏額房創意改更，務欲一例從新，以顯勞效，遂除見理舊司遷轉已補最上一等名目，見理年選更無遷轉職名之人，卽聽依舊條出職。若就遷試補塡闕者〔三〕，令候降到新法施行。所有依舊司遷補出職指揮，更不行用。竊緣舊諸司吏人〔四〕，根源各別，立法不同，不可概以一法。新法雖工，止於一法而已。以待新法吏人則可，以待舊法吏人則不幸者必衆。求其無訟，不可得矣。見今刑部田舜賢等經臺理訴，勢必難抑。欲乞止依後省所用舊條，庶幾便可止絕。

右臣聞孔子論爲政之本，欲去兵去食而存信，曰：「自古皆有死，民無信不立。」今初議吏額，羣吏疑懼。陛下與二三大臣既令臣等明出牓示，告以將來雖有所損，直候見闕不補。聖旨明白，人謂信然。競出所掌文案輸之有司，臣等賴之以立條例。曾未逾歲，書入他司，凡有所損，卽行裁撥。棄置大信，略無顧惜，此正先聖之所禁也。兼前件二事，如後省所定，皆人情所便，極爲易行；如吏額房所定，皆人情所不便，極爲難守。今棄易卽難，以招詞訴，又政事之大失也。伏乞聖慈，速命有司，改從其易，以安羣吏之志。取進止。

【校】

〔一〕「昔既」，原作「既昔」，據叢刊本改。

〔二〕「俟」，叢刊本作「候」。

〔三〕「遷試」，叢刊本作「選試」。

〔四〕「竊」，原作「切」，據叢刊本改。

乞差官權戶部劄子

臣伏以戶部財賦出入之地，天下之劇曹，而民之司命也。一日不治，百日將亂。今權尙書梁燾方辭免不出，而兩侍郎皆新除未到，獨一韓宗道以刑部兼權，則是平日四人職事，并在一人。況刑部事繁，宗道之入戶部止及半日而已。本部官吏自來日出視事，幾至日沒而罷。今既無所統領，郎官多相隨早出。及議論不一，凡事無所取決，以致文移壅滞，囚禁稽留。臣愚以謂方正官未到之間，當更差一二人時暫權攝。今學士給舍共有六人，職事稀簡，宜擇詳熟吏事者俾權其職，庶幾財賦重事，不至曠廢。取進止。

三論舉臺官劄子

臣近准敕與孫升同舉監察御史二人，尋准尚書省劄子，以一員不曾實歷通判，令別舉官聞奏。臣檢會元祐三年六月八日聖旨，左右司諫、左右正言、殿中侍御史、監察御史並用升朝官通判資敍實歷一年以上人，舉官准此。臣竊詳上條本爲朝廷降授而設，後來朝廷所除諫官如吳安詩、劉唐老、司馬康三人皆未曾實歷，遂再奏乞比附施行。尋又蒙尚書省劄子，令依條別舉。臣退復思念，豈以除諫官皆出聖意，故得不依條法，舉臺官出於有司，故不得援例邪？竊惟前件三人，惟司馬康故相光之子，光被眷任最深，康亦素有清譽，或爲二聖所知。至於吳安詩、劉唐老，此二人者，何緣得被聖眷？若非大臣進擬，或密有薦導，陛下何緣知之？竊謂本臺所舉亦合依例施行，況朝廷前後所用百官亦多不應格，豈固違法，蓋不得已也。若獨於臺官固執近法，中外必以爲疑。伏乞檢會前奏，早賜施行。取進止。

論堂除太寬劄子

臣頃權吏部尚書，竊見京朝官以上皆使一年以上闕，大小使臣及選人皆使二年以上闕。雖闕少員多，事不得已，而待闕之人，已不免咨怨。近者復見堂除人亦有待闕及一年以上者，人情驚駭，昔所未見。蓋祖宗朝堂除舊例，皆見闕然後差除，因事然後超擢。所除既有限量，故用闕不至久遠。近歲監司以上員數至多，而猥更擢人，以至衍溢，所擢未必勝舊，徒使監司闕額，不足以應副來者而已。至於知州以下，舊人未減，新人日增，蓋由干謁成風，除授無法，雖稱以才擢用，其實未免緣故。至於待闕久近，所任閑劇，衆口譏評，皆爲之說。只如開封司錄，舊用歷知州人，頃自郭晙之後，未及三年，而迭用陳該、張淳、陳元直三人，率皆資望輕淺，政績未聞，已見新故相代。輕用堂除，於此可見。及諸寺丞，例亦如此。臣欲乞今後謹守祖宗故事，凡堂除皆竢有闕方差，且將見今堂除人輪環充補，其新擢用者，皆須功譽顯著然後得差。蓋用人之法，要須員闕相當，未聞無闕添人，謂之擢才濟用者也。如此數歲，若見闕稍多，然後量闕選才，理無不可。庶使堂除官吏不復待闕，與四選稍異，亦旌勸之義也。取進止。

論前後處置夏國乖方劄子

臣前後四次論熙河處置邊事乖方，乞移范育、种誼差遣，至今未蒙施行。然臣前所論止言見今措置之非，未及已往根本之失。若默而不言，竊恐聖明尙有未矚。再三煩瀆，罪合萬死。

臣竊觀朝廷前後指揮，方夏人猖狂〔一〕，寇鈔未已，則務行姑息，恐失其心；及夏人恭順，朝貢以時，則多方徼求，苟欲自利。以此，凡所與奪，多失其宜。何者？元祐三年朝廷遣使往賜册命，而夏人公然桀傲，不遣謝使，再遣兵馬蹂踐涇原。朝廷方務遵養，不復誅討。於四年始復遣使，奏乞以所賜四寨易塞門〔二〕、蘭州，朝廷雖不聽其所乞，然卽爲改易前詔，不候分畫地界，先以歲賜予之。仍令穆衍以三省密院意旨開喩來使，及言所納永樂陷沒人口，旣經隔歲月，或與原數不同，並許據數交割；及所立界至，雖有自來遠近體例，或山斜不等，不許邊臣固執爭占。凡此三事，皆夏人奏請之所不及，而朝廷迎以與之者也。及鄜延路乞依夏人所請，用綏州舊例以二十里爲界，十里之間量築堡鋪，十里之外並爲荒閑，近黄河者仍以河爲界。朝廷一一聽之。臣竊見先朝分畫綏州之日，界至遠近，責令帥臣相度保明，往反審實，乃從其說。今所畫界首起鄜延經涉環慶、涇原、熙河四路，朝廷更不委逐路審覆，卽以鄜延一路所見便利指喻夏人〔三〕。號令一布，無由復反，至今夏人執以爲據。此則臣所謂朝廷方夏人猖狂，寇鈔未已，則務行姑息，恐失其心者也。

至於熙、蘭所請，欲以蘭州、黄河之北二十里爲界，臣竊謂過河守把，勢已艱難，侵占蕃地，理尤不可。仰料朝旨，必不敢依。唯所言定西、通西、通渭等城外弓箭手耕種地，遠者七八十里，近者三四十里，不可以二十里爲界。邊臣雖爲此説，然議者或謂蘭州每遣弓箭手耕種此地，輒爲夏人所殺。若言已自耕者，則弓箭手必有名籍，所得租課歲入幾何。二説相違，理難遙度。要須以此先與夏人商議，各從逐路之便，不可以二十里一槪許之。朝廷既失先事籌量，及號令已行，乃欲追悔。先後皆失，遂生厲階。而熙河帥臣與其將佐乃敢不候朝旨，於原請之外修勝如、質孤二寨。二寨既於元豐五年廢罷，具載九域圖志。見今無使臣兵馬住坐，而妄謂夏人舊係守把，朝廷從而助之，以九域圖志爲差訛，以吏部見差管句二寨弓箭手道路巡檢使臣爲守把。臣謂苟以此誑惑中朝士人可耳，若欲以此塞夏人之口而伏其心，恐未可也。此則臣所謂朝廷方夏人恭順，朝貢以時，則多方徼求，苟欲自利者也。

然臣竊妄料朝廷之意，勝如、質孤二寨必難議再修，定西、通西、通渭三寨二十里以上界至，亦無以取必於夏國。蓋朝廷歲賜大利，既於無事之時空以與人；及此緩急，無以爲重，所謂差之毫釐，謬以千里者也。然則地界之事，要必相持不決。遇有朝貢，使介復來。秋冬之交，賊馬肥健，時出寇掠。受侮夷狄，何時已耶？如臣愚見，欲乞檢會前奏，移降育、誼，置之他路；別擇名將，謹守大信，且修邊備。本路疆界之議，實非見今守把者可推以與之，以信前約。其他則令推公心，具長久計，條列聞奏。然後朝廷擇而行之，則熙河尚可得而安也。

今臣觀朝廷初無定議，方熙河邊釁之作也，急召帥臣寘之戶部；及臣言賞罰失當，則急復遣育還帥熙河。至如种朴，本與育、誼共造邊隙，今乃移朴涇原，獨留育、誼。若以召育爲是，則今遣之爲非矣；若以移朴爲當，則獨留育、誼爲失矣〔四〕。政令如此，終安適從？徒遣孫路、穆衍之流，往彼相度。朝廷大計，豈可取決衍等之口？萬一敗事，雖戮衍等，何補於國？臣前上言「唐李德裕議討劉稹，同列有異議者。德裕請曰：『有如不利，臣請以死塞責。』今中外皆謂守信固盟，中國之利。若大臣有欲專任育等，不顧邊患者，臣願陛下以德裕之請要之。若能如此，即用其計。事定之後，案行賞罰」。今臣言已竭，勢不能回，不審陛下嘗以臣前說要之否？邊事至重，安危未可知，唯陛下留神而已。臣以孤忠，誤蒙拔擢，不敢不盡所懷，以辜任使〔五〕。然觸犯者衆，死有餘責。取進止。

【校】

〔一〕「狂」，叢刊本作「蹶」。

〔二〕「塞」，原作「寨」，據叢刊本改。

〔三〕「鄜延」，原作「延安」，從前文「鄜延路乞依夏人所請」，當以「鄜延」爲是，故據叢刊本改。

〔四〕「爲失」，叢刊本作「爲失政」。

〔五〕「辜」，原作「孤」，據宋甲本改。

論所言不行劄子

臣七月二十四日、今月八日〔一〕，兩次面奏熙河路范育、种誼等違背大信，貪功生事，以速邊患，乞移降他路，更選帥臣俾之鎮守。臣方奏對間，蒙太皇太后再三宣諭，以臣言爲是。然至今多日，但見种朴一人移涇原路句當公事，至於育、誼並未見移動。

臣竊伏思念，人臣言事不患聖意不回，患在聖意已回，而大臣固執，事輒中止。何者？聖意不回，惟當再三開陳，期於必悟。若聖意已回，而大臣不可，事不得行，則是君權已移，上下倒置，雖欲納忠，何益於事？此臣所以晝夜憂懼，欲言而復止者也。昔齊桓公游於郭，問郭公之所以亡。其父老對曰：「以善善而惡惡。」桓公曰：「善善而惡惡，此賢君也，而何故亡？」父老曰：「善善而不能用，惡惡而不能去，此其所以亡也。」今陛下以臣言爲是而不用，以大臣爲非而必聽，臣竊惑之。且陛下雖處幃幄之中，實攬人主之事。今依違退託，專聽大臣，事有未安，誰受其弊？故臣以爲居其位而不任其事，任其事而不斷其是非者，古今未嘗有也。臣以非才，誤蒙擢用，盡忠獻言，上悟大臣，下悟邊吏〔二〕。其所以再三論列，不爲身計者，誠以爲外可以利民，而內可以報國故也。今所言不從，空結怨怒，無補於國，臣雖狂愚，何苦而爲此哉？臣恐忠臣自此結舌，不敢復以至言聞於陛下矣。

去年之冬，陛下知回河之失，深詔大臣罷東流之役。天語惻怛，中外具聞。而大臣奉行不得其半，雖罷回河之名，仍存減水之實。鋸牙馬頭，率皆如故。意幸漲水之至，河或可回。然今日觀之，終復何益？是以衆議皆謂陛下聖明察物，照見千里之外；而號令不行，未見成效。是時臣奉使契丹，還奏其事，此章具在，可覆視也。今熙河邊事，大略類此。若使聖意又爲大臣所沮，則君權愈奪，臣勢愈張。養之不已，後將益甚。及其事極難忍而後制之，則傷君臣之恩，失朝廷之體。不若今制其漸，使事無所失，而臣亦獲安之爲善也。臣不勝區區爲國遠慮，觸冒忌諱，甘竢斧鉞。取進止。

【校】

〔一〕「八日」，叢刊本作「初八日」。

〔三〕「悟」，宋甲本作「忤」。

論渠陽蠻事劄子

臣竊見朝廷近差唐義問處置渠陽寨夷人事，議者以爲義問文吏，無他才能，不習邊事。去年受命廢渠陽軍，爲夷人所圍，窮困危蹙，計無所出。時知沅州胡田在圍中，爲設詭計，詐欺諸夷，言義問當爲奏復軍額及乞爲酋長改官。夷人信之，聚廳事前，監令發奏。義問假此僅得脱歸，尋遣急遞追還前奏。言既不驗，諸夷具知其詐，後來每每作過。義問指揮沿邊不得申報。今朝廷復以邊事專委義問，深慮無益有損。是時臣以未知義問爲人，既見朝廷再加選用，疑亦可使。今訪聞邊奏沓至，義問所遣東南第七將王安入界陣亡，其所陷沒將校非一，臣方知衆議果信不妄。兼訪聞得見今作過楊晟臺等手下兵丁雖止五六千人，然種族蟠踞溪洞，衆極不少。晟臺桀黠，屢經背叛，慣得姦便。加以山溪重復，道路嶮絶，漢兵雖有精甲利械，勢無所施。若措置得所，本無能爲；或經畫乖方，實亦未易撲滅。義問前來舉動，已爲夷虜所輕。今復經敗衂，實難倚仗。蓋古今命將，必因已試之效，内爲兵民所信，外爲蠻夷所畏。威名已著，故功效可期。今警急屢聞，死傷已甚，謂宜別加選任，以遏寇攘。

臣竊見知潭州謝麟屢經蠻事，頗有勤績。溪洞之間，伏其智勇。衆議皆謂欲制羣蠻，未見有如麟者。伏乞指揮密院檢會麟前後履歷功狀，如衆言不虛，乞賜委用，庶幾蠻寇可速平定。臣區區憂國，輒採公議，以補萬一。取進止。

貼黃：湖北渠陽與湖南蒔竹，本羈縻徽城州也。訪聞昔雖置爲州縣，然與沅州等處事體不同。蓋沅州等處昔皆用兵，誅鋤首領，或徙置內地，蕩平巢穴。故所置州縣，久遠得安。今渠陽、蒔竹雖名州縣，而夷人住坐，一皆如故。城池之外，即非吾土。道路所由，並係夷界，平時軍食吏廩，空竭兩路。今欲舉而棄之，實中國之利也。然其兵民屯聚，商賈出入，金錢鹽幣，貿易不絕，夷人由此致富。一朝廢罷，此利都失，此其所以盡死爭占而不已者也。自來廢罷堡寨，全護兵民，捍禦追襲，其事非易。況今夷人阻截道路，兵未得進，若不得良將處置，實恐爲患不淺。又其種族遍據諸洞，跨涉湖南、北、廣西三路。凡有措置，當使三路同之。只如渠陽、蒔竹，唇齒相依，若渠陽先廢，羣夷併力以攻，蒔竹勢難獨存。今朝廷獨使湖北處置，疑其事有未盡。今若別遣官經制，宜令通管三路邊事，所貴諸處利害不至抵牾。

乞令兩制共議納后禮劄子

臣伏見今月五日詔書節文，以皇帝尙虛中壼，令太常禮官參考古今典故，著爲成式。臣謹案通禮，納皇后最爲嘉禮之重。自天聖以來逮今六十餘年，在朝臣僚及太常官吏，無復親經其事者。玆禮至大，宜加重愼。竊見近歲議太皇太后、皇太后、皇太妃寶册、冠服、儀衞等事，皆令翰林學士、兩省給舍與禮官同議。今來皇帝昏禮，所以承宗廟，奉兩宮，子四海，其事甚重。伏乞仍令翰林學士以下共加詳議。蓋愼始所以敬終，而正家所以齊天下，不可忽也。取進止。

再論渠陽邊事劄子

臣前月二十四日面進劄子，以唐義問處置渠陽蠻事前後乖方，致東南第七將王安入界陣亡。恐邊患滋長，乞速選差諳知用兵之人往代其任。又聞義問兵敗之後〔一〕，奏乞棄捐城寨與夷人講和，其爲暗弱謬妄，取笑夷虜如此。然其事已著，伏計朝廷必不復用。然外人竊見召還彭孫，妄意朝廷欲付湖北邊事，兼孫亦以此自任。羣議洶洶，皆所不曉。謹案孫劫竊之餘，賊性不改，前後委任，欺罔貪盜，靡所不爲。今若付以兵柄，深恐塗炭湖北，非州縣所能禁止〔二〕。蓋蠻人背叛，不過侵擾邊城。若使彭孫作過，腹心郡縣並遭其毒。前者誤用義問，止於敗事。今者若用彭孫，凶嶮多端，事有不可知者。以臣愚見，雖知朝廷必不肯輕用此人，然衆所共憂，不敢默已。若待既用而後獻言，實恐於事有損。伏乞聖慈檢會臣前奏，早賜施行。取進止。

貼黄：臣竊以邊臣處事乖方，軍民性命所繫，差之頃刻，所害不小。今義問謬妄有迹，敗衂已見，而朝廷重難易置，久而不決。邊民何辜，坐受塗炭？若非聖慈憫惻，早與指揮，臣恐湖北之憂，未可涯也。

【校】

〔一〕「又聞」，叢刊本作「尋又聞」。

〔二〕「州縣」，叢刊本作「州郡」。

欒城集卷之四十五

御史中丞論時事劄子八首

論衙前及諸役人不便劄子

臣近奏乞修完弊政，以塞異同之議。

其一謂諸州衙前，臣請先論今昔差雇衙前利害之實。蓋定差鄉戶，人有家業，欺詐逃亡之弊，比之雇募浮浪，其勢必少。此則差衙前之利也。然而每差鄉戶，必有避免糾決，比至差定，州縣曹吏乞取不貲〔一〕。及被差使，先入重難。若使雇募慣熟之人，費用一分，則鄉差生疎之人，非二三分不了，由此破蕩家產。嘉祐以前，衙前之苦，民極畏之。此則差衙前之害也。若雇募情願，自非慣熟，必不肯投。州縣吏人知其熟事，乞取自少。及至勾當，動知空便，費亦有常。雖經重難，自無破產之患。此則雇衙前之利也。然浮浪之人，家業單薄〔二〕，侵盜之弊，必甚於鄉差，熙寧以來多患於此，此則雇衙前之弊也。然則差衙前之弊害在私家，而雇衙前之弊害在官府。若差法必行，則私家之害無法可救。若雇法必用，則官府之弊有法可止。何者？嘉祐以前長名衙前除差三大戶外，許免其餘色役。今若許雇募衙前，依昔日長名免役之法，則上等人戶誰不願投？諸州衙前例得實戶，則所謂官府之害坐而自除。臣竊謂雖三代聖人，其法不能無弊，是以易貢爲助，易助爲徹，要以因時施宜，無害於民而已。今差法行於祖宗，雇法行於先帝，取其便於民者而用之，此三代變法之比也。謹具條列如後〔三〕：

元祐三年五月二十八日敕：諸路衙前規繩，令逐州當職官員體究利害。委是難以招募處，即以舊支雇食錢參酌量添入合銷重難分數，勾集衙衆〔四〕，參定優重之實，申轉運司審察施行訖，保明申戶部點檢。

元祐三年六月三日敕：應投名衙前，並依舊與免本戶色役。

元祐三年六月三日敕：諸處鄉戶衙前役滿未有人抵替者，並且依見行招募法雇支工食酬錢。如願招募者，聽仍依條與免本戶身役。不願招募者，速招人抵替。十月一日敕除去役滿二字。

元祐三年閏十二月十九日敕：諸路監司勘會衙前有招募未足去處，躬親與當職官員同共體究利害。如委有妨害事節及優重未均，或合以舊支雇食錢添入重難分數，並依五月二十八日敕命指揮，勾集衙衆參定，一面施行訖。修入衙規，仍分明曉諭，限半年招募人投名替放鄉差人戶了當。如限滿尚有不足去處，即具的實事由，申戶部看詳施行。

元祐四年八月十八日敕：諸州衙前投名不足去處〔五〕，見役年滿，鄉差衙前並行替放，且依舊條差役，更不支錢。如願投充長名及向去招募到人，其雇食支酬錢即全行支給，却罷差充。其投募長名之人，並與免本戶役錢二十貫文。如所納數少，不係出納役錢之人，即許計會六色合納役錢之人，依數免放。

臣看詳元祐三年閏十二月以前所定衙前條貫，頗已完備，亦近人情。只緣諸州招募未足，見在鄉差衙前不得替罷，議者特以爲言，即議改更，却行差法。臣嘗略聞建議大意，止謂雇人不足，良由人戶欲要高價，不肯投募，以俟添錢。故令投募者並得雇食支酬等錢，而被差者一錢不得，爲此誘脅之術，欲使招雇得行。然不知州縣官吏，利在差人。向者法不得差，故勉行雇法。今既立差法，差人既足，雖有雇法，其勢必不行矣。臣以爲將錢雇人，正如出錢買物。錢物相當，理無不得。縱使一人欲要善價，餘人安肯坐而待之哉？彼誘脅之術，蓋商賈小數，不足爲朝廷大法也。今者已行此法，其事可驗。大抵欲雇之心無由復得，而已差之勢遂不可回。加以賣坊場錢自此有入無出，差人既依嘉祐而支酬不復其故，萬口怨咨，皆言朝廷直取此錢，欲作他用。本求利民之譽，更得剝下之謗，此最立法之病也。而況長名衙前若免戶役之費，動累百千，今每歲止免二十千，彼亦何賴於此乎？況非見納役錢人戶，又須取之他人，收索之間，必不便得。訴訟之端，由此必甚，凡此皆非所以便民也。臣今欲乞應招募衙前並依上件元祐三年閏十二月以前條貫，其元祐四年八月十八日敕更不施行。其招雇未足州郡所差鄉戶，且令依舊招募，候招募到，從下戶先入役者替放，與折當合入役次，仍令諸州軍所定衙規比元豐年雇食支酬錢數別無增添者，監司不得曲加問難。蓋元豐以前屢經裁損，縱有些小優潤，數亦不多。所貴民間易爲應募，仍限指揮到日，限半年依前指揮保明申戶部。

貼黄：戶部近乞衙前依舊鄉差比雇役衙前支五分雇食支酬錢。臣謂官自有坊場錢可以支雇，必不以減半爲利，而民間不免差役之害，不若以錢雇人，仍免戶役，可得實戶之爲利也。元祐四年五月十一日敕：諸路收到助役錢，只許支充應係補助役人費用，不得別將支用。候歲終除支外，尙有寬剩錢數，令封樁戶房置簿，候諸路逐年申到數目揭貼，仍令戶部指揮諸路提刑司依封樁錢物法條式施行。歲終具帳，限次年春季申戶部，繳申尙書省。

元祐四年六月九日敕：坊場錢並依上件助役錢，已得指揮，令封樁戶房一就置簿揭貼。臣看詳諸路坊場，嘉祐以前並以支酬長名衙前，熙寧以後並出賣得錢爲雇役衙前。雇食支酬之費，未有以供他用者也。至於人戶所出役錢，本以補助戶少役多縣分雇募役人，亦非國家經費所入之數。今自二聖臨御，改更宿弊，大抵皆是捐利以予民；而獨於衙前坊場及人戶助役支用之餘，收拾封樁〔六〕，以充朝廷緩急之用。民愚無知，但見損下益上，非己之利，必致怨謗。況所雇衙前錢數一定，無復減損，而坊場敗折，所入淨利有減無增，人戶色役頻煩，日益不易。若亟收羨數，不以及民，必失民望。臣觀此法，止是官吏以聚斂爲功，欲因增羨覬幸酬賞而已，非二聖仁民愛物之意也。臣今欲乞一皆仍舊，只以准備補助役人。若欲歲知其數，宜令提刑司申上戶部右曹置籍揭貼，勿申都省充封樁錢數，以解天下之惑，且使衙前役人兩得足用。

其二謂諸州縣役人，臣前已具論差雇役人利害，以謂差役之利，利在上等下等人戶，而雇役之利利在中等。既利害相半，則兼行差雇，爲利實多。然則祖宗舊法與先帝近制，要爲皆有所去取，唯當問人情之所便，更不當以新舊彼我爲意，有所偏繫也。臣觀前後役法，皆由臣僚意有所執，或自前曾經議論，欲遂成其說；或見今觀望上下，有所希合，致令所立之法，不得通濟。謹具條列如後〔七〕：

元祐三年十二月二十四日敕：官戶等助役錢，逐州除依條支用外，以實數十分量留一分准備，其餘錢撥會管下諸縣，合役空閑戶不及三番處，將州手分、散從官、承符人招募，抵替鄉差人戶。

元祐三年五月十五日敕：役錢除令招募役人支使外，有寬剩錢數，許一路通那支用。

元祐四年八月十八日敕：諸州役除吏人衙前外，其餘應係合差，州役人年滿，本州於替期前行下，合干縣分差充。本縣先於本等內揭簿定差，如無空閑及三年戶，即於次等差，又無空閑及三年戶〔八〕，本縣方具目今未有可充役人戶，保明申州支錢雇募。

臣看詳三番之法似疏而易行，三年之法似密而難用。何者？人戶物力厚薄，等第高下，丁口進減，及充役年限久近，率皆不齊，而概言三番，此所謂似疏也。然而逐等合役人數若干，可役人戶若干，揭簿可指。自非造簿，別無增減。逐縣先供番數在州，遇州役有闕，當差當雇，不待下縣，州自可見。人戶晏然不知，而胥吏無以寒熱，此所謂易行也。州役有闕，每須下縣覈實無空閑三年人戶，然後得雇，此所謂似密也。然而每有一闕，縣吏得以起動人戶。雖空閑未及三年，非賄不免；雖已及三年，得賂或止〔九〕。加以三番之法，本約六年以來，今無故輒減其半，民情不悅，此所謂難行也。臣今欲乞復行三番舊法，仍約定每番止於二年，及令人戶逐等各計番數，不用本等不足即差次等之法，蓋所以優狹鄉也。

使寬鄉雖閑得六年以上，而法不禁；狹鄉雖閑止三年以下，而民不怨，則善矣。又臣以爲助役錢本出於民，除留准備一分外，當盡用雇役以助民力。蓋取之於民，而還以爲民，民情乃悦。今此法許以雇州役而不及縣役，若役錢不足則已，若役錢有餘，而止雇州役，非通法也。臣竊見梓州路轉運副使呂陶奏：「朝廷立法，既令空閑戶不及三番處並雇州役，則是欲減合差之役，令人戶空閑，須及三番。今除已雇州役外，尚有空閑不及一番、兩番、三番處，即差役年辰愈近，民力愈不易理，合將助役錢爲雇縣役，令人戶空閑及得三番，則法意均一，民力寬紓。本路年收助役錢四萬四千四十貫有零，除當留一分及雇募州役外，尚餘寬剩錢三萬一千一百一十貫有零。今若更將一萬二千五百五十貫有零雇上件不及三番以下縣役，尚有寬剩一萬八千五百六十貫有零，委是不致妨闕。」又，知陝州呂大忠奏：「陝州所統七縣，除夏縣外，大概戶少役多。且以平陸一縣言之，每揭簿定差，本等不足須及次等，又不足則迤邐僭那，遂至下等。縣役既無指定空閑年月之文，役滿遇闕，便卽再差，則上戶無有休息。若稍寬上戶，則下戶反應重役。臣自到任以來，訪聞役法未便，士莫不竊議於其家，農莫不竊議於其野。人人共知，而州縣觀望，惟務遷就，庶幾推行，而終有窒礙。乞下有司早議成法。」臣詳觀大忠之言，雖不陳措置之方，大約與呂陶之意不異。訪聞諸路事體，大略亦與二人所言不殊。臣欲乞諸路役錢除通那支雇不及三番處州役外，仍許通那支雇不及一番以上縣役，令人戶皆及三番而止。其錢少路分，則隨錢所及而止。臣嘗謂畿內天下根本，其民與外道均出助役錢，止以雇法止於州役，遂使畿內人戶出錢而不得雇役，反不及諸路之優。今若通雇縣役，則畿內之民與諸道均被其賜，此又均一之一端也。

貼黃：戶部見立法，諸州助役錢留一分准備外，盡數支雇州役。此法比舊雖已甚寬，然臣謂不限不及三番然後許雇，卽寬鄉愈寬，而狹鄉自狹，未若限以不及三番，通雇州縣役之爲均也。

元祐差役敕：人戶差役，除耆長戶長壯丁須正身充役，其餘公人如願雇人充代者，並許任便選雇。經官陳狀委保，簽名祗應。其雇直錢物，聽私下商量。

臣看詳元豐以前官雇役人，皆有定下錢數，不至過多。今旣行差役法，仍許所差之人不願身充，亦得雇募，蓋所以從民之便也。然私下雇人，爲弊不一。或官吏苛虐，必使雇募某人；或所雇頑狡，百端取其雇直。官中所使，要以皆非稅戶正身，而橫使民間分外糜費。雖條約頗嚴，然州縣施行，豈得如法？其弊終在。見今州役如承符等皆官自雇人，至於縣役必使民間自雇，議者之意，但欲苟存差役之虛名，而不顧民間之實病，非通法也。臣欲乞應州縣諸役所差人，如欲雇人，並許依元豐以前官雇錢數納錢入官，官爲雇人，一如舊法。據前後臣庶上言，乞行此法者非一。乞令戶部檢會，足見人情共願，非一人私說也。

元祐二年十二月二十四日敕：諸縣空閑戶不及三番處，將州手分招募，抵替鄉差人戶。

元祐三年五月十六日敕：州手分不以諸州空閑戶及與不及三番處，並招募替放鄉差人戶。

元祐四年七月二十七日都省批狀：據戶部狀，契勘朝旨，州手分係差到人，並許支錢招雇抵替外，有係投名舊人願住，即不該支給雇錢。檢會前後累據京東、京西、淮南路轉運并京東、京西、河北、利州、河東路提刑司及環、復、密、濟、黃、滑、唐、陳、鄧、鄭、秦、瀛、定州，河陽、潁昌府各申陳，據舊吏人詞訟，不請雇錢，事理不均。勘會諸州吏人，除江南東、西、兩浙、福建、廣南東、西路已有投名人數足外，餘路逐州軍有投名不足抽差人數，蓋鄉村人戶素多不諳書算〔一〇〕，不諳公家行遣次第，於應役之際，惟憚差充人吏，其承符散從官之類，只是身自出力，可以自充，是致無投募手分處。惟手分最爲重役，本部今相度諸州吏人，除自來已有人投名數足處外，應有抽差人數見行雇募處，並以見支雇錢裁減均那，不限新舊人並行支給。 如委的數少，向去招募不行，即從本州當職官員參酌，案分繁簡，相度量添，即不得過舊日募法雇直之數。 仍開具立定所支錢數、案分、等第、則例，保明申提刑司審察詣實，指揮施行。 若助役錢有闕剩，即從本同通一路移那應副支使，候施行訖，依此開析保明，申戶部點檢。狀後批：勘會昨戶部申請，乞以招募投名人分數支給食錢，尙慮不均，別有弊倖，今來却乞不限新舊人一槪並行支給，比前申請尤更僥倖。七月七日退送戶部子細看詳，合如何立法，得爲允當，及可以情願使人投募，具狀申尙書省者。本部勘會諸州軍吏人，見今有招募數足，又有招募不足去處，及舊人投名不支雇錢，投名替鄉差人卽支錢，逐處申陳不一，卽未審諸路逐州軍的實利害因依。今欲乞下諸路轉運提刑司契勘，委自逐司子細體究，詳具逐州確實利害因依，仍相度合如何措置施行，具詣實保明事狀，連書申部。候到類聚參較，別行立法，申都省候指揮。狀後批：七月二十七日送戶部。依所申。

臣看詳四方風俗不同，吳、蜀等處，家習書算，故小民願充州縣手分，不待招募，人爭爲之。至於三路等處，民間不諳書算，嘉祐以前皆係鄉差，人戶所憚，以爲重於衙前。自熙寧以後，並係雇募。雖不免取受，然非雇不行。今朝廷役法，兼行差雇，苟有錢可雇，其義當先雇役之重者。今三路等處，實以州手分爲重，則雇役之所當先也。然近法：雇州手分止於替鄉差，其非替鄉差者，皆不得雇。夫所謂非替鄉差者，皆舊人職名已高，或本是稅戶，苟欲免役者也。若使所職輕重一般，而有祿無祿頓異，人情不安，必有辭罷者矣。縱不辭罷，將來老疾事故，無願投者，必不免雇。故不若早立一法，均行雇募之爲善也。且民間諳習書算行遣之人，除投充手分之外，其實亦無他業。不爲手分，亦將何爲？今但比元豐舊法量支役錢，理無不至。詳觀前件戶部所陳，詞理已盡。朝廷抑而不用，實爲未便。自令諸路相度以來，略無報應，足見於戶部所請之外，別無可擘劃矣。臣欲乞指揮三路等處州手分，除招募已及九分外，餘並比元豐舊支雇錢，分案分輕重量加裁損，立定錢數，招募施行。餘依戶部前來所請。

貼黃：朝廷向申明投名州手分，非替鄉差不支雇錢。因令州役承符人等非替鄉差，亦不得支。今州手分既不分新舊，一例支錢，則承符人等亦當如此。

右臣竊見元祐以來朝廷改更弊政，如青苗、市易、保甲等事，一皆剗削，而天下卒無一人以爲非者。至於改募役爲差役，建議之始，異論已多，逮今五年，終云未便。蓋事之當否，衆口必公。雖古聖人，孰敢違衆？故臣願朝廷採此衆志，立成定法。臣昔於元祐三年任戶部侍郎，竊見朝廷始議兼行差雇二法，使天下以六色助役錢雇募州役。是時特出朝旨，不問有司，斷然必行，已而衆皆稱便。何者？非常之原，凡人不曉，或暗昧不矚至理，或偏係不肯公言，竢其同心，事何由濟？故臣今所言，欲乞出自聖斷，與大臣熟議，如有可採，依三年例斷而行之。所貴天下之民，速蒙利澤。不然使中外雜議，動經歲月，大法無由得成，而民被其害，未有已也。臣不勝區區，不知言之煩瀆，死罪死罪。取進止。

【校】

〔一〕「吏」，原作「例」，據叢刊本改。

〔二〕「業」，叢刊本作「產」。

〔三〕「列」，叢刊本作「例」。

〔四〕「衙衆」，原無「衙」字，據叢刊本補。

〔五〕「名」，原作「明」，據叢刊本改。

〔六〕「拾」，叢刊本作「入」。

〔七〕「列」，叢刊本作「例」。

〔八〕「又」，原作「及」，據叢刊本改。

〔九〕「賂」，叢刊本作「賄」。

〔一〇〕「諳」，叢刊本、三蘇祠本作「閑」。

乞再舉臺官狀

右臣等近准敕舉岑象求、趙屼充臺官，已蒙聖恩除象求殿中侍御史。竊見本臺兩院官共六員，分領六察，皆得言事。元祐之初，朝廷急於求治，臺中闕員，略無一二。四方觀望，皆知陛下勤於聽納，爭效悃愊，以補萬一。今日監察御史併闕四員，雖聖明開納之意無損於前，而員闕不補，中外疑惑。今六曹寺監，雖復閑地，每遇有闕，猶未嘗不補。況於人主耳目，所繫至重，自非諱聞直言，及有所壅蔽，而聽其久闕，實非治世之事也。況六察所治，事務不少，若稍有弛廢，則冤抑者必衆，亦非先帝設官之本意也。伏乞特出聖旨，下本臺及兩制分舉八員，陛下擇取四人用之，使天下曉然知朝廷招求忠言與昔無異。不勝幸甚，謹錄奏聞，伏候敕旨。

乞改舉臺官法劄子

臣伏見唐制，御史屬官皆大夫中丞自舉。及本朝舊法，亦皆丞雜及兩制舉人。蓋以人主耳目之官，不欲令執政用其私人，以防壅蔽。近自元祐三年六月八日聖旨，指揮殿中侍御史、監察御史，並用陞朝官通判資序實歷一年以上人。自是以來，雖時復令本臺及兩制舉官，而終無一人應格可用。何者？士自選人改官，經兩任知縣，一年通判，若稍有才名，多爲朝廷擢用。其餘碌碌無取，難以復堪臺官。雖或間有沉淪，未見知賞，然蓋亦已少矣。今法限取此人，已傷苛細，而又緣此祖宗舉臺官舊法久廢不用，而執政以意選用舊人之例遂以成風。近日雖聖意開悟，復令臣等舉官，然弊法尚存，方人物衰少之時，實患難以應法。伏乞檢臣前奏，稍改近制，令臺官得舉歴朝第二任知縣及通判以上各半。若謂知縣資淺，乞依尚書侍郎例，許權察御史。所貴稍存祖宗故事，不致執政自用臺官。雖方今君臣相信，法度可略，而朝廷紀綱不可不經久遠。臣職在臺長，臺中典章，義當固守。取進止。

論用臺諫劄子

臣聞書稱堯、舜之德曰：「明四目，達四聰。」蓋人君居高宅深，其勢易與臣下隔絶。若不務廣耳目，則不聞外事，無以預知禍福之原。臣不敢復論前代，請陳本朝故事。每當視朝，上有丞弼朝夕奏事，下有臺諫更迭進見，内有兩省侍從諸司官長以事奏稟，外有監司郡守走馬承受，辭見入奏。凡所以爲上耳目者，其衆如此。然至於事有壅蔽，猶或不免。今自太皇太后陛下、皇帝陛下垂簾以來，每事重慎，羣臣得對於前者，惟有執政及臺諫官而已。然天下之事，其是非可否既決於執政，陛下欲於執政之外特有所聞者，又獨有臺諫數人而已。臣觀今日臺官三員，諫官二員，其間非執政私人，特出聖意所用者，又不過一二人。孔子有言：「今吾於人也，聽其言而觀其行。」陛下試取此五人言行之實而諦觀之，則其邪正向背槪可見也。昔漢成之世，王鳳用事，羣臣莫敢盡言。惟劉向、王章力言其惡，無所顧避，皆爲鳳所不喜，言卒不用，或繼以死。而鳳推薦其門人如杜欽、谷永之流，使上封論事。欽等所言皆掩蔽鳳短，專攻帝失。由此直言不聞，漢以不競。今陛下深處帷幄，耳目至少，惟有臺諫數人。若又聽執政得自選擇，不公選正人而用之，臣恐天下安危大計，無由得達於前，而朝廷之勢殆矣。惟陛下留神省察，無忽臣言，則社稷之福也。取進止。

乞罷修河司劄子

臣伏見大河北流，經今十年，已成河道。每年夏秋汎溢，孫村地形低下，漲水東出。因此張問等輩，欺罔朝廷，建爲回河之議。自此北京生靈懷魚鼈之憂〔一〕，日夜爲遷徙之計。監司守臣及敕遣使者，皆言其不便，朝廷亦知其難矣。而去歲八月宣德郎李偉輒敢獻言，欲閉塞北流，回復大河，力排衆議，僥倖萬一，私覬功賞。朝廷爲之置修河司，調發民夫，剗刷役兵，差文武官吏收買梢芟，百廢並舉〔二〕。河北、京東、西路公私爲之騷動，萬口一詞，知其無成。上賴陛下聖明，照知利害，然猶未能盡罷其役。始令且開減水河，次因旱災令權罷修河，放散夫役。然修河司依前不罷，李偉仍提舉東流故道。後因給事中范祖禹封還敕命，尋奉四月五日聖旨，李偉差遣候過漲水檢舉取旨。臣訪聞是時大臣面許陛下，竢求得一人可代偉者，卽令偉罷去。夫偉以欺君動衆，害及數路，據法當卽日誅竄以謝天下，今乃遷延至此。況有前件聖旨，必非虛言，理當檢舉施行，以信大臣前說。今漲水已退，而偉終不罷。

據今月三日聖旨，止是依吳安持等所請，候霜降水落，從北丞司相度，將梁村口至孫村河身內妨礙處取豁壁掠，候冰凍消釋，相地形順便，隨宜開導，務令深闊，釃爲二渠。臣詳觀安持等說，蓋猶挾姦意〔三〕，觀望朝廷，欲徐爲興動大役之計，以固權利。不然，但掠行開撥口地〔四〕，則北外丞司自可辦事，自不須復存修河司及留李偉，使時進姦謀，以敗大計也。以臣觀之，修河司若不罷，偉若不去，河水終不得順流，河朔生靈終不得安居。伏乞指揮大臣速罷修河司，及檢舉前敕，流竄李偉，以正國法。取進止。

貼黄：臣觀大河北流，北京在其東，軍民倉庫所在，河朔之都會也。昔人遠爲漲溢之備，於其西岸開三河門，使漲水西流於空閑之地。至館陶合入河身，故北京苦無大患。今自李偉等閉塞三河門，築截河馬頭，指水鋸牙，激水東向，仍於東岸第三、第四、第七鋪開撥河道，恣令漲水灌注北京之上。今歲八月漲水東流，幾與北京簽横堤平，南望瀰汎五十餘里。是時北京中若雨不止，風不定，本京必致疎虞。今偉等申請皆没此目前實害，而探言北流深、瀛汎浸之害，以爲不可不存東流，以分減水勢。據今年深、瀛等州堤防新復，未甚高厚，然皆不至決溢。若將來歲歲增築，使與從前河堤相若，加以海口深快〔五〕，漲水不得停留，縱有小溢，必不至深害，雖無東流，未爲患也。故臣以爲偉等皆妄言，苟欲自便耳。若不斥去，則邪說無窮，正論無由得伸，最河坊之巨蠹也。

【校】

〔一〕「此」，叢刊本作「是」。

〔二〕「廢」，叢刊本作「費」。

〔三〕「挾」，原作「狹」，據叢刊本改。

〔四〕「掠」，叢刊本作「略」。

〔五〕「快」，叢刊本作「決」。

再乞責降李偉劄子

臣近奏乞罷修河司并責降李偉等，尋准九月二十六日聖旨，李偉權發遣北外監丞〔一〕，提舉東流。又准十月二日聖旨，罷都提舉修河司。臣以爲修河司雖罷，而李偉不去，與不行臣言無異。謹按李偉屢以姦言動搖朝廷，興起大役，於去年八月中獨銜奏稱：「大河見今已爲二股分行，然須當於第四鋪地分更行開廣河槽，只得兵夫二萬，於九月興功，至十月寒凍時畢功。」因而引導河勢，豈止二股通行而已，亦將遂爲回奪大河之計。凡偉所言，大率狂妄不疑如此。由此朝廷信以爲實，爲之發兵調夫，差官吏，聚梢芟，騷擾河北、京東、西三路，吏民爲之不聊生者半年。朝廷中覺其妄，遽罷其役。是時中外公議，皆望朝廷立行誅竄，明其欺罔，以謝天下。而因循不決，任偉如故。既而給事中范祖禹封還制書，乞罷偉差遣，朝廷猶復隱忍。於四月五日降聖旨，李偉差遣候過漲水取旨。今漲水已過，中外又謂陛下必責降偉，以信前命。而反擢授監丞，仍提舉東流。曾未數日，復罷修河司。蓋朝廷之所以罷修河司者，謂回河不可復行故也。回河既不可復行，則偉罔上誤國之罪審矣。今乃以初任知縣，權發遣都水監丞，則是有罪之人更得違法進擢，此公議所以不伏也。且修河司雖罷，而李偉不去，姦言時至，河事變更不定，河朔生靈無時得安，此又公議之所深憂也。且朝廷號令貴在必信，四月五日聖旨指揮著在有司，今棄而不用，使天下皆得竊議，以謂朝廷虛設此言，姑使給事中奉行制命，及制命已行，則棄爲虛語，曾不顧卹。大臣何惜一偉而輕犯此謗哉？臣不勝區區，伏乞檢會前奏，速賜流竄。偉若不黜，公議終不止也。取進止。

貼黃：去年八月偉始奏乞回河，朝廷用其言，差官吏兵夫，收買梢芟，開掘河槽，修築馬頭鋸牙，功役至大。于今觀之，皆是虛費。臣乞差不干礙官司，一一磨算費用之實；若只據此，偉之流竄，自有餘責，而況欺君誤國，臣子之大惡耶？

【校】

〔一〕「監丞」，原作「監承」，據叢刊本改。

三論渠陽邊事劄子

臣近再論唐義問處置邊事乖方，致渠陽蠻寇賊殺將吏，乞早黜義問，以正邦憲；更選練事老將，付以疆埸。經今多日，不蒙施行。訪聞執政，止以臨敵易將，兵家所忌爲說。雖知義問處置顛錯，至覆軍殺將，猶復隱忍，不卽遣代。比雖遣衡規往視，然規凡人，未曾經練戎事，何益於算？徒引歲月，坐視邊人肝腦塗地，臣甚惑之。謹按義問所爲，蓋全不曉事，留在邊上一日，卽有一日之害。昔趙任廉頗，以趙括代之則敗；秦任王齕，以白起代之則勝。蓋臨敵易將，顧代者何人耳。今執政乃以虛文籍口，終欲庇之。遠人何辜，日被塗炭？若非陛下哀矜四方，亟命賢將往代，則臣恐陷害生靈，未有已也。

兼臣訪聞渠陽諸夷蟠踞山洞，道路險絕。中國之兵入踐其地，雖跬步不得其便。昔郭逵知邵州，困於楊光僭，李浩從章惇自沅州入，過界卽敗。逵、浩皆西北戰將，然並有敗無成者，地形不便也。今聞朝廷已指揮諸道發兵，數目不少，然將非其人，臣恐旣不知戰，又不知守，老兵費財，漸致腹心之患，深可慮也。今朝廷欲棄渠陽，然其中屯戍兵民不下數千，義無棄之虜中，俾爲魚肉。要須略行討定，使知畏憚，肯出渠陽兵民，然後爲可。臣訪聞湖南北士大夫皆言羣蠻難以力爭，可以智伏。欲遣間諜招誘，必用士人；欲行窺伺攻討，必用土兵。捨此而欲以中國強兵敵之，雖多無益。然此可使智者臨事制置，難以遙度也。

臣前者嘗以衆人言謝麟屢經蠻事，頗有勞效，乞行委任。朝廷置而不用，蓋必有賢於麟者，惟乞速遣以紓邊鄙之患。至於義問，決無可望，幸陛下無疑也。臣又聞渠陽諸夷與宜州羣蠻相接，宜蠻部族衆多，若與渠陽諸夷合謀作過，勢益昌熾，猝難翦滅。亦乞指揮廣西預行招撫，雖不得其用，但勿與協力，亦不爲無益矣。取進止。

乞定差管軍臣僚劄子

臣伏見管軍臣僚見闕三人，頃者竊聞大臣議除張利一、張守約。陛下以謂二人皆資任淺下，用之則爲躐等；又張利一，張耆之子，而得一、誠一之兄，故不可用。特出聖意，欲用王文郁、姚兕。大臣既退，輒寢文郁、兕，而進擬利一、守約。右丞許將既隨衆簽書進擬，而復奏論其不便。因此進擬文字，爲聖旨所却。經今一月有餘，廢不復議。臣竊以祖宗故事，凡有管軍皆以資任先後相壓，未嘗輕有移易。自非戰守功效尤異，豈可超授？今利一、守約資淺才下，別無出衆勞效，而利一家世又如聖旨所論。大臣力行己意，力欲進擬，其爲不便，不言可見。許將既知其失，自合與衆人公議，止其進擬。今乃外同簽書，內行論奏，反覆之狀，殊非大臣之體。由此互相疑阻，遂使差除之政廢不時舉。以臣愚見，實恐自此專擅之迹與窺伺之風，交行於上，浸淫不止，皆非朝廷之福也。況自祖宗以來，以管軍八人總領中外師旅，內以彈壓貔虎，外以威服夷夏，職任至重，豈以大臣商量未得如意，闕而不補？臣欲乞指揮以本朝故事，參近日聖旨，苟非邊功尤著，衆所推服，罪惡顯白，世所共棄，且當循守資格，速加除授，以允公議。取進止。

貼黃：訪聞張利一任定州總管日，曾入教場巡教，以不得軍情，諸軍並不唱喏。因此移眞定總管。據此事狀，實亦難令管軍。

欒城集卷之四十六

御史中丞論時事劄子十三首

乞裁損待高麗事件劄子

臣伏見高麗北接契丹，南限滄海，與中國壤地隔絶，利害本不相及。本朝初許入貢，祖宗知其無益，絶而不通。熙寧中羅拯始募海商，誘令朝覲，其意欲以招致遠夷，爲太平粉飾，及掎角契丹，爲用兵援助而已。然自其始通，及今屢至，其實何益於事？徒使淮、浙千里，勞於供億，京師百司，疲於應奉，而高麗之人所至游觀，伺察虚實，圖寫形勝，陰爲契丹耳目。或言契丹常遣親信隱於高麗三節之中，高麗密分賜予，歸爲契丹，幾半之奉。朝廷勞費不貲，而所獲如此，深可惜也。今其復至，既朝廷未欲遽絶，謂當痛加裁損，使無大饒益，則其至必疎，而我得其便矣。竊見近日已降朝旨，自明州以來，州郡待遇禮節，率皆減舊；

而京師諸事，未加裁定。臣愚以謂朝廷交接四夷，莫如遼、夏之重，而自前所以遇高麗者，其比二虜，多或過之。非獨於本朝事有不便，儻使二國知之，亦爲未允。今略取都亭及西驛所以待西北人使約束，與同文館待高麗條例輕重相比〔二〕，乞行裁酌。謹具條例如後：

北使條約：

一、人使送到買物箚子，如內有不係賣與物色，更不關報國信使下行并官庫供納，仰館伴使副婉順說與。後條，其不係賣與物色名件，逐一細開。

西使條約：

一、西人詣闕賀正旦聖節，到許住二十日，非泛一十五日。如係商量事，候朝旨進發。

一、西人到闕，隨行蕃落將不許出驛，或有買賣，於本驛承受使臣處出頭，官爲收買。後條，不許收買物，亦細開名件。

一、西人到京買物，官定物價，比時估低小，量添分數供賣，所收加擡納官。

高麗使條約：

諸人從出外買到物並檢察有違礙者，即婉順留納。以雜支錢統還價直。係時政論議及言邊機等文字，即問元買處關開封府。

諸進奉人到闕，司錄司及曉示行人，許將物入館。至設廳兩廊，與進奉人交易，仍關監門，不得阻節。

諸親事官隨人從出外遊看買賣〔三〕，輒呼樂藝人飲酒作過及買違禁物者，杖八十。情重者奏裁。差到先責知委狀。

諸下節日聽二十人番次出館遊看買賣，仍各差親事官一人隨。願乘馬者，於諸司人馬內各借壹匹，并牧馬兵士壹人，至申時還，仍責隨人所往處狀。

諸進奉人乞贖藏經者，申尚書祠部，餘相度應副，即不許買禁物、禁書及諸毒藥。

諸進奉使乞差伎藝人教習三節，並關管勾同文館所。

公使錢五十貫，關左藏庫供，限壹日到。每叁日或伍日買時物花果之類送進奉使副，并上中下節，闕即再關取。

右臣竊謂遼、夏、高麗均爲夷狄，朝廷所以交接之儀，防閑之法，理當無異。況高麗之於契丹，大小相絶，有君臣之別。今館餼之數，出入之節，或皆如一，或更過厚。其於事體，實爲不便。臣欲乞凡館待送遺並量加裁抑，其人從出入即依西北人使舊例，其留住月日，非汴水未通仍立定日限。如此施行，亦自不爲薄也。取進止。

貼黃：高麗人使見今必已至浙路，所定裁損條約乞不下省部，只自朝廷指揮，免有稽緩失事。

【校】

〔一〕「條例」，原無「例」字，據叢刊本補。

〔二〕「官」，原作「宦」，據叢刊本改。

論張頡不可用劄子

臣伏見朝廷以置渠陽軍爲不便，議欲棄之者久矣。然自去年以來，欲棄而不得，羣蠻猖獗，南邊至今爲梗者，何也？任非其人，而棄之無術故也。唐義問文俗吏耳，無他才略。昔被朝命，直入羣蠻之中，欲棄此城。既爲蠻衆所圍，用胡田之計，詐欺羣蠻，苟脱性命，既歸不敢以其實聞。凡有寇盜，皆指揮邊城不得申報。朝廷不察其實，而任之不替，則既一失之矣。及今夏以來，蠻寇大作，以至覆軍殺將。臣屢以爲言，而朝廷屬任義問之意不衰。訪聞大臣，但以臨敵不可易將爲詞，終欲庇義問，不卹邊人肝腦塗地之苦。及今已將半年，則既再失之矣。今者朝廷除張頡知荆南，頡自瀛徙荆，誠不爲超遷。然近降朝旨，令單馬赴任，外人始知朝廷欲以頡代義問。蓋義問之所以敗者，闇而自用，狠而失衆。今頡猜嶮闒愎，又甚於義問，而朝廷復加委任，則又三失之矣。臣竊悲湖北之人，外遭羣蠻驅擾，不安其居；内蒙用人三失，未知息肩之所。是以不避煩瀆，冒進瞽言。

昔元祐二年朝廷除頡戶部侍郎。臣時爲諫官，前後具頡罪惡八事，乞行罷免。時雖不從，然用頡未逾年，知其不可，卒黜之外任。及今未幾，而遂付以邊事。邊事重害又與戶部不同，蓋臨敵統衆，兵民性命所繫，不可不慎。竊聞大臣謂頡本貫鼎州，意其習知蠻事，是以遣之。然不知人才各有短長，未必生於其鄉，必善其事。臣但恐頡任情恣行，出於天性，老而不改，必致敗事。頡昔爲桂州經略使，始因靳吝小費，終以措置乖方，事具臣昔言頡八事。遂致宜州夷人背叛，賊殺本州兵官。頡尋遣費萬、王奇二將繼往攻討，卒皆陷沒。先帝震怒，差官取勘，遂落職奪官，降知均州。又元豐三年除頡知熙州，是時臣僚上言，頡天資褊躁，動多猜忌。頃在廣南，忿爭互論，州郡官吏，爲之不安，乞賜追寢新命。尋奉聖旨，令依舊知滄州。然則頡之不可付以邊事，著自先朝，非獨今日臣言之矣。

所有臣昔具頡八事，皆非虛言，並有案據。謹別具開錄奏聞，乞令大臣看詳，罷頡新命，或但無令預聞邊事，別揀諳練用兵之人，責之成效。取進止。

貼黃：張頡資任已深，除知荊南不爲過當。臣今所言，但以頡爲性猜嶮，所至不得衆情，不可令管邊事耳。

再乞禁止高麗下節出入箚子

臣近奏乞裁損同文館待高麗條例，除近降聖旨略施行外，有一項下節日聽二十人番次出館游看買賣，止減爲十人。竊緣夷狄之人，懷挾姦詐，情不可知。許令游覽都城，大則窺探虛實，圖寫宮闕、倉庫、營房、衢道所在曲折，事極不便；小則收買違禁物貨、機密文書，及作非違法〔一〕。治之則傷恩，不治則害事。聽之出入，無一而可。舊法雖令親事官監視，然小人貪利，微加贈遺，何所不從，其實無益。若是朝廷全然不卹前事，則雖日令二十人出入可也。若以爲可慮，則止許十人，實亦不便。伏乞再降聖旨，全令禁絕。取進止。

【校】

〔一〕「作非違法」，原作「作違非」，據叢刊本改。

催行役法箚子

臣昨於九月初論役法未便事，經今已是兩月，未見施行。臣竊見二聖臨御以來，凡所更改法度，皆已略定。惟是役法，首尾五年，民間終未得安便。若不及今完治，實恐久遠，姦人指以爲詞，疵病聖政。古人有言：「難得而易失者，時也。」惟陛下哀憐小民，速指揮大臣早定良法。取進止。

再催行役法劄子

臣伏見二聖臨御以來，號令之不便於民者，莫如役法之甚。蓋編戶之民，自五等以上，人被其害。士大夫自有知識以上，人知其非。臣昨日蒙聖恩，擢任執法，卽嘗首言其事。以爲他日小人疾害聖政，欲立異同之論者，必指此以藉口。不若今日博采公議，自救其失。故於九月八日備論五事，乞賜施行。又於十月二十六日乞檢會前奏，早賜指揮。前後共經三月有餘，終未見可否。伏惟天下利害，其切於小民，害於聖政，未有甚於此者。而大臣因循，重於改作，遲遲至此，甚非陛下勤卹民物及深思遠慮之意。伏乞更加申敕，速令詳議，立成定法，以時行下。取進止。

論邊防軍政斷案宜令三省樞密院同進呈劄子

臣竊見大理寺審刑院舊制，文臣吏民斷罪公案並歸中書，武臣軍員軍人並歸密院，而中書、密院，又各分房，逐房斷例輕重，各不相知。所斷旣下，中外但知奉行，無敢擬議。及元豐五年，先帝改定官制，知此積弊，遂指揮凡斷獄公案並自大理寺刑部申尙書省，上中書取旨。自是斷獄輕重比例，始得歸一，天下稱明焉。

自元豐七年十月八日奉聖旨：「應緣保甲事原係樞密院指揮取勘，及保甲司乞特斷公案，令大理寺定斷，刑部勘當申院。」元祐四年六月十八日又奉聖旨：「禁軍公案，內流罪以下，情法不相當而無例擬斷合降特旨者，令刑部申樞密院取旨。」今年七月十三日又奉聖旨：「應係樞密院降指揮下所屬體量根究取勘者，候奏案到，令樞密院取旨。」十月四日又奉聖旨：「應官員犯罪公案，事干邊防軍政，並令刑部定斷，申樞密院取旨〔一〕。」二十九日又奉聖旨：「應官員犯罪公案，事干邊防軍政，文臣令刑部定斷，申尚書省；武臣申樞密院。」臣竊詳前件五項條貫，不唯斷獄不歸一處，其間必有罪同斷異，令四方疑惑，失先帝元豐五年改法本意。兼事干邊防軍政，文臣歸尚書省，則雖樞密院本職，必有所不知。武臣歸樞密院，則自節度使充經略安撫有所廢黜，雖三省亦有不得知者。事之不便，莫大於此。臣今欲乞依先帝改法之舊，應斷罪公案，並歸三省。其事干邊防軍政者，令樞密院同進呈取旨而已。如此，則斷獄輕重，事體歸一，而兵政大臣，各得其職，方得穩便。取進止。

【校】

〔一〕「樞」，原無，據叢刊本補。

乞優卹滕元發家劄子 元祐五年十月。

臣伏見故龍圖閣學士、前知太原滕元發，昔事先朝，早蒙知遇。方羣臣爭以財利求進之秋，元發獨能守正，時獻讜言。先帝取其大節，雖任用進退不一，而卒蒙保全。近者，朝廷知其可用，復還舊職，擢寘河東。元發亦能裁損極邊冗戍，爲國惜費，頗有成效。今不幸身亡，子弱家貧，已蒙聖恩特加賻贈。欲乞檢會近例，差破人船津送喪柩骨肉直歸蘇州，竢有葬日，仍令本州量事應副。元發有弟申，從來無行。今元發既死，或恐從此凌暴諸孤，不得安居。緣元發出自孤貧，兄弟别無合分財産。欲乞特降指揮，在京及沿路至蘇州以來官司，不許申干預元發家事及奏薦恩澤，仍常切覺察。取進止。

薦王鞏劄子

臣伏以方今人才衰少，求備實難。凡有所長，皆當不廢。臣伏見右承議郎王鞏，生於富貴，志節甚堅，好學力文，練達世務。昔熙寧之初，宰臣王安石用事，屢欲用鞏。鞏自知守正不合，拒而不從。每上書言事，多切時病。吳充、馮京器其爲人，嘗與議及國事。及王珪、蔡確執政，李定、舒亶爲御史，將傾充與京，故起大獄，廣加羅織，欲以次及二人。鞏由此得罪，南行萬里，三年而歸，剛氣不衰，言事如故。時二聖臨御，司馬光當國，羣復預光議論。光極喜之，言之朝廷，擢任宗正寺丞。方復欲進用，而羣狷介疾惡，爲衆所忌。適會光物故，衆人摭其微過，因而排之，遂至今日。臣竊悲光平日所薦，今皆布列朝廷，而羣獨連蹇不遇，罷官者再。凡羣之所長，皆士人之所難能；而其所短，多暗昧不明，或少年之所不免。前知揚州謝景温與羣共事，嘗上章明辯其寃，則愛憎之言，未可偏信。臣備位風憲，區區之意，每欲爲陛下掇拾遺材，以備任使。與羣遊從最舊，知其所長。伏乞陛下洗濯瑕疵，稍加錄用。必能上感恩造，臨事捐軀，以報萬一。取進止。

論禁宮酒劄子

臣竊見有司近以在京酒戶，虧失原額，改定宗室外戚之家賣酒禁約，大率從重。謹案嘉祐舊法，親事官等賣酒四瓶以上，並從違制斷遣，刺配五百里外牢城。其餘以次定罪，皇親臨時取旨。仍許人告提兩瓶以上，賞錢十貫止。及熙寧法，每賣一斗，杖八十；一斗加一等，罪止杖一百。許人告捕，一斗賞錢十貫至百貫止。及元祐四年所定刑賞，與熙寧同，而有告無捕。及今年十一月六日，十二月十八日敕，刑從嘉祐而賞從熙寧。既兼用兩重及並行告捕，仍許入沽販之家，而取旨之法兼及本位尊長。是以此法一行，人情驚擾。臣竊惟有司所以立此法者，止爲酒戶虧額而已。酒戶虧額，但戶部財利一事耳。今既兼取前後重法，施於沽販小人足矣。臣訪聞宗室之間，頗有疎遠外住之人，以窘乏之故，或賣酒自給。今既許人入其家捕捉，小人無知，以捕酒爲名，恣行淩辱，何所不至？兼逐位尊長，爵齒並崇，多連宗字，而卑幼犯酒，不免取旨。若取旨而不行，則雖取何益？若遂有行遣，竊恐聖意必不欲如此。故臣愚見，以爲當去尊長取旨之法，仍不許捕捉之人入皇親宅院，如此施行，頗爲酌中。伏乞特降指揮，速行改定。取進止。

貼黃：臣所言事干宗室，欲乞聖意裁定。如可施行，更不出臣此章，只作聖旨批降三省。

論冬温無冰劄子

臣伏見前年冬温不雪，聖心焦勞，請禱備至，而天意不順，宿麥不蕃。去冬此災復甚，而加以無冰。二年之間，天氣如一。若非政事過差，上干陰陽，理不至此。謹案常燠之罰，載於周書；而無冰之災，書於春秋。聖人之言，必不徒設。臣謹推原經意，而驗以時事，惟陛下擇之。蓋洪範庶徵：哲則時燠，豫則常燠。謀則時寒，急則常寒。哲之爲言明也，豫之爲言舒也。故漢儒釋之曰：「上德不明，暗昧蔽惑，不能知善惡，無功者受賞，有罪者不殺，百官廢禮，失在舒緩。盛夏日長，暑以養物。政既弛緩，故其罰常燠。周失之舒，秦失之急，故周亡無寒歲，而秦滅無燠年。」今連年冬温無冰，可謂常燠矣。刑政弛廢，善惡不分，可謂舒緩矣。臣非敢妄詆時政，以惑聖聽，請爲陛下具數其實。然事在歲月之前者，臣不能盡言，請言其近者，凡有罪不誅者七，無功受賞者四：

陸佃爲禮部侍郎，所部有訟，而其兄子宇乃與訟者酒食交通。獄既具而有司當宇無罪，此有罪而不誅者一也。石麟之爲開封府推官，與訴訟者私相往來，傳達言語，獄上而罷，更爲郎官，此有罪而不誅者二也。李偉建言乞回奪大河，朝廷信之，爲起大役，費用不貲。今黄河北流如故，漲水既退，東流淤塡，遂成道路。臣屢乞正偉欺罔誤國之罪，不蒙采納，任偉如故，此有罪而不誅者三也。開封府推官王詔故入徒罪，雖該德音，法當衝替，而詔仍得守郡，至今經營差遣，遷延不去，此有罪而不誅者四也。知祥符張亞之爲官戶理索積年租課，至勘決不當償債之人，估賣欠人田産，及欠人見被枷錮，而田主毆擊至死，身死之後，監督其家不爲少止。本臺按發其罪，而朝廷除亞之眞州，欲令以去官免罪，此有罪而不誅者五也。孫迹知長垣縣，決殺訴災無罪之人，臺官有言，然後罷任，雖行推勘，而縱其抵欺，指望恩赦，此有罪而不誅者六也。秀州倚郭嘉興縣人訴災，州縣昏虐，不時受理，臨以鞭扑，使民相驚，自相蹈藉，死者四十餘人。雖加按治，而知州章衡反得美職，擢守大郡，此有罪而不誅者七也。

近日差除戶部尚書以下十餘人，其間人材粗允公議者不過二三人，其他多老病之餘及執政所厚善耳。臣與僚佐共議，以爲不可勝言，是以置而不論。獨取其尤不可者杜常、王子韶二人論之，然皆不蒙施行。夫杜常在熙寧間諂事呂惠卿兄弟，注解惠卿所撰手實文字，分配五常，比之經典。及其所至謬妄，取笑四方。其在都司，希合時忱、任永壽等旨意，施之政事，前後屢爲臺官所劾。兼其人物凡猥，學術荒謬，而寘之太常禮樂之地。命下之日，士人無不掩口竊笑。此無功受賞者一也。王子韶昔在三司條例司，諂事王安石，創立青苗、助役之法。臣時與之共事，實所親見。及呂公著爲御史中丞，舉爲臺官。公著以言新政罷去，而子韶隱忍不言。先帝覺其姦妄，親批聖語，指其罪狀。自是以來，士人不復比數。但以善事權要子弟，故前後多得美官。今又擢之祕書，指日循例當得侍從。公議所惜，實在於此。此無功而受賞者二也。張淳資才凡下，從第二任知縣擢爲開封司錄。曾未數月，厭其繁劇，求爲寺監丞，卽得將作。又不數月，令權開封推官，意欲因權卽眞，迤邐遷上。此無功而受賞者三也。丁恂罷少府簿，經年不得差遣。一爲韓維女壻，卽時擢爲將作監丞。此無功而受賞者四也。其因緣親舊，馳騖請謁，特從常調，與之堂除，以至除目猥多，待闕久遠，孤寒失望，中外嗟怨者，尚不可勝數。

凡上件事皆刑政不修，紀綱敗壞之實也。大率近歲所爲類多如此，譬如天時有春夏而無秋冬，萬物雖得生育而不堅成。天之應人，頗以類至。宜指揮大臣，令已行者卽加改正；未行者無踵前失。勉強修飭，以答天變。臣伏見去年，歲在庚午，世俗所傳，本非善歲。徒以二聖至仁無私，德及上下，故此凶歲化爲有年。然事有過差，猶不免常燠無冰之異。由此觀之，天地雖遠，得失之應，無一可欺。若更能恐懼修省，戒飭在位，相勉爲善，則太平之功，庶幾可致也。臣備位執法，實欲使陛下比隆堯舜，無缺可指，無災可救。是以區區獻言，不覺煩多，死罪死罪。取進止。

論雇河夫不便劄子

臣竊聞祖宗舊制〔一〕，河上夫役止有差法，原無雇法。始自曹村之役夫，功至重遠，及京東西、淮南等路，道路既遠，不可使民間一一親行，故許民納錢以充雇直。事出非常，卽非久法。今自元祐三年，朝廷始變差夫舊制爲雇夫新條，因曹村非常之例爲諸路永久之法。既已失之矣，而都水使者吳安持等因緣朝旨，造成弊政，令五百里以上不滿七百里，每夫日納錢二百五十文省；七百里至一千里以上，每夫日納錢三百文省。團頭倍之，甲頭火長之類增三分之一。仍限一月，過限倍納。是歲京東一路差夫一萬六千餘人，爲錢二十五萬六千餘貫。由此民間見錢幾至一空，差人般運累歲不絕，推之他路，概可見矣。

近因京東轉運使范鍔得替回，論其不便，安持等方略變法，罷團頭火長倍出夫錢。工部知罰錢之苦，又乞立限至六月以前。雖苛虐比舊稍減，然訪之公議，終不爲穩便。何者？朝廷本欲寬省民力，故許出錢雇夫。若其錢足以充雇，則朝廷將復何求〔三〕？今河上雇夫日破二百而已，昨來京城雇夫每人日支一百二十文省，則河上日支二百，已爲過厚。雖欲稍增數目，爲移用陪備等費，亦不當過有裒斂，以傷民財也。故衆議皆謂七百里以下與七百里以上人戶，若係差夫，則一人效一人之力耳。今乃利其遠近，有費用多寡之殊，遂令遠者多出五十以爲寬剩，此豈朝廷卹民之意哉？兼一夫出二百五十，亦已自過多。如臣愚見，若於每夫日支二百文外，量出三十以備雜費，則據上件京東所差夫數，止約合出一十一萬貫省，比本監所定五分之二耳。昔王安石爲免役之法，只緣多取寬剩，致令民間空匱，怨讟並作。二聖臨御，爲之改法，今創痍猶未復也。安持本安石之黨，昔日主行市易，多出官本，散與無根之人，虛樁息錢，以冒不次之賞。雖略行追奪，而尋復任使。蓋從來習爲聚斂之政，至今不改。是以雇夫之法，名爲愛民，而陰實剝下。臣欲乞聖慈，特降指揮，應民間出雇夫錢不論遠近，一例只出二百三十文省。所貴易爲出備，不至艱苦。

兼臣聞自來諸路計口率錢，百姓如遭兵火。若用之河防之上，一無枉費，於理尚可也。今取之良民之家，而付之河埽使臣壕寨之手。費一稱十，出沒不可復知。民獨何負，而爲此哉？且今河埽梢椿之類，納時數目不足，及私行盜竊，比之他司官物，最不齊整。及其覺知欠少，或託以火燭，或因河流向著，一經卷歸，大破數目。雖有官司，無由稽考。今以免夫錢付之，類亦如此矣。兼訪聞河上人夫，亦自難得，名爲和雇，實多抑配。臣今仍乞令河北轉運提刑司，同共相度如何處置關防所支雇夫錢〔三〕，以免欺盜之弊，及乞體量所雇人夫有無抑配，具結罪保明聞奏，然後朝廷裁酌，從長施行。取進止。

貼黃：今歲修河夫人數不少，且以遠近各半約之，仍據見行法遠者每人一日多出五十文省，則其錢數亦必甚多。若蒙聖恩便令裁減，則民間受賜不少，乞指揮速賜施行。

【校】

〔一〕「聞」，叢刊本作「見」。

〔二〕「將復」，叢刊本作「復將」。

〔三〕「處」，叢刊本作「措」。

論西邊商量地界劄子

臣聞善爲國者貴義而不尚功，敦信而不求利。非不欲功利也，以爲棄義與信，雖一快於目前，而歲月之後，其害將有不可勝言者矣。昔晉文公圍原，命三日之糧。原不降，命去之。諜出曰：「原將降矣。」軍吏曰：「請待之。」公曰：「信，國之寶也，民之所庇也。得原失信，何以庇民？所亡滋多。」退一舍而原降。晉荀吳圍鼓，鼓人或請以城叛。吳弗許。左右曰：「師徒不勤而可以獲城，何故弗爲？」吳曰：「吾聞諸叔向：『好惡不愆，民知所適，事無不濟。』或以吾城叛，吾所甚惡也；人以城來，吾獨何好焉？」使鼓人殺叛人而繕守備。三月，鼓人請降，使其民見，曰：「猶有食色，姑修而城。」軍吏曰：「獲城而弗取，勤民而頓兵，何以事君？」吳曰：「吾以事君也，獲一邑而教民怠，將焉用邑？」鼓人告食竭力盡而後取之，克鼓而反，不戮一人。以世俗言之，此二人者可謂疎於事情而怠於功利矣。然要其終，文公以霸天下，荀吳以強晉國，則信義之效，見於久遠如此。

臣竊觀朝廷之所以御西夏者，可謂異矣。方元祐三年，夏人既受册命，不肯入謝，再以大兵蹂踐涇原，大臣畏之。明年遣使，請以所許四寨易蘭州、塞門，朝廷雖不許，而大臣務行姑息，不俟其請，而以歲賜等事許之。一歲所賜，凡二十萬，夏人仰之以爲命。雖以一歲之入，易蘭州、塞門可也，而奈何與之？蓋自失歲賜以來，朝廷蕩然無復可以要結夏人者。然此既往之事，臣不復追咎矣。頃者，夏人既得歲賜，始議地界，朝旨許以見今州城堡寨依綏德城例，以二十里爲界，十里外量置堡鋪，其餘十里爲兩不耕地。約束既定，大臣中悔，又欲堡寨相照取直。議猶未定，而熙河將佐范育、种誼欲於見今城堡之外〔一〕，更占質孤、勝如二堡。大臣僥倖拓土之功，不以育等爲非，從而助之。尋爲夏人所破，所殺兵民皆不敢以實聞。繼修城門，再被焚毀，其事至今未定。然夏人迫於內患，不敢堅抗朝命，許以照直爲界。其言猶未絕口，而大臣又悔，欲於堡鋪之外對留十里，通前共計三十里。此命既出，有識之士以爲失信太甚，非中原之體。若使邊臣稍知義理，必不忍自出反覆之言，以彰不信。幸而夏人終以內患未解，不欲違拒，黽俛見從。十里之地，得之不足爲强，失之不足爲弱。雖小人以爲得計，而君子謂之失策。何者？要約未定，今歲已添屯重兵，前後十將有餘。十將之衆，凡五萬人。使五萬人西食貴粟，其費已不貲；而夏人順否，又未可必。雖復暫順，要之久遠，不信朝廷，爲患何所不至？然此亦既往之事，臣復何言哉！

臣之所憂，但恐大臣狃於小利，睥睨夏國便利田地，貪求不已。訪聞近遣穆衍與邊臣計議，既欲取質孤、勝如一帶良田凡數十里，又欲取秦鳳路隴諾城與熙河路定西城照直地，僅一百里，規畫極大，聞者驚愕。若此謀復作，夏人不堪其忿，竊出作過。我曲彼直，何以禦之？且先朝用兵所得四寨，朝廷猶務息民，棄而不惜，況於其餘，何足計較？在兵法有之曰：「有其有者安，貪人有者殘。」又曰：「利人土地貨寶者謂之貪兵，兵貪者破。」今之所爲，正犯此禁。臣竊怪大臣皆一時儒者，而背棄所學，貪求苟得，爲國生事，一至於此。外人皆言，前後計畫，皆出种誼。誼本小人，安知大慮，而舉朝廷以從之乎？要之，不出數年，此患必見。患至而後言，言雖易信，而已無及矣。伏乞陛下以社稷生民爲念，斷之於心，止其妄作，則天下幸甚。取進止。

貼黄：添屯數目，臣見陝西轉運使李南公言，此貼黄在添屯十將處。自元祐以來，朝廷不起邊事。凡自前邊臣欺罔，殺略熟戶，計級受賞，虜掠財物，私自潤入，及邊民幸於擾攘，買賤賣貴，如此等事，皆不得爲。故上下鼓唱，願有邊釁。凡此皆姦人自作身計，非國之利也。今勝如、質孤等處良田，實西邊第一等膏腴，豈我獨知以爲利，而夏人不知耶？彼知愛之，則不免於爭。爭一起，則兵革不息。此正墮邊臣之姦計，而大臣不察，過矣。臣訪聞夏國柄臣梁乙逋者，內有篡國之心。然其爲人狡而多算，寬而得衆。方欲內安酋豪，外結朝廷，竢內外無患，然後徐篡取之。所以朝廷近日商量地界，雖前後要求反覆，而乙逋一一聽從。蓋見議地界止於二三十里之間，於彼國不深繫利害故也。今朝廷若見其易與，因而別有大段求索，使彼不能堪忍，或至忿爭。兵難一交，必非朝廷所願，至此而後反欲求和，則所喪多矣。

【校】

〔一〕「見今」，原作「見合」，據叢刊本改。

論黄河東流劄子

臣聞大河行流，自來東西移徙，皆有常理。蓋河水重濁，所至輒淤。淤填既高，必就下而決。以往事驗之，皆東行至太山之麓則決而西，西行至西山之麓則決而東。向者天禧之中，河至太山決而西行，於今僅八十年矣。自是以來，避高就下，至今屢決。始決天臺，次決龍門，次決王楚，次決横隴，次決商胡。及元豐之中，決於大吳。每其始決，朝廷多議閉塞，令復行故道。故道既高，復行不久，輒又衝決。要之水性潤下，導之下流，河乃得安。是以大吳之決，雖先帝天錫智勇，喜立事功，而導之使行，不敢復塞，兹實至當之舉也。惟是時民力凋弊，堤防未完，北流汗漫，失於陂障。由是元祐之初大臣過聽，始開孫村之議，欲導河使東，以復故道。此議一起，都水官吏，僥倖回河之功。河上使臣壕寨，利在差遣請受。相與唱和，争請回河。自是公私困竭，河北、京東、西之民爲之不聊生矣。伏惟太皇太后陛下、皇帝陛下，仁民愛物，恭儉節用，如恐傷之。今河本無事，而生事之人公然欺罔，坐使公私俱弊，臣實深痛之。謹采河朔民言，效之左右，惟陛下裁察。

夫河自天禧西行，及其決於大吳，其去西山不遠。惟有此地未經淤填，比之他處地形最下。故河水自擇其處，決而北流，直至瀛、莫之郊。地勢北高，河遂東折入海。其爲順便，殆天意也。惟北京之南，孫村在其東岸，東接故道，其間數十里地頗汚下，每歲夏秋漲水，多自此溢出。昔之治河者，以爲北京宮闕所在，兵民夥煩，而孫村近在南城之外。若使漲水從此流入故道，則都城生聚皆有魚鼈之憂。故於河之東岸，孫村之南，開淸豐口以洩漲水，流入故道。於河之西岸，開闞村等三河門，亦以洩漲水，行無人之地，迤邐流至館陶復合入大河。昨來朝廷如一依昔人措置，則北京每歲夏秋漲水自可無虞，城南堤防所費並可省罷。自北京以北至瀛、莫以南，地迫西山，漸有岡阜，河水至此，自不能爲害。惟有深州當河流之衝，所宜經畫。今若徙武強縣開近東舊河道具見畫圖。引河稍東，則深州之危必自紓解。然後完治山公一帶北堤，極令高厚，則河流赴海可無大患矣。

今自建孫村回河之議，先閉塞闞村等三河門，又於梁村築東西馬頭及鋸牙，侵入河身幾半，迫脅大河，強之使東。旣河身噎塞，則上流陽武、靈平等處，去秋並告危急。漲水至北京之南，東西兩岸，無所分減。又爲馬頭鋸牙所迫，併入孫村，直上北京，簽橫堤面。北京告急，嘗稱若雨不止，風不定，本京必定疎虞。其得平安，蓋出天幸。由此，橫堤、順水堤皆作木岸，所費不貲，然終亦不可全恃。兼梁村東馬頭下崖至水面高七尺，水深二丈以上。若欲開掘馬頭以東，回奪河身，須及三丈乃可。訪聞入地一丈，泥水不可復開。雖復傾國應副，力亦不及。若欲略行開掘，令漲水衝刷成河，則二年以來，已試不效。況故道一帶，堤內直高一丈上下，而堤外直高二丈有餘。架水行空，最爲危事。謹按自來河決，必先因下流淤高，上流不快，然後乃決。然則大吳之決，已緣故道淤高。今乃欲回河，使行於此，理必不可。且見今北流深處，水行地中，實得水性。捨此不用，而欲引入故道，使水行空中。雖三尺童子，皆知其妄。而建議之臣，恣行欺罔，居之不疑。

今雖變回河之名，爲分水之議，據都水奏請，本謂回河與減水事體不同。所有已修進馬頭三百餘步，乞從修河司隨宜措置。馬頭既在大河之中橫攔水勢，汎漲之時，理須斟酌可存可拆，一面施行。朝廷雖許其所請，然本司收買馬頭物料至今不絕。又與本路監司同奏，乞隨宜開導口地一帶河槽，務令深闊，併修葺緊急堤岸，釃爲二渠。臣觀其指意，雖名爲減水，其實暗作回河之計也。且自置修河司以來，使過朝廷應副見錢四十九萬餘貫，其他公私所費，猶不在此數。今歲春夫共得一十萬人，而北流止得三萬，東流獨占七萬。蓋自來河北只管一河東西兩岸而已，今爲分水之故，添爲兩河，東西四岸。內北流橫添四十五埽，使臣三十四員，河清兵士三千六百餘人，物料七百一十六萬三千餘束。其爲耗蠹，何可勝言！蓋都水官吏，專欲成就決不可行之故道，而疵病已行之北流。其欲成就故道，則孫村開河馬頭等役，當罷而不罷；其欲疵病北流，則深州、武強等患，當講而不講。建議分水之人，利在深州危急，以顯北流可廢而東流當開，其爲不忠，莫甚於此。北京、靈平、陽武諸處危急，實由分水所致，則諱而不言。深、瀛、恩、冀，去歲無害，實由北流堤防稍立之功，則指爲分水之效。其爲罔上，衆所憤歎。

臣職在風憲，疾之久矣。近因訪問習知河事之人，頗得其實，采畫成圖，隨事籤貼，指掌可見，今隨箚子上進。臣雖未嘗閱視形勢，然而朝廷大臣亦未嘗按行其地，不可便以都水官吏爲信也。欲乞聖慈特選骨鯁臣僚及左右親信往河北，計會逐處安撫轉運提刑州縣及北外監丞司官同共踏行，詳具圖錄〔一〕，開述利害，保明聞奏。如臣所言不妄，即乞罷分水指揮，廢東流一行官吏役兵，拆去馬頭鋸牙，依上件所陳施行。今年春夫，仍並撥付北流開河築堤役使。所貴河朔及鄰路兵民，早獲休息，國家財賦不至枉費，有豐足之漸，則天下幸甚，天下幸甚。取進止。

貼黄：今河上夫役不過二月半下手，如蒙聖意允臣所請，伏乞火急差官前去定奪。所貴未役之前，早見可否，不誤興役。

【校】

〔一〕「具」，原作「其」，據叢刊本改。

欒城集卷之四十七

中書舍人撰兩府請賀謝表狀十首

請太皇太后受册表

臣轍等言：臣等近奉表請太皇太后以時備禮，膺受册寶，伏奉批答不許者。臣等聞謙雖盛德，過則失中。禮有必然，義非所避。方旱災未解，則克己安衆，人主之令猷；及神人既和，則備物正名，有國之常法。若乃務於損而不復，有其實而弗居，使禮典不修，則臣子何賴？臣等誠惶誠恐，頓首頓首。

伏惟太皇太后陛下躬任、姒之至德，蹈舜、禹之休功。無爲而遐邇自安，不言而忠邪自辨〔一〕。四海蒙福，三年于今。乃者雨不應時，民斯艱食。然而振廪已責之惠，饑饉所以再生；側身修行之誠，鬼神所以助順。今覊麥既阜，黍稷可期。人獲安居，朝亦無事。而禮廢不舉，衆將謂何？夫以擁佑神孫，緝熙大業。名號之施，本由其實；文物之盛，復沿其名。夫何嫌疑，固執謙畏？而況遏密之期已極，愛戴之願方深。抑損逾涯，進退無據。臣等重念君父之道，不獨爲身；其於臣子之謀，當使無過。今時日協吉，册寶告成，却而不施，自爲則至，而使皇帝陛下不得盡人子之義，百官有司不得舉人臣之職，此臣等區區竊所未喻也。伏願太皇太后陛下，勉循斯請，以安衆心。仰以奉祖宗之舊儀，俯以爲國家之榮觀。臣等無任懇款激切屏營之至，謹奉表以聞。臣轍等誠惶誠恐，頓首頓首，謹言〔二〕。

【校】

〔一〕「辨」，原作「辯」，據叢刊本改。

〔二〕「臣轍」至「謹言」，原無，據叢刊本補。其中「轍」原作「某」，據文章首句徑改。以下各篇同此情況者，均徑補，不再出校。

賀擒鬼章表

臣轍等言：伏睹熙河、蘭、會經略司奏，今月十九日洮東安撫种誼等領兵攻破洮州城，生擒西蕃首領鬼章者。天網雖寬，久而必獲。神理助順，叛者自亡。會是偏師之出疆，遂聞元惡之授首。諸戎震疊，西鄙肅清。臣轍等誠歡誠忭，頓首頓首。

伏惟太皇太后陛下，天覆四方，坤載萬物。好生之德，發於自然；柔遠之功，覃於無外。昆蟲草木，咸知此心；天地鬼神，陰相其業。顧西蕃之遺種，孤累聖之鴻私。頃在熙寧之間，誘陷思立之衆。置而不問，猶覬知恩。爵秩兼隆，賜予不絶。而乃潛結西夏，攻圍南川。焚蕩傷夷，動以萬計。發掘驅虜，不可數知。築據臨洮，傲睨天討。當宁太息，念疆場之無辜；諸將激昂，知背誕之不赦。兵刃既接，凶黨奔亡。臨衝未施，壁壘自破。老羌奪氣，白首就擒。即聽檻車之行，以正藁街之戮。乃者拓跋小醜，憑恃解仇之謀；猖狂大言，陰蓄窺邊之計。脣亡則齒知難久，臂解則肩不自持。料其破膽之餘，款塞無日。信矣得天之助，本於愛物之誠。臣等鎮撫無功，黽勉備位，幸依干羽之化，庶睹兵革之藏。欣戴之心，倍萬倫等。臣轍等無任瞻天望聖激切屏營之至，謹奉表稱賀以聞。臣轍等誠歡誠抃，頓首頓首，謹言。

謝入伏早出狀二首

伏以火老而煩，金微斯伏。忽被早歸之詔，仰慚内恕之恩。退食委蛇，撫躬戰汗。臣等叨塵近輔，與聞政幾。庇廣廈之清陰，飽素飡而終日。方慚懼於無補，何勞苦之足云？伏惟太皇太后陛下推己及人，使臣以禮，深念早衰之質，許以中昊之休。顧惟民事之至艱，蓋有日入而後息。臣等敢不上懷主眷，俯念人勞。廣淸淨之餘風，致安佚於無外。

伏以候極南訛，日臨庚伏。方齋居之暇豫，閔政務之勤勞。亟命造歸，得從燕息。臣等猥以一介，獲覽萬微。殫日力而不遑，知寸陰之可惜。惕然祗畏，敢有怠荒？伏惟皇帝陛下，雞鳴求衣，日旰忘食。致海內無警急之奏，而朝廷有清淨之風。膺化國之舒長，念暑雨之咨怨。曾匪賢勞之久，遽蒙夙退之安。臣等敢不上體眷懷，益勵愚拙。更寒暑而不易，期歲月之有成。

謝坤成齋筵狀二首

清光可企，初奉萬年之觴；妙供已成，共薦三乘之福。遽傳溫詔，式燕羣工。舉磬管以示和，陳肴核而飽德。與衆同樂，既均夷夏之歡；俾壽而康，當遂臣鄰之願。

寅奉東朝，方慶誕彌之節；均慈列辟，俾同既醉之歡。飫以和羹，作之備樂。舉太平之舊事，竦衆目以榮觀。呦呦鹿鳴，士有盡心之願；振振鷺下，衆知胥樂之誠。

謝講徹論語賜燕狀二首

志在多聞，親講前王之訓；功惟日就，遽見一經之終。深念勤勞，式均燕喜。籩豆有楚，鍾鼓畢陳。勉興好我之心，既優以禮；將聞善道之告，不絕於時。

宸心莫測，方篤志於詩書；坤德無爲，但勤求於雋彥。曾未閱歲，已聞終經。式均燕豆之私，以榮講席之報。始於好學，竚觀聖政之新；終克肯堂，益助慈心之喜。

賀雪御筵謝狀二首

伏以微陽將復，温氣尚浮。誠章感天，不日而應。同雲覆地，雨雪載均。信哉牟麥之祥，復稱癘疫之藥。時方嗣歲，已知天造之回；功在庶農，益驗坤元之德。臣等弼諧雖幸，燮理何功？安此豐年，日有素餐之愧；錫之備禮，重叨曲燕之私。醉飽而歸，震惶無措。

伏以近自頻年，每愆時雪。聖心勤念，雖淵默以無言；天意密符，變凝陰而有作。飛花先自於宫闕，布潤俄遍於寰瀛。九軌澄清，已消塵壒之濁；三農踊躍，載歌牟麥之豐。臣等幸此有年，共安無事。錫之醴酒，益知和氣之充；飫以肴烝，願均足食之惠。醉飽盛德，歌舞休功。

編神宗御集奏請表狀二首

乞御製集敘狀

臣等頃被旨編次神宗皇帝御製文集。檢尋遺放，緜歷歲時。於兵政二府，得處置之詳；於臣寮諸家，得訓敕之要。相從以類，首以詩、頌，雜文備載無遺，終以邊防祕計。今者編錄粗定，卷秩已分。臣等恭惟神宗皇帝天縱彌文，神授英略。詞章淵妙，不學而能。籌策縱横，絶人遠甚。而復厲精庶政，親決萬機。故其游幸無益之文，見存無幾；至於經論成務之作，著錄尤多。足以上繼典誥垂世之書，豈止追迹漢、唐能文之主？臣等雖覩章句，莫測淵源。竊見祖宗御製集聖製序文，已有故事，蓋天日之象，非常人所能形容，而堯、舜之言，非來聖莫適題品。臣等欲乞皇帝陛下依前朝典故，親譔神宗皇帝御製集序頒付本所，以發揮聖作，昭示來世。

進御集表

臣轍言：竊惟神宗皇帝天縱聖德，文章儁偉，策略宏遠，出於天性，不由學致。自初即位，經營百度，有綱紀海內，鞭撻四夷之志。老臣宿將，拱手相視，以聽可否。至於發姦擿伏，料敵制勝，明見萬里之外，皆發於文詞。

臣頃被聖旨，編次遺文，始於禁中，次及三省密院，下至文武諸臣之家，凡尺牘寸紙，無所遺軼。或文采煥發，足以形容淵衷；或事實明著，足以考察時政。謹已譔次成書。然臣之愚陋，不足以測知深淺。臣轍誠惶誠恐，頓首頓首。伏惟皇帝陛下居堯、舜之位，躬曾、閔之孝。太皇太后表改此二句云：「以文母之慈，修聖子之業。」補述前志，見於爲政。網羅遺事，盡付史官〔一〕。猶恐平生文字，久而散亡，或致磨滅。特置官局，經涉歲時。

臣伏覩歷代帝王，如漢武、魏文、唐德、文、宣三宗，皆工於詩騷雜文，與一時文士比長絜大。至於經綸當世，講論利害，以文墨盡天下事，則皆不足以仰望先帝之萬一。惟漢光武起布衣，治經術，提三尺劍以平僭亂，得治民馭兵之要，每以手迹十行細札號令海內。竇融在河西，詔書至，探融等情僞，河西皆驚，以爲不可欺，即時款附。第五倫爲京兆掾〔二〕，每讀詔書，曰：「此聖主也，願爲盡死力。」魏太祖芟夷羣醜，其用兵雖法孫、吳，然因事變化，自作兵書十餘萬言。諸將征伐皆以新書從事，臨事又手爲節度。從令者克捷，違教者負敗。惟此二君近之。然先帝之文，其高處自當與典謨訓誥爲比，非近世所能髣髴。凡著錄九百三十五篇，爲九十卷，目錄五卷。內四十卷皆賜二府及邊臣手札，言攻守祕計，先被旨錄爲別集，不許頒行。仍御製集序一篇，以紀盛德，發明大訓。臣竊見祖宗御集，皆於西清建重屋，號龍圖、天章、寶文閣以藏其書，爲不朽計。又刻版模印，遍賜貴近。臣今已繕寫，分爲五幞，隨表上進。欲乞降付三省，依故事施行。所有御集即付本所修寫鏤版。臣無任戰汗慚懼屏營之至，謹奉表以聞。臣轍誠惶誠恐，頓首頓首，謹言。

【校】

〔二〕「付」，原作「副」，據叢刊本改。

〔三〕「掾」，原作「椽」，據叢刊本改。

辭免恩命表狀箚子一十六首

辭起居郎狀二首

右臣今月十九日准閤門告報，已有告命，除臣起居郎者。伏念臣頃自疎外，擢居諫垣，衰廢之餘，才力耗竭，黽俛歲月，無所建明。近因朝廷除張頡爲戶部侍郎，杜紘爲右司郎中，公議紛然，謂非其人。臣繼上封章，極言其事。杜紘雖才性鄙佞，點辱華要，而罪惡未著，臣亦不敢力言。至如張頡，爲性險躁，臨事乖方，歷任以來，罪狀山積。臣以爲事既明白，是以前後五次上言。不知頡久事權要〔一〕，植根深固。一爲左右之所保任，遂致聖意確然不移。臣屢獻狂言，誠不量力。雖聖恩寬貸，未賜譴訶，豈敢冒昧寵榮，復塵要近？言不稱職，臣猶自知；當黜反遷，衆必指笑。伏乞特回誤恩，除臣一外任差遣，俾臣得免清議，不勝幸甚。所有前件告命，臣不敢祗受。謹錄奏聞，伏候敕旨。

【校】

〔一〕「權要」，原無「要」，據叢刊本補。

右臣准今月二十三日尚書省劄子，以臣奏乞免起居郎恩命，奉聖旨不許辭免者。君父之命，所當敬從。臣實何人，敢有固執？特以臣前言張頡除戶部侍郎不當，前後五狀，不蒙施行。頡之罪名，著在案牘，傳於公議。而大臣主之愈力，朝廷用之不疑。則是臣謗毀忠賢，眩惑天聽，狂妄之誅，所不當赦。臣今不敢復論其事，但以言爲職，言既不用，理當廢黜。銜愧冒寵，義實不安。伏乞檢臣前奏，除臣一外任差遣，以全臣進退之分。所有起居郎告命，臣不敢祗受。謹錄奏聞，伏候敕旨。

免修條支賜劄子二首

臣准門下中書後省關准吏部牒，以臣詳定參校六曹寺監吏人額祿文字并修條，特支銀絹各五十疋兩。竊緣編修條貫及裁定吏額，皆上稟朝廷論議，下賴官吏勤力，臣居其間，別無勞效，冒昧恩賞，情所不安。況范百祿等已有文字辭免，乞賜檢會〔一〕，一處施行。特寢誤恩，以安愚分。取進止。

【校】

〔一〕「賜」，原作「贈」，據叢刊本改。

臣近准尚書省劄子，奉聖旨不許臣辭免詳定吏額并修條特支銀絹者。聖恩深厚，不廢微勞，豈合固辭，上煩天聽？然念臣頃自遭遇，曾未數年，致位近侍。其間因緣職事，催督官吏，修定舊條。在於微臣，絕無分毫之効。若皆一一僥倖恩賞，實愧心顏。伏乞聖慈，察臣誠心，非有矯飾，追寢成命，以安愚衷。取進止。

辭召試中書舍人狀二首

右臣今月二十二日奉聖旨，召試中書舍人者。伏念臣頃自外官，擢任言責。雖縱陳狂瞽，而報効蔑然。遽蒙聖恩，執筆柱下；復緣乏使，權掌命書。資淺才微，寵恩沓至，自知非稱，而況人言？方欲上書自陳，以辭要劇；忽聞召命，震越非常。況今多士盈廷，詞臣間出。或久次不用，或沉伏未聞。豈患無人，以備任使？顧臣才力短拙，重以衰殘，曾未逾年，致身華近。必貽公議，難以自安。伏乞追回誤恩，少安愚分。謹錄奏聞，伏候敕旨。

右臣今月某日准閤門告報，蒙聖恩除臣試中書舍人者。頃蒙特旨，召試中堂〔一〕。辭避不從，黽俛而就。遂忝成命，意終不安。雖如區區寸誠，不能仰回天聽，而匹夫之志，終欲必行。蓋人臣事君，本求知遇，有命不受，近於不情。然臣以義而言，有三不可：伏念臣少從父學，稍知爲文，憂患以來，筆硯都廢。今雖勉強，心志已衰。此一不可也。臣昨自縣道，召充諫官；旋叨左史，仍兼詞命。駢繁寵數，併在一年，臣猶知非，況復公議？此二不可也。內外兩制，素號要途。兄軾頃已擢在禁林，臣今安敢復據西掖？非獨畏避譏評，實亦恐懼盈滿。此三不可也。臣既無一堪，而有三不可，冒昧寵祿，將安用之？伏乞聖慈，鑒臣愚誠，特寢前命，俾臣得安閑地，少弭人言，則臣圖報恩私，尚有他日。謹具狀奏聞，伏候敕旨。

【校】

〔一〕「召試」，原無「試」字，據叢刊本補。

辭戶部侍郎劄子

臣准尚書省劄子，已降誥命，除臣依前朝奉郎，試戶部侍郎、奉聖旨管勾右曹者。待罪西掖，雖已期年。齷齪文墨之間，愧負寵祿之厚。豈期過聽，特有甄升？竊以戶部右曹，兼領昔日金、倉、司農之政；侍郎職事，專治天下差繇、市易之餘。奏請紛然，法度未定。方欲酌今昔之中制，采吏民之公言。宜得強明練達之人，立成久遠通融之法。如臣暗陋，何以克當？願回誤恩，別選能吏。俾臣愚獲安於微分，而國事不失爲得人。公私兩宜，衆議爲允。懇迫之至，冒昧以聞。取進止。

辭吏部侍郎劄子

臣准尚書省劄子，已降誥命，除臣試尚書吏部侍郎，奉聖旨令管勾右選者。臣待罪民部，一期且半。才微事劇，智力俱殫。方欲干扣聖明，稍求閑地。而猥蒙進擢，俾佐天官。地望愈華，職業尤夥。見今選集之士五六千人，一失銓量，人言可畏。伏望聖慈，矜臣不逮，察臣無他，除臣一閑慢差遣。上以明朝廷用人之公，下以全愚臣知止之分。干冒天威，進退失措。取進止。

辭翰林學士劄子

臣今月十四日准閤門告報，已降誥命，除臣翰林學士、知制誥者。臣頃在民曹，頗經歲月，不能均調有無，仰助邦計。日虞曠弛，以速刑誅。朝廷曲賜保全，已爲至幸，復加進擢，必致煩言。近被除書，參掌吏選，雖云寵命，猶麗諸曹，臣自量空疎，尋已辭避。而況玉堂之清祕，號爲詞臣之極選？臣兄軾舊以文學見稱流輩，猶復畏避，不敢久居。得請江湖，如釋重負。在臣微陋，實爲叨竊。兄出弟處，或謂朝廷私臣一家；地近職嚴，姑願朝廷歷選多士。雖或未欲置臣於外，猶願特許假臣以閑地。苟未滿盈，庶可驅策。悃誠迫切，進退兢危。伏望聖慈，即賜俞允。取進止。

辭御史中丞劄子

臣待罪禁林，行將一歲。兼權吏部，復又累月。常恐才小責重，一有曠敗，孤負聖恩。今月三日得閤門報，准告，除臣御史中丞、充龍圖閣學士。聞命震恐，罔知所措。蓋自二聖臨御，所用執法，於今六人。或由此進用，或因事罷去，凡任人之得失，實繫朝廷之重輕，官吏視之以啓勤怠之心，邪正因之以知消長之候。是以前代所選，至愼至難。如臣鄙凡，何以堪此？況復職冠河圖之祕，亦非近事之比。雖朝廷過聽，欲以寵借小臣；而臣自度量，顧顧少安愚分。重念臣頃者爲邑江外，被召還朝，曾未五年，遍歷華近。無尺寸之功德，荷山岳之恩私。區區之誠，每虞傾覆。若復冒居要任，誠異本心。況臣非獨自爲身謀，亦爲朝廷惜此過舉。伏乞追寢成命，退就閑官。上全知人之明，下安守節之義。惶恐迫切，不知所裁。取進止。

辭尚書右丞劄子四首

臣今月五日准閤門告報，蒙恩除中大夫、守尚書右丞者。臣備位南臺，言事無補。上負朝廷開納之意，下辜朋友責望之誠，徒以厚恩未酬，欲去不忍。豈謂非常之命，猥加無補之臣？矧復二轄之官，萬幾所在，苟用人之一失，實取輕於四方。如臣奮自諸生，謬叨近侍。崎嶇縣道，曾未數年；出入周行，莫聞顯效。資地淺薄，積薪有後來之譏；德業空虛，在梁有不稱之誚。伏乞追寢成命，少安愚衷。上以全二聖知人之明，下以成孤臣審己之分。臣無任祈天待命激切屏營之至。取進止。

臣蒙恩除中大夫、守尚書右丞，今日雖已具劄子辭免，然意有未盡。君父之前，不敢復隱，謹具披露，惟陛下察之。伏念臣幼無他師，學於先臣洵。而臣兄軾與臣皆學，藝業先成，每相訓誘。其後不幸早孤，友愛備至。逮此成立，皆兄之力也。頃者兄弟同列侍從，臣已自愧於心。今茲超遷丞轄，中臺與聞政事；而臣兄軾適自外召還，爲吏部尚書，顧出臣下。復以臣故，移翰林承旨，臣之私意，實不遑安。況軾之爲人，文學政事，過臣遠甚，此自陛下所悉。臣不敢遠慕古人，內舉親戚，無所回避。只乞寢臣新命，若得與兄軾同爲從官，竭力圖報，亦未必無補也。如此，則公議既允，私意獲安。其於愚臣，實爲至幸。取進止。

臣今月某日伏蒙聖恩賜臣詔書一道，不允臣辭免恩命者。命降自天，輒形懇避；恩不加譴，猶辱訓詞。輒緣覆燾之私，復伸愚陋之懇。蓋陳力事上，常自止於不能；而量才用人，亦當矜其已竭。況臣位居執法，職在繩愆。苟有官非其人，爵踰於德，法所當治，臣敢弗言？今者擢寘近班，實爲虚授。若遂黽俛居位，臣既自已知非；苟復傳播於人，衆必指爲無恥。在他人猶爲不可，況本職之所當言？幸別選於長才，冀稍安於私意。再殫誠悃，非敢飾詞，所有誥命，不敢祗受。臣無任震越待罪之至。取進止。

臣今月某日蒙恩差到某官，齎降詔書一道，以臣再辭恩命，不允所請者。特遣使車，宣布君命，里巷改觀，親黨增光。雖聖聰之未回，抑愚言之可聽。與其順旨而使聖朝不獲所任，曷若違命而使柄臣舉惟其人？用此力辭，期於得請。昔楚有子玉，文公爲之仄席；衞多君子，季札知其未亂。若公卿類皆骨鯁，則精神足以折衝。今雖忠賢在朝，股肱協力，不宜雜用小器，以示乏人。臣能知難，國之福也；苟不度德，民何觀焉？尚冀察臣危誠，追寢前命，俾得粗陳薄技，以効一官。既獲謀身之宜，非無報國之所。進退兩得，家國俱安。其於微臣，豈非厚賜？無任恐懼懇禱之至。取進止。

免尚書右丞表二首

臣轍言：伏奉誥命，蒙恩除臣中大夫、守尚書右丞者。首居言責，無補聖時。方有黜幽之虞，遽聞躐等之命。辭而不獲，情實難安。臣轍誠惶誠恐，頓首頓首。伏念臣家世寒賤，兄弟戇直。早坐狂言，流落江湖而不返；晚逢興運，聯翩禁近以偷安。恃聖神之誤知，蹈險夷而莫顧。前後歷居於臺諫，彈擊多召於怨尤。每圖自安之宜，惟有早退之便。徒以受恩未報，中夕以興。進退皆艱，徬徨自失。敢有望於殊寵，以自遠於煩言。矧茲丞轄之嚴，號居弼諧之貳。觀用人之當否，知爲國之重輕。如臣迂闊而寡謀，孤直而多怨，進用茲始，已或紛然。眷遇儻隆，安能自保？伏望太皇太后陛下，眷求一德，以允僉言。愼名器之假人，念衣裳之在笥。亟收前命，以保危蹤。苟無隕越之憂，盡出生成之造。臣無任祈天俟命激切屏營之至，謹奉表陳免以聞。

臣轍言：伏奉誥命，蒙恩除臣中大夫、守尚書右丞者。臺轄之重，國論所存。顧惟尺寸之材，何與棟梁之選？比陳誠懇，尚閟俞音。臣轍誠惶誠恐，頓首頓首。伏念臣家世寒儒，僅守父兄之樸學；文史末技，不通邦國之大猷。頃自元祐之初，偶緣乏使；召自南遷之後，遽責使言。旋由左史而踐掖垣，復從右戸以居翰苑。迨茲執法，曾未數年。言何補於聖明，志已殫於憂責。以一日遭逢之幸，擅諸臣積累之榮。方懷滿溢之虞，願求閑散之便。豈意恩私之横被，復叨丞轄之近班。自昔政事之臣，非處書生之地。既犯不韙，其何敢安？伏望皇帝陛下，以德愛人，量才付位。深察斗筲之陋，難堪鍾鼎之藏。追還誤恩，還建明德。俾賢愚各安其所，則中外無復間言。其於微臣，受賜多矣。臣無任祈天竢命激切屏營之至，謹奉表陳免以聞。臣巘誠惶誠恐，頓首頓首，謹言。

欒城集卷之四十八

雜謝恩命表狀二十一首

謝除中書舍人表二首

臣轍言：伏奉誥命，除臣試中書舍人，仍改賜章服者。執筆柱下，已愧空疎；起草禁中，尤爲清切。上慚主眷，下愧人言。臣轍誠惑誠懼，頓首頓首。伏以西臺政教之原，紫微論思之地。緝熙庶政，事得稽參；進退具寮，言成訓誥。昔趙孟治晉，叔向爲之謀主，則楚無以當；國僑爲鄭，子羽掌其詞令，則國鮮敗事。今臣所領，頗近於斯。宜得博達詳練之人，疎通敏捷之士，考覈邦典，潤飾皇猷。如臣樸訥少文，迂拙自用。在仁祖時，始以直言，見收下第。在神考時，復以封事，獲對清光。不能自結於一時，旋復竄投於萬里。雖謀身之不暇，顧受任以何堪？泰壇之樽，何取溝中之斷？清廟之瑟，誤收竈下之焦。此蓋伏遇皇帝陛下，出震乘龍，代天理物。默然思道，專意於用人；穆若守成，選衆而求舊。憐臣一介之賤，偶爲三世之陳。遺簪以故而見收，老馬以病而復養。不求其用，聊廣吾仁。臣雖力不迨人，而誠心未泯；學忘其舊，而一二猶存。敢不靖恭於朝，側聽高宗之言政；勉強以俟，幾見成王之措刑。臣無任感天荷聖，激切屏營之至謹奉表稱謝以聞。臣轍誠感誠懼，頓首頓首，謹言。

臣轍言：伏奉誥命，除臣試中書舍人，改賜章服者〔一〕。越從左史，擢領西垣。口出命書，身參法從。深念山林之迹，本無富貴之心。聞命若驚，固辭不獲。臣轍誠感誠懼，頓首頓首。伏念臣生本西蜀，家世寒儒。學以父兄爲師，貧無公卿之助。私有求於祿養，輒自力於文詞。慨然東遊，無以上達。際會仁祖，訪求直言。策語猖狂，恃聖神之不諱；考官怪怒，惡悻直之非宜。孰知悟俗之言，特被愛君之詔。感激恩遇，遂忘死生。莫酬國士之知，適有私門之禍。未塡溝壑，重迫飢寒。時於道途，望見神考。一封朝奏，夕聞召對之音；衆口交攻，終致南遷之患。生雖不遇，嘗辱顧於二宗；時不見容，勢殆濱於九死。厄窮自致，黽俛何言？敢云衰病之餘，復被寵光之幸？此蓋伏遇太皇太后陛下，母慈均覆，坤德無私。欲以任姒之明，躬行堯舜之道。肆求多士，以遺成王。耆老畢會於朝廷，耕築不遺於林莽。遂令拔擢，猥及空疎。馮唐已衰，猶願雲中之往；貢禹雖老，未忘封事之勤。譬如木之在山，生則荷恩，而死無所怨；冰之於地，行則潤下，而止不敢辭。臣之事君，義亦如此。欲報之意，非言所殫。臣無任感天荷聖激切屏營之至，謹奉表稱謝以聞。臣轍誠感誠懼，頓首頓首，謹言。

【校】

〔一〕「改賜」，叢刊本作「仍賜」。

謝除戶部侍郎表二首

臣轍言：今月初四日，伏奉誥除臣依前朝奉郎、試尚書戶部侍郎者。掖垣清閟，奉鉛槧以媮安；民部劇煩，以金穀而爲職。事非素學　命不獲辭。臣轍誠惶誠恐，頓首頓首。伏念臣起於南裔，曾未再期；擢在近班，訖無少補。開口論事，適宸心延納之初；引筆代言，非書命縱横之際。竊祿而已，功何足云？計日以言，時亦未幾。方自憂於汰去，豈復意於超升？此蓋伏遇太皇太后陛下，仁聖無爲，靜深照物。坐閱工師之衆，灼知情僞之端。察臣朴愚，憐臣孤遠。才雖未能以應務，性則不喜於爲邪。試之劇曹，冀其來效。然臣觀當今右部之政，正值昔日新法之餘。召募憂於錢荒，差繇患於戶少。事既難辨，法當通方。尚賴聖算之明，稍寬民力之憊。臣之疎拙，徒自勉強。苟少緩於瘡痍，亦圖報之萬一。臣無任感天荷聖激切屏營之至，謹奉表稱謝以聞。臣誠惶誠恐，頓首頓首，謹言。

臣轍言：今月初四日伏奉誥命，除臣依前朝奉郎、試尚書戶部侍郎者。田野之姿，入朝未幾；侍從之貴，冒寵已多。方懷汰去之憂，敢有超遷之望？臣轍誠惶誠恐，頓首頓首。伏以右曹之政，本專賦役之煩，近歲以來，復益金、倉之舊。下關民力，上計邦儲。朝廷議論，積年於茲；吏民封章，繼日以上。置局未遑於成法，付部要責其奏功。將以適四方之宜，爲一代之典。自非精練吏事，週知民情，何以上副憂勤，下寬疲瘵？如臣淺陋，殆難克堪。此蓋伏遇皇帝陛下，聖貴乘時，孝先述志。明於因革之故，達於利病之原。上覽祖宗之成規，下采今昔之公議。昭然獨斷，惠此小民。謂臣出自賤寒，或知効農之意；性本愚拙，庶無希合之情。度越衆賢，付以要務。臣敢不上體聖慮，勉盡鄙心？臣無任感天荷聖激切屏營之至，謹奉表稱謝以聞。臣轍誠惶誠恐，頓首頓首，謹言。

謝對衣金帶表二首

臣轍言：伏蒙聖恩，賜臣對衣金帶者。盛服在躬，衰容有耀。兼金收袵，綿力難勝。顧視何功，叨塵重錫？臣轍誠惶誠恐，頓首頓首。伏念臣家本寒族，誤點淸班。豈曰無衣敢自求於安燠；可使束帶，顧未工於語言。曾是遭逢，坐蒙恩寵。此蓋伏遇皇帝陛下，德澤無外，足以衣被四方；禮義有餘，意將藩飾羣下。發在笥之珍，以明重愼；易佩魚之飾，以示等威。結以會朝，垂厲識都人之舊；服而拜舞，顧影有彼己之慚。豈徒褒博以爲容，願盡糜捐而報德。臣無任感天荷聖激切屏營之至，謹奉表稱謝以聞。臣轍誠惶誠恐，頓首頓首，謹言。

臣轍言：伏蒙聖恩，賜臣對衣金帶者。中廷拜命，御府推恩。授安吉之禮衣，兼熒煌之寶帶。臣轍誠惶誠恐，頓首頓首。伏念臣西南賤士，儒素傳家。羊裘寬博以禦寒，牛脅連延而束體。久從游宦，幸此甄收。曾何施爲，坐沾賜予？此蓋伏遇太皇太后陛下，天覆庶物，子養羣臣。機杼告功，遠取同裘之義；範鎔成質，式示斷金之誠。篋笥增輝，既燻晙於私室；韡紼同結，亦誇耀於周行。顧慚彼己之譏，當誓捐軀之報。臣無任感天荷聖激切屏營之至，謹奉表稱謝以聞。臣轍誠惶誠恐，頓首頓首，謹言。

謝翰林學士宣召狀二首

右臣今月二十五日西頭供奉官充待詔盛倚至臣所居，奉宣聖旨，召臣入院充學士者。成命莫回，驚使華之促召；一家竦聽，望雲闕以馳情。實儒者之至榮，豈平生之敢望？竊以翰墨之任，始自有唐；供奉至尊，講聞前輩。北廊奏事，有如李絳之忠；中禁論兵，復數畢諴之智。迨我祖宗之盛，最優文學之臣。時舉舊章，多蒙召對。頃自恭默之後，稍虛顧問之常。方今聖德日躋，羣臣屬目。蓋將虛前席以博問，繼夜燭而疇咨。宜得儁良，密侍燕語。如臣草野微陋，章句拙踈。十載江湖之間，自羣魚鳥；五遷臺省之要，永愧冠裳。敢謂乏人，遽令至此？茲蓋伏遇皇帝陛下，天心廣大，海德丼包。物無一介之遺，意求萬目之舉。臨朝訪道，有元老之在前；燕處淸心，授衆正而自助。從容盛德，循致承平。塵露之微，海嶽奚補？修列聖之故事，今將其時；因聞見以納忠，臣亦有志。臣無任感天荷聖激切屏營之至，謹錄奏謝以聞。謹奏〔一〕。

【校】

〔一〕「謹奏」，原無，據叢刊本補。下同。

右臣今月二十五日西頭供奉官充待詔盛倚至臣所居，奉宣聖旨，召臣入院充學士者。力辭不免，亟承詔旨之温；就職有時，復紆使節之重。慚負之極，俯伏何言？竊以法從之華，禁林稱首。田漁自奮，信遭遇之已艱；兄弟迭居，況前後之無幾。二劉二吳，號有唐之盛事；二宋二韓，稱本朝之得人。或同處於一時，或相望於累歲。今臣與兄軾皆塵西掖，繼入北扉。曾未三年，遍經兩制。才不逮於前輩，寵遂極於當年。聖主何私，偏許一門之幸；愚臣自料，敢齊伯氏之賢？莫爲先容，獨爾幸會。此蓋伏遇太皇太后陛下，天地之德，含氣必生；日月之明，容光咸照。力判忠邪之黨，首淸侍從之聯。察臣兄孤直之無他，適具員偶闕而當補。棄遺簪而未忍，意同氣之可收。致此空疎，亦蒙獎擢。臣敢不始終一節，庶無隕於家聲；勉強百爲，或有補於國事。臣無任感天荷聖激切屛營之至，謹錄奏謝以聞。謹奏。

謝賜對衣金帶鞍馬狀二首

右臣伏蒙聖慈，以臣入院，特賜衣一對、金腰帶一條，并魚袋、金鍍銀鞍轡、馬一疋者。衣配重金，光照從官之右；厩分上駟，出忘徒步之勤。齷齪何功，便蕃若此？伏念臣生於寒遠，仕則塵勞。逢掖之衣，如牛脅而自約；下澤之乘，望田舍以懷歸。曾是恩私，不遺固陋。此蓋伏遇皇帝陛下，輯綏多士，收攬成功。五色彰施，旣盡藩飾之美；六轡調適，復均緩急之宜。不問衰殘，特加好賜。無衣自請，喜七節之吉兮；爲子永懷，悲三賜之及此。麋捐之報，造次不忘。臣無任感天荷聖激切屏營之至，謹錄奏謝以聞。謹奏。

右臣伏蒙聖慈以臣入院，特賜衣一對、金腰帶一條，并魚袋、金鍍銀鞍轡、馬一疋者。服章在笥，騏驥出閑。襲以會朝，乘而拜賜。周行悚觀，陋室增華。伏念臣家本寒儒，誤塵法從。既脫布韋之陋，稍從輿馬之安。同裘之私，本非所望；康侯之錫，顧亦何堪？寵數便蕃，循省愧歎。此蓋伏遇太皇太后陛下，博求儁乂，圖廣治功。歷覽縉紳之間，深照奔走之病。曾是迂拙，偏被恩私。賓客在前，或將使之束帶；大夫之後，知遂免於徒行。誓以糜捐，少圖報稱。臣無任感天荷聖激切屏營之至，謹錄奏謝以聞。謹奏。

謝敕設狀二首

右臣伏蒙聖慈，以臣今月二十六日入院，特賜敕設者。初踐玉堂，亟頒燕俎。仰示慈之豐厚，增沿職之光華。飽食何爲〔一〕，汗顔罔措。伏惟皇帝陛下使臣以禮，先祿後威。四簋既盈，豈復無餘之歎；初筵有秩，共成既醉之和。荷賜則多，論報何所？臣無任感天荷聖激切屏營之至，謹錄奏謝以聞，謹奏。

【校】

〔一〕「何」原作「河」，據叢刊本改。

右臣伏蒙聖慈，以臣今月二十六日入院，特賜敕設者。恩異禁林，禮加燕豆。頻年不講，故事僅存。偶追賢儁之游，亟蒙飫賜之舊。伏惟太皇太后陛下惠慈無外，典禮畢修。鳴鹿呦呦，喜忠言之來告；嘉魚汕汕，豈衎樂之徒然？祗服異恩，敢忘仰報？臣無任感天荷聖激切屏營之至，謹錄奏謝以聞。謹奏。

笏記二首

臣蒙恩授翰林學士知制誥者。眷命自天，懇辭無地。伏念臣歸朝未幾，受任過優。榮兼伯仲之間，寵先供奉之列。此蓋伏遇太皇太后陛下，德施普博，恩及覃平。察狂狷之無他，憐孤直之寡助。生成之賜，草木何知？臣無任感天荷聖激切屏營之至。

臣蒙恩授翰林學士知制誥者。職叨非分，恩出異常。伏念臣比自南遷，擢居法從。功未聞於一二，寵遂及於便蕃。此蓋伏遇皇帝陛下，急於用人，不遺寸善。置之翰墨之地，忘其兄弟之嫌。欲報洪私，未知死所。臣無任感天荷聖激切屏營之至。

謝除龍圖閣學士御史中丞表

臣轍言：伏奉誥命，除臣御史中丞，充龍圖閣學士者。視草禁中，既極儒臣之選；專席朝右，復膺忠告之求。兼延閣之寵名，增南司之榮觀。退循淺拙，徒積兢危。轍誠惶誠恐，頓首頓首。伏以仁聖在宥，五年于今。恭儉無爲，四方稱治。然而矯枉之過，苛吏適去而寬弛相尋；革故之難，敝事雖除而條綱尚紊。民貧未可經遠，吏寙難於責功。是謂守成之難，宜有厲精之實。幸臺綱之一舉，措國是於無疑。如臣才力之微，強勉何及？此蓋伏遇太皇太后陛下，德惟主善，政貴日新。閔風俗之惰媮，審詞說之忠佞。知逆耳之利行，察遜志之多非。是以度越儁賢，收掇微賤。然臣迂愚之質，砥礪莫加；顛沛之餘，衰罷日甚。言之無補，昔已效於諫垣；文不適時，比復陳於翰苑。恩深莫塞，才短奚爲？惟有事君之小心，每欲終身於直道。折而不屈，蓋蓬蒿之自然；晦而猶鳴，亦雞鵠之常性。志效捐軀之報，未知授命之晨。拜伏在廷，俯仰增愧。臣無任感天荷聖激切屏營之至，謹奉表稱謝以聞。臣轍誠惶誠恐，頓首頓首，謹言。

謝賜對衣金帶鞍馬狀

右臣伏蒙聖恩，賜臣對衣、金帶、鞍轡、馬一疋者。衣以旌禮，錫之帶則有約束之嚴；馬以代勞，加之鞍則無隕越之懼。荷國恩之深重，知聖訓之密微。服以周旋，益增愧汗。此蓋伏遇太皇太后陛下，照臨多士，抵廣德心。捐廐庫之有餘，憐臣庶之微陋。拜命茲始，曾無毫髮之勞；受賜以歸，先有滿盈之懼。伏念臣起家寒遠，遭世熙明。才下位高，畏維鵜濡翼之誚；任重道遠，懷老驥伏櫪之心。量力自知，覽物增愧。將何以光被顯服，並驅衆賢？惟當知無不言，實亦匪以爲報。臣無任感天荷聖激切屏營之至。

謝除尚書右丞表二首

臣轍言：伏奉制命，除臣中大夫，守尚書右丞，累具辭免，蒙降詔不允，仍斷來章者。待罪南臺，閱時空久；承恩右轄，量分實逾。雖循牆而固辭，媿回天之無力。臣轍誠惶誠恐，頓首頓首。伏念臣衰遲晚節，遭遇聖時。還朝首擢於諫垣，求言終賓於臺長。蓋古人事君之難事，惟忠言拂意之易危。迫切至於引裾，顚危有或折檻。大則死亡之不卹，小則投竄而莫留。雖伏節之心，沒而後已；而保身之義，明者非之。臣今不然，事出至幸。蓋上方有道，常導之使言；故下獲安心，知言之無罪。非徒無益而不譴，抑又與進而超遷。才不逮於中流，幸則過於前輩。出入數歲，參陪大猷。昔所罕聞，衆或驚歎。此蓋伏遇太皇太后陛下，奉身有禮，體天無心。均覆中外，無戚疎之殊；惠養黔黎，有恭儉之實。德則可紀，過寧復聞？遂使諫諍之臣，不知激訐之懼。因緣寵遇，復享尊榮。不貲之恩，沒齒何報？方今兵革既息，年穀稍登。唯當上體仁心，治而弗擾；旁求哲士，守之愈堅。庶羣后比義以致功，則孤臣因人而成事。過此以往，未知所裁。臣無任感天荷聖激切屏營之至，謹奉表稱謝以聞。臣轍誠惶誠恐，頓首頓首，謹言。

臣轍言：伏奉制命，除臣中大夫，守尚書右丞，累具辭免，蒙降詔不允，仍斷來章者。渙汗之恩，已行而不反；傴僂之志，雖勤而莫伸。上愧鴻私，下慚公議。臣轍誠惶誠恐，頓首頓首。恭惟皇帝陛下，接堯舜之統，蹈成康之仁。體貌先正耆老之人，揀拔後來翹秀之士。俯仰六載，前後幾人？坦然公明，故不私賢否之實；穆然淵默，故坐照情僞之眞。臨御久則鑒愈明，得失分則下無隱。如臣者西南賤士，章句小儒。早歲猖狂，偶竊方聞之選；中年流落，既安縣尹之卑。遭時乏人，致位近侍。跌宕文墨之囿，囁嚅議論之場。舉皆空言，安有實效？顧惟省轄之重，實參國論之餘。豈無遺賢，遠及微品？地寒資淺，何以望三事之餘光；才短力罷，安能裁六聯之滯論？雖復黽俛就職，愧歎何言！此蓋伏遇皇帝陛下，天地之仁，曲成草木之陋；父母之愛，不錄子弟之非。將建大廈以覆羣生，故收衆材而無棄物。然臣負過其力，受非所容。惟有潔己無私，或不孤於託付；引類自助，幸得免於顛躋。不渝始終，少答恩造。臣無任感天荷聖激切屏營之至，謹奉表稱謝以聞。臣轍誠惶誠恐，頓首頓首，謹言。

生日謝表二首

臣轍言：伏蒙聖恩，以臣生日，特遣中使降詔書，賜臣羊酒米麪者。忝貳中臺，席猶未暖；恩頒細札，庖已分甘。爰因誕辰〔一〕，寵賚私室。臣轍誠惶誠恐，頓首頓首。伏念臣才無他技，生實多艱。近從江海之覊，遽聞廊廟之政。齷齪從衆，曾何補於微塵；出入彌旬，已自驚於素食。惟是累朝之故事，本優當世之名卿。不遺臣子之私，特助室家之喜。豈茲非薄，亦被寵榮？此蓋伏遇皇帝陛下，仁貴愼微，禮思從厚。既竭大烹之養，兼存推食之恩。庶無飢渴之憂，以盡腹心之報。雖草木不知於亭育，而犬馬尚識於仁私。被服恩光，永思報稱。臣無任感天荷聖激切屏營之至，謹奉表稱謝以聞。臣轍誠惶誠恐，頓首頓首，謹言。

【校】

〔一〕「誕」，原作「挻」，據叢刊本改。

臣轍言：伏蒙聖恩，以臣生日，特遣中使降詔書，賜臣羊酒米麪者。時當生育，情方切於懷親〔一〕；職貳文昌，恩忽驚於捧詔。廩庖致饋，門戶生光。臣轍誠惶誠恐，頓首頓首。

伏念臣夙稟厄窮，年侵衰暮。偶緣乏使，叨據近班。未嘗稼而取禾則多，不能謀而食肉無恥。醉乏令德之美，飽無用心之勤。常恐食浮，以爲身累。敢煩好賜之厚，曲記初生之期。此蓋伏遇太皇太后陛下，推天祿以養才，因舊章而惠下。旨酒肥羜，見和平蕃衍之祥；香稻來牟，皆調節登豐之報。顧惟孱陋，坐食甘腴。況臣少也早孤，祿不及養；老而多感，憂以終身。賜予在前，莫施烏烏之微志；顧瞻來事，惟有忠義之可爲。蕞爾寸心，未知所報。臣無任感天荷聖激切屏營之至，謹奉表稱謝以聞。臣轍誠惶誠恐，頓首頓首，謹言。

【校】

〔一〕「於」，叢刊本作「以」。

笏記

臣進擢未幾，勞效未聞。偶緣生育之辰，遽蒙斂賜之典。醉酒飽德，雖喜太平之風；先事後祿，愧非崇德之義。黽勉圖報，愧畏交中。

欒城集卷之四十九

代人上表二十三首

代陳州張公安道謝批答表二首

臣某言：伏以衰病日侵，曠官是懼。敢期恩貸，曲示撫存。臣某誠惶誠恐，頓首頓首。伏念臣早塵侍從，晚遇聖明。犬馬之誠，本期於竭盡；烏鳥之志，施迫於艱難。憂患既深，志力俱耗。比緣終制，獲覲清光。自顧衰殘之餘，力求閑散之地。荷聖恩之未棄，付便郡以偷安。勉強支持，庶幾補報。而自單車就道之日，舊疾緣隙而生。視事云初，猶冀有瘳於歲月；力疾爲治，未敢即訴於朝廷。及此遷延，愈增昏眩。殆將隳撓於條教，無以表正於吏民。衆所共知，信非矯飾。報孤誠而未達，服睿眷以徒驚。感激之衷，固無以喻；進退之分，終所未安。雖明主優容舊臣，而尸素之譏，安可弗畏？雖愚臣貪冒寵祿，而筋力之去，難以強回。苟矜察其罷羸〔一〕，實保全於終始。臣無任祈天俟命激切屏營之至，謹奉表陳免以聞。臣某誠惶誠恐，頓首頓首，謹言。

【校】

〔一〕「羸」，原作「贏」，據叢刊本改。下篇「羸老」同此。

臣某言：老病既至，昏耄及之。恩澤未移，撫存若此。感幸雖切，啓處未寧。臣某誠惶誠恐，頓首頓首。伏惟皇帝陛下，覆育萬物，體乾坤之不遺；容養羣臣，猶父母之曲盡。始終愛惜，左右保全。雖或迂疎無用之才，加以羸老難任之日，猶未忍棄，俾獲偷安。德厚恩隆，感深涕隕。然念臣結髮從宦，出身事君。遭遇聖明，有犬馬自效之志；酣豢爵祿，無山林獨往之心。矯世求名，既非所願；要君自鬻，尤不忍爲。誠以病勢侵凌，理難勉強。伏自去歲，初涖宛丘。風熱交攻，面目幾廢。固陳誠請，未賜允從。貪冒寵光，朋友之所譏笑；隳弛條教，吏民之所厭憎。逮此干聞，出於窘迫。豈可復貪榮命，不畏多言？而況南都有先臣之敝廬，留臺固遺老之淸職。在臣不爲遂廢，於國亦謂無嫌。病而得閑，斯人情之至願；退之以禮，知主眷之愈隆。天高聽卑，得請乃已。臣某無任祈天俟命激切屏營之至，謹奉表陳免以聞。臣某誠惶誠恐，頓首頓首，謹言。

代齊州李肅之諫議謝表

臣某言：伏奉某月日敕，就差臣知齊州，已於今月三日到任上訖者。衰疲無用，退避爲宜。尙分邦符，以便私計。臣某誠惶誠恐〔一〕，頓首頓首。伏念臣幼蒙基業，早與簪裳。遭遇先朝，荐更煩使。逮聖明之有作，登賢俊於無方。誤識鄙凡，首被選擢。節制西夏，尹正上都。用捨皆獨斷之明，左右無一人之助。才微地薄，寵至心驚。誓堅愚忠，以報天造。然自出入要地，訖無絲髮之可稱；驅馳莫年，已覺筋骸之不逮。雖東秦之奥壤，實故里之近邦。顧惟綏撫之權，非復羸老之任。飛章自乞，倚宸眷之未移；明命俯從，知聖恩之愈厚。況復歷山舊治，父老猶存；濮水弊廬，封畛相望。首丘自得，戀主徒深。秋稼粗登，民情稍復。坐布德澤，豈勞施爲？惟是丘山之恩，猥被桑榆之景。報效無所，寢興不遑。臣無任感天荷聖激切屛營之至，謹奉表稱謝以聞。臣某誠惶誠恐，頓首頓首，謹言。

【校】

〔一〕「恐」，叢刊本作「懼」。

代李諫議謝免罪表

臣某言：頃者昧於周防，自貽謗讟。聰明坐照，善惡俄分。臣某誠惶誠恐，頓首頓首。伏念臣幼服官箴，惟知勤瘁；老膺朝寄，但守朴忠。訖無他長，以報殊遇。力小任重，常自知其不任；勢薄地寒，果大招於浮議。煩言初起，卒莫自明；孤迹多危，自甘永棄。賴聖神之不惑，察誣罔之無根。不勞辯明，自獲昭洗。此蓋伏遇皇帝陛下，天鑒在上，物無遁形；坤厚兼容，人獲安處。知拙直之多怨，憐衰朽之易摧。不見瑕疵，曲全終始。感幸之切，涕泗交流。重念臣昔事先朝，雖更煩使。衰門無振起之望，莫齒絶榮華之心。自蒙選掄，遂歷禁近。初無左右之助，惟恃日月之明。入領要權，出分重鎮。況復弟昆之非薄，並叨侍從之清華。蒙國厚恩，如臣有幾？未能消於謗口，實有累於知人。每自省循，謂宜廢黜。尚竊方州之寄，益明眷獎之深。敢不勉勵疲駑，要粉身而後已；訓敕子弟，期累世以無忘。過此以還，未知所措。臣某無任感天荷聖激切屏營之至〔一〕，謹奉表稱謝以聞。臣某誠惶誠恐，頓首頓首，謹言。

【校】

〔一〕「臣某」，原作「臣轍」，據叢刊本改。

代南京張公安道免陪祀表

臣某言：伏蒙詔恩，以南郊大禮召臣陪祀者。躬饗圜丘，祗見祖廟。百辟在列，有懷舊臣；明詔及門，許觀盛禮。顧衰骸之羸瘠〔一〕，奉成命以震驚。臣某誠惶誠恐，頓首頓首。伏念臣頃守鄉國，理極便安。但以莫年，勢難勉強。飛章請老，有負薪不逮之深憂；竊祿偷安，豈日莫思歸之本意？恐再三之上瀆，遂黽勉以逾時。然而目疾侵凌，比加昏眩；足力耗竭，殆不支持。方陛下咸秩百神，駿奔萬國，思以自天之福祿，均畀在位之臣工。惻然眷懷，未忍遺棄。而臣適丁病廢之日，懼成跛倚之尤。身滯周南，信榮觀之有命；心游魏闕，念入侍之無期。惟當望柴燎之餘煙，伏茅簷而竊抃。坐馳誠意，仰企清光。媮惰之誅，逃避無所。臣無任祈天荷聖激切屏營之至，謹奉表陳免以聞。臣某誠惶誠恐，頓首頓首，謹言。

【校】

〔一〕「羸」，原作「嬴」，據叢刊本改。

代張公謝免陪祀表

臣某言：伏奉今月某日詔書，許臣免南郊陪位者。睿眷優隆，不遺舊物。老身衰病，幸奉明恩。未即譴訶，重加撫諭。臣某誠惶誠恐，頓首頓首。伏惟皇帝陛下，奉若天地，祗事祖宗。罄萬國之歡心，洽百禮而爲奉。四海來格，尙何竢於匹夫？誠意旁周，獨未忘於一介。其爲幸會，豈合固辭？況臣仕歷三朝，班聯二府。自當勉強筋骸之力，奔走籩豆之間。聽工祝之告休，均在廷之率舞。而乃自陳衰瘠，苟便安閑。始貢私誠，謂嚴誅之莫逭；重迂細札，識聖度之兼容。雖蒲柳之質既衰，而葵藿之心未已。瞻望陨越，寢興不遑。臣無任感天荷聖激切屏營之至，謹奉表陳免以聞。臣某誠惶誠恐，頓首頓首，謹言。

代張公賀南郊表

臣某言：伏見今月二十七日南郊禮畢，大赦天下者。饗帝之功，允屬於元聖；好生之德，遂洽於斯民。臣某誠歡誠抃，頓首頓首。臣聞天地萬物之始，祖宗百世之元。在禮有合祭之文，於經有嚴配之義。曠三年而後舉，竭四海以薦誠。然後情意獲通，多儀克備。惠澤均於多辟，賜予迨於六師。自非聖神，莫或修舉。伏惟皇帝陛下，仁孝天錫，恭儉日躋。祗事神祇，勤卹鰥寡。故能享安寧於歷歲，效職貢於多方。釐事告成，舊章不墜。臣忝事累聖，親承盛儀。睹致誠備物之爲難，知持滿守成之不易。其爲喜慰，實倍等倫。臣某無任瞻天望聖激切屏營之至，謹奉表稱賀以聞。臣某誠歡誠抃，頓首頓首，謹言。

代南京留守賀南郊表

臣某言：伏以今月某日，南郊禮畢，大赦天下者。親饗天地，陟配祖宗。咸秩百神，均福四海。舉此盛禮，併在一時。臣某誠歡誠抃，頓首頓首。伏惟皇帝陛下，纘嗣五聖，勤學十年。地平天成，禮備樂舉。親執圭幣，三接神祇。藁秸陶匏，致精微於德產；犧牲玉帛，來職貢於多方。祝嘏告休，福祿荐至。赦宥多辟，思廣好生之心；賞賚六師，共享如茨之福。罔有內外，咸盡歡欣。臣某居守別都，阻陪列位。徒與吏民之衆，共被德澤之餘。臣某無任瞻天望聖激切屏營之至，謹奉表稱賀以聞。臣某誠歡誠抃，頓首頓首，謹言。

代南京百官賀南郊表

臣某等言：伏奉今月某日南郊禮畢，大赦天下者。舉三年之盛典，罄萬國之歡心。釐事既終，鴻恩均被。臣某等誠歡誠抃，頓首頓首。伏以天地之功，施而不報；祖宗之德，大而難名。惟有躬祀圜丘，配神作主。仰以答靈休之嘿運，俯以示聖孝之無窮。伏惟皇帝陛下，道被華夷，澤浹幽顯。百神受職，四海宅心。盛德元功，推而不有。報本反始，因以教人。遂緣祝嘏之餘，丕冒生靈之衆。幅員萬里，歡喜一詞。臣等分職留都，不獲奔走執事。無任瞻望踴躍激切屏營之至，謹奉表稱賀以聞。臣某等誠歡誠抃，頓首頓首，謹言。

代南京謝頒曆表

臣某言：今月某日進奏院遞到詔書一道，賜臣熙寧十一年新曆一卷者。天方發春，朝既頒朔。歲功伊始，民事有時。臣某誠惶誠恐，頓首頓首。伏惟皇帝陛下，政先稽古，動必法天。將以正萬事於歲先，大一統於宇內。而臣官治留務，職在勸農。敢不奉順典常，助宣化育；勤率吏屬，共質要成？臣無任瞻天荷聖激切屏營之至，謹奉表稱謝以聞。臣某誠惶誠恐，頓首頓首，謹言。

代張公謝南郊加恩表

臣某言：伏以今月某日南郊禮畢，特加臣恩命者。元祀告成，鴻恩溥及。雖在退藏之品，猶加異數之榮。祗奉綵綸，貴增慚懼。臣某誠惶誠恐，頓首頓首。伏惟皇帝陛下，竭誠致變，受祿自天。樂與羣臣，同霑大慶。上自股肱之列，下同莞庫之微。嘉其顯相之勤，錄其駿奔之助。霈然大賚，夫豈無名？如臣草木餘生，桑榆莫景。顧田廬而願逝，竊秩祿以常驚。多病支離，已無任於陪祀；寵光霑洽，尚不間於推恩。荷德滋深，論報無所。臣無任感天荷聖激切屏營之至，謹奉表稱謝以聞。臣某誠惶誠恐，頓首頓首，謹言。

代李誠之待制遺表

臣某言：衰病既侵，大期將至。顧視日景，瞻戀聖時。忍死一言，瞑目無恨。臣某誠惶誠恐，頓首頓首。伏念臣少年感慨，有志功名。晚節遭逢，屢經驅策。總戎西北，方朝廷旰食之秋；爲國威懷，竊將帥分憂之日。誓將勉勵，少答恩私。而施設未遑，罪戾隨至。荷聖神之普照，會竄逐之幾時。安居里閭，浪迹漁釣。誠心自言，冀天日之倘回；歲月潛移，謂倚伏之可待。而命之弗予，宜不自知。俛仰之間，彌留已甚。伏惟皇帝陛下，躬堯舜之明哲，履漢唐之緒餘。引領太平之功，側身同德之士。臣雖竊見其始，而莫究其終。興言及茲，銜痛沒地。然臣聞之，惟至誠可以格物，惟至仁可以安人。刑非爲治之先，兵實不祥之器。此皆陛下聰明之自得，老生平昔之常談。將死之言，庶幾於善。苟有取於萬一，則雖沒而猶生。臣無任瞻天望聖激切屏營之至，謹奉表以聞。臣某誠惶誠恐，頓首頓首，謹言。

代龔諫議謝知青州帥表

臣某言：伏奉五月某日敕告，授臣右諫議大夫，知青州軍州事兼京東東路安撫使，臣已於今月某日祗受訖者。守土無功，曠官是懼。成命既出，懇避無由。臣某誠惶誠懼，頓首頓首。伏念臣儒術空疎，吏能淺薄。早蒙選擢，屢典方州；中被寵光，薦歷臺省。懷樸忠而不顧，勵勤拙以自將。然自違去中朝，流落外補，首尾經八年之久，左右無一人之容。自分衰朽之餘，無復甄升之望。頃緣乏使，再守別京。獲覩日月之光，親聞金石之訓。粗陳本末，方慚尸素之多；俯念孤平，尚有驅策之意。自違天闕，曾未期年。亟升侍從之榮，仍分旄鉞之寄。鴻恩自至，莫知其由。此蓋伏遇皇帝陛下，天地兼容，陶鈞獨運。識馮唐於郎省，但取一言；賓汲黯於淮陽，未忘舊物。恩深不報，期銘骨以終身；才拙自知，誓見危而一節。銜命東往，誠心內馳。臣無任感天荷聖激切屏營之至，謹奉表稱謝以聞。臣某誠惶誠懼，頓首頓首，謹言。

代陳汝義學士南京謝表

臣某言：伏蒙聖恩授臣南京留守、知應天府事，臣已於今月某日到任訖者。越從散地，擢領留都。仰戴恩光，惟知慚懼。臣某誠惶誠恐，頓首頓首。伏念臣早蒙器使，屢試煩難。任重多憂，積衰成病。乞身閑冷，但求安養於餘生；絕意功名，不復干求於當世。豈謂聖恩未棄，見收桑榆；枯木再生，重沾雨露。自聞此命，莫知其由。洎獲見於清光，復親承於聖訓。盡出陶鈞之化，曾微左右之容。昔漢宣起張敞於亡徒，漢武用安國於梁獄。古或有是，今則無之。嚮非日月之照臨，不遺隙穴之微陋，則已廢之迹，誰肯復收？臣敢不勉勵疲駑，宣布政令。雖天地之恩不報，而犬馬之志長存。臣無任感天荷聖激切屏營之至，謹奉表稱謝以聞。臣某誠惶誠恐，頓首頓首，謹言。

代南京留守謝減降德音表

臣某言：今月十三日進奏院遞到中書箚子一道，疎決見禁罪人，臣已即時施行訖者。德澤之厚，常首於京都；原省之寬，一清於多辟。感天至速，協氣可期。臣某誠惶誠恐，頓首頓首。伏以本京頃自秋末，逮茲歲終，愆陽爲災，時雪不至。麥田枯槁，民氣底煩。雖嘗祗奉詔音，並走羣望；而精神未格〔一〕，應答不時。衆皆嗷然，仰而有待。伏惟皇帝陛下，心存萬國，知其艱難。德配上天，體厥覆露。推臨軒決獄之意，廣赦過宥罪之仁。謂三都之人，均在輦轂；使千里之內，同起頌聲。民心既孚，天聽非遠。臣幸攝守留鑰，親被鴻休。樂與都人，共陶聖化。臣無任感天荷聖激切屛營之至，謹奉表稱謝以聞。臣某誠惶誠恐，頓首頓首，謹言。

【校】

〔一〕「精神」，叢刊本作「精誠」。

代張芻諫議南京謝表

臣某言：伏以南陽重鎭，久愧於無功；留鑰乏人，復叨於寵寄。祗奉綸綍，初見吏民。臣某誠惶誠恐，頓首頓首。伏惟皇帝陛下，選用列辟，藩屛四方。獨化陶冶之間，不爲親疎之異。乃眷别都之地，實惟創業之邦。控引大河，遠通江海之利；列置諸將，並擁貔虎之師。舟車四馳，賓旅荐至。歷觀近世，多用重臣。顧省庸虚，豈宜忝冒？伏念臣遭逢早歲，流落中年。不意斑白之秋，置身侍從之列。秉持旄鉞，鎭撫方州。負乘有致寇之憂，老病非濟時之器。向非荷天地生成之德，被日月臨照之明，孰爲先容，保此弱植？臣敢不瞻望京邑，推廣風教之餘；勉强疲駑，少致涓埃之報。臣無任瞻天望聖激切屛營之至，謹奉表稱謝以聞。臣某誠惶誠恐，頓首頓首，謹言。

代張公安道乞致仕表三首

臣某言：七十致仕，國有舊章。再三上聞，情非虛飾。臣某誠惶誠恐，頓首頓首。伏念臣早塵顯仕，才本空疎。晚依至道，心存止足。年力未及，亟請閑官。老既當休，卽求謝事。陛下矜憐耆舊，特屈典常，許帶使名，坐臨僊館。臣眷戀德澤，難於固辭。勉強衰遲，領此深眷。空糜厚祿，已復二年。仰愧朝廷，俯慚朋友。敢緣禮律之舊，力丐筋骸之餘。蓋陛下欲優容老成，而臣之蒙賜已久；臣將畏避滿盈，而陛下之流澤愈多。誠恐一朝溝壑之虞，遂有終身負乘之恥。逮此未耄，得以自陳。伏惟皇帝陛下，成物如天，愛人以德。君臣之際，非獨以爵祿豢養爲恩；進退之間，固將以名節始終爲意。使臣得退伏閭里[一]，歌詠聖時；行葦無牛羊之憂，蒲柳免風霜之患。則私心自得，國體兼存。區區悃誠，實冀得請。臣無任祈天俟命激切屏營之至，謹奉表以聞。臣某誠惶誠恐，頓首頓首，謹言。

【校】

[一]「使」，此字原空格，據叢刊本補。

臣某言：老而求退，豈以爲名？病而得閑，本其至願。飛章自乞，誠意未孚。特蒙賜書，勉以就職。臣某誠惶誠恐，頓首頓首。臣聞引年去位，事君之舊章；懷祿忘歸，人臣之深戒。自昔不得謝者，在禮雖或許之，然皆廟堂注意之臣，疆埸折衝之任，邦家倚以爲重；神人賴以爲安。留之者旣自有詞，居之者誠亦無愧。是以禮存權制，人絕間言。未聞退處閑官，坐糜厚祿，竊此異數，晏然偷安。伏念臣早事三朝，晚遭興運。首被揀拔，與聞幾微。貪戀聖明，豈有窮已？徒以寵祿盈滿，懼速顚隮；筋力衰罷，理難勉強。幸緣舊典，敢固自陳。伏惟皇帝陛下，量極乾坤，德隆父母。因至誠之勤請，杜無名之誤恩。念臣平生粗守廉隅，恥於僥倖，使臣今日得安分限，卽是恩私。區區寸誠，得請乃已。臣無任祈天俟命激切屏營之至，謹奉表以聞。臣某誠惶誠恐，頓首頓首，謹言。

臣某言：誠發於中，一言可信。恩加望外，再請未從。顧惟衰朽之年，久竊尊榮之寄。雖蒙異眷，敢以自安？臣某誠惶誠恐，頓首頓首。臣聞事君之禮，少壯不敢不勉；行己之義，老病不可不歸。壯而不勉則失忠，老而不歸則忘恥。今臣心力衰退，手足支離。謝事之期已逾三歲，祈天之請蓋又累年。況復同列之間，比多得請而去。獨臣言辭淺陋，未足以回天；勢力孤單，中無與爲地。苟遂磐桓顧寵，俯仰懷慚，志不克伸，沒有遺恨。伏惟皇帝陛下，至誠樂善，多士克生。元首股肱，自足名世；奔走先後，未嘗乏人。豈臣去留，足爲輕重？徒以遺簪可念，遂忘朽弊之難堪；老馬尙存，不知驅馳之弗逮。致之顚覆之地，恐非愛惜之宜。故寵臣以尊名，不若使臣得全廉恥之爲貴；厚臣以重祿，不若使臣得守分限之爲安。凡厥保全之餘，斯皆聖明之賜。力陳危懇，倘冀必從。臣無任祈天俟命之至，謹奉表以聞。臣某誠惶誠恐，頓首頓首，謹言。

代張公謝致仕表

臣某言：引年辭位，忘三請之頻煩；念舊推恩，兼異數之重復。不替使名之重，仍兼宮職之崇。身喜歸休，心慚誤寵。國有成命，禮不敢辭。臣某誠惶誠恐，頓首頓首。伏念臣奮自諸生，荐歷顯仕。出入中外，凡經四十餘年，事業空疎，未聞一二可紀。量才無用，早絕意於功名；聞道有年，久甘心於閑退。徒以夙事累聖，晚遇昌期。雖復已衰，未忍亟去。逮此筋骸之俱廢，自知驅策之難堪。瀝懇上聞，輟黈蒙聽。皇明委照，私欲無違。復緣出震之初，與聞馮几之命。曲加恩禮，度越典常。此蓋伏遇皇帝陛下，義不忘勞，仁先貴老。待疲馬以芻粟之厚，聊盡其年；均枯木以雨露之恩，豈責之報？使得優游卒歲，安樂延齡。惠澤至深，反側爲愧。雖老身已矣〔一〕，將遂志於山林；而物性自然，終傾心於葵藿。臣無任瞻天望聖激切屏營之至，謹奉表稱謝以聞。臣某誠惶誠恐，頓首頓首，謹言。

【校】

〔一〕「矣」，原作「有」，據叢刊本改。

代欽州賀登極表

臣某言：奉今月初六日敕書，伏承皇帝陛下，天錫成命，君臨萬邦，神人宅心，中外相慶。臣某誠歡誠抃，頓首頓首。臣聞人倫莫先者父子，神器不二者社稷。付與一定，衆庶自安。我國家接統漢唐，配德虞夏。世祚平泰，古無擬倫。先皇帝總御綱權，肇新法度。廣興百世之利，聿追三代之隆。大功甫成，明命有屬。皇帝陛下仁孝天授，聖智日躋。承昭考作室之明，賴文母翼周之賜。臨馭茲始，沛澤汪洋。寵及庶寮，恩宥多辟。民田蠲租稅之重，邊吏禁侵擾之姦。兆民允懷，四夷永賴。昔周成致刑措之盛，漢昭知時務之宜。今古同符，治功可待。臣守土南服，親被鴻恩。踴躍歡呼，倍越倫等。臣無任瞻天望聖激切屏營之至，謹奉表稱賀以聞。臣某誠歡誠抃，頓首頓首，謹言。

代滕達道龍圖蘇州謝上表二首

臣某言：近從鄰郡，移領鄉邦。舟楫之勞，曾無幾日；里閭之舊，足慰平生。臣某誠惶誠恐，頓首頓首。伏念臣家世寒微，學術疎淺，介特無援，歷事三朝，縉綣愚忠，粗守一節。方先帝臨御之始，實羣臣綜覈之秋。拙直之心，偶蒙委照；幾微之議，每輒與聞。知無不言，徒自竭於忠孝；直故多怨，遂寖結於憎嫌。恩遇一移，流落十載。雖欲自安於散地，然猶横被以惡名。投畀遐方，要令沒齒。竊意網羅之莫脱，豈知天日之自明。吳興之除，聖意可見。幸疑謗之已釋，雖老死其何求？敢冀優恩，復遷善地。此蓋伏遇皇帝陛下，孝思天至，聖德日躋。憐孤迹之多艱，傷舊物之久棄。特推鴻造，存養餘齡。臣老病相仍，覊危多感。勤卹民物，敢忘委寄之深；迎勞往還，已覺筋骸之憊。葵藿之心徒切，桑榆之報何時？臣無任瞻天望聖激切屏營之至，謹奉表稱謝以聞。臣某誠惶誠恐，頓首頓首，謹言。

臣某言：地本鄉閭，人情所樂；物多魚稻，衰病以安。祗見吏民，布宣德澤。臣某誠惶誠恐，頓首頓首。伏惟太皇太后陛下，坤儀正大，母德仁慈。照知四海之艱難，洞鑒羣臣之情僞。不遺疎遜，均被優恩。臣早事三朝，誤知先帝。初睹變更之議，每陳安靖之謀。言拙計疎，怨多援寡。始求補外，本欲安身，不圖寵幸之心，未快憎嫌之素。遂因疑事，加以惡名。流落十年，必致死亡之地；竄投三郡，益加遠小之鄉。賴聖神之至明，察愚直之無過。獨排衆謗，移領吳興。危迹再安，孤根復植。逮茲新命，不覺涕零。惟天地之鴻私，顧草木之何報？東南少事，深慚素食之恩；江海坐馳，私有自憐之意。臣無任瞻天望聖激切屏營之至，謹奉表稱謝以聞。臣某誠惶誠恐，頓首頓首，謹言。

欒城集卷之五十

啓事二十二首

賀歐陽副樞啓

右某啓〔一〕：伏審近膺休命，遂總兵權。凡在下風，孰不自慶？以天下之辯士而議論兵革之要，以朝廷之元老而臨御猛悍之臣。士民所以歡欣，夷狄所以震懼。昔者漢之賈誼，談論俊美，止於諸侯相；而陳平之屬，實爲三公。唐之韓愈，詞氣磊落，終於京兆尹；而裴度之倫，實在相府。夫陳平、裴度未免謂之不文，而韓愈、賈生亦常悲於不遇。蓋人之於世，美惡必有所偏；而天之於人，賦予亦莫能備。伏惟樞密侍郎，天才奇特，高出古人；餘論溫純，和樂海內。士人之所望以開慰學者，世俗之所待以師保斯民。果承寵榮，入踐鈞軸。手執予奪，身爲安危。施之事實，則可以慘舒四方之人；見之筆墨，則可以照曜萬世之下。夫富貴之士所少者文字，而終莫能得；貧賤之士所急者爵祿，而亦不可求。有能力取其一端，皆以自足於當世。而況位在樞府，才爲文師。兼古人之所未全，盡天力之所難致。文人之美，夫復何加？謹奉啓陳賀。不宣，謹啓〔二〕。

【校】

〔一〕「右某啓」，原無，據叢刊本補。下篇同此。

〔二〕「謹奉」至「謹啓」，原無，據叢刊本補。

北京謝韓丞相啓二首

右某啓：頃違軒闥，尋至北門。自領簿書，復將期月。魏都雄盛，號稱河朔之上游；職官卑微，最爲府中之末吏。事既甚夥，議皆得參。顧惟淺庸，何以堪處？而況旱氣方退，流民未還。盜賊縱横，犴獄塡委。是健吏厲精竭力而不足之日，非庸人偷安自便而能辦之時。伏惟相公，偉量絶人，盛業蓋世。樂育賢俊，誤知鄙凡。竊觀佐幕之司，似若無責之地。勉強以處，則事皆可與；因循而去，則身實甚閑。敢無自強，少答知遇？

右某〔一〕近准中書劄子，就差管句大名府路安撫總管司機宜文字者。頃塵制科，已授商幕；尋輒乞告〔二〕，以便養親。貧窶無資，還復求仕。既來魏府，幸邇家庭。曾未逾時，就改此職。邊鄙無事，最爲閑官。俸給稍優，尤便私計。自非昭文相公陶冶庶類，順養衆情，曲矜鄙庸，常見存念，則豈有進退之際，皆從私心，功效未聞，旋移新局？顧恩造之甚厚，思力報以未由。區區之誠，書不能既。

【校】

〔一〕「右某」，原無，據叢刊本補。

〔二〕「乞告」，叢刊本作「請告」。

賀歐陽少師致仕啓

伏審累章得謝，故邑榮歸。位冠東宮，寵兼舊職。高風所振，清議愈隆。伏惟致政觀文少師，道德在人，術學蓋世。早遊侍從，蔚爲議論之宗；晚入廟堂，隱然衆庶之望。屬三朝之終始，更萬變之勤勞。臨事而安，莫測弛張之用；釋位既久，始知靜鎮之功。仰成績之不刊，信後來之難繼。荐歷三鎮，始終一心。知無不言，曾中外而易意？老而彌壯，信賢達之過人。衆皆以力事君，公獨以道自任。仕以其力者，力衰而後去；進以其道者，道高則難留。故七十致仕，在禮則然；而六一自名，此志久矣。築室清潁，琴書足以忘憂；遺名四方，珪組蓋已外物。誰歟治國，能就問以質疑？惟是門人，尚不拒其來學。轍以官守〔一〕，不獲躬詣門屏，謹奉啓陳賀〔二〕。

【校】

〔一〕「轍」，叢刊本作「伏」。

〔二〕「謹奉啓陳賀」，原無，據叢刊本補。

迎陳述古舍人啓

右某啓〔一〕：伏審厭直玉堂，公憂輔郡。父老相慶，吏屬竦觀。伏惟知府舍人，道德精醇，政術高妙。東南舊治，久振於士林；臺閣遺風，特高於朝右。魯侯爲國，始自泮水；何武按部，首訪諸生。不謂古人，復見今日。轍承乏黌舍，久聞德音。樂與斯人，共被餘澤。

【校】

〔一〕「右某啓」，原無，據叢刊本補。

賀致政曾太傅啓

伏審得謝明廷，進兼異數。首被袞衣之錫，仍因旄節之崇。終始恩榮，中外慶慰。伏惟致政太傅侍中，舊德隆重，元勳著明。輔相三朝，純固一節。良士在位，不求旅力之功；尙父雖衰，猶荷鷹揚之託。西鄙無事，中扆思賢。繼陳止足之誠，自求淸靜之樂。付靑簡以遺事，追赤松而並遊。大節凛然，四方仰止。矧十載廟堂之舊，多一時几杖之賢。年德最先，命秩尤峻。出同憂患，措國步於安寧；歸共優游，播淸風於長久。轍夙荷知奬，實倍歡欣。謹奉啓陳賀〔一〕。

【校】

〔一〕「謹奉啓陳賀」，原無，據叢刊本補。

賀韓相州啓

伏審懇辭留務，歸守鄕邦。斂藏爲國之方，勉就還家之樂。進退有裕，卷舒適宜。伏惟某官才大難名，功成不處。方三朝之終始，更萬變之勤勞。抗大節於羣疑，擅元勳於不朽。楚國已定，葉公返其舊封；唐室多虞，裴度久而在外。遺功名於簡策，樂民社於方州。施無不宜，信處心之有道；衆猶願治，懷舊德以徒勞。轍夙荷奬知，實倍歡慰。限以官守，阻詣門庭。

謝韓許州啓

伏念轍爲性迂疎，居官簡惰。日虞彈劾，歸事耕桑。敢謂兼容，尙形論薦？恭惟安撫相公德度宏遠，謨猷老成。不居公相之隆，退就方州之寄。惟世俗之多務，豈棟梁之久閑？復用之期，曾無幾日；顧知之士，豈惟一人？曾何已棄之身，未改見知之舊。嗟駑馬之獨後，期枯栟於再榮。爲力已艱，論恩則厚。黽勉寸祿，心已切於歸歟；愧負鴻私，終何爲而報此？

賀河陽文侍中啓

伏審力辭樞務，得請名邦。恩禮便蕃，中外慶慰。伏惟判府司徒侍中，輔相三世，始終一心。器業崇深，不言而四方自服；道德高妙，無爲而庶務以成。此朝廷所以遲遲於均佚之書，而士民所以睠睠於保釐之命。顧惟出處之義，實繫功名之終。留侯志於赤松，晉公安於綠野。油然自得，夫豈不懷？矧惟三城，密邇全洛。政獨止於民社，樂有助於林泉。道大難名，信後來之莫繼；民猶思治，恐久安之未遑。

謝文公啓

伏念轍迂疎已甚，廢棄爲宜。偶來宛丘，遂復三歲。留連寸祿，久已愧於古人；顧視當塗，義無求於今日。方將圖宦遊於南土，卽暇豫於鴿原。自屏遠方，少安愚分。比者伏遇某官，厭倦樞政，偃息藩州。忘陋質之無堪，恃舊知而增氣。尺書自達，方懷冒進之憂；奏牘上聞，遽辱見收之請。庠齋閑暇，既深便於冗材；德宇崇深，固足安於一介。仰慚伯樂之顧，自知駑馬之姿。雖取信之無疑，猶恐難於必售。其爲感激，難既敷陳。

賀張宣徽知青州啓

伏審入覲帝廷，榮加使秩，遂解南籥，作鎭東藩。新命既傳，衆情胥悅。伏惟某官，宇量冠古，德業在人。直道而行，神聽靖共之德；不改其度，人知賢達之風。師保斯民，望之已久。進登異數，禮亦爲宜。雖分職於遐方，實均榮於二府。老成猶用，人有望於安寧；旌旆來東，迹稍安於孤拙。轍官守有限，慶謁未遑。瞻望傾依，衷誠踴躍。

謝改著作佐郎啓

右某啓〔一〕：今月某日，蒙恩改前件官者。迂拙之人，廢棄已久。偶歲成之及格，蒙敍法之推恩。忝冒既深，榮幸兼至。伏以方今聖人在上，多士盈廷。挾策讀書，皆道德宏深之士；涖官從政，並才術縱横之人。珪璧煒煌，顧瓦礫而安用？松筠挺拔，嗟蕭艾之徒生。固天地付予之特殊，宜朝廷進退之亦異。朝遊山林之下，羣鳥獸之喧卑；暮登霄漢之塗，接鸞皇之翔厲。是以羣材並鶩，百度咸熙。顧視駑駘，伏鹽車而已幸；旁睨樸樕，竢樵爨以何詞？曾謂庸虚，亦蒙遷補。伏念轍才性鄙拙，學問空疎。早歲猖狂，誤塵科舉。蹉跎二紀，見者興嗟。奔走四方，泰然自得。老馬無求於再駕，死灰豈意於復然？無負郭之桑麻，願歸耕而未果。効乘田之畜牧，苟竊祿以偷安。實無望於榮華，顧常憂於罪戾。寵至逾分，誠不自知。此蓋伏遇某官二府，左右明時，陶鈞庶物。春陽既至，草木皆生。有不次之舉以待賢才，有銓綜之常以御羣吏。使賢者無久留之嘆，不肖者有寸進之緣。雖三代用人之明，何以過此？故一介受恩之賤，罔不知歸。感戴徒深，敷陳罔既。

【校】

〔一〕「右某啓」，原無，據叢刊本補。下同此。

謝張公安道啓

右某啓：伏以少年遊學，方咸都樂職之秋；壯歲效官，復淮陽臥治之日。矧留都之清淨，省幕府之優閑。再辱辟書，重收孤迹。哀憐廢棄之久，誰復肯然？綢繆罇俎之歡，亦非偶爾。伏惟留守宣徽太尉才高一世，望重累朝。體河岳之兼容，納涓埃而不間。衣食有奉，已寬盡室之憂；道德照人，況復終身之幸。其爲慰喜，難盡敷陳。

賀孫樞密啓

右某啓：伏審王畿報政，兵府登賢。中外同歡，士夫相慶。伏惟樞密諫議才業兼劭，忠厚有餘。早試煩難，識民間之情僞；晚依潛躍，相龍德之光亨。出當干城，入贊心膂。温然不伐，德望逾隆；卓爾自將，風節彌壯。固上心之久簡，且人望之攸歸。方今武備載張，邊防未弛。導迎善意，猶有望於仁人；保養遺氓，終愈光於令問。轍早遊門下，實倍歡情。趨謁未由，瞻依徒切。

謝黄察院啓

右某啓：伏審不棄空踈，過形論薦。廢退已久，慚懼靡遑。誠以進無千世之才，出爲苟祿之仕。强顔未去，䊸被以須。方河堤潰決之餘，當流民紛委之地。皇華在隰，務咨度以求賢；鴻鴈于飛，待劬勞而安宅。是宜舉勵精之能吏，効奔走於當時。老鈍之資，樸樕何取？豈謂採聽之誤，曲加奬飾之榮。此蓋伏遇某官德在兼容，仁存久棄。有霜臺嚴肅之威而不用，有繡衣擊斷之勢而不施。既示含容，復蒙甄錄。然以東州之廣，才士如林。輒先衆人，豈勝厚愧？感佩之切，敷染奚殫！

賀趙少保啓

右某啓：伏審得謝明廷，榮歸故里。參東宫之羽翼，增南國之光華。搢紳竦觀，貪懦知愧。伏惟致政少保，德侔金玉，節貫冰霜。早入諫垣，凜乎蹇諤之足畏；晚陪國論，温然忠厚之可依。逮此分憂，所至稱治。因俗爲政，無寬猛之常；與民息肩，有清靜之化。士夫倚以爲重，邦家仰以爲安。而止足之心，早已自許；再三之請，久而後從。退居水石之鄉，自放簪裳之外。優遊空寂，有以知萬物之輕；呼吸清華，有以期百年之壽。激揚頽俗，師表後生。卓然先覺之風，坐致不言之益。某因緣末契，誤辱見知。舊德不留，雖同海内之公怨；高節愈劭，私喜哲人之克終。欣慰之多，敷染難盡。

賀文太師致仕啓

右某啓：伏審得謝中朝，歸老西洛。位極師保，望隆古今。止足之風，中外所嘆。伏惟致政太師，躬夔、皐之偉業，兼方、召之壯猷。翼亮三朝，始終一節。百辟共傳於遺事，四夷想聞於風聲。民恃以安，士思爲用。尙父雖老，而鷹揚未衰；猛虎在山，而藜藿不採。況復坐而論道，本無黄髮之嫌；出以濟時，何負赤松之約？而能去如脫屣，名重太山。近世以來，一人而已。方將翺翔嵩少之下，泝回伊、洛之間。身寄白雲，堂開綠野。釋鼎鍾之重負，收竹帛之餘光。雖使圖之丹靑，奉以尸祝，衆之所願，誰復間然？某早以空疎，誤辱知獎。甞欲借潤於河海，庶幾自効於錙銖。而蹇拙多艱，漂流歷歲。䀌將歸掃墳墓，絕意功名。罪籍得除，或成過洛之幸；舊恩未棄，尙許登門之遊。一聽話言，永畢微願。猶能作爲歌頌，傳示無窮。俯慰平生，仰荅恩遇。瞻望台屏，不勝區區，謹奉啓陳賀。

謝兩發運啓

某啓〔一〕：竊以廢棄餘生，黽俛祿仕。偶依按治之末，苟全疎拙之資。敢謂幷容，過形論薦。轍少年喜事，誠有意於功名；中歲早衰，願投迹於林莽。徒以竄逐未久，不敢言歸。

耕稼無資，未能捨祿。馬病伏櫪，實畏馳走之勞；木落歸根，久忘發生之念。伏承某官，德業深厚，名冠士夫。委寄優隆，地連湖海。思與明主〔二〕，廣育材能；遍求屬官，不棄憔悴。百里之政，曾比毫髮之輕；一言之容，遂致鼎鍾之重。然方今聖治初啓，羣賢彙征。敢以衰朽之餘，輒塵英乂之列？感激雖至，慚懼實深。

【校】

〔一〕「某啓」，原無，據叢刊本補。下同此。

〔二〕「思與」下原衍「人」字，據叢刊本删。

賀范端明啓

某啓：伏以仁厚之深，老有餘福；退閑雖久，坐致優恩。中外相傳，歡欣一意。伏惟致政端明丈人，鄉邦舊德，翰苑老成。早擅價於文章，晚收功於忠義。謀安社稷之重，言發卿士之先。事成耻於自陳，功大難於久掩。既及身而顯曜，亦延世以褒嘉。信天道之不誣而陰德之必報。某早承眷與，喜倍等倫。不獲躬詣門屏修慶，謹奉啓陳賀。

除中書舍人謝執政啓

某啓：近蒙聖恩除前件官，仍改賜章服者。謫宦江湖，歲月已久；置身臺省，志氣未安。繼登翰墨之場，勉出絲綸之語。辭而不獲，處之益驚。凡物之生，小大異稱；惟人所處，閑劇有宜。狙猿無事於冠裳，爰居不樂於鍾鼓。操之則慄，舍之則安。是以造物者聽其自然，而用人者貴於因任。然後才得其適，性無所傷。轍少而讀書，中頗喜事。既挾策以干世，誠妄意於濟時。奏牘之多，既比狂於方朔；流涕之切，亦效直於賈生。比困幽憂，始聞大道。汎若虛舟之獨往，寂如死灰之不然。久於索居，遂以無用。以謂良冶之砥石，不能發無刃之金；大匠之斧斤，不能器不才之木。自放而已，蓋將終焉。豈意大明之繼升，廣收諸賢以自助。驥騄之乘，而罷駑與焉；楩枏之林，而樗櫟在是。横蒙見錄，漫不自知。此蓋伏遇某官，道大難名，才高不器。深念格天之業，本由得士之功。致二老於幽遐，罄九官之汲引。下迨微陋，或蒙甄收。曾是放棄之餘，輒參侍從之列。朝衣肉食，雖懷歸而未由；濡足纓冠，顧所居之當爾。冀斯民之大定，幸四國之無虞。碌碌何功，猶或一書於竹帛；堂堂偉績，尚能悉載於聲詩。過此以還，未知所措。

除尚書右丞諸公免書

某啓：伏蒙聖恩，除某中大夫，守尚書右丞者。恩出非常，心知逾分。雖懇辭之未獲，要得請以爲安。竊以政事之臣，國勢所繫。得其人則四方斯訓，非所用則百辟何觀？顧可私於一人，致坐失於大體？某家世寒陋，資稟冥頑。早歲讀書，徒以文翰自喜；莫年臨事，動由迂闊見譏。既自知之不疑，矧衆言之何賴？方虞汰斥，遽爾超升。況今二聖天臨，羣公彙進。五臣翊舜，自格無爲之功；一德承湯，已膺克享之報。豈容不肖，或與其間〔一〕。伏望某官，因進見之餘言，達外廷之公論。進賢退否，既鈞軸之當爲；置散投閑，抑空疎之常分。苟無滿溢之懼，盡出陶鎔之私。

【校】

〔一〕「間」，原作「問」，據叢刊本改。

謝啓

某啓：誤蒙詔恩，選備臺轄。小才知愧，空傴僂以循牆；成命莫回，嗟負乘而致寇。竊以先皇昔開於官制，兩丞特異於唐餘。上參萬務之幾，下總六聯之劇〔一〕。既用人之不次，宜得士之非常。如轍家世甚寒，資望尤薄。雖學存於古，而言輒謂迂；志切於時，而舉不知務。禁林清要，文書缺然；憲府密嚴，忠言無幾。方乞閑而自便，遽躐等以叨榮。此蓋伏遇某官，至德在人，清議服世。推轂多士，雅聞成就之功；一意本朝，樂有俊良之助。積薪不嫌其居上，蟠木亟爲之先容。坐致空疎，誤蒙甄拔，其爲感幸，難盡言宣。

【校】

〔一〕「下」，原作「不」，據叢刊本改。

代人啓事八首

代子瞻答周郎中啓

伏承不棄空疎，辱示書教。稱道過實，慚懼交至。某自少讀書〔一〕，喜作文字。志氣方銳，以多爲賢。流傳世俗，誤見推許。近歲以來，遭罹患難，舊學衰落。加以當世文士述作至多，每一開編，終日驚嘆。故自近日，深自歛退，未嘗有所爲文。方欲收拾舊書，而已傳布四方，不可復掩。豈謂賢達尙復以此見稱？每讀來書，祗增愧汗。所示古今詩二卷，詞藻既贍，格律又高，誦詠再三，浩不可測。辱賜之厚，未知所報。

【校】

〔一〕「某」，原作「其」，據叢刊本改。

代張公安道答呂陶屯田啓

伏審決策大廷，程文優等，聲華籍甚，慶慰良深。某官學問該通，業履淳固，恥浮言之希世，依直道以干時。進不失榮，退無所負。惟是六科之建，始於兩漢之隆。衆所共趨，久而成俗。盛極則反，固唯物理之常然；忠告未衰，猶有設科之本意。苟遺風之可挹，曾外物之何加。勿用猥幷，本無求於執事；不忘薦養，終有獲於豐年。比者過示長牋，曲形厚意。其爲感悅，難盡敷陳。

代陳述古舍人謝兩府啓

久塵近侍，愧於無能；出補外官，適其素願。始布條詔，親見吏民。秋夏豐登，人懷富足之樂；風俗淳厚，庭無爭訟之諠。曾何施爲，遂底清淨？某老大無取，介特自將。平昔之學，嘗志於治民；仕宦之勞，每深於陟屺。願之久矣，乃今得之。此蓋伏遇某官，道德崇深，器業宏遠。銓綜羣吏，不知中外之殊；鎭撫多方，常先陪輔之重。舉此善地，寄之鄙人。私欲不違，知陶鈞之有自；官守無事，況迂拙之所宜。感激之誠，敷陳罔旣。

又代謝兩制啓

蹇拙之資，久塵於侍從；恩寵之誤，猶寄於藩維。祗服休光，已臨所部。某歷職無補，每以爲慚。揣己甚明，固當自乞。荷聖恩之未棄，付近郡以偷安。太昊之墟，風俗猶厚，長淮以北，魚稻稍豐。親養無違，私計自得。曾何鄙薄，獲此便安？此蓋伏遇某官，學術精深，才猷駿懋。眷奬方厚，議論持平。頃與同朝，固服膺之有素；獲守善地，滋荷德之不忘。視事云初，馳誠罔旣。

代張聖民修撰謝二府啓

待罪海壖，方虞於曠敗；分憂畿外，尤荷於陶鈞。祗見吏民，布宣條詔。累歲豐稔，略無罷人；積雨開明，粗有秋稼。方郡邑之無事，顧庸懦以何爲？某早從宦遊，舊悅圖史。旋承乏於劇職，勉從事者歷年。心迷薄領之煩，力殫錢穀之計。逮茲出守之地，復修舊學之餘。政事稍閑，初心自得。曾何幸會，獲此便安？此蓋伏遇某官，道德濟時，宇量包世。奬和中外，恥一物之未寧；容養賢愚，思羣材之各遂。顧鄙儒之無狀，竊近輔以偷安〔一〕。雖荷德之深，無忘於瞻仰；而營職之外，何補於涓埃？慚懼之誠，敷述難旣。

【校】

〔一〕「偷」，原作「論」，據叢刊本改。

代齊州李諫議問候文侍中啓

伏審臥鎮別京，臨制北鄙。政務休簡，兵民乂安。恭惟某官，德邁古人，望隆當世。陶冶多士，盡布公卿之間；輔翼累朝，陟配皇王之化。眷懷事業，偃息方州。風俗未澄，非老成而莫定；邊鄙尚竦，須重德以謀安。衆口所期，天心將應。卽日冬候凝冽，鈞履康寧。某迫此莫年，尚玷鄉郡。道路不遠，德化所覃。瞻仰徒深，伏謁無路。敢祈保衛，以慰傾依。

代李諫議賀郭宣徽知并州啓

伏審謀帥廟堂，授鉞方面。風聲所被，邊鄙自安。伏惟某官，學本詩書，思含韜略。入參樞近，出總戎行。謀慮宏深，隱若長城之固；動用安靜，不求一日之功。勳名旣隆，釁故隨至。進退有裕，望實兼隆。令尹三登，曾喜色之莫見；潁陽復起，信前計之可從。方今卒乘久安，盟好猶在。用人既得，知廟勝之有成；俾國咸休，顧公策之安出？某老拙無用，退守鄉邦。側聆休嘉，以慰瞻望。

代李諫議謝二府啓

某爲性甚愚，篤於自信。與人無忌，拙於周旋。頃者得遇監司〔一〕，造爲浮謗。浼塵上聽，紛然罪戾之多；傳播四方，重爲衰老之愧。飛草自理，爲計已疎。雖循省之無瑕，顧吹求之已密。恃照臨於皎日，信俯仰於平衡。不竢辯明，坐獲昭洗。枯根再生於時雨，敗舟獲濟於驚瀾。名節既全，死生爲幸。此蓋伏遇某官，持大鈞而播物，奮至鑒以臨人。定姸醜於須臾，無施巧僞；憐衰罷之易毀，曲爲保全。德厚恩隆，感深涕隕。某老病既久，思求歸而未能；荷戴雖多，恐圖報之無日。激切之至，敷述奚殫。

【校】

〔一〕「遇」，原作「過」，據叢刊本改。

欒城後集引

予少以文字爲樂，涵泳其間，至以忘老。元祐六年，年五十有三，始以空疎備位政府，自是無遞作之暇。顧前後所作至多，不忍棄去，乃裒而集之，得五十卷，題曰欒城集。九年，得罪出守臨汝，自汝徙筠，自筠徙雷，自雷徙循，凡七年。元符三年，蒙恩北歸，寓居潁川。至崇寧五年，前後十五年，憂患侵尋，所作寡矣，然亦班班可見，復類而編之，以爲後集，凡二十四卷。

眉山蘇氏子由書

欒城後集卷之一

詩七十首

次韻子瞻感舊

還朝正三伏，一再趨未央。久從江海游，苦此劍佩長。夢中驚和璞，起坐憐老房。子瞻夢中見人誦詩云：「庋數形名本偶然，破琴今有十三弦。此生若遇邢和璞，始信秦箏是響泉。」因作破琴詩以記之。爲我忝丞轄，眞身願幷涼。子瞻每欲爲國守邊，顧不敢請耳。此心一自許，何暇憂陟岡。早歲發歸念，老來未嘗忘。淵明不久仕，黔婁足爲康。家有二頃田，歲辦十口糧〔一〕。敎敕諸子弟，編排舊文章。辛勤養松竹，遲莫多風霜。常恐先著鞭，獨引社酒嘗。火急報君恩，會合心則降。

【校】

〔一〕「口」，原作「日」，據三蘇祠本改。

次韻題畫卷四首

山陰陳迹

臥對郗人氣已眞，晚依丘壑更無倫。不須復預清言侶，自是江東第一人。逸少知清言之害，然蘭亭記亦不免慕清言耳。

雪溪乘興

亟往遄歸眞曠哉，聾人不信有驚雷。雖云不必見安道，已誤扁舟犯雪來。

四明狂客

失脚來遊九陌塵，故溪何日定抽身？便同賀老扁舟去，已笑西山鄭子眞。

西塞風雨

雨細風斜欲暝時，凌波一葉去安歸？遙知夜宿蛟人室，浪卷波分不著直略切衣。

送姪邁赴河間令

老去那堪用，恩深未敢歸。誰能告民病，一一指吾非？爾赴河間治，無嫌野老譏。仍將尺書報，勿復問從違。

次韻門下呂相公車駕視學

未識吾君龍鳳章，諸儒望幸久南庠。輦回原廟初移蹕，鷺集西雝已著行〔一〕。執爵稍前疑問道，獻琛不日數來王。從官始悟熙寧意，遺我親臨見肯堂。

【校】

〔一〕「雝」，原作「廱」，各本同。詩經振鷺：「振鷺于飛，于彼西雝。」據此徑改。

傅銀青挽詞二首

名自烏臺發，恩從鳳沼深。鹽梅和衆口，金玉比誠心。澹泊平生事，彌留一病侵。遺言自無憾，朝野爲沾襟。

其二

丹旐國西門，茅廬濟水深。官淸貧似舊，名重沒猶存。臺閣傳遺懿，交遊拭淚痕。君恩不改故，延賞遍諸孫。

大雪三絶句

閏歲窮冬已是春，當寒卻暖未宜人。陰風半夜催飛霰，稍淨天街一尺塵。

玄冥留雪付勾芒，桃李雖憂麥未傷。膏澤較遲三十日，問天此意亦茫茫。

連歲金明不見冰，上春風雪氣稜稜。臺中曾奏五行傳，到此施行愧未曾。

和王晉卿都尉荼䕷二絶句

春到都城曾未知，楸花時見萬年枝。多情賴有王公子，解翦金盤寄所思。春來未曾見花，但於禁中時見楸花耳。

後圃荼䕷手自栽，淸於芍藥釅於梅。舊來詩客今無幾，三嗅馨香懶舉杯。

次韻門下呂相公同訪致政馮宣猷

懶從朝謁事驂騑，此去高眠罷倒衣。詔許敲門訪耆舊，天教築室俟來歸。石公熙載舊宅，張氏頃加修完，公得之以成歸計，類非偶然者。肩輿尙肯追春色，公來春將往洛中看花。鼓缶何妨傲夕暉。所至成家卽安隱，武昌誰乞釣魚磯？

滕達道龍圖挽詞二首

才適邦家用，學非章句儒。遭逢初莫測，流落一長吁。大節輕多難，深言究遠圖。收功太原守，談笑視羌胡。

其二

南竄逢公弄水亭，公時守池。北歸留我閩閭城。壯年不見日千里，餘論猶驚敵萬兵。簡册何人知造膝？邊防觸處竦先聲。傷心繫舸城東地，目斷安知有死生！

魯元翰中大挽詞二首

遺直誦家聲，持心本至誠。何勞求皦察，所至自安平。氣象餘前輩，才華屬後生。飛騰看諸子，相繼亦公卿。

其二

十年初見范公園，知與錢塘結弟昆。樂易向人無不可，疎慵憐我正忘言。南遷卻返逢北渡，遠聘相過適近藩。無復放懷譁笑語，挽詩空寄淚潺湲。子瞻兄始與元翰皆倅杭州。及自彭城還止都門，寓居范景仁東園，元翰時來相過，予始識之。其後南遷，元翰出守洛州。及奉使契丹，元翰復守滑臺。皆接從容者久之。

贈司空張公安道挽詞三首

道廣中無競，才高治不煩。安心本篤靜，憂世亦時言。壽考同儕盡，經綸故事存。猶應門下客，微論記根原。

其二

孤高出世學，豪邁謫仙人。早歲猶和俗，中年自識眞。定餘時發照，塵盡四無隣。聞道騎箕尾，還應事玉宸。

其三

西蜀識公初，南都從事餘。一言知我可，久好復誰如？學術留元歎，家聲付伯魚。霜天近生日，聞挽重欷歔。

蔡州任氏閲世堂

朱君長桐鄉，死食桐鄉社。吏民安君德，君亦愛其下。遺言於斯葬，存沒勿相捨。自知得民深，千歲誰似者？任君治新息，寛惠洽鰥寡。彊梁順敎詔，桴鼓不鳴野。三年去復還，園木栽拱把。居人敬閭巷，禽鳥依屋瓦。蒼然百尺檜，直幹任大廈。相要勿翦伐，令尹昔所舍。

次韻子瞻和淵明飲酒二十首

我性本疎懶，父母强教之。逡巡就科選，逮此年少時。幽憂二十年，懶性秖如茲。偶然踐黄閣，俯仰空自疑。乞身未敢言，常愧外物持。

其　二

人言性本静，不必林與山。世雖有此理，知誰非妄言？自我作歸計，于今十餘年。低回軒冕中，此語愧虚傳。

其　三

世人豈知我？兄弟得我情。少年喜文章，中年慕功名。自從落江湖，一意事養生。富貴非所求，寵辱未免驚。平生不解飲，欲醉何由成？

其　四

秋鴻一何樂，空際乘風飛。秋蟲一何憂，壁間終夜悲。憂樂本何有？力盡兩無依。物生逐所遇，久行不知歸。少年氣難回，老者百事衰。聊復沃以酒，永與狂心違。

其五

昔在建成市，鹽酒晝夜喧。夏潦恐天漏，多雷知地偏。妻孥日告我，胡不反故山？一來朝廷上，七年不知還。有寓均建成，且志昔日言。

其六

夢中見百怪，一一皆謂是。醉中身已忘，萬事隨亦毁。此心不應然，外物妄使爾。安心十年後，此語知非綺。

其七

開卷觀古人，誰非一世英？骨肉委黄壚，泯滅俱無情。憧憧來無盡，擾擾相奪傾。驚雷震朱夏，鮮能及秋鳴。得酒且酣飲，問誰逃死生？

其八

明月出東牆，萬物含餘姿。孤蟬庇繁蔭，衆鳥棲高枝。解衣適少事，捫腹知亡奇。朝與羣動作，莫復何所爲？此時不自有，日出還受羈。

其九

尺書千里至，輟食手自開。將卜東南居，故鄉非所懷。勿言湖山美，永與平生乖。鴻鴈秋南來，及春思故棲。蛟龍乘風雲，既雨反其泥。兄弟通四海，叩門事雖諧。直道竟三黜，去國終恐迷。何如自衞反，闕里從參回？

其十

羌虜忘君恩，戰鼓驚四隅。邊候失晨夜，驛騎馳中塗。詔書止窮征，諸將守來驅。敵微勢可料，師競力無餘。防邊未云失，憂懷愧安居。

其十一

修己以安人，嗟古有此道。平生妄謂得，忽忽恨衰老。年來亦見用，何益世枯槁？逡巡事朝謁，出入自媚好。報君要得人，被褐信懷寶。斯人何時見？卽上歸耕表。

其十二

春旱麥半死，夏雨欣及時。出郊視禾田，父老有好辭。秋陰結愁霖，似欲直敗玆。冥冥人天際，影響良不疑。精誠發中禁，愍默非有欺。雞號日東出，乃令民信之。

其十三

天廚釀冰池，搖蕩畏出境。年衰雖羸病，一酹百不醒。鸞臺異諸曹，有政非簿領。頹然雖無謫，固謝出囊穎。回首愧周行，羣英粲彪炳。

其十四

淮海老使君，受詔行當至。當官不避事，無事輒徑醉。平生自相許，兄先弟亦次。東南豈徒往？多難嫌暴貴。白首六卿中，嚼蠟那復味。

其十五

去年旅都城，三月不求宅。彼哉安知我？爭掃習禮迹。三巳竟無怨，心伏鷙鳥百。無私心如丹，經患髮先白。功名已不求，餘事復何惜？

其十六

家居簡餘事，猶讀內景經。浮塵掃欲盡，火棗行當成。清晨委羣動，永夜依寒更。低帷閟重屋，微月流中庭。依松白露上，歷坎幽泉鳴。功從猛士得，不取兒女情。

其十七

南方有貧士，狂怪如病風。垢面髮如葆，自汙屠酒中。導我引河水，上與崑崙通。長箭挽不盡，不中無尤弓。

其十八

清秋九日近，菊酒皆可得。永愧陶翁飢，雖飢心不惑。懷忠受正命，賦命本通塞。斯人今苟在，可與同事國。惜哉委荆榛〔一〕，忍飢長默默。

其十九

我友二三子，兼有仕未仕。青松出林秀，豈獨私與己？斂然不求人，而我自羈恥。臨風忽長鳴，誰信日千里？江行覘漁父，但自正綱紀。持綱起萬目，魴鱒皆可止。老成日就衰，所餘殆難恃。

其二十

諸妄不可賴，所賴惟一眞。內欲求性命，油然反淸淳。外將應物化，致一常日新。商於四父老，攜手初逃秦。翻然感漢德，投足復踐塵。出處蓋有道，豈爲諸呂勤？嗟我千歲後，澹然與之親。還將山林姿，俯首要路津。囊中舊時物，布衣白綸巾。功成不歸去，愧此同心人。

【校】

〔一〕「榛」，原作「秦」，據叢刊本改。

次韻子瞻道中見寄

兄詩有味劇雋永，和者僅同如畫影。短篇泉冽不容挹，長韻風吹忽千頃。經年淮海定成集，走書道路未遑請。相思半夜發清唱，醉墨平明照東省。詩到，適在省中。南來應帶蜀岡泉，西信近得蒙山茗。出郊一飯歡有餘，去歲此時初到潁。

郊祀慶成

盛禮彌三祀，初元正七年。祭兼天地報，儀自祖宗傳。講義金華久，近有旨，講讀官訓釋祖宗齋祠故事十五條，日陳於前。齋心玉食鮮。秋成通四海，今秋諸道皆奏豐稔，而陝西、河東極邊尤甚。塵卷跳疆寇，西羌入寇環州，邊吏邀擊，敗去。琛來浸海船。高麗使前十日到闕，預觀大禮。人和神亦答，物備禮誠全。廟室開深靚，郊丘對廣圜。翠帷新祕殿，寶仗溢通廛。周冕裘繒儉，周禮：大裘而冕以祀天。有司欲爲羔裘，庶用百羔。上以其害物，以黑繒代之。唐車保介便。玉輅有正觀款志〔一〕：「進退安重，奕世所寶。」導前多舊德，迎拜或華顛。薦潔求陰燧，馳誠寄燎煙。垂精粲星斗，望秩遍山川。降輅追前躅，回班戒弗虔。徹絪深屈體，屏蓋切承天。上至太廟門，降輅，步入齋殿，至郊壇止。百官回班，仍去黃道褥。三事皆循祖宗故事，而去繖特出上意。嶰谷灰初應，緹室吹灰，久廢不講。近太史務求遺書，復修其法。扶桑日欲躔。旌旗逐風轉，歌舞送天旋。簾啓瞻宸極，雞號識漏泉。矜愚開罪罟，釋欠靖民編。樂作波翻海，書行箭脫弦。東朝歸福胙，南極本高仙。有道知難犯，無私每得賢。劬勞就聖德，謙畏絕私權。治道初無象，神功竟莫宜。下臣叨進玉，隨見頌誠然。臣於景靈郊丘實進玉幣。

【校】

〔一〕「玉」，原作「五」，據叢刊本改。

次韻姚道人二首

西山學採薇，東坡學飡糞。昔在建成市，豈復衣冠情？朋友日已疎，止接盲趙生。嗇智衒所安，元氣賴以存。時於星寂中，稍護亂與昏。河流發九地，欲挽升天門。枉用十年力，僅餘一燈溫。老病竟未除，驚呼欲狂奔。何日新雨餘，得就季主論？

高人隱陋巷，至樂初無方。心知無生妙，運轉開陰陽。本如凌雲松，豈受尺寸量？氣如幽谷蘭，時送清風香。嗟我本病肺，寒暑隨翕張。丹砂苦落落，青春去堂堂。清詩墮雲霧，至音叩琳琅。山海信多士，世俗非所望。遠遊居臨安，間出從諸王。他年解冠佩，共遊無邊疆。儀麟既委照，永謝過隙光。

次韻子瞻上元扈從觀燈二首

虜去邊城少奏章，雪殘中禁罷焚香。都人知有新年喜，爭看琱輿金鳳凰。

春來有意乞歸耕，足痺三年久未平。頃奉使契丹，墜馬傷足，已三年矣。忽記上元鑾輅出，起聽前殿曉鍾聲。

蔡州壺公觀劉道士　并引

元祐八年七月，彭城曹煥子文至自安陸，爲予言：「過淮西，入壺公觀。觀縣壺之木，木老死久矣。環生孫蘖無數。聞有老道士劉道淵，年八十七，非凡人也。謁之，神氣甚清，能言語，服細布單衣，縫補殆遍。壁間題者多以不易衣爲美。煥問其意，道淵悵然曰：『此故淮西守歐陽永叔所贈也。世人稱永叔工文詞，善辯論，忠信篤學而已。君知是人竟何從來耶？公與我有夙契，且齊年也。昔將去吾州，留此以別。吾服之三十年，嘗破而補之矣，未嘗垢而澣也。比嘗得其訊：吾亦去此不久矣。』煥聞之，愕然莫測。徐問其故，皆不答。」予少與兄子瞻皆從公遊，究觀平生，固嘗疑公神仙中人〔一〕，非世俗之士也。公亦嘗自言：「昔與謝希深、尹師魯、梅聖俞數人同遊嵩高，見蘚書四大字於蒼崖絕澗之上，曰『神清之洞』。問同遊者，惟師魯見之，以此亦頗自疑本世外人。」今聞道淵言，與曩意合，因作詩以示公子棐叔弼。

思頴求歸今幾時？布衣猶在老劉師。龍章舊有世人識，蟬蜕惟應野老知。昔葬衣冠今在否？近傳音問不須疑。曾聞圯上逢黄石，久矣留侯不見欺。

【校】

〔一〕「中」，原作「天」，據三蘇祠本改。

大行太皇太后挽詞二首

内治隆三世，尊臨極九年。神孫克負荷，大業付安全。有道華夷靖，無心怨惡悛。和熹盛東漢，從此不稱賢。

其二

約己心全小，寬民德有餘。外家恩澤少，先后禮容虚。有司每以章獻太后故事爲請，德音輒深自菲薄，不敢當而止。原廟因前室，有司將築神宗皇帝神御，有詔：「自處治隆，以成就宣、光。」中朝避册書。頃歲將受册寶，當御前殿，謙避不欲，遂退即後殿而已。功名不勝紀，四謚歎猶踈。近以四謚進呈，上歎曰：「太皇太后盛德，豈四謚所能盡！」

次韻姚道人

道人偶許俗人知，法喜非妻解養兒。夜久金莖添沆瀣，室虛寶月映琉璃。遠來醉俠忽忽返，近出詩仙句句奇。獨怪區區踐繩墨，相逢未省角巾欹。

次韻石芝 并引

子瞻昔在黄州，夢遊人家，井間石上生紫藤，枝葉如赤箭。主人言：「此石芝也。」折而食之，味如雞蘇而甘。起賦八韻記之。元祐八年，予與子瞻皆在京師，客有至自登州者，言海上諸島，石向日者多生耳，海人謂之石芝。食之味如茶，久而益甘。海上幽人或取服之，言甚益人。客以一籃遺子瞻。遂次前韻：

雞鳴東海朝日新，光蒙洲島霧雨勻。一晞石上遍生耳，幽子自食無來賓。寄書乞取久未許，箬籠蕉囊海神戶。戶，止也。左傳：「屈蕩戶之。」一掬誰令墮我前，無爲知我超諸數？此身不願淸廟瑚，但願歸去隨樵蘇。龜龍百歲豈知道？養氣千息存其胡。塵中學仙定難脫，夢裏食芝空酷烈。中山軍府得安閑，更試朝霞磨鏡鐵。

故樞密簽書贈正議大夫王彥霖挽詞二首

試吏有能名，升臺擅直聲。雄飛極九載，修路止三城。壯志方凌厲，遺書忽歎驚。老人殊可念，白首泣新塋。

其二

傾蓋晚相親，東西省戶鄰。聽君占諫草，繼我出詞綸。京尹聲初浹，樞庭迹尚新。邯鄲炊未熟，榮謝隔逡巡。

讀史六首

留侯決成敗，面折愧周昌。垂老召商叟，鴻鵠自高翔。

其二

諸呂更相王，陳平氣何索！千金壽絳侯，劉宗知有託。

其三

賈生料吳楚，竟斃大梁城。一身不自保，痛哭空傷生。

其四

桓文服荆楚，安取破國都？孔明不料敵，一世空馳驅。

其五

安石善談笑，揮麈卻苻秦。妄起并吞意，終殘吳越人。

其六

江河浪如屋，要須滄海容。可憐狄仁傑，猶復負婁公。

和子瞻雪浪齋

謫居杜老嘗東屯，波濤遶屋知龍尊。門前石岸立精鐵，潮汐洗盡莓苔昏。野人相望夾水住，扁舟時過江西村。窗中縞練舒眼界，枕上雷霆驚耳門。不堪水怪妄欺客，欲借楚些時招魂。人生出處固難料，流萍著水初無根。旌旗旋逐金鼓發，蓑笠尚帶風雨痕〔一〕。高齋雪浪卷蒼石，北叟未見疑戲論。激泉飛水行亦凍，窮邊臘雪如翻盆。一杯徑醉萬事足，江城氣味猶應存。

【校】

〔一〕「笠」，原作「苙」，據叢刊本改。

次韻子瞻生日見寄

日月中人照與芬，心虛慮盡氣則薰。彤霞點空來羣羣，精誠上徹天無雲。寸田幽闕煩不焚，眇視中外絳錦紋。冥然物我無復分，不出不入常氤氳。道師東西指示君，乘此飛仙勿留墳。茅山隱居有遺文，世人心動隨蚉蚊。不信成功如所云，早夜賓餞同華勛。爾來僅能破魔軍，我經生日當益勤。公臬正氣飲不醺，梨棗未實要鋤耘。日云莫矣收桑枌，西還閉門止紛紛。憂愁眞能散凄焄，萬事過耳今不聞。登眞隱訣云：「日中靑帝曰照龍韜，其夫人曰芬豔嬰。」

蹇師嵩山圖　并引

葆光法師蹇君未嘗至嵩山，欲往遊焉。元祐九年春，磐桓都下，得古畫一幅，以示其客。客曰：「此嵩山圖也。」予昔嘗遊焉，峯嶺、徑遂、觀刹皆是。」君喜曰：「此將以導予也。」吾昔熙寧中自陳之洛，往來皆出嵩少之間。時方重九，與偕行者約曰：「與子於此登高乎？今筋力尙強，可以一往，異日復至，或不能矣。」今年三月，以罪出守汝州。聞此州在嵩少之陽，登城北望，可以盡得其勝。君何時爲此遊？吾將舉酒與子相望，雖不能同，亦庶幾焉。系之以詩曰：

峻極登高二十年，汝州回望一依然。君行亦是高秋後，試覓神清古洞天。神清洞事見上。

望嵩樓　在汝州。

連山障吾北，二室分西東。東山幾何高？不爲太室容。西山爲我低，少室見諸峯。臨軒一長歎，隱見由所逢。試問山中人，二室竟誰雄？雄雌久已定，分別徐亦空。可憐汝陽酒，味與上國同。遊心四山外，寄適杯酒中。

思賢堂

楊公守臨汝，俛仰八十載。推遷城市非，散落篇章在。外物固難必，淸名竟安賴？孤亭右洲渚，斜日到冠佩。飛翔棟宇回，滉蕩波流對。稍存楸梧高，大蒻菰蒲穢。遺編訪諸子，翠石補前廢。吏民亦潸然，未替甘棠愛。

阻風

自汝遷筠，八月過眞州。江漲倍常歲，而風不順。

大水蔑洲浦，牽挽無復施。我舟恃長風，風止將安爲？塌然委積水，坐被弱纜維。市井隔峯嶺，食盡行將飢。長嘯呼風伯，厄窮豈不知？蓬蓬起東南，旗尾西北馳。所望乃大謬，開門訊舟師。舟師掉頭笑：沿泝要有時，泝者不少息，沿者長嗟咨。飄風不終日，急雨常相隨。雨止風亦止，條條弄淸漪。我言未見信，君行自見之。

次韻子瞻遊羅浮山

客迷墮澗逢玉京，雲行夭矯風號鳴。暗中過盡石髓滑，驚喜觀闕朝霞明。東坡南去類此客，擿者力盡非求生。偶然瀕海少氛氣，復有福地容躬耕。諸侯歷聘謝魯叟，茅簷燕坐師老彭。天樞旋結日珠重，人寰下視鴻毛輕。俗緣漸覺冰雪解，元氣乍復蛟虬獰。遠遊脫屣入蓋竹，初怪長史留家庭。後來玉斧小兒子，亦入眞誥參仙經。試令子弟學諸許，還家不用劍閣銘。洞天閉亦有圖籍，但恐未免如公卿。此心願與世無事，不願與世平不平。

次韻子瞻江西

許君馬老共一邦，西山斷處流蜀江。誰令十載重渡瀧，灘頭舊寺晨鐘撞。亂流赤脚記淙淙，道俗自謂丹霞龐。便令築室修畦矼，往還二老筇一雙。予與筠州聰長老有十年之舊。

雨中遊小雲居

賣酒高安市，早歲逢五秋。常懷簡書畏，未暇雲居遊。十載還上都，再謫仍此州。廢斥免羈束，登臨散幽憂。鄉黨二三子，結束同一舟。雨餘江漲高，林薄煩撐鉤。積陰荐雷作，兩山亂雲浮。雨點落飛鏃，江光濺輕漚。笑語曾未畢，風雲遽誰收？舟人指松檜，古刹依林丘。老僧昔還住，晚飯迎淹留。食菜吾自飽，饋肉煩賢侯。嚴城迫吹角，歸棹隨輕鷗。聯翩閲村塢，燈火明譙樓。肩輿蹴積甃，塗潦分潛溝。居處方自適，未知厭拘囚。

欒城後集卷之二

詩七十首

次韻子瞻上元見寄

誰憐東坡老，獨看南海燈。故人隱山麓，燕坐銷牀稜。人生天運中，往返成廢興。炎起爨下薪，凍合瓶中冰。頗有不變處，寂如方定僧。建成亦巖邑，燈火高下層。頭陁舊所識，天寒髮鬅鬙。問我何時來，嗟哉谷爲陵。幸此米方賤，日食聊一升。夜出隨衆樂，餔糟共騰騰。

次韻子瞻連雨江漲二首

南過庾嶺更千山，烝潤由來共一天。雲塞虛空雨翻瓮，江侵城市屋浮船。東郊晚稻須重插，西舍原竄未及眠。獨棹扁舟趁申卯，米鹽奔走笑當年。客到炎阪喜暫涼，江吹虛閣雨侵廊。回看野寺山溪隔，臥覺晨炊稻飯香。荔餉深紅陋櫻棗，桂醅淳白比琳琅。恩移嶠北應非晚，未省南遷日月長。

次韻姪過江漲

陰淫夏爲秋，雨暴溪作瀆。缺防舊通市，流潦幾入屋。雖幸廪粟空，猶惜畦蔬綠。鹿駭不擇音，鴻羇分適陸。室諳曾子還，城謳華元皈。中情久岑寂，外物競排蹙。設心等一慈，開懷受諸毒。道力雖未究，游波偶然伏。糧須三月聚，艾要七年蓄。君恩許北還，從此當退縮。

亡嫂靖安君蒲氏挽詞二首

家風足圖史，婦德儼蘋蘩。湯沐從夫寵，冠衣席弟恩。克家傅衆子，有後慶多孫。追養心何極，增封禮尚存。

其　二

宦遊非不遂，流落自龕疎。宗黨半天末，存亡驚素書。佳城東嶺外，茂木故阡餘。遙想千車送，臨江涕滿裾。

寄題武陵柳氏所居二首

天眞堂

宦遊閲盡山川勝，歸老方知氣味眞。歌哭不移身自穩，往還無間語尤親。永懷前輩無因見，猶喜諸郎有此人。千歲展禽風未改，不加琱琢世稱珍。

康樂樓

邑居欲盡溪山好，不作層樓無奈何。巖谷滿前收蠟屐，漪漣極目卷漁蓑。安心已得安身法，樂土偏令樂事多。千里筠陽猶靜治，還家一笑定無他。

筠州州宅雙蓮

綠蓋紅房共一池，一雙遊女巧追隨。鏡中比並新粧後，風際攜扶欲舞時。露蘂暗開香自倍，霜蓬漸老折猶疑。殷勤畫手傳眞態，道院生綃數幅垂。

奉同子瞻荔支歎

蜀中荔支止嘉州，餘波及眉半有不？稻糠宿火却霜霰，結子僅與黃金侔。近聞閩尹傳種法，移種成都出巴峽。名園競擷絳紗苞，蜜漬瓊膚甘且滑。北遊京洛墮紅塵，箬籠白曬稱最珍。思歸不復爲蓴菜，欲及炎風朝露勻。平居著鞭苦不早，東坡南竄嶺南道。海邊百物非平生，獨數山前荔支好。荔支色味巧留人，不管年來白髮新。得歸便擬尋鄉路，棗栗園林不須顧。青枝丹實須十株，丁寧附書老農圃。

次韻子瞻梳頭

水上有車車自翻，懸霤如線垂前軒。霜蓬已枯不再綠，有客勸我抽其根。枯根一去紫茸茁，珍重已試幽人言。紛紛華髮何足道，當返六十過去魂。近有道士相教：拔白後，以水火養之，當不復生。故以爲答。

勸子瞻修無生法

除却靈明一一空，年來丹竈漫施功。掌中定有菴摩在，雲際懸知霧雨濛。已賴信心留掣電，要須淨戒拂昏銅。誰言逐客江南岸，身世雖窮心不窮？

石盆種菖蒲甚茂忽開八九華或言此華壽祥也遠因生日作頌亦爲賦此

石盆攢石養菖蒲，沮洳沙泉韭葉鋪〔一〕。世說華開難值遇，天將壽考報勤劬。心中本有長生藥，根底暗添無限鬚。更爾屈蟠增瘦硬，它年老病要相扶。

【校】

〔一〕「韭」，叢刊本作「薤」。

子瞻和陶公讀山海經詩欲同作而未成夢中得數句覺而補之

此心淡無著，與物常欣然。虛閑偶有見，白雲在空間。愛之欲吐玩，恐爲時俗傳。逡巡自失去，雲散空長天。永愧陶彭澤，佳句如珠圓。

成都僧法舟爲其祖師寶月求塔銘於惠州還過高安送歸

少年能講大乘經，法施堂中不出扃。爲許先師傳後世，徑從西海集南溟。忘身直犯黄茅瘴，滿意初成白塔銘。寄我淚痕歸萬里，遥知露滴澗松青。

東西京二絶

親祀甘泉歲一終，屬車徐動不驚風。宓妃何預詞臣事，指點譏訶豹尾中。

犀箸金槃不暇嘗，更須石上擣黄粱。數錢未免河東舊，不識前朝大練光。

唐相二絶

楊王滅後少英雄，猶自澄思却月中。已得惠妃歡喜見，方頭笑殺曲江公。

朝中寂寂少名卿，晚歲雄猜氣益横。心怕無鬚少年士，可憐未識玉奴兄。

寓居六詠

手植天隨菊，晨添苜蓿盤〔一〕。叢長憐夏苦，花晚怯秋寒。素食舊所愧，長齋今未闌。殷勤拾落藥，眼暗讀書難。

其　二

山丹炫南土，盈尺愧西京。所至曾無比，知非浪得名。未須求別種，尚欠剝繁英。行復春風度，天涯眼暫明。

其　三

隣家三畝竹，蕭散倚東牆。誰謂非吾有，時能惠我凉。雪深聞毀折，風作任披猖。事過還依舊，相看意愈長。

其　四

弱榴生掩冉，插竹強支叉。旋疊封根石，能開著子花。扶持物遂性，綴緝我成家。故國田園少，何須恨海涯？

其　五

大雞如人立，小雞三寸長。造物均付予，危冠兩昂藏。出欄風易倒，依草枯不殭。後庭花草盛，憐汝計興亡。或言矮雞冠即玉樹後庭花。

其六

西隣分半井，十口無渴憂。歲旱百泉竭，日供八家求。艱難念生理，沾足愧寒流。比聞山田婦，出汲爭羣牛。山中澗谷枯竭，汲者每苦牛奪其水。一人出汲，輒數人持杖護之。

【校】

〔一〕「苜」，原作「首」，據三蘇祠本改。

和子瞻新居欲成二首

老罷子卿還屬國，功成定遠恨陽關。漂流豈必風波際，顛沛何妨枕席間。伏臘便應隨俚俗，室廬聞似勝家山。因緣宿世非今日，賴有陰功許旋還。此說見佛書。

山連上帝朱明府，心是南宗無盡燈。過此欲危空比夢，年來瘴毒冷如冰。圖書一笑寧勞客，音信頻來尚有僧。梨棗功夫三歲辦，不緣憂患亦何曾？

次遲韻二首

老謫江南岸，萬里修烝嘗。三子留二子，嵩少道路長。累以二孀女，辛勤具餱糧。誰令南飛鴻，送汝至我旁？飢寒不能病，氣紓色亦康。拊背問家事，嗟我久已忘。力耕當及春，無爲久南方。還家語諸女，素剛非王章。

其二

世事非吾憂，物理有必至。常暘百川竭，顧亦防雨耳。陰陽相糾纏，反覆更自治。幽懷澹不起，默坐識其意。長子念衰老，遠行重慚愧。疎慵身似僧，岑寂家近寺。但聞事日新，未覺吾有異。器鋻本自出，藩角徒不遂。得失衆共知，窮達佛所記。要令北歸日，粗究一大事。

次遠韻

萬里謫南荒，三子從一幼。謬追春秋餘，賴爾牛馬走。憂病多所忘，問學非復舊。借書里諸生，疑事誰當叩？吾兒雖懶教，擢穎既冠後。求友卷中人，玩心竹間岫。時令檢遺闕，相對忘昏晝。兄來試謳吟，句法漸翹秀。暫時鴻鴈飛，迭發塤篪奏。更念宛丘子，頎然何時覯？

次韻子瞻和陶公止酒 雷州作。

少年無大過，臨老重復止。自言衰病根，恐在酒盃裏。今年各南遷，百事付諸子。誰言瘴霧中，乃有相逢喜？連牀聞動息，一夜再三起。泝流俯仰得，此病竟何理？平生不尤人，未免亦求己。非酒猶止之，其餘眞止矣。飄然從孔公，乘桴南海涘。路逢安期生，一笑千萬祀。

次韻子瞻過海

我遷海康郡，猶在寰海中。送君渡海南，風帆若張弓。笑揖彼岸人，回首平生空。平生定何有？此去未可窮。惜無好勇夫，從此乘桴翁。幽子疑龍蝦，牙須竟誰雄？閉門亦勿見，一嗅同香風。晨朝飽粥飯，洗鉢隨僧鐘。借問何時歸？兹焉若將終。居家出家人，豈復懷兒童？老聃眞吾師，出入初猶龍。籠樊顧甚密，俯首姑爾容。衆人指我笑，韁鎖無此工。一瞬千佛土，相期兜率宮。

過姪寄椰冠

衰髮秋來半是絲，幅巾緇撮強爲儀。垂空旋取海椶子，蜀中海椶，即嶺南椰木，但不結子耳。束髮裝成老法師。變化密移人不悟，壞成相續我心知。茅簷竹屋南溟上，亦似當年廊廟時。

寓居二首

東亭

十口南遷粗有歸，一軒臨路閱奔馳。市人不慣頻回首，坐客相諳便解頤。慚愧天涯善知識，增添城外小茅茨。華嚴未讀河沙偈，偃仰明窗手自披。

東樓

月從海上湧金盆，直入東樓照病身。久已無心問南北，時能閉目待儀麟。颶風不作三農喜，是歲海無颶風。舶客初來百物新。歸去有時無定在，漫隨俚俗共欣欣。

所寓堂後月季再生與遠同賦

客背有芳叢，開花不遺月。何人縱尋斧，害意肯留枿？偶乘秋雨滋，冒土見微茁。猗猗抽條穎，頗欲傲寒冽。勢窮雖云病，根大未容拔。我行天涯遠，幸此城南茇。小堂劣容臥，幽閣粗可躋。中無一尋空，外有四隣匝〔一〕。窺牆數柚實，隔屋看椰葉。葱蒨獨茲苗，慇慇待其活。及春見開敷，三嗅何忍折？

【校】

〔一〕「匝」，原作「市」，據叢刊本改。

浴罷

逐客例幽憂，多年不洗沐。予髮櫛無垢，身垢要須浴。顯濟本天運，憤恨當誰復？茅簷容病軀，稻飯飽枵腹。形骸但癯瘁，氣血尚豐足。微陽閱九地，浮彩見雙目。枯槁如束薪，堅緻比温玉。長齋雖云淨，閱月聊一沃。石泉瀞巾帨，土釜煮桃竹。南窗日未移，困臥久彌熟。華嚴有餘秩，默坐心自讀。諸塵匆消盡，法界了無矚。怳如仰山翁，欲就溈叟卜。猶恐墮聲聞，大願勤自督。

次遠韻齒痛

元明散諸根，外與六塵合。流中積緣氣，虛妄無可託。弊陋少空明，婦姑相攘奪。日出暵焦牙，風來動危葎。喜汝因病悟，或免終身著。更須誦楞嚴，從此脫纏縛。

子瞻聞瘦以詩見寄次韻

多生習氣未除肉，長夜安眠懶食粥。屈伸久已效熊虎，倒掛漸擬同蝙蝠。衆笑忍飢長杜門，自恐莫年還入俗。經旬輒瘦駭隣父，未信腦滿添黃玉。海夷旋覺似齊魯，山蔌仍堪嘗菽粟。孤船會復見洲渚，小車未用安羊鹿。海南老兄行尤苦，樵爨長須同一僕。此身所至卽所安，莫問歸期兩黃鵠。

次韻子瞻獨覺

咄咄書空中有怪，內熱搜膏發癰疥。龔藜飯芋如固然，飽食安眠眞一快。午雞鳴屋呼不起，欠伸吉貝重衾裏。此身南北付天工，竹杖芒鞋卽行李。夜長却對一燈明，上池溢流微有聲。幻中非幻人不見，本來日月無陰晴。

次韻子瞻夜坐

月入虛窗疑欲旦，香凝幽室久猶薰。清風巧爲吹餘瘴，疎雨時來報斷雲。南海炎涼身已慣，北方毁響耳誰聞？遥知掛壁瓢無酒，歸船還將一酌分。

次韻子瞻寄賀生日

弟兄本三人，懷抱喪其一。頎然仲與叔，耆老天所隲。師心每獨往，可否輒自必。折足非所恨，所恨覆鼎實。上賴吾君仁，議止海濱黜。凄酸念母氏，此恨何時畢？平生賢孟博，苟生不謂吉。歸心天若許，定卜老泉室。凄涼百年後，事付何人筆？于今兄獨知，言之泣生日。

次韻子瞻寄黄子木杖

老至亦有漸，五十惟杖始。行年日辰匝，幸免鄉閭恥。罪重瘡難平，餘痂未脱痏。登山足猶健，不用扶兒子。我兄念辛勤，贈此攜且倚。它年賜環日，田舍尤須此。早收藤節杯，旋綴烏皮几。茅簷數間足，不用伐桐杞。

次韻子瞻謫居三適

旦起理髮

道人雞鳴起，趺坐存九宮。靈液流下田，茯苓抱長松。顚毛得餘潤，冉冉欺霜風。俯就無數櫛，九九爲一通。洗沐廢已久，徐之勿怱怱。氣來自湧泉，至此知幾重？近聞西邊將，袒裼擁馬鬃。歸來建赤油，不復儕伍同。笑我守尋尺，求與眞源逢。人生各有安，未肯易三公。

午窗坐睡

定中龍眠膝，定起柳生肘。心無出入異，三昧亦何有？晴窗午陰轉，坐睡一何久？頹然擁褐身，剝啄叩門手。褰帷顧我笑，疑我困宿酒。不知吾喪我，冰消不遺壽。空虛無一物，彼物自枯朽。夢中得靈藥，此藥從誰受？侵尋入四支，欲洗自無垢。從今百不欠，只欠歸田叟。

夜臥濯足

海民慢寒備，不畜衾與裯。雖苦地氣洩，亦無徒跣憂。逐客久未安，集舍占鵂鶹。念昔使胡中，車馳卒不留。貂裘遡北風，十襲猶颼颼。中塗履冰河，馬倒身自投。宛足費馮翼，千里煩衿韝。十年事湯劑，風雨氣輒浮。南來足憂慮，此病何時瘳？名身孰親疎？愼勿求封侯！

同子瞻次過遠重字韻

孟子自誇心不動，未試永嘉鐵輪重。弟兄六十老病餘〔一〕，萬里同遭海隅送。長披羊裘類嚴子，罷食豬肝同閔仲。大男留處事田畝，幼子隨行躬釜甕。低眉語笑接鄰父，彈指吁嗟到蠻洞。茅茨一日敢忘葺？桑柘十年須勉種。來時邂逅得相攜，歸去逡巡應復從。莫驚憂患爾來同，久知出處平生共。雖令子孫治家學，休炫文章供世用。潁川築室久未成，夜來忽作西湖夢。

【校】

〔一〕「兄」，原作「凡」，據三蘇祠本、叢刊本改。

次韻子瞻和淵明擬古九首〔一〕

客居遠林薄，依牆種楊柳。歸期未可必，成陰定非久。邑中有佳士，忠信可與友。相逢話禪寂，落日共杯酒。艱難本何求，緩急肯相負？故人在萬里，不復爲薄厚。米盡鬻衣衾，時勞問無有。

其二

閉門不復出，玆焉若將終。蕭然環堵間，乃復有爲戎。我師柱下史，久以雌守雄。金刀雖云利，未聞能斫風。世人欲困我，我已安長窮。窮甚當辟穀，徐觀百年中。

其三

蕭蕭髮垂素，晡日迫西隅。道人愍我老，元氣時卷舒。歲惡風雨交，何不完子廬？萬法滅無餘，方寸可久居。將掃道上塵，先拔庭中蕪。一淨百亦淨，我物皆如如。

其四

夜夢被髮翁，騎驎下大荒。獨行無與遊，闖然款我堂。高論何峥嶸，微言何渺茫！我徐聽其說，未離翰墨場。平生氣如虹，宜不葬北邙。少年慕遺文，奇姿揖昂昂。衰罷百無用，漸以圜斲方。隱約就所安，老退還自傷。

其五

海康雜蠻蜒，禮俗久未完。我居近閭閻，願先化衣冠。衣冠一有恥，其下胡爲顏？東隣有一士，讀書寄賢關。歸來奉親友，跬步行必端。慨然顧流俗，歎息未敢彈。提提烏鳶中，見此孤翔鸞。漸能衣裘褐，袒裼知惡寒。

其六

佛法行中原，儒者恥論茲。功施冥冥中，亦何負當時？此方舊雜染，渾渾無名緇。治生守家室，坐使斯人疑。未知酒肉非　能與生死辭。熾哉吳闔閭，佛事不可思。生子多穎悟，得報豈汝欺(三)？時俾正法眼，一出照曜之。誰爲邑中豪，勸誦我此詩？

其七

憂來感人心，悒悒久未和。呼兒具濁酒，酒酣起長歌。歌罷還獨舞，黍麥力誠多。憂長酒易消，脫去如風花。不悟萬法空，子如此心何？

其八

杜門人笑我，不知有天遊。光明遍十方，咫尺陋九州。此觀一日成，亹亹通法流。竿木常自隨，何必返故丘？老聃白髮年，青牛去西周。不遇關尹喜，履迹誰能求？

其九

鋤田種紫芝，有根未堪採。逡巡歲月度，太息毛髮改。晨朝玉露下，滴瀝投滄海。須牙忽長茂，枝葉行可待。夜燒沉水香，持戒勿中悔。

【校】

〔一〕蘇籀欒城遺言：「公（蘇轍）所著和陶詩擬古九首，亦坡公代公作。」

〔二〕「汝」，叢刊本作「吾」。

雨中招吳子野先生 循州作。

柴門不出蓬生徑，暑雨無時水及堂。辟穀賴君能作客，暫來煎蜜餉桃康。

答吴和二絕

三間浰水小茅屋，不比𤆬田新草堂。問我秋來氣如火，此間何事得安康？

慣從李叟遊都市，久伴藍翁醉畫堂。不似蘇門但長嘯，一生留恨與嵇康。子野昔與李士寧縱遊京師，與藍喬同客曾魯公家甚久。

閏九月重九與父老小飲四絕

九日龍山霜露凝，龍川九日氣如烝。偶逢閏月還重九，酒熟風高喜不勝〔一〕。

獲罪清時世共憎，龍川父老尚相尋。直須便作鄉關看，莫起天涯萬里心。

客主俱年六十餘，紫萸黄菊映霜鬚。山深瘴重多寒勢，老大須將酒自扶。

尉佗城下兩重陽〔二〕，白酒黄雞意自長。卯飲下牀虚已散，老年不似少年忙。

【校】

〔一〕「熟」，原作「熱」，據叢刊本改。

〔二〕「佗」，原作「他」，據叢刊本改。

求黄家紫竹杖 并引

予於龍川買曾氏小宅，宅西南隅有紫竹百餘竿，爲藤蔓所困，無復直幹，雖爲伐藤，而見竹偃弱無可爲杖者。黄氏老家有紫竹甚茂，乞得一竿，勁挺可喜。聞黄氏竹舊自曾氏移植，偶爲詩示之：

曾家紫竹君家種，曾園竹與荒藤共。藤驕竹瘁如畏人，不似君家竹森聳。我來買宅非爲宅，愛此風梢時一弄。磨刀向藤久未忍，樹倒藤披眞自送。繁陰一豁新笋地，狂鞭欲向青春動。我身病後少筋力，遍求拄杖扶腰痛。蕭蕭瘦幹未能任，一畝君家知足用。一枝遺我拄尋君，老酒仍煩爲開甕。

賦豐城劍 北歸途中作。

劍氣夜干斗，精誠初莫隔。全身寄獄戶，隱約還自得。張雷彼知我，勉爲汝一出。腰間雜環佩，亦既報之德。凛凛天地間，要非手中物。躍入延平水，三日飛霹靂。出當乘風雷，歸當卧泉石，千年故穴在，三嘆泉上客。

范丞相堯夫挽詞二首 許州作。

持身守忠恕，臨事恥浮沉。直道更三黜，平生惟一心。家風來自遠，國論老彌深。令德眞如玉，泥沙枉見侵。

其二

南遷頭已白，北返病初加。君意知無罪，天心許到家。同朝曾忝舊，握手一長嗟。時事紛無已，還應付棣華。

卜居

我歸萬里初無宅，鳳去千年尚有臺。誰爲邊池先種竹？可憐當砌已栽梅。囊貲只數腰金在，歸計長遭鬢雪催。欲就草堂終歲事，落成隣舍許銜杯。

和子瞻過嶺

山林瘴霧老難堪，歸去中原茶亦甘。有命誰令終返北？無心自笑欲巢南。蠻音慣習疑傖語，脾病縈纏帶嶺嵐。手挹祖師清淨水，不嫌白髮照毵毵。

子瞻贈嶺上老人次韻代老人答

嶺頭盧老一爐灰，長短根莖各自栽。輕賤已消先世業，知君海上去仍回。

欒城後集卷之三

詩七十首

大行皇太后挽詞二首

累朝宗内治，晚歲擅鴻勳。立子得元聖，收簾奉長君。一言消橫逆，多難弭紛紜。仙馭曾非遠，長瞻輦洛雲。

其二

家風承舊相，國體繼皇姑。定策從中禁，傳聲震海隅。春風開閉蟄，朝露濕焦枯。萬里生還客，冠纓淚雨濡。

追尊皇太后挽詞二首

月缺年何久？龍飛事一新。追崇名號正，同祔禮容均。鳳翣低迎日，龍輴細起塵。都人知舜孝，擁紼盡霑巾。

其二

德美鍾岐嶷，榮華倍感傷。一時朝野恨，百世本支長。出祖悲無憾，因山儉有光。他年過嵩洛，望拜裕陵旁。

贈史文通奉議二首

牆北史居士，掛冠心轉閑。頂開人共怪，神去夜深還。白雪微侵鬢，丹砂久駐顔。從君欲問道，何日徑開關？

其二

有叟住東野，畏人希入城。君時共還往，我欲問修行。早歲識巖客，近時逢絳生。眞能訪茅屋，屣履試將迎。

次前韻示楊明二首

晚歲有餘樂，天教一向閑。嵩陽百口住，嶺外七年還。卜宅先隣晏，攜瓢欲飲顔。吳僧來不久，相約叩禪關。

其二

甘井原依廟〔一〕，平湖亦近城。幅巾朝食罷，芒屩雨中行。擾擾初何事？悠悠畢此生。欲邀東郭叟，煩子作郊迎。

【校】

〔一〕「依」，原作「衣」，據叢刊本改。

唐修諫義問挽詞二首

家風臺柏老，遺直故依然。節見南遷後，神凝未瞑前。臨民舊有法，訓子適成篇。九轉今猶在，參同豈妄傳？

其二

我返南荒日，君臨舊許初。笑談寬老病，旌旆擁茅廬。酒盞開雖數，溪堂到尚疎。誰言生死隔，近在浹旬餘？

寄題登封揖仙亭

靈王太子本讀書，縱談穀洛參諸儒。生來不見全盛初，老成遺訓誰楷模？心知漸失文武餘，蕭然直入山中居。山間吹笙鳳凰呼，升天白日乘龍車。周人聚觀拜路隅，明月爲佩雲爲裾。歸來千歲孰在無？赤松老彭自爲徒。上侍玉宸臨九區，烜赫不類山澤癯。依山作邑賢大夫，夜中焚香遡空虛。我欲從之駕肩輿，秋風八月來徐徐。

吳沖卿夫人秦國挽詞二首

國老相隨盡，家風慨獨存。見大成相業，聽子得忠言。夫人長子起居昔將論事，以南遷之憂訪於夫人，夫人以當官許焉。氣節慚多士，聲華盛一門。平生高義重，未易俗人論。

其二

雅頌成章早，春秋發論長。風規留叔向，文采似中郎。覽古明興廢，臨危喜激昂。南遷初不恨，李杜得從滂。

十一月十三日雪

南方霜露多，雖寒雪不作。北歸亦何喜，三年雪三落。我田在城西，禾麥敢嫌薄？今年陳宋災，水旱更爲虐。閉糴斯不仁，逐熟自難卻。飢寒雖吾患，尙可省鹽酪。飛蝗昨過野，遺種遍陂濼。春陽百日至，鬧若蠶生箔。得雪流土中，及泉盡魚躍。美哉豐年祥，不待炎火灼。呼兒具樽酒，對婦同一酌。誤認屋瓦鳴，更願聞雪脚。

補子瞻贈姜唐佐秀才 并引

予兄子瞻謫居儋耳，瓊州進士姜唐佐往從之遊。氣和而言道，有中州士人之風。子瞻愛之，贈之詩曰：「滄海何曾斷地脈，白袍端合破天荒。」且告之曰：「子異日登科，當爲子成此篇。」君游廣州州學，有名學中。崇寧二年正月，隨計過汝南，以此句相示。時子瞻之喪再逾歲矣，覽之流涕。念君要能自立，而莫與終此詩者，乃爲足之。

生長茅間有異芳，風流稷下古諸姜。適從瓊管魚龍窟，秀出羊城翰墨場。滄海何曾斷地脈，白袍端合破天荒。錦衣他日千人看，始信東坡眼目長。

遷居汝南

我昔還自南，從此適舊許。再歲常杜門，歷覿無與語。何人自驚顧，未聽卽安處？亟逃潁州籍，來貫汝南戶。妻孥不及將，童僕具樽俎。身如孤棲鵲，夜起三遶樹。故人樂安生，風節似其父。忻然暫一笑，捨我西南去。去已還閉門，時作野田步。蕭條古僧舍，遺像得顏魯。精神凜如生，今昔吾與女。已同羈窮厄，但脫生死怖。幸世方和平，有土非寇虜。春寒燒黃茅，晝飯煮青茹。何必潁上田，幸此足粳稌。歸心念狂簡，裁製時已莫。

索居三首

索居非謫地，垂老更窮途。去住看人意，幽憂賴我無。小園花草穢，陋巷犬羊俱。近覺根塵離，忘言日益愚。

其二

平生亦何事，十載苦顛躋？夢崄曾非崄，覺迷終不迷。客居兼壯子，別久愧良妻。稍訝音書闊，春陰道路泥。

其三

許蔡古隣國，風煙相雜和。蕭然客舍靜，不願主人過。野薺春將老，淮魚夏漸多。街南病居士，有酒對酣歌。

聞諸子欲再質卞氏宅

我生髮半白，四海無尺椽。卞氏昔冠冕，子孫今蕭然。願以棟宇餘，救此朝夕懸。顧我亦何有？較子差尙賢。傾囊不復惜，掃地幸見捐。南隣隔短牆，兩孫存故廛。松竹手自種，風霜歲逾堅。幽花亂蜂蝶，古木嘶蜩蟬。垂陰可數畝，成功幾百年。人心苦無厭，隱居恨未圓。得之苟有命，老矣聊息肩。畚土塡隙穴，結茅苴漏穿。粗爾容偃息，豈復求華鮮？西歸信已乎，永雜孫陳編！

任氏閱世堂前大檜

君家大檜長百尺，根如車輪身兹直。壯夫連臂不能抱，孤鶴高飛直上立。狂風動地舞枝幹，大雪翻空洗顔色。人言此檜三百年，未知昔是何人植？君家大夫老不遇，一生使氣未嘗屈。沒身不説歸故里，遺愛自知懷舊邑〔一〕。此翁此檜兩相似，相與閱世何終極？汝南山淺無良材，櫟柱楝椽聊障日。便令殺身起大廈，亦恐衆材無匹敵。且留枝葉撓雲霓，猶得世人長太息。

【校】

〔一〕「邑」，原作「色」，據叢刊本改。

贈蔡駜居士

結茅汝上只三間，種稻城西僅一廛。梅老外生詩律在，秀公弟子佛心傳。埋盆疊石常幽坐，留客開樽輒醉眠。聞道隣僧乞米送，時無韓子定誰憐？

癸未生日

我生本無生，安有六十五？生來逐世法，妄謂得此數。隨流登中朝，失脚墮南土。人言我當喜，亦言我當懼。我心終頹然，喜懼不入故。歸來二頃田，且復種禾黍。或疑潁川好，又使汝南去。汝南亦何爲？均是食粟處。兒言生日至，可就瞿曇語。平生不爲惡，今日安所訴？老聃西入胡，孔子東歸魯。我命不在天，世人汝何預？

白鬚

中歲謬學道，白鬚何由生？故人指我笑，聞道未能行。我笑謝故人，唯唯亦否否。老聃古道師，白髮生而有。佛告波斯匿，汝有不白存。亭中掌亭人，何嘗隨客奔？客去不用留，主在亭不毁。墁牆支折棟，在我不在爾。道成款玉晨，跪乞五色丸。肝心化黃金，齒髮何足言？

寒食二首

寒食今年客汝南，餘樽傾瀉亦醺酣。道人久厭世間濁，僧舍猶存肉食慚。花折園夫時送客，錫留孫女尙分甘。永叔詩有「爲翁寒食留錫」之句。欲遊紫極誰爲伴？長揖孤松對不談。紫極宮有巨松，可數人抱。

寄住汝南懷嶺南，五年一醉久猶酣。身逃爭地差云靜，名落塵寰終自慚。耳畔飛蠅看尙在，鼻中醇酢近能甘。今朝寒食唯當飲，買酒先防客欲談。

潁川城東野老 姓劉氏名疋。

我歸潁川無故人，城東野老須如銀。少年椎埋起黃塵，晚歲折節依仙眞。走如麏鹿人莫親，呼來上堂飲淸樽。踞牀閉目略頻伸，指我黃河出崑崙。東流入海還天津，沐浴周遍纔逡巡。嬰兒跏趺乘日輪，脫身遊戲走四隣。逢人不告非自珍，許我已老知閉門。東朝太山款眞君，告我不返遊峨嵋。還家一舍臥不晨，闔棺空空但衣巾。平生自言師洞賓，嗟世賤目貴所聞。

汝南示三子

此生頼有三男子，到處來看老病翁。飲食粗便魚稻足，音塵不隔馬牛風。道場莫問何方是，舍宅元依畢竟空。且爾不歸歸亦得，汝曹免復走西東。

謝任亮教授送千葉牡丹

花從單葉成千葉，家住汝南疑洛南。亂剝浮苞任狼籍，併偷春色恣醺酣。香穠得露久彌馥，頭重迎風似不堪。居士誰知已離畏，金槃剪送病中庵。

思歸二首

汝南百日留，走遍三男子。思歸非吾計，聊亦爲爾耳。行裝理肩輿，客舍卷牀第。兒言世情惡，平地風波起。舟行或易摇，舟靜姑且已。匏繫雖非願，蠖屈當有竢。老人思慮拙，小子言有理。晨炊麋粟紅，曉市淮魚美。索居庖無人，歸去迎伯姊。終歲得安閑，幽居無彼此。

其二

我老不待言，有女年四十。念我客汝南，無與具朝食。翩然乘肩輿，面有風土色。許蔡雖云近，傳舍三經夕。衰老累汝曹，愧歎心不懌。磨刀鱠縷紅，洗盞酒花白。母老行役難，女來生理葺。外孫跨鞍馬，遇事亦閑習。居然數口家，解我百憂集。戹窮須父子，他人非所及。

萬蝶花

誰唱殘春蝶戀花，一團粉翅壓枝斜。美人欲向釵頭插，又恐驚飛鬢似鴉。

春盡 三月二十三日立夏。

春風過盡百花空，燕坐笙簫起滅中。樹影連天開翠幕；鳥聲入耳當歌童。楞嚴十卷幾回讀，法酒三升是客同。試問鄰僧行乞在，何人閑暇似衰翁？

夢中詠醉人 四月十日夢得篇首四句，起而足之。

城中醉人舞連臂，城外醉人相枕睡。此人心中未必空，暫爾頹然似無事。我生從來不解飲，終日騰騰少憂累。昔年曾見樂全翁，自說少年飲都市。一時同飲石與劉，不論升斗俱不醉。樓中日夜狂歌呼，錢盡酒空姑且止。都人疑是神仙人，誰謂兩人皆醉死。此翁年老不復飲，面光如玉心如水。我今在家同出家，萬法過前心不起。此翁已死誰與言？欲言已似前生記。

立秋偶作 六月二十三日。

十年憂患本誰知？慚愧仙翁有舊期。度嶺還家天許我，斸山種粟我尤誰？秋風欲踐故人約，春氣潛通病樹滋。心似死灰鬢似雪，眼看多事亦奚爲？

汝南遷居

病暑暑已退，思歸未成歸。人事不可期，當受不當違。客居汝南城，未覺吾廬非。忽聞鵲反巢，坐使鳩驚飛。三遶擇所安，一枝粗得依。我來衆草生，漸見百卉腓。天行若循環，物化如發機。閉目內自觀，此理良密微。

寄內

與君少年初相識，君年十五我十七。上事姑章旁兄弟，君雖少年少過失。昏晨定省歲月短，五十還朝定何益？憂深責重樂無幾，失足一墜南海北。身居穽中不見天，仰面虛空聞下石。丈夫學道等憂患，婦人亦爾何從得？歸來舊許生白髮〔一〕，回顧慚君髮如漆。遷居汝南復何事？龜老支牀隨所擲。相望一月兩得書，聞君肺病久消釋。我經三伏常暴下，近喜秋風掃烝濕。病除寢食未復故，相見猶驚身似腊。劉根夫婦俱有道，去日饒君著鞭策。

【校】

〔一〕「鬚」，三蘇祠本作「髮」。

病愈二首

學道雖云久，沉痾竟未除。炎烝度三伏，晻曖覺中虛。嘉穀不自長，荒榛終費鋤。何辭用藺石，梨棗得扶疎？

其 二

病退日身輕，身輕心轉清。山空流水上，海靜寸燈明。朝市誰留住？林泉自不行。筠溪慚巧士，流蕩過平生。

九日三首〔一〕

早歲寡歡意，衰年仍病纏。客居逢九日，斗酒破千錢。萸菊驚秋晚，兒孫慰目前。登高懶不出，多酌任頹然。

其二

狂夫老無賴，見逐便忘歸。小酌還成醉，僑居不覺非。妻孥應念我，風雨未縫衣。憂患十年足，何時賦式微？

其三

黃菊與秋競，白鬚隨日添。時人知不憙，野老未相嫌。但酌清樽盡，猶存薄俸霑。日西聞客至，更問酒家帘。

【校】

〔一〕原題作「九月三日」，誤。據叢刊本、三蘇祠本改。

立冬聞雷 九月二十九日。

陽淫不收斂，半歲苦常燠。禾黍飼蝗螟，粳稻委平陸。民飢強扶耒，秋晚麥當宿。閔然候一雨，霜落水泉縮。蓄蔚山朝隮，滂沱雨翻瀆。經旬勢益暴，方冬歲愈蹙。半夜發春雷，中天轉車轂。老夫睡不寐，稚子起驚哭。平明視中庭，松菊半摧禿。潛發枯草萌，亂起蟄蟲伏。薪槱不出市，晨炊午未熟。首種不入土，春餉難滿腹。書生信古語，洪範有遺牘。時無中壘君，此意誰當告？

將歸二首 十月初三日作。

久客初何事？言歸似有名。騰騰且隨俗，落落竟無成。病苦醫猶厭，囊空身自輕。家人驚別後，無限白鬚生。

其二

爲客不滿歲，還家見兩孫。遙知臨竹戶，相對引瓢樽。老罷那嫌瘦，心寬尚喜存。風波隨處有，何幸免驚奔？

示貧福諭老 并引

予讀楞嚴，至「塵既不緣，根無所偶。反流全一，六用不行」，釋然而笑曰：「吾得入涅槃路矣！」然孤坐終日，猶苦念不能寂。復取楞嚴讀之，至其論意根曰：「見聞逆流，流不及地，名覺知性。」乃嘆曰：「雖知返流，未及如來法海，而爲意所留。隨識分別，不得名無知覺明，豈所謂返流全一也哉」？乃作頌以示諭老：

幽居百無營，孤坐若假寐。根塵兩相接，逆流就一意。意念紛無端，中止不及地。寂然了無覺，乃造眞實際。百川入滄溟，衆水皆一味。止爲潭淵深，動作濤瀾起。動止初何心？乃遇適然耳。吾心未嘗勞，萬物將自理。

三不歸行

客心搖搖若懸旌，三度欲歸歸不成。方春欲歸我自懶，秋冬欲歸事自變。問我欲歸定何時？天公默定人不知。孔公晚歲將入楚，磐桓陳蔡行且住。昭王已死不復南，意欲歸老父母邦。衞靈父子無足取，姑爾息肩竢東魯。三桓豈知用聖人，哀公亦自不能臣。冉求一戰却齊虜，請君召師君亦許。歸來閉戶理詩書，弁冕時出從大夫。夢見周公已不復，老死故國心亦足。孔公愈老愈屯邅，顧我未及門下賢。鄉邦萬里不能往，妻孥近寄潁川上。依嵩架潁結茅茨，自問此志於何期？汝南一寓歲行復，來年歸去栽松竹。

罷提舉太平宮欲還居潁川〔一〕

避世山林中，衣草食芋栗。奈何處朝市，日耗太倉積。中心久自笑，公議肯相釋？終然幸寬政，尙許存寄秩。經年汝南居，久與茅茨隔。祠宮一掃空，避就兩皆失。父子相攜扶，里巷行可卽。屋敝且圬牆，蝗餘尙遺粒。交遊忌點染，還往但親戚。閉門便衰病，杜口謝彈詰。餘年迫懸車，奏草屢濡筆。籍中顧未敢，爾後儻容乞。幽居足暇豫，肉食多憂慄。永懷城東老，未盡長年術。

〔校〕

〔一〕「宮」，各本皆作「官」，據潁濱年表改。

次遲韻寄适遜

飢民畏寒尤惡雪，旋理破裘紙敗纈。我雖久客未成歸，黍酒虀羹還潑節。汝南薪炭舊如土，爾來薄俸纔供爇。眼前暖熱無可道，心下淸涼有餘潔。潁川歸去知何時？祠宮欲罷無同列。夜中髣髴夢兩兒，欲逐老人先聚說。

次遲韻對雪 十一月二十七日。

雪寒近可憂，麥熟遠有喜。我生憂喜中，所遇一已委。平生聞汝南，米賤豚魚美。今年惡蝗旱，流民鬻妻子。一食方半菽，三日已于耜。號呼人誰聞？愍惻天自邇。繁陰忽連夕，飛霞墮千里。卷舒驚太速，原隰殊未被。貧家望一麥，生事如毛起。荐饑當逐熟，西去眞納履。

還潁川 甲申正月五日。

昔賢仕不遇，避世遊金馬。嗟我獨何爲，不容在田野？欲區寄汝南，落泊反長社。東西俱畏人，何適可安者？故廬已荆榛，遺壠但松檟。頹齡迫衰暮，舊物一已捨。安能爲妻孥，辛苦問田舍？平生事瞿曇，心外知皆假。歸休得溟渤，坐受百川瀉。何人實造物，未聽相陶冶？

題郾城彼岸寺二首

文殊院古柏

曾看大柏孔明祠，行盡天涯未見之。此樹便當稱子行，他山只可作孫枝。棟梁知是誰家用？舟楫唯應海水宜。日莫飛鴉集無數，青田老鶴未曾知。

武宗元比部畫文殊玄奘

遺墨消磨顧陸餘，開元一一數吳盧。本朝唯有宗元近，國本長留後世模。出世眞人氣雍穆，入蕃老釋面淸癯。居人不惜遊人愛，風雨侵陵色欲無。

上巳日久病不出示兒姪二首

春氣侵脾久在牀，閉門桃李蓄泥香。牛鳴頗覺西湖近，鳳去長憐北樹荒。欲出老人無伴侶，退歸諸子解農桑。南隣約賣千竿竹，拄杖穿林看笋長。

其二

臥聞諸子到西湖，鵁鶄翩翩來客俱。紈扇藤鞵試輕快，隻雞斗酒助歡娛。行歌久已饒渠輩，睡美猶應屬老夫。春服既成沂可浴，孔門世不乏迂儒。

葺東齋　三月十八日。

弊屋如燕巢，歲歲添泥土。泥多暫完潔，屋老終難固。況復非吾廬，聊爾避風雨。圖書易新幌，几杖移故處。宵眠不擇安，鼻息若炊釜。兒孫喜相告，定省便早莫。我生溪山間，弱冠衡茅住。生來乏華屋，所至輒成趣。苦恨無囊金，莫克償地主。投老付天公，著身豈無所？

次遲韻千葉牡丹二首

濮上名園似洛濱，花頭種種鬭尖新。共傳青帝開金屋，欲遣姚黄比玉眞。秦嶺猶應篆詩句，杜鵑直恐降天神。老人髮少花頭重，起舞欹斜酒力匀。

其二

老人無力年年懶，世事如花種種新。百巧從來知是妄，一機何處定非眞？園夫漫接曾無種，物化相乘豈有神？畢竟春風不揀擇，隨開隨落自匀匀。

盆池白蓮

白蓮生淤泥，清濁不相干。道人無室家，心迹兩蕭然。我住西湖濱，蒲蓮若雲屯。幽居常閉戶，時聽遊人言。色香世所共，眼鼻我亦存。隣父閔我獨，遺我數寸根。濮水不入園，庭有三尺盆。兒童汲甘井，日晏泥水温。及秋尚百日，花葉隨風翻。舉目得秀色，引息收清芬。此心湛不起，六塵空過門。誰家白蓮花，不受風霜殘？

詠竹二首

湖濱宜草木，修竹可三尋。廛居多野思，移種近牆陰。及爾迷未醒，方予熱正侵。無嫌不逮本，地薄肯成林？

其　二

南鄰竹甚茂，門巷不容賓。縣印君當往，囊金我患貧。翠旌稍亂起，犀角筍初勻。不惜圖書賣，端來作主人。

見兒姪唱酬次韻五首

芝蘭生吾廬，一雨一增蒨。本亦何預人，懷抱終眷眷。老傳時已迫，塵垢日須浣。永慚舊文書，展讀不終卷。

其　二

讀書雖不惡，不讀亦自好。根牙就區別，花實隨時老。耘鋤不可無，雨露勿憂少。我釣不在魚，一竿寄洲島。

其　三

宇宙非不寬，閉門自爲阻。心知塵外惡〔一〕，且忍閑居苦。跏趺默非睡，龕燈翳復吐。道士爲我言，嬰兒出歌舞。

其　四

身病要須閑，閑極自成趣。空虚雖近道，懶拙初非悟。偶將今生脚，還著古人屐。大小適相同，本來無别處。

其　五

西湖雖不到，甘井竊餘涼。三伏罷飲酒，桂漿擕一觴。冠者五六人，起舞互低昂。人生有離合，此歡未易忘。

【校】

〔一〕「塵外」，原作「外塵」，據叢刊本、三蘇祠本改。

初得南園

倒囊僅得千竿竹，掃地初開一畝宮。千里故園魂夢裏，百年生事寂寥中。晏家不願諸侯賜，顏氏終成陋巷風。洗竹移花吾事了，子孫他日記衰翁。

移竹

牆陰竹蒙密，板築念相妨。欲補園東缺，欣乘雨後涼。三年生筍遍，一徑引風長。但恐翁彌老，筇枝懶復將。

記夢 七月二十六日。

長魚三尺困橫盆，迸入清流喜欲奔。報我金匙僅盈寸，擲還聊喜不貪存。

欒城後集卷之四

詩七十首

葺居五首

南堂初一家，隔絕歲月久。開牖北風入，爽氣通戶牖。棟梁未摧折，斤斧聊結構。非言事輪奐，粗反昔人舊。

其二

庭方止數尋，風月所從入。百年養毒樹，攢芒比刀戟。伐之念生久，不伐愁既足。且復爲人謀，庖椹利朝食。皂角木宜食椹。

其三

竹林失蕃養，春筍日瑣細。草蔓半縈纏，樗櫟互虧蔽。已令具刀鐮，稍竢秋霜厲。欲成林下歆，更種園東地。

其　四

雜花生竹間，竹荒花亦瘁。移花通狂鞭，春到兩皆遂。牆東破茅屋，排去收遺址。時來拾瓦礫，細細留花地。

其　五

東南皆民居，屋敗如齬齒。一完誠未能，綴葺聊且爾。內修晨夜虞，外結比隣喜。無心本何營，生理未免此。

再賦葺居三絕

誰將修竹寄隣家，秋斫長竿春食芽。旋築高牆護鷄犬，稍容嵇阮醉喧譁。

短垣疏戶略藏遮，翠竹長松夾徑斜。遊宦歸來四十載，粗成好事一田家。

南北高堂本富家，百年梁柱半欹斜。略教扶起猶堪住，西望吾廬已自奢。

歲莫口號二絶

六十年來又七年，眼昏頭白意茫然。逢人欲說平生舊，少有能知兩世前。

兩世相從今幾人？回頭強半已埃塵。此心點檢終如一，時事無端日日新。

雪後小酌贈內 乙酉正月九日。

薄雪爲燈止，和風應節來。出遊吾已懶，小酌意難裁。竹徑泥方滑，菁畦凍欲開。細君憐老病，加料作新醅。

喜雨 三月二十三日。

奪官分所甘，年來祿又絶。天公尙憐人，歲賚禾與麥。經冬雪屢下，根荄連地脈。庖廚望麰餌，甕盎思麴蘖。一春百日旱，田作龜板拆。老農淚欲墮，無麥眞無食。朱明候纔兆，風雷起通夕。田中有人至，膏潤已逾尺。繼來不違願，飽食眞可必。民生亦何幸，天意每相恤。我幸又已多，鋤耒坐不執。同爾樂豐穰，異爾苦稅役。時聞吏號呼，手把縣符赤。歲賦行自辦，横斂何時畢！

收蜜蜂

空中蜂隊如車輪，中有王子蜂中尊。分房減口未有處，野老解與蜂語言。前人傳蜜延客住，後人秉艾催客奔。布囊包裹鬧如市，坌入竹屋新且完。小窗出入旋知路，幽圃首夏花正繁。相逢處處命儔侶，共入新宅長子孫。今年活計知尚淺，蜜蠟未暇分主人。明年少割助和藥，慚愧野老知利源。

養竹

病竹養經年，生筍大如母。初番放出林，末番任供口。欲求五寸圍，更聽三年後。蕭疎盡椽桷，無復堪作帚。吾廬適營葺，便可開戶牖。秀色到衣冠，清風盪塵垢。物生恨失養，養至無不厚。斧斤日摧剝，陰陽自難救。閑居玩草木，農圃即師友。養人如養竹，舉目皆孝秀。

和遲田舍雜詩九首 并引

吾家本眉山，田廬之多寡，與楊子雲等。仕宦流落，不復能歸。中竄嶺南，諸子不能盡從，留之潁川，買田築室，賖飢寒之患。既蒙恩北還，因而居焉。然拙於生理，有無之計，一付諸子。夏五月，麥方登場，遲往從諸農夫，簞瓢銍艾，知以爲樂，作詩九章，潛然有詩人之思。歸而出之，爲和之云：

麥生置不視，麥熟爲一來。我懶客亦惰，田荒誰使開？勤事知有獲，直駕獨未回。交遊悉吾病，門巷多蒼苔。

其　二

我生無定居，投老旋求宅。未暇棟宇完，先問松筠碧。牀鋭日益銷，車轄轉生澁。東家雖告貧，鬻否猶未必。

其　三

偶自十年閑，非繼十人作〔一〕。早歲漫云云，志大終落落。齒髮已半空，頭顱不難度。顔曾本吾師，終身美藜藿。

其　四

至人竟安在？陶鑄皆粃糠。世俗那得知，楚楚事冠裳。方醉狂正作，吾語未可莊。天定能勝人，更看熟黄粱。

其五

平湖近西垣，杖屨可以遊。偶從大夫後，不往三經秋。盎中插蒲蓮，菱芡亦易求。閉門具樽俎，父子相獻酬。

其六

試問西寺僧，云何古佛意？别無安心法，但復麨師餽。外物來無從，往亦無所至。佛法見在前，我亦從此逝。

其七

老佛同一源，出山便異流。少小本好道，意在三神洲。子房見黄石，願封小國留。終老預人事，斷穀爲吕憂。

其八

蒼然澗下松，不願世雕刻。斧斤百夫手，牽挽千牛力。斲成華屋柱，加以綴衣飾。人心喜相賀，松心終自惜。

其九

汲汲陷有爲，昏昏墮無記。湛然古井水，心在獨無意。讀書非求解，食粟姑自遂。幸有三男子，力田奉租税。

【校】

〔一〕「十」，宋乙本、三蘇祠本，作「七」。

雨病

晴逡麥入倉，雨催穀含穗。共怪天公仁，曲盡老農意。誰爲三日霖，下漉一丈地？百谷爭奔流，通川不可厲。夜聞屋山落，晝說城闉閉。老羸知奈何，脾病尤所畏。中宵得暴下，亭午臥忘起。良醫過我言，勿藥行自喜。損食存谷神，收心辟邪氣。兀然槁木居，油爾元和至。天唯不窮人，人則昧其理。學道三十年，愧爾良醫賜。

施崇寧寺馬 并引

予自龍川還潁川，安於閑放，不畜車馬。僧悟緣自成都來，爲予致一滇馬，甚駿。曰：「聞公歸自南方，家無良馹，此可以備登山之乘。」予愧其意，不能却也。然馬入吾廐，輒苦多病，意其非吾物也。西鄰僧道和禪席之盛，鄉閭之所奔走。乃祝之曰：「俾爾爲和馬，歸依佛法乘，病或已乎？」因爲詩以示和：

南歸閉門萬事了，病卧常多起常少。未用田間下澤車，何須櫪上追風驃。鄉人記我少年日，滇馬爲致風前鳥。三年伏櫪人共怪，馬不能言心可曉。坐馳千里氣蟠結，日食生芻空自笑。主人自是箕潁人，誰復爲送洮岷道？支公惠眼識神駿，山下泉甘足芳草。法流一洗百病消，翹足長鳴且忘老。

南堂新甃花壇二首

亂竹侵紅蘂，病花羞晚春。移根近談笑，得土長精神。榮悴非由爾，芬芳止爲人。庭西井泉好，汲灌每躬親。

其二

老木不恐伐，横去聲枝宜少除。根莖漸有託，雨露稍分餘。生意初無損，開花終自如。他年諸草木，成就此幽居。

夢中謝和老惠茶

西鄰禪師憐我老，北苑新茶惠初到。晨興已覺三嗅多，午枕初便一杯少。七椀煎嘗病未能，兩腋風生空自笑。定中直往蓬萊山，盧老未應知此妙。

新霜

敗簷疏戶秋寒早，老人脚冷先知曉。濃霜滿地作微雪，落葉投空似飛鳥。新春未覺廩庾空，宿逋暗奪衾裯少。旱田首種未言入，敢信來年真食麨？

戲作家釀二首

方暑儲麴糵，及秋舂秫稻。甘泉汲桐柏，火候問隣媪。唧唧鳴甕盎，暾暾化梨棗。一撥欣已熟，急擣嫌不早。病色變渥丹，羸軀驚醉倒。子雲多交遊，好事時相造。嗣宗倘出仕，兵廚可常到。嗟我老杜門，奈此平生好。未出禁酒國，恥爲甕間盜。一醉汁滓空，入腹誰復告？俗諺有「入腹無贓」之語。

其二

我飲半合耳，晨興不可無。千錢買一斗，衆口分須臾。月俸本有助，法許吏未俞。愍愍坐相視，饞涎落盤盂。潁濮舊乏水，粳糯貴如珠。今年利陂堨，碓聲喧里閭。典衣易鍾釜，入甕生醍醐。歡欣走童孺，左右陳肴蔬。細酌奉翁媼，餘潤霑庖廚。詰朝日南至，相戒留全壺。一家有喜色，經冬可無沽。莫怪杜拾遺，斗水寬憂虞。

冬至雪

旱久魃不死，連陰未成雪。微陽九地來，顛風三日發。父老竊相語，號令風爲節。講武罷冬夫，畿甸休保甲。纍囚出死地，冗官去煩雜。手詔可人心，吾君信明哲。風頻雪猶吝，來歲恐無麥。天公聽一言，惟幸早誅魃。

歲莫二首

嶺南萬里歸來客，潁上六年多病身。未死誰言猶有命，長閑豈復更尤人？眼看世事知難了，手注遺編近一新。點檢平生無幾恨，濁醪初熟正逢春。

其二

文章習氣消未盡，般若初心老漸明。粗有春秋傳舊學，終憑止觀定無生。維摩晚亦諸生事，彌勒初猶重世名。鬚髮來年應更白，莫留塵滓溷澄清。

春後望雪

秋雨僅熟禾，冬雪不掩塊。温風搜麥根，天意欲爲害。老農強推測，妄謂春當改。三陽已換節，六出尚茫昧。朝看扶桑暾，夜聽土囊噫。倉場久空竭，榆棗方伐賣。丁夫病風熱，孺子作瘡疥。無知此何辜，得罪彼有在。造物伊誰憎，亦復自無奈？愼勿翻雪海，凍餒無疆界。

除夜

年更六十七，旬滿三百六。俯仰定何爲？萬事如轉轂。禪心澹不起，非人自歌哭。芸芸初莫禦，勢盡行將復。學道道可成，無心心每足。守歲聽兒曹，自笑未免俗。

喜雨

歷時晝不雨，此法存春秋，我請誅旱魃，天公信聞不？魃去未出門，油雲裹嵩丘。濛濛三日雨，入土如膏流。二麥返生意，百草萌牙抽。農夫但相賀，漫不知其由。魃來有巢穴，遺卵遍九州。一掃不能盡，余孽未遽休。安得風雨師，速遣雷霆搜。衆魃誠已去，秋成儻無憂。

甲子日雨

一冬無雪麥方病〔一〕，細雨逆春歲有望。愁見積陰連甲子，復令父老念耕桑。瘦田未足終年計，濁酒誰供清旦嘗？賴有眞人不飢渴，閉門却掃但焚香。

【校】

〔一〕「雪」，原作「雷」，據宋乙本、叢刊本改。

新火

百口共一竈，終年事烹煎。力耕飼飢饞，竈弊火亦煩。昨日一百五，老稺俱食寒。呼童戛枯竹，粲然吐青煙。適從何方來，熒熒百家傳？性火出眞空，應量曾無邊。老病何所求，石瓶煑寒泉。斂爲一夫用，無心固當然。

次韻和人詠酴醾

蜀中酴生醾如積，開落春風山寂寂。已憐正發香晻曖，猶愛未開光的皪。半垂野水弱如墜，直上長松勇無敵。風中娜娜應數丈，月下煌煌眞一色。故園聞道開愈繁，老人自恨歸無日。百花已過春欲莫，燕坐繩牀空歎息〔一〕。朝來滿把得幽香，按頭亂插銅瓶溼。一番花蘂轉頭空，誰能往問天台拾？

【校】

〔一〕「歎」，原作「數」，據叢刊本改。

閑居五詠

杜門

可憐杜門久，不覺杜門非。牀銳日日銷，髀肉年年肥。眼暗書罷讀，肺病酒亦稀。經年客不至，不冠仍不衣。視聽了不昧，色聲久已微。終然渾爲一，誰言我無歸？

坐忘

少年嘗病肺，納息肺自斂。靈液洗昏煩，百藥無此驗。爾來觀坐忘，一語頓非漸。道妙有至力，端能破諸暗。跏趺百無營，純白乃受染。至人不妄言，此説豈吾僭？

讀書

習氣不易除，書魔閑卽至。圖史紛滿前，展卷輒忘睡。古今浩無垠，得失同一軌。前人已不悟，今人復如此。愍然嫠婦憂，嗟哉肉食鄙。掩卷勿重陳，慟哭傷人氣。

買宅

我老未有宅，諸子以爲言。東家欲遷去，餘積尚可捐。一費豈不病？百口儻獲安。田家伐檢棗，賦役輸緡錢。長大可雙棟，瑣細堪尺椽。生理付兒曹，老幸食且眠。

移竹

前年買南園，本爲一畝竹。稍去千百竿，欲廣西南屋。本心初不爾，百口居未足。龃俛斤斧餘，慚愧琅玕綠。園東有餘地，補種何年復？凛凛歲寒姿，餘木非此族。

城中牡丹推高皇廟園遲适聯騎往觀歸報未開戲作

漢廟名園甲潁昌，洛川珍品重姚黃。雨餘往看初疑晚，春盡方開自不忙。爭占一時人意速，養成千葉化功長〔一〕。老人終歲關門坐，花落花開已兩忘。

【校】

〔一〕「功」，宋乙本、叢刊本作「工」。

外孫文驥與可學士之孫也予親教之學作詩俊發猶有家風喜其不墜作詩贈之

已矣石室老，奄然三十年。遺孫生不識，妙理定誰傳？孔伋仍聞道，賈嘉終象賢。文章猶細事，風節記高堅。

春深三首

郊原紅綠變青陰，閉戶不知春已深。稍喜荒畦添野薺，坐看新竹補疏林。簾中飛絮縈殘夢，窗外啼鶯伴獨吟。欲聽楞嚴終懶出，道人知我粗無心〔一〕。僧維覺時講楞嚴。

其二

小園松竹有清陰，懶病從茲日益深。醉客滿堂慚北海，野僧同社憶東林。逢人問道空長嘯，久客思歸尚越吟。三十年前誦圓覺，年來雖老解安心。

其三

偶有茅簷潩水陰，潩水自西湖聽水亭下派流，自城北而東，吾廬適在其南。近依城市淺非深。幽居每自比陳寔，古學何人貴杜林？隣父時來陪小飲，兒曹頗解續微吟。前年僅了春秋傳，後有仁人知我心。

【校】

〔一〕「粗」，原作「祖」，據宋乙本、叢刊本改。

次遲韻示陳天倪秀才姪孫元老主簿

茅簷有佳客，肅肅清風興。吾孫成均來，左右皆良朋。爲憐衆兄弟，將冠未有稱。條枚失燎燎，中林化薪蒸。老夫方苦貧，不辦酒如澠。夏田已失麥，種豆喜多蠅。俗以多蠅爲豆熟之祥。何以待君子？簞瓢容一升。君來豈非誤？門庭冷如冰。

再次前韻示元老

豪桀多自悟，不待文王興。四方有餘師，十室豈無朋？我老不知時，早歲誰誤稱？歸來理茅屋，對客食藜蒸。遇渴卽飲水，何嘗問淄澠？冠裳強包裹，毁譽如飛蠅。植根久已爾，苕穎日自升。忘我亦忘法，無冰知消冰。

築室示三子

宅舍元依畢竟空，小乘慣住草庵中。一生滯念餘妻子，百口僑居怯雨風。松竹已栽猶稍稍，棟梁未具勿怱怱。三間道院吾眞足，餘問兒曹莫問翁。

開　窗

綠竹琅玕色，紅葵旌節花。開窗風細細，窺戶月斜斜。活計無多子，文章自一家。一牀方病臥，隨意上三車。

遜往泉城穫麥

少年食稻不食粟，老居潁川稻不足。人言小麥勝西川，雪花落磨煮成玉。冷淘槐葉冰上齒，湯餅羊羹火入腹。五年隨俗粗得飽，晨朝稻米纔供粥。兒曹知我老且饞，觸熱泉城正三伏。田家有信呼卽來，亭午驅牛汗如浴。吾兒生來讀書史，不慣田間爭斗斛。今年久旱麥粒細，及半罷休饒老宿。歸來爛熳煞蒼耳，來歲未知還爾熟？百口且留終歲儲，貧交強半倉無穀。

送元老西歸

晝錦西歸及早秋，十年太學爲親留。讀詩俛就當年說，答策甘從下第收。莫嫌簿領妨爲學，從此文章始自由。家有吏師遺躅在，當令耆舊識風流。伯父仕宦四十年，當時號爲吏師。

蜀人舊食決明花耳潁川夏秋少菜崇寧老僧教人幷食其葉有鄉人西歸使爲父老言之戲作

飲蔬舊採決明花，三嗅馨香每嘆嗟。西寺衲僧幷食葉，因君說與故人家。

諸子將築室以畫圖相示三首

還家卜築初無地，隨分經營似有時。多斫修篁終未忍，略存古柏更無疑。畫圖且作百間計，入室猶應三歲期。得到安居眞老矣，一生歌哭任於斯。

舊廬近已借諸子，新宅分甘臨老時。萬里松楸終獨往，四方兄弟亦何疑？竹間疏戶幽人到，林上長松野鶴期。已覺高軒慚衞賜，可憐黄犬哭秦斯。積因得果通三世，臨老長閑自一時。久爾觀心終未悟，偶然見道了無疑。南遷北返吾何病？片瓦尺椽天與期。自斷此生今已矣，世間何物更如斯？

題韓駒秀才詩卷

唐朝文士例能詩，李杜高深獨到希。我讀君詩笑無語，恍然重見儲光羲。

秋社分題

天公閔貧病，雨止得豐穰。南畝場功作，東家社酒香。分均思孺子，歸遺笑東方。肯勸拾遺住，休嫌父老狂。

釀重陽酒

風前隔年麴，甕裏重陽酒。適從臺無餽，飲啜不濡口。秋嘗日已迫，收拾煩主婦。仰空露成霜，搴庭菊將秀。金徵火猶壯，未可多覆瓿〔一〕。唧唧候鳴蛩，涓涓報初溜。輕巾漉糟脚，寒泉養罌缶。誰來共嘉節？但約鄰人父。生理正艱難，一醉陶衰朽。他年或豐餘，此味恐無有。

【校】

〔一〕「鄙」，原作「鄙」，據宋乙本、叢刊本改。

中秋無月同諸子二首

風雨來無定，泥塗日向深。直埋今夜月，眞失衆人心。雲外天衢淨，人間濁霧侵。幽人久不寐，起坐夜愔愔。

其二

卷衣換斗酒，欲飲月明中。坐看浮雲合，遙憐四海同。舊說：中秋陰晴，四海同之。清光知未泯，來歲尙無窮。且盡樽中淥，高眠聽雨風。

予昔在京師畫工韓若拙爲予寫眞今十三年矣容貌日衰展卷茫然葉縣楊生畫不減韓復令作之以記其變偶作

白髮蒼顏日日新，丹青猶是舊來身。百年迅速何曾住？方寸空虛老更眞。一幅蕭條寄衰朽，異時髣髴見精神。近存八十一章注，從道老聃門下人。

九日獨酌三首

府縣嫌吾舊黨人，鄉鄰畏我昔黄門。終年閉戶已三歲，九日無人共一樽。白酒近令沽野店，黄花旋遣折籬根。老妻也説無生話，獨酌油然對子孫。

故國忘歸懶問人，新居斫竹旋開門。菊生牆下不知節，酒滴牀頭初滿樽。漲水驟來眞有浪，浮雲卷去自無根。凡心漫作潁濱傳，留與他年好事孫。

平昔交遊今幾人？後生誰復款吾門？茅簷適性輕華屋，黍酒忘形敵上尊。東圃旋移花百本，西軒恨斫竹千根。舍南賴有凌雲柏，父老經過説二孫。古柏孫何、僅所種。

泉城田舍

泉城欲治麥禾囷，五畝鄰家肯見分。莫問三吳朱處士，似勝吾鄉揚子雲。陰晴卒歲關憂喜，豐約終身看逸勤。家世本來耕且養，諸孫不用恥鉏耘。

欒城後集卷之五

雜文一十二首

和子瞻沉香山子賦 并引

仲春中休，子由於是始生。東坡老人居於海南，以沉水香山遺之，示之以賦，曰：「以爲子壽。」乃和而復之，其詞曰：

我生斯晨，閱歲六十。天鑿六竇，俾以出入。有神居之，漠然靜一。六爲之媒，聘以六物。紛然馳走，不守其宅。光寵所眩，憂患所迮。少壯一往，齒搖髮脫。失足隕墜，南海之北。苦極而悟，彈指太息。萬法盡空，何有得失？色聲橫鶩，香味並集。我初不受，將爾誰賊？收視內觀，燕坐終日。維海彼岸，香木爰植。山高谷深，百圍千尺。風雨摧斃，塗潦齧蝕。膚革爛壞，存者骨骼。巉然孤峯，秀出巖穴。如石斯重，如蠟斯澤。焚之一銖，香蓋通國。王公所售，不顧金帛。我方躬耕，日耦沮溺。鼻不求養，蘭茝棄擲。越人髡裸，章甫奚適？東坡調我，寧不我悉？久而自笑，吾得道迹。聲聞在定，雷鼓皆隔。豈不自保，而佛是斥？妄眞雖二，本實同出。得眞而喜，操妄而慄。叩門爾耳，未入其室。妄中有眞，非二非一。無明所塵，則眞如窟。古之至人，衣草飯麥。人天來供，金玉山積。我初無心，不求不索。虛心而已，何廢實腹？弱志而已，何廢強骨？毋令東坡，聞我而咄。奉持香山，稽首仙釋。永與東坡，俱證道術。

和子瞻歸去來詞 幷引

昔予謫居海康，子瞻自海南以和淵明歸去來之篇要予同作，時予方再遷龍川，未暇也。辛巳歲，予既還潁川，子瞻渡海浮江，至淮南而病，遂沒於晉陵。是歲十月，理家中舊書，復得此篇，乃泣而和之。蓋淵明之放，與子瞻之辯，予皆莫及也，示不逆其遺意焉耳！

歸去來兮，歸自南荒又安歸？鴻乘時而往來，曾奚喜而奚悲？曩所惡之莫逃，今雖歡其足追？蹈天運之自然，意造物而良非。蓋有口之必食，亦無形而莫衣。苟所賴之無幾，則雖喪其亦微。吾駕非良，吾行弗奔。心游無垠，足不及門。視之若窮，挹焉則存。俯仰銜茅，亦有一樽。既飯稻與食肉，撫簞瓢而愧顔。感烏鵲之夜飛，樹三遶而未安。有父兄之遺書，命却掃而閉關。知物化之如幻，蓋捨物而內觀。氣有習而未忘，痛斯人之不還。將築室乎西廛，堂已具而無桓。歸去來兮，世無斯人誰與游？龜自閉於牀下，息眇緜乎無求。閱歲月而不移，或有爲予深憂。解刀劍以買牛，拔蕭艾以爲疇。蓬累而行，捐車捨舟。獨棲棲於圖史，或以佞而疑丘。散衆說之糾紛，忽冰潰而川流。曰吾與子二人，取已多其罷休。已矣乎，斯人不朽惟知時，時不我知誰爲留？歲云往矣今何之？天地不吾欺，形影尚可期。相冬廩之億秭，知春壟之耘耔。視白首之章皺，信稚子之書詩。若妍醜之已然，豈復臨鏡而自疑？

潁州擇勝亭詩 并引

子瞻爲汝陰守，以幄爲亭，欲往卽設，不常其處，名之曰擇勝。爲作四言一章。轍愛其文，故繼之云：

我嗟世人，誰實與謀？生伏其廬，死安于丘。既成不化，窘若縶囚。我行四方，所見或不。江海之民，生託于舟。前炊釜鬵，後鑿匽溲。晝設豆觴，夕張衾裯。出入濤瀾，歸宿汀洲。與風皆行，與水皆浮。坐食網罟，以魚去留。居無四鄰，行無朋儔。胡貊之民，駕車以游。外纏毳韋，內輯貂鼬。美水薦草，驅馬縱牛。逐射兔鹿，聚爬薪槱。食肉飲水，雨雪相咻。草盡水乾，風捲雲收。所至成羣，不懷一陬。今我奈何，橫自綢繆？翼爲華堂，湧爲層樓。繚以修垣，貫以通溝。勢窮物變，何異一漚？棄之不忍，徙去莫由。矧茲士夫，汎焉周流。如燕巢春，知不期秋。修椽高棟，徒與民仇。一日安居，百年怨尤。我兄和仲，塞剛立柔。視民如傷，有急斯周。視身如傳，苟完不求。山磐水嬉，習氣未瘳。豈以吾好，而俾民憂？潁尾甚清，湖曲孔幽。風有翠幄，雨有赤油。匪舟匪車，亦可相攸。民曰：「公來庶幾無愁乎！」

和子瞻次韻陶淵明停雲詩 并引

丁丑十月，海道風雨，儋雷郵傳不通。子瞻兄和陶淵明停雲四章，以致相思之意。轍亦次韻以報：

雲跨南溟，南北一雨。瞻望豈遙〔一〕，檻穽斯阻。夢往從之，引手相撫。笑言未半，捨我不佇。晚稻欲登，白露霿濛。人飲嘉平，漿酒如江。雷人以十月臘祭，凡三日，飲酒作樂。我獨何爲，覩成于窗。此心了然〔二〕，來無所從。欣然而笑〔三〕，是無枯榮。手足相依，所鍾則情。情忘意消，神凝不征。可以安身〔四〕，可以長生。跂扈飛揚，誰匪南柯？運歷相尋，憂喜雜和。我游其外，所享則多。削迹拔木，其如予何！

【校】

〔一〕宋乙本「豈」下有小字註：「一作非。」三蘇祠本「豈」作「詎」。

〔二〕宋乙本「此心了然」下有小字註：「一作欲詰其端。」

〔三〕宋乙本「而」下有小字註：「一作微。」

〔四〕宋乙本「安」下有小字註：「一作養。」

和子瞻次韻陶淵明勸農詩 并引

子瞻和淵明勸農詩六章，哀儋耳之不耕。予居海康，農亦甚惰，其耕者多閩人也。然其民甘於魚鰍蟹鰕，故蔬果不毓；冬溫不雪，衣被吉貝，故藝麻而不績，生蠶而不織。羅紈布帛，仰于四方之負販。工習於鄙樸，故用器不作；醫奪於巫鬼，故方術不治。予居之半年，凡羇旅之所急，求皆不獲。故亦和此篇，以苦其窮，庶或有勸焉。

我還海康，實編于民。少而躬耕，老復其眞。乘流得坎，不問所因。願以所知，施及斯人。

我行四方，稻麥黍稷，果蔬蒲荷，百種咸植。糞溉耘耔，乃後有穡。爾獨何爲，開口而食？

掇拾于川，搜捕于陸。俯鞠婦子，仰薦昭穆。閩乘其媮，載來逐逐。計無百年，謀止信宿。

我歸無時，視汝長久〔一〕。孰爲沮溺，風雨相耦？築室東皐，取足南畝。后稷爲烈，夫豈一手？斵木陶土，器則不匱。績麻繅繭，衣則可冀。藥餌具前〔二〕，病安得至〔三〕？坐而告窮，相視徒愧。莫爲之先〔四〕，寘不謂鄙。一夫前行，百夫具履。以爲不信，出視同軌。期爾十年，風變而美。

【校】

〔一〕宋乙本「視汝長久」下有小字註：「一作視爾永久。」

〔二〕「藥」，原作「樂」，據宋乙本、三蘇祠本改。

〔三〕宋乙本此句下有小字註：「一作病曷從至。」

〔四〕宋乙本「先」字下有小字註：「一作唱。」

沐老圖贊

老聃新沐，晞髮于庭。其心泊然，若遺其形。夫子與回，見之而驚。入而問之，強使自名。曰：「豈有他哉？夫人皆然。惟役於人，而喪其天。其人苟亡，其天則全。四支百骸，孰爲吾纏？死生終始，孰爲吾遷？彼赫赫者，將爲吾温；肅肅者，將爲吾寒。一温一寒，交而萬物生焉。物皆賴之，而況吾身乎？温爲吾和，寒爲吾堅。忽乎不知，而更千萬年。葆光志之，夫非養生之根乎！」

香城順長老眞贊 并引

長老順公，昔居圓通，從先子游數日耳。頃予謫高安，特以先契訪予再三。予嘗問道於公，以搐鼻爲答。予即以偈謝之，曰：「搐鼻徑參眞面目，掉頭不受別鉗鎚。」公領之。紹聖元年，予再謫高安，而公化去已逾年矣。其門人以遺像示予，焚香稽首而贊之曰：

與訥皆行，與璉皆處。於南得法，爲南長子。成就緇白，可名爲老。慈愍黑闇，可名爲姥。我初不識，以先子故，訪我高安，示搐鼻語。再來不見，作禮緋素。向也無來，今亦奚去？

自寫眞贊

心是道士，身是農夫。誤入廊廟，還居里閭。秋稼登場，社酒盈壺。頹然一醉，終日如愚。

六祖卓錫泉銘 并引

六祖初住曹溪，卓錫泉湧，清涼滑甘，贍足大衆，逮今數百年矣。或時小竭，則衆汲于山下。今長老辯公住山四歲，泉日湧溢，衆嗟異之。聞之作銘曰：

祖師無心，心外無學。有來叩者，雲湧泉落。問何從來？初無所從。若有從處，來則有窮。初住南華，衆集須水。水性融會，豈有無理？引錫指石，寒泉自冽。衆渴得飲，如我說法。云何至今，有溢有枯？泉無溢枯，蓋其人乎？辯來四年，泉水洋洋。烹煮濯溉，飲及牛羊。手不病汲，肩不病負。匏勺瓦盂，莫知其故。我不求水，水則許我。訊于祖師，其亦可哉？

代李樵臥帳頌 并引

子瞻在黃日，以臥帳遺李樵，以頌問曰：「問李儼老：何心居此？愛護鐵牛，障闌佛子？」樵不能答。紹聖二年九月，訪予高安。戲代答之：

鐵牛正臥，佛子正渴。奪我與爾，是天人業。爲我害爾，是地獄業。安臥此間，我爾休歇。茲大寶帳，爲降魔設。

夢齋頌 并引

曇秀上人遊行無定，予兄子瞻作「夢齋」二字名其所至居室。爲作頌曰：

法身充滿，處處皆一。幻身虛妄，所至非實。我觀世人，生非實中。以寤爲正，以寐爲夢。忽寐所遇，執寤所遭。積執成堅，如丘山高。若見法身，寤寐皆非。知其皆非，寤寐無非。遨遊四方，齋則不遷。南北東西，法身本然。

抱一頌　幷引

道士朱元經舊居光州，彭城曹九章演甫少年過光，元經謁之。演甫曰：「聞君未嘗求人，今求我何故？」元經曰：「君後自當知之。」後若干年，演甫知光州，復見元經。元經知黃白術，演甫每問之，元經不答。曰：「有抱一法，君不問我，問此何用？」演甫在光，而元經蛻去。演甫爲治後事，此元經昔見演甫之意也。崇寧甲申歲，予閑居潁川，演甫之子煥爲我道此。因采道書中語，作抱一頌。此非獨道家事，乃瞿曇正法也。

眞人告我，晝夜念一。行一坐一，眠一食一。子若念一，一亦念子。子不念一，一則去子。子若得一，萬事皆畢。飢而念一，一與子糧。渴而念一，一與子漿。寒而念一，一與子裳。病而念一，一與子方。鬬而念一，一與子兵。念一之至，至於忘一。忘一之至，與一爲一。與一爲一，入火不然，入水不溺，是謂念一。

欒城集

〔宋〕蘇轍 著
曾棗莊
馬德富 校點

下

上海古籍出版社

欒城後集卷之六

孟子解二十四章 予少作此解，後失其本。近得之，故錄於此。

梁惠王問利國於孟子，孟子對曰：「王何必曰利？亦有仁義而已矣。」先王之所以爲其國，未有非利也，孟子則有爲言之耳。曰：是不然。聖人躬行仁義而利存，非爲利也。惟不爲利，故利存。小人以爲不求則弗獲也，故求利而民爭，民爭則反以失之。荀卿子曰：「君子兩得之者也，小人兩失之者也。」此之謂也。

齊宣王問曰：「文王之囿方七十里，有諸？」孟子對曰：「於傳有之。」周雖大國，未有以七十里爲囿而不害於民者也。意者山林藪澤與民共之，而以囿名焉，是以芻蕘雉兎者無不獲往。不然七十里之囿，文王之所不爲也。

孟子曰：「以大事小者，樂天者也；以小事大者，畏天者也。樂天者保天下，畏天者保其國。」小大之相形，貴賤之相臨，其命無不出於天者。畏天者，知其不可違，不得已而從之；樂天者，非有所畏，非不得已，中心誠樂而爲之也。堯禪舜，舜禪禹；湯事葛，文王事昆夷，皆樂天者也。

齊景公作君臣相說之樂，其詩曰：「畜君何尤？」孟子曰：「畜君者，好君也。」君有逸德而能止之，是謂畜君。以臣畜君，君之所尤也。然其心則無罪，非好其君不能也。故曰：「責難於君謂之恭，陳善閉邪謂之敬，吾君不能謂之賊。」

孟子學於子思，子思言「聖人之道出於天下之所能行」，而孟子言「天下之人皆可以行聖人之道」；子思言「至誠無敵於天下」，而孟子言「不動心」與「浩然之氣」。凡孟子之說皆所以貫通於子思而已。故「不動心」與「浩然之氣」，「誠」之異名也。「誠」之爲言，心之所謂誠然也。心以爲誠然，則其行之也安。是故心不動而其氣浩然無屈於天下，此子思、孟子之所以爲師弟子也。子思舉其端而言之，故曰「誠」；孟子從其終而言之，故謂之「浩然之氣」。一章而三說具焉：其一論養心以致浩然之氣，其次論心之所以不動，其三論君子之所以達於義。達於義所以不動心也，不動心所以致浩然之氣也，三者相須而不可廢。

孟子曰[二]：「我善養吾浩然之氣。」「其爲氣也，至大至剛，以直養而無害，則塞于天地之間。」是何氣也？天下之人莫不有氣，氣者心之發而已。行道之人，一朝之忿而鬬焉，以忘其身，是亦氣也。方其鬬也，不知其身之爲小也，不知天地之大、禍福之可畏也，然而是氣之不養者也。不養之氣橫行於中，則無所不爲而不自知。於是有進而爲勇，有退而爲怯。其進而爲勇也，非吾欲勇也，不養之氣盛而莫禁也；其退而爲怯也，非吾欲怯也，不養之氣衰而不敢也。孔子曰：「人之少也，血氣未定，戒之在色；及其壯也，血氣方剛，戒之在鬬；及其老也，血氣既衰，戒之在得。」一人之身而氣三變之。故孟子曰：「志一則動氣，氣一則動志。」夫志意既修，志盛奪氣，則氣無能爲而惟志之從；志意不修，氣盛奪志，則志無能爲而惟氣之聽。故氣易致也，而難在於養心。孟子曰「我四十不動心」，而「告子先我不動心」。告子曰：「不得於言，勿求於心；不得於心，勿求於氣。不得於心勿求於氣，可；不得於言勿求於心，不可。」何謂也？告子以爲有人於此，不得之於其言，勿復求其有此心；不得之於其心，勿復求其有此氣。夫言之不然，而心則然者有矣；未有心不然而氣則然者也。故曰：「不得於心勿求於氣，可；不得於言勿求於心，不可。」由是言之，氣者心之使也。心所欲爲，則其氣勃然而應之；心所不欲而強爲之，則其氣索然而不應。人必先有是心也，而後有是氣。故君子養其義心以致其氣，使氣與心相狎而不相離，然後臨事而其氣不屈。故曰：「志至焉，氣次焉。」志之所至而氣從之之謂也。昔之君子以其眇然之身而臨天下，言未發而衆先喻，功未見而志先信。力不及而勢與之者，以有是氣而已。故曰：「志，氣之帥也。氣，體之充也。」養志以致氣，盛氣以充體，體充而物莫敢逆，然後其氣塞于天地。雖然，心之所以不動者何也？博學而識之，強力而行之，卒然而遇之，有自失焉。故心必有所守而後能不動。心之所守不可多也〔三〕，多學而兼守之，事至而有不應也。是以落其枝葉，損之又損，以至於不可損也，而後能應。故孔子謂子貢曰：「賜也，汝以予爲多學而識之者歟？」曰：「然。非歟？」曰：「非也。予一以貫之。」北宮黝之養勇也，曰：「吾無辱於爾也。」孟施舍之養勇也，曰：「吾無懼於爾也。」「無辱」，勇矣。而未見所以必勇也。「無懼」而後能必勇。故曰「北宮黝之守氣不如孟施舍之守約」。北宮黝似子夏，孟施舍似曾子。曾子之所以自守者，曰：「自反而不縮，雖褐寬博，吾不惴焉。自反而縮，雖千萬人，吾往矣。」夫縮，入也。入，受也。自反而心受之，以爲可爲者，無憾於吾心也，則吾心囂然爲之，而吾氣勃然應之矣。孟子曰：「其爲氣也，配義與道，無是餒也。」「行有不慊於心，則餒矣。」夫餒，不充之謂也。有行於此而義不受，則心不慊；心不慊，則氣不能充體；氣不能充體之謂餒矣。故心不能不動也，而有待於義。君子之所由達於義者何也？勉強而行之，則勞苦而失其眞；放而不之求，則終身而不獲。孟子曰：「必有事焉而勿正，心勿忘，勿助長也。」夫君子之於道，朝夕從事於其間，待其自直而勿強正也；中心勿忘，待其自生而勿助長也，而後獲其眞。強之而求其正，助之而望其長，是非誠正而誠長也，迫於外也。子夏曰：「百工居肆以成其事，君子學以致其道。」待其自至而不強，是學道之要也。

孟子曰：「我知言。」「詖辭知其所蔽，淫辭知其所陷，邪辭知其所離，遁辭知其所窮。」何謂也？曰：是諸子之病也。孟子之於諸子，非辯過之，知其病而已。病於寒者得火而喜，以爲萬物莫火若也；病於熱者得水而喜，以爲萬物莫水若也。一惑於水火，以爲不可失矣。誠得其病，未有不覺而自泣也。彼其爲是險詖之辭者，必有以蔽之而不能自達也；爲是淫放之辭者，必有以陷之而不能自出也；爲是邪辟之辭者，必有以附之而不能自解也。苟能知之，發其蔽，平其陷，解其離，未有不服者也。不服則遁，遁必有所窮，要之於所窮而執之，此孟子之所以服諸子也。

孟子曰：「仁者如射。射者正己而後發，發而不中，反求諸己。」夫射之中否在的，而所以中否在我。善射者治其在我，正立而審操之。的雖在左右上下，無不中者矣。顏淵問仁，孔子曰：「克己復禮爲仁。一日克己復禮，天下歸仁焉。」請問其目。曰：「非禮勿視，非禮勿聽，非禮勿言，非禮勿動。」夫居於人上而一爲非禮，則害之及於物者衆矣！誠必由禮，雖不爲仁，而仁不可勝用矣。此「仁者如射」之謂也。

龍子曰：「貢者，較數歲之中以爲常。樂歲粒米狼戾，多取之而不爲虐，則寡取之。凶年糞其田而不足，則必取盈焉。」故曰：「治地莫善於助，莫不善於貢。」貢者，夏后氏之法也，而其不善如此。何也？曰：何特貢也？作法者必始於粗，終於精。篆之不若隸也，簡策之不若紙也，車之不若騎也，席之不若牀也，俎豆之不若盤盂也，諸侯之不若郡縣也，肉刑之不若徒流杖笞也。古之不爲此，非不智也，勢未及也。寢於泥塗者，寘之於陸而安矣。自陸而後有藁秸，自藁秸而後有莞簟。捨其不安而獲其所安，足矣。方其未有貢也，以貢爲善矣。及其既助〔三〕，而後知貢之未善也。法非聖人之所爲，世之所安也。聖人者，善因世而已。今世之所安，聖人何易焉？此夏之所以貢也。

陳仲子處於於陵，齊人以爲廉。孟子曰：「仲子所居之室，伯夷之所築歟，抑亦盜跖之所築歟？所食之粟，伯夷之所樹歟〔四〕，抑亦盜跖之所樹歟〔五〕？」人安能待伯夷而後居而後食？若是，則孟子之責人也已難。曰：否。居於於陵而食其食，非孟子之所謂不可，而仲子之所謂不可也。仲子以兄之祿爲不義之祿而不食也，以兄之室爲不義之室而不居也。天下無伯夷，仲子之義爲不居、且不食也。天下不可待伯夷而後居、而後食，然則非其居於於陵、食於辟纑之果汚也，而不食於母、避兄之室之不可繼也。故曰：「以母則不食，以妻則食之。以兄之室則不居，以於陵則居之。是尙爲能充其類也乎？」君子之行，爲可充也，爲可繼也，然後行有類。若仲子，將何以繼之？故曰：禦人于國門之外，而餽以道，則不受。以不義取之於民，而餽以道，則受於孔子。以不義取之於民者，猶禦也，其受於孔子，何也？曰：以其非禦也。非禦而謂之禦，充類至義之盡也。君子充其類而極其義，則仲子之兄猶盜也。仲子之兄猶盜也，則天下之人皆猶盜也。以天下之人皆猶盜而無所答，則誰與立乎天下？故君子不受於盜而猶盜者，有所不問而後可以立於世。若仲子者，蚓而後充其操也。孔子曰：「鳥獸不可與同羣，吾非斯人之徒與，而誰與？」蓋謂是也。

學者皆學聖人。學聖人者，不如學道。聖人之所是而吾是之，其所非而吾非之，是以貌從聖人也。以貌從聖人，名近而實非，有不察焉，故不如學道之必信。孟子曰：「君子深造之以道，欲其自得之也。自得之，則居之安。居之安，則資之深。資之深，則取之左右逢其原。是以君子欲其自得之也。」

孟子曰：「天下之言性者，則故而已矣。」所謂天下之言性者，不知性者也。不知性而言性，是以言其故而已。故非性也。無所待之謂性，有所因之謂故。物起於外，而性作以應之；此豈所謂性哉？性之所有事也。性之所有事之謂故。方其無事也，無可而無不可。及其有事，未有不就利而避害者也。知就利而避害，則性滅而故盛矣。故曰：故者，以利爲本。夫人之方無事也，物未有以入之。有性而無物，故可以謂之人之性。及其有事，則物入之矣。或利而誘之，或害而止之，而人失其性矣。譬如水，方其無事也，物未有以參之，有水而無物，故可以謂之水之性。及其有事，則物之所參也，或傾而下之，或激而升之，而水失其性矣。故曰：所惡於智者，爲其鑿也。如智者若禹之行水，則無惡於智矣。禹之行水也，行其所無事也。如智者亦行其所無事，則智亦大矣。水行於無事則平，性行於無事則靜。方其靜也，非天下之至明無以窺之。及其既動而見於外，則天下之人能知之矣。天之高也，星辰之遠也，吾將何以推之？惟其有事於運行，是以千歲之日可坐而致也。此性、故深淺之辨也。

孟子嘗知性矣。曰：「天下之言性者，則故而已矣。」故者以利爲本，知故之非性，則孟子嘗知性矣。然猶以故爲性，何也？孟子道性善曰：「無惻隱之心，非人也。無羞惡之心，非人也。無辭讓之心，非人也。無是非之心，非人也。惻隱之心，仁之端也。羞惡之心，義之端也。辭讓之心，禮之端也。是非之心，智之端也。」人信有是四端矣。然而有惻隱之心而已乎？蓋亦有忍人之心矣。有羞惡之心而已乎？蓋亦有無恥之心矣。有辭讓之心而已乎？蓋亦有爭奪之心矣。有是非之心而已乎？蓋亦有蔽惑之心矣。忍人之心，不仁之端也。無恥之心，不義之端也。爭奪之心，不禮之端也。蔽惑之心，不智之端也。是八者，未知其孰爲主也？均出於性而已非性也，性之所有事也。今孟子則別之曰：此四者性也，彼四者非性也。以告於人而欲其信之，難矣。夫性之於人也可得而知之，不可得而言也。遇物而後形，應物而後動。方其無物也，性也。及其有物，則物之報也。惟其與物相遇而物不能奪，則行其所安而廢其所不安，則謂之善。與物相遇而物奪之，則置其所可而從其所不可，則謂之惡。皆非性也，性之所有事也。譬如水火，能下者水也，能上者亦水也；能熟物者火也，能焚物者亦火也。天下之人好其能下而惡其能上，利其能熟而害其能焚也，而以能下能熟者謂之水火，能上能焚者爲非水火也，可乎？夫是四者，非水火也，水火之所有事也。奈何或以爲是，或以爲非哉？孔子曰：「性相近也，習相遠也。」夫雖堯桀而均有是性，是謂相近；及其與物相遇，而堯以爲善，桀以爲惡，是謂相遠。習者性之所有事也，自是而後相遠，則善惡果非性也。

孔子曰〔六〕：「上智與下愚不移。」故有性善，有性不善。以堯爲父，而有丹朱；以瞽瞍爲父，而有舜；以紂爲君，而有微子啓、王子比干，安在其爲性相近也？曰：此非性也，故也。天下之水，未有不可飲者也，然而或以爲淸冷之淵，或以爲塗泥。今將指塗泥而告人曰：「雖是，亦有可飲之實。」信矣！今將指塗泥而告人曰：「吾將飲之。」可乎？此上智下愚之不可移也。非性也，故也。

孟子曰：「伯夷，聖之淸者也。伊尹，聖之任者也。柳下惠，聖之和者也。孔子，聖之時者也。孔子之謂集大成。集大成也者，金聲而玉振之也〔七〕。金聲也者，始條理也。玉振之也者，終條理也。始條理者，智之事也。終條理者，聖之事也。智譬則巧也，聖譬則力也。」以巧論智，以力論聖，何也？巧之所能，有或不能。力之所嘗至，無不至也。伯夷、伊尹、柳下惠之行，人之一方也，而以終身焉，故有不可得而充。至於孔子，可以速而速，可以久而久，可以仕而仕，可以處而處，然後終身行之而不匱。故曰：「由射於百步之外，其至，爾力也，是可常也。其中，非爾力也，是巧也，是不可常也。」巧亦能爲一中矣，然而時亦不中，是不如力之必至也。

語曰：「齊人饋女樂，季桓子受之，三日不朝。孔子行。」孟子曰：「（孔子）從而祭，膰肉不至，不稅冕而行。」二者非相反也。孔子之去魯，爲女樂之故也；去於膰肉之不至，爲君也。於其君之有大惡也，孔子有不忍，行焉；於其君之無罪也，孔子有不安，行焉。曰：「上以求免吾君，下以免我。是以去於膰肉之不至。」曰：「是可以辭於天下也。」故曰：「乃孔子則欲以微罪行，不欲爲苟去。君子之所爲，衆人固不識也。」

孟子曰：「君子不亮，惡乎執？」必信之謂亮。孔子曰：「君子貞而不亮。」要止於正而不必信，而後無所執，否則執一而廢百矣。

孟子曰：「存其心，養其性，所以事天也。夭壽不貳，修身以竢之，所以立命也。」天者，莫之使而自然者也。命者，莫之致而自至者也。天畀我以是心，而不能存；付我以是性，而不能養。是天之所以受我者，有所不事也。壽則爲之，夭則廢之。夭壽非人所爲也，而寘力焉，是命有所未立也。修身於此，知夭壽之無可爲也，而命立於彼矣。

孟子曰：「莫非命者，順受其正。」何謂也？天之所以受我者，盡於是矣。君子修其在我，以全其在天。人與天不相害焉，而得之，是故謂之正。忠信孝弟，所以爲順也，人道盡矣。

而有不幸以至於大故，而後得爲命。巖牆之下，是必壓之道也；桎梏之中，是必困之道也。必壓必困，而我蹈之以受其禍，是豈命哉？吾所處者然也。

人之爲不善也，皆有愧恥不安之心。小人惟奮而行之，君子惟從而已之。孟子曰：「無爲其所不爲，無欲其所不欲。」如斯而已矣！

孟子曰：「舜爲天子，臯陶爲士，瞽瞍殺人，臯陶則執之，舜則竊負而逃於海濱。吾以爲此野人之言，非君子之論也。舜之親事，烝烝乂，不格姦。何至於殺人而負之以逃哉？且天子之親，有罪議之，孰謂天子之父殺人而不免於死乎？

孟子曰：「形色天性也，惟聖人然後踐形。」形色者，所強於外也。中雖無有，而猶知強之。孟子以是爲天性也。有人於此，其進之銳也，則天下以爲不速退矣。是不然。勉強而力行之，則其進也必銳；不勝而怠厭之，則其退也必速。曷不取而覆觀之？於其不可已而已者，無所不已；於其所厚者薄，無不薄也。故曰：「仲子不義，與之齊國而不受。人皆信之。是舍簞食豆羹之義也，人莫大焉。亡親戚、君臣、上下，以其小者信其大者，烏可哉？」亡親戚、君臣、上下而可，是所謂不可已而已者也。能居於於陵、食於辟纑而不顧，而不能以不義不受齊國，是所謂進銳而退速者也。

孟子曰：「不仁而得國者，有之矣；不仁而得天下者，未之有也。」孟子之爲是言也，則未見司馬懿、楊堅也。不仁而得天下也，何損於仁？仁而不得天下也，何益於不仁？得國之與得天下也，何以爲異？君子之所恃以勝不仁者，上不愧乎天，下不愧乎人。而得失非吾之所知也。

孟子曰：「人能充其無欲害人之心，而仁不可勝用也。人能充無穿窬之心，而義不可勝用也。」無欲害人之心，與無穿窬之心，人皆有之。然苟將充之，則未可以言而言，可以言而不言，猶未免乎穿窬也。此所謂「造端乎夫婦，而其至也，察乎天地」也歟！

【校】

〔一〕原只二十二章，與題不符。此章與上章原緊接，今據四庫全書本分爲二章。

〔二〕「不可多也」，原作「不可不多也」，據宋乙本、宋丁本改。

〔三〕「助」，原作「貢」，據宋乙本改。

〔四〕、〔五〕「樹」，原作「種」，據宋乙本、宋丁本及孟子原文改。

〔六〕此章與上章原緊接，今據叢刊本分爲二章。

〔七〕「之」下，原有「者」字，據宋丁本及孟子原文刪。

欒城後集卷之七

歷代論一 并引

予少而力學。先君，予師也。亡兄子瞻，予師友也。父兄之學，皆以古今成敗得失爲議論之要。以爲士生於世，治氣養心，無惡於身，推是以施之人，不爲苟生也。不幸不用，猶當以其所知，著之翰墨，使人有聞焉。予既壯而仕，仕宦之餘，未嘗廢書，爲詩、春秋集傳，因古之遺文，而得聖賢處身臨事之微意。喟然太息，知先儒昔有所未悟也。其後復作古史，所論益廣，以爲略備矣。元符庚辰，蒙恩歸自嶺南，卜居潁川。身世相忘，俯仰六年，洗然無所用心〔一〕，復自放圖史之間，偶有所感，時復論著。然已老矣，目眩於觀書，手戰於執筆，心煩於慮事，其於平昔之文，益以疎矣。然心之所嗜，不能自已，輒存之於紙，凡四十有五篇，分五卷。

【校】

〔一〕「洗」，宋戊本作「洒」。

堯舜

堯之世，洚水爲害，以意言之，堯之爲國，當日夜不忘水耳。今考之於書，觀其爲政先後，命羲和正四時，務農事，蓋其所先也〔一〕。末乃命鯀以治水。鯀九年無成功，乃命四岳舉賢以遜位。四岳稱舜之德，曰：「父頑、母嚚、象傲〔二〕，克諧以孝，烝烝乂，不格姦。」堯以爲然而用之。君臣皆無一言及於水者。舜既攝事，黜鯀而用禹，洚水以平，天下以安。堯舜之治，其緩急先後，於此可見矣。使五教不明，父子不親，兄弟相賊，雖無水患，求一日之安，不可得也。使五教既修，父子相安，兄弟相友，水雖未除，要必有能治之者。昔孔子論政曰：「足食，足兵，民信之矣。」子貢曰：「必不得已而去，於斯三者何先？」曰：「去兵。」曰：「必不得已而去，於斯二者何先？」曰：「去食。自古皆有死，民無信不立。」古之聖人，其憂深慮遠如此。世之君子，凡有志於治，皆曰：「富國而強兵。」患國之不富而侵奪細民，患兵之不強而陵虐隣國，富強之利終不可得，而謂堯、舜、孔子爲不切事情。於乎殆哉！

【校】

〔一〕「蓋」，原無，據宋丁本、宋戊本補。

〔二〕「父」上，叢刊本有「舜」字。

三宗

黄帝、堯、舜壽皆百年，享國皆數十年。周公作無逸，言商中宗享國七十五年，高宗五十九年，祖甲三十三年；文王受命中身，享國五十年。自漢以來，賢君在位之久，皆不及此。西漢文帝二十三年，景帝十六年，昭帝十三年；東漢明帝十八年，章帝十三年，和帝十二年；唐太宗二十三年。此皆近世之明主，然與無逸所謂「不知稼穡之艱難，不聞小人之勞，惟耽樂之從」，「或十年，或七八年，或五六年，或四三年」者，無以大相過也。至其享國長久，如秦始皇帝、漢武帝、梁武帝、隋文帝、唐玄宗，皆以臨御久遠，循致大亂。或以失國，或僅能免其身。其故何也？人君之富，其倍於人者千萬也。膳服之厚，聲色之靡，所以賊其躬者多矣。朝夕於其間而無以御之，至於夭死者，勢也。幸而壽考，用物多而害民久，矜己自聖，輕蔑臣下，至於失國，宜矣！

古之賢君必志於學，達性命之本，而知道德之貴。其視子女玉帛，與糞土無異，其所以自養，乃與山林學道者比，是以久於其位而無害也。傅說之詔高宗曰：「王，人求多聞，時惟建事，學于古訓，乃有獲。事不師古，以克永世，匪說攸聞。惟學遜志，務時敏，厥修乃來。允懷于茲，道積于厥躬。惟斅學半，念終始典于學，厥德修罔覺。監于先王成憲，其永無怨。」嗚呼，傅說其知此矣！

周公

言周公之所以治周者，莫詳於周禮，然以吾觀之，秦漢諸儒以意損益之者衆矣，非周公之完書也。

何以言之？周之西都，今之關中也；其東都，今之洛陽也。二都居北山之陽，南山之陰。其地東西長，南北短。短長相補，不過千里，古今一也。而周禮：「王畿之大，四方相距千里，如畫棋局，近郊、遠郊，甸地、稍地，大都、小都，相距皆百里。」千里之方地，實無所容之，故其畿內遠近諸法，類皆空言耳。此周禮之不可信者一也。

書稱：「武王克商而反商政，列爵惟五，分土惟三。」故孟子曰：「天子之制，地方千里，公侯百里，伯七十里，子男五十里。不能五十里，不達於天子，附於諸侯，曰附庸。」鄭子產亦云，古之言封建者，蓋若是。而周禮：「諸公之地方五百里，諸侯四百里，諸伯三百里，諸子二百里，諸男百里。」與古說異。鄭氏知其不可，而爲之說曰：「商爵三等，武王增以子、男，其地猶因商之故。周公斥大九州，始皆益之，如周官之法。於是千乘之賦，自一成十里而出車一乘，千乘而千成，非公侯之國無以受之。」吾竊笑之。武王封之，周公大之，其勢必有所并，有所并必有所徙。一公之封，而子男之國爲之徙者十有六。封數大國而天下盡擾，此書生之論，而有國者不爲也。傳有之曰：「方里而井，十井爲乘，故十里之邑而百乘，百里之國而千乘，千里之國而萬乘。古之道也。」不然百乘之家爲方百里，萬乘之國爲方數圻矣，古無是也。語曰：「千乘之國，攝乎大國之間。」千乘雖古之大國，而於衰周爲小，然孔子猶曰：「安見方六七十，如五六十，而非邦也者？」然則雖衰周，列國之強家，猶有不及五十里者矣。韓氏、羊舌氏，晉大夫也。其家賦九縣，長轂九百。其餘四十縣，遺守四千。謂一縣而百乘則可，謂一縣而百里則不可。此周禮之不可信者二也。

王畿之內，公邑爲井田，鄉遂爲溝洫。此二者，一夫而受田百畝，五口而一夫爲役，百畝而稅之十一，舉無異也。然而井田自一井而上，至於一同而方百里。其所以通水之利者，溝、洫、澮三。溝、洫之制，至於萬夫方三十二里有半，其所以通水之利者，遂、溝、洫、澮、川五。利害同而法制異，爲地少而用力博，此亦有國者之所不爲也。楚蔿掩爲司馬，町原防，井衍沃。蓋平川廣澤，可以爲井者井之；原阜堤防之間，狹不可井則町之。杜預以町爲小頃町。皆因地以制廣狹多少之異，井田、溝洫蓋亦然耳。非公邑必爲井田，而鄉遂必爲溝洫。此周禮之不可信者三也。

三者既不可信，則凡周禮之詭異遠於人情者，皆不足信也。古之聖人，因事立法以便人者有矣，未有立法以強人者也。立法以強人，此迂儒之所以亂天下也。

五伯

五伯，桓文爲盛。然觀其用兵，皆出於不得已。桓公帥諸侯以伐楚，次於陘而不進，以待楚人之變。楚使屈完如師，桓公陳諸侯之師，與之乘而觀之。屈完見齊之盛，懼而求盟。諸侯之師成列而未試也，桓公退舍召陵，與之盟而去之。夫豈不能一戰哉？知戰之不必勝，而戰勝之利不過服楚。全師之功，大於克敵。故以不戰服楚而不吝也。晉文公以諸侯遇楚於城濮，楚人請戰。文公思楚人之惠，退而避之三舍。軍吏皆諫，咎犯曰：「我退而楚還，我將何求？若其不還，君退臣犯，曲在彼矣。」師退而楚不止，遂以破楚，而殺子玉。使文公退而子玉止，則文公之服楚亦與齊桓等，無戰勝之功矣。故桓文之兵，非不得已不戰。此其所以全師保國無敵於諸侯者也。

至宋襄公，國小德薄，而求諸侯，凌虐邾鄫之君，爭鄭以怒楚，兵敗身死之不暇，雖竊伯者之名，而實非也。其後秦穆公東平晉亂，西伐諸戎；楚莊王克陳入鄭，得而不取。皆有伯者之風矣。然穆公聽杞子之計，違蹇叔而用孟明，千里襲鄭，覆師於殽，雖悔過自誓，列於周書，而不能東征諸夏以終成伯業。莊王使申舟聘齊，命無假道於宋。舟知必死，而王不聽，宋人殺之。王聞其死，投袂而起，以兵伐宋。圍之九月，與之盟而去之。雖號能服宋，然君子以爲此不假道之師也。齊靈公、楚靈王之所爲，王亦爲之，而尚何以爲伯乎？於乎！此二君者皆賢君也，兵一不義而幾至於狼狽，不能與桓文齒，而況其下者哉！

管仲

先君嘗言：管仲九合諸侯，一匡天下，以桓公伯，孔子稱其仁，而不能止五公子之亂，使桓公死不得葬。曰：「管仲蓋有以致此也哉！」

管仲身有三歸。桓公內嬖如夫人者六人，而不以爲非，此固嫡庶爭奪之禍所從起也。然桓公之老也，管仲與桓公爲身後之計，知諸子之必爭，乃屬世子於宋襄公。夫父子之間，至使他人與焉，智者蓋至此乎？於乎，三歸六嬖之害，溺於淫欲而不能自克，無已，則人乎！詩曰：「無競維人，四方其訓之。」四方且猶順之，而況於家人乎？傳曰：「管仲病且死，桓公問誰可使相者，管仲曰：『知臣莫若君。』公曰：『易牙何如？』對曰：『殺子以適君，非人情，不可。』公曰：『開方何如？』曰：『倍親以適君，非人情，難近。』公曰：『豎刁何如？』曰：『自宮以適君，非人情，難親。』管仲死，桓公不用其言，卒近三子。二年而禍作。」夫世未嘗無小人也，有君子以間之，則小人不能奮其智。語曰：「舜有天下，選於衆，舉皋陶，不仁者遠矣。湯有天下，選於衆，舉伊尹，不仁者遠矣。」豈必人人而誅之？管仲知小人之不可用，而無以禦之，何益於事？內既不能治身，外復不能用人，舉易世之憂而屬之宋襄公，使禍既已成，而後宋人以干戈正之。於乎殆哉！昔先君之論云爾。

知罃趙武

齊桓公存三亡國以屬諸侯，其義多於晉文，然桓公沒而齊亂，其後不能復伯。文公子孫世爲盟主，二百餘年，與春秋相終始。其故何也？雖襄公、悼公之賢，齊所無有，然其所以保伯業而不失者，則有在也。伯者之盛，非能用兵以服諸侯之難，而能不用兵以服諸侯之爲難耳。文公之後，前有知罃，後有趙武，皆能不用兵以服諸侯。此晉之所以不失伯也。

悼公與楚爭鄭，三合諸侯之師，其勢足以舉鄭而卻楚。晉之羣臣中行偃，欒黶之徒欲一戰以服楚者衆矣，惟知罃爲中軍將，知用兵之難，勝負之不可必，三與楚遇，皆遷延稽故，不與之戰。卒以敝楚而服鄭。此則知罃不用兵之功也。

悼公死，平公立。平公非悼公比也，然能屬任趙武。武嘗與楚屈建合諸侯之大夫于宋，以求弭兵。趙武於此有仁人之心二焉：方其未盟也，屈建衷甲將以襲武。武與叔向謀之，叔向曰：「以信召人而以僭濟之，人誰與之？安能害我？」武從其言。卒事而楚不敢動。將盟，晉楚爭先，叔向又曰：「諸侯歸晉之德只，非歸其尸盟也。子務德，無爭先。」武亦從而先之。此二者非仁人不能。何也？人將衷甲以襲我，我亦衷甲以待之，此勢之所必至也。不幸不勝，無可言者。雖幸而勝，晉楚之禍必自是始。晉爲盟主，常先諸侯矣。晉未失諸侯，而楚求先之。苦與之爭，楚必不聽，晉楚之禍亦必自是始。然此二者，皆人情之所不能忍也。忍之近於弱，不忍近於強，而武能忍之。晉楚不爭，而諸侯賴之。故吾以爲武有仁人之心二焉。凡晉之所以不失諸侯而趙氏之所以卒興於晉者，由此故也。春秋書宋之盟，賁先晉而後楚，孔子亦許之歟！

漢高帝

高帝之入秦，一戰於武關，兵不血刃而至咸陽。此天也，非人也。秦之亡也，諸侯並起，爭先入關。秦遣章邯出兵擊之。秦雖無道，而其兵方強。諸侯雖銳，而皆烏合之衆，其不敵秦明矣。然諸侯皆起於羣盜，不習兵勢，陵藉郡縣，狃於亟勝，不知秦之未可攻也。於是章邯一出而殺周章，破陳涉，降魏咎，斃田儋。兵鋒所至，如獵狐兔，皆不勞而定。後乃與項梁遇，苦戰再三，然後破之。梁雖死，而秦之銳鋒亦略盡矣。然邯以爲楚地諸將不足復慮，乃渡河北擊趙。邯既北而秦國內空。至是秦始可擊，而高帝乘之。此正兵法所謂避實而擊虛者。蓋天命，非人謀也。

項梁之死也，楚懷王遣宋義、項羽救趙。羽願與沛公西入關。懷王諸老將皆曰：「項羽爲人慓悍禍賊，嘗攻襄城，襄城無噍類。所過無不殘滅。且楚數進取，前陳王、項梁皆敗，不如更遣長者，扶義而西，告諭秦父兄。秦父兄苦其主久矣。誠得長者往，無侵暴，宜可下。」卒不許項羽，而遣沛公。沛公方入關，而項羽已至河北，與章邯相持。邯雖欲還兵救秦，勢不得矣。懷王之遣沛公，固當；然非邯、羽相持於河北，沛公亦不能成功。故曰：此天命，非人謀也。

漢文帝

老子曰：「柔勝剛，弱勝強。」漢文帝以柔御天下，剛強者皆乘風而靡。尉佗稱號南越，帝復其墳墓，召貴其兄弟。佗去帝號，俯伏稱臣。匈奴桀敖，陵駕中國。帝屈體遺書，厚以繒絮，雖未能調伏，然兵革之禍，比武帝世十一、二耳。吳王濞包藏禍心，稱病不朝，帝賜之几杖。濞無所發怒，亂以不作。使文帝尚在，不出十年，濞亦已老死，則東南之亂無由起矣。至景帝不能忍，用鼂錯之計，削諸侯地，濞因之號召七國，西向入關。漢遣三十六將軍，竭天下之力，僅乃破之。錯言：「諸侯強大，削之亦反，不削亦反；削之反疾而禍小，不削反遲而禍大。」世皆以其言爲信。吾以爲不然。誠如文帝，忍而不削，濞必未反。遷延數歲之後，變故不一，徐因其變而爲之備，所以制之者固多術矣。猛虎在山，日食牛羊，人不能堪，荷戈而往刺之。幸則虎斃，不幸則人死，其爲害亟矣。鼂錯之計，何以異此？若能高其垣牆，深其陷穽，時伺而謹防之，虎安能必爲害？此則文帝之所以備吳也。於乎，爲天下慮患，而使好名貪利小丈夫制之，其不爲鼂錯者鮮矣！

漢景帝

漢之賢君皆曰文景。文帝寬仁大度，有高帝之風。景帝忌克少恩，無人君之量，其實非文帝比也。帝之爲太子也，吳王濞世子來朝，與帝博而爭道，帝怒，以博局提殺之。濞之叛逆，勢激於此。張釋之，文帝之名臣也，以劾奏之恨，斥死淮南。鄧通，文帝之倖臣也，以吮癰之怨，困迫至死。鼂錯始與帝謀削諸侯，違衆用之〔一〕。及七國反，袁盎一說，譎而斬之東市，曾不之卹。周亞夫爲大將，折吳楚之鋭鋒，不數月而平大難。及其爲相，守正不阿。惡其悻悻不屈，遂以無罪殺之。梁王武，母弟也，驕而從之，幾致其死。臨江王榮，太子也，以母失愛，至使酷吏殺之。其於君臣、父子、兄弟之際，背理而傷道者，一至於此〔二〕。

原其所以能全身保國與文帝俱稱賢君者，惟不改其恭儉故耳。春秋之法：弑君稱君，君無道也；稱臣，臣之罪也。然陳侯平國、蔡侯般皆以無道弑，而弑皆稱臣，以爲罪不及民故也。如景帝之失道非一也，而猶稱賢君，豈非躬行恭儉、罪不及民故耶？此可以爲不恭儉者戒也。

【校】

〔一〕「進」上，宋丁本有「帝」字。

〔三〕「於」，宋丁本作「如」。

欒城後集卷之八

歷代論二

漢武帝

天下利害不難知也。士大夫心平而氣定，高不爲名所眩，下不爲利所怵者，類能知之。人主生於深宮，其聞天下事至鮮矣。知其一，不達其二；見其利，不覩其害。而好名貪利之臣，探其情而逢其惡，則利害之實亂矣。

漢武帝卽位三年，年未二十，閩越舉兵圍東甌，東甌告急。帝問太尉田蚡，蚡曰：「越人相攻，其常事耳。又數反覆，不足煩中國往救。」帝使嚴助難蚡曰：「特患力不能救，德不能覆。誠能，何故棄之？小國以窮困來告急，天子不救，尚何所愬？」帝詘蚡議，而使助持節發會稽兵救之。自是征南越、伐朝鮮、討西南夷，兵革之禍加於四夷矣。後二年，匈奴請和親，大行王恢請擊之，御史大夫韓安國請許其和。帝從安國議矣。明年馬邑豪聶壹因恢言：「匈奴初和親，親信邊，可誘以利致之，伏兵襲擊，必破之道也。」帝使公卿議之，安國、恢往反議甚苦。帝從恢議，使聶壹賣馬邑城以誘單于。單于覺之而去，兵出無功。自是匈奴犯邊，終武帝無寧歲，天下幾至大亂。

此二者，田蚡、韓安國皆知其非，而迫於利口，不能自伸。武帝志求功名，不究利害之實，而遽從之。及其晚歲，禍災並起，外則黔首耗散，內則骨肉相賊殺，雖悔過自咎，而事已不救矣。然嚴助以交通淮南，張湯論殺之；王恢以不擊匈奴，亦坐棄市。二人皆罪不至死而不免大戮，豈非首禍致罪，天之所不赦故耶？

漢昭帝

周成王以管蔡之言疑周公，及遭風雷之變，發金縢之書，而後釋然，知其非也。漢昭帝聞燕王之譖，霍光懼不敢入。帝召見光，謂之曰：「燕王言將軍都郎，道上稱蹕，又擅調益幕府校尉。二事屬爾，燕王何自知之？且將軍欲爲非，不待校尉。」左右聞者皆伏其明。光由是獲安，而燕王與上官皆敗。故議者以爲昭帝之賢過於成王。然成王享國四十餘年，治致刑措，及其將崩，命召公、畢公相康王，臨死生之變，其言琅然不亂。昭帝享國十三年，年甫及冠，功未見於天下，其不及成王者亦遠矣〔一〕。

夭壽雖出於天，然人事常參焉。故吾以爲成王之壽考，周公之功也；昭帝之短折，霍光之過也。昔晉平公有蠱疾，醫和視之曰：「是謂近女室，疾如蠱〔二〕，非鬼非食，惑以喪志。良臣將死，天命不祐〔三〕。」「國之大臣，榮其寵祿〔四〕，任其大節〔五〕，有菑禍興而無改焉，必受其咎。」以此譏趙孟，趙孟受之不辭。而霍光何逃焉？成王之幼也，周公爲師，召公爲保，左右前後皆賢臣也。雖以中人之資，而起居飲食，日與之接，逮其壯且老也，志氣定矣，其能安富貴、易生死，蓋無足怪者。今昭帝所親信惟一霍光，光雖忠信篤實，而不學無術，其所與共國事者惟一張安世，所與斷幾事者惟一田延年。士之通經術、識義理者，光不識也。其後雖聞久陰不雨之言而貴夏侯勝，感蒯聵之事而賢雋不疑，然終亦不任也。使昭帝居深宮，近孌倖，雖天資明斷，而無以養之，朝夕害之者衆矣，而安能及遠乎？

人主不幸，未嘗更事而履大位，當得篤學深識之士日與之居，示之以邪正，曉之以是非，觀之以治亂。使之久而安之，知類通達，強立而不反，然後聽其自用而無害。此大臣之職也。不然，小人先之，悅之以聲色犬馬，縱之以馳騁田獵，侈之以宮室器服，志氣已亂，然後入之以讒說，變亂是非，移易白黑，紛然無所不至。小足以害其身，而大足以亂天下。大臣雖欲有言，不可及矣。語曰：「君子學道則愛人，小人學道則易使。」故人必知道而後知愛身，知愛身而後知愛人，知愛人而後知保天下。故吾論三宗享國長久，皆學道之力。至漢昭帝，惜其有過人之明，而莫能導之以學，故重論之，以爲此霍光之過也。

【校】

〔一〕「成」，原作「武」，據宋甲本、宋丁本改。

〔二〕「室，疾如蠱」，原無，據宋丁本、宋戊本、春秋左傳集解補。

〔三〕「祜」，原作「宥」，據宋甲本、春秋左傳集解改。

〔四〕「榮」，原作「受」，據宋丁本、春秋左傳集解改。

〔五〕「任」上，原有「而」字，據宋丁本、春秋左傳集解删。

漢哀帝

漢哀帝自諸侯爲天子，方其在國，好禮節儉，知成帝優容舅家，權奪於王氏。及即位，收攬威柄，朝廷竦然，庶幾於治。既而傅太后侵侮王后，僭竊名號，始失天下心。帝復寵任倖臣董賢，位至三公，富擬帝室。雖欲貶損王氏，而身既失德，朝無名臣，所以資之者多矣。詩曰：「無競維人，四方其訓之。有覺德行，四國順之。」二者帝皆失之，其若王氏何？方帝之崩也，王太后召大司馬賢，引見東廂，問以喪事調度。賢内憂不能對，免冠謝。太后曰：

「新都侯莽，前以大司馬奉送先帝大行，曉習故事，吾令莽助君。」賢頓首幸甚。莽既至，使尙書劾免賢，賢卽日自殺。王氏代漢之禍實成於此。

昔高帝寢疾，有呂氏之憂。呂后問以後事，帝曰：「陳平智有餘，然難獨任。王陵少戇，可以助之。周勃厚重少文，然安劉氏必勃也，可令爲太尉。」及產祿之變，王陵爭之於前，平勃定之於後，皆如高帝所慮。文帝末年，有七國之憂，戒太子曰：「卽有緩急，周亞夫可任將兵。」及吳楚之變，亞夫爲大將，破之數月之間，亦如文帝所慮。今王氏之亂，與呂氏、七國等耳，而哀帝無其人，漢遂以亡。非特天命，蓋人謀也。

漢光武上

人主之德在於知人，其病在於多才。知人而善用之，若己有焉，雖至於堯舜，可也。多才而自用，雖有賢者，無所復施，則亦僅自立耳。漢高帝謀事不如張良，用兵不如韓信，治國不如蕭何。知此三人而用之不疑，西破強秦，東伏項羽，曾莫與抗者。及天下既平，政事一出於何，法令講若畫一，民安其生，天下遂以無事。又繼之以曹參，終之以平勃，至文景之際，中外晏然。凡此，皆高帝知人之餘功也。東漢光武才備文武，破尋邑，取趙魏，鞭笞羣盜，算無遺策，計其武功，若優於高帝。然使當高帝之世，與項羽爲敵，必有不能辦者。及既履大位，懲王莽篡奪之禍，雖置三公而不付以事。專任尚書，以督文書，繩姦詐爲賢。政事察察，下不能欺，一時稱治。然而異己者斥，非讖者棄，專以一身任天下。其智之所不見，力之所不舉者多矣！至於明帝，任察愈甚，故東漢之治，寬厚樂易之風遠不及西漢。賢士大夫立於其朝，志不獲伸。雖號稱治安，皆其父子才志之所止，君子不尚者也。

漢光武下

高帝舉天下後世之重屬之大臣，大臣亦盡其心力以報之。故呂氏之亂，平勃得寘力焉。誅產祿，立文帝，若反覆手之易。當是時，大臣權任之盛，風流相接，至申屠嘉猶召辱鄧通，議斬鼂錯，而文景不以爲忤。則高帝之用人，其重如此。

景武之後，此風衰矣。大臣用舍，僅如僕隸。武帝之老也，將立少主，知非大臣不可，乃委任霍光。霍光之權在諸臣右，故能翊昭建宣，天下莫敢異議。至於宣帝，雖明察有餘，而性本忌克〔一〕，非張安世之謹畏，陳萬年之順從，鮮有能容者。惡楊惲、蓋寬饒，害趙廣漢、韓延壽，悍然無惻怛之意。高才之士側足而履其朝。陵遲至於元成，朝無重臣，養成王氏之禍。故莽以斗筲之才，濟之以欺罔，而士無一人敢指其非者。

光武之興，雖文武之略足以鼓舞一世，而不知用人之長，以濟其所不足，幸而子孫皆賢，權在人主，故其害不見。及和帝幼少，竇后擅朝，竇憲兄弟恣横，殺都鄉侯暢於朝。事發，請擊匈奴以自贖。及其成功，又欲立北單于以樹恩固位。袁安、任隗皆以三公守義力爭，而不能勝，幸而憲以逆謀敗。蓋光武不任大臣之積，其弊乃見於此。其後漢日以衰，及其誅閻顯，立順帝，功出于宦官；黜清河王，殺李固，事成於外戚。大臣皆無所與。及其末流，梁冀之害重，天下不能容，復假宦官以去之。宦官之害極，天下不能堪，至召外兵以除之。外兵既入，而東漢之祚盡矣！蓋光武不任大臣之禍，勢極於此。

夫人君不能皆賢，君有不能而屬之大臣，朝廷之正也。事出於正，則其成多，其敗少。歷觀古今，大臣任事而禍至於不測者，必有故也。今畏忌大臣而使他人得乘其隙，不在外戚，必在宦官。外戚、宦官更相屠滅，至以外兵繼之。嗚呼，殆哉！

【校】

〔一〕「克」，叢刊本作「刻」。

隗囂

智者爲國，知所去就，大義既定，雖有得失，不爲害也。隗囂初據隴坻，謙恭下士，豪傑歸之，刑政修舉，兵甲富盛。一時竊據之中，有賢將之風矣。然聖公乘王莽之敗，擁衆入關，君臣貪暴，不改盜賊之舊，敗亡之勢，匹夫匹婦皆知之矣。而囂舉大衆〔一〕，束手稱臣，違方望之言，陷諸父於死地，僅以身免。及光武自河北入洛，政修民附，賢士滿朝，羣盜十去六七。而囂懲既往之禍，方擁兵自固，爲六國之計。謀臣去之，義士笑之，而囂與王元、王捷一二人以死守之。始從聖公而不吝〔二〕，終背光武而不悔，去就之計，無一得者。至於殺身亡國，蓋不足怪也。

劉表專制荆州，土廣民衆，勢重於天下。曹公與袁紹相拒於官渡，二人皆求助於表。表方晏然自守，一無所與。韓嵩説表曰：「兩雄相持，天下之重在於將軍。果欲有爲，起乘其弊可也。如其不然，則將擇所宜從，豈可擁甲十萬，坐觀成敗。求援而不能救，見賢而不肯歸，此兩怨必集於將軍，恐不得中立矣。」表猶豫不能用，卒爲曹公所并。

隗囂、劉表，雍容風議，皆得長者之譽。然其敗也，皆以去就不明失之。不如張魯之庸，敗亡之餘，知所歸往，猶能保其後嗣。兵法有之：「知彼知己，百戰不殆。知彼而不知己，一勝一負。不知彼，不知己，每戰輒殆。」夫惟知彼知己，而後知所去就哉！

【校】

〔一〕「衆」，宋甲本、宋丁本作「兵」。

〔二〕「吝」，宋丁本、宋戊本作「疑」。

鄧禹

鄧禹初以兵入關，乘勝獨克，關輔響震。是時赤眉方入長安，諸將豪傑皆勸禹徑乘其亂。禹曰：「吾衆雖多，能戰者少。前無可仰之積，後無轉饋之資。赤眉新拔長安，財富兵銳，未易當也。盜賊羣居，無終日之計，財穀雖多，變故萬端，非能堅守者也。上郡、北地、安定三郡，土廣人稀，饒穀多畜。吾且休兵北道，就糧養士，以觀其變，乃可圖也。」於是引兵北屯栒邑。光武聞之，敕禹以時進討。禹固執前意，盤桓不進。明年，赤眉西走扶風，禹乃入長安，謁祠高廟，收十一帝神主。然卒不能定關中，無功而歸。

蓋赤眉之亂，光武欲急攻之，禹欲緩取之。議者見禹之敗，因以禹爲失計。吾以爲不然。赤眉方強，急之實難，緩之爲得。逮其自敗，西走扶風，而禹乘之，猶能還兵敗禹，而況其未走也哉！如光武之計，蓋不知赤眉方強，而禹兵力不足。若審知如此，聽禹堅守北道，時出撓之。而使別將挾持其東，東西蹙之，磨以歲月，而赤眉成擒矣。

禹之敗而西歸也，與馮異相遇，要異共攻赤眉。異曰：「異與賊相遇且數十日，雖屢獲雄將，餘衆尚多，可稍以恩信傾誘，難卒用兵破也。上今使諸將屯澠池要其東，而異擊其西，一舉取之，此萬全計也。」禹又不從而敗。由此觀之，禹本計不失，而帝不能用，禹亦迫於君命，不能自固耳。

李固

孔子謂顔子：「用之則行，舍之則藏，惟我與爾有是夫。」用而不行，則何以利人？舍而不藏，則何以保身？聖人之於天下，理極於是而已。陳靈公與其大夫孔寧、儀行父宣淫於朝，洩冶強諫以死。春秋書之曰：「陳殺其大夫洩冶。」君雖無道，而洩冶亦名，以爲無益於事而害其身，君子不爲也。

李固立於順桓之間，內無愧於其心，外無負於其人。東漢名臣，如固一二人耳！然事有可恨者。沖帝之亡也，固欲立清河王蒜，梁冀不從而立質帝。質帝之亡也，固復以清河爲請〔一〕，與胡廣、趙戒同謀。廣戒懼而中變，固獨與杜喬爭之。冀積怒憤發，策免固而立桓帝。其後歲餘，劉文、劉鮪謀立清河，冀遂誣固與文鮪通謀，殺之。吾竊怪固爲三公，再欲立蒜而不克。冀如豺狼，疾之如仇讎。獨一梁太后知其賢，欲宥之而不能。固雖貪立賢君、存漢社稷，勢必無成矣。一舉不中，奉身而去，得免於禍，斯已幸矣。再更大變，固守前議，遲遲不去，以陷於大戮，則固之死，僅自取也。不然，如固之賢，吾何間然哉？

【校】

〔一〕「河」下，宋丁本有「王」字。下同。

陳　蕃

易曰：「君不密，則失臣。臣不密，則失身。幾事不密，則害成。」是故鷙鳥將擊，必匿其形。非以智御物，而事不得不爾。謀未發而使人知之，未有不殆者也。陳蕃將與竇武共誅宦官，蕃自謂外從人望，內有德於竇后，事無不克，乃先事露章，曰：「臣聞言不直而行不正，則爲欺乎天而負乎人。危言極意，則羣凶側目，禍不旋踵。均此二者，臣寧得禍，不忍欺天。今道路訩訩，皆言侯覽、曹節、公乘昕、王甫、鄭颯等〔一〕，與趙夫人諸女尚書並亂天下，若不急誅，必生變亂，傾覆社稷。願出臣章，宣示左右，令諸姦知臣疾之。」太后不從，聞者莫不震恐。謀未及發，曹節等矯詔殺之。時蕃七十餘矣。聞難〔二〕，將官屬、門生八十餘人，拔刃入承明門，攘臂大呼，適遇王甫，甫收殺之。嗚呼，天之將亡漢邪！蕃一朝老臣，名重天下，而猖狂寡慮，乃與未嘗更事者比，幾乎「暴虎馮河，死而無悔」者。斯豈孔子所謂賢哉〔三〕？

【校】

〔一〕「颯」，原作「颭」，據宋甲本、宋丁本、宋戊本、叢刊本及後漢書陳蕃傳改。

〔二〕「難」下，宋丁本有「作」字。

〔三〕「斯」，原作「期」，據宋甲本、叢刊本改。

欒城後集卷之九

歷代論三

荀彧

荀文若之於曹公，則漢高帝之子房也。董昭建九錫之議，文若不欲，曹公心不能平，以致其死。君子惜之。或以爲文若先識之未究，或以爲文若欲終致節於漢氏。二者皆非文若之心也。文若始從曹公於東郡，致其算略以摧滅羣雄，固以帝王之業許之矣。豈其晚節復疑而不予哉？方是時，中原略定，中外之望屬於曹公矣，雖不加九錫，天下不歸曹氏而將安往？文若之意，以爲劫而取之，則我有力爭之嫌，人懷不忍之志；徐而俟之，我則無嫌而人亦無憾。要之必得，而免爭奪之累。此文若之本心也。惜乎曹公志於速得，不忍數年之頃，以致文若之死。九錫雖至，而禪代之事至子乃遂。此則曹公之陋，而非文若之過也。

賈詡上

曹公入荊州，降劉琮，欲順江東下，以取孫氏。賈詡言於公曰：「公昔破袁氏，今收漢南，威名遠聞，兵勢盛矣。若因舊楚之饒，以饗吏士，撫安百姓，江東可以不勞衆而定也。」公不用其計，以兵入吳境，遂敗於赤壁。夫詡之所以說曹公，則李左車之所以說淮陰侯，使乘破趙之勢，傳檄以下燕者也。方是時，孫氏之據江東已三世矣，國險而民附，賢才爲用，諸葛孔明以爲可與爲援而不可圖。而曹公以劉琮待之，欲一舉而下之，難哉！使公誠用詡言，端坐荊州，使辯士持尺書結好於吳。吳知公無幷吞之心，雖未卽降，而其不以干戈相向者可必也。方是時，劉玄德方以窮客借兵於吳，吳既修好於公，其勢必不助劉，而玄德因可蹙矣〔一〕。惜乎謀之不善，荊州既不能守，而孫劉皆奮。孰謂曹公之智而不如淮陰侯哉！

其後，公既降張魯，下漢中，劉曄勸公乘勝取蜀，曰：「劉備人傑也，有度而遲，得蜀日淺，蜀人未附也〔二〕。今舉漢中，蜀人震駭，因其震而壓之，無不克也。若少緩之，諸葛亮善治國而爲相，關羽、張飛勇冠三軍而爲將。蜀人既定，憑險守要，不可犯也。」公不從而反。天下皆惜曄計之不用。夫玄德之賢過於仲謀，賈詡欲以文告懷仲謀，而曄欲以虛聲下玄德，其愚智蓋已遠矣。彼曹公不用曄計，豈非以詡言爲戒也哉？

春秋之際，楚子重伐鄭，晉欒武子救之，遇於繞角。楚師還，晉師遂侵蔡。楚人以申息之師救蔡。晉羣帥皆欲戰，智莊子、范文子、韓獻子謂武子曰：「吾來救鄭，楚師不戰，吾遂至於此。既遷戮矣，戮而不已，又怒楚師，戰必不克，雖克不令。若不能克，爲辱已甚。不如還也。」遂全師而歸。夫兵久於外，狃於一勝而輕與敵遇，我怠彼奮，敗常十九。古之習於兵者蓋知之矣。

【校】

〔一〕「因」，宋丁本作「固」。

〔二〕「附」，原作「恃」，據宋甲本、宋丁本、宋戊本改。

賈詡下

用兵之難，蓋有怵於外而動者矣。力之所及，而義不可，君子不爲也。義之所可，而力不及，君子不強也。魏文帝始受漢禪，欲用兵吳蜀，以問賈詡。詡曰：「吳蜀雖蕞爾小國，依阻山水。劉備有雄才，諸葛亮善治國。孫權識虛實，陸遜見兵勢。據嶮守要，汎舟江湖，皆難卒謀也。用兵之道，先勝後戰，量敵論將，故舉無遺策。臣竊料羣臣無備、權〔一〕對。雖以天威臨之，未見萬全之勢也。」帝不能用，遂興江陵之役，士卒多死。是時帝始受禪，欲以武功夸示四方，貪得幸勝，未暇慮兵敗勢屈之辱也。魏多謀臣，蓋必有知之者矣，然皆莫敢言。詡能言之，可謂不怵於外矣。晉末，苻堅擁百萬之衆，恥吳、會之未服，欲一舉下之，而不知晉之無釁。謝安乘苻堅之敗，知中原之蕩析，而不知江南之微弱，勢必不能成大功。故苻堅至於失國，而謝安至於喪師。二人者，皆恥不若人，怵於外之患也。

【校】

〔一〕「備、權」原作「權、備」，據宋甲本、宋丁本、宋戊本改。

劉玄德

事固有當作而不可作者。智者論其公私，權其輕重，而可否可決也。蜀先主之於關羽，名雖君臣，而義則父子也。先主入蜀，而羽攻曹仁於荆州〔一〕，吳乘其敝，羽以敗死。先主欲爲羽報讎，義不可已也。然吳蜀之於魏，國小而兵弱，本以季漢君臣之分，締交相親，與魏爲敵，則報讎之義，其公且重者在魏也。釋魏而事羽之怨，則爲失所先後矣。先主之在白帝也，吳之君臣懼而乞和，若以讎魏之重俯而從之，義無不可也。先主念羽之厚，拒而不許，君臣之義則至矣；至於奮不慮害，兵敗而繼之以死，忘兩國之大計，而徇一夫之遺忿，則未爲得矣。諸葛孔明有言：「法孝直若在，必能止君此行。雖行，亦必不至於敗。」然則孔明亦自以伐吳爲失計矣哉！

【校】

〔一〕「仁」下原有「張」字，據宋甲本、宋丁本、三國志關羽傳刪。

孫仲謀

任人莫難於託國。漢武帝因文景富庶之後，虐用其民，厚自奉養，征伐四夷，幾喪天下。逮其晚歲，託國於霍光。光知用兵之害，罷均輸、榷酤，與民休息，而天下復安。凡武帝之所以得稱賢君者，惟用霍光故也。蜀先主知嗣子之暗弱，舉國而付之諸葛孔明。孔明又廢李嚴、楊儀，援蔣琬、費禕而授之政〔一〕。雖後主之不明，而守國三十餘年。君臣相安，蜀人免於塗炭之患，過於魏吳遠甚。吳大帝方其屬任賢將，抗衡中原，曹公憚之。及其老也，賢臣死亡略盡，喜諸葛恪之勁悍越衆，而付以後事。恪乘其用兵勞民之後，繼起大役，兵折於外，既歸而不能自克，將復肆志於僚友。恪既以喪其軀，而孫氏因之三世絕統。吳越之民陷於炮烙之地，國隨以亡。彼以進取之資〔二〕，用進取之臣，以徼一時之功可耳；至於託六尺之孤，寄千里之命，而亦屬之斯人，其勢必至是哉！

【校】

〔一〕「政」，原無，據宋丁本補。

〔三〕「彼」，宋甲本作「夫」。

晉宣帝

世之説者曰：「司馬仲達之於魏，則曹孟德之於漢也。」是不然。二人智勇權略則同，而所處則異。漢自董卓之後，内潰外畔，獻帝奔走困踣之不暇，帝王之勢盡矣，獨其名在耳。曹公假其名號以服天下，擁而植之許昌。建都邑，征畔逆，皆曹公也。雖使終身奉獻帝，率天下而朝之，天下不歸漢而歸魏者，十室而九矣。曹公誠能安而俟之，使天命自至，雖文王三分天下有其二以事紂，何以加之？惜其爲義不終，使獻帝不安於上，義士憤怨於下，雖荀文若猶不得其死。此則曹公之過矣。如司馬仲達則不然。明帝之末，曹氏之業固矣，雖明帝以淫虐失衆，曹爽以驕縱得罪，而顛覆之形未見，天下未畔魏也。仲達因其隙而乘之，拊其背而奪其成業，事與曹公異矣。

漢武帝之老也，託昭帝於霍光，昭帝尚幼，燕王、蓋主有篡取之心，上官桀、桑弘羊助之〔一〕。此其禍急於曹爽。霍光内斃燕蓋，外誅桀羊，擁護昭帝，訖無驕君之色。及昭帝早喪，國空無主，迎立昌邑。昌邑不令，又援立宣帝。柄在其手者屢矣，然退就臣位，不以自疑。中外悉其本心，亦無一人有異議者。以仲達擬光，孰爲得之邪？然光猶不足道。蜀先主將亡，召諸葛孔明而告之曰：「嗣子可輔，輔之；如其不才，君可自取。」〔一〕復語後主：「汝與丞相從事，事之如父。」後主之暗弱，孔明之賢智，蜀人知之矣。使孔明有異志，一搖手而定矣。然外平徼外蠻夷，內廢李平、廖立，旁禦魏吳，功成業定，又付之蔣琬、費禕。奉一昏主三十餘年，而無纖芥之隙，此又霍光之所不能望也。

故人患不誠〔二〕，苟誠忠孝，舜之於父母，伊尹之於太甲，終無間然者。自仲達之後，人臣受六尺之寄，因而取之者多矣。皆以地勢迫切，置而不取，則身必危，國必亂，至自比騎虎不可復下，此亦自欺而已哉！

【校】

〔一〕「桑弘羊」，原無「弘」字，據宋甲本補。

〔二〕「故」，三蘇祠本作「蓋」。

晉武帝

立嫡以長不以賢，立子以貴不以長，古今之正義也。然堯廢丹朱用舜而天下安，帝乙廢微子立紂而商以亡。古之人蓋有不得已而行之者矣。得已而不已，不得已而已之，二者皆亂也。子非朱、紂，而廢天下之正義，君子不忍也。子如朱、紂，而守天下之正義，君子不爲也。

漢高帝始謂惠帝仁弱，欲廢之而立如意，既而知人心之在太子也，則寢廢立之議，而用平勃。平勃皆賢而權任均，故惠帝雖沒，產祿雖橫，而援立文帝，漢室不病也。武帝既老，知燕王旦、廣陵王胥之不可用也，廢之而立少子，任霍光、金日磾、上官桀、桑弘羊以後事〔一〕。當是時，昭帝之賢否未可知，而四人枉直相半也。幸而昭帝明哲，霍光忠良，桀羊雖欲爲亂而不遂，其後復廢昌邑立宣帝，而朝廷晏然無事〔二〕。蓋人君不幸而立幼主，當如二帝屬任賢臣，乃免於亂。此必然之勢也。

魏明帝疾篤而無子，棄遠宗子而立齊王，始欲輔以曹宇、曹肇，而倖臣劉放、孫資不便宇肇之正，勸帝易以司馬仲達、曹爽。齊王既非天下之望，而爽又以庸才與仲達姦雄爲對，數年之間，遂成篡弑之禍。

晉武帝親見此敗矣，惠帝之不肖，羣臣舉知之，而牽制不忍，忌齊王攸之賢，而恃愍懷之小慧，以爲可以消未然之憂。獨有一汝南王亮而不早用，舉社稷之重而付之楊駿，至於一敗塗地，無足怪也。帝之出齊王也，王渾言於帝曰：「攸之於晉，有姬旦之親，若預聞朝政，則腹心不貳之臣也。國家之事，若用后妃外親，則有呂氏、王氏之虞；付之同姓至親，又有吳楚七國之慮。〔二〕事任輕重所在，未有不爲害者也。惟當任正道，求忠良，不可事事曲設疑防，慮方來之患也。若以智猜物，雖親見疑，至於疏遠，亦安能自保乎？人懷危懼，非爲安之理，此最國家之深患也。」渾之言，天下之至言也。帝不能用，而用王佑之計，使太子母弟秦王柬都督關中，楚王瑋、淮南王允並鎮守要害，以強帝室。然晉室之亂，實成於八王。吾嘗籌之：如攸之親賢，奪嫡之禍非其志也。不幸至此，天下所宗，宗社之計猶有賴也。如佑之計，使子弟據兵以捍外患，如梁孝王之禦吳楚尚可。若變從中起，而使人人握兵以救內難，此與何進、袁紹召丁原、董卓以除宦官何異？古人有言：「擇福莫若重，擇禍莫若輕。」如武帝之擇禍福，可謂不審矣！

【校】

〔一〕「桑弘羊」，原無「弘」字，據宋甲本補。

〔二〕「事」，宋甲本、宋丁本、宋戊本作「患」。

羊祜

善爲國者，必度其君，可與共患難，可與同安樂，而後有爲，故功成而無後憂。晉厲公與楚共王爭鄭，晉人知楚有可乘之隙，欒武子爲政，欲出兵擊之，曰：「不可以當吾世而失諸侯。」范文子不欲，請釋楚以爲外，懼武子不能用。夫文子非苟自安者也，厲公侈而多嬖寵，諸大夫富而陵上國。有大功則君臣不相安，亂之所自生也。既謀之不從，出而遇楚，猶欲避楚而歸。既勝反國，曰：「亂將作矣，吾不可以侯。」使其祝宗祈死。逾年，而厲公殺三郤，立胥童。欒書殺胥童，弑厲公。文子雖死，而免於大難，子孫與晉國相終始。范蠡事越王句踐，反自會稽，撫人民，厲甲兵，七年而殺吳王夫差。歸未及國，知越王之難與同安樂也，扁舟去之，卒免文種之戮。若二子者，可謂有先見之明矣。范文子至於自殺，范蠡至於逃亡而不顧，何則？所全者大也。

晉武帝既受魏禪，中原富強，羣臣用命。吳孫皓以淫虐失衆，有亡國之釁。晉人習於長江之險，以爲未可取也。羊祜爲襄陽守，知其不能久，陳可取之計。武帝納之。祜又進王濬、杜預，以成滅吳之功，後世皆稱其賢。

吾嘗論祜巧於策吳，而拙於謀晉。何以言之？武帝之爲人，好善而不擇人，苟安而無遠慮，雖賢人滿朝，而賈充、荀勗之流以爲腹心，使吳尚在，相持而不敢肆，雖爲賢君可也。吳亡之後，荒於女色，蔽於庸子，疎賢臣，近小人，去武備，崇藩國，所以兆亡國之禍者，不可勝數。此則滅吳之所從致也。孟子曰：「入則無法家拂士，出則無敵國外患者，國常亡。故人常生於憂患，而死於安樂。」祜不慮此，而銳於滅吳，其不若范文子遠矣。

或曰：「吳滅而晉亂，此天命，非人事也。而羊祜何罪焉？」吾應之曰：「爲國當論人事，使祜不爲滅吳之計，孫皓窮凶而死，吳更立君，則長江未可越也。吳既不亡，則晉之君臣厲精不懈，是吳不滅而晉不亂也。不猶愈於吳滅而晉亂乎？」祜之將死也，武帝欲使臥護諸將，祜曰：「滅吳不須臣自行，但吳平之後，當勞聖慮耳。」推祜此言，蓋亦憂在平吳矣。憂在平吳而勇於滅吳，其不若范文子遠矣！

王衍

聖人之所以御物者三：道一也，禮二也，刑三也。易曰：「形而上者謂之道，形而下者謂之器。」禮與刑皆器也。孔子生於周末，內與門弟子言，外與諸侯大夫言，言及於道者蓋寡也。非不能言，謂道之不可以輕授人也。蓋嘗言之矣，曰：「參乎，吾道一以貫之。」夫道以無爲體，而入於羣有。在仁而非仁，在義而非義，在禮而非禮，在智而非智。惟其非形器也，故目不可以視而見，耳不可以聽而知。惟君子得之於心，以之御物，應變無方，而不失其正，則所謂時中也。小人不知而竊其名，與物相遇，輒捐理而徇欲，則所謂無忌憚也。故孔子不以道語人，其所以語人者，必以禮。禮者，器也，而孔子必以教人，非吝之也，蓋曰：「君子上達，小人下達。」君子由禮以達其道，而小人由禮以達其器。由禮以達道，則自得而不昡；由禮以達器，則有守而不狂。此孔子之所以寡言道而言禮也。若其下者，視之以禮而不格，然後待之以刑辟，三者具而聖人之所以御物者盡矣。

三代已遠，漢之儒者雖不聞道，而猶能守禮，故在朝廷則危言，在鄉黨則危行，皆不失其正。至魏武始好法術，而天下貴刑名；魏文始慕通達，而天下賤守節。相乘不已，而虛無放蕩之論盈於朝野。何晏、鄧颺導其源，阮籍父子漲其流，而王衍兄弟卒以亂天下。要其終，皆以濟邪佞、成淫欲，惡理法之繩其姦也，故蔑棄禮法，而以道自命，天下小人便之。君臣奢縱於上，男女淫泆於下，風俗大壞，至於中原爲墟而不悟。王導、謝安，江東之賢臣也，王導無禮於成帝而不知懼，謝安作樂於期喪而不受教，則廢禮慕道之俗然矣。

東晉以來，天下學者分而爲南北。南方簡約，得其精華；北方深蕪，窮其枝葉。至唐始以義疏通南北之異，雖未聞聖人之大道，而形器之說備矣。上自郊廟朝廷之儀，下至冠昏喪祭之法，何所不取於此？然以其不言道也，故學者小之。於是捨之而求道，冥冥而不可得也，則至於禮樂度數之間，字書形聲之際，無不指以爲道之極。然反而察其所以施於世者，內則讒諛以求進，外則聚斂以求售。廢端良，聚苟合，杜忠言之門，闢邪說之路，而皆以詩書文飾其僞。要之，與王衍無異。嗚呼，世無孔孟，使楊墨塞路而莫之闢，吾則罪人爾矣！

欒城後集卷之十

歷代論四

王導

西晉之士，借通達以濟淫欲，風俗既敗，夷狄乘之，遂喪中國。相隨渡江，而此風不改。賢者知厭之矣，而不勝其衆。俗亂於下，政弊於上，而莫能正也。東晉之不競，由此故耳。是時王導爲相，達於爲國之體，性本寬厚容衆，衆人安之。然生於衍、澄之間，不能免習俗之累，喜通而疾介，能彌縫一時之闕，而無百年長久之計也。更二大變，幾至亡國。元帝之世，王敦擁兵上流，有無君之心。劉隗、刁協剛介狷淺，見信於帝，專以法繩公卿，而深疾王氏忿横。敦遂起兵，以誅君側爲詞，兵再犯闕。幸而敦死。元明既沒，成帝幼弱，庾亮輔政，任法以裁物，復失人心。蘇峻擅兵歷陽，多納亡命，專用威刑。亮知峻必爲亂，以大司農召之。衆人皆知不可，而亮不聽。遂與祖約連兵內向，塗炭京邑。此二釁者，皆導之所不欲，而隗亮不忍，以速其變。以隗亮爲是耶？敦峻之禍，發不旋踵；以導爲是耶？使人主終身含垢，何以爲國？魯自宣公，政在季氏。更三世至昭公，不能忍，將攻之。子家羈曰：「捨民數世，求以克事，不可必也。」公不從而出。隗亮之敗，則昭公之舉也。

齊景公以貪暴失民，田氏以寬惠得衆。公問於晏嬰，求所以救之。嬰曰：「惟禮可以已之。在禮，家施不及國，民不遷，農不移，工賈不變，士不濫，官不諂，大夫不收公利。」公歎曰：「善哉，吾今而後知禮之可以爲國！」嬰曰：「禮之可以爲國也久矣，與天地並。」晏子知之，而景公不能用。田氏遂代呂氏。蓋大家世族爲患於其國，常若心腹之疾〔一〕，必與人命相持爲一。攻之以毒藥，刼之以鍼石，病若不去，命輒隨盡。非良醫賢臣，未易處也。子產爲鄭，國小而偪，族大多寵，子產患之。有事伯石，賂以其邑。子大叔曰：「國，皆其國也，何獨賂焉？」子產曰：「無欲實難。皆得其欲，以從其事，而要其成。非我有成，其在人乎？何愛於邑〔二〕，邑將焉往？」子大叔曰：「若四國何？」子產曰：「非相違也，而相從也，四國何尤焉？鄭書有之曰：『安定國家，必大焉先。』姑先安大，以待其所歸〔三〕。」既，伯石懼而歸邑，卒以予之。又使爲卿，以次己位。鄭乃少安。及其久而政成。大人之忠儉者，從而予之；泰侈者，因而斃之。逐豐卷，戮子晳〔四〕，鄭乃大治。

如導所爲，知路伯石以全其始矣，未知予忠儉、鮑泰侈以成其終也。以爲賢於隗亮則可，以論晏子、子產則遠矣。

【校】

〔一〕「常」，原作「當」，據宋甲本、宋丙本、宋丁本、叢刊本改。

〔二〕「何愛於邑」，原無，據宋丁本、春秋左傳集解補。

〔三〕「其」，原無，據宋丁本、春秋左傳集解補。

〔四〕「晳」，原作「哲」，據宋甲本、宋丁本、三蘇祠本、春秋左傳集解改。

祖逖

敵國相圖，必審於彼己。將強敵弱，則利於進取。將弱敵強，則利於自守。違此二者而求成功，難矣。

東晉渡江，以江淮爲境，中原雖屢有變，而南兵不出，出亦無功，皆夷狄自相屠滅而已。石勒之死也，庾亮爲北伐之計；石虎之老也，庾翼爲徙鎮之役：皆無成而死。及苻堅之敗，謝安父子乘戰勝之威，有席卷之意，終以兵將奔潰，無尺寸之得。其後宋文自謂富強，以兵挑元魏；梁武志於并吞，失信於高氏；陳宣乘高氏之衰，攘取淮南：皆繼之以敗亡。何者？東南地薄兵脆，將非命世之雄，其勢固如此也。方石虎之斃，中原大亂，晉人皆謂北方不足復平，而蔡謨獨以爲憂。或問其故，謨曰：「夫能順天奉時，濟六合於草昧，若非上哲，必由英豪。度今諸人皆不辦此〔一〕，必將經營分裂〔二〕，疲人以逞，才不副意，徒使財殫力竭，終將何所至哉？吾見韓盧、東郭俱斃而已矣！」至哉此言！實當時好事者之病也。自江南建國，惟桓温東討慕容，西征苻健，兵鋒所及，敵人震動。及宋武破廣固，陷長安，所至蕩定，有弔伐之風。此二人者，誠非常將也。然桓温終以敗衂，不能成大功；宋武志在禪代，未能定秦，狼狽而返，而況其下者乎！

惟晉元帝初定江南，未遑北伐，祖逖言於帝曰：「晉室之亂，非上無道而下怨叛也。由藩王爭權，自相誅滅，遂使戎狄乘釁，毒流中原耳。今遺黎既被殘酷，人有奮擊之志，誠能奮威命將，使若逖等爲之統主，郡國豪傑必有應者，沉溺之士喜於來蘇，庶幾國耻可雪也。」帝以逖爲豫州刺史，使進屯淮陰。逖兵力甚弱，乃鑄造兵器，招合離散，稍誅鉏叛涣，復進據譙，然未嘗爲深入計也。石勒遣兵攻逖，逖輒就破其衆。每於兵間，勤身節用，禮下賢俊，懷撫初附，專以恩信接人，不尚詐力，故人爭爲之用。自黄河以南盡爲晉土，雖石勒之强，不敢以兵窺其境。逖母葬成皋，勒使人修其墓，復遣使通好，且求互市。逖不答其使，而許互市〔三〕。通南北之貨，多獲其利。方將經略河北，而帝使戴若思擁節直據其上，逖怏快不得志死。蓋敵強將弱，能知自守之爲利者，惟遜一人。夫惟知自守之爲進取，而後可以言進取也哉！

【校】

〔一〕「辦」，原作「辨」，據宋甲本、宋丙本、宋丁本、宋戊本改。

〔二〕「裂」，原作「表」，據宋丁本改。

〔三〕「互」，原作「其」，據宋甲本及上文改。

苻堅

苻堅、王猛，君臣相得，以成伯功，雖齊桓、管仲不能過也。猛之將死也，堅問以後事。猛曰：「晉雖僻處吳越，然正朔相承。親仁善鄰，國之寶也。臣沒之後，願勿以晉爲圖。鮮卑、羌虜，我之仇讎，終爲人患，宜漸除之，以寧社稷。」言終而死。堅不能用，卒大舉伐晉，敗於淝上。歸未及國，而慕容垂叛之。既反國，而姚萇叛之。地分身死，終斃於二人之手。故後世皆多猛之賢，而咎堅之不明。

吾嘗論之，堅雖有伯者之略，而懷無厭之心，以天下不一爲深恥。雖滅燕，定蜀，并秦涼，下西域，而其貪未已，兵革歲克而不知懼也。晉雖微弱，謝安、桓沖爲之將相，君臣相安，民未患晉。而欲以力取之，稽之天道，論之人情，雖內無垂蕘之釁，而堅之敗必不免矣。然堅以夷狄之餘，而有帝王之度，其滅慕容、姚蕘也，收二姓之子弟，錄其才能而官，使之布滿中外。凡其舊臣無不豫者。若以世俗言之，則以漸除之，如猛之計得矣。若以帝王之事言之，則堅之意未必過也。大雅之稱文王曰：「殷之孫子〔一〕，其麗不億。上帝既命，侯于周服。侯服于周，天命靡常。殷士膚敏，祼將于京。厥作祼將，常服黼冔。」文王用人，其廣如此。而堅何尤焉？德雖不若文王，而竊慕焉，顧其所以處之何如耳。

文武既沒，周公、成王之際，殷之遺孽猶與管蔡間周之隙，曰：「予復反鄙我周邦。」故周公既克殷，改封微子于宋，而遷其頑民于洛邑。保釐東郊，作多士而撫寧之，所以慮其變者至矣。至君陳、畢公，皆迭居成周，而董帥之〔二〕。故康王之命畢公曰：「周公毖殷頑民，遷于洛邑，密邇王室，式化厥訓。既歷三紀，世變風移，四方無虞，予一人以寧。」然猶曰：「邦之安危，惟茲殷士。」由此觀之，文王之用殷人，豈苟然而已哉？今堅畜養豺虎于其腹心，而貪功務勝，不顧其後，宜其斃於垂蕘也哉！使堅信猛之策，南結鄰好，戢兵保境，與民休息，雖有垂蕘百人，安能動之？文王雖未可覬，然亦非王猛之所及矣！

【校】

〔一〕「孫子」，原作「子孫」，據宋甲本、宋丙本、宋丁本、詩集傳改。

〔三〕「帥」，原作「師」，據宋甲本、宋丁本、宋戊本改。

宋武帝

東漢之衰，曹公始踐五伯之迹，挾天子以令諸侯，其志本欲盡掃羣雄，而後取漢耳。既滅二袁、吕布、劉表，欲遂取江東而不克；既破馬超韓遂，欲并舉巴蜀而不果。再屈於吳蜀，而公亦老矣。於是董昭進九錫之議，幡然聽之，而桓文之業，至此盡矣。然方是時，公在河朔，而漢都許昌，雖使主盟諸夏，而不廢舊君，上可以爲周文王，下亦不失爲桓文。公不能忍，而甘心王莽九錫之事，此荀文若之所以爲恨也。至司馬仲達父子，其勢蓋與公異矣。擁兵天子之側，固已不順；既殺王淩，害諸葛誕，非人臣矣；又降劉禪，服曹氏之所不能服，非貪其土地而利其民人也〔一〕，志亦在九錫耳。雖欲復爲桓文，尚可得乎？

宋武既誅桓氏，收遺晉而封植之，又克譙縱，執慕容超，逐盧循，擒姚泓，立四大功，天下莫能抗。然其志不在桓文，而在九錫，亦已卑矣。方帝之克長安也，中原震恐。元魏雖姚氏之昏姻，而不敢救；羌、氐雖關中之唇齒，而不敢爭。此其智力有餘，足以有爲之時也。若能因其兵勢，據秦隴之形勝，引吳越之饒富，以經略中夏，成曹公河朔之勢，則王伯之功可冀〔二〕，顧所以用之何如耳。然其兵未入秦，而使傅亮南走建業，發九錫之議。劉穆之死，南方無復可託，雖已入秦，而無留秦之意。舉千里之地，付一孺子而去〔三〕。赫連勃勃乘之，兵將死者過半，狼狽而反，僅乃得脫。以帝之明，非不知諸將之不足以保秦，而志有所在，不暇他慮矣。悲夫！以目前之利而棄百世之功，有曹公削平之業，而俯從司馬父子攘竊之陋，此君子之所追恨也。

孔子曰：「知及之，仁不能守之，雖得之，必失之。知及之，仁能守之，不莊以涖之，則民不敬。知及之，仁能守之，莊以涖之，動之不以禮，未善也。」古之爲國，必具此四者，而後能成大功。如武帝之用兵，無敵於天下，可以言智矣。至其棄秦而歸，以求九錫之淫名，尚可以爲仁乎？惟其仁智不具，故其功業止於是也。

【校】

〔一〕「民人」，宋甲本、三蘇祠本作「人民」。

〔二〕「王伯」，宋丁本、宋戊本作「五伯」。

〔三〕「付」，原作「副」，據宋甲本、宋丙本改。

宋文帝

晉獻公殺其世子申生，而立奚齊，國人不順。其大夫里克殺奚齊、卓子而納惠公，春秋皆以弒君書之矣。惠公既立，而殺里克，以弒君之罪罪之。春秋書曰：「晉殺其大夫里克。」稱人以殺，殺有罪也。稱國以殺，殺無罪也。里克弒君而以無罪書，此春秋之微意也。奚齊、卓子之立，以淫破義，雖已爲君，而晉人不君也。既已爲君，則君臣之名正，故里克爲弒君。而國人之所不君，則勢必不免。里克因國人之所欲廢而廢之，因國人之所欲立而立之，則里克之罪與宋華督、齊崔杼異矣。雖使上有明天子，下有賢方伯，里克之罪猶可議也。惠公以弒得立，而歸罪於克，以自悅於諸侯，其義有不可矣。然惠公殺克而背內外之賂，國人惡之，敵人怨之，兵敗於秦，身死而子滅，至其謀臣呂甥、郤稱、冀芮皆以兵死。蓋背理而傷義，非獨人之所不予，而天亦不予也。

宋武帝之亡也，託國於徐羨之、傅亮、謝晦。少帝失德，三人議將廢之，而其弟義眞亦以輕動不任社稷，乃先廢義眞，而後廢帝，兄弟皆不得其死。乃迎立文帝。文帝既立，三人疑懼。羨之、亮內秉朝政，晦出據上流〔一〕，爲自安之計。自謂廢狂亂以安社稷，不以賊遺君父，無負於國矣。然文帝藩國舊人王華、孔甯子、王曇首皆陵上好進之人也，惡羨之、亮據其逕路，每以弒逆之禍激怒文帝，帝遂決意誅之。三人既死，君臣自謂不世之功也。是時甯子已死，華與曇首皆受不次封賞。文帝在位三十年，其治江左稱首。然元嘉三年始誅三人，是歲皇子劭生。劭既壯而爲商臣之亂。華、甯子之子孫無聞於世〔二〕，而曇首之子僧綽以才能任事，亦并死於砀。於乎，天之報人，不遠如此！不然晉惠公、宋文帝禍發若合符契，何哉？

謝晦將之荆州，自疑不免，以問蔡廓。廓曰：「卿受先帝顧命，任以社稷，廢昏立明，義無不可。但殺人二昆，而以北面挾震主之威，據上流之重，以古推今，自免爲難耳。」善夫！蔡廓之言，不學春秋而意與之合。太史公有言：「爲國者不可以不知春秋。前有讒而不見，後有賊而不知，守經事而不知其宜，遭變事而不知其權，爲人君父而不通春秋之義者，必蒙首惡之名。爲人臣子而不通春秋之義者，必蹈篡弑之誅。其意皆以善爲之而不知其義，是以被之空言而不敢辭。」宋之君臣誠略通春秋，則文帝必無惠公之禍，徐、傅、謝三人必不受里克之誅。悲夫！

【校】

〔一〕「據」，宋甲本、宋丁本、宋戊本作「鎮」。

〔二〕「甯」下，原無「子」字，據宋丁本補。

梁武帝

易曰：「形而上者謂之道，形而下者謂之器。」自五帝三王以形器治天下，導之以禮樂，齊之以政刑，道行於其間，而民莫知也。文武之後，雖召公、畢公之賢，君子不以爲知道者。至春秋之際，管仲、晏子、子產、叔向之徒，以仁義忠信成功於天下，然其於道則已遠矣。孔子出於周末，收文武之遺，而得堯舜之極，其稱曰：「君子上達，小人下達。」嘗自謂我「下學而上達」者。於其門人，惟顔子、曾子庶幾以道許之。一時賢者，若老子之明道，其所以尊之者至矣。史稱孔子既見老子，退謂弟子曰：「鳥，吾知其能飛；魚，吾知其能游；獸，吾知其能走。走者可以爲網，游者可以爲綸，飛者可以爲矰〔一〕。至於龍，吾不能知，其乘雲氣而上天。吾今日見老子，其猶龍邪？」老子體道而不嬰於物，孔子至以龍比之，然卒不與共斯世也。捨禮樂政刑而欲行道於世，孔子固知其難哉！

東漢以來，佛法始入中國，其道與老子相出入，皆易所謂形而上者。而漢世士大夫不能明也，魏晉以後，略知之矣。好之篤者，則欲施之於世；疾之深者，則欲絶之於世。二者皆非也。老佛之道與吾道同而欲絶之，老佛之教與吾教異而欲行之，皆失之矣。秦姚興區區一隅，招延緇素，譯經談妙，至者凡數千人，而姚氏之亡，曾不旋踵。梁武繼之，江南佛事，前世所未嘗見，至捨身爲奴隸，郊廟之祭，不薦毛血。父子皆陷於侯景，而國隨以亡。議者觀秦梁之敗，則以佛法爲不足賴矣。後魏太武深信崔浩，浩不信佛法，勸帝斥去僧徒，毁經壞寺。既滅佛法，而浩亦以非罪赤族。唐武宗欲求長生，徇道士之私，夷佛滅僧，不期年而以弑崩。議者觀魏唐之禍，則以佛法爲不可牾矣〔二〕。二者皆見其一偏耳。老佛之道，非一人之私說也，自有天地，而有是道矣。古之君子以之治氣養心，其高不可嬰，其潔不可溷，天地神人，皆將望而敬之。聖人之所以不疾而速，不行而至者，一用此道也〔三〕。老子曰：「天得一以淸，地得一以寧，神得一以靈，谷得一以盈，萬物得一以生，侯王得一以爲天下貞。」「天無以淸將恐裂，地無以寧將恐發，神無以靈將恐歇，谷無以盈將恐竭，萬物無以生將恐絕，侯王無以貴高將恐蹶。」道之於物無所不在，而尙可非乎？雖然，蔑君臣，廢父子，而以行道於世，其弊必有不可勝言者。誠以形器治天下，導之以禮樂，齊之以政刑。道行於其間而民不知，萬物並育而不相害，道並行而不相悖，泯然不見其際而天下化，不亦周孔之遺意也哉？

【校】

〔一〕「蟰」，原作「緍」，據宋甲本、宋戊本、史記老子傳改。

〔二〕「牾」，宋甲本作「斥」。

〔三〕「一」，宋甲本無。

唐高祖

唐高祖起太原，其謀發於太宗，諸子不與也。及克長安，誅鋤羣盜，天下爲一，其功亦出於太宗。蓋天心之所付予，人心之所歸向，其在太宗者，審矣。至立太子，高祖以長立建成，建成當之不辭，於是兄弟疑間，卒至大亂。夫建成不足言也，其咎在高祖。其後武氏之亂，廢中宗，立睿宗，以睿宗長子憲爲太子矣。及中宗之復，睿宗父子皆以王就第。韋氏之亂，臨淄以兵入討，睿宗踐祚而唐室復安。又將以長立憲，憲辭曰：「時平先長嫡，國亂先有功。不如此，必且有難。敢以死請。」睿宗從之，而後臨淄之位定。以太宗之賢，而不免於爭奪，玄宗之賢不逮太宗，而晏然受命，則憲之讓，賢於人遠矣！

吾嘗論之：高祖、睿宗皆中主也，其欲立長，非專其私也，以爲立嫡以長，古今之正義也。謂之正義而不敢違，胡不考之前世乎？太王捨太伯、仲雍而立季歷，文王捨伯邑考而立武王，而周以之興。誠天命之所在，而吾無心焉，亂何自生？雖然，太伯奔吳，以避王季，亦畏亂故爾。廢長而立少，雖聖賢猶難之。憲與玄宗，兄弟相安，終身無間言焉，蓋古今一人而已乎！

唐太宗

唐太宗之賢，自西漢以來，一人而已。任賢使能，將相莫非其人；恭儉節用，天下幾至刑措。自三代以下，未見其比也。然傳子至孫，遭武氏之亂，子孫爲戮，不絕如綫。後世推原其故而不得，以吾觀之，惜乎其未聞大道也哉！昔楚昭王有疾，卜之曰：「河爲祟。」大夫請祭諸郊，王曰：「三代命祀，祭不越望。江、漢、睢、漳，楚之望也。禍福之至，不是過也。不穀雖不德，河非所獲罪也。」遂弗祭。及將死，有雲如衆赤烏，夾日以飛三日。王使問周史。史曰：「其當王身乎。若禜之，可移於令尹、司馬。」王曰：「除腹心之疾，而寘諸股肱，何益？不穀不有大過，天其夭諸？有罪受罰，又焉移之？」亦弗禜。孔子聞之曰：「楚昭王知大道矣！其不失國也，宜哉！」吾觀太宗所爲，其不知道者衆矣，其能免乎？

貞觀之間，天下既平，征伐四夷，滅突厥，夷高昌，殘吐谷渾，兵出四克，務勝而不知止。最後親征高麗，大臣力爭不從，僅而克之，其賢於隋氏者，幸一勝耳！而帝安爲之。原其意，亦欲誇當時〔一〕，高後世耳。太子承乾既立十餘年，復寵魏王泰，使兄弟相傾。承乾既廢，晉王，嫡子也，欲立泰，而使異日傳位晉王。疑不能決，至引佩刀自刺，大臣救之而止。父子之間，以愛故輕予奪至於如此。

帝嘗得祕讖，言唐後必中微，有女武代王。以問李淳風，欲求而殺之。淳風曰：「其兆既已成，在宮中矣。天之所命，不可去也。徒使疑似之戮，淫及無辜。且自今已往四十年，其人已老，老則仁，雖受終易姓，必不能絕李氏。若殺之，復生壯者，多殺而逞，則子孫無遺類矣。」帝用其言而止，然猶以疑似殺李君羨。夫天命之不可易，惟修德或能已之，而帝欲以殺人弭之，難哉！

帝之老也，將擇大臣以輔少主。李勣起於布衣，忠力勁果，有節俠之氣。嘗事李密，友單雄信。密敗，不忍以其地求利；密死，不廢舊君之禮。雄信將戮，以股肉啗之，使與俱死。帝以是爲可用，疾革，謂高宗：「爾於勣無恩，今以事出之，我死，卽授以僕射。」高宗從之。及廢王后，立武昭儀，召勣與長孫無忌、褚遂良計之。勣稱疾不至，帝曰：「皇后無子，罪莫大於絕嗣，將廢之。」遂良等不可。它日勣見，帝曰：「將立昭儀，而顧命大臣皆以爲不可，今止矣。」勣曰：「此陛下家事，不須問外人。」由此廢立之議遂定。勣匹夫之俠也，以死徇人，不以爲難。至於禮義之重，社稷所由安危，勣不知也。而帝以爲可以屬幼孤，寄天下，過矣！且使勣信賢，託國於父，竭忠力以報其子可矣，何至父逐之、子復之而後可哉？挾數以待臣下，於義既已薄矣！

凡此，皆不知道之過也。苟不知道，則凡所施於世，必有逆天理、失人心而不自知者。

故楚昭王惟知大道，雖失國而必復。太宗惟不知道，雖天下既安且治，而幾至於絕滅。孔子之所以觀國者如此。

【校】

〔一〕「時」，原作「世」，據叢刊本改。

狄仁傑

母后臨朝，據人君之地，而私其親，有志之士將欲正之，常患不克。漢呂后欲王諸呂，王陵以高帝舊約爭之，曰：「非劉氏而王，天下共擊之。背之不可。」言雖直，不見省。陵幸而不死，亦廢不用。唐武后廢盧陵王，立豫王，豫王雖在位，未嘗省天下事。徐敬業爲之起兵於外，裴炎爭之於內，皆不旋踵爲戮。何者？位尊權重，臣下所無奈何，勢必至此也。惠帝之亡也，陳平聽張辟彊計，封王諸呂，呂后安之。故平與周勃得執將相之柄，以伺其間。後復聽陸賈，交歡周勃，將相之權不分，故周勃得入北軍，左袒一呼，而呂氏以亡。豫王既立，武后革命稱帝，追尊祖考，封王子弟，戕殺天下豪俊，志得氣滿，以爲武氏有泰山之安矣。狄仁傑雖爲宰相，而未嘗一言。及后欲以三思爲太子，訪之大臣，仁傑乃曰：「臣觀天人未厭唐德，頃匈奴犯邊，陛下使三思募士，逾月不及千人，及使盧陵王，不旬浹得五萬人。今欲立嗣，非廬陵不可。」后怒罷議。久之，復召問曰：「朕數夢雙陸不勝，何也？」對曰：「雙陸不勝，無子也。意者天以此儆陛下耶？文皇帝身蹈鋒刃，百戰以有天下，傳之子孫。先帝寢疾，詔陛下監國，陛下掩神器而取之，十餘年矣，又欲以三思爲後。且母子與姑姪孰親？陛下立廬陵王，則千秋萬歲，血食於太廟。三思立廟，無祔姑之禮。」后感悟，即日遣徐彥伯迎廬陵於房州而立之。蓋王陵、裴炎迎禍亂之鋒，欲以一言折之，故不廢則死。陳平、狄仁傑待其已衰而徐正之，故身與國俱全。惟呂后無子，親止於姪，故沒身而後變。武后有子，母子之愛，人情之所同，故老而自復。由此觀之，陳狄之所以成功者，皆以緩得之也。然廬陵既立，而張易之、昌宗未去，仁傑猶置之不問，復授之張柬之，俟其惡稔而後取。豈以禍亂之根生於母子之間，不如是必至於毀傷故耶？

老氏有言：「將欲歙之，必固張之。將欲弱之，必固強之。將欲廢之，必固興之。將欲奪之，必固與之。是謂微明。柔勝剛，弱勝強。魚不可以脫於淵，國之利器不可以示人。」二公得之矣！

欒城後集卷之十一

歷代論五

唐玄宗憲宗

唐玄宗、憲宗皆中興之主也。玄宗繼中、睿之亂，政柔於內，而外無藩鎮分裂之患，約己任賢，而貞觀之治可復也。憲宗承代、德之弊，政債於朝，而畿甸之外皆爲畔國，將以求治，則其勢尤難。雖然，二君皆善其始而不善其終，所以失之者一道也。齊桓公用管仲、隰朋，九合諸侯，一匡天下，爲五伯首。及管仲死，用豎刁、易牙，身死不得葬，五公子爭立，伯業隨毁。蓋中人可以上下，此三君者，皆中主耳。方其起於憂患厄困之中，知賢人之可任以排難，則勉強而從之，然非其所安也。及其禍難既平，國家無事，則其心之所安者佚樂，所悦者諛佞也，故禍發皆不旋踵，若合符節。

昔太宗既平天下，始任房玄齡、杜如晦、魏徵，終用長孫無忌、岑文本、褚遂良。帝亦恭儉節用，去冗官，節浮費，內無宮掖侈靡之奉，旁無近幸賜予之失，貞觀之治斯已過半矣！治書御史權萬紀嘗言〔一〕：「宣、饒部中鑿山冶銀，歲可取數百萬緡，以佐國用。」帝怒罵曰：「吾所乏忠言嘉謨，有益於民者耳。汝爲御史，不能進賢退不肖，而訹吾以利，豈謂我漢桓靈耶？」斥去不用。於是士莫敢以利言者。故房杜諸人得效其忠力，以致貞觀之盛。

及玄宗，初用姚崇、宋璟、盧懷慎、蘇頲，後用張説、源乾曜、張九齡；憲宗，初用杜黃裳、李吉甫、裴垍〔二〕、裴度、李絳，後用韋貫之、崔羣。雖未足以方駕房杜，然皆一時名臣也，故開元、元和之初，其治庶幾於貞觀。然玄宗方用宋璟，而宇文融以括田幸，遽至宰相，後雖以公議罷去，而思之不已。謂宰相曰：「公等暴融惡，朕已罪之矣。然國用不足，將奈何？」裴光庭等不能答。融既死，而言利者爭進。韋堅、楊慎矜、王鉷日以益甚，至楊國忠而聚斂極矣！故天寶之亂，海內分裂，不可復合。憲宗方平淮蔡，裴度未及還朝，而程异、皇甫鎛皆以利進。度三上書，極論不可。帝以天下略平，欲崇臺池宮觀以自娛樂，鎛异揣知其意，數貢羨財以順所欲。故度卒逐去，而鎛异皆相。不三年而禍發於宦官。蓋玄宗在位歲久，聚斂之害遍於天下，故天下遂分。憲宗之世其害未究，故禍止於其身。然方鎮之強，宦官之横，遂與唐相終始。可不哀哉！

嗚呼，太宗之恭儉，所忍無幾耳，而福至於不可勝盡；玄憲之淫佚，所獲無幾耳，而禍至於不可勝言。而世主終莫之悟，覆車相尋，不絕於世，蓋未之思歟！

【校】

〔一〕「治」，原作「持」，宋丁本、宋戊本作「侍」。據舊唐書本傳改。

〔二〕「垍」，原作「洎」，據宋甲本、宋丁本、宋戊本改。

姚崇

唐史官稱姚崇善應變，以成天下之務；宋璟善守文，以持天下之正。斯言固二人之所長也。然應變者要不失正而後可。孟子有言：「所惡於智者，爲其鑿也。如智者若禹之行水，則無惡於智矣。禹之行水也，行其所無事也。如智者亦行其所無事，則智亦大矣！」唐玄宗，豪俊之君也，而崇復以豪俊事之。方其君臣遇合，天下事迎刃而解，若無足爲者。雖然，以水濟水，後將有不可食者。

開元四年，天下大蝗，民祭且拜之，坐視食苗，而不敢捕。崇奏遣御史爲捕蝗使，分道殺蝗。羣臣多不以爲然，帝亦疑之，而崇行之愈力，蝗亦爲息。捕蝗，雖古之遺法，然遇災而懼，修德以答天變，古之正道也。崇置之不言，而專以捕爲事，已可疑矣。

既而崇所親吏趙誨以賕死，崇懼還政。時帝將幸東都，而太廟屋壞。宰相宋璟、蘇頲皆言三年喪未終，不可巡幸，壞壓之變，天戒也，請罷東巡，修德以答至譴。帝以問崇，崇曰：「此苻堅故殿也。山有朽壞而崩，木蠹而折，理無足怪，但壞與行會，非緣行而壞也。今關中無年，餽餉勞弊，出幸東都，所以爲人，非爲己也。百司已戒，供擬已具，請車駕即東。而遷神主太極殿，更作新廟，此大孝也。」帝用其言。崇由此復相。開元末，帝在東都，欲還長安，裴耀卿等皆言：「農人場圃未畢，須冬可還。」李林甫獨曰：「二都本東西宮耳，車駕往來，何用待時？假令妨農，獨赦所過租賦可也。」帝大悦，即駕而西。崇建東幸之計，林甫獻西還之議，其意同耳。孰謂崇獨賢乎？

從崇之議，使人君上不畏天戒，中不敬宗廟，下不卹人言。三者皆忠臣之所諱，而崇居之不疑。何哉？其後崇璟既沒，玄宗愈老愈輕蔑羣臣。方任張九齡而廢太子瑛，用牛仙客則聽李林甫，方嬖楊國忠而縱安祿山，則用輔璆琳，專以適己爲悦，類崇有以啓之也。故吾謂開元之治，雖出於崇，而天寶之亂，亦崇之所自致。此人臣之至戒也。

宇文融

開元之初，天下始脱中睿之亂，玄宗厲精政事，姚崇、宋璟彌縫其闕而損其過，庶幾貞觀之治矣！在易：「天下雷行，物與无妄。」開元之初，无妄之世也。无妄之爲言，無一不正之謂也。君子之處此也，亦全其大正，而略其小不正而已。蓋詳其小，必廢其大。古語有之：「銖銖而稱之，至石必差；寸寸而量之，至丈必過。石稱丈量，徑而寡失。」故无妄之二曰：「不耕穫，不菑畬，則利有攸往。」其三曰：「无妄之災，或繫之牛。行人之得，邑人之災。」其五曰：「无妄之疾，勿藥有喜。」夫必耕而後穫，必菑而後畬，小人之所謂无妄也，而君子不然。於義可穫，不必其所耕也，於道可畬，不必其所菑也，然後無所不行。今有失牛於此，得之者行人也，而責得於邑人，其意亦以求无妄也，而邑人罹其橫。故无妄之疾，雖勿藥可也。藥之，其損或有甚於病者。

開元之初，雖號富庶，而戶口未嘗升降。監察御史宇文融得其隙而論之，請治籍外羨田逃戶，命攝御史分行括實。玄宗喜之，朝臣莫敢言其非者。惟陽翟尉皇甫憬、戶部侍郎楊瑒以爲籍外取稅，百姓困弊，得不償失，而二人皆坐左遷。諸道所括，凡得客戶八十餘萬，田亦稱是。然州縣希旨，多張虛數，以正田爲羨，編戶爲客，歲終籍錢數百萬緡。其名似是，而實失民心。淺言之，則失在求詳；深言之，則失在貪利。時帝方以耳目之奉，責得於人，行之不疑。於是羣臣爭爲聚斂，以迎侈心。天寶之亂，實始於此。

吾觀近世士大夫多有此病，賢者不忍天下有小不平，而欲平之；小人僥倖其利，以爲進取之計，故天下每每多弊。宰相李沆，近世之賢相也，嘗言：「吾在朝廷十有餘年，無功可紀，惟四方之言利者，未嘗有一施行，持此聊以報國。」古之善言醫者，患醫之難，以爲有病不服藥，常得中醫。蓋良醫不可必得，而愚醫舉目皆是。愚醫類能殺人，而不服藥者未必死。李公之言蓋類此也。

陸贄

昔吾先君博觀古今議論，而以陸贄爲賢。吾幼而讀其書，其賢比漢賈誼，而詳練過之。贄始以從官事唐德宗，老而爲宰相，從之出奔，而與之反國，彌縫其闕，而濟其危亡。比其老也，功業定矣，而卒斃於裴延齡之手，其故何也？孔子曰：「南人有言曰：『人而無常，不可以作巫醫。』善人不常其德，或承之羞。」贄以有常之德，而事德宗之無常；以巫醫之明，而治無常之疾，是以承其羞耳。

帝卽位之初，好名而貪功。河朔三叛，父子相襲三十年矣。帝將以天下之力勝之，田悅驚疑而起，朱滔、王武俊和之，帝使馬燧、李抱眞、李芃三將往迎其鋒，勝負之勢未決也。帝急於成功，復使李晟出禁衞之兵，李懷光舉朔方之衆，五將萃於魏郊，而淮西李希烈乘間而起，兵連禍結，常賦所不能贍，於是爲之抽貫、算間架、貸商賈，空內以事外，關中已亂，而帝不知也。贊曰：「今兩河、淮西爲禍亂之首者，獨四五凶人而已，臣料其間必有旁遭詿誤、內畜危疑而計不能止者，未必皆處心積慮果於僭逆也，而況脅從之黨乎？陛下若能招懷以禮，悔禍以誠，使來者必安，安者必久，人知獲免，則誰願復爲惡者？縱有野心難馴，臣知從化者必過半矣！」帝猶意西師可以必克，忽其言不用。未幾，而涇原畔卒之變起，倉皇避寇，半年而歸，帝亦老而厭兵矣。於是行一切之政，專以姑息涵養藩鎮。凡節度使死，將佐之得士心者，皆就命留後，雖以篡奪請命者亦如之。宣武劉士寧以暴慢失衆，其將李萬榮因其出畋，閉門逐之。帝將命以其位，贊曰：「如士寧之惡，萬榮棄而違之可也，討而逐之可也，惟伺隙而篡取其位則不可。何者？方鎮之臣，事多專制，欲加之罪，誰無詞者？若使傾奪之徒，輒得其處，則四方諸將，無復安者矣。且萬榮構亂之日，諸郡守將固非其同謀也，一城士衆亦未必皆其黨也。方成敗逆順之勢交戰於中，其肯捐軀與之同惡乎？今若選命賢將，降詔軍中，獎萬榮撫定之功，別加寵仕；褒將士輯睦之義，例賜恩賞。使衆知保安，則誰肯復助其亂？萬榮縱欲跋扈，勢亦無所至矣。」帝方苟安無事，竟亦不許。由此觀之，帝常持無常之心，故前勇而後怯；贊常持有常之心，故勇怯各得其當。然其君臣之間，異同至此，雖欲上下相保，不可得矣。

會昌中，盧龍諸將連害帥臣，最後張絳殺陳行泰。宰相李德裕以爲河朔請帥，皆報下太速，故軍得以安。若稍緩之，必且有變。既而回鶻烏介可汗擾天德塞，軍使張仲武請以本軍擊之，德裕問知仲武可用，言之武宗，舉以爲帥。張絳既爲其下所殺，而仲武遂以功名終。德裕之謀，則贄之故智也。

然帝之出也，以陳京、趙贊，而贄之逐也，以程异、裴延齡。其禍皆出於聚斂之臣，贄之賢非不知也。帝歸自興元，贄因事言曰：「齊桓公自莒入齊，伯業既成，而管仲以不忘在莒爲戒。衞獻公自齊還衞，諸大夫逆諸境者，執其手而與之言；逆於門者，頷之而已。戒心之易忘，而驕心之易生，齊衞之君，陛下之蓍龜也。」贄言雖切，而帝終不改。吾以爲使贄反國，而爲鴟夷子皮浮舟而去，則其君臣之間，超然無後患，然後可以言智矣哉！

牛李

唐自憲宗以來，士大夫黨附牛李，好惡不本於義，而從人以喜慍。雖一時公卿將相，未有傑然自立者也。牛黨出於僧孺，李黨出於德裕，二人雖黨人之首，然其實則當世之偉人也。蓋僧孺以德量高，而德裕以才氣勝。德與才不同，雖古人鮮能兼之者。使二人各任其所長，而不爲黨，則唐末之賢相也。

僧孺相文宗，幽州楊志誠逐其將李載義，帝召問計策，僧孺曰：「是不足爲朝廷憂也。范陽自安史後，不復係國家休戚。前日劉總納土，朝廷糜費且百萬，終不能得斗粟尺布以實天府，俄復失之。今志誠猶向載義也。第付以節，使捍奚、契丹，彼且自力，不足以逆順治也。」帝曰：「吾初不計此，公言是也。」因遣使慰撫之。及武宗世，陳行泰殺史元忠，張絳復殺行泰以求帥。德裕以爲河朔命帥，失在太速，使姦臣得計。遷延久之，擢用張仲武，而絳自斃。

僧孺以無事爲安，而德裕以制勝爲得。此固二人之所以異，較之，德裕則優矣。德裕節度劍南西川，吐蕃將悉怛謀以維州降。維州，西南要地也。是時方與吐蕃和親。僧孺不可，曰：「吐蕃綿地萬里，失一維州，不害其強。今方議和好，而自違之。中國禦戎，守信爲上，應變次之。彼若來責失信，贊普牧馬蔚茹川，東襲汧隴，不三日至咸陽，雖得百維州，何益？」帝從之，使德裕反降者，吐蕃族誅之。德裕深以爲恨，雖議者亦不直僧孺。然吐蕃自是不爲邊患，幾終唐世，則僧孺之言非爲私也。

帝方用李訓、鄭注，欲求奇功。一日，延英謂宰相：「公等亦有意於太平乎？何道致之？」僧孺曰：「臣待罪宰相，不能康濟天下，然太平亦無象。今四夷不內侵，百姓安生業，私室無強家，上不壅蔽，下不怨讟，雖未及全盛，亦足爲治矣。而更求太平，非臣所及也。」退謂諸宰相：「上責成如此，吾可久處此耶？」既罷未久，李訓爲甘露之事，幾至亡國。帝初欲以訓爲諫官，德裕固爭，言：「訓小人，咎惡已著，决不可用。」德裕亦以此罷去。二人所趣不同，及其臨訓注事，所守若出於一人。吾以是知其皆偉人也。

然德裕代僧孺於淮南，訴其乾沒府錢四十萬緡，質之非實。及在朱崖作窮愁志，論周秦行紀，言僧孺有僭逆意。此倖然小丈夫之心，老而不衰也。始僧孺南遷於循，老而獲歸，二子蔚、叢，後皆爲名卿。德裕沒於朱崖，子孫無聞，後世深悲其窮。豈德不足而才有餘，固天之所不予耶？

郭崇韜

國無釁，而後可以伐人。冒釁以伐人，敵無釁則已受其災，敵有釁則我與敵皆斃。楚靈王殘民以逞，舉思亂之民以伐吳，吳不可動，而棄疾攻之，若升虛邑，靈王遂死於外。齊湣王貪而好勝，知桀宋之可攻，而忘齊國之既病。燕師乘之，遂以失國。自古冒釁以攻人，其禍如此矣。

唐莊宗勇而善戰，與梁人夾河相攻，十戰九勝，涉河取鄆，不十日而克梁，威震諸國。五代用兵，未有神速若此者也。然其克敵之後，幸一日之安，沉湎聲色之娛〔一〕。宦官伶人，交亂其政。府庫之積，罄於耳目之奉。民怨兵怒，國有土崩之勢而不知也。一時功臣，皆武夫倔起，未有識安危之幾者。惟樞密使郭崇韜，智勇兼人，知其不可，力言而不見聽，求去而不見許。中外佞倖視之仄目。崇韜深病之矣。時方欲伐蜀，崇韜欲立大功，爲自安之計，議以魏王繼岌爲元帥，而己爲之副，將兵六萬以出。兵不逾時而克成都，降王衍，料敵制勝之功，可謂盛矣。然崇韜知蜀之易與，而不知唐之已亂。挈其良將勁兵，西行數千里，雖立大功，而不免讒死于蜀。征蜀之兵未還，而趙在禮爲亂河朔。明宗北征，遂與在禮皆反，帥兵南向，克汴入洛，遂無一人能禦之者。向使西師不出，蜀雖未下，而京師有重兵；崇韜不死，河朔叛臣心有所畏，不敢妄動，則莊宗不亡，崇韜不死，禍福未可知也。嗟乎，崇韜冒釁以伐人，蹈齊滑之禍而以爲安，惜其有智而未始學也。

【校】

〔一〕「娛」，原作「虞」，據宋甲本改。

馮道

馮道以宰相事四姓九君，議者譏其反君事讎，無士君子之操。大義既虧，雖有善不録也。吾覽其行事而竊悲之，求之古人，猶有可得言者。齊桓公殺公子糾，召忽死之，管仲不死，又從而相之。子貢以爲不仁，問之。孔子曰：「管仲相桓公，霸諸侯，一匡天下，民到于今受其賜。微管仲，吾其被髮左衽矣。豈若匹夫匹婦之爲諒也，自經於溝瀆而莫之知也。」管仲之相桓公，孔子旣許之矣。道之所以不得附於管子者，無其功耳。

晏嬰與崔杼俱事齊莊公，杼弑公而立景公，晏子立於崔氏之門外，其人曰：「死乎？」曰：「獨吾君也乎！吾死也？」曰：「行乎？」曰：「吾罪也乎！吾亡也？」曰：「歸乎？」曰：「君死安歸？君民者，豈以陵民？社稷是主。臣君者，豈爲其口實？社稷是養。故君爲社稷死，則死之；爲社稷亡，則亡之。若爲己死而爲己亡，非其私暱，誰敢任之！且人有君而弑之，吾焉得死之，而焉得亡之？將庸何歸？」門啓而入，枕尸股而哭。興，三踊而出。卒事景公。雖無管子之功，而從容風議，有補於齊，君子以名臣許之。使道自附於晏子，庶幾無甚愧也。

蓋道事唐明宗，始爲宰相，其後歷事八君。方其廢興之際，或在內，或在外，雖爲宰相，而權不在己，禍變之發，皆非其過也。明宗雖出於夷狄，而性本寬厚，道每以恭儉勸之。在位十年，民以少安。契丹滅晉，耶律德光見道，問曰：「天下百姓如何救得？」道顧夷狄不可曉以莊語，乃曰：「今時雖使佛出亦救不得，惟皇帝救得。」德光喜，乃罷殺戮，中國之人賴焉。周太祖以兵犯京師，隱帝已沒，太祖謂漢大臣必相推戴，及見道，道待之如平日。太祖常拜道，是日亦拜，道受之不辭。太祖意沮，知漢未可代，乃立湘陰公爲漢嗣，而使道逆之於徐。道曰:「是事信否?吾平生不妄語。公毋使我爲妄語人。」太祖爲誓甚苦。道行未返,而周代漢。篡奪之際,雖賁育無所致其勇,而道以拜跪談笑却之,非盛德何以致此?而議者黜之,曾不少借〔一〕。甚矣!士生於五代〔二〕,立於暴君驕將之間,日與虎兕爲伍,棄之而去,食薇蕨、友麋鹿易耳,而與自經於溝瀆何異?不幸而仕於朝,如馮道猶無以自免,議者誠少恕哉!

【校】

〔一〕「借」,宋丁本作「恕」。

〔二〕「五」,原作「三」,據宋甲本、叢刊本改。

兵民

事固有出於不得已而爲後世之利者,分兵民一也,割燕薊二也。

何謂分兵民之利?人生而天畀之才,畀之才則付之祿,隨其精粗,適其高下,使食其技而資其身,是未有知其所由然者也。故士大夫讀詩、書,執射御,習書計,高可以治人,下可以爲役,而祿從之矣。農工商賈,服田疇,通貨賄,運機巧,上可以雄里閭,下可以養親戚,而利從之矣。有人於此,才力過人,操行凡鄙,上不能爲吏,下不能爲民,天畀之才,而無以資之，嬰之以勞苦，迫之以饑饉，不羣起爲盜，則無以求濟其欲，此勢之所必至。自秦、漢以來，天下未嘗無是患也。

唐衰，而府衞之兵廢，朝廷有禁兵，藩鎭有衙兵，兵民之分蓋漸於此。及五代之際，而黥涅之兵分布內外，於是兵民判矣。使民出其賦以養兵，兵盡其力以衞民；民有耕耨之勤，而兵有征戍之勞，更相爲用，而不以相德。此固分兵民之本意也。至於山林之材武，田里之凶悍，放蕩無著之人，一隸於伍符尺籍，食其粟，衣其帛，俯首受笞而不敢肆。居則學弓劍，出則效首級，積歲月以取祿位，有其才必得其養，氣類相從，凡凶人勇夫皆萃於軍中，然後人人各得其歸。故雖凶旱水溢，天下小小不寧，而盜賊不起。較之漢、唐之間，十不三四。天下陰享其利，而不知其故也。

然儒者方且攘臂而言民兵之便。民力既盡於養兵，而又較版圖，數丁口，使之執干戈，習戰陣；奪其農時，而齊之以鞭扑，民有怨心，而責其效死以報國。求信其私說，而不䘏後害。嗚呼，其亦未之思歟！

燕薊

何謂割燕、薊之利？石晉始以燕、薊之地賂契丹。高祖思援兵之惠，屈體以奉之，雖號爲創業，而日不遑給。出帝不勝其詬，未有以待之，而輕犯其怒，遂以亡國。是時割地之害深矣。至於本朝，乃見其利。眞宗皇帝親御六師，勝虜於澶淵，知其有厭兵之心，稍以金帛啗之。虜欣然聽命，歲遣使介，修鄰國之好。逮今百數十年，而北邊之民不識干戈，此漢唐之盛所未有也。

古者，戎狄迭盛迭衰，常有一族爲中國之敵。漢文帝待之以和親，而匈奴日驕；武帝御之以征伐，而中原日病。謂之天之驕子，非一日也。今朝之所以厚之者不過於漢文帝，而虜弭耳馴服，則石氏之割燕薊，利見於此。夫熊虎之搏人，得牛而止。契丹據有全燕，擅桑麻棗栗之饒，兼玉帛子女之富，重斂其人，利盡北海，而又益之以朝廷給予之厚，賈生所謂三表五餌，兼用之矣。被氈飲乳之俗，而身服錦繡之華，口甘麴蘖之美，至於茗藥橘柚，無一不享。犬羊之心，醺然而足，俯首奉約，習爲禮義。吾無割地之恥，而獨享其利。此則天意，非人事也。

昔唐天寶之亂，朔方、河隴之兵起而東征，吐蕃乘虛襲據郡縣，唐內苦藩鎭背叛，置而不問。百年之間，獸心猖狂，無復顧忌。理極而變，部族內潰，而唐土遺黎，解辮內嚮，中原未嘗血刃，而壤土自復。今吾不忍塗炭生民，而以皮幣犬馬結異類之歡，推之天理，儻亦有唐季吐蕃之變乎？

欒城後集卷之十二

潁濱遺老傳上

潁濱遺老姓蘇氏，名轍，字子由。父曰眉山先生，隱居不出，老而以文名天下，天下所謂老蘇者也。歐陽文忠公以文章獨步當世，見先生而嘆曰：「予閱文士多矣，獨喜尹師魯、石守道，然意常有所未足。今見君之文，予意足矣！」先生既不用於世，有子軾、轍，以所學授之曰：「是庶幾能明吾學者。」母成國太夫人程氏，亦好讀書，明識過人，志節凜然。每語其家人：「二子必不負吾志。」

轍年十九舉進士，釋褐。二十三舉直言，仁宗親策之於廷。時上春秋高，始倦於勤。轍因所問，極言得失，曰：

陛下即位三十餘年矣，平居靜慮，亦嘗有憂於此乎，無憂於此乎？臣伏讀制策，陛下既有憂懼之言矣，然臣愚不敏，竊意陛下有其言矣〔一〕，未有其實也。往者寶元、慶曆之間，西羌作難，陛下晝不安坐，夜不安席。天下皆謂陛下憂懼小心如周文王。然自西方解兵，陛下棄置憂懼之心二十年矣。古之聖人無事則深憂，有事則不懼。夫無事而深憂者，所以爲有事之不懼也。今陛下無事則不憂，有事則大懼。臣以爲憂樂之節易矣！

臣疏遠小臣，聞之道路，不知信否。近歲以來，宮中貴姬至以十數〔二〕，歌舞飲酒，優笑無度。坐朝不聞咨謨，便殿無所顧問。三代之衰，漢、唐之季，女寵之害，陛下亦知之矣。久而不止，百蠹將由之而出。內則蠱惑之所汙，以傷和伐性；外則私謁之所亂，以敗政害事。陛下無謂好色於內不害外事也。今海內窮困，生民愁苦，而宮中好賜不爲限極，所欲則給，不問有無。司會不敢爭，大臣不敢諫，執契持敕〔三〕，迅若兵火。國家內有養士、養兵之費，外有北狄、西戎之奉，陛下又自爲一阱，以耗其遺餘。臣恐陛下以此得謗，而民心不歸也。

策入，轍自謂必見黜，然考官司馬君實第以三等。范景仁難之，蔡君謨曰：「吾三司使也，司會之言，吾愧之而不敢怨。」惟胡武平以爲不遜，力請黜之。上不許，曰：「以直言召人，而以直棄之，天下謂我何？」宰相不得已，寘之下第，除商州軍事推官。知制誥王介甫意其右宰相專攻人主，比之谷永，不肯撰詞。宰相韓魏公哂曰：「此人策語，謂宰相不足用，欲得婁師德、郝處俊而用之，尚以谷永疑之乎？」知制誥沈文通亦考官也，知其不然，故文通當制，有愛君之言。諫官楊樂道見上曰:「蘇轍,臣所薦也。陛下赦其狂直而收之,盛德之事也,乞宣付史館。」上悦從之。

是時先君被命修禮書,而兄子瞻出簽書鳳翔判官,傍無侍子,轍乃奏乞養親三年。子瞻解還,轍始求爲大名推官。逾年,先君捐館舍。及除喪,神宗嗣位,既三年矣〔四〕,求治甚急。轍以書言事,即日召對延和殿。時王介甫新得幸,以執政領三司條例,上以轍爲之屬。不敢辭。介甫急於財利而不知本,吕惠卿爲之謀主,轍議事多牾。一日,介甫出一卷書,曰:「此青苗法也,諸君熟議之,有不便以告,勿疑。」他日,轍告之曰:「以錢貸民,使出息二分,本以救民之困〔五〕,非爲利也。然出納之際,吏緣爲姦,雖有法不能禁。錢入民手,雖良民不免非理費用,及其納錢,富民不免違限。如此則鞭箠必用,州縣事不勝煩矣!唐劉晏掌國計,未嘗有所假貸。有尤之者,晏曰:『使民僥倖得錢,非國之福;使吏倚法督責,非民之便。吾雖未嘗假貸,而四方豐凶貴賤,知之未嘗逾時。有賤必糴,有貴必糶。以此四方無甚貴甚賤之病,安用貸爲?』晏之所言,則漢常平法耳。今此法見在而患不修,公誠有意於民,舉而行之,劉晏之功可立竢也。」介甫曰:「君言有理,當徐議行之。後有異論,幸勿相外也。」自此逾月不言青苗。會河北轉運判官王廣廉召議事,廣廉嘗奏乞度僧牒數千道爲本錢,行陝西漕司,私行青苗法,春散秋斂,與介甫意合,即請而施之河北。自此青苗法遂行於四方。

初，陳陽叔以樞密副使與介甫共事，二人操術不同，介甫所唱，陽叔不深和也。既召謝卿材、侯叔獻、陳知儉、王廣廉、王子韶、程顥、盧秉、王汝翼等八人，欲遣之四方，搜訪遺利。中外傳笑，知所遣必生事迎合，然莫敢言者。轍求見陽叔，陽叔逆問：「君獨來見，何也？」對曰：「有疑，欲問公耳。近日召八人者欲遣往諸路，不審公既知利害所在，事有名件，而使往案實之耶；其亦未知其實，漫遣出外，網捕諸事也？」陽叔曰：「君意謂如何？」對曰：「昔嘉祐末，遣使寬卹諸路，事無所指，行者各務生事。既還奏，例多難行，爲天下笑。今何以異此？」陽叔曰：「吾昔奉敕看詳寬卹等事，如范堯夫輩所請多中理。」對曰：「今所遣如堯夫者有幾？」陽叔曰：「所遣果賢，將不肯行，君無過憂。」對曰：「公誠知遣使之不便，而恃遣者之不行，何如？」陽叔曰：「君姑退，得徐思之。」後數日，陽叔召屬官於密院，言曰：「上卽位之初，命天下監司具本路利害以聞，至今未上。今當遣使，宜得此以議。可草一箚子，乞催之。」惠卿覺非其黨中意，不樂，漫具草，無益也。轍知力不能救，以書抵介甫、陽叔，指陳其決不可者，且請補外。介甫大怒，將見加以罪。陽叔止之，奏除河南推官。會張文定知淮陽，以學官見辟，從之三年，授齊州掌書記。復三年，改著作佐郎，復從文定簽書南京判官。居二年，子瞻以詩得罪，轍從坐，謫監筠州鹽酒稅。五年不得調。平生好讀詩、春秋，病先儒多失其旨，欲更爲之傳。老子書與佛法大類，而世不知，亦欲爲之注。司馬遷作史記，記五帝三代，不務推本詩、書、春秋，而以世俗雜說亂之，記戰國事多斷缺不完，欲更爲古史。功未及究，移知歙績溪，始至而奉神宗遺制。居半年，除祕書省校書郎。明年，至京師，除右司諫。

宣仁后臨朝，用司馬君實、呂晦叔等，欲革弊事。舊相蔡確、韓縝、樞密使章惇皆在位，窺伺得失，中外憂之。轍言曰：

先帝臨御僅二十年，厲精政事，變更法度，將以力致太平，追復三代。是以擢任臣庶，多自小臣致位公相。用人之速，近世無與比者。究觀聖意，本欲求賢自助，以利安生民，爲社稷長久之計。豈欲使左右大臣媕合苟容，出入唯唯，危而不持，顚而不扶，竊取利祿以養妻子而已哉？然自法行以來，民力凋弊，海內愁怨。先帝晚年寢疾彌留，照知前事之失，親發德音，將洗心自新，以合天意，而此志不遂，奄棄萬國。天下聞之，知前日弊事，皆先帝之所欲改，思慕聖德，繼之以泣。是以皇帝踐祚，聖母臨政，奉承遺旨。罷導洛，廢市易，損青苗，止助役，寬保甲，免買馬，放修城池之役，復茶、鹽、鐵之舊，黜吳居厚、呂孝廉、宋用臣、賈青、王子京、張誠一、呂嘉問、蹇周輔等。命令所至，細民鼓舞相賀。臣愚不知朝廷以爲凡此誰之罪也？上則大臣蔽塞聰明，逢君之惡；下則小臣貪冒榮利，奔競無恥。二者均皆有罪，則大臣以任重責重，小臣以任輕責輕，雖三尺童子所共知也。

今朝廷既已罷黜小臣，至於大臣，則因而任之，將復使燮和陰陽，陶冶民物。臣竊惑矣。竊惟朝廷之意，將以體貌大臣，待其愧恥自去，以全國體。今確等自山陵以後，猶偃然在職，不肯引咎辭位以謝天下。謹案確等受恩最深，任事最久，據位最尊，獲罪最重，而有靦面目，曾不知愧。確等誠以昔之所行爲是耶，則今日安得不爭？以昔之所行爲非耶，則昔日安得不言？窮究其心，所以安而不去者，蓋以爲是皆先帝所爲，而非吾過也。夫爲大臣，忘君狥己，不以身任罪戾，而歸咎先帝，不忠不孝，寧有過此？臣竊不忍千載之後書之簡策〔六〕，大臣既自處無過之地，則先帝獨被惡名，此臣所以痛心疾首，當食不飽，至於涕泗之横流也。

陛下何不正其罪名，上以爲先帝分謗，下以慰臣子之意。今獨以法繩治小臣，而置確等，大則無以顯揚聖考之遺意，小則無以安反側之心。故臣竊謂大臣誠退，則小臣非建議造事之人，可一切不治，使得革面從君，竭力自效，以洗前惡。伏乞出臣此章，宣示確等，使自處進退之分，臣雖萬死不恨也。

三人竟皆逐去，然卒不以其前後反覆歸咎先帝罪之，世以爲恨。吕惠卿始謟事介甫，倡行虐政，以害天下。其後勢鈞力抗，則傾陷介甫，甚於仇讎，世尤惡之。時惠卿自知罪大，乞宮觀自便，不預貶竄。轍具疏其姦，請加深譴。乃以散官安置建州，天下韙之。

司馬君實既以清德雅望專任朝政，然其爲人不達吏事。知雇役之害，欲復行差役，不知差雇之弊其實相半。講之未詳，而欲一旦復之。民始聞而喜，徐而疑懼，君實不信也。王介甫以其私說爲詩書新義，以考試天下士，學者病之。君實改爲新格，而勢亦難行。方議未定，轍言：「自罷差役，至今僅二十年，吏民皆未習慣。況役法關涉衆事，根牙磐錯，行之徐緩，乃得審詳。若不窮究首尾，忽遽便行，恐既行之後，別生諸弊。今州縣役錢，例有積年寬剩，大約足支數年。若且依舊雇役，盡今年而止，催督有司審議差役，趁今冬成法，來年役使鄉戶。但使既行之後，無復人言，則進退皆便。」又言：「進士來年秋試，日月無幾，而議不時決，傳聞四方，不免惶惑。詩賦雖號小技，而比次聲律，用功不淺。至於治經，誦讀講解，尤不可輕易，要之來年皆未可施行。欲乞先降指揮，來年科場一切如舊，惟經義兼取注疏及諸家議論，或出己見，不專用王氏學，仍罷律義。令天下舉人知有定論，一意爲學，以待選試。然後徐議元祐五年以後科舉格式，未爲晚也。」衆皆以爲便，而君實始不悅矣。

是歲上將親饗明堂，轍言曰：

三代常祀：一歲九祭天，再祭地，皆天子親之。故於其祭也，或祭昊天，或祭五天，或獨祭一天，或祭皇地祇，或祭神州地祇，要於一歲而親祀必遍。降及近世，歲之常祀，皆有司攝事，三歲而後一親祀。親祀之疏數，古今之變相遠如此。然則其禮之不同，蓋亦其勢然也。

謹按國朝舊典：冬至圜丘，必兼饗天地，從祀百神。若其有故，不祀圜丘，別行他禮，或大雩於南郊，或大饗於明堂，或恭謝於大慶，皆用圜丘禮樂神位，其意以爲皇帝不可以三年而不親祀天地百神故也。臣竊見皇祐明堂遵用此法，最爲得禮。自皇祐以後，凡祀明堂，或用鄭氏說，獨祀五天帝；或用王氏說，獨祀昊天上帝。雖於古學各有援據，而考之國朝之舊，則爲失當。蓋儒者泥古而不知今，以天子每歲遍祀之儀，而議皇帝三年親祀之禮，是以若此其疏也。

今者皇帝陛下對越天命，逾年即位，將以九月有事於明堂，義當並見天地，遍禮百神，躬薦誠心，以格靈貺。臣恐有司不達禮意，以古非今，執王鄭偏說以亂本朝大典。夫禮沿人情，人情所安，天意必順。今皇帝陛下始親祠事，而天地百神無不咸秩，豈不俯合人情、仰符天意？臣愚欲乞明詔禮官，今秋明堂用皇祐明堂典禮，庶幾精誠陟降，溥及上下。

時大臣多牽於舊學，不達時變。奏入，不報。然轍以爲周禮一歲遍祭天地，皆人主親行，故郊丘有南北，禮樂有同異。自漢、唐以來，禮文日盛，費用日廣，事與古異，故一歲遍祀不可復行。唐明皇天寶初，始定三歲一親郊，於致齋之日，先享太清宫，次享太廟，然後合祭天地，從祀百神。所以然者，蓋謂三年一次大禮，若又不遍，則於人情有所不安。至於遍祭之禮，已自差官攝事，未嘗少廢。此近世變禮，非復三代之舊，而議者欲以三代遺文參亂其間，失之遠矣！至七年，上將親郊，轍備位政府，乃與諸公共伸前議，合祭天地，識者以爲當。

初，神宗以夏國内亂，用兵攻討。於熙河路增置蘭州，於延安路增置安疆、米脂等五寨。至此，夏國雖屢遣使，而未修職貢。二年，夏始來賀登極，使還未出境，又遣使入界。朝廷知其有請地之意，然大臣議棄守未決。轍言曰：

頃者，西人雖至，而疆埸之事初不自言。度其狡心，蓋知朝廷厭兵，確然不請，欲使此議發自朝廷，得以爲重。朝廷深覺其意，忍而不予，情得勢窮，始來請命。今若又不許，使其來使徒手而歸，一失此機，必爲後悔。彼若點集兵馬，屯聚境上。許之則畏兵而予，不復爲恩；不予則邊釁一開，禍難無已。間不容髮，正在此時，不可失也。今議者不深究利害，妄立堅守之議，苟避棄地之名，不度民力，不爲國計，其意止欲私己自便，非社稷之計也。

臣又聞議者或謂棄守皆不免用兵，棄則用兵必遲，守則用兵必速，遲速之間，利害不遠，若遂以地予之，恐非得計。臣聞聖人應變之機，正在遲速之際，但使事變稍緩，則吾得算已多。昔漢文、景之世〔七〕，吳王濞內懷不軌，稱病不朝，積財養兵，謀亂天下。文帝專務含養，置而不問，加賜几杖，恩禮日隆。濞雖包藏禍心，而仁澤浸漬，終不能發。及景帝用晁錯之謀，欲因其有罪，削其郡縣。以爲削之亦反，不削亦反；削之則反疾而禍小，不削則反遲而禍大。削書一下，七國盡反。至使景帝發天下兵，遣三十六將，僅而破之。議者若不計利害之淺深，較禍福之輕重，則文帝隱忍不決，近於柔仁；景帝剛斷必行，近於強毅。然而如文帝之計，禍發既遲，可以徐爲備禦；稍經歲月，變故自生；以漸制之，勢無不可。如景帝之計，禍發既速，未及旋踵，已至交兵；鋒刃既接，勝負難保；社稷之命，決於一日。雖食晁錯之肉，何益於事？今者欲棄之策與文帝同，而欲守之計與景帝類，臣乞宣喻執政，欲棄者理直而禍緩，欲守者理曲而禍速。曲直遲速，孰爲利害？況今日之事，主上妙年，母后聽斷，將帥吏士，恩情未接，兵交之日，誰使效命？若其羽書沓至，勝負紛然，臨機決斷，誰任其責？惟乞聖心以此反覆思慮，早賜裁斷，無使西戎别致猖狂，棄守之議皆不得其便。

於是朝廷許還五寨，夏人遂服。

轍尋遷起居郎，爲中書舍人，時朝廷起文潞公於既老，以太師平章軍國重事。初，元豐中河決大吳，先帝知故道不可復還，因導之北流，水性已順，惟河道未深，隄防未立，歲有決溢之患，本非深害也。至此，諸公皆未究悉河事，而潞公欲以河爲重事，中書侍郎呂微仲、樞密副使安厚卿從而和之。始謂河西北流入泊淀，久必淤淺，異日或從北界入海，則河朔無以禦狄。故三人力主回河之計，諸公莫能奪。呂晦叔時爲中書相，轍間見問曰：「公自視智勇孰與先帝？勢力隆重能鼓舞天下孰與先帝？」晦叔驚曰：「君何言歟？」對曰：「河決而北，自先帝不能回，而諸公欲回之，是自謂智勇勢力過先帝也。且河決自元豐，導之北流亦自元豐，是非得失今日無所預。諸公不因其舊而修其未完，乃欲取而回之，其爲力也難，而其爲責也重矣！」晦叔唯唯，曰：「當與諸公籌之。」既而回河之議紛紛而起，晦叔亦以病沒。

轍遷戶部侍郎，嘗因轉對，言曰：

> 財賦之原，出於四方，而委於中都。故善爲國者，藏之於民，其次藏之州郡。州郡有餘，則轉運司常足；轉運司既足，則戶部不困。唐制：天下賦稅，其一上供，其一送使，其一留州。比之於今，上供之數可謂少矣。然每有緩急，王命一出，舟車相銜，大事以濟。祖宗以來，法制雖殊，而諸道畜藏之計，猶極豐厚。是以斂散及時，縱捨由

己，利柄所在，所爲必成。自熙寧以來，言利之臣不知本末之術，欲求富國，而先困轉運司；轉運司既困，則上供不繼；上供不繼，而戶部亦憊矣。兩司既困，故內帑別藏雖積如丘山，而委爲朽壞，無益於算。故臣願舉近歲朝廷無名封樁之物，歸之轉運司。蓋禁軍闕額與差出衣糧，清汴水脚與外江綱船之類，一經擘畫，例皆封樁。夫闕額禁軍，尋當以例物招置，而出軍衣糧，罷此給彼，初無封樁之理。至於清汴水脚雖減於舊，而洛口費用，實倍於前。外江綱船雖不打造，而雇船運糧，其費特甚。重復刻剝，何以能堪？故臣謂諸如此比，當一切罷去。況祖宗故事，未嘗有此。但有司固執近事，不肯除去。惟陛下斷而與之，則轉運司利柄稍復，而戶部亦有賴矣。

朝廷重違近制，卒不能改。轍又言：

臣謹以祖宗故事考今日本部所行，體例不同，利害相遠，恐合隨事措置，以塞弊原。謹昧死具三弊以聞：其一曰分河渠案以爲都水監，其二曰分胄案以爲軍器監，其三曰分修造案以爲將作監。三監皆隸工部，則本部所專，其餘無幾，出納損益，制在他司。頃者，司馬光秉政，知其爲害，嘗使本部收攬諸司利權。當時所收，不得其要，至今三案猶爲他司所擅，深可惜也。

祖宗參酌古今之宜，建立三司，所領天下事幾至大半，權任之重，非他司比。推原其意，非以私三司也。事權分則財利散，雖欲求富，其道無由。蓋國之有財，猶人之有飲食。飲食之道，當使口司出納，而腹制多寡，然後分布氣血，以養百骸。耳目賴之以爲明，手足賴之以爲力。若不專任口腹，而使手足耳目得分治之，則雖欲求一飽不可得矣，而況於安且壽乎！今戶部之在朝廷，猶口腹也，而使他司分治其事，何以異此？自數十年以來，羣臣不明祖宗之意，每因一事不舉，輒以三司舊職分建他司。利權一分，用財無藝。他司以辦事爲效，則不卹財之有無；戶部以給財爲功，則不問事之當否。彼此各營一職，其勢不復相知。雖使戶部得才智之臣，終亦無益。能否同病，府庫卒空。今不早救，後患必甚。

昔嘉祐中，京師頻歲大水，大臣始取河渠案置都水監。置監以來，比之舊案，所補何事？而大不便者，河北有外監丞侵奪轉運司職事。轉運司之領河事也，郡之諸埽，埽之吏兵、儲蓄，無事則分，有事則合。水之所向，諸埽趨之，吏兵得以併功，儲蓄得以併用。故事作之日，無暴斂傷財之患；事定之後，徐補其闕，兩無所妨。自有監丞，據法責成，緩急之際，諸埽不相爲用，而轉運司不勝其弊矣。此工部都水監爲戶部之害一也。先帝一新官制，並建六曹，隨曹付事。故三司故事，多隸工曹，名雖近正，而實非利。昔胄案所掌，今內爲軍器監而上隸工部〔六〕，外爲都作院而上隸提刑司。欲有興作，戶部不得與議。訪聞河北道近歲爲羊渾脱動以千計。渾脱之用，必軍行乏水〔九〕，過渡無船，然後須之。而其爲物，稍經歲月，必至蠹敗。朝廷無出兵之計，而有司營職，不顧利害，至使公私應副，虧財害物。若專在轉運司，必不至此。此工部都作院爲戶部之害二也。昔修造案掌百工之事，事有緩急，物有利害，皆得專之。今工部以辦職爲事，則緩急利害誰當議之？朝廷近以箔場竹箔積久損爛，創令出賣，上下皆以爲當。指揮未幾，復以諸處營造歲有料制〔一〇〕，遂令般運堆積，以破出賣之計。臣不知將作見工幾何，一歲所用幾何，取此積彼，未用之間，有無損敗，而遂爲此計。本部雖知不便，而以工部之事，不敢復言。此工部將作監爲戶部之害三也。凡事之類此者多矣，臣不能遍舉也。故願明詔有司，罷外水監丞，舉河北河事及諸路都作院皆歸轉運司。至於都水、軍器、將作三監皆兼隸戶部〔一一〕，使定其事之可否，裁其費之多少。而工部任其功之良苦，程其作之遲速。苟可否多少在戶部，則傷財害民，戶部無所逃其責矣；苟良苦遲速在工部，則敗事乏用，工部無所辭其譴矣。利出于一，而後天下貧富可責之戶部矣。朝廷以爲然，從之，惟都水監仍舊。

轍自爲中書舍人，與范子功、劉貢父同詳定六曹條例。子功領吏部。元豐所定吏額，主者苟悦羣吏，比舊額幾數倍。朝廷患之，命量事裁減，已再上再却矣。子功奉使，轍兼領其事。吏有白中孚者，進曰：「吏額不難定也。昔之流内銓，今侍郎左選也。事之煩劇，莫過此矣。昔銓吏止十數，而今左選吏至數十。事不加舊而用吏至數倍，何也？昔無重法重祿，吏通賕賂，則不欲人多以分所得。今行重法給重祿，賕賂比舊爲少，則不忌人多，而幸於少事。此吏額多少之大情也。舊法：日生事以難易分七等，重者至一分，輕者至一釐以下，積若干分而爲一人。今若取逐司兩月事，定其分數，則吏額多少之限無所逃矣。」轍以其言徧問屬官，皆莫應。獨李之儀對曰：「是誠可爲也。」卽與之儀議之曰：「此羣吏身計所繫也。若以分數爲人數，必大有所損，將大致紛訴，雖朝廷亦將不能守。」乃具以白宰執，請據實立額，竢吏之年滿轉出，或事故死亡者勿補，及額而止，不過十年，羨額當盡。功雖稍緩，而見吏知非身患，不復怨矣。諸公以爲然，遂申尚書省，取諸司兩月生事。諸司吏皆疑懼，莫肯供。再申，乞榜諸司，使知所立額，竢它日見闕不補，非法行之日卽有減損也。榜出，文字卽具。至是成書，以申三省。左僕射呂微仲大喜，欲攘以爲己功。以問三省吏，皆莫曉。有諸司吏任永壽者，頗知其意。微仲悦之，於尚書省創吏額房，使永壽與三省吏數人典之。小人無遠慮而急於功利，卽背前約，以立額日裁損吏員，復以好惡改易諸吏局次。凡奏上凡近下吏人，惡爲上名所壓者，卽爲撥出上名於他司；閑慢司分欲入要地者，卽自寺監撥入省曹之類是也。

行下，皆徵仲專之，不復經三省。法出，中外洶洶，徵仲既爲御史所攻，永壽亦以恣横贜汙，以徒罪刺配。久之，徵仲知衆不伏，乃使左右司再加詳定，略依本議行下。

時子瞻自翰林學士出知餘杭，朝廷卽命轍代爲學士。尋又兼權吏部尙書。未幾奉使契丹。虜以其侍讀學士王師儒館伴。師儒稍讀書，能道先君及子瞻所爲文，曰：「恨未見公全集。」然亦能誦服伏苓賦等〔二〕，虜中類相愛敬者。

【校】

〔一〕「矣」，宋甲本作「耳」。

〔二〕「十」，應詔集卷十二御試制策作「千」。

〔三〕「持」，叢刊本作「恃」。

〔四〕「三」，宋甲本作「二」，按周歲算，亦可。

〔五〕「之」，宋甲本、宋丙本、叢刊本作「乏」。

〔六〕「書之」，宋丙本、叢刊本作「書此」。

〔七〕「景」，宋甲本作「帝」。

〔八〕「上」，原作「止」，據宋甲本、宋丙本、叢刊本改。

〔九〕「乏」，原作「之」，據宋甲本、宋丙本、叢刊本改。

〔一〇〕「料」，原作「科」，據宋丙本、叢刊本改。

〔一一〕「三」，原本無，據宋甲本補。

〔一二〕「能」，原作「既」，據宋甲本、宋丙本、叢刊本改。

欒城後集卷之十三

潁濱遺老傳下

還朝，爲御史中丞。命由中出，宰相以下多不悅。所薦御史率以近格不用。自元祐初革新庶政，至是五年矣，一時人心已定。惟元豐舊黨分布中外，多起邪說，以搖撼在位。呂微仲與中書侍郎劉莘老二人尤畏之，皆持兩端爲自全計。遂建言欲引用其黨，以平舊怨，謂之調亭。宣仁后疑不決。轍於延和面論其非，退復再以箚子論之，其一曰：

臣近面論君子小人不可並處朝廷，竊觀聖意，似不以臣言爲非者。然天威咫尺，言詞迫遽，有所不盡。退伏思念，若使邪正並進，皆得預聞國事，此治亂之幾，而朝廷所以安危者也。臣誤蒙聖恩，典司邦憲，臣而不言，誰當救其失者？

謹復稽之古今，考之聖賢之格言，莫不謂親近君子、斥遠小人，則人主尊榮，國家安樂。疏外君子、進任小人，則人主憂辱，國家危殆。此理之必然，非一人之私言也。其於周易，所論尤詳。皆以君子在內、小人在外爲天地之常理，小人在內、君子在外爲陰陽之逆節。故一陽在下，其卦爲復。二陽在下，其卦爲臨。陽雖未盛，而居中得地，聖人知其有可進之道。一陰在下，其卦爲姤。二陰在下，其卦爲遯。陰雖未壯，而聖人知其有可畏之漸。若夫居天地之正，得陰陽之和者，惟泰而已。泰之爲象，三陽在內，三陰在外。君子既得其位，可以有爲；小人奠居於外，安而無怨。故聖人名之曰泰。泰之言安也，言惟此可以久安也。方泰之時，若君子能保其位，外安小人，使無失其所，則天下之安未有艾也。惟恐君子得位，因勢陵暴小人，使之在外而不安，則勢將必至於反覆。故泰之九三曰：「無平不陂，無往不復。」

竊惟聖人之戒深切詳盡，所以誨人者至矣。獨未聞以小人在外，憂其不悅而引之於內，以自遺患者也。故臣前所上箚子，亦以謂小人雖決不可任以腹心，至於牧守四方，奔走庶務，各隨所長，無所偏廢。寵祿恩賜，彼此如一，無一可指，如此而已。若遂引而寘之於內，是猶畏盜賊之欲得財而導之於寢室，知虎豹之欲食肉而開之以坰牧，天下無此理也。且君子小人，勢同冰炭〔二〕，同處必爭。一爭之後，小人必勝，君子必敗。何者？小人貪利忍恥，擊之難去；君子潔身重義，知道之不行，必先引退。故古語曰：「一薰一蕕，十年尚猶有臭。」蓋謂此矣。

先帝以聰明聖智之資，疾頽靡之俗，將以綱紀四方，追迹三代。今觀其設意，本非漢、唐之君所能髣髴也，而一時臣佐不能將順聖德，造作諸法，率皆民所不悅。及二聖臨御，因民所願，取而更之，上下忻慰。當此之際，先朝用事之臣皆布列於朝，自知上逆天意，下失民心，徬徨踧踖，若無所措。朝廷雖不加斥逐，其勢亦自不能復留矣。尚賴二聖慈仁，不加譴責，而宥之於外，蓋已厚矣。今者政令已孚，事勢大定，而議者惑於浮說，乃欲招而納之，與之共事，欲以此調亭其黨。臣謂此人若返，豈肯徒然而已哉？必將戕害正人，漸復舊事，以快私忿。人臣被禍蓋不足言，臣所惜者，祖宗朝廷也。

蓋自熙寧以來，小人執柄二十年矣。建立黨與，布滿中外，一旦失勢，晞覬者多。是以創造語言，動搖貴近，脅之以禍，誘之以利，何所不至？臣雖未聞其言，而概可料矣。聞者若又不加審察，遽以爲然，豈不過甚矣哉？臣聞管仲治齊，奪伯氏駢邑三百，飯蔬食，沒齒無怨言。諸葛亮治蜀，廢廖立、李嚴爲民，徙之邊遠，久而不召。及亮死，二人皆垂泣思亮。夫駢、立、嚴三人者，皆齊、蜀之貴臣也，管、葛之所以能戮其貴臣，而使之無怨者，非有他也，賞罰必公，舉措必當。國人皆知所與之非私，而所奪之非怨，故雖仇讎，莫不歸心耳。

今臣竊觀朝廷用舍施設之間，其不合人心者尚不爲少，彼既中懷不悅，則其不服固宜。今乃直欲招而納之，以平其隙，臣未見其可也。詩曰：「無競維人，四方其訓之。」陛下誠以異同反覆爲憂，惟當久任才性忠良、識慮明審之士，但得四五人常在要地，雖未及皐陶、伊尹，而不仁之人知自遠矣。惟陛下斷自聖心，不爲流言所惑，毋使小人一進，後有噬臍之悔，則天下幸甚。

臣既待罪執法，若見用人之失，理無不言，言之不從，理不徒止。如此，則異同之迹益復著明，不若陛下早發英斷，使彼此泯然無迹可見之爲善也。

奏入，宣仁后命宰執於簾前讀之，仍諭之曰：「蘇轍疑吾君臣遂兼用邪正，其言極中理。」諸公相從和之。自此，參用邪正之說衰矣。

轍復奏曰：

聖人之德，莫如至誠。至誠之功，存於不息。有能推至誠之心，而加之以不息之久，則天地可動，金石可移。況於斯人，誰則不服？臣伏見太皇太后陛下、皇帝陛下隨時弛張，改革弊事，因民所惡，屛去小人。天下本無異心，羣黨自作浮議。近者德音一發，衆心渙然。正直有依，人知所嚮。惟二聖不移此意，則天下誰敢不然？衞多君子而亂不生，漢用汲黯而叛者寢。苟存至誠不息之意，自是太平可久之功。此實社稷之福，天下之幸也。

然臣以謂昔所柄任，其徒實繁，布列中外，豈免窺伺？若朝廷施設必當，則此輩覬望自消。昔田蚡爲相，所爲貪鄙，則竇嬰、灌夫睥睨宫禁；諸葛亮治蜀，行法廉平，則廖立、李嚴雖流徙邊郡，終身無怨。此則保國寧人之要術，自古聖賢之所共由者也。臣竊見方今天下雖未大治，而祖宗綱紀具在，州郡民物粗安。若大臣正己平心，無生事要功之意，因弊修法，爲安民靖國之術，則人心自定。雖有異黨，誰不歸心？向者異同反覆之心，蓋亦不足慮矣，但患朝廷舉事類不審詳。曩者黄河北流，正得水性，而水官穿鑿，欲導之使東。移下就高，汩五行之理。及陛下遣官按視，知不可爲，猶或固執不從。經今累歲，回河雖罷，減水尚存，遂使河朔生靈財力俱困。今者西夏、靑唐，外皆臣順，朝廷招來之厚，惟恐失之。而熙河將吏創築二堡，以侵其膏腴；議納醇忠，以奪其節鉞。功未可覬，爭已先形。朝廷雖知其非，終不明白處置。若遂養成邊釁，關陝豈復安居？如此二事，則臣所謂宜正己平心、無生事要功之意者也。

昔嘉祐以前，鄉差衙前，民間常有破產之患。熙寧以後，出賣坊場，以雇衙前，民間不復知有衙前之苦。及元祐之初，務於復舊，一例復差，官收坊場之錢，民出衙前之費。四方驚顧，衆議沸騰。尋知不可，旋又復雇。雇法有所未盡，但當隨事修完，而去年之秋，復行差法。雖存雇法，先許得差。州縣官吏利在起動人戶，以差爲便。差法一行，即時差足，雇法雖在，誰復肯行？臣頃奉使契丹，河北官吏皆爲臣言：「豈朝廷欲將賣坊場錢別作支費耶？不然何故惜此錢而不用，竭民力以供官？」此聲四馳，爲損非細。又，熙寧雇役之法，三等人戶並出役錢。上戶以家產高強，出錢無藝；下戶昔不充役，亦遣出錢。故此二等人戶不免咨怨。至於中等，昔既已自差役，今又出錢不多，雇法之行，最爲其便。及元祐罷行雇法，上下二等忻躍可知，唯是中等，則反爲害。臣請且借畿內爲比，則其餘可知矣。畿縣中等之家，例出役錢三貫，若經十年，爲錢三十貫而已。今差法既行，諸縣手力，最爲輕役；農民在官，日使百錢，最爲輕費。然一歲之用，已爲三十六貫。二年役滿，爲費七十餘貫。罷役而歸，寬鄉得閑三年，狹鄉不及一歲。以此較之，則差役五年之費，倍於雇役十年。賦役所出，多在中等。如此，安得民間不以今法爲害，而熙寧爲利乎？然朝廷之法，官戶等六色役錢，只得支雇役人，不及三年，處州役而不及縣役，寬剩役錢只得通融鄰路鄰州，而不及鄰縣。人戶願出錢雇人充役者，只得自雇，而官不爲雇。如此之類，條目不便者非一。故天下皆思雇役而厭差役，今五年矣。如此二事，則臣所謂宜因弊修法，爲安民靖國之術者也。

臣以聞見淺狹，不能盡知當今得失。然四事不去，如臣等輩猶知其非，而況於心懷異同志在反覆，幸國之失有以藉口者乎〔三〕？臣恐如此四事，彼已默識於心，多造謗議，待時而發，以搖撼衆聽矣。伏乞宣諭宰執，事有失當，改之勿疑；法或未完，修之無倦。苟民心既得，則異議自消。陛下端拱以享承平，大臣逡巡以安富貴。海內蒙福，上下所同，豈不休哉？

然大臣怙權恥過，終莫肯改。比轍爲執政，三省又奏除李清臣爲吏部尚書。給事中范祖禹封還詔書，進呈不允，祖禹執奏如初。左正言姚勔亦言不當。三省復除蒲宗孟兵部尚書，轍謂諸公：「且俟邦直命下，然後議此，如何？」皆不應。及簾前，微仲奏：「諸部久闕尚書，見在人皆資淺，未可用。又不可闕官，須至用前執政。」上有黽俛從之之意。轍奏：「前日除李清臣，給諫紛然，爭之未定。今又用宗孟，恐不便。」宣仁后曰：「奈闕官何？」轍曰：「尚書闕官已數年，何嘗闕事？今日用此二人，正與去年用鄧温伯無異。此三人者，非有大惡。但昔與王珪、蔡確輩並進，意思與今日聖政不合。見今尚書共闕四人，若並用似此四人，使互進黨類，氣勢一合，非獨臣等耐何不得，亦恐朝廷難耐何矣！且朝廷只貴安靜，如此用人，臺諫安得不言？臣恐自此鬧矣！」宣仁后曰：「信然，不如且靜。」諸公遂卷除目持下。轍又奏：「臣去年初作中丞，首論此事，聖意似以臣言爲然。今未及一年，備位於此，若遂不言，實恐陛下怪臣前後異同。」上曰：「然。」乃退。

六年春，詔除尚書右丞。轍上言：「臣幼與兄軾同受業先臣。薄祜早孤，凡臣之宦學皆兄所成就。今臣蒙恩與聞國政，而兄適亦召還，本除吏部尚書，復以臣故，改翰林承旨，臣之私意尤不遑安。況兄軾文學政事皆出臣上，臣不敢遠慕古人舉不避親，只乞寢臣新命，得與兄同備從官，竭力圖報，亦未必無補也。」不聽。

踰年，遷門下侍郎〔三〕。時呂微仲與劉莘老爲左右相。微仲直而闇，莘老曲意事之〔四〕。大事皆決於微仲，惟進退士大夫，莘老陰竊其柄，微仲不悟也。轍居其間，迹危甚。莘老昔爲中司〔五〕，臺中舊僚多爲之用，前後非意見攻，宣仁后覺之。莘老既以罪去，微仲知轍無他，有相安之意。然其爲人則如故，天下事卒不能大有所正，至今愧之。

蓋是時所爭議，大者有二：其一西邊事，其二黄河事。初，夏人來賀登極，相繼求和且議地界。朝廷許之。本約地界已定，然後付以歲賜。久之，議不決。明年，人多保忠以兵襲涇原，殺掠弓箭手數千人而去。朝廷隱忍不問，卽遣使往賜策命。夏人受禮倨慢，以地界爲詞，不復入謝，且再犯涇原。四年，乃復來賀坤成，且議地界。朝廷急於招納，疆議未定，先以歲賜予之。尋覺不便，乃於疆事多方侵求，不守定約。而熙河將佐范育、种誼等又背約侵築質孤、勝如二堡。夏人隨卽平盪。育等又欲以兵納趙醇忠，又擅招蕃部千餘人〔六〕，朝廷却而不受，西邊騷然。轍力言其非，乞罷育、誼，更擇老將以守熙河。宣仁后深以爲是，而大臣主之。轍面奏：「此輩皆大臣親舊，不忍壞其資任，雖其同列，亦不敢異議。陛下獨不見黄河事乎？當時德音宣諭，至深至切，然非大臣意，至今不了。人君與人臣事體不同，人臣雖明見是非，而力所不加，須至且止。人主於事不知則已，知而不得行，則事權去矣。臣今言此，蓋欲陛下收攬威柄，以正君臣之分而已。若專聽其所爲，不以漸制之，及其太甚，必加之罪，只如韓維專恣太甚，范純仁阿私太甚，皆不免逐去。事至如此，豈朝廷美事？故臣之意，蓋欲保全大臣，非欲害之也。」宣仁后極以爲然，而不能用。六年六月，熙河奏夏人十萬騎壓通遠軍境上，挑掘所爭崖𡺸，殺人，三日而退。乞因其退軍，未能復出，急移近裏堡寨於界上修築，乘利而往，不須復守誠信。諸公會議都堂，轍謂微仲：「今欲議此事，當先定議：欲用兵耶，不用兵耶？」微仲曰：「如合用兵，亦不得不用。」轍曰：「凡欲用兵，先論理之曲直。我若不直，則兵决不當用。朝廷頃與夏人商量地界，欲用慶曆舊例，以漢蕃見今住坐處當中爲界，此理最爲簡直。夏人不從，朝廷遂不固執。蓋朝廷臨事常患先易後難，此所謂先易者也。既而許於非所賜城寨依綏州例以二十里爲界，十里爲堡鋪，十里爲草地。非所賜城寨，指謂延州、塞門、義合、石州、㬇堡、蘭州諸城寨，通遠軍定西城。要約纔定，朝廷又要於兩寨界首相望，侵係蕃地，一抹取直。夏人黽俛見從。要約未定，朝廷又要蕃界更留草地十里，通前三十里。夏人亦又見許。凡此所謂後難者也。今者又欲於定西城與隴諾堡相望，一抹取直，所侵蕃地，凡百數十里。隴諾，祖宗舊疆，豈所謂非所賜城寨耶？此則不直，致寇之大者也。今須欲不顧曲直，一面用兵，不知二聖謂何？」莘老曰：「持不用兵之說雖美，然事有須用兵者，亦不可固執。」轍曰：「相公必欲用兵，須道理十全，敵人橫來相加，勢不得已，然後可耳。今吾不直如此，兵起之後，兵連禍結，三五年不得休，將奈何？」諸公乃許，不從熙河之計。明日，面奏之。轍曰：「夏人引兵十萬，直壓熙河境上，不於他處作過，專於所爭處殺人掘崖嶮，此意可見此非西人之罪，皆朝廷不直之故。」微仲曰：「朝廷指揮亦不至大段不直。」轍曰：「熙河帥臣輒敢生事奏乞，不守誠信，乘夏人抽兵之際移築堡寨。臣以爲方今堡寨雖或可築，至秋深馬肥，夏人能復引大兵來爭此否？」諸人皆言：「今已不許之矣。」轍曰：「臣欲詰責帥臣耳，若不加詰責，或再有陳乞。」諸人皆曰：「竢其再乞，詰責未晚。」宣仁后曰：「邊防忌生事，早與約束。」諸人乃聽。已而蘭州又以遠探爲名，深入西界，殺十餘人。轍曰：「邊臣貪功生事，不足以示威，徒足以敗壞疆議，理須戒敕。」不聽。既又以防護打草爲名，殺六七人，生擒九人。微仲知不便，欲送還生口，因奏其事。轍曰：「邊臣貪冒小勝，不顧大計，極害事。今送還九人甚善，可遂戒敕邊臣。」微仲不欲，曰：「近日延安將副李儀等深入陷沒，已責降一行人，足以爲戒。」轍曰：「李儀深入以敗事，被責。蘭州深入得功，若不戒敕，將謂朝廷責其敗事而喜其得功也。」宣仁后曰：「然。」乃加戒敕。然七年夏人竟大入河東。朝廷乃議絕歲賜，禁和市，使沿邊諸路爲淺攻計，命熙河進築定遠城。

夏人不能爭。未幾，復大入環慶。復議使熙河進築汝遮。中書侍郎范子功獨不可。轍度其意：昔延安帥臣趙卨，范氏姻家也。方議地界，以綏州二十里爲例，議出於卨。熙河斥其不可，議久不決，而卨死，故子功持之。轍謂之曰：「綏州舊例，施於延安可耳。熙河遠者或至七八十里，其不從宜矣。方論國事，親舊得失不宜置胸中也。」衆皆稱善，而子功悻然不服。會西人乞和，議遂不成。未幾，右相蘇子容以事去位，子功以同省待罪〔七〕。因遂其請，實以汝遮故也。

轍自爲諫官，論黄河東流之害；及爲執法，最後論三事：其一存東岸清豐口。其二存西岸披灘水口。其三除去西岸激水鋸牙。朝廷以付河北監司，惟以鋸牙爲不可去。轍於殿廬中與微仲論之，微仲曰：「無鋸牙則水不東，水不東則北流，必有患。」轍曰：「然北京百萬生靈，歲有決溺之憂，何以救之？且分水東入故道，見今淤合者多矣，分水之利亦自不復能久。若竢漲水已過，盡力修完北流隄防，使足勝漲水之暴，然後徹去鋸牙，免北京危急，此實利也。」莘老曰：「河北監司不如此言，奈何？」轍曰：「公豈不知外官多所觀望耶？」微仲曰：「河事至大，難以臆斷。」轍曰：「彼此皆非目見，當以公議參之耳。」及至上前，二相皆以分水爲便。轍具奏前語，且曰：「必欲重慎，候漲水過，故道增淤，即併力修完北隄，然後徹去鋸牙，庶幾可也。」近至都堂，二相遽批聖語曰：「依都水監所定。」轍語堂吏：「適所奏不然。」莘老失措，微仲知不可，乃曰：「明日別議。」卒改批「不得添展」乃已。八年正月，都水吳安持乞於北流作軟堰，定河流，以免淤塡。時微仲在告，轍奏曰：「先帝因河決大吳，導之北流，已得水性。惟隄防未完，每歲不免決溢，此本黃河常事耳。是時北京之南，黃河西岸有闕村、樊村等三斗門，遇河水泛溢，卽開此三門，分水北行於無人之地，至北京北，合入大河，故北京生聚無大危急。自數年來，大臣創議回河。水官王孝先、吳安持等卽塞此三門，貼築西隄，又作鋸牙馬頭，約水向東，直過北京之上，故北京連年告急。然約水既久，東流遂多於往歲。蓋分流有利有害，秋水泛漲，分入兩流，暫時且免決溢，此分水之利也。河水重濁，緩則生淤，既分爲二，不得不緩，故今日北流淤塞，此分水之害也。然將來漲水之後，河流東、北，蓋未可知。臣等昨於都堂問吳安持，安持亦言：『去年河水自東，今年安知河水不自北？』宣仁后笑曰：『水官尙作此言，況他人乎？』」轍又奏曰：「臣今但欲徐觀夏秋河勢所向，水若東流，則北流不塞，自當淤斷；水若北流，則北河如舊，自可容納。似此處置，安多危少，行之無疑。若行嶮徼倖萬一成功，如水官之意，臣不敢從也。乞令安持等結罪保明河流所向，及軟堰既成有無塡塞河道致將來之患，然後遣使按行，具可否利害。」后復笑曰：「若令結罪，必謂執政脅持之。且水官猶不保河之東、北，況使者暫往乎？姑別議之可也。」二月，微仲乃朝，轍具以前語諭之。微仲口雖不伏，而意甚屈，曰：「軟堰且令具功料申上，朝廷更行相度。」轍曰：「如此終非究竟，必欲且爾，亦可。」八日，轍方在式假，三省得旨，批曰：「依水監所奏。下手日，具功料取旨。」轍以非商量本意，以劄子論之。微仲即日在告。十二日，轍入對奏曰：「自去年十一月後來，至今百日間耳，水官凡四次妄造事端，搖撼朝廷。第一次安持十一月出行河，先乞一面措置河事。舊法：馬頭不得增損。臣知安持意在添進馬頭。即指揮除兩河門外，許一面措置。安持姦意既露，第二次乞於東流北添進五七埽䊿。臣知安持意欲因此多進埽䊿，約令北流入東。即令轉運司同監視，不得過所乞䊿數。安持姦意復露。第三次卽乞留河門百五十步。臣知安持意在回河，改進馬頭之名爲留河門，卽不許。安持計窮。第四次卽乞作軟堰。凡安持四次擘畫，皆回河意耳。臣昨已令中書工房問水監兩事：其一，勘會北流元祐二年河門原闊幾里？逐年開排，直至去年，只闊三百二十步，有何緣故？其二，勘會東流河門見闊幾步？每年漲水東出，水面南北闊幾里？南面有無隄岸？北京順水隄不沒者幾尺？將來北流若果淤斷，漲水東行，係合併北流多少分數？有無包畜不定？今兩問猶未答，便卽施行，實太草草。」后嗟歎久之，深以所言爲然。二十四日與微仲同進呈，微仲曰：「蘇轍所議河事，今軟堰已不可作，無可施行。」轍曰：「軟堰本自不可作。然臣本論吳安持百日之間四次妄造事端，動搖朝聽。若令依舊供職，病根不去，河朔被害無已。」微仲曰：「水官弄泥弄水，別用好人不得，所以且用安持。」轍曰：「水官職事不輕，奈何以小人主之？易曰：『開國承家，小人勿用。』未聞小人有可用之地也。」此後是非終不能決。

會宣仁晏駕。九年正月，安持奏乞塞梁村口，縷張包口，開清豐口以東鷄爪河。八日，轍以祈穀宿齋三省，即令安持與北京留守司相度施行。時微仲爲山陵使，行有日矣。轍見之待漏，語及河事。微仲直視曰：「此大事，不可不慎。」轍曰：「誠然，公亦宜慎之。」時范堯夫爲右相，舊不直東流。轍告之曰：「當與微仲議定，乃令西去。」堯夫曰：「命已下，奈何？」轍曰：「事有理，誰敢不從？」議於皇儀門外，再降指揮：使都水與本路安撫提轉同議，可即施行，有異議亟以聞。堯夫自外來，始意轍與微仲比，及此，大相信服。既而安撫許沖元乞候過漲水，因河所向，閉所不行口。堯夫奏乞令許將與吳安持同議，一面施行。轍曰：「河勢難定，恐須令諸司共議，乃得其實。」上以爲然。既行，上特宣喻曰：「河事不小，可遣兩制以上二人，按行相度。」堯夫曰：「河役已起，方議遣官，恐稽留役事。」上曰：「但使議論得實，雖遲一年何損？」乃遣中書舍人呂希純、殿中侍御史井亮采往視之〔八〕。二人歸，極以北流爲便〔九〕。方施行，樞密簽書劉仲馮援舊例，乞與河議。仲馮本文潞公、吳沖卿門下士也，其言紛然。呂井之議遂格，而轍亦以罪見逐。於是河流遂東，凡七年，而後北流復通。微仲之在陵下也，堯夫奏乞除執政，上即用李邦直爲中書侍郎，鄧聖求爲尙書右丞。三人久在外，不得志，遂以元豐事激怒上意，邦直尤力。舊法：母后之家，十年一奏門客。時皇太妃之兄朱伯材以門客奏徐州富人竇氏，堯夫無以裁之。一日日中，請轍於都堂與邦直議之。轍曰：「上始親政，皇太妃閤中事，當遍議之。車服儀制已付禮部矣。皇太后月費，尚書省已奏乞依太皇太后矣。皇太妃宜付戶部議定。至於奏薦，亦當議。有所予，付吏部可也。凡事付有司，必以法裁處，朝廷又酌其可否而後行，於體爲便。」明日，奏之。上曰：「月費竢內中批出。奏薦，皇太后家減二年，皇太妃十年。」議已定。邦直獨曰：「此可爲後法，今姑予之可也。」上從之。邦直之附會類如此。

會廷策進士，邦直撰策題，即爲邪說以扇惑羣聽。轍論之曰：

伏見御試策題歷詆近歲行事，有欲復熙寧、元豐故事之意，臣備位執政，不敢不言。然臣竊料陛下本無此心，其必有人妄意陛下牽於父子之恩，不復深究是非，遠慮安危，故勸陛下復行此事。此所謂小人之愛君，取快於一時，非忠臣之愛君，以安社稷爲悅者也。

臣竊觀神宗皇帝以天縱之才，行大有爲之志，其所施設，度越前古，蓋有百世而不可改者也。臣請爲陛下指陳其略。先帝在位近二十年，而終身不受尊號，裁損宗室，恩止祖免，減朝廷無窮之費。出賣坊場，雇募衙前，免民間破家之患。罷黜諸科誦數之學，訓練諸將慵墮之兵。置寄祿之官，復六曹之舊，嚴重祿之法，禁交謁之私。行淺攻之策，以制西戎；收六色之錢，以寬雜役。凡如此類，皆先帝之睿算，有利無害，而元祐以來，上下奉行，未嘗失墜者也。至於其他，事有失當，何世無之？父作之於前，子救之於後，前後相濟，此則聖人之孝也。

漢武帝外事四夷，內興宮室，財用匱竭，於是修鹽鐵、榷酤、均輸之政。民不堪命，幾至大亂。昭帝委任霍光，罷去煩苛，漢室乃定。光武、顯宗，以察爲明，以讖決事，天下恐懼，人懷不安。章帝卽位，深鑒其失，代之以寬。愷弟之政，後世稱焉。及我本朝眞宗皇帝，右文偃革，號稱太平，羣臣因其極盛爲天書之說。及章獻明肅太后臨御，覽大臣之議，藏書梓宮，以泯其迹。仁宗聽政，亦絕口不言，天下至今韙之。英宗皇帝自藩邸入繼，大臣過計，創濮廟之議，朝廷爲之洶洶者數年。及先帝嗣位，或請復舉其事，寢而不答，遂以安靜。夫以漢昭、章之賢，與吾仁宗、神宗之聖，豈其薄於孝敬而輕事變易也哉？蓋有不可不以廟社爲重故也。是以子孫既獲孝敬之實，而父祖不失聖明之稱。此眞明君之所務，不可與流俗議也。臣不勝區區，願陛下反覆臣言，愼勿輕事改易。若輕變九年已行之事，擢任累歲不用之人，人懷私忿，而以先帝爲詞，則大事去矣。

奏入不報，再以箚子面論之，上不悅。李鄧從而媒蘖之，乃以本官出知汝州。居數月，元豐諸人皆會於朝，再謫知袁州。未至，降授朝議大夫，分司南京，筠州居住。居三年，責授化州別駕，雷州安置。未期年，或言方南行，兄弟相遇中塗；至雷，賃富民屋以居，復移循州。今上卽位，大臣猶不悅，徙居永州。皇子生後徙岳州，已乃復舊官，提舉鳳翔上清太平宮。有田在潁川，乃卽居焉。居二年，朝廷易相，復降授朝請大夫，罷祠宮。

凡居筠、雷、循七年，居許六年。杜門復理舊學，於是詩、春秋傳、老子解、古史四書皆成。嘗撫卷而歎，自謂得聖賢之遺意，繕書而藏之。顧謂諸子：「今世已矣，後有達者，必有取焉耳。」家本眉山，貧不能歸，遂築室於許。先君之葬在眉山之東，昔嘗約祔於其庚〔一〇〕，雖遠不忍負也，以是累諸子矣。

予居潁川六年，歲在丙戌秋九月，閱篋中舊書，得平生所爲，惜其久而忘之也，乃作潁濱遺老傳，凡萬餘言。已而自笑曰：「此世間得失耳，何足以語達人哉！」昔予年四十有二，始居高安，有一二衲僧游，聽其言，知萬法皆空，惟有此心不生不滅。以此居富貴，處貧賤，二十餘年而心未嘗動，然猶未睹夫實相也。及讀楞嚴，以六求一，以一除六，至于一六兼忘，雖踐諸相，皆無所礙。乃油然而笑曰：「此豈實相也哉？夫一猶可忘，而況遺老傳乎？雖取而焚之，可也。」

【校】

〔一〕「冰」，原作「水」，據宋甲本、宋丙本改。

〔二〕「有」，原作「自」，據宋甲本、宋丙本、叢刊本改。

〔三〕「踰年，遷門下侍郎」原無，據宋甲本補。

〔四〕「之」，原作「大」，據宋甲本、宋丙本、叢刊本改。

〔五〕「莘」，原作「宰」，據宋甲本、宋丙本、叢刊本改。

〔六〕「千」，原作「十」，據宋甲本、宋丙本、叢刊本改。

〔七〕「待」，原作「得」，據宋甲本、宋丙本、叢刊本改。

〔八〕「遺」，原無，據宋甲本、宋丙本、叢刊本補。又，三蘇祠本作「命」。

〔九〕「流」，原作「海」，據宋甲本、宋丙本、叢刊本改。

〔一〇〕「庾」，原作「庚」，據叢刊本改。

欒城後集卷之十四

册文一首

大行太皇太后謚册文 進謚册文劄子附。

維元祐某年歲次甲子某月甲子朔某日甲子，孝孫嗣皇帝臣某謹再拜稽首言曰：臣聞聖人之興，默契天運。昔眞祖、仁祖之際，章獻臨御，歲周一紀。實能協和神人，以綏靖國家。逮我聖考，早厭萬國，惟末小子，未堪多難，則亦聖祖母，躬受其艱，始終九年，臣民以寧，社稷以固。欲報之德，未獲其所。惟周人以諱事神，以謚易名。明詔聖德，以示後嗣，庶幾不忘，世以爲憲。

恭惟大行太皇太后實天生德，作合皇祖，無私如天，溥愛如地〔一〕。內自宫省之祕，外薄華戎之廣，丕冒德澤，以生以成。昔在景德，北戎弗若。時則烈武，參定大計。師于澶淵〔二〕，克遂有功。南北底定，垂九十年。民獲養生送死，功書鼎彝，澤加于後。及我仁祖，將授宣孝，以奠天位。亦惟慈聖，實以從母。先識潛德，宜于室家，施及朝廷。元豐之末，天地震裂，疾方彌留。羣公卿士，拱手相視，罔知所措。而大策中定，與天爲謀。肆時沖人，實主神器。帷幄既施，號令時敍。稽于衆庶，庸一二老。政無舊新，以便民爲先；人無戚疏，以守正爲用。故士恥奇衺，民知嚮方。耕田而食，遂底于今。雨暘小愆，責躬菲食。飢饉時告，振廩輟漕。憂世之心，常若不及。人賴其賜，神享其誠。熏然和平，無大災害。閒修咸平之政，大弛逋責，中外所釋，以千萬計。飢寒者得以衣食，流散者得以安處。歌舞之音，流于四方。遼人恃和，時肆猾姦。一聞信義，歛然知畏，迄無一言之爭。夏人恃遠，更出侵擾，一被恩德，屢畔仍屈，卒爲乞盟之計。雖燕處于中，實大乂于萬邦。究觀設施，莫見其朕。惟約心以公，自二王一主，洎于外家，均遇以法，無僥倖之求。處躬以儉，自飲食服器，至于宮室，取足于用，無華靡之飾。雖履大位，以天下養，而歲月之奉，子弟之薦，猶視長樂之故。是以貴戚近習，相視而愧；元臣耋老，聞風而歎。不言而化成，不威而心服。自三代、漢、唐，一人而已。若夫先后舊儀，具在有司，每自抑畏，置而弗舉。受册之禮，當在文德也，而退卽於崇政；明堂之賀，當在集英也，而儀止於東閤。將成宣光，則原廟之設，自處於治隆；將損任子，則族人之恩，下比於列辟。凡輕於約身，而重於違禮，推之庶政，蓋有不可勝言者矣。

臣夙遭閔凶，未習師保之訓。提攜閔閔，若農之望歲。誘之以詩書之樂，滋之以勸講之良，示之以聽納之寬，導之以決斷之明。久而弗忘，遂以成性。方將率德以自廣，致養以盡誠，而命之弗知，哀恫邦國。臨朝惘然，未知攸濟。易月之制，既弗敢違，因山之期，茲復以告。是用博訪于卿士，受命于祖宗。惟德之至，不可以名言；而功之隆，不可以數舉。敢因古人一惠之義，並以累朝四謚之法，庶以盡子孫之誠，而慰海內之望。謹遣攝太尉右光祿大夫守尚書左僕射兼門下侍郎上柱國汲郡開國公、食邑六千三百戶、食實封二千戶臣呂大防奉册寶上尊謚曰：宣仁聖烈太皇太后。伏惟靈德在天，令名垂世，光配廟祏，賁于太史，沒而不亡，永永無極。於乎哀哉！謹言。

【校】

〔一〕「溥」，宋丙本、叢刊本作「博」。

〔二〕「于」，叢刊本作「夾」。

附進謚册文劄子

臣奉敕差撰大行太皇太后謚册文，并書謚册、謚寶者。臣學以病衰，書無師法，受命震恐，久不成章。然念頃自元祐之初，召還諫省，漸更侍從，復預丞弼。前後八載，未嘗一日不在朝廷。耳聞號令，目覩風化，躬侍帷幄，親承德音。其於大行太皇太后聖德休功，實稍究萬一。況近者因稟呈謚法，復面承聖訓，稱道盛美，多昔所未聞。雖文詞鄙拙，不足以稱陛下追崇聖母孝思罔極之懷，而直紀事實，略無一詞稍涉虛美。施之四方，可以無愧。其册文謹先繕寫進呈。謹進。

詔二首

改園陵爲山陵手詔

大行太皇太后受遺稱制，保佑眇躬，勤勞九年，阜安四海。大德未報，奄棄東朝。布宣末命，中外悲怛。永惟平日謙恭之至意，每避先后臨御之常儀。逮茲遺言，止以園陵爲號，既非朕尊崇之本志，又失臣下愛戴之誠心。宜詔有司，易園陵爲山陵，餘恭依遺誥。

擬答西夏詔書

鴻惟祖宗，兼覆中外。眷爾西夏，號爲父子之邦；依我至仁，世享爵秩之賜。雖叛服非一，而懷柔有常。頃朕纘服之初，深示含容之意，釋其往事，加以新恩。而册命之使方還，寇攘之兵已發。將吏憤怒，卿士獻言。請興問罪之師，以詰稱亂之故。朕念爾在位未久，勢不自由，有臣弗率，衆則何咎？遂命戢兵以竢，尋亦款塞自歸。仍念兵禍以來，諸族咸弊，是用棄四寨山川之廣，畀每歲賚予之豐。開懷不疑，施德過厚。方畫疆而會議，忽掃境以乘虚。再犯誓言，專求小利。罔念自焚之禍，屢出無名之師。眷彼遺民，皆吾赤子。姑敕邊吏，止爲保境之謀；亦許兵間，勿拒悔禍之請。

今覩所奏，良副本心。接刃之殃，非從我始；來庭之順，豈不爾容？然尚託詞鄰邦，失誠請之意；多求邊壤，非款伏之宜。蓋中國舊疆，西蕃故地，已有前詔，不係可還。況復本國前後背誕之餘，難執向來委曲聽從之命。應今來所奏乞，除延州塞門寨本非所賜，已指揮鄜延經略司依前後朝旨分畫，及通遠軍定西城東北界見有漢蕃兵民住坐去處，已指揮熙河經略司依前後朝旨與夏國商量分畫，可差官前去熙州議定，其餘並依所乞。仍候畫界了日，依舊別進誓表〔一〕，然後常貢歲賜一切復初。朕本推誠心，坦無疑間，雖經反覆，猶示寬恩。尚恪守於信言，庶永綏於蕃服。

【校】

〔一〕「舊」，宋丙本、叢刊本作「例」。

策題二首

擬殿試策題 元祐中準備。

皇帝若曰：朕奉承祖宗丕緒，上觀三王，下覽漢、唐，考其爲治之實。商、周之際，其政成於禮樂，而以法令輔之。至於漢唐，其術一出於政刑，禮樂雖設，而非其所以爲治矣。是以三代之盛，教化明於上，習俗成於下，後世有不能繼者。然其治亂盛衰，朕蓋有疑焉。自三代聖賢之君沒，而子孫陵替，亦與漢、唐無異，豈禮樂刑政之效，遂無以大相過耶？今自祖宗創業，積之百餘年間，律令明具，公卿奉法，郡縣循理，兵民安業，大盜不作，四夷馴服。求之前世，未有治安若此其久也。其所以度越三代而超絕漢、唐者，祖宗何術而臻此哉？雖然，朕夙夜東朝，祗服明訓，居安慮危，若蹈泉谷。永惟近歲之治，雖散利施惠以賙窮困，而民日益貧；雖勤身節用以阜財賦，而官日益匱。役民之力，將以厚其財也，而民或告病；馭吏以寬，將以責其恥也，而吏滋不肅。河決而西，導之使東，費不貲矣，而功不就；羌弱不振，招之使來，謀既久矣，而約不定。此六者，皆今日之所當慮也。子大夫明於古今，其講之詳矣。恃祖宗磐石之固，而忽今日之患，則朕所不敢。因今日之安，而推求祖宗致治之術，則士之所當知也。其悉心以陳，勿畏勿疑，朕將親覽，庶幾有補焉。

朕惟天下之治〔二〕，須才以濟。凡吾左右前後之臣，皆儒者矣。每三歲一舉，所取必累數百，猶懼草野之中，耆舊好學之士，有或遺焉而不用者，是以親策于廷。子大夫幼而習之，長而欲行之，閱天下之義理多矣。凡平昔之所懷而欲效之于上者，皆何事乎？朕既不敏不明，惟取士之道未得其要。今太學之士，動以千計，四選之士，員累數萬，而臨事須才，或患不足。引而進之，則官冗於上；抑而排之，則士壅於下。將制厥中，其道何由？子大夫身處其間，而有不知其說者乎？蓋唐、虞稽古，建官惟百。夏、商官倍，亦克用乂。今設官之衆，數倍於古，蓋尚有可并省者矣。古語有之：「省事不如省官。」信如斯言，則士又何以處之？子大夫其推言本統，以開釋朕意。

【校】

〔一〕宋丁本此句前有「皇帝若曰」四字。

欒城後集卷之十五

詔一首

擬合祭天地手詔 元祐中撰。

朕惟周禮，王者親祀天地，歲無不徧。故郊丘有南北之辨，禮樂有同異之别。降及漢唐，事與古異。禮文寖盛，費用增廣。既難躬行以徧享，遂於三歲而親祀。事非周舊，禮適時變。故致齋之日，躬見祖考；圜丘之饗，兼禮天地。蓋將因此盛典，咸秩百神。變禮之得，實始於此。故祖宗以來，常祀從周，而親祀用唐。神祇顧饗，中外蒙福，百有餘年矣。乃者元豐之中，禮官建議將舉三代之故，而革近世之宜。見上帝於南郊，禮皇地於北壝。一祀特舉，議與周合。然而饗廟之制，尚從變禮。先帝法古從衆，始命親祠北郊，如南郊儀，仍具上公攝事之禮。

朕踐祚臨祭，於今八年，既已再見昊天，未嘗親奉神媪。惟父天母地，不可以獨疏，故以人揆神，凛焉而夕惕。博謀多士，參訂輔臣。或欲郊祀之歲，先行方澤，而大禮之舉，併在期年。仲夏之時，憂於暑雨，或欲以夏至之祀，施於孟冬。而考之前王，初無此制，併舉大事，勢終難行。或欲天地二祀，互用三歲。而祀天廢地，情既未允；以卑略尊，禮尤非順。國之大事，朕何敢專？是用存先帝之新儀，昭示稽古之訓；循祖宗之故事，一本沿情之實。將來南郊合祭天地，並以百神從祀，皆如熙寧十年以前舊制。其元豐六年親祠北郊，及上公攝事儀注，並令太常寺檢尋元敕，如法收藏，仍備錄前後文案，送國史院。及令三省條件合用舊典，令禮官詳定儀注聞奏。

箚子一首

論合祭天地箚子　時已有旨施行，不復上。

臣伏見禮官等同議合祭天地之禮，其間有以合祭爲非者。轍考之禮義，參之古今，竊謂以合祭爲非者，皆按禮而未窮義，據古而未達今者也。何以言之？天子父事天，母事地，自生民以來未有事父而遺母，事天而遺地者也。周人之法，王者一歲親祀天者四，親祀地者二。當其時，禮文簡而儀衛少，又未有肆赦、推賞之煩，蓋一歲六祭而不爲勞。故雖天地别祭而不爲闕也。自漢以來，事與周異，故武宣之間，已三歲然後一郊，間歲然後一祠后土矣。雖禮文殘缺，不可復詳，然三輔故事，有合祭天地之語。至平帝元始之初，合祭之議始見，光武因而行之，其後或疏或數，或合或别，皆無常制，不足取法。惟唐天寶初，始定以三年冬至皇帝合祭天地於圜丘，祀前親饗太清宫及太廟。於是三年一郊，而始祖、祖廟、天地、百神無不咸秩，變禮之得，實始於此。

本朝一祖五宗，監觀前世，議定郊祀，而以唐制爲是。因而行之，逮今百有餘年，鬼神饗德，四海蒙福，則其效概可見矣。嘗竊原祖宗之意，蓋以謂三代舊典，時異事異，不可復行，然而先王遺法，則不可廢。是以著之通禮，每歲使有司攝事，以示無忘古初。而天子親祀，則定從三年。凡今三年一郊，蓋已非三代之舊，則其合祭天地，不用三代之故，蓋不當復議矣。元豐三年，議禮之臣不達此意，枉以三代每歲别祭之儀，而非本朝三年合祭之禮，其説初無他義，惟有「殆非求神以類之意」一句，遂於四年有旨，北郊親祠並依南郊，仍修上公攝事之儀。六年，南郊遂罷合祭，而北郊之祀迄今不舉。其議始於黄履，而成於張璪。先帝重違羣臣，俯而從之耳。

伏惟皇帝陛下踐祚臨祭，於今八年。既已再見昊天，而未始一見皇地。事天而遺地，有事父而遺母之嫌，推之人情，神意不遠。故中外有識之士，咸願復舉祖宗故事，合祭天地，從以百神。以逆無疆之休，以解天下之惑。願太皇太后、皇帝陛下深惟祖宗因時施宜之意，毋徇諸儒執禮拘文之說，斷自聖意，舉而行之，則天下幸甚，天下幸甚！

敍三首

元祐會計錄敍　此本有六篇，時與人分撰，後又不果用。

臣聞漢祖入關，蕭何收秦圖籍，周知四方盈虚强弱之實，漢祖賴之以并天下。丙吉爲相，匈奴嘗入雲中、代郡，吉使東曹考案邊瑣，條其兵食之有無，與將吏之才否，逡巡進對，指揮遂定。由此觀之，古之人所以運籌帷幄之中，制勝千里之外者，圖籍之功也。蓋事之在官，必見於書，其始無不具者，獨患多而易忘，久而易滅，數十歲之後，人亡而書散，其不可考者多矣。唐李吉甫始簿錄元和國計，并包巨細，無所不具。國朝三司使丁謂等因之，爲景德、皇祐、治平、熙寧四書，網羅一時出内之計，首尾八十餘年，本末相授，有司得以居今而知昔，參酌同異，因時施宜，此前人作書之本意也。

臣以不佞，待罪地官，上承元豐之餘業，親睹二聖之新政，時事之變易，財賦之登耗，可得而言也。謹按藝祖皇帝創業之始，海內分裂，租賦之入不能半今世。然而宗室尚鮮，諸王不過數人。仕者寡少，自朝廷郡縣皆不能備官。士卒精練，常以少克衆。用此三者，故能奮於不足之中，而綽然常若有餘。及其列國款附，賝貢相屬於道，府庫充塞，創景福內庫以畜金幣，爲珍虜之策。太宗因之，克平太原。眞宗繼之，懷服契丹。二患既弭，天下安樂，日登富庶，故咸平、景德之間，號稱太平。羣臣稱頌功德，不知所以裁之者。於是請封泰山，祀汾陰，禮亳社，屬車所至，費以鉅萬。而上清、昭應、集禧、景靈之功，相繼而起，累世之積，糜耗多矣。其後昭應之災，臣下復以營繕爲言，大臣力爭，章獻感悟，沛然遂與天下休息。仁宗仁聖，清心省事，以幸天下，然而民物蕃庶，未復其舊。而夏賊竊發，邊久無備，遂命益兵以應敵，急征以養兵。雖間出內藏之積以求紓民，而四方騷然，民不安其居矣。其後西戎既平，而已益之兵遂不復汰，加以宗子蕃衍，充牣宮邸，官吏冗積，員溢於位。財之不贍，爲日久矣！英宗嗣位，慨然有救弊之意，羣臣竦觀，幾見日新之政，而大業未遂。神考嗣世，忿流弊之委積，閔財力之傷耗，覽政之初，爲強兵富國之計。有司奉承，違失本旨。始爲青苗、助役，以病農民；繼爲市易、鹽鐵，以困商賈。利孔百出，不專於三司。於是經入竭於上，民力屈於下。繼以南征交趾，西討拓跋，用兵之費，一日千金。雖内帑别藏，時有以助之，而國亦憊矣！今二聖臨御，方恭默無爲，求民之疾苦而療之。令之不便，無不釋去，民亦少休矣。而西夏不賓，水旱繼作，凡國之用度，大率多於前世。當此之時，而不思所以濟之，豈不殆哉？

臣歷觀前世，持盈守成，艱於創業之君。蓋盈之必溢，而成之必毁，物理之至，有不可逃者。盈成之間，非有德者不安，非有法者不久。昔秦、隋之盛，非無法也，内建百官，外列郡縣，至於漢、唐，因而行之，卒不能改，然皆二世而亡，何者？無德以爲安也。漢文帝恭儉寡欲，專務以德化民，民富而國治，後世莫及。然身没之後，七國作難，幾於亂亡。晉武帝削平吴、蜀，任賢使能，容受直言，有明主之風。然而亡不旋踵，子弟内叛，羌胡外亂，遂以失國。此二帝者，皆無法以爲久也。今二聖之治，安而静，仁而恕，德積於世。秦、隋之憂，臣無所措心矣。然而空匱之極，法度不立，雖無漢、晉强臣敵國之患，而數年之後，國用曠竭，臣恐未可安枕而卧也。故臣願得終言之。

凡計會之實，取元豐之八年，而其爲别有五：一曰收支，二曰民賦，三曰課入，四曰儲運，五曰經費。五者既具，然後著之以見在，列之以通表，而天下之大計可以畫地而談也。若夫内藏右曹之積與天下封樁之實，非昔三司所領，則不入會計，將著之他書，以備覽觀焉。臣謹敍。

收支敍

古者，三年耕必有一年之蓄，以三十年之通制國用，則九年之蓄可跂而待也。今者一歲之入，金以兩計者四千三百，而其出之不盡者二千七百。銀以兩計者五萬七千，而其出之多者六萬。錢以千計者四千八百四十八萬，除米鹽錢後得此數(一)。而其出之多者一百八十二萬。并言未破應在及汎支給賜得此數。紬絹以匹計者一百五十一萬，而其出之多者十七萬。穀以石計者二千四百四十五萬，而其出之不盡者七十四萬。草以束計者七百九十九萬，而其出之多者八百一十一萬。然則一歲之入，不足以供一歲之出矣。故凡國之經費，折長補短，常患不足。小有非常之用，有司輒求之朝廷，待內藏米鹽而後足(二)。臣身典大計，以爲是婾歲月可也，數歲之後，將有不勝其憂者矣。是以輒嘗推原其故。

方今禁中奉養有度，金玉錦繡不逾其舊，宮室不修，犬馬不玩，有司循守法制，謹視出入之節，未嘗有失也。而其弊安在？天下久安，物盛而用廣，亦理之常也。顧所以處之如何耳。臣請歷舉其數。宗室之衆：皇祐節度三人，今爲九人矣；兩使留後一人，今爲八人矣；觀察使一人，今爲十五人矣；防禦使四人，今爲四十二人矣。百官之富：景德大夫三十九人，景德爲諸曹郎中。今爲二百三十人矣；朝奉郎以上一百六十五人，景德爲員外郎。今爲六百九十五人矣；承議郎一百二十七人，景德爲博士。今爲三百六十九人矣；奉議郎一百四十八人，景德爲三丞。今爲四百三十一人矣；諸司使二十七人，今爲二百六十八人矣；副使六十三人，今爲一千一百一十一人矣；供奉官一百九十三人，今爲一千三百二十二人矣；侍禁三百一十六人，今爲二千一百一十七人矣；三省之吏六十人，今爲一百七十二人矣。其餘可以類推，臣不敢遍舉也。昔者，郎止前行，卿有定員，今之大夫、朝議皆無限法。尚書、侍郎歷改三曹，而今之正議、銀青合而爲一。官秩併增，不知其義。

夫國之財賦非天不生，非地不養，非民不長。取之有法，收之有時，止於是矣。而宗室官吏之衆，可以禮法節也。祖宗之世，士之始有常秩者，竢闕則補，否則循資而已，不妄授也。仁宗末年，任子之法，自宰相以下無不減損。英宗之初，三載考績，增以四歲。神宗之始，宗室祖免之外，不復推恩。祖免之內，以試出仕。此四事者，使今世欲爲之，將以爲逆人心、違舊法，不可言也，而況於行之乎？雖然，祖宗行之不疑，當世亦莫之非。何者？事勢既極，不變則敗，衆人之所共知也。

今朝廷履至極之勢，獨持之而不敢議，臣實疑之。誠自今日而議之，因其勢，循其理，微爲之節文，使見任者無損，而來者有限，今雖未見其利，要之十年之後，事有間矣。賈誼言諸侯之變，以謂「失今不治，必爲痼疾」，今臣亦云。苟能裁之，天下之幸也。

【校】

〔一〕「米」，原本作「末」，據叢刊本改。

〔二〕同〔一〕。

民賦敍

古之民政有不可復者三焉。自祖宗以來，論事者嘗以爲言，而爲政者嘗試其事矣。然爲之愈詳，而民愈擾；事之愈力，而功愈難。其故何哉？

古者隱兵於農，無事則耕，有事則戰。安平之世，無稟給之費；征伐之際，得勤力之士。此儒者之所歎息而言也。然而熙寧之初，爲保甲之令，民始嫁母、贅子、斷壞支體以求免丁。及其既成，子弟挾縣官之勢以邀其父兄，擅弓劍之技以暴其鄉黨。至今河朔、京東之盜，皆保甲之餘也。其後元豐之中，爲保馬之法，使民計產養馬。蓄馬者衆，馬不可得，民至持金帛買馬於江淮，小不中度，輒斥不用。郡縣歲時閱視可否，權在醫駔，民不堪命。民兵之害，乃至於此。此所謂不可復者一也。

周官泉府之制：「凡民之貸者，以國服爲之息。」貸而求息，三代之政有不然者矣。詩曰：「倬彼甫田，歲取十千。我取其陳，食我農人，自古有年。」而孟子亦云：「春省耕而補不足，秋省斂而助不給。」古蓋有是道矣，而未必有常數，亦未必有常息也。至於熙寧青苗之法，凡主客戶得相保任，而貸其息，歲取十二。出入之際，吏緣爲姦；請納之勞，民費自倍。凡自官而及私者，率取二而得一；自私而入公者，率輸十而得五。錢積於上，布帛米粟賤不可售。歲暮寒苦，吏卒在門，民號無告。二十年之間，民無貧富，家產盡耗。此所謂不可復者二也。

古者治民必周知其夫家、田畝、六畜、器械之數，未有不知其數而能制其貧富者也，未有不能制其貧富而能得其心者也。故三代之君，開井田，畫溝洫，謹步畝，嚴版圖，因口之衆寡以授田，因田之厚薄以制賦。經界既定，仁政自成。下及隋唐，風流已遠，然其授民田，有口分、永業，皆取之於官。其斂民財，有租、庸、調，皆計之於口。其後世亂法壞，變爲兩稅。戶無主客，以見居爲簿；人無丁中，以貧富爲差。田之在民，其漸由此。貿易之際，不可復知。貧者急於售田，則田多而稅少；富者利於避役，則稅少而田多。僥倖一興，稅役皆弊。故丁謂之記景德，田況之記皇祐，皆以均稅爲言矣。然嘉祐中，薛向、孫琳始議方田，量步畮，審肥瘠，以定賦稅之入。熙寧中，呂惠卿復建手實，抉私隱，崇告訐，以實貧富之等。元豐中，李琮追究逃絕，均虛數，虐編戶，以補失陷之稅。此三者，皆爲國斂怨，所得不補所失。事不旋踵而罷。此所謂不可復者三也。

故臣愚以謂爲國者，當務實而已，不求其名。誠使民盡力耕田，賦輸以養兵，終身無復征戍之勞。而朝廷招募勇力強狡之民，教之戰陣，以衞良民。二者各得其利，亦何所不可哉？富民之家，取有餘以貸不足，雖有倍稱之息，而子本之債，官不爲理，償還之日〔一〕，布縷菽粟、雞豚狗彘百物皆售。州縣晏然處曲直之斷，而民自相養，蓋亦足矣。至於田賦厚薄多寡之異，雖小有不齊，而安靜不擾。民樂其業，賦以時入，所失無幾。因其交易，而質其欺隱，繩之以法，亦足以禁其太甚。昔宇文融括諸道客戶，州縣觀望，虛張其數，以實戶爲客。雖得戶八十餘萬，歲得錢數百萬，而百姓困弊，實召天寶之亂。均稅之害何以異此？凡此三者，皆儒者平昔之所稱頌，以爲先王之遺法，用之足以致太平者也。然數十年以來，屢試而屢敗，足以爲後世好名者之戒矣！

惟嘉祐以前，百役在民，衙前大者主倉庫、躬饋運，小者治燕饗、職迎送，破家之禍，易於反掌。至於州縣役人，皆貪官暴吏之所誅求、仰以爲生者。先帝深究其病，鬻坊場以募衙前，均役錢以顧諸役，使民得闔門治生，而吏不敢苛問。有司奉行不得其當，坊場求數倍之價，役錢取寬剩之積，而民始困蹶不堪其生矣。今二聖鑒觀前事，知其得失之實，既盡去保甲、青苗、均稅，至於役法，舉差雇之中，惟便民者取之。郡縣奉承，雖未即能盡，而天下之民，知天子之愛我矣。故臣於民賦之篇，備論其得失，俾後有考焉。

【校】

〔一〕「還」，原作「進」，據宋丙本、叢刊本改。

欒城後集卷之十六

劄子十五首

兄除翰林承旨乞外任劄子四首

臣伏見兄軾近除翰林學士承旨兼侍讀，以臣備位執政，不敢復居要職。比雖受命，仍奏乞候過坤成上壽，再乞外任。伏念臣頃蒙誤恩，擢居丞轄，才微德薄，常有負乘致寇之憂。但以遭逢聖明，恩德深厚，未知所報，不敢求去。今者乃以忝冒之故，復致兄軾逡巡退避，不敢安職，於臣私情莫遑寧處。況復兄軾才高行備，過臣遠甚，不唯衆所共知，抑亦聖鑒所亮。兼臣自蒙擢用，今將半年，雖日夜勉勵，終無所補。若使兄軾得安處侍從，論思講讀，正其所長，未必無補於聖德也。故臣以謂陛下只可使弟避兄，不可使兄避弟；只可使不肖避賢，不可使賢避不肖。區區愚懇，竭盡於此。伏乞聖慈察臣深心，除臣一郡，上以全朝廷之公道，下以伸兄弟之私義。臣不勝至願，冒昧自陳。取進止。

貼黃：臣自聞兄軾相次到闕，即欲上章避位，意謂恐涉援引兄軾之嫌。今者竊觀朝廷擢用兄軾，首冠禁林經筵，眷遇之意，可謂至重，榮名厚祿，亦云極矣。雖愚無知，豈復更有僥倖無厭之望？臣以此不敢復避小嫌，令兄軾不安其職。伏乞聖慈體察，早賜施行。

第二

臣竊以君臣之間，譬如父子。中有所懷，不當不盡。臣近以兄軾爲臣備位省轄，不敢安職，援引故事，力求補外。臣內緣長少之義，外量賢愚之分，冒瀆聖聰，欲求一郡，以厭公義。今月十二日，面被德音，以臣與軾既非同官，不須回避。臣退而思念：聖恩隆厚，不以兄弟並處要劇爲嫌，略去形迹，責之實效。臣等雖復捐軀，何以爲報？然而兄弟孤遠，愚拙寡援，前後進用，皆出聖造。臣既預聞國政，兄復首冠侍從，一家寵榮，朝臣未見其比。若不知退避，下則羣言可畏，上則陰譴可虞。既兄弟未可並退，而臣自知才氣學術皆不如兄，是以自求引去，意欲使軾稍安於位，竭力圖報，庶幾有補於國，而無害於家耳。區區之誠，非復矯飾。伏乞指揮，檢會前奏，早賜施行。取進止。

第三

臣忝備執政，無補萬一。而兄軾自外召還，以臣故不敢安處要近，力求補外。臣比以長少之宜，能否之分，再瀝肝膽，乞守郡自効，以安私義。皆面蒙聖訓不允所請。雖再三干冒，已不容誅，而區區寸誠，終不可已。特以坤成在近，臣子皆得上千萬歲壽，況臣遭逢恩寵倍常，是以未敢復有所請，欲俟過聖節，即伸前懇。伏乞聖慈，特賜鑒察。取進止。

第四

臣伏以臣兄軾近自杭州召還爲翰林學士承旨兼侍讀，軾以臣備位政府，避嫌請外。臣亦再上章自陳，以謂朝廷若以長幼論之，則當使弟避兄；若以才否論之，則當使臣避軾。事理至順，意必見從。而志淺言輕，不蒙聽察。兄軾近已蒙恩除知潁州，雖聖恩深厚，曲遂其請，而緣臣忝冒，致之外徙。不惟私意有所未順，質之公議，尤曰非宜。況臣供職以來，於今半年，雖勉強自將，而毫髮無補。久妨賢路，心自不遑。欲乞聖慈，諒臣誠心，非有矯飾，特除臣一郡，以安愚衷。干冒宸嚴，不勝戰汗隕越之至。取進止。

舉王鞏乞外任劄子五首

臣伏見御史中丞鄭雍、殿中侍御史楊畏言臣前任中憲日舉王鞏不當。臣伏自念，臣昔薦鞏，本緣方今人物衰少，惜其才有可採，謂宜洗濯瑕疵，稍加錄用。朝廷因此過聽，除鞏大藩。臣雖無欺君之言，終有輕舉之罪。人言不已，情實難安。伏乞聖慈，速正典刑，以弭羣議。取進止。

第二

臣昨以鄭雍、楊畏言臣薦王鞏不當，奏乞速正典刑，以弭羣議。尋復見諫官虞策與臺官安鼎亦論此事。內虞策所言，與鄭雍、楊畏不甚相遠。惟有安鼎謂臣欺罔詐謬，機械深巧，不速譴責，恐臣挾朋誕謾，日滋日橫。信如鼎言，則臣死有餘責，有何面目尚在朝廷？今臣既以舉官不當，乞行朝典，不敢復與鼎辨別曲直。然鼎頃與趙君錫、賈易等同搆飛語，誣罔臣兄軾以惡逆之罪，嘗與君錫等同上殿奏對。上賴聖鑒照察，知其挾情虛妄，君錫與易卽時降黜，惟鼎今在言路，是以盡力攻臣，無所不至。朝廷若不逐臣，鼎必不肯已。伏乞聖慈，憫臣孤立無援，早賜責降，使鼎私意得伸，不復煩瀆聖聽，則臣死生幸甚。臣謹已家居待罪，伏乞早賜施行。取進止。

貼黄：臣本欲候二十二日奏事面陳家居待罪之意，但以鼎攻臣甚急，若不早自引避，恐再以惡言見及，伏乞聖慈體察。

第三

臣適蒙恩押赴起居奏事，尋面奏以臺諫有言，理合回避，乞除外任，以安危迹。蒙德音宣諭，臺諫所言，止是舉官不當一事，令臣且爲朝廷安心供職。臣仰服聖恩，察臣無他過惡，便合祗稟訓詞，不當再有陳請。然臣備位執政，而舉非其人，國有成法。在臣則當奉法以率衆，於朝廷則不宜曲法以私臣。況臣比年以來，再任言責，每有論奏，不敢觀望，以此仇怨滿前，孤立寡援。每一念此，不寒而慄，雖無人言，自當引去。今羣言未已，其鋒可畏，若不蒙聖恩諒臣此心，許臣補外，實恐横被攻擊，立見顚隮。臣已不敢復入東府，見在天壽院聽候指揮。伏乞聖慈，愍臣窮迫，早賜施行。臣無任祈天竢命激切屏營之至，取進止。

第四

臣今日伏蒙聖恩，特降中使，賜臣不允陳乞外任詔書一道，仍傳宣聖旨，令臣早赴省供職者。孤危之迹，以外爲安。保全之恩，留而不遣。仰荷眷奬，惟知感泣。然念臣兩任臺諫，因緣言事，仇怨甚多。今輕舉之罪，雖蒙寬貸，終恐難以自安。伏乞聖慈，察臣危懇，檢會前奏，早賜開許。再三干瀆天聽，無任惶懼戰慄之至。取進止。

第五

臣今月二十五日，伏蒙聖恩，特降中使，賜臣詔書，仍傳聖旨，令臣赴省供職。愚直寡助，朝多仇怨，尋具劄子，復申前請。臣之愚意，非止欲求安身，蓋將稍息煩言，免致上瀆天聽。俯伏竢命，今已三日，未聞報可，憂懼實深。倘冀聖慈，察其孤慄畏人之心，恕其再三冒聞之罪，檢會累奏，早賜施行，則臣死生幸甚。取進止。

乞賜張宣徽謚劄子

臣伏見故宣徽南院使太子太保贈司空張方平始以博學高文，名冠多士；終以中立不倚，望重累朝。練達政體，言不虛發。遭遇聖明，眷禮隆異。每用其言，輒效見當世；其所不用，皆有驗於後。當熙寧變法之際，與大臣議論不合，引就外補。年方七十，懇請致仕。杜門不出，十有餘年。觀其始終，動合典禮，有古人大節。然性本渾朴，不近名譽。臨終戒其子孫，不許請謚立碑。士大夫聞之，莫不嘆息。臣昔少年，識方平於成都，一見以忠義相勉。其後兩從奏辟，分兼師友。竊以謂約身殺禮，雖人臣執謙之美；而誄行易名，本人君追遠之義。況自方平之亡，臣親聞德音，許其忠直。竊見故事，臣寮之家有不乞謚者，皆因奏請，特詔禮官定議，以示褒勸。伏乞聖慈，以臣此奏降付太常寺，於其家取索行狀，依例施行。取進止。

貼黄：本朝翰林侍讀學士兵部侍郎兼祕書監贈太子太師楊徽之、翰林學士承旨工部尚書宋祁，此二人身亡皆不請謚。其後參知政事宋綬爲徽之請謚，曰文莊；翰林學士承旨張方平爲祁請謚，曰景文。伏乞付有司檢會施行。

立皇后制書劄子

臣昨日躬聽制書，伏承太皇太后陛下上皇帝云：皇帝陛下，奉承慈訓。公選賢淑，下逮側微，明建中宮，以助內治。羣臣在位，無不忻懽。臣每因進見，備聞德音，知采擇之艱，前後經涉二歲，所訪何止百家。逮茲成命，聖心勤止。臣今日偶以在告，不獲隨衆面致懇誠，不勝區區激切惶恐之至。

論黄河軟堰劄子 申三省狀附。

臣今月八日，以式假不預進呈公事。竊見三省同奉聖旨：北流軟堰，依都水監所奏，候下手日，先將檢計到功料奏取指揮。

竊緣臣從來都堂聚議，常以謂軟堰不可施於北流，利害甚明。蓋東流本人力所開，闊止百餘步，冬月河流斷絶，故軟堰可爲。今北流既是大河正溜，比之東流〔一〕，何止數倍？見今河水行流不絶，軟堰何由能立？蓋水官之意，欲以軟堰爲名，實作硬堰，陰爲回河之計耳。朝廷既已覺其意，則軟堰之請〔二〕，不宜復從。

昨已於正月二十八日面奏大略，以謂昔先帝因河決導之北流，已得水性，惟隄防未立，每歲不免決溢之患。蓋小小決溢，是黄河常事，本不爲大害，而數年前，朝廷議欲回河，王孝先、吴安持等因此横生河事。昔北京以南，黄河西岸，有闞村等三河門，遇河水決溢，卽開此三門，放水西行空地，至北京之北，却合入大河。故北京生聚無大危急。只自建議回河，先塞此三門，又於西隄作鋸牙馬頭，約水東流，直過北京之上，故北京連年告急。緣此水勢趴東，故去年東流遂多於昔，由此言之，分流之説，非徒無利，實亦有害也。何者？每年秋水泛漲，分入兩流，一時之間，稍免決溢，此分水之利也。河水重濁，緩卽生淤，既分爲二，不得不緩，故今日北流已見淤塞，此分水之害也。然將來漲水之後，河流東、北蓋未可知。臣等昨問吳安持，安持亦言：「去年河水自東，安知今年河水不自北？」太皇太后宣諭曰：「水官尚如此言，餘人更安敢保？」

臣又奏曰：「昨來安持等因河流稍東，乞於東流添埽五七緷，稱此機會不可少緩。臣等恐安持意欲因此指揮，多添埽緷，壅遏北流，不爲穩便，卽乞指揮所增埽不得過元乞數。然時方河冰，埽緷皆不到地，所稱機會，悉是妄言。安持等既未得如意，卽又奏乞北流河門只留一百五十步。蓋北流河門本闊三百餘步，今若塞其太半，河流既未可保其不北，若使所塞堅壯，不可動搖，則漲水咽怒，必爲上流之患，京師以來，皆未免憂也。若所塞浮虛，漲水一至，隨流蕩去，人工物料，無慮數百萬，頃刻而盡，民之膏血，深可痛惜。然臣愚意亦非敢便謂河水必北而不東也，但欲候今年夏秋漲水之來，徐觀河勢所向。水若全東，則北流不塞，自當淤斷；水若復北，則北河如舊，自可容納。朝廷作事務在萬全，若行險僥倖萬一成功，此則水官之意，臣不敢從也。安持等既見前計不行，則又要橫截北流，以爲軟堰。見今北流稍緩，安持等已恐因此生淤，故立此堰。然却因作堰，欲盡留使臣、人工、物料，積漸增卑撩淺，卽是用河上諸埽人力般土塡河，數月之後，積土成山，不知與見今河淤孰爲多少？名欲分水，實是回河，決不可許。臣欲乞先令安持等結罪保明河流所向，及土堰若成有無塡塞河道致將來之患，然後遣使按行，具可否利害。」太皇太后曰：「水官猶不能保河之東北，時暫遣使，又安能知？且可重別商量。」臣奏曰：「臣迫於異同之論，故乞遣官。若出自聖斷，只朝廷商量，亦無不可。」太皇太后又曰：「縱令水官結罪，待其敗事然後施行，於事何補？」臣奏曰：「誠如聖旨。昔修六塔河，先責李仲昌狀，其功不成，隨即責降。此是富弼等當時謬政，不足復用。今來聖旨極爲允當。」

臣退復思之，嘗聞頃歲北流河門闊十餘里，水面闊七八里，今來河門止闊三百餘步。蓋水官數年以來堙塞大河，一至於此，使洪流不安，誰任其咎？又東流河門止闊百餘步，每年漲水東行，已有滿溢之懼，今復欲併入北流，理難包畜。遂指揮中書工房令作畫一，問都水監，至今未有回報。朝廷欲作軟堰，當候問得此二事，委無妨礙有實，及臣等看詳，實有利無害，乃可施行。若不待報，遽降依奏指揮，必恐有悞國事。雖云先具功料，奏取指揮，然已令依奏下手，則是邪說已行，必致驚動衆聽，且貽後患。

伏乞聖慈，特賜詳察，降臣此議付三省〔三〕，所有八日指揮乞未行下，俟臣參假商量取旨。河事至重，措置不當，一方生靈，被害非細。臣時暫在告，心有所見，不敢默已，干冒天威，甘俟誅譴。取進止。

工房畫一

一、勘會北流元祐二年河門原闊幾里？水面闊幾里？逐年開排，直至去年，只闊三百二十步，有何緣故？

一、勘會東流河門見今闊幾步？每年漲水東出，水面南北闊幾里？南面有無堤岸？北京順水堤不沒者幾尺？今來北流若果淤斷，將來漲水東行，係併合北流多少分數？有無包畜不盡？

貼黄：看詳軟堰之義，吳安持等本只是奏乞令外丞司相度北流水勢，如更有減落，卽令用軟堰權閉，原未敢便乞下手。今朝廷指揮，更不相度，便令下手。卽依奏之言，深爲未當。兼將來敗事，安持等得以歸過朝廷，尤爲不便。臣忝預執政，只合每事反覆商量，不當獨入文字。只爲此命一行，臣自度參假之後，必不敢不爭，若大臣爭已行之命，顯異同之迹，非所以示天下。故須至密入此疏，仍已一面密申三省，乞未施行。

【校】

〔一〕「比」，原作「北」，據宋丙本、叢刊本改。

〔二〕「意，則」，原無，據宋丙本、叢刊本補。

〔三〕「付」，原作「副」，據宋丙本、叢刊本改。

附：論軟堰申三省狀

右轍今月八日以式假不預進呈公事，竊見中書省錄黄北流軟堰事，三省同奉聖旨，依都水監、北外都水丞司所奏，候下手日，先將檢計到功料奏取指揮。竊緣轍從來於都堂商量，以謂軟堰不可施於北流，利害甚明，兼曾於正月二十八日面奏，蒙聖旨令別具商議聞奏。今來八日指揮，愚意實未以爲然，況轍時暫在告，心知不便，難以緘默，已別具論奏。謹具申三省，所有八日指揮，乞未行下工部，俟參假日更別商量取旨。謹狀。

論御試策題箚子二首

臣伏見御試策題歷詆近歲行事，有欲復熙寧、元豐故事之意，臣備位執政，不敢不言。然臣竊料陛下本無此心，其必有人妄意陛下牽於父子之恩，不復深究是非，遠慮安危，故勸陛下復行此事。此所謂小人之愛君，取快於一時，非忠臣之愛君，以安社稷爲悦者也。臣竊觀神宗皇帝以天縱之才，行大有爲之志，其所設施，度越前古，蓋有百世而不可變者矣。臣請爲陛下指陳其略。先帝在位近二十年，而終身不受尊號；裁損宗室，恩止祖免，減朝廷無窮之費；出賣坊場，雇募衙前，免民間破家之患；罷黜諸科誦數之學，訓練諸將慵惰之兵；置寄祿之官，復六曹之舊；嚴重祿之法，禁交謁之私；行淺攻之策，以折西戎之狂；收六色之錢，以寬雜役之困；其微至於設抵當，賣熟藥：凡如此類，皆先帝之聖謨睿算，有利無害，而元祐以來，上下奉行，未嘗失墜者也。至如其他，事有失當，何世無之？父作之於前，而子救之於後，前後相濟，此則聖人之孝也。昔漢武帝外事四夷，內興宮室，財賦匱竭，於是修鹽鐵、榷酤、平準、均輸之政，民不堪命，幾至大亂。昭帝委任霍光，罷去煩苛，漢室乃定。光武、顯宗以察爲明，以讖決事，上下恐懼，人懷不安。章帝即位，深鑒其失，代之以寬。豈弟之政，後世稱焉。及我本朝，眞宗皇帝，右文偃革，號稱太平，而羣臣因其極盛爲天書之說。章獻明肅太后臨御，覽大臣之議，藏書梓宮，以泯其迹。及仁宗聽政，亦絕口不言，天下至今韙之。英宗皇帝自藩邸入繼，大臣過計，創濮廟之議，朝廷爲之洶洶者數年。及先帝嗣位，或請復舉其事，寢而不答，遂以安靖。夫以漢昭、章之賢，與吾仁宗、神宗之聖，豈其薄於孝敬而輕事變易也哉？蓋事有不可不以廟社爲重故也。是以子孫既獲孝敬之實，而父祖不失聖明之稱，此眞明君之所務，不可與流俗議也。

臣不勝區區，願陛下反覆臣言，愼勿輕事改易。若輕變九年已行之事，擢任累歲不用之人，人懷私忿，而以先帝爲詞，則大事去矣。臣不勝憂國之心，冒犯天威，甘俟譴責。取進止。

臣近以御試策題有欲復熙寧、元豐故事之意，尋具劄子論先帝所行善政，見今遵行者自已非一；其間事有過差，元祐以來隨宜修改以安天下者，正是子孫孝敬之義。未審陛下以臣言爲然否？

第二

臣竊觀自陛下親政於今已是半年，臣等日侍淸光，若聖意誠謂先帝舊政有不合改更，自當宣喩臣等，令商議措置。今自宰臣以下未嘗略聞此言，而忽因策問進士宣露密旨，中外聞者，莫不驚怪。譬如家人父兄，欲有所爲，子弟有不預知，而亟與行路謀之，可乎？臣聞兩喜必有溢美之言，兩怒必有溢惡之言。喜怒不忘於心，而以議天下之政，必有過甚而不平者。朝廷雖有今昔之異，其實一家，欲有所爲，當愛惜事體，豈可如仇讎之相反惟患不速也哉？頃者元祐之初，初議改更，亦未免此病，故役法一事，隨改隨復，數年而後稍定。臣於此時初爲諫官，後爲御史，每言差役不可盡行，而河流不可強遏，上下顧望，終不盡從。陛下以此察之，臣非私元祐之政也；蓋知事出忽遽，則民受其病耳。議者誠謂元豐之事有可復行，而元祐之政有所未便，臣願陛下明詔臣等，公共商議，見其可而後行，審其失而後罷，深以生民社稷爲意，勿爲此怱怱，則天下之幸也。取進止。

貼黄：臣竊見章惇昔任樞密使，與司馬光爭論役法，其言有曰：「免役之法，利害相雜。」又曰：「見行役法，今日自合改更。」又曰：「自行免役，所遣使者，不能體先帝愛民之意，差役舊害雖已盡去，而免役新害隨而復生。今日正是更張修完之時。」又曰：「凡改更政事，固有不可緩者，有可以緩者。如京東、西保馬，緩一日則民間有一日之害，此不可緩者也。如役法歲月之間改更了當，誠不爲緩。」陛下謂惇豈欲破壞元豐故事者哉？而言猶若此，則元祐改更誠不爲過矣！

待罪箚子

臣以愚拙，特蒙聖恩，擢用不次，備位政府已及三年。報效不聞，負乘爲罪。前後累致煩言，浼瀆天聽，孤危之迹，寢食不遑。秖自去秋以來，紛紜少止，方欲祈天請命，力求補外，適以東朝變故，不敢自陳。今者偶因政事，懷有所見，輒欲傾盡，以報知遇。而天資闇冥，不達機務，論事失當，冒犯天威，不敢自安，謹已還入觀音院待罪。伏乞聖慈，察臣久欲退避，以免素餐之譏；憐臣不識忌諱，出於至愚之性。少寬刑誅，特賜屏逐，以允公議。臣無任瞻天瀝懇戰懼殞越之至。取進止。

欒城後集卷之十七

表記劄子狀共十六首〔一〕

元祐七年生日謝表二首

臣轍言：伏蒙聖恩，以臣生日，特遣中使降詔書賜臣羊酒米麵者。與聞幾政，每懷尸祿之憂；時及初生，曲蒙好賜之厚。使華臨賁，親族增榮。臣轍誠惶誠恐，頓首頓首。伏念臣起自畎畝之微，貧無甔石之積，永念屬厭之戒，曾無求飽之心。迨玷近班，適緣乏使。不稱是懼，如醉其憂。豈意生育之期，復煩慶賜之重？此蓋伏遇皇帝陛下，政本於惠，禮從其隆。萬物盛多，如魚麗之時；羣臣和樂，有鹿鳴之喜。斥餼牽以爲饋〔二〕，助燕私而不忘。自顧何功，敢竊大烹之養？誓將圖報，少逃素食之譏。臣無任感天荷聖激切屏營之至，謹奉表稱謝以聞。臣轍誠惶誠恐，頓首頓首，謹言〔三〕。

臣轍言：伏蒙聖恩，以臣生日，特遣中使降詔書賜臣羊酒米麵者。弧矢之祥，永記於生育；麋庖之賜，曲被於渙恩。祗荷寵靈，豈勝愧懼！臣轍誠惶誠恐，頓首頓首。伏念臣少方志學，曾蓼藿之莫辭；長欲事親，愧旨甘之不贍。雖居近列之寵，常懷罔極之悲。顧乏遠謀，猥叨亟饋。此蓋伏遇太皇太后陛下，約於奉己，侈在養賢。躬周公吐餔之勞，服大禹惡酒之戒。特推觴豆之賜，以助室家之私。敢不下酌民言，助調國政？庶無覆餗之患，以圖報德之方。臣無任感天荷聖激切屏營之至，謹奉表稱謝以聞。臣轍誠惶誠恐，頓首頓首，謹言。

【校】

〔一〕「六」，原作「四」，據實際篇數改。

〔二〕「饋」，原作「餘」，據宋丙本、叢刊本改。

〔三〕「臣轍……謹言」原本無，據宋丙本、叢刊本補。以下各篇，凡篇末有此句者，均與此同，不再出校記。

笏記

臣伏蒙聖慈，以臣生日，特遣中使降詔書，賜臣羊酒米麵者。獲貳文昌，再經生育。荐蒙慶賜之典，仰承慈惠之風。食浮於人，念素餐之可愧；任過其量，無令德之足觀。欲報之心，未知所措。臣無任感天荷聖激切屏營之至。

元祐八年生日謝表二首

臣轍言：伏蒙聖恩，以臣生日，特遣中使降詔書，賜臣羊酒米麵者。老逢誕日，泣親養之無從；賜出天廚，愧君恩之莫報。臣轍誠惶誠恐，頓首頓首。伏念臣生於窮陋，晚被寵榮。粗飯垢衣，未改生平之舊；嘉肴旨酒，每驚日食之豐。復緣載育之辰，曲霑駁幸之典。室家交慶，心口自慚。此蓋伏遇皇帝陛下，儉以約身，優於養士。勅廩人而繼粟，閔褐父之睍盛。力行舊章，以惠列辟；德非易物，澤配漏泉。矧兹異數之隆，非復周行之比。食無避難，敢忘臣子之心？志在屬厭，史誦古人之戒。臣無任感天荷聖激切屏營之至，謹奉表稱謝以聞。臣轍誠惶誠恐，頓首頓首，謹言。

臣轍言：伏蒙聖恩，以臣生日，特遣中使降詔書，賜臣羊酒米麵者。惠以餼牽，示同安於飽滿；繼之麴蘖，思共享於和平。臣轍誠惶誠恐，頓首頓首。伏念臣生自寒鄉，幼被慈訓。父篤敎忠之義，母有擇鄰之風。孤苦積年，衰罷無用。每逢生日，私竊疚懷。敢期老病之餘，獲霑好賜之末？既醉且飽，兼喜與悲。此蓋伏遇太皇太后陛下，知臣下之劬勞，散麋庖之充積。謂漿或不以，而周雅作刺；食每無餘，而秦風變衰。霑爲大亨〔一〕，度越前世。蓋視如手足，俾知體貌之隆；況門有桑蓬，本效馳驅之用。欲圖報德，誓以移忠。臣無任感天荷聖激切屏營之至，謹奉表稱謝以聞。臣軾誠惶誠恐，頓首頓首，謹言。

【校】

〔一〕「霑」，宋丙本、叢刊本作「霈」。

笏記

臣伏蒙聖慈，以臣生日，特遣中使降詔書，賜臣羊酒米麵者。枉蒙寄任，空閱歲時。每遇初生，輒被好賜。醉酒飽德，雖喜太平之風；鳴野食苹，未展盡心之報。臣無任感天荷聖激切屏營之至。

辭門下侍郎劄子

臣竊睹今日內降聖旨，臣轉官除門下侍郎。伏以執政近臣，預聞國論，可用才舉，難以次遷。苟以先後歲月爲倫，必致忝冒沈淪之議。況臣頃由縣道，擢寘從官，首尾七年，歷盡華貫。逮居丞轄之地，訖無絲髮之功。黽勉逾年，慚負塡臆。敢期聖眷未已，擢任愈隆？臣反覆思之：始者旣以不次，度越衆賢；今者又因見任，遷貳元宰。前後僥倖，豈可常然？苟復冒居出納之司，不知進退之分，公論不允，必致顚隮。況臣久以愚拙，誤蒙矜閔，幸今命出未下，勢尙可回，伏乞聖恩，念臣孤危，非有矯飾，特寢明命，以安微衷。臣無任祈天竢命激切屛營之至。取進止。

免太中大夫門下侍郎表二首

臣轍言：伏奉告命，蒙恩除臣太中大夫守門下侍郎者。久塵右轄，無補於時；進貳東臺，有慚在列。言莫宣於誠意，聽未感於高明。臣轍誠惶誠懼，頓首頓首。伏念臣頃以虛名，誤蒙收錄。旋塵近侍，非有勞能。咀嚌文詞，本腐儒之事業；彈治邪枉，犯衆口之憎嫌。及夫進貳文昌，日侍軒闥。隨衆出入，得失何補於萬幾；奉行文書，勉強自慚者期歲。此則聖主之所親見，孤臣之所自知。豈待人言，難逃天鑒。敢謂超升累級，復進崇階？雖用負乘，行自招於寇盜；未嘗狩獵，食何取於鶉貆？伏望太皇太后陛下，因功以舉賢，選衆以拔士。采其譽者，必考其實；聽其言者，皆原其心。如臣空疎，自難隱伏。特追成命，以慰公言。使聖朝無失於用人，則臣愚若蒙於厚賜。臣無任祈天竢命激切屛營之至，謹奉表陳免以聞。臣轍誠惶誠懼，頓首頓首。謹言。

臣轍言：伏奉誥命，蒙恩除臣大中大夫守門下侍郎者。喉吻之任，密侍於禁中；綸綍之行，風傳於海內。苟用人之失當，於累上以非輕。臣轍誠惶誠懼，頓首頓首。伏念臣西南陋儒，墳史樸學，非有過人之大節，惟守事君之小心。無其實不敢居其名，非其任不敢竊其祿。任歷三世，年逾半生。奉以周旋，未始失墜。今者乃欲以尋尺之材，居棟梁之任；以斗升之量，受鍾鼎之藏。雖欲欺君，且非本志。矧復躐等超累級之上，遷秩非舊比之常。竫言以思，未見其可。伏望皇帝陛下，因任庶物，照臨百官，短長各盡其宜，大小無失所養。必其力有餘而後用，則其任逾久而常新。抑將多士皆賴以安，豈惟微臣獨被其賜？愚衷已竭，天聽尚回。臣無任祈天俟命激切屏營之至，謹奉表陳免以聞。臣轍誠惶誠懼，頓首頓首，謹言。

謝太中大夫門下侍郎表二首

臣轍言：伏奉制命，除臣大中大夫守門下侍郎，再具詞免，蒙降批答不許，仍斷來章者。黄閣之崇，惟賢是用；四品之貴，匪功弗加。自惭迂拙之餘，併荷寵光之及。臣轍誠惶誠恐，頓首頓首。伏惟太皇太后陛下，政由家出，德與性成。盡心與民，雖萬鍾無愛於國；潔身由義，雖一毫未嘗取人。惟至清，故大臣小吏不察而盡知；惟至公，故貴戚近習不戒而自飭。臣每因雙日，獲覲清光。嘗恐病窳不中於規模，固陋難逃於冰鑑，方欲仰干聰聽，少避衆賢。敢謂未見瑕疵，尚加進擢？豈以其拙直無欺罔之過，而遲鈍少狂躁之心，致此誤恩，濫於末品？此蓋伏遇太皇太后陛下人非求備，志在養賢。將欲因鮑以致管生，尊隗以招樂子。拔十覬五人之用，累百求一鶚之精。廣而不遺，多故致雜。臣敢不仰體聖意，旁求哲人，既以寬寤寀之久勞，亦以救空疎之不逮。過此以往，未知所裁。臣無任感天荷聖激切屏營之至，謹奉表稱謝以聞。臣轍誠惶誠恐，頓首頓首，謹言。

臣轍言：伏奉制命，除臣太中大夫守門下侍郎，再具詞免，蒙降批答不允，仍斷來章者。掌轄逾年，何補六曹之劇？納言置貳，仍忝一階之崇。雖曰次遷，要爲非據。臣轍誠惶誠恐，頓首頓首。竊以臣之事君，理先審己。器小受大，有滿溢之禍；力薄負重，有顛蹶之虞。臣世本寒微，技止文墨。向者翺翔翰苑，才殫於書詔之間；總執臺綱，力盡於議論之際。至於參陪大政，實匪其人，久爾冒居，日深愧畏。未能謀遠，常恐見譏於匹夫；有若發蒙，何以折衝於下國？方知難而欲退，偶進擢之非常。貪戀恩榮，已乖行意之義；顧瞻中外，豈無潛德之人？徒以天聽甚高，巽命已發，循牆雖切，反汗無緣。上果朝廷知人之明，下愧朋友責善之實。此蓋伏遇皇帝陛下，游神淵默，灼見羣臣之情；運智密微，陰扶聖母之斷。人惟求舊，德用日新。念臣嘉祐之直言，仕亦既久；識臣建元之司諫，心則無邪。忘其鄙凡，日加親近。身非木石，猶有圖報之心；恩隆父兄，當驗服勤之效。臣無任感天荷聖激切屏營之至，謹奉表稱謝以聞。臣轍誠惶誠恐，頓首頓首，謹言。

進郊祀慶成詩狀

右臣伏覩今月十四日親饗郊廟禮成肆赦者。恭以莫大之儀，成於一日；無窮之澤，施及四方。歡聲所同，和氣畢應。伏惟皇帝陛下奉烈祖之成憲，蹈文母之訓言，臨御七年，愼守一德。人服孝慈之化，物知仁厚之心。神祇降休，麥禾荐熟。長日既至，舊章不忘。以爲再享明堂，未暇圜丘之大祀；躬謁皇地，久稽先帝之遺言。惕然不寧，述而非作，是用修合祭之舊，補不講之文。人情所安，神意昭答。況復肆眚之令，一寬於冥頑；已責之恩，大弛於纍縶。施仁於不報之地，收福於無求之中。臣每侍淸光，略聞大旨，勉強吟詠，形容盛明。愧周頌二后之精深，乏唐賦三禮之廣麗。圖寫天日，自知難成；間雜風謠，猶或有取。謹賦皇帝郊祀慶成詩一首，謹繕寫隨狀上進。輕冒宸嚴，臣無任慚懼激切之至。謹進。

免南郊加恩表二首

臣轍言：伏奉誥命，以郊祀禮畢，特加臣護軍，進封開國伯，食邑五百戶，食實封二百戶者。幸以空疎，獲陪元祀。敢祈恩霈，下逮無功？臣轍誠惶誠恐，頓首頓首。恭以三年而郊，百禮咸至。上則六聖德澤，洋溢於無盡；下則四方奔走，勞苦而不辭。鳩工聚財，講禮修器，經涉累歲，克舉舊儀。斯皆恭儉足以感神，仁聖足以服衆。故得事舉如素，禮成不違。其於左右之臣，豈有纖芥之助？今當宁之美，以謙而弗居；相祀之勞，雖微而咸錄。苟不知避，將何以安？伏望太皇太后陛下，上屈至恩，俯從私欲，使無勞者不得受賜，而辭寵者獲遂本心。體天地無私之明，厲臣下有恥之節。聰聽雖遠，懇誠必聞。臣無任祈天俟命激切屏營之至，謹奉表陳免以聞。臣轍誠惶誠恐，頓首頓首，謹言。

臣轍言：伏奉誥命，以郊祀禮畢，特加臣護軍，進封開國伯，食邑五百戶，食實封二百戶者。叨陪祀事，已極忻榮。貪冒寵光，實增愧畏。臣轍誠惶誠恐，頓首頓首。恭以皇帝陛下，紹統六聖，臨政七年。愛敬盡於事親，故道要而用博；終始念於典學，故德修而弗知。間者稽參古今，並享天地，人情既協，神理弗違。月朔以還，雨雪猶作；齋宿之際，風霾未除。

及夫晝漏盡而天宇肅清，月幾望而雲物晏燦。執玉而進，如將弗勝；受福以歸，謙不自有。衆庶如堵，歡欣一詞。此則聖性得於自然，臣下望而莫及。曾何誤寵，横及無勞？伏望皇帝陛下徇固請之誠，收已行之命，福胙既均於在列，名器豈宜以假人？益慎予奪之權，深厲廉耻之節。眇然微願，冀在必從。臣無任祈天竢命激切屏營之至，謹奉表陳免以聞。臣轍誠惶誠恐，頓首頓首，謹言。

謝南郊加恩表二首

臣轍言：伏奉誥命，特加臣護軍，進封開國伯，食邑五百户，食實封二百户。尋具表辭免，蒙降批答不許，仍斷來章者。元祀告成，靈貺昭答。推廣乾坤之施，普霑臣子之私。顧惟何勞，竊冒斯寵？臣轍誠惶誠恐，頓首頓首。伏惟太皇太后陛下，母儀三世，坤載四方。享天下之養，而非以厚其身；攬天下之務，而非以私其族。培附帝業，保佑神孫。譬如農夫之養苗，耘鉏以竢其長；玉人之作器，琢磨而望其成。厲之以講學之勤，示之以聽斷之敏。導之事天而天錫之福，訓之祀地而地應以和。凡下民所以知戴吾君，皆東朝有以啓迪其意。如臣等輩，絶企光塵，雖復因時以舉儀，祗令以從事，參備羽衞，進執豆籩。豈有勞能，坐被光寵？此蓋伏遇太皇太后陛下因賑膰之餘慶，録左右之微勤。以謂承天之休，不可以專享；及物之惠，不嫌於過優。致此誤恩，首霑近列，辭避無所，寢興莫遑。臣無任感天荷聖激切屏營之至，謹奉表稱謝以聞。臣轍誠惶誠恐，頓首頓首。謹言。

臣轍言：伏奉誥命，特加臣護軍，進封開國伯，食邑五百戶，食實封二百戶。尋具表辭免，蒙降批答不允，仍斷來章者。祗相元祀，粗免弗虔。敢緣均福之常，妄冀及私之寵？重紆訓語，秪益兢慚。臣轍誠惶誠恐，頓首頓首。恭惟郊廟之崇，祖宗所敬。先之以寬刑薄斂，使民罔艱虞；副之以潔粢碩牲，使神無恫怨。民神胥協，家國用寧。顧臣何人，預聞庶政？裕民之意，詔令具存；事神之誠，威儀可效。乃者密侍旒冕，手薦璧琮。晬容穆然，而祇畏之心明；羣工肅然，而吳敖之意息。聽於輿人之誦，知有列聖之風。臣目覩盛儀，無周南之嘆；位在近列，有秕前之譏。首被恩私，實增戰越。此蓋伏遇皇帝陛下，體二儀之博施，襲累聖之成規。霈然雨露之私，無復賢愚之間。勳封之錫，深愧於勞臣；田邑之加，幾至於成國。功無毫髮，恩積丘山。臣無任感天荷聖激切屏營之至，謹奉表稱謝以聞。臣轍誠惶誠恐，頓首頓首，謹言。

欒城後集卷之十八

表狀疏共十九首

汝州謝上表

臣轍言：伏奉誥命，差知汝州軍州事。臣已於四月二十一日到任上訖者。論事非宜，本虞於大譴；承命出守，猶荷於寬恩。臣轍誠惶誠恐，頓首頓首。伏念臣性本迂愚，學非練達。頃值時乘之始，偶同彙進之餘。由一邑之棲遲，歷九年之僥倖。徧塵侍從，未聞毫髮之勞；久處廟堂，滋見斗筲之陋。疎拙日慚於君父，滿盈每誚於友朋。貪戀寵光，不知引避，愚而自用，言之不疑。寡慮直前，初獨任其狂斐；干時妄作，信自取於顛隮。尙賴深仁，黜臨善地。此蓋伏遇皇帝陛下，堯舜相受，常懷善繼之心；父母兼容，深照不逮之實。稍寬憲法，特許省循。收去幹之魂，雖知甚幸；若喪家之犬，私竊自憐。恐懼未忘，寢興何暇？有民與社，永知愧於明時；使過與愚，冀或收於異日。臣無任瞻天荷聖惶懼戰越之至，謹奉表稱謝以聞。臣轍誠惶誠恐，頓首頓首，謹言。

分司南京到筠州謝表

臣轍言：臣前得罪，蒙恩落職知汝州。六月十二日再被告降三官，知袁州。即治陸行，趨陳留，具舟赴任。九月十日行至江州彭澤縣界，復被告降授試少府監，分司南京，筠州居住。尋拜受前行，於九月二十五日至筠州居住訖者。愚守一心，漫無趨避。歲更三黜，始悟愆尤。臣轍誠惶誠恐，頓首頓首。伏念臣家傳樸學，仕偶聖時。本無意於功名，徒自勸於翰墨。因時乏使，亟塵言事之班；竊食無功，復預聞政之列。纔經九歲，遍歷要塗。人心忌其超遷，天意惡其盈滿。捫心自省，事猶可追；任意直前，罪所從出。惟闇故不明利害，惟拙故不達幾微。以至罪積如山，命輕若髮。洊經彈擊，雖九死以猶輕；黜守幽遐，累千里而爲近。今兹責分留務〔一〕，棄置陋邦。不親吏民，許追思其過咎；稍霑祿秩，俾粗免於飢寒。人微固無可言，恩深繼之以泣。自違天日，分委泥塗。朝爲無言，恩出獨斷。此蓋伏遇皇帝陛下，法天廣覆，配地兼容。雖雷霆之震驚，與雪霜之嚴冽，未始絕物之命，要在厚民之生。故兹賤微，猶得陳述。如臣自處，本復何言？顧惟兄弟二人，迭相須爲性命；

江嶺異域，恐遂隔於存亡。況復墳墓闊疏，父子離散，若臣家之憂患，實今世之孤窮。靜言思之，誰可告者？惟有自投於君父，庶幾有冀於生全。泣血書詞，叩閽仰訴。生有捐軀之日，死存結草之誠。臣無任瞻天望聖激切屏營之至，謹奉表稱謝以聞。臣轍誠惶誠恐，頓首頓首，謹言。

【校】

〔一〕「責」，原作「貴」，據宋甲本、宋丙本、叢刊本改。

明堂賀表

臣轍言：伏睹今月十九日赦書，明堂禮畢，大赦天下者。饗帝尊親，古今之大典；推恩肆眚，天地之至仁。舉此盛儀，併在今日。臣轍誠歡誠忭〔一〕，頓首頓首。伏惟皇帝陛下，以仁御世，以誠事天。乾清坤寧，兵戢民阜。人悦故神罔不宥，物備故禮得以成。一享圜丘，三謁路寢。誠敬之心，與日兼茂；寬大之澤，靡物不蒙。能事既修，全福自至。方將享堯舜之上壽，膺成康之令名。民願所同，天心是若。臣頃侍帷幄，稍歷歲時。譴責之深，坐甘没齒；江湖之遠，猶冀首丘。久蟄泥塗，聞震雷而惕若；深囚籠檻，得清風而自疑。臣無任瞻天望聖激切屏營之至，謹奉表稱賀以聞。臣轍誠歡誠忭，頓首頓首。謹言。

【校】

〔一〕「忭」，原作「抃」，據叢刊本改。

雷州謝表

臣轍言：臣先蒙恩責降分司南京，筠州居住。於今年閏二月內又蒙恩責授化州別駕，雷州安置，已於今月五日至貶所訖者。謫居江外，已閱三年。再斥海濱，通行萬里。罪名既重，威命猶寬。臣轍誠惶誠懼，頓首頓首。伏念臣性本樸愚，老益頑鄙。連年驟進，不知盈滿之爲災；臨出妄言，未悟顛危之已至。命微如髮，釁積成山。比者水陸奔馳，霧雨烝濕，血屬星散，皮骨僅存。身錮陋邦，地窮南服。夷言莫辨，海氣常昏。出有踐蛇茹蠱之憂，處有陽淫陰伏之病。艱虞所迫，性命豈常？念咎之餘，待盡而已。伏惟皇帝陛下，仁齊堯舜，政述祖宗。日月之明，無幽不燭；天地之施，有生共霑。憐臣草木之微，念臣犬馬之舊，未忍視其殞斃，猶復許以生全。臣雖棄捐，尚識恩造。知殺身之何補，但沒齒以無言。臣無任感天荷聖激切屏營之至，謹奉表稱謝以聞。臣轍誠惶誠懼，頓首頓首，謹言。

移岳州謝狀

得罪南遷，於今七歲。按竄嶺表，又已四年。瘴癘所侵，僅存皮骨。親屬淪喪，生意幾盡。自分必死荒徼，不復歸見中原。豈意聖神御極，恩貸深廣，不遺舊物，尚許北還。元子赦書，重加開宥。事出特旨，恩實再生。臣見具舟前往，自爾稍近華風，遂脫瘴死。君恩至厚，力報無由。臣無任感天荷聖激切屏營之至。

復官宮觀謝表

臣轍言：昨於虔州准告，授臣濠州團練副使，岳州居住。臣尋乘船至鄂州，復准告授臣太中大夫、提舉鳳翔府上清太平宮，外州軍任便居住。臣已望闕祗受訖者。謫徙南方，自分必死；恩移近地，已若再生。復茲舊秩之還，仍領眞祠之祕。居從私欲，感極涕零。臣轍誠惶誠懼，頓首頓首。伏念臣稟生甚微，處世多難。反身自省，本欲忠孝於君親；報國何功？粗免愧畏於俯仰。徒以冰炭難於同器，仇怨因而滿前。被以惡名，指爲私黨。將杜其生還之路，遂立爲不赦之文。前後三遷，奔馳萬里。瘴癘纏繞，骨肉喪亡。聞者爲臣傷心，見者爲臣隕涕。雖百夫所聚，公議自明；而衆楚相咻，有口誰訴？此蓋伏遇皇帝陛下，體天地之造，坦然無私；奮堯舜之明，斷然有作。自初踐阼，即聞德音。內推聖母之慈仁，外照羣臣之情僞。荐垂恩宥，至於再三。春雷發聲，蟄戶咸震，臣得以遲莫復覩盛明。頓嘗卜居嵩潁之間，粗有伏臘之備，杜門可以卒歲，蔬食可以終身。生當擊壤以詠聖功，死當結草以效誠節。至於陰陽之施，草木何酬？臣無任瞻望闕庭、披瀝肝膽、激切屏營之至，謹奉表稱謝以聞。臣轍誠惶誠懼，頓首頓首，謹言。

南郊賀表

臣轍言：伏睹今月二十三日皇帝親饗圜丘，禮成肆赦者。臨御再期，初見上帝，神人交感，德澤旁周。臣轍誠歡誠忭，頓首頓首。伏以本朝六代八聖，承平之久，曠古所未聞；三年一郊，極盛之儀，有唐之成法。因四海來祭之廣，成百神受職之文。推演神休，肆宥多辟。恭惟皇帝陛下，體天地之大德，性堯舜之深仁。受命之符，本緣斯致；御世之道，亦由是隆。復因行禮之終，益廣好生之澤。臣頃斥居荒服，豈意生還？今密邇邦畿，亟聞敷命。造庭稱慶，雖絕望於餘生；鼓腹載歌，竊有幸於今日。臣無任瞻天望聖踊躍屏營之至，謹奉表稱賀以聞。臣轍誠歡誠忭，頓首頓首，謹言。

【校】

〔一〕宋甲本題下有小字：「建中靖國元年十一月。」

降授朝請大夫謝表〔一〕

臣轍言：伏奉告，降授朝請大夫，賜紫金魚袋，差遣、勳封、食實封如故者。罪大恩寬，言者未厭；官高德薄，法所不容。尙領眞祠，實出寬憲。臣轍誠惶誠恐，頓首頓首。伏念臣早塵近列，無補明時。下則拙於身謀，上則闇於國體。先朝矜其愚陋，宥以遐荒；前後七年，浮沉萬死。偶眞人之御歷，敷大號以惟新。普復舊官，亟叨厚祿。然臣年迫衰暮，知復何爲？身利退藏，顧未敢請。因循於此，黽俛自慚。雖復追削者五官，仍且獲安於閑局。涵恩至厚，爲幸已多。此蓋伏遇皇帝陛下，以堯舜之仁，行成康之政。衷未忘於舊物，恩許畢其餘生。臣謹當杜門躬耕，沒齒蔬食。知生成之難報，姑靜默以待終。臣無任瞻天望聖激切屛營之至，謹奉表稱謝以聞。臣轍誠惶誠恐，頓首頓首，謹言。

【校】

〔一〕宋甲本題下有小字：「崇寧元年。」

謝復墳寺表

臣轍言：准潁昌府牒，准御筆手詔節文，應係籍宰執墳寺，昨經改正，仍並給還者。名書罪籍，慚負明時。恩念私塋，特還舊刹。九泉受賜，荒隴生光。臣轍誠惶誠恐，頓首頓首。伏念臣早以空疎，叨居近密。始終無補，愚不自量。恩禮謬加，驟及既往。一被黨人之目，上遺先臣之憂。舊恩已移，沒齒何覬？豈謂詔恩一出，故物復還。丘壟絕芻牧之虞，松檟變燋枯之色。骨肉感涕，閭里咨嗟。此蓋伏遇皇帝陛下，性仁無私，聖孝不匱。覽二帝初潛之地，動一物失所之懷。號令所加，存沒咸賴。臣衰病已久，報恩之日不長；子孫在前，竭忠之心未替。過此以往，無所裁之。臣無任瞻天望聖激切屏營之至，謹奉表稱謝以聞。臣轍誠惶誠恐，頓首頓首，謹言。

謝復官表二首

屏居田里，忽捧絲綸。恩旨非常，驚喜交至。臣中謝伏念臣向者叨塵名位，自取顛隮。亟蒙召歸，卽還舊物之厚；中雖貶奪，不失便地之安。衰老之餘，退藏爲幸。閉門念咎，既久謝於交游；沒齒無言，蓋僅同於木石。雖未卽死，豈復千榮？此蓋伏遇皇帝陛下，聖德日新，仁心天覆。躬受八寶，推恩萬方。朝陽一升，雖幽咸照；時雨既至，靡物不蒙。遂使死灰再然，朽骨重肉。顧臣筋骸已憊，不任鞭策之施；耳目俱昏，絕望清明之化。論報無日，荷恩則深。臣無任瞻天仰聖激切屏營之至。

誕膺八寶，承天地之休；連錫二階，均雲雨之施。恩深難報，感極何言？臣中謝伏念臣憂患餘生，老病兼至。廢黜雖久，尙霑品秩之餘；奉養雖微，更獲耕耘之助。一毫以上，皆出於君恩；累歲偷安，有慚於公議。復叨寵數，深屬無名。玆蓋伏遇皇帝陛下，天造曲成，聖功獨運。深憐枯槁，重許發生。示人以無私之心，施德於不報之地。臣雖頑鄙，粗識恩私。筋力已衰，莫展驅馳之用；忠誠尙在，豈以生死而移？臣無任瞻天仰聖激切屛營之至。

皇太后上僊慰表

臣轍言：伏睹今月十四日大行皇太后遺誥至潁昌府者。母儀淪喪，率土震驚。臣轍誠哀誠殞，頓首頓首。大行皇太后定策艱難之中，力辭政務之要。功存社稷，德及生靈。奉諱云初，痛心罔極。伏惟皇帝陛下，方以天下爲養，遽有終身之憂。孝愛兼隆，哀慕日遠。臣久居謫籍，適此召還，感恩至深，奉慰無路。臣無任瞻望闕庭，哀慟殞越之至，謹奉表陳慰以聞。臣轍誠哀誠殞，頓首頓首，謹言。

欽聖憲肅皇后祔廟慰表

臣轍言：伏聞今月二十六日欽聖憲肅皇后神主祔廟禮畢者。復土告終，祔姑成禮。悲動宸極，痛徹寰瀛。臣轍誠哀誠殞，頓首頓首。欽聖憲肅皇后內治有光，坤元至順。方艱難之際，好謀而成；迨聽斷之辰，退藏於密。奄棄萬邦之養，永嚴七世之祠。伏惟皇帝陛下，仁孝自天，感慕踰等。捨曾閔匹夫之志，念文武創業之艱，深抑誠心，以幸天下。臣限以在外，不獲奔詣闕庭。臣無任瞻望摧咽激切屏營之至，謹奉表稱慰以聞。臣轍誠哀誠殞，頓首頓首，謹言。

欽慈皇后祔廟慰表

臣轍言：伏聞今月二十六日欽慈皇后神主祔廟禮畢者。孝不及養，永深敬愛之情，禮極追崇，亟成陵廟之制。臣轍誠哀誠殞，頓首頓首。欽慈皇后毓德仁里，作嬪皇家。早棄宮闈，未遑褘狄之盛禮；誕育仁聖，克復祖宗之舊章。神人共依，中外追感。伏惟皇帝陛下，孝恭成德，思慕終身。雖盡顯親之儀，未忘念母之志。中外瞻仰，啓處不遑。臣限以在外，不獲奔詣闕庭。臣無任瞻望摧咽激切屏營之至，謹奉表陳慰以聞。臣轍誠哀誠殞，頓首頓首，謹言。

大行太皇太后上僊功德疏

臣伏以道大難名，本無心於民上；功成卽去，空結想於人間。贄罷棗修，遂陳禕狄。敢薦竺文之祕，少資天福之餘。大行太皇太后，伏願乘佛妙因，稱民善禱。超升彼岸，既資福於今生；降澤斯民，終未忘於故國。臣無任瞻望涕泗激切屛營之至，謹疏。

皇太后上僊功德疏

右臣伏以仙馭賓天，聖功在物；哀纏率土，痛切遺臣。伏惟大行皇太后，祖烈崇高，坤儀博厚。定立長之大議，宗社以安；避成功而不居，中外咸仰。奄棄東朝之養，倏起西方之遊。易月有期，因山非遠。願假佛乘之妙，少資淨土之因。超三界以無方，福羣生於罔測。臣無任瞻望涕泗激切屛營之至，謹疏。

哲宗皇帝大祥功德疏

右臣伏以日月有期，祥禫成禮。甫終遏密，滋極痛傷。伏惟哲宗皇帝陛下，臨御積年，威神在物。紹聖考之遺業，啓華鄂之遠圖。至矣成功，薵然永慕。爰假佛乘之妙，少資仙馭之遊。伏願追列聖於九霄，齊光斗極；福遺黎於四海，等固山河。臣無任瞻天望聖激切屏營之至，謹疏。

天寧聖節功德疏

臣伏以地厚天高，取數固多於萬物；堯仁舜孝，降年獨永於百王。理雖出乎自然，事必從乎衆欲。是用假佛乘之至妙，祝宸算之無疆。皇帝陛下，伏願追繼祖宗之隆，度越漢唐之盛。恭儉以求仁而仁至；愷悌以祈福而福生。兼獲華夷之心，大副臣民之望。臣無任瞻天望聖激切屏營之至。謹疏。

東塋老翁井齋僧疏

降授朝請大夫護軍賜紫金魚袋蘇轍，伏爲東塋老翁井近歲以來泉源耗竭，人失烹飪，田失灌種。先壠攸託，中情惕然。今因姪孫新授廣都主簿元老西歸，謹請戒律僧就墳側晨設齋轉經、夜設水陸道場，以祈冥應。謹具疏如後：

齋僧七人，每僧各轉妙法蓮華經一部七卷〔一〕，設水陸道場一夜。

右伏以先君太子太師，兆自東山，躬卜靈宅。泉出右麓，流于西南。旱暵不乾，霖潦不溢。實有常德，紀于耆舊。越自近歲，漸致枯竭。永惟艮坎之德，行止相尋。山下出泉，在易爲蒙。蒙極必發，失其常性，厥咎在人。輙以愚暗，曩竊名位。積譴致罰，以累兹泉。今者歸依佛乘，救拔衆苦。伏願道場清淨，山神歡喜，泉流濆發，草木滋潤。居人蒙賜，塋域增固。伏乞三寶證知，稽首謹疏。

【校】

〔一〕「七卷」，宋甲本無。

欒城後集卷之十九

青詞十一首

京師

臣久以空疎，預聞國政，上愧天地，下慚君父。常願蔑私以徇公，捐身以濟物，而智有所不周，力有所不逮。事不稱心，十常三四，俯仰愧負，朝夕不忘。而復愚幼之年，過咎未免，長而知悔，往不可追。頃自十載以來，心存至道，清心寡欲，僅乃少完。浩如涉川，未知攸濟。敢以初生之日，仰祈眞聖之恩。察其誠心，祓以妙力，令臣所志獲遂，所學有成，國以永寧，身以長久。臣不勝大願，頓首頓首，謹詞。

高安四首

伏以生於微陋，性極冥頑。叨冒國恩，預聞政事。才短德薄，福過禍生〔一〕。任意直前，不知罪譴之增積；終年三黜，遂涉江湖之嶮艱。手足之親，播遷瘴海；父子之愛，留寓中原。寄迹高安，遽逢生日。術者薦告，厄運稍移。仰叩天閽，冀回聖造。矜其愚而多怨，察其中之無他。赦宥往愆，刊除罪籍，俾我同氣，俱復近邦。苟獲閑地以偷安，非復要途之敢望。棲心澹泊，粗成止欲之因；畢老勤行，竊冀長年之幸。傾倒激切，不知所裁。臣無任瞻天瀝懇惶恐戰越之至，謹詞。

伏以臣夫婦歸誠至道，託迹塵寰。自幼至今，隨世所行，豈免過咎？況復近歲，預聞國事，福祿盈滿，功行蔑聞。致此顛隮，將復誰咎？重以兄軾，平生悻直，仇怨滿前，流竄海濱，日虞瘴癘。以至墳墓隔絕，父子分離，相望萬里，患不相救。今斥逐以來，荐歷寒暑，追惟既往，非有邪慝。憂患已深，理或當復。惟眞聖慈閔，與物無私，庶幾北還，近獲成命。非復有心於榮遇，惟覬少獲於安全。憐其虛心養氣之勤，錫以問道逢師之幸。臣無任懇倒之至，謹詞。

伏以謫居高安，行將再歲。杜門自省，日懼禍災。乃者火焚閭閻，勢極熾猛。風從北來，正趨館舍。治任挈族，未知所適。而風回火轉，幸免焚爇。向非神祇明察，憐憫困窮，則雖免灰燼之虞，必有狼狽之患。敢陳菲供，少答靈貺。伏願稍垂慶祜，洗除宿殃。臣無任懇倒之至，謹詞。

伏念本鄉通義，以仕爲家。再謫高安，累年于此。以忠獲罪，夫婦漂流。攜家不前，男女離散。宿有疾疢〔二〕，不甚康強。飽暖安閑，雖感恩於造物；拘縻窘逼，常興嘆於異鄉。日届初生，家陳薄供，望三清而稽首，仰衆聖以馳誠。稍回恩光，照此陷穽〔三〕。願涉新歲，脱去宿殃，祿命增長，骨肉和合。悁悁誠意，莫敢盡宣。臣無任瞻天俟命激切屏營之至，頓首頓首，謹詞。

【校】

〔一〕「禍」，宋甲本作「災」。

〔二〕「疢」，宋甲本作「疚」。

〔三〕「陷」，宋甲本作「檻」。

龍川二首

伏念臣頃自甲戌之歲，大運在酉，命運相衝。是歲生日之後，自門下侍郎謫守汝州，爾後四經流竄，今在循州。嶮阻厄窮，何所不歷？疾疢喪禍，近復繼作。雖卯酉逆順，天理難逃。微生不幸，適丁其會。然術推陰命，先凶後吉。自始入運，今已七年，豈始迎其災而終亡其吉？伏願俯念窮困，稍垂寬宥，覺悟朝廷，解釋羅網，骨肉安樂，相從北還。區區寸誠，願盡於此。臣無任懇倒之至。謹詞。

伏念臣始自甲戌得罪於朝，流竄南方，於今七載。再投嶺表，亦又三年。瘴毒所侵，骨肉凋喪。衣食所迫，囊橐空虛。脾肺冷洩，藥石不效。北歸無日，老而益窮。常懼寄死南荒，永隔鄉井。因上元之穀日，依道士之靈科，稽首泥塗，歸命仙聖。一願養心煉氣，日見成功，積陰消散，眞陽充滿。二願朝廷覺悟，羅網解脫，振衣北還，躬耕爲樂。三願南北眷屬，各保安寧，北歸之時，一一相見。臣已身心自誓，屏去邪淫等觀，寃親普加慈恕。遇有方便，知無不爲。或在廟堂，或在田野，並推此心，無有變易。天地鬼神，實聞此言。雖生成之恩，兹未能報；而螻蟻之志，死且不渝。臣無任懇倒之至，謹詞。

閤皁

伏念臣頃自丁丑之春，得罪朝廷，流放海上。是時舟過臨江，近瞻閤皁。遙望玉笥，誠心惕然。徼福聖境，願得生還中原。當就茲山，恭陳薄供，以答靈造。今已蒙恩授前件官岳州居住。乘舟北歸，復出山下。而私行無力，仰止勝地，不能自致。惟神格斯，不可揆度。容光必照，何所不臨？臣遭回瘴癘之鄉，得脫病苦；出入嶺海之際，獲返江湖。天地之恩，草木何報？重念臣志弱才短，學術空虛，頃歲忝冒，實爲過分。然其忠國愛民，始終一心，粗若無愧。人不可罔，而況於天？儻茲心不誣，願今日已往，隨福所有，隨力所堪，除其艱難，錫之安穩。至於壽考由命，富貴在天，不敢妄祈，有所非覬。臣無任懇倒激切之至，謹詞。

許昌三首

伏念臣頃以宿世舊殃，七年流竄。天鑒在上，矜其無他，還寓潁川，粗霑微祿。顧視世事，自知難堪。姑願築室耕田，養生送死，優游里社，聊以卒歲。惟是學道之心，濬泊已久。雖勉求虛靜，而習氣未除；力行升降，而天路猶壅；疾病雖去，精氣未凝。方當厄運之終，復遇生日之至。仰祈眞聖，愍我勤勞，洗濯往愆，助成道力。臣無任懇倒激切之至，謹詞。

伏念臣頃自嶺外，還居潁川。雖身沾薄俸，而心虞多難。汝南經歲，老病逼身。今茲甲申建歲，庚申乘運，卯人至此，法當小泰。偶於歲首，復返舊廬。敢以初生之辰，仰祈眞聖之佑。然臣久慕至道，中無他求，唯是欲習初乾，日望增進，願心廣博，終冀成就。伏願隨力所堪，隨福所有，內以安身，外以及物。雖退轉之咎，自誓以必無；而保全之功，實冀於冥助。臣無任懇倒激切之至，謹詞。

伏念臣幼爲諸生，力學雖早，聞道則遲。中歲從仕，憂患常多，安樂則少。晚年學道，用力雖篤，成功未期。所經生日，六十有七。來日無幾，有志未從。自謫居南服，首尾七歲。旋居潁川，又復五載。齒髮衰變，氣血消亡。回首功名，自分已矣。存心性命，猶幸得之。伏願眞聖哀矜，成就微志。苟獲安身之福，敢忘及物之心？臣無任懇倒激切之至，謹詞。

祝文二首

嵩山祝文

轍昔緣吏役，自陳如洛，道出嵩少。秋雨方淫，繁雲如絮，纏覆山上。究觀近麓，莫矚諸嶺。據鞍默禱，庶幾一見。俯仰未幾，豁然雲移。如卷重帷，卻賓山後。連峯角立，草木可數。驚顧竊歎，莫知其由。昔韓愈南征，有感於衡。豈以無似，克配前烈？默然惕惕，不以語衆。至于今日，十有八年。永懷疇昔，有不能已。謹遣家兵，以茶酒香燭及佛經疏，伸導薄誠。神鑒不昧，景響昭答。謹告。

汝州謝雨文

維紹聖元年歲次甲戌四月壬寅朔二十六日丁卯，太中大夫知汝州軍州事護軍蘇轍，謹以清酒特羊之奠，恭祭于北園社令后土神君。轍以罪戾，謫守茲土。自春徂夏，旱饑爲苦。麰麥殄悴，禾未出畝。吾民憂傷，巫覡旁午。念予罪人，餘譴累汝。間行北園，亭曰致雨。前守趙王，有禱咸許。顧慚昔賢，願蹑前武。掃地而祭，屏去牖戶。青𣹲繞屋，喬木環渚。

徵風蕭然〔一〕，神物來處。吾僚祗敬，齋宿吾府。雲興山際，倏遍天宇。風來不疾，雷發不怒。祁祁甘澤，如哺如乳。酒不濡地，鴈不升俎。仁哉有神，未請而予。再宿告晴，高下咸溥。朝陽既升，鉏耨畢舉。宿麥斯實，施及禾黍。吏免訶譴，民病獲愈。念惟始至，神則何取？祗薦膠牲，以永斯祜。尚饗〔二〕。

【校】

〔一〕「蕭」，宋甲本、三蘇祠本作「肅」。

〔二〕宋甲本此文後提行有如下文字：「是歲，春雨不效，麥生不蕃，禾蓺不育。轍以四月壬戌視事。未郡方閔雨。閒登茲亭，閲二記曰：『前人不吾欺也。』乃以乙丑齋於望嵩，將以丁卯禱焉。未夕，雨大至，麥禾皆遂。遂以謝。易禱而作斯文。亭弊已甚，命增葺之，并刻于石。紹聖元年五月丁未記。」

欒城後集卷之二十

祭文一十八首

祭張宫保文

維元祐六年歲次辛未十二月乙卯朔二十日甲戌，中大夫守尚書右丞蘇轍謹以清酒庶羞之奠，致祭于故太子太保致仕張公四丈之靈〔一〕。轍之方冠，公守西蜀。時予先君，幅巾田服。尺書見公，一見而知。曰此鴻鵠，困于棘茨。君亦嘻嗟，世莫知我。孰謂斯人，獨明且果？顧我與兄，復往從之。少未更事，見亦弗疑：後將有成，達于家邦。斯言是信，不折不降。涉世多艱，久而莫伸。從公陳宋，庇于有仁。既博以文，又約以禮。示我夷易，行不知止。南遷而還，迎我而笑，世將用子，要至于道。我曰不然，將復見公。俯仰六年，斯志莫從。遺章上聞，匪私爾傷，慶曆之遺，今也則亡。

嗚呼！公之少年，坦然不羈。自放於酒，竹林是師。及其從宦，精深粹密，禮家法士，莫見其隙。公之問學，初亦弗勤，汎然游心，功倍於人。有疑而問，時罔弗達。禮則鄭虔，樂則吳札。公之行己，色温言厲，卒然相逢，忽若無意。其所與交，金石弗渝，可以託之六尺之孤。公之事君，道大言深。心所不欲，富貴莫淫。詭詞削草，人亦弗知。雖罔克用，亦罔克疑。公老于世，事見于外，人之知公，兹亦其概。公性靜深，灼見安危。遇物斯應，動獲所宜。退而自養，湛然純一。與天爲徒，惟道非術。逮其將亡，言若平生。寂然委蛻，不怛于行。道實在天，後必有傳。謂予可教，而亦弗聞。公入不出，我出不還，而使斯道，忽乎茫然。嗚呼，尚饗！

【校】

〔一〕自「中大夫……之靈」，叢刊本作：「太中大夫守門下侍郎眉山蘇轍謹以清酒庶羞之奠，致祭于故宣徽南院使太子太保贈司空張公四丈之靈」。按：蘇轍任門下侍郎在元祐七年六月，當以底本爲是。

祭文與可學士文

元祐七年八月日，太中大夫守門下侍郎蘇轍謹以清酒庶羞之奠，致祭于故知湖州與可學士親家翁之靈。嗚呼！漢蜀太守，石室之孫。散居梓潼，耕稼隱淪。是生高人，文如西京。雅詩楚辭，雲溶泉清。心恬手柔，隸草從横。毫墨之餘，遇物賦形。怪石巑列，翠竹羅生。得於無心，見者自驚。嗟世知公，以是謂賢。公心浩然，實而弗炫。有觸不屈，始知其堅。世在熙寧，士鋭而蹶。利誘于旁，奔走傾旋。公居其間，澹乎忘言。洋人病茶，徐爲一宜。抱志不伸，委化而還。惟我與公，交友忘年。以靜喜我，申以婚姻。子喪婦存，諸孫在前。撫而教之，尚侈公門。窀穸有時，送車盈阡。千里寓詞，聞乎不聞？嗚呼，尚饗！

祭亡壻文逸民文

元祐七年八月日，太中大夫守門下侍郎蘇轍以清酒庶羞之奠，致祭于文郎逸民秀才之靈。我與君翁，忘年之義。長女未笄，許適君子。君少不羣，介然老成。誦詩屬文，亦繼家聲。我獨怪君，吐詞悲傷。是必多難，否則不長。别我于宋，送君于株。扶喪舟行，萬里有餘。我遷南方〔一〕，君旅成都。相望天涯，逾歲一書。我還京師，幸將見君。一病不復，潑書酸辛。女有烈志，留鞠諸孤。賦詩柏舟，之死不渝。惸惸遺孫，教以詩書。庶幾有成，歸大君閭。嗚呼，尚饗！

【校】

〔一〕「暹」，原作「邊」，據宋甲本、宋丙本改。

再祭張宫保文

元祐七年八月日，太中大夫守門下侍郎眉山蘇轍謹以清酒庶羞之奠，致祭于故宣徽南院使太子太保贈司空張公四丈之靈。公志大而才高，氣直而慮深。世俗之所不悦，而君子之所服膺。轍從公游，實見而知。眇視世間，若無足爲。及其觀會通以行典禮，蓋未嘗失時。汎觀衆人，澹然無心。及其結意氣而同憂患，蓋堅如斷金。故方其出也，仕歷三世，雖未嘗不用，而才莫能既；逮其處也，與衆雜居，雖罔有不伏，而中情實疏。究觀始終，疑其天人。或因物以有覺，或逢人而益信。由是嗇氣養神，以終其身。中忘我以發照，外忘物而遠塵。至於委化之日，泊然反眞。嗚呼！我之從公，始於父兄。師友之交，親戚之情，而掩棺不哭，送葬不行。無以寄哀，請易公名。惟文與定，庶幾平生。公雖不求，朝有典刑。嗚呼，尚饗！

祭亡嫂王氏文

元祐八年歲次癸酉九月丙子朔十八日癸巳，太中大夫守門下侍郎蘇轍與新婦德陽郡夫人史氏謹以家饌酒果之奠，致祭于亡嫂同安郡君王氏之靈。轍幼學於兄，師友實兼。志氣雖同，以不逮慚。兄剛而塞，物或不容。既以名世，亦以不逢。轍驟而從，初未免憂。嫂以婦人，處之則優。兄坐語言，收畀叢棘。竄逐邾城，無以自食。賜環而來，歲未及期，飛集西垣，遂入北扉。貧富感忻，觀者盡驚。嫂居其間，不改色聲。冠服肴蔬，率從其先。性固有之，非學而然。族人咨嗟，觀行責報。謂必多福，繼以壽考。中歲而殂，理有莫知。三子俱良，聊以慰之。兄牧中山，始殯而往。謂我在茲，屬以時享。距城半舍，旁撫仲婦。無感無懼，祭遣諸子。嗚呼哀哉，尚饗！

祭八新婦黄氏文

元符二年十一月四日辛未，舅姑躬以家饌酒果之奠，致祭于故八新婦黄氏之靈。吾不善處世，得罪乎朝。播遷南荒，水陸萬里。家有三子，季子季婦，實從此行。自筠徙雷，自雷徙循。風波恐懼，蹊遂顛絕。所至言語不通，飲食異和。瘴霧昏翳，醫藥無有。歲行方閏，氣候殊惡。晝熱如湯〔一〕，夜寒如冰。行道殭仆，居室困瘁。始自僕隸，浸淫不已。十病六七，而汝獨甚。天乎何辜？遂殞于瘴。追惟平昔，慈祥寬厚。孰云不淑，而止於是？南北異俗，伏臘幾廢。燔炙豚魚，漸漬果蔬。承祀寧賓，不異中夏。卒無一言，歎恨流落。

逮及啓手，脱然而逝。惟我夙業，累爾幼稚。興言涕落，呼天何益？五里禪室，頃所嘗寓。土燥室完，密邇吾廬。權厝其間，毋或恐怖。二子雖幼，賫可成就。姑自鞠養，無水火患。猶冀災厄有盡〔一〕，天造有復，全柩北返，歸安故土。魂而不昧，識此誠意。嗚呼哀哉，尚饗！

【校】

〔一〕「盡」，原作「晝」，據叢刊本改。

北歸祭東塋文

維建中靖國元年歲次辛巳三月壬戌朔十五日丙子，男具官轍因姪千之等西歸，謹以家饌酒果之奠，昭告于先考編禮贈太子太師、先妣程氏追封成國太夫人之靈。轍恭承先業，奉敎不謹。紹聖之初，權臣擅命，普害忠良，先除異己。轍與兄軾，同時遷南。邅回江西，流落嶺外，奔走萬里，始終七年。尚賴世德有憑，遺澤未泯，久處瘴霧，雖病不死。庚辰正月，帝出于震。推恩四海，澤及兄弟，同復舊秩，皆侍眞祠。轍遂自龍川，北還許下，始與諸子，濡沫相收。西望松檟，鬱葱在目。然念灑掃弗躬，齋祭遐逖，歲月滋久，悔咎何贖？兄軾來自海南，道遠未至，皆以困躓之餘，思歸未獲。如人病躄〔一〕，心不忘起。瞻望涕泗，不知所言。謹告。

【校】

〔一〕「病」，宋甲本作「疾」。

祭亡兄端明文

維建中靖國元年歲次辛巳九月己未朔初五日癸亥，弟具官轍謹遣男遠以家饌酒果之奠，致祭于亡兄端明子瞻之靈。嗚呼，手足之愛，平生一人。幼學無師，受業先君。兄敏我愚，賴以有聞。寒暑相從，逮壯而分。涉世多艱，竟奚所爲？如鴻風飛，流落四維。渡嶺涉海，前後七期。瘴氣所烝〔一〕，颶風所吹，有來中原，人鮮克還。義氣外強，道心內全，百折不摧，如有待然。眞人龍翔，雷雨浹天。自儋而廉，自廉而永。道路數千，亦未出嶺。終止毗陵，有田數頃。逝將歸休〔二〕，築室鑿井。嗚呼！天之難忱，命不可期。秋暑涉江，宿瘴乘之。上燥下寒，氣不能支。啓手無言，時惟我思。念我伯仲，我處其季，零落盡矣，形影無繼。嗟乎不淑，不見而逝，號呼不聞，泣血至地。兄之文章，今世第一。忠言嘉謨，古之遺直。名冠多士，義動蠻貊。流竄雖久，此聲不沒。遺文粲然，四海所傳。易書之秘，古所未聞。時無孔子，孰知其賢？以俟聖人，後則當然。喪來自東，病不克迎。卜葬嵩陽，既有治命。三子孝敬，罔留于行。陟岡望之，涕泗雨零。尙饗！

【校】

〔一〕「氣」，宋甲本、叢刊本作「炁」。

〔二〕「逝」，宋甲本作「誓」。

再祭亡嫂王氏文

維崇寧元年歲次壬午四月乙酉朔二十三日丁未，具官蘇轍與新婦德陽郡夫人史氏謹以家饌酒果之奠，致祭于亡嫂同安郡君王氏之靈。嗚呼！天禍我家，兄歸自南，沒于毗陵。諸孤護喪，行于淮汴，望之拊膺。自嫂之亡，旅殯西圻，九年于今。兄沒有命，葬我嵩山〔一〕，土厚水深。邁往告遷，及迨初婦，靈輀是升。道出潁川，家寓于兹，迎哭傷心。遠日孟秋，水潦方降，畏行不能。塋兆東南，精舍在焉，有佛與僧。往寓其堂，以須兄至，歸于丘林。雖非故鄉，親族不遐，勿畏勿驚。嗚呼，尚饗！

【校】

〔一〕「山」，宋甲本、宋丙本、叢刊本作「少」。

再祭亡兄端明文

維崇寧元年歲次壬午五月乙卯朔日，弟具官轍與新婦德陽郡夫人史氏謹以家饌酒果之奠，致祭于亡兄子瞻端明尚書之靈。嗚呼！惟我與兄，出處昔同。幼學無師，先君是從。遊戲圖書，寤寐其中。曰予二人，要如是終。後迫寒飢，出仕于時。鄉舉制策，並驅而馳。猖狂妄行，誤爲世羈。始以是得，終以失之。兄還于黃，我斥于筠。流落空山，友其野人。命不自知，還復縉紳。俯仰幾何，寵祿溢臻。欲去未遑，禍來盈門。大庾之東，漲海之南。黎蜑雜居，非人所堪。瘴起襲帷，颶來掀簷。臥不得寐，食何暇甘？如是七年，雷雨一覃。兄歸晉陵，我還潁川。願一見之，乃有不然。瘴暑相尋，醫不能痊。嗟兄與我，再起再顛。未嘗不同，今乃獨先。嗚呼我兄，而止斯耶？昔始宦遊，誦韋氏詩。夜雨對牀，後勿有違。進不知退，踐此禍機。欲復斯言，而天奪之。先壟在西，老泉之山。歸骨其旁，自昔有言。勢不克從，夫豈不懷？地雖郟鄏，山曰峨眉。天實命之，豈人也哉？我寓此邦，有田一廛。子孫安之，殆不復遷。兄來自西，於是磐桓。卜告孟秋，歸于其阡。潁川有蘇，肇自兄先。

嗚呼，尚饗！

再祭八新婦黄氏文

維年月日，舅具官蘇轍、姑德陽郡夫人史氏謹以家饌酒果致祭于亡第八新婦黄氏之靈。我昔南遷，自筠徂雷，自雷徂循。萬里之行，季子季婦，同此艱勤。婦生名家，有德有容，幼不逮門。繾綣相從，冒嶮涉瘴，初無咎言。念我厄窮，往反累汝，愧于心顔。瘴病彌月，藥石不効，卒殞當年。弱子稚女，躑躅吾側，念母悽然。汝往莫追，撫此二孫，冀其成人。命降自天，舉家北返，與柩俱還。嗟哉吾兄，沒于毗陵，返葬郟山。兆域寬深，舉棺從之，土厚且堅。種柏成林，以付而子，百年以安。嗚呼，尚饗！

祭范子中朝散文

維建中靖國元年歲次辛巳十二月丁亥朔初十日丙申，太中大夫提舉鳳翔府上清太平宫護軍蘇轍謹以清酒庶羞之奠，致祭于故朝散范君子中之靈。蘇氏范氏，同出坤維。蜀公告休，居潁之湄。我老去國，歸亦從之。公逝久矣，見其長子。婚姻之故，莫我遐棄。一叩我門，遂不再至。嗟夫不淑，病日以侵。一臥歷時，弗瘖弗興。一子既冠，一衣始勝。我見蜀公，帝城西偏。君與仲叔，笑言相驩。叔先仲亡，君獨蒼顔。內撫族黨，外接友朋。恭敬愷悌，此邦所稱。嗟我寓新，孰慰此心？升堂不見，哭不復聞。俯仰幾何，獨爲古人。鄉黨之好，盡此一罇。嗚呼，尙饗！

祭王子敏奉議文

維年月日，具官蘇轍謹以清酌庶羞之奠，致祭于故知縣奉議王君子敏之靈。昔我在宋，吾兄在徐。君家伯仲，來學詩書。行義不回，詞章有餘。我曰可人，綴以婚姻。旣親且友，共行日新。伯氏不淑，殞于方春。君登丙科，又敏于政。惠于上官，民亦不病。矯然衆中，氣和而正。孝友之善，中發於誠。均其有無，以及孤惸。嫁女娶婦，期不負兄。我居潁川，君令陵臺。十日稅駕，爲我徘徊。受法道師，不近酒杯。我顧君笑，自苦奚爲？隙駒逝矣，爲樂何時？去我三年，遂病以衰。失官居汝，啓處未安。伏枕不興，將沒何言？有志弗從，使我永歎。嗚呼，尙饗！

遣适歸祭東塋文

維崇寧三年歲次甲申八月壬寅朔二十一日壬戌，男降授朝請大夫護軍賜紫金魚袋轍，謹遣第二男承事郎監東嶽廟适西歸，致祭于先君贈太子太師、先妣程氏五三君追封成國太夫人之墓。轍自元符庚辰，蒙恩北歸，西望松檟，卽懷歸志。孤拙多難，事與心違。俯仰四年，進退惟戾。日月不待，齒髮變衰。深懼溘然，無復歸日。遣适代往，周行兆域。有志不獲，涕泗垂膺。兄軾已沒，遺言葬汝。轍與婦史，夙約歸祔。常指庚穴〔一〕，以敕諸子。苟未卽死，猶幸一歸。躬行汛掃，以畢餘願。尊靈未泯，鑒此誠意。尚饗！

【校】

〔一〕「常」，宋甲本作「嘗」。

祭黃師是龍圖文

嗚呼！尊先使君，與我早歲，旅于天廷。自唐已然，同年友朋，異姓弟兄。南北東西，不約而親，義均同生。君家在陳，我宦陳庠，時始合幷。君方少年，出從鄉貢，曄然有聲。一飛絕羣，不入州縣，數載公卿。無惡於民，無怨於友，氣和且平。我遷南方，歸來老矣，故舊無幾。君家父子，見我京師，相顧而喜。往來綢繆，昏姻之好，實始于此。我廢于時，君仕日躋，一榮一瘁。親友之恩，始終不渝，允也君子。君於父兄，人無間言，閔子是似。其於吏民，不剛不柔，次公之比。謂當百年，仰事慈親，以及愛弟。奈何不淑，有志不終，中道而棄。丹旐翩然，宛丘之隅，萬事已矣。我老杜門，素車不行，一慟永已。嗚呼，尚饗！

祭范彝叟右丞文〔一〕

維年月日，具官蘇轍，謹遣男具官遲，以清酌庶羞之奠，致祭于故右丞范公彝叟之靈。維昔先正，文正稱首。嗟我晚生，不識耆舊。從事南都，見其叔子。議論琅然，前人是似。我遷南方，六年而歸。平生交舊，多聚京師。晚遇仲氏，秉國之維。以義知我，傾蓋不疑。我復遷南，仲亦繼往。瘴癘侵凌，氣血凋喪。同歸潁川，白首相向。問疾于牀，執手無言。慟哭其堂，殲此忠賢。公方在朝，四方所瞻。居未逾歲，亦來守邦。顧我里閈，盃酒相從。往還之歡，意若將終。我寓汝南，公旅彭城。尺書不通，期我以誠。我還舊廬，終歲杜門。公歸訪我，欣然笑言。三日不見，而以訃聞。老病無朋，誰復念我？永懷仲叔，言出涕墮。於乎哀哉，尚饗！

【校】

〔一〕宋甲本題下有小字：「崇寧五年。」

祭寶月大師宗兄文

維紹聖二年歲次乙亥十月癸亥朔十一日癸酉，降授左朝議大夫試少府監分司南京護軍蘇轍因僧法舟西歸，以香茶果蔬之奠，致祭于故寶月大師宗兄之塔。轍方志學，從先君子。東遊故都，覽觀藥市。解鞅精舍，時始見兄。頎然如鵠，介而善鳴。宗黨之故，情若舊識。屈信臂頃，閱歲四十。性直且剛，纖惡不容。與人盡言，口如病風。惟我兄弟，不見瑕玼。行有利病，勢有隆汙，始終一意，不爲薄厚。交遊之間，蓋未始有。昔我之東，師則有言：「遊宦如寄，非可久安。意適忘歸，憂患所由。亟還于鄉，泉石可求。」我志師言，未返而顚。師亦不待，與化俱遷。遣舟與榮，萬里來訃。開紙失聲，悔恨無所。彈指西望，卯塔既成。臨絶之言，求我以銘。自我竄逐，憂病相襲。緝綴清風，得一忘十。追懷曩好，徒有此心，心則不忘，而病未能。收淚語舟，歸酌流水。一生一死，誠則無已。嗚呼，尙饗！

祭逍遙聰長老文

紹聖三年九月二十九日，降授左朝議大夫試少府監分司南京護軍蘇轍，謹以香茶果蔬之奠，告于故逍遙長老聰公：我生多故，再謫於筠，萬里故鄉，孰爲故人？師自吾蜀，爲筠導師。坦然無心，言直氣夷。顧我如故，彌久而堅。逮兹再來，爲我出山。逍遙無師，衆願師往。師念我獨，爲衆所強。入山幾何，自春徂秋。一病不治，蟬蛻莫留。此心超然，去住不疑。筠人懷思，涕泣嗟咨。山中來告，卯塔將成。一奠之哀，斯未忘情。尙饗！

欒城後集卷之二十一

雜文一十三首

汝州龍興寺修吳畫殿記

予先君宮師平生好畫，家居甚貧，而購畫常若不及。予兄子瞻少而知畫，不學而得用筆之理。轍少聞其餘，雖不能深造之，亦庶幾焉。凡今世自隋晉以上，畫之存者無一二矣。自唐以來，乃時有見者。世之志於畫者，不以此爲師，則非畫也。予昔遊成都，唐人遺迹遍於老佛之居。先蜀之老有能評之者，曰：「畫格有四，曰：能、妙、神、逸。蓋能不及妙，妙不及神，神不及逸。」稱神者二人，曰范瓊、趙公祐；而稱逸者一人，孫遇而已。范趙之工，方圓不以規矩〔一〕，雄傑偉麗，見者皆知愛之。而孫氏縱横放肆，出於法度之外，循法者不逮其精，有從心不踰矩之妙。於眉之福海精舍爲行道天王，其記曰：「集潤州高座寺張僧繇。」予每觀之，輒歎曰：「古之畫者必至於此，然後爲極歟！」其後東遊至岐下，始見吳道子畫，乃驚曰：「信矣，畫必以此爲極也！」蓋道子之迹，比范趙爲奇，而比孫遇爲正，其稱畫聖，抑以此耶？

紹聖元年四月，予以罪謫守汝陽，間與通守李君純繹遊龍興寺，觀華嚴小殿，其東西夾皆道子所畫。東爲維摩、文殊，西爲佛成道，比岐下所見，筆迹尤放。然屋瓦弊漏，塗棧缺弛，幾侵於風雨。蓋事之精不可傳者，常存乎其人。人亡而迹存，達者猶有以知之。故道子得之隋晉之餘，而范趙得之道子之後。使其迹亡，雖有達者，尙誰發之？時有僧惠眞方葺寺大殿，乃喩使先治此，予與李君亦少助焉。不逾月，堅完如新。於殿垝之中得記曰〔二〕：「治平丙午年蘇氏惟政所葺。」衆異之，曰：「前後葺此皆蘇氏，豈偶然也哉？」惠眞治石請記。五月二十五日。

【校】

〔一〕「圓」，原作「圜」，據宋甲本改。

〔二〕「垝」，原作「危」，據宋甲本改。

汝州楊文公詩石記

祥符六年，楊公大年以翰林學士請急還陽翟省親疾，繼稱病求解官。章聖皇帝以其才高名重，排羣議，貸不加罪。逾年，以祕書監知汝州。公至汝，常稱病，以事付僚吏〔一〕，以文墨自娱，得詩百餘篇。既還朝，汝人刻之於石。皇祐中，郡守王君爲建思賢亭於北園之東偏。紹聖元年四月，予自門下侍郎得罪出守茲土，時亭弊已甚，詩石散落，亡者過半。取公汝陽編詩而刻之，乃增廣思賢，龕石于左右壁。

嗚呼！公以文學鑒裁，獨步咸平、祥符間，事業比唐燕、許無愧，所與交皆賢公相，一時名士多出其門。然方其時，則已有流落之歎。既沒十有五年，聲名猶籍籍於士大夫，而思賢廢於隸舍馬厩之後，詩石散於高臺華屋之下矣。凡假外物以爲榮觀，蓋不足恃，而公之清風雅量，固自不隨世磨滅耶？然予獨拳拳未忍其委於荒榛野草〔二〕，而復完之，抑非陋歟？

【校】

〔一〕「吏」，原作「史」，據宋甲本改。

〔二〕「予」，原作「子」，據三蘇祠本、叢刊本改。

李簡夫少卿詩集引

熙寧初，予從張公安道以弦誦教陳之士大夫，方是時，朝廷以繇役、溝洫事責成郡邑，陳雖號少事，而官吏奔走，以不及爲憂。予獨以詩書諷議竊祿其間，雖幸得脱於簡書，而出無所與遊，蓋亦無以爲樂也。

時太常少卿李君簡夫歸老於家，出入於鄉黨者十有五年矣。間而往從之。其居處被服，約而不陋，豐而不餘。聽其言，未嘗及世俗。徐誦其所爲詩，曠然閑放，往往脱略繩墨，有遺我忘物之思。問其所與遊，多慶曆名卿，而元獻晏公深知之。求其平生之志，則曰：「樂天，吾師也。吾慕其爲人，而學其詩，患莫能及耳。」予退而質其里人，曰：「君少好學，詳於吏道，蓋嘗使諸部矣〔一〕。未老而得疾，不至於廢而棄其官。其家蕭然，饘粥之不給，而君居之泰然。其子君武始棄官以謀養，浮沈里閭，不避勞辱。未幾，而家以足聞。」陳人喜種花，比於洛陽，每歲春夏，遊者相屬彌月。君攜壺命侶，無一日不在其間，口未嘗問家事，晚歲其詩尤高。信乎，其似樂天也！予時方以遊宦爲累，以謂士雖不遇，如樂天，入爲從官，以諫爭顯，出爲牧守，以循良稱，歸老泉石，憂患不及其身，而文詞足以名後世，可以老死無憾矣！君仕雖不逮樂天，而始終類焉，夫又將何求？

蓋予未去陳而君亡，其後十有七年，元祐辛未，予以幸遇，與聞國政。祿浮於昔人，而令名不聞，老將至矣，而國恩未報，未敢言去，蓋嘗恐茲心之不從也。君之孫宣德郎公輔以君詩集來告，願得予文以冠其首，予素高君之行，嘉其止足而懼不能蹈也，故具道疇昔之意以授之。凡君詩古律若干篇，分爲二十卷〔二〕。

【校】

〔一〕「使」，原作「便」，據宋甲本、宋丙本、叢刊本改。

〔二〕宋甲本篇末有「十二月二十三日」。

王子立秀才文集引

昔予既壯，有二婿，曰文務光、王適。務光俊而剛，適秀而和。予方從事南都，二子從予學爲文，皆長於詩騷。然務光之文悲哀摧咽，有江文通、孟東野感物傷己之思。予每非之，曰：「子有父母昆弟之樂，何苦爲此〔一〕？」務光終不能改也。既而喪其親，終喪五年而終。予哭之慟曰：「悲夫，彼其文固有以兆之乎！」

始予自南都謫居江南，凡六年而歸，適未嘗一日不從也。既與予同憂患，至於涵泳圖史，馳騖浮圖老子之説，亦未嘗不同之，故其聞道益深，爲文益高，而予觀之亦益久。蓋其於兄弟妻子嚴而有恩，和而有禮，未嘗有過。故予嘗曰：「子非獨予親戚，亦朋友也。」元祐四年秋，予奉詔使契丹，九月，君以女弟將適人，將鬻濟南之田以遣之，告予爲一月之行。明年春，還自契丹，及境，而君書不至，予固疑之。及家，問之。曰：「噫嘻，君未至濟南，病沒於奉高！」予哭之失聲。

君大父諱礎，慶曆中樞密使，以厚重氣節稱。考諱正路，尚書比部郎中，樂易好施，得名於士大夫。而君以孝友文章居其後，謂當久遠，而中道夭，理有不當然者。況予老矣，而并失此二人，能無悲乎？君之沒，女初未能言，而子裔未生。君弟涵昔與君客徐，始識予兄子瞻，子瞻皆賢之。意王氏之遺懿其卒在涵乎？涵哀君之文，得詩若干，賦若干，雜文若干，分爲若干卷，以示予。予讀之流涕，爲此文冠之，庶幾初裔能立以昇之。

【校】

〔一〕「爲」，宋丙本、叢刊本作「於」。

子瞻和陶淵明詩集引

東坡先生謫居儋耳，寘家羅浮之下，獨與幼子過負擔渡海，葺茅竹而居之。日啗藷芋〔一〕，而華屋玉食之念不存於胸中。平生無所嗜好，以圖史爲園囿，文章爲鼓吹。至此亦皆罷去。獨喜爲詩，精深華妙，不見老人衰憊之氣。是時轍亦遷海康，書來告曰：「古之詩人有擬古之作矣，未有追和古人者也。追和古人則始於東坡。吾於詩人無所甚好，獨好淵明之詩。淵明作詩不多，然其詩質而實綺，癯而實腴，自曹、劉、鮑、謝、李、杜諸人，皆莫及也。吾前後和其詩凡百數十篇，至其得意，自謂不甚愧淵明。今將集而幷錄之，以遺後之君子，子爲我志之。然吾於淵明，豈獨好其詩也哉？如其爲人，實有感焉。淵明臨終疏告儼等：『吾少而窮苦，每以家弊東西遊走〔三〕，性剛才拙，與物多忤，自量爲己，必貽俗患，黽俛辭世，使汝等幼而飢寒。』淵明此語蓋實錄也。吾今眞有此病，而不早自知。半生出仕，以犯世患，此所以深服淵明，欲以晚節師範其萬一也。」嗟夫！淵明不肯爲五斗米一束帶見鄉里小人，而子瞻出仕三十餘年，爲獄吏所折困，終不能悛，以陷於大難，乃欲以桑榆之末景，自託於淵明，其誰肯信之？雖然，子瞻之仕，其出入進退猶可考也。後之君子其必有以處之矣。孔子曰：「述而不作，信而好古，竊比於我老彭。」孟子曰：「曾子、子思同道。」區區之迹，蓋未足以論士也。

轍少而無師，子瞻既冠而學成，先君命轍師焉。子瞻常稱轍詩有古人之風，自以爲不若也。然自其斥居東坡，其學日進，沛然如川之方至，其詩比杜子美、李太白爲有餘，遂與淵明比。轍雖馳驟從之，常出其後。其和淵明，轍繼之者亦一二焉。紹聖四年十二月十九日海康城南東齋引〔三〕。

【校】

〔一〕「蓀」，宋甲本作「諸」。

〔二〕「弊」，原作「貧」，據宋甲本、陶淵明集改。

〔三〕「十二月」，三蘇祠本、叢刊本作「二月」。按：蘇轍於是年六月至雷州，當以十二月爲是。

六孫名字説

予三子，伯曰遲，仲曰适，叔曰遜。始各一子耳，予年六十有五，而三人各復二子，於是予始六孫。昔予兄子瞻命其諸孫，皆以竹名，故名遲之子，長曰簡，幼曰策。易曰：「乾以易知，坤以簡能。易則易知，簡則易從。易知則有親，易從則有功。有親則可久，有功則可大。可久則賢人之德，可大則賢人之業。」故簡之字曰業。乾之策二百一十有六，坤之策一百四十有四。易之始，未有策也。文王演而重之，然後策可見。故策之字曰演。适之子，長曰籀，幼曰範。書起於篆，而究於隸，史籀始篆，篆隸皆成於滋也。故籀之字曰滋。範，法也。王良與嬖奚乘，不獲一禽。曰：「我爲之範，馳驅終日不獲一。爲之詭遇，一朝而獲十。我不貫與小人乘，請辭。」故範之字曰御。遜之子，長曰筠，幼曰築。始予得罪於朝而放於筠。遜從而筠生，傳曰：「禮之於人，如松柏之有心也，如竹箭之有筠也，皆其堅者也。」故筠之字曰堅。孔子曰：「譬如爲山，未成一簣，止，吾止也；譬如平地，雖覆一簣，進，吾往也。」爲山者必築，前無所見，則未成一簣而止。苟有見矣，則雖覆一簣而進，進而不止，雖山可成也。故築之字曰進。予蓋老矣，而三子方壯，將復有子，而予不及見乎則已矣〔一〕，如猶及見焉，則又將名之，竢其長而示之，使知名之之意焉可也。

【校】

〔一〕「予」，原作「子」，據宋甲本、宋丙本、叢刊本改。

書孫樸學士手寫華嚴經後

開府孫公，歷仕四朝，與聞國政者再，經涉夷險而不改其度，世皆知貴之矣。至其中心純白，表裏如一，平生無負於物，則世之人未必盡知之。公之守眞定也，聞其覺山僧惠實說法，惻然有契於心，遂以爲善知識。復受詔祈雨，此山能出其靈蛇，以救枯槁。此僧此蛇，豈其用意專精，獨有以識公誠心歟？公亦嘗爲請於朝，得閒歲度僧，又爲實立碑于塔，終身眷眷，若有遇於此。公子元忠復手書此經，藏之山中，以成公遺意。如佛所說因緣不爲妄語，則予兄子瞻所記，可信不疑矣。元祐八年十二月八日。

書楞嚴經後

予自十年來，於佛法中漸有所悟，經歷憂患，皆世所希有，而眞心不亂，每得安樂。崇寧癸未，自許遷蔡，杜門幽坐，取楞嚴經翻覆熟讀，乃知諸佛涅槃正路，從六根入。每趺坐燕安，覺外塵引起六根。根若隨去，即墮生死道中。根若不隨，返流全一，中中流入，即是涅槃眞際。觀照既久，如淨琉璃，內含寶月。稽首十方三世一切佛菩薩、羅漢、僧慈悲哀愍，惠我無生法忍，無漏勝果，誓願心心護持，勿令退失。三月二十五日志。

書金剛經後二首

予讀楞嚴，知六根源出于一，外緣六塵，流而爲六，隨物淪逝，不能自返。如來憐愍衆生，爲設方便，使知出門即是歸路，故於此經指涅槃門，初無隱蔽。若衆生能洗心行法，使塵不相緣，根無所偶，返流全一，六用不行，晝夜中中流入，與如來法流水接，則自其肉身，便可成佛。如來猶恐衆生於六根中未知所從，乃使二十五弟子各說所證，而觀世音以聞、思、修爲圓通第一。其言曰：「初於聞中，入流無所。所入既寂，動靜二相。了然不生，如是漸增。聞所聞盡，盡聞不住。覺所覺空，空覺極圓。空所空滅，生滅既滅。」寂滅見前，若能如是，圓拔一根，則諸根皆脫，於一彈指頃，遍歷三空，卽與諸佛無異矣。

既又讀金剛經，說四果人，須陀洹名爲入流，而無所入，不入色聲香味觸法，是名須陀洹。乃廢經而歎曰：「須陀洹所證，則觀世音所謂『初於聞中，入流無所』者耶？」入流非有法也，唯不入六塵，安然常住，斯入流矣。至於斯陀含名一往來，而實無往來；阿那含名爲不來，而實無不來〔一〕。蓋往則入塵，來則返本。斯陀含雖能來矣，而未能無往；阿那含非徒不往，而亦無來。至阿羅漢，則往來意盡，無法可得。然則所謂四果者，其實一法也，但歷三空，有淺深之異耳。予觀二經之言，本若符契，而世或不喻，故明言之。

經言：「如來有五眼：近矚牆宇，遠覽山河，肉眼也。隨其福德，見有遠近，天眼也。知物皆妄，坐而轉物，慧眼也。入萬法，遍法界，法眼也。以慧眼轉物，以法眼遍物，佛眼也。」謂如來有慧眼、法眼、佛眼可也，何肉眼、天眼之有？曰：如來爲衆生，故入諸趣。在人則同其肉眼，在天則同其天眼，如聲聞人住無爲法而畏生死，則亦有慧眼而已耳！

【校】

〔一〕「不」，宋甲本、宋丙本、叢刊本無。

書白樂天集後二首

元符二年夏六月，予自海康再謫龍川，冒大暑，水陸行數千里，至羅浮。水益小，舟益庳，惕然有瘴暍之慮，乃留家於山下，獨與幼子遠葛衫布被，乘葉舟，秋八月而至。既至，廬於城東聖壽僧舍，閉門索然，無以終日。欲借書於居人，而民家無畜書者，獨西鄰黄氏世爲儒，粗有簡册，乃得樂天文集閲之。

樂天少年知讀佛書，習禪定，既涉世履憂患，胸中了然，照諸幻之空也。故其還朝爲從官，小不合卽捨去，分司東洛，優游終老。蓋唐世士大夫，達者如樂天寡矣！予方流轉風浪，未知所止息，觀其遺文，中甚愧之。然樂天處世，不幸在牛李黨中，觀其平生，端而不倚，非有附麗者也，蓋勢有所至，而不能已耳。會昌之初，李文饒用事，樂天適已七十，遂求致仕，不一二年而没。嗟夫！文饒尚不能置一樂天於分司中耶？然樂天每閑冷衰病，發於咏歎，輒以公卿投荒、僇死不獲其終者自解，予亦鄙之。至其聞文饒謫朱崖三絶句，刻覈尤甚，樂天雖陋，蓋不至此也。且樂天死於會昌末年〔一〕，而文饒之竄，在大中之初〔二〕，此決非樂天之詩。豈樂天之徒淺陋不學者附益之耶？樂天之賢，當爲辨之。

圓覺經云：「動念息念，皆歸迷悶。」世間諸修行人，不墮動念中，卽墮息念中矣。欲兩不墮，必先辨眞妄。使眞不滅，則妄不起。妄不起，而六根之源湛如止水，則未嘗息念而念自靜矣。如此乃爲眞定。眞定旣立，則眞惠自生。定惠圓滿，而衆善自至。此諸佛心要也。金剛經云：「應無所住，而生其心。」旣不住六塵，亦不住靜六塵，日夜遊於六根，而兩不相染，此樂天所謂「六根之源，湛如止水」也。六祖嘗告大弟子：「假使坐而不動，除得妄起心。」此法同。無情卽能障道。道須流通，何以却住心？心不住卽流通，住卽被縛。故五祖告牛頭亦云：「妄念旣不起，眞心任遍知。」皆所謂應無所住而生其心者也。佛祖舊說符合如此，而樂天八漸偈亦似見此事，故書其後，寄子瞻兄。

【校】

〔一〕「會昌末年」，原作「會昌之初」，據宋甲本及白居易集所附年譜改。

〔二〕「大中之初」，原作「會昌末年」，據宋甲本及新唐書李德裕傳改。

書鮮于子駿父母贈告後

中山鮮于子駿世居閬中。昔伯父文甫郎中通守是邦，子駿方弱冠，以進士見。伯父稱之曰：「君異日學爲名儒，仕爲循吏。」遂以鄉舉送之。其後子駿宦學日以有聲。予侍親京師，始從之遊。已而予在應天幕府，子駿以部使者攝府事，朝夕相從也。元祐初，予爲中書舍人，子駿爲諫議大夫，出入東西省，無日不見。是時司馬君實、吕晦叔、范堯夫皆在朝廷，與子駿有平生之舊，方將大用之，而子駿已病矣。是歲明堂赦書，贈其先人金紫光禄大夫，先妣安德郡太夫人〔一〕。予適當制，實爲之詞。未幾子駿以疾不起，歸葬陽翟。後十年，士大夫遭南遷之禍，凡七年，予自龍川歸潁川，子駿之子綽來見，涕泗言曰：「伯兄頡、季弟焯不幸亡矣，惟羣綽在。公與先君有文字之好，願録舊詞，將刻之石，以慰諸孤思慕不已之意。」予亦流落南荒，不自意全，得至于此。撫念存沒，流涕而從其請。建中靖國元年三月十七日記。

【校】

〔一〕「先妣」，原無，據宋甲本補。

欒城後集卷之二十二

墓誌銘一首

亡兄子瞻端明墓誌銘

予兄子瞻謫居海南。四年春正月，今天子卽位，推恩海內，澤及鳥獸。夏六月，公被命渡海北歸。明年，舟至淮浙。秋七月被病，卒於毘陵。吳越之民相與哭於市，其君子相弔於家，訃聞四方，無賢愚皆咨嗟出涕，太學之士數百人，相率飯僧慧林佛舍。嗚呼，斯文墜矣，後生安所復仰！公始病，以書屬轍曰：「卽死，葬我嵩山下，子爲我銘。」轍執書哭曰：「小子忍銘吾兄！」

公諱軾，姓蘇，字子瞻，一字和仲，世家眉山。曾大父諱杲，贈太子太保，妣宋氏，追封昌國太夫人。大父諱序，贈太子太傅，妣史氏，追封嘉國太夫人。考諱洵，贈太子太師，妣程氏，追封成國太夫人。公生十年，而先君宦學四方，太夫人親授以書。聞古今成敗，輒能語其要。太夫人嘗讀東漢史，至范滂傳慨然太息。公侍側曰：「軾若爲滂，夫人亦許之否乎？」太夫人曰：「汝能爲滂，吾顧不能爲滂母耶？」公亦奮厲有當世志。太夫人喜曰：「吾有子矣。」比冠，學通經史，屬文日數千言〔一〕。

嘉祐二年，歐陽文忠公考試禮部進士，疾時文之詭異，思有以救之。梅聖俞時與其事，得公論刑賞以示文忠。文忠驚喜，以爲異人，欲以冠多士。疑曾子固所爲。子固，文忠門下士也，乃寘公第二。復以春秋對義居第一，殿試中乙科，以書謝諸公。文忠見之，以書語聖俞曰：「老夫當避此人，放出一頭地。」士聞者始譁不厭，久乃信服。丁太夫人憂，終喪。五年，授河南福昌主簿，文忠以直言薦之。祕閣試六論，舊不起草，以故文多不工。公始具草，文義粲然，時以爲難。比答制策，復入三等。除大理評事，簽書鳳翔府判官。長吏意公文人，不以吏事責之。公盡心其職，老吏畏伏。關中自元昊叛命，人貧役重，岐下歲以南山木栰，自渭入河，經底柱之險，衙前以破產者相繼也。公徧問老校，曰：「木栰之害，本不至此，若河、渭未漲，操栰者以時進止，可無重費也。患其乘河、渭之暴，多方害之耳。」公即修衙規，使衙前得自擇水工，栰行無虞。仍言於府，使得係籍，自是衙前之害減半。

治平二年，罷還，判登聞鼓院。英宗在藩聞公名，欲以唐故事召入翰林。宰相限以近例，欲召試祕閣。上曰：「未知其能否故試，如蘇軾有不能耶？」宰相猶不可，及試二論，皆入三等，得直史館。丁先君憂。服除，時熙寧二年也。王介甫用事，多所建立，公與介甫議論素異，既還朝，寘之官告院。四年，介甫欲變更科舉，上疑焉，使兩制三館議之。公議上，上悟曰：「吾固疑此，得蘇軾議，意釋然矣。」卽日召見，問：「何以助朕？」公辭避久之，乃曰：「臣竊意陛下求治太急，聽言太廣，進人太鋭，願陛下安靜以待物之來，然後應之。」上竦然聽受，曰：「卿三言，朕當詳思之。」介甫之黨皆不悅，命攝開封推官，意以多事困之。公決斷精敏，聲問益遠。會上元，有旨市浙燈，公密疏，舊例無有，不宜以玩好示人，卽有旨罷。殿前初策進士，舉子希合，爭言祖宗法制非是。公爲考官，退擬答以進，深中其病。自是論事愈力，介甫愈恨。御史知雜事者爲誣奏公過失，窮治無所得。公未嘗以一言自辨，乞外任避之，通判杭州。

是時，四方行青苗、免役、市易，浙西兼行水利、鹽法。公於其間，常因法以便民，民賴以少安。高麗入貢使者淩蔑州郡，押伴使臣皆本路管庫，乘勢驕横，至與鈐轄亢禮。公使人謂之曰：「遠夷慕化而來，理必恭順。今乃爾暴恣，非汝導之，不至是也。不悛當奏之。」押伴者懼，爲之小戢。使者發幣於官吏，書稱甲子。公却之曰：「高麗於本朝稱臣，而不稟正朔，吾安敢受？」使者亟易書稱熙寧，然後受之。時以爲得體。吏民畏愛，及罷去，猶謂之學士，而不言姓。

自杭徙知密州，時方行手實法，使民自疏財產以定戶等，又使人得告其不實。司農寺又下諸路，不時施行者以違制論。公謂提舉常平官曰：「違制之坐，若自朝廷，誰敢不從？今出於司農，是擅造律也，若何？」使者驚曰：「公姑徐之。」未幾，朝廷亦知手實之害，罷之。密人私以爲幸。郡嘗有盜竊發而未獲，安撫轉運司憂之，遣一三班使臣，領悍卒數十人，入境捕之。卒凶暴恣行，以禁物誣民，入其家爭鬬至殺人，畏罪驚散，欲爲亂。民訴之，公投其書不視，曰：「必不至此。」潰卒聞之少安。徐使人招出，戮之。

自密徙徐，是時河決曹村，泛于梁山泊，溢于南清河，城南兩山環繞，呂梁、百步扼之，匯于城下。漲不時洩，城將敗，富民爭出避水。公曰：「富民若出，民心動搖，吾誰與守？吾在是，水決不能敗城。」驅使復入。公履屨杖策，親入武衛營，呼其卒長，謂之曰：「河將害城，事急矣，雖禁軍，宜爲我盡力。」卒長呼曰：「太守猶不避塗潦，吾儕小人效命之秋也。」執梃入火伍中，率其徒短衣徒跣，持畚鍤以出，築東南長隄，首起戲馬臺，尾屬於城。隄成，水至隄下，害不及城，民心乃安。然雨日夜不止，河勢益暴，城不沉者三板。公廬於城上，過家不入，使官吏分堵而守，卒完城以聞。復請調來歲夫，增築故城，爲木岸，以虞水之再至，朝廷從之。訖事，詔褒之，徐人至今思焉。

徙知湖州，以表謝上。言事者摘其語以爲謗，遣官逮赴御史獄。初，公既補外，見事有不便於民者，不敢言，亦不敢默視也。緣詩人之義，託事以諷，庶幾有補於國。言者從而媒糵之。上初薄其過，而浸潤不止，是以不得已從其請。既付獄吏，必欲寘之死，鍛鍊久之，不決。上終憐之，促具獄，以黃州團練副使安置。公幅巾芒屩，與田父野老相從溪谷之間，築室於東坡，自號東坡居士。五年，上有意復用，而言者沮之。上手札徙汝州，略曰：「蘇軾黜居思咎，閱歲滋深，人材實難，不忍終棄。」未至，上書自言有飢寒之憂，有田在常，願得居之。書朝入，夕報可。士大夫知上之卒喜公也。會晏駕，不果復用。至常，以哲宗即位，復朝奉郎、知登州。至登，召爲禮部郎中。

公舊善門下侍郎司馬君實及知樞密院章子厚，二人冰炭不相入。子厚每以謔侮困君實，君實苦之，求助於公。公見子厚曰：「司馬君實時望甚重。昔許靖以虛名無實見鄙於蜀先主，法正曰：『靖之浮譽，播流四海，若不加禮，必以賤賢爲累。』先主納之，乃以靖爲司徒。許靖且不可慢，況君實乎？」子厚以爲然，君實賴以少安。既而朝廷緣先帝意欲用公，除起居舍人。公起於憂患，不欲驟履要地，力辭之，見宰相蔡持正自言，持正曰：「公徊翔久矣，朝中無出公右者。」公固辭。持正曰：「今日誰當在公前者？」公曰：「昔林希同在館中，年且長。」持正曰：「希固當先公耶？」卒不許。然希亦由此繼補記注。

元祐元年，公以七品服入侍延和，即改賜銀緋。二年，遷中書舍人。時君實方議改免役爲差役。差役行於祖宗之世，法久多弊。編戶充役不習，官府吏虐使之，多以破產。而狹鄉之民，或有不得休息者。先帝知其然，故爲免役，使民以戶高下出錢，而無執役之苦。行法者不循上意，於雇役實費之外，取錢過多，民遂以病。若量出爲入，毋多取於民，則足矣。君實爲人，忠信有餘，而才智不足，知免役之害，而不知其利，欲一切以差役代之。方差官置局，公亦與其選，獨以實告，而君實始不悅矣。嘗見之政事堂，條陳不可。君實忿然，公曰：「昔韓魏公刺陝西義勇，公爲諫官，爭之甚力，魏公不樂，公亦不顧。軾昔聞公道其詳，豈今日作相，不許軾盡言耶？」君實笑而止。公知言不用，乞補外，不許。君實始怒，有逐公意矣。會其病卒乃已。時臺諫官多君實之人，皆希合以求進，惡公以直形己，爭求公瑕疵。既不可得，則因緣熙寧謗訕之說以病公，公自是不安於朝矣。

尋除翰林學士。二年，復除侍讀。每進讀，至治亂盛衰、邪正得失之際，未嘗不反覆開導，覬上有所覺悟。上雖恭默不言，聞公所論說，輒首肯喜之。三年，權知禮部貢舉。會大雪苦寒，士坐庭中，噤不能言。公寬其禁約，使得盡其技。而巡鋪內臣伺其坐起，過爲凌辱。公以其傷動士心，虧損國體，奏之。有旨送內侍省撻而逐之，士皆悅服。嘗侍上讀祖宗寶訓，因及時事，公歷言今賞罰不明，善惡無所勸沮；又黃河勢方西流，而強之使東；夏人寇鎮戎，殺掠幾萬人，帥臣掩蔽不以聞，朝廷亦不問。事每如此，恐寖成衰亂之漸。當軸者恨之。公知不見容，乞外任。四年，以龍圖閣學士知杭州。時諫官言前宰相蔡持正知安州，作詩借郝處俊事以譏刺時事，大臣議逐之嶺南。公密疏言：朝廷若薄確之罪，則於皇帝孝治爲不足；若深罪確，則於太皇太后仁政爲小累。謂宜皇帝降敕置獄逮治，而太皇太后內出手詔赦之，則仁孝兩得矣。宣仁后心善公言而不能用。公出郊未發，遣內侍賜龍茶、銀合，用前執政恩例，所以慰勞甚厚。

及至杭，吏民習公舊政，不勞而治。歲適大旱，饑疫並作，公請於朝，免本路上供米三之一，故米不翔貴，復得賜度僧牒百，易米以救飢者。明年方春，即減價糶常平米，民遂免大旱之苦。公又多作饘粥、藥劑，遣吏挾醫分坊治病，活者甚衆。公曰：「杭，水陸之會，因疫病死比他處常多。」乃裒羨緡得二千，復發私橐得黃金五十兩，以作病坊，稍畜錢粮以待之，至于今不廢。是秋復大雨，太湖泛溢害稼。公度來歲必饑，復請于朝，乞免上供米半，又多乞度牒以糴常平米，并義倉所有，皆以備來歲出糶，朝廷多從之。由是吳、越之民復免流散。

杭本江海之地，水泉鹹苦，居民稀少。唐刺史李泌始引西湖水作六井，民足於水，故井邑日富。及白居易復浚西湖，放水入運河，自河入田，所溉至千頃。然湖水多葑，自唐及錢氏，歲輒開治，故湖水足用。近歲廢而不理，至是，湖中葑田積二十五萬餘丈，而水無幾矣。運河失湖水之利，則取給於江潮，潮渾濁多淤，河行闤闠中，三年一淘，爲市井大患，而六井亦幾廢。公始至，浚茅山、鹽橋二河。以茅山一河專受江潮，以鹽橋一河專受湖水。復造堰閘，以爲湖水畜洩之限，然後潮不入市。且以餘力復完六井，民稍獲其利矣。公間至湖上，周視良久，曰：「今欲去葑田，葑田如雲，將安所寘之？湖南北三十里，環湖往來，終日不達，若取葑田積之湖中，爲長堤以通南北，則葑田去而行者便矣。吳人種菱，春輒芟除，不遺寸草，葑田若去，募人種菱，收其利以備修湖，則湖當不復堙塞。」乃取救荒之餘，得錢糧以貫石數者萬。復請於朝，得百僧度牒以募役者。堤成，植芙蓉楊柳其上，望之如圖畫，杭人名之蘇公堤。

杭僧有淨源者，舊居海濱，與舶客交通牟利，舶至高麗，交譽之。元豐末，其王子義天來朝，因往拜焉。至是源死，其徒竊持其畫像附舶往告，義天亦使其徒附舶來祭。祭訖，乃言國母使以金塔二祝皇帝、太皇太后壽。公不納，而奏之曰：「高麗久不入貢，失賜予厚利，意欲來朝矣，未測朝廷所以待之薄厚，故因祭亡僧而行祝壽之禮，禮意拗薄，蓋可見矣。若受而不答，則遠夷或以怨怒；因而厚賜之，正墮其計。臣謂朝廷宜勿與知，而使州郡以理卻之。然庸僧猾商，敢擅招誘外夷，邀求厚利，爲國生事，其漸不可長，宜痛加懲創。」朝廷皆從之。未幾，高麗貢使果至。公按舊例，使之所至，吳、越七州，費二萬四千餘緡，而民間之費不在，乃令諸郡量事裁損。比至，民獲交易之利，而無侵擾之害。

浙江潮自海門東來，勢如雷霆。而浮山峙於江中，與漁浦諸山，犬牙相錯，洄洑激射，歲敗公私船不可勝計。公議自浙江上流地名石門，並山而東，鑿爲運河，引浙江及谿谷諸水二十餘里，以達于江；又並山爲岸，不能十里以達于龍山之大慈浦；自浦北折抵小嶺，鑿嶺六十五丈，以達于嶺東古河；浚古河數里，以達于龍山運河，以避浮山之險，人皆以爲便。奏聞，有惡公成功者。會公罷歸，使代者盡力排之，功以不成。公復言：三吳之水，瀦爲太湖。太湖之水，溢爲松江以入海。海日兩潮，潮濁而江清，潮水常欲淤塞江路。而江水清駛，隨輒滌去，海口常通，則吳中少水患。昔蘇州以東，公私船皆以篙行，無陸挽者。自慶曆以來，松江大築挽路，建長橋以扼塞江路，故今三吳多水，欲鑿挽路爲千橋以迅江勢。亦不果用，人皆恨之。

公二十年間再莅此州，有德於其人，家有畫像，飲食必祝，又作生祠以報。

六年，召入爲翰林承旨，復侍邇英。當軸者不樂，風御史攻公。公之自汝移常也，授命於宋，會神考晏駕，哭於宋，而南至揚州。常人爲公買田，書至，公喜作詩，有「聞好語」之句。言者妄謂公聞諱而喜，乞加深譴。然詩刻石有時日，朝廷知言者之妄，皆逐之。公懼，請外補，乃以龍圖閣學士守潁。

先是開封諸縣多水患，吏不究本末，決其陂澤，注之惠民河，河不能勝，則陳亦多水。至是又將鑿鄧艾溝，與潁河並。且鑿黃堆，注之於淮，議者多欲從之。公適至，遣吏以水平準之。淮之漲水高於新溝幾一丈，若鑿黃堆，淮水顧流浸州境，決不可爲，朝廷從之。郡有宿賊尹遇等數人，羣黨驚劫，殺變主及捕盜吏兵者非一。朝廷以名捕不獲，被殺者噤不敢言。公召汝陰尉李直方，謂之曰：「君能擒此，當力言於朝，乞行優賞；不獲，亦以不職奏免君矣。」直方退，緝知羣盜所在，分命弓手往捕其黨，而躬往捕遇。直方有母年九十，母子泣別而行，手戟刺而獲之。然小不應格，推賞不及。公爲言於朝，請以年勞，改朝散郎階，爲直方賞。朝廷不從。其後吏部以公當遷，以符會公考，公自謂已許直方，卒不報。

七年，徙揚州。發運司舊主東南漕法，聽操舟者私載物貨，征商不得留難。故操舟者富厚，以官舟爲家，補其弊漏，而周船夫之乏困，故其所載，率無虞而速達。近歲不忍征商之小失，一切不許，故舟弊人困，多盜所載以濟飢寒，公私皆病。公奏乞復故，朝廷從之。

未閱歲，以兵部尚書召還，兼侍讀。是歲，親祀南郊，爲鹵薄使，導駕入太廟。有貴戚以其車從爭道，不避仗衛，公於車中劾奏之。明日，中使傳命申敕有司，嚴整仗衛。尋遷禮部，復兼端明殿、翰林侍讀二學士。高麗遣使請書於朝，朝廷以故事盡許之。公曰：「漢東平王請諸子及太史公書，猶不肯與，今高麗所請，有甚於此，其可予之乎？」不聽。公臨事必以正，不能俯仰隨俗，乞守郡自効。

八年，以二學士知定州。定久不治，軍政尤弛，武衛卒驕惰不教，軍校蠶食其廪賜，故不敢呵問〔二〕。公取其貪汙甚者，配隸遠惡，然後繕修營房〔三〕，禁止飲博。軍中衣食稍足，乃部勒以戰法，衆皆畏伏。然諸校多不自安者，有卒史復以贓訴其長，公曰：「此事吾自治則可，汝若得告，軍中亂矣」。亦決配之，衆乃定。會春大閱，軍禮久廢，將吏不識上下之分，公命舉舊典，元帥常服坐帳中，將吏戎服奔走執事。副總管王光祖自謂老將，恥之，稱疾不出。公召書吏作奏，將上，光祖震恐而出，訖事，無敢慢者。定人言，自韓魏公去，不見此禮至今矣。北戎久和，邊兵不試，臨事有不可用之憂，惟沿邊弓箭社兵與寇爲鄰，以戰射自衞，猶號精鋭。故相龐公守邊，因其故俗立隊伍將校，出入賞罰，緩急可使。歲久法弛，復爲保甲所撓，漸不爲用。公奏爲免保甲及兩税折變科配，長吏以時訓勞，不報，議者惜之。

時方例廢舊人，公坐爲中書舍人日草責降官制，直書其罪，誣以謗訕，紹聖元年，遂以本官知英州。尋復降一官，未至，復以寧遠軍節度副使安置惠州。公以侍從齒嶺南編戶，獨以少子過自隨，瘴癘所侵，蠻蜒所侮，胸中泊然無所蔕芥。人無賢愚，皆得其歡心，疾苦者畀之藥，殞斃者納之竁。又率衆爲二橋以濟病涉者，惠人愛敬之。居三年，大臣以流竄者爲未足也，四年，復以瓊州別駕安置昌化。昌化非人所居，食飲不具，藥石無有，初僦官屋以庇風雨，有司猶謂不可，則買地築室，昌化士人畚土運甓以助之，爲屋三間。人不堪其憂，公食芋飲水，著書以爲樂，時從其父老遊，亦無間也。

元符三年，大赦，北還。初徙廉，再徙永，已乃復朝奉郎提舉成都玉局觀，居從其便。公自元祐以來，未嘗以歲課乞遷，故官止於此，勳上輕車都尉，封武功縣開國伯，食邑九百戶。將居許，病暑，暴下，中止於常。建中靖國元年六月，請老，以本官致仕，遂以不起。未終旬日，獨以諸子侍側，曰：「吾生無惡，死必不墜。愼無哭泣以怛化。」問以後事，不答，湛然而逝，實七月丁亥也。

公娶王氏，追封通義郡君，繼室以其女弟，封同安郡君，亦先公而卒。子三人，長曰邁，雄州防禦推官，知河間縣事。次曰迨，次曰過，皆承務郎。孫男六人，簞、符、箕、籥、筌、籌。明年閏六月癸酉，葬於汝州郟城縣釣臺鄉上瑞里。

公之於文，得之於天。少與轍皆師先君，初好賈誼、陸贄書，論古今治亂，不爲空言。既而讀莊子，喟然歎息曰：「吾昔有見於中，口未能言，今見莊子，得吾心矣。」乃出中庸論，其言微妙，皆古人所未喻。嘗謂轍曰：「吾視今世學者，獨子可與我上下耳。」既而謫居於黃，杜門深居，馳騁翰墨，其文一變，如川之方至，而轍瞠然不能及矣。後讀釋氏書，深悟實相，參之孔老，博辯無礙，浩然不見其涯也。先君晚歲讀易，玩其爻象，得其剛柔遠近喜怒逆順之情，以觀其詞，皆迎刃而解。作易傳，未完，疾革，命公述其志。公泣受命，卒以成書，然後千載之微言，煥然可知也。復作論語說，時發孔氏之祕。最後居海南，作書傳，推明上古之絕學，多先儒所未達。既成三書，撫之歎曰：「今世要未能信，後有君子，當知我矣。」至其遇事所爲詩騷銘記書檄論譔，率皆過人。有東坡集四十卷、後集二十卷、奏議十五卷、內制十卷、外制三卷。公詩本似李杜，晚喜陶淵明，追和之者幾遍，凡四卷。幼而好書，老而不倦，自言不及晉人，至唐褚、薛、顏、柳，髣髴近之。平生篤於孝友，輕財好施。伯父太白早亡，子孫未立，杜氏姑卒未葬。先君沒，有遺言。公既除喪，卽以禮葬姑。及官可蔭補，復以奏伯父之曾孫彭。其於人，見善稱之如恐不及，見不善斥之如恐不盡；見義勇於敢爲，而不顧其害。用此數困於世，然終不以爲恨。孔子謂伯夷、叔齊古之賢人，曰：「求仁而得仁，又何怨？」公實有焉。銘曰：

蘇自欒城，西宅于眉。世有潛德，而人莫知。猗歟先君，名施四方。公幼師焉，其學以光。出而從君，道直言忠。行險如夷，不謀其躬。英祖擢之，神考試之。亦既知矣，而未克施。晚侍哲皇，進以詩書。誰實間之？一斥而疏。公心如玉，焚而不灰。不變生死，孰爲去來。古有徽言，衆說所蒙。手發其樞，恃此以終。心之所涵，遇物則見。聲融金石，光溢雲漢。耳目同是，舉世畢知。欲造其淵，或眩以疑。絕學不繼，如已斷弦。百世之後，豈其無賢？我初從公，賴以有知。撫我則兄，誨我則師。皆還于南，而不同歸。天實爲之，莫知我哀。

【校】

〔一〕「言」，原作「矣」，據三蘇祠本、叢刊本改。

〔二〕「呵」，原作「何」，據叢刊本改。

〔三〕「營房」，三蘇祠本作「城隍」。

欒城後集卷之二十三

神道碑一首

歐陽文忠公神道碑　答公子叔弼書附。

熙寧五年秋七月，觀文殿學士、太子少師致仕歐陽文忠公薨于汝陰，八年秋九月，諸子奉公之喪葬于新鄭旌賢鄉。自葬至崇寧五年，凡三十有二年矣。公子棐以墓隧之碑來請，轍方以罪廢于家，且病不能執筆，辭不獲命，乃曰：「病苟不死，當如君志。」既而病已。謹案，歐陽氏自唐率更令之四世孫琮爲吉州刺史，後世因家于吉。曾祖諱郴，南唐武昌令，贈太師中書令，姚劉氏，追封楚國太夫人。祖諱偃，南唐南京衛院判官，贈太師中書令，兼尚書令，妣李氏，追封吳國太夫人。考諱觀，秦州軍事推官，贈太師中書令，兼尚書令，封鄭國公，妣鄭氏，追封韓國太夫人。

公諱修，字永叔，生四歲而孤，韓國守節自誓，親教公讀書，家貧，至以荻畫地學書。公敏悟過人，所覽輒能誦。比成人，將舉進士，爲一時偶儷之文，已絶出倫輩。翰林學士胥公時在漢陽，見而奇之，曰：「子必有名於世。」館之門下。公從之京師，兩試國子監，一試禮部，皆第一人，遂中甲科，補西京留守推官。始從尹師魯遊，爲古文，議論當世事，迭相師友。與梅聖俞遊，爲歌詩相倡和。遂以文章名冠天下。留守王文康公知其賢，還朝薦之，景祐初，召試，遷鎮南軍節度掌書記、館閣校勘。時范文正公知開封府，每進見，輒論時政得失，宰相惡之，斥守饒州。公見諫官高若訥，若訥詆誚范公，以爲當黜，公爲書責之，坐貶峽州夷陵令。明年，移乾德令，復爲武成軍節度判官。康定初，范公起爲陝西經略招討安撫使，辟公掌書記，公笑曰：「吾論范公，豈以爲利哉？同其退不同其進可也。」辭不就。召還，復校勘，遷太子中允，與修崇文總目。慶曆初，遷集賢校理，同知太常禮院。求補外，通判滑州事。

時西師未解，契丹初復舊約，京東、西盜賊蜂起，國用不給。仁宗知朝臣不任事，始登進范公及杜正獻公、富文忠公、韓忠獻公，分列二府，增諫員，取敢言士。公首被選，以太常丞知諫院，賜五品服，未幾，修起居注。公每勸上延見諸公，訪以政事。上再出手詔，使諸公條天下事，又開天章閣，召對賜坐，給紙筆，使具疏于前，諸公惶恐。退而上時所宜先者十數事，於是有詔勸農桑，興學校，革磨勘、任子等弊，中外悚然。而小人不便，相與騰口謗之。公知其必爲害，常爲上分别邪正，勸力行諸公之言。

初范公之貶饒州，公與尹師魯、余安道皆以直范公見逐，目之黨人。自是朋黨之論起，久而益熾。公乃爲朋黨論以進，言君子以同道爲朋，小人以同利爲朋。人君但當退小人之僞朋，用君子之眞朋。其言懇惻詳盡。其後，諸公卒以黨議不得久留於朝。公性疾惡，論事無所回避，小人視之如仇讎，而公愈奮厲不顧。上獨深知其忠，改右正言，知制誥，賜三品服，仍知諫院。故事，知制誥必試。上知公之文，有旨不試，與近世楊文公、陳文惠公比，逮公三人而已。嘗因奏事，論及人物，上目公曰：「如歐陽修，何處得來？」蓋欲大用而未果也。

四年，大臣有言，河東芻粮不足，請廢麟州，徙治合河津，或請廢其寨，命公往視利害。公曰：「麟州，天嶮，不可廢也。麟州廢，則五寨不可守。五寨不守，則府州遂爲孤壘。今五寨存，故虜在二三百里外，若五寨廢，則夾河皆虜巢穴，河内州縣皆不安居矣。不若分其兵駐並河清塞堡，緩急不失應副，而平時可省轉輸。」由是麟州得不廢。又言：「忻、代州、岢嵐、火山軍並邊民田，廢不得耕，號爲禁地。吾雖不耕，而虜常盜耕之。若募民計口出丁爲兵，量入租粟以耕，歲可得數百萬斛，不然，他日且盡爲虜有。」議下，太原帥臣以爲不便，持之久之乃從。凡河東賦斂過重民所不堪，奏罷者十數事。

自河東還，會保州兵亂，又以公爲龍圖閣直學士、河北都轉運使。陛辭，上面諭：「無爲久留計，有所欲言，言之。」公曰：「諫官得風聞言事，外官越職而言，罪也。」上曰：「第以聞，勿以中外爲意。」河北諸軍怙亂驕恣，小不如意，輒脅持州郡。公奏乞優假將帥，以鎮壓士心，軍中乃定。初，保州亂兵皆招以不死，既而悉誅之，脅從二千人亦分隸諸州。富公爲宣撫使，恐後生變，與公相遇於內黃，夜半屏人謀，欲使諸州同日誅之。公曰：「禍莫大於殺已降，況脅從乎？既非朝命，州郡有一不從，爲變不細。」富公悟，乃止。公奏置御河催綱司，以督糧餉，邊州賴之。又置磁、相州都作院，以繕一路戎器。

河北方小治，而二府諸公相繼以黨議罷去，公慨然上書論之，用事者益怒。會公之外甥女張嫁公族人晟，以失行繫獄。言事者乘此欲幷中公，遂起詔獄，窮治張貲産。上使中官監劾之，卒辨其誣，猶降官知滁州事。居二年，徙揚州，又徙潁州。遷禮部郎中，復龍圖閣直學士，留守南京，遷吏部郎中。丁韓國太夫人憂。至和初，服除，入見，鬚髮盡白。上怪之，問勞惻然，恩意甚厚，命判吏部流內銓。小人畏公且大用，僞爲公奏，乞澄汰宦官。宦官聞之，果怒。會選人胡宗堯當改官，坐嘗以官舟假人，經赦去官，法當循資。公引對取旨，上特令改官。宦官有密奏者曰：「宗堯，翰林學士宿之子，有司右之，私也。」遂出公知同州。言者多謂公無罪，上悟，留刊修唐書，俄入翰林爲學士。自滁州之貶，至是十二年矣。上臨御既久，遍閲天下士，羣臣未有以大稱上意。上思富公、韓公之賢，復召寘二府。時慶曆舊人惟二公與公三人皆在朝廷，士大夫知上有致治之意，翕然相慶。公以學士判三班院。二年，奉使契丹。契丹使其貴臣宗願、宗熙、蕭知足、蕭孝友四人押燕，曰：「此非常例，以卿名重故爾。」嘉祐初，判太常寺。二年，權知貢舉。是時進士爲文，以詭異相高，文體大壞。公患之，所取率以詞義近古爲貴，凡以險怪知名者，黜去殆盡。榜出，怨謗紛然，久之乃服，然文章自是變而復古。三年，加龍圖閣學士，權知開封府事。所代包孝肅公以威嚴御下，名震都邑。公簡易循理，不求赫赫之譽。有以包公之政勵公者，公曰：「凡人材性不一，用其所長，事無不舉，強其所短，勢必不逮。吾亦仕吾所長耳。」聞者稱善。四年，求罷，遷給事中、充羣牧使。唐書成，拜禮部侍郎。俄兼翰林侍讀學士。

公在翰林凡八年，知無不言，所言多聽。河決商胡，賈魏公留守北京，欲開横壠故道，回河使東。有李仲昌者，欲道商胡入六塔河。詔兩省臺諫集議，公故奉使河北，知河決根本，以爲河水重濁，理無不淤，淤從下起，下流既淤，上流必決。水性避高，決必趨下。以近事驗之，決河非不能力塞，故道非不能力復，但勢不能久，必決於上流耳。横壠功大難成，雖成，必有復決之患。六塔狹小，不能容受大河，以全河注之，濱、棣、德、博必被其害。不若因水所趨，增治隄防，疏其下流，浚之入海，則河無決溢散漫之憂，數十年之利也。陳恭公當國，主横壠之議，恭公罷去，而宰相復以仲昌之言爲然，行之而敗，河北被害者凡數千里〔一〕。狄武襄公爲樞密使，奮自軍伍，多戰功，軍中服其威名。上不豫，諸軍訛言籍籍。公言：「武臣掌機密而得軍情，不惟於國不便，鮮不以爲身害。請出之外藩，以保其終始。」遂罷知陳州。公嘗因水災上言：「陛下臨御三十餘年，而儲宫未建。此久闕之典也。漢文帝卽位，羣臣請立太子，羣臣不自疑而敢請，文帝亦不疑其臣有二心。後唐明宗尤惡人言太子事。然漢文帝立太子之後，享國長久，爲漢太宗。明宗儲嗣不早定，而秦王以窺覬陷于大禍，後唐遂亂。陛下何疑而久不定乎？」公言事不擇劇易，類如此。

五年，以本官爲樞密副使。明年，爲參知政事。公在兵府，與曾魯公考天下兵數及三路屯戍多少、地里遠近，更爲圖籍，凡邊防久闕屯戍者，必加蒐補；其在政府，凡兵民官吏財利之要，中書所當知者，集爲總目，遇事不復求之有司。時富公久以母憂去位，公與韓公同心輔政。每議事，心所未可必力争，韓公亦開懷不疑。故嘉祐之政，世多以爲得。

時東宫猶未定，臣僚間有言者，然皆不克行。最後，諫官司馬光、知江州吕誨言之，中書將因二疏以請，幸上有可意，相與力贊之。一日奏事垂拱，讀二疏，未及有言，上曰：「朕有意久矣，顧未得其人耳。宗室中誰可者？」韓公對曰：「宗室不接外人，臣等無由知之。抑此事非臣下所敢議，當出自聖斷。」上乃稱英宗舊名曰：「宮中當養此人，今三十許歲矣，惟此人可耳。」是日，君臣定議於殿上，將退，公奏曰：「此事至大，臣等未敢卽行，陛下今夕更思之，來日取旨。」明日，請之崇政，上曰：「決無疑矣！」諸公皆曰：「事當有漸，容臣等議所除官。」時英宗方居濮王憂，遂議起復，除泰州防禦使，判宗正寺。來日復對，上大喜。諸公奏曰：「此事既行，不可中止，乞陛下斷之於心，內批付臣等行之可也。」上曰：「此豈可使婦人知之？中書行之足矣！」時六年十月也。及命下，英宗力辭，上聽候服除。七年二月，英宗既免喪，稱疾不出。至七月，韓公議曰：「宗正之命既出，外人皆知必爲皇子矣。今不若遂正其名，使知愈退而愈進，示朝廷不可回之意。」衆稱善。乃以其累表上之。上曰：「今當如何？」韓公未對，公進曰：「宗室舊不領職事，今有此命，天下皆知陛下意矣。然詔敕付閤門，得以不受。今若以爲皇子，詔書一出而事定矣。」上以爲然，遂下詔。及宮車晏駕，皇子嗣位，海內泰然，有磐石之固，然後天下皆詠歌仁宗之聖以及諸公之賢。而向之黨議消釋無餘，至於小人，亦磨滅不見矣。

英宗卽位之初，以疾未親政，慈聖光獻太后臨朝。公與諸公往來二宮，彌縫其間，卒復明辟。樞密使嘗闕人，公當次補。韓公、曾公議將進擬，不以告公，公覺其意，謂二公曰：「今天子諒陰，母后垂簾，而二三大臣自相位置，何以示天下？」二公大服而止。其後張康節公去位，英宗復將用公，公又力辭不拜。公再辭重位，諸公不喻其意，而服其難。八年，遷戶部侍郎。治平初，特遷吏部。

神宗卽位，遷尙書左丞。公性剛直，平生與人盡言無所隱。及在二府，士大夫有所干請，輒面喩可否。雖臺諫論事，亦必以是非詰之，以此得怨，而公不卹也。朝廷議加濮王典禮，詔下禮官與從官定議，衆欲改封大國，稱伯父。議未下，臺官意公主此議，遂專以詆公。言者旣以不勝補外，而來者持公愈急。御史蔣之奇并以飛語汙公，公杜門求辨其事。神宗察其誣，連詔詰問，詞窮逐去。公亦堅求退，上知不可奪，除觀文殿學士、知亳州事。熙寧初，遷兵部尙書、知青州，兼充京東東路安撫使。時諸縣散青苗錢，公乞令民止納本錢，以示不爲利，罷提舉管局官，聽民以願請。不報。三年，除檢校太保、宣徽南院使、判太原府、河東路經略安撫使。公辭，求知蔡州，從之。公在亳，已六請致仕。比至蔡，逾年，復請。四年，以觀文殿學士、太子少師致仕。公年未及謝事，天下益以高公。

公昔守潁上，樂其風土，因卜居焉。及歸，而居室未完，處之怡然，不以爲意。公之在滁也，自號醉翁，作亭瑯邪山，以醉翁名之。晚年又自號六一居士，曰：「吾集古錄一千卷，藏書一萬卷，有琴一張，有棊一局，而常置酒一壺，吾老於其間，是爲六一。」自爲傳，刻石。亦名其文曰居士集。居潁一年而薨，享年六十有六，贈太子太師，謚文忠。天下學士聞之，皆出涕相弔。後以諸子贈太師，追封兖國公。

公之於文，天材有餘，豐約中度，雍容俯仰，不大聲色，而義理自勝。短章大論，施無不可。有欲效之，不詭則俗，不淫則陋，終不可及。是以獨步當世，求之古人，亦不可多得。公於六經，長易、詩、春秋，其所發明，多古人所未見。嘗奉詔撰唐本紀表志，撰五代史二書。本紀法嚴而詞約，多取春秋遺意，其表傳志考與遷、固相上下。凡爲易童子問三卷、詩本義十四卷、唐本紀表志七十五卷、五代史七十四卷、居士集五十卷、外集若干卷、歸榮集一卷、外制集三卷、内制集八卷、奏議集十八卷、四六集七卷、集古錄跋尾十卷、雜著述十九卷。

公篤於朋友，不以貴賤生死易意。尹師魯、石守道、孫明復、梅聖俞既沒，皆經理其家，或言之朝廷，官其子弟。尤獎進文士，一有所長，必極口稱道，惟恐人不知也。公前後歷七郡守，其政察而不苛，寬而不弛，吏民安之，滁揚之人至爲立生祠。鄭公嘗有遺訓，戒愼用死刑，韓國以語公，公終身行之。以謂漢法惟殺人者死，今法多雜犯死罪，故死罪非殺人者，多所平反，蓋鄭公意也。

昔孔子生於衰周而識文武之道，其稱曰：「文王既沒，文不在茲乎！」雖一時諸侯不能用，功業不見於天下，而其文卒不可掩。孔子既沒，諸弟子如子貢、子夏皆以文名於世。數傳之後，子思、孟子、孫卿並爲諸侯師。秦人雖以塗炭遇之，不能廢也。及漢祖以干戈定亂，紛紜未已，而叔孫通、陸賈之徒，以詩、書、禮、樂彌縫其闕矣。其後賈誼、董仲舒相繼而起，則西漢之文，後世莫能髣髴，蓋孔氏之遺烈，其所及者如此。自漢以來，更魏晉，歷南北，文弊極矣，雖唐正觀、開元之盛，而文氣衰弱，燕許之流，倔強其間，卒不能振。惟韓退之一變復古，闕其頹波，東注之海，遂復西漢之舊。自退之以來，五代相承，天下不知所以爲文。祖宗之治，禮文法度，追迹漢唐，而文章之士楊劉而已。及公之文行於天下，乃復無愧於古。於乎，自孔子至今，千數百年，文章廢而復興，惟得二人焉，夫豈偶然也哉？

公初娶胥氏，即翰林學士偃之女。再娶楊氏，集賢院學士大雅之女。後娶薛氏，資政殿學士簡肅公奎之女，追封岐國太夫人。男八人：發，故承議郎；奕，故光祿寺丞；棐，朝奉大夫；辯，故承議郎；餘早亡。孫男六人：愻，故臨邑縣尉；憲，通仕郎；恕，奉議郎；愬，故宣義郎；願、懋，皆將仕郎。孫女七人，皆適士族。

公之在翰林也，先君文安先生以布衣隱居鄉閭。聞天子復用正人，喜以書遺公。公一見其文，曰：「此孫卿子之書也。」及公考試禮部，亡兄子瞻以進士試稠人中，公與梅聖俞得其程文，以爲異人。是歲轍亦中下第，公亦以謂不忝其家。先君不幸捐館舍，亡兄與轍皆流落不偶。元祐初，會於京師，公家以公碑諉子瞻，子瞻許焉，既又至於大故。轍之不敏，以父兄故，不敢復辭。銘曰：

於穆仁宗，有臣文忠。自嶮而夷，保其初終。惟古人臣，終之實難。匪不用賢，有孽其間。公奮自南，聲被四方。允文且忠，有煒其光。上實開之，下實泥之。三起三僨，誰實使之？僨而復全，惟天子明。克明克終，乃卒有成。逮歲嘉祐，君臣一德。左右天造，民用飲食。舜禹相授，不改舊臣。白髮蒼顏，翼然在廷。功成而歸，維公本心。彼其何知〔二〕，言恐不深。潁水之濱，甲第朱門。新鄭之墟，茂木高墳。野人指之，文忠之遺。忠臣不危，仁祖之思。

【校】

〔一〕「千」，原作「十」，據叢刊本改。

〔二〕「其」，叢刊本作「亦」。

附　答歐陽叔弼學士書

轍啓：令子承務見訪，蒙示手書，以先公神道碑未立，猥以見屬。轍與亡兄子瞻，俱出先公門下。亡兄平昔已許譔述，不幸奄至大故，此志不申，則轍今日不當復以鄙陋不足以發明先公事業爲辭矣。但有一事，自患難以來，八九年間，駑怯畏避，未嘗秉筆爲文，衆所共悉。又自北歸，衰病日侵，鬚髮變白，志意消縮，非復曩日之比。斯文一時大手筆也，雖復勉強爲之，深恐失前忘後，不能成文，重以獲罪，奈何奈何！若叔弼不以朝夕見迫，許遷延三數年間，如其病疾少差，幸未至死，則不復辭矣。然恐孝愛懇切，急於表見當世，難以歲月竢耳。不能如教，悚息悚息。

欒城後集卷之二十四

雜文五首

巢谷傳

巢谷字元修，父中世，眉山農家也，少從士大夫讀書，老爲里校師。谷幼傳父學，雖朴而博。舉進士京師，見舉武藝者，心好之。谷素多力，遂棄其舊學，畜弓箭，習騎射。久之，業成而不中第。

聞西邊多驍勇，騎射擊刺爲四方冠，去遊秦鳳、涇原間，所至友其秀傑。有韓存寶者，尤與之善，谷教之兵書，二人相與爲金石交。熙寧中，存寶爲河州將，有功，號熙河名將，朝廷稍奇之。會瀘州蠻乞弟擾邊，諸郡不能制，乃命存寶出兵討之。存寶不習蠻事，邀谷至軍中問焉。及存寶得罪，將就逮，自料必死，謂谷曰：「我涇原武夫，死非所惜。顧妻子不免寒餓，橐中有銀數百兩，非君莫使遺之者。」谷許諾，卽變姓名，懷銀步行，往授其子，人無知者。存寶死，谷逃避江淮間，會赦乃出。予以鄉閭，故幼而識之，知其志節，緩急可託者也。

予之在朝，谷浮沈里中，未嘗一見。紹聖初，予以罪謫居筠州，自筠徙雷，自雷徙循，予兄子瞻亦自惠再徙昌化，士大夫皆諱與予兄弟遊，平生親友無復相聞者。谷獨慨然自眉山誦言，欲徒步訪吾兄弟。聞者皆笑其狂。元符二年春正月，自梅州遺予書曰：「我萬里步行見公，不自意全，今至梅矣。不旬日必見，死無恨矣。」予驚喜曰：「此非今世人，古之人也。」旣見，握手相泣，已而道平生，逾月不厭。時谷年七十有三矣，瘦瘠多病，非復昔日元修也。將復見子瞻於海南，予愍其老且病，止之曰：「君意則善，然自此至儋數千里，復當渡海，非老人事也。」谷曰：「我自視未卽死也，公無止我。」留之不可，閱其橐中無數千錢，予方乏困，亦強資遣之。船行至新會，有蠻隸竊其橐裝以逃，獲於新州，谷從之至新，遂病死。予聞哭之失聲，恨其不用吾言，然亦奇其不用吾言而行其志也。

昔趙襄子厄於晉陽，知伯率韓魏決水圍之，城不沉者三版。縣釜而爨，易子而食，羣臣皆懈，惟高恭不失人臣之禮。及襄子用張孟談計，三家之圍解，行賞羣臣，以恭爲先，談曰：「晉陽之難，惟恭無功，曷爲先之？」襄子曰：「晉陽之難，羣臣皆懈，惟恭不失人臣之禮，吾是以先之。」谷於朋友之義，實無愧高恭者，惜其不遇襄子，而前遇存寶，後遇予兄弟。予方雜居南夷，與之起居出入，蓋將終焉，雖知其賢，尚何以發之？聞谷有子蒙在涇原軍中，故爲作傳，異日以授之。谷始名轂，及見之循州，改名谷云。

亡姊王夫人墓誌銘

伯父大中大夫生女子四人，仲姊適進士王君東美器之，獨享上壽，年七十有五。從其子肄爲梓州桐山尉，官滿而歸，沒於鄉閭，實建中靖國元年十二月庚寅也。前一歲，轍與兄子瞻皆自嶺南蒙恩北還，將歸掃先墓。是時兄弟惟仲姊在耳，而子瞻舟行至毗陵，復以疾不起。轍既哭之，則訃於鄉曰：「天倫之愛，惟仲姊一人矣，東西相望，將誰訴者？」訃未達而仲姊又亡，蓋哭之慟曰：「已矣，手足盡矣，何以立於世！」

惟夫人幼敏而靜，四歲而知絲纊，十歲而知饋饎，父母以爲能。既長，奉己以法，不妄言笑。二十而歸王氏，早莫不懈，舅姑亦賢之。舅祕書丞兼，沒於耀州，貧不能歸，夫人勸其家盡所有以歸葬。未幾而姑亡，器之亦卽世。生事不給，人不堪其憂，夫人處之，哀而不傷；被服飲食，雖窶必修；與親族交，雖貧不傲，雖富不屈；訓導諸子不失家法，遇其有過，未嘗見聲色。曰：「使爾自悟則善，勉強從我無益也。」春秋祠事，必親視滌濯，執庖爨，夜以達旦，以此終其身。嘗夢一老人，旁有贊拜者。既覺，猶拜未已，且求其家繪像，則四代祖母也。自是并祭四代。肆及元祐九年進士第，時轍備位政府，以親祀圜丘，恩賜冠帔，使肆以歸奉夫人。肆迎養銅山，夫人常稱內外祖父從政之方以敕之。及其疾病，肆刲股以異饋。既執喪，水漿不入口者累日，哀毁殆不能勝，鄉人稱之。將以崇寧元年十月六日祔於器之之墓。世次爵里既具，今不復載。夫人三子：長曰聿，幼曰畫，皆以儒學自力。仲子則肆也。三女：長適朝散郎劉褒，早亡，次適進士牟介，次適進士楊濤。孫五人：良弼、知武、知悌、良驥、慶長。銘曰：

生而知禮傅弗煩，老而知義窮益堅。天既知之報以年，大其後昆子復賢。我欲見之不得還，勒銘幽室虞變遷。後要當歸空九原，仰視松柏涕潸然。

龍井辯才法師塔碑

浙江之西有大法師號辯才，以佛法化人，心具定慧，學具禪律，人無賢不肖，見之者知尊其道，奉其教。居上天竺，說法齊衆者二十年。退居龍井，燕居行道者十年。元祐六年歲在辛未九月乙卯無疾而滅。吳越之人失其所歸依，奔走號慕，如佛滅度。相與訃於淮南，請於揚州太守蘇公子瞻以志其塔。公曰：「吾固知師矣，予弟子由雖未嘗識師，而其知師不在吾後，吾爲汝請。」轍以公命不敢辭。

師姓徐氏，名元淨，字無象，杭之於潛人，家世喜爲善。客有過其鄉者，指其居以語人曰：「是有佳氣鬱鬱上騰，當生奇男子。」師生而左肩肉起如袈裟條，八十一日乃滅。其伯祖父歎曰：「是宿世沙門也，愼毋奪其願，長使事佛。」八十一者殆其算也，及師之終，實八十有一。

師生十年而出家，口不茹葷血，每見講堂坐，輒嘆曰：「吾願登此說法度人。」年十六，落髮受具足戒。十八，就學於天竺慈雲師，雲門人方盛，衆欲卻之。雲曰：「曏昔吾夢甚異，此子殆法器也，勿卻。」師日夜勤力，學與行進，不數年而齒其高第。雲沒，復事明智韶師，韶嘗講摩訶止觀，至方便五緣曰：「淨名所謂以一食施一切供養諸佛及衆賢聖，然後可食，此一方便也。」師聞之悟曰：「今乃知色聲香味皆具第一義諦。」因淚下如雨。由此遇物，中無疑矣。嘗夢與其同門友元素入一寺曰妙樂，有僧出，師問之曰：「此非荆溪尊者製法華文句記處耶？」曰：「然。」師訪以尊者遺像，相與至東閣，見一梵僧趺坐不動，容貌甚偉，謂師曰：「我，汝過去師也，當爲我作禮。」師拜，已而覺，忽若有得。

年二十五，恩賜紫衣及辯才號，蓋代韶爲衆講說者凡十五年。知杭州呂公溱請師住大悲寶閣院，師嚴設紀律，犯者秋毫皆斥去，其徒畏敬之。居十年，沈公遘治杭，以謂上天竺本觀音大士道場，以聲音懺悔爲佛事，非禪那居也，乃請師以教易禪。師至，吳越人爭以檀施歸之，遂鑿山增室，幾至萬礎，重樓傑觀，冠於浙西，學者數倍其故。有禱於大士者，亦鮮弗答。詔名其院曰靈感觀音。熙寧初，龍圖祖公無擇在杭，言者或不悅其政，遽起制獄，師以鑄鐘事預逮。居其間泰然，擬金剛篋撰圓事理說。居十七年，有僧文捷者，利其富，倚權貴人以動轉運使，奪而有之，遷師於下天竺。師恬不爲忤，捷猶不厭，使者復爲逐師於潛。逾年而捷敗，事聞朝廷，復以上天竺畀師。捷之在天竺也，吳人不悅，施者不至，巖石草木爲之索然。及師之復，士女不督而集，山中百物皆若有喜色。淸獻趙公抃與師爲世外友，親見而贊之曰：「師去天竺，山空鬼哭。天竺師歸，道場光輝。」然師復留三年，終欲捨去，謂其徒曰：「吾祖智者，聖人也，猶以急於化人，害於行己，位本五品，而證止鐵輪，況吾凡夫也哉。」固謝去，老於南山龍井之上，以茅竹自覆，吳越聞之，爭爲之築室廬，具像設，甓瓦金碧，咄嗟而就。三年，復爲太守鄧公溫伯請，居南屏一年，鄧公去，乃歸龍井終焉。

師於講說，不擇晝夜，常曰：「鬼神威德不具，多畏人，晝說或不得至，比夜人靜，庶幾能聽。」嘗焚指以供佛，右三左二，僅能以執。其徒有欲效之者，輒禁之曰：「如我乃可。」平生修西方淨業，未嘗以須臾廢。行成力具，能以其餘見於外者非一也。予兒子瞻中子迨生，三年不能行，請師爲落髮，磨頂祝之，不數日能行如他兒。布衣李生者，習禪觀，甚辯而無行，欲從師出家。子瞻憐之，爲請於師。未言其名，師拒不許，若知其爲人者。秀州嘉興令陶象有子得魅疾，巫醫莫能治，師呪之而愈。越州諸暨陳氏女子心疾，漫不知人，父母以見，師警以微言，醒然而悟。嘗與僧熙仲會食，仲視師眉間有光如螢，遽起攬之，得舍利。師曰：「愼毋以告人，不知者，將以妄疑我。」自是，常有於其臥起得之者。及其將化，入室燕坐，謝賓客，止言語飲食，召其常與往來僧道潛，告之曰：「吾西方業成，如是七日無魔，橫右脅吉祥而逝，吾願足矣。」至五日出偈告衆〔一〕，七日奄然而寂，皆如其言。

師度弟子若千人，四方學者不可以數計，頗能以其道敎化吳越。

至十月庚午，塔成，頌曰：

如來昔在世，心禪語爲敎。譬如四大海，惟是一濕性。於其濕性中，變化千萬億。風來爲濤瀾，風去爲湛然。魚龍所游戲，神鬼所出沒。船筏借其力，網罟取其利。其上爲洲渚，諸國所生育。其下爲淵谷，百怪所藏伏。東西出日月，上下屬河漢。觀者不能了，愕眙何暇說。如來知迷悶，隨變爲解釋。因變所說者，是則名爲敎。彼善聞敎人，當知是幻爾。既已知是幻，則當識眞實。我觀世敎師，皆謂敎是實。由謂敎實故，則爲禪所訶。禪雖訶敎乎，終以敎致禪。禪若不取敎，是杜所入門。敎而不知禪，是不識家也。辯才眞法師，於敎得禪邪。口舌如瀾翻，而不失道根。心湛如止水，得風輒棨然。以是於東南，普服禪教師。士女常奔走，金帛常闔遝。師惟不取故，物來不得拒。道成數有盡，西方一瞬息。西方亦非實，要有眞實處。

【校】

〔一〕「日」，原作「月」，據叢刊本改。

逍遙聽禪師塔碑

予元豐中以罪謫高安，既涉世多難，知佛法之可以爲歸也。是時洞山有文，黃蘗有全，聖壽有聽。是三老人，皆具正法眼，超然無累於物。予稍從之遊，既久而有見也。居五年，予自高安移宰績溪，未幾，而全委化，文去洞山，聽去聖壽。凡十年，予再謫高安，而文住歸宗，聽退老黃蘗不復出矣。聽聞予來，出見曰：「吾夢與君遊於山中，知君復來。去來，宿緣也，無足怪者。」與予處一年，弊衣糲食，澹然若將終焉。高安之人曰：「有如聽禪師而不坐道場者耶？」師曰：「吾未始不在道場，顧以蘇公一來，餘無求也。」衆曰：「逍遙，唐帝子遺籞，賓旅不至，而貲糧可以老，居之無害。」師不聽。予告之曰：「師豈以我故廢傳法耶？」師笑而許之。紹聖乙亥十有二月始杖策入山。山久荒不理，十方不至，師方治其缺圮以延衆。予亦得般若、涅槃、寶積、華嚴四大部舊經於聖壽，補其殘破而授之。明年夏，師得疾，山深無醫，愈而復劇，九月戊申而寂，春秋五十有五。師本綿州鹽泉王氏，幼事劍門慈雲海亮師，年二十三，誦經得度。始遊成都，從講師。捨之，南至吳越，見淨慈大本禪師，久而不悟。本曰：「吾嚮昔夢汝異甚，汝不勉則死。」師茫然不知所謂。常志南嶽思大口吞三世諸佛語，一日爲僧伽作禮，醒然而喻。即見本，具道所以然。本曰：「汝得之矣。吾夢汝吞一世界、一剃刀，知汝自今始眞出家也。」即爲擊鼓告衆。師遊江西高安，人敬愛之，延住眞如、開善、聖壽三道場。師性靜默，與物無牾，所居不問有無，安於戒律，不知持犯之別。平居未嘗談說，叩之輒亹亹不竭。予見之二十年，口不言人過。

逍遙祖師曰僊，唐肅宗少子也。出家，事忠國師，忠記之，居逍遙，賜田甚廣。經五代亂，民盜耕之幾盡。前長老文因訴於縣，十得一二，可以居衆矣，而衆未集。因相山之勝，環植松柏，將自爲窣堵波。既沒，或言其不利，改葬他所。及師之寂，即因之以葬。衆皆曰：「有德之報。」十月庚午而葬。銘曰：

逍遙峻深，帝子道場。百年無人，龍天悲傷。師遊吳中，得法本翁。口吞大千，不帶于胸。律精不持，道備不言。遊戲諸方，物知其賢。翕然歸之，師卻避之。草庵布衣，逝與世辭。忽來自山，衆迎而喜。爲予而出，予豈堪此？衆曰逍遙，法鼓不鳴。師雖老矣，強爲我行。師入居之，草木欣然。俯仰幾何，寂如蛻蟬。吁嗟前人，度是塔址，成而不居，若有所竢。新塔巋然，松柏離離。匪人所圖，緣則在茲。

天竺海月法師塔碑

餘杭天竺有二大士，一曰海月，一曰辯才，皆事明智韶法師，以講說作佛事，而心悟最上乘，不爲講說所縛。吳越多禪衆，聞其言者皆曰：「說教如是，是亦禪也。」故吳越之人歸之，與佛菩薩無異。熙寧中，予兄子瞻通守餘杭，從二公遊，敬之如師友。海月之將寂也，使人邀子瞻入山，以事不時往。師遺言：須其至乃闔棺。既寂四日，而子瞻至，發棺視之〔一〕，膚理如生，心頂温然，驚嘆出涕。後十有六年，子瞻守餘杭，復從辯才遊，及其滅也，子瞻守淮南，其徒請爲塔銘，子瞻以屬予。又十三年，予與子瞻皆自嶺外得歸，而子瞻終於毘陵。餘杭參寥師弔予潁川，既而泣曰：「辯才既以子瞻故，得銘於公。海月獨未有銘，公以子瞻，其亦勿辭。」予亦泣許之。

公名惠辯，字訥翁，姓富氏，秀之華亭人也。幼不好弄，其父奇之，以施普照寺。年十有九，受具足戒，從韶於天竺，受天台教，習西方觀，復事三衢浮石矩法師，皆盡其學。韶之將老也，命公代之講者八年，學者宗之。及其老，遂領寺事。翰林沈文通治杭，以威猛御長物，有盜夜入其室，脫衣與之，導之出門，使從支徑逃去。熙寧六年十月，有疾，十七日，講授二十五年，往來千人，得法者甚衆。西方觀成，與同社人造塔及閣。公容止端靜，不畜物，僧徒嚴憚之，見者惶駭失據，公獨從容如平日。文通異之，遂以沚僧職，卒至都僧正。凡

旦起盥濯，與衆別，焚香跏趺而逝，年六十。臘四十一。

公初入天竺，及澗，有老人冠帶傴僂，逾梁迎之，入門而失。始代師講，夢章安尊者以金篦擊其口，曰：「汝勤於誨人，當得辯惠。」嘗苦脾痛，久而不愈。夢天神以金盤盛水，使師瞑目而洗其腸，浣已復內，覺而痛止。公沒之歲，吳越大旱，禱於天竺觀音像，不應。公以疾晝寢，夢老人白衣烏帽告曰：「明日日中必雨。」問其人，曰：「山神也。」如期而雨。公學行高妙，報在西方，其以感通者，不可勝言，而聞於人者如此。今住天竺德賢師，實公之高第。以銘授之，俾刻之石。銘曰：

佛本說一乘，無二亦無三。空洞無一物，應物無不在。欲以是教人，人或不能信。以其不信故，故示以方便。方便皆是幻，惟惠爲眞實。有方便惠解，無方便惠縛。有惠方便解，無惠方便縛。惟惠惟方便，更相爲縛解。縛脫解亦除，然後至佛乘。智者古智人，具惠與方便。示人西方觀，其實則是幻。由幻而得佛，於以度衆生。會歸於一乘，何者非佛法？海月辯才師，智者之孫曾。由教而得禪，皆僧中第一。我不識其

面，知其心中事。作銘書塔石，二公知其然。

【校】

〔一〕「覗」，原作「覗」，據叢刊本改。

欒城第三集

欒城第三集引

崇寧四年，余年六十有八，編近所爲文，得二十四卷，目之欒城後集。又五年，當政和元年，復收拾遺稾，以類相從，謂之欒城第三集。方昔少年，沉酣文字之間，習氣所薰，老而不能已。既以自喜，亦以自笑。今益以老矣，餘日無幾。方其未死，將復有所爲。故隨類輒空其後，以竢異日附益之云爾。

潁濱遺老書

欒城第三集卷之一

詩七十首

丙戌十月二十三日大雪

秋成粟滿倉，冬藏雪盈尺。天意愍無辜，歲事了不逆。誰言豐年中，遭此大泉戹。肉好雖甚精，十百非其實。田家有餘糧，靳靳未肯出。閭閻但坐視，愍愍不得食。朝飢願充腸，三五本自足。飽食就茗飲，竟亦安用十？姦豪得巧便，輕重竊相易。鄰邦穀如土，胡越兩不及。閉民本無賴，翩然去井邑。土著坐受窮，忍飢待捐瘠。彼哉陶鈞手，用此狂且愎。天且無奈何，我亦長太息。

畫歎 并引

武宗元比部學吳道子畫佛菩薩鬼神，燕肅龍圖學王摩詰畫山川水石，皆得其仿佛。潁川僧舍往往見之，而里人不甚貴重，獨重趙、董二生。二生雖工而俗，不識古名畫遺意。作畫歎：

武燕未遠嗟誰識，趙董紛紛枉得名。已矣孫陳舊人物，至今但數漢公卿。

夢中反古菖蒲 并引

古詩云：「石上生菖蒲，一寸十二節。仙人勸我食，令我好顏色。」十一月八日四鼓，夢中反之作四韻，見一愚公在側，借觀示之，赧然有愧恨之色。

石上生菖蒲，一寸十二節。仙人勸我食，再三不忍折。一人得飽滿，餘人皆不悦。已矣勿復言，人人好顏色。

次遲韻復雪

老人怕寒愁早作，夜聞飛霰知相虐。粟車未到泥復深，場薪欲盡心驚愕。山川澒蕩勢如海，孤舟一葉知安泊？山中故人消息斷，欲問有無隔溪壑。人言王生好事人，回船不顧山陰約。故侯生來本貧窶，妻子至今美藜藿。曳履長歌解忍飢，裹飯往餉今誰託？家人來告酒可篘，洗盞開瓶同一酌。

次韻文氏外孫驥以其祖父與可學士書卷還謝悰學士

西南自是賢俊府，衰老思歸謾留許。春禾磨麥非平生，子孫便推我作古。賢哉與可詩中傑，筆墨餘功散緡楮。南陽諸謝世有人，此邦亦自非其土。一時與我俱作客，白髮蒼顔愧非伍。儒術眞傳漢太翁，風流未減晉諸庾。兩家尙有往還帖，舊集脱遺應可補。明窗展卷清淚滴，恍然似與故人語。欲鎖空廚付長康，恐君譏我不與取。

守歲

歲云莫矣誰能守？唯有此心初不移。宇宙隨流任爾去，虛空對面卽吾師。三盃醉倒聊從俗，一點靈明欲語誰？來日日新無限事，歸根一笑彼安知？

上元不出

春寒未脱紫貂裘，燈火催人夜出遊。老厭歌鍾空命酒，病嫌風露怯登樓。擁袍坐睡曾無念，結客追歡久已休。試問西鄰傳法老，此時情味似儂不？

將築南屋借功田家

先人敝廬寄西南，不歸三紀今何堪！卜營菟裘閱歲三，西成黍豆餘石甔。借功田家幷鑁杴，農事未起來不嫌。併遣浮客從丁男，芒鞵禿巾短後衫。杵聲登登䜺閭閻，期我一月久不厭。我方窮困人所諳，有求不答心自甘。一言見許不妄談，飲汝信厚心懷慚。晨炊暮餉增醯鹽，歸時不礙田與蠶。

丁亥生日

少年卽病肺，喘作鋸木聲。中年復病脾，暴下泉流傾。困苦始知道，處世百欲輕。收功在晚年，二疾忽已平。來年今日中，正行七十程。老聃本吾師，妙語初自明。至哉希夷微，不受外物嬰。非三亦非一，了了無形形。迎隨俱不見，瞿曇謂無生。湛然琉璃內，寶月長盈盈。

初葺遺老齋二首

髭鬢渾白已經歲，腰痛春來日又多。一味安閑猶有礙，却令朝謁擬如何？築居定作子孫計，好事久遭僧佛呵。尤愧白家履道宅，十年成就飽經過。

爲留十步南牆竹，莫怪門前鳥雀多。陋巷何妨似顔子，勢家應未奪蕭何。詩書懶惰何曾讀，氣息調勻不用呵。多病從來少賓客，杜門今復幾人過？

謝人惠千葉牡丹

東風催趁百花新，不出門庭一老人。天女要知摩詰病，銀瓶滿送洛陽春。可憐最後開千葉，細數餘芳尚一旬。更待遊人歸去盡，試將童冠浴湖濱。

移陳州牡丹偶得千葉二本喜作

小圃初開清潩岸，名花近取宛丘城。爭言千葉根難認，忽發雙葩眼自明。謫墮神仙終不俗，飛來鸞鳳有餘清。細鉏瓦礫除荆棘，未可令齊衆草生。

因舊 幷敍

予因卞氏故居改築新宅，其廳事陋甚。有柴氏廳三間〔一〕，求售三百餘萬錢，力不能致。子遲曰：「因卞之舊而易，其尤不可。子孫若賢，當師公儉。」予愧其言，從之，作因舊詩。

君不見林上鵲，冬深始營巢，及春巢已成。又不見梁上燕，春深初作窠，及夏雛已生。我爲一區屋，三年費經營。紛紛伐梧楸，日厭斤斧聲。老境能幾何〔二〕，何日安餘齡？一言愧吾兒，事忌與力爭。青楊易三棟，赤榆換雙楹。指顧行即具，構築役亦輕。鄭侯念子孫，不處高閈閎。吾今何人斯？此則坐右銘。

【校】

〔一〕「聽」，叢刊本作「廳」。

〔二〕「境」，原作「竟」，據叢刊本改。

初成遺老齋二首

花時懶出伴遊人，暑雨深藏養病身。新宅丁丁厭斤斧，舊書寂寂卷埃塵。久將生事累諸子，頓斂浮根付一眞。遺老齋成謀宴坐，澹然無語接來賓。

舊說穎川宜老人，朱櫻斑筍養閑身。無心已絶衣冠念，有眼不遭車馬塵。青簡自書遺老傳，白鬚仍寫去年眞。齋成謾作笑談主，已是蕭然一世賓。

蠶麥二首

疎慵自分人嫌我，貧病可憐天養人。蠶眠已報多衮具，麥熟旋供湯餅新。擷桑曉出露濡足，拾穗暮歸塵滿身。家家辛苦大作社，典我千錢追四鄰。三界人家多鮮福，一時蠶麥得難兼。鉏耰已愧非吾力，湯火尤驚取不廉。貴客爭誇火浣布，貧家粗有水精鹽。薄衫冷麪消長夏，捫腹當知百不堪。

文氏外孫入村收麥

欲收新麥繼陳穀，賴有諸孫替老人。三夜陰霪敗場圃，一竿晴日舞比鄰。急炊大餅償飢乏，多博村酤勞苦辛。閉廩歸來眞了事，賦詩憐汝足精神。

李方叔新宅

我年七十無住宅，斤斧登登亂朝夕〔一〕。兒孫期我八十年，宅成可作十年客。人壽八十知已難，從今未死且磐桓。不如君家得衆力，咄嗟便了三十間。李君雖貧足圖史，旋鑿明窗安淨几。閉門但辦作詩章，好事時來置樽俎。我恨年來不出門，不見君家棟宇新。心安即是身安處，自揣頭顱莫問人。

【校】

〔一〕「斧」，原作「釜」，據叢刊本改。

苦雨　七月朔。

蠶婦絲出盎，田夫麥入倉。斯人薄福德，二事未易當。忽作連日雨，坐使秋田荒。出門陷塗潦，入室崩垣牆。覆壓先老稚，漂淪及牛羊。餘糧詎能久，歲晚憂糟糠。天災非妄行，人事密有償。嗟哉竟未悟，自謂予不戕。造禍未有害，無辜輒先傷。簞瓢吾何憂，作詩熱中腸。

穀麥二首

麥幸十分熟，雨過三日霪。初晴尚未伏，半夜卷重陰。細築場無隙，輕推磨有音。驚聞諸縣水，一噉直千金。

其二

雨後麥多病，庚中蛾欲飛。不辭終日暑，幸脫半年飢。潦水來何暴，秋田望已微。農夫愚可念，此報定誰非！

立秋後

伏中苦熱焦皮骨，秋後清風濯肺肝。天地不仁誰念爾，身心無著偶能安。詩書久爲消磨日，毛褐還須準擬寒。謾許百年知到否，相從一日且盤桓。

初築南齋

我老不自量，築室盈百間。舊屋收半料，新材伐他山。盎中粟將盡，橐中金亦殫。涼風八月高，扶架起南邊。首成遺老齋，願與客周旋。古檜長百尺，翠竹森千竿。隔城過清潁，有井皆甘泉。平生隱居念，眷眷在山川。誰言白髮年，有作竟不然。我本師瞿曇，所遇無不安。諸子知我懷，勉更求榱椽。堂成鋪莞簟，無夢但安眠。

中秋月望十六終夜如晝

秋氣久已到，月明如可期。雲生未望夜，天借極圓時。冷澈登臨倦，衰慵起舞遲。兔閑長擣藥，桂老尚生枝。運轉何年住，清明與物宜。油然任消長，斤斧定何施？

釀重陽酒

家人欲釀重陽酒，香麴甘泉家自有。黄花抱蕊有佳思，金火未調無好手。老奴但欲致村酤，小婢爭言試三㪷。我年七十似童兒，逢節歎欣事從厚。廩粟已空豆方實，羔豚雖貴魚可取。病嫌秋雨難爲腹，老嗛饞涎空有口。折花誰是送酒人，來客但有鄰家父。閉門一醉莫問渠，巷爭不用纓冠救。

戲題菊花

春初種菊助盤蔬，秋晚開花插酒壺。微物不多分地力，終年乃爾任人須。天隨七箸幾時輟〔一〕，彭澤樽罍未遽無。更擬食根花落後，一依本草太傷渠。

【校】

〔一〕「七」，原作「乜」，據叢刊本改。

九日三首

昔忝衣冠舊，今從野老遊。籬根菊初綻，甕面酒新芻。不負重陽節，都無舉世憂。人生定誰是？萬事本悠悠。

其二

欲就九日飲，旋炊三斗醅。今朝不一醉，坐客有空回。白髮何須吝，黄花恨晚開。問知瓶未罄，相勸盡餘盃。

其三

從古重此日，今人那得違？菊遲知歲閏，酒貴念人飢。身安且自慰，家遠不成歸。尙憶少年樂，驚呼人盡非。

十日二首

酒經重九尙殘卮，雨送初寒問篋衣。養氣安閑眞得計，讀書勤苦已知非。謾存講說傳家學，深謝交遊絕世譏。築室未成中自笑，何如茅屋對柴扉？

憂患經懷沃漏卮，榮華過眼脫輕衣。定心稍覺無來往，時事誰能問是非？祿去身安常自喜，宅成囊竭可無譏。交遊散盡餘親戚，酒熟時來一叩扉。

初成遺老齋待月軒藏書室三首

老人身世兩相遺，綠竹青松自蔽虧。已喜形骸今我有，枉將名字與人知。往還但許鄰家父〔一〕，問訊纔通說法師。燕坐蕭然便終日，客來不識我爲誰。遺老齋

軒前無物但長空，孤月忽來東海東。圓滿定從何處得？清明許與衆人同。憐渠生死未能免，顧我盈虧略已通。夜久客寒要一飲，油然細酌意無窮。待月軒

讀書舊破十年功，老病茫然萬卷空。插架都將付諸子，閉關猶得養衰翁。案頭螢火從乾死，窗裏飛蠅久未通。自見老盧眞面目，平生事業有無中。藏書室

【校】

〔一〕「但」，叢刊本作「尙」。

久雨

雲低氣尙濁，雨細泥益深。經旬勢不止，晚稼日已侵。閑居賴田食，憂如老農心。堆場欲生耳，棲畝將墮沉。常賦雖半釋，雜科起相尋。凶年每多暴，此憂及山林。號呼天不聞，有言不如喑。顧見雲解脫，秋陽破羣陰。

方築西軒穿地得怪石

卞氏平日本富家，庭中怪石蹲礱䃯。子孫分散不復惜，排棄坑谷埋泥沙。一株躍出隨畚鍤，知我開軒方種花。頹然遠嶺垂澗壑，豁然洞穴通煙霞。十夫徙置幸不遠，軒前桐柏陰交加。我家舊隱久不到，小池尺水三流槎。少年旋遶看不足，時呼野老來煎茶。老人得此且自慰，更訪餘石探幽遐。或言卞氏舊石尚多，但未知沉淪處爾。

肺病

肺病比不作，屈信三十年。今年胡爲爾，呀然上衝咽。寒冰未易温，死灰誰使然？醫言無庸怪，此理環無端。少年少𣚪敗，今日存精堅。假年復除害，非人豈非天？

送遜監淮西酒并示諸任二首

疇昔南遷海上雷，艱難唯與汝同來。再從龍尉茅叢底，旋卜雲橋茘子堆。相與閉門尋舊學，誰言復出理官醅？乘田委吏先師事，莫學陶翁到即回。

淮西留滯昔經年，唯有諸任時往還。炊黍留賓不嫌陋，借書度日免長閑。歸來淇水無人問，夢遶伊家古檜間。二老舊遊唯我在，後生誰復識蒼顔？遹聖、師中二老人雖鄉人，今無識之者矣。

風　雪　閏十月十一日。

冬温未宜人，風雪中夜止。疾雷略吾窗，輕冰入吾被。病去適三日，驚起存一氣。心安氣亦安，二物本非二。皎然一寸燈，下燭九泉底。物來無不應，物去未嘗昧。恨我俗緣深，撓此古佛智。醫來視六脈，六脈非昔比。醫適有此言。

讀傳燈録示諸子

大鼎知難一手扛，此心已自十年降。舊存古鏡磨無力，近喜三更月到窗。早歲文章眞自累，一生憂患信難雙。從今父子俱清淨，共説無生或似龐。

夢中詠西湖

誰鑿西湖十里中，扁舟載酒颺輕風。草木蕃滋百事足，寒暄淡薄四時同。東鄰適與吾廬便，西岸遥將岳麓通。閑遊草草無人識，竹杖藤鞵一老翁。前四句夢中得，後四句起而足之。

買炭

苦寒搜病骨，絲纊莫能禦。析薪燎枯竹，勃鬱煙充宇。西山古松櫟，材大招斤斧。根槎委溪谷，龍伏熊虎踞。挑抉劚遺餘，陶穴付一炬。積火變深黳，牙角猶憤怒。老翁睡破甈，正晝出無屨。百錢不滿籃，一坐幸至莫。御爐歲增貢，圓直中常度。闤闠不敢售，根節姑付汝。升平百年後，地力已難富。知夸不知嗇，俯首欲誰訴？百物今盡然，豈爲一炭故？我老或不及，預爲子孫懼。

欲雪

今年麥中熟，麮餌不充口。老農畏冬旱，薄雪未覆畝。驕陽引狂風，三白知應否？久晴車牛通，薪炭家家有。惟有口腹憂，此病誰能救？達官例謀身，一醉日自富。倘應天愍人，雲族朝來厚。飛花得盈尺，一麥可平取。

那吒

方北天王有狂子，只知拜佛不拜父。佛知其愚難教語，寶塔令父左手舉。兒來見佛頭輒俯，且與拜父略相似。佛如優曇難值遇，見者聞道出生死。嗟爾何爲獨如此？業果已定磨不去。佛滅到今千萬祀，只在江湖挽船處。

示諸子

老去惟堪一味閑，坐令諸子了生緣。般柴運水皆行道，挾策讀書那廢田？兄弟躬耕眞盡力，鄉鄰不慣枉稱賢〔一〕。裕人約己吾家世，到此相承累百年。范五德孺近語遲：「聞君家兄弟曾治田，蓋取其不盡利爾。」

【校】

〔一〕「鄰」，原作「憐」，據叢刊本改。

戊子正旦

百歲行來已七分，筋骸轉覺不如人。法傳心地初投種，雨過花開不待春。識路一時如有得，到家諸事本非新。舊陳芻狗今無用，付與時人藉兩輪。

題舊鍾馗　并引

癸丑歲，予爲興德軍掌書記，是歲大旱。除日，府中饋畫鍾馗行雪中，狀甚怪。後三十六年，檢篋中舊畫得之，戲作此篇。

濟南書記今白須，歲節鍾馗舊綠襦。舉手托天欣見雪，破鞋踏凍可憐渠〔一〕。滔滔時輩今黃壤，六六年華屬老夫。兒女未容翁便去，銀瓶隔夜浸屠酥。

【校】

〔一〕「鞋」，叢刊本作「鞾」。

七十吟

年來霜雪上人頭，我爾相將七十秋。欲去天公未遣去，久留敝宅恐難留。六窗漸暗猶牽物，一點微明更著油。近聽老盧親下種，滿田宿草費鉏耰。

久旱府中取虎頭骨投邢山潭水得雨戲作

邢山潭中黑色龍，經年懶臥泥沙中。嵩陽山中白額虎，何年一箭肉爲土？龍雖生，虎雖死，天然猛氣略相似。生不益人死何負？虎頭枯骨金石堅，投骨潭中潭水旋。龍知虎猛心已愧，虎知龍懶自增氣。山前一戰風雨交，父老曉起看麥苗。君不見岐山死諸葛，眞能奔走生仲達。

生日

扶杖今年見國人，懸弧早歲憶茲晨。佛身三世歸依地，隣寺百僧清淨因。蘧子知非慚已晚，白公起定惜餘春。舞雩一濯平湖水，鄉黨驚呼白髮新。是日南堂供三世佛，西寺齋僧百人。

將拆舊屋權住西廊

平生未有三間屋，今歲初成百步廊。欲趁閑年就新宅，不辭暑月臥斜陽。修篁已謝前人種，甘井何妨衆口嘗。奔走從來成底事？安居到處漫爲鄉。

種花二首

築室力已盡，種花功尚疎。山丹得春雨，豔色照庭除。末品何曾數，羣芳自不如。今秋接千葉，試取洛人餘〔一〕。

【校】

〔一〕「洛」，原作「落」，據叢刊本改。

其二

築室少閑地，種花能幾畦？松筠舊滿眼，桃李漸成蹊。無計通湖水，長思種藕泥。幽懷終不愜，拄杖出城西〔一〕。

【校】

〔一〕「拄」，原作「柱」，據叢刊本改。

同遲賦千葉牡丹

未換中庭三尺土，漫種數叢千葉花。園工言近家糞土多蟲〔一〕，故不宜花。須換黃土三尺，花乃茂云。造物不違遺老意，一枝頗似洛人家。名園不放尋芳客，陋巷希聞載酒車。未忍畫瓶修佛供，清樽酌盡試山茶。

【校】

〔一〕「糞土」下，原衍「糞土」，據叢刊本删。

同遲賦春晚

池塘春旱欲生塵，一雨能令草木新。脾病不嫌櫻笋薄，廩空偏喜麥禾勻。白鬚照水湖光淨，淥酒留人鳥哢頻。但恐少年嫌老醜，眼前無復一時人。

春無雷

經冬無雪麥不死，秋雨過多深入土。人言來歲定無麥，農父掉頭笑不許。清明雨足麥欣欣，旋敕奴婢修破囷。大麥過期當半熟，小麥未晚猶十分。東家西舍發陳積，十錢一麪猶難得。向來天公不爲人，市人半是溝中瘠。前望麥熟一月期，老稚相勸聊忍飢。誰令伏枕作寒熱，囊中無錢誰肯醫？天公愛人何所吝，一春雨作雷不震。雷聲一起百妖除，病人起舞不須扶。

聞卞氏舊有怪石藏宅中問其遺孫指一廢井云盡在是矣井在室中床下尚未能取先作一首 (一)

昔人遊宦久江湖，怪石嵌空厭里閭。一井深藏緣底事？百年不出待潛夫。棄捐泥土性仍在，睥睨林亭氣漸蘇。徵物廢興猶有定，此生窮達謾長吁。

【校】

〔一〕「二首」，原無，據叢刊本補。

仲夏始雷

陽氣溟濛九地來，經春涉夏始聞雷。麥禾此去或可望，桃李向來誰使開？號令迆邅人共怪，陰陽顛倒物應猜。一聲震蕩雖驚耳，遍地妖氛未易回。

八璽

秦人一璽十五城，百二十城當八璽。元日臨軒組綬新，君臣相顧無窮喜。九鼎崢嶸夏禹餘，八璽錯落古所無。古人鄙陋今人笑，父老不慣空驚呼。

讀舊詩

早歲吟哦已有詩，年來七十才全衰。開編一笑恍如夢，閉目徐思定是誰？敵手一時無復在，賞音他日更難期。老人不用多言語，一點空明萬法師。

五月園夫獻紅菊二絕句

黃花九月傲淸霜，百草滿園無此香。紅紫無端盜名字，試尋本草細商量。

南陽白菊有奇功，潭上居人多老翁。葉似皤蒿莖似棘，未宜放入酒杯中。

夏至後得雨

天惟不窮人，旱甚雨輒至。麥乾春澤匝，禾槁夏雷墜。一年失二雨，廩實眞不繼。我窮本人窮，得飽天所畀。奪祿十五年，有田潁川涘。躬耕力不足，分穫中自愧。餘功治室廬，棄積霑狗彘。久養無用身，未識彼天意。

遲往泉店殺麥

罷民不耕穫，豈利有攸往？古人爲我言，許此亦無妄。一冬免鉏犂，二麥盈罌盎。火老金尚伏，雨過築場壤。隣家助伯亞，蒼耳割榛莽。朝陽得終日，經歲可無恙。老夫終病慵，長子幸可仗。劬勞愼勿厭，麲餌家共享。秋田雨初足，已作豐熟想。歸來報好音，相對開醲釀。

夏夜對月

大火直南方，萬物委爐炭。微雲吐涼月，中夜初一浣。老人氣如縷，枕簟亦流汗。披衣遶中庭，星斗嘈相粲。鳴蜩思清露，抱葉一長歎。棲鵲亦未安，遶樹再三轉。我生仰田食，候雨占雲漢。枵然未可期，無食終誰怨？褰帷竟不寐，夜氣淨如練。愛之不忍觸，惟恐朝來散。

千葉白蓮花

蓮花生淤泥，淨色比天女。臨池見千葉，謫墮問何故。空明世無匹，銀瓶送佛所。清泉養芳潔，爲我三日住。蔫然落寶牀，應返梵天去。

追和張公安道贈別絶句　并引

予年十八，與兄子瞻東遊京師。是時張公安道守成都，一見以國士相許，自爾遂結忘年之契。公晚事裕陵，君臣之義初不淺也。既而與用事者異議，拂衣而出，初守宛丘，次守南都，予亦以議論不合連從公遊。元豐初子瞻以詩獲罪，竄居黄州，予謫監筠州酒稅。公淒然不樂，酌酒相命，手寫一詩爲别曰：「可憐萍梗飄浮客，自歎匏瓜老病身。從此空齋掛塵榻，不知重掃待何人。」後七年蒙恩召還，復見公南都。自是又八年而有升沉之歎，時公薨已數年矣。及自龍川還潁川，姪過出子瞻遺墨，中有公所贈章。覽之泣下不能止，乃追和之。

少年便識成都尹，中歲仍爲幕下賓。待我江西徐孺子，一生知己有斯人。

欒城第三集卷之二

詩七十一首

遺老齋絶句十二首

杜門本畏人，門開自無客。孤坐忽三年，心空無一物。

其　二

衆音入我耳，諸色過吾目。聞見長歷然，靈源不受觸。

其　三

兹心淨無垢，尙愛南齋竹。當暑得淸風，冷然若新沐。

其四

老檜眞百尺，疎竹疑千畝。紛紛霰雪中，見此歲寒友。

其五

栽竹種松檜，十年未成陰。昔人定知我，爲我養南林。

其六

久無叩門聲，剝啄問何故？田中有人至，昨夜盈尺雨。

其七

我居近西城，城枕湖一曲。不到平湖上，何物禁吾足？

其八

北臨鳳凰臺，鳳去臺亦圮。萋萋修竹林，喈喈何日至？

其九

昔我過嵩麓，雲移見諸峯。重遊未有日，想像曈矓中。

其十

避事已謝客，養性不看書。書中多感遇，掩卷輒長吁。

其十一

人言里中舊，獨有陳太丘。文若命世人，惜哉憂人憂。

其十二

巢由老箕山，遁世聊可耳。臨流愧堯舜，又甚陳仲子。

移花 八月十六日。

種花南堂南，堂毁花亦瘁。理畦西軒西，花好未忍棄。慇懃拔陳草，秋雨流入地。移根傅生土，指日春風至。花來本陳洛，盈尺不爲異。方求千葉枝，更與一溉水。人功誠已盡，天巧行可致。我老百不爲，愛此養花智。

服栗

老去日添腰脚病，山翁服栗舊傳方。經霜斧刃全金氣，伸手丹田借火光。入口鏘鳴初未熟，低頭咀噍不容忙。客來爲說晨興晚，三嚥徐收白玉漿。

白菊

白菊長先黄菊開，年年九日泛新醅。猶存古曆標花候，不奈時人信手栽。得勢從教盈九畹，俯眉聊復引三盃。愈風明目須眞物，能使神農爲爾回。

九日家釀未熟

平生不喜飲，九日猶一酌。今年失家釀，節到眞寂寞。牀頭瀉餘樽，畦菊吐微萼。洗盞對妻孥，肴蔬隨厚薄。興來欲徑醉，量盡還自却。傍人歎身健，省己知脾弱。尙有姑射人，自守常綽約。養生要慈儉，已老慚矍鑠。燕居漸忘我，杜門奚不樂？風麴日已乾，濁醪可徐作。

南齋獨坐

獨坐南齋久，忘家似出家。香烟穠作穗，茶面結成花。細竹纔通徑，長松初有槎。往還眞斷絶，一一數歸鴉。

西成

野老端相慶，西成僅十分。寒來多釀酒，客過預留饙。近事姑求飽，遠憂要浪聞。一壺眞有理，終日得醺醺。

藏菜

爨清葵芥充朝饍，歲晚風霜斷菜根。百日園枯未易過，一家口衆復何言？多排罋盎先憂盡，旋設盤盂未覺煩。早晚春風到南圃，侵凌雪色有新萱。

示諸子

諸子才不惡，功名舊有言。窮愁念父母，心力盡田園。志在要須命，身閑且養源。遊魚脱淵水，何處有飛翻？

示諸孫

少年眞力學，玄月閉書帷。老去渾無賴，心空自不知。交遊誰識面？文字略存詩。笑向諸孫說，疎慵非汝師。

十一月一日作

晝短圖書看不了，夜長鼓角睡難堪。老懷騷屑誰爲伴？心地空虛成妄談。酒少不妨隣叟共，病多賴有衲僧諳。覺師識病善用藥。積陰深厚陽初復，一點靈光勤自參。

冬至日

陰陽升降自相催，齒髮誰教老不回？猶有髻珠常照物，坐看心火冷成灰。酥煎隴坂經年在，柑橘吳江半月來。官冷無因得官酒，老妻微笑潑新醅。

除日

年年最後飲屠酥，不覺年來七十餘。十二春秋新罷講，五千道德適親書。木經霜雪根無蠹，船出風波載本虛。自怪多年客箕潁，每因吾黨賦歸歟。

臘中三雪

一臘不虛度〔一〕，三雪自相因。暗添池上凌，稍壓麥中塵。餘潤想猶在，苦寒將及春。慇懃欲盡酒，扶養病衰人。

【校】

〔一〕「虛」，叢刊本作「空」。

伐雙穀　臘月二十七日作。

芳蘭非不嘉，當門自宜鋤。矧此惡木陰，久妨長者車。僕夫礪尋斧，告我日方除。久持不忍意，柯條益扶疎。植根雖云固，伐去曾須臾。我塗雖不寬，出入自有餘。開門聽還往，并納賢與愚。荒穢一朝盡，來者皆虛徐。

上元夜适勸至西禪觀燈

三年不踏門前路，今夜仍看屋裏燈。照佛有餘長自照，澄心無法便成澄。追歡狂客去忘返，入定孤僧喚不譍。更到西禪何所問，隔牆魚鼓正登登。

程八信孺表弟剖符單父相過潁川歸鄉待闕作長句贈別

我生猶及見大門，弟兄中外十七人。兩家門戶甲鄉黨，正如潁川數孫陳。嗟嗟鳴鴈略雲漢，風吹散落天一垠。歸來勉強整毛羽，飲水啄粒傷離羣。東西隔絶不敢恨，死生相失長悲辛。蕭蕭華髮對妻子，往往老淚流衣巾。仲叔已盡季亦老，雙星孤月耿獨存。老夫閉門不敢出〔一〕，喜君三度乘朱輪。今春剖符地尤勝，不齊自古留芳塵。回車訪我念衰老，挽衣把臂才逡巡。君行到官我未死，杖藜便是不速賓。一尊酌我當有問，此國豈有賢於君？兄弟中惟僕與程八、程九在耳。

【校】

〔一〕「敢」，叢刊本作「復」。

種松

城郭人家歲寒木，檜柏森森映華屋。青松介僻不入城，野性特嫌塵土辱。中庭冉冉盈尺苗，偨榦雖短風霜足。培根不用糞壤厚，插竹預防雞犬觸。他年期汝三丈高，獨立仙翁毛髮綠。老人自分不及見，子孫見汝知遺直。

二月望日雪二絕

玄冥留雪惱中春，損麥傷花病老人。已典布裘捐衲襪，朝來酒盡乞比鄰。
老翁衰病不憂花，百口唯須麥養家。聞道田中猶要雪，兼收凝白試山茶。

遜自淮康酒官歸覲逾旬而歸送行二絕句

官期未滿許寧親，平日宦遊無此恩。雨遍公田及私畝，學書兼得問鵁孫。
乘田委吏責無多，舊學年來竟若何？開卷新詩可人意，到官無復廢吟哦。

去年秋扇二絕句

篋中秋扇委塵埃，春晚炎風拂面來。舊物不辭爲世用，故人相見莫心猜。

扇中秦女舊乘鸞，拂去浮塵色尚鮮。未盡炎風早歸去，不堪秋後乞哀憐。

讀舊詩

老人詩思如枯泉，轆轤不下罋盎乾。舊詩展卷驚三年，粲然佳句疑昔賢。老來百事不如前，菽飯稻飯嗟獨便。飽食餘暇晝日眠，安用琢句愁心肝？

堂成不施丹艧唯紙窗水屏蕭然如野人之居偶作

高棟虛窗五月涼，客來掃地旋焚香。白雲低繞明月觀，漲海東流淸暑堂。病久渴心思沆瀣，夢回餘念屬瀟湘。老人夫婦修行久，此處從今是道場。

南齋竹三絶

幽居一室少塵緣，妻子相看意自閑。行到南窗修竹下，怳然如見舊溪山。

舊山修竹半塵埃，誰種南林待我來？新筍出牆秋雨足，閉門長與護蒼苔。

里中佳客舊孫陳，我自疎慵不見人。目倦細書長掩卷，心遊法界四無鄰。

中秋新堂看月戲作

年年看月茅簷下，今歲堂成月正圓。自笑吾人強分別，不應此月倍嬋娟。虛窗每怯高風度，碧瓦頻驚急雨懸。七十老翁渾未慣，安居始覺貴公賢。聞都下諸家新建甲第壯麗，頃所未有。

午寢

食飽年來幸有秋，倒牀清夢百無憂。忍飢終愧首陽客，睡足何須雲夢州。冰酒黃封生不喜，春芽紫筍向誰求？平生尚有書魔在，一卷還堪作枕頭。

九日陰雨不止病中把酒示諸子三首

旱久翻成霧雨災，老人腹疾強啣杯。官醅蔂豆適初熟，籬菊黃花終未開。兒女共憐佳節過，雞豚恐有故人來。衰年此會眞餘幾，薄酒無多不用推。

其二

九日不能飲，呦呦覺胃寒。妻孥勸把盞，萸菊正堆槃。懶極久成病，年高終鮮歡。道人嫌服藥，心息自相安。

其　三

庭菊兼黄白，村醪雜聖賢。微吟還自喜，不飲信徒然。陶亮貧非病，孟嘉醒亦顛。相看莫相笑，與爾各當年。

落葉滿長安分題

有客倦長安，秋風正颯然。九衢飛亂葉，八水凝寒煙。搖落南山見，淒涼陋巷偏。名園失綠暗，清渭泛紅鮮。衣信催煩杵，狼烽報極邊。長江苦吟處，日暮想横鞭。

臘月九日雪三絶句

天公留雪待嘉平，飛霰來時曉未明。病士擁衾催煖酒，閉門不聽掃瑶瓊。

去年家釀不須沽，秫米今年絶市無。雪沒前山薇蕨盡，誰憐無語獨擕鉏。

臘中得雪春宜麥，窖裏無糟寒惱人。未暇樽罍伴佳客，先將麪餌許比鄰。

己丑除日二首

閲遍時人身亦老，卷殘舊曆意茫然。髭鬚白盡無添處，甲子重來又十年。酒儉不容時一醉，堂成且喜夜安眠。春秋似是平生事，屋壁深藏付後賢。

橘紅安穩近誰傳，予舊有腹疾，或教服橘皮煎丸，經月良愈。鬢雪蕭騷久已然。梅柳任教修故事，蠶絲聊與祝新年。鄉人以餳蜜和麪象梅枝柳葉，又以肉雜物爲餡，名之曰蠶絲。敲門賀客辭多病，守歲諸孫聽不眠。粗有官酤供夜飲，一瓶渾濁且稱賢。

同外孫文九新春五絕句

佳人旋貼釵頭勝，園父初挑雪底芹。欲得春來怕春晚，春來會似出山雲。

甕中臘脚長憂凍，戶外春風那得知？酒熟定應花未動，舉瓢先對柳千絲。

菊葉萱芽初出土，凍虀冷麪欲宜人。老人脾病難隨汝，洗釜磨刀待晚春。

築室恨除千本竹，及春先補百株花。隔年預與園夫約，春雨晴時問汝家。

雪覆西山三頃麥，一犂春雨祝天工。麥秋幸與人同飽，昔日黃門今老農。

上元前雪三絕句

臘中平地雪盈尺，嵩隗山田麥尚乾。不管上元燈火夜，飛花處處作春寒。

閉門不問門前事，燈火薰天自不知〔一〕。聞道朝來雪又下，老人今歲未應飢。天公似管人間事，近事傳聞半是非。但使麥田饒雨雪，飢人得飽未相違。

【校】

〔一〕「薰」，叢刊本作「熏」。

上元雪

上元燈火家家辦，遍地瓊瑤夜夜深。衲被蒙頭眞老病，紗籠照佛本無心。牀頭酒甕恰三斗，山下麥田眞百金。乞我終年醉且飽，端能擁鼻作微吟。

春陰

春後誰令百日陰，雨淫風横兩相侵。天公未有惜花意，野老空存念麥心。共怪叢篁亦黃落，終憐老檜獨蕭森。過中不克陽安在，夏旱前知未易禁。是春，所在竹林皆黃落，頃所未見。

庭中種花

空庭一無有，初種六株花。青桐緑楊柳，相映成田家。春雨散膏油，朝暾發萌牙。造物知我心，初來盡枯槎。開花已可貴，結子誠益佳〔一〕。百事盡如此，一生復何嗟。我生本窮陋，中年旅朝衙。失脚墮南海，生還夢荒遐。築室雖不多，於我則已奢。松筠伴衰老，已矣無復加。

【校】

〔一〕「誠」，原作「成」，據叢刊本改。

曾郎元矩見過踰月聽其言久而不厭追感平昔爲賦詩

胄子相從得佳婿，（遲初於太學識元矩，因有姻議。）掖垣同直喜良朋。交情不意隔生死，世事休論有廢興。宿草芊緜淚入土，故琴牢落恨塡膺。遠來似覺淸談勝，試問傳家今幾燈？

閉門

閉門潁昌市，不識潁昌人。身閑未易過，閑久生暗塵。我念作閑計，欲與黄卷親。少年病書史，未老目先昏。掩卷默無言，閉目中自存。心光定中發，廓然四無鄰。不知心已空，不見外物紛。瞿曇昔嘗云，咄哉不肯信。一見勿復失，愈久當愈眞。

林筍復生

舂寒侵竹竹憔悴，父老皆云未嘗記。偶然雷雨一尺深，知爲南園衆君子。從地湧出長如人，一一便有淩雲氣。吾家老圃倦栽接，但以歲寒相嫵媚。一朝紛紛看黄落，嵇阮相過無醉地。陰陽往復知有數，已病還瘳非卽死。呼童徑語隣舍翁，種竹未改當年意。姚黄魏紫終誤人〔一〕，千葉重臺定何事？

【校】

〔一〕「魏紫」，原作「左紫」，據叢刊本改。

老柏

柏根可合抱，柏身長百尺。我年類汝老，我心同汝直。我貧初無居，愛汝買此宅。索居懷舊友，開軒得三益。風中有餘勁，老後不改色。我貧不栽花，遶屋多種竹。全家謬聞道，舉目無他物。晨興輒相對，知我有慚德。

蠶麥

春寒風雨淫，蠶麥止半熟。耕桑未嘗親，有獲敢求足？隣田老翁媪，囊空庾無粟。機張久乏緯，食晏惟薄粥。熟耕種未下，屢禱雲不族。私憂止寒餓，王事念鞭扑。爲農良未易，爲吏畏簡牘。閉門差似可，忍飢有餘福。

喜雨

夏田已報七分熟，秋稼方憂十日乾。好雨徐來不倉卒，天公似欲救艱難。鮍張鷹犬無遺力，社近雞豚趁早寒。老病隨人幸一飽，爐香無語只長歎。

題東坡遺墨卷後

少年喜爲文，兄弟俱有名。世人不妄言，知我不如兄。篇章散人間，墮地皆瓊英。凜然自一家，豈與餘人爭？多難晚流落，歸來分死生。晨光迫殘月，回顧失長庚。展卷得遺草，流涕濕冠纓。斯文久衰弊，涇流自爲清。科斗藏壁中，見者空嘆驚。廢興自有時，詩書付西京。

洗竹

寒甚南軒竹半黄，晚抽旱筍雜榛荒。不嫌毒手千竿盡，稍放清風八月凉。短篲只堪除糞壤，新萌會看伏牛羊。扶持造化須人力，早聽人言布麥糠。

寄張芸叟 并引

張芸叟侍郎編樂府詩相示，繼以書問手戰之故，懇懇有見憐衰病意，作小詩謝之。

老矣張芸叟，親編樂府詞。才高君未覺，手戰我先衰。點黯舊無對，吟哦今與誰？十年酬唱絕，歡喜得新詩。

欒城第三集卷之三

詩七十首

雨中秋絶句二首 并敍

昔予謫居龍川，己卯歲閏九月重九，南方初有涼氣，予置酒招同巷黄氏老，與之對酌，作四絶句。其卒章曰：「尉他城下雨重陽，白酒黄雞意自長。卯飲下牀虚已散，老年不似少年忙。」明年蒙恩北歸，寓居潁川。庚寅歲閏八月遇雨中秋，賦雨絶句以繼前作。俯仰十有二年，時正苦腹疾，秋思索然，老病日加，亦理勢然矣。

潁川城下雨中秋，金氣初凝火尚流。脾病家人不教飲，官廚好酒亦難求。

雨逢重九尉他城，蜒叟相從倒酒瓶。十二年來均寂寞，此心南北兩冥冥。

贈德仲

我昔見子京邑時，鬢髮如漆無一絲。今年相見潁昌市，霜雪滿面知爲誰？故人分散隔生死，孑然惟以影自隨。憐子肝心如鐵石，昔所謂可今不移。世間取舍竟誰是？惟有古佛終難欺。嗟哉我自不知子，意子淸淨持律師。忽然微笑不言語，袖中錦繡開新詩。可憐相識二十載，終日對面初不知。蚌含明珠不肯吐，暗行沙底藏光輝。蚌爲身計良可耳，旁人不悟寧非嗤？

閏八月二十五日菊有黃花園中粲然奪目九日不憂無菊而憂無酒戲作

年年九日憂無菊，今歲牀空未有糟。世事何嘗似人意？天公端解惱吾曹。金龜解去瓶應滿，玉液傾殘氣尙豪。門外白衣還到否？今時好事恐難遭。

九日三首

瓢尊空挂壁，九日若爲歡？白髮逃無計，黃花開已闌。酒慳慚對客，風起任飄冠。賴有陶翁伴，貧居得自寬。

其二

解衣換村酒，酒薄不須嫌。節到勿空過，盃行且強拈。得閑身尚健，適意事難兼。醉臥南窗日，誰知酸與甜？

其三

幼子淮西客，雙壺思老人。遠來經頗淡，細酌喜清醇。飲罷遙憐汝，歸來早及春。南齋昔未有，餘似舊時貧。

戲題三絶

懊惱嘉榮白髮年，逢人依舊唱陽關。渭城朝雨今誰聽？研鼓跳踉一破顔。
謝傅凄涼已老年，胡琴羌笛怨遺賢。使君於此雖不俗，挽斷髭鬚誰見憐？
遍地花鈿歎百年，蒼顔白髮意凄然。回頭笑指此郎子，破賊將來知有天。

木冰

老病不眠知夜寒，晨興薄冰滿庭前。枯榆老柳變精妍，細梢如苗麤如椽。風敲碎玉落紛然，冰裹槲葉誰雕鐫？鄰家父老呼東垣，欲沽官酒囊無錢。我亦強起試一觀，樹稼不見今十年。

夜坐

少年讀書目力耗，老怯燈光睡常早。一陽未復夜正長，城上鼓鼕寒考考。老僧勸我習禪定，跏趺正坐推不倒。一心無著徐自靜，六塵消盡何曾掃？湛然已似須陁洹，久爾不負瞿曇老。回看塵勞但微笑，欲度羣迷先自了。平生誤與道士遊，妄意交梨求火棗。知有毗盧一逕通，信脚直前無別巧。

老史

口食陽翟粟，身衣陽穀絲。二物不相卽，飽煖常不時。老史知我窮，一歲一奔馳。方暑勸脂車，苦寒伺來歸。嗟我垂老年，未免憂寒飢。老史甚忠信，但恨性重遲。事我三十年，閔閔不相離。我門了無求，辛苦終不辭。平生金石交，至此或已攜。老史未易得，試復養其兒。

臘雪次遲韻

冬儲久未辦，佳雪爲人留。穀豆入高廩，薪蒸轉十輈〔一〕。紛紛了歲事，閔閔念農疇。家有二頃田，一頃種米粹。風聲夜中變，飛霰曉來休。粗畢今歲寒，復免來歲憂。天公知人心，未禱得所求。傾瓢有遺酌，起和田中謳。

【校】

〔一〕「十」，叢刊本作「千」。

小　雪

小雪僅能消癘熱，苦寒偏解惱衰翁。年豐誰使百物貴？心淨要令萬事空。老去禪功深自覺，生來滯運與人同。閑中未斷生靈念，清夜焚香處處通。

土牛

天地非不仁，萬物自芻狗。土牛適成象，逡巡見屠剖。田家挽雙角，歸理繰絲釜。生無負重力，死作初耕候。碎身本不辭〔一〕，及物稍無負。君看劉表牛，豈脱曹公手？

【校】

〔一〕「本」，叢刊本作「初」。

除夜二首

年年賦除夜，一賦一衰殘。家有三斗釀，春餘半月寒。鷄豚不改舊，隣里自相歡。元日應無客，蕭然不著冠。

其二

七十三年客，相從尚幾年？西方他日事，東魯一經傳。漸解平生縛，初安半夜禪。紛紛爭奪際，何意此心全。

遺老齋南一柏雙榦昔歲坐堂上僅可見也今出屋已尺餘偶賦

翠柏擢雙榦，冉冉出屋危。柏長雖云喜，我老亦可知。苦寒不改色，烈風終自持。門閉斷來客，相對不相欺。

正月十六日

上元已過欲收燈，城郭遊人一倍增。陌上紅塵霏似霧，雲間明月冷如冰。誰言世上驅馳客，老作庵中寂定僧。漏水半消燈火冷，長空無滓色澄澄。

七十三歲作

一生有志恨無才，久爾蕭蕭白髮催。力學當年眞自信，初心到此未應回。舊人化去渾無幾，新障重生撥不開。七十三年還住否？獲麟後事轉難裁。

春旱彌月郡人取水邢山二月五日水入城而雨

春旱時聞孽火然，邢山龍老不安眠。麥生三寸未覆壠，雨過一犂初及泉。深愧貧民飢欲死，可憐肉食坐稱賢。南齋遺老知尤幸，湯餅黄齏又一年。

龍川道士　廖有象

昔我遷龍川，不見平生人。傾囊買破屋，風雨庇病身。頎然一道士，野鶴墮鷄羣。飛鳴閭巷中，稍與季子親。剌口問生事，褰裳覩運斤。俯仰忽三年，愈久意愈眞。送我出重嶺，長揖淸江濱。我歸客箕潁，晝日長掩關。僕夫忽告我，門有萬里賓。問其所從來，笑指南天雲。心知故人到，驚喜不食言。我老益不堪，惟有二頃田。年年種麥禾，僅能免饑寒。君來亦何爲？助我耕且耘。嗟古或有是，今世非所聞。

重贈

出家無復家，視身等雲浮。東西隨風行，忽然遍九州。君居龍川城，築室星一周。屋瓦如翬飛，象設具晃旒。弟子五六人，門徒散林丘。本爲百年計，自可一世留。胡爲不復顧，脱去如弊裘。萬里一藤杖，來從故人遊。故人病老翁，輕重恐未酬。疑君了心法，萬物皆浮漚。去彼非有嫌，來此亦無求。是心摩尼珠，不受篋笥收。故人感君意，一言還信不？遠行不爲此，浪走非良謀。

食櫻筍二首

一旱經春草木焦，朱櫻結子獨盈條。檠中宛轉明珠滑，舌上逡巡絳雪消。仰嚼佳人露猶濕，偷銜啼鳥語尤嬌。南方荔子爭先後，羞見炎風六月燒。

林竹抽萌不忍挑，誰家盈束忤晨樵。籜龍似欲號無罪，食客安知惜後凋。不願鹽梅調鼎味，姑從律呂應簫韶。林間老死雖無用，一試冬深雪到腰。

西軒畫枯木怪石

西軒素屏開白雲，婆娑老桂依霜輪。顧兔出走蟾蜍奔，河漢卷海機石蹲。牽牛自載倚桂根，清風颯然吹四鄰。東坡妙思傳子孫，作詩髣髴追前人。筆墨墮地稱奇珍，閉藏不聽落泥塵。老人讀書眼病昏，一看落筆生精神。

悟老住慧林

能公住嶺南，貞觀呼不起。忠公客中禁，朝恩不爲累。道人無淨穢，所遇忘嗔喜。悟公清淨人，心厭紛華地。慧林虛法席，去有遲遲意。投身淤泥中，佛法何處是？引身山林間，過患差無幾。力小難自欺，心安似無愧。悟世常失人，違心輒喪己。徐行勿與較，乘流得坎止。君看淨因揩，志以直自遂。殺身竟何益，犯難豈爲智？去住本由天，毋求亦無避。相期明且哲，大雅亦如此。

蠶麥

春旱麥半熟，蠶收僅十分。不憂無餅餌，已幸有襦裙。造化眞憐汝，耕桑不謾勤。經過話關陝，貧病不堪聞。

北堂

吾廬雖不華，粗有南北堂。通廊開十窗，爽氣來四方。風長日氣遠，六月有餘涼。兒女避不居，留此奉爺娘。爺娘髮如絲，不耐寒暑傷。單衣焦葛輕，軟飯菘芥香。無客恣臥起，有客羅壺觴。今年得風痺，摩膏沃椒湯。念終捨此去，故山松柏蒼。此地亦何爲？歲時但烝嘗。

秋稼〔一〕

雨晴秋稼如雲屯，豆沒雞兔禾沒人。老農歡笑語行路，十年儉薄無今晨。無風無雨更一月，藜藿黍飯供四鄰。天公似許百姓足，人事未可一二論。窮邊逃卒到處滿，燒埸入室才逡巡。縣符星火雜鞭箠，解衣乞與猶怒嗔。我願人心似天意，愛惜老弱憐孤貧。古來堯舜知有否？詩書到此皆空文。

【校】

〔一〕「稼」，原作「旅」，據叢刊本改。

七夕

火流知節换，秋到喜身安。林鵲眞安往，河橋晚未完。得閑心不厭，求巧老應難。送酒誰知我，瓢樽昨暮乾。

食雞頭

風開芡觜鐵爲鬚，斧斫沙磨旋付廚。細嚼兼收上池水，徐嚥還成滄海珠。佳客滿堂須一斗，閑居賴我近平湖。多年不到會靈沼，氣味宛然初不殊。

秋　雨

禾田已熟畏愁霖，積潦欲乾泥尚深。一雨一涼秋向晚，似安似病老相侵。人間有盡皆歸物，世外無生賴有心。要覓塵埃不到處，一燈相照夜愔愔。

補種牡丹二絶

野草凡花著地生，洛陽千葉種難成。姚黄性似天人潔，糞壤埋根氣不平。

換土移根花性安，猶嫌入伏午陰煩。清泉翠幄非難辦，絶色濃香別眼看。

曹郎子文赴山陽令

囊空口衆不堪閑，却喜平生得細論。鶴髮進封償舊德，彩衣聽訟勉平反。楚風剽疾觀新政，浙水蕭條詠舊恩。記取老人臨別語，茶甌霜後早相存。

辛卯九日三首〔一〕

九日眞佳節，年年長賦詩。深慚鶴髮老，每與菊花期。帽落無人拾，酒狂聊自持。豐年餘社甕，天意念衰羸。

其二

我飲不爲酒，黃花競此時。茱萸謾辟惡，麴蘖助和脾。淺酌何勞訴，獨醒徒爾爲。來年我猶健，相對亦如斯。

其三

河朔今將到，山陽近欲行。老懷驚聚散，一酌慰平生。陋巷連牆久，長淮照眼明。到官紛訟牒，應憶此時情。遲歸自河朔，節前當至。曹郎將赴山陽，節後當行。

【校】

〔一〕「辛卯」，原無，據叢刊本補。

早睡

老人如嬰兒，起晏睡常早。氍毹薄絮被，孤枕自媢好。倒牀作龜息，逡巡輒復覺。隔門燈火明，髣髴聞語笑。杯棬相勸酬，往往見譏誚。披衣坐跏趺，衰老當自了。室空窗亦虛，半夜明月到。老盧下種法，從古無此妙。根生花輒開，得者自不少。要須海底行，更問藥山老。

廳前柏

穉柏如嬰兒，冉冉三尺長。移根出澗石，植榦對華堂。重露忝膏沐，淸風時抑揚。我老不耐寒，憐汝堪風霜。朝夕望爾長，尺寸常度量。知非老人伴，可入諸孫行。想見十年後，簷前蔚蒼蒼。人來顧汝笑，誦我此詩章。

十月二十九日雪四首

牀頭唧唧糟鳴甕，夜半蕭蕭雪打窗。擁褐旋驚花著樹，潑醅初喜酒盈缸。鄰翁晨乞米三斗，釣戶暮留魚一雙。自笑有無今粗足，遙憐逐客過重江。時逐客有過湖嶺者。

龕燈照室久妨睡，雪氣侵人不隔窗。枕上詩成那起草，槽頭酒滴暗鳴缸。遠來狂客應回去，高臥幽人未有雙。猶憶新灘泊船處，堆蓬積玉撼長江。

幽居漫爾存三徑，燕坐何妨應六窗。老憶舊書時展卷，病封藥酒旋開缸。小園搖落黃花盞，古檜飛鳴白鶴雙。珍重老盧留種子，養生不復問王江。鷄子一飛超漲海，蜂兒終日透晴窗。心空莫著書千卷，客到長留酒半缸。性命早知元有分，文章誰言舊無雙。何年結束尋歸路，還看蟇頭下飲江。

冬日即事

寒日初加一線長，臘醅添浸隔羅光。新年只願多新酒，舊疾微令變舊方。自昔杯棬元窄小，得閑筋力尚康強。買田種秫貧無計，自有人家爲插秧。近來腹疾頗退，足疾尚餘一二，醫叟生言舊所用藥須少增損。

畫學董生畫山水屏風

承平百事足，鴻都無不有。策牘試篆隸，丹青寫飛走。紛然四方集，狐兔萃林藪。何人知有益，長嘯呼鷹狗。奔逃走城邑，驚顧念餬口。素屏開白雲，稱我茅簷陋。濡毫願揮灑，峯巒映巖竇。巨石連地軸，飛布瀉天漏。縈山一徑通，過水微橋構。山家煙火然，遠寺晨鐘叩。僧從何方來，行速午齋後。有客呼渡船，隔水惟病叟。听然發一笑，此處定眞否？人生初偶然，與此誰夭壽？厄窮妄自憐，一醉輒日富。客至亦茫然〔一〕，邀我沽斗酒。

【校】

〔一〕「亦」，叢刊本作「一」。

冬至日作

羲和飛轡留不住，小兒逢節喜欲舞。人言老翁似小兒，烝豚釀酒多爲具。潁川本自非吾鄉，鄰里十年成舊故。誰令閉戶謝往還，壽酒獨向兒孫舉。飲罷跏趺閉雙目，寂然自有安心處。心安自謂無老少，不知鬢髮已如素。似聞錢重薪炭輕，今年九九不難數。

冬至雪二首

一氣潛萌九地中，雪花微落四無風。初陽便有回天力，宿瘴徐看卷地空。家釀再投猶恨薄，官酤多取定無功。時人淺陋終無益，徑就天公借一豐。

佳節蕭條陋巷中，雪穿窗戶有顛風。出迎過客知非病，歸對先師喜屢空。黍醞盈瓢終寡味，石薪烘竈信奇功。頗嫌半夜欺毛褐，却喜年來麥定豐。

讀樂天集戲作五絕

樂天夢得老相從，洛下詩流得二雄。自笑索居朋友絶，偶然得句與誰同？

樂天得法老凝師，後院猶存楊柳枝。春盡絮飛餘一念，我今無累日無思〔一〕。

樂天投老刺杭蘇，溪石胎禽載舳艫。我昔不爲二千石，四方異物固應無。

樂天引洛注池塘，畫舫飛橋映緑楊。澴水隔城來不得，不辭策杖看湖光。

樂天種竹自成園，我亦牆陰數百竿。不共伊家鬭多少，也能不畏雪霜寒。

【校】

〔一〕「日」，叢刊本作「百」。

記病

我病在脾胃，一病四十年。微傷輒暴下，傾注如流泉。去年醫告我，此病猶可痊。試取蠹豆附，三物相和丸。服之不旬浹，病去如醫言。醫言藥有毒，病已當速捐。我意藥有功，服久功則全。侵尋作風痺，兩足幾蹣跚。徐悟藥過量，醫初固云然。舊病則已除，奈此新病纏。醫言無甚憂，前藥姑捨旃。藥毒久自消，眞氣從此完。鄙夫不信醫，私智每自賢。咄哉已往咎，終身此韋弦。

除日二首

屠酥末後不辭飲，七十四人今自希。筋力明年應更減，誠心憂世久知非。脾寒服藥近方驗，風痺經冬勢漸微。得罪明時歸已晚，此生此病任人譏。

七十四年明日是，三千里外未歸人。酒貉泉湧如迎節，詩句雲生喜見春。賀客不來知我病，鄰家竊語笑吾眞。時人莫作樂天看，燕坐端能畢此身。樂天居洛陽日，正與予年相若，非齋居道場，輒攜酒尋花，遊賞泉石，略無暇日。予性拙且懶，杜門養病，已僅十年，樂天未必能爾也。

上元

上元車馬正喧喧，老病無聊長掩門。不著繁燈眩雙目，獨邀明月上前軒。跏趺默坐聞三鼓，寂寞誰來共一樽？已覺城中塵土臭，急將清雨洗乾坤。

壬辰生日兒姪諸孫有詩所言皆過記胸中所懷亦自作

生日今朝是，忽忽又一年。讀書眞已矣，閉目但茫然。下種言非妄，開花果定圓。驅羊舊有法，視後直須鞭。

白鬢

少年不辦求良藥，老病無疑生白鬢。下種已遲空悵望，無心猶幸省工夫。虛明對面誰知我，寵辱當前莫問渠。自頃閉門今十載，此生畢竟得如愚。

林筍

竹林遭凍曾枯死，春筍連年再發生。天與歲寒終倔強，澤分淇澳轉敷榮。狂鞭已逐草侵徑，疎影長隨月到楹。嵇阮欲來從我飲，開門一笑亦逢迎。

西軒種山丹

淮陽千葉花，到此三百里。城中衆名園，栽接比桃李。吾廬適新成，西有數畦地。乘秋種山丹，得雨生可喜。山丹非佳花，老圃有深意。宿根已得土，絶品皆可寄。明年春陽升，盈尺爛如綺。居然盜天功，信矣斯人智。根苗相因依，非眞亦非僞。客來但一笑，勿問所從致。

遊西湖

閉門不出十年久，湖上重遊一夢回。行過閭閻爭問訊，忽逢魚鳥亦驚猜。可憐舉目非吾黨，誰與開樽共一杯？歸去無言掩屏臥，古人時向夢中來。

泛潩水

早歲南遷恨舳艫，歸來平地憶江湖。半篙春水花千片，八尺輕船酒一壺。徐轉城陰平野闊，稍通竹徑小亭孤。前朝宰相終難得，父老咨嗟今亦無。自潩溝泛舟至曲水園，本文潞公舊物，潞公以遺賈魏公，今爲賈氏園矣。

風痺三作

年老百病生，風痺已三作。主家長患聾，說法仍害脚。十年學趺坐，從此罷雀躍。閉目時自觀，寸田飽耕鑿。下種本無種，服藥亦非藥。田熟根自生，病去如花落。吾生默已定，有數誰能却？數盡吾則行，未應墮冥漠。

新作南門

于公決獄多陰功，自知有子當三公，高作里門車馬通。定國精明有父風，飲酒一石耳目聰。漢家宰相仍侯封，左右中興始且終。我家讀書自我翁，恥言法律羞兵戎。中年出入黄門中，智巧不足稱愚忠，雖云寡過亦無功。不忮不求心粗空，舉世知我惟天工，恃此知不累兒童。作門不庳亦不隆，陋巷正與顔生同，勢家笑唾儻見容。

春　旱

舊俸存無幾，生齒日益多。敝廬雖粗完，空廪無麥禾。首種二頃田，奈此春旱何！誰能持雙雞，一酹邢山阿？飢寒誰相念？幸龍未見訶。去年投虎頭，扣門用干戈。邂逅一尺雨，豈復陰陽和？幽明初不隔，誠意豈在多？惻然上通天，矧此一盤渦？雲興雨隨至，父老行且歌。

感秋扇

團扇經秋似敗荷，丹青髣髴舊松蘿。一時用舍非吾事，舉世炎凉奈爾何？漢代誰令收汲黯，趙人猶欲用廉頗。心知懷袖非安處，重見秋風愧恨多。

欒城第三集卷之四

詩十二首

喜姪邁還家

一別忽忽歲五除，還家怪我白髭鬚。懷中初見孫三世，巷口新成宅一區。姪房添一男孫，予亦葺成敝廬，皆別後事。林下酒尊還漫設，牀頭易傳近看無。老年遊宦眞安往，南北相望結草廬。

次前韻

心空煩惱不須除，白盡年來罷鑷鬚。隨俗治生終落落，苦心憂世漫區區。居連里巷知安否？食仰田園問有無。我已閉門還往絕，待乘明月過君廬。

喜雨 五月十九日夏至。

一旱經春夏巳半，好雨通宵曉未收。氣爽暫令多病喜，來遲未解老農憂。力耕僅足公家取，遺秉休違寡婦求。時向林間數新竹，籜龍騰上欲迎秋。

雨過

東南流注已鳴澗，西北霏微僅歛塵。人意共懷艱食病，天公那有不仁人？雲移已分貧無福，雩應方知社有神。田里相望無一舍，終年苦樂會須勻。

溽暑

東風吹鼎方然薪，遊魚出沒一世人。隨湯上下猶欣欣，不識河漢淸涼津。十年我已不出門，可憐尙寄生死濱。老知下種功力新，開花結子當有辰。寒暑一過聊嚬呻，至此有道非有神。

外孫文九伏中入村嗽麥

春田不雨憂無麥，入囷得半猶足食。伏中一嗽不可緩，旱田蒼耳猶難得。人言春旱夏當潦，入伏未保天日好。老農經事言不虛，防風防雨如防盜。外孫讀書舊有功，五言七字傳祖風。旋挼詩箠到田舍，知我老來饞且慵。秋田正急車難起，汗滴肩赬愧鄰里。磨聲細轉雪花飛，舉家百口磨牙齒。食前方丈我所無，烝麪十字或有諸。孫歸何用慰勤苦，烹雞亦有烝胡盧。唐相盧懷愼既老家居，諸公嘗往問疾，公毀食待客，勅庖夫淨去毛，勿拗折其項。客喜，爲當食烝鵝鴨也。食至，乃烝胡盧耳。諸公皆不飽，公食之殊美。

大雨後詠南軒竹二絕句

苦寒壞我千竿綠，好雨還催衆筍長。痛飮雖無嵇阮客，瓢尊一試午陰涼。

葉開翡翠才通日，節竦琅玕不怕風。稍放西邊深二丈，端如幽谷茂林中。竹西有二丈隙地，筍猶未到。

秋後即事

苦熱眞疑不復涼，火流漸見迫西方。淸風一夜吹茅屋，竹簟今朝避石牀。露濕中庭菊含蕊，水浮西浦稻生芒。秋成得飽家家事，莫笑農夫喜欲狂。

送遲赴登封丞

昔我過嵩陽，秋高日重九。晨邀同行客，共舉登高酒。藤蘿生胼胝，一覽河山富。封壇土消盡，中夜捫星斗。下山雙足廢，欲上知難又。回首煙雲中，隱約見巖岫。未老約來遊，何意七十後。吾兒性靜默，丞邑山路口。秋暑山尚煩，冬雪山方瘦。春山利遊觀，安輿卽迎父。

省事

早歲讀書無甚解，晚年省事有奇功。自許平生初不錯，人言畢竟兩皆空。空中有實何人見，實際心知與佛同。煩惱消除病亦去，閉門便了此生中。

廣福僧智昕西歸

老人寄東巖〔一〕，蕭然四無鄰。八尺清冷泉，中有白髮人。婆娑弄明月，松間夜相賓。平生指庚壬，終老投此身。築室潁川市，西望長悲辛。故山比丘僧，繭足超峨岷。歸途三千里，秋風入衣巾。北崦百步外，我夢一室新。速營三間堂，永奉兩足尊。我歸要有時，久遠與子親。悟老非凡僧，瓦礫化金銀。歸去味玄言，見日當自陳。

【校】

〔一〕「老人」，叢刊本作「先人」。

欒城第三集卷之五

詩賦銘贊共十首

種藥苗二首 并引

予閑居潁川，家貧不能辦肉。每夏秋之交，菘芥未成，則盤中索然。或教予種罌粟、決明以補其匱。寓潁川諸家多未知此，故作種藥苗二詩以告之。皆四章，章八句。

種罌粟

築屋城西，中有圖書。窗戶之餘，松竹扶疎。拔棘開畦，以毓嘉蔬。畦夫告予，罌粟可儲。

罌小如罌，粟細如粟。與麥皆種，與穄皆熟。苗堪春菜，實比秋穀。研作牛乳，烹爲佛粥。

老人氣衰，飲食無幾。食肉不消，食菜寡味。柳槌石鉢，煎以蜜水。便口利喉，調養肺胃。

三年杜門，莫適往還。幽人衲僧，相對忘言。飲之一杯，失笑欣然。我來潁川，如遊廬山。

種決明

閑居九年，祿不代耕。肉食不足，葵烝藿羹〔一〕。多求異蔬，以佐晨烹。秋種罌粟，春種決明。決明明目，功見本草。食其花葉，亦去熱惱〔二〕。有能益人，矧可以飽。三嗅不食，笑杜陵老。老人平生，以書爲累。夜燈照帷，未曉而起。百骸未病，兩目告瘁。決明雖良，何補於是？自我知非，卷去圖書。閉目內觀，妙見自如。聞阿那律，無目而視。決明何爲？適口乎爾。

【校】

〔一〕「葵烝藿羹」，叢刊本作「葵藿烝羹」。

〔二〕「熱」，原作「熱」，據叢刊本改。

上巳〔一〕

春服初成日暖，潩河漸滿風涼。欲復孔門故事，略有童冠相將。城西百步而近，杏花半落草香。欣然願與數子，臨水一振衣裳。故人有酒未酌，爲我班荆舉觴。我雖少飲不醉，未怪遊人若狂。春風自爾一月，花絮極目飛揚。誦詩相勸行樂，良士但取無荒。

上巳後

上巳已過旬日，西湖尚有遊人。老人復歸閉戶，戶外百事日新。呼兒試問築室〔一〕，春晚何日堂成？我家舊廬江上，隱居三世相因。晏子不願改卜，我今已愧先君。始有苟合則止，已老姑欲安身。西望烝嘗有處，傳家圖史常陳。門中此外何事？世故有耳不聞。食訖趺坐日昃，此心皎皎常存〔二〕。萬事汝勿告我，婚嫁自畢諸孫。

【校】

〔一〕「呼兒」，原作「呼童」，據叢刊本改。詩末有「婚嫁自畢諸孫」句，當以「呼兒」爲是。

〔二〕「常」，叢刊本作「長」。

堂成

築室三年，堂成可居。我初不知，諸子勞劬。父母老矣，風雨未除。橐裝幾何，勿問有無。伐木於山，因此舊廬。不約不豐，燕處無餘。堂開六楹，南北四筵。晝明廓然，夜冥黯然。四鄰無聲，布被龘氈。身非蚌螺，一睡經年。夜如何其，趺坐燕安。善惡不思，此心自圓。

東廂靖深，以奉嘗烝。老佛之廬，朝香夜燈。西廂千卷，圖書之林。先人所遺，子孫是承。杖屨經行，直如引繩。顧視而笑，此如我心。諸子之室〔一〕，左右吾背。將食擊板，一擊而會。瓜畦芋區，分布其外。鉏去瓦礫，壤而不塊。廢井重浚，泉眼仍在。轆轤雷鳴，甘雨時霈。園夫能勤，家足于菜。有客叩門，賀我堂成。揖客而笑，念我平生。三世讀書，粗免躬耕。明窗修竹，惟我與兄。蔭映茅茨，吐論崢嶸。猖狂妄行，以得此名。老而求安，匪以爲榮。

【校】

〔一〕「室」，叢刊本作「宮」。

雙　柳

我作新堂，中庭蕭然，雙柳對峙。春陽既應，千條萬葉，風濯雨洗。如美婦人，正立櫛髮，髮長至地。微風徐來，掩冉相繆，亂而復理。垂之爲纓，綰之爲結，屈伸如意。燕雀翔舞，蜩螿嘶鳴，不召而至。清霜夜落，衆葉如剪，顏色憔悴。永愧松柏，歲寒不改，見嘆夫子。聊同淵明，攀條嘯詠，得酒徑醉。一廛粗給，三黜不去，亦如展惠。

卜居賦 并引

昔予先君，以布衣學四方，嘗過洛陽，愛其山川，慨然有卜居意，而貧不能遂。予年將五十，與兄子瞻皆仕於朝，裒橐中之餘，將以成就先志，而獲罪於時，相繼出走。予初守臨汝，不數月而南遷，道出潁川，顧猶有後憂，乃留一子居焉，曰：「姑餬口於是。」既而自筠遷雷，自雷遷循，凡七年而歸。潁川之西三十里有田二頃，而僦廬以居。西望故鄉，猶數千里，勢不能返。則又曰：「姑寓於此。」居五年，築室於城之西，稍益買田，幾倍其故，曰：「可以止矣。」蓋卜居於此，初非吾意也。昔先君相彭、眉之間為歸全之宅，指其庚壬曰：「此而兄弟之居也。」今子瞻不幸已藏於郟山矣，予年七十有三，異日當追蹈前約。然則潁川亦非予居也。昔貢少翁為御史大夫，年八十一，家在琅琊，有一子年十二，自憂不得歸葬。元帝哀之，許以王命辦護其喪。譙允南年七十二終洛陽，家在巴西，遺令其子輕棺以歸。今予廢棄久矣，少翁之寵非所敢望，而允南舊事庶幾可得。然平昔好道，今三十餘年矣。老死所未能免，而道術之餘，此心了然，或未隨物淪散，然則卜居之地，惟所遇可也。作卜居賦以示知者。

吾將卜居，居於何所？西望吾鄉，山谷重阻。兄弟淪喪，顧有諸子。吾將歸居，歸與誰處？

寄籍潁川，築室耕田。食粟飲水，若將終焉。念我先君，昔有遺言：父子相從，歸安老泉。

閱歲四十，松竹森然。諸子送我，歷井捫天。汝不忘我，我不忘先。庶幾百年，歸掃故阡。我師孔公，師其致一。亦入瞿曇、老聃之室。此心皎然，與物皆寂。身則有盡，惟心不沒。所遇而安，孰匪吾宅？西從吾父，東從吾子。四方上下，安有常處？老聃有言：夫惟不居，是以不去。

銅雀硯銘 并引

客有遊河朔，登銅雀廢臺，得其遺瓦以爲硯，甚堅而澤，歸以遺予。爲之銘曰：

土生萬物，而能長存。銅雀初成，萬瓦雲屯。得水而埏，得火而堅。水乾火冷，而土不遷。石質金聲，水火則然。臺毀棟摧，誰使獨全？披榛得之，如見古人。來爲吾硯，明窗細氈。老尙著書，撫之長歎。用捨有時，一愚一賢。

壬辰年寫眞贊

潁濱遺民，布裘葛巾。紫綬金章，乃過去人。誰歟丹青，畫我前身，遺我後身？一出一處，皆非吾眞。燕坐蕭然，莫之與親。

管幼安畫贊 并引

予自龍川歸居潁川十有三年，杜門幽居，無以自適，稍取舊書閲之，將求古人而與之友。蓋於三國得一焉，曰管幼安寧。幼安少而遭亂，渡海居遼東三十七年而歸。歸於田廬，不應朝命，年八十有四而沒。功業不加於人，而予獨何取焉？取其明於知時，而審於處己云爾。蓋東漢之衰，士大夫以風節相尙，其立志行義賢於西漢。然時方大亂，其出而應世，鮮有能自全者。潁川荀文若以智策輔曹公，方其擒呂布，斃袁紹，皆談笑而辦，其才與張子房比。然至於九錫之議，卒不能免其身。彭城張子布忠亮剛簡，事孫氏兄弟，成江東之業。然終以直不見容，力爭公孫淵事，君臣之義幾絕。平原華子魚以德量重於曹氏，父子致位三公。然曹公之殺伏后，子魚將命，至破壁出后而害之。汝南許文休以人物臧否聞於世，晚入蜀依劉璋。先主將克成都，文休逾城出降。雖卒以爲司徒，而蜀人鄙之。此四人者，皆一時賢人也。然直己者終害其身，而枉己者終喪其德。處亂而能全，非幼安而誰與哉？舊史言幼安雖老不病，著白帽布襦袴布裙。宅後數十步有流水，夏暑能策杖臨水盥手足，行園圃。歲時祀其先人，絮帽布單衣薦饌饋，跪拜成禮。予欲使畫工以意髣髴畫之。昔李公麟善畫，有顧陸遺思，今公麟死久矣，恨莫能成吾意者。姑爲之贊曰：

幼安之賢，無以過人，予獨何以謂賢？賢其明於知時，審於處己，以能自全。幼安之老，歸自海東。一畝之宮，閉不求通。白帽布裙，舞雩而風。四時烝嘗，饋奠必躬。八十有四，蟬蛻而終。少非漢人，老非魏人。何以命之？天之逸民。

欒城第三集卷之六

策問一十六首〔一〕

問：大錢直十行於世〔二〕，僅十年矣，物重而錢輕，私鑄如雲，百物踴貴，民病之久矣。朝廷知之，凡官府之積以數千萬計，而民間之畜不可勝數。以民之不易也，棄而不惜，十損其七。聖人仁民之意，可謂深矣。然竊意舊錢耗於盜鑄，新錢在者十三，而公私百用大率如故。求所以善其後者，不可不預講也。願著之于篇，有司將有採焉。

問：堯、舜、周、孔之道行於天下，無一物而不由，無一日而不用，而佛、老之教常與之抗衡於世〔三〕。世主之欲舉而廢之者屢矣，而終莫能，此豈無故而能然哉？諸生皆學道者也，請推言其所以然，辯其不可去之理，與雖不去而無害於世者，詳著之于篇。

問：河朔有橋非古也，河流於澶而橋始成，南北通行，契丹來和，百有餘年，夫豈偶然也哉？今河出於滑，古所謂白馬之津也。白馬之津是謂官渡，渡則可，橋則否〔四〕。橋屢成矣，而河漲輒敗。以虜使之歲至也，而不能已。朝廷睦鄰之意厚矣，而河朔之人或以爲病。方今之計，其便安在？

問：士大夫居閭閻間，習知民病，其多不可盡言也。姑問其六，曰：何以使民習於孝弟而無邪僻？何以使士安於實行而無矯僞？何以使吏食其祿而無妄取？何以使文符稀少而賦斂時辦？何以使兵安其戍而無逃叛？何以使囹圄空虚而無數赦？

問：堯憂洚水之害，朝多賢者不用而用鯀。鯀九年無成功，民被其患者多矣。武王克商，微子，帝乙之元子，其賢聞於天下，不立而立武庚，武庚卒與三監叛，幾爲周室大患。此二聖人者，知其不可用而用之耶，抑亦未之知耶？宜有以辨之。

問：孔子稱顏子簞食瓢飲，不改其樂，一時門弟子莫及之者。而韓子以此爲哲人之細事。子路稱千乘之國，師旅饑饉之餘，可使有勇而知方，孔子目之以政事，不以仁許之，而孟子以爲賢於管仲。孟子、韓子之言果得孔子之意矣乎？

問：三代聖人其所以治天下，大者諸侯，其次井田，其次肉刑。自三代之衰，強弱相吞，而諸侯自滅；貧富相并，而井田自壞；劓刖傷人，而肉刑自廢。漢唐之間，儒者咨嗟太息，欲復三代之故而不能者多矣。請詳論之，此三者誠非耶？三代聖人以此治天下凡千有餘年而未嘗變，當時亦莫以爲非者。誠是耶？自漢至今亦數千載，時用時舍，迨今掃蕩無餘，而天下未嘗不治。學者宜知其故，不可不論也。

問：學者皆宗孔孟，今考之於書猶有異同之説，姑論其一二。孔子之於管仲，雖以爲小器，而許其九合之仁；其於子路雖稱其有折獄之明，無縕袍之恥，而知其不得其死。至於孟子則高子路，下管仲。孔子之於伯夷、叔齊，以爲古之賢人；稱柳下惠言中倫，行中慮，而譏其降志辱身。至於孟子則皆以爲聖人。然則學者今將從孔子歟，從孟子歟？其明言之。

問：舜命九官，凡爲國之政無一不舉。歷夏商至周而六官之典備，至于今循之。然以今之官考舜之舊，而虞稷二官獨廢而不修。蓋耕耨稼穡，草木鳥獸，皆民之所賴以生，而國用之所由以足者，而獨無以專治其事，豈后稷、伯益之官昔爲虚設〔三〕，而舜之所命亦有不切於事者歟？可詳論之。

問：魯自宣公失政，三桓竊撫其民，至昭公，五世不競，將逐季氏，遂以失國。然孔子相定公，將墮三都，費人不順，兵及公側，僅而勝之。成人拒命，伐之不克，幾至於亂。孔子之爲是何也？及其自衞反魯，雖爲大夫，不任其事矣。季氏將用田賦，使冉有訪焉，默而不答。然齊有田氏之禍，則沐浴而朝，請舉兵討之。夫哀公君臣非能正鄰國之亂者，孔子之爲是，亦何也？

問：郊祀天地，見於詩書，固有國之常禮也。三代既衰，禮失其舊。秦漢之間，祀五畤，封太山，禮汾陰，雜出於郊祀之外，儒者以爲此禮之大者。然五畤廢於漢元，封禪止於晉武，當時自以爲賢於秦漢。今將考論其實，此三者於唐、虞、三代抑當行之乎？所謂封禪七十二君亦可信乎？秦不足言，漢之諸儒初不言封禪，封禪之端發於相如，相如之言抑可信乎？

問：祖宗承五代之餘，禮樂未完，學校未立，其所以爲天下者，皆漢唐之遺事也。然自今觀之，其削平僭亂，攘却夷狄，戰必勝，攻必取。及天下已平，祥符、景德之間，百姓家給人足，相賢將勇，中外無事，朝廷有諍臣，州郡有循吏。至於文章之盛，至與漢唐相若。敢問其所以致此者何也？今自十有餘年，禮樂學校之政幾一新矣，其將追繼祖宗而止耶〔七〕？漢唐不足言，其於三代其亦庶幾矣乎？

問：桓文，五伯之盛也。方是時，楚以諸侯而僭稱王。召陵之會，桓公責包茅之不入而不及其僭。柯之盟，曹沫兵劫桓公以求侵地，而桓公不以爲罪。城濮之戰，文公以君避臣，而不以爲恥。圍鄭之役，秦伯私與鄭盟，引兵先歸，而文公不討其貳。敢問伯者之盛，固若是而可乎？

問：人之所同好者生也，所同貴者位也，所同欲者財也，天下之大情盡於是矣。然此三者，常相爲用。生者人之本也，無財則無以生，無位則無以養生而理財。作易者蓋知此矣。既言三者而參之以仁義，其旨安在？

問：賢不肖之不能相及，雖父子兄弟之間有不免焉。堯舜之朱均，周公之管蔡，蓋無足疑者。至於孔子門弟子三千餘人，其所謂賢者十人而已。此十人者與孔子周旋於天下，久者數十年，其歷試而詳觀之者審矣。然子路事衞出公，莊公自晉反衞，劫孔悝而盟之，子路爲孔悝攻莊公於臺上，不知父子爭國之不可也。田常亂齊，宰我助田氏，以陷於大戮。此二人者，亦何爲立於孔氏之門乎？

問：善爲國者惟其稱耳。其取士也，因官而取人，故士無溢員；其用財也，量入以爲出，故財無不足；其治邊也，量力而闢土，故邊無不守。今也取士日廣，則官不能容；用財無藝，則常賦不足；開邊日遠，則見兵愈勞。將以救此，蓋有舉意而辦者，亦有改途易向，雖久而不能辦者，試詳論之。

【校】

〔一〕「六」，原作「五」，據實際首數改。

〔二〕「錢」，宋甲本、宋丁本、叢刊本作「泉」。以下「錢」字同此。

〔三〕「衡」，宋丁本作「行」。

〔四〕「否」，原作「不」，據宋甲本、叢刊本改。

〔五〕「昔」，叢刊本作「皆」。

〔六〕「止」，叢刊本作「上」。

論一首

觀會通以行典禮論

論曰：事物之變，紛紜雜出，若不可知，然而有至理存焉。禍福治亂之際，傾側多故，若不可處；然而有夷路存焉。世之人不知至理之所在也，迷而妄行，於是有風波作於平地，親戚化爲仇怨者矣。聖人不然，虛心以待物，物至而情僞畢陳於前。夫知所以御之，是以遇繁而若一，履險而若夷，未嘗有所難者。

易曰：「聖人有以見天下之動，而觀其會通，以行其典禮。繫辭焉以斷其吉凶，是故謂之爻。」會通者理之所出也，典禮者其所以接物也。易有八卦，重而爲六十四卦。有六爻，爻之多至於數百。皆聖人指會通以示人，陳典禮以教人者也。今將言之，其多不可勝舉，姑以乾坤明之。乾之初不潛則危其身，四不躍則喪其功，二不田則無以廣其德，五不天則無利於人。至於坤之初警之以履霜，其上戒之以龍戰，其三斂之以無成，其四愼之以括囊。凡易之談會通而陳典禮者，可以類求矣。

舜之爲庶人也，父頑母嚚象傲。艱哉，舜之處於其家也！周公之爲冢宰也，外則管蔡讒之，以爲將不利於孺子；內則成王疑之。殆哉，周公之立於其朝也！然四岳之稱舜曰：「烝烝乂，不格姦。」詩人之美周公曰：「狼跋其胡，載疐其尾。公孫碩膚，赤舄几几。」蓋舜與周公臨天下之至變，履天下之大艱，而泰然如拱揖於廟堂之上，跪起於尊俎之間，可不謂善觀會通以行典禮也哉？

昔庖丁之論解牛曰：「良庖歲更刀，割也；族庖月更刀，折也；今臣之刀十九年矣，而刀刃若新發於硎。彼節者有間，而刀刃無厚。以無厚入有間，恢恢乎其於游刃必有餘地矣。」蓋聖人之於事，如庖丁之於牛，知之明故處之暇，處之暇故事無不濟者。此其所以爲聖人也。謹論。

欒城第三集卷之七

論語拾遺〔一〕并引

予少年爲論語略解。子瞻謫居黄州，爲論語說，盡取以往，今見於書者十二三也。大觀丁亥，閑居潁川，爲孫籀、簡、筠講論語。子瞻之說，意有所未安，時爲籀等言之，凡二十有七章，謂之論語拾遺。恨不得質之子瞻也。

巧言令色，世之所說也。剛毅木訥，世之所惡也。惡之斯以爲不仁矣。仁者直道而行，無求於人。望之儼然，卽之也温，聽其言也厲，而何巧言令色之有？彼爲是者將以濟其不仁爾。故曰：「巧言令色鮮矣仁。」又曰：「剛毅木訥近仁。」

子貢曰：「貧而無諂，富而無驕，何如？」子曰：「可也，未若貧而樂，富而好禮者也。」夫貧而無諂，富而無驕，亦可謂賢矣。然貧而樂，雖欲諂不可得也；富而好禮，雖欲驕亦不可得也。子貢聞之而悟，曰士之至於此者，抑其切磋琢磨之功至也歟！孔子善之，曰：「賜也，始可與言詩已矣。告諸往而知來者。」舉其成功而告之，而知其所從來者，所謂聞一以知二也歟！

易曰：「無思無爲，寂然不動，感而遂通天下之故。」詩曰：「思無邪。」孔子取之。二者非異也，惟無思，然後思無邪，有思則邪矣。火必有光，心必有思。聖人無思，非無思也。外無物，內無我。物我既盡，心全而不亂。物至而知可否，可者作，不可者止。因其自然，而吾未嘗思，未嘗爲，此所謂無思無爲而思之正也。若夫以物役思，皆其邪矣。如使寂然不動，與木石爲偶，而以爲無思無爲，則亦何以通天下之故也哉？故曰：「思無邪，思馬斯徂。」苟思馬而馬應，則凡思之所及，無不應也。此所以爲感而遂通天下之故也。

終日不食，終夜不寢，致力於思，徒思而無益，是以知思之不如學也。故「十有五而志于學」，則所由適道者順矣。由是而適道，知道而未能安，則不能行，不能行則未可與立。惟能安能行，乃可與立，故「三十而立」。可與立矣，遇變而惑，則雖立而不固，故「四十而不惑」，則可與權矣。物莫能惑，人不能遷，則行止與天同。吾不違天，而天亦莫吾違也，故

「五十而知天命」。人知至於此也，其所以施於物而行於人者至矣，然猶未也。心之所安，耳目接於物而有不順焉，以心御之而後順，則其應必疑，故「六十而耳順」。耳目所遇，不思而順矣，然猶有心存焉。以心御心，乃能中法。惟無心，然後從心而不踰矩，故「七十而從心所欲，不踰矩」。

我與物爲二，君子之欲交於物也，非信無自入矣〔三〕。譬如車，輪輿既具，牛馬既設，而判然二物也，夫將何以行之？惟爲之輗軏以交之，而後輪輿得藉於牛馬也。輗軏，轅端持軛者也。故曰：「人而無信，不知其可也。大車無輗，小車無軏，其何以行之哉？」車與馬得輗軏而交，我與物得信而交。金石之堅，天地之遠，苟有誠信，無所不通。吾然後知信之爲輗軏也。

不仁而久約，則怨而思亂；久樂，則驕而忘患。故曰：「不仁者不可以久處約，不可以長處樂。」然則何所處之而可？曰：仁人在上，則不仁者約而不怨，樂而不驕。管仲「奪伯氏駢邑三百，飯蔬食，沒齒無怨言」。與竪刁、易牙俱事桓公，終仲之世，二子皆不敢動，而況管仲之上哉？

仁者無所不愛。人之至於無所不愛也，其蔽盡矣。有蔽者必有所愛，有所不愛。無所不愛，則無蔽者，無不愛也。子曰：「惟仁者能好人，能惡人。」以其無蔽也，夫然猶有惡也。無所不愛，則無所惡矣。故曰：「苟志於仁矣，無惡也。」其於不仁也，亦哀之而已。

性之必仁，如水之必清，火之必明。然方土之未去也，水必有泥；方薪之未盡也，火必有煙。土去則水無不清，薪盡則火無不明矣。人而至於不仁，則物有以害之也。「君子無終食之間違仁，造次必於是，顛沛必於是」。非不違仁也，外物之害既盡，性一而不雜，未嘗不仁也。若顏子者，性亦治矣。然而土未盡去，薪未盡化，力有所未逮也。是以能「三月不違仁」矣，而未能遂以終身也〔三〕。其餘則土盛而薪強，水火不能勝，是以日月至焉而已矣。故顏子之心，仁人之心也，不幸而死，學未及究，其功不見於世，孔子以其心許之矣。管仲相桓公，九合諸侯，一匡天下，此仁人之功也。孔子以其功許之矣，然而三歸反坫，其心猶累於物，此孔顏之所不爲也。使顏子而無死，切而磋之，琢而磨之，將造次顛沛於是，何三月不違而止哉？如管仲生不由禮，死而五公子之禍起，齊遂大亂。君子之爲仁，將取其心乎，將取其功乎？二者不可得兼。使天相人，以顏子之心，收管仲之功，庶幾無後患也夫！

孔氏之門人，其聞道者亦寡耳。顏子、曾子，孔門之知道者也。故孔子歎之，曰：「朝聞道，夕死可矣。」苟未聞道，雖多學而識之，至於生死之際，未有不自失也。苟一日聞道，雖死可以不亂矣。死而不亂，而後可謂學矣。

孔子歷試而不用，慨然而歎曰：「道不行，乘桴浮于海，從我者其由歟！」此非孔子之誠言，蓋其一時之歎云爾。子路聞之而喜，子路亦豈誠欲入海者耶？亦喜孔子之知其勇耳。子曰：「由也好勇過我，無所取材。」蓋曰無所取材以爲是桴也，亦戲之云爾。雖聖人，其與人言，亦未免有戲也。

令尹子文三仕爲令尹，無喜色；三已之，無愠色。孔子以忠許之，而不與其仁。崔子弑齊君，陳文子有馬十乘，棄而違之，孔子以清許之，而不與其仁。此二人者皆春秋之賢大夫也，而孔子不以仁與之，孔子之以仁與人也固難。殷之三仁，孤竹君之二子，至於近世，惟齊管仲，然後以仁許之。如令尹子文、陳文子，雖賢未可以列於仁人之目。故冉有、子路之政事，公西華之應對，與子文之忠，文子之清，一也。臧文仲，魯之君子也。其言行載於魯，而孔子少之，曰：「臧文仲不仁者三，不智者三。下展禽，廢六關，妾織蒲，三不仁也；作虚器，縱逆祀，祀爰居，三不智也。」捨是六者，其餘皆仁且智也歟？孔子曰：「君子而不仁者有矣。」夫君子而不仁，則臧文仲之類歟！

孔子居魯，陽貨欲見而不往，陽貨時其亡也而饋之豚，孔子亦時其亡也而往拜之。遇諸塗，與孔子三言，孔子答之無違。孔子豈順陽貨者哉？不與之較耳。孟子曰：「當是時，陽貨先，豈得不見？」夫先之而必答，禮之而必報，孔子亦有不得已矣。孔子之見南子，如見陽貨，必有不得已焉。子路疑之，而孔子不辯也，故曰：「予所否者，天厭之，天厭之。」以爲世莫吾知而自信於天云爾。

泰伯以國授王季，逃之荆蠻，天下知王季、文、武之賢，而不知泰伯之德所以成之者遠矣。故曰：「泰伯其可謂至德也已矣，三以天下讓，民無得而稱焉。」子瞻曰：「泰伯斷髮文身，示不可用，使民無得而稱之，有讓國之實而無其名，故亂不作。彼宋宣、魯隱皆存其實而取其名者也，是以宋魯皆被其禍。」予以爲不然。人患誠，誠無爭心，苟非豺狼，孰不順之？魯之禍始於攝，而宋之禍成於好戰，皆非讓之過也。漢東海王彊以天下授顯宗，唐宋王成器以天下讓玄宗〔四〕，兄弟終身無間言焉，豈亦斷髮文身？子貢曰：「泰伯端委以治吳，仲雍繼之，斷髮文身。」孰謂泰伯斷髮文身示不可用者？太史公以意言之耳。

子曰：「三年學，不至於穀，不易得也。」穀，善也，善之成而可用，如穀苗之實而可食也。盡其心力於學，三年而不見其成功者，世無有也。

武王曰：「予有亂臣十人。」孔子曰：「才難，不其然乎？唐虞之際，於斯爲盛，有婦人焉，九人而已。」婦人者，太姒也，然則武王蓋臣其母乎？古者婦人既嫁從夫，夫死從子，故春秋書魯僖公之母曰：「秦人來歸僖公成風之禭。」太姒雖母，以九人故，謂之臣焉可也〔三〕。

或問子西，孔子曰：「彼哉彼哉。」鄭公孫夏無足言者，蓋非所問也。楚令尹子西相昭王，楚以復國，而孔子非之，何也？昭王欲用孔子，子西知孔子之賢，而疑其不利楚國。使聖人之功不見於世，所以深疾之也。世之不知孔子者衆矣，孔子未嘗疾之。疾其知我而疑我耳。

陳成子弒簡公，孔子沐浴而朝，告於哀公曰：「陳恆弒其君，請討之。」公曰：「告夫三子。」孔子曰：「以吾從大夫之後，不敢不告也。」君曰「告夫三子」，之三子告，不可。孔子曰：「以吾從大夫之後，不敢不告也。」孔子爲魯大夫，鄰國有弑君之禍，而恬不以爲言，則是許之也。哀公、三桓之不足與有立也，孔子既知之矣。知而猶告，以爲雖無益於今日，而君臣之義猶有儆於後世也。子瞻曰：「哀公患三桓之偪，常欲以越伐魯而去之。以越伐魯，豈若從孔子而伐齊，既克田氏，則魯公室自張，三桓將不治而自服，此孔子之志也。」予以爲不然。古之君子，將有立於世，必先擇其君。齊桓雖中主，然其所以任管仲者，世無有也，然後九合之功可得而成。今哀公之妄，非可以望桓公也。使孔子誠克田氏而返，將誰與保其功？然則孔子之憂顧在克齊之後，此則孔子之所不爲也。

孔子以禮樂遊於諸侯，世知其篤學而已，不知其他。犂彌謂齊景公曰：「孔丘知禮而無勇，若使萊人以兵劫魯侯，必得志焉。」衛靈公之所以待孔子者始亦至矣，然其所以知之者，猶犂彌也。久而厭之，將儆之以其所不知，蓋問陳焉。孔子知其決不用也，故明日而行。使誠用之，雖及軍旅之事可也。

道之大充塞天地，贍足萬物，誠得其人而用之，無所不至也。苟非其人，道雖存，七尺之軀有不能充矣，而況其餘乎？故曰：「人能弘道，非道弘人。」

「羣居終日，言不及義。」此里巷之鄙夫，直情而恣行者也，而孔子何難焉？蓋知不義之可惡，而欲以小惠徼譽於世，世必以是取之，此孔子之所難也。

古之教人必以學，學必教之以道。道有上下，其形而上者道也，其形而下者器也。君子上達，知其道也；小人下達，得其器也。上達者不私於我，不役於物，故曰：「君子學道則愛人。」下達者知義之不可犯，禮之不可過，故曰：「小人學道則易使也。」如使人而不知道，雖至於君子，有不仁者矣。小人則無所不至也，故曰：「君子而不仁者有矣夫，未有小人而仁者也。」

有道者不知貧富之異，貧而無怨，富而無驕，一也。然而飢寒切於身而心不動，非忘身者不能，故曰：「貧而無怨難，富而無驕易。」

「弟子入則孝，出則弟，謹而信，汎愛衆，而親仁。行有餘力，則以學文。」孝弟忠信汎愛而親仁，皆其質也。有其質矣，而無學以文之者，皆未免於有過也。故曰：「好仁不好學，其蔽也愚；好智不好學，其蔽也蕩；好信不好學，其蔽也賊；好直不好學，其蔽也絞；好勇不好學，其蔽也亂；好剛不好學，其蔽也狂。」此六者皆美質也，而無學以文之，則其病至此。故曰：「十室之邑，必有忠信如丘者焉，不如丘之好學也。」質如孔子而不知學，皆六蔽之所害，蓋無足怪也。

人生於欲〔六〕，不知道者未有不爲欲所蔽也。故曰：「人之少也，血氣未定，戒之在色。」始學者未可以語道也，故古之教者必始於周南、召南。周南、召南知欲之不可已也〔七〕，而道之以禮，以禮濟欲。夫是以樂而不淫，始學者安焉，由是以免於蔽。子謂伯魚曰：「汝爲周南、召南矣乎？人而不爲周南、召南，其猶正墻面而立也歟！」言欲之蔽也。

古之傳道者必以言。達者得意而忘言，則言可尚也。小人以言害意，因言以失道，則言可畏也。故曰：「予欲無言。」聖人之教人亦多術矣，行止語默，無非教者。子貢習於聽言，而未知其餘也，故曰：「子如不言，則小子何述焉？」子曰：「天何言哉？四時行焉，百物生焉。」夫豈無以感而通之乎？

衞靈公以南子自汙，孔子去魯，從之不疑。季桓子以女樂之故，三日不朝，孔子去之，如避寇讎。子瞻曰：「衞靈公未受命者，故可；季桓子已受命者，故不可。」予以爲不然。孔子之世，諸侯之過如衞靈公多矣，而可盡去乎？齊人以女樂間孔子，魯君大夫既食餌矣，使孔子安而不去，則坐待其禍，無可爲矣，非衞南子之比也。

君子無所不學，然而不可勝志也。志必有所一而後可〔一〕，志無所一，雖博猶雜學也。故曰：「博學而篤志。」將有問也，必切其極；退而思之，必自近者始。不然，疑而不信也。君子之道，造端乎夫婦；及其至也，察乎天地。自夫婦之所能而思之，可以知聖人之所不能也。故曰：「切問而近思。」君子爲此二者，雖不爲仁而仁可得也。故曰：「仁在其中矣。」

【校】

〔一〕宋丁本二十七章各有小題：巧言令色鮮矣仁、告諸往而知來、思無邪、至學至於從心、信如輗軏、處約處樂、無惡也、君子無終食之間違仁、朝聞道夕死可矣、無所取材、未知焉得仁、子見南子、泰伯至德、三年學不至於穀、亂臣十人、彼哉彼哉、請討陳桓、明日遂行、人能弘道、好行小慧、君子上達小人下達、貧而無怨難、六言六蔽、汝爲周南召南、予欲無言、孔子行、切問而近思。

〔二〕「無」，原作「而」，據宋丁本、叢刊本改。

〔三〕「也」，原無，據宋丁本補。

〔四〕「讓」，宋甲本、宋丁本、叢刊本作「授」。

〔五〕「焉」，原無，據宋甲本、宋丁本補。

〔六〕此章原連前章爲一。宋甲本、宋丁本、叢刊本皆另爲一章。按本章內容及二十七章之數，當以分章爲是，據改。

〔七〕「也」，原無，據宋甲本、宋丁本、叢刊本補。

〔八〕「必」，原無，據宋甲本、宋丁本、叢刊本補。

欒城第三集卷之八

雜說九首

易說三首

「一陰一陽之謂道，繼之者善也，成之者性也。」何謂道？何謂性？請以子思之言明之。子思曰：「喜怒哀樂之未發謂之中，發而皆中節謂之和。中也者，天下之大本也；和也者，天下之達道也。致中和，天地位焉，萬物育焉。」中者性之異名也，性者道之所寓也。道無所不在，其在人爲性。性之未接物也，寂然不得其朕，可以喜，可以怒，可以哀，可以樂，特未有以發耳。及其與物接，而後喜怒哀樂更出而迭用，出而不失節者皆善也。所謂一陰一陽者，猶曰一喜一怒云爾，言陰陽喜怒皆自是出也。散而爲天地，斂而爲人。言其散而爲天地，則曰「天地位焉，萬物育焉。」言其斂而爲人，則曰「成之者性」，其實一也。得之於心，近自四支百骸，遠至天地萬物，皆吾有也。一陰一陽，自其遠者言之耳。

「大衍之數五十，其用四十有九。」此何數也？曰：一氣判而爲天地，分而爲五行。易曰：「天一，地二，天三，地四，天五，地六，天七，地八，天九，地十。」此十者天地五行自然之數，雖聖人不能加損也。及文王重易，將以揲蓍，則取其數以爲蓍數，曰：「大衍之數五十。」大衍云者，大衍五行之數而取其五十云爾，用於揲蓍則可，而非天地五行之全數也。故繼之曰：「天數五，地數五，五位相得而各有合。天數二十有五，地數三十。凡天地之數五十有五，此所以成變化而行鬼神也。」明此天地五行之全數，古之聖人知之，所以配天地，參陰陽，其用有不可得而知者，非蓍數之所及也。及子瞻論易乃以蓍數之故，而損天地五行之全數以合之，爲之說曰：「大衍之數五十者，五不特數，以爲在六七八九之中也。」「言十則一二三四在其中，言六七八九則五在其中矣。」「一二三四在十中，然而特見者何也？水火木金特見於四時，而土不特見」，「故土無定位，無成名，無專氣」。夫五行迭用於四時，其不特見者均也。謂土不特見，此野人之說也。今謂五行之數止於五十，是天五爲虛語。天數不得二十有五，天地之數不得五十有五而可乎？且土之生數，既不得特見，而其成數又以水火木金當之，是土卒無生成數也。使土無生成數，則天地之數四十而已，尚何五十之有？

且天地五行之數，人之所不與也。今也欲取則取，欲去則去，是以意命五行也。蓋天以一生水，地以二生火，天以三生木，地以四生金，天以五生土。五行既生矣，而未及成。地安於下，天運於上，則五位相得而各有合。地以五合一而水成，天以五合二而火成，地以五合三而木成，天以五合四而金成，地以五合五而土成。天之所生，不得地五則不成；地之所生，不得天五亦不成。此陰陽之至情，而古今之定論，非臆說也。且土之在天地，四行之所賴以成，而土之賴於四行者少，其實可覩而知，不可誣也。今將求合蓍數而黜土，其爲說疏矣。

「夫乾，天下之至健也，德行常易以知險。夫坤，天下之至順也，德行常簡以知阻。」乾之健，坤之順，皆其材之自然也。譬如鳥之能飛，魚之能游，非有使之者也。乾以其健濟天下之險，坤以其順濟天下之阻，皆有餘矣。然而或亦不濟，如鳥之能飛而困於弋，魚之能游而斃於網。健順之不可恃者亦若是矣。且天下之險阻果安在乎？物固有強弱，有遠近，有高下，有好惡；有向背，有取舍。此爭之端，而險阻之所出也。方其不爭，乘之以至健，和之以至順，無不濟也。遇其方爭，健能勝之，順能說之，尚可也。不能勝，不能說，而險阻作矣。然則何爲而可？易曰：「夫乾確然，示人易矣。夫坤隤然，示人簡矣。」健而無心者，其德易，其形確然。順而無心者，其德簡，其形隤然。易簡積於中，而確然隤然者著於外。吾信之，物安之，雖險阻在前而無不知，知之至則渙然冰釋，無能爲矣。此則易簡之功，而非健順之所及也。易曰：「易簡而天下之理得矣，天下之理得而成位乎其中矣。」物得其理，則吾何爲哉？亦位於其中而已矣。

洪範五事說一首

昔禹觀洛書，而得九疇之次：「初一曰五行，次二曰敬用五事。」二者天人之道，而九疇之源本也。漢劉向父子始采諸儒之說，而作五行傳。其論五事，失其實者過半，後世因之。予以爲不然，乃爲之說曰：

五行，天事也；五事，人事也。五行之先後，以天事言之；五事之先後，以人事言之。天以一生水，地以二生火，天以三生木，地以四生金，天以五生土，此五行之所以爲先後也。人之生也，形色具而聲氣繼之，形氣具而視聽繼之，形氣視聽具而喜怒哀樂之變至，喜怒哀樂既至而思生焉，喜怒哀樂之未至則無思也，無爲也。無思無爲則性也，性非五事而五事之所依也。故形色爲貌，聲氣爲言，目爲視，耳爲聽，心爲思，此五事之所以爲先後也。畜爲五藏，發爲五事，以應五行。故脾之發爲貌而主土，肺之發爲言而主金，肝之發爲視而主木，腎之發爲聽而主水，心之發爲思而主火。自黄帝以來，知醫者言之詳矣。捨此則無以治病，無以生殺人也。漢儒之説，以言爲金，以聽爲水，則亦既得之矣。至於以貌爲木，以視爲火，以思爲土則不可。

何以言之？土之爲物，形色先具，而水火木金附焉。故形色之著者莫如土，土實爲脾，皮肉筋骨髓腦垢色皆土之屬而脾之餘也。此佛氏所謂地大者也。其於人爲貌，貌之德恭，恭之至肅。肅則土得其性，土得其性則能勝水，故其休徵時雨。肅之反爲狂。狂則土失其性，土失其性則不能勝水，故其咎徵常雨。肺之於人，氣之所從出入也。方其有氣而未聲，則無以接物，而物亦莫之喻也。氣至於有聲，聲成言，言出而物從之矣。故言之德從，從之至乂。語曰：「出辭氣，斯遠鄙倍矣。」詩曰：「辭之輯矣，民之洽矣，辭之懌矣，民之莫矣。」言之能乂，如暘之能晞，出而物莫之違也。物之有聲者莫如金，故言主金。乂則金得其性，金得其性，故其休徵時暘。乂之反爲僭，僭則金失其性。金失其性，故其咎徵常暘。物之能視者，有待於日，日入則視無以致其用。及其升於東方，然後視者皆明。木位於東，而日之所從見也。故視主於木，而木爲肝。視之德明，明之至晢，晢則木得其性。木得其性，故其休徵時燠。晢之反爲豫。豫則木失其性，木失其性，故其咎徵常燠。目施明於外者也，耳納聽於內者也。明施於外則爲燠，聽納於內則爲寒。寒，水之性也。受天下之言而無所不容，故其德聰。聰之至則謀，謀則水得其性。水得其性，故其休徵時寒。謀之反爲急。急則水失其性，水失其性，故其咎徵常寒。心虛而應物者也，火無形而離於物者也。二者其德同，同故無所不照。心之用思，思則得之，不思則不得也。及其至也，無思無爲，寂然不動，感而遂通天下之故。由思而至於無思，則復於性矣。復於性，則出於五事之表，此聖人所以參天地，通鬼神，而不可知者也。故思之德睿，睿之至聖。其功行於萬物，無所不入，而不知其所以入。惟風亦然，易曰：「風自火出。」家人聖則火得其性，火得其性，故其休徵時風。聖之反爲蒙，蒙則火失其性，火失其性，故其咎徵常風。

此五者洛書之本說，與黃帝之遺書合。醫者由之，至于今不變。而漢之諸儒反之，此智者之所太息也。

詩病五事

李白詩類其爲人，駿發豪放，華而不實，好事喜名，不知義理之所在也。語用兵，則先登陷陣，不以爲難；語游俠，則白晝殺人，不以爲非。此豈其誠能也哉？白始以詩酒奉事明皇，遇讒而去，所至不改其舊。永王將竊據江淮，白起而從之不疑，遂以放死。今觀其詩固然。唐詩人李杜稱首，今其詩皆在，杜甫有好義之心，白所不及也。漢高帝歸豐沛，作歌曰：「大風起兮雲飛揚，威加海内兮歸故鄉。安得猛士兮守四方？」高帝豈以文字高世者哉？帝王之度固然，發於其中而不自知也。白詩反之曰：「但歌大風雲飛揚，安用猛士守四方？」其不識理如此！老杜贈白詩，有「細論文」之句，謂此類也哉？

大雅緜九章，初誦太王遷豳，建都邑，營宮室而已，至其八章乃曰：「肆不殄厥愠，亦不隕厥問。」始及昆夷之怨，尚可也。至其九章乃曰：「虞芮質厥成，文王蹶厥生。予曰有疏附，予曰有先後，予曰有奔奏，予曰有禦侮。」事不接，文不屬，如連山斷嶺，雖相去絶遠，而氣象聯絡，觀者知其脈理之爲一也。蓋附離不以鑿枘，此最爲文之高致耳。老杜陷賊時有詩曰：「少陵野老吞聲哭，春日潛行曲江曲。江頭宮殿鎖千門，細柳新蒲爲誰緑？憶昔霓旌下南苑，苑中萬物生顔色。昭陽殿裏第一人，同輦隨君侍君側。輦前才人帶弓箭，白馬嚼齧黄金勒。翻身向天仰射雲，一箭正墜雙飛翼。明眸皓齒今何在？血汙遊魂歸不得。清渭東流劍閣深，去住彼此無消息。人生有情淚霑臆，江水江花豈終極？黄昏胡騎塵滿城，欲往城南忘南北。」予愛其詞氣如百金戰馬，注坡驀澗，如履平地，得詩人之遺法。如白樂天詩，詞甚工，然拙於紀事，寸步不遺，猶恐失之。此所以望老杜之藩垣而不及也。

詩人詠歌文武征伐之事，其於克密曰：「無矢我陵，我陵我阿。無飲我泉，我泉我池。」其於克崇曰：「崇墉言言，臨衝閑閑。執訊連連，攸馘安安。是類是禡，是致是附，四方以無侮。」其於克商曰：「維師尚父，時惟鷹揚。諒彼武王，肆伐大商，會朝清明。」其形容征伐之盛極於此矣。韓退之作元和聖德詩，言劉闢之死曰：「宛宛弱子，赤立傴僂。牽頭曳足，先斷腰膂。次及其徒，體骸撑拄。末乃取闢，駭汗如瀉〔一〕。揮刀紛紜，爭切膾脯。」此李斯頌秦所不忍言，而退之自謂無愧於雅頌，何其陋也！

唐人工於爲詩，而陋於聞道。孟郊嘗有詩曰：「食薺腸亦苦，強歌聲無歡。出門如有礙，誰謂天地寬？」郊耿介之士，雖天地之大，無以安其身。起居飲食，有戚戚之憂，是以卒窮以死。而李翺稱之，以爲郊詩「高處在古無上，平處猶下顧沈謝。」至韓退之亦談不容口。甚矣，唐人之不聞道也！孔子稱顏子「在陋巷，人不堪其憂，回也不改其樂」，回雖窮困早卒〔二〕，而非其處身之非，可以誓命，與孟郊異矣。

聖人之御天下，非無大邦也，使大邦畏其力，小邦懷其德而已；非無巨室也，不得罪於巨室，巨室之所慕，一國慕之矣。魯昭公未能得民，而欲逐季氏，則至於失國。漢景帝患諸侯之強，制之不以道，削奪吳楚，以致七國之變，竭天下之力，僅能勝之。由此觀之，大邦巨室，非爲國之患，患無以安之耳。祖宗承五代之亂，法制明具，州郡無藩鎮之強，公卿無世官之弊。古者大邦巨室之害，不見於今矣。惟州縣之間，隨其大小皆有富民，此理勢之所必至，所謂「物之不齊，物之情也。」然州縣賴之以爲強，國家恃之以爲固。非所當憂，亦非所當去也。能使富民安其富而不横，貧民安其貧而不匱，貧富相恃，以爲長久，而天下定矣。王介甫，小丈夫也。不忍貧民而深疾富民，志欲破富民以惠貧民，不知其不可也。方其未得志也，爲兼并之詩，其詩曰：「三代子百姓，公私無異財。人主擅操柄，如天持斗魁。賦予皆自我，兼并乃姦回。姦回法有誅，勢亦無自來。後世始倒持，黔首遂難裁。秦王不知此，更築懷清臺。禮義日以媮，聖經久堙埃〔三〕。法尚有存者，欲言時所咍。俗吏不知方，掊克乃爲才。俗儒不知變，兼并可無摧。利孔至百出，小人私闔開。有司與之爭，民愈可憐哉。」及其得志，專以此爲事，設青苗法以奪富民之利。民無貧富，兩稅之外，皆重出息十二。吏緣爲姦，至倍息。公私皆病矣。呂惠卿繼之，作手實之法，私家一毫以上，皆籍於官。民知其有奪取之心，至於賣田殺牛以避其禍。朝廷覺其不可，中止不行，僅乃免於亂。然其徒世守其學，刻下媚上，謂之享上。有一不享上，皆廢不用。至於今日，民遂大病，源其禍出於此詩。蓋昔之詩病，未有若此酷者也。

【校】

〔一〕「瀉」，宋甲本、叢刊本作「雨」。

〔二〕「卒」，宋甲本、叢刊本作「死」。

〔三〕「堙埃」，原作「埋埃」，宋甲本作「堙涘」，叢刊本作「煙埃」，並誤。今據王文公文集（卷五十一）改。

欒城第三集卷之九

書傳燈錄後

予久習佛乘，知是出世第一妙理，然終未了所從入路。頃居淮西，觀楞嚴經，見如來諸大弟子多從六根入，至返流全一，六用不行，混入性海，雖凡夫可以直造佛地。心知此事數年於茲矣，而道久不進。去年冬讀傳燈錄，究觀祖師悟入之理，心有所契，必手錄之，寘之坐隅。蓋自達磨以來，付法必有偈，偈中每有下種生花之語。至六祖得衣法南邁，有明上坐者追至嶺上，知衣不可取，悔過求法，祖誨之曰：「汝諦觀察，不思善，不思惡，正恁麽時，阿那箇是明上坐本來面目。」明卽時大悟，遍體流汗，曰：「頃在黃梅隨衆，實不省自己本來面目。今蒙指示入處，如人飲水，冷暖自知。」祖知明已悟，敎之善自護持而已。及內侍薛簡問祖心要，祖亦曰：「一切善惡都莫思量，自然得入，清淨心體，湛然常寂，妙用恆沙。」簡亦豁然大悟。予釋卷歎曰：「祖師入處儻在是耶？既見本來面目，心能不忘，護持不捨，則謂下種也耶？譬諸草木種子，若置之虛空，不投地中，雖經百千歲，何緣得生？若種之地中，潤之以雨露，暵之以風日，則開花結子，數日可待。」六祖常謂大衆：「汝等諸人，自心是佛，外無一物。而能建立，皆是本心，生萬種法。」因敎之以一相一行三昧曰：「若人於一切處不住相，於彼相中不生憎愛，亦無取捨，不念利益成壞等事，安閑恬靜，虛融澹泊，此名一相三昧。若於一切處行住坐臥，純一直心不動，道場眞成淨土，此名一行三昧。若人具二三昧，如地有種，含藏長養，成就其實。我今說法，猶如時雨，普潤大地。汝等佛性，譬諸種子，遇茲沾洽，悉得發生。承吾旨者決獲菩提，依吾行者決證妙果。一相一行三昧則治地法也。」予至此復歎曰：「祖師之言備矣，而人自不知，雖知未必能行。如予蓋知而未能行者也。」昔李習之嘗問戒、定、慧於藥山，藥山曰：「公欲保任此事，須於高高山頂坐，深深海底行。如閨閤中物，捨不得，便爲滲漏。」予欲書此言於紳，庶幾不忘也。凡諸方妙語，昔人有未喻者，予輒爲釋之，錄之於左。凡十二章。大觀二年二月十三日書。

佛說法，有一女人忽來問訊，便於佛前入定。文殊師利近前彈指，出此女人定不得，又托升梵天，亦出不得。佛曰：「假使百千文殊，亦出此女人定不得。下方有網明菩薩，能出此定。」須臾網明便至，問訊佛了，去女人前彈指一聲，女人便從定而起。潁濱老曰：有心要出此女人定，雖是文殊親托往梵天，也出不得；無心要出此女人定，一彈指便了。

僧問老宿：「師子捉兔亦全其力，捉象亦全其力，未審全箇什麼力？」老宿曰：「不欺之力。」潁濱老曰：師子捉兔時亦全用一箇師子力，捉象時亦全用一箇師子力，不爲兔小象大而有差別。若有差別，則物有大於象者，師子捉不得矣。菩薩斷取三千大千世界置右掌中，如持針鋒舉一棗葉，卽此理也。

僧舉教云：「文殊忽起佛見法見，被佛攝向二鐵圍山〔一〕。」五雲曰：「如今若有人起佛見法見，我與點兩碗茶，且道賞伊罰伊，同教意不同教意？」頴濱老曰：「攝向鐵圍山，令知起見之非；與他茶喫，令他識本來處，與教意異而不異。

保福僧到地藏，地藏和尚問彼中佛法云何，保福曰〔二〕：「有時示衆道，塞却你眼，教你覷不見；塞却你耳，教你聽不聞〔三〕，坐却你意，教你分別不得。」地藏曰：「吾問你，不塞你眼，見箇什麽？不塞你耳，聞箇什麽？不坐你意，作麽生分別？」或人問此二尊宿意爲同爲不同，頴濱老曰：六根爲物所塞，爲物所坐，則不見自性，不聞自性，不能分別自性。若不爲物所塞，不爲物所坐，則可以聞見自性，分別自性矣。老子曰：「視之不見名曰夷，聽之不聞名曰希，搏之不得名曰微。是三者不可致詰，故復混而爲一。」一則性也，凡老子之言與佛同者，類如此。

鄧隱峯在馬師會下，一日推土車，馬師展脚路上坐。峯曰：「請師收足。」馬曰：「已展不收。」峯曰：「已進不退。」推車直進，碾損馬師脚。馬歸法堂，執斧子曰：「碾損老僧脚底出來。」峯出引頸於前，馬師乃置斧子。頴濱老曰：馬師展脚不收，執斧而問，二者皆以試驗隱峯臨機見解耳。土車進退，於事初無損益，而直推不顧，此隱峯狂直之病也。若執斧問之，而縮頸畏避，則十分凡夫，無足取矣。猶能引頸而竢，則猶可取也。故其終也，不坐不立，倒立而逝，雖去來自在，而狂病猶未痊也。

南泉欲遊莊舍，土地神先報莊主，莊主乃預爲備。泉至問曰：「安知老僧來，排辦如此？」莊主曰：「昨夜土地神相報。」泉曰：「王老師修行無力，被鬼神覷見。」有僧便問：「既是善知識，因何被鬼神覷見？」泉曰：「土地前更下一分飯〔四〕。」潁濱老曰：昔大耳三藏，自謂得他心通，忠國師見而問之曰：「老僧心在何處？」大耳曰：「在西川看競渡。」忠再問：「心在何處？」大耳曰：「在天津橋看弄胡孫。」及三問，大耳良久莫知去處。忠叱之曰：「這野狐精，它心通在什麼處？」仰山聞而釋之曰：「前兩度是涉境心，後是自受用三昧，故大耳不能見。」今南泉欲遊莊舍，而土地知之，亦見其涉境心耳，本無足怪者。南泉自謂修行無力，亦姑云爾。僧因其言而詰之，非識理者也。答之以土地前更下一分飯，蓋言前後皆涉境心耳。

仰山嘗謂第一坐曰：「不思善，不思惡，正恁麽時作麽生？」對曰：「正恁麽時，是某甲放身命處〔五〕。」仰山曰：「何不問？」老僧曰：「恁麽時不見有和尚。」仰山曰：「扶吾敎不起。」或曰不思善，不思惡，此六祖所謂本來面目，而仰山少之，何也？潁濱老曰：在周易有之：「無思也，無爲也，寂然不動，感而遂通天下之故。」非天下之至神，其孰能與於此？無思無爲者，其體也；感而遂通天下之故者，其用也。得其體，未得其用，故仰山以爲未足耳。長沙岑和尚嘗遣僧問同參會老曰：「和尚見南泉後如何？」會默然。僧曰：「未見南泉時如何？」會曰：「不可更別有也。」僧回以告，岑有偈曰：「百尺竿頭坐底一云試險。人〔五〕，雖然得入未爲眞。百尺竿頭須進步，十方世界是全身。」蓋亦貴其用耳。

香嚴閑師嘗謂衆曰：「如人在千尺懸崖，口銜樹枝，脚無所踏，手無所攀，忽有人問西來意。若開口答，卽喪身失命；若不答，又違問者。如何卽是？」衆無對。穎濱老曰：我若當此時，便大開口答他西來意，不管喪身失命，管別有道理也。

玄沙備頭陀謂衆曰：「諸方老宿盡道接物利生，只如盲聾啞三種病人，汝作麼生接？拈槌豎拂，他且不見；共他說話，他且不聞〔六〕；口復啞，若接不得。佛法安在？」時雖有答者，備皆不肯。穎濱老曰：三種病人，若只用諸方拈槌豎拂說話等伎倆接他，眞是奈何他不得。如諸佛菩薩修行功到，虎狼蛇蝎，崖石草木，無物透不得，而況三種病人乎？玄沙之意儻在是耳，非一時老宿境界，故未有能道者耳。

德謙禪師嘗到雙巖，雙巖長老問金剛經云：「一切諸佛皆從此經出，且道此經是何人說？」師曰：「說與不說且置，和尚喚什麼作此經？」雙巖無對。師曰：「一切賢聖皆以無爲法而有差別〔七〕。既以無爲法爲極，則又安有差別？且如差別是過不是過？若是過，一切賢聖盡有過；若不是過，決定喚什麼做差別？」雙巖亦無語。潁濵老曰：佛本無經，此經者此心也。佛惟無心，故萬法由之而出；若猶有心，一法且不能出，而況萬法乎？四果十地皆賢聖也，其所得法各有淺深，然皆非無心則不能得。故曰一切賢聖皆以無爲法而有差別，如扁之斲輪，痀僂之承蜩，皆非無心無以致其功。其以無致功，則與賢聖同；而其功之大小，則與賢聖異。賢聖之有差別，蓋無可疑者也〔八〕。經所謂以無爲法者，謂以無而爲法耳，非謂有無爲之法也。然自六祖以來，皆讀作無爲之法，蓋僧家拙於文義耳。

杭州報恩院惠明禪師庵居大梅山，有二禪客至，師曰：「上坐離什麼處來？」曰：「都城。」師曰：「上坐離都城至此山，則都城少上坐，此山剩上坐。剩則心外有法，少則心法不周。說得道理卽住，不會卽去。」二客不能對。又有朋彥上坐訪師，師問：「一人發眞歸源，十方虛空，一時消隕。今天台嶷然，如何得消隕去？」朋彥亦無措。潁濵老曰：佛身充滿於法界，普現一切羣生前，此理也；一人發眞歸源，十方虛空，一時消隕，亦理也。二理無可疑者。人能達此理，則去來之想盡，山河之礙滅，眞性朗然，物莫能隔。此所以爲充滿法界，消隕虛空矣。達者聞而信之，昧者疑之，則天台嶷然在前，未嘗滅矣。

杭州永明寺道潛禪師嘗訪淨慧禪師。會四衆士女入院，淨慧曰：「律中隔壁聞釵釧聲，卽爲破戒；見睹金銀合沓〔九〕，朱紫駢闐，是破戒不是破戒？」師曰：「好箇入路。」淨慧稱善。潁濱老曰：隔壁聞釵釧聲而欲心動，安得不謂破戒？金銀合沓，朱紫駢闐而心不起，安得謂之破戒？

【校】

〔一〕「被」，原作「彼」，據宋甲本、叢刊本改。

〔二〕「保福曰」，叢刊本作「曰保福」。

〔三〕「你」，原作「爾」，據宋甲本、叢刊本改。

〔四〕「士」，原作「上」，據宋甲本、三蘇祠本改。

〔五〕「坐底」，宋甲本作「試驗」。註「一云試驗」，原無，據叢刊本補。

〔六〕「聞」，原作「開」，據宋甲本、叢刊本改。

〔七〕「賢聖」，宋甲本、叢刊本作「聖賢」。下同此。

〔八〕「盞」，原作「盏」，據宋甲本、叢刊本改。

〔九〕「睹」，宋甲本作「睹」。

欒城第三集卷之十

記四首

遺老齋記

庚辰之冬，予蒙恩歸自南荒，客於潁川，思歸而不能。諸子憂之曰：「父母老矣，而居室未完，吾儕之責也。」則相與卜築，五年而有成。其南修竹古柏，蕭然如野人之家。乃闢其四楹，加明窗曲檻，爲燕居之齋。齋成，求所以名之，予曰：「予潁濱遺老也，盍以『遺老』名之！汝曹志之，予幼從事於詩書，凡世人之所能，茫然不知也。年二十有三，朝廷方求直言，有以予應詔者。予采道路之言，論宮掖之祕，自謂必以此獲罪，而有司果以爲不遜。上獨不許曰：『吾以直言求士，士以直言告我，今而黜之，天下其謂我何！』宰相不得已，寘之下第。自是流落凡二十餘年。及宣后臨朝，擢爲右司諫，凡有所言，多聽納者。不五年而與聞國政。蓋予之遭遇者再，皆古人所希有，然其間與世俗相從，事之不如意者十常六七。雖號爲得志，而實不然。予聞之樂莫善於如意，憂莫慘於不如意。今予退居一室之間，杜門却掃，不與物接。心之所可，未嘗不行；心所不可，未嘗不止。行止未嘗少不如意，則予平生之樂，未有善於今日者也。汝曹志之，學道而求寡過，如予今日之處遺老齋可也。」

藏書室記

予幼師事先君，聽其言，觀其行事。今老矣，猶志其一二。先君平居不治生業，有田一廛，無衣食之憂；有書數千卷，手緝而校之，以遺子孫。曰：「讀是，內以治身，外以治人，足矣。此孔氏之遺法也。」先君之遺言今猶在耳，其遺書在櫝，將復以遺諸子，有能受而行之，吾世其庶矣乎！

蓋孔氏之所以教人者，始於灑掃應對進退。及其安之，然後申之以弦歌，廣之以讀書。曰：「道在是矣，仁者見之斯以爲仁，智者見之斯以爲智矣。」顏閔由是以得其德，予賜由是以得其言，求由由是以得其政，游夏由是以得其文。皆因其才而成之。譬如農夫墾田，以植草木，小大長短，甘辛鹹苦，皆其性也。吾無加損焉，能養而不傷耳。孔子曰：「十室之邑，必有忠信如丘者焉，不如丘之好學也。」如孔子猶養之以學而後成，故古之知道者必由學，學者必由讀書。傅說之詔其君亦曰：「學于古訓，乃有獲。」「念終始典于學，厥德修罔覺。」而況餘人乎？子路之於孔氏，有兼人之才而不安於學，嘗謂孔子有民人社稷，何必讀書然後爲學。孔子非之，曰：「汝聞六言六蔽矣乎？好仁不好學，其蔽也愚；好智不好學，其蔽也蕩；好信不好學，其蔽也賊；好直不好學，其蔽也絞；好勇不好學，其蔽也亂；好剛不好學，其蔽也狂。」凡學而不讀書者，皆子路也。信其所好，而不知古人之成敗與所遇之可否，未有不爲病者。

雖然，孔子嘗語子貢矣，曰：「賜也，汝以予爲多學而識之者歟？」曰：「然。非歟？」曰：「非也，予一以貫之。」一以貫之，非多學之所能致，則子路之不讀書未可非耶？曰：非此之謂也。老子曰：「爲學日益，爲道日損。」以日益之學，求日損之道，而後一以貫之者，可得而見也。孟子論學道之要曰：「必有事焉而勿正，心勿忘，勿助長也。」心勿忘則莫如學，必有事則莫如讀書。朝夕從事於詩書，待其久而自得，則勿忘勿助之謂也〔一〕。譬之稼穡，以爲無益而捨之，則不耘苗者也；助之長，則揠苗者也。以孔孟之說考之，乃得先君之遺意。

【校】

〔一〕「忘」，宋甲本、宋丁本作「正」。

待月軒記

昔予遊盧山，見隱者焉，爲予言性命之理，曰：「性猶日也，身猶月也。」予疑而詰之。則曰：「人始有性而已，性之所寓爲身。天始有日而已，日之所寓爲月。日出於東，方其出也，萬物咸賴焉〔一〕。有目者以視，有手者以執，有足者以履。至於山石草木，亦非日不遂。及其入也，天下黯然，無物不廢，然日則未始有變也。惟其所寓，則有盈闕，一盈一闕者月也。惟性亦然，出生入死，出而生者未嘗增也，入而死者未嘗耗也，性一而已。惟其所寓則有死生〔二〕，一生一死者身也。雖有生死，然而死此生彼，未嘗息也。身與月皆然，古之治術者知之，故日出於卯謂之命，月之所在謂之身。日入地中，雖未嘗變，而不爲世用。復出於東，然後物無不覩，非命而何？月不自明，由日以爲明，以日之遠近爲月之盈闕，非身而何？此術也，而合於道。世之治術者知其說，不知其所以說也。」

予異其言，而志之久矣。築室於斯，闢其東南爲小軒。軒之前廓然無障，幾與天際。每月之望，闢戶以須月之至。月入吾軒，則吾坐於軒上，與之徘徊而不去。一夕舉酒延客，道隱者之語。客漫不喻曰：「吾嘗治術矣，初不聞是說也。」予爲之反復其理，客徐悟曰：「唯唯。」因志其言于壁。

【校】

〔一〕「咸」，叢刊本無。

〔二〕「死生」，宋甲本、叢刊本作「生死」。

墳院記

旌善廣福禪院者，先公文安府君贈司徒墳側精舍也。先公既壯而力學，晚而以德行文學名於世。夫人程氏追封蜀國太夫人，生而志節不羣；好讀書，通古今，知其治亂得失之故。有二子，長曰軾，季則轍也。方其少時，先公、先夫人皆曰：「吾嘗有志茲世，今老矣；二子其尙成吾志乎！」

轍兄弟雖少而仕，亦流落不偶，年幾五十，乃始得還朝。兄氣剛寡合，已入復出。轍碌碌無能輕重，五年而至尙書右丞，與聞國政，以故事得於墳側建剎度僧，以薦先福。墳之東南四里許，有故伽藍。陵阜相拱揖，松竹深茂，相傳唐中和中任氏兄弟所捨也。轍以請於朝，改賜今牓，時元祐六年也。既三年，兄弟皆以罪廢，南遷海上。又六年，蒙恩北歸。兄至毗陵以病沒。轍中止潁川，不能歸。又五年，前執政以黜去者，皆奪墳上剎。又二年，上哀矜舊臣，手詔復還界之。

墳之西南十餘步有泉焉，廣深不及尋，晝夜瀵湧，清冽而甘，多不涸，夏不溢。自轍南遷，而水日耗，至奪剎遂竭。父老來告，轍惕焉，疑獲譴於幽明，徬徨不知所爲。而手詔適至，泉亦滃然而復。山中人皆曰：「詔書乃與天通耶？」轍聞之，遡闕而拜，以膺上賜。久之，乃爲之記，使世世子孫，知茲剎廢興所自，以無忘朝廷之德。政和二年壬辰九月乙卯朔六日庚申，中奉大夫、護軍、欒城縣開國伯賜紫金魚袋蘇轍記。

欒城應詔集卷之一

進論五首

夏論

聖人之道，苟可以安於天下，不求夫爲異也。堯舜傳之賢而禹傳之子，天下以爲禹無聖人而傳之〔一〕，而後授之其子孫也〔二〕。夫聖人之於天下，不從其所安而爲之，而求異夫天下之人，何其用心之淺邪〔三〕！昔者湯有伊尹，武王有周公，而周公，文王之子、武王之弟也〔四〕。湯之太甲，武之成王，皆可以爲天下，而湯不以與其臣，武王不以與其弟〔五〕，誠以爲其子之才不至於亂天下者，則無事乎授之他人而以爲異也，而天下之人何獨疑夫禹哉？今夫人之愛其子，是天下之通義也；有得焉，而思以與其子孫〔六〕，人情之所皆然也。聖人以是爲不可易，故從而聽之〔七〕，使之父子相繼而無相亂。

以至於堯，堯舉其天下而授之舜〔八〕，舜得堯之天下而又授之禹。舉天下而授之人，此聖人之所以大過人，而天下後世之所不能也。天下後世之所不能，而聖人獨爲之，豈以爲異哉？夫天下之人不能皆賢，而有異人焉，爲異而震之，則天下皆將喜其名而失其眞。故夫堯舜之傳賢者，是不得已而然也。使堯之丹朱，舜之商均，僅可以守天下，而堯肯傳之舜，而舜肯傳之禹〔九〕，以爲異而疑天下哉？然則禹之不以天下授益，非以益爲不足授也，使天下復有禹，而愚知禹不以天下授之矣〔一〇〕。何者？啓足以爲天下故也。啓爲天下而益爲之佐，是益不失爲伊尹、周公，而其功猶可以及天下也。蓋聖人之不喜異也如此。

昔者嘗聞之，魯人之法，贖人者受金於府。子貢贖人而不受賞。夫子嘆曰：「嗟夫，使魯之不復贖人者，賜也！」夫贖人而不以爲功，此君子之所以異於衆人者，而其弊乃至於不贖。是故聖人不喜爲異〔一一〕，以其有時而窮也。閔子終三年之喪，見於夫子，援琴而歌，戚戚而不樂，作而曰：「先王制禮，弗敢過也。」子夏終三年之喪，見於夫子，〔一二〕取琴而鼓之，其樂衎衎然〔一三〕。作而曰：「先王制禮，不敢不及也。」而夫子皆以爲賢。由此觀之，聖人之行，豈求勝夫天下之人哉，亦有所守而已矣〔一四〕！

【校】

〔一〕「天下」，宋丁本作「後世」。

〔二〕「也」，宋丁本無，下有「此以好異期聖人也」。

〔三〕「邪」，宋丁本、宋戊本、三蘇祠本均作「耶」。

〔四〕「文王之子」，宋丁本作「叉」。

〔五〕兩「與」字，宋丁本、三蘇祠本皆作「予」。

〔六〕「思」，宋丁本無。「與」，宋丁本、三蘇祠本作「予」。

〔七〕「從」，宋丁本作「因」。

〔八〕「其」，宋丁本、三蘇祠本無。

〔九〕「而」，宋丁本、宋戊本無。

〔一〇〕「愚」，宋丁本、三蘇祠本作「予」。「禹」下，三蘇祠本多「之」。

〔一一〕「爲」，宋丁本、宋戊本、三蘇祠本作「夫」。

〔一二〕「作而」至「夫子」，原缺，現據宋丁本、三蘇祠本補。

〔一三〕「衎衎」，宋丁本、三蘇祠本作「侃侃」。

〔一四〕「聖人之行」至「所守而已矣」，宋丁本無此數句，而多如下一大段：「禹益之事，傳者之過也。記有之曰：『有虞氏禘黃帝而郊嚳，祖顓頊而宗堯；夏后氏禘黃帝而郊鯀，祖顓頊而宗禹。』舜禹皆有所從受天下者，其所從受天下者，不可忘也，故舜宗堯而置瞽叟，此天下之大義也。至禹，不獨廢堯而且忘舜，鯀雖得罪，以父故，得祭于郊。從舜之義，則禹爲忘其君；從禹之義，則舜爲忘其親。二者皆聖人之所不爲也。予聞之，禮之所行，義之所許也。故禮雖先王未之有，可以義起也。舜禹之有天下，則先王之所未有也。故堯雖非父，而其德載於後世，不可以不宗；瞽雖其親，而無功於人，不可以私享，二者皆義也。至夏后氏郊鯀而宗禹，此禹之子孫之禮也，孰謂禹之不宗舜哉？柳下惠稱有虞氏郊堯而宗舜，先儒以爲此虞氏子孫之禮也。以虞推禹，則禹其有不宗舜乎？雖然，夏之子孫所以不宗舜者，以有鯀也，鯀雖得罪于舜，而從事於水者九年，非瞽叟之比也，故卒爲夏郊，而三代祀之。三代猶以其功祀之，而其子孫顧可以他人廢之乎？故夫虞夏之祀，皆義之所予也。」按：此段與全篇「安於天下，不求夫爲異」之主旨無涉，似爲衍文。

商論

商之有天下者三十世，而周之世三十有七。商之既衰而復興者五王，而周之既衰而復興者，宣王一人而已。蓋商之多賢君〔一〕，宜若其世之過於周，而反不如〔二〕。周之賢君不如商之多，而其久於商者乃數百歲也。此二者所以使天下之人疑焉而不知其故也〔三〕。

蓋嘗以爲周公之治天下〔四〕，務爲文章繁縟之禮，以和柔馴擾天下剛強之民〔五〕。故其道本於尊尊而親親，貴老而慈幼，使民之父子相愛而兄弟相悅〔六〕，以無犯上難制之氣。行其至柔之道，以揉天下之戾心，而去其剛毅勇果之志〔七〕，故其享天下至久。而諸侯內侵，京師不振，卒於廢爲至弱之國。何者？優柔和易之道〔八〕，可以爲久而不可以爲強也。若夫商人所以爲天下者，不可復見矣，竊嘗求之於詩書之間〔九〕，見夫詩之寬緩而和柔，書之委曲而繁重者，舉皆周也；而商人之詩駿發而嚴厲，其書簡潔而明肅，以爲商人之風俗蓋在乎此矣！夫惟天下之有剛強不屈之俗也，故其後世有以自振於衰微，然至於其敗也，一散而不可復止。故夫物之強者易以折〔一〇〕，而柔忍者可以久存；柔者可以久存而常困於不勝，強者易以折，而其末也乃可以有所立。且此非聖人之罪也，物莫不有所短。方其盛也，長用而短伏，及其衰也，長伏而短見。夫聖人惟能就其所長而用之也，是故當其盛時，天下惟其長之知，而不知其短之所在。及其後世，用之不當，其長日以消亡，而短日出〔一一〕。故夫能久者常不能強，能以自奮者常不能久〔一二〕，此商之所以不長，而周之所以不振也。

嗚乎，聖人之慮天下亦有所就而已〔一三〕，蓋不能使之無弊也〔一四〕，使之能久而不能強，能以自奮而不能以及遠〔一五〕，此二者存乎其後世之賢與不賢也。故太公封於齊，尊賢而尚功。周公曰：「後世必有篡奪之臣〔一六〕。」周公治魯，親親而尊尊。太公曰：「後世寖衰矣！」夫尊賢尚功，則近於強；親親尊尊，則近於弱。終於齊有田氏之禍〔一七〕，而魯人困於盟主之令。蓋商之政近於齊，而周公之所以治周者，其所以治魯也。故齊強而魯弱，魯未亡而齊亡也〔一四〕。

【校】

〔一〕「蓋」，宋丁本、三蘇祠本作「夫」。

〔二〕「而反不如」，宋丁本、三蘇祠本無。宋戊本此下有「周」字。

〔三〕「也，此二者……不知其故也」，宋丁本、三蘇祠本作「其故何也」。

〔四〕「嘗」，原爲「常」，據宋甲本、宋戊本改。又，「嘗以爲」，宋丁本、三蘇祠本無。

〔五〕「務爲」、「以和柔」，宋丁本、三蘇祠本作「務以」、「和柔」。

〔六〕「而」，宋丁本、三蘇祠本無。

〔七〕「勇果」，宋戊本、宋丁本作「果敢」。「志」原作「政」，據宋戊本、宋丁本改。

〔八〕「之道」，宋丁本無。

〔九〕「嘗」，原作「常」，據宋甲本、宋丁本、宋戊本改。又，「之間見夫」，宋丁本無。

〔一〇〕「故夫」，宋戊本、宋丁本作「蓋」。

〔一一〕「以」，原作「已」，據三蘇祠本改。

〔一二〕自「且此非聖人之罪也」至「自奮者常不能久」，宋丁本、宋戊本無此數句。

〔一三〕「慮」，宋戊本作「爲」，三蘇祠本作「於」。

〔一四〕「蓋」，宋丁本、宋戊本無。

〔三〕「奮」，宋丁本作「振」。

〔三〕「奪」，宋丁本作「弑」。

〔毛〕「終於」，宋丁本、三蘇祠本作「終之」。

〔六〕宋丁本「末句後提行另有一段：「書稱伊尹去亳適夏，既醜有夏，復歸於亳。蓋伊尹耕於莘野，既以處士從湯矣，及其適夏，非其私行也，湯必與知之。其君臣之心，以爲從湯伐桀，以濟斯世，不若使伊尹事桀，以止其亂，使夏不亡，商不與無憾也。及其不可復輔，於是捨而歸耳。其後文王事紂，亦身爲之三公，至將四而殺之，然後棄之而西。蓋湯之於桀，文王之于紂，其不欲遽奪之者如此。此其所以爲湯、文王，而後世之所不及也。」

周論

傳云：「夏之政尚忠，商之政尚質，周之政尚文。」而仲尼亦云：「周監於二代，郁郁乎文哉！吾從周。」愚讀詩書〔一〕，歷觀唐虞至於夏、商、周，蓋嘗以爲自生民以來〔二〕，天下未嘗一日而不趨於文也。

文之爲言，猶曰萬物各得其理云爾。父子君臣之間，兄弟夫婦之際，此文之所由起也。昔者生民之初，父子無義，君臣無禮，兄弟不相愛，夫婦不相保，天下紛然而淆亂，忿鬭而相苦。文理不著，而人倫不明，生不相養，死不相葬，天下之人，舉皆戚然有所不寧於其心〔三〕。然後反而求其所安，屬其父子，而列其君臣，聯其兄弟，而正其夫婦。至於虞夏之世，乃益去其鄙野之制，然猶以天子之尊而飯土塯，啜土鉶，土堦三尺，茅茨而不剪。至於周而後大備。其粗始於父子之際，而其精布於天下〔四〕，其用甚廣而無窮。蓋其當時，莫不自以爲文於前世，而其後之人乃更以爲質也〔五〕。是故祭祀之禮，陳其籩豆，列其鼎俎，備其醪醴，俯伏以薦。思其飲食醉飽之樂，而不可見也，於是灌用鬱鬯，藉用白茅，既沃而莫之見，以爲神之縮之也。體魄降於地，魂氣升於天，恍忽誕謾，而不知其所由處。聲音氣臭之類，恐不能得當也，於是終祭於屋漏，繹祭於祊，以爲人子之心，無所不至也。薦之以滋味，重之以膾炙，恐鬼神之不屑也；薦之以血毛，重之以體薦〔六〕，恐父祖之不吾安也。於是先黍稷而後稻粱，先太羹而後庶羞，以爲不敢忘禮亦不敢忘愛也。丁寧反覆，優游而不忍去，以爲可以盡人子之心，而人子之心亦可以少安矣。故凡世之所謂文者，皆所以安夫人之所不安，而人之所安者，事之所當然也。

仲尼區區於衰周之末，收先王之遺文，而與曾子推論禮之所難處，至於毫釐纖悉之際〔七〕。蓋以爲王道之盛，其文理當極於此焉耳。及周之亡，天下大壞，強凌弱，衆暴寡，而後世乃以爲用文之弊。夫自唐虞以至於商，漸而入於文，至周而文極於天下。當唐、虞、夏、商之世，蓋將求周之文，而其勢有所未至，非有所謂質與忠也。自周而下，天下習於文，非文則無以安天下之所不足，此其勢然也。今夫冠婚喪葬而不爲之禮〔八〕，墓祭而不廟，室祭而無所，仁人君子有所不安於其中。而曰不文，以從唐、虞、夏、商之質。夫唐、虞、夏、商之質，蓋將以求周之文而未至者，非所以爲法也。

【校】

〔一〕「愚」，宋丁本、三蘇祠本作「予」。

〔二〕「蓋嘗」，宋丁本無。

〔三〕「有所」，宋丁本無。「心」，宋丁本作「中」。

〔四〕「天下」，宋丁本作「萬物」。

〔五〕「其」，宋丁本無。

〔六〕「體」，原作「醴」。據宋甲本、宋丁本、叢刊本改。

〔七〕「之際」，宋丁本、三蘇祠本無。

〔八〕「葬」、宋丁本、宋戊本、三蘇祠本作「祭」。

六國論

愚讀六國世家〔一〕，竊怪天下之諸侯，以五倍之地，十倍之衆，發憤西向，以攻山西千里之秦，而不免於滅亡，常爲之深思遠慮，以爲必有可以自安之計，蓋未嘗不咎其當時之士慮患之疏，而見利之淺，且不知天下之勢也。

夫秦之所與諸侯爭天下者，不在齊、楚、燕、趙也，而在韓魏〔二〕。秦之有韓魏，譬如人之有腹心之疾也。韓魏塞秦之衝，而蔽山東之諸侯，故夫天下之所重者，莫如韓魏也。昔者范雎用於秦而收韓，商鞅用於秦而收魏；昭王未得韓魏之心，而出兵以攻齊之剛壽，而范雎以爲憂。然則秦之所忌者可以見矣。秦之用兵於燕趙，秦之危事也。越韓過魏而攻人之國都，燕趙拒之於前，而韓魏乘之於後，此危道也。而秦之攻燕趙，未嘗有韓魏之憂，則韓魏之附秦故也。夫韓魏，諸侯之障，而使秦人得出入於其間，此豈知天下之勢邪？委區區之韓魏以當強虎狼之秦，彼安得不折而入於秦哉？韓魏折而入於秦，然後秦人得通其兵於東諸侯，而使天下遍受其禍。

夫韓魏不能獨當秦，而天下之諸侯藉之以蔽其西，故莫如厚韓親魏以擯秦。秦人不敢逾韓魏以窺齊、楚、燕、趙之國，而齊、楚、燕、趙之國因得以自安於其間矣〔三〕。以四無事之國，佐當寇之韓魏，使韓魏無東顧之憂，而爲天下出身以當秦兵。以二國委秦，而四國休息於內，以陰助其急，若此，可以應夫無窮，彼秦者將何爲哉？不知出此，而乃貪疆埸尺寸之利〔四〕，背盟敗約，以自相屠滅，秦兵未出，而天下諸侯已自困矣。至使秦人得間其隙〔五〕，以取其國，可不悲哉！

【校】

〔一〕「愚」，宋丁本、宋戊本、三蘇祠本作「嘗」。

〔二〕「韓魏」下，宋丁本、宋戊本有：「之郊；諸侯之所與秦爭天下者，不在齊、楚、燕、趙也，而在韓魏之野。」

〔三〕「安」，宋丁本、宋戊本，三蘇祠本作「完」。

〔四〕「埸」，原作「場」。據宋甲本、宋戊本、叢刊本改。

〔五〕「間」，宋丁本、三蘇祠本作「伺」，宋戊本作「乘」。

秦論

秦人居諸侯之地，而有萬乘之志，侵辱六國，斬伐天下，不數十年之間，而得志於海內。至其後世，再傳而遂亡。劉季起於匹夫，斬艾豪傑，蹙秦誅楚，以有天下，而其傳子孫數十世而不絶。蓋秦漢之事，其所以起者不同〔一〕，而其所以取之者，無以相遠也。

然劉項奮臂於閭閻之中，率天下蜂起之兵，西嚮以攻秦，無一成之聚，一夫之衆，驅罷弊適戍之人，以求所非望，得之則生，失之則死。以匹夫而圖天下，其勢不得不疾戰以趨利，是以冒萬死求一生而不顧。今秦擁千里之地，而乘累世之業〔二〕，雖閉關而守之，畜威養兵，拊循士民，而諸侯誰敢謀秦？觀天下之釁，而後出兵以乘其弊，天下夫誰敢抗？而惠、文、武、昭之君，乃以萬乘之資，而用匹夫所以圖天下之勢，疾戰而不顧其後，此宜其能以取天下，而亦能以亡之也。夫劉項之勢，天下皆非吾有，起於草莽之中，因亂而爭之，故雖驅天下之人〔三〕，以爭一旦之命，而民猶有待於戡定以息肩，於此，故以疾戰定天下。天下既安，而下無背叛之志。若夫六國之際，諸侯各有分地，而秦乃欲以力征，疆服四海，不愛先王之遺黎，以爲子孫之謀〔四〕，而竭其力以爭隣國之利。六國雖滅，而秦民之心已散矣。故秦之所以謀天下者，匹夫特起之勢，而非所以承祖宗之業，以求其不失者也。

昔者嘗聞之，周人之興，數百年而後至於文武。文武之際，三分天下而有其二，然商之諸侯，猶有所未服，紂之衆未可以不擊而自解也，故以文武之賢，退而修德，以待其自潰。誠以爲后稷、公劉、太王、王季勤勞不懈，而後能至於此。故其發之不可輕，而用之有時也。嗟夫，秦人舉累世之資，一用而不復惜，其先王之澤已竭於取天下，而尚欲求以爲國，亦已惑矣！

【校】

〔一〕「起」，三蘇祠本作「取」。

〔二〕「乘」，原作「棄」，據宋甲本、宋丁本、宋戊本改。

〔三〕「驅」，原作「馳」，據宋甲本、宋丁本、宋戊本改。

〔四〕「以」，原作「第」，據宋甲本、宋丁本、宋戊本改。

欒城應詔集卷之二

進論五首

漢論

古之聖人制爲君臣之分：天子以其一身立乎天下之上，安受天下之奉己而不辭；天下之人，奇才壯士，爭出其力，自盡於天子之下，而無所逃遁。此二者何爲如此也？天下之事，固其賢者爲之也。仁人君子盡其心以制天下之事，而無所不成；武夫猛士竭其力以剪天下之暴亂，而無所不定。此其類非不智且勇也，然而不得其君，則其心常鰓鰓然，曠四海而不能以自安，功成事立，缺然反顧而莫之能受。是以天下之賢才，其才雖足以取之，而常喜天下之有賢君者，利其有以受之也。蓋古之人君，收天下之英雄而不失其心，故天下皆爭歸之；而英雄之士，因其君之資以用力於天下，功成求得而不敢爲背叛之操。故上下相守，而可以至於無窮。惟其君臣相戾，而不能以相用，君以爲無事乎其臣，臣以爲無事乎其君。君無所用，以至於天下之不親，臣無以用之，以至於惇惇而無所底麗，而天下始大亂矣！且彼不知夫天下之意也。天下之人皆人臣也，而誰能以相從？惟其因天子之權而用之，是以雖其比肩之人，而莫敢抗。彼見天下之莫吾抗也，則以爲天下之畏我，而不知己之戴君之威而行也，故或狃天下之畏己，而反以求去其君。其君既去，而天下之人孰畏而不爲變哉！

昔者西漢之衰，王莽竊取其人君之權，而執之以求取其天下。方其執之而未取也，天下不知其將取之，是以俯首而奉其所爲。何者？天下之心猶以爲漢役之也。至於天下在莽，而其英雄之士遂起而共攻之，不數年而莽以大敗。何者？天下不服無漢之王莽也〔一〕。其後東漢之亂，獻帝奔走於草莽之中，曹操出之以爲帝王。當是之時，天下已無漢矣，而唯曹氏之爲聽，然天下之英雄猶以爲名，皆起而爭之，終曹公之身而不能以自安。猶幸其當時之人，皆知漢之天下已去而操收之也，是以心服曹氏而安爲之臣。

故孔子曰：「天下有道，禮樂征伐自天子出；天下無道，禮樂征伐自諸侯出。自諸侯出，蓋十世希不失矣；自大夫出，五世希不失矣；陪臣執國命，三世希不失矣。」蓋天下之位居下而干其上之政者，以爲己之享其利也，而不知天下之爭心皆將囂然而不平。是以其素所服者愈狹，則其失之也愈速。何則？其不平者衆也。故曰：「祿之去公室五世矣，政在大夫四世矣，而三桓之子孫微矣！」嗚呼，公室既微，則三桓之子孫，天下之所謂宜盛者也，而終以衰弱而不振，則夫君臣之分可知也已！

【校】

〔一〕「無」，宋甲本作「亡」。

三國論

天下皆怯而獨勇，則勇者勝；皆闇而獨智，則智者勝。勇而遇勇，則勇者不足恃也；智而遇智，則智者不足用也。夫惟智勇之不足以定天下，是以天下之難蜂起而難平。蓋嘗聞之，古者英雄之君，其遇智勇也以不智不勇，而後眞智大勇乃可得而見也。悲夫，世之英雄其處於世亦有幸不幸邪〔一〕！

漢高祖、唐太宗，是以智勇獨過天下而得之者也。曹公、孫、劉，是以智勇相遇而失之者也。以智攻智，以勇擊勇，此譬如兩虎相捽，齒牙氣力無以相勝，其勢足以相擾，而不足以相斃。當此之時，惜乎無有以漢高帝之事制之者也。

昔者項籍，乘百戰百勝之威，而執諸侯之柄，咄嗟叱吒，奮其暴怒，西向以逆高祖。其勢飄忽震蕩，如風雨之至，天下之人以爲遂無漢矣。然高帝以其不智不勇之身，橫塞其衝，徘徊而不進〔二〕，其頑冒椎魯〔三〕足以爲笑於天下，而卒能摧折項氏而待其死。此其故何也？夫人之勇力，用而不已，則必有所耗竭，而其智慮久而無成，則亦必有所倦怠而不舉。彼欲就其所長以制我於一時〔四〕，而我閉而拒之〔五〕，使之失其所求，逡巡求去而不能去，而項籍固已敗矣〔六〕。

今夫曹公、孫權、劉備，此三人者，皆知以其才相取，而未知以不才取人也。世之言者曰：「孫不如曹，而劉不如孫。」劉備惟智短而勇不足，故有所不若於二人者，而不知因其所不足以求勝，則亦已惑矣。蓋劉備之才近似於高祖，而不知所以用之之術。昔高祖之所以自用其才者，其道有三焉耳：先據勢勝之地，以示天下之形；廣收信越出奇之將，以自輔其所不逮；有果銳剛猛之氣而不用，以深折項籍猖狂之勢。此三事者，三國之君其才皆無有能行之者。獨有一劉備近之而未至，其中猶有翹然自喜之心，欲爲椎魯而不能純，欲爲果銳而不能達，二者交戰於中，而未有所定，是故所爲而不成，所欲而不遂。棄天下而入巴蜀，則非地也；用諸葛孔明治國之才，而當紛紜戰伐之衝，則非將也；不忍忿忿之心，犯其所短，而自將以攻人，則是其氣不足尙也。嗟夫，方其奔走於二袁之間，困於呂布，而狼狽於荆州，百敗而其志不折，不可謂無高帝之風矣，而終不知所以自用之方。夫古之英雄，唯漢高帝爲不可及也夫！

【校】

〔一〕「邪」，宋丁本、宋戊本作「耶」。

〔二〕「進」上，宋丁本、宋戊本、三蘇祠本有「得」字。

〔三〕「冒」，宋丁本、宋戊本、三蘇祠本作「鈍」。

〔四〕「就」，宋丁本、宋戊本、三蘇祠本作「用」。

〔五〕「閉」下，宋丁本、宋戊本、三蘇祠本有「門」字。

〔六〕「敗」，宋丁本、宋戊本、三蘇祠本作「憊」。

晉論

御天下有道，休之以安，動之以勞。使之安居而能勤，逸處而能憂。其君子周旋揖讓，不失其節，而能耕田射馭，以自致其力；平居習爲勉強，而去其惰傲；厲精而日堅，勤勞而日彊〔一〕。冠冕佩玉之人，而不憚執天下之大勞。夫是以天下之事，舉皆無足爲者，而天下之匹夫，亦無以求勝其上。何者？天下之亂，蓋常起於上之所憚而不敢爲〔二〕。天下之小人，知其上之有所憚而不敢爲，則有以乘其間，而致其上之所難。夫其上之所難者，豈非死傷戰鬭之患〔三〕，匹夫之所輕而士大夫之所不忍以其身試之者邪？彼以死傷戰鬭之事邀我，而我不能應，則無怪乎天下之至於亂也。故夫君子之於天下，不見其所畏。求使其所畏之不見，是故事有所不辭，而勞苦有所不憚。

昔者晉室之敗，非天下之無君子也。其君子皆有好善之心，高談揖讓，泊然沖虛，而無慷慨感激之操，大言無當，不適於用，而畏兵革之事。天下之英雄知其所忌而竊乘之，是以顛沛隕越而不能以自存。且夫劉聰、石勒、王敦、祖約，此其姦詐雄武，亦一世之豪也。譬如山林之人，生於草木之間，大風烈日之所咻，而霜雪饑饉之所勞苦〔四〕，其筋力骨節之所嘗試者，亦已至矣！而使王衍、王導之倫，清談而當其衝。此譬如千金之家，居於高堂之上，食肉飲酒，不習寒暑之勞，而欲以之捍禦山林之勇夫，而求其成功，此固姦雄之所樂攻而無難者也。是以雖有賢人君子之才，而無益於世；雖有盡忠致命之意，而不救於患難。此其病起於自處太高，而不習天下之辱事，故富而不能勞，貴而不能治。

蓋古之君子，其治天下，爲其甚勞，而不失其高；食其甚美，而不棄其糲。使匹夫小人不知所以用其勇，而其上不失爲君子。至於後世，爲其甚勞，而不知以自復，而爲秦之彊；食其甚美，而無以自實，而爲晉之敗。夫甚勞者，固非所以爲安；而甚美者，亦非所以自固。此其所以喪天下之故也哉！

【校】

〔一〕「勤勞」，宋丁本、宋戊本作「勞苦」。

〔二〕「常」，原作「嘗」，據宋甲本、宋丁本、宋戊本改。

〔三〕「豈非」，宋戊本作「其亦」。

〔四〕「霜雪」，宋甲本、宋丁本作「雪霜」。

七代論

英雄之士能因天下之勢而遂成之〔一〕，天下之勢未有可以必成者也，而英雄之士常因其隙而入於其間，堅忍而不變，是以天下之勢遂成而不可解。

自晉以下，天下何其紛紛也！彊者不能以相吞〔二〕，而弱者不能以相服；其德不足以相君臣，而其兵不足以相吞滅。天下大亂，離而爲南北，北又離而爲東西〔三〕。其君臣又自相篡取而爲七代，至於隋而後合而爲一。蓋其間百有餘年之中，其賢君名臣纍纍而出者不爲少矣，然而南不能渡河以有北之民，而北不能過江以侵南之地。豈其百年之間，南無間之足乘，而北無隙之可入哉？蓋亦其勢之有所不可者也。七代之際，天下嘗有變矣，宋取之晉，齊取之宋，梁取之齊，陳取之梁，而周齊取之後魏。此五釁者，兵交而不解，內亂而無救，其間非小也，而其四隣拱手遠望，而莫敢入。蓋其取之者誠有以待之，而不可以乘其倉卒也。嗟夫，北方之人，其力不足以幷南；而南方之勢，又固不可以爭衡於中國。則七代之際，天下將不可合邪？

嘗試論之，姚泓、宋武之際，天下將合之際也，姚興既死，而秦地大亂，武帝舉江南之兵長驅以攻秦，兵不勞而關中定，此天下之一時也。及夫劉穆之死，關中未安，席不及暖，兵不及息，而奔走以防江南之亂，留孺子孱將以抗四方彊悍之虜，則天下之勢已遂去矣〔四〕！且此唯不能因天下之勢而遂成之也，則夫天下之勢亦隨去之而已矣〔五〕。

且夫孫權、曹操之事足以見矣，曹操之不能過江以攻孫權，力有所未足也；而孫權終莫肯求逞於中國，蓋其志將以僥倖乎北方之大亂〔六〕，然後奮而乘其弊，而非以爲其地之足以抗衡於中原也。嗟夫，使武帝既入關，因而居之，以鎭撫其人民，南漕江淮之資，西引巴漢之粟，而內因關中之盛，厲兵秣馬以問四方之罪戾，當此之時，天下可以指麾而遂定矣，而何江南之足以蔕芥夫吾心哉？然而其事則不可以不察也〔七〕，其心將有所取乎晉，而恐夫人之反之於南，是以其心憂懼顚倒，而不見天下之勢。孔子曰：「無欲速，無見小利。欲速則不達，見小利則大事不成。」故夫有可以取天下之勢而不顧，以求移其君而遂失之者，宋武之罪也。

【校】

〔一〕「勢」，宋丁本、宋戊本作「隙」。

〔二〕「呑」，宋丁本作「并」。

〔三〕「又」下，宋丁本、宋戊本有「自」字。

〔四〕「已」，宋戊本作「亦」。「遂」，宋丁本、宋戊本作「隨」。「矣」，宋丁本作「之而已矣」。

〔五〕「且此唯不能……隨去之而已矣」，宋丁本、宋戊本無。「則夫天下之勢亦隨去之而已矣」，宋甲本無。

〔六〕「之」，宋丁本、宋戊本無。

〔七〕「以」，宋丁本、宋戊本無。

隋論

人之於物，聽其自附，而信其自去，則人重而物輕。人重而物輕，則物之附人也堅。物之所以去人分裂四出而不可禁者，物重而人輕也。古之聖人，其取天下，非其驅而來之也；其守天下，非其劫而留之也。使天下自附，不得已而爲之長。吾不役天下之利，而天下自至。夫是以去就之權在君而不在民，是之謂人重而物輕。且夫吾之於人，已求而得之，則不若使之求我而後從之；己守而固之，則不若使之不忍去我而後與之。故夫智者或可與取天下矣，而不可與守天下，守天下則必有大度者也。何者？非有大度之人，則常恐天下之去我，而以術留天下。以術留天下，而天下始去之矣。

昔者三代之君，享國長遠，後世莫能及，然而亡國之暴，未有如秦隋之速，二世而亡者也。秦隋之亡，其弊果安在哉？自周失其政，諸侯用事，而秦獨得山西之地不過千里，韓魏壓其衡，楚脅其肩，燕趙伺其北，而齊掉其東。秦人被甲持兵，七世而不得解，寸攘尺取，至始皇然後合而爲一。秦見其取天下若此其難也，而以爲不急持之，則後世且復割裂以爲敵國，是以銷名城，殺豪傑，鑄鋒鏑，以絕天下之望。其所以備慮而固守之者，甚密如此。然而海內愁苦無聊，莫有不忍去之意。是以陳勝、項籍因民之不服，長呼起兵，而山澤皆應。由此觀之，豈非其重失天下，而防之太過之弊歟？

今夫隋文之世，其亦見天下之久不定，而重失其定也。蓋自東晉以來，劉聰、石勒、慕容、苻堅、姚興、赫連之徒〔一〕，紛紛而起者不可勝數。至於元氏，并吞滅取，略已盡矣，而南方未服。元氏自分而爲周齊，周并齊，而授之隋，隋文取梁滅陳，而後天下爲一。彼亦見天下之久不定也，是以既得天下之衆〔二〕而恐其失之，享天下之樂而懼其不久。立於萬民之上，而常有猜防不安之心，以爲舉世之人皆有曩者英雄割據之懷。制爲嚴法峻令以杜天下之變，謀臣舊將誅滅略盡，而獨死於楊素之手，以及於大故。終於煬帝之際，天下大亂，途地而莫之救。由此觀之，則夫隋之所以亡者，無以異於秦也。

悲夫！古之聖人修德以來天下，天下之所爲去就者，莫不在我，故其視失天下甚輕。夫惟視失天下甚輕，是故其心舒緩，而其爲政也寬。寬者生於無憂，而慘急者生於無聊耳。昔嘗聞之，周之興，太王避狄於岐，豳之人民，扶老攜幼而歸之岐山之下，累累而不絕，喪失其舊國而卒以大興。及觀秦隋，唯不忍失之，而至於亡。然後知聖人之爲是寬緩不速之行者，乃其所以深取天下者也。

【校】

〔一〕「慕容」下，宋丁本、宋戊本、三蘇祠本有「垂」字。

〔二〕「既」，原作「全」，據宋丁本、宋戊本、三蘇祠本改。

欒城應詔集卷之三

進論五首

唐論

天下之變，常伏於其所偏重而不舉之處，故内重則爲内憂，外重則爲外患。古者聚兵京師，外無彊臣，天下之事皆制於内。當此之時，謂之内重。内重之弊，奸臣内擅而外無所忌，匹夫横行於四海而莫之能禁，其亂不起於左右之大臣，則生於山林小民之英雄。故夫天下之重，不可使專在内也。古者諸侯大國或數百里，兵足以戰，食足以守，而其權足以生殺，然後能使四夷盜賊之患不至於内，天子之大臣有所畏忌，而内患不作。當此之時，謂之外重。外重之弊，諸侯擁兵，而内無以制。由此觀之，則天下之重，固不可使在内，而亦不可使在外也〔一〕。

自周之衰，齊、晉、秦、楚綿地千里，內不勝於其外，以至於滅亡而不救。秦人患其外之已重而至於此也，於是收天下之兵而聚之關中，夷滅其城池，殺戮其豪傑，使天下之命皆制於天子。然至於二世之時，陳勝、吳廣大呼起兵，而郡縣之吏熟視而走，無敢誰何。趙高擅權於內，頤指如意，雖李斯爲相，備五刑而死於道路。其子李由守三川，擁山河之固，而不敢校也。此二患者，皆始於外之不足，而無有以制之也。至於漢興，懲秦孤立之弊，乃大封侯王，而高帝之世，反者九起，其遺孽餘烈，至於文景而爲淮南、濟北、吳、楚之亂。於是武帝分裂諸侯以懲大國之禍，而其後百年之間，王莽遂得以奮其志於天下，而劉氏子孫無復齟齬。魏晉之世，乃益侵削諸侯，四方微弱，不復爲亂，而朝廷之權臣，山林之匹夫，常爲天下之大患。此數君者，其所以制其內外輕重之際，皆有以自取其亂而莫之或知也。

夫天下之重在內，則爲內憂，在外則爲外患。而秦漢之間，不求其勢之本末，而更相懲戒，以就一偏之利，故其禍循環無窮而不可解也。且夫天子之於天下，非如婦人孺子之愛其所有也。得天下而謹守之，不忍以分於人，此匹夫之所謂智也，而不知其無成者，未始不自不分始。故夫聖人將有所大定於天下，非外之有權臣則不足以鎮之也〔二〕。而後世之君乃欲去其爪牙，剪其股肱，而責其成功，亦已過矣。愚嘗以爲天下之勢〔三〕，內無重，則無以威外之彊臣，外無重，則無以服內之大臣而絕姦民之心。此二者，其勢相持而後成，而不可一輕者也。

昔唐太宗既平天下，分四方之地，盡以沿邊爲節度府，而范陽、朔方之軍，皆帶甲十萬。上足以制夷狄之難，下足以備匹夫之亂，內足以禁大臣之變，而其將帥之臣〔四〕，常不至於叛者，內有重兵之勢以預制之也。正觀之際，天下之兵八百餘府，而在關中者五百，舉天下之衆而後能當關中之半，然朝廷之臣亦不至於乘隙間釁以邀大利者〔五〕，外有節度之權以破其心也。故外之節度，有周之諸侯外重之勢，而易置從命，得以擇其賢不肖之才，是以人君無征伐之勞，而天下無世臣暴虐之患。內之府兵，有秦之關中內重之勢，而左右謹飭，莫敢爲不義之行，是以上無逼奪之危，而下無誅絶之禍。蓋周之諸侯，內無府兵之威，故陷於逆亂而不能以自止；秦之關中，外無節度之援，故脅於大臣而不能以自立。有周秦之利，而無周秦之害，形格勢禁，內之不敢爲變，而外之不敢爲亂，未有如唐制之得者也。

而天下之士，不究利害之本末，猥以成敗之遺蹤，而論計之得失；徒見開元之後，彊兵悍將皆爲天下之大患〔六〕，而遂以太宗之制爲猖狂不審之計。夫論天下，論其勝敗之形，以定其法制之得失，則不若窮其所由勝敗之處。蓋天寶之際，府兵四出，萃於范陽；而德宗之世，禁兵皆戍趙魏。是以祿山、朱泚得至於京師，而莫之能禁，一亂塗地。終於昭宗，而天下卒無寧歲。內之彊臣，雖有輔國、元振、守澄、士良之徒，而卒不能制唐之命。誅王涯，殺賈餗，自以爲威振四方，然劉從諫爲之一言，而震慴自斂，不敢復肆。其後崔昌遐倚朱温之兵以誅宦官，去天下之監軍，而無一人敢與抗者。由此觀之，唐之衰，其弊在於外重，而外重之弊，起於府兵之在外，非所謂制之失，而後世之不用也。

【校】

〔一〕「固不可使在内，而亦不可使在外也」，原作「固不可使在外，而亦不可使在内也」。據宋甲本、宋丁本、三蘇祠本改。

〔二〕「則」，原無，據宋甲本、宋丁本、三蘇祠本補。

〔三〕「愚嘗以爲」，宋丁本、宋戊本、三蘇祠本作「夫」。

〔四〕「帥」，原作「率」，據宋丁本、宋戊本、三蘇祠本改。

〔五〕「隙」，原無，據宋甲本、宋丁本、宋戊本補。

〔六〕「悍」，原作「之」，據宋丁本、宋戊本、三蘇祠本改。

五代論

昔者商周之興，始於禼稷，而至於湯武，凡數百年之間而後得志於天下。其成功甚難，而享天下之利至緩也。然桀紂既滅，收天下，朝諸侯，自處於天子之尊，而下無不服之志。

誅一匹夫而天下遂定，蓋其用力亦甚易而無勞也。至於秦漢之際，其英雄豪傑之士，逐天下之利唯恐不及，而開天下之釁惟恐其後之也〔一〕，奮臂於大澤，而天下之士雲合響應，轉戰終日而辟地千里，其取天下若此其無難也。然天下已定，君臣之分既明，分裂海內以王諸將，將以傳之無窮，百世而不變，而數歲之間，功臣大國反者如蝟毛而起，是何其取之之易而守之之難也！

若夫五代干戈之際，其事雖不足道，然觀其帝王起於匹夫，鞭笞海內，戰勝攻取，而自梁以來不及百年，天下五禪，遠者不過數十年〔二〕，其智慮曾不足以及其後世，此亦甚可怪也。蓋嘗聞之，梁之亡，其父子兄弟自相屠滅，虐用其民而天下叛；周之亡，適遭聖人之興，而不能以自立。此二者，君子之所不疑於其間也。而後唐之莊宗、明宗，與晉漢之高祖，皆以英武特異之姿，據天下太半之地，及其子孫，材力智勇亦皆有以過人者，然終以敗亂而不可解，此其勢必有以自取之也。蓋唐漢之亂始於功臣，而晉之亂始於戎狄。皆其以易取天下之過也〔三〕。莊宗之亂，晉高祖以兵趨夷門，而後天下定於明宗；後唐之亡，匈奴破張達之兵，而後天下定於晉；匈奴之禍，周高祖發南征之議，而後天下定於漢。故唐滅於晉，晉亂於匈奴，而漢亡於周。蓋功臣負其創業之勳，而匈奴恃其驅除之勞，以要天子。聽之則不可以久安，而誅之則足以召天下之亂，動一功臣天下遂並起而軋之矣。故唐奪晉高祖之權而亡，晉絶匈奴之和親而滅，漢誅楊邠、史肇而周人不服〔四〕，以及於禍。彼其初無功臣、無匈奴則不興，而功臣、匈奴卒起而滅之。

故古之聖人有可以取天下之資而不用，有可以乘天下之勢而不顧，撫循其民以待天下之自至，此非以爲苟仁而已矣，誠以爲天下之不可以易取也。欲求天下而求之於易，故凡事之可以就天下者，無所不爲也。無所不爲而就天下，天下既安而不之改，則非長久之計也。改之而不顧，此必有以忤天下之心者矣。昔者晉獻公既沒，公子重耳在翟，里克殺奚齊、卓子而召重耳；重耳不敢入，秦伯使公子縶往弔，且告以晉國之亂，將有所立於公子。重耳再拜而辭〔五〕，亦不敢當也。至於夷吾，聞召而起，以汾陽之田百萬命里克，以負蔡之田七十萬命丕鄭，而奉秦以河外列城五。及其既入而背内外之路，殺里克、丕鄭，而發兵以絶秦，兵敗身虜，不復其國。而後文公徐起而收之，大臣援之於内，而秦楚推之於外，既反而霸於諸侯。唯其不求入而人入之，無賂於内外而其勢可以自入，此所以反國而無後憂也。其後劉季起於豐沛之間，從天下武勇之士，入關以誅暴秦，降子嬰。當此之時，功冠諸侯，其勢遂可以至於帝王，此皆沛公之所自爲而諸將不與也。然至追項籍於固陵，兵敗而諸將不至，乃捐數千里之地以與韓信、彭越，而此兩人卒負其功，背叛而不可制。故夫取天下不可以僥倖於一時之利；僥倖於一時之利，則必將有百歲不已之患，此所謂不及遠也。

【校】

〔一〕「開」，宋甲本、宋丁本、宋戊本作「閧」。

〔二〕「年」，宋甲本、宋丁本、宋戊本作「歲」。

〔三〕「其以」，宋丁本作「以其」。

〔四〕「楊」，原作「陽」，據宋甲本、宋丁本、宋戊本改。

〔五〕「辭」，宋甲本作「辟」，宋戊本作「避」。

周公論

伊尹既立太甲，不明而放諸桐，天下不以爲不義。武王既沒，成王幼，周公攝天子之位，朝諸侯於明堂，而召公不說，管叔、蔡叔咸叛，天下幾至於不救〔一〕。二者其故何也〔二〕？太甲既立矣，而不足以治天下，則夫伊尹猶有以辭於後世也。蓋周公之事，其迹無以異於伊尹，然天下之人舉皆疑而不信，此無足怪也。何者？天下未知夫成王之不明，而周公攝，則是周公未有以服天下之心而彊攝焉，以爲之上也。且夫伊尹之攝，其事則有所不得已而然爾。太甲雖廢，而伊尹未敢有所復立，以召天下之亂，故寧以己攝焉而待夫太甲之悔，是以天下無疑乎其心。今夫周公之際，其勢未至於不得已也。使成王拱手以居天下之上，而周公爲之佐，以成王之名號於天下，而輔之以周公，此所謂其勢之未至於不得已者矣。而周公不居，則夫天下之謗，周公之所自取也〔二〕。

然愚以爲不然，挾天子以令天下，此諸葛孔明之事耳，而周公豈不足以知之？蓋夫人臣惟無執天子之權，人臣而執天子之權，則必有忠於其心而後可以自免於難。何者？人臣而用天子之事，此天子之所忌也。以一人之身，上爲天子之所忌，而下爲左右之大臣從而媒孽其短，此古之忠臣所以盡心而不免於禍，而世之奸雄之士所以動其無君之心而不顧者也。使成王用事於天下，而周公制其予奪之柄，則愚恐成王有所不平於其心，而管蔡之徒乘其隙而間之以至於亂也。使成王有天子之虛名，而不得制天下之政，則愚恐周公有所不忍於其志〔三〕，赧然其有不安之心也。是以寧取而攝之，使成王無與乎其間，以破天下讒慝之謀，而絕其爭權之心，是以其後雖有管蔡之變，而天下不搖。使其當時立於羣臣之間，方其危疑擾攘而未決也，則愚恐周公之禍，非居東之所能免，而管蔡得志於天下，成王將遂不立也，嗚呼，其思之遠哉！

【校】

〔一〕「不救」，宋甲本作「不可救」。

〔二〕「其」上，原有「此」字，據宋丁本刪。又，宋甲本有「此」字，無「二」字。

〔三〕「周公」之上，宋丁本有「是」字。

〔四〕「志」，宋丁本作「中」。

老聃論上

善與人言者，因其人之言而爲之晉，則天下之爲辯者服矣。與其里人言，而曰吾父以爲不然，則誰肯信以爲爾父之是是？故不若與之論其曲直，雖楚人可以與秦人言之而無害。故夫天下之所爲多言以排夫異端而終以不明者，唯不務其是非利害，而以父屈人也。

夫聖人之所爲尊於天下，爲其知夫理之所在也。而周公、仲尼之所爲信於天下〔一〕，以其弟子而知之也。故非其弟子，則天下有不知周公之爲周公、而仲尼之爲仲尼者矣。是故老聃、莊周其爲說，不可以周孔辯也。何者？彼且以爲周孔之不足信也。夫聖人之於言〔二〕，譬如規矩之於方圓爾。天下之人信規矩之於方圓，而以規矩辨天下之不方不圓〔三〕，則不若求其至方極圓，以陰合於規矩。使規而有不圓，矩而有不方〔四〕，則亦無害於吾說。若此，則其勢易以折天下之異論。

昔者天下之士，其論老聃、莊周與夫佛之道者，皆未嘗得其要也。老聃之説曰：去仁義，絕禮樂，而後天下安；而吾之説曰：仁義禮樂，天下之所待以治安者〔五〕。佛之説曰：棄父絕子，不爲夫婦，放雞豚，食菜茹，而後萬物遂；而吾之説曰：父子、夫婦、食雞豚，以遂萬物之性。夫彼且以其説，而吾亦以吾説；彼之不吾信，如吾之不彼信也。蓋天下之不從，莫急於未信而彊劫之。故夫仁以安人，而行之以義，節之以禮，而播之以樂，守之以君臣，而維之以父子兄弟，食肉而飲酒，此明於孔子者之所知也。而欲以諭其所不知之人，而曰孔子則然。嗟夫，難哉！愚則不然，曰：天下之道，唯其辯之而無窮；攻之而無間；辯之而有窮，攻之而有間，則是不足以爲道。果孔子而有窮也，亦將舍而他之；惟其無窮，是以知其爲道而無疑。蓋天下有能平其心而觀焉，而不牽夫仲尼、老聃之名，而後可與語此也。

【校】

〔一〕「之所」，宋丁本作「所以」。

〔二〕「言」，宋甲本、宋丁本作「事」。

〔三〕「辨」，原作「辯」，據宋丁本改。

〔四〕兩「有」字，宋丁本無。

〔五〕「所待以治安者」，宋丁本作「所恃以治者」。

老聃論下

天下之道，惟其辯之而無窮，攻之而無間；辯之而有窮，攻之而有間，則是不足以爲道。昔者六國之際，處士横議，以熒惑天下。楊氏爲我，而墨氏兼愛。凡天下之有以君臣父子之親而不相顧者，舉皆歸於楊氏〔一〕；而道路之人皆可以爲父子兄弟者〔二〕，舉皆歸於墨氏〔三〕也。夫天下之人，不可以絶其相屬之親〔四〕，而合其無故之歡，此其勢然矣。故老聃、莊周知夫天下之不從也，而起而承之，以爲兼愛、爲我之不足以收天下，是以不爲爲我，不爲兼愛，而處乎兼愛、爲我之際〔五〕。此其意以爲不兼愛，則天下譏其無親；不爲我，則天下譏其爲人。故兩無所適處，而泛泛焉浮游其間，而曰我皆無所與〔六〕，以爲是足以自免而逃天下之是非矣。

夫天下之人，惟是其所是，而非其所非，是以其説可得而考其終。今夫老莊無所是非，而其終歸於無有，此其思之亦已詳矣。楊氏之爲我，墨氏之兼愛，此其爲道莫不有所執也。故爲我者，爲兼愛之所詆；而兼愛者，爲爲我之所毁，是二者其地皆不可居也。然而得其間而固守之，則可以杜天下之異端而絶其口。蓋古之聖人惟其得而居之，是以天下大服，而其道遂傳於後世。今老聃、莊周不得由其大道，而見其隙，竊入於其間而執其機，是以其論縱橫堅固而不可破也。

且夫天下之事，安可以一説治也？彼二子者，欲一之以兼愛，斷之以爲我，故其説有時焉而遂窮。夫惟聖人能處於其間，而制其當。然兼愛、爲我亦莫棄也，而能用之以無失乎道，處天下之紛紜而不失其當。故曰：伯夷、叔齊「不降其志，不辱其身」；而「柳下惠、少連降志而辱身，言中倫，行中慮」；「虞仲、夷逸，隱居放言，身中淸，廢中權。我則異於是，無可無不可」。夫「無可無不可」，此老聃、莊周之所以爲辯也，而仲尼亦云，則夫老聃、莊周其思之不可以爲不深矣。蓋嘗聞之，聖人之道處於可不可之際，而遂從而實之，是以其説萬變而不可窮。老聃、莊周從而虛之，是以其説汗漫而不可詰。今將以求夫仲尼、老聃之是非者，惟能知虛實之可用與否而已矣。蓋天下固有物也，有物而物相遭〔七〕，則固亦有事矣。是故聖人從其有而制其御有之道，以治其有實之事，則天下夫亦何事之不可爲，而區區焉求其有以納之於無〔八〕，則其用力不已甚勞矣哉！

夫老聃、莊周則亦嘗自知其窮矣。夫其窮者何也？不若從其有而有之之爲易也。故曰「常無欲以觀其妙」，而又曰「常有欲以觀其徼」；既曰「無之以爲用」，而又曰「有之以爲利」。而至於佛者，則亦曰「斷滅」，而又曰「無斷無滅」。夫既曰「無」矣，而又恐「無」之反以爲窮；既曰「斷滅」矣，而又恐「斷滅」之適以爲累。則夫其情可以見矣。仲尼有言曰：「君子之中庸也，君子而時中；小人之中庸也，小人而無忌憚也。」夫老聃、莊周其亦近於中庸而無忌憚者哉！

【校】

〔一〕「氏」，原作「子」，據宋丁本改。

〔二〕「父子兄弟」，原作「父兄子弟」，據宋甲本改。

〔三〕「氏」，原作「子」，據宋丁本改。

〔四〕「相」，宋丁本作「天」。

〔五〕「之際」，宋丁本作「之外」。

〔六〕「曰」，原無，據宋丁本補。

〔七〕此句宋丁本作「有物而相遭」。

〔八〕「求」，原作「平」，據宋甲本、宋丁本改。

欒城應詔集卷之四

進論五首

禮論

昔者商周之際，何其爲禮之易也！其在宗廟朝廷之中，籩豆、簠簋、牛羊、酒醴之薦交於堂上，而天子、諸侯、大夫、卿士周旋揖讓，獻酬百拜，樂作於下而禮行於上，雍容和穆終日而不亂。夫古之人何其知禮而行之不勞也！當此之時，天下之人惟其習慣而無疑，衣服、器皿、冠冕、佩玉皆其所常用也。是以其人入於其間，耳目聰明而手足無所忤；其身安於禮之曲折，而其心不亂，以能深思禮樂之意。故其廉恥退讓之心盎然見於其面，而坌然發於其躬，夫是以能使天下觀其行事，而忘其暴戾鄙野之氣。

至於後世，風俗變易，更數千年以至於今，天下之事已大異矣。然天下之人，尚皆記錄三代禮樂之名，詳其節目，而習其俯仰；冠古之冠，服古之服，而御古之器皿；傴僂拳曲，勞苦於宗廟朝廷之中，區區而莫得其紀，交錯紛亂而不中節。此無足怪也，其所用者非其素所習也，而彊使焉。甚矣夫後世之好古也！

昔者上古之世，蓋常有巢居穴處、汙樽壞飲、燔黍捭豚、蕢桴土鼓，而以爲是足以養生送死而無以加之者矣。及其後世，聖人以爲不足大利於天下，是故易之以宮室，新之以籩豆鼎俎之器，以濟天下之所不足，而盡去太古之法。惟其祭祀以交於鬼神，乃始薦其血毛，豚解而腥之，體解而爛之，以爲是不忘本，而非以爲後世之禮不足用也。是以退而體其犬豕牛羊，實其簠簋、籩豆、鉶羹，以極今世之美，未聞其牽於上古之說，選懦而不決也。且方今之人，佩玉服韍，冕而垂旒，拱手而不知所爲，而天下之人亦且見而笑之，是何所復望於其有以感發天下之心哉！

且又有所大不安者，宗廟之祭，聖人所以追求先祖之神靈，庶幾得而享之，以安卹孝子之志者也。是以思其平生起居飲食之際，而設其器用，薦其酒食，皆從其生，以冀其來而安之。而後世宗廟之祭，皆用三代之器，則是先祖終莫得而安也。蓋三代之時，席地而食，是以其器用各因其所便而爲之高下大小之制。今世之禮，坐於牀而食於牀上，是以其器不得不有所變。雖正使三代之聖人生於今而用之，亦將以爲便安。故夫三代之視上古，猶今之視三代也，三代之器不可復用矣，而其制禮之意尙可依倣以爲法也。宗廟之祭，薦之以血毛，重之以體薦，有以存古之遺風矣。而其餘者，可以易三代之器，而用今世之所便，以從鬼神之所安。惟其春秋、社稷、釋奠、釋菜，凡所以享古之鬼神者，則皆從其器。蓋周人之祭蜡與田祖也，吹葦籥，擊土鼓，此亦各從其所安焉耳。

嗟夫，天下之禮，宏闊而難言，自非聖人而何以處此？惟其推之而不明，講之而不詳，則遂以爲不可。蓋其近於正而易行，庶幾天下之安而從之，是固不可易也。

易論

易者，卜筮之書也。挾策布卦，以分陰陽而明吉凶，此日者之事，而非聖人之道。聖人之道，存乎其爻之辭，而不在其數，數非聖人之所盡心也。然易始於八卦，而至於六十四，此其爲書，未離乎用數也。而世之人皆恥言易之數，或者言而不得其要，紛紜迂闊而不可解，此高論之士所以恥而不言歟？夫易本於卜筮，而聖人闕言於其間，以盡天下之人情。使其爲數紛亂而不可考〔二〕，則聖人豈肯以其有用之言而託之無用之數哉？

今夫易之所謂九六者，老陰、老陽之數也。九爲老陽，而七爲少陽；六爲老陰，而八爲少陰；此四數者，天下莫知其所爲如此者也。或者以爲陽之數極於九，而其次極於七，故七爲少，而九爲老。至於老陰，苟以爲以極者而言也，則老陰當十，而少陰當八。今少陰八，而老陰反當其下之六，則又爲之説曰：「陰不可以有加於陽，故抑而處之於下。」使陰果不可以有加於陽也，而曷不曰老陰八、而少陰六？且夫陰陽之數，此天地之所爲也，而聖人豈得與於其間而制其予奪哉？此其尤不可者也。

夫陰陽之有老少，此未嘗見於他書也，而見於易。易之所以或爲老，或爲少者，爲夫揲蓍之故也。故夫説者宜於其揲蓍焉而求之。揲蓍之法曰：掛一歸奇，三揲之餘，而以四數之。得九而以爲老陽，得八而以爲少陰，得七而以爲少陽，得六而以爲老陰。然而陰陽之所以爲老少者，不在乎七、八、九、六也，七、八、九、六徒以爲識焉耳。老者陰陽之純也，少者陰陽之雜而不純者也。陽數皆奇而陰數皆偶，故乾以一爲之爻，而坤以二。天下之物以少爲主，故乾之子皆二陰，而坤之女皆二陽。老陰、老陽者乾坤是也，少陰、少陽者乾坤之子是也。揲蓍者其一揲也，少者五而多者九，其二、其三，少者四而多者八。多少者奇偶之象也，一爻而三揲，譬如一卦而三爻也。陰陽之老少，於卦見之於爻，而於爻見之於揲。使其果有取於七、八、九、六，則夫此三揲者，區區焉分其少多而各爲之處，果何以爲也？今夫三揲而皆少，此無以異於乾之三爻而皆奇也；三揲而皆多，此無以異於坤之三爻而皆偶也。三揲而少者一，此無以異於震、坎、艮之一奇而二偶也；三揲而多者一，此無以異於巽、離、兌之一偶而二奇也。若夫七、八、九、六，此乃取以爲識，而非其義之所在，不可彊以爲說也。

【校】

〔一〕「而」，原作「百」，據宋甲本、叢刊本改。

書論

愚讀史記商君列傳，觀其改法定令，變更秦國之風俗，誅秦民之議令者以數千人，黥太子之師，劓太子之傅，而後法令大行，蓋未嘗不壯其勇而有決也。曰：嗟夫，世俗之不可與慮始，而可與樂終。使天下之人各陳其所知，而守其所學，以議天子之事，則事將有格而不得成者。

然及觀三代之書，至其將有以矯拂世俗之際，則其所以告諭天下者，常丁寧激切亹亹而不倦，務使天下盡知其君之心，而又從而折其不服之意，使天下皆信以爲如此，而後從事。其言回曲宛轉，譬如平人自相議論而詰其是非者。愚始讀而疑之，以爲近於濡滯迂遠而無決。然其使天下樂從，而無黽勉不得已之意；其事既發，而無紛紜異同之論。此則王者之意也。故常以爲當堯舜之時，其君臣相得之心，歡樂而無間，相與吁俞、嗟歎、唯諾於朝廷之中，不啻若朋友之親，雖其有所相是非論辯，以求曲直之當，亦無足怪者。及至湯武征伐之際，周旋反覆，自述其用兵之意，以明曉天下，此又其勢然也。惟其天下既安，君民之勢闊遠而不同，天子有所欲爲，而其匹夫匹婦私有異論於天下，以齟齬其上之畫策，令之而莫肯聽。當此之時，刑驅而勢脅之〔一〕，天下夫誰敢不聽從？而其上之人，優游而徐譬之，使之信之而後從。此非王者之心，誰能處而待之而不倦歟？蓋盤庚之遷，天下皆咨嗟而不悅。盤庚爲之稱其先王盛德明聖，而猶五遷，以至於今，今不承於古，恐天之斷棄汝命，不救汝死。既又恐其不從也，則又曰：「汝罔暨余同心，我先後將降汝罪疾，乃祖先父亦將告我高后曰：『作大戮於朕孫。』」蓋其所以開其不悟之心，而諭之以其所以當然者，如此其詳也。

若夫商君則不然，以爲要使汝獲其利，而何卹乎吾之所爲，故無所求於衆人之論，而亦無以告諭於天下，然其事亦終於有成。是以後世之論，以爲三代之治柔懦而不決，然此乃王霸之所以爲異者也。夫三代之君，惟不忍鄙其民而欺之，故天下有故，而其議及於百姓，以觀其意之所向。及其不可聽，則又反覆而諭之，以窮極其說而服其不然之心，是以其民親而愛之。嗚呼，此王霸之所爲不同也哉！

【校】

〔二〕「刑」，原作「形」，據宋甲本、三蘇祠本改。

詩論

自仲尼之亡，六經之道遂散而不可解，蓋其患在於責其義之太深，而求其法之太切。夫六經之道，惟其近於人情，是以久傳而不廢。而世之迂學，乃皆曲爲之說，雖其義之不至於此者，必彊牽合以爲如此，故其論委曲而莫通也。

夫聖人之爲經，惟其於禮、春秋，然後無一言之虚而莫不可考，然猶未嘗不近於人情。至於書，出於一時言語之間，而易之文，爲卜筮而作，故時亦有所不可前定之說。此其於法度已不如禮、春秋之嚴矣。而況乎詩者，天下之人，匹夫匹婦，羈臣賤隸，悲憂愉佚之所爲作也。夫天下之人，自傷其貧賤困苦之憂，而自述其豐美盛大之樂，其言上及於君臣父子、天下興亡治亂之迹，而下及於飲食牀笫、昆蟲草木之類，蓋其中無所不具，而尚何以繩墨法度，區區而求諸其間哉？此亦足以見其志之不通矣！夫聖人之於詩，以爲其終要入於仁義，而不責其一言之無當，是以其意可觀，而其言可通也。

今詩之傳曰：「殷其靁，在南山之陽」，「出自北門，憂心殷殷」，「揚之水，白石鑿鑿」，「終朝采綠，不盈一匊」，「瞻彼洛矣，維水泱泱」，若此者皆興也。而至於「關關雎鳩，在河之洲」，「南有樛木，葛藟纍之」，「南有喬木，不可休息」，「維鵲有巢，惟鳩居之」，「喓喓草蟲，趯趯阜螽」，若此者又皆興也。其意以爲興者，有所取象乎天下之物，以自見其事。故凡詩之爲此事而作，而其言有及於是物者，則必彊爲是物之說，以求合其事，蓋其爲學亦以勞矣！且彼不知夫詩之體固有比也，而皆合之以爲興。夫興之爲體，猶曰其意云爾，意有所觸乎當時，時已去而不可知，故其類可以意推，而不可以言解也。殷其靁曰：「殷其靁，在南山之陽」，此非有所取乎靁也，蓋必其當時之所見而有動乎其意，故後之人不可以求得其說，此其所以爲興也。若夫「關關雎鳩，在河之洲」，是誠有取於其摯而有別，是以謂之比，而非興也。

嗟夫，天下之人欲觀於詩，其必先知夫興之不可以與比同，而無彊爲之說，以求合其作時之事〔二〕，則夫詩之義庶幾乎可以意曉而無勞矣。

【校】

〔二〕「作」，宋甲本作「當」。

春秋論

事有以拂乎吾心，則吾言忿然而不平；有以順適乎吾意，則吾言優柔而不怒。天下之人，其喜怒哀樂之情，可以一言而知也。喜之言豈可以爲怒之言邪？此天下之人皆能辨之，而至於聖人，其言丁寧反覆布於方册者甚多，而其喜怒好惡之所在者，又甚明而易知也。然天下之人，常患求而莫得其意之所主，此其故何也？天下之人，以爲聖人之文章，非復天下之言也，而求之太過。求之太過，是以聖人之言，更爲深遠而不可曉。且夫天下何不以己推之也，將以喜夫其人，而加之以怒之之言，則天下且以爲病狂，而聖人豈有以異乎人哉？不知其好惡之情，而不求其言之喜怒，是所謂大惑也。

昔者仲尼刪詩於衰周之末，上自商周之盛王，至於幽厲失道之際，而下訖於陳靈。自詩人以來，至於仲尼之世，蓋已數百餘年矣。愚嘗怪大雅、小雅之詩，當幽厲之時，而稱道文、武、成、康之盛德，及其終篇，又不見幽厲之暴虐，此誰知其爲幽厲之詩、而非文、武、成、康之詩者？蓋察於辭氣，有幽憂不樂之意，是以系之幽厲而無疑也。

若夫春秋二百四十二年之間，天下之是非雜然而觸乎其心，見惡而怒，見善而喜，則夫是非之際，又可以求諸其言之喜怒之間矣。今夫人之於事，有喜而言之者，有怒而言之者，有怨而言之者。喜而言之，則其言和而無傷；怒而言之，則其言厲而不温；怨而言之，則其言深而不洩〔一〕。此其大凡也。春秋之於仲孫湫之來曰：「齊仲孫來」。於季友之歸曰：「季子來歸。」此所謂喜之之言也。於魯鄭之易田曰：「鄭伯以璧假許田。」於晉文之召王曰：

「天王狩於河陽。」此所謂怒之之言也。於叔牙之殺曰：「公子牙卒。」於慶父之奔曰：「公子慶父如齊」。此所謂怨之之言也。夫喜之而和，怒之而厲，怨之而深，此三者無以加矣。至於公羊、穀梁之傳則不然，日月土地皆所以爲訓也。夫日月之不知，土地之不詳，何足以爲喜而何足以爲怒？此喜怒之所不在也。春秋書曰：「戎伐凡伯於楚丘。」而以爲衞伐凡伯。春秋書曰：「齊仲孫來。」而以爲吾仲孫。怒而至於變人之國。此又喜怒之所不及也。愚故曰：春秋者，亦人之言而已，而人之言亦觀其辭氣之所嚮而已矣。

【校】

〔一〕「洩」，原作「誠」，據宋甲本改。

欒城應詔集卷之五

進論五首

燕趙論

昔者三代之法，使天下立學校，而教民行鄉射飲酒之禮。於歲之終，田事既畢，而會其鄉黨之耆老，設其籩豆酒食之薦，而天子之大夫親爲之行禮。蓋以爲田野之民，裸裎其股肱，而勞苦其筋力，長幼雜作，以趨一時之利；習於鄙野之俗，而不知孝悌之節，頑冒無恥〔一〕，不可告語，而易與爲亂。是以因其休息而教之以禮，使之有所不忘於其心。故三代之民，雖耕田荷任之賤，其所有爲者甚鄙，而其中必有所守；其心甚朴，而亦不至於無知以犯非義。何者？其上之人不以爲鄙而不足教，而其民亦喜於爲善也。

至於後世之衰，天下之民，愚者不知君臣父子之義〔二〕，而天下之風俗日已敗亂。今夫輕揚而剽悍，好利而多變者，吳楚之俗也；勁勇而沈靖，椎鈍而少文者，燕趙之俗也。以輕揚剽悍之人，而有好利多變之心，無三代王者之化，宜其起而爲亂矣！若夫北方燕趙之國，其勁勇沈靖者，可以義動；而其椎魯少文者〔三〕，可以信結也。然而燕趙之間，其民常至於自負其勇以爲盜賊，無以異於吳楚者，何也？其勁勇近於好亂，而其椎鈍近於無知〔四〕。上失其道，而燕趙之良民不復見於當世，而其暴戾之夫每每亂天子之治。仲尼曰：「君子好勇而無義則爲亂，小人好勇而無義則爲盜。」故古之聖人止亂以義，止盜以義，使天下之人皆知父子君臣之義，而誰與爲亂哉？

昔者唐室之衰，燕趙之人八十年之間百戰以奉賊臣，竭力致死不顧敗亡以抗天子之兵〔五〕，而以爲忠臣義士之所當然。當此之時，燕趙之士唯無義也，故舉其忠誠專一之心，而用之天下之至逆，以拒天下之至順，而不知其非也。孟子曰：「無常產而有常心者，唯士爲能；若民則無常產〔六〕，因無常心。苟無常心，放僻邪侈，無不爲已。」故夫燕趙之地，常苦夫士大夫之寡也。

【校】

〔一〕「冒」，宋丁本、宋戊本作「冐」。

〔二〕「義」，原作「美」，據宋丁本、宋戊本改。

〔三〕「其」，宋丁本、宋戊本無。

〔四〕「椎鈍」，宋丁本、宋戊本作「椎魯」。

〔五〕「天子」，宋丁本、宋戊本、三蘇祠本作「天下」。

〔六〕此句原作「若夫民無常産」，據宋丁本、孟子梁惠王上改。

蜀論

匹夫匹婦，天下之所易也；武夫任俠，天下之所畏也。天下之人，知夫至剛之不可屈，而不知夫至柔之不可犯也。是以天下之亂，常至於漸深而莫之能止。蓋其所畏者愈驕而不可制，而其所易者不得志而思以爲亂也。

秦晉之勇，蜀漢之怯，怯者重犯禁，而勇者輕爲姦，天下之所知也。當戰國之時，秦晉之兵彎弓而帶劍，馳騁上下，咄嗟叱咤，蜀漢之士所不能當也。然而天下既安，秦晉之間，豪民殺人以報讎，椎埋發冢以快其意，而終不敢爲大變也。蜀人畏吏奉法，俯首聽命，而其匹夫小人，意有所不適，輒起而從亂〔一〕。此其故何也〔二〕？觀其平居無事，盜入其室，懼傷而不敢校，此非有好亂難制之氣也，然其弊常至於大亂而不可救，則亦優柔不決之俗有以啓之耳。今夫秦晉之民，倜儻而無所顧，負力而傲其吏。吏有不善而不能以有容也，叫號紛呶，奔走告訴，以爭豪釐曲直之際；而其甚者，至有懷刃以賊其長吏，以極其忿怒之節，如是而已矣。故夫秦晉之俗，有一朝不測之怒，而無終身感感不報之怨也。若夫蜀人，辱之而不能競，犯之而不能報，循循而無言，忍詬而不驟發也。至於其心有所不可復忍，然後聚而爲羣盜，散而爲大亂，以發其憤懣不洩之氣。雖有秦晉之勇，而其爲亂也，志近而禍淺；蜀人之怯，而其爲變也，怨深而禍大。此其勇怯之勢必至於此，而無足怪也。

是以天下之民，惟無怨於其心，怨而得償以快其怒，則其爲毒也猶可以少解；惟其鬱鬱而無所洩，則其爲志也遠，而其毒深，故必有大亂以發其怒而後息。古者君子之治天下，彊者有所不憚，而弱者有所不侮，蓋爲是也。書曰：「無虐惸獨，而畏高明。」詩曰：「不侮鰥寡，不畏彊禦。」此言天下之匹夫匹婦，其力不足以與敵，而其智不足以與辯，勝之不足以爲武，而徒使之怨以爲亂故也。嗟夫，安得斯人者而與之論天下哉！

【校】

〔一〕「從亂」，宋丁本、宋戊本作「爲亂」。

〔二〕「此」，宋丁本、宋戊本無。

北狄論

北狄之人〔二〕，其性譬如禽獸，便於射獵，而習於馳騁。生於斥鹵之地，長於霜雪之野，飲水食肉，風雨飢渴之所不能困，上下山坂，筋力百倍，輕死而樂戰，故常以勇勝中國。然至於其所以擁護親戚、休養生息、畜牛馬、長子孫、安居佚樂、而欲保其首領者，蓋無以異於華人也。而中國之士，常憚其勇，畏避而不敢犯；氈裘之民，亦以此恐愒中國而奪之利〔三〕。此當今之所謂大患也。

昔者漢武之世，匈奴絕和親，攻當路塞，天下震恐。其後二十年之間，漢兵深入，不憚死亡，捐命絕幕之北，以決勝負；而匈奴孕重墮壞，人畜疲弊，不敢言戰。何者？勇士壯馬，非中國之所無有；而窮追遠逐，雖匈奴之衆亦終有所不安也。故夫敵國之盛，非隣國之所深憂也，要在養兵休士〔三〕，而集其勇氣，使之不懾而已。

方今天下之勢，中國之民，優游緩帶，不識兵革之勞，驕奢怠墮，勇氣消耗；而戎狄之賂，又以百萬爲計，轉輸天下，甘言厚禮，以滿其不足之意。使天下之士，耳熟所聞，目習所見，以爲生民之命，寄於其手，故俯首柔服，莫敢抗拒。凡中國勇健豪壯之氣，索然無復存者矣！夫戰勝之民，勇氣百倍；敗兵之卒，沒世不復。蓋所以戰者，氣也；所以不戰者，氣之畜也；戰而後守者，氣之餘也。古之不戰者，養其氣而不傷，今之士不戰而氣已盡矣，此天下之所大憂者也〔四〕。

昔者六國之際，秦人出兵於山東，小戰則殺將，大戰則割地，兵之所至，天下震慄。然諸侯猶帥其罷散之兵，合從以擊秦，砥礪戰士，激發其氣。長平之敗，趙卒死者四十萬人。廉頗收合餘燼，北摧栗腹，西抗秦兵，振刷磨淬，不自屈服。故其民觀其上之所爲，日進而不挫，皆自奮怒以爭死敵。其後秦人圍趙邯鄲，梁王使將軍新垣衍如趙，欲遂帝秦。而魯仲連慷慨發憤，深以爲不可。蓋夫天下之士，所爲奮不顧身以抗彊虎狼之秦者，爲非其君也，而使諸侯從而帝之，天下尙誰能出身以拒其君哉〔五〕？故魯仲連非徒惜夫帝秦之虛名，而惜夫天下之勢有所不可也。

今尊奉夷狄無知之人，交歡納幣以爲兄弟之國，奉之如驕子，不敢一觸其意，此適足以壞天下義士之氣，而長夷狄豪橫之勢耳〔六〕。今誠養威而自重〔七〕，卓然特立，不聽夷狄之妄求，以爲民望，而全吾中國之氣，如此數十年之間，天下摧折之志復壯，而北敵之勇，非吾之所當畏也。

【校】

〔一〕「人」，宋甲本、宋丁本、宋戊本作「民」。

〔二〕「惕」，宋甲本、宋丁本、宋戊本作「喝」。

〔三〕「養兵休士」，三蘇祠本作「養兵結士」，宋丁本、宋戊本作「休兵養士」。

〔四〕「者」，宋丁本、宋戊本無。
〔五〕宋戊本作「以拒非其君哉」。
〔六〕「長」，原作「畏」，據宋甲本、宋丁本、宋戊本改。
〔七〕「今誠」，宋丁本作「愚以爲」。「威」，宋丁本、宋戊本作「兵」。

西戎論

戎狄之俗，畏服大種，而輕中國。戎強則臣狄，狄強則臣戎；戎狄皆弱，而後中國可得而臣；戎狄皆強，而後侵略之患不至於中國；蓋一強而一弱，中國之患也。彼其弱者不敢獨戰，是以爭附強國之餘威，以趨利於中國，而後無所懼。強者并將弱國之兵，蕩然南下而無復反顧之憂，然後乃敢專力於中國而不去。此二者，以勢相從而不可間，是以中國之士常不得解甲而息也。

昔者冒頓、老上之盛，惟西戎之無強國也，故匈奴之人得以盡力而苦吾中國。使西戎有武力戰勝之君，則中國之禍將有所分而不專。何者？彼畏西戎之乘其後也。故北狄強，則中國不得不厚西戎之君；而西戎之君，亦將自託於中國。然而西戎非有強力自負之國，則其勢亦將折而入於匈奴；惟其國大而好勇，其君之意欲區區自立於一隅，而不畏北狄之衆，而後中國可得而用也。

然天下之人皆以爲北方有強悍不屈之匈奴，而又重之以西戎之大國，則中國將不勝其困。此何其不思之甚也！夫戎狄之人，惟其愚陋而多怨，是故可與共憂也；惟其強狠而好勝，是故可以激而壯也。使之自相攻擊而不能相下，則其勢必走於中國。中國因而收之，而其不服者乃可圖也。然天下之議又將以爲戎狄之俗，不喜自相攻鬬而喜擊中國之衆，此其勢固不可得而合也。蓋亦以爲不然〔一〕。夫四夷之所以喜攻中國者，爲夫吾兵之不能苦戰，而金玉錦繡之所交會也。今使吾兵精而食足，據險阻，明烽燧，吏士練習而不敢懈，彼雖有壯騎無所施設〔二〕，則其利不在於攻。中國堅坐而相守，不出十年，彼外無所掠虜，將不忍而熱中，將反而求以相詬，以爲起兵之名。彼兵交於匈奴，而怨結於中國，則何以自固？故中國舉而收之，必將得其歡心。然天下之心，常畏其強而莫或收之，而使爲北狄之用，此何其不識戎狄之情也！

【校】

〔一〕「蓋」，宋丁本、宋戊本作「愚」。

〔二〕「有」，原無，據宋丁本、宋戊本補。

西南夷論

古者九夷八蠻，無大君長，紛紛籍籍，不相統制。惟北狄之種，常爲大國，以抗中夏。然蠻夷之俗，種姓分别，千人爲部，百家爲黨，見利則聚，輕合易散，族類不一，其心終莫相愛，故其兵利於疾戰，而不利於持久〔一〕。北狄之人，縣地千里，控弦百萬，侯王君長，通爲一家，人畜富庶，蔓延山谷之間，其心常有所愛重而不忍去，故其兵利於持久，而不利於疾戰。此二者，其大小之勢，各有所便，宜乎中國之所以待之者各有道也。

今夫北狄之人，伏於陰山之下，養兵休士，久居而不戰，此其志豈嘗須臾忘中國也？然其心以爲戰而勝人，猶不若不戰而屈人之兵；戰而不勝，民之死者未可知也。故常大言虚喝而不進，以謀弊中國。蓋其所愛者愈大，故其謀之愈深，而發之愈緩，以求其不失也。若夫西戎、南蠻、西南夷之民，悉其衆庶，尚不能當狄人之半，而其酋豪，每每爲亂，不能自禁，此誠無愛於其心，而僥倖於一戰，以用其烏合之衆而已。故夫蠻夷之人，擾邊求利，其中非有大志者，其類皆可以謀來也。

愚嘗觀於西南徼外，以臨蠻夷之衆，求其所以爲變之始，而遂至於攻城郭、殺人民、縱横放肆而不可救者，其積之莫不有漸也。夫蠻夷之民，寧絶而不與通〔二〕，今邊鄙之上，利其貨財而納之於市，使邊民淩侮欺謾而奪其利，長吏又以爲擾民而不之禁。窮恚無聊，莫可告訴，故其勢必至於解讎結盟，攻剽蹂踐，殘之於鋒鏑之間，而後其志得伸也。嗟夫，爲吏如此，亦見其不知本矣！通關市，戢吏民，待之如中國之人〔三〕，彼尙誰所激怒而爲此哉？

然事不患乎不知，而患乎人之不能用。昔班超處西域數十年，西破龜茲，北伏匈奴，及將東歸，或以爲必有奇謀，乃就問其計。然其言止曰：「察見淵中魚，不祥。屯戍之士，皆非忠臣孝子，不可盡繩以法。」當是時，莫不皆笑，以爲不足用。然及西域之亂，終亦以此。故夫謀非必奇而後可用，而在乎當否而已。古者四夷皆置校尉，而益州有蠻夷騎都尉以治其事。使其強者不能內侵，而弱者不爲中國之所侮，蓋爲是也。

【校】

〔一〕「持」，原作「遲」，據宋丁本改。下一「遲」同。

〔二〕「與通」，原作「之通」，據宋丁本、宋戊本改。

〔三〕「人」，宋丁本、宋戊本作「民」。

欒城應詔集卷之六

進策五道

君術

第一道

臣聞天下之事，非宰相不可盡行，非諫官不可盡言。天下之人，誰能必至於諫官、宰相者？惟其少而學之，長而欲行之，終其身而不當其位，不可以侵官而求盡其意。是故士大夫之間，猶有不能自盡其才於天子者也。今臣幸而生於天下無事之時，每一間歲，天子常詔兩制之大臣，使舉天下之士。上自登朝之吏，而下至於山林之匹夫，咸得竭其所懷，以盡天下之利害。非天子出納耳目之官，而得以言萬民之情僞；非天子黜陟賞罰之臣，而得以論百官之長短；非天子武力將帥之士，而得以議兵革之彊弱；非天子錢穀大農之吏，而得以權財用之多少。蓋天下之人必其爲宰相、諫官而後可以盡行而盡言者，使之一旦得以詳數而悉說之，此有以見天子之意，所以待之者甚重而不輕也。而臣何敢以無說而處於此？

臣常以爲天下之事，雖其甚大而難辦者，天下必有能辦之人。蓋當今之所爲大患者，不過曰四夷彊盛而兵革不振，百姓凋弊而官吏不飭，重賦厚斂而用度不足，嚴法峻刑而姦軌不止。此數四者，所以使天子坐不安席，中夜太息而不寐者也。然臣皆以爲不足憂。何者？天下必有能爲天子出力而爲之者。而臣之所憂在乎天下之所不能如之何者也。

臣聞善治天下者，必明於天下之情，而後得御天下之術。術者，所謂道也。得其道而以智加焉，是故謂之術。古之聖人惟其知天下之情，而以術制之也，萬物皆可得而役其生，皆可得而制其死。牛服於箱，馬服於轅，鷹隼服於韝。牛不可以有所觸，馬不可以有所踶，鷹隼不可以背而高翔〔一〕。此三者，惟其喜怒好惡之情發於外而見於人也〔二〕，是以因其所忌而授之以其術，至於終身制於人而不去。且治天下何異於治馬也？馬之性剛狠而難制，急之則弊而不勝，緩之則惰而不趨〔三〕。王良、造父爲之先後而制其遲速，驅之有方而掣之有時，則終日騤騤而不知止，此術之至也。古之聖人，驅天下之人而盡用之，仁者使効其仁，勇者使効其勇，智者使効其智，力者使効其力。天下之人，雖雜然皆列於前，安得仁人君子而後任之？且雖有天下之善人，與之處而不知其情，御之而不中其病，則雖有好善之心，而不獲好善之利。何者？彼不徒爲吾用也。而況乎天下之英雄，欲收其功而不制其心哉？

昔者秦漢之際，姦宄猛悍之人，所在而爲寇。高祖發於豐沛之間，行而收之。黥布、彭越之倫，皆撫而納諸其中。所以制之者甚備也：玉帛子女、牛羊犬馬，以極其豪侈之心；輕財好施、敦厚長者，以服其趦趄之懷；倨肆傲岸、輕侮凌辱，以折其強狠之氣。其視天下之英雄，不啻若匹夫孺子，然皆得其歡心，而用其死力。至於元成之世，天下久於太平，士大夫生於其間，無復英雄難制之風。天下之士皆書生，好儒，其才氣勇力無足畏者，俯首下氣，求爲之用而不暇。元、成、哀、平亦欲得天下之賢才而用之，然而不知其情，不獲其術。賢人君子避讒畏譏，遠引而去；而小人宦豎縱横放肆，而制其事。此甚可憫也！

夫人之平居，朋友之間，僕妾之際，莫不有術以制其變。蓋非有深遠難見之事也。欲其用命，而見其所害；欲其樂從，而見其所利；欲其喜，而致其所悅；欲其懼，而致其所忌；欲其開心見誠，而示之以無所恐；欲其守死不去，而示之以無所往。此天下之人皆能知之，而至於治天下則不能用。且此過矣。天下以爲天子之尊，無所事術也，而不知天下之事，惟其英雄而後能有大功，而世之英雄，常苦豪横太過而難制。由此觀之，治天下愈不可以無術也！

【校】

〔一〕「背而高翔」，宋丁本、宋戊本作「有所擊」。

〔二〕「惟其」，宋丁本、宋戊本無。二本「外」上有「其」字。

〔三〕「趨」，宋丁本、宋戊本作「進」。

第二道

臣聞將求御天下之術，必先明於天下之情，不先明於天下之情，則與無術何異？夫天下之術，臣固已略言之矣，而又將竊言其情。

今使天子皆得賢人而任之，雖可以無憂乎其爲姦，然猶有情焉而不可以不知。蓋臣聞之，人有好爲名高者，臨財推之以讓其親，見位去之以讓其下；進而天子禮焉則以爲歡，進而不禮焉〔一〕，則雖逼之而不食其祿；力爲廉恥之節，以高天下。若是而天子不知焉，而象之以厚利，則其心赧然有所不平〔二〕。人有好爲厚利者，見祿而就之以優其身，見利而取之以豐其家。良田、大屋，惟其與之，則可以致其才。如是而天子不知焉，而強之以名高，則其心觖然有所不悦於其中。人惟無好自勝也，好自勝而不少柔之，則忿鬩而不和；人惟無所相惡也，有所相惡而不爲少避之，則事其私怒而不求成功。素剛則無折之也，素畏則無強之也。強之則將不勝，而折之則將不振。凡此數者，皆所以求用其才而不傷其心也。然猶非所以制天下之姦雄〔三〕。

蓋臣聞之，天下之姦雄，其爲心也甚深，而其爲迹也甚微。將營其東，而形之於西；將取其右，而擊之於左。古之人有欲得其君之權者，不求之其君也，優游翺翔而聽其君之所欲爲，使之得其所欲而油然自放，以釋天下之權。天下之權既去其君而無所歸，然後徐起而收之，故能取其權，而其君不之知。古之人有爲之者，李林甫是也。夫人之既獲此權也〔四〕，則思專而有之〔五〕，故常恐其下之人從而傾焉〔六〕。夫人惟能自固其身，而後可以謀人；自固之不暇，而欲謀人也實難。故古之權臣常合天下之爭，天下且相與爭而不解，則其勢無暇及我，是故可以久居而不去〔七〕。古之人有爲之者，亦李林甫是也。世之人君苟無好善之心，幸而有好善之心，則天下之小人皆將賣之以爲姦。何者？有好善之名，而不察其善之實，天下之善固有可以謂之惡，而天下之惡固有可以謂之善者。彼知吾之欲爲善也，則或先之以善，而終之以惡；或有指天下之惡，而飾之以善。古之人有爲之者，石顯是也。人之將欲爲此釁也，將欲建此事也，必先得於其君。欲成事而君有所不悅，則事不可以成。故古之姦雄，刼之以其所必不能，其所必不能者，不可爲也，則將反而從吾之所欲爲。古之人有爲之者，驪姬之説獻公，使之説而避禍是也〔八〕。此數者，天下之至情。故聖人見其初而求其終，聞其聲而推其形，蓋惟能察人於無故之中，故天下莫能欺。何者？無故者，必有其故也。

古者，明王在上，天下之小人伏而不見。夫小人者，豈其能無意於天下也？舉而見其情，發而中其病，是以愧恥退縮而不敢進。臣欲天子明知君子之情，以養當世之賢公名卿，而深察小人之病，以絶其自進之漸。此亦天下之至明也。

【校】

〔一〕「進」，原無，據宋甲本、宋丁本、宋戊本、三蘇祠本補。

〔二〕「赧」，原作「赦」，據宋丁本、三蘇祠本改。

〔三〕「制」，宋丁本、宋戊本、三蘇祠本作「馭」。

〔四〕「之」，宋丁本、宋戊本無。

〔五〕「之」下，宋丁本、宋戊本有「專而有之」四字。

〔六〕「故」、「焉」，宋丁本、宋戊本、三蘇祠本作「則」、「之」。

〔七〕「不去」，宋丁本、宋戊本、三蘇祠本作「不可去」。

〔八〕「説」，宋甲本、宋丁本、宋戊本、三蘇祠本作「老」。

第三道

臣聞天子之道，可以理得，而不可以名推；其於天下，不取其形，而獨取其意。其道可以爲善，而亦可以爲不善。何者？其道無常。其道無常者，不善之所從生也。

夫天下之人，惟知不忍殺人之爲仁也，是故不忍殺人以自取不仁之名；惟知果於殺人之爲義也，是故不敢不殺以自取不義之名。是二者，其所以爲仁者有形，而其所以爲義者有狀；其進也有所執其規，而其退也有所蹈其矩。故其爲人也，不失爲天下之善人，而終不至於君子。有所甚而不堪，有所蔽而不見，此其爲人，是自全之人也〔一〕。今夫君子，有所殺人以爲仁，而有所不殺以爲義。義不在於殺人，而仁不在於不殺。其進也無所據依，而其退也無所底厲。故其成也，天下將皆安之；而其不成也，將使天下至於大亂。是以天下惡其難明，而畏其難就。人臣以是戒其君，而人君者亦以自戒。曰：「姑爲無殺人以爲仁，而姑爲果於殺人以爲義。是其仁可以全身，而其義可以無謗於天下，斯足以爲無過也已矣！孟子有言曰：「責難於君，謂之恭；陳善閉邪，謂之有禮；而謂吾君不能者，謂之賊。」且夫爲人臣而詔其君，不曰必爲大人之仁義，而曰姑爲其易者以苟避天下之謗。此非恐其君不能之故歟！

蓋臣聞之，聖人之道惟其不可以名稱而迹求者，其爲道也甚深而難成，而其成也亦不若小道之淺而無功。所御甚廣，而所處甚約；握之甚微，而播之無極。故孔子曰：「吾非多學而識之，吾一以貫之。」夫一者何也？知天下萬物之理，而制其所當處，是謂一矣〔二〕。而能得吾一者甚難，故夫天下之畏之者，亦不足怪也。古之聖人，己能知之，則行之而無疑；己不能知之，則不敢以己之私意而破天下之公義。使己而不好殺人，則安可盡無殺以成仁之形？使己而好殺人，則安可盡殺以成義之狀〔三〕？蓋必有大臣，救其已甚，而補其不足，使義不在於殺人，而仁不在於不殺。

方今天下之治，所不足者，非仁也。吏聞有以入人之罪抵重罰，而未聞有以失人之罪抵深罰者；民聞有以赦除其罪，而未聞有以不義得罪於法之外者。此亦足以見天子之用心矣。古者君臣之間和而不同，上有寬厚之君，則下有守法之臣；上有急切之君，則下有推恩之臣。凡以交濟其所不足，而彌縫其闕。今也君臣之風，上下如一，而無以相濟，是以天下苦於寬緩怠惰，而不能自振。此豈左右之大臣務以順從上意爲悅，而豈亦天子自信，以爲好仁之美而不喜臣下之有所矯拂哉？方今之制，易於行賞，而重於用罰。天下之以獄上者，凡與死比，則皆蹙頞而不悅。此其爲意夫豈不善？然天下之姦人，無以深懲而切戒之者，此無乃爲仁而至於不仁歟！臣愚以爲輔君之善而補其不足，此誠大臣之事。苟天子自信以爲善，欲以一人之私好而破天下之公義，則夫大臣者猶不可爲也。惟知天子之仁義，而無務其迹以成匹夫之節，使大臣得參於其間而救其所短，此不亦近於天子之道歟？

【校】

〔一〕「自全」上，宋丁本、宋戊本多「鄉黨」。

〔二〕「謂」，宋丁本、宋戊本作「爲」。

〔三〕以上四句，宋丁本、宋戊本作：「使己而好殺人，則天下安可盡殺以成義之名；使己而不好殺人，則天下安可盡無殺以成仁之形。」

第四道

臣聞古者君臣之間，相信如父子，相愛如兄弟。朝廷之中，優游悅懌，歡然相得而無間。知無所不言，言無所不盡；開心平意，表裏洞達，終身而不見其隙。當此之時，天下之人出身以事君，委命於上而無所憂懼，安神定氣以觀天下之政，蕩然肆志有所欲爲而上不見忌。其所據者甚堅而無疑，是以士大夫皆敢進而搏天下之大功〔一〕。至於後世，君臣相虞，皆有猜防之憂。君不敢以其誠心致諸其臣，而臣亦不敢直己以行事。二者相與齟齬而不相信，上下相顧，鰓鰓然而不能以自安，而尚何暇及於天下之利害。故天下之事，每每擾敗而無所成就。臣竊傷之，而以爲其蔽在於防禁之太深，而督責之太急。

夫古之聖人，至嚴而有所至寬，至易而有所至險。使天下有所易信，而有所不可測。用之各當其處，而不失節，是以天下畏其嚴而樂其寬。至於後世之君，徒知天下之不可以甚寬也，而用之其君臣之際，使其公卿大臣終日憂懼，不得安意肆志以自盡於其上，而以爲畏威；徒知天下之不可甚嚴也，而用之其法律之事，使其天下之官吏欺其長上，得以苟免取容不畏天子之法，而以爲行惠。蓋其所以用之之術，甚悖而不順者，至於如此。

夫天下之人，上自百官，而下至於庶民，其爲數安可窮盡？而天子者，以其一身寄乎其中。論其衆寡之勢，則天下至衆，而天子至寡；論其智詐巧僞之術，則天下之衆固必有過於天子者。吾欲臨之以天子之威，則彼有畏憚而不敢言；多爲之隄防以御其變詐，則彼之智將有以出於堤防之所不能及。是以古之聖人，推之以至誠，而御之以至威〔二〕；容之以至寬，而待之以至易。以君子長者之心待天下之士，而不防其爲詐。談笑議論，無所不及，以開其歡心。故天下士大夫皆欣然而入於其中，有所愧恥而不忍爲欺詐之行，力行果斷而無憂懼不敢之意。其所任用，雖其兄弟朋友之親，而不顧徇私之名；其所誅戮，雖其讎怨睚眦之人，而不卹報怨之嫌。何者？君臣相信之篤。此所謂至嚴而有所至寬者也。然至大吏縱橫放肆，犯法而無所忌，天下之所指目，律令之所當取，則雖天子有所不可輒釋，使之一入而不可解，而後天下知有所畏。此所謂至易而有所至險。二者其事不同，而相與爲用。夫是以至寬而天下無頹惰靡弛之風，至險而君臣無猜防逼迫之慮，夫惟能通其君臣之歡，而盡行其刑法之所禁，而後可以及此也。

【校】

〔一〕「搏」，宋丁本、宋戊本作「擅」。

〔二〕「至威」，宋甲本、宋丁本、宋戊本作「無威」。

第五道

臣聞事有若緩而其變甚急者，天下之勢是也。天下之人幼而習之，長而成之，相咻而成風，相比而成俗，縱横顚倒，紛紛而不知以自定。當此之時，其上之人刑之則懼，驅之則聽，其勢若無能爲者。然及其爲變，常至於破壞而不可禦。

故夫天子者，觀天下之勢而制其所向，以定其所歸者也。夫天下之人，弛而縱之，拱手而視其所爲，則其勢無所不至。其狀如長江大河，日夜渾渾，趨於下而不能止。抵曲則激，激而無所洩則咆勃潰亂，蕩然而四出，壞堤防，包陵谷，汗漫而無所制。故善治水者因其所入而導之，則其勢不至於激怒坌涌而不可收。既激矣，又能徐徐而洩之，則其勢不至於破決蕩溢而不可止。然天下之人常狎其安流無事之不足畏也，而不爲去其所激，觀其激作相蹙，潰亂未發之際，而以爲不至於大懼，不能徐洩其怒，是以遂至横流於中原而不可卒治。

昔者天下既安，其人皆欲安坐而守之，循循以爲敦厚，默默以爲忠信。忠臣義士之氣，憤悶而不得發。豪俊之士不忍其鬱鬱之心，起而振之，而世之士大夫好勇而輕進、喜氣而不懾者，皆樂從而羣和之。直言忤世而不顧，直行犯上而不忌〔一〕。今之君子累累而從事於此矣，然天下猶有所不從。其餘風故俗猶衆而未去，相與抗拒而勝負之數未有所定。邪正相搏，曲直相犯，二者潰潰而不知其所終極。蓋天下之勢已少激矣〔二〕。而上之人不從而遂決其壅，臣恐天下之賢人不勝其忿而自決之也。夫惟天子之尊，有所欲爲而天下從之。今不爲決之於上，而聽其自決，則天下之不同者，將悻然而不服，而天下之豪俊亦將奮踴不顧而決之〔三〕。發而不中，故大者傷，小者死，横潰而不可救。譬如東漢之士李膺、杜密、范滂、張儉之黨，慷慨議論，本以矯拂世俗之弊，而當時之君，不爲分別天下之邪正以快其氣〔四〕，而使天下之士發憤以自決之〔五〕，而天下遂以大亂。

由此觀之，則夫英雄之士，不可以不少遂其意也。是以治水者，唯能使之日夜流注而不息，則雖有蛟龍鯨鯢之患，亦將順流奔走，奮迅悅豫，而不暇及於爲變。苟其瀦畜渾亂，壅閉而不決，則水之百怪皆將扐然放肆，求以自快其意而不可禦。故夫天下亦不可不爲少決以順適其意也。

【校】

〔一〕「犯上」，宋丁本、宋戊本、三蘇祠本作「犯君」。

〔二〕「少」，原作「小」，據宋丁本、宋戊本、三蘇祠本改。

〔三〕「決」上，宋丁本、宋戊本、三蘇祠本有「力」字。

〔四〕「快」，宋丁本、宋戊本、三蘇祠本作「決」。

〔五〕「以」，宋丁本、宋戊本、三蘇祠本作「而」。

欒城應詔集卷之七

進策五道

臣事上

第一道

臣聞天下有權臣，有重臣，二者其迹相近而難明。天下之人知惡夫權臣之爲〔一〕，而世之重臣亦遂不容於其間。夫權臣者，天下不可一日而有；而重臣者，天下不可一日而無也。天下徒見其外而不察其中，見其皆侵天子之權，而不察其所爲之不類；是以舉皆嫉之而無所喜，此亦已太過也。

今夫權臣之所爲者，重臣之所切齒；而重臣之所取者，權臣之所不顧也。將爲權臣邪，必將內悅其君之心，委曲聽順而無所違戾；外竊其生殺予奪之柄，黜陟天下，以見己之權，而沒其君之威惠。內能使其君歡愛悅懌，無所不順，而安爲之上；外能使其公卿大夫百官庶吏無所歸命，而爭爲之腹心。上愛下順，合而爲一，然後權臣之勢遂成而不可拔。至於重臣則不然，君有所爲，不可而必爭〔二〕，爭之不能，而其事有所必不可聽，則專行而不顧。待其成敗之迹著，則其上之心將釋然而自解〔三〕。其在朝廷之中，天子爲之踧然而有所畏，士大夫不敢安肆怠惰於其側。爵祿慶賞，己得以議其可否，而不求以爲己之私惠；刀鋸斧鉞，己得以參其輕重，而不求以爲己之私勢。要以使天子有所不可必爲，而羣下有所畏懼〔四〕，而己不與其利。何者？爲重臣者，不待天下之歸己，而爲權臣者，亦無所事天子之畏己也〔五〕。故各因其行事而觀其意之所在，則天下誰可欺者？臣故曰，爲天下，安可一日而無重臣也！

且今使天下而無重臣，則朝廷之事，惟天子之所爲，而無所可否。雖使天子有納諫之明〔六〕，而百官畏懼戰慄，無平昔尊重之勢，誰肯觸忌諱冒罪戾而爲天下言者？惟其小小得失之際，乃敢上章，讙譁而無所憚。至於國之大事，安危存亡之所繫，皆將卷舌而去，誰敢發而受其禍？此人主之所大患也。

悲夫，後世之君，徒見天下之權臣，出入唯唯，以其有禮，而不知此乃所以潛潰其國；

徒見天下之重臣，剛毅果敢，喜逆其意，則以爲不遜，而不知其有社稷之慮。二者淆亂於心，而不能辨其邪正，是以喪亂相仍而不悟，可足傷也〔七〕！昔者衞太子聚兵以誅江充，武帝震怒，發兵而攻之京師，至使丞相、太子，相與交戰。不勝而走，又使天下極其所往，而剪滅其迹。當此之時，苟有重臣出身而當之，擁護太子，以待上意之少解，徐發其所蔽，而開其所怒，則其父子之際，尚可得而全也。惟無重臣，故天下皆能知之而不敢言。臣愚以爲凡爲天下，宜有以養其重臣之威，使天下百官有所畏忌，而緩急之間能有所堅忍持重而不可奪者。竊觀方今四海無變，非常之事宜其息而不作。然及今日而慮之，則可以無異日之患。不然者，誰能知其果無有也，而不爲之計哉！

抑臣聞之，今世之弊，弊在於法禁太密〔九〕。一舉足不如律令，法吏且以爲言，而不問其意之所屬。是以雖天子之大臣，亦安敢有所爲於法令之外，以安天下之大事？故爲天子之計，莫若少寬其法，使大臣得有所守，而不爲法之所奪。昔申屠嘉爲丞相，至召天子之倖臣鄧通立之堂下，而詰責其過。是時通幾至於死而不救，天子知之亦不爲怪，而申屠嘉亦卒非漢之權臣。由此觀之，重臣何損於天下哉？

【校】

〔一〕「爲」，宋丁本、宋戊本、三蘇祠本作「專」。

〔二〕「而」，原作「以」，據宋甲本改。

〔三〕「釋」，原作「繹」，據宋甲本、宋丁本、宋戊本、三蘇祠本改。

〔四〕「畏」，宋丁本、宋戊本、三蘇祠本作「震」。

〔五〕「天子」，宋丁本、宋戊本作「天下」。

〔六〕宋丁本、宋戊本無「使」。

〔七〕「可」，原作「何」，據宋甲本改。

〔八〕「弊」，宋丁本、宋戊本、三蘇祠本無。

第二道

臣聞仲尼之稱管仲曰：「奪伯氏駢邑三百，飯蔬食，沒齒無怨言。」及讀蜀志，其言諸葛孔明遷李平，殛廖立，及孔明既死，而此二人皆哭泣有至死者。臣每讀其書至此，未嘗不嗟歎古人之不可及，而竊愍今世之不能也。

夫爲天下國家，惟剛者能守其法，而公者能以剛服天下。曾子曰：「士不可以不弘毅，任重而道遠。」天下者，天子之天下也。賞罰之柄，予奪之事，其出於天子，本無敢言者。惟其不公，故有一人焉受戮而去，雖其當罪，而亦勃然有不服之心；而上之人雖其甚公，於此亦足以破天下之至公。二者相與並行，然後可以深服天下之衆。

而亦畏其不服，而不敢顯然明斥其罪。故夫天下之不公足以敗天下之至剛，而天下之不剛

臣嘗竊悲唐季五代之亂，外有執兵強忿之臣，威蓋天下，而以其力內脅天子。天子不敢輒忤其意，意有所不悦，則其上下不能自保。故當此之時，人主務爲安身之政，不敢以其剛心而守其公事，此其勢不得不然耳。方今海內治安，外無諸侯之虞，而內無執政之患，然臣竊觀之於政令刑賞之際，常若有所畏而不能自必者，此其故何也？夫朝廷之臣，無罪而留，有罪而黜，此爲臣之常也。故其有罪以爲當黜，則官必削；以爲不當黜，則無故而置之外地，猶爲不可也。今有罪而推之於外，反從而增其爵秩，是將以爲賞耶，爲刑耶？是不可得而知也。蓋曰：姑以鎮撫其耿耿之意。彼其失爲近臣而去也，雖賜之千金，而猶有所慊然於其心。且天下之罪人，而皆欲滿其所懷，則爲天子安可以有所刑戮哉？然而事之所不平者，又非特如此也。黜之者一人，則必有折而辯之者一人〔一〕，以爲黜者之有所不悦乎其辯之者〔二〕，而使與之皆黜。夫此二人，其罪果誰在〔三〕？以其言而黜人，亦以其言而黜之，是爲黜者報讎耳。是以天下雖無強臣之災，而臣下竊揣天子之心，皆有所持而邀之，此其弊始於執之不剛，而成於守之不公矣！

夫朝廷之事〔四〕，臣安得知其有所不公者？然竊怪每有所除，吏民間莫不切切口語，以

爲此誰人之親戚故舊而得之者；每有所措置，亦莫不以爲此誰人之所欲而行之者。使上之人凡果如此，則宜乎人之受罪而不服，而吾亦不敢加於人也〔五〕。詩云：「人亦有言，柔則茹之，剛則吐之。唯仲山甫，柔亦不茹，剛亦不吐，不侮鰥寡，不畏強禦。」夫人惟不侮鰥寡也，而後能不畏強禦。臣故曰：惟無私者能以剛服天下，此其勢然也。

且夫古之爲君者，有所大樂，而今世不知也。人君之樂，非樂夫有天下，而樂得與天下去惡而獎善以快吾志。今使天下有不義之臣，誅之不獲，而又從而尊之；尊之不足以爲悅，而又從而黜其所怨，以慰其盛怒。此二事者，夫豈爲君之樂哉？蓋事有所不可並從，而欲不可以皆得。今夫人之有所私愛而不公者，是亦人之所樂焉耳。然其爲樂有所害於爲君之樂，是以不若棄彼而全此也。且事之利害，有知之而患不可爲者；有患不之知，而知之則可行者〔六〕。今欲潔然無私，而行吾法之所至，有罪而黜，黜而無所姑息，使天下皆知賞之爲賞，罰之爲罰。此非有所勤苦而難成者，而顧患不肯爲，夫管仲、孔明惟其爲之而已哉！

【校】

〔一〕「折」，宋甲本、宋丁本、宋戊本、三蘇祠本作「排」。

〔二〕「辯之者」下，宋甲本、宋丁本、宋戊本、三蘇祠本有「也」字。

〔三〕「在」下，宋甲本、宋丁本、宋戊本、三蘇祠本有「乎」字。
〔四〕「夫」，原無，據宋甲本、宋丁本、宋戊本補。
〔五〕「敢」下，宋丁本、宋戊本、三蘇祠本有「以」字。
〔六〕「知之則」，原無，據宋甲本、宋丁本、宋戊本、三蘇祠本補。

第三道

臣聞天下有無窮之才，不叩則不鳴，不觸則不發。是以古之聖人，迎其好善之端，而作其勉強之氣，洗濯磨淬，日夜不息，凡此將以求盡天下之無窮也。夫天下譬如大器焉，有器不用，而寘諸牖下，久則蟲生其中。故善用器者，提攜不去，時濯而溉之，使之日親於人，而獲盡其力，以無速敗。有小丈夫知愛其器〔一〕，而不知所以爲愛也；知措諸地之安，而不知不釋吾手之爲不壞也。是以事不得成，而其器速朽。

且夫天下之物，人則皆用其形，而不求其神也。神者何也？物之精華果銳之氣也。精華果銳之氣，其在物也，曄然而有光，確然而能堅。是氣也亡，則物皆枵然無所用之。夫是氣也，時叩而存之，則日長而不衰；置而不知求，則脱去而不居。是氣也，物莫不有也，而人爲甚。孟子有言曰：人之日夜之所息，與平旦之氣，晝日之所爲，有以梏亡之矣。「梏之反覆，則其夜氣不足以存」。夫夜氣者，所謂精華果鋭之氣也。天下亂，則君子有以自養而全之；而天下治，則天子養之以求其用。今夫朝廷之精明〔二〕，戰陣之勇力，獄訟之所以能盡其情，而錢穀之所以能治其要，處天下之紛紜而物莫能亂者，皆是氣之所爲也。蓋古者英雄之君，唯能叩天下之才而存之，是以有求而必從，有欲而必得。漢武帝、唐太宗國富而兵強，所欲如意，而天下之才用之不見其盡。當其季年，元臣宿將死者大半，而新進之士亦自足以辦天下。由此觀之，則天下固有無窮之才，而獨患乎上之不叩不觸，而使其神弛放而不張也。

臣竊觀當今之人，治文章，習議論，明會計，聽獄訟，所以爲治者，其類莫不備有〔三〕，而天下之所甚少者〔四〕，獨將帥武力之臣。往者天下既安，先世老將已死，而西寇作難。當此之時，天子茫然反顧，思得奇才良將以屬之兵而終莫可得。其後數年，邊鄙日蹙，兵勢日急，士大夫始漸習兵，而西夏臣服。以至於今，又將十有餘年，而曩之所謂西邊之良將〔五〕，亦已略盡矣，而天下之人未知誰可任以爲將〔六〕，此甚可慮也。

夫天下之事莫難於用兵，而今世之所畏莫甚於爲將。責之以難事，強之以其所畏，而不作其氣，是以將帥之士若此不可得也。蓋嘗聞之，善用兵者，雖匹夫之賤，莫不養其氣然後求其用〔七〕。方其未戰也，使之投石超距以致其勇，故其後遇敵而不懼，見難而效死〔八〕。

何者？氣盛故也。

今天下有大弊二：以天下之治安，而薄天下之武臣；以天下之冗官，而廢天下之武舉。彼其見天下之方然，則摧沮退縮而無自憙之意。今之武臣，其子孫之家往往轉而從進士矣。故臣欲復武舉，重武臣，而天子時亦親試之以騎射，以觀其能否，而爲之賞罰，如唐正觀之故事。雖未足以盡天下之奇才，要以使之知上意之所悅，有以自重而爭盡其力，則夫將帥之士可以漸見矣。

【校】

〔一〕「知」上，宋丁本、宋戊本、三蘇祠本有「徒」字。

〔二〕「夫」，原無，據宋甲本、宋丁本、宋戊本、三蘇祠本補。

〔三〕「有」，宋丁本、宋戊本、三蘇祠本作「具」。

〔四〕「甚」，宋丁本、宋戊本、三蘇祠本無。

〔五〕「將」下，宋丁本、宋戊本、三蘇祠本有「者」字。

〔六〕「以」，原無，據宋甲本、宋丁本、宋戊本、三蘇祠本補。

〔七〕「然」，宋丁本、宋戊本、三蘇祠本作「而」。

〔八〕「效」，原作「致」，據宋丁本、宋戊本、三蘇祠本改。

第四道

臣聞天下之患無常處也，惟見天下之患而去之，就其所安而從之，則可久而無憂。有淺丈夫見其生於東也，而盡力於東，以忘其西；見其起於外也，而鋭意於外，以忘其中。是以禍生於無常，而變起於不測，莫能救也〔一〕。

昔者西漢之禍，當文景之世，天下莫不以爲必起於諸侯之太強也；然至武帝之時，七國之餘，日以漸衰，天下坦然，四顧以爲無虞；而陵夷至於元成之間，朝廷之強臣實制其命，而漢以不祀。世祖、顯宗既平天下，以爲世之所患，莫不在乎朝廷之強臣矣，而東漢之亡，其禍乃起於宦官。由此觀之，則天下之患，安在其防之哉？人之將死也，或病於太勞，或病於飲酒。天下之人見其死於此也，而曰必無勞力與飲酒，則是不亦拘而害事哉！彼其死也，必有以啓之，是以勞力而能爲災，飲酒而能爲病。而天下之人豈必皆死於此？

昔唐季、五代之亂，其亂果何在也〔二〕？海內之兵各隸其將，大者數十萬人，而小者不下數萬。撫循鞠養，美衣豐食，同其甘苦，而順其好惡，甚者養以爲子，而授之以其姓。故當其時，軍旅之士，各知其將，而不識天子之惠。君有所令，不從而聽其將；而將之所爲，雖有大姦不義而無所違拒。故其亂也，姦臣擅命，擁兵而不可制。而方其不爲亂也，所攻而必降，所守而必固，良將勁兵遍於天下，其所摧敗破滅，足以上快天子鬱鬱之心，而外抗敵國竊發之難。何者？兵安其將，而樂爲用命也。

然今世之人，遂以其亂爲戒，而不收其功，舉天下之兵數百萬人而不立素將。將兵者無腹心親愛之兵，而士卒亦無所附著而欲爲之效命者。故命將之日，士卒不知其何人，皆莫敢仰視其面。夫莫敢仰視，是禍之本也。此其爲禍，非有脅從騈起之殃，緩則畏而怨之，而有急則無不忍之意。此二者，用兵之深忌，而當今之人蓋亦已知之矣。然而不敢改者，畏唐季、五代之禍也。而臣竊以爲不然。天下之事，有此利也，則必有此害。天下之無全利，是聖人之所不能如之何也。而聖人所能，要在不究其利。利未究而變其方，使其害未至而事已遷，故能享天下之利而不受其害。昔唐季、五代之法，豈不大利於世？惟其利已盡而不知變，是以其害隨之而生。故我太祖、太宗以爲不可以長久，而改易其政，以便一時之安。爲將者去其兵權，而爲兵者使不知將。凡此皆所以杜天下之私恩而破其私計。其意以爲足以變五代豪將之風，而非以爲後世之可長用也。

故臣以爲當今之勢，不變其法，無以求成功。且夫邀天下之大利，則必有所犯天下之危。欲享大利，而顧其全安，則事不可成。而方今之弊，在乎不欲有所搖撼而徒得天下之利，不欲有所勞苦而遂致天下之安。今夫欲人之成功，必先捐兵以與人；欲先捐兵以與人，則先事於擇將。擇將而得將，苟誠知其忠，雖舉天下以與之而無憂〔三〕，而況數萬之兵哉！昔唐之亂，其爲變者非其所命之將也，皆其盜賊之人所不得已而以爲將者。故夫將帥豈必盡疑其爲姦？要以無畏其擇之勞，而遂以破天下之大利。蓋天下之患，夫豈必在此也！

【校】

〔一〕「救」，原作「究」，據宋甲本、宋丁本、宋戊本、三蘇祠本改。

〔二〕「其亂」，宋丁本、三蘇祠本無。

〔三〕「舉」，宋丁本、宋戊本、三蘇祠本作「捐」。

第五道

臣聞天下之勇士，可使用兵，而不可使主兵。天下之智士，可使主兵，而不可使養兵。養兵者，君子之事也。故用兵之難，而養兵尤難。何者？士氣之難服也〔一〕。舉兵而征行，三軍之士，其心在號令而其氣在戰；息兵而爲營，三軍之士，其心在壘壁而其氣在禦；陳兵而遇敵，三軍之士，其心在白刃而其氣在勝。氣之所在者，毒之所向也。故兵在外，士氣在敵，而不在其上〔二〕。是故撫之而易悅，予之而易足，誅之而易定，動之而易使。其上之人禦之以勇，而驅之以智，則百萬之衆可以無足憂者。及夫天下既安，三軍之士各反其家，美衣甘食，優游無爲。投石超距，不足以洩其怒，而各求其上之所短。當此之時，軍中之士，環視四顧，而始不可忍矣。是故久於不用，則其意不欲復戰；久於不使，則其意不欲復役。夫惟不欲而強使之，與之出戰則不樂，而與之從役則爲亂。此必然之勢也。

夫古者兵出於農，其欲動之尤難。然當周之季，諸侯之強，天下之民日起而操兵。齊、晉、秦、楚以其兵車徜徉天下〔三〕，萬里而後反，而天下之民不敢言病。至於後世，平居無事，竭天下以養士卒〔四〕，一旦有急，當得其力，乃反傲睨邀賞不肯即去。夫其平時衣食其上，有難而起，起而鬬死；有事而役，役而盡力。此其勢宜若愈於三代之農夫矣〔五〕。而當今之病〔六〕，方病其不然。此豈非其養之之過歟？

臣觀天下之兵，其數莫如京師之多；而士卒趦趄難制，亦莫如京師之甚。何者？天子在位，以仁禦兵。士不知戰而狃於賞，令之稍急，則瞋目攘臂而言不遜，此甚可惡也。且京師，宗廟禁闥之所在，而使不義之徒周環布列於其左右，而尙何以爲安？臣聞養兵而兵驕戾，其責在將。方今京邑之將〔七〕，所任者誰乎？匹夫小人以次當遷而爲之什伯之長，此其爲名尙未離乎卒伍也。而其上之所統獨有三太尉，推而上之，則至於樞密使。如此四大臣者〔八〕，非在什伍部曲之間，以日夕訓練之者也。且夫卒未親附，而罰之則不服，不服則難用也。今使大臣獨制其上，恩意不交而德澤不洽，上下不相信，特其勢相從而無以義附者，則是未可以法治也。使朝廷大臣而曲躬傴僂，親問疾苦，如異時出兵行陣之間，此則其勢有所不給矣。古者南北軍有監軍御史，有護軍諸校〔九〕，各有軍正、正丞。是以任安、胡建之徒，忠信守節之士，得以出入軍中，獲其歡心，而後訓之以禮，繩之以法，有所誅滅而士卒皆服。如此而後兵可用也。今奈何獨使狠戾之人自相臨御，而天子獨以貪暴無知之匹夫爲左右之衞哉？

臣愚以爲宜略如漢制，設爲諸校，使常處軍中，既以撫之，且漸誅戮其豪橫，而訓之知理。傳曰：「晉悼公知欒糾之能御以和於政也〔一〇〕，以爲戎御，使訓諸御知義；知荀賓之有力而不暴也，以爲戎右，使訓勇力之士時使。」故軍中之吏非其近之，則不能得其歡心；不得其心，則雖有法而不能用；有法不能用，則士不可以勞苦，而兵不可以應卒。有兵不能以應卒，而有將不能以使衆，此最天下之大患也！

【校】

〔一〕「服」，宋甲本、宋丁本、三蘇祠本作「伏」。

〔二〕「上」下，宋丁本、三蘇祠本有「不在其上」四字。

〔三〕「徜徉」，原作「役」，據宋甲本、宋丁本、三蘇祠本改。

〔四〕「竭」上，宋丁本、三蘇祠本有「常」字。

〔五〕「農」，原作「兵」，據宋甲本、宋丁本、三蘇祠本改。

〔六〕「之病」，宋丁本、三蘇祠本無。

〔七〕「邑」，宋丁本、三蘇祠本作「師」。

〔八〕「如此」，原作「此數」，據宋丁本、三蘇祠本改。

〔九〕「軍」，原作「兵」，據宋甲本、宋丁本、宋戊本、三蘇祠本改。

〔一〇〕「和」，宋丁本作「知」。

欒城應詔集卷之八

進策五道

臣事下

第一道

臣聞聖人之治天下，常使人有孜孜不已之意。下自一介之民，與凡百執事之人，咸願竭其筋力以自附於上；而上至公卿大夫，雖其甚尊，志得意滿無所求望，而亦莫不勞苦其思慮，日夜求進而不息。至有一沐而三握，一飯而三吐，食不暇飽，臥不暇暖，汲汲於事常若有所未足者。是以天下之事，小大畢舉，無所廢敗，而上之人可以不勞力而萬事皆理。

昔者世之隆替，臣常已略觀之矣。堯舜之時〔一〕，洚水橫流，民不粒食，事變繁多，災害並興，而堯舜之身至於垂拱而無爲。何者？天下之人各爲之用力而不辭也。至於末世，海內乂安，四方無虞，人生於其間，其勢皆有荒怠之心。各安其所而不願有所興作，故天下漸以衰憊而不振。詩曰：「周雖舊邦，其命維新。」夫國之所以至於亡者，惟其舊而無以新之歟！天下舊而不復新，則其事業有所斷而不復續。當此之時，而不知與之相期於長久不已之道，而時作其怠惰之氣，則天下之事幾乎息矣！

嗟夫！道路之人，使之趨十里而與之百錢，則十里而止；使之趨百里而與之千錢，則百里而止。何者？所與期者止於十里與百里，而其利亦止於此而已。今世之士何以異此？出於布衣者，其志不過一命之祿，既命則忘其布衣之學；仕於州縣者，其志不過於改官之寵，官既改則喪其州縣之節。自是以上，因循遞遷，十有餘年之間，則其勢自至於郡守。此不待有所修飾而至者，其志極矣。幸而其間有欲持自奮厲之心，然後其意稍廣，而不肯自棄於貪汙之黨。外自漕刑，內自臺諫館閣，而至於兩制，亦又極矣。又幸而有求爲宰相者，則其志又益廣，至於宰相而極矣。蓋天子之所以使天下慕悅而樂爲吾用者，下自一命之臣，而上至於宰相，其節級相次者有四而已。彼其一命者，或無望於改官；郡守者，或無望於兩制；兩制者，或無望於宰相；而爲宰相者，無所復望。則各安於其所，而誰肯爲天子盡力者？且夫世之士大夫如此其衆也，仁人君子如此其不少也，而臣何敢妄有以詆之哉？蓋臣聞之，方今之人，其已改官者，有廉隅節幹之效；常不若其在州縣之時；而爲兩制者，其慷慨勁挺之操，常不若其爲漕刑、臺諫之日。雖其奇才偉人、卓然特異不爲利變者〔二〕，固不在此，而世之爲此者亦已衆矣！

夫以爵祿而勸天下，爵祿已極則人之怠心生。以術使天下，則天下之人終身奔走而不知止。昔者漢之官吏自縣令而爲刺史，自刺史而爲郡守，自郡守而爲九卿，自九卿而爲三公，自下而上，至於人臣之極者，亦有四而已。然當此之時，吏久於官而不知厭。方今朝廷郡縣之職，列級分等，不可勝數。從其下而爲之，三歲而一遷，至於終身可以無倦矣，而人亦各自知其分之所止，而淸高顯榮者，雖至老死而不可輒入。是以在位者，懈而不可自奮〔三〕。何者？彼能通其君臣之歡，坦然其無高下峻絕不可扳援之勢，而吾則不然。今天下之小臣，因其朝見而勞其勤苦，丁寧訪問以開導其心志，且時擇其尤勤勞者，有以賜予之，使知朝廷之不甚遠，而容有冀於其間。上之大吏，時召而賜之閑燕，與之講論政事，而勉之於功名，相邀於後世不朽之際，與夫子孫皆享其福之利；時亦有以督責其荒怠弛廢之愆，使之有所愧恥於天子之恩意，而不倦於事。此豈非臣所謂奔走天下之術歟〔四〕？

【校】

〔一〕「堯」上，宋丁本、宋戊本有「當」字。

〔二〕「異」，宋丁本、宋戊本作「立」。

〔三〕「僻」上，宋丁本、宋戊本有「皆」字。

〔四〕「術」，原作「數」，據宋甲本、宋丁本、宋戊本改。

第二道

臣聞聖人之於人，不恃其必然，而恃吾有以使之；不恃其皆賢，而恃吾有以驅之。夫使天下之人皆有忠信正直之心，則爲天下安竢乎？聖人唯其不然，是以使之有方，驅之有術，不可一日而去也。

今夫天下之官，莫不以爲可任而後任之矣。上自兩府之大臣，而下至於九品之賤吏，近自朝廷之中，而遠至於千里之外，上下相伺，而左右相覺，不爲不密也。然又內爲之御史，而外爲之漕刑，使督察天下之姦人，而糾其不法。如此，則天下何恃其皆賢，而期之以必然哉？然尚有所未盡者。蓋天下之事，任人不若任勢，而變吏不如變法。法行而勢立，則天下之吏雖其非賢而皆欲勉強以求成功，故天子可以不勞而得忠良之人〔一〕。

今世之弊，任弊法而用不便之勢，勞苦於求賢而不知爲法之弊。是以天下幸而得賢，則可以僥倖於治安；不幸而無賢焉，則遂靡靡而不振。且御史、漕刑，天子之所恃以知百官之能否者也，今不爲之立法，而望其皆賢，故臣所謂有所未盡者，謂此事也。

夫此二官，雖其內外之不同，而其於擊搏羣下，權勢輕重本無以相遠也。而自近歲已來，爲御史者，莫不洗濯磨淬以自見其圭角，慷慨論列不顧天下之怨。是以朝廷之中，上無容姦，而下無宿詐。正直之士，莫不相慶，以爲庶幾可以大治。然臣愚以爲方今內肅而外不振，千里之外，貪吏晝日取人之金而莫之或禁。遠人咨嗟，無所告訴，莫不飲泣太息仰而呼天者。深惟國家所以設漕刑之意，正以天下有此等不平之故耳。今海內幸無變，而遠方之民戚然皆苦貪吏之禍，則所謂漕刑者，尚何以爲？然人之性不甚相遠，豈其爲御史則皆有嫉惡之心，而至於漕刑則皆得鹵莽苟容之人？蓋上之所以使之者未至也。

臣觀御史之職，雖其屬吏之中，苟有能出身盡命排擊天下之姦邪，則數年之間可以至於兩制而無難；而其不能者，退斥罷免，不免爲碌碌之吏。是以御史皆務爲訐直之行。而漕刑之官，雖端坐默默無所發擿，其終亦不失爲兩制；而其抗直不撓者，亦不過如此，而徒取天下之怨。是以皆好爲寬仁以收敦厚之名。豈國家知用之御史而不知用之漕刑哉？

臣欲使兩府大臣詳察天下漕刑之官，唯其有所舉按不畏強禦者，而後使得至於兩制，而其不然者，不免爲常吏。變法而任勢，與之更新，使天下之官吏，各從其勢之所便而爲之；而其上之人得賢而任之，則固已大善。如其不幸而無賢，則亦不至於紛亂而不可治，雖庸人亦可使之自力而爲政。如此則天下將内嚴而外明，姦吏求以自伏而不得其處，天下庶乎可以爲治矣！

【校】

〔一〕「人」，宋丁本、宋戊本、三蘇祠本作「臣」。

第三道

臣聞天下惟有權者可以使人，有利者可以得衆。權者，天下之所爲去就也；利者，天下之所爲奔走也。能是非可否之謂權，能貧富貴賤之謂利。天子者，收天下之權而自執之，斂天下之利而親用之者也。故天下之人，上自公卿大夫之尊，而下至於閭閻匹夫之賤，府史、胥徒、僮僕、奴妾，以次相屬而相役，至於疲弊勞苦老死而不去。緩急可以使之相救，危難可以使之相死。蹈白刃，赴深谷，可使用命而不敢辭。何者？彼利於人者，固役於人也。千金之家，持其贏餘以匄貸鄰里之貧民，薄息緩取而可以豪横於鄉黨，刺客武士爲之效死而莫之能制。此權利之所致也。

臣聞天子者，執天下之權，而擅四海九州之利。爵祿、慶賞、金玉、錢幣，此其富非特千金之利也；予奪、可否、刑戮、誅滅，此其勢非特千金之權也。古之人君，得天下之權利而專之，是故所爲而成，所欲而就。謀臣猛將爲之盡力，有死而無二。社稷之臣可使死宗廟，郡縣之臣可使死封疆，文吏可使死其職，武吏可使死其兵。天下之人，其存心積慮，皆以爲當然。是以寇至而不懼，難生而無變。方其平居無事之際，天子衣食而養之，以待天下之事，故有事而死，亦其勢然也。

當今天下之人，食天子之祿，被天子之爵，衣青紫，佩印綬，從吏卒，縱横赫奕者，常遍天下。一旦有急，皆莫肯死者，甚可怪也。往年廣南之亂，大吏據城擁兵，賊至而莫敢擊，逃遁奔走〔一〕，伏於草莽之間，以避兵革之禍。至使蠻夷之人得以横行於中原，人民流離，方數千里，幾爲丘墟，而無一死戰之吏。國家每歲收天下之士，士之發於饑寒，取官而去者，動以數百爲輩。六年之間，考足而無過，則又爲之改爵而增其祿秩。幸而又有超羣拔類之才，則公卿大臣又得薦之於天子，而特寵貴之，翺翔朝廷之間，不出十年，可以安坐談笑而爲兩制。此其爲法，尙何所負於天下？而士大夫終莫肯奮而爲之用，何也？

夫明哲之君，以其法邀天下之人，而其不能者〔二〕，天下之人反以其法邀之。故邀在我，則奔走者人也；邀在人，則奔走者我也。今世之法，夫豈不欲以邀人哉？蒞官六七考，求舉者五六人，凡皆備具而無所過失，然後爲之改爵而增其祿秩。夫此豈誠足以邀人哉？爲法而不足以邀人，則人將反以吾法而相邀。今之官吏，考足而無過，且有舉者，則天子寧有以却之邪？是不得不從而予之矣。如此，則是天子之爵祿，非天子之惠，而天下之勢也。士大夫以勢取爵祿，是以舉皆不德其上。凡今天子之權，反而入於下，而天子之利，變而爲輕取易得之物矣。

蓋臣聞之，天下有二弊，有法亂之弊，有法蔽之弊。法亂則使人紛紜而無所執〔三〕，法蔽則使人牽制而不自得。古之聖人，法亂則以立法救之，而法蔽則受之以無法。夫無法者，非縱橫放肆之謂也，上之人投棄規矩，而使天下無所執以邀其君，是之謂無法。今夫官吏之法其亦無，曰舉者與考而已〔四〕。使一二大臣，得詳其才與不才，舉者具而考足。才也與之，而不才也置之。雖有考不足而舉者不具，其可與者，則或亦與之也。凡皆務與天下爲所不可測，使吏無所執吾法以邀我，收天子之權利而歸之於上。如此，則議者將以爲蕩然無法，則大吏易以爲姦。臣聞人惟不爲姦也，而後任以爲大吏。苟天下之廣，而無一二大臣可信者，則國非其國矣！且自唐季以來，世之設法者，始皆務以防其大臣。蓋唐之盛時，其所以試天下之士與調天下之選人者〔五〕，皆無一定之法，而惟有司之爲聽。夫是以下不得邀其上，而上有以役其下。臣故曰：惟有權者可以使人，有利者可以得衆。此不可不深察也。

【校】

〔一〕「走」，宋丁本、宋戊本、三蘇祠本作「竄」。

〔二〕「之人，而其不能者」，宋丁本、宋戊本、三蘇祠本作「今」。

〔三〕「紛紜」，宋丁本、宋戊本、三蘇祠本作「紛紛」。

〔四〕「曰」，宋丁本、宋戊本、三蘇祠本作「自」。

〔五〕「遷」，原作「遷」，據宋甲本、宋丁本、宋戊本、三蘇祠本改。

第四道

臣聞聖人之爲天下，不務逆人之心。人心之所向，因而順之；人心之所去，因而廢之。故天下樂從其所爲。惟其一人之所欲不可以施於天下，不得已而後有所矯拂而不用，蓋非以爲天下之人皆不可以順適其意也。

昔生民之初，生而有飢寒牝牡之患。飲食男女之際，天下之所同欲也。而聖人不求絕其情，又從而爲之節文〔一〕，教之炮燔、烹飪、嫁娶、生養之道，使皆得其志，是以天下安其法而不怨。後世有小丈夫不達其意之本末，而以爲禮義之教，皆聖人之所作爲以制天下之非僻。徒見天下邪放之民皆不便於禮義之法，乃欲務矯天下之情，置其所好，而施其所惡。此何其不思之甚也！且雖聖人不能有所特設以驅天下〔二〕，蓋因天下之所安，而遂成其法。如此而已。如使聖人而不與天下同心，違衆矯世以自立其說，則天下幾何不叛而去也？今之說者則不然，以爲天下之私欲必有害於國之公事，而國之公事亦必有所拂於天下之私欲。分而異之，使天下公私之際，譬如吳越之不可以相通。不卹人情之所不安，而獨求見其所爲至公而無私者。蓋事之不通，莫不由此之故。

今夫人之情，非其所樂而強使爲之，則皆有怏怏不快之心，是故所爲而無成，所在而不稱其職〔三〕。臣聞方今之制，吏之生於南者，必置之北〔四〕；生於東者，必投之西〔五〕；嶺南吳越之人，而必使冒苦寒、踐霜雪，以治燕趙之事；秦、隴、蜀漢之士，而必使涉江湖、衝霧露，以守揚越之地。雖其上之人逼而行之，無所不從，而行者望其所之，怨歎咨嗟不能以自安。吏卒送迎於道路，遠者涉數千里，財用殫竭，困弊於外。既至而好惡不相通，風俗不相習，耳目之所見，飲食之所便，皆不得其當。譬如僑居於他鄉，其心常屑屑而不舒，數日求去，而不肯慮長久之計。民不喜其吏，而吏不善其俗，二者相與齟齬而不合，以不暇有所施設。而吏之生於其地者，莫不自以爲天下之所不若。而今之法，爲吏者不得還處其鄉里，雖百里之外，亦輒不可。而又以京師之所在而定天下遠近之次，凡京師之人所謂近者，皆四方之所謂至遠；而京師之所謂遠者，或四方之所謂近也。今欲以近優累勞之吏，而不知其有不樂者，爲此之故也。且夫人生於鄉閭之中，其親戚墳墓不過百里之間。至於千里之內，則譬如道路之人，亦何所施其私？而又風俗相安，上下相信，知其利害，而詳其好惡。近者安處其近，而遠者樂得其遠，二者各獲其所求，而無汲汲之心〔六〕。耳目開明，而心不亂，可以容有所立。凡此數者，蓋亦無損於國矣。而特守此區區無益之公，此豈王者之意哉？且三代之時，九州之中，建國千有八百。大者不過百里，而小者數十里。數十里之間，其民之爲士者有之，爲大夫者有之，凡所以治其國人者，亦其國人也。安得異國之人而後用哉？

臣愚以爲如此之類，可一切革去，以順天下之欲。今使天下之吏皆同爲姦，則雖非其鄉里，而亦不可有所優容。苟以爲可任，則雖其父母之國，豈必多置節目以防其弊？而況處之數百千里之間哉！

【校】

〔一〕「文」，原無，據宋甲本、宋丁本、宋戊本、三蘇祠本補。按：有「文」爲宜。禮檀弓下：「辟踊，哀之至也。有算，爲之節文也。」又，史記叔孫通傳：「禮者，因時世人情爲之節文者也。」

〔二〕「特設」，宋甲本作「施設」。

〔三〕「在」，宋丁本、宋戊本、三蘇祠本作「任」。

〔四〕「置之北」，宋丁本、宋戊本、三蘇祠本作「置於北」。
〔五〕「投之西」，宋丁本、宋戊本、三蘇祠本作「投於西」。
〔六〕「而無汲汲之心」，宋丁本、宋戊本、三蘇祠本作「而無有求去之心」。

第五道

臣聞大人之道，行之而可名，名之而可言；布之天下而無疑，施之後世而無愧；堂堂乎立於四海，雖一介之士〔一〕，而無所不安。此其所以爲大人之道歟！

今夫天下之人，天子誰不役其力者？而天下皆不敢以爲非。此誠得其可役之名而役之。是以天子安坐於上而士大夫爲之奔走於下。大者爲之運籌畫策，治百官以濟其大事；而小者爲之按米鹽，視鞭箠，以奉其小職；文吏爲之簿書會計，詳其出內取予之數，而使天下不敢欺；武吏爲之擐金被革，習其戰陣攻鬬之事，而使天下不敢犯。勞苦其筋力，而罄竭其思慮〔二〕，甚者捐首領，暴骨於原野，而不知避。何者？食其祿也。至於田野之民，耕田而食，或生而不至市井，然及其有稅而可役，趨走於縣吏之前，恭謹有禮，不教而自習。而其尤難者，至使之斬捕盜賊，挽弓巡徼，疲弊而不敢求免，此豈非食其地之故歟〔三〕？故夫天下之人，凡天子之所得而使令者，皆可得而名也。

而臣竊怪府史胥徒，古者皆有祿以食其家，而其不足者，皆得計口而受田以補其不給，夫是以能使之盡力於公事，而不卹其私計。蓋周之所謂官田者，府史胥徒之田也。而今世之法，收市人而補以爲吏，無祿以養其身，而無田以畜其妻子，又有鞭朴戮辱之患，而天下之人皆喜爲之。其所以責之者甚煩且難，而其所以使之者無名而可言，而其甚者，又使之入錢而後補〔四〕，雖得復役，而其所免，不足以償其終身之勞。此獨何也？天子以無名使之，而天下之人亦肯以無名而爲之，此豈可不求其情哉？

且夫天子舉四海而寄之其臣，郡縣之官又舉而寄之其郡縣之小吏，刑法之輕重，財用之多少，無所不在。是以掌倉庫者，得以爲盜；而治獄訟者，得以爲姦。爲姦之利，上足以養父母，而下足以畜妻子。其所以無故而安爲之者，爲此之故也。是以雖無爵祿之勸，而可得而使；雖有刑戮恥辱之患，而不肯捨而去。而其上之人驅其無祿之身，而遇之以有祿之法，恬不爲怪，此乃公使之爲姦，以當其所得之祿，而遂以爲可得而使之也。如此則尙何以示天下〔五〕？

臣愚以爲凡人之在官，不可以無故而用其力，或使以其稅，而或使以其祿。故夫府史胥吏〔六〕，不可以無祿使也。然臣觀方今天下，方苦財用之不給，而用度有所不足，其勢必無以及此。而古者周官之法，民之爲訟者入束矢，爲獄者入鈞金，視其不直者，而納其所入。蓋自秦漢以來，其法始廢而不用。故臣亦欲使天下之至於獄者，皆有所入於官，以自見其直；而其不直者，亦皆沒其所入，以爲胥吏之俸祿〔七〕。辨其等差而別其多少，以時給之，以足其衣食之用。其所以取之於民者不苛，而其所以爲利者甚博。蓋上之於民，常患其好訟而不直，以身試法而無所畏忌，刑之而又使之有入於官，此所以深懲其心而又其所得止以厚吏，此有以見乎非貪民之財也。而爲吏者，可以無俟爲姦而有以自養。名正而言順，雖其爲姦從而戮之，則無愧乎吾心。嗚呼，古之所謂正名者，猶此類也夫！

【校】

〔一〕「士」，原作「事」，據宋甲本、宋丁本、三蘇祠本改。

〔二〕「磬」，原無，據宋丁本、宋戊本、三蘇祠本補。

〔三〕「其」，原無，據宋甲本、宋丁本、宋戊本、三蘇祠本補。

〔四〕「入」上，宋丁本、宋戊本、三蘇祠本有「反」字。

〔五〕「示」，原作「視」，據宋丁本、宋戊本、三蘇祠本改。

〔六〕「吏」，原作「隸」，據宋丁本、宋戊本、三蘇祠本改。

〔七〕「吏」，原作「史」，據宋丁本、宋戊本、三蘇祠本改。

欒城應詔集卷之九

進策五道

民政上

第一道

臣聞王道之至於民也，其亦深矣。賢人君子，自潔於上，而民不免爲小人；朝廷之間，揖讓如禮，而民不免爲盜賊；禮行於上，而淫僻邪放之風起於下〔一〕，而不能止。此猶未免爲王道之未成也。

王道之本始於民之自喜，而成於民之相愛。而王者之所以求之其民者，其粗始於力田，而其精極於孝悌廉恥之際。力田者，民之最勞；而孝悌廉恥者，匹夫匹婦之所不悦。強所最勞，而使之有自喜之心；勸所不悅，而使之有相愛之意。故夫王道之成，而及其至於民，其亦深矣！古者天下之災，水旱相仍，而上下不相保，此其禍起於民之不自喜於力田；天下之亂，盜賊放恣，兵革不息，而民不樂業，此其禍起於民之不相愛而棄其孝悌廉恥之節。夫自喜則雖有太勞〔二〕，而其事不遷；相愛則雖有強狠之心，而顧其親戚之樂，以不忍自棄於不義。此二者，王道之大權也。方今天下之人，狃於工商之利，而不喜於農，惟其最愚下之人，自知其無能，然後安於田畝而不去。山林飢餓之民，皆有盜跖趦趄之心；而閭門之內，父子交忿而不知反。朝廷之上雖有賢人，而其教不逮於下。是故士大夫之間，莫不以爲王道之遠而難成也。

然臣竊觀三代之遺文，至於詩，而以爲王道之成有所易而不難者。夫人之不喜乎此，是未得爲此之味也。故聖人之爲詩，道其耕耨播種之勞〔三〕，而述其歲終倉廩豐實、婦子喜樂之際，以感動其意。故曰：「畟畟良耜，俶載南畝。播厥百穀，實函斯活。或來瞻女〔四〕，載筐及筥。其饟伊黍，其笠伊糾。其鎛斯趙，以薅荼蓼。」當此時也，民既勞矣，故爲之言其室家來饁而慰勞之者，以勉卒其業〔五〕。而其終章曰：「荼蓼朽止，黍稷茂止。穫之挃挃，積之栗栗。其崇如墉，其比如櫛，以開百室。百室盈止，婦子寧止。殺時犉牡，有捄其角。以似以續，續古之人。」當此之時，歲功既畢，民之勞者，得以與其婦子皆樂於此，休息閑暇，飲酒食肉，以自快於一歲。則夫勤者有以自忘其勤，盡力者有以輕用其力，而狠戾無親之人，有所慕悅而自改其操。此非獨於詩云爾，道之使獲其利，而教之使知其樂，亦如是也〔六〕。且民之性固安於所樂而悅於所利，此臣所以爲王道之無難者也。

蓋臣聞之，誘民之勢，遠莫如近，而近莫如其所與競。今行之於朝廷之中，而田野之民無遷善之心，此豈非其遠而難至者哉？明擇郡縣之吏，而謹法律之禁，刑者布市，而頑民不悛。夫鄉黨之民，其視郡縣之吏，自以爲非其比肩之人，徒能畏其用法，而袒背受笞於前不爲之愧。此其勢可以及民之明罪，而不可以及其隱慝。此豈非其近而無所與競者邪？惟其里巷親戚之間，幼之所與同戲，而壯之所與共事〔七〕，此則其所與競者也。臣愚以爲，古者郡縣有三老嗇夫，今可使推擇民之孝悌無過、力田不惰、爲民之素所服者爲之，無使治事，而使譏誚教誨其民之怠惰而無良者。而歲時伏臘，郡縣頗置禮焉，以風天下，使慕悅其事，使民皆有愧恥、勉強不服之心。今不從民之所競而教之，而從其所素畏。夫其所素畏者，彼不自以爲伍，而何敢求望其萬一？故教天下自所與競者始，而王道可以漸至於下矣。

【校】

〔一〕「風」，原作「心」，據宋丁本、宋戊本、三蘇祠本改。

〔三〕「太」，宋甲本、宋戊本作「大」。
〔三〕「勞」，宋甲本、宋丁本、宋戊本、三蘇祠本作「勤」。
〔四〕「女」，原作「汝」，據宋丁本、宋戊本、詩良耜改。
〔五〕「業」，宋丁本、宋戊本、三蘇祠本作「事」。
〔六〕「也」，原作「云」，據宋丁本、宋戊本、三蘇祠本改。
〔七〕「與」，原作「以」，據宋甲本、宋戊本、宋丁本、三蘇祠本改。

第二道

臣聞三代之盛時，天下之人自匹夫以上莫不務自修潔以求爲君子。父子相愛，兄弟相悦，孝悌忠信之美，發於士大夫之間，而下至於田畝，朝夕從事，終身而不厭。至於戰國，王道衰息，秦人驅其民而納之於耕耘戰鬬之中，天下翕然而從之。南畝之民，而皆爭爲干戈旗鼓之事。以首爭首，以力搏力，進則有死於戰，退則有死於將，其患無所不至。夫周秦之間，其相去不數十百年，周之小民，皆有好善之心，而秦人獨喜於戰攻，雖其死亡而不肯以自存。此二者，臣竊知其故也。

夫天下之人，不能盡知禮義之美，而亦不能奮不自顧以陷於死傷之地，其所以能至於此者，其上之人實使之然也。然而閭巷之民，劫而從之，則可以與之僥倖於一時之功，而不可以望其久遠，而周秦之風俗皆累世而不變，此不可不察其術也。蓋周之制，使天下之士，孝悌忠信聞於鄉黨而達於國人者，皆得以登於有司。而秦之法，使其武健壯勇、能斬捕甲首者，得以自復其役，上者優之以爵祿，而下者皆得役屬其鄰里。天下之人知其利之所在，則皆爭爲之，而尚安知其他？然周以之興，而秦以之亡，天下遂皆尤秦之不能，而不知秦之所以使天下者，亦無以異於周之所以使天下。何者？至使之勢，所以奔走天下，萬世之所不易也，而特論其所以使之者何如焉耳。

今者天下之患，實在於民昏而不知教，然臣以爲其罪不在於民，而上之所以使之者或未至也。且天子所求於天下者何也？天下之人，在家欲得其孝，而在國欲得其忠；弟兄欲其相與爲愛，而朋友欲其相與爲信；臨財欲其思廉，而患難欲其思義。此誠天子之所欲於天下者。古之聖人所欲而遂求之，求之以勢〔一〕，而使之自至。是以天下爭爲其所求，以求稱其意。今有人使人爲之牧其牛羊，將責之以其牛羊之肥，則因其肥瘠而制其利害。使夫牧者趨其所利而從之〔二〕，則可以不勞而坐得其所欲。今求之以牛羊之肥瘠，而乃使之盡力於樵蘇之事，以其薪之多少而制其賞罰之輕重。則夫牧人將爲牧邪？將爲樵邪？爲樵則失牛羊之肥，而爲牧則無以得賞。故其人舉皆爲樵而無事於牧。吾之所欲者牧也，而反樵之爲得。此無足怪也。今夫天下之人，所以求利於上者果安在哉？士大夫爲聾病剽略之文，而治苟且記問之學，曳裾束帶，俯仰周旋，而皆有意於天子之爵祿。夫天子之所求於天下者豈在是也？然天子之所以求之者唯此〔三〕，而人之所由以有得者亦惟此。是以若此不可却也。

嗟夫！欲求天下忠信孝悌之人，而求之於一日之試，天下尚誰知忠信孝悌之可喜，而一日之試之可恥而不爲者？詩云：「無言不讎，無德不報。」臣以爲欲得其所求，宜遂以其所欲而求之。開之以利而作其怠，則天下必有應者。今間歲而一收天下之才〔四〕，奇人善士固宜有起而入於其中。然天下之人不能深明天子之意，而以爲所爲求之者，止於其目之所見，是以盡力於科舉，而不知自反於仁義。臣欲復古者孝悌之科，使州縣得以與今之進士同舉而皆進，使天下之人，時獲孝悌忠信之利，而明知天子之所欲。如此則天下宜可漸化，以副上之所求。然臣非謂孝悌之科必多得天下之賢才，而要以使天下知上意之所在，而各趨於其利，則庶乎其不待教而忠信之俗可以漸復〔五〕。此亦周秦之所以使人之術歟！

【校】

〔一〕「求」，原作「來」，據宋甲本、宋丁本、宋戊本、三蘇祠本改。

〔二〕「而」，原無，據宋甲本、宋丁本、宋戊本、三蘇祠本補。

〔三〕「求」，原作「來」，據宋丁本、宋戊本、三蘇祠本改。
〔四〕「一收」，宋丁本、宋戊本、三蘇祠本作「取」。
〔五〕「其」，宋丁本無。

第三道

臣聞聖人將有以奪之，必有以予之；將有以正之，必有以柔之。納之於正，而無傷其心；去其邪僻，而無絶其不忍之意。有所矯拂天下，大變其俗，而天下不知其爲。其變也，釋然而順，油然而化，無所齟齬，而天下遂至於大正矣。

蓋天下之民，邪淫不法，紛亂而至於不可告語者，非今世而然也。夫古者三代之民，耕田而後食其粟，蠶繅而後衣其帛。欲享其利，而勤其力；欲獲其報，而厚其施；欲求其父子之親，則盡心於慈孝之道；欲求兄弟之和，則致力於長悌之節〔一〕；欲求夫婦之相安，朋友之相信，亦莫不務其所以致之之術。故民各治其生，無望於僥倖之福，而力行於可信之事。凡其所以養生求福之道，如此其精也。至其不幸而死，其親戚子弟又爲之死喪祭祀、歲時伏臘之制，所以報其先祖之恩，而安卹孝子之意者，甚具而有法。籩豆簠簋飲食酒醴之薦，大者於廟，而小者於寢，薦新時祭，春秋不闕。故民終三年之憂，而又有終身不絶之恩愛，慘然若其父祖之居於其前而享其報也。

至於後世則不然，民怠於自修，而其所以養生求福之道，皆歸於鬼神冥寞之間，不知先王喪紀祭祀之禮，而其所以追養其先祖之意，皆入於佛老虛誕之說。是以四夷之教，交於中國，縱橫放肆，其尊貴富盛，擬於王者，而其徒黨遍於天下。其宮室、棟宇、衣服、飲食常侈於天下之民，而中國之人、明哲禮義之士，亦未嘗以爲怪，幸而其間有疑怪不信之心，則又安視而不能去。此其故何也？彼能執天下養生報死之權，而吾無以當之，是以若此不可制也。

蓋天下之君子嘗欲去之，而亦既去矣；去之不久，而還復其故。其根之入於民者甚深，而其道之悅於民者甚佞。世之君子未有以解其所以入而易其所以悅，是以終不能服天下之意。天下之民以爲養生報死皆出於此，吾未有以易之而遂絕其教，欲納之於正而傷其心，欲去其邪僻而絕其不忍之意，故民之從之也甚難。聞之曰：「川竭而谷虛，丘夷而淵實。」作乎此者，必有以動乎彼也。夫天下之民，非有所悅乎佛老之道，而悅乎養生報死之術。今能使之得其所以悅之實，而去其所悅之名，則天下何病而不從？

蓋先王之教民，養生有方，而報死有禮。凡國之賞罰黜陟，各當其處；貧富貴賤，皆出於其人之所當然。力田而多收，畏法而無罪；行立而名聲發，德成而爵祿至。天下之人，皆知其所以獲福之因，故無惑於鬼神。而其祭祀之禮，所以仁其祖宗而慰其子孫之意者，非有鹵莽不詳之意也。故孝子慈孫有所歸心，而無事於佛老。臣愚以爲嚴賞罰，敕官吏，明好惡，愼取予，不赦有罪，使佛老之福不得苟且而惑其生；因天下之爵秩，建宗廟，嚴祭祀，立尸祝，有以塞人子之意，使佛老之報不得乘隙而制其死。蓋漢唐之際嘗有行此者矣，而佛老之說未去。嘗有去者矣，而賞罰不詳，祭祀不謹，是以其道牢固而不可去，既去而復反其舊。

今者國家幸而欲減損其徒，日朘月削，將至於亡。然臣愚恐天下尚猶有不忍之心，天下有不忍之心，則其勢不可以久去。故臣欲奪之而有以予之，正之而有以柔之，使天下無憾於見奪，而日安其新。此聖人所以變天下之術歟！

【校】

〔一〕「長悌」，宋甲本作「友悌」。按：「長悌」義見長。國語齊語：「不慈孝於父母，不長弟於鄉里。」悌、弟古通。

第四道

臣聞管子治齊，始變周法。使兵民異處，制國爲二十一鄉，工商之鄉六，而士鄉十五。

制鄙以爲五屬，立五大夫，使各治一屬之政。國中之士爲兵，鄙野之民爲農。農不知戰，而士不知稼，各治其事而食其力。兵以衞農，農以資兵。發兵征行，暴露戰鬭，而農夫不知其勤；深耕疾耨，霑體塗足，而士卒不知其勞。當是之時，桓公南征，伐楚濟汝，踰方城，望汶山，北伐山戎，刜零支〔一〕，斬孤竹，西攘白狄，踰太行，渡辟耳之溪，九合諸侯，築夷儀，城楚丘，徜徉四方，國無罷弊之民，而天下諸侯往來應接之不暇。及秦孝公欲并海內，商君爲之倡謀，使秦人莫不執兵以事戰伐，而不得反顧而爲農；陰誘六國之民，使專力以耕關中之田，而無戰攻守禦之役。二者更相爲用，而天下卒以不抗。何者？我能累累出兵不息，而彼不能應；我能外戰而內不乏食，而彼必不戰而後食可足。此二者，管仲、商鞅之深謀也。

自管仲死，其遺謀舊策，後世無復能用，而獨其分兵與民之法，遂至于今不廢。何者？其事誠有以便天下也。今夫使農夫竭力以闢天下之地，釀其所得以衣食天下之武士，而免其死亡戰鬭之患，此人之情誰不可者？然當今天下之事，與管仲、商鞅之時則已大異矣。古者霸王在上，倉廩豐實，百姓富足，地利已盡，而民未乏困。當此之時，謂之人有餘。今天下之田，疾耕不能徧，而蓬蒿藜莠，實盡其利。人不得以爲食，禽獸之所蕃息。當此之時，謂之地有餘。古之聖人，人有餘，則務在於使人，是以天下之人雖其甚蕃，而舉無廢功；地有餘，則務在於闢地，是以天下之地雖其甚寬，而舉無遺力。今也海內之田病於有餘，而上之人務在於使人，不已過哉！

臣觀京師之兵，不下數十百萬；沿邊大郡，不下數萬人；天下郡縣千人爲輩，而江淮漕運之卒不可勝計。此亦已侈於使人矣！且夫人不足，而使人之制不爲少減，是謂逆天而違人〔二〕。昔齊桓之世，人力可謂有餘矣。而十五鄉之士，不過三萬，車不過八百乘。何者？懼不能久也。方今天下之地，所當厚兵之處，不過京師與西邊北邊之郡耳。昔太祖、太宗既平天下，四方遠國，或數千里，以爲遠人險詖，未可以盡知其情也，故使關中之士往而屯焉，以鎮服其亂心。及天下既安，四海一家，而因循久遠，遂莫之變。夫天下之兵，莫如各居其鄉，安其水土而習其險易，而特病其不知戰。故今世之患在不教鄉兵，而專任屯戍之士爲抗賊之備〔三〕。且天下治平，非沿邊之郡〔四〕，則山林匹夫之盜，及其未集而誅之，可以無事於大兵。苟其有大盜，則其爲變，故亦非戍兵數百千人之所能制。若其要塞之地，不可無備之處，乃當厚其土兵以代之耳。

聞之古者良將之用兵，不求其多，而求其樂戰。今之爲兵之人，夫豈皆樂乎爲兵哉？或者饑饉困躓不能以自存，而或者年少無賴既入而不能以自脫，蓋其間常有思歸者矣。故臣欲罷其思歸之士，以減屯戍之兵，雖使去者太半，臣以爲處者猶可以足於事也。蓋古者有餘則使之以寬，而不足則使之以約。苟必待其有餘而後能辦天下之事，則無爲貴智矣！

【校】

〔一〕「制」，宋丁本、宋戊本作「制」。

〔二〕「逆」，原作「狠」，據宋甲本、宋丁本改。

〔三〕「抗」，原無，據宋甲本、宋丁本、宋戊本補。

〔四〕「沿」，原作「緣」，據宋丁本、宋戊本改。

第五道

臣聞近代以來，天下之變備矣。世之君子隨其破敗而爲之立法，補苴缺漏，疏剔蓁穢，其爲法亦已盡矣，而後世之弊常不爲之少息。其法既立而旋亡，其民暫享其利而不能久。因循維持，至於今世，承百王之弊，而獨受其責，其病最爲繁多，而古人已行之遺策又莫不盡廢而不舉。是以爲國百有餘年，而不至於治平者，由此之故也。

蓋天下之多虞，其始自井田之亡。田制一敗，而民事大壞，紛紛而不可止。其始也，兼并之民衆而貧民失職；貧者無立錐之地，而富者連阡陌，以勢相役，收太半之稅，耕者窮餓而不耕者得食。以爲不便，故從而爲之法曰：限民名田；貴者無過若干，而貧者足以自養。此董生之法也。天下之人，兼并而有餘，則思以爲驕奢。驕奢之風行於天下，則富者至於破其資畜，而貧者恥於不若，以爭爲盜而不知厭。民皆有爲盜之心，則爲之上者甚危而難安。故爲之法曰：立制而明等。使多者不得過，而少者無所慕也，以平風俗。此賈生之法也。民之爲性，豐年食之而無餘，饑年則轉死溝壑而莫之救。富商大賈乘其不足而貴賣之，以重其災；因其有餘而賤取之，以待其弊。予奪之柄歸於豪民，而上不知收，粒米狼戾而不爲斂，藜藿不繼而不爲發〔一〕。故爲之法曰：賤而官爲糴之，以無傷農；貴而官爲發之，以無傷末〔二〕。小饑則發小熟之斂，中饑則發中熟之斂，大饑則發大熟之斂。此李悝之法也。古者三代之兵，出而爲兵，入而爲農。出兵臨敵，則國有資糧之儲〔三〕；而兵罷役休，則無復養兵之費。及至後世，海內多故，而征伐不息，以爲害農，故特爲設兵以辦天下之武事。其始若不傷農者，而要其終，衣食之奉，農亦必受其困。故爲之法曰：不戰則耕以自養，而耕之閑暇則習爲擊刺以待寇至。此趙充國之法也。

蓋古之遺制其可施於今者甚多〔四〕，而臣不敢復以爲說。而此四者，皆天下之所共知而不行者也。夫知之而不行，此其故何歟？臣聞事固有可以無術而行者，有時異事變無術而不可行者。均民以名田，齊衆以立制，是無術而可以直行者也。平糴以救災，屯田以寬農，是無術而不可行者也。古者賢君在上，用度足而財不竭，捐其有餘以備民之所不足，而不害於歲計。今者，歲入不足以爲出，國之經費猶有所不給，而何暇及於未然之備？古者將嚴而兵易使，其兵安於劬勞，故雖使爲農而不敢亂〔五〕。今者天下之兵，使之執勞者，皆不知戰，而可與戰者，皆驕而不可使。衣食豐溢，而筋力罷憊，且其平居自處甚倨，而安肯爲農夫之事？故屯田平糴之利，舉世以爲不可復者，由此之故也。曷亦思其術矣。

臣嘗聞之，賈人之治產也，將欲有爲而無以爲資者，不以其所以謀朝夕之利者爲之也，蓋取諸其不急之處而蓄之〔六〕，徐徐而爲之，故其業不傷而事成。夫天子之道，食稅衣稅，其餘之取於民者，亦非其正矣。茶鹽酒鐵之類，此近世之所設耳，夫古之時，未嘗有此四物者之用也，而其爲國亦無所乏絕。臣愚以爲可於其中擇取一焉，而置之用度之外，歲以爲平糴之資。且其既已置之用度之餘，則不復有所顧惜，而發之也輕。發之也輕，而後民獲其利。其與今之所謂常平者，亦已大異矣！抑嘗聞之，嘗已牧馬者〔七〕，不可使之畜豚彘。馬彘之相去未能幾也，而猶且不可使。今世之兵，以兵募之而欲強之以爲農，此其不從固無足怪者。今欲以兵屯田，蓋亦告之以將屯田而募焉。人固有無田以爲農而願耕者，從其願而使之，則雖勞而無怨。苟屯田之兵既多而可用，則夫不耕而食者，可因其死亡而勿復補，以待其自衰矣。

嗟夫！古之人其制天下之患，其亦已略盡矣，而其守法者，常至於怠惰而不舉，是以世之弊常若近起於今者，而不求古之遺法而依之以爲治，可不大悲矣哉！

【校】

〔一〕「發」，原作「法」，據宋甲本、宋丁本、宋戊本改。

〔二〕「末」，宋丁本、宋戊本作「民」。

〔三〕「儲」，原作「憂」，據宋丁本、宋戊本改。

〔四〕「其」下，原有「不」字，今據宋丁本、宋戊本刪。

〔五〕「亂」，宋甲本、宋丁本、宋戊本作「辭」。

〔六〕「蓄」上，宋丁本、宋戊本有「日」字。

〔七〕「嘗已」，三蘇祠本作「人之」。

欒城應詔集卷之十

進策五道

民政下

第一道

臣聞三代之時無兵役之憂，降及近世，有養兵之困，而無興役之患，至於今而養兵興役之事，皆不得其當，而可爲之深憂。蓋古者兵出於農而役出於民。有農則不憂無兵，而有民則不憂無役。五口之家常有一人之兵，而二十之男子，歲有三日之役。故其兵强而費不增，役起而人素具。雖有大兵大役而不憂事之不集，至於兵罷役休而無日夜不息之費。其後周衰，井田破壞，陵夷至於末世，天下無復天子之田，皆民之所自有。天下之民不食天子之田，是故獨責其稅，而不任之以死傷戰鬭之患。天子有養兵之憂，而天下無攻守劬勞之民，以爲大憂〔一〕。故調其財以爲養兵之用，而天下之役，凡其所以轉輸、漕運、營建、興築之事，又皆出於民。當此之時，民之所以供上之令者三：曰租、曰調、曰庸。租者，地之所當出。調者，兵之所當費。庸者，歲之所當役也。故使之納粟於官，以爲田之租。人入布帛，以爲兵之調。歲役其力，不役則出其力之所直，以爲役之庸。此三者，農夫皆兼爲之，而遊惰末作之民亦不免於庸調。運重漕遠，天子不知，其費而一出於民。民歲役二旬〔二〕，而不役者，當帛六十尺，民亦不至於大苦。故隋唐之間，有養兵之困，而無興役之患。此其爲法，雖不若三代之兵不待天子之養，然天下之役猶有可賴者，皆民爲也。

及其後世，又不能守，乃始變法而爲兩稅。以至於今，天下非有田者不可得而使，而有田者之役，亦不過奔走之用，而不與天子之大事。天下有大興築、有大漕運，則常患無以爲使，故廣募冗兵以供力役之急，不知擊刺戰陣之法，而坐食天子之奉〔三〕。由是國有武備之兵，而又有力役之兵。此二者〔四〕，其所以奉養之具，皆出於農也，而四海之遊民，無尺寸之庸調。爲農者，常使陰出古者遊民之所入，而天子亦常兼任養兵、興役之大患。故夫兵役之弊，當今之世可謂極矣！

臣愚以爲，天子平日無事而養兵不息，此其事出於不得已，惟其干戈旗鼓之攻，而後可使任其責。至於力役之際，挽車船、築宮室、造城郭，此非有死亡陷敗之危，天下之民誠所當任而不辭，不至以累兵革之人，以重費天子之廩食。然當今之所謂可役者，不過曰農也，而農已甚困，蓋嘗使盡出天下之費矣。而工商技巧之民與夫遊閑無職之徒常遍天下，優游終日而無所役屬。蓋周官之法，民之無職事者，出夫家之征。今可使盡為近世之法，皆出庸調之賦。庸以養力役之兵，而調以助農夫養武備之士。而力役之兵可因其老疾死亡遂勿復補，而使遊民之丁代任其役，如期而止，以除其庸之所當入。而其不役者，則亦收其庸，不使一日而闕。蓋聖人之於天下，不唯重乎苟廉而無求〔五〕，唯其能緩天下之所不給，而節其太幸，則雖有取而不害於為義。今者，雖能使遊民無勞苦嗟嘆之聲，而常使農夫獨任其困。天下之人，皆知為農之不便，則將相率而事於末。末衆而農衰，則天子之所獨任者，愈少而不足於用。故臣欲收遊民之庸調，使天下無僥倖苟免之人，而且以舒農夫之困。苟天下之遊民自知不免於庸調之勞，其勢不耕則無以供億其上，此又可驅而歸之於南畝。要知十歲之後〔六〕，必將使農夫衆多而工商之類漸以衰息，如此而後，使天下舉皆使從租庸調之制，而去夫所謂兩稅者，而兵役之憂可以稍緩矣。

【校】

〔一〕「憂」，宋甲本、宋丁本、宋戊本、三蘇祠本作「優」。

〔二〕「歲」上，原無「民」字，今據宋甲本、宋丁本、宋戊本、三蘇祠本補。
〔三〕「奉」，宋丁本作「俸」。
〔四〕「此二者」，原無，據宋甲本、宋丁本、宋戊本補。
〔五〕「無」下，宋丁本、宋戊本、三蘇祠本有「所」字。
〔六〕「十」，原作「千」，據宋甲本、宋戊本改。

第二道

臣聞古者天下皆天子之人，田畝之利、衣食之用，凡所以養生之具，皆賴於天子。權出於一，而利不分於強族。民有奉上之憂，而無役屬附麗之困。是以民德其上，而舉天下皆可使奉天子之役使。至於末世，天子之地，轉而歸於豪民，而天下之遊民，飢寒朝夕之柄，天子不卹，而以遺天下之富賈。夫天子者，豈與小民爭此尺寸之利也哉！而其勢則有所不可。何者？民之有田者，非皆躬耕之也，而無田者爲之耕。無田者非有以屬於天子也，而有田者拘之。天子無田以予之，而欲役其力也實難。而有田者授之以田，視之以奴僕，而可使無憾。故夫今之農者，舉非天子之農，而富人之農也。至於天下之遊民、販夫、販婦、工商、技巧之族，此雖無事乎田，然日食其力，而無以爲朝夕之用，則此亦將待人而生者也。

而天子不卹其闕，乃使富民持其嬴餘，貸其所急，以爲之父母。故雖遊民，天子亦不可得而使，而富者獨擅其利，日役其力而不償其力之所直。由是觀之，則夫天下之民，舉皆非天子之人，而天子徒以位使之，非皆得其歡心也。夫天下之人，獨其有田者，乃使有以附屬於天子〔一〕，此其爲衆，豈足以當其下之仰給之民哉？此亦足以見天子之所屬者已甚寡矣！

臣愚以爲當今之勢，宜收天下之田而歸之於上，以業無田之農夫；卹小民之所急，而奪豪民假貸之利，以收遊手之用。故因其所便而爲之計，以爲莫如收公田而貸民急。

夫陳蔡荆楚之地，地廣而人少，土皆公田，而患無以耕之。而吳越巴蜀之間，拳肩側足，以爭尋常尺寸之地，安土重遷，戀戀而不能去。此非官爲之畫策，因其凶荒饑饉之歲，乘其有願徙之心，而遂徙之於不耕之公田，則終不能以自去。今欲待其已去而收其田畝，藉其室廬，田爲公田，室爲公室，以授無田之民，使天下雖富庶之邦，亦常有天子之田。而又因其籍沒，積而勿復鬻，募天下之丁男，使分耕其中，而無使富民端坐而欲收公田之遺利，使天下之農夫稍可以免僕隸之辱，而得上麗於天子。而其新徙之民，耕牛、室屋、飲食、器皿之類有所不備，又皆得以貸於國，可以無失其所。

夫所謂貸者，雖其爲名近於商賈市井之事，然其爲意不可以不察也。天下之民，無田以爲農，而又無財以爲工商，禁而勿貸，則其勢不免轉死於溝壑。而使富民爲貸，則有相君臣之心，用不仁之法，而收太半之息；其不然者，亦不免於脱衣避屋以爲質。民受其困而上不享其利，徒使富民執予奪之權，以豪役鄉里，故其勢莫如官貸以賙民之急。周官之法，使民之貸者與其有司辨其貴賤，而以國服爲息。今可使郡縣盡貸而任之以其土著之民，以防其逋逃竄伏之姦。而一夫之貸無過若干，春貸以斂緡帛，夏貸以收秋實。薄收其息而優之，使之償之無難，而又時免其息之所當入，以收其心，使民得脱於奴隸之中，而獲自屬於天子。如此，則天下之遊民可得而使，富民之貸可以不禁而自息。

然臣以爲收公田者，其利遠非可以歲月之間而待其成也，要之數十百年，則天下之農夫可使太半皆天子之農。若夫所謂貸民急者，則可以朝行而夕獲其利，此最當今之所急務也〔二〕。

【校】

〔一〕「使」，宋甲本、宋丁本、宋戊本作「始」。

〔二〕「所」，宋丁本、宋戊本無。

第三道

臣聞古者建都立邑，相其丘陵原隰而利其水泉之道，通其所無而導其所有，使民日取而不盡，安居於中而無慕於外利，各安其土，樂其業，無來去遷徙之心。膏腴之鄉民不加多，而貧瘠之處民不加少，天下之戶平均若一，皆足以供其郡國之役使而無所乏困。蓋今天下所謂通都大邑，十里之城，萬戶之郭，其陰陽向背與其山林原隰之勢、陂池泉水之利，皆秦漢以來所爲創置摩畫，使足以衣食其民而無乏絕者也。臣嘗讀周詩公劉之一篇，其言自戎遷豳之際，登高望遠，以求其可居之地，與其可用之物，莫不詳悉而曲盡。其詩曰：「篤公劉，逝彼百泉，瞻彼溥原，乃陟南岡，乃覯于京。」「篤公劉，既溥既長，既景乃岡，相其陰陽，觀其流泉。」「篤公劉，于豳斯館。涉渭爲亂，取厲取鍛。」夫古之君子，居於其邦，其欲知民之所利、與器用之所出，蓋如此其詳也。及觀史記貨殖列傳，郡國之所有：東方之桑麻魚鹽，南方之竹木魚稻，與西方之五穀畜牧，北方之棗栗裘馬，則凡一方之所有，皆可以備養生送死之具。導之有方，而取之有法，則其民豐樂饒足，老死而無憾。

及行天下，覽其山林藪澤之所生，與其民之所有，往往與古不類。夫自大江以北，漢水之側，三代之時，列國數十。楚人都於荆州，其在戰國最爲強大，外抗羣蠻，內禦秦晉，常以其兵橫於天下。計其所都，安肯用瘠鹵墝埆之地？而當今自楚之北，至於唐、鄧、汝、潁、陳、蔡、許、洛之間，平田萬里，農夫逃散，不生五穀，荆棘布野，而地至肥壤，泉源陂澤之迹迤邐猶在。其民不知水耕之利，而長吏又不以爲意，一遇水旱，民乏菜茹。往者因其死喪流亡，廢縣罷鎮者，蓋往往是矣。臣聞善爲政者，不用甲兵，不斥疆界，興利除害，敎民稼穡，收斂倍稱，而獲兼地之福。今者舉千里之地，廢之爲場〔一〕，以養禽獸，而不甚顧惜，此與私割地以與人何異〔二〕？嘗聞之於野人，自五代以來，天下喪亂，驅民爲兵，而唐、鄧、蔡、汝之間，故陂舊堤，遂以堙廢而不治。至今百有餘年，其間猶未甚遠也，蓋修敗補闕，亦旬月之故耳，而獨患爲吏者莫以爲事。若夫許州，非有洪河大江之衝，而每歲盛夏，衆水決溢，無以救禦，是以民常苦饑而不樂其俗。夫許，諸侯之故邦，魏武之所都，而唐節度之所治，使歲輒被水而五穀不熟，則其當時軍旅之費，宗廟朝廷之用，將何以供〔三〕？此豈非近世之弊因循不治以至此哉？然此乃特臣之所見，而天下之廣，又安能備知？

嘗以爲方今之患，生於太怯，而成於牽俗。太怯則見利而不敢爲，牽俗則自顧而愛其身。夫是以天下之事舉皆不成，而何獨在此？臣欲破其牽俗之風，壯其太怯之氣〔四〕，意凡天下貧窶破散之郡縣，使皆擇善事能幹之人而往爲之長，因其去也而天子親諭以此，使得稍久於其任。而察其人民多田野闢者，書以爲課。何者？此非難辨之事，是以不待非常之才而後能濟，唯其弛放怠惰是以至此。今誠少嚴其事，使爲吏者知上之屬意於此，十歲之後，臣以爲此必爲富壤之區，而方今天下重征之處，亦爲漸減而取諸此矣！

【校】

〔一〕「場」，宋丁本、宋戊本作「墟」。

〔二〕「與」，宋甲本、宋戊本作「予」。

〔三〕「供」下，宋丁本、宋戊本有「之」字。

〔四〕「壯」上，宋丁本、宋戊本有「而」字。

第四道

臣聞天下有二病：好戰則財竭而民病，畏戰則多辱而無威。欲民之無貧，則無疾夫無威；欲君之無辱，則無望乎財之不竭。此二患者，天下未嘗兼有也。古之人君，各從其所安而處其偏，是以不獲全享其利，而亦未嘗有兼受其病者。昔者，匈奴之於漢可以見矣。文景之世，天下治安，民至老死不知征役之勞。府庫盈溢，其賦於民者，三十而取一，可謂盛矣〔一〕。然而匈奴傲慢侵侮，至甚不遜。輸金繒納錦繡，天子之至辱也，而文景不以爲意，以求全其民。至於武帝，不忍數世之忿，盡天下之鋭而攻之。闢地千里，斬馘百萬，匈奴之民死者太半，洗除先帝之宿恥，而夸大中國之氣。得志滿意，無以加矣。而內自疲弊，中民之家大抵皆破，無復十金之戶。此二者，皆有所就其成功〔二〕，是以有所忍而不顧。而智者之論，已謂非中國之長算矣！

今者，中國之弊在於畏戰。畏戰固多辱矣，而民又不免於貧，無所就其利，而徧被其害。重賦厚斂，以爲二邊之賂，國辱而民困。蓋今世之病，病已極矣！賢人君子竭其智慮，以求安其民，而民常爲夷狄之所擾；天子欲使其澤下布〔三〕，而海內常爲夷狄之所困。此其弊蓋有原矣。二邊之賂不絕，是以天下之賦斂雖知其甚重而不可輕。天下之賦斂甚重而不可輕，是以天下之民雖知其甚困而不可得而安也。故臣於民政之終，而特備論其要云。

蓋方今天下之議，莫不以爲二邊之賂決不可去也。獨其勇者則曰：「寧戰而無賂。戰不必敗，而賂必至於乏困。」臣竊以爲此古之漢武帝、唐太宗堅忍而不顧者足以行之，然亦有所犯天下之至危。何者？吾民之不戰久矣，用不戰之民而待必戰之敵，竊恐世俗之難之也。夫古者霸王之臣，因敗而成功，轉禍而爲福，若反覆手之間耳。桓公見脅於曹沬，欲背其盟，管仲因而信之，以自結於諸侯。桓公襲蔡，本以誅少姬之罪，管仲因而伐楚，責包茅之不入，而諸侯大服。臣竊韙之。方今二虜之賂，雖有所不得已而然者，然其勢偶有似夫戰國之際以謀相傾而陰相潰者，是故臣欲因而成之，以潛破二虜之國。

古語有之曰：「將欲取之，必固予之。」昔者晉之取虞，越之取胡，冒頓之取東胡，石勒之取王浚，此四者，皆其予之之力也。夫隣國之患，惟其相忌而相伺，以不敢相易，是以其慮詳密而難圖。今夫中國之不競亦已久矣，彼其相視以爲無能爲者，非一日也，然猶未肯釋然而無疑。夫惟釋然而無疑，而後其國可取。今吾猶有所齟齬於其間，彼以吾爲猶有不服之心，是以君臣相親而未敢懈。蓋古之英雄，能忍一朝之恥，而全百世之利。臣以爲當今之計，禮之當加恭，待之當加厚；使者之往，無求以言勝之；而其使之來者，亦無求以言犯之。凡皆務以無逆其心，而陰墮其志，使之深樂於吾之賄賂，而意不在我。而吾亦自治於內，蒐士揀馬，擇其精鋭而損其數，以外見至弱之形，而內收至強之實。作內政以寓軍令，凡皆務以自損吾強大之勢，而見吾衰弱之狀，使之安然無所顧忌，而益以怠傲。不過數年，彼日以無備，而吾日以充實。彼猶將以吾爲不足與也，而有無厭之求。彼怠而吾奮，彼驕而吾怒，及此而與之戰，此所謂敗中之勝而弱中之強者也。

嗟夫！方今之事，其勢亦有二而已矣：能奮一朝之勞，而盡力以攻之，則其後可以大安，而其始也不免有歲月之勤；能忍一朝之辱，而自損以驕之，則其後可以驟勝，而其始也不免有歲月之恥。此二策者，皆足以謀人之國，敗人之兵，而有勝矣。而臣竊謂今世之所安者，必其予之而驕之者也。嗟夫，智能攻之，以洗天下之大慚；不能攻之，則驕之而圖其後。未有不能攻之，又不能驕之，拱手以望其成功者。方今每歲委百萬之資以予人，而不能使人無疑其有不服之心；罄竭四海而其終不能以成事，特幸其一時之安。而欲得其間隙之際以治天下，天下可得而治哉？

【校】

〔一〕「盛」上，宋丁本、宋戊本有「至」字。

〔二〕「就」，原作「說」，據宋甲本、宋丁本、宋戊本改。

〔三〕「下布」下，宋丁本、宋戊本有「四海」二字。

第五道

臣聞御戎有二道，屯兵以待其來，出兵以乘其虛。方今二邊固常已屯重兵矣，而天下之議以爲中國之兵無由而出，而臣以爲不然。何者？斂天下之財以奉夷狄，彼求之無厭，則吾之應之將有所不稱其意。大抵不過數十年之間，用兵之釁，不發於彼之不悅，則發於吾之不忍。此亦其勢之不可逃者也。方其無事之時，中國既不得不畜兵於邊，而及其有間，又必將出兵而乘其弊。此二者不可不素爲之所也。

今每歲發郡縣之兵以戍邊，此其未戰之謀也，而臣未知其所以爲戰之術。臣聞古者三代之制，未有戍邊之役。六國之際，燕趙最被邊患，而當其時，西備秦，東備齊，南備楚，內備韓魏，千里之國而其四境莫不皆有所備，則其所以備胡者，安得戍卒而用之？計亦不過沿邊之民自爲卒伍，以制其侵略而已。戍邊之謀始於秦漢，內無敵國之虞，而郡縣之兵、材官蹶張，皆出於民之爲役。其法月爲更卒，已復爲正，一歲屯戍，一歲以次相承而迭相更代〔一〕。邊鄙之民不可使常爲兵，是以不得不驅中原之民而納之塞下，以捍寇虜。故其邊戍之兵，歲初而來，終歲而去；寒暑不相安，險易不相習，勇怯不相程，志氣不相企；上無顧於墳墓，而下無愛於妻子；平居憂愁無聊，無樂上之心，而緩急苟免，無死戰之意，不可求得其用。古之謀臣晁錯、陸賈之徒，蓋常以爲言矣。今世之兵〔二〕，皆天子之所廩食以終其身，在秦則廩於秦，在趙則廩於趙，不可一日而闕，非如漢之戍卒有休罷更代之期也。然猶守此區區既往之陳迹，豈不惑哉！且舉中原之士而屯之於邊，雖無死傷戰鬬之患，而其心常自以爲出征行役，苦寒冒露，爲國勞苦，凡國家之所以美衣豐食以養我者，止爲此等事也。故士卒百萬，端坐而食，實不知行陣之勞〔三〕，不見鋒刃之危，而皆已自負，以爲有勞於國，其勢不可有所復使。此其弊在於使之不得其道耳。

今夫陰伺二虜之怠，而出兵以逐利於塞外，此誠今世之至計也，而臣竊恐緩急之際，士卒皆已自負而不可用。且夫人之情，嘗已用其力，則其心自滿而不復求報其上。士無求報之心，則不可以與之犯大難而涉大勞。惟其飽食而無所試，優游無爲以觀夫人之成功而不得自効者，則其氣剛銳，而其心不倦。古之善用兵者，惟能及其心之未倦而用其銳氣，是以其兵無敵於天下。臣愚以爲方今之計，內郡之兵當常在內，而不以戍邊；戍邊之兵，當常戍邊，而不待內郡之戍卒。募內郡之兵，其樂徙邊者而稍厚之，不足則募民之樂爲邊兵者以足之。使二邊有一定不遷之兵，而頗損內郡之衆，計其內外之數，相通如舊而止。平居無事，以此備邊，而一旦欲有所攻奪掩襲，則獨發內郡之卒，使二者各思致其勇力以報其上。銳而用之，墮而置之，屯兵歷年而士無所怨其勞，出兵千里而士無所憾其遠。兵入，則出者得以休息，而無乘塞之苦；兵出，則守者閑暇，而無行役之困。交相爲用，如循環之無端而不可竭，此其與今世之法〔四〕，竭天下以養兵，守亦使此，戰亦使此，未戰而士卒皆怠者，其亦少異矣！

【校】

〔一〕「一歲以次相承」，宋丁本、宋戊本無「一歲」二字。

〔二〕「今世」上，宋丁本、宋戊本有「而況乎」三字。

〔三〕「實」，宋丁本、宋戊本無。

〔四〕「其」，原作「眞」，據宋甲本、宋丁本、宋戊本改。

欒城應詔集卷之十二

秘閣試論六首

王者不治夷狄論

儒者必慎其所習，習之不正，終身病之。公羊之書好爲異説而無統，多作新意以變惑天下之耳目〔一〕，是以漢之諸儒治公羊者，比於他經最爲迂闊。至於何休，而其用意又甚於公羊，蓋其勢然也。經書：「公及戎盟于潛。」公羊猶未有説也，而休以爲王者不治夷狄，錄戎來者不拒，去者不追也。夫公之及戎盟于潛也，時有是事也。時有是事，而孔子不書可乎？故春秋之書其體有二：有書以見褒貶者，有書以記當時之事，備史記之體，而其中非必有所褒貶予奪者。公之及戎盟于潛，是無褒貶予奪者也，而休欲必爲之説，是以其説不得不妄也。

且王者豈有不治夷狄者乎？王者不治夷狄，是欲苟安於無事者之說也。古之所以治夷狄之道，世之君子嘗論之矣，有用武而征伐之者，高宗、文王之事是也；有修文而和親之者，漢之文景之事是也；有閉拒而不納之者，光武之謝西域、絕匈奴之事是也。此三者皆所以與夷狄爲治之大要也〔二〕。今日來者必不可拒，則是光武之謝西域以息中國之民者非乎？去者必不可追，則是高宗、文王凡所以征其不服而討其不庭者皆非也。凡休之說施之於中國強盛夷狄暴横之時，則將養寇以遺子孫之憂；施之於中國新定休息自養之際，則爲夷狄之所役使以自勞弊而不得止。凡此二者，休之說無施而可也。蓋愚聞之，聖人之於夷狄也〔三〕，吾欲來之則來之，雖有欲去者，不可得而去也；吾欲去之則去之，雖有欲來者，亦不可得而來也。要以使吾中國不失於便，而置夷狄於不便之地〔四〕，故其屈伸進退莫不在我〔五〕。而休欲其自來而自去也耶〔六〕，此其尤不可者也。

治休之學者曰：「春秋託始以治天下，當隱桓之際〔七〕，未暇遠略，故先書晉滅夏陽，不書楚滅穀鄧。」夫穀鄧之不書，是楚之未通而不告也，如使聖人未欲與夷狄交通，則雖有欲至，尚可得而至哉？愚故曰：春秋之書「公及戎盟于潛」是記事之體，而無休之說也〔八〕。

【校】

〔一〕「變」，宋丁本無。

〔三〕「此三者」下，宋丁本有「或制之焉，或不能制之焉，然皆所以適吾中國之便而置夷狄於不便之地」。「皆所以與夷狄爲治之大要也」，宋丁本作「所以治之之大要也」。

〔三〕「夷」，原作「戎」，據宋丁本改。

〔四〕「要以使……不便之地」，宋丁本無。

〔五〕「屈伸」，宋丁本作「伸縮」。

〔六〕「欲」下，宋丁本有「聽」字。

〔七〕「桓」，原作「公」，據宋甲本、宋丁本改。

〔八〕「而無休之説也」，宋丁本作「而何休之説妄也」。

劉愷丁鴻孰賢論

天下之讓三：有不若之讓，有相援之讓，有無故之讓。讓者〔一〕，天下之大功大善也。然而至於無故之讓，則聖人深疾而排之，以爲此姦人之所以盜名於暗世者也。昔者公族穆子之讓韓起，范宣子之讓智伯，宣子、穆子中心誠有以愧於彼二人也，是不若之讓也。舜之命禹也，讓於皐陶；其命益也，讓於朱虎、熊羆。夫皐陶之不能當禹之任，朱虎、熊羆之不能辦益之事，亦已明矣，然猶讓焉者，此所謂相援之讓也。夫使天下之人皆能讓其所不及，則賢材在位而賢不肯不爭〔二〕；皆能讓以相援，則君子以類升，而小人不能間。此二者，天下之大善也〔三〕。然而至於無故之讓，則天下之大不善也。

東漢之衰，丁鴻、鄧彪、劉愷此三人者，皆當襲父爵而以讓其弟，非是先君之命〔四〕，非有嫡庶之別，而徒讓焉，以自高於世俗，世之君子從而譏之。然此三人者之中，猶有優劣焉。劉鄧讓而不反，以遂其非；丁鴻讓而不終，聽其友人鮑駿之言而卒就國。此鴻之所以優於劉鄧也〔五〕。且夫聞天下之有讓，而欲竊取其名以自高其身，以邀望天下之大利者，劉愷之心也；聞天下之讓而竊慕之，而不知其不同，以陷於不義者，丁鴻之心也。推其心而定其罪，則愷在可戮，而鴻爲可恕。此眞僞之辨也，賢愚可以見矣！故范曄曰：「太伯、伯夷未始有其讓也，故太伯稱至德，伯夷稱賢人。末世徇其名而昧其致，則詭激之行興矣！」若夫鄧彪、劉愷讓其弟以取義，使弟受非服，而己受其名，不已過乎！夫君子之立言，非以苟顯其理，將以啓天下之未悟者〔六〕；立行非以苟顯其身，將以救天下之未動者〔七〕。言行之所開塞，可無愼乎？丁鴻之心主乎忠愛〔八〕，何其終悟而從義也，異乎二子之徇名者也〔九〕。

嗟夫，世之邪僻之人，盜天下之大利〔一〇〕，自以爲人莫吾察，而不知君子之論有以見之，故爲國者不可以不貴君子之論也〔一一〕！

【校】

〔一〕「讓者」，宋丁本作「讓之爲名」。

〔二〕「賢不肖」，宋丁本無「賢」字，「不肖」下有「者」字。

〔三〕「善」，原作「美」，據宋丁本改。

〔四〕「是」，宋丁本作「有」。

〔五〕「優」，宋丁本作「賢」。

〔六〕「未」，原作「方」，據宋丁本改。

〔七〕同〔六〕。

〔八〕「主」，宋丁本作「存」。

〔九〕「二」，原作「數」，據宋丁本改。

〔一〇〕「盜天下之大利」，宋甲本作「盜天下之大名以冒天下之大利」。宋丁本作「苟冒天下之美名以僥倖天下之大利」。

〔一一〕「國者」，宋丁本作「天下」。

禮義信足以成德論

周衰，凡所以教民之具既廢〔一〕，而戰攻侵伐之役交横於天下，民去其本而爭事於末〔二〕。當時之君子思救其弊〔三〕，而求之太迫，導之無術，故樊遲請學爲稼，又欲爲圃，而孔子從而譏之曰：「小人哉，樊須也！上好禮，則民莫敢不敬〔四〕；上好義，則民莫敢不服；上好信，則民莫敢不用情。夫如是，四方之民，襁負其子而至矣。焉用稼？」釋之者〔五〕曰：「禮義與信，足以成德，又安用稼哉？」

嗟夫！仁人之言，其始常若迂闊而不可行，然要其終，其取利多而卒以無弊者〔六〕，終莫能易其說。蓋孔子之於衞，常欲正名，而子路笑之矣；冉子之於魯，常欲徹，而魯君非之矣。何則？衞之亂，若非正名之所能安；而魯之饑，若非徹之所能救。然而欲天下無饑與亂，則非此二者莫之能濟。故夫欲取其利而取之於遠，則取利多而民不知；欲圖其事而圖之於深，則事有漸而後無弊。今夫樊遲欲爲農圃以富民，而孔子答之以禮義信也。天下疑之〔七〕，而愚以爲不然。若觀於孟子，而求其所以辨許行之說，則夫農圃之事，乃有可以禮義致而可以信取之道。何者？許子欲使君臣並耕饔飧而治，此豈非樊子所願學者哉？而孟子答之以堯舜無所用心於耕稼。堯以不得舜爲憂，舜以不得禹爲憂。堯得舜，舜得禹，而禮義流行，忠信洋溢，則天下之民將不勸之耕而自爲耕，不督之圃而自爲圃，而何致於身服農圃之勞而憂農圃之憂哉？

且夫欲勸天下之農而至於親爲之者，亦足以見其無術矣！古之聖人其御天下也，禮行而民敬〔八〕，則役使如意；義行而民服，則勞苦而不怨；信行而民用情，則上下相知而教化易行。三德既成，則民可使蹈白刃而無怨；而況農圃之功哉〔九〕！故夫欲致其功而形之於遠，則功可成；欲力其事而爲之於近，則百弊起。今欲君子小人而皆從事於農，則夫天下之民，尚誰使治之哉？

【校】

〔一〕「廢」，宋丁本作「亡」。

〔二〕「去」，宋丁本作「棄」。

〔三〕「時」，宋丁本作「世」。

〔四〕「敬」，原作「肅」，據宋丁本、論語子路改。

〔五〕「者」，原無，據宋甲本、宋丁本補。

〔六〕「其取利」上，宋丁本有「而究其所成，則夫」七字，無「其」字。

〔七〕「天下」，宋丁本作「世或」。

〔八〕「敬」，原作「恭」，據宋丁本改。

〔九〕「功」，宋丁本作「事」。

形勢不如德論

三代之時，法令寬簡〔一〕，所以隄防禁固其民而尊嚴其君者，舉皆無有。而其所都之地，又非有深山大河之固，然而歷歲數百，長久而安存者何耶〔二〕？秦之法令可謂峻矣，而其所都又關中天府之固，古之所謂百二者也，然而二世而亡者何耶？太史公曰：「權勢、法制，所以爲治也；地形險阻，所以爲固也。然而二者猶未足恃也。故曰形勢雖強，猶不如德也。」

天下之形勢，愚嘗論之矣。讀易至於坎，喟然而嘆曰：嗟夫，聖人之所以教人者蓋詳之矣！夫坎之爲言，猶曰險也。天之所以爲險者，以其不可升；而地之所以爲險者，以其有山川丘陵。天地之險，愚聞之矣，而人之險，愚未之聞也。或曰：王公設險以守其國，此人之險，而高城深池之謂也。曰：非也。高城深池，此無以異於地之險，而人之險，法制之謂也〔三〕。天下之人，其初蓋均是人也，而君至於爲君之尊，而民至於爲民之卑，君上日享其樂而臣下日安其勞而不敢怨者，是法制之力也。然猶未也〔四〕，可以禦小害，而未可以禦大害也。大盜起，則城池險阻不可以固而留；衆叛親離，則法制不可以執而守。是必有非形之形、非勢之勢而後可也〔五〕。故至坎之六四而曰：「樽酒簋貳，用缶，納約自牖。終無咎。」夫六四處剛柔相接之時，而乃用一樽、二簋、土盎、瓦缶，相與拳曲俯仰於戶牖之下，而終獲無咎。此豈非聖人知天下之不可以強服，而爲是優柔從容之德，以和其剛強難屈之心，而作其愧恥不忍之意故耶？

嗟夫！秦人自負其強，欲以斬刖齊天下之民，而以山河爲社稷之保障，不知英雄之士開而闞之，刑罰不能繩，險阻不能拒。故聖人必有以深結天下之心，使英雄之士有所不可解者，則坎之六四是也。

【校】

〔一〕「法令寬簡」，宋丁本作「刑寬而政簡」。

〔二〕「安存」，宋丁本作「無患」。

〔三〕「人之險」，宋丁本作「人之所以爲險者」。「之謂也」下，宋丁本有「且夫」二字。

〔四〕「猶未」，宋丁本作「止」。

〔五〕「非形之形、非勢之勢」，宋丁本兩句上下顛倒。

禮以養人爲本論

君子之爲政，權其輕重而審其小大。不以輕害重，不以小妨大，爲天下之大善。而小有不合焉者，君子不顧也。立天下之大善，而以小有不合而止，則是天下無聖人，大善終不可得而建也。自周之亡，其父子、君臣、冠昏、喪祭之禮，皆以淪廢〔二〕。至於漢興，賢君名臣比比而出，皆知禮之足以爲治也，然皆拱手相視而莫敢措。非以禮爲不善也，以爲不可復也。是亦自輕而已〔三〕。故元、成之間，劉向上書，以爲禮以養人爲本，如有過差，是過而養人也。刑罰之過，或至於死傷，然有司請定法令，筆則筆，削則削，是敢於殺人，而不敢於養人也。然而爲是者，則亦有故。律令起於後世，而禮出於聖人。敢變後世之刑，而不敢變先王之禮，是亦畏聖人太過之弊也。記曰：「禮之所生，生於義也。」故禮雖先王未之有，可以義起也。故因人之情而爲之節文，則亦何至於憚之而不敢邪？

今夫冠禮所以養人之始，而歸之正也；昏禮所以養人之親，而尊其祖也；喪禮所以養人之孝，而爲之節也；祭禮所以養人之終〔三〕，而接之於無窮也；賓客之禮所以養人之交，而愼其瀆也；鄉禮所以養人之本，而教之以孝悌也。凡此數者，皆待禮而後可以生〔四〕。今皆廢而不立，是以天下之人臯臯然無所折衷〔五〕。求其所從而不得，則不能不出其私意以自斷其禮，私意既行，故天下之弊起。奢者極其奢以傷其生，儉者極其儉以不得其所欲。財用匱而飢寒作，飢寒作而盜賊起，盜賊起而民之所恃以爲養者皆失而不可得，雖日開倉廩發府庫以贍百姓，民猶未可得而養也〔六〕。故古之聖人不用財，不施惠，立禮於天下，而匹夫匹婦莫不自得於閭閻之中而無所匱乏〔七〕，此所謂知本者也。

【校】

〔一〕「皆以淪廢」，宋丁本作「日以淪喪」。

〔二〕「是」上，宋丁本有「嗚呼」二字。

〔三〕「祭禮」上，宋丁本有「葬禮所以養人之終，而塞其悲也」。又，「終」，宋丁本作「情」。

〔四〕「可以生」，宋丁本作「成者也」。

〔五〕「是以」，原作「皆以」，據宋甲本、宋丁本改。

〔六〕「民」，宋丁本無。「未」，宋丁本作「不」。

〔七〕「莫不自得於閭閻之中」，宋丁本作「莫不自足於閭閻之下」。

既醉備五福論

善夫詩人之爲詩也！成王之時，天下既平，其君子優柔和易而無所怨怒，天下之民各樂其所。年穀時熟，父子兄弟相愛，而無暴戾不和之節。莫不相與作爲酒醴，剝烹牛羊，以享以祀，以相與宴樂而不厭。詩人欲歌其事，而以爲未足以見其盛也，故又推而上之，至於朝廷之間，見其君臣相安而親戚相愛〔一〕，至於祭祀宗廟，既事而又與其諸父昆弟皆宴於寢，旅酬下至於無算爵，君臣釋然而皆醉。故爲作既醉之詩以歌之〔二〕，而後之傳詩者又深思而極觀之，以爲一篇之中而五福備焉。

然愚觀於詩書，至抑與酒誥之篇，觀其所以悲傷前世之失，及其所以深懲切戒於後者，莫不以飲酒無度、沈湎荒亂、號呶倨肆以敗亂其德爲首。故曰百禍之所由生，百福之所由消耗而不享者，莫急於酒。周公之戒康叔曰：「酒之失，婦人是用。二者合并，故五福不降，而六極盡至。」愚請以小民之家而明之。今夫養生之人，深自覆護擁閉，無戰鬬危亡之患，然而常至於不壽者何耶？是酒奪之也。力田之人，倉廩富矣，俄而至於飢寒者何耶？是酒困之也。服食之人，乳藥餌石，無風雨暴露之苦，而常至於不寧者何耶？是酒病之也。修身之人，帶鉤蹈矩，不敢妄行，而常至於失德者何耶？是酒亂之也。四者既備，則雖欲考終天命而其道無由也。

然而曰五福備於既醉者何也？愚固言之矣，百姓相與歡樂於下〔三〕，而後君臣乃相與偕醉於上。醉而愈恭，和而有禮，心和氣平，無悖逆暴戾之氣干於其間〔四〕，而壽不可勝計也。用財有節，御己有度，而富不可勝用也。壽命長永，而又加之以富，則非安寧而何？既富而壽，且身安矣，而無所用其心，則非好德而何？富壽而安，且有德以不朽於後也，則非考終命而何？故世之君子苟能觀既醉之詩，以和平其心，而又觀夫抑與酒誥之篇，以自戒也，則五福可以坐致，而六極可以遠却。而孔子之説所以分而別之者〔五〕，又何足爲君子陳於前哉！

【校】

〔一〕「親戚」，宋丁本作「家族」。

〔二〕「以歌之」，宋丁本作「以美之」。

〔三〕「歡樂」上，宋丁本有「飲酒」二字。

〔四〕「心和氣平……于於其間」，宋丁本作「謬戾之氣不作於心，心和神安」。

〔五〕「孔子」，宋甲本、宋丁本作「孔氏」。

秘試論一首

史官助賞罰論

域中有三權：曰天，曰君，曰史官。聖人以此三權者，制天下之是非，而使之更相助。夫惟天之權，而後能壽夭禍福天下之人，而使賢者無夭橫窮困之災，不賢者無以享其富貴壽考之福。然而季次、原憲，古所謂賢人者也，伏於窮閻之下，布衣饘粥之不給。盜跖、莊蹻橫行於天下，食人之肝以爲糧，而老死於牖下，不見兵革之禍。如此，則是天之權有時而有所不及也。故人君用其賞罰之權〔二〕，於天道所不及之間，以助天爲治。然而賞罰者，又豈能盡天下之是非？而賞罰之於一時，猶懼其不能明著暴見於萬世之下，故君舉而屬之於其臣，而名之曰史官。蓋史官之權，與天與君之權均，大抵三者更相助，以無遺天下之是非。故荀悦曰：「每於歲盡，舉之尚書，以助賞罰。」

夫史官之興，其來尚矣！其最著者，在周曰佚，在魯曰克，在齊曰南氏，在晉曰董狐，在楚曰倚相。觀其爲人，以度其當時之所書，必有以助賞罰者，然而不獲見其筆墨之所存，以不能盡其助治之意。獨仲尼因魯之史官左丘明而得其載籍，以作爲春秋，是非二百四十二年。雖其名爲經，而其實史之尤大章明者也。故齊桓、晉文有功於王室，王賞之以侯伯之爵、征伐四國之權，而春秋又從而屢進之，此所以助乎賞之當於其功也。吳、楚、徐、越之僭，皆得罪於其君者也，而春秋又從而加之以斥絕擯棄不齒之辭，此所以助乎罰之當於其罪也。若夫當時賞罰之所不能及，則又爲之明言其狀，而使後世嗟嘆痛惜之不已。嗚呼，賢人君子之功烈，與夫亂臣賊子罪惡之狀，於此皆可以無憂其無聞焉！是故古者聖人重史官。當漢之時，號曰太史令，而其權在丞相之上，郡國計吏上計於太史，而後以其副上于丞相、御史。夫惟知其權之可以助賞罰也，故從而尊顯之。然則後之史官其可以忽哉？

【校】

〔一〕「人君」，原作「君人」，據宋甲本、宋丁本改。

省試論一首

刑賞忠厚之至論

古之君子立于天下，非有求勝於斯民也。爲刑以待天下之罪戾，而唯恐民之入於其中以不能自出也；爲賞以待天下之賢才，而唯恐天下之無賢而其賞之無以加之也。蓋以君子先天下，而後有不得已焉。夫不得已者，非吾君子之所志也，民自爲而召之也。故罪疑者從輕，功疑者從重，皆順天下之所欲從〔一〕。

且夫以君臨民，其強弱之勢，上下之分，非待夫與之爭尋常之是非而後能勝之矣〔二〕。故寧委之於利，使之取其優而吾無求勝焉。夫惟天下之罪惡暴著而不可掩，別白而不可解，不得已而用其刑〔三〕；朝廷之無功，鄉黨之無義，不得已而愛其賞。如此，然後知吾之用刑，而非吾之好殺人也；知吾之不賞，而非吾之不欲富貴人也。使夫其罪可以推而納之於刑，其迹可以引而置之於無罪；其功與之而至於可賞，排之而至於不可賞。若是二者而不以與民，則天下將有以議我矣。使天下而皆知其可刑與不可賞也，則吾猶可以自解；使天下而知其可以無刑可以有賞之說，則將以我爲忍人而愛夫爵祿也。聖人不然，以爲天下之人，不幸而有罪，可以刑，可以無刑，刑之而傷於仁；幸而有功，可以賞，可以無賞，無賞而害於信。與其不屈吾法，孰若使民全其肌膚保其首領而無憾於其上？與其名器之不僭，孰若使民樂得爲善之利而無望望不足之意？嗚呼，知其有可以與之之道而不與，是亦志於殘民而已矣！

且彼君子之與之也，豈徒曰與之而已也，與之而遂因以勸之焉耳〔四〕。故捨有罪而從無罪者，是以恥勸之也；去輕賞而就重賞者，是以義勸之也。蓋欲其思而得之也。故夫堯舜三代之盛，捨此而忠厚之化亦無以見於民矣！

【校】

〔一〕「天下」，宋丁本作「民」。

〔二〕「非待夬」，宋丁本作「固不待乎」。

〔三〕「用其刑」，宋丁本作「加之刑」。

〔四〕「因以」，宋丁本無。

欒城應詔集卷之十二

策一道

御試制策 問目具東坡集。

臣謹對曰：臣不佞，陛下過聽，策臣於庭，使得竭愚衷以奉大對。臣性狂愚，不識忌諱；伏讀陛下制策，凡所以問臣之事數十條者，臣已詳聞之矣。然臣內省愚誠，欲先以聞，而後答陛下之所問〔一〕。

伏惟陛下承先帝之業，即位以來三十餘年，四方乂安，陛下守此太平之成基，平日無事，端居靜慮，亦嘗有憂於此乎？無憂於此乎？陛下策臣曰：「朕承祖宗之大統，先帝之休烈，深惟寡昧，未燭於理。」又曰：「志勤道遠，治不加進，夙興夜寐，于茲三紀。」此陛下憂懼之言也，然臣以謂陛下未有憂懼之誠耳！往者寶元、慶曆之間，西羌作難，陛下晝不安坐，夜不安席。當此之時，天下皆謂陛下憂懼小心如周文王。然而自西方解兵，陛下棄置憂懼之心而不復思者二十年矣。古之聖人無事則深憂，有事則不懼。夫無事而深憂者，所以爲有事之不懼也。今陛下無事則不憂，有事則大懼。臣以爲陛下失所憂矣。故願陛下雖天下無事，而不忘憂懼之心。陛下誠能用臣此言，則凡所以問臣者，臣雖不言可得而舉也。苟未能用臣此言，則凡所以問臣者，臣雖言之無益也。

制策曰：「德有所未至，教有所未孚，闕政尚多，和氣或盭。」陛下思慮至此，此則聖人之用心也。臣請爲陛下推其本原，而極言其故。臣聞之書曰：「與治同道，罔不興；與亂同事，罔不亡。」昔者夏之衰也有太康，商之微也有祖甲，周之敗也有穆王，漢之卑也有成帝，唐之亂也有穆宗、恭宗，此六帝王者，皆以天下之治安，朝夕不戒，沈湎于酒，荒躭于色，晚朝早罷，早寢晏起。大臣不得盡言，小臣不得極諫。左右前後惟婦人是侍，法度正直之言不留于心，而惟婦言是聽。謫行于內，勢横于外，心荒氣亂〔二〕，邪僻而無所主。賞罰失次，萬事無紀，以至於天下大亂，而其心不知也。是以三代之季，詩人疾而悲傷之曰：「匪教匪戒，時惟婦寺。」「聽言則對，誦言如醉。」又曰：「亂匪降自天，生自婦人。」「赫赫宗周，褒姒滅之〔三〕。」蓋傷其不可告教而至于敗也。

臣疎賤之臣，竊聞之道路：陛下自近歲以來，宮中貴姬至以千數。歌舞飲酒，歡樂失節；坐朝不聞咨謨，便殿無所顧問。夫三代之衰，漢唐之季，其所以召亂之由，陛下已知之矣。久而不正〔四〕，百蠹將由之而出。內則將爲蠱惑之所汙，以傷和伐性；外則將爲請謁之所亂，以敗政害事。婦人之情，無有厭足，迭相誇尚，爭爲侈靡。賜予不足以自給，則不憚於受賂賄。賂賄既至，則不憚於私謁。私謁既行，則內外將亂。陛下無謂好色於內而不害外事也。且臣聞之，欲極必厭，樂極必反。方其極甚之時，一陷於其中而不能以自出，然及其覺悟之後，未始不以自悔也。陛下何不試於清閑之時，上思宗廟社稷之可憂，內思疾疢病恙之可惡，下思庶人百姓之可畏，則夫嬪御滿前，適足以爲陛下憂，而未足以爲陛下樂也。伏惟聖心未之思焉，是以遲遲而不去。詩云：「顛沛之揭，枝葉未有害，本實先撥。」方今承祖宗之基，四方無虞，法令修明，百官繕完。而陛下奈何先自撥其本哉？臣恐如此，德教日以陵遲，闕政將至於敗，戾氣將至於災而不可救也。

制策曰：「田野雖闢，民多無聊。邊境雖安，兵不可撤。利入已浚，浮費彌廣。」臣以爲地有所未闢，是以民不得安其生。邊境雖安，而非誠安，是以兵不得徹其備。浮費日廣，是以利入浚而不能休。

何者？自京以西，近自許鄭，而遠至唐鄧，凡數千里，列郡數十，土皆膏腴，古之賦輸太半多出於此。自兩漢以來，名臣賢守，所以爲民興利除害，溝洫畎澮之迹〔五〕往往猶在。而荆棘成林，無尺寸之耕，狐貍豺狼之所嗥，而逃兵罷士之所竄伏。陛下所使守此地者，終無一人爲陛下深思極慮，招來流亡以墾化其地。賢才良士，以爲此僻遠之處，而不肯往。陛下何不使大臣舉人而守之，親召而勉勵其志，屬以此事，而亦以此爲殿最之課。不及十年，此將皆爲天下之沃壤。臣故曰：地有所未闢，是以民不得安其生也。

臣又聞古之制邊備者，外有亭障，內有屯兵。亭障欲繁，屯兵欲簡。繁則耳目明，簡則氣勢合。今者邊境之患，患在亭障之地而皆屯兵以待寇至。屯兵之處，兵分力弱，而不足以備禦。夫屯兵於亭障之地者，兵必不能甚多也。兵不能甚多，則寇至必不能抗，而徒棄甲兵於無用。此拙守者之計也。然今之人又患夫屯之不密，而歲益增焉。小屯不滿百人，大屯不過數百。城壘之廣狹，弱弓乏矢可以越而過者，往往是也。然而前守之所成，後守不敢徹。非不知徹也，恐後之有敗事，而以是爲過也。兵法曰：「善攻者，敵不知所守；善守者，敵不知所攻。」夫敵不知所攻，非連臂而守之也。雖連臂而守之，敵倘可得攻而絕也。古之善守者，置兵於要害之地，則敵人不敢過而爲盜。何者？畏吾之乘其背也。過人之城而又遇城焉，則腹背而受敵，此用兵之深忌也。今國家不料敵之不敢過吾城以深入吾地，而懼敵之敢入深也。夫敵之過吾城以深入吾地，是吾利也，而又何患乎？臣故欲收諸小屯無益之兵，而聚之大屯。諸故小屯皆廢以爲亭障，嚴斥候，謹烽燧，以爲大屯之耳目。置大屯於要害之地，以形制戎狄。高城深池〔六〕，精爲守備，使可以對敵逾月而不陷。制爲諸屯，使其相去之遠近，可以輕兵十日而相救。臣讀古兵書、戰國策，未嘗見有敵人敢越大城深入而爲寇者。臣故曰：邊境雖安，而非誠安，是以兵不得徹其備也。

臣又聞人君之於天下，本非有情愛相屬如父子兄弟之親也。上以其勢臨下，則下以其勢奉上。二者相持而行，不相悅則解，不相合則叛。譬如草木之於地也，託之而生，判然二物也。有根而綢繆之，交横相入，而至於不可拔。及其不相入也，木槁於上而根不下屬，地確於下而氣不上接。一夫之力可拔而取也，飄風暴雨可拔而離也。是以古之聖人於其無事之時，必深結百姓之心，使之歡忻交通，分義積厚，而不忍相棄於緩急之際。昔漢之文景，優裕天下，時使薄賦斂〔七〕，寬田租，宥罪戾。當此之時，雖天下和平，猶未見其利，及至末世，賊臣竊命，國統已絶，而天下之心猶依依不忍離漢者，徒以文景之所以愛之者深而不可忘也。國家自祖宗以來，至於陛下，四世矣，陛下之所以深結於民者何也？民之所好者生也，所惜者財也。陛下擇吏不精，百姓受害於下無所告訴，則是陛下未得以生結民也。陛下賦斂煩重，百姓日以貧困，衣不蓋體，則是陛下未得以財結民也。吏之不仁，尚可以爲吏之過，賦斂之不仁，誰當任其咎？且陛下凡所以用財者果何事乎？上有官吏之俸，下有士卒之廩，外有夷狄之路，此三者，陛下未得省之之術，臣亦未敢以爲言也。臣獨怪陛下内有宮中賜予玩好無極之費，此何爲者也〔六〕？凡今百姓所爲，一物已上，莫不有稅。茶鹽酒鐵關市之征，古之所無者，莫不並行。疲民咨嗟，不安其生。而宮中無益之用，不爲限極，所欲則給，不問無有。司會不敢爭，大臣不敢諫，執契持敕，迅若兵火。陛下外有北狄西戎，歲邀金繒，而又內自爲一穽，以耗其所遺餘，臣恐陛下以此獲謗，而民心之不歸也。故臣願陛下日夜自損，以礪左右，痛爲節儉，以寬百姓。捐錦繡，棄金玉，以質素爲貴。賦稅之入，獨以供不得已之費。使天下知戴陛下之德，一旦有緩急，則民尚可以使之無叛。臣故曰：浮費日廣，是以利入浚而不能止者，此之謂也。

制策曰：「軍冗而未練，官冗而未澄。」夫軍冗未練，則爲無兵。官冗未澄，則爲無吏。古者民多則兵衆，兵衆則國強。今兵衆而至於以爲冗者，則是不耕而食之過也。然而屯田之利，是當今之至計也。然而屯田之不用，則亦有說。有兵而不可使耕，一也。天下須兵之地無官田，而閑田之鄉不須兵，二也。此二患者，臣嘗慮之，蓋亦以爲無難也。有兵而不可使耕，臣亦不敢強使也。計今天下之兵，一歲死亡幾何，而以其數募民爲兵且屯田，民自將有應此選者。則今不耕之兵，十數歲之後，其存者將有幾？此非屯田之所當畏者一也。天下郡縣未嘗無官田，郡縣之無官田者嘗有之，而官鬻之也。籍沒之田，歲歲不絕，舉而積之，而田皆在官矣。閑田之鄉，不過京師之西，雖差遠於京畿，然而車馳卒奔，可以不過旬日而至，有欲用之，可以緩急而召。雖禁衞之兵，亦可以循漢之故，發郡縣之兵充之，期年而一易。京師可獨置天子腹心之軍數萬人，以制四方之客軍，使之獨得不耕而食，如周之環人，漢之羽林、佽飛之類。此又非屯田之所當畏者二也。如此而兵冗之弊可以去矣。

臣又聞方今用人之弊有二：吏多也，吏雜也。吏多之弊輕，吏雜之弊重。吏多而不雜，則賢不肖猶有辨也。多而不免於雜，既費廩祿〔九〕，又不得賢也。費廩祿則國貧，不得賢則事不舉。均之二弊，事不舉者，所當先治也。如臣之意，且可使審官、銓曹、密院、三班分別天下之官，其事之爲天下之要，而其地之爲一方之急者，別之以爲一等。而使諸道之職司，各第其吏之廉明善事最異者〔一〇〕，而上之於審官、銓曹、密院、三班，而審官、銓曹、密院、三班即任之以此。至於其餘不急之官，則又爲一等。使碌碌之吏，以今先後之法占之。此法既行，要以世之庸吏必將羣議而聚怨。然臣以爲聖人之爲天下，不憚人之有怨心，而問其怨之當否。今世之患，上之人畏下太甚，而下之人持上太過。上以其法御下，而下反以法攻上之失。是以在上者不敢有所興利除害，而惟法之聽。法者，上之所當用耳，而豈亦使天下之人以繩上哉？此太甚也！臣讀後魏書，觀其始時，天下用兵，武夫悍卒皆得爲吏。而當此之時，吏道不雜。何者？其所用者皆賢，而不賢者未嘗用也。及其後世，患夫不用者之多怨也，是以崔亮從而更之，不問士之賢愚，而專以停解日月爲斷。沈滯者皆稱其能，而魏之失人自是而始。故臣欲分而別之，以爲賢不肖之辨。如此而官冗之弊可除矣。

陛下興庠序於久亡，悼禮樂之未備，思繼可封之俗，欲隆偕讓之節〔二一〕，而訟未息，刑未措〔二二〕。深求其故，歸咎在位，以爲教化不足，而法律有餘。是以民不知避，吏不知懼，咨嗟怨讟並興而不止，思所以治之不得其道〔二三〕。臣聞善治天下者，不必有美名，而有亹亹之實功〔二四〕。不善治天下者，其名不必不美，而其實空虛，無益於事。陛下自即位以來，登庸俊良，力興美政，以教化天下者，於今凡幾矣。慶曆之中，勸農桑，興學校。當此之時，天下以爲三代之風可以漸復。然而學校既興，農桑既勸，而天下之風俗卒何以異於慶曆之始？今者，陛下又發德音，分遣使者，巡行天下。或以寬恤，或以減省，或以均稅，名號紛紜而出。天下又皆翕然知陛下之欲速於爲治也。然臣以爲陛下惑於虛名，而未知爲政之綱也。且陛下以爲此數事者，足以致治耶？不足以致治耶？陛下設官置吏，其職亦有治此等事者耶？其未有耶？臣以爲凡陛下之所以分裂海內以爲郡縣，其中上有守令，下有丞尉；大有會府，次有職司者，凡所以治此數事耳。今陛下欲寬卹百姓，以至於特命使者，則是此等常爲暴也；陛下欲減省、均稅，以至於特命使者，則是此等皆不可使也。臣觀陛下之意，不過欲使史官書之以邀美名於後世耳。故臣以爲此陛下惑於虛名也。今夫諸道之職司，是天下之綱，雖然〔二五〕，尙非陛下之所當擇。陛下當擇宰相，而宰相當擇職司耳。天下諸道，凡十有七。一道之職司，少者三人，而多者不過四人。均之十七道者，其替換迭代，不過四五十人也。以士大夫之多，擇四五十人而用之，宜其甚足。今乃不擇賢否而任之，至於有事則更命使者。故臣以爲陛下未知爲政之綱也。夫綱雖大不知舉，而何教化之能興？故臣願陛下興教化自擇職司始，而天下可以漸治矣。

陛下戒愼天災，震懼日食、淫雨、煐氣、江河之失度〔一七〕，而思聞告戒消伏之理，推劉向之傳，考呂氏之紀。夫劉向之說五行，事各以類感，滯於一方，而不得相通。呂氏之書，隨其時月，而指其必然之災異，其言皆迂怪而難信，安足爲陛下道哉？臣聞災異之說有二：有可得而推知其所從來者，有不可得而推知其所從來者。可得而推者，人之所爲也；不可得而推者，天之所爲也。人之所爲者，不過盜賊竊發，戰敗兵破，而不得復。盜賊竊發，是衣食不足，政暴吏苛之罪也；戰敗兵破，是任人不明，將不爲用之過也。至於天之所爲凶旱、水溢、蟲蝗、霜雹、日食、地震、星辰隕墜，是安知其所由來哉？譬如人之將病也，五臟失據於中，而變動見於四肢，發於百體。醫者切其脈而觀其色，曰是心病也，肺病也，是皆可也。至於鬼嘯於梁，捐瓦於堂，而動之曰，是心也，是肺也，則可乎？要以人之神明精爽消散而不充，是以邪物得而干之，而尙何擇乎心肺之間哉？古之儒者，其論災異，則皆有此弊也。今使國家治強，人民乂安，和氣充實於天地之間，則天爲之明，地爲之靜，三辰爲之光。

及其少衰，則天地三辰皆將虧缺而不寧。頃者水冒京城，日食季夏，江、河、淮、汴破溢爲害，地震生毛，水變赤色，此數事者，使董仲舒、劉向之徒出而論之，必將指國政之一二以爲其驗，而臣以爲不然。蓋臣非以爲不爲災也，以爲天地之遠，而至於爲之變動，此非一事之所能致。蓋天下之政皆失其中，是以其氣衰弱挫沮而不振，以至於是。以爲陛下歷數天下之弊，而使陛下盡修之云耳。非正陽之月，而伐鼓救變，說者以爲非經，然而要以脅陰助陽，則雖非正陽而不爲失當。盛夏之月而論囚報重，說者以爲非古，然而要以使犯法者無久繫之殃，而民覩爲惡之速及，則雖當盛夏而亦不爲非也。

陛下愍四方之未治，而推其源於京師，知淫巧僭差之失度，而欲各爲之節，然而未獲所以禁之之術〔三〕，是以欲先治內，則惑於何以爲京師之害；欲先擿姦，則惑於不撓獄市之說。今陛下任人使爲京兆，如得趙廣漢耶，則安可以不撓獄市而拘其才？如得黃霸耶，則安可以擿姦而責其效？各隨其才而用之，則可以至於治矣。然臣以爲莫若先之以猛，而終之以寬。頃者，陛下之所任皆能猛矣，而不能寬。皆得其始矣，而不知其所以爲繼之術。是以京兆之政，大則斬戮，小則笞箠，歷歲百餘，而終無有一人能以仁恕爲治者。故其民狃於刑戮而不知懼。然而不先之以猛，臣又恐仁恕之不能折夫強暴也。

陛下深探儒老之是非，而至於漢文、漢武治亂之際。臣聞老子之所以爲得者，淸淨寡欲；而其失也，棄仁義、絕禮樂。儒者之得也，尊君卑臣；而其失也，崇虛文而無實用。然而道之可以長行而無弊者，莫過於儒術。其所以有弊者，治之過也。漢文取老子之所長而行之，是以行之而天下豐。漢武取儒者之失而用之，是以用之而天下弊。此儒老得失之辨也。

昔者周公遭變而作豳詩，雖言王業之本，而要以自明其身之無罪，是以謂之國風。宣王北伐，其事雖大，而其詩非大雅之體，是以謂之小雅。故夫寬柔敦厚者，大雅之風也。慷慨勁正者，小雅之文也。以此推之，則可以辨矣。三代之時，財賦之用，有司掌之，而冢宰特因其歲之凶豐上下，而制其用度多少之節，蓋亦如此而已。至於有唐正觀、開元之際，猶委之郎官。其後四方用兵，而財用之間，亦遂有權時應變之事。郎官有所不能辨。故立使以主之。及其末世，使又不能辦，則又舉而歸之宰相，是以李德裕之徒皆治其事。以一有司之職而累天下之宰，由此言之，則夫陳平、韋賢之論有不妄矣〔二八〕。若夫泉貨之輕重，始於周景王，而後有二品之差；命秩之實，始於魏武帝，而後有六等之號。水旱蓄積之備，莫如李悝之平糴；邊陲守禦之方，莫如張仁愿之築城。圜法九府之名，自天府、太府、玉府、內府、外府、職內、職金、職歲、職幣〔二九〕，皆列職於周官。樂語五均之義，天子取諸侯之士，以爲國均，則市不二價。其說見於河間獻王之禮。此數事者，皆非有益於當世之務，是以不

足深論也

伏惟陛下諮謨國事，丁寧反覆，終而復始，不忍捨去，故於制策之終，則又曰：「富人彊國，尊君重朝，弭災致祥，改薄從厚，此皆前世之急政，而當今之要務。子大夫其悉意以陳，毋悼後害。」夫陛下丁寧激切至於如此，而臣何敢不爲陛下申重其說？今陛下憂思天下若此其至，而其功不就者，豈非無其人之故耶？臣聞求賢不如變俗，俗所不悅，雖有賢者，將不能自立；俗苟好之，雖天下之人，將從風而靡。昔太祖好武略，則天下之猛士出而爲之兵。太宗好奇謀，則天下計畫之士出而爲之慮。眞宗好文而愛儒〔二〇〕，則海內無有不學以待上之所使。今陛下公卿滿朝，進趨揖讓，文學言語，上可以不愧於古人，而下可以遠過於近世者，以陛下誠好之也。然陛下中夜不寐，起坐而思之，天下之事所未能舉者凡有幾何？府庫空虛，入不支出，而不能均；兵革怠惰，驕而不爲用，而不能制；閑田滿野，民食不足，而不能闢；河水歲決，北人受害，而不能救；戎狄放肆，邀取金幣，而不能服。陛下治天下，而至使不察，察有如此者〔二一〕，得非陛下所好非所當用耶？狄仁傑有言：「文士中不足快意，要得奇才之士與共天下。」乃進張柬之以代李嶠、蘇味道。而臣亦以爲治天下當得渾質剛直、不忌不克、不擇劇易之人而任之，如漢之絳侯、條侯，魏之賈逵、鄧艾，晉之温嶠、周訪，唐之婁師德、郝處俊，得此數人，唯陛下所欲用之。致之朝廷之上，則賢人益親；置之邊境之上，則惡言不至。如此人者，陛下豈不欲用之？故臣願陛下改易所好，以變天下之俗，則當今之文人，皆可使爲朴直之士。陛下何憚而久不爲也？

臣本布衣書生，陛下授之以爵祿，而又親策之於廷。陛下罄竭所疑以問之於臣，而臣何敢不盡其中之所懷以輸之陛下？凡制策之所以問臣者，臣謹已直率愚意，竊揣而妄論之矣！才智短淺，不足以上塞明詔，無補於聰明之萬一，謹俯伏待罪。然臣之微意，所欲丁寧而致之陛下者，終欲爲陛下畢盡其說。臣聞聖人欲有其富，則保之以儉；欲久其尊，則守之以謙；欲安其佚，則行之以勞；欲得其欲，則濟之以無欲。此四者，聖人之所以盡天下之利，而人不以爲貪；極天下之樂，而不爲人之所厭者也〔三〕。老子曰：「聖人以其無私，故能成其私。」由是觀之，則夫欲樂其富而用之以奢者，其富必亡；欲大其尊而用之以倨者，其尊必替；欲享其逸而用之以惰者，其佚必窮；欲獲其欲而用之以肆者，其欲必廢。是以聖人處衆人之所惡，而使天下無異辭，然後全享天下之利而無所失。故夫斥棄金玉，不貴錦繡，非以爲愛財也；畏大臣，禮小臣，非以爲尚賢也；雞鳴而起，日昃不食，非以爲集事也；去聲色，放犬馬，非以爲美名也。凡所以深服天下，而消其爭心焉耳。伏惟陛下覽策之始，以無忘憂懼之心；則又覽其終，以去其太甚，消天下不平之意，二者既行，則大臣之所言者，舉可以漸用而無弊矣。惟陛下愼思之，力行之，無以臣言爲妄。蓋臣之所見，當今天下之事，未有急於此者。陛下幸而留意，天下不勝幸甚！謹對。

【校】

〔一〕「之」，原作「以」，據宋丁本改。

〔二〕「心荒氣亂」，宋甲本、宋丁本作「心氣荒亂」。

〔三〕「褒」，原作「哀」，據宋甲本、宋丁本改。

〔四〕「正」，宋甲本、宋丁本作「止」。

〔五〕「畎」，原作「畝」，據宋甲本、宋丁本改。

〔六〕「池」，原作「地」，據宋甲本、宋丁本、叢刊本改。

〔七〕「賦」，原無，據宋丁本補。

〔八〕「也」，原無，據宋甲本、宋丁本補。

〔九〕「費」，原作「廢」，據宋甲本、宋丁本、叢刊本改。

〔一〇〕「善」，原作「喜」，據宋甲本、宋丁本改。

〔一一〕「偕」，原作「皆」，據宋丁本改。按：問目中有「士忽偕遜之節」，故以「偕」爲是。

〔一二〕「刑未措」，原無，據宋丁本補。按：問目中有「訟未息於虞芮，刑未措於成康」之語，故以「刑未措」爲是。

〔一三〕宋丁本作「必所以治之而不得其道」。

〔一四〕「功」，宋丁本作「効」。

〔一五〕「雖」，宋甲本、宋丁本作「維」。

〔一六〕「燠氣」下，宋丁本有「之失節」三字；「江河」下有「百川」二字。

〔一七〕原作「禁之術」，據宋丁本增「之」字。

〔一八〕「韋賢」，原作「韋質」，據宋甲本、宋丁本改。

〔一九〕「玉府」原作「王府」，據宋丁本、三蘇祠本改。

〔二〇〕「眞宗」下，宋丁本有「好賢則天下豪賢之士出而爲之佐。陛下」十六字。

〔二一〕「不察，察有如此者」，宋甲本只一「察」字。

〔二二〕「之」，原無，據宋甲本、宋丁本補。

欒城集拾遺

絶勝亭

夜郎秋漲水連空，上有虚亭縹緲中。山滿長天宜落日，江吹曠野作驚風。爨煙慘澹浮前浦，漁艇縱横逐釣筒。未省岳陽何似此，應須子細問南公。

東坡文集卷六十四書子由絶勝亭詩

留題仙都觀

道士白髮尊，面黑嵐氣染。自言王方平，學道古有驗。道成白晝飛，人世不留窆。後有陰長生，此地亦所占。並騎雙翔龍，霞綬紫雲擔。揚揚玉堂上，與世作豐歉。

王文誥蘇文忠公詩編註集成卷一留題仙都觀引王註子仁曰

題三游洞石壁

昔年有遷客，攜手醉嵌巖。去我歲已百，游人忽復三。

南宋黃善夫家塾本王狀元集百家注分類東坡先生詩卷一紀游類游洞之日有亭吏乞詩……以此授之，題下林子仁注。四部叢刊影印虞平齋本類注蘇詩「醉」作「過」；馮應榴蘇詩合注引此詩「已百」作「三百」。

渚宮

楚塞多秋水，荆王有故宫……湘東晉宗子，高氏楚元戎。鑿沼長千尺，開亭費萬工。

同上卷三宮殿類渚宮詩題下林子仁注節引

留題石經院三首

其一

喦嶤山上寺，近在古城中。苦恨河流遠，長教眼力窮。

其二

盤曲山上路，流年向此消。興亡須一弔，范叟臥山腰。

其三

孤絕山南寺，僧居無限清。不知引道處，空聽暮鍾聲。

東坡文集卷六十四記子由詩

初春游李太尉宅東池詩

蓬島靈仙宅，星河帝女居。波光泛金翠，樓影動雲霞。清淺游魚過，參差垂柳斜。移舟更尋勝，遠見小桃花。

永樂大典卷一千零五十六池字韻頁二十四下引蘇潁濱詩

欒貴明輯，見文學評論一九八一年五期，下二首同。

金沙臺

待罪東軒僅兩秋，榷酤事了且夷猶。獎崇善類詢輿論，過訪仁賢棹小舟。契合通家心異姓，情敦同氣邁凡流。金沙臺上聊舒樂，即景題詩閣酒甌。

清同治瑞州府志卷二十二，又見高安縣志卷二十六

次韻程相公以柳湖久涸輒引蔡水漑注感而成咏二首

其一

鱗鱗沙脚出平湖，一噴珠璣碧有餘。依歸鏡中横紫閣，却從天外望仙閭。紛花又結青蓮子，金尾還跳赤鯉魚。自惜支離苦爲病，重來應共酒杯疏。

其二

老魚呴鬣困無津，鑿破靈河漲舊濆。明月還從沙渚見，紅塵却傍柳堤分。急泉垂下長虹尾，駭浪飛來白鷺羣。范蠡如聞應更愛，解摇雙槳入西曛。

永樂大典卷二千二百二十六湖字韻，頁十四下引蘇潁濱集

和子瞻和陶雜詩十一首時有赦書北還

其一

大道與衆往，疾驅秖自塵。徐行聽所之，何者非吾身？却過北鶴峯，鷄犬來相親。築室依果樹，有無通四鄰。安眠豈有足，良夜惟恐晨。晨朝亦何事，倦對往來人。

其二

莫言三謫遠，歸路近庾嶺。誰憐東坡窮，垂老徙此景。幸無薪炭役，豈念冰雪冷？平生笑子厚，山水記柳永。孜孜苦懷歸，何異走逃影？吾觀兩蠻觸，出縮方馳騁。百年寄龜息，幸此支牀靜。

其三

我來適惡歲，斗米如珠量。何時舉頭看，歲月守心房。念我東坡翁，忍飢海中央。願翁勿

言飢，稷卨調陰陽。玉池有清水，生肥滿中腸。

其　四

故山縱得歸，無復昔遺老。家風知在否，後生恐難保。似聞老翁泉，曾作泥土燥。窮多勿涌溢，絡繹瓶罌早。此翁終可信，明月耿懷抱。從我先人游，安得不聞道？老翁泉在先人墳下。

其　五

幽憂如蟄蟲，雷雨驚奮豫。無根不萌動，有翼皆騫翥。嗟我獨枯槁，無來孰爲去？念兄當北遷，海闊煎百慮。往來七年間，信矣夢幻如。從今便築室，占籍無所住。四方無不可，莫住生滅處。縱浪大化中，何喜復何懼？

其　六

嘗聞左師言，少子古所喜。二兒從兩父，服辱了百事。佳子何關人，自怪餘此意。看書時獨笑，屢與古人値。他年會六子，道眼誰最駛？衣缽儻可傳，田園不復置。

其七

舜以五音言，二雅良褊迫。變風猶井牧，驅人遂阡陌。周餘幾崩壞，況經甫與白？崎嶇收狂瀾，還付濫觴窄。二莊涇渭雜，恐有郭象客。壁藏待知音，金石聞舊宅。

其八

大道如衣食，六經所耕桑。家傳易春秋，未易相粃糠。久種終不獲，歲晚嗟無糧。念此坐嘆息，追飛及頹陽。天公亦假我，書成麟未傷。可憐陸忠州，空集千首方。何如學袁盎，日把無可觴。

其九

五年寓黃閣，盛服朝玄端。愧無昔人姿，謬作奇章遷。牛僧孺亦貶循州。還從九淵底，回望百尺巔。身世俱一夢，往來適三餐。天公本無心，誰爲此由緣？從今罷述作，盡付逍遙篇。

其十

吾兄昔在朝，屢欲請會稽。誓將老陽羨，洞天隱蒼崖。兄已買田陽羨，近張公善卷西洞天。時事乃大謬，寧復守此懷？區區芥子中，豈有兩須彌？舉眼即見兄，何者爲別離？尻輿駕神馬，孰爲策與羈？弭節過蓬萊，悔波看增虧。

其十一

紅爐看夏景，團扇悲秋涼。來鴻已邊渚，法燕亦辭梁。冰蠶懷凍繭，火鼠安炎鄉。曲士漫談道，夏蟲豈知霜？物化何時休，嘆息此路長。

宋黄州刊本東坡先生和陶詩

水調歌頭 徐州中秋

離別一何久，七度過中秋。去年東武今夕，明月不勝愁。豈意彭城山下，同泛清河古汴，船上載涼州。鼓吹助清賞，鴻雁起汀洲。坐中客，翠羽帔，紫綺裘。素娥無賴，西去曾不爲人留。今夜清樽對客，明夜孤帆水驛，依舊照離憂。但恐同王粲，相對永登樓。

元延祐七年葉曾雲南阜草堂刻本東坡樂府卷上

按：蘇軾水調歌頭（安石在東海）敍云：「余去歲在東武作水調歌頭，以寄子由。今年子由相從彭門百餘日，過中秋而去，作此曲以別。」歷代詩話誤「此曲」爲蘇軾作，實爲蘇轍所作。

漁家傲 和門人祝壽

七十餘年眞一夢，朝來壽斝兒孫奉。憂患已空無復痛，心不動，此間自有千鈞重。

早歲文章供世用，中年禪味宜天縱。石塔成時無一縫，誰與共？人間天上隨他送。

蘇籀欒城先生遺言

按：蘇轍無詞集，存詞僅四首，除以上二首外，還有調笑詞二首，見欒城集卷十三。

大聖慈大悲圓通閣記（一）

大悲者，觀世音之變也。觀世音由聞而覺，始於聞而能無所聞，始於無所聞而能無所不聞。能無所聞，雖無身可也；能無所不聞，雖千萬億身可也，而況於手與目乎？雖然，非無身無以舉千萬億之衆，非千萬億身無以示無身之至。故散而爲千萬億身，聚而爲八萬四千陀羅臂，八萬四千清淨寶目，其道一耳。

昔吾嘗觀於此，吾頭髮不可勝數，而身毛孔亦不可勝數。牽一髮而頭爲之動，拔一毛而身爲之變。然則髮皆吾頭，而毛孔皆吾身也。彼皆吾頭而不能爲頭之用，彼皆吾身而不能具吾身之智，則物有以亂之。吾將使世人左手運斤而右手執削，目數飛鴻而耳節鳴鼓，首肯旁人而足識梯級，雖有智者有所不暇矣，而況千手異執而千目各視乎？吾燕坐寂然，心念凝默，湛然如大明鏡。人鬼鳥獸雜陳乎吾前，色聲香味交通乎吾體，心雖不起而物無不接，必有道耶？千手之出，千目之運，雖未可得見而理則具矣。彼佛菩薩亦然，雖一身不成二佛，而一佛能變河沙諸國，非有他也，觸而不亂，至而能應，理有必至，而何獨疑於大悲乎？

成都，西南大都會也，佛寺最勝，而大悲之像未睹其傑。有法師敏行者，能讀內外教傳，通其義，欲以如幻三昧爲一方首，乃以大旃檀作菩薩像，端嚴妙麗，具慈愍性，手臂錯出，開合捧執，指彈摩拊，千態具備，手各有目，無妄舉者。復作大閣以覆菩薩，雄偉壯峙，工與像稱。都人作禮，因敬生悟。余游於四方二十餘年矣，雖未得歸而相見其處，敏行使其徒法震乞文，爲道其所以然者。且頌之曰：

吾觀世間人，兩目兩手臂。物至不能應，狂惑失所措。其有欲應者，顚倒作思慮。思慮非眞實，無思無手目。菩薩千手目，與一手目同。物至心亦至，曾不作思慮。隨其所當應，無不得其當。引弓挾白羽，劍盾諸械器。經卷及香華，盂水青楊枝。珊瑚大寶炬，白拂諸藤枝。所遇無不執，所執無有疑。緣何得無疑？以我無心故。若猶有心者，千手當千心。一人而千心，内自相攫攘。何暇能處物，千手無一心。手手得其處，稽首大悲尊。願度一切衆，皆證無心法，皆具千手目。

楊升庵全蜀藝文志卷三十八

按：全蜀藝文志所署作者爲蘇軾，亦見經進東坡文集事略卷五十四。欒城遺言云：「大悲圓通閣記，公（蘇轍）爲東坡作。坡云：『好個意思。』欲别作而卒用。」可見此記當爲蘇轍所作。

書五代王齊翰勘書圖後

羽衣丈夫據牀剔耳，胸中蕭然，殊可喜也。定國方無事，可以爲此。但行將馳驅，不復爾耳。元祐六年正月初十日子由記。

原件存南京大學圖書館，録自文物一九六〇年第十期

跋馬知節詩草

馬公子元，臨事敢爲，立朝敢言。以將家子，得讀書之助，作詩蓋其餘事耳。早知成都，以抑強扶弱，爲蜀人所喜。然酷嗜圖畫，能第其高下。成都多古畫壁，每至其下，或終

日不轉足。蜀中有高士孫知微，以畫得名，然實非畫師也。公欲見之而不可得。知微與壽寧院僧相善，嘗於其閣上畫惠遠送陸道士、藥山見李習之一壁。僧密以告公，公徑往從之。知微不得已，擲筆而下，不復終畫。公不一爲忤，禮之益厚。知微亦愧其意，作蜀江出山圖，俟其罷去，追至劍門贈之。蓋公之喜士如此。陽翟李君方叔，公之外玄孫也，以此詩相示。因記所聞於後。辛巳季春丙寅，眉山蘇轍子由題。

蘇籀欒城遺言

與劉原之大夫二帖

北歸至許已半年餘，但未嘗作都下相知書，故音問缺然，想不訝也。近承惠教，具審起居如宜。奉別之久，企仰何勝。千萬順時珍重，區區不宣。

又

先公深有謙德，不欲請謚，自是高節。朝廷不忘舊德，舉行典禮，亦是美事。君臣各伸其意，兩不相妨。至於原之內承先訓，不敢陳請；固有君命，不敢隱藏行狀。進退合禮，更無可疑。若考功再有命，當卽錄與也。況太常博士宋景年、考功高士英皆佳士，鋭意譔述幸勿疑耳。宋高二君當皆執筆者，恐悉。

播芳大全卷八十

與秦祕校二帖

昨晚辱迂步，迫晚，不果從容，良以愧感。新書益清麗可愛，不肖何足以當之？欽佩欽佩。天寒欲雪，爲況佳否？

又

前日不果從容，承誨示，重感怍也。新詩飄然，益見高典，但不肖者頗愧虚辱耳。何時能再枉教，庶更卜清論也。傾企傾企。

播芳大全卷八十

西樓帖所收遺文一篇

政和改元辛卯歲正月，表姪都水程君自鄉里赴京師，道出潁川，爲予少留，出其先君懿叔龍圖所收亡兄子瞻及予昔日往還詩書四卷相示。子瞻與懿叔兄弟相繼淪沒，今十餘年，遺墨如新，覽之潸然出涕。予今七十三矣，不知異日尚獲相從見此否耳。初四日，轍題。

見西樓帖刻石手迹

辭免除翰林學士承旨劄子

右臣准尚書省札子，六月二十九日三省同奉聖旨，除臣翰林學士承旨，日下供職者。臣聞命震驚，罔知所措。竊以翰苑設官，均爲高選。而承旨之職，久虛不除。歷數中興以來，所授才二三輩。自非巨人長德優有問望者，疇克臻此？仰惟陛下，歷精新政，汲汲求才，號召耆英，未聞進用。而臣嵬瑣無取，浹辰之間，再叨誤命。循涯揣分，實所不遑。是敢干犯天威，罄竭愚悃。伏望聖慈，許臣只守舊職，追還成渙，改授實能，庶安孤蹤，不累親擢。所有恩命，臣未敢祗受。謹錄奏聞，伏候敕旨。

永樂大典卷一萬一百十五旨字韻，頁二十上引蘇文定公集
欒貴明輯，見文學評論一九八一年五期。下篇同。

按：文中有「歷數中興以來」語，似非蘇轍所作，姑錄以待考。

宣義郎葉勸太僕寺主簿

古者御與射同，以觀其人之才藝。故詩人稱太僕善於磬控，孔子以謙自名執御，汝爲僕臣屬，于夫展軨效駕職也，其亦嘗聞之矣。

永樂大典卷一萬四千六百七簿字韻，頁九下引宋蘇頌濱集

論杜常邪諂無恥劄子

臣聞明君用人，必須先辨人材之精粗與官曹之清濁。若舉粗才俗吏而置之清華之地，則士心不服，取笑四方，不可不愼也。况太常卿者，禮樂所寄，古者伯夷、后夔之職，前世桓榮、楊綰居其任。自二聖臨御亦重其選，蓋嘗用鮮于侁、趙君錫矣，雖其才未及古人，然或以博學守正，或以孝弟篤行，率皆可稱述。自是以來，用人頗輕，然亦未有若杜常人材猥下，不學無術，而加以邪諂好利，頑弊無恥者也。臣昔爲齊州職官，呂升卿等察訪京東，辟常自隨。常遂注解惠卿手實文字，所至州郡，公然爲官吏講說其意，以求悦媚，自是遂蒙進用。及在都司，侮慢士人，而畏憚尙書省胥吏，以至奉行其意，不顧條例，遂爲言事官所劾。此二事者，皆臣所親見也。若其他暗塞乖謬，士大夫以爲口實者，臣不敢一一仰煩聖聽。伏

乞聖慈特賜追奪，無使匪人竊據，傳播四方，以謂陛下不惜名器一至於此。臣昨與屬官已有文字論列，未蒙采納，伏乞指揮檢會，早賜施行。元祐五年十二月。

續資治通鑑長編卷四百五十三，下五篇同。

論王子韶邪佞宜斥劄子

臣聞堯舜之治，以難任人爲先。孔子論爲邦，以遠佞人爲戒。佞人之不可用，大則亂國，小則害政，是以古之明君去之惟恐不速，屏之惟恐不遠。今二聖爲治，方選用忠良，斥遠邪佞，而王子韶者屢進被劾，今遂擢爲秘書少監，甚可怪也。昔熙寧之初，臣與子韶同在制置三司條例司。是時王安石、呂惠卿方欲變亂法度，子韶與程顥陰贊其事，朝夕諂事王呂，惟恐不及。及呂公著爲御史中丞，并薦二人以爲屬官。公著既言新法不便，程顥革面從之，而子韶詣韋其間，陰助安石。既爲同列所鄙，復爲先帝所照，御批降黜，天下莫不稱快。徒以面柔無恥，善事權要子弟，復以字學小書緣飾鄙陋，以僥倖進取。當今士大夫凡言佞人，子韶爲首。頃者曾被進擢，以此屢爲言者所劾而罷。昨者命下之日，御史岑象求、孫升皆言其不可。臣伏繼以爲言矣，皆不蒙省錄。雖由臣等才望不及前人，言不見信，而朝廷屏黜姦佞，前後不曾有異。伏乞檢會臣等前奏，速賜施行，以厭公議。元祐五年十二月。

再論王子韶劄子

臣進奏乞罷王子韶秘書少監，不蒙施行。臣竊謂朝廷用人，必不得已將舍短取長，要須心迹無邪，於事不害，然後爲可也。今子韶資性便僻，柔佞無恥，奉上媚下，衆爲指笑，依勢行私，賊害良善，皆有實狀。只緣邪諂善事貴權，故大臣不察，拔擢至此。然每有進用，必致人言。自元祐以來，初進被劾，出知曹州；再進被劾，出知滄州；及今三進，臣與僚屬言之者不一，豈言者皆妄，而子韶皆寃乎？陛下試以此察之，則得失可見矣。子韶昔爲小官，專事權要子弟，以僥倖恩寵。於時士人指目羣佞，號之十鑽，子韶則衙內鑽也。自此漸進爲監察裏行。王安石初用事，遣子韶出按淮浙。子韶妻父沈扶閑居杭州，方謀造宅舍，每於本州干借捍行役兵。知州祖無擇守法不與，子韶挾此私恨，誣謗百端，遂起大獄，然卒無事實。無擇緣此得罪，至今天下寃之。其在臺中，中丞呂公著方言安石更法令不便等事，子韶每見公著則左右其說。及至上前，輒稱新法之善，先帝深知其詐，降詔逐之。其略曰：「外要讜正之名，內懷朋姦之實。」天下聞者莫不稱當。自此稍被疎外，故其害物之心，包藏不見，而專以邪佞要結爲事。前年除太常少卿，爲諫官劉安世所劾而罷。今秘書少監與太常少卿均爲清選，子韶才行與昔無異，執政大半猶是舊人，而用舍頓殊，理不可曉。然臣聞安世所言，前後凡十餘上然後從。昔劉向譏漢元帝有用賢則如轉石，去佞則如拔山之言，後世猶且羞之，今大臣獨於子韶遲遲不忍，臣恐拔山之誚，咎有所歸。臣與子韶初無仇怨，獨爲朝廷惜此過舉，惟陛下察之。元祐五年十二月。

論韓氏族戚因緣僥冒劄子

臣伏覩二聖臨御天下，淸心正己，未嘗以一毫之私，干撓國家。高氏、向氏子孫凡幾百人，其間得預美仕者，蓋無一二。惟聖心非不愛親戚，以祖宗社稷之故，退託不敢。是以天下協應，災害屛息，皆此之故也。然臣竊見本朝勢家莫如韓氏之盛，子弟姻婭，布滿中外，朝之要官，多其親黨者。昔韓維爲門下侍郎，專欲進用諸子及其姻家，陛下覺其專恣，即加斥逐。其後宰相范純仁秉政，亦專附益韓氏，由此阿私之聲達於聖聽。今純仁罷去未幾，而傳堯俞任中書侍郎，堯俞與韓縝通昏，而素與純仁親厚，遂擢其弟純禮自外任權刑部侍郎。曾未數月，復擢補給事中。純禮門蔭得官，初無學術，因緣僥倖，致身侍從，與堯俞陰爲表裏，惟務成就諸韓。近日韓宗道自權戶部侍郎遷試刑部，於法經年乃得待制，宗道之遷曾未三月，適遇青州闕守，特遷待制出守青州。人言沸騰，徐乃依舊。其他韓氏親戚，度越衆人與優便差遣者，蓋未易一二數也，是以外議紛然，復言謝景温、杜純、杜紘，皆韓氏姻家，堯俞、純禮竊相擬議，欲相繼進此三人。臣忝執法，陛下耳目所寄，只可先事獻言。若候其事已成，徐加議論，則無及矣。臣今謹開陳三人所爲，具在貼黄，伏乞陛下記錄臣言，徐察堯俞等所用。若果如臣言，欲乞只作聖意卻之，實爲穩便。臣受恩深厚，不敢自外，冒死以聞。

貼黄：謝景温在熙寧初諂事王安石，御史知雜，爲安石排擊正人，爲清議所鄙。及元祐初，韓維執政，擢知開封府。維舊知開封，分兩廂治事。景温意欲諂維，復乞分四廂，無益有害，近已爲朝廷所廢。景温先知瀛州，信事一女巫。及爲京尹，與之往來，事之益謹，至以其子弟爲府中小史，出入用事，一府側目。黨庇私匿，政事殆廢，爲言者所劾，卽時被黜。及范純仁用事，又百計欲引景温爲刑部尚書，亦爲言者所劾而止。

貼黄：杜純、杜紘二人，皆無出身，粗俗之人耳。方韓維用事，欲改先朝斷案舊例，並從深坐。刑部大理法官及一時議者，皆以爲不可，惟純與紘素諂事維，盡力贊之。維善其附己，故純以蔭補得爲侍御史。朝廷察其姦妄，尋卽罷去。舊法：曾任侍御史非責降者，每遇大禮，許蔭補，內中散大夫以上依見任人，朝議大夫依本官。及紘詳定元祐敕，爲純曾任侍御史而官止朝奉郎，卽改舊法，於朝議大夫下添以下二字，意欲使純由此得奏薦子弟。去年明堂，純卽坐新條乞奏其子。是時臣權吏部尚書，親見其姦，卽申尚書省改正舊法。按純紘皆法官進用，不爲不知條貫，至於添改敕文，以濟其私，其爲欺罔，未見其比。元祐五年十二月。

論高士敦向宗良劄子

臣近奏論朝廷先除高士敦知邢州，向宗良繼有陳乞，朝廷爲罷士敦，而以邢州授之。二人皆外戚之家，而奪一與一，於體不順。乞賜追寢，經今多日，不見施行。臣非不知宗良地勢親近，屢以爲言，非臣私便。然臣聞君子愛人以德，小人愛人以姑息，今宗良託身戚里，不患不富貴，不患無差遣，所患者不知禮義廉恥，直情恣行，日蹈尤悔而不知耳。今若許令爭取士敦已授之命不復辭免，習此驕獷，恬不知畏，則恐宗良滿盈速咎，其亡無日，朝廷雖欲庇之而不可得。臣爲執法而不能禁以漸，豈愛人以德之謂乎？今太皇太后雖欲深抑本宗，其於處己則爲盛德，然以此御下，似非愛人以德之義也。今外人皆言隆祐之於崇慶，盡孝盡敬，朝夕無違。宗良所請，蓋不知耳；若其知之，必將不許。臣是以冒昧獻言，上欲以全兩宮慈孝之盛，下欲以成向氏廉退之美。伏乞檢會前奏，早賜施行。昔虞芮爭田，質之於周，入境而遂以其所爭爲閑田而去。今若邢州之命，兩省不與，其於國體極爲穩便。蓋風憲之官，事有得失，不擇親疎。知而不言，則爲失職；言之不避，實召仇怨。均之二者，寧臣自負，不敢負國，惟陛下察之，幸甚。元祐五年十二月。

論范純禮事中書省不應獨進熟狀劄子

訪聞給事中范純禮近日兩次奏乞外補，第一次章既下中書省吏房，獨進熟狀，不允；第二次方與三省同共進呈。竊緣舊例：從官出入，盡係三省商量，然後進呈取旨行下。今中書獨專其事，中外莫不驚怪。雖第二次卻與三省共議，蓋知其已甚，故不敢再作。臣忝執法，若喑默不言，恐今後朝廷紀綱日漸廢壞。伏見門下中書省如此等事，合與不合三省同共進呈？如合係三省進呈，因何本省獨進熟狀取旨？仍乞依理施行。元祐五年正月。

劾朱光庭劄子

竊見新除給事中朱光庭智昏才短，心很膽薄，不學無術，妬賢害能。本事程頤，聽頤驅使。方爲諫官，頤之所惡，光庭明爲擊之。頤既以狂妄得罪，光庭本合隨罷，而因緣僥倖，會河朔災傷，遣之按視。時本路監司州縣並以依條發廩拯給，不至饑殍。光庭既至，復令呼召上等人戶，強以積粟與之，多者至十數石，所費凡數十萬，沿邊儲蓄，爲之一空。經今積年，猶有匱乏之患，尋爲御史所劾，朝廷曲加庇覆，竟免於戾。繼蒙擢用，常在言職。每月章疏，文理猥謬，士人無不掩口。光庭亦自知人品凡下，專務讎疾勝己。如楊畏以母老屢乞閑官，至今侍養不闕；而光庭誣其貪冒官寵，遂致母亡。秦觀以文學知名朝廷，擢爲太常博士，而光庭加以暗昧之過，欲遂廢棄。朝廷知其誣罔，獎用二人有加於舊，而光庭事任如故，深以爲怪。昨者臺諫論鄧温伯事，言既不從，劉安世、賈易之徒皆章疏絡繹繼上，而光庭畏縮惴栗，殆不能言。及朝廷例皆遷補，諸人皆投劾引去，而光庭晏然就職，略無愧恥。據其人物鄙下，實汚流品，况給事中專掌封駮，國論所寄。今朝廷以私光庭，上則汙辱國體，下則傷害善類。伏乞追寢成命，別付閑局，以厭公議。元祐六年正月。

續通鑑長編卷四百五十四，下二篇同。

論中書舍人豐稷不宜掌誥劄子

臣聞古之明主，爲官擇人，未嘗爲人擇官。是以衆長並舉，而百職皆理。臣觀近日朝廷所用，或異於此。施於閑局，獨或非宜，況中書舍人者，號令之所自出，前後所任，必取學問通博，詞章雅正，播之四方而不怍，傳之後世而無疑。今豐稷之在此選，臣不識朝廷何以取之？稷頃撰范純仁太原之詞，列四無乃；爲趙卨延安之告，不識聲律；李憲之敍延福，有宜叨舊物之言；湖北之賞戰功，有蓋不得已之語；至於其他乖刺，難以具陳。如上所指，皆足以取笑多士，激怒勞臣。今朝廷雖乏人，奈何以稷當此任哉？蓋稷之爲人，本挾姦佞。昔在小官，則以潝訿欺世；及列近侍，無日不走公相之門。頃爲許將所援，擢之不次；及將以議論反復，心懷傾嶮得罪，朝廷不欲明示貶降，量加官職。以稷懷其私恩，不顧公議，曲加粉飾，其尤甚者至謂將養心以誠，嘉猷屢告。若信如此言，則是陛下誤逐正人。稷雖封還詞頭可也，既知公議難奪，而加以溢美之詞，瀆亂朝廷黜陟之經，動搖中外觀聽之實，才既鄙下，心復懷姦，久權外制，實恐害政。伏乞特降授閑慢差遣，庶允公論。元祐六年正月。

論河事劄子

自去年十一月後來，至今百日之間，水官凡四次妄造事端，搖撼朝廷。第一次安持十一月出行河，先乞一面措置河事。舊法馬頭不得增損，臣知安持意在添進馬頭，即指揮除兩河門外，許一面措置。安持姦意既露，第二次乞于東流北添進五七埽緷。臣知安持意欲因此多進埽緷，約令北流入東，卽令轉運司同監視，不得過所乞緷數。安持姦意復露，第三次卽乞留河門百五十步，臣知安持意在回河，改進馬頭之名，爲留河門，卽不許。安持計窮，第四次卽乞作軟堰。凡安持四次擘畫，皆回河意耳。臣昨已令中書工房問都水監兩事；其一勘會北流，元祐二年河門元闊幾里，逐年開排，直至去年只闊二百二十步，有何緣故？其二勘會東流河門見闊幾步，每年漲水東出水面，南北闊幾里，南面有無隄岸，北京順水隄不沒者幾尺，將來北流若果淤斷，漲水東行，係合併北流多少分數，有無包蓄不盡？今兩問猶未答，便卽施行，實太草草。元祐八年二月。

因董敦逸章疏乞早賜施行劄子

臣近以御史董敦逸言，川人太盛，差知梓州馮如晦不當，指爲臣過，遂具劄子及面陳本末。尋蒙德音宣諭，深察敦逸之妄而以臣言爲信。臣德望淺薄，言者輕相誣罔，若非聖明在上，心知邪正所在，則孤危之蹤，難以自安。竊詳敦逸所言，謂馮如晦事，乃其前狀所言之一則，其餘事不可不辨，遂乞一一付外施行。復蒙再三宣諭，以謂其它別無實事。伏惟聖恩深厚，知臣愚拙，曲加庇護，仰涵恩造，死生不忘。然臣忝備執政，知人言臣過惡而默然不辨，實難安職。陛下愛臣雖深，而不令臣得知敦逸所言，臣竊有所未喻也。若敦逸所言果中臣病，何惜使臣引去，以謝朝廷？若敦逸所言非實，亦使臣略加別白，然後出入左右，粗免媿恥。如不蒙開允，非所以爲愛臣也。所有董敦逸言臣章疏，伏乞早賜付三省施行。

元祐八年三月。　　　　續通鑑長編卷四百八十二

辨董敦逸所言劄子

臣伏見監察御史董敦逸上言近爲川人太盛，及差遣不公等，因言馮如晦緣翟庠推勘公事，枉陷徒配杖刑人數不少，係聖旨下御史臺取勘。更不候事了，便除如晦館職，知梓州。今來前項指揮，乃臣所言之事，欲乞朝廷引臣前狀照會施行。詳敦逸所言川人太盛，差遣不公，指以爲言。臣以不才過蒙擢任，敦逸若言臣名位過分，無補朝廷，即是公議。今乃言川人太盛，顯是中傷。朝廷用人自有資格，豈可爲臣一人忝預執政，遂使川峽四路士人皆裁抑，令不得依本資差遣？敦逸又言馮如晦差除乃臣言一事，以顯敦逸言臣非一，並未蒙降出，欲乞早賜行下，令三省覆實其事。若臣稍涉私邪，乞正國法；若所言無實，亦乞

辨明，免臣被曖昧之讒言。臣竊見近日宰相已下，皆爲陛下恭己責成，進退臣下，少有特出聖斷，悉付之衆議，動循典法。以此每有差除，皆須衆人僉議，方敢進擬。稍有異同，即不敢除。惟是近日賈易，晁端彦差遣及呂嘉問奏薦恩澤，衆議不允，遂有忿爭，因此宣傳，致被彈劾。賈易去年十月十二日除京西運副，今年二月十八日與蘇州范鍔兩易，二十七日改徐州。晁端彦去年九月六日知蘇州，五年五月八日自左司爲發運，近日差遣未見。呂嘉去年十一月知襄州，未見奏薦事迹。除此之外，誰敢主張親舊過有擢用？況馮如晦係東川人，臣係西川，鄉里隔遠，全非交舊。昨來差除，蓋衆人謂其昔任御史推直日，能不徇蔡確等意傾陷士人，爲確所怒，因此流落，故有此命。臣非不知翟庠公事未了，合少遲留；只爲翟庠公事元係臣親舅之子程之邵按發，如晦以爲深仇。臣以此須至稍存形迹，恐涉黨助之邵，裁抑如晦，故不敢異議。方以周防畏避爲媿，不知敦逸反謂臣曲庇如晦，事屬誣罔。臣備位要近，誠不欲與小臣計較是非，但恐讒口浸漬，漸不可長。伏望聖慈，早賜施行。元祐八年夏四月。

續通鑑長編卷四百八十三

論李憲等降黜不當假以使名劄子

臣伏以朝廷典章，百世所守，因事變法，爲患常多。祖宗之世，使相節度不領京師□

局，其奉朝請必改它官，或爲東宮三師，或爲諸衛將軍。太平興國中以趙普元勳，自河陽還朝，止爲太子少保；以向拱、張永德之舊，並爲環衛；至今諸道鈐轄總管，以防團歸老者，亦以諸宮使處之，蓋其遺法也。至明道中，錢惟演以章獻皇后親嫌，罷樞使，始以保大節度爲景靈宮使。治平中，李憲愿以長公主子，亦以武康節度爲醴泉觀使。恩倖一啓，自是戚□以節察居京邑，不治事者，肩相摩也。然□未見以罷降黜，而以觀察團練享厚祿居謫籍者。伏見近日李憲以宣州觀察使提舉明道宮，王中正以嘉州團練使提舉太極宮，二人貪墨驕横，制軍失律，罪惡山積；雖死有餘責。聖恩寬貸，皆寘之善地，而又首亂國憲，假以使名。臣恐後世推壞法之始，歸咎今日，謂宜考修制度，追還誤恩，以存舊典，且使罪人知有懲艾。元祐元年八月。

宋名臣奏議卷六十三

乞罷上官均劄子

伏見殿中侍御史上官均，昔任監察歷史，與王巖叟等相約論事，既而背之。巖叟劾其反復，均即繳奏巖叟私書。一時鄙其傾險，亟罷言職。近者朝廷復自郎中擢爲臺屬，臣雖知均爲人陰邪難測，猶覬改過自新，姑受之而觀之。及與之行事以來，見其用心不改。臣昨論熙河帥臣妄占二堡，以興邊患，宜加責降。均知大臣不說，卽上言：邊事當聽邊臣，不宜以臣言而罷。及門下侍郎劉摯求解職事，方其無故去位，中外相視，未知其由。或留或去，當出聖意。均輒上章留摯，其意以爲摯若不去，留之足以爲己恩；若遂去，留之亦自無損。進退兩得，心實不堪。今者臣與臺諫俱論：尙書右丞許將，進擬差除管軍，前後異議，希合聖旨，以陷同列。中外公議，皆以爲然。而均與將有鄉曲之好，素相結托；凡有所言，陰爲表里。上疏救將，謂將小過，不當斥逐。且均爲御史，職在擊姦，見姦不擊，反加營救。背公死黨，妄失本職，情尤深害。況前三事，率皆希合執政，以求援助。據其情狀，難以復居風憲。臣若不言，留與同事，深恐均乘隙進讒，熒惑聰明，有害聖政。伏乞罷均臺職，以肅姦宄。臣備位執法，臺有憸人而不能去，何以糾百辟？謹昧死彈奏以聞。是月辛卯朔也。

乞責降上官均劄子

臣頃論尙書右丞許將心懷傾險，不可久在廟堂。蒙陛下照其邪心，卽行斥逐。中外正人，無不相賀。惟有殿中侍御史上官均與將向有鄉黨私好，自居言路，陰爲表裏。昨者臺諫交章劾將姦狀，獨均上言曲加營救。今將被逐，均自知情狀見露，數日以來，譸張失措，度其猖狂解說，無所不至。緣御史，人主耳目之官，不宜久留邪黨，汚濁其間，浼瀆聖聽。臣今月一日，已具論奏。伏乞檢會早降黜外任，庶幾姦慝之人，小加懲戒。

與岑象求同劾上官均劄子

臣等頃言：尚書右丞許將，用心傾嶮，議論反復，留之左右，恐害聖政。伏蒙陛下以臣等所言爲然，卽令補外，中外稱快。而殿中侍御史上官均獨言不當罷將執政，指臣等所言爲非，曲加誣謗，無所不至。伏惟陛下日月之明，照見臣下情僞，將之姦意，具在聖鑒。今均與將鄉黨，情分素深；向除臺官，實將之力。度均之意，方欲倚將以求進用。故於將之未去，則出死力以營救，庶幾將之復留；於將之既去，則誣臣等以附會，庶幾陛下疑惑。始終情狀，皆出姦邪。況均自知必去，無所顧藉，誣汚臣等，冀以熒惑聖聽。若不明加責降，但罷其臺職，使均得計而去，何以懲艾姦慝？臣等前來各已會論列，伏乞指揮檢會，早賜施行。

貼黄：臣等竊見從來臺官，彈擊姦邪，不擇貴近，則爲本職。既未有御史中丞言執政過惡，朝廷公議共以爲然，而臺中官屬陰爲執政理雪，反擊中丞者。今上官均所爲，古今未有。若非背公死黨，欺蔑朝廷，豈敢如此？

以上三首劄子幷錄自續資治通鑑長編卷四五二，標題爲輯者所加。

附錄

一、制詞謚議

應才識兼茂明於體用科新授河南澠池縣主簿蘇轍可試祕校充商州軍事推官

沈遘

敕某：朕奉先聖之緒以臨天下，雖夙寤晨興，不敢康寧，而常懼躬有所闕，羞于前烈。日御便坐以延二三大夫，垂聽而問。而轍也指陳其微，甚直不阿。雖文采未極，條貫靡究，亦可謂知愛君矣。朕親覽，其獨嘉焉。其以轍爲州從事，以試厥功。克慎爾術，思永修譽。可。

賜新除翰林學士朝奉郎知制誥蘇轍免恩命不允詔　蘇頌

敕蘇轍：省所劄子，奏辭免恩命事具悉。論恩侍從之臣，翰林乃朕之極選；文章議論之美，當時則爾有重名。已歷職於詞垣，後試能于省部。良嘉敏譽，擢在禁嚴。況伯仲之代選，亦朝廷之榮觀。辭之以義，雖諒乃誠；用値其才，固無所避。所請宜不允。故茲詔示，想宜知悉。

蘇魏公集卷二

前權大名府推官蘇轍可西京留守推官制　蘇頌

敕：具官某，富文敏學，早擢秀科。大對危言，繼膺清舉。方講圖于才畫，助寬析于計條。遽有開陳，願從補外。復優參于賓幕，且贊務於留都。既遂爾私，亦思遠用。可。

蘇魏公集卷三十

蘇轍降官知袁州制　紹聖元年六月甲戌

事君者有犯勿欺，所以盡爲臣之節；無禮必逐，豈容逃慢上之誅？太中大夫知汝州蘇轍，父子兄弟，挾機權變詐之學，驚愚惑衆。轍以賢良方正，對策於庭，專斥上躬，固有異志。有司言轍懷奸不忠，如漢谷永，宜在罷黜。我仁祖優容，特命以官。在神考時，獻書縱言時事，召見詢問，使預討論。與軾大倡醜言，未嘗加罪。仰惟二聖厚恩，宜何以報？垂簾之初，老奸擅國，置在言路，使詆先朝。乃以君父爲仇，無復臣子之義。愎忮深阻，出其天資。援引儇浮，盜竊名器。專恣可否，疇敢誰何？至與大防中分國柄，罔上則合謀取勝，徇私則立黨相傾。排擠忠良，眩亂風俗。朕既洞察險詖，猶肆誕謾。假託虚詞，規喧朝聽。比雖薄責，未厭公言。繼覽奏封，交疏惡狀。維爾自廢忠順之道，而予務全終始之恩。再屈刊章，尚假民社。往自循省，毋速後愆。可特降授左朝議大夫、知袁州。

宋宋綬編宋大詔令集卷第二百六

蘇轍散官安置制 紹聖四年二月癸未

朋奸擅國，罪有餘辜。造訕欺天，理不可赦。其加顯黜，以正明刑。降授左朝議大夫、試少府監分司南京、筠州居住蘇轍，操傾側孽臣之心，挾縱横策士之計。始與兄軾，肆爲抵巇；晚同相光，協濟險惡。搆無根之詞而欺世，聚不逞之黨以蔽朝。謂邪説爲讜言，指善政爲苛法。矯誣太后，愚弄冲人。助成奸謀，交毀先烈。發怨懟於君臣之際，亡忌憚於父子之間。陰懷動搖，公肆排訐。粤於親政，尙爾撓權。持罔上之素心，爲怙終之私計。罪同首惡，法在嚴誅。而事久彌彰，罰輕未稱。朕顧瞻嚴廟，跂念裕陵。義不敢私，恩難從貸。黜居散秩，投置遐陬。非徒今日知御衆之威，亦使後世識爲臣之義。勉思寬憲，務蓋往愆。可責授化州別駕，雷州安置。

宋宋綬編宋大詔令集卷第二百八

蘇轍降朝議大夫制

敕：刑罰者聖人之所矜愼，取捨輕重之際，必期於至當而後已。比因人言，凡在責籍而牽敍過優者，悉銓次而裁抑之。乃有脫落弗均，害於平直，載加訂議，始協厥中。大中大夫、提舉鳳翔府上清太平宮、護軍、欒城縣開國伯、食邑八百戶、實封二百戶蘇轍，曩因朋附，得罪先朝。逮予纘承，姑事容貸。承雖爾恕，公論謂何？稍黜近班，猶服舊職。省愆夙夜，祗荷寬恩。可特授朝議大夫、賜紫金魚袋、差遣勳封食實封如故。

宋宋綬編宋大詔令集卷第二百十一

蘇文定公謚議

承淳熙三年七月十三日敕，中書門下省、尚書省送到吏部狀，准禮部關，准都省批下故門下侍郎蘇轍定謚事。今具下項：

一、准禮部關，承淳熙三年二月二十四日敕，試禮部尚書兼侍讀兼給事中兼吏部尚書趙雄劄子奏：

臣竊詳國朝故實，名臣既歿而不乞謚者，往往因臣寮建請，特賜徽稱。故楊徽之之謚文莊，宋綬實請之；宋祁之謚景文，張方平實請之；張方平之謚文定，蘇轍實請之。凡以尚賢報功，昭示無極。聖主之所以寵綏臣子者，於是至矣。臣伏見故門下侍郎蘇轍初以制舉對策，受知仁宗。乍起草萊，而鯁亮切直之聲，固已震耀天下。晚乃歷踐臺省，遂躋政途。其絕學長才，嘉言讜論，與夫進退終始大節，天下公論，可考不誣。而寥寥數十年，易名之恩未加，在於盛明之朝，總覈之政，誠爲闕典。況自頃歲，陛下加惠蘇軾，賜謚文忠，德音流行，天下傳誦。轍之平生梗槩與軾略同，而宦達過之。臣愚欲望聖明依軾近例，特與蘇轍賜謚，以示褒勸。臣謬司拜禮，職所當言，況有宋綬張方平建請故事，則區區僭越之罪，或可望於裁赦也。取進止。

三省同奉聖旨：依。令禮部太常寺擬定，申尚書省。續准淳熙三年四月十五日勅，三省同奉聖旨：今後王公及職事三品以上法應得謚、并勳德節義聲實彰著，不以官品特命謚者，並先經有司議定，申中書門下省，具奏取旨。依舊制更不命詞，止備坐所議給告，吏部牒本家照會。禮部太常寺今擬定謚曰文定。道德博聞曰文，安民大慮曰定。并承議郎行太常博士章謙撰到謚議一本，頭連在前，伏乞朝廷詳酌，指揮施行。申都省後，批禮部太常寺申擬，定蘇轍賜謚。五月二十三日送禮、吏部照應淳熙三年四月十五日已降指揮施行。

一、檢准淳熙三年四月十五日敕，三省同奉聖旨，今後王公及職事官三品以上法應得謚，并勳德節義聲實彰著，不以官品特命謚者，並先經有司議定，申中書門下省，具奏取旨。依舊制更不命詞，止備坐所議給告，吏部牒本家照會。

一、尋行下太常寺擬謚法，後據太常寺申繳到承議郎行太常博士章謙撰議曰：

門下蘇公歿逾六十年矣，天子始從其鄉人大宗伯之請，詔禮部奉常同議命謚。謹按謚法，道德博聞曰文，安民大慮曰定。請以是易公名。惟公挺生西蜀，毓秀山川，天材最高，資稟實厚。而又有父文安先生爲之師，有兄文忠公爲之師友。蓋其所學所行皆本原乎家傳，而文章事業卓乎可敬而仰也。嗚呼！公爲元祐名臣，行事在國史，聲名在天下，人其誰不知之？宜不待歷數以合文定之謚者，請粗陳其略。觀公少年擢兩科，與其父兄俱以文名世。而公之文汪洋澹泊，深醇温粹，似其爲人。文忠嘗稱之，以爲實勝己。其所爲詩、騷、銘、頌、書、記、論、譔，與夫代言之作，率大過人。蓋流傳於人間，散落於夷狄者，不知其幾，而所謂愛重其文則一也。嘗傳詩、春秋，訓釋先儒之未達。又注老子，深窮道德之旨，而發明佛老之相類。其後作古史，所論益廣，以刪補子長雜亂殘闕之失。書成撫之而歎，自謂得聖賢處身臨事之微意。末復論著歷代，大抵以考古今成敗得失爲要，不務空言。此其道德博聞之淵源者，如是可不謂文乎？本朝至仁皇世，可謂極盛。公對制策，方切切然以海内窮困生民愁苦爲憂，雖賈誼痛哭流涕之書不過也。青苗八使擾民之事，其施行甚明，公與王介甫陳暘叔辯爭之尤力。及元祐新政，公居言路，首陳神宗變法本欲利民，爲社稷長久之計；而民力顧因之以凋弊者，其原皆起於大臣蔽塞聰明之所爲，由是蔡呂之徒竟皆貶竄。然新政既孚，事勢一定，大臣乃有欲引用熙豐舊臣爲自全計者。公手疏千餘言，極論君子小人之不可並處而爭，小人必勝，非朝廷安靜之福。蓋是時公之所爭議，大者唯黄河、西邊二事，次則差雇役法也。深知黨臣之撼搖在位者，幸四弊之不去，以藉口而已。故又爲之論奏，願詔大臣正己平心，無生事要功之意；因弊修法，爲安民靜國之術。民心既得，異議自消。至論詩賦經義之兼行未可遽，合祭天地之禮所當復，三司利權之不可分，皆反覆精詳，未嘗不以謀國體，便人情爲慮也。此其安民大慮之深遠者。如是可不謂定乎？自後世去古既邈，好文之士侈辭相高，連篇累牘，不出風雲月露之狀，而體益以靡。文則文矣，非所謂道德博聞之文也。清談之士，高論性命，視天下利害怱然不屑以動心，殆若木偶人者。定則定矣，非所謂安民大慮之定也。而公則異於是，信其有功於治道，而有德於生民。文定之懿，今合以謚公，議者又何辭焉？謹議。

一、請本部郎中覆謚法，後承承議郎行祕書省著作佐郎兼權考功郎官何萬覆謚議曰：

是非待謚而後定，謚於往者重也。數十年之後是非既定，命謚以寵之，謚之美惡以助勸沮，謚於來者亦重也。夫位足以經世，要有其學；才足以救時，要有其心。無其學，未發而所到可知已；無其心，禍福利害皆足以移之。傑然異於是蓋寡也。思其人可無以示勸哉？

故門下侍郎蘇公轍闕不作謚。邇臣以爲請，有詔禮部太常其同定之，重是議也。按謚法，文之義十有八，道德博聞莫如公優；定之義有九，安民大慮莫如公稱，乃請謚文定。上其議考功，豈非謂其有經世之學，有救時之心，於公無愧歟？公衷深綜微，得之於天；嚌眞茹醇，無待乎外。上窮邃古，下至其時。廢興治亂、得失成敗之所以然，皆貫穿出入，如身歷目睹。少而對策，有愛君之言；已乃上書，陳治安之說。晚年黜不用，於是傳詩、春秋、老子，作古史，載之空辭。平生之所欲爲，與老而不得卒其所爲者，可以槩見。要其歸，在於治國平天下；遡其學，本末可考也。

初，王荆公之以執政領三司條例也，公爲其屬，不爲屈，歷疏其不便，謝去。元祐初旣爲諫官，取前日所爲弊與其人悉奏論之。然司馬温公爲相，欲盡變雇役法；文潞公繼之，又欲回河流於東。二公淸德重望，最知公者，公亦不以爲便。蓋進退得喪，好惡怨德，一不以留胸中；而視百姓有繇此以重困失職，則惄焉若無以安也。爲侍從不粗辦一職，以塞責而止。以爲天子所使以論思天下事，當無不言。凡冬温大旱，水潦陰雪，必建言某政有闕失，某事當罷行，有罪而不誅幾人，無功而受賞又有幾。賞責已當，求言以開廣上意。

及在政府，日至上前與宰相爭用人邪正，邊議曲直，與行事當否。退而批語，有不如奏，對吏辯詰。雖休謁出，而見所舉或未善，必追論之。未嘗曰事不出于我，非吾咎，不顧也。勢移事異，猶貇貇論治道，至譴逐不悔。此其心豈擇所趨避，委時於危不救者？是以九年之間，朝廷尊，公路闢，忠賢相望，貴倖斂跡，邊陲綏靖，百姓休息。君子謂公之力居多焉，信也。

自公之貶，紹聖以權臣用事，崇觀以姦臣執柄，皆公昔所累疏數言，不足倚以事者。使公不去，其言用，寧有後日之禍？公之去，天也。然公身雖屈，道愈高；籍雖錮於黨人，天下愈推爲正臣鉅德。渡江之後，旌錄有詔。今距公死又六十有五年矣，猶詔易名以褒之。俾爾士大夫違實飾虚，貪近忘遠，知苟榮於一日，不顧遺臭於後世者，觀公邅迴困躓，顧不若鄉世好以爲身圖者之安。然而此等泯泯就盡，餘累汙逮孫子；而公休澤顯聞，乃垂懿無窮。是則名節苟全，爵祿不足驕；公議終在，邪説不能勝，其亦庶幾知勸也。夫文定二名，豐約惟允，請如博士議。謹議。

今來本官合出告，伏候指揮。

七月十三日三省同奉聖旨：依。

明清夢軒本欒城集卷首

二、年表本傳

蘇潁濱年表

左奉議郎賜緋魚袋孫汝聽編

仁宗寶元二年己卯

二月丁亥，蘇轍生。轍字子由，一字同叔，眉山人，老蘇先生之季子，其家世已具老蘇先生表中。

康定元年庚辰

慶曆元年辛巳

二年壬午

三年癸未

四年甲申

五年乙酉

六年丙戌

七年丁亥

五月乙酉，轍祖父序卒。

八年戊子

父洵以家艱閉戶讀書，因以學行授二子，曰：「是庶幾能明吾學者。」

皇祐元年己丑

二年庚寅

三年辛卯

四年壬辰

五年癸巳

至和元年甲午

二年乙未

轍娶史氏，年十五，父曰瞿。

嘉祐元年丙申

是春轍父子三人同游京師，過成都，謁知益州張方平。方平一見，待以國士。

七月癸巳，以侍御史范師道、開封府判官祠部郎中直秘閣王疇、祠部員外郎集賢校理胡俛、屯田員外郎集賢校理韓彥、太常博士集賢校理王璀、太常丞集賢校理宋敏求考試開封舉人，轍中其選。明年登第後有謝秋試官啓。

二年丁酉

轍兄弟試禮部中第。

三月辛巳，上御崇政殿試進士。丁亥，放章衡榜以下及第出身。轍中第五甲，有上韓琦樞密書。

四月癸丑，轍母武陽縣君程氏卒於家，轍父子還蜀。

三年戊戌

四年己亥

十月，侍父游京師。

十二月，至江陵，集舟中所爲詩賦一百篇爲南行集。

五年庚子

自江陵至京師，途中所爲詩賦又七十三篇，爲南行後集，轍有南行後集引。

三月，以選人至流內銓。天章閣待制楊畋調銓官吏，轍授河南府澠池縣主簿。畋謂轍曰：「聞子求直言，若必無人，畋願備數。」於是舉轍應才識兼茂明於體用科。兄弟寓懷遠驛。

十一月，歐陽永叔爲樞密副使，有賀啓。

六年辛丑

有上富弼丞相、曾公亮參政及兩制書三首。

八月丁卯，會翰林學士吳奎、龍圖閣直學士楊畋、御史中丞王疇、知制誥王安石考試制科舉人於秘閣。乙亥，上御崇政殿策試制科舉人。時上春秋高，始倦於勤，轍因所問，極言得失。覆考官司馬光第以三等，初考官胡宿爭不可。光與范鎮議，以轍爲第四等。蔡襄曰：「吾三司使也，司會之言吾愧之而不敢怨。」惟胡宿以爲不遜，力請黜之。詔差官重定。司馬光奏：「臣近蒙差赴崇政殿後，覆考應制舉人，試卷內圓、毡兩號所對策，詞理俱高，絕出倫輩。然毡所對命秩之差，虛實之相養等一兩事與所出差舛。臣遂與范鎮同議，以圓爲第三等，毡爲第四等。詳定官已定從覆考。竊知初考官以爲不當，朝廷更爲差官重定，復從初考，以毡爲不入等。臣竊以爲國家置此六科，本欲得才識高遠之士，固不以文辭華靡，記誦雜博爲賢。毡所試文辭，臣不敢言。但見其指陳朝廷得失，無所顧慮，於四人之中最爲切直。今若以此不蒙甄收，則臣恐天下之人皆以爲朝廷虛設直言極諫之科。而毡以直言被黜，從此四方以言爲諱，其於聖主寬明之德虧損不細。臣區區所憂，正在於此，非爲臣已考爲高等，苟欲遂非取勝而已也。伏望陛下察臣愚心，特收毡入等，使天下之人皆曰毡所對事目雖有漏落，陛下特以其切直收之，豈不美哉！」既而執政以毡所試進呈，欲黜之，上不許，曰：「其言切直，不可棄也。」乃降一等收之，即轍也。己卯，以轍爲試秘書省校書郎充商州軍事推官。制曰：「朕奉先王之緒以臨天下，雖夙寤晨興，不敢康寧，而常懼躬有所闕，羞於前烈。日御便坐以延二三大夫垂聽而問，而轍也指陳其微，甚直不阿。雖文采未極，條貫未究，亦可謂知愛君矣。朕親覽見，獨嘉焉。其以轍爲州從事，以試厥功。克愼爾術，思永修譽。」時知制誥王安石意轍右宰相專攻人主，比之谷永，不肯撰詞。宰相韓琦笑曰：「此人策語謂宰相不足用，欲得婁師德、郝處俊而用之，尚以谷永疑之乎？」知制誥沈遘亦考官也，知其不然，故當制有愛君之言。諫官楊畋見上曰：「蘇轍，臣所薦也，陛下赦其狂直而收之，盛德之事也，乞宣付史館。」上悅從之。轍有謝制科啓。是時父洵被命編修禮書，而兄軾出簽書鳳翔判官，旁無侍子。轍乃奏乞養親，詔從之。十二月，軾赴官，十九日，與轍別於鄭州西門外。有辛丑除日寄子瞻詩。

七年壬寅

次韻子瞻減降諸縣囚徒事畢登覽詩。

四月，諫議大夫楊畋卒，年五十六，有哀辭。

八月乙亥，伯父利州路提點刑獄渙卒，年六十二，有挽詩。
次韻子瞻徵雪見寄詩，次韻子瞻記歲暮鄉俗三首，有新論三首。
八年癸卯
有記歲首鄉俗寄子瞻二首，寒食前一日有寄兄詩。
三月辛未，仁宗崩。
六月庚辰，渙夫人楊氏卒，有挽詩。
四月晦日，有題上清宫辭後。
英宗治平元年甲辰
十二月，軾自鳳翔解官歸京師。
二年乙巳
轍爲大名府留守推官，有謝韓丞相啓。尋差管勾大名府路安撫總管司機宜文字。有北京送孫曼叔屯田權三司開拆司詩，有中秋夜八絶，多有留守王既生日詩。
三年丙午
春有送陳安期都官詩。
二月，有寒食贈游壓沙諸君詩。

四月戊申，洵卒於京師，年五十八。轍兄弟自汴入淮泝江歸。

十二月，入峽。

四年丁未

正月丁巳，英宗崩。

十月壬申，葬父彭山縣安鎮鄉可龍里。

神宗熙寧元年

戊申冬，轍兄弟免喪，東游京師。

二年己酉

春至京師。

二月甲子，參知政事王安石、樞密院陳升之同制置三司條例司。

三月，轍上書論事。丙子，上批付中書曰：「詳觀疏意，知轍潛心當世之務，頗得其要。鬱於下僚，使無所伸，誠亦可惜。」卽日召對延和殿。癸未，以轍爲制置三司條例司檢詳文字。安石急於財利而不知本，呂惠卿爲之謀主。轍議事率不合，因以書抵安石，指陳其事之不可行者。安石大怒，欲加以罪，陽叔止之。

八月庚戌，轍上言：「每於本司商量公事，動皆不合。臣已有狀申本司，具述所議不同事，乞除一合入差遣。」上問所以處轍，曾公亮奏，欲與堂除差遣，上從之，以轍爲河南府留守推官。乃定制策登科者，不復試館職，皆送審官與合入差遣，自此始。癸丑，以三司度支蘇宷爲集賢殿修撰知梓州。有送蘇公佐詩。

三年庚戌

正月九日，差充省試點檢試卷官。

二月戊午，觀文殿學士、新知河南府張方平知陳州，方平奏改辟轍爲陳州教授。有初到陳州詩二首。

八月丙戌，知成都陸詵卒，有陸介夫挽詞。

九月，呂陶中賢良方正科，有代張方平答陶啓，有代張方平論時事書。

十二月，王安石同平章事。

四年辛亥

六月甲子，歐陽修以太子少師致仕，有賀修啓，有陪歐陽公燕潁州西湖詩，有次韻子瞻潁州留別詩。

八月戊寅，張方平除南京留臺，有送方平詩。

九月，知制誥、直學士院陳襄知陳州，轍有迎襄啓。

十二月，次韻子瞻初到杭州見寄二首。

五年壬子

六月，曾公亮致仕，轍有賀啓。

閏七月二十三日，歐陽文忠公修卒，有祭文並挽詞三首。

八月，同頓起等於洛陽妙覺寺考試舉人，及畢事共得大小詩二十六首。

六年癸丑

二月，重到潁州，有寄軾詩二首。甲申有次韻子瞻二月十日雪詩。

四月，樞密使文彦博罷，以守司徒兼侍中判河陽。彦博辟轍爲學官，轍有謝啓。已而改齊州掌書記，有自陳適齊戲題詩。

九月，尚書右司郎中、知登州李師中來知齊州。

十月，有京西北路轉運使題名記。

七年甲寅

二月己巳朔，以李師中爲天章閣待制知瀛州。有師中燕别西湖詩序，并送李師中赴瀛州詩。

四月壬辰，以知青州、右諫議大夫李肅之知齊州。有代肅之到任謝上表，有送青州簽判俞退翁致仕還湖州詩。

九月丙申，和青州教授頓起九日見寄詩，和子瞻喜虎兒生詩。

十一月辛亥，有洛陽李氏園亭記。

八年乙卯

有和劉敏殿丞送春、趙至節推首夏詩，有游太山詩四首，有舜泉詩，有閔子廟記及次韻徐正權謝示閔子廟記及惠紙詩。

六月辛亥，吏部尚書同平章事昭文殿大學士王安石授尚書左僕射兼門下侍郎同平章事，以修詩、書、周禮義畢推恩也。轍有東方書生行。

九年丙辰

二月辛丑，李肅之提舉南京鴻慶宮，以病自請也。有和李常赴歷下道中雜詠二十首。

九月，有次韻李常九日見約以疾不赴詩。

十月，宰相王安石罷，轍歸京師，有自齊州回論時事書。

十二月辛亥，有次韻范鎮除夜詩。

十年丁巳

正月八日，有王氏清虛堂記，有次韻范鎮正月十二日訪吳縝寺丞二絕。轍以舉者改著作佐郎，有謝啓。

二月癸巳，以張方平爲南京留守。方平辟轍簽書應天府判官，有謝方平啓。時軾亦得徐州，兄弟相遇於澶、濮之間，相從至徐，留百餘日，有逍遙堂會宿等詩，有漢高帝廟試劍石銘，有漢高帝廟祈晴文。徐州大水。

九月，轍自徐至南京，有寄王鞏詩，有九日送交代劉摯詩。

十月甲辰，祀南郊，大赦天下。有代方平免陪祀表、賀南郊表并謝加恩表。有除夜會飮南湖懷鞏詩。張方平請老，拜東太一宫使就第，以龔鼎臣知應天府。

元豐元年戊午

正月，有次韻王鞏上元閒游見寄二首。

二月，寒食有游南湖詩三首。

五月己卯，知應天府龔鼎臣爲右諫議大夫知青州，有代鼎臣謝知青州表，有送龔諫議知青州二首。戊戌提舉醴泉觀、兵部郎中陳汝義知應天府，有代謝上表。有送林子中安厚卿奉使高麗詩。

七月癸巳，有同李倅鈞訪趙嗣恭留飮南園晚衙先歸詩，有秋祀高辛詩，有答陳州陳師仲書。

八月丙辰，有中秋見月寄兄詩。

九月，有黄樓賦，有次韻張恕九日寄兄詩，有次韻頓起試徐沂舉人見寄詩二首。

二年己未

正月丁丑，有次韻軾人日獵城西詩。己丑資政殿大學士知杭州趙抃以太子少保致仕，有賀抃啓。庚寅新知湖州文同卒於陳州，有祭與可文。

二月丁巳，以軾知湖州，有和軾自徐移湖將至宋都途中見寄五首。

四月三日，有古今家誡序，有代張方平乞致仕表。

七月甲戌，以宣徽南院使、東太一宫使張方平爲太子少師、宣徽南院使致仕，有代方平謝表。

八月，軾下御史臺獄，轍上書乞納在身官贖兄罪，不報。

十二月癸亥，軾責授水部員外郎、黄州團練副使，轍亦坐貶監筠州鹽酒税。

三年庚申

自南京適筠，有過龜山詩、高郵别秦觀詩、揚州五詠、游金山詩、初至金陵詩、池州蕭丞相樓詩二首、過九華詩、佛池口遇風雨詩。

五月，至黄州，有陪軾游武昌西山詩。

六月，有自黄州還江州詩，有游廬山詩，南康阻風游東林寺詩。至筠有次韻筠守毛維瞻司封觀修城詩三首。

八月乙巳，有中秋對月二首，次子瞻夜字韻。九月戊辰，有次韻毛君九日詩。辛未屯田郎劉涣凝之卒，有哀詞。

十二月丙寅，有東軒記。

四年辛酉

五月癸巳，有廬山新修僧堂記。

六月壬申，有聖壽院法堂記。

七月甲午，有吳氏浩然堂記，有送王適徐州赴舉詩。

八月，有試院唱酬十一首。

九月，有聖祖殿記。

十二月，有黄州師中庵記。

五年壬戌

有上高縣學記，有送毛君司封致仕還鄉詩。

六年癸亥。

正月丁丑朔，有次韻王適元日并示曹煥二詩。
閏六月，有次韻王適大水詩。
四月丙辰朔，中書舍人曾鞏卒，有挽詞。
七月丙辰，國子司業朱服言，諸州學或不置教授，乞委長吏選見任官兼充，先以名上禮部，從本監體驗可爲教授，即依所乞，其餘逐州舊補差教授悉乞放罷，仍餘進。轍權筠州教授，所撰策題三道，以其乖戾經旨，禮部言見爲教授人，候有新官令罷。其蘇轍乞令本路別差官兼管句，從之。有次韻賈蕃大夫思歸詩。
八月，有庭中種松竹詩。
九月癸酉，有書事詩。
十一月壬寅朔，有黃州快哉亭記。
十二月，文彥博致仕，轍有賀啓。庚子有除夜詩。

七年甲子

正月乙卯，有上元夜詩并次韻王適上元夜二首。
二月，有次韻王適一百五日太平寺看花二絕。
子瞻自黃移汝。

三月癸卯，有次韻子瞻特來高安相別却寄邁迨過遯詩，並和端午日與遲适遠三子游眞如寺詩，次韻子瞻贈別詩。

七月乙丑，軾幼子遯卒，有勉子瞻失幹子詩二首。

九月，以轍爲歙州績溪令，有謝洞山石臺遠來訪別詩，乘小舟出筠江詩，除夜宿彭蠡遇大風雪詩。

八年乙丑

正月丙申朔，有正旦夜夢李志寧詩并舟中風雪五絶。己酉，有南康軍直節堂記并太守宅五老亭詩。有再游廬山詩。至績溪有謁城隍神、孔子廟文。視事三日有出城南謁二祠、游石照寺詩，有縣中諸花多交代江汝明所種，牡丹已過芍藥方開詩。

三月戊戌，神宗崩，哲宗卽位，大赦天下。有代歙州賀登極表。轍始至邑，適有朝旨，江東諸郡市廣西戰馬。江東素乏馬，每縣雖不過十餘疋，而諸縣括民馬，吏緣爲姦，有馬之家爲之騷然。轍謂縣尉郭惇愿曰：「廣西取馬使臣未至，事忌太遽，徐爲之備可也。邑孰爲有馬者？」惇愿曰：「邑有遞馬簿，歲月遠矣，然有無之實尙得其平也。」卽取簿封之。又曰：「何從得馬牙人乎？」曰：「召粥羊豕者詰之，則馬牙出矣。」果得曾入市馬者，辭以不能。曰：「吾不責汝以馬，但爲我供文書耳。」曰：「諾。」州符日至縣督責買馬，乃以夏稅過期爲名，召諸鄉保正副縣問之曰：「汝保誰爲有及格馬者？」相顧辭不知。曰：「保正副不知，誰則知之？第勿以有爲無、以無爲有，則免罪矣。汝等所具，吾將使人訴其不實，而陳其脫略者，不可不實也。」人知不免，皆以實告。復諭之曰：「買馬事止此矣。廣西取馬者至郡則馬出，若不至則已矣。」皆再拜曰：「邑人幸矣！」然取馬者卒不至。

五月，轍臥疾，至秋良愈，有病退詩，有病後白髮詩。

八月戊午，資政殿學士司馬光爲門下侍郎。丁卯，以轍爲祕書省校書郎，有初得校書郎示同官三絕，有答王定國問疾詩，有辭靈惠廟歸過新興院詩。過桐廬，有游桐君山寺詩。

十月己巳，有游杭州天竺寺詩。丁丑，以轍爲右司諫。

哲宗元祐元年丙寅

轍至京師。二月癸酉，有論臺諫言事留中不行狀。甲戌，有久旱放民間積欠狀，乙亥，有論罷免役錢行差役法狀。丙子，有送陳睦出守潭州詩。癸未，有論蜀茶五害狀。丙戌，有乞選用執政狀。

閏二月乙丑朔，有乞罷左右僕射蔡確韓縝狀。庚寅，確罷爲觀文殿大學士知陳州，以門下侍郎司馬光爲左僕射。是日有乞罷蔡京知開封府狀。壬辰，轍言：「陛下以久旱，憂禱勤至，自冬歷春，天意未答，災害廣遠。又近歲民苦重斂，儲積空匱。應官本債負，有資逄耗竭實不能出者，令州縣監司保明除放，使民心悦附。」詔戶部勘會諸欠官本息罰錢，幷免役、坊場淨利錢數目，及民戶見有無抵當物力，具保明以聞。甲午，右諫議大夫孫覺同轍進對，有旨俟簾下內臣盡出方敷奏。是日有乞罷右僕射韓縝箚子。壬寅，有乞招河北保甲充軍以消盜賊狀。癸卯，有差役五事狀。甲辰有乞黜降韓縝狀。丙午，轍言：「竊見近日以蜀中賣鹽、榷茶及市易比較爲人疾苦，委成都提點刑獄郭槩體量事實。臣觀此三事，利害易見，而槩畏憚茶官陸師閔，不敢依限體量，足以見其意在拖延。始因提舉官韓玠收息增羨，槩以韓玠叔祖縝見任右僕射，意欲趨附，妄言韓玠不曾以戶口比較息錢。又代說詞理已在赦前，槩謂朝廷不合相度赦前之事。附下罔上，乞罷黜郭槩，別委官體量。」詔郭槩特差替其賣鹽市易，令黃廉先次體量，詣實以聞。有乞罷章惇知樞密院狀幷乞牽復英州別駕鄭俠狀。庚戌，知開封府蔡京出知成德軍。辛亥，有廢官水磨狀幷乞葬埋白骨狀。是日章惇罷知汝州。壬子，有乞賑救淮南飢民狀。甲寅，有乞罷蔡京知眞定府狀。丙辰，有乞罷安燾知樞密院狀。

三月乙未，有再論安燾狀。乙丑，有論發運司以糶糴米代諸路上供狀。丁卯，有乞責降韓縝第七狀。壬申，有乞責降韓縝第八狀。甲戌，有乞給還京西水櫃所占民田狀。庚辰，有論三省事多留滯狀。

四月己丑，右僕射韓縝罷知潁昌府。庚寅，有言科場事狀。丙申，有招畿縣保甲充軍狀。庚子，有乞令戶部役法所會議狀。己酉，有乞禁軍日一教狀。壬子，有乞差官與黃廉同體量蜀茶狀。乙卯，乞以發運司米救淮南飢民狀。

五月壬戌，有論明堂神位狀。甲子，有乞借常平錢買上供及諸州軍糧狀。丁卯，有論蔡京知開封府不公第五狀。乙亥，有乞誅竄呂惠卿狀。丁丑，有再乞差官同黃廉體量茶法狀。壬午，有再言役法劄子。乙酉，有乞責降呂和卿狀。

六月己丑，有乞兄子邁罷德興尉狀。甲午，有再乞罪呂惠卿狀。戊戌，呂和卿責知台州。庚子，有論青苗狀。壬寅，資政殿大學士、正議大夫、提舉西京嵩山崇福宮呂惠卿落職降中散大夫、光祿卿、分司南京、蘇州居住。甲辰，有三論差役狀。丙午，有論呂惠卿第三狀。辛亥，再謫惠卿爲建武軍節度副使、建州安置、不得簽書公事。甲寅，有論蘭州等地狀。

七月壬戌，有再論蘭州等地狀。甲子，有論京畿保甲冬教等事狀。甲戌，有論西邊警備狀。己卯，有再論青苗錢狀。壬午，有乞放市易欠錢狀。癸未，以刑部郎中杜紘爲右司郎中。甲申，有言淮南水潦狀。

八月丙戌朔，有乞罷杜紘右司郎中狀。丁亥，有論差除監司不當狀。己丑，有乞罷青苗錢狀并申三省狀。辛亥，詔諸路提刑司，自今後常平司錢穀，令州縣依舊法羅糶，其青苗錢更不俵散。壬辰，有再言杜紘狀。癸巳，有言張璪箚子、請罷右職縣尉箚子、論戶部張頡箚子。丙申，有再言張璪狀。丁酉，有言張頡第三狀。己亥，有言責降官不當帶觀察團練使狀。癸卯，有言張頡第四狀。甲辰，以轍爲起居郎，有辭免二狀。丙午，有論傅堯俞等謂司馬光爲司馬相公狀。戊申，有言張頡第五狀、辭起居舍人第二狀。辛亥，有申三省論張頡狀。轍權中書舍人。

九月己卯，中書侍郎張璪罷知鄭州，有制。

十一月丙子，轍召試中書舍人。戊寅，制曰：「在昔典謨、訓誥、誓命之文，爲體不同，而其旨無二。學者宗之，以爲大訓。蓋當是時，豈特經紀法度，後世有不能及哉？至於左右言語之臣，皆聖人之徒，亦非後世之士所能髣髴也。斯道未墜，得人則興，庶幾先王，朕竊有志。具官某，學有家法，名重天下。高文大册，爲國之光。追懷古風，有望於汝。矧夫身備近侍，職在論思，位於西臺，實與政事。以爾器識，足以輔餘不及；以爾諒直，足以行其所知。兼是數長，朕命惟允。任重於己，責難於君，在爾勉之，以永終譽。可中書舍人。」有辭免狀二，謝表二。

十一月戊午，尚書右丞呂大防爲中書侍郎，御史中丞劉摯爲尚書右丞。有大防、摯制。

十二月丁亥，有論梁惟簡除遙郡刺史不當狀。庚寅，有不撰葉康直秦州告狀。

二年丁卯

正月辛巳，以給事中顧臨爲河北都轉運使，有送臨詩。

五月己巳，太師文彥博等言：「伏奉詔旨以時雨愆期，太皇太后陛下憂閔元元，側身修行，躬自貶薄，以奉天戒，權停受册之禮。今時雨溥注，二麥既登，秋稼有望，正名定位，義不可後。謹據太史局選定八月初四祟上徽號。」不許。轍有請太皇太后受册表。戊申，尚書左丞李清臣以資政殿學士知河陽，有制。辛未，集賢殿修撰知陳州鮮于侁卒，有子駿哀詞。

七月辛未，有門下侍郎韓維爲資政殿大學士知鄧州制。

八月丁未，熙河蘭會路經略司言：「今月十九日岷州行營將官种誼收復洮州，禽西蕃大首領鬼章。」有賀表。戊申，宰相率百官賀於延和殿，轍有賀表，有論西事狀。

九月甲子，以講論語終篇，賜宰臣、執政、經筵官宴於東宮。轍有謝講論語賜宴表。

十月，以奉安神御於西京，轍先告裕陵。壬午，還過鄭州列子觀，有御風辭一首。甲辰，有游師雄除陝西路轉運判官制。

十一月甲戌，以轍依前朝奉郎試戶部侍郎，有辭免劄子并謝表二。言者論買撲場務人，自熙寧初至元豐末，多有四界，少有二界，緣有實封投狀添價之法，小民爭得務勝，不復計較利害。自始至末添錢多者至十倍，由此破蕩家產，傍及保戶，猶不能足。父子流離，深可閔卹。乞取累界內酌中一界爲額，除元額已足外，其元額雖未足而於酌中額得足，並與釋放。唯未足者，依舊催理，及酌中額而止。轍善其說，奏請施行之。天下欠戶蒙賜者不可勝數。

十二月戊申，宿齋於右曹。

三年戊辰

正月己酉朔，有三絕句寄軾。辛亥祈穀。

三月丙辰，韓康公絳卒，有挽詞三首。丁未，上策試進士。戊午，策試武舉於集英殿，以轍及王欽臣等爲考官。轍有廷試武舉策問一首，有次韻欽臣集英殿井詩。己巳，賜進士及第出身，有考試罷二首。

四月戊寅，以文思副使兼閤門通事舍人高士敦爲成都府利州路兵馬鈐轄，有送士敦詩。

五月丙午朔，文德殿轉對，有論事狀。有詩。

六月癸卯，以承議郎程之元爲江南西路轉運判官，有送之元奉使江西詩。丙辰，以朝請大夫、考工郎中周尹知梓州，有送尹兼簡呂陶二絕。

九月辛亥，以御史中丞孫覺并轍，中書舍人彭汝礪、祕書正字張績考試制科舉人。有呈同舍諸公二首，有次韻績院中感懷一首。

十一月癸卯朔，有次韻軾旦日鎖院賜酒及燭詩，有祭范景仁文。

四年己巳

正月癸巳，鄭州王克臣卒，有挽詞。

二月甲申，司空中國公呂公著卒，有呂司空挽詞三首。

六月辛丑朔。丁未，以轍爲吏部侍郎，有辭免箚子。辛未，以轍爲翰林學士、知制誥，有辭免箚子、謝宣召狀、謝賜對衣金帶鞍馬、謝敕設狀。

八月辛丑，以轍及刑部侍郎趙君錫爲賀遼國生辰國信使。己未范鎮葬汝州襄城子，百嘉、百歲附焉。轍有蜀公挽詞三首，百嘉百歲挽詞二首。辛酉撰太皇太后將來明堂禮成罷賀賜門下手詔。

九月丙子，有將使契丹九日對酒懷子瞻兄并示坐中詩。戊寅，上齋於垂拱殿，百官齋於明堂。己卯，薦饗景靈宮。庚辰，齋於垂拱殿，有皇帝宿齋明堂問太皇太后皇太后皇太妃聖體答書六首。辛未，大享明堂禮畢，御宣德門，肆赦，有皇帝謝禮畢太皇太后皇太后皇太妃答書。有宰相呂大防、皇伯祖、叔祖、皇弟并馮京、劉昌祚加恩制。有歐陽文忠公夫人薛氏墓志銘。

十月戊戌，轍進呈神宗皇帝御集。命宰執觀讀，呂大防讀詩數篇，太皇太后泣下。壬辰，轍壻王適卒。轍至契丹，虜主以其侍讀學士王師儒館伴。師儒稍讀書，能道轍父兄所爲文，曰：「恨未見公全集。」然亦能誦服茯苓賦等，虜中愛敬之。轍、君錫使還，過相州，有祭韓忠獻公文。

五年庚午

有王子立秀才文集引。

二月庚戌，太師文彦博除開府儀同三司、河東節度使致仕，有除彦博制。有河東官吏軍民示喻敕書，有送彦博致仕還洛詩三首。

三月壬申，以尚書左丞韓忠彦同知樞密院事，以翰林學士承旨蘇頌爲尚書右丞。有賜忠彦頌辭免不允詔。有賜知樞密院孫固乞致仕不許不允詔。己卯，以知亳州鄧温伯爲翰林學士承旨。

四月有乞罷五月朔旦朝會劄子，上從之。丁巳，轍有太皇太后、皇帝以旱賜門下(詔)，避殿減膳罷。

五月朔，文德殿視朝手詔二首。辛酉有除馮京司空彰德軍節度使再任知大名府制，有彰德軍官吏軍民示喻敕書。

五月己巳，有端午帖子二十七首。乙亥，羣臣詣閤門拜表，請御正殿，復常膳，有不許不允批答。自是四上表乃從之。壬辰，以轍爲龍圖閣直學士、御史中丞，有辭免劄子并謝表。

六月辛丑，以禮部侍郎陸佃權禮部尚書，兵部侍郎趙彦若權兵部尚書。轍有論執政生事劄子，有分別邪正劄子。自元祐初革新庶政，至是五年矣，一時人心已定。惟元豐舊黨分布中外，多起邪說，以搖撼在位。呂大防及中書侍郎劉摯尤畏之，遂建言欲引用其黨，以平舊怨，謂之調停。宣仁后疑不決，轍於延和面論其非，退復再以劄子論之，反復深切。宣仁后命宰執於簾前讀之，仍喻之曰：「蘇轍疑吾君臣遂兼用邪正，其言極中理。」諸公相從和之，自是參用邪正之說衰矣。

八月丙辰，轍言新除知荆州王光祖不當，詔以光祖爲太原府路總管。

九月八日，有論役法五事劄子。

十月己酉，以徐君平、虞策並爲監察御史，從轍薦也。又言新除知順安軍王安世罪狀，詔罷爲京西南路都監。其違法事，令都水監依條施行。癸丑，轍有裁損待高麗事件劄子、從之。乙卯，龍圖閣學士滕元發卒，轍有乞優卹元發家劄子。

十二月辛卯，尚書右丞許將罷爲資政殿學士、知許州。甲辰，殿中侍御史上官均言：「右丞許將不當罷執政。中丞蘇轍、侍御史孫升等附會大臣意指，姦邪不忠。臣竊聞外議，以爲轍等合爲朋黨，動移聖意，以疑似不明細事，合請併力逐一執政，自此大臣人人不得安位矣。伏乞早賜施行，以協中外之望。」詔罷均知廣德軍。丁未以轍爲龍圖閣學士。

六年辛未

二月庚寅朔。辛卯，門下侍郎劉摯爲尚書右僕射，兼中書侍郎。癸巳，以轍爲中大夫、守尚書右丞，有辭免劄子四首。轍言：「兄軾召還，本除吏部尚書，以臣之故，除翰林學士承旨。臣之私意，尤不遑安。乞寢新命，與兄軾同備從官。」詔不許，有謝表二首。己酉，有謝生日表二首。

八月辛亥，以軾爲龍圖閣學士、知潁州，有次韻子瞻感舊詩，有乞外任劄子。

十月庚戌，上朝獻景靈宮，因幸太學。有次韻門下呂相公車駕視學詩。甲戌，以王鞏得罪，自劾，家居待罪，遣中使賜詔不允。

十一月乙酉朔，右僕射劉摯以觀文殿學士知鄆州。庚子，監察御史安鼎罷知絳州。先是鼎與趙君錫、賈易同造飛語，誣罔兄軾惡逆之罪。君錫、易既謫去，鼎猶在言路，復因王鞏事攻轍甚急。宣仁察其誣，故斥黜之。辛丑，中書侍郎傅堯俞卒，有挽辭。

十二月乙卯朔，張文定公方平卒。甲戌，有祭方平文。丁丑，有李簡夫少卿詩集序。

七年壬申

二月癸酉，有生日謝表二首。

四月，以轍攝太尉，充册皇后告期使。

五月戊戌，立皇后孟氏。

六月辛酉，以轍爲大中大夫、守門下侍郎，有辭免箚子一首，表二首，謝表二首。

八月，有祭與可及文逸民文二首。癸酉，故龍圖閣學士滕甫葬，有甫挽詞二首。

九月壬辰，太皇太后垂簾，三省進呈翰林學士顧臨等郊祀議。太皇太后曰：「宜依仁宗先帝故事。」呂大防、蘇頌與轍請合祭，唯范百祿議不同。甲午，再進呈。太皇太后宣諭曰：「皇帝即位以來，未嘗親祀天地，今且合祭，宜有名也。」令學士院降詔。

十一月癸巳，合祭天地於圜丘，大赦天下，有進郊祀慶成詩并狀。以郊祀恩，特加護軍進開國伯，食實封二百戶。有乞免加恩表二首，謝加恩表二首。

正月癸巳，有次韻子瞻上元扈從觀燈詩。

八年癸酉

二月丁卯，有謝生日表二首。

三月丁亥，監察御史董敦逸言轍及范百祿差除不當事，留中不下。轍奏：「臣近以御史董敦逸言川人大盛，差知梓州馮如晦不當，指爲臣過，遂具箚子及面陳本末。尋蒙德音宣諭，察敦逸之妄而以臣言爲信。臣德望淺薄，言者輕相誣罔，若非聖明在上，心知邪正所在，則孤危之蹤，難以自安。切詳敦逸所言，謂馮如晦事乃其前狀所言之一，則其餘事不可不辨，遂乞一一付外施行。復蒙再三宣諭，以謂其他別無實事。伏惟聖恩深厚，知臣愚拙，曲加庇護，仰涵恩造，死生不忘。然臣忝備執政，知人言臣過惡，而嘿然不辨，實難安職。陛下愛臣雖深，而不令臣得知敦逸所言，臣竊有所未諭也。若敦逸所言果中臣病，何惜使臣引去，以謝朝廷？若敦逸所言不實，亦使臣略加別白，然後出入左右，粗免愧恥。如不蒙開允，非所以愛臣也。所有董敦逸言臣章疏，伏乞早賜付三省施行。」己丑，有北流軟堰箚子。

四月甲子，以李清臣爲吏部尚書。給事中范祖禹封還詔書，進呈不允。轍於簾前極論之。己卯罷。

五月丙申，董敦逸罷知臨江軍。

六月己未，賜知潁昌府范純仁詔書，召赴闕。

七月丙子，以純仁爲右僕射兼門下侍郎。

八月庚申，張方平葬，有祭方平文并挽詞。辛酉太皇太后不豫。壬戌，呂大防、范純仁、蘇轍、鄭雍、韓忠彦、劉奉世入問聖體。

九月戊寅，太皇太后高氏崩。乙酉，詔轍撰大行太皇太后謚册文。癸巳，有祭兄嫂同安郡君王氏文。

十一月戊子，三省樞密院同進呈，中書舍人呂希純封還劉惟簡等除內侍省押班詞頭。上曰：「禁中闕人，兼亦有近例。」呂大防奏曰：「雖有此，衆論頗有未安。」轍曰：「此事非謂無例，蓋爲親政之初，中外拭目，以觀聖德，首先擢用內臣，故衆心驚疑耳。然臣等昨來開陳不盡，不能仰回聖意，致使宣布於外，以至有司封駁，此皆臣等之罪。」劉奉世曰：「雖有近例，外人不可戶曉，但以率先施行爲非耳。」大防曰：「致令人言，浼瀆聖聽，此實臣罪。今若不從其言，其餘舍人亦必未肯奉行。轉益滋章，於體不便。臣聞太祖一日退朝，有不悅之色。左右覺而問之，太祖曰：『適對臣僚指揮，事有失當，至今悔之也。』以此見人主不以無失爲明，以能悔而改之爲善耳。」上釋然曰：「除命且留，俟祔廟取旨可也。」轍又奏：「竊聞仁宗聽政之初，卽下手詔，凡內批轉官或與差遣，並未得施行，仰中書、樞密院審取處分。史臣記之曰：『是時上方親閱庶政，中外聞之，人情大悅。』正與今日事相類耳矣。」大防等知上從善如流，莫不欣幸。壬辰，轍言：「奉敕撰大行太皇太后謚册文，謹先進呈。」詔恭依。壬寅，轍奏准敕差篆太皇太后謚寶文。太常寺狀，合依所請到謚以「宣仁聖烈皇后之寶」爲文。

十二月己巳，羣臣詣慶壽宫，上大行太皇太后謚册。

紹聖元年甲戌

正月丁丑，詔禮部給度牒千，付東京等路體量賑濟司募人入粟。

二月，司農卿王孝先言：「賑濟之餘，軍糧匱竭。」又送伴北使張元方等還言：「相滑等州飢民衆多，倉廪空虚。」轍見范純仁、鄭雍議曰：「此事豈可不令上知？」二人皆不欲，曰：「侍郎何以爲計？卻恐上問及。」轍曰：「雖未知所出，然當令上知之。昔眞宗初即位，李沆爲相，每以四方水旱盜賊聞奏。參知政事王旦謂沆曰：『今天下幸無事，不宜以細事撓上聽。』沆曰：『人主年少，當令聞四方艱難。不爾侈心一生，無如之何。吾老不及見，此參政異日憂也。』」純仁曰：「善。」劉奉世曰：「誠宜先白，若上先言，極不便。」既而純仁奏：「近日張元方自河朔來，言流民甚衆。」轍曰：「元方言相州見養流民四萬餘人，通利軍一萬餘人，滑州二千餘人。然軍中月糧止支一年，其餘盡令坐倉。蓋倉廪已空矣，恐別生事。」上曰：「爲之奈何？」轍曰：「滑州已支山陵餘糧萬石與之，可以支持兩月耳。兼京東賑濟司准備應副，又京糧食太多，提刑司又太多，已令安撫轉運司再相度矣。俟見得去著，更議應副。又京城賑濟應副備至，然省倉軍糧止有二年五月備，臣曾令王孝先具的實劄子在此。」上曰：「何其寡備至此？」轍曰：「非一日之故，蓋累年官賣米太多。去年臣與呂大防商量，限市價九十已上乃出糶。今爲饑饉，止賣六十，蓋不得已也。熙寧初，臣在條例司，竊見是年有九年以下糧。」上曰：「須九年乃可。」轍曰：「九年未易遽置，但陛下常以爲意，愼事惜費，令三五年間有三五年備，亦漸可也。臣之愚意以爲朝廷新經大喪，繼以饑饉匱乏，若災止如此，尙可萬一。更水旱，何以繼之？方今正是君臣恐懼修省之日，不可不知耳。」丁未，以戶部尙書李淸臣爲中書侍郎，兵部尙書鄧温伯爲尙書右丞。二人久在外，不得志，遂以元豐事激怒上意，淸臣尤力。己酉，葬宣仁聖烈皇后於永厚陵。轍有挽詞二首。己未，虞主祔廟。

三月乙亥，左僕射呂大防罷爲觀文殿大學士、知潁昌府。乙酉，上御集英殿，策試進士。李淸臣撰策題，卽爲邪說，以扇惑羣聽。轍上疏曰：「伏見御試策題，歷詆近歲行事，有欲復熙寧、元豐故事之意。臣備位執政，不敢不言。然臣竊料陛下本無此心，其必有人妄意陛下牽於父子之恩，不復深究是非，遠慮安危，故勸陛下復行此事。此所謂小人之愛君，取快於一時；非忠臣之愛君，以安社稷爲悅者也。臣竊見神宗皇帝以天縱之才，行大有爲之志，其所施設，度越前古，蓋有百世而不可改者也。臣請爲陛下指陳其略。先帝在位近二十年，而終身不受尊號；裁損宗室，恩止祖免，減朝廷無窮之費；出賣坊場，雇募衙前，免民間破家之患；罷黜諸科誦數之學，訓練諸將慵惰之兵；置寄祿之官，復六曹之舊；嚴重祿之法，禁交謁之私；行淺攻之策以制西戎，收六色之錢以寬雜役。凡如此類，皆先帝之睿算，有利無害。而元祐以來上下奉行，未嘗失墜者也。至於他事有失當，何世無之？父作之於前，子救之於後，前後相濟，此則聖人之孝也。漢武帝外事四夷，內興宮室，財用匱竭，於是修鹽鐵、榷酤、均輸之政，民不堪命，幾至大亂。昭帝委任霍光，罷去煩苛，漢室乃定。光武、顯宗，以察爲明，以讖決事，天下恐懼，人懷不安。章帝卽位，深鑒其失，代之以寬。豈弟之政，後世稱焉。及我本朝，眞宗皇帝右文偃革，號稱太平，羣臣因其極盛爲天書之說。及章獻明肅太后臨御，攬大臣之議，藏書梓宮，以泯其迹。仁宗聽政，亦絕口不言，天下至今韙之。英宗皇帝自藩邸入繼，大臣過計，創濮廟之議。朝廷爲之洶洶者數年。及先帝嗣位，或請復舉其事，寢而不答，遂以安靖。夫以漢昭章之賢與吾仁宗、神宗之聖，豈其薄於孝敬而輕事變易也哉？蓋有不得不以廟社爲重故也。是以子孫既獲孝敬之實，而父祖不失聖明之稱，此眞明君之所務，不可與流俗議也。臣不勝區區，願陛下反覆臣言，愼勿輕事改易。若輕變九年已行之事，擢任累歲不用之人，人懷私忿而以先帝爲詞，則大事去矣！」奏入，不報。再以箚子面論之。上不悅曰：「人臣言事何所害？但卿昨日以劄子奏，謂機事不可宣於外，請祕而不出；今日乃對衆陳之，且引漢武帝以上比先帝，引喻甚失當。」轍曰：「漢武帝明主也。」上曰：「卿所奏言漢武帝外事四夷，內興宮室，立鹽鐵、榷酤、均輸之法。其意止謂武帝窮兵黷武，末年下哀痛之詔，豈明主也？」范純仁進曰：「武帝雄材大略，史無貶詞，況轍所論事與時也，非論人也。」上意稍解，轍退上奏：「今者偶因政事，懷有所見，輒欲傾盡，以報知遇。而天資闇冥，不達機務，論事失當，冒犯天威，不敢自安。伏乞聖慈憐臣不識忌諱，出於至愚，少寬刑誅，特賜屛逐，以允公議。」李鄧從而媒糵之。丁酉，除端明殿學士、知汝州。告辭略曰：「文學風節，天下所聞。擢任大臣，本出朕心。事有可否，固宜指陳。而言或過中，引義非是。朕雖曲爲含忍，在爾自亦難安。原誠終是愛君，薄責尚期改過。」上批：「蘇轍引用漢武故事比擬先帝，事體失當，所進入詞語，不著事實。朕進退大臣，非率易也，蓋義不得已。可止以本官知汝州，仍別撰詞進入。」制曰：「朕以眇躬，上承烈考之緒，夙夜祇飭，懼無以丕揚休功。實賴左右輔弼之臣，克承厥志。其或身在此地，倡爲姦言，怫於衆聞，朕不敢赦。大中大夫守門下侍郎蘇轍頃被選擢，與聞事機，義當協恭，以輔初政。而乃忘體國之義，徇習非之私。始則密奏以指陳，終於宣言以眩聽。至引漢武上方先朝，欲以窮奢黷武之資，加之經德秉哲之主。言而及此，其心謂何？宜解東臺之官，出守列郡之寄。尙爲寬典，姑務省循。可特授依前大中大夫、知汝州。」

四月壬戌，轍至汝州，有謝上表。是日以提舉杭州洞霄宮章惇爲尙書左僕射兼門下侍郎，右僕射范純仁罷爲觀文殿大學士、知潁昌府。丁卯，有謝雨文，有汝州楊文公詩石記。

五月癸卯，侍御史虞策、殿中侍御史來之邵、井亮采言：「轍近以論事失當，責守汝州，而吳安詩草制有『風節天下所聞』及『原誠本於愛君』之語，命詞乖刺如此！質之公議，難逭典刑。」又監察御史郭知章言：「安詩行蘇轍誥，重輕止徇於私情，褒貶不歸於公議，不加黜責，何以懲戒？」詔安詩罷起居郎。乙巳，虞策言：「大中大夫、知汝州蘇轍引漢武帝比先朝，止守近郡，請遠謫以懲其咎。」上曰：「已謫矣，可止也。」乙丑，有龍興寺吳畫殿記。

六月甲戌，右正言上官均言：「近具箚子論奏前宰臣呂大防、門下侍郎蘇轍擅權欺君，竊弄威福。及前御史中丞李之純等朋邪誣罔，同惡相濟。乞明正典刑，以服中外。既及旬浹，未蒙施行。臣以爲人主之所以臨制天下，爲腹心之臣者莫重於執政，爲耳目之官者莫重於諫官。審詔誥、愼出納者莫重於舍人、給事。呂大防、蘇轍擅操國柄，不畏公議，引用柔邪之臣如李之純輩，充塞要路，以固寵祿。又以張耒、秦觀撰次國史，曲明大防輩改變法度之功。是以人主賞罰私其好惡，其罪一也。同時執政如胡宗愈、許將、劉摯、蘇頌皆以與呂大防、蘇轍議論異同，轍陰諭諫官御史死力排擊，卒皆斥罷。敢以姦謀轉移陛下腹心之臣，易於反掌，其罪二也。李之純頃在成都與呂大防相善，大防秉政，引用之純爲侍御，又除知開封府。之純尹京無狀，又府舍遺火，延燒殆盡，法當譴責，反挾私愛擢爲御史中丞。楊畏、虞策、來之邵等皆任爲諫官、御史。是四人者，傾險柔邪，嗜利無恥，其所彈擊者皆受大防、蘇轍密諭，或附會風指，以濟其欲。是以天下耳目之官佐其喜怒，以塗蔽朝廷之視聽，其罪三也。舍人主出制命，給事中主行封駮。命令有未善，差除有未當，皆許繳駮。如范祖禹、喬執中、吳安詩、呂希純四人者，皆附會呂大防、蘇轍好惡，隨意上下，不惜公論，其所繳駮者皆大防、蘇轍之所惡；其所掩蔽者，皆大防、蘇轍之所愛。是以天子掌誥命出納之臣濟其好惡，其罪四也。呂大防自爲執政以至宰相，凡八九年，最爲歲久。蘇轍執政雖止三四年，而強狠徇私尤甚。如隳壞先帝役法、官制、學校科舉之制，士民失業；棄先帝經畫塞徼要害之地，招西戎侵侮邊陲之患，至今未弭，其罪五也。呂大防、蘇軾身爲大臣，義當竭忠盡公以輔佐人主，乃便辟柔佞，陰結宦官陳衍，伺探宮禁密旨，以固寵祿，其罪六也。大防、蘇轍同惡相濟，固非一日。李之純、楊畏、虞策、來之邵爲朝廷耳目，曾不糾察，反陰相黨附，以圖進用。御史黄慶基、董敦逸憤發彈奏蘇轍等專權之罪，罷斥爲轉運判官。李之純、楊畏、來之邵希附軾、轍等，反指慶基、敦逸以爲誣陷忠良，不當除監司，遂謫守軍壘。陛下既親機務，洞分邪正，軾、轍既已斥罷，來之邵輩方始奏論。其朋邪罔上，趨時附勢，情狀明白，衆所共知，非臣之私言臆度也。李之純既已罷免尚書，謫守單州，今楊畏尚爲禮部侍郎，來之邵爲侍御史，虞策爲起居郎，喬執中爲給事中。范祖禹、呂希純雖出守外郡，皆尚除待制。罪同罰異，此中外之所未喻也。議者以爲李之純柔懦無能，迨爲中丞，其所附呂大防、蘇轍指意彈擊，皆楊畏、來之邵朝夕說喻，脅持爲之。二子姦險，過於之純。之純既已斥謫，而二人尚居清要，哆然自得，曾不愧避。臣聞治國之要，莫先於辨邪正；欲辨邪正，莫若驗之以事。今楊畏輩邪險之情皆已明驗，若不加斥遠方，俾安要近，則是邪正兼容，忠佞雜處，蠹敗國政，理之必然。竊觀陛下自親機務，收還權會，大防、蘇轍黨人十已去八九。然楊畏等六人尚居清要，未快士論。伏望陛下考察呂大防、蘇轍擅權欺君姦邪不忠之罪，推究楊畏等朋邪害正趨時反覆之惡，譴責黜免，明正典刑，以示天下。」制曰：「事君者有犯勿欺，所以盡爲臣之節；無禮必逐，豈容逃慢上之誅？大中大夫、知汝州蘇轍父子兄弟，挾機權變詐之學，驚愚惑衆。轍昔以賢良方正對策於廷，專斥上躬，固有異志。有司言轍懷姦不忠，如漢谷永，宜在罷黜。我仁祖優容，特命以官。在神考時獻書縱言時事，召見詢訪，使預討論。與軾大倡醜言，未嘗加罪。仰惟二聖厚恩，宜何以報？垂簾之初，老姦擅國。置在言路，使詆先朝。以君父爲仇，無復臣子之義。愎忮深阻，出其天資。援引猥浮，盜竊名器。專恣可否，疇敢誰何？至與大防中分國柄，罔上則合謀取勝，徇私則立黨相傾。排嫉忠良，眩亂風俗。既洞察險詖，猶肆誕謾。假託虛詞，規喧朝聽。比雖薄責，未厭公言。繼覽奏封，交疏惡狀。維爾自廢忠順之道，而予務全終始之恩。再屈刑章，尚假民社。往自循省，毋速後愆。可特降左朝議大夫、知袁州。」

七月丁巳，三省言：「近聞朝廷以呂大防、劉摯、蘇轍落職降官，黜知小郡。臣始以謂陛下慈厚，不欲盡言，姑示薄責而已。今覩制詞，在大防則曰睥睨兩宮，呼吸羣助，誣累慈訓，包藏禍心；在劉摯則曰誣詆聖考，愚視朕躬，窺伺禁省，密爲離間；在轍則曰老姦擅國，肆詆先朝。以君父爲仇，無臣子之義。既及此矣，則罪重謫輕，情法相遠。伏望更加詳酌，以正其罪。」監察御史周秩言：「朝廷議呂大防、劉摯落職，降蘇轍三官，知小郡，臣愚竊以爲未也。大防等罪尚可以爲民師帥乎？然大防與摯始謫，姑易地再施行猶可也；轍之謫已再三矣，而止於降官，則不若未謫，而更容臣等極論之也。臣愚謂大防等罪不在蘇轍之下，大防、摯、轍是皆言之而又行之者也。蓋大防等所言所行，皆害先朝之事。彼得罪於先朝，而輕論之，他日有得罪於陛下者，而重論之，於義安乎？呂惠卿以沮難司馬光，罪至散官安置。則爲人臣，寧犯人主，勿犯權臣，爲得計也。且摯與轍譏斥先朝，不減於軾。大防又用軾之所謀所言，而得罪輕於蘇軾。天下必以爲非。」詔司馬光、呂公著各追所贈官幷謚告，及追所賜神道碑額。降授左朝議大夫，知隨州呂大防守本官行祕書監，分司南京，郢州居住；降授左朝議大夫、知黄州劉摯守本官，試光祿卿，分司南京，蘄州居住；降授左朝議大夫、知袁州轍守本官，試少府監，分司南京，筠州居住。轍在郡有異政，既罷去，父老送者皆嗚咽流涕，數十里不絕。八月，過眞州，有阻風詩。行至江州彭澤縣，被筠州之命。

九月癸亥，至筠，有謝表。

二年乙亥

正月壬子，有次韻兄惠州上元見寄詩。甲辰，有曹谿卓錫泉銘。

二月辛卯，有古史後序一首。

九月戊申，逍遙聰老卒，有塔碑。辛未饗明堂，大赦天下，轍有賀表。

三年丙子

二月，有盆中石菖蒲忽生九花一首。

三月乙未，有祭寶月大師文幷送成都僧法舟西歸詩。

四年丁丑

二月庚辰，三省言：「呂大防、劉摯、蘇轍爲臣不忠，朝廷雖嘗懲責，而罰不稱愆。其餘同惡相濟，幸免者甚衆，亦當量罪，示有懲艾。」詔：大防謫舒州團練副使、循州安置；劉摯鼎州團練副使、新州安置。又制曰：「朋姦擅國，責有餘辜。造訕欺天，理不可赦。其加顯黜，以正明刑。降授左朝議大夫、試少府監、分司南京、筠州居住蘇轍，操傾側孽臣之心，挾縱横策士之計。始與兄軾肆爲詆欺，晚同相光協濟險惡，造無根之詞而欺世，聚不逞之黨以蔽朝。謂邪說爲讜言，指善政爲苛法。矯誣太后，愚弄沖人。助成姦謀，交毀先烈。發怨懟於君臣之際，忘忌憚於父子之間。陰懷動摇，公肆排訐。粤予親政，尚爾撓權。持罔上之素心，爲怙終之私計。罪同首惡，法在嚴誅。而事久益彰，罰輕未稱。朕顧瞻嚴廟，跂念裕陵，義不敢私，恩難以貸。黜居散秩，投置遐陬。非徒今日知馭衆之威，亦使後世識爲臣之義。勉思寛憲，務蓋往愆。可責授化州别駕、雷州安置。」

閏二月甲辰，軾責授瓊州别駕，昌化軍安置。

五月甲子，兄弟相遇於藤，相與同行。

六月丁亥，至雷州，有謝到州表。癸巳，軾與轍相别，渡海往昌化，有和子瞻過南海詩。

十月，軾有停雲詩寄轍，轍次韻答之。

十一月己卯，廣西經略安撫司走馬承受段諷言：「知雷州張逢周恤安置人蘇轍及軾兄弟，與之同行至雷州。請下不干礙官司按罪。」詔提舉荆湖南路常平董必具實狀以聞。

十二月癸未，新州安置劉摯卒。己亥，有和陶詩集序。

元符元年戊寅

二月，軾以轍生日，有沈香山子賦贈轍，轍和以答之。丙申，詔差河北路轉運副使呂升卿提舉荆湖南路，常平董必並充廣南東西路察訪。時有告劉摯在政府謀廢立者，章惇、蔡卞欲因是起大獄嶺表，悉按誅元祐臣僚，故遣升卿等。戊申，長星見。

三月癸丑，詔呂升卿等差充廣南東西路察訪指揮，更不施行。癸酉，提舉荆湖南路常平董必言：「朝請郎知雷州張逢於轍初到州日，同本州官吏門接。次日爲具召之，館於監司行衙，又令僦進見人吳國鑑宅居止，每月率一再移廚管待轍，差借白直七人。海康縣令陳某遣工匠應副國鑑修宅。」詔轍移循州安置。逢勒停，諤衝替。

八月，轍至循州，寓居城東之聖壽寺。已乃哀囊中之餘鬻之，得五十千，以易民居大小十間。北垣有隙地可以毓蔬，有井可以灌，乃與遜荷鋤其間。州民黃氏，宦學家也，有書不能具，時假其一二讀之。題白樂天文集後。

二年己卯

有巢谷者自眉山徒步訪轍於循州，又將見軾於海南，行至新州而卒，年七十三，轍爲之傳。
四月二十九日，有龍川略志序。
七月二十二日，有龍川別志序。
閏九月丁丑，有春秋傳後序。戊寅重陽，有與父老小飲四絕。
十一月辛未，有祭新婦黃氏文。

三年庚辰

正月己卯，哲宗崩，徽宗卽位。庚辰，大赦天下。
二月癸亥，轍量移永州安置。轍有次韻子瞻和陶淵明雜詩十一首。
四月庚戌，元子生。辛亥，赦天下。丁巳，轍移岳州，敕曰：「朕卽祚以來，哀士大夫失職者衆。雖稍收斂，未厭朕心。茲者天祚予家，挺生上嗣。國有大慶，賚及萬方。解網卹辜，何俟終日？責授某官蘇轍，擢自先帝，與聞政機，坐廢累年，在約彌厲。漸還善地，仍畀兵團。可濠州團練副使，岳州居住。」轍歸至處州被命，有謝狀。
十一月癸亥朔，敕曰：「朕初踐祚，思赴治功，敷求俊良，常恐不及。念雖廢棄，不忍遐遺。轍富有藝文，嘗預機政。謫居荒裔，積有歲時。稍從內遷，志節彌厲。昭還故秩，仍領眞祠。服我異恩，無忘報稱。可特授大中大夫、提舉鳳翔府上清宮，外州軍任便居住。」至鄂州被命，有謝表。有田在潁昌府，因往居焉。

徽宗建中靖國元年辛巳

正月己巳，中太一宮使范純仁卒，轍有挽詞。甲戌，欽聖憲肅皇后向氏崩，有慰表并挽詞三首。

三月丙子，有祭東塋文。戊寅，有鮮于侁父母贈告跋。

五月丙戌，欽聖憲肅皇后神主祔於廟室，轍有慰表二首。

七月丁亥，軾卒於常州。

九月癸亥，有祭文。

十月，有追和軾歸去來詞。

十一月庚辰，祀南郊，赦天下，轍有賀表。

十二月庚寅，王東美器之妻蘇氏卒，有墓志。丙申，有祭范子中朝散文。

崇寧元年壬午

四月丁未，有祭王氏嫂文。

跋巢谷傳。

五月丁卯，有祭兄文。是月庚午，詔蘇軾追貶崇信軍節度行軍司馬，其元追復舊官告繳納。蘇轍更不敘職名。乙亥，詔蘇轍等五十餘人，令三省籍記姓名，更不得與在京差遣。

閏六月癸酉，葬軾於汝州郟城縣小峨眉山，有墓志銘，有再祭八新婦文。戊寅，詔轍降爲朝請大夫，以銓品責籍之時差次不倫故也。有謝表。

八月丙子，詔司馬光等子弟並不得任在京差遣。太常寺太祝蘇适與外任合入差遣。

十一月十三日，有雪詩。

二年癸未

正月，有補子瞻謫居儋耳唐佐從之學、遷居蔡州詩。

二月，有寒食詩。己巳，有癸未生日詩。

三月甲午，跋楞嚴經，有六孫名字說。辛丑，有春盡詩。次日立夏。

四月戊午，有夢中詠醉人詞。

六月庚午，有立秋偶作詩。

九月乙酉，有九日詩，有立冬聞雷詩。

十月，有罷提舉太平宮欲還居潁昌詩。

十一月癸卯，有次遲韻對雪一首。

三年甲申

正月庚寅，還潁昌，有甲申歲設醮青詞。

三月丙子，有上巳日久病不出示兒姪詩。辛卯，有葺東齋詩并初得南園詩。

六月，詔頒元祐姦黨姓名三百九人刻石諸州。

七月丁酉，有記夢詩，有抱一頌，有葺居五首，有歲暮口號二首。

四年乙酉

正月戊寅，有雪後小酌贈内詩。

三月庚戌，有喜雨詩。

五月，有和遲田舍雜詩九首。

七月甲寅，詔元祐宰執墳寺特免毁拆，不得充本家功德院，並別賜敕額，爲國焚修。冬至雪詩，有歲暮二首，除夜詩。

五年丙戌

正月戊戌，彗出西方。丁未，大赦天下，毁元祐姦黨石刻。

三月辛亥，提舉南京鴻慶宫純禮卒，純禮字彝叟，轍有祭文。己未，姪孫元老中進士第，有次遲韻贈陳元侻秀才并送元老歸鄉詩。有秋社分韻詩，有築室示三子詩，有中秋無月二首。

九月，有潁濱遺老傳及欒城後集序、九日獨酌三首。

十月庚戌，有大雪詩。是時行大錢當十，民以爲病，故詩中及之。

十一月八日，有夢中反古菖蒲詩，有守歲詩。

大觀元年丁亥

正月庚戌，詔應係籍宰執墳寺，曾經放罷者並給還，轍有謝表。

二月，有丁亥生日詩。

七月乙酉朔，有苦雨詩，有釀重陽酒詩。有九日詩，有初成遺老齋待月軒藏書室三詩，有送少子遜赴蔡州酒官詩二首，有論語拾遺二十七章。

十一月乙丑，詔八寶初成，可於來年正月用之。

二年戊子

正月壬子，有正旦詩。是日帝受大賀八寶，赦天下。轍復朝議大夫，遷中大夫，皆有謝表幷焚黃文，有七十吟。

二月，有生日詩，有八璽詩。

五月，有夏至後得雨詩。

八月癸巳，有移花詩。

十二月壬辰，有伐雙轂詩，有除日詩、書老子解後。

三年己丑

有上元夜適勸至西禪觀燈詩。

二月庚寅，有望日雪詩。遜自淮康歸覲，逾旬而歸，有送行詩二首。

八月，有中秋新堂看月詩。

九月，有重九陰雨病中把酒示諸子詩。有己丑除日詩。

四年庚寅

有新春五絕，有上元雪詩。

閏八月辛亥，有兩中秋詩。辛酉有菊有黃花詩。

有除夜二詩。

政和元年辛卯

有正月十六日一首。有七十三歲作一首，有七夕詩，重九詩。

十月戊午，有雪詩四首，有冬至詩、除日詩，有欒城第三集序、卜居賦，再題老子解後。

二年壬辰

有壬辰年寫眞贊。

二月，有壬辰生日詩，記胸中所懷自作一首。

五月十九日，有喜雨詩，有送遲赴登封丞詩。

八月辛亥，題蔡幾先海外所集文後。

九月庚申，有墳院詩。是月壬午，中大夫轍轉大中大夫致仕。轍居潁昌十三年。潁昌當往來之衝，轍杜門深居，著書以爲樂，謝卻賓客，絕口不談時事。意有所感，一寓於詩，人莫能窺其際。

十月三日，轍卒，年七十四。

十一月乙丑，追復端明殿學士，特賜宣奉大夫。

七年

三月二十五日，夫人史氏卒，同葬汝州郟城縣上瑞里。

三子：遲，字伯充，官至大中大夫，工部侍郎，徽猷閣待制，紹興二十五年卒。适，字仲南，官至承議郎，通判廣信軍，宣和四年卒。遜，字叔寬，官奉議郎，通判瀘州潼川府，靖康元年卒。五女，文務光、王適、曹煥、王浚明、曾縱其壻也。務光字逸民，適字子立，煥字子文，縱字元矩。遲二子：簡、策。适三子：籀、範、築。遜四子：筠、箴、箱、簦。

轍有詩傳二十卷，春秋集傳十二卷，老子解二卷，欒城集、後集、第三集共八十四卷，應詔集十二卷。子瞻評其文，以爲「子由之文實勝僕，而世俗不知，乃以爲不如。其人深不願人知之，其文如其爲人。故汪洋澹泊，有一唱三歎之聲，而其秀傑之氣終不可沒。」轍少讀太史公書，患其疏略。漢景武之間，尚書古文，詩毛氏，春秋左氏皆不列於學宮，世能讀之者少，故其所記堯舜三代之事多不合聖人之意。戰國之際，諸子辯士各自著書，或增損古事以自信其說，一切信之，甚者至采世俗之語以易古文舊說。及秦焚書，戰國之史不傳於民間。秦惡其議己也，焚之略盡。幸而野史一二存者，遷亦未暇詳也。故其記戰國有數年不書一事者。於是因遷之舊，上觀詩書春秋，旁取戰國策，及秦漢雜錄，起伏羲、神農訖秦始皇帝爲七本紀，十六世家，三十七列傳，謂之古史，凡六十卷。晚在海康刊定舊解老子，寄子瞻。子瞻題其後曰：「昨日子由寄老子新解，讀之不盡卷，廢卷而歎：使戰國有此書，則無商鞅、韓非；使漢初有此書，則孔、老爲一；使晉、宋間有此書，則佛、老不爲二。不意老年見此異特。」及歸潁昌，時方詔天下焚滅元祐學術，轍敕諸子錄所爲詩、春秋傳、古史，子瞻易、書傳、論語說以待後之君子。復作易說三章及論語拾遺以補子瞻之闕。其論大衍之數五十，天地之數五十有五，盡掃古今學者增損附會之說，得其本眞。既沒，籀等述其緒訓，爲潁濱遺語一卷。紹興中以遲貴，累贈太師，封魏國公，史氏楚國太夫人。

耦香零拾

蘇轍傳

脫脫

蘇轍字子由，年十九，與兄軾同登進士科，又同策制舉。仁宗春秋高，轍慮或倦於勤，因極言得失，而於禁廷之事，尤爲切至。曰：

陛下即位三十餘年矣，平居靜慮，亦嘗有憂於此乎，無憂於此乎？臣伏讀制策，陛下既有憂懼之言矣。然臣愚不敏，竊意陛下有其言耳，未有其實也。往者寶元、慶曆之間，西夏作難，陛下晝不安坐，夜不安席，天下皆謂陛下憂懼小心，如周文王。然自西方解兵，陛下棄置憂懼之心，二十年矣。古之聖人，無事則深憂，有事則不懼。夫無事而深憂者，所以爲有事之不懼也。今陛下無事則不憂，有事則大懼，臣以爲憂樂之節易矣。臣疏遠小臣，聞之道路，不知信否？

近歲以來，宮中貴姬至以千數，歌舞飲酒，優笑無度，坐朝不聞咨謨，便殿無所顧問。三代之衰，漢、唐之季，女寵之害，陛下亦知之矣。久而不止，百蠹將由之而出。內則蠱惑之所汚，以傷和伐性；外則私謁之所亂，以敗政害事。陛下無謂好色於內，不害外事也。今海內窮困，生民愁苦，而宮中好賜不爲限極，所欲則給，不問有無。司會不敢爭，大臣不敢諫，執契持敕，迅若兵火。國家內有養士、養兵之費，外有契丹、西夏之奉，陛下又自爲一阱以耗其遺餘，臣恐陛下以此得謗，而民心不歸也。策入，轍自謂必見黜。考官司馬光第以三等，范鎮難之。蔡襄曰：「吾三司使也。司會之言，吾愧之而不敢怨。」惟考官胡宿以爲不遜，請黜之。仁宗曰：「以直言召人，而以直言棄之，天下其謂我何？」宰相不得已，寘之下等，授商州軍事推官。時父洵被命修禮書，兄軾簽書鳳翔判官。轍乞養親京師。三年，軾還，轍爲大名推官。逾年，丁父憂。服除，神宗立已二年，轍上書言事，召對延和殿。

時王安石以執政與陳升之領三司條例，命轍爲之屬。呂惠卿附安石，轍與論多相牾。安石出青苗書使轍熟議，曰：「有不便，以告勿疑。」轍曰：「以錢貸民，使出息二分，本以救民；非爲利也。然出納之際，吏緣爲姦，雖有法不能禁，錢入民手，雖良民不免妄用；及其納錢，雖富民不免踰限。如此，則恐鞭箠必用，州縣之事不勝煩矣。唐劉晏掌國計，未嘗有所假貸。有尤之者，晏曰：『使民僥倖得錢，非國之福；使吏倚法督責，非民之便。吾雖未嘗假貸，而四方豐凶貴賤，知之未嘗逾時。有賤必糴，有貴必糶，以此四方無甚貴、甚賤之病，安用貸爲？』晏之所言，則常平法耳。今此法見在而患不修，公誠能有意於民，舉而行之，則晏之功可立俟也。」安石曰：「君言誠有理，當徐思之。」自此逾月不言青苗。

會河北轉運判官王廣廉奏乞度僧牒數千爲本錢，於陝西漕司私行青苗法，春散秋斂，與安石意合，於是青苗法遂行。安石因遣八使之四方，訪求遺利。中外知其必迎合生事，皆莫敢言。轍往見陳升之曰：「昔嘉祐末，遣使寬恤諸路，各務生事，還奏多不可行，爲天下笑。今何以異此？」又以書抵安石，力陳其不可。安石怒，將加以罪，升之止之，以爲河南推官。會張方平知陳州，辟爲教授。三年，授齊州掌書記。又三年，改著作佐郎。復從方平簽書南京判官。居二年，坐兄軾以詩得罪，謫監筠州鹽酒稅，五年不得調，移知績溪縣。

哲宗立，以祕書省校書郎召。元祐元年，爲右司諫。宣仁后臨朝，用司馬光、呂公著，欲革弊事，而舊相蔡確、韓縝、樞密使章惇皆在位，窺伺得失，轍皆論去之。呂惠卿始諂事王安石，倡行虐政以害天下。及勢鈞力敵，則傾陷安石，甚於仇讎，世尤惡之。至是，自知不免，乞宮觀以避貶竄。轍具疏其姦，以散官安置建州。

司馬光以王安石雇役之害，欲復差役，不知其害相半於雇役。轍言：「自罷差役僅二十年，吏民皆未習慣。況役法關涉衆事，根芽盤錯，行之徐緩，乃得審詳。若不窮究首尾，忽遽便行，恐既行之後，別生諸弊。今州縣役錢，例有積年寬剩，大約足支數年，且依舊雇役，盡今年而止。催督有司審議差役，趁今冬成法，來年役使鄉戶。但使既行之後，無復人言，則進退皆便。」

光又以安石私設詩、書新義考試天下士，欲改科舉，別爲新格。轍言：「進士來年秋試，日月無幾，而議不時決。詩賦雖小技，比次聲律，用功不淺。至於治經，誦讀講解，尤不輕易。要之，來年皆未可施行。乞來年科場，一切如舊，惟經義兼取注疏及諸家論議，或出己見，不專用王氏學。仍罷律義，令舉人知有定論，一意爲學，以待選試，然後徐議元祐五年以後科舉格式，未爲晚也。」光皆不能從。

初，神宗以夏國內亂，用兵攻討，乃於熙河增蘭州，於延安增安疆、米脂等五砦。二年，夏遣使賀登位，使還，未出境，又遣使入境。朝廷知其有請蘭州、五砦地意，大臣議棄守未決。轍言曰：「頃者西人雖至，疆埸之事，初不自言。度其狡心，蓋知朝廷厭兵，確然不請，欲使此議發自朝廷，得以爲重。朝廷深覺其意，忍而不予，情得勢窮，始來請命，一失此機，必爲後悔。彼若點集兵馬，屯聚境上，許之則畏兵而予，不復爲恩；不予則邊釁一開，禍難無已。間不容髮，正在此時，不可失也。況今日之事，主上妙年，母后聽斷，將帥吏士，恩情未接，兵交之日，誰使效命？若其羽書沓至，勝負紛然，臨機決斷，誰任其責？惟乞聖心以此反覆思慮，早賜裁斷，無使西人別致猖狂。」於是朝廷許還五砦，夏人遂服。遷起居郎、中書舍人。

朝廷議回河故道，轍爲公著言：「河決而北，自先帝不能回。今不因其舊而修其未至，乃欲取而回之，其爲力也難，而爲責也重，是謂智勇勢力過先帝也。」公著悟，竟未能用。進戶部侍郎。轍因轉對，言曰：「財賦之原，出於四方，而委於中都。故善爲國者，藏之於民，其次藏之州郡。州郡有餘，則轉運司常足；轉運司既足，則戶部不困。唐制，天下賦稅，其一上供，其一送使，其一留州。比之於今，上供之數可謂少矣。然每有緩急，王命一出，舟車相銜，大事以濟。祖宗以來，法制雖殊，而諸道蓄藏之計，猶極豐厚。是以斂散及時，縱捨由己，利柄所在，所爲必成。自熙寧以來，言利之臣，不知本末之術，欲求富國，而先困轉運司。轉運司既困，則上供不繼；上供不繼，而戶部亦憊矣。兩司既困，故內帑別藏，雖積如丘山，而委爲朽壞，無益於算也。」

尋又言：

臣以祖宗故事考之，今日本部所行，體例不同，利害相遠，宜隨事措置，以塞弊原。謹具三弊以聞：其一曰分河渠案以爲都水監，其二曰分胄案以爲軍器監，其三曰分修造案以爲將作監。三監皆隸工部，則本部所專，其餘無幾，出納損益，制在他司。頃者，司馬光秉政，知其爲害，嘗使本部收攬諸司利權。當時所收，不得其要，至今三案猶爲他司所擅，深可惜也。

蓋國之有財，猶人之有飲食。飲食之道，當使口司出納，而腹制多寡。然後分布氣血，以養百骸，耳目賴之以爲聰明，手足賴之以爲力。若不專任口腹，而使手足、耳目得分治之，則雖欲求一飽不可得矣，而況於安且壽乎！今戶部之在朝廷，猶口腹也，而使他司分治其事，何以異此？自數十年以來，羣臣每因一事不舉，輒入建他司。利權一分，用財無藝。他司以辦事爲效，則不恤財之有無；戶部以給財爲功，則不問事之當否。彼此各營一職，其勢不復相知，雖使戶部得材智之臣，終亦無益，能否同病，府庫卒空。今不早救，後患必甚。

昔嘉祐中，京師頻歲大水，大臣始取河渠案置都水監。置監以來，比之舊案，所補何事？而大不便者，河北有外監丞，侵奪轉運司職事。轉運司之領河事也，郡之諸埽，埽之吏兵、儲蓄，無事則分，有事則合。水之所向，諸埽趨之，吏兵得以併功，儲蓄得以併用。故事作之日，無暴斂傷財之患，事定之後，徐補其闕，兩無所妨。自有監丞，據法責成，緩急之際，諸埽不相爲用，而轉運司不勝其弊矣。此工部都水監爲戶部之害一也。

昔先帝一新官制，並建六曹，隨曹付事，故三司故事多隸工曹，名雖近正而實非利。昔胄案所掌，今內爲軍器監而上隸工部，外爲都作院而上隸提刑司，欲有興作，戶部不得與議。訪聞河北道近歲爲羊渾脫，動以千計。渾脫之用，必軍行乏水，過渡無船，然後須之。而其爲物，稍經歲月，必至蠹敗。朝廷無出兵之計，而有司營戢，不顧利害，至使公私應副，虧財害物。若專在轉運司，必不至此。此工部都作院爲戶部之害二也。

昔修造案掌百工之事，事有緩急，物有利害，皆得專之。今工部以辦職爲事，則緩急利害，誰當議之？朝廷近以箔場竹箔，積久損爛，創令出賣，上下皆以爲當。指揮未幾，復以諸處營造，歲有科制，遂令般運堆積，以破出賣之計。臣不知將作見工幾何，一歲所用幾何？坂此積彼，未用之間，有無損敗，而遂爲此計。本部雖知不便，而以工部之事，不敢復言。此工部將作監爲戶部之害三也。

凡事之類此者多矣，臣不能遍舉也。故願明詔有司，罷外水監丞，舉河北河事及諸路都作院皆歸轉運司，至於都水、軍器、將作三監，皆兼隸戶部，使定其事之可否，裁其費之多少，而工部任其功之良苦，程其作之遲速。苟可否、多少在戶部，則傷財害民，戶部無所逃其責矣。苟良苦、遲速在工部，則敗事乏用，工部無所辭其譴矣。制出于一，而後天下貧富可責之戶部矣。

哲宗從之，惟都水仍舊。

朝廷以吏部元豐所定吏額，比舊額數倍，命轍量事裁減。吏有白中孚曰：「吏額不難定也。昔之流內銓，今侍郎左選也，事之煩劇，莫過此矣。昔銓吏止十數，而今左選吏至數十，事不加舊而用吏至數倍，何也？昔無重法、重祿，吏通賕賂，則不欲人多以分所得。今行重法，給重祿，賕賂比舊爲少，則不忌人多而幸於少事。此吏額多少之大情也。舊法，日生事以難易分七等，重者至一分，輕者至一釐以下，積若干分而爲一人。今若取逐司兩月事定其分數，則吏額多少之限，無所逃矣。」轍曰：「此羣吏身計所係也。若以分數爲人數，必大有所損，將大致紛訴，雖朝廷亦不能守。」乃具以白宰執，請據實立額，俟吏之年滿轉出，或事故死亡者勿補，及額而止。不過十年，羨額當盡。功雖稍緩，而見吏知非身患，不復怨矣。呂大防命諸司吏任永壽與省吏數人典之，遂背轍議以立額，日裁損吏員，復以好惡改易諸局次。永壽復以贓刺配，大防略依轍議行之。代軾爲翰林學士，尋權吏部尚書。使契丹，館客者侍讀學士王師儒能誦洵、軾之文及轍茯苓賦，恨不得見全集。使還，爲御史中丞。

自元祐初，一新庶政，至是五年矣。人心已定，惟元豐舊黨分布中外，多起邪說以搖撼在位，呂大防、劉摯患之，欲稍引用，以平夙怨，謂之「調停」。宣仁后疑不決，轍面斥其非，復上疏曰：

臣近面論，君子小人不可並處，聖意似不以臣言爲非者。然天威咫尺，言詞迫遽，有所不盡，臣而不言，誰當救其失者！親君子，遠小人，則主尊國安；疏君子，任小人，則主憂國殆。此理之必然。未聞以小人在外，憂其不悅而引之於內，以自遺患也。故臣謂小人雖不可任以腹心，至於牧守四方，奔走庶務，無所偏廢可也。若遂引之於內，是猶患盜賊之欲得財，而導之於寢室，知虎豹之欲食肉，而開之以坰牧，無是理也。且君子小人，勢同冰炭，同處必爭。一爭之後，小人必勝，君子必敗。何者？小人貪利忍恥，擊之則難去，君子潔身重義，沮之則引退。古語曰：「一薰一蕕，十年尚猶有臭。」蓋謂此矣。

先帝聰明聖智，疾頹靡之俗，將以綱紀四方，比隆三代。而臣下不能將順，造作諸法，上逆天意，下失民心。二聖因民所願，取而更之，上下忻慰。則前者用事之臣，今朝廷雖不加斥逐，其勢亦不能復留矣。尙賴二聖慈仁，宥之於外，蓋已厚矣。而議者惑於說，乃欲招而納之，與之共事，謂之「調停」。此輩若返，豈肯但已哉？必將戕害正人，漸復舊事，以快私忿。人臣被禍，蓋不足言，臣所惜者，祖宗朝廷也。惟陛下斷自聖心，勿爲流言所惑，勿使小人一進，後有噬臍之悔，則天下幸甚。

疏入，宣仁后命宰執讀於簾前，曰：「轍疑吾君臣兼用邪正，其言極中理。」諸臣從而和之，「調停」之說遂已。

轍又奏曰：

竊見方今天下雖未大治，而祖宗綱紀具在，州郡民物粗安。若大臣正己平心，無生事要功之意，因弊修法，爲安民靖國之術，則人心自定，雖有異黨，誰不歸心？向者異同反覆之心，蓋亦不足慮矣。但患朝廷舉事，類不審詳。曩者，黃河北流，正得水性，而水官穿鑿，欲導之使東，移下就高，汩五行之理。及陛下遣使按視，知不可爲，猶或固執不從。經今累歲，回河雖罷，減水尚存，遂使河朔生靈，財力俱困。今者西夏、青唐，外皆臣順，朝廷招來之厚，惟恐失之。而熙河將吏創築二堡，以侵其膏腴，議納醇忠，以奪其節鉞，功未可覬，爭已先形。朝廷雖知其非，終不明白處置，若遂養成邊釁，關陝豈復安居？如此二事，則臣所謂宜正己平心，無生事要功者也。

昔嘉祐以前，鄉差衙前，民間常有破產之患。熙寧以後，出賣坊場以雇衙前，民間不復知有衙前之苦。及元祐之初，務於復舊，一例復差。官收坊場之錢，民出衙前之費，四方驚顧，衆議沸騰。尋知不可，旋又復雇。去年之秋，又復差法。又熙寧雇役之法，三等人戶，並出役錢，上戶以家產高強，出錢無藝，下戶昔不充役，亦遣出錢。故此二等人戶，不免咨怨。至於中等，昔既已自差役，今又出錢不多，雇法之行，最爲其便。罷行雇法，上下二等，欣躍可知，唯是中等則反爲害。且如畿縣中等之家，例出役錢三貫，若經十年，爲錢三十貫而已。今差役既行，諸縣手力，最爲輕役，農民在官，日使百錢，最爲輕費。然一歲之用，已爲三十六貫，二年役滿，爲費七十餘貫。罷役而歸，寬鄉得閑三年，狹鄉不及一歲。以此較之，則差役五年之費，倍於雇役十年。賦役所出，多在中等。如此條目，不便非一，故天下皆思雇役而厭差役，今五年矣。如此二事，則臣所謂宜因弊修法，爲安民靖國之術者也。

臣以聞見淺狹，不能盡知當今得失。然四事不去，如臣等輩猶知其非，而況於心懷異同，志在反覆，幸國之失，有以藉口者乎？臣恐如此四事，彼已默識於心，多造謗議，待時而發，以搖撼衆聽矣。伏乞宣諭宰執，事有失當，改之勿疑，法或未完，修之無倦。苟民心既得，則異議自消。陛下端拱以享承平，大臣逡巡以安富貴，海內蒙福，上下攸同，豈不休哉！

大臣恥過，終莫肯改。

六年，拜尚書右丞，進門下侍郎。初，夏人來賀登極，相繼求和，且議地界。朝廷許約，地界已定，付以歲賜。久之，議不決。明年，夏人以兵襲涇原，殺掠弓箭手數千人，朝廷忍之不問，遣使往賜策命。夏人受禮倨慢，以地界爲辭，不復入謝，再犯涇原。四年，來賀坤成節，且議地界。朝廷先以歲賜予之，地界又未決。夏人乃於疆事多方侵求，熙河將佐范育、种誼等，遂背約侵築質孤、勝如二堡，夏人卽平盪之。育等又欲以兵納趙醇忠，及擅招其部人千餘，朝廷却而不受，西邊騷然。轍乞罷育、誼，別擇老將以守熙河。宣仁后以爲然，大臣竟主育、誼，不從。

轍又面奏：「人君與人臣，事體不同。人臣雖明見是非，而力所不加，須至且止；人君於事，不知則已，知而不能行，則事權去矣。臣今言此，蓋欲陛下收攬威柄，以正君臣之分而已。若專聽所謂，不以漸制之，及其太甚，必加之罪，不免逐去。事至如此，豈朝廷美事？故臣欲保全大臣，非欲害之也。」

六年，熙河奏：「夏人十萬騎壓通遠軍境，挑掘所爭崖嶮，殺人三日而退。乞因其退，急移近裏堡砦於界，乘利而往，不須復守誠信。」下大臣會議。轍曰：「當先定議欲用兵耶，不用耶？」呂大防曰：「如合用兵，亦不得不用。」轍曰：「凡用兵，先論理之曲直。我若不直，兵決不當用。朝廷須與夏人議地界，欲用慶曆舊例，以彼此見今住處當中爲直，此理最簡直。夏人不從，朝廷遂不固執。蓋朝廷臨事，常患先易後難，此所謂先易者也。既而許於非所賜城砦，依綏州例，以二十里爲界，十里爲堡鋪，十里爲草地。要約纔定，朝廷又要兩砦界首侵夏地一抹取直，夏人見從。又要夏界更留草地十里，夏人亦許。凡此所謂後難者也。今欲於定西城與隴諾堡一抹取直，所侵夏地凡百數十里。隴諾祖宗舊疆，豈所謂非所賜城砦耶？此則不直，致寇之大者也。」劉摯曰：「不用兵雖美，然事有須用兵者，亦不可不用也。」轍奏曰：「夏兵十萬壓熙河境上，不於他處，專於所爭處殺人、掘崖嶮，此意可見，此非西人之罪，皆朝廷不直之故。熙河輒敢生事，不守誠信，臣欲詰責帥臣耳。」後屢因邊兵深入夏地，宣仁后遂從轍議。

時三省除李清臣吏部尚書，給事中范祖禹封還詔書，且言姚勔亦言之。三省復除蒲宗孟兵部尚書。轍奏：「前除清臣，給諫紛然，爭之未定。今又用宗孟，恐不便。」宣仁后曰：「奈闕官何？」轍曰：「尚書闕官已數年，何嘗闕事？今日用此二人，正與去年用鄧溫伯無異。此三人者，非有大惡，但昔與王珪、蔡確輩並進，意思與今日聖政不合。見今尚書共闕四人，若並用似此四人，使黨類互進，恐朝廷自是不安靜矣。」議遂止。

紹聖初，哲宗起李清臣爲中書舍人，鄧潤甫爲尚書左丞。二人久在外，不得志，稍復言熙、豐事以激怒哲宗意。會廷試進士，清臣撰策題，即爲邪說。轍諫曰：

伏見御試策題，歷詆近歲行事，有紹復熙寧、元豐之意。臣謂先帝以天縱之才，行大有爲之志，其所設施，度越前古，蓋有百世不可改者。在位近二十年，而終身不受尊號。裁損宗室，恩止祖免，減朝廷無窮之費。出賣坊場，顧募衙前，免民間破家之患。黜罷諸科誦數之學，訓練諸將慵惰之兵。置寄祿之官，復六曹之舊，嚴重祿之法，禁交謁之私。行淺攻之策以制西夏，收六色之錢以寬雜役。凡如此類，皆先帝之睿算，有利無害，而元祐以來，上下奉行，未嘗失墜也。至於其他，事有失當，何世無之。父作之於前，子救之於後，前後相濟，此則聖人之孝也。

漢武帝外事四夷，內興宮室，財用匱竭，於是修鹽鐵、榷酤、均輸之政，民不堪命，幾至大亂。昭帝委任霍光，罷去煩苛，漢室乃定。光武、顯宗以察爲明，以讖決事，上下恐懼，人懷不安。章帝卽位，深鑒其失，代之以寬厚、愷悌之政，後世稱焉。本朝眞宗右文偃武，號稱太平，而羣臣因其極盛，爲天書之説。章獻臨御，攬大臣之議，藏書梓宮，以泯其迹；及仁宗聽政，絶口不言。英宗自藩邸入繼，大臣創濮廟之議。及先帝嗣位，或請復舉其事，寢而不答，遂以安靜。夫以漢昭、章之賢，與吾仁宗、神宗之聖，豈其薄於孝敬而輕事變易也哉？臣不勝區區，願陛下反覆臣言，愼勿輕事改易。若輕變九年已行之事，擢任累歲不用之人，人懷私忿，而以先帝爲辭，大事去矣。

哲宗覽奏，以爲引漢武方先朝，不悅。落職知汝州。居數月，元豐諸臣皆會於朝，再責知袁州。未至，降朝議大夫、試少府監，分司南京，筠州居住。三年，又責化州別駕，雷州安置，移循州。徽宗卽位，徙永州、岳州，已而復太中大夫，提舉鳳翔上清太平宮。崇寧中，蔡京當國，又降朝請大夫，罷祠，居許州，再復太中大夫致仕。築室于許，號潁濱遺老，自作傳萬餘言，不復與人相見。終日默坐，如是者幾十年。政和二年，卒，年七十四。追復端明殿學士。淳熙中，謚文定。

轍性沉靜簡潔，爲文汪洋澹泊，似其爲人，不願人知之，而秀傑之氣終不可掩，其高處殆與兄軾相迫。所著詩傳、春秋傳、古史、老子解、欒城文集並行於世。三子：遲、适、遜。族孫元老。

論曰：蘇轍論事精確，修辭簡嚴，未必劣於其兄。王安石初議青苗，轍數語柅之，安石自是不復及此，後非王廣廉傅會，則此議息矣。轍寡言鮮慾，素有以得安石之敬心，故能爾也。若是者，軾宜若不及，然至論軾英邁之氣，閎肆之文，轍爲軾弟，可謂難矣。元祐秉政，力斥章、蔡，不主調停；及議回河、雇役，與文彥博、司馬光異同，西邊之謀，又與呂大防、劉摯不合。君子不黨，於轍見之。轍與兄進退出處，無不相同，患難之中，友愛彌篤，無少怨尤，近古罕見。獨其齒爵皆優於兄，意者造物之所賦與，亦有乘除於其間哉！宋史卷三百三十九

三、諸家評詠

上張侍郎第一書（節録）

蘇洵

洵有二子軾、轍，齠齔授經，不知他習。進趨跪拜，儀狀甚野。而獨於文字中有可觀者。始學聲律，既成，以爲不足盡力於其間。讀孟、韓文，以爲可作。引筆書紙，日數千言，坌然溢出，若有所相。年少狂勇，未嘗更變，以爲天子之爵祿可以攫取。聞京師多賢士大夫，欲往從之游，因以舉進士。洵今年幾五十，以嬾鈍廢於世，誓將絶進取之意。惟此二子，不忍使之復爲湮淪棄置之人。今年三月將與之入京師。

嘉祐集卷十四

名二子説

蘇洵

輪輻蓋軫，皆有職乎車，而軾獨若無所爲者。雖然，去軾，則吾未見其爲完車也。軾乎，吾懼汝之不外飾也。

天下之車莫不由轍，而言車之功者，轍不與焉。雖然，車仆馬斃而患亦不及轍。是轍者善處乎禍福之間也。轍乎，吾知免矣。

嘉祐集卷十九

戲子由（節錄）

蘇軾

宛丘先生長如丘，宛丘學舍小如舟。常時低頭誦經史，忽然欠伸屋打頭。斜風吹帷雨注面，先生不愧傍人羞。任從飽死笑方朔，肯爲雨立求秦優？眼前勃谿何足道，置身六鑿須天遊。讀書萬卷不讀律，致君堯舜終無術。觀農冠蓋鬧如雲，送老鹽虀甘似蜜。門前萬事不挂眼，頭雖長低氣不屈。

東坡集卷三

初別子由

蘇軾

我少知子由，天資和而清。好學老益堅，表裏漸融明。豈獨爲吾弟，要是賢友生。不見六七年，微言誰與賡？常恐坦率性，放縱不自程。會合亦何事，無言對空枰。使人之意消，不善無由萌。森然有六女，包裹布與荆。無憂賴賢婦，藜藿等大烹。使子得行意，青衫陋公卿。明日無晨炊，倒牀作雷鳴。秋眠我東閣，夜聽風雨聲。懸知不久別，妙理重細評。昨日忽出門，孤舟轉西城。歸來北堂上，古屋空崢嶸。退食誤相從，入門中自驚。南都信繁會，人事水火爭。念當閉閣坐，頹然寄聾盲。妻子亦細事，文章固虛名。會須掃白髮，不復用黃精。

東坡集卷八

答張文潛書（節錄）

蘇　軾

惠示文編，三復感歎。甚矣，君之似子由也。子由之文實勝僕，而世俗不知，乃以爲不如。其爲人深不願人知之，其文如其爲人。故汪洋澹泊，有一唱三嘆之聲，而其秀傑之氣終不可沒。作黃樓賦，乃稍自振厲，若欲以警發憒憒者。而或者便謂僕代作，此尤可笑。是殆見吾善者機也。

東坡集卷三十

答傅彬老簡（節錄）

秦　觀

閣下謂蜀之錦綺妙絕天下，蘇氏蜀人，其於組麗也獨得之於天，故其文章如錦綺焉。其說信美矣，然非所以稱蘇氏也。蘇氏之道，最深於性命自得之際，其次則器足以任重，識足以致遠。至於議論文章，乃其與世周旋，至粗者也。閣下論蘇氏，而其說止於文章，欲尊蘇氏，適卑之耳。

閣下又謂三蘇之中，所願學者登州爲最優，于此尤非也。老蘇先生僕不及識其人；今中書、補闕二公，則僕嘗身事之矣。中書之道如日月星辰，經緯天地，有生之類皆知仰其高明；補闕則不然，其道如元氣，行於混淪之中，萬物由之而不知也。故中書嘗自謂「吾不及子由」，僕竊以爲知言。閣下試贏數月之糧謁二公於京師，不然取其所著之書熟讀之，以想見其人，然後知吾言之不謬也。

淮海集卷十四

寄子由先生

張耒

先生四十猶不遇，獨坐南都誰與語。青衫弟子天下窮，飢走京塵困羈旅。高門得飯暫見肉，敝篋無實惟巢鼠。樓頭酒貴不敢沽，三百青銅輸杜甫。強顔講學昧時宜，漫自吟詩愁肺腑。平生不解謁貴人，況乃令嚴門者拒。此生自料應常爾，但願流年醉中度。又思人世樂乃已，此外紛紛何足數。預期歸日在涼秋，想見西風蕩煩暑。區區懷抱異披豁，一尊願駐東歸艫。

張右史文集卷十五

再寄

張耒

宛丘之别今五年，汴上留連纔一日。賤生飄泊客東南，憂患侵陵心若失。先生神貌獨宛然，但覺岩岩瘦而實。有如霜露入秋山，掃除繁蔚峰巒出。自言近讀養生書，頗學仙人餌芝朮。披尋圖訣得茯苓，云是松間千歲物。屑而爲食可不飢，功成在久非倉卒。上侔金石免毒裂，下比草木爲強倔。涓涓漱納白玉津，鍊以眞元納之骨。神仙自是人不知，豈爲難求廢其術？我聞公説心獨嗟，欲問太虛窮恍惚。奈何不使被金朱，乃俾枯槁思岩窟。又觀世事不可常，倚伏誰能定于一？終身軒冕亦何賴，況有朝升而暮黜。何如端坐養形骸，壽考康寧無夭屈。乃知豈卽非良圖，却笑兒曹嗜糠籺。青衫弟子昔授經，賦分覊窮少倫匹。自知無命作公卿，頗亦有心窮老佛。但思飽暖願卽已，妄意功名心實不？終期策杖從公遊，更乞靈丸救衰疾。

張右史文集卷十五

寄子由二首　張耒

萬里歸來眞得仙，七年瞻望漫悁悁。安閑舊得還丹訣，著論新成古史編。應接強顏聊復爾，是非袖手獨超然。門人白首侯芭在，眷戀微官愧昔賢。

文席他年聞至言，艱難不敢墜周旋。文詞老去眞何益，道妙平生薄有緣。人事眼前誰欲睡，丹經肘後更誰傳？清秋一室林泉好，灑掃思爲杖屨仙。

張右史文集卷二十四

蘇黃門挽詩三首　王鞏

其一

憶昔持風憲，防微意獨深。一時經國慮，千載愛君心。坤道存終始，乾綱正古今。當時人物盡，惆悵獨知音。

其二

已矣東門路，空悲未盡情。交親踰四紀，憂患共平生。此去音容隔，徒多涕淚橫。蜀山千萬疊，何處是佳城？

其三

靜者宜膺壽，胡爲忽夢楹？傷嗟見行路，優典識皇情。徒泣巴山路，空悲蜀道程。弟兄仁達意，千古各垂名。

張邦基墨莊漫錄卷三

跋蘇子由與順老帖

惠洪

子由每多疾病，則學道宜；多憂患，則學佛宜。常坐黨人，兩謫高安，多與山林有道者語，知其爲排遣憂患者也。順老予時拜之，又吾雲庵賢之，潸然流涕而書云。

石門文字禪卷二十七

和叔父移居東齋

蘇過

去鄉三十年，夢寐猶西土。阨窮未能歸，諒亦君子固。結廬箕潁間，絶意爲霖雨。聊凊一室地，僅作跏趺處。邇來又謝客，不待虁蠑釜。西齋舊翳密，日晏窗先暮。東軒得爽塏,眞作禪侶住。公舊自謂東軒長老。陶潛採菊時,尙復有眞趣。公今觀此心,湛然忘客主。坐了一大緣,固已遺能所。

斜川集卷一

次韻叔父黃門己丑歲除二首(選一)

蘇過

坐閱星周幾變遷,恆河見性但依然。求田問舍追三徑,面壁灰心過九年。公自庚辰歲歸潁昌,杜門不出,今十年矣。早退得閑眞玩歲,跏趺數息是安眠。從今甲子當須記,異日應無史趙賢。

斜川集卷三

祭叔父黃門文

蘇過

嗚呼!天無意於世乎,曷爲畀之於人?夫既畀之而又奪之,理何疑於大鈞?昔者仲尼、孟軻周流天下,皇皇乎求君,蓋欲拯生民於塗炭,救將喪之斯文。然身卒困於逆旅,志壹鬱而莫信。豈道大不容於世也,抑天未欲平治於斯民?

嗚呼!維我王父皇考以及叔父,天祚有宋,篤生良臣。視堯禹而陋秦漢,談王道於一門。公之在廟堂也，則壬人廢而蠻夷服，禮樂正而朝廷尊。排申商之充塞，非仁義而莫陳。庶幾乎虞夏之風，反樸而還淳矣。屬世故之迫隘，乃一蕕而一薰。橫江潭之鱣鮪，豈溝瀆之容身？竟中道而出走，罹此郵之紛紛。然公之脫身南荒而歸也，則潚然箕山之下，潁水之濱。友巢由於千載，追松喬於白雲。蓋與世而相忘，默淵潛而自珍。託春秋以見志，戮姦宄於灰塵。公雖不用也，而天下愈尊之如泰山，歸之如鳳麟。意造物之有待，使巋然而獨存。

忽山頹而梁壞，何蒼蒼之不仁！豈吾宗之不祐，天實禍於搢紳。過也昔孤而歸公於許，奉杖履者十春。惟二父之篤愛，推其餘於子孫。痛里門之一訣，哭來訃於幷汾。恨易簀之不見，猶及拜其冠巾。恍高堂其如在，疑謦欬之或聞。誓不辱於教誨，期可見於九原。傾一奠而永已，不得執紼挽公之歸葬於西岷也。

斜川集卷六

欒城先生遺言（節錄）

蘇籀

公爲籀講老子數篇，曰：「高於孟子二三等矣。」

公解孟子二十餘章，讀至「浩然之氣」一段，顧籀曰：「五百年無此作矣。」

公曰：「吾爲春秋集傳，乃平生事業。」

公年十六，爲夏、商、周論，今見於古史。年二十，作詩傳。

公言先曾祖晚歲讀易，玩其爻象，得其剛柔遠近喜怒逆順之情，以觀其詞，皆迎刃而解。作易傳未完，疾革，命二公述其志。東坡受命，卒以成書。初，二公少年皆讀易，爲之解說。各仕他邦，既而東坡獨得文王、伏羲超然之旨，公乃送所解於坡，今蒙卦獨是公解。

公少年與坡公治春秋，公嘗作論，明聖人喜怒好惡，譏公、穀以日月土地爲訓，其說固自得之。

公自熙寧謫高安，覽諸家之說，爲集傳十二卷。紹聖初，再謫南方，至元符三易地，最後卜居龍川白雲橋，集傳乃成。歎曰：「此千載絶學也。」既而俾坡公觀之，以爲古人所未至。

公曰：「吾莫年於義理無所不通，悟孔子一以貫之者。」東坡幼年作却鼠刀銘，公作缸硯賦，曾祖稱之。命佳紙修寫，裝飾訂於所居壁上。

公曰：「子瞻之文奇，吾文但穩耳。」

公在諫垣，論蜀茶。祖宗朝量收稅，李杞、劉佑、蒲宗閔取息初輕，後益重，立法愈峻。李稷始議極力掊取，民間遂困。稷引陸師閔共事，額至一百萬貫。陸師閔又乞額外以百萬貫爲獻。成都置都茶場，公條陳五害，乞放榷法，令民自作交易，但收稅錢，不出長引，止令所在場務，據數抽買博馬茶，勿失武備而已。言師閔百端凌虐細民，除茶遞官吏、養兵所費，所收錢七八十萬貫，蜀人泣血，無所控告。公講畫纖細曲折，利害昭炳。時小呂申公當軸，歎曰：「只謂蘇子由儒學，不知吏事精詳至於如此。」公論役法，尤爲詳盡，識者韙之。

公曰：「余少年苦不達爲文之節度。讀上林賦，如觀君子，佩玉冠冕，還折揖讓，音吐皆中規矩，終日威儀無不可觀。」

公曰：「予少作文，要使心如旋牀，大事大圜成，小事小圓轉，每句如珠圓。」

公曰：「余黃樓賦，學兩都也。晚年來不作此工夫之文。」貢父嘗謂公所爲訓詞，曰：「君所作強於令兄。」

公解詩時，年未二十。初出魚藻兔苴等說，曾祖編禮以爲先儒所未喻。作夏、商、周論，纔年十有六，古人所未到。

籀年十有四，侍先祖潁昌，首尾九年，未嘗暫去侍側。見公終日燕坐之餘，或看書籍而已。世俗藥餌玩好，公漠然忘懷。一日因謂籀，講莊子二三段訖，公曰：「顏子簞瓢陋巷，我是謂矣。所聞可追記者若干語，傳諸筆墨，以示子孫。」

公令籀作詩文，五六年後，忽謂籀曰：「汝學來學去透漏矣。」嘗與文氏家姑言之，亦如此。

潁昌吾祖書閣，有廚三隻，春秋說一軸，解注以公、穀、左氏、孫復。卷末後題「丙申嘉祐元年冬，寓居興國浴室東坐第二位讀三傳。」次年夏辰時坡公書名押字。少年親書此卷，歷積蠹簡中，未嘗開緘。籀偶開之，一一對擬今黃門春秋集傳，悉皆有指定之說。想爾時與坡公同學，潛心稽考，老而著述大成。遺書具在，當以黃門集傳爲證。據坡公晚歲謂春秋傳皆古人未至，故附記之於斯。

大悲圓通閣記，公偶然爲東坡作。坡云：「好個意思。」欲別作而卒用。公所著和陶詩擬古九首，亦坡代公作。

公與關西文長老相善。公晚年自政府謫官筠州，既而復謫雷州，威命甚峻。時文老特來唁公，留宿所寓宅中。公被命即登轎出郭外，文老亦相隨去。嘆曰：「克文處之，尚恐不能，公眞大過人者。」

東坡病歿於晉陵，伯達、叔仲歸許昌，生事蕭然。公篤愛天倫，曩歲別業在浚都，鬻之九千數百緡，悉以助焉，囑勿輕用。時公方降三官，謫籍奪俸。

雙溪集附錄

蘇黄門老子解(節錄)

朱熹

蘇侍郎晚爲是書，合吾儒于老子，以爲未足，又並釋氏而彌縫之，可謂舛矣。然其自許甚高，至謂當世無一人可與語此者，而其兄東坡亦以爲「不意晚年見此奇特」。以予觀之，其可謂無忌憚者與！因爲之辨。

而或者謂蘇氏兄弟以文義贊佛乘，蓋未得其所謂，如傳燈錄解之屬，其失又有甚焉，不但此書爲可辨也。應之曰：予之所病，病其學儒之失，而流於異端；不病其學佛未至，而溺於文藝也。其不得已而論，此豈好辯哉？誠懼其亂吾學之傳而失人心之正耳。若求諸彼而不得其説，則予又何暇知焉！

朱文公文集卷七十二

蘇文定公祠碑

韓元吉

歙之績溪縣西隅有亭曰翠眉，不知其何人作也。前則二小山對出，自亭而望，嫵然如眉。地勢平衍，林木茂蔚。元豐末，蘇文定公爲縣，愛其幽清，時往游焉，賦詩其上。公去而邑人思之，即亭爲祠。中更黨籍，禁錮之餘，書毁跡滅。重爲寇攘之厄，井邑蕩然，公之遺翰了無在者。

紹興中，好事者飾縣廨一堂，名以景蘇。後令曹訓刻公在績溪所爲詩三十六篇於石，而摩公之像於亭。歲月寖久，棟宇弗支。

淳熙十年，公之曾孫秘閣修撰詡爲江南東路轉運副使，按行邑中，來拜祠下。出俸錢付縣吏，曰：「修之，勿以煩民也。」時奉議郎宣城虞儔方祇縣事，愧而謝曰：「此令之職也。昨爲令者，以頻歲救荒，故未能及。儔至甫幾月爾，固將及之。其敢用公之私錢！」某適以行役過縣，儔道其所以，且願得文以爲之記。其明年，來曰：「祠成久矣。闢亭爲四楹，得家廟本別繪公像于中。前爲軒楹，以面兩山；後爲便舍，以待游者。以公之愛其處，規制仍舊，不敢侈也。」

夫公之名滿天下，而文章誦於四夷。功烈議論，且載信史，豈須記而後傳？蓋績溪在江左，巖邑也。公之爲令，僅以半載，而邑人至今乃不忘。則其道德所加，必有未施信而民信之者矣。雖然，公之對制策，當仁祖朝，已負敢言之氣，而幾見黜於有司。驅馳州縣，不得用於臺閣者踰二十年。逮東坡先生以詩得罪，公亦坐貶於筠。起廢而來績溪，則既五十矣。自是始還，曾不數年，任言責，司翰墨，以翊政路而登門下省。則向之忌嫉於公，而蹭蹬不偶者，未足爲公嘆也。

昔公自蜀入京師，縱觀山河之雄，宮闕之壯，上書韓太尉，實自比司馬遷，欲求天下之奇聞壯觀，以激發其志氣。顧以一縣之微，一亭之小，耳目所寓，未厭而樂之，何哉？公嘗有言曰：「天下之樂無窮，而以適意爲悅。方其得意，萬物無以易之。」其斯之謂歟！

今虞公之政，惓惓慕公，而徇民之思，以志于公所游之地，則績溪者殆公之桐鄉也。故某撫民之謠以爲祀神之章，使歲時酹公而歌焉。其詞曰：

公之居兮岷峨，西懷欒城兮家具茨，翠眉之山兮何足以嬉？公之來兮崑崙丘，大江注兮九河流，翠眉之水兮何足以游？嗟公視于天壤兮等於浮漚，擾擾萬類兮是惟蜉蝣，撫茲百里兮曾何異于九州？剖折獄訟兮亦吾廟謀，不爲此棄兮詎爲彼留。金閨兮玉堂，調神鼎兮輔巖廊。朝臨汝水兮暮棲海康，榮枯貴賤兮公以爲常。藐祠庭兮山之左，杉千章兮竹萬个。公之去來兮世莫可期，慘雲車兮斯人是思。

南澗甲乙稿卷十九

蘇穎濱贊

王十朋

賢哉子由，賢哉子由！忠言嘉謀，聳動冕旒。橫身政府，不避怨仇。棣蕚聯芳，皆第一

流。才不逮兄，器識俱優。　　梅溪王先生文集卷十一

跋蘇子由和劉貢父省上示座客詩（節錄）　　周必大

集中觀詩難爲詩，猶羣姝中觀色難爲色也。吾友陸務觀，當今詩人之冠冕，勸予哦蘇黄門詩。退取欒城集觀之，殊未識其旨趣。甲申閏月辛未，郊居無事，天寒踞爐，如餓鴟。劉友子澄，忽自城中寄此卷相示，快讀數過，温雅高妙，如佳人獨立，姿態易見，然後知務觀於此道眞先覺也。　　周益國文忠公集卷十六

跋二蘇帖（節錄）　　周必大

二蘇兄弟行如冰雪，足以下照百世；望如九鼎，足以坐銷羣姦。學士大夫得其片文隻字，輒藏弆以爲榮，蓋非特取其華藻也。　　周益國文忠公集卷十六

跋蘇黃門在筠州施楞嚴標指

周必大

蘇文定公以元豐二年己未乞納官贖兄文忠公罪，旋自南京簽判謫監筠州鹽酒稅，明年至官。又明年四月，僧惟盛刻楞嚴標指要義十卷成，公時年四十三，史夫人四十一，其九月印施十本贈機長老，卷末親題名氏。嘉泰甲子筠幕玉牒彥瑋南夫得之，求誌歲月。觀公文集，後二十二年歲在癸未復題此經云：「十年來漸悟佛法，經歷憂患，眞心不亂，今反覆熟讀，乃知諸佛惠我無生法，忍無漏勝果，願心心護持，勿令失墜。」蓋與頃年求福田利益之意異矣。辛丑平園老叟周某子充書。

周益國文忠公集卷五十一

蘇文定公遺言後序（節錄）

周必大

蘇文定公晚居許昌，造道深矣。避禍謝客，從游門人亦罕與言。其聞緒論者，子孫而止耳。然諸子宦游，惟長孫將作監丞仲滋諱籀年十有四，才識卓然，侍左右者九年，記遺言百餘條，未嘗增損一語。既老，以授其子郎中君詡，郎中復以授其子道州使君森。予嘗與道州同僚，故請題其後。

昔人疑黃樓賦非出公手，東坡蓋親爲之辯。今公自謂此賦「學兩都，晚年不復作此工夫之文」；至和陶擬古九首，則明言坡代作，識者當自得之。又云：「讀易須學爲文，餘事作詩。」然公詩自工，謂儲光羲高處似陶淵明，平處似王摩詰，而以韓子蒼比之，子蒼由是知名。公素不作長短句，今漁家傲一篇，雖用禪語而句法極高，乃知公非不能，直不爲耳。此皆學者所宜知也。

惟公道德文章，國有史，家有集，所學在古史，所得在經解，平生議論復載於此。若余者何足以窺其端，徒見公善者機而已。慶元戊午正月乙卯。

周益國文忠公集卷五十二

遺老軒記

馬廷鸞

蘇黃門輔政於元祐，謫官於紹聖，歸居於崇寧，諸子爲之築廬潁濱。其自言也，吾潁濱遺老也。嘗自諫官，不五年與聞國政。雖號爲得志，而實不然。今退居杜門，不與物接。心之所可，未嘗不行，心所不可，未嘗不止。行止未嘗不如意，平生之樂莫過今日。蘇公之所謂遺老者如此。晉秘書少監徐廣，東莞人也。劉氏易代之際，廣悲感流涕。或責之曰：「徐公得無少過？」廣曰：「君爲宋朝佐命，身是晉室遺老，悲歎之事，固不可同。」徐公之所謂遺老者如此。

然則一遺老也，樂莫樂乎潁濱，悲莫悲乎東莞，何也？要亦各適其適而已。從容乎老檜修竹之間，嘯傲乎鳳臺平湖之上，避事已謝客，養性不看書，蘇公之所爲也。字丹徒之墳墓，懷京口之桑梓，八齡手不釋卷，一歲遍讀五經，徐公之所爲也。

有士於此，壯誤恩華，晚逢傾覆，其始也類蘇公之不如意，而無其晚歲之樂；其終也類徐公之不可同，而有暮年之悲。於是家有林亭，篋存竹素，亦妄以遺老自鳴，於二公宜何擇焉？曰：吾進難企乎潁濱，是有傾而未顚之初也。易曰：「履霜堅冰，陰始凝也。」蘇公之時以之。退已墮乎東莞，是固淪胥以亡之後也。玄曰：「海水羣飛，蔽乎天航。」徐公之時以之。爲蘇公不可，舍徐公安歸？抑二公皆八十餘老，則造物之所賦厚矣。士當踰六垂七之年，久生何益？飾巾待終而已。不然則古之人有上相詩榮，中臺耀寵，時開一卷，時飲一杯，老而自樂，何樂如之？蓋自名其集曰長樂老矣。然而斥以寡廉，登之雜傳，國則興亡相繼，身則富貴自如，歐陽公、司馬公恥之，士亦恥之。是爲識。

碧梧玩芳集卷十八

跋蘇文定公帖

魏了翁

蘇氏兄弟平生大節，在於臨生死利害而不可奪。其厚於報知己，勇於疾非類，則歷熙、豐、祐、聖之變如一日。而後知世之以文詞知二蘇者末也。此祭文書疏凡八紙，距今一百三十有四年，一時風誼尤可相慕。撫卷太息，書而歸之番陽張氏。

鶴山先生大全文集卷六十二

瑞州三賢堂記

文天祥

瑞有三賢祠堂。三賢，余襄公、蘇文定公、楊文節公。祠堂舊在水南闤闠，景定庚午毁於兵。前守嚴陵方君逢辰遷之稍西，垂成而去。某爲君代，相遇於上饒。君語及斯堂曰：「瑞人之敬三賢也如生，三年無所於祠，意閔閔焉，是以亟新之也。然塗塈未畢，像設未備，子其成之，成則爲之記。」某至郡，既敬奉君之教，遂率諸生行釋菜禮，而君書三至，諗記之成，某不得辭。

夫瑞爲郡號江西道院，然在汴京盛時爲遠小，故余、蘇二公皆以謫至。淳熙間郡去今行在所爲近。而楊公江西人，雖自蓬監出守，殊不溥淮陽也。地一而時不同，又守郡者與他謫異。然瑞人矜而相語，概曰吾郡以三賢重。余公坐黨范文正，蘇公坐救其兄東坡先生，後又以執政坐元祐黨。楊公坐爭張魏公配享事。使此三賢者皆無所坐，安得辱臨吾土？噫，甚矣，瑞人之好是懿德也！

然三賢所養猶有可得而窺者乎？范公忤呂丞相而去也，未幾復用，前日夤緣被斥者以次召還。襄公自瑞徙泰，乃獨請嶺南便郡以歸，愈去愈遠，豈非所謂同其退不同其進者耶？蘇公世味素薄，其記東軒謂顏氏簞瓢之樂不可庶幾，而日與郡家收錙銖之利，曾不以爲屈辱。異時再謫三徙之餘，退老潁濱，杜門却掃，不怨不尤，使人之意也消。若楊公則肆意吟哦，筆墨淋漓，在郡自爲一集，與曩昔道山羣賢文字之樂無以異也。若三賢者，豈以擯斥疎遠累其心哉！

夫擯斥疏遠不以累其心者，其流或至於翛然遠舉，超世遺俗。而三賢又不然。余公用於慶曆，蘇公用於元祐，蹇蹇非躬，皆在困躓流落之後。楊公當權奸用事，屢召不起，報國丹心，竟以憂死，凛然古人尸諫之風。嗚呼，此其所以爲三賢歟！繇前言之，吾知在瑞之時樂天安土；繇後言之，吾知在瑞之時乃心罔不在王室。嗚呼，此其所以爲三賢歟！

詩曰：「高山仰止，景行行止。」太史公曰：「雖爲之執鞭，所欣慕焉。」瑞人之敬三賢也，又於此思之，當有以稱方君之所爲欲記斯堂之意，某於先正無能爲役。

文山全集卷九

蘇文定公文鈔引

茅坤

蘇文定公之文，其鑱削之思或不如父，雄傑之氣或不如兄；然而沖和澹泊，遒逸疏宕，大者萬言，小者千餘言，譬之片帆截海，澄波不揚，而洲島之芬錯，雲霞之蔽虧，日星之閃爍，魚龍之出沒，拌席之掌上而綽約不窮者已，西漢以來別調也。其君術、臣事、民政等篇尤爲卓犖。予讀之，錄其上皇帝書及箚子、狀十九首，與他執政書十首，諸論及歷代、古史各論八十二首，策二十五首，序、引、傳七首，記十二首，說贊、贊、辭、賦、祭文、雜著十一首，釐爲二十卷。歸安鹿門茅坤題。

蘇文定公文鈔卷首

四、序跋提要

欒城集跋語

鄧　光

右欒城先生家集，校閩蜀本篇目間有增損。從郡齋紬繹其故，蓋復官謝表後所附益章疏藁有所削也。於政事書、條例司狀，見公入朝之始，揆事中遠，如漢賈誼。議河流、邊事、茶、役法，分别君子小人之黨，反復利害，深入骨髓，竊比之陸宣公贊。歌詩千數百篇，曾無幾微見用舍廢興之異。晚歲杜門潁川，喜秋稼句曰：「我願人心似天意，愛惜老弱憐孤貧。」仁民愛物，可謂「中心藏之，何日忘之」矣。伏讀斂衽，請事斯語。淳熙六年七月望日，從政郎充筠州州學教授鄧光謹書。

明清夢軒本欒城集附録

又

蘇　詡

太師文定欒城公集刊行于時者，如建安本，頗多缺謬；其在麻沙者尤甚，蜀本舛亦不免，是以覽者病之。今以家藏舊本前後并第三集合爲八十四卷，皆曾祖自編類者。謹與同官及小兒輩校讐數過，鋟版於筠之公帑云。時淳熙己亥中元日，曾孫朝奉大夫權知筠州軍州事詡謹書。

明清夢軒本欒城集附録

又

蘇森

先文定公欒城集，先君吏部淳熙己亥守筠陽日，以遺藁校定，命工刊之。未幾被召到闕，除郎。因對，孝宗皇帝玉音問曰：「子由之文平淡而深造於理。欒城集天下無善本，朕欲刊之。」先君奏曰：「臣假守筠陽日，以家藏及閩蜀本三考是正，鏤板公帑，字畫差太粗，亦可觀，容臣進呈。」對畢得旨：「速進來。」翌朝，上詣德壽宮，起居升輦之際，宣諭左右催進。後聞丞相魯國王公、丞相鄭國梁公云：「上置諸御案上，日閱五板。」森無所肖似，濫承人乏，到官之初，重念先君所刊家集遭際乙夜之觀，實爲榮遇。其板以歲久，字畫悉皆漫滅，殆不可讀，今撙節浮費，迺一新之。昔文忠、文定二祖，筠實舊游之地，邦人建祠祝之。又況先君嘗守是邦，遺愛在人，此集之再刊，亦從邦人之請也。開禧丁卯上元日四世孫朝奉郎權知筠州軍州事蘇森謹書

明清夢軒本欒城集附録

蘇子由欒城前集五十卷，後集二十四卷、第三集十卷，應詔集十二卷

晁公武

右皇朝蘇轍子由，洵之次子也。年十九中進士第，二十二舉直言，因所問極言得失。策入，或欲黜之，仁宗不許曰：「以直言召人而以直言棄，天下謂我何！」擢商州推官。久之，其兄以詩得罪，從坐謫監筠州酒稅。宣仁臨朝，相温公，擢中書舍人，代子瞻爲翰林學士。未幾拜尚書左丞。紹聖初，謫置雷州。後北還，凡居雷循七年，居許十六年，杜門理舊學，於是詩、春秋傳、老子解、古史書皆成，自謂得聖賢遺意。

郡齋讀書志卷四下

欒城集解題

陳振孫

欒城集五十卷，後集二十四卷，第三集十卷，應詔集十二卷：門下侍郎文定公蘇轍子由撰。一字同叔。欒城，眞定府縣也。蘇氏望趙郡，欒城元魏時屬趙郡，故云。晚居潁濱，自號潁濱遺老，故集或名。

直齋書錄解題卷十七

欒城集序

劉大謨

物之顯晦，各有其時。故荆山之玉，俟卞和而始獻；豐城之劍，待雷煥而始出；鹽車之驥，須伯樂而始重。況文章爲天地間至寶，弗遇其人，則空歷年所，湮沒無聞，曾謂顯晦不有時乎？有宋文運弘開，五星再聚，故三蘇並出於眉山。若文定者天性高明，資稟渾厚。既有父文安以爲之師，又有兄文忠以爲之友。故其文章，遂成大家。議者謂其汪洋澹泊，深醇温粹，似其爲人。文忠亦嘗稱之，以爲實勝於己，信不誣也。夫何老泉、東坡全集盛行，獨公所著雖附三蘇集而采輯未備，雖有潁濱集而脱誤實多，君子未嘗不三歎焉。

玉溪家有欒城集善本，謀諸石川，以公眉人也，故托合川欲刻之眉州。合川能以是書爲己任，謀諸藩臬，謂公蜀産也，故命有司欲刻之蜀省。蜀王殿下聞之，毅然曰：「文定，三蜀之豪傑也，其文章三蜀之精華也，孤忝主蜀，可諉之他人乎？」於是令高長史鵬、舒教授文明校正鋟梓，以廣其傳。噫，文定之文固無終晦之理，然匪玉溪則夜光藴於石，匪石川、合川則龍精沉於獄，匪蜀殿下則驊騮絲耳混於駑駘款段，又烏能有今日之顯哉？

玉溪乃張公名潮，吏部左侍郎，四川内江人。石川乃張子名寰，通政司右參議，直隸崐山人。合川乃王子名珩，巡按四川監察御史，直隸交河人。蜀殿下則號適庵，實我太祖高皇帝七葉孫，其樂善好古，率多類此云。嘉靖二十年歲在辛丑五月吉日儀封劉大謨書。

四部叢刊本欒城集

欒城集序

王珩

余庚子被命按蜀，數月得吾師玉溪公所錄欒城集八十四卷。通政張子石川亦以書道公意，謂文定眉之文英，其所爲文與詩宜刻於眉，庶先賢精華不至淪沒。此公意也。是時適秋試士，未暇付之有司。既而撤闈，又聞蜀王殿下素被服禮義，學閑詩書，常於寒士爲忘勢之交，尤好蓄古今書籍。迺與巡撫東阜公以其集詢之王。王大悦，謂三蘇西蜀豪傑，宋興文運之盛，以文鳴于世，與歐陽公並稱者，蘇之外無聞焉。文定之文與詩，又素稱沖雅，不事豔麗，今幸得覩其全集，即命付諸鋟，不必眉也。復令長史高鵬與教授等官司其事。余時亦以地方少歉，南歷嘉眉，公暇即詣蘇祠訪其遺跡，亦以夙仰其風也。有指其池以相告者曰：「此東坡所濬蓮池，即其讀書處也。」近有生徒劉荷爲畹，樹以稻，其人夜夢三蘇公令人笞之。既而司道來謁，詰之得其狀，怒而重責之，禁不得再藝。衆皆異之，謂東坡之精靈未泯也。有指其樹以相告者曰：「此者老泉手所植楡也。」大數十圍，中枯有罅，可容數人，牧童往往攀入戲蹂。近以塵飛雨注，罅漸以合，而枝葉復生。衆皆異之，謂老泉之精靈未泯也。嗚乎，池開于東坡，樹植于老泉，數百年之後猶能使盜者被譴，枯者起榮；況其所爲文與詩，發乎性情，會乎神景，才思精緼，盡在于斯，使其淪沒不傳於世，彼文定者，其在天之靈又當何如也邪？

或又曰，眉舊有三蘇集，迺前大巡朱兩崖檄其州守所刻也，謂三蘇眉人，而眉無集刻，亦所以重其里也。但板已昏漶，而詩體未備，終爲缺典也。然則今日斯集之刻，是又不但補蘇集之未備，而文定公數百年才思所發，得以流布天下，垂諸不朽。其視東坡之蓮，老泉之楡，水木花草，一物之微，尚克永世者，豈可同年語邪？

歸成都，適集刻告成，因以所聞者爲王言之。王喜其說，謂此正不忘先賢遺澤之意也。遂書以爲序。嘉靖辛丑夏五月巡按四川監察御史前翰林吉士交河王珩序。

四部叢刊本欒城集

欒城集後序

崔廷槐

欒城集暨欒城後集、三集凡八十四卷，宋蘇文定公潁濱先生所著。我皇明蜀王殿下所刻也。巡撫臺東阜劉公、監察侍御合川王公胥有論撰，弁之首簡。金輝玉潤，光映縹緗。廷槐睹而嘆曰：嗟乎，可以傳矣！夫文章與世運，相爲流通者也。六籍以還，作者相繼。春秋、戰國、先秦、兩漢、魏、晉、齊、梁之間，屈、宋、班、馬、荀、楊、董、賈、曹、劉、沈、謝、嵇、阮之徒，下逮盛唐李、杜、韓、柳諸公，郁郁彬彬，號稱極盛。雖其體裁、風格、律調、音響，抑揚變化，言人人殊。要之發舒道德之光，闡明鬼神之秘，窮探天地之變，左右典墳，羽翼風、雅，則異世而同符焉。嗚呼，至矣！

宋興，文教炳蔚，詞人輩出。嘉祐以後，眉山三蘇，名擅天下。而一代文宗歐陽文忠公輩，極力爲之延譽。一時學士大夫，聞談三蘇氏，罔弗斂衽敬服，蓋當世之絶倡也。乃文定公以沉靜簡潔之資，席家庭師友之訓，平生著作與東坡相上下，而氣充才贍，自成己格。議者謂爲汪洋澹泊，有秀傑之氣。究其所至，蓋已闖李、杜、韓、柳之門，窺古人堂室之奥矣。乃其時有稱述之曰蘇黄，曰歐蘇，曰歐曾蘇，云云然者，類指東坡。而東坡自謂則云：「子實勝我。」豈其兄弟自相標榜耶，抑當時之人以其父兄之故，而軋之使後耶？

今天下之士，崇治理者嘉唐虞，敦行誼者師周孔。鴻名偉績，後先相望。至其發軔之始，文藝之場，無弗躡李、杜、韓、柳、歐、蘇而進焉。則斯集之刻也，固天下之士所願見者。乃歷宋至今，幾數百載，而全編始出。又得博雅諸公崇尚而表章之，謂非斯集斯文之大幸與！

廷槐不敏，不足與論古今作者之意。乃幸游公之鄉，與聞刻集事，而又猥以不腆之辭附諸羣玉之後，故不靳摭拾如右。因長史高君鵬爲王誦焉，若王樂善好禮，崇古右文，賢明之懿，太宰玉溪公校録之勞，通政石川公翊贊之力，暨我東皐公、合川公屬王刻集之故，則前序見之，兹弗敢贅也。嘉靖辛丑夏六月朔四川按察司提督水利帶管提學僉事膠東崔廷槐書。

四部叢刊本欒城集附録

欒城集提要

永瑢　紀昀

欒城集五十卷、欒城後集二十四卷、欒城三集十卷、應詔集十二卷，宋蘇轍撰。轍有詩傳，已著録。按晁公武讀書志、陳振孫書録解題載欒城集卷目並與今本相同。惟宋史藝文志稱欒城集八十四卷，應詔集十卷，策論十卷，均陽雜著一卷。焦竑國史經籍志則又於欒城集外别出黄門集七十卷，均與晁、陳二家所記不合。今考欒城集及後集、三集，共得八十四卷，宋志蓋統舉言之。策論當卽應詔集，而誤以十二卷爲十卷，又複出其目。惟均陽雜著未見其書，或後人掇拾遺文，别爲編次，而今佚之。至竑所載黄門集，宋以來悉不著録，疑卽欒城集之别名，竑不知而重載之。宋志荒謬，焦志尤多舛駁，均不足據，要當以晁、陳二氏見聞最近者爲準也。

其正集乃爲尙書左丞時所輯，皆元祐以前之作。後集則自元祐九年至崇寧四年所作。三集則自崇寧五年至政和元年所作。應詔集則所集策論及應試諸作。轍之孫籀欒城遺言，於平日論文大旨，敍錄甚詳，而亦頗及其篇目，如紀辯才塔碑則云見欒城後集，於馬知節文集跋，生日漁家傲詞諸篇之不在集中者，則並爲全錄其文，以拾遺補闕。蓋集爲轍所手定，與東坡諸集出自他人裒輯者不同。故自宋以來原本相傳，未有妄爲附益者。特近時重刻甚稀，此本爲明代舊刊，尙少僞闕。陸游老學庵筆記稱，轍在績溪贈同官詩有「歸報仇梅省文字，麥苗含穟欲蠶眠」句，譏均州刻本輒改作「仇香」之非。今此仍作「仇梅」，則所據猶宋時善本也。

四庫全書總目提要卷一百五十四